ISBN 978-0-428-50490-8
PIBN 11239473

APPARATUS
ERUDITIONIS
AD
JURISPRUDENTIAM
PRÆSERTIM
ECCLESIASTICAM,

in quo reviſo, auctoque
Præter Juris Univerſalis Principia,

JUS NATURÆ, GENTIUM, DIVINUM,

APOSTOLICUM, & PONTIFICIUM, JUS SYNODALE
OECUMENICUM NATIONALE AC PROVINCIALE,

Unacum

Provinciarum ac Regnorum Eccleſiaſtico & Politico
Statu, Diſciplina Eccleſiæ, Hæreſibus exortis &c. continua Sæculorum
ſerie ad præſens usque tempus deductum, inſertísque in hac præſertim
nova editione pro re nata multis obſervationibus criticis, ac
controverſiis Juridicis, Publicis, ac Polemicis

METHODO HISTORICO-DOGMATICA

colliguntur, & brevi ac clara idea delineantur,

In Utilitatem eruditionis amantium, quibus vaſta Conciliorum, Decretorum,
Hiſtoriarum &c. volumina perlegendi aut occaſio aut tempus deficit,

AUTHORE

P. JOSEPHO BINER, S. J.

SS. Theol. & SS. Canonum Doctore, horúmque in alma Cæſareo-Leopoldina
Univerſitate Oenipontana Profeſſore Ordinario ac Publico.

PARS VI.

De Jure Synodali Provinciali, ac Provinciarum Statu,

CUM FACULTATE SUPERIORUM AC PRIVILEGIO CÆSAREO.

Auguſtæ Vindelicorum & Friburgi Brisgojæ,
Sumptibus Fratrum IGNATII & ANT. WAGNER Bibliop. MDCCLIV.

CAPUT I.
De Jure Synodali Sæculi XIII.

Magnas rerum converfiones, lites & controverfias multas, ftatus Ecclefiaftici atque Politici collifiones turbidas, hoc pariter fæculum exhibet. Paratum, quantùm fieri poterat, per facras Ecclefiarum Synodos remedium, atque in iis pro extirpandis hærefibus, tollendis abufibus, & reformanda Ecclefiaftica difciplina, multi innovati & conftituti canones.

Romanum Imperium ex fatali Philippi & Ottonis diffidio, ex turbulenta Friderici II. cum Ecclefia difcordia, atque ex infelici illo Interregno emergens, fauftis aufpiciis ad Auguftiffimam Domum Auftriacam translatum, vegetam florentémque ætatem induit, confpirante facra & politica auctoritate ad excidium fceleris, ad difciplinæ decus, ad DEI cultum, & animarum proventum.

Gallia fub fanĉto Ludovici IX. Regno reflorefcens, Tolofatium hærefin extirpat, atque per multas Synodos difciplinam facrá. que jura reftaurat.

Hifpaniæ primum rurfus fæculi dimidium fub Ferdinando III. Caftellano & Jacobo I. Aragone fauftum. Erepta Mauris corduba, Hifpalis, Valentia, Baleares. Alterum infeliciffimum, Caftellanis in fe ipfos furentibus, Aragoniis ad externa & longinqua bella abftractis, triumphante Saraceno, hofte domeftico. Vigilabant tamen pro difciplina, quantùm per turbas bellorum licuit, Ecclefiarum Paftores, congregati in Synodis.

Pars VI.   .   **A**   Anglia

CAPUT I.

Anglia turbata, in fe ipfam armata, interdicta, fub infelici Joannis Regno, Principem exterum evehit in folium. At fibi reddita reflorefcit, Romanæ Ecclefiæ peculiari ftudio dedita, & per facra Concilia exculta.

Polonia Tartarorum irruptionibus afflicta, domefticis tumultibus ftridens, & frequenti Ducum fuorum dejectione quaffata, confultum nihilominus per facros conventus rebus Ecclefiæ.

Daniam illuftravit S. Ericus Rex. Turbavit verò ejus frater Chriftophorus, cum fua progenie, in Epifcopos fremens. Qui adunatis Conciliis fe opponunt.

In Suecia Archiepifcopalis Sedes ftabilita Upfaliæ. Retracti Gothi à Græco fchismate. Concubinatus Clericorum feverè profcriptus, quæ diftinctiùs fequens tabula exhibet.

* *

SUMMARIUM.

Articulus I.

De Conciliis Germanicis.

§. I.

Prænotanda de Statu Germaniæ.

§. II.

Status Ecclefiafticus per Concilia ordinatus in Germania.

Arti-

Articulus II.

13. *De Concilio Budensi in Hungaria.*

Articulus III.

14. *De Concilio Ravennatensi in Italia.*

Articulus IV.
De Conciliis Gallicanis.
§. I.
Prænotanda de Statu Galliæ.

15. *Philippus II. Ludovicum filium ad thronum Angliæ evebit, obsistente Pontifice.*
16. *Ludovici IX sanctum Regnum, & sacræ expeditiones.*

17. *Observatio de prætensa ejus sanctione Pragmatica.*
18. *Philippi III. ejúsque filii in Aragoniam prætensio.*
19. *Philippi IV. initia.*

§. II.
Concilia
20. *Celebrata in causa Raymundi Comitis Tolosani.*

§. III.
Status Ecclesiasticus ordinatus per Concilia.

21. *Parisiense I. Avenionense. Parisiense II.*
22. *Monspoliense. Narbonense. Tolosanum.*
23. *Rothomagense. Turonense I. Biterrense.*

24. *Arelatense. Turonense II. Burdegalense.*
25. *Turonense III. Salmuriense. Capriniacense &c.*
26. *Nannetense. Andegavense I. Pontodomarense. Andegavense II. Bituricense.*

Articulus V.
Concilia Hispanica.
§. I.
Synopsis Historica.

27. *Mauri sæpe devicti à S. Ferdinando III. Castellæ Rege, qui*

Cordubense & Hispalense eorum Regnum expugnavit.

A 2

28. Et

§. II.
Status Ecclefiafticus ordinatus per Concilia.

Articulus VI.
De Conciliis Anglicanis.
§. I.
Prænotanda de Statu Angliæ.

§. II.
Status Ecclefiafticus ordinatus per Concilia.

Articulus VII.
Concilia Polonica & Silefica.

Arti-

Articulus VIII.
De Conciliis Daniæ.

§. I.
Schema rerum Danicarum.

48. *Antiquus Status Daniæ.*
49. *Haraldus primus Rex Christianus.*
50. *Prætensio Imperii in Daniam, & præsertim Slesvicensem Ducatum.*
51. *Mira Svenonis Regis fata, sub eo Dania ad fidem Catholicam conversa. Anglia subacta.*

52. *S. Canutus Rex.*
53. *Lundensis Ecclesiæ in tribus Borealibus Regnis Primatus constitutus.*
54. *S. Ericus.*
55. *Turbæ Ecclesiasticæ sub Rege Christophoro I. & duobus Ericis, ejus filio & nepote. Interdictum Daniæ.*

§. II.
Status Ecclesiasticus ordinatus per Concilia.

56. *Concilium Slesvicense, & Othoniense.*

57. *Danicum pro libertate Episcoporum.*

Articulus IX.
De Conciliis Sveciæ.

58. *Rudis adumbratio antiquæ Sveciæ.*
59. *Ejusdem ad fidem conversio.*

60. *Concilium Lincopense, & Scheningense. Erectio Sedis Archiepiscopalis Upsalensis.*

Articulus X.

61. ### Dissertatio Juridica
De Decimis.

CAPUT I.
ARTICULUS I.
De Conciliis Germanicis Sæculi XIII.
§. I.
Prænotanda de Statu Germaniæ.

1.
Philippus
& Otto
IV.

 b Henrici VI. morte aliquot annis Occidentis Imperium cùm duo contenderent, neutrius fuit. A majóri Principum numero electus fuit *Philippus*, non ùt perperam scribit Alexander Natalis, Henrici VI. filius, sed frater, Friderici Barbarossæ filius. Huic se opposuit *Otto* Dux Brunsvicensis. Unde decennale bellum civile laceravit Germaniam, decumanis turbis sacra profana miscentibus: donec anno 1207. Principes cædibus ac ruinis patriæ fatigàti, ea conditione pacem inierunt, ut Otto Philippo succederet. Occiso igitur anno sequenti Bambergæ Philippo, Otto, postquam juramento Ecclesiæ sua jura confirmaverat, ab innocentio III. Imperator est coronatus. Sed cùm fide fracta vexaret Ecclesiam, excommunicatus, & ab omnibus ferme desertus fuit, atque Pontificis commendatione ei suffectus *Fridericus II.* Henrici VI. filius, Dux Sveviæ & Rex utriusque Siciliæ. Otto verò mœrore contabuit anno 1218.

2.
Fridericus
II.
Friderici II. infelix perturbatúmque Imperium, ejúsque exitiales cum Romanis Pontificibus discordias exposuit *part. 3. cap. 5. art. 5.* Imperator adolescens electus, avo ænobarbo pene per omnia factus est similis, 40. potestatis annos per utramque fortunam exercens, adversa est pressus, cùm prospera malè uteretur. Lacessita sæpiùs Romana fulmina. A Pontificibus dejectis dejectus. Reconciliata cum illis gratia, Palæstinam adiit, magnis spebus Europæ, effectu modico. Obiit Tarenti anno 1250. ætatis 57.

Interea fluctuabat Imperium; quippe *Henricus Raspo*, Landgravius Thuringiæ, designatus clavo rerum, dum se illi expedit, victóque Conrado, Friderici filio, victoriam urget, in obsidione Ulmæ vulneratus obiit anno 1248.

Huic altero pòst anno substitutus *Wilhelmus* Hollandiæ Comes, repugnante licèt Friderico, adhuc tumultuante, & post ejus obitum Conrado filio, se tamen gerit pro Imperatore, donec anno 1256. pugnans contra Frisios occisus est.   Ortum

Ortum tunc, vel potiùs, inter incertos illos Imperatores, 3.
coronam difcerpentes, continuatum fuit magnum illud *Interregnum*, *Interreg-*
vacante Imperio ultra 20. annos, Electorum fuffragiis inter *Richar-* *num.*
dum, Regis Angliæ fratrem, & *Alphonfum X.* Caſtellæ Regem, di-
ſtractis, atque Friderici II. liberis de Imperii faſtigio malè contendentibus, cùm nec Regna avita bene defenderent, & cædibus mutuis in fefe graſſarentur.

At placuit tandem cœlo propitio afflictæ undique per tot an- 4.
nos Germaniæ opem ferre, fuffragiis Electorum in *Rudolphum Hab* Rudol-
fpurgicum, Bafileam tunc obfidentem, confpirantibus.   Debuit is *phus.*
virtuti fuæ, ut imperaret, ac DEO Euchariſtico; cui ad ægrum
portato fubſtravit equum, pedes ipfe infecutus.   A Chriſto cru-
cifixo, quem fceptri locò exhibuit Principibus, fidem jurantibus,
exorfus Imperium, pacem dedit Ecclefiæ, Italiam, Imperatorem
eò usque frequentem fcopulum, numquàm perfuafus, ut adiret.
Et habuit uberem in Germania triumphorum meſſem.   *Ottocarum,*
Bohemiæ Regem Auſtriæ inhiantem armis adegit ad veniam, fublato fipario, publicè petendam, jurandámque fidem.   Iterúmque
novis viribus ferocem acie vicit, à gregario peremptem milite.
Auſtriam fubin, prætenfo uxorio titulo poſſeſſam ab Ottocaro,
ad Imperium reductam, *Alberto* filio in clientelam dedit unáque nomen Auguſtum toto orbe venerandum Auguſtiſſimæ Domui Auſtriacæ, tot deinceps Imperatorum Regúmque Matri, tot Heroum
Altrici, totíque Germaniæ rebus in arctis præfidio.

Duabus porro rebus, præter Superûm tutelam, Auguſtalem
tam arduis temporibus firmavit Majeſtatem, bellica virtute, & affinitate.   Decies & quater fiquidem fignis cum hoſte, Bohemo,
Helveto, & Burgundo, collatis, totidem palmas metens, *Victorioſi*
nomen adeptus eſt.   Atque ut pacis etiam artibus circumdaret
potentiæ robur, & fecuritatem, feptem filias Principes vicinis totidem magnis Principibus collocavit, his pactis nuptialibus Palatinatu, Saxonia, Marchia Brandeburgica, Bavaria, Hungaria, Bohemia, Clivia, affinitate fibi junctis, & totidem velut fidei obfidibus
pacem domeſticam firmantibus.

Natus eſt mundo magnus hic Imperator Habfpurgi in Helvetia anno 1218. electus Cæfar anno 1273. obiit, vita immortali digniſſimus, anno 1291. Imperii 18. ætatis 73.

Filium fuperſtitem reliquit unicum, *Albertum*, & ex Rudol-
pho altero filio, jam præmortuo, nepotem Joannem, Sveviæ
Ducem. Et fucceſſiſſet haud dubiè filius Albertus tanto patri, nifi
Mogun-

ſ.   Moguntinus, aſtu deluſis Electoribus, *Adolphum Naſſoviæ Comi-*
Adolphus. tem, propinquum ſuum, votis reliquorum ſibi permiſſis, Cæſarem dixiſſet.

     Geſſit *Adolphus* Imperium cum Majeſtatis tantæ dedecore.
Accepta quippe ab Eduardo Angliæ Rege magna auri vi, ſtipen-
diariam eidem militiam promiſit adversùs Philippum Pulchrum.
At fracta fide, Regis utriusque iram, Germanorum verò Principum contemptum incurrit, præſertim ubi ejus culpa Imperium in
antiquas ſuas ruinas, hoc eſt, in promiſcuas cædes, incendia, direptiones, rapinas, ſtupra, relabi viſum eſt.

     Exauctorato igitur indigno Capite, Principes Electores *Al-*
bertum I. ſubſtituerunt, ut Rudolphi patris exemplo ſiſteret ruinas,
& victrices inſtauraret palmas.   Pigebat Adolphum, privatum
vivere.   Quare commiſſio ad Wormatiam cruento prælio, ab
Alberto tandem dejectus equo, victúsque occubuit, anno 1298.
Imperii 6.

6.   *Albertus* igitur laureatum auſpicatus Imperium, quod de-
Alber- cem annis, ſubactis, qui caput efferebant, hoſtibus, fortiter ad-
tus I. miniſtravit, à *Joanne,* Rudolphi fratris filio, quòd Suevicas ejus
provincias diutius pro tutore teneret, Badenam inter & Rheno-
feldam impiè ac perfidè eſt interemptus, anno 1308 Imperii 10.
vita ampliore multò digniſſimus.   In loco cædis exſtructum dein
ab Eliſabetha Imperatrice vidua celebre Monaſterium Königsfelden-
ſe.   Eſchenbachius, ex tribus conſpirationis ſociis unus, 35. annis in Wirtembergia pecorum cuſtos latuiſſe ſcribitur.

     Alberti tempore initium datum Helvetorum Reipublicæ: dum
enim Præfecti graviùs eos vexarent, initio inter tres Sylveſtres,
ùt vocant, communitates fœdere, propulſare cœperunt injuriam.
Atque deinceps à parvis iſtis initiis increvit 13. Cantonum Reſpublica, potentiſſimos inter populos hodiedum illibata.

     Conjugem habuit Eliſabetham, ex qua ultra 20. liberos ge-
nuit.   Habuit hæc matrem Agnetem, aviam maternam Gertru-
dem, Friderici Bellicoſi, ultimi antiquæ Auſtriæ Ducis ex fratre
ſeniore neptem.   Hæc proin Eliſabetha, Friderici Bellicoſi pro-
neptis, Alberto I. nupta antiquiorem Auſtriacorum ſanguinem
cum recentiori conjunxit, fœcunditate in hanc usque diem propagata: gloriâ magnâ Tyrolis, quia eadem Eliſabetha filia fuit Main-
hardi, Comitis Tyrolis: qui proin omnium ab Alberto I. Archiducum Auſtriacorum per hanc Eliſabetham fuit parens.

§. II.

§. II.

Status Ecclesiasticus per Concilia ordinatus.

Ex Hanfizii *Germaniæ sacra* tom. 2. *pag.* 322. constat, circa initium Sæculi XIII. in *Synodo Salisburgensi* deliberatum esse de subsidio pro defendenda terra sancta, prout paulò antè in Concilio Lateranensi fuerat decretum.

In *Concilio Moguntino*, quod anno 1225. contra Simoniacos potissimùm & concubinarios Clericos est celebratum, Præside legato Apostolico, Patribus congregatis fuit exhibitum corpus S Engelberti Coloniensis Archiepiscopi, recèns interempti à Friderico Isenburgensi Comite, cognato suo : adversùs quem Essedensis Ecclesiæ jura tuebatur. Excommunicatus propterea Fridericus à Concilio, cum omnibus, qui auxilium vel consilium ad cædem illam dederant.

Anno sequente in *Leodiensi Concilio* accusati sunt Theodoricus Monasteriensis Episcopus, & Engelbertus Osnabrugensis, Friderici fratres, tum de aliis criminibus, cum etiam de cæde S. Engelberti Martyris. Depositi proin ab Officio & Beneficio, Romámque missi ad summum Pontificem.

Orti sunt hoc sæculo in Germania hæretici, qui *condormientes* dicti sunt, magicis præstigiis infames. Alii verò *stadingi* infandis flagitiis conspurcati, damnati sunt in Synodo *Moguntina*, pluribúsque in locis ignibus exusti.

Germanicum Concilium anno 1225. Præside Apostolicæ Sedis legato statuit pœnas in Clericos incontinentes. Per mensem ab ingressu Ecclesiæ prohibet Judices Ecclesiasticos, qui excommunicationis sententia aliquem damnarent, non præmissa monitione. Clerici, in excommunicatione vel suspensione ministrantes sine spe restitutionibus ab Officiis & Beneficiis deponantur, síntque infames & intestabiles. Qui coram excommunicatis publicè celebraverit, simili pœna plectatur. Si Episcopus quem excommunicavit, eum vicinis Episcopis denuntiet, ut vitetur. Excommunicantur Patroni, qui ex decimis, vel aliis Ecclesiæ proventibus sibi aliquid ex pacto retinent. Clerici ejusmodi Simoniacam præsentationem acceptantes Officio & Beneficio privantur: ac deinceps ad illa sunt inhabiles, nisi cum eis à Sede Apostolica fuerit dispensatum.

Nullus ab Episcopo vel Archidiacono ad curam animarum admittatur, nisi juraverit, se in adeptione Beneficii nullam commisisse

Pars VI. B   fisse

fiſſe Simoniam. Parochialibus Eccleſiis præficiantur Vicarii perpetui aſſignata congrua portione.

9.   *Concilium Colonienſe I.* Provinciale anno 1260. præter cenſuras in carcerem mitti præcipit Clericos concubinarios, negotiatores. Simoniaci Beneficia dimittant.   Clerici legere ſaltem & cantare ſciant.   Ordo in choro obſervandus.   Officium Defunctorum cantandum.   Martyrologium legendum.   Clericis reſidendum.

       Concilium Colonienſe II. Provinciale, celebratum, anno 1266. conſtituit, ut incurrant excommunicationem, qui manus violentas inferunt Clericis; item incendiarii; effractores Eccleſiarum; prædones, fraudatores decimarum, etiam Novalium; milites bona Eccleſiaſtica invadentes; raptores rerum morientium Clericorum; exigentes telonia à Clericis; trahentes Clericos ad judicium ſæculare; occupantes aut arreſtantes bona Eccleſiaſtica; Judices Eccleſiaſtici, qui laicis, contra Clericos agentibus, non adminiſtrant juſtitiam; impedientes jurisdictionem Eccleſiaſticam.   Si quis ultra annum in excommunicatione perſtiterit, terra illius ſupponatur interdicto, & brachium ſæculare à tota Synodo contra eos imploretur.   Si autem quis in loco interdicto celebraverit, eſt irregularis, & ſi intra 15. dies non ſatisfecerit, ipſo facto incurrat excommunicationem.

10.   *Concilium Viennenſe* in Auſtria, Archidiœceſis Salisburgenſis, Præſide Guidone Cardinale & Apoſtolico legato, à Comprovincialibus Epiſcopis, Paſſavienſi, Friſingenſi, Ratisbonenſi, Brixinenſi, & Laventino, multisque Abbatibus, Præpoſitis & Decanis, celebratum anno 1267; multos edidit Canones.   Magis memorabiles ſunt: Viſitatores ſubditos in viſitatione ne gravanto.   Concubinarii Beneficiis privantor.   Detinentes bona Eccleſiaſtica, aut Clericis vim inferentes, pro excommunicatis habentor.   Clerici plura Beneficia curata ſine diſpenſatione ne poſſidento.   Si pertinaces fuerint in retinendis, omnibus privantor: uti etiam, ſi tribus menſibus Clerici in excommunicatione perſiſtunt.

       Omnes uſurarii excommunicantor: uti etiam Clerici, qui contra correctionem ſuorum Prælatorum auxilium brachii ſæcularis implorant, vel potentum preces armatas.   Patroni, Advocati, Judices, bona Clericorum decedentium ne occupanto.   Jure Patronatus privator, qui propria auctoritate Clericum inſtituit: cùm inſtitutio ad Epiſcopum vel Archidiaconum pertineat.   Eandem pœnam ſubeunto Patroni, qui dotem Eccleſiæ alienaverint. Curati ad Reſidentiam ſubtractione fructuum compelluntor.   Sa-

. lisbur-

lisburgenſi Provinciæ Epiſcopi, aſſumptis ſecum duobus Abbatibus Ciſtercienſibus Monachos ad S. Benedicti Regulam reforman-
to.   Denique prohibetur Abbatibus, ne ſacros calices, patenas,
aut ſacras veſtes benedicant aut conſecrent, aut alia munia Epiſcopalia obeant, niſi à Sede Apoſtolica ſpeciale privilegium habuerint.

 Concilium Salisburgenſe II. Provinciale anno 1274. Canones 11.
præidictos Concilii Viennenſis confirmavit, & Canones Concilii
Lugdunenſis II. promulgavit: additis 20. aliis novis, quibus con-
ſtituitur, ut Abbates Benedictini ſingulis annis capitula Provincialia celebrent.   Ut Monachi fugitivi revocentur, & enormiter delinquentes carceribus mancipentur.   Ut non facilè ad alia monaſteria mittantur, aut tranſire permittantur.

 Plura habentes Beneficia, contenti ſint ultimò obtento: niſi
probent, ſecum eſſe diſpenſatum.   Qui non reſident in loco beneficii curati, aut ſtatuto à Canonibus tempore non ſuſcipiunt Ordines, quos Beneficium requirit, fructus non percipiant.   Aleatores
Clerici ſuſpenduntur à Beneficio.   Vir aut fæmina Religioſam ve-
ſtem non induat, niſi in Ordine approbato.   Vagis ſcholaribus
nihil erogetur.   Dies feſti Patronorum Eccleſiæ Salisburgenſis,
S. Ruperti, *S. Virgilii*, & *S. Auguſtini*, per totam Provinciam celebrentur ſolenniter, feriando ab omni opere ſervili.   Religioſi ne
eligant Confeſſarium extra ſuum Ordinem, absque Prælati ſpeciali
licentia.   Et qui ſæcularem poteſtatem adversùs correctionem ſuorum Superiorum invocaverint, in carcerem mittantur.   Advocati
Eccleſiæ ab ejusdem vexatione abſtineant.

 Salisburgenſe III. Religioſis præcipit jejunium à feſto S. Martini usque ad Nativitatem, quadrageſimale verò à quinquageſimæ
Dominica.   Vetatur pluralitas Beneficiorum curatorum: gravamina ſub velamento Advocatiæ inferenda Monaſteriis & Eccleſiis.
Qui violenta ſanguinis effuſione Eccleſiam vel cœmeterium execra-
verit, ad ſumptus pro reconciliatione faciendos condemnetur.
Falſarii excommunicantur.

 Concilium Herbipolenſe Nationale Germaniæ, anno 1287. cele- 12.
bratum ab Epiſcopo Tuſculano, Sedis Apoſtolicæ per Germaniam
legato, præſentibus Archiepiſcopis, Moguntino, Colonienſi, Salisburgenſi, multisque Epiſcopis, Abbatibus &c. actum de vita &
honeſtate Clericorum.   De excommunicatione intruſorum in beneficia, & privatione fructuum.   De pœna eorum, qui citra neceſſitatem eadem die duas Miſſas celebrant.

          Oppig-

Oppignorationes rerum Ecclesiasticarum ne fiant, extra casus in Jure expressos.   Ad Parochiam nullus promoveatur ante 25. ætatis annum. Si Patroni intra statutum tempus non præsentent, pro ea vice jure cadant.   Interdictum omnes etiam Regulares servent.   Pro benedictione nuptiali & sepultura nihil exigatur, salvâ tamen laudabili locorum consuetudine.   Beneficia de manu laica accepta resignentur in manus Episcopi, aut ejus, ad quem collatio vel institutio pertinet.   Episcopi singulis annis vel saltem intra biennium totam Diœcesin visitent, Sacramentum confirmationis conferant &c.   Conservatores Monasteriis à Papa concessi potestatem sibi datam non excedant.   Alia multa repetuntur, quæ in superioribus jam sunt memorata.

Concilium Coloniense anno 1280. præclaros 18. Canones edidit, de vita & honestate Clericorum: de directione Fidelium, septem Sacramentis, sacris sepulturis, & contra cohabitationem Clericorum cum mulieribus.

Cùm anno 1291. civitas *Acra* (quæ etiam *Acon*, *Acbaron*, & *Ptolemais* dicitur) sicque res christiana in Syria & Palæstina penitus concidisset, Nicolaus IV. Papa, Concilia provincialia ubique celebrari voluit, ut in iisdem deliberetur, quanam ratione terræ sanctæ subveniri possit.

Concilium Salisburgense rescripsit Papæ; cùm Christianorum discordia optimè cœpta hactenus everterit, consultùm videri, ut ineatur ratio concordiæ, & præsertim tres Ordines Equitum, Hospitaliorum, Templariorum, & Teutonicorum, inter se adeò discordes, in unum Ordinem redigantur.   Invitandum etiam Regem Romanorum aliósque Principes, ut novam expeditionem suscipiant. Sed morte Nicolai spes omnis intercidit.

ARTICULUS II.
Concilium Budense in Hungaria.

13. Celebratum anno 1279. Præside legato Pontificio, statuit, ut Episcopi, ex Religiosis Familiis assumpti, sui Ordinis habitum deferant.   Clerici judiciis criminalibus ne intersint.   Parochi per se ipsos Ecclesiæ serviant.   Omnes, Beneficium curatum adepti, intra annum Presbyteratùs Ordinem suscipiant, sub pœna ammittendi Beneficium.

Sacræ

Sacræ Reliquiæ extra capfam ne oftendantur, neque vendantur, aut novæ venerationi exponantur: nifi priùs à Romano Pontifice fint approbatæ. Res Ecclefiæ ne dentur pignori fine neceffitate Ecclefiæ, ac licentia Epifcopi; multò minùs donentur: donationem effe irritam. Parochiani Dominicis feftifque diebus in Parochiali Ecclefia ad Sacra conveniant, nec alibi Sacramenta percipiant, feclufo privilegio.

Archidiaconi per Hungariam & Poloniam non inftituantur, nifi per triennium Juri canonico ftuduérint. Caufæ matrimoniales Juris peritis committantur. Abfentes à rebus Divinis ftipendiis careant. Publici concubinarii ab ingreffu Ecclefiæ arcentur. Ne quis domum aut alias poffeffiones locet, vendat, vel donet infamibus. Excommunicati ad agendum, patrocinandum & teftificandum fint inhabiles. Exceptionem rei judicatæ per Judicem Ecclefiafticum in caufa Ecclefiaftica, à fæculari Judice admittendam: & viciffim.

Ecclefiaftici Judices & fæculares mutuo fint fibi auxilio ad frangendam contumaciam delinquentium. Cenfura percelluntur, qui appellationes ad Superiores, & maximè ad Sedem Apoftolicam impediunt.

Ecclefiarum & Clericorum immunitas à tributis, pedagiis, vectigalibus rata efto. Excommunicationis & Interdicti fententiæ, à Prælatis latæ, ab omnibus obfervantor.

Plura alia fancita funt, de difciplina monaftica, de excommunicatione eorum, qui agros & vineas depopulantur; qui bona Ecclefiaftica diripiunt.

ARTICULUS III.
Concilium Ravennatenfe in Italia.

Provinciale hoc fuit, anno 1286. celebratum. Novem id promulgavit Canones: quorum hæc fumma.　14.

Nullus clericus hiftriones recipito. Dantibus eleemofinam Indulgentiæ conceduntor. Ad Parochiam promoti intra annum confecrantor: aliàs jure quæfito privantor. Quotidianarum diftributionum illi duntaxat participes funto, qui horis canonicis interfunt, pro rata fuæ præfentiæ. Nolentes folvere decimas excommunicantor. Statuta, libertati Ecclefiæ pugnantia abrogantor & delentor. Talium conditores excommunicati funto.

Deni-

Denique recensentur *Casus Reservati* Provinciæ Ravennaten-
sis. Quales sunt: confessio facto excommunicato sacerdoti. Crimen publicum, ùt blasphemia. Oppressio filiorum, etiam casu
facta. Homicidium, sacrilegium, sortilegium, crimen falsi, violatio immunitatis Ecclesiasticæ, bestialitas, incestus, corruptio
monialium, perjurium, matrimonium clandestinum, violatio voti,
qualitercumque emissi.

ARTICULUS IV.
De Conciliis Gallicanis.
§. I.
Prænotanda de Statu Galliæ.

15.
Philippus
II.
Philippus II. Rex Galliæ, quem Galli *Augustum* cognominant, Regúmque Francorum post Carolum M. maximum, recepta legitima conjuge Ingeburga, quam 16. ante annos repudiaverat,
Normanniam 316. annis à Gallia avulsam armis recepit, & Aquitaniam invasit. Altero pòst anno bellum Belgicum confecit, Ottone IV. Imperatore & Comitibus Flandriæ ad Bovinas, Tornacum inter & Insulas prælio superatis.

Aggressus dein iterum est Philippus Joannem Angliæ Regem
in Pictavia. At ille causam de violata pace & juramento ad Innocentium III. detulit: qui legatum misit, ut de belli justitia judicaret, indignante Gallo, & victoriam sibi eripi è manibus conquerente. Cúmque haud multò pòst Angli à Joanne Rege suo deficerent, & Ludovicum Philippi filium Regem peterent, Innocentius III. Philippum & Ludovicum ab invadenda Anglia, & Joanne,
Ecclesiæ jure clientelari subjecto, absterrere conatus est. Philippus respondit, Regnum Angliæ patrimonium Petri nunquam fuisse,
nec esse, nec fore unquam; cùm nullus Rex Regnum suum sine
consensu Baronum possit alteri dare, vel facere tributarium, multóque minùs Ludovico filio suo electo & coronato jus in Angliam
eripi posse. Multam hæc controversia quæstionem tunc excitavit, & etiamnum excitat inter criticos, de potestate Pontificis in
temporalia Principum bona disputantes. Obiit Philippus anno
1223. Regni 43. vitæ 57.

16.
Ludovi-
Ludovicus VIII. filius successit, postquam ab Anglis rursus
expulsus fuit: qui tamen, ultra tres annos non regnavit, quatuor

tuor relinquens filios; quorum duo ad posteritatis memoriam sunt *ci VIII.* celeberrimi, Ludovicus Sanctus, & Carolus, Siciliæ & Neapolis *& IX.* postnodum Rex.

Ludovicus IX. duodecim annorum puer Regnum adiit, sub tutela & institutione pientissima matris Blancæ, eximia virtute fœmina, quæ non tantùm domi sancta, sed fortis etiam foris, Principum seditiosos motus, tutelam Regis ei invidentium, arte & marte fregit.

Sui Juris factus Ludovicus finiti belli Albigensis, & hæreseos prostratæ gloriam tulit. Leges promulgavit sanctissimas, libertati Ecclesiasticæ, Sacerdotum venerationi, morúmque emendationi sedulò consulens. Anglis prælio victis, anno 1248. accepta à Parisensi Episcopo cruce, Regnique administratione matri credita, sacram expeditionem suscepit, comitantibus tribus fratribus, multasque Episcopis ac Nobilibus.

In Ægyptum felici vento delatus Damiatam Saracenis eripuit. Magna dein gemino in prælio edita hostium strages. At inopia & morbis attrito exercitu captus est à Saracenis Rex cum fratribus & flore nobilitatis. Redemptus verò reddita Damiata & oblata pecunia, quinque annos in Palæstina ac Syria sanctè transegit.

Regressus in Galliam Regnum sanctissimis institutis ordinavit, scelerúmque licentiam severis pœnis coërcuit. Pacem cum Anglo & Aragonio constanter coluit, cedens huic Ruscinonensem comitatum, Aquitaniam illi.

Tandem anno 1269. alteram in Orientem adversùs Saracenos expeditionem suscipiens, ad Tuneti littora morbo correptus sanctissimè obiit, anno 1270. Regni 44. ætatis 55. Philippo filio moriens præclara documenta, propria manu scripta reliquit, quibus ei præcepit, ut pauperum curam gerat, subditis pacem concedat, ad Beneficia Ecclesiastica idoneos præsentet, de consilio spiritualium virorum, officiales constituat viros integros & probatæ fidei. Denique subdit: *fis devotus & obediens matri nostræ Romanæ Ecclesiæ, & summo Pontifici tanquam patri Spirituali.* *Omne peccatum de terra tua removeatur, maximè blasphemia & hæresis.*

Circumfertur etiam quædam sancti Ludovici *Sanctio Pragmatica,* qua statuisse dicitur, ut Ecclesiarum. Prælatis, Patronis, & Beneficiorum collocatoribus ordinariis jura sua integra serventur, ut liberæ sint Ecclesiarum electiones. Simonia eliminetur. Provisiones beneficiales secundùm Juris communis dispositionem fiant. Libertates ac privilegia Ecclesiis & monasteriis concessa, *17.*

De sanctione Ludov. IX.

rata

rata firmáque maneant. Additúrque articulus, quo vetatur, ne
curia Rómana exactiones pecuniæ in Ecclesia Gallicana faciat.

Verùm plures eruditi hanc fanctionem fuppofititiam effe cenfent, præfertim quoad articulum illum de prohibitione exactionum: tum quòd nullus coævus fcriptor illius meminerit, præter
Matthæum Parifium, cui tamen, in Romanos Pontifices fcriben-
ti, modica fides fit adhibendà: tum quòd articulus ille fit alienus
à fancta Ludovici indole, & erga Romanum Pontificem obfervantia, alienus item à temporis illius ufu, cùm pro terræ fanctæ neceffitatibus plures per Galliam exactiones fint factæ, & quidem
confentiente Rege. Præfertim igitur articulum illum de exactionibus effe fuppofititium, tum ob rationes infinuatas, cum quia in
pluribus exemplaribus & editionibus illius fanctionis omnino non
exftat. Cæterùm ex quinque S. Ludovici filiis memorabilis eft natu minimus, *Robertus*, Dux Claremontanus, qui ducta Beatrice
Borbonia Domus Borbonicæ parens fuit.

18.
Philippus
III.

Philippus III. Audax patri fuccedens, pace cum Tuneti Rege
compofita, in Galliam rediit, offa S. Ludovici fecum devehens,
quæ in templo S. Dionyfii magna cum veneratione funt condita.
Monachi tamen monafterii januam non antè aperuerunt, quàm
Senonenfis Archiepifcopus & Epifcopus Parifienfis ornamenta Pontificalia & Jurisdictionis infignia depofuiffent.

Juftis patri perfolutis Philippus Regni habenas capeffens, Tolofani comitatus poffeffionem adiit; Armeniacum & Fuxenfem
Comites rebelles compefcuit. Ducto in Navarram exercitu Pampelonam expugnavit. Privato fubin Andegavenfi per ficulas vefperas Siciliæ Regno, Petrus Aragonius illud occupavit, quem
Martinus IV. anathemate percuffum Aragonici etiam Regni jure
excidiffe declarat, illúdque Carolo Valefio Philippi Regis filio
confert. (Inde Gallorum olim prætenfio in Aragoniam) Philippus igitur bellum Aragonicum pro filio decernit plurésque urbes
capit. Petro autem Aragonio ex vulnere defuncto, etiam Philippus in Galliam rediens, ipfo in itinere Perpiniani morbo extinctus eft anno 1285. Regni 15. vitæ 40. offa ad S. Dionyfium tranf-
lata, cor ad S. Jacobi Prædicatorum templum. Tres filios reliquit, omnes memorabiles, quia totidem ftemmatum propagatores, Philippum in Galliæ Regno fuccefforem, Carolum Comitem
Valefii, Domus Valefiæ auctorem, & Ludovicum Eboricæ Comitem, cujus pofteri facti funt Navarræ Reges.

Philippus IV. Pulcher Primogenitus, Remis pro more ab Ar- 19.
chiepifco inunctus & coronatus, diuturnum adversùs Belgas bel- *Philippus*
lum fufcepit, Belgii amænitate & propinquitate jam tum Gallo fa- *IV.*
livam movente. Vario Marte pugnatum. Favit initium & finis
Gallis, medium Belgis, & Anglis, Belgio fuccurrentibus. Nam
Gallus jam expugnaverat Infulas, Cortracum, Duacum, Furnas,
Brugas & Gandavum. Cùm in pugna Cortracenfi cæfis Gallorum
viginti millibus, Flandria rurfus fuit amiffa. At biennio pòft cæfis ad Audomaropolin Belgis, pace inita, Infulæ, Duacum, & Be-
thunia Gallo permiffæ funt.

Pacem etiam cum Anglo Philippus confecit, relicta illi, beneficiario tamen jure, Aquitania. At dum profanam pacem fanxit, diuturnum Ecclefiæ bellum indixit, adversùs Bonifacium VIII.
fufceptum, quòd cùm ad fequens fæculum pertineat, eò narrationem illius differimus. Ad hoc verò fæculum pertinet caufa Raymundi comitis Tolofani, Albigenfium hæreticorum aut affeclæ
aut patroni.

§. II.
Concilia celebrata in caufa Raymundi Comitis Tolofani.

H oc fæculo in Gallia maximè graffabatur hærefis truculenta *Al-* 20.
bigenfium, cujus fautor potiffimùm erat *Raymundus*, comes
Tolofanus, ac Dux Provinciæ, jam fæpiùs diris devotus. Cùm
autem ditiones fuas cuilibet occupanti conceffas cerneret, & facri
belli, *Albigenfibus* indicti, ingentem apparatum formidaret, fimulata pœnitentia fuos ad Innocentium III. Pontificem legatos mifit,
qui nomine fuo caverent, fponderéntque, fe in Ecclefiæ poteftate
deinceps fore, & imperata facturum.

Mifit Pontifex Milonem, Apoftolicum fuum Nuntium in Gallias; qui convocatis Epifcopis *Concilium Montilienfe* in Provincia
Narbonenfi indixit, anno 1209. citatus ad hanc Synodum Raymundus, pœnitentis fpeciem præfeferens, in omnibus mandato Romanæ Ecclefiæ ftaturum fe juramento confirmavit, traditis etiam quibufdam locis munitis in pignus fidei. Tum verò ab hærefi & cenfuris Ecclefiafticis eft abfolutus.

Non ftetit perfidus & perjurus promiffis, fed hæreticos in
terris fuis protectione fovere perrexit. Anno igitur fequente
in *Concilio Ægydiano* rurfus communione Fidelium eft motus; ac
Pars VI. **C** con-

contra eum duce Comite Simone Montfortio facrum bellum fufceptum.　　Spoliatus in hoc urbibus omnibus, præter Tolofam &
Montem Albanum, ad Petrum II. Regem Aragoniæ fugere eft compulfus.　Initóque cum hoc fœdere ingentem adversùs Monfortium
& cruce fignatos Albigenfium & Aragonum duxit exercitum:
commifsáque inaudita illa pugna, de qua *part.* 3. *cap.* 5. *art.* 4. *§.* 5.
mentionem fecimus.　Cæfus in acie Arago, amiffis fuorum viginti
millibus.

　　　In *Concilio* deinde *Montepeſſulano* omnes ditiones Raymundi
Tolofani invicto heroi Montfortio funt attributæ: confirmantibus
Concilii fententiam Pontifice ac Rege Franciæ.　At anno 1218.
Montfortius, cùm Tolofam, à Raymundo, ex Hifpania reduce,
receptam fortiter oppugnaret, quinque fagittis confixus occu-
buit.

　　　Succeffit tum ei quidem filius *Almaricus*, fed Raymundus Junior, fimulata pœnitentia & fide catholica multum ei negotii fa-
ceffivit, bona ac terras parenti ablatas repetens.　Pluribus in Synodis ea res partem inter utramque eft difceptata, ùt in *Parifienfi*
& *Montepeſſulano* anno 1224. & in *Bituricenfi* anno 1225. donec anno 1226. Raymundus cum fuis Albigenfibus rurfus fuit anathemate illigatus in *Concilio Parifienfi*, atque ditiones ipfius Ludovico
VIII. Galliarum Regi funt traditæ, Almarico cedente ultro jure
fuo, quod tueri non poterat, atque in aula regia ad fummam poft
Regem dignitatem evecto.

　　　Ab eo tempore, fuccedente præfertim S. Ludovici induftria
ager Tolofanus purgatus cultúsque refloruit: aratro tamen pro-
fcindendus, hoc eft, ferro fubigendus, bello acerrimo contra Raymundum & Albigenfes gefto: usque dum anno 1228. in *Synodo
Meldenfi* Raymundus pœnitens, atque ad Ecclefiam reverfus, po-
tiffimas fuas terras recepit, data filia fua in matrimonium Alphonfo S. Ludovici fratri.

　　　Ut autem hærefis ex ima radice exfcinderetur certiùs, & in
futurum caveretur fecuriùs, anno 1229. in *Concilio Tolofano* inftituta eft *Inquifitio* in hæreticos & de hærefi fufpectos, præfente
legato Apoftolico.

§. III.

§. III.

Status Ecclesiasticus per alia Concilia ordinatus in Gallia.

Vix apud ullam Nationem plura inveniuntur celebrata Concilia.
Sive quòd in Gallia re ipsa fuerint plura celebrata, sive quòd
diligentiùs fuerint annotata & collecta, atque ad posteritatis memoriam transmissa. Unde etiam hoc sæculo multa ibidem recensentur habita. Nos præcipua summatim perstringimus.

21.

Et primò quidem *Parisiense Concilium* anno 1209. in triennium
prohibuit Physicam & Metaphysicam Aristotelis: quia putabatur
quibusdam erroribus occasionem dedisse.

Concilium Avenionense anno 1209. à legatis Innocentii III. habitum, præsentibus quatuor Archiepiscopis, Viennensi, Arelatensi,
Ebrodunensi, & Aquensi, cum 20. Episcopis, multisque aliis inferioribus Prælatis.

Decretum, ut fides diligenter prædicetur. Hæretici bonorum etiam confiscatione puniantur. Usurarii excommunicantur.
Judæi ad remittendas usuras compellendi: item ad cessandum ab
opere diebus Dominicis & festis; ad temperandum à carnibus diebus abstinentiæ. Decimæ dandæ de omnibus bonis, non deductis
expensis: non obstante quavis præscriptione, titulo aut consuetudine. Nulli laico perpetuò concedenda decimarum collectio: neque ex ejusmodi concessione jus aliquod sibi vendicent.

Ecclesiis & Clericis nullæ exactiones imponantur. Electioni
Episcopi & aliarum personarum Ecclesiasticarum laici se non immisceant. Neque ratione electionis aliquid exigant. Ad vacantes
Ecclesias patronatas intra sex menses fiat præsentatio; aliàs jus
provisionis pro hac vice ad Episcopum devolvitur. *Parisiense* anno
1212. à legato Pontificio celebratum statuit, ut de distributione
nihil participent, qui non integro officio Divino intersunt. Clericis interdicit canibus venaticis, equis more sæculari phaleratis.
Focarias suis domibus expellant, sub pœna suspensionis ab officio
& Beneficio. Ne nimia anniversariorum copia se onerent. Nullus confessiones excipiat, si non habeat jurisdictionem ordinariam,
aut delegatam.

Interdicitur dismembratio aut divisio Beneficiorum. Decanatus rurales ne conferantur pretio. Sub excommunicatione prohibetur pluralitas Beneficiorum curatorum. Pro docendi licentia
nihil exigatur.

Ante

Ante 18. ætatis annum nullus Religiofam Profeffionem emittat. Ratione Nationis nullus monafterii ingreffu prohibeatur. Nullus Religiofus in alio cœnobio fufcipiatur, fine Prælati proprii licentia. Chirothecas albas Monachi ne geftent, aliáque fæcularem
morem aut faftum redolentia. Monachus in villa aut Parochia
expofitus habeat focium.

Ufurarii declarantur, qui cariùs aliquid vendunt propter dilatam folutionem. In menfa Prælatorum, faltem initio illius &
fine, facra lectio habeatur. Ne præcipites cenfuras ferant Prælati. Ne mulctis tantùm pecuniariis puniant. Neque pro remittenda trina denuntiatione ante nuptias pecuniam exigant. Abroga-
tur denique *feftum fatuorum*, quo ludicrè Epifcopum, aut Abbatem
plebs eligebat, ac veftibus & infignibus Pontificalibus induebat calendis Januarii.

22.   *Monfpelienfe* ab Apoftolicæ Sedis legato convocatum anno
1214. decrevit, ut Epifcopi vefte talari & fuperpelliceo induti in
publicum prodeant. Ne Canonici aut Clerici utantur vefte rubri
vel viridis coloris. Ne pignora pro mutuo accipiant, ut fructus
pignorum lucrentur; nec alias ufuras, aut negotiationes exerceant.
Nulli laico Beneficium Ecclefiafticum conferatur. Regulares
ne fint proprietarii. Neque certa pecunia pro veftitu illis viritim
detur. Pro receptione in ordinem nihil pacifcantur. Ne fint Advocati in caufa aliena. Canonici Regulares amplas coronas gerant, Monachi ampliffimas. Canonici Regulares fuperpelliceis
femper utantur.

Narbonenfe Provinciale anno 1227. juffit executioni dari legem Ludovici VIII. ut, qui poft trinam monitionem fe excommunicari permiferit, pecunia mulctetur: ejus verò bona, qui in integro
anno in excommunicatione perftitit, in commiffum cadant. Præterea ftatuit, ut teftamenta femper condantur coram Parocho &
viris Catholicis. Perjuros & falfos teftes excommunicatos, infames, & inteftabiles declarat.

Qui poft pubertatem adeptam femel in anno confiteri neglexerunt, vivi ab Ecclefiæ aditu arceantur, & mortui Ecclefiaftica
careant fepultura. Publici ufurarii, inceftuofi, concubinarii,
adulteri, raptores, teftamenti fuppreffores, fingulis diebus Dominicis publicè in Ecclefia excommunicentur. Regulares aliique
Clerici caufas non agant in foro fæculari, vel Ecclefiaftico, nifi pro
fuis Ecclefiis, & perfonis miferabilibus, & de Prælati fui expreffa
facultate.

                                                  Clerici

Clerici neque ratione patrimonialium *tallientur*, feu onerentur exactionibus : Ecclefiaftica, fi opus fit, cenfura intentata. Inquifitores hæreticæ pravitatis diligenter inveftigent. Raymundus Tolofanus aliique hæretici publicè denuntientur excommunicati: & expofiti cuilibet occupanti tam in rebus quàm perfonis.

Tolofanum à legato Apoftolico celebratum anno 1228. in fingulis Parochiis juffit conftitui Inquifitores (in Albigenfes hæreticos) unum facerdotem cum duobus vel tribus laicis. Aliáque ftatuta funt, quæ jam aliás memoravimus.

Rothomagenfe Provinciale anno 1231. fancivit; ne Prælatus mutuam accipiat pecuniam fine confenfu capituli. In ferendis cenfuris fint moderati. Concubinæ Presbyterorum publicè in Ecclefia tondeantur. Caufæ Ecclefiafticæ ne tractentur in foro fæculari. Monafticen profeffi vivant, fecundùm S. Benedicti regulam. 23.

Turonenfe I. Provinciale eodem anno fancivit, ut matrimonia clandeftina dirimantur (*igitur in Provincia Turonenfi Clandeftineitas jam tunc fuit impedimentum dirimens*) Decani rurales non arrogent fibi caufas matrimoniales propria auctoritate. A curatis juramentum exigatur, quòd pro Beneficio obtinendo nihil ab ipfis vel ab aliis fuerit datum aut promiffum. Ad perfonalem refidentiam compellantur. Ne fiat Ecclefiarum vel Præbendarum fectio. Ne in Ecclefia Cathedrali aliqui inftituantur ad Præbendam vacaturam. Ufurarii excommunicantur, donec ufuras reftituant, & Ecclefiæ fatisfaciant. Prohibetur fub pœna excommunicationis, ne matrimonia contrahantur absque denunciationibus feu bannis præmiffis.

Biterrenfe in Occitania anno 1233. plures Canones contra hæreticos, eorúmque fautores, inquirendos, ac puniendos edidit. Ac præterea ftatuit, ut ordinandi de fcientia & moribus diligenter examinentur, item de titulo, vel *patrimoniali*, vel *beneficiali*. Illegitimi non ordinentur, nifi difpenfatum fit. Non exigendum ab ordinandis juramentum, quòd ratione fuftentationis nullum velint Ordinario negotium faceffere. Denique addit, Religiofos nihil poffe habere proprium (*nempe Religiofos, qui tunc erant, & poft Profeffionem*)

Arelatenfe Provinciale anno 1234. decrevit, ut verbum Dei diligenter prædicetur. Ut fæculares Poteftates juramentum præftent de exterminandis hæreticis. Ut nemo excommunicetur, nifi prævia monitione canonica. (*intelligitur de excommunicatione ferenda* 24.

ab homine ; nam fi à jure fit lata, ipfa lex fatis præmonet) Ne teftamentum fiat fine præfentia Parochi.

Turonenfe II. Provinciale, anno 1236. voluit, caufas cruce fignatorum ad Judicem Ecclefiafticum pertinere. Nullos admittendos Advocatos, nifi folido triennio juri ftudierint : nullos officiales, nifi quinquennio eidem vacaverint. Judices delegati Sedis Apoftolicæ non fufcipiant caufæ cognitionem, nifi exhibito authentico refcripto. Epifcopi & inferiores Officiales appellationibus deferant : Epifcopi urgeant teftamentorum executionem. Exempti teneantur exhibere privilegia, de quibus dubitatur.

Burdegalenfe Provinciale anno 1238. fub pœna excommunicationis Judicibus laicis prohibet, ne Clericos ad tribunal fæculare litigare compellant. Pauperibus advocatus à curia detur. Qui per annum in excommunicatione manferit, confifcatis illius bonis, tanquam hæreticus habeatur. Adduntur multa de cenfuris, & de Religiofa difciplina.

25. *Turonenfe III.* anno 1239. fancivit, ut Sacramenta gratis exhibeantur ; poftea tamen exigi poteft, quod pia habet confuetudo : ad quod folvendum Prælati cenfura Ecclêfiaftica fubditos compellant. Parochi auctoritate propria neminem excommunicent. Clerici, aut Monachi nullas ancillas habeant. Clerici nothis fuis aut concubinis nihil leganto ; aliàs legatum irritum efto, & Ecclefiæ applicator.

Salmurienfe anno 1253. vetuit, ne Prælati *procurationes* accipiant ab Ecclefiis, quas non vifitant. Ne quis ad Præbendam vacaturam nominetur. Ne Rectores Ecclefiarum, novis penfionibus graventur. Ne quis Jurisdictionem Ecclefiafticam impediat.

Concilium *Albinenfe, Burdegalenfe, Monfpelienfe, Roffiacenfe*, Canones ediderunt de immunitate Ecclefiaftica ; de excommunicatione invadentium, aut detinentium bona Ecclefiaftica ; de temperandis expenfis vifitationum ; de reliquiis novis non exponendis, nifi à Romano Pontifice fuerint approbatæ ; de caufis in judicio fæculari à Clerico non agendis, nifi pro fe, pro Ecclefia, pro pauperibus, vel propinquis ; de faciendo teftamento coram Parocho & teftibus ; de abutentibus litteris Apoftolicis ; de quæftoribus ad concionandum non admittendis ; de non agnofcendo delegato Sedis Apoftolicæ, nifi litteras authenticas exhibuerit ; atque de aliis, jam fæpiùs memoratis.

Capri-

Capriniacenſe anno 1260. decrevit, ut vacantium Beneficiorum fruĉtus ſucceſſoribus reſerventur.   Ne alieni Parochiani ad matrimonium admittantur, niſi de Curati proprii licentia.   Ut loca, in quibus res vel perſonæ Eccleſiaſticæ captæ detinentur, ſubjaceant interdicto.

Nannetenſe anno 1264. irritavit promiſſionem Beneficii nec- 26. dum vacantis, pœnámque dictat promittentibus.   Statuítque, ut in Prioratibus Monachorum numerus non minuatur.   Ut Clerici à venatione abſtineant; quia nullus venator inveniatur ſanctus. Ut Prælatis in viſitatione duo tantùm fercula præparentur; ſi plus paratum fuerit, pauperibus erogetur.   Ne pedagia exigantur pro rebus Clericorum.   Ne quis in jus vocetur ad locum, ubi non habentur Juris periti.

Andegavenſe I. anno 1269. vetuit ſub cenſura: ne domini temporales ſubditis ſuis prohibeant, donationes, eleemoſynas, aut legata facere Eccleſiis, aliisve piis locis.

Pontodomarenſe ſtatuit, ut, qui in Eccleſia Parochiali majores decimas percipiunt, ad reſtaurationem fabricæ compellantur.   Ne vigiliæ aut choreæ in locis ſacris fiant.   Clericos, habitum & tonſuram non geſtantes, non gaudere privilegio fori & Canonis.   Ne clerici cruce ſignati abutantur litteris Apoſtolicis.

Andegavenſe II. anno 1279. excommunicavit laicos, qui Clericum in tribunali ſæculari actione perſonali conveniunt.   Item illos, qui pro ſigillandis litteris ſacræ Ordinationis aliquid exigunt. Uti etiam illos, qui absque licentia Parochi defunctos ſepeliunt. Clerici, quamdiu in excommunicatione perſiſtunt, fructibus Beneficii privantor.   Si verò ultra annum in eadem contumaciter perſiſtant, claves Eccleſiæ contemnentes, etiam ipſis Beneficiis privantor.

Bituricenſe anno 1286. decrevit, ut nemo cauſarum cognitionem uſurpet extra locum ſuæ Juriſdictionis.   Ut Clerici peregrini ad ſacra miniſteria non admittuntur, niſi ab Epiſcopo ſint approbati.   Ut Clerici concubinarii Beneficiis priventur.   Ut decimæ ſine conſenſu Epiſcoporum à laicis non recipiantur.   Ut teſtamenta fiant coram proprio ſacerdote.

Arti-

ARTICULUS V.
Concilia Hiſpanica.

§. I.
Synopſis Hiſtorica.

27.
Mauri
victi à S.
Ferdinan-
do.

Hujus etiam ſæculi primum dimidium Eccleſiæ in Hiſpania au-
ſpicatum fuit, infelix alterum.   Compoſitis namque domeſticis bellorum turbis, atque nuptialibus uniti fœderibus Chriſtiani Principes, Caſtellanus, Aragonius, & Navarræus, ad ſaltum
Caſtulonenſem ingenti prælio Mauros fundunt, ſi ſcriptoribus Hiſpanis fides ducentis eorum millibus in acie cæſis, &, ut ſuus eſſet
tantæ victoriæ fructus, oppidis multis captis, prædáque opima reportata. Fracta eſt hac clade Saraceni potentia.

Et quidem in Caſtellæ Regno, ad immortalem nominis ſui
gloria, rem Chriſtianam præclarè geſſit *Ferdinandus III.* Alphonſi
IX. Regis Legionenſis filius; qui ob matrem *Berengariam*, Henrici I. ſine liberis defuncti ſororem, Caſtellæ ſolio admotus, ac
dein, poſt mortem patris, etiam Legionenſi, utrumque Regnum
conjunxit, nunquam deinceps amplius diſſociandum: indignantibus tamen Gallis, qui ob *Blancam*, Ludovico VIII. nuptam, ac S.
Ludovici matrem, majorem natu Henrici ſororem proximius in
Caſtellam jus ſibi vendicabant.

Jam verò hic Ferdinandus, quem Hiſpani ùt ſanctum colunt,
totam ætatem ſuam virésque Regni adversùs Saracenos impendit.
Et primò quidem *Emeritam*, & *Pacemauguſtam* eisdem eripuit, tum
verò, altius quid præferens animo, validum illud *Cordibenſe* Barbarorum *Regnum* evertit, reſtitutis poſtliminii jure Chriſtianis aris,
atque impoſito urbi Epiſcopo.

Eadem felicitate victricia arma illata *Murciæ* ac *Granatæ* Regno; quorum Reges cùm ſe Ferdinandi maturè dederent, arbitrio,
ſub annui tributi onere, numeratáque in præſens grandi pecunia,
Regnum precarium redemerunt: victoríque fœderati, cum eo adversùs Hiſpalenſem Regem proceſſerunt.

Victi *Hiſpalenſes* à Ferdinando primùm navali prælio, tum ſexdecim menſium obſidione cincti, expugnata tandem pertinacia,
victoris voluntati ſe permiſſère; vitam tantùm pacti, & innoxium
ex urbe diſceſſum.   Centum hominum millia exceſſiſſe dicuntur.
Luſtrata Chriſtianis Sacris Hiſpalis, datúsque Eccleſiis præſul

Tot

Tot partis victoriis obiit Ferdinandus anno 1252. Regni 34. vita immortali digniſſimus. De quo meritò dubites, an fortior, an fanctior, an felicior eſſet; cùm dotibus omnibus excelleret, Regum Chriſtianorum amor, Saracenorum terror.

Sed & alter ætatis illius Heros rerum geſtarum magnitudine ſæculum ſuum nobilitavit *Jacobus I.* Rex Aragoniæ. Is, cæſo in Tolofano bello patre, Petro II. infans adhuc relictus in Montfortii victoris manibus, petente Pontifice, libertati & Aragoniæ ſuæ eſt reſtitutus, ad palmas & lauros enutriendus.   28. *Et Jacobo I.*

Et primum quidem Martis tyrocinium in undis poſuit. Hiſpano namque cum valida claſſe ſolvens littore, infuſus pelago, in Baleares irruit inſulas; & expugnavit Majoricam, pulſo inde Saraceno Rege. Altera expeditione Minorem Balearem, aliásque victoriis emenſus inſulas, expiatis à Maurica ſuperſtitione terris, Chriſtiana trophæa ubique erexit, commiſſis Sacerdotio Eccleſiis.

Tum verò altero etiam in elemento victor, potens illud *Valentiæ* Regnum Saraceno eripuit, expugnata urbe principe; atque tot deinceps cladibus impiam gentem attrivit, ut in angulum Hiſpaniæ rejecta, Auſtrinis duntaxat in littoribus oberraret.

Denique tot plenus triumphis, exactis in Regno, quod rarum, 63. annis pientiſſimè deceſſit, Ciſtercienſem ultimo vitæ tempore indutus habitum. Princeps ſanè verè magnus, eximius religionis cultor.; cujus incenſus ſtudio ad duo millia templorum aut exſtruxiſſe, aut Chriſtianis ſacris reddidiſſe ſcribitur. Militiæ laude cum quovis veterum ducum comparandus, trigeſies ſigna cum Mauris contulit, proſpero ſemper eventu. Unde Jacobus, *Præliator*, & *Expugnator* dici jure optimo eſt meritus. Suppar, vel etiam major Ferdinando Caſtellano bellandi artibus. Non tamen idem æquabilis innocuæ vitæ tenor.

Alteris ſiquidem nuptiis poſt divortium cum Eleonora Caſtellana, ob conſanguinitatem factum, duxit Jolantham, Andreæ Hûngariæ Regis filiam; at thori conjugalis non ſatis diligens cuſtos, furtivos amores in Theraſiam Vidauram vertit. Cúmque rumor paſſim ſpargeret, eum cum hac jam ante contraxiſſe matrimonium (quod licèt clandeſtinum, tunc valebat) adeóque initum cum Jolantha eſſe irritum, Pontifex Innocentius IV. eam cauſam dijudicandam ſumpſit.   29. *Ejus divortium.*

Accidit tunc, ut Gerundenſis Epiſcopus Pontifici ſcriberet, Regem Jacobum injuſtè agere, quòd Jolantham conjugem repudiare

diare cogitet; quam ob rem Jacobus, ira exæstuans, Epifcopo, ad fe accerfito, linguam exfcindi juffit. Unde Innocentius Lugdunenfi in Concilio Regem anathemate perculit, Aragoniæ verò Sacris interdixit.

At cùm Jacobus Pontifici fupplex fceleris veniam peteret, miffis legatis *Ilerdenfe Concilium* eft celebratum; in quo Rex graviter reprehenfus, atque in genua procumbens, eft abfolutus, ea lege, ut monafterium Ciftercienfibus conderet, & Xenodochium pauperibus; fublatúmque interdictum.

Poft mortem Ferdinandi & Jacobi res Chriftiana in Hifpania in deterius lapfa eft; ut adeo Mauri, in extremas jam à gemino illo Heroe anguftias redacti, acceptis novis ex Africa fuppetiis, excufsóque à Granatenfi Rege jugo, altero fæculi dimidio caput rurfus erexerint.

30.
Verfa fors
Hifpaniæ.

Fruftra tamen fuiffent omnes illorum conatus, fi filii inftitiffent patrum fuorum veftigiis. Verùm illis placuit bella gerere alia, nullos triumphos promerita; civilia nempe, domeftica, parricidalia: externis fe ingerere negotiis; impellente ambitione, æmulatione, avaritia, cupiditate. Quin & ipfi ex Africa evocati à Chriftianis Barbari in Chriftianorum perniciem. Hæc qua ratione contigerint, non eft animus ex inftituto perfequi, fed breviffima duntaxat fynopfi attingere: non ut ingnorantes difcant, fed ut fcientiæ rerum maximarum refricetur memoria.

31.
Alphonfus
X.

Igitur Ferdinando III. quem diximus, fancto Caftellæ Principi fucceffit filius *Alphonfus X.* vir, quàm litteris plenus, tam regnandi artibus vacuus. Difciplinis fiquidem Philofophicis, Hiftoricis, & præfertim Mathematicis eruditus adeò fuerat, ut *Sapientis* nomen ei imponeret adulatio; hodiéque circumferantur *Tabulæ* Aftronomicæ *Alphonfinæ:* quibus ipfe nomen & pecuniam, Arabes vero potiffimùm fcientiam & induftriam commodârunt.

Cùm igitur potiùs fcriberet, quàm fcribenda ad gloriam aliis fuppeditaret, atque his privatis curis, optimis quidem, fed non regiis diftrictus Imperium ignavè ac fuperbè gereret, in fummas calamitates & fe & Regnum fuum, à parente tam bene præparatum, præcipitavit.

Nam & Procerum fuorum ac belli Ducum, quibus tanquam fulcris fuftentatur Majeftas, à fe alienavit animos, & Granatenfi Regi, quem vectigalem fecerat parens, occafionem fecit fervitutem excutiendi; adeò quidem, ut præcipui quique Duces Chriftiani ad eundem transfugerent.   Inci-

Incifis proin reipublicæ nervis, obvium fuit Regi Marochii in Hifpaniam trajicere, & unito cum Granatenfi Mauro, fociisque Caftellæ principibus viris, gemina clade copias regias profligare. Et quod indigniffimum fuit atque calamitofiffimum; Sanctius ipfe filius. Alphonfi furrexit in patrem ; bellóque cum eo commiffus, miferrimam neceffitatem patri attulit, Saracenum Marochii Regem infimis precibus adverfus filium implorandi, &, prô dedecus! coronam fuam regiam eidem Barbaro oppignorandi. Anathema quidem à Pontifice vibratum in Sanctium, urbésque eidem addictæ interdicto fubjectæ   At non defiit effe in patrem impius.

Tantas nihilominus inter clades Regníque ruinas, vaftis adeò ideis Alphonfus grandíque turgebat fpiritu, ut in magno illo Germaniæ *Interregno* ab aliquibus Proceribus cum Richardo Anglo defignatus Imperator, Auguftam illam coronam prenfaret, cùm nec fuæ ferendæ fufficeret.   Superûm deinde hominúmque fidem obteftatus, cùm electus fuit Rudolphus Habfpurgicus.   Sed leonis Hifpani, præfertim tam inertis, & fuis cum cladibus luctantis, rugitus fecura rifit inclita natio Germanica; gratulata fibi, gentis fuæ virum Principem tandem inventum, qui fatifcentem Imperii molem componeret, & pares ferendo oneri humeros afferret.

Miferiis tandem fuis immortuus Alphonfus anno 1284. rejecto filio Sanctio, hæredes ultimis tabulis fcripfit nepotes fuos ex Ferdinando primogenito, jam defuncto, eósque, fine prole obituros, fibi mutuò fubftituit.   At Sanctius jus fuum in armis ferebat ; fuccefsítque, licèt juftè exhæredatus, fecundo genitus, rejectis primogeniti liberis.

Quamvis autem Sanctius felicius quàm pater comparare fibi noverit gentis animos, nihil tamen admodum magni geffit, quod effet ad pofteritatis commendationem memorabile.   Obiit anno 1295. relinquens Regnum Caftellæ filio Ferdinando IV.

Sed neque in reliquis duobus Hifpaniæ Regnis, Aragonio, in quam, & Navarræo, poft obitum Jacobi Expugnatoris præclarum *Bellum* quidpiam pro Ecclefia adverfus Mahometanos actum eft.   Curas *Navar-* namque religiofas aliò abftraxerunt bella, cum Gallis tunc orta, *ræum.* & nimiùm pretiofis odiis continuanda inpofterum.

Duo illis Regna dederunt originem, *Navarræum*, & *Siculum.* Cùm enim Henricus I. Navarræ Rex anno 1274. deceffiffet, relicta nulla prole mafcula, *Johanna* filia, Philippo Pulchro Franciæ Regi nupta Regnum in dotem attulit.   Ægrè habuit Hifpanos, ac

32.

D 2   præfer-

præfertim Aragonium, ea ad exterum Principem devolutio. Unde deinceps immensa bellorum seges, & prætensionum materies.

Et Sicu-lum.   At dum Navarræum Galli acquirunt Regnum, perdunt Siculum. Nam *Petrus III.* Jacobi Expugnatoris, quem laudavimus, filius nuptiali fœdere sibi conjunxit *Constantiam*, filiam Manfredi, qui interempto Neapoli Conradino, nepote suo ex fratre Conrado, jus in Siciliam sibi vendicabat; quam tamen, clientelari nomine à Pontifice permissam, possidebat Carolus Andium Dux, S. Ludovici frater.

Dotale Regnum reposcebat Aragonius: & per *Vesperas Siculas* obtinuit. En alteram odiorum bellorúmque causam, heu nimis multo constantem Christiano sanguine! sollicitavit equidem Carolus Romana fulmina, & obtinuit à Martino IV. anathemate in Petrum vibrato, & interdicto in Aragoniam. At ille per Rogerium Lauriam calabrum navali prælio sæpiùs Gallorum victor, retinuit Siciliam, & ad posteros suos transmisit.

'Felicem dices Petrum, tam facilè parto Regno, fortitérque defenso; feliciorem ego, quòd pater fuerit *sanctæ Elisabethæ*, nuptæ Dionysio Lusitaniæ Regi; ut consors optima bonum faceret.

33.   Dionysii pater, *Alphonsus III.* dejecto fratre majore Sanctio, *Divor-* Regnum invasit, & conjugem *Mathildem* repudiavit, ducta alia. *tium Lusi-* Egit causam suam Mathildis apud Alexandrum IV. summum Ponti-*tani.* ficem. Is, causa cognita, præmonitum, sed contumacem Fidelium communione privavit: & Lusitaniam subjecit interdicto, quo ad 12. annos mansit ligata. En infelix sæculi dimidium, Christianis rebus inimicum, Saracenis jucundum: quódque pluribus Præsulum conventibus causam dedit & materiem; ùt mox dicetur.

§. II.

Concilia Hispaniæ Sæculo XIII.

34.   Et primum quidem hoc sæculo *Concilium in Hispania* celebratum *Hispani-* est anno 1215. in quo editi 20. Canones: quibus statuitur. *cum.*

    1. Ne quis absque dispensatione Sedis Apostolicæ plures dignitates, aut personatus habeat.

    2. Præcipitur Clericis curatis residentia.

3. Pro-

3. Prohibetur, ne quis in Subdiaconum ordinetur, nisi ad titulum Beneficii, aut saltem sufficientis patrimonii: alioquin ordinanti esse providendum necessitati ordinati.

4. Excommunicantur, qui in gradu prohibito matrimonium contrahunt, nisi intra annum dispensationem obtinuerint. Clandestinè verò contrahentes lecto separentur, donec de legitimo matrimonio Ecclesiæ constet.

5. Judæis etiam & Saracenis præcipitur, ut solvant decimas Ecclesiis.

6. In una Ecclesia ne sint duo Parochi.

7. Pro sacris officiis nihil exigatur.

8. Regulares celebrent capitula.

9. Vitent sæcularem pompam.

10. Singuli nil proprium habeant.

11. Clericum, in maleficio, furto, rapina, homicidio deprehensum, potestas sæcularis Judici Ecclesiastico debet extradere.

12. Clerici, in delicto, quod leges sæculares morte puniunt, publicè deprehensi, degradentur.

13. Præbendæ non secandæ.

14. Qui propter irregularitatem ex delicto non deserviunt Ecclesiis, fructus non percipiant, donec canonicè dispensentur.

15. Patrono intra statutum terminum non præsentante ad Beneficium curatum, Diœcesanus provideat.

16. Statuitur pœna irreverentibus in templo.

17. Nullum ineundum pactum circa decimas, sepulturam &c. in præjudicium Parochiarum.

18. Archipresbyteratus non conferendus ad certum tantùm terminum.

19. Si Mauri aliquem vi ex Ecclesia extraxerint, ejusdem Ecclesiæ servituti addicantur.

20. Excommunicantur omnes, qui arma, commeatum, aut quidquam de bellico apparatu ad Mauros deferunt, aut, qui ad eos transfugæ, in Christianos arma vertunt. (*quales plures fuisse diximus, præsertim tempore Alphonsi X.*)

Concilium Ilerdense anno 1229. præside Sedis Apostolicæ Legato, ac præsentibus multis Episcopis & Abbatibus, aliisque Prælatis, multa constituit de disciplina Ecclesiastica, per continua illa, de quibus diximus, bella luxata: præsertim de vita & honestate Clericorum.

Redux

CAPUT I.

35.
S. Ray-
mundus
Penna-
fort.

Redux in Italiam legatus, fecum duxit *S. Raymundum Penna-*
fortium, magnum illud lumen Illuſtriſſimi Ordinis Prædicatorum,
& inſigne decus Jurisprudentiæ ſacræ ; quam compilatis Romæ
quinque Decretalium libris præclarè excoluit redux tandem in
patriam, Barcinone obiit, anno 1275.

36.
Cauſa ma-
trimonii.

Concilium Turiaſonenſe in Aragonia eodem anno 1229. à Legato
Apoſtolico celebratum eſt in cauſa matrimonii, quod Rex Jacobus I. octo ante annos inierat cum Eleonora, Alphonſi VIII. Caſtellæ Regis filia, S Ferdinandi quem laudavimus, matertera. Irritum illud eſt declaratum propter conſanguinitatem in tertio gradu,
Rege & Regina, ùt apparet, non invitis. Alphonſus tamen Princeps, ab iis ſuſceptus, eſt habitus legitimus ; eo quòd natus fuerit
eo tempore, quo bona fide legitimum matrimonium ab omnibus
credebatur. Eleonora igitur cum multis theſauris, magnáque honoris ſignificatione Caſtellam remiſſa, Rex duxit Jolantham, Andreæ Hungariæ Regis filiam. Quam tamen ipſam etiam, ùt diximus, non ſatìs fideliter amavit.

37.
Tarraco-
nenſia.

Tarraconenſe anno 1239. ſtatuit, ne Clerici negotiis ſæcularibus ſe immiſceant. Ut incendiarii & raptores publici, tanquam
excommunicati vitentur, & Eccleſiaſtica careant ſepultura. Ne
occultè fiant donationes Beneficiorum Eccleſiaſticorum. Ne quis
duas præbendas habeat. Ut Apoſtatæ ad clauſtra redeant.

Sequenti anno *Tarraconenſis* Archiepiſcopus rurſus Provinciale
Concilium habuit. In quo actum contra Archiepiſcopum Toletanum, qui per provinciam Tarraconenſem iter faciens, crucem
ſibi præferri juſſit, pallio uſus fuerat, & indulgentias dederat. Statutum eſt, ut, ſi id deinceps eveniret, loca, per quæ tranſit, ceſ-
ſent à Divinis, quamdiu ibi ſit commoraturus ; ipſe verò ſit excommunicatus.

Tarraconenſe III. anno 1242. congregatum eſt contra Walden-
ſes & Albigenſes, in Aragoniam irrumpentes. Præſcripta formula,
illos inquirendi, puniendi, & recipiendi. Præſens huic Synodo
fuit Raymundus Pennafortius, Sedis Apoſtolicæ Pœnitentiarius,
qui abdicato Ordinis ſui generali Magiſterio Barcinonem reverſus
fuerat.

Tarraconenſe IV. eodem anno decrevit, ut Epiſcopi, & Clerici
ad Provinciale Concilium veniant. Ut Epiſcopi & eorum officiales juſtitiam gratìs reddant. Ut nullus Sacerdos plures Miſſas
eadem die legat, excepto Natali Domini. Duæ tamen tollerantur,
quando neceſſitas urgens fuerit. Anno 1246. *Concilium Ilerdenſe*
per

per legatos Apoftolicos abfolvit Jacobum Regem ab anathemate, quod incurrit, ob excifam linguam Epifcopi Gerundenfis, ùt §. I. meminimus.

Plura deinceps *Tarraconenfia* funt celebrata, in quibus de raptoribus bonorum Ecclefiafticorum, de abfolutione excommunicatorum &c. tractatum. *Tarraconenfè* autem anno 1279. habitum miffis litteris Pontificem obfecravit, ut Raymundo Pennafortio, viro fanctiffimo publicos in Ecclefia honores decerneret; at nihil tunc impetratum, Nicolao ab Aragoniis averfo, eò quòd Petrus Rex jam tum in Italia turbas moliretur, & ftatutum à fuis majoribus cenfum Ecclefiæ Romanæ nollet folvere.

ARTICULUS VI.
De Conciliis Anglicanis Sæculi XIII.

§. I.
Prænotanda de Statu Angliæ.

Joannes fine terra (fic dictus, quòd pater Henricus II. in divifione Regni ipfum præterierit) fratri Richardo, anno 1199. *Joannes.* defuncto absque prole, succeffit; quamvis non fine magna contentione, & Provinciarum diffenfione. Litem ei movit *Arthurus* nepos, ex Godofredo majore natu fratre genitus. Igitur tunc ea difceptabatur quæftio, an frater junior fratri fuccederet, an verò fratris fenioris filius ? Sequiorem caufam pars major fecuta eft. Inauguratus Londini à Cantuarienfi Joannes, Arthurus verò captus, à Joanne trucidatus dicitur in arce Rothomagenfi, Gallis fruftra eidem opem ferentibus: qui propterea bellum Joanni denuntiârunt. Unde

Nihil Joannis Regno turbulentius, primò Gallis, dein fummo Pontifice, denique Anglis ipfis in eum furgentibus. Gallis Arthurus, beneficiarius Regis ratione Normanniæ, Pontifici Cantuarienfis Archiepifcopus, Anglis regnandi ineptia caufam dedit.

Electus legitimè fuerat in Cantuarienfem Præfulem Stephanus, quem agnofcere & recipere Joannes noluit. Innocentius III. propterea Angliam interdicto fubjicit. Joannes Ecclefiarum proventus abripit, & in clerum fævit. Innocentius Joannem fententia excommunicationis fulminat, eóque exauctorato, Philippo II. Galliæ

Regi

38.

Regi Angliæ Regnum defert.   Joannes Gallico belli apparatu territus, Regnóque fuo metuens, Innocentio fe Regnúmque Angliæ
& Hiberniæ fubjicit, jure clientelari à fe poffidendum: præftat Innocentio in manibus Pandulphi Legati Apoftolici homagium, promiffo
fimul vectigali annuo.   Innocentius Joannem hoc pacto fubjectum
tanquam beneficiarum à cenfuris abfolvit ac recipit, indignante
Gallo ac bellum profequente.

Biennio pòft Proceres Angliæ, privilegia & libertates fuas
violatas conquefti, à Joanne Rege deficiunt.   Innocentius III. eos
excommunicat, quòd Regnum Romanæ Ecclefiæ jure clientelari
fubjectum perturbarent, atque Londinum ac Procerum terras illi-
gat Interdicto.   Illi Joanne exauctorato, *Ludovicum*, Philippi II.
Galliæ Regis filium ad Angliæ coronam capeffendam evocant, miffis 24. fidei obfidibus.

Ludovicus, qui Blancam Joannis neptem habebat conjugem,
Angliæ thronum vacare dictitans, Regnum oblatum acceptat.   Miffo Legato in Galliam proteftatur Innocentius, Joannem Regem
Angliæ Romanæ Ecclefiæ vafallum effe; illum proin Rex pot.ùs
protegeret; formidandum Regibus fore exemplum, fi fubditi Regem fuum deponant.

Rex Philippus refpondit, Joannem nunquam fuiffe legitimum
Regem Angliæ, damnatum bis à Paribus Franciæ; & licèt fuiffet
Rex, non potuiffe tamen absque confenfu Procerum facere Regnum
feudale aut vectigale: ad Blancam infuper Ludovici filii fui conjugem Angliam jure hæreditario pertinere.   *Et ego*, fubintulit Ludovicus, *pro hæreditate uxoris meæ usque ad mortem decertabo.*

Cùm legatus Pontificius nihil obtineret, fub pœna excommunicationis Ludovico prohibuit, ne Angliam invadat.   At ille miffis Romam oratoribus, qui jus fuum coram ipfo Pontifice defenderent, cum copiis in Angliam trajecit, atque Londini magna cum
veneratione exceptus, fidelitatis Sacramentum accepit.   Cúmque
potiorem Angliæ partem fubegiffet, obiit Joannes Rex anno 1216.
Regni 17. vitæ 50.

Poft mortem illius in deterius lapfæ res Ludovici in Anglia,
attrito ejus milite Lincolnienfi prælio, Anglísque (pro volubili
gentis indole) ad Henricum Joannis filium ftudia inclinantibus.
Receffit proin vacuus ex Anglia Ludovicus, quam tantis fpebus &
promiffis plenus intraverat.   Hoc tamen titulo Galli in Angliam
prætenfionem formant.   .

Henricus III. primogenitus Joannis filius Rex Angliæ inaugu- 39.
ratus, præfente Nuntio Apoftolico, homagio fe obftrinxit Romanæ *Henrici*
Ecclefiæ ob Regna Angliæ & Hiberniæ. Fuitque initiô usque ad in- *III. fata.*
vidiam & querelas Anglorum addictus Pontifici, ac Ordini Epifcopali, fingulari honoris fignificatione Legatos Apoftolicos excipere
folitus. .Poftmodum verò alius à fe ipfo, libertatem Ecclefiafticam obtritum ibat, cum Romanis etiam Pontificibus ob refervationes Beneficiorum, & Legatorum exactiones expoftulans.

Tandem patris ferme fato, à Proceribus Anglis, cùm detre-
étaret eorum ftatuta quædam confirmare, facta confpiratione, bello
impetitus, & cum fratre Richardo ac Eduardo filio captus eft. Et
fortaffis atrociora Regi fuiffent exfpectanda, nifi Eduardus Princeps è cuftodia elapfus, collectis patris clientelis & fidis fubditis,
rebelles prælio viciffet, ac patrem patrúmque libertati reddidiffet.
Flagrabat tamen adhuc bello civili Anglia, donec feditiofi, fæpiùs
excommunicati, fenfim Regi & Ecclefiæ funt reconciliati. Obiit
Henricus piè anno 1272. Regni 56. vitæ 66.

Eduardus I. fub extrema patris tempora cum S. Ludovico cruciatam expeditionem in terram fanctam fufcepit; indéque redux,
patris defuncti thronum confcendit. Jus dominii directi in Scotiam
exercuit, accepto à Rege homagio. Bellum Aquitanicum, adversùs
Philippum Pulchrum geftum, finitum eft geminis nuptiis Regiis.

Bello illo flagrante Scotiæ Rex *Balliolus* ad Regem Galliæ defe- 40.
cerat. Quare Eduardus pace cum Gallis facta, adversùs Scotos *Eduardus.*
duxit exercitum, victus, captus, exauctoratúsque Rex Scotiæ in
carcerem Londinenfem ductus eft. Proceres verò Scotiæ Eduardi
voluntati fe permifêre. Bonifacius VIII. Scotorum patrocinium
fufcepit, jufsítque, ut Rex Angliæ Epifcopos, Abbates, aliósque
Scotos ex captivitate liberos dimittat.

Diffidium hæc res Pontificem inter & Anglos excitavit: quod 41.
tamen ab Anglis fcriptoribus plus jufto augetur. Et notandum,
Matthæum Parifium fcriptorem Anglicum hujus fæculi XIII. aut alienum omnino fuiffe à Sede Apoftolica, aut in variis acatholicis, Lon-
dinerfibus & Tigurinis, editionibus fuiffe corruptum, ut odium adversùs fummos Pontifices apud heterodoxos, & orthodoxos etiam
conctarent. Hinc auctor ifte, cujus teftimonio quidam catholici
quoque in Anglicana hiftoria hujus temporis, plurimùm utuntur,
admodum cautè & circumfpectè legendus.

Bellum poftea cum Scotis recruduit contra Eduardum, Regem Angliæ, qui plenus irarum & minarum adversùs illam gen-
    Pars VI.   E   tem,

tem, ùt putabat, toties rebellem, obiit *anno* 1308. *Regni* 34. *vitæ* 68. datis filio Eduardo monitis, ut paternis etiam exuviis in Scotiam deportatis, manes paternos ulcifceretur.

§. II.

Status Ecclefiafticus per Concilia ordinatus in Anglia.

42. Poftquam Joannes Rex communione Fidelium fummotus, terri-túrque, quod memini, Gallico apparatu, ad pœnitentiam recipi fupplex petierat, indiftum fuit anno 1214. Concilium *Londinenfe.* In quo à Legato Apoftolico Rex abfolutus, atque Interdiftum, quod fexennio tenuit, fublatum eft. At cùm idem Rex Rempublicam malè gereret, Angli ab eo deficientes, ùt diftum, Regem fibi elegerünt Ludovicum ; quo in Angliam irrumpente Joannes occubuit. Angli verò ad Henricum ejus filium rediêre, pace cum Ludovico compofita.

43. *Oxonienfe* anno 1222. Præfide Canturienfi, ftatuit, ut Epifcopi non differant ultra duos menfes admittere fibi legitimè à Patronis præfentatos. Ne bis in die Sacerdotes Miffam celebrent, nifi in Nativitate Domini, Refurreftione, & exequiis defunftorum. In Cathedralibus certi Confeffarii defignentur ad audiendas confeffiones Presbyterorum & Canonicorum. Euchariftia, Chrifma, Sacrum oleum fub clavibus diligenter cuftodiantur. Plures alii Canones traftant de difciplina Regulari Monachorum & Canonicorum.

Londinenfe anno 1233. celebratum Præfide Ottone Cardinale, Apoftolico per Angliam Legato, fedente à dextra illius Cantuarienfi, à finiftra Eboracenfi. Sancitum, ut Confeffarii gratis confeffiones audiant. Ut conftitutiones Pontificiæ de Refidentia Clericorum, & pluralitate Beneficiorum non habenda, executioni mandentur. Clericos, matrimonium contrahentes, ipfo jure Beneficiis privatos declarat. Judices litium compofitionem ne impediant. Epifcopi in præcipuis faltem folennitatibus Miffam in Cathedrali Ecclefia celebrent. Juramentum calumniæ in caufis etiam Ecclefiafticis exigatur.

Lambethenfe anno 1261. multa ftatuit de Ecclefiaftica libertate & immunitate, déque lata in ejusdem perturbatores excommunicationis fententia.

Londi-

Londinense Nationale ab Ottobono Cardinale, Apostolicæ Sedis Legato, congregatum, anno 1268. statuit, pro Sacramentorum administratione nihil exigendum.   Confessionis remedium nulli negandum.   Sæcularem magistratum nulli Sacerdoti gerendum. Ecclesias ab Episcopo gratis consecrandas. Concubinas ejiciendas. Ecclesiasticos ad personalem Residentiam tam Divinis quàm Ecclesiasticis præceptis adstringi. Bona Clericorum intestatorum in pios usus expendenda.   Ecclesias non dandas in *Commendam*, nisi necessitas aut evidens utilitas exigat.   Non admittendas resignationes Beneficiorum cum reservatione regressus.   Et pactiones universim omnes circa Beneficia irritæ declarantur.   Plura adduntur de disciplina Regulari, cum insigni commendatione Illustrissimi atque Sanctissimi Ordinis Benedictini, quem *Deo proximum* appellat Concilium, *per virum illum venerabili; vitæ, gratia, & nomine Benedictum, docente sancto Spiritu institutum, & elevatum ad charismata meliora, per altioris vitæ gradus de terrenis triumphantem, & Regnum Dei sancta violentia sapientem &c.*

Lambethense II. anno 1281. à Cantuariensi indictum, tractat de Sacramentis; vetat Subdiaconatus Ordinem unà cum Minoribus conferri eadem die. Decernit pœnitentiam publicam & solennem peccatis gravioribus & scandalosis.   Extra mortis periculum ad Eucharistiæ Sacramentum non esse admittendum statuit eum, qui confirmationis Sacramentum necdum percepit.   Neminem posse fieri Advocatum, nisi per triennium saltem Jus Canonicum & Civile audierit.

ARTICULUS VII.
Concilia Polonica, & Silesica.

Satis turbulentus erat hoc sæculo Poloniæ status, dum plures Duces aut ab ipsis Polonis, aut à se mutuo pellerentur, non sine multis bellis civilibus. Anno 1206. deposito Miecislao III. & Uladislao III. restitutus fuit *Lechus V.* Casimiri II. filius, à Duce Pomeraniæ prælio victus & occisus anno 1262.

Successit filius *Boleslaus V.* sub tutelâ Conradi patrui, Cuiaviæ & Masoviæ Ducis. Anno 1241. Tartari in Poloniam irrumpentes, eo furore grassabantur, ut Boleslaus Dux in Hungariàm fugere fuerit compulsus ad Belam Regem, cujus filiam Cunigundam conjugem habebat, servata tamen perpetua castitate. Quam ob caufam *Boleslaus Caftus* appellatur.   Obiit anno 1279. Regiminis 52.

Poft eum Ducatum Poloniæ obtinuit *Lechus VI. Niger*, proximus Boleslai confanguineus; qui geftis adversùs Ruffos feliciter bellis, Tartarorum irruptionem fuftinuit, immani barbarie Poloniam devaftantium.   Obiit anno 1289.

Secutum eft fex annorum Interregnum, variis Principibus de Ducatu Poloniæ contendentibus.   Donec tandem *Primislaus II.* anno 1295. electus eft, & quidem fub *Regio* titulo, qui ultra 200. annos erat extinctus.   At diu eo frui non licuit; nam octavo Regni fui menfe à conjuratis Polonis captus & occifus eft.

Succeffit *Uladislaus IV.* ex veteri Poloniæ Ducum ac Piafti ortus profapia.   Verùm etiam hic fexto Regni anno à Polonis eft depofitus, electúsque *Wenceslaus IV.* Rex Bohemiæ, qui occifi Regis Primislai filiam habebat conjugem.   Defuncto autem anno 1305. Wenceslao, Poloni, hortante fummo Pontifice, Uladislao coronam reftituunt.

Tot inter hoftium irruptiones, civiles difcordias, ac violentas Regum mutationes non mirum, Ecclefiafticam etiam immunitatem paffam effe, & morum difciplinam enervatam.   Huic proin reftaurandæ à Conciliis quæfitum remedium.

46.
Polonica. Et quidem anno 1217. Concilium Nationale *Polonicum*, ut à Cleri correctione reformationem aufpicaretur, Clericos omnes, altaris minifterio deputatos, uxores & concubinas, quas multi retinuerant, abdicare coëgit, juramento ab illis in fecuritatem datæ fidei exacto.

Concilium *Lancicienfe I.* anno 1246. Præfide Archiepifcopo Gnefnenfi, confirmavit fententiam excommunicationis, quam tulerat Epifcopus Cracovienfis in Conradum Mafoviæ Ducem, qui prædia & villas ejusdem Epifcopi partim expilavit, partim etiam incendit, eò quòd is partes Boleslai Pudici adversùs rebelles fuerat fecutus.

Concilium *Lancicienfe II.* circa annum 1257. Præfide Gnefnenfi, anathemate feriit Boleslaum Silefiæ Ducem; eò quòd Uratislavienfem Epifcopum, duósque Presbyteros, captos in carcerem conjecerit.   Cùm autem eos non dimitteret Boleslaus, refcripfit Alexander IV. Pontifex, crucis prædicatione contra eum armandam Poloniam.   Privata deinde tranfactione pax confecta.

Concilium *Lancicienfe III.* anno 1285. fimilem fententiam tulit in Uratislaviæ Ducem, qui Epifcopo & Clero Uratislavienfi

mag-

magnam pecuniæ fummam imperaverat; quam cùm non penderent
Epifcopo expulfo, Ecclefiæ bona fibi attribuit.   Terrâ Ducis interdicto fubjectâ, expulfi omnes, qui interdictum fervabant.

Quia Silefia antiquitus ad Poloniam fpectabat, non tantùm in   47.
Politicis, fed etiam Ecclefiafticis, Gnefnenfi Archiepifcopo Polo- *Silefica.*
niæ & Silefiæ Primate, atque Duces fuos ex Piaftæo Polonorum
fanguine habuerit, non alienum erit, *Uratislavienfia* Concilia hujus
fæculi XIII. hìc fubjungere.

Igitur anno 1248. Innocentii IV. ex concilio Lugdunenfi legatus in Poloniam, Ecclefiæ Polonicæ Epifcopos *Uratislaviam* ad
Concilium convocavit.   Comparuerunt Gnefnenfis, Cracovienfis,
Pofnanienfis, Uratislavienfis, Uladislavienfis, Plocenfis, Lubli-
nenfis, Culmenfis.   Duæ res in hac Synodo actæ.   Primò Pontifici per legatum neceffitates Romanæ Ecclefiæ proponenti, Epifcopi quintam partem fructuum Beneficialium obtulerunt.   Secundò, quia ad id usque tempus in Polonia quadragefimale jejunium
à Dominica feptuagefimæ usque ad pafcha continuatum fuerat,
mos ifte abrogatus, & jejunium ad Romanæ & univerfalis Ecclefiæ confuetudinem reductum eft, die Cinerum deinceps inchoandum.

Alterum *Uratislavienfe*, anno 1267. pro terræ fanctæ fubfidio celebratum, deliberavit de remediis, quibus in eam rem uti
oporteat.   Propofitæ fimul Jubilæi Indulgentiæ aliquid conferentibus.

Tertium *Uratislavienfe* fuit Diœcefanum, anno 1279. à Thoma Epifcopo congregatum.   Tractatum in eo de difciplina Ecclefiaftica: de vita & honeftate Clericorum: de cœlibatu & caftitate
eorum: de immunitate Ecclefiaftica: de folvendis decimis: de
nullitate abfolutionis à cenfura, per metum extortæ.

ARTICULUS VIII.
Concilia Danica.

§. I.
Schema rerum Danicarum.

Germanico hinc Oceano, Balthico inde mari complures infident   48.
Infulæ, quarum præcipuæ funt ad Orientem *Seelandia*, in
qua Hafnia : ad Occidentem *Jutia* peninfula, auftrali parte con-

nexa continenti Germaniæ, *Cimbria* olim dicta, feu *Cimbrica Cherfo-nefur* (ex qua Cimbri, Galliæ & Italiæ olim vaſtatores, à Cajo Mario profligati) in medio Seelandiæ & Jutiæ *Fionia.*

Terræ iſtæ antiquiſſimis temporibus à Judicibus regebantur, donec mille annis ante Chriſtum natum in Regnum ſurrexêre, quod à *Dano,* primo ejus Rege, *Dania* dictum eſt. Scioldus nepos Dani Saxoniæ partem adjecit Daniæ. *Suibdagerus,* Norvegiæ Rex, primus tria Borealia Regna, Daniæ, Sveciæ & Norveg.æ conjunxit; quæ ſæpiùs deinceps ſub uno capite unita, ac rurſus diſſecta fuerunt: perpetuis ferme bellis inter finitimas iſtas gentes flagrantibus.

Roë & Helge fratres ita Regnum diviſerunt, ut alter terra alter mari imperaret. Frotho I. rurſus Norvegiam & Sueciam Daniæ ſubjecit. *Frotho* verò III. ſub ipſa naſcentis Chriſti tempora, tricorpori Regno Oceani Inſulas, Britanniam & Hiberniam adjecit, tantísque laudibus à Danis Scriptoribus extollitur, ut non tantùm *Magni* cognomine compellent, ſed orbem terrarum cum Auguſto Cæſare ab eo diviſum eſſe ſcribant, ad Euxini usque littora per Sarmatiam exporrecto imperio. Succeſſit ei, quod mirum, Hiarnus poëta, nulla ſanguinis prærogativa commendatus, ſed quòd defuncto Frothoni optimum epitaphium affixiſſet.

Ingens inde hiſtoriæ Danicæ interceſſit lacuna, trium ferme ſæculorum ſilentio, ut adeò incognitum omnino ſit, quid ab anno Chriſti 400. ad 700. ſit geſtum in Dania, aut à quibus Principibus gubernata.

Anno 826. *Haraldus Klackius* Regno pulſus à Regnero Norvego, ad Ludovicum Pium Imperatorem profugit, edoctúsque Chriſtianæ fidei capita, primus omnium Daniæ Regum Moguntiæ eſt baptizatus. Redux deinde cum copiis Ludovici, Schleſvici vero Numini templum poſuit; adductis per *S. Anſcharium* ad ejus cultum populis. Quos Regnerus atroci tyrannide eſt perſecutus, Haraldo rurſus in exilium ejecto. Verùm *Ericus* Haraldi frater, cum eodem Moguntiæ baptizatus, Regno poſtmodum admotus, Duce Anſchario, ſeptentrionis Apoſtolo atque Epiſcopo, religionem reſtauravit provexítque; non aliam certè, niſi Catholicam: neque enim aliam Chriſtianam tunc orbis noverat.

Atque ut nôris, unde vivendi Chriſtianè præcepta accerſierit Dauia, *Frotho* Rex circa annum 880. à ſummo Pontifice petiit Epiſcopos, & Doctores, qui Sacra in Dania ad Romanæ Eccleſiæ morem componerent. Non tamen eas adhuc fides radices egit, ut evelli non poſſet à pluribus adhuc ſubſecutis Regibus, ethnicis.

Deni-

.Denique cùm Henricus Auceps Slefvici Marchionem adver- 50.
sùs Danorum in Saxoniam irruptiones conftituiffet, & Otto M. Da- *P atenfio*
niam ipfam victoriis fuerat emenfus, cum *Haraldo* Daniæ Rege ea *Imperii.*
lege pacem iniit, ut Daniam Imperii feudum agnofcat & affumpto
Unnone Hamburgenfi Epifcopo fidem Chriftianam in Regnum fufciperet.   Atque ut ftabilis effet fedes, quatuor Epifcopatus fundavit, Slefvicenfem, Ripenfem, Arhufinum, & Ottonienfem (*circa
medium fæculi X.*) Hoc titulo deinde prætenfionem in Daniam Imperium formavit & præfertim in Ducatum Slefvicenfem.   Quia
fcilicet Henricus Auceps arcem ibi & Marchionem conftituit, Otto
verò feudum fecit Daniam.   Addunt Germani, Daniam deinde
manfiffe fub Imperio usque ad Conradum II. à Lothario rurfus
unitam.   Friderico I. præftitiffe homagium &c.

Filius Haraldi *Sveno*, in DEum patrémque fuum impius ac re- 51.
bellis, ultricis juftitiæ vibices fenfit.   A Julinenfibus enim (Po- *Svenonis*
meraniæ populo) victus, captúsque Rex inter gregarios publico *fata.*
in foro armis difcinctus, ac vinculis indutus eft.   Ter captivitate
folutus, ter ad eandem reductus.   Pecunia taxatum caput Regium. Erepta à Sveco Dania.   Sveno per orbem vagus conqui-
rebat auxilia, explofus ab Anglis, undique defertus.   At dedit
vexatio intellectum, & calamitas veram fapientiam : agnovit ultri-
cem Numinis manum : & ofculatus eft.   Fidem mutavit & mores :
receptúsque in Daniam fuam fuperftitionis ethnicæ abfterfit illu-
viem, everfis idolis ac profanis aris, ejectísque Flaminibus fubftituto Chrifti Sacerdotio.   Quæ beneficia ut æterna Sveno faceret, Lundino Bafilicam, Roëfchildæ Epifcopatum, urbibus oppi-
dísque Monachorum dedit colonias, circa finem fæculi X.   Hæc
lernæ contumacis repurgatio : hic terminus facri ac profani per
Daniam.   Ab hoc quippe tempore catholicam Chrifti fidem cum *Dania*
Regibus fuis conftanter profeffa eft Dania, donec noviffimo tem- *converfa.*
pore Lutheri adversùs Chrifti Ecclefiam rebellio nobiliffimum Daniæ Regnum cum aliis Borealibus provinciis deplorandæ in facris
ruinæ involvit.

Cæterùm Sveno converfus ad DEum, propitium fenfit.   Norvegiam, cæfo Olao Rege, Daniæ fubjecit, Scotiam domuit, Angliam univerfam fubegit, ex capto, vincto, vendito, profugo,
& mendico Rege ethnico factus potentiffimus plurium Regnorum
Rex Chriftianus.   Et, qui amplior cœli favor eft, reliquit filium
Canutum nomine & re verè *Magnum*, fuperatis hoftibus totum
ferme feptentrionem complexum Imperio : in hoc folo tamen minùs

nùs providum, quòd tria Regna tres inter filios diviferit, data Haraldo Anglia, Canuto Dania, Svenoni Norvegia. Imminutâ etenim hoc paĉto fingulorum potentiâ, Anglia & Norvegia rurfus
amiffa eft. Imò *Magnus Bonus* S. Olai filius Norvegiæ Rex occupavit etiam Regnum Daniæ. Quod tamen mox rediit ad *Svenonem
Eftritium*, ex *Eftritia* videlicet, Canuti M. forore, genitum.

Eftritius Rex 12. filios genuit, at impari omnes thoro: quorum tamen fex continua ferie in Regno fucceffores habuit. Primus erat Heraldus, qui abolevit morem, per candentis ferri probationem decidendi lites, fubftituta juramenti religione ubi opus
fuerit interponenda.

52.
S. Canu-
tus.

Alter filius *Canutus Sanĉtus* in Regno fuccedens fratri, Ecclefiæ Patronus, Clericorum Pater, Religionis fanĉtæ propagator,
compofitis domi rebus ad Àngliam, patri ereptam, atque ad Nor-
mannos translatam, refpexit. Ac fratrem Olaum, quem Slefvi-
co (ab eo tempore Daniæ feudo) præfecerat, expeditionis armatæ Ducem deftinat. Hic feditiofa coquens confilia adversùs fratrem cum aliis confpirat. At machinatione deteĉta Rex Olaum
vinĉtum in Flandriam abduci juffit. Qua re offenfi Dani, jam aliàs
in fanĉtum Regem concitati, quòd pro Ecclefiis decimas exigeret,
immani Sacrilegio eundem Othoniæ in Fionia fub ipfo Miffæ Sacrificio ad aram fleĉtentem trucidarunt. Quod barbarum facinus
publica deinde Daniæ calamitas, extrema fames, luéfque peftifera
excepit, agnofcente Olao Rege, cruentæ tragœdiæ auĉtore, fe-
rientis Numinis dexteram.

53.
Lundenfis
Primatus.

Emendavit fratris fcelera *Ericus*, placavítque cœleftes iras,
agris fatífque in amplam meffem mox exuberantibus. Bremenfi
Archiepifcopo eò usque fubjeĉta erat Ecclefia Danica. Cum eo
collifus Ericus Rex Romam profeĉtus, obtinuit, ut abolita Bre-
menfis Jurisdiĉtione Lundenfis in Scania Epifcopus feptentriona-
lium trium Regnorum in facris effet Primas. Demum facram in
Palæftinam peregrinationem fufcipiens Ericus, in Cypro pientiffimè obiit.

Præterito ejus filio Dani patruum *Nicolaum* Regem renuntiarunt. Ortæque deinceps plurimæ ob fucceffionem in Regno difcordiæ, belláque civilia. Adhibitus etiam in Regno, non admodum magno, triumviratus Regum. Sed quod remedium effe
debuerat, magis irritavit malum: donec ad unum Waldenca-
rum I. Regnum delatum eft, qui Vandalis ac Pomeranis multa ad
Balthi-

Balthicum eripuit, infulam præfertim Rügiam: at plus dedit, quàm abftulit Chriftianam videlicet religionem.

Waldemari nepos *Ericus fanctus* Daniæ Rex ab Abele fratre fuo occifus, fanctos inter ab Ecclefia colitur. Is expeditionem in Livoniam fufcepit, ut gentem illam, ethnicæ fuperftitione adhuc magnam partem adhærentem, penitus Chrifto adduceret. _{54.} *S. Ericus.*

Sub medium fæculi XIII. Rex *Chriftophorus*, S. Erici frater collifus eft cum Erlando, Scaniæ Archiepifcopo, ac Primate. Indixit Rex Comitia, Erlandus *Concilium Vedelenfe*, fopitæ tantifper difcordiæ, in majus mox exarfuræ incendium. Nam Rex Clerum perrexit premere, Archipræful cenfuris tonare. Datus in carcerem propterea, Epifcopis aliis fugâ elabentibus.

Habitum ea fuper re *Concilium Ripenfe* ab Epifcopis, præfente Rege Chriftophoro; quem ab Arhufienfi Antiftite porrecta venenata hoftia necatum fcribunt, aut fabulantur recentiores Dani Hiftorici. _{55.} *Turbæ.*

Ericus Chriftophori filius, liberum dimifit Erlandum, & interdicti folutionem à fummo Pontifice obtinuit. At mox à Slefvicenfi Duce, Vafallo fuo, & Pomeranis ac Vandalis, annuis ferme Daniæ hoftibus, bello appetitus, victus, captúsque fuit; Brandeburgi tandem opera reftitutus Regno. At novæ rurfus cum Lundinenfi turbæ eò usque excreverunt, ut in *Synodo Slefvicenfi*, Præfide Guidone Cardinale, Dania rurfus interdicto, quod feptennium tenuit, fubjecta fuerit. Quæ difcordiæ recruduerunt, poft interfectum à Proceribus Regem Ericum, fub ejusdem nominis filio: ubi Grandius Lundinenfis Archiepifcopus & Primas in fqualidum carcerem fuit conjectus.

§. II.

Status Ecclefiafticus ordinatus per Concilia.

Tot inter Daniæ civiles motus, geftáque cum finitimis Principibus bella, ipsásque etiam Regni cum facerdotio collifiones, miferandum in modum labefactata fuit morum difciplina, cui reftaurandæ plura celebrata funt Concilia.

Et quidem anno 1222. *Slefvicenfe* indictum à Legato Apoftolico, decretúmque, ut Sacerdotes, & quicumque Ecclefiaftici Ordinis effent, cœlibes vivant, nullíque aut uxorem aut concubinam habere liceat: nec eorum liberi ad hæreditatem admittantur. At plures eorum contumaces, matrimonium licitum fibi effe

Pars VI.   **F**   con-

contendèntes, ab·hoc Concilio & Pontifice ad generale Concilium appellârunt.

Concilium *Othonienſe* anno 1245. celebratum in Fionia, Præſide Lundenſi Archiepiſcopo, ab ejusdem ſuffraganeis Epiſcopis, Viburgenſi, Roëſchildenſi, Arhuſienſi, Ripenſi, Burglavienſi, Othonienſi, & Eſchillo Sleſvicenſi, contra bonorum Eccleſiaſticorum deprædatores, quorum in illis Daniæ tumultibus multi erant; nec ipſis Regibus manus avaras abſtinentibus. Dum aut ſua Eccleſiis jura ac bona diriperent, aut tributa iis imponerent, aut alia ratione immunitatem Eccleſiaſticam læderent, aut læ di permitterent. Inde illæ Regum cum Archiepiſcopis Lundinenſibus, aliiſque Epiſcopis diſcordiæ. Certè propterea Roéſchildenſis Epiſcopus in Norvegiam abiit, atque inde in Galliam : ubi Claravallenſe Cœnobium eſt ingreſſus. In eodem Concilio Othonienſi editus canon contra contemptores ceremoniarum Eccleſiæ. Mirúmque non eſt, in tanta morum licentia, Sacrorúmque cum profanis confuſione, ac Præſulum vexatione, Eccleſiaſticis pœnis excommunicationis & interdicti in contumaces actum eſſe. Quamvis etiam Clerus non vacaverit culpa, & Præſules nimiùm faciles in ejusmodi fulmina fuiſſe videantur.

57. Cùm autem Chriſtophorus I. Epiſcopos variis vexationibus pergeret opprimere, capto etiam Lundenſi Archiepiſcopo, Borealium Eccleſiarum Primate, & in carcerem abducto, celebratum, eſt *Concilium Danicum,* in quo 4. conſtituti Canones.

In 1. ſtatuitur, ut, ſi Epiſcopus quiscunque intra fines Daniæ de mandato Regis, vel ejus conniventia, vel conſenſu, vel alicujus Nobilis, captus fuerit, vel membrum amiſerit, aut atrocem injuriam in perſona ſua ſit paſſus, dummodo probabiliter præſumi poſſit, hoc de voluntate Regis eſſe factum, in toto Regno Divina officia ſint interdicta.

In 2. ut, ſi aliquid prædictorum alicui Epiſcopo Daniæ à quodam potente extra Daniam fuerit illatum, & probari poſſit, hoc conſilio Regis Daniæ aut ejus Nobilium eſſe factum, Diœceſis ejusdem Epiſcopi preſſi ceſſet à Divinis.

In 3. ut, ſi Rex admonitus per duos Epiſcopos, vel Clericos, taliter læſo infra menſem juſtitiam nōn exhibuerit, Regnum ipſum usque ad condignam ſatisfactionem habeatur à Divinis ſuſpenſum.

In

In 4. prohibetur fub pœna excommunicationis, ipfo facto·
incurrendæ, ne quis presbyter, durantibus prædictorum interdicto-
rum fententiis, Divina celebrare præfumat.

ARTICULUS IX.
De Conciliis Sveciæ.

De antiquiffimis Sveciæ (etiam Daniæ & Norvegiæ) Regibus· **58.**
multa incerta aut fabulofa narrantur, uti, quòd Magog Ja *Schema*
pheti filius primus ibi regnârit; quòd Othinus in Deorum nume- *antiquum.*
rum fuerit relatus; quòd Hundingus Vafi, mufto pleno, fe immer-·
ferit, quando audivit mortem Hadingi Daniæ Regis; ex pacto ini*·
to, quòd fimul vellent mori. At certi nihil conftat.

Hoc certum ab antiquiffimis temporibus feptentrionales illas·
plagas habitatoribus refertas, diverfo omnino varióque regimine·
fuiffe gubernatas, ac modo ab uno Principe recepiffe imperia, modo Sveciæ, Daniæ, ac Norvegiæ fingulos Reges præfectos fic
Dani jactant, à Gramo, Hadingo, & Frothone M. aliisque Daniæ
Regibus, jam ante Chrifti nativitatem, tria illa Regna fuiffe·con-
juncta. Certum etiam, continua ferme inter gentes illas, frigore
duratas ac pugnaces, flagrâffe bella, & ob foli fterilitatem amænio-
res fedes quæfitas in Germania, Gallia, Hifpania, Italia. Hinc
magnæ illæ populorum migrationes, Gothorum ex Svecia, Cim-
brorum ex Dania, Normannorum ex Norvegia: quæ gentes Europæ annales implent.

Fides Chriftiana paulatim ex Germania & Polonia per Da- **59.**
niam in has terras immigravit, Sæculo IX. per magnum illum fep- *Converfio.*
tentrionis Apoftolum S. Anfcharium, uti in Dania, ita etiam in
Svecia promulgata, Olai I. tempore: penitus verò introducta fæculo primùm duodecimo à S. Erico Rege. A quo tempore, prout
in aliis Ecclefiæ provinciis, ita etiam in Svecia facra Concilia pro
fervanda religionis integritate, & Ecclefiaftica difciplina funt celebrata.

Et quidem anno 1148. celebratum eft *Concilium Lincopenfe*, **60.**
Præfide (prout illa ætate paffim fieri confveverat) Nuntio Apo *Concilia.*
ftolico. Tractatum in eo de erigenda Sede Archiepifcopali fpeciali in Norvegia, & Upfaliæ in Svecia. At negotium iftud tunc
necdum abfolutum fuit. Ecclefia igitur Svecica, Norvegica, &
F 2

Dani-

CAPUT I.

Danica remanferunt adhuc fubjeftæ Lundenfi in Scania Archiepifcopo, Primati omnium trium Regnorum.

Centum pòft annis, anno videlicet 1248. ftabilita jam Upfalenfi Archiepifcopali Sede, ab Innocentii IV. Legato congregatum eft *Concilium Scheningenfe*, regnante Erico XI. de quo Joannes Magnus, Archiepifcopus Upfalenfis *Hiftoriæ Gotbicæ libro* 19. fic fcribit: „ Multa fui optimi Regiminis teftimonia ad pofteros trans-
„ mifit: inter quæ non infimum locum habent, quæ in Concilio
„ Scheningenfi afta fuerunt per Guilielmum Cardinalem, Epifco-
„ pum Sabinenfem, pro reftituendis moribus fidei Chriftianæ,
„ tam ipfo Rege ac Proceribus præfentibus & approbantibus,
„ quàm Jarlero Archiepifcopo Upfalenfi cum omnibus Coëpifco-
„ pis fuis, ad omnia ejusdem Concilii decreta confentientibus.
„ Quæ fi haftenus æquè diligenter obfervata fuiffent, quemad-
„ modum piè & ad publicam concordiam inftituta fuerunt, non
„ tantùm Chriftianam Rempublicam felicem haberemus, fed Re-
„ gnum ex omni parte beatum ad noftros fucceffores transmitte-
„ remus. Hæc Magnus Archiepifcopus Upfalenfis.

Primaria autem intentio & cura Legati Apoftolici in hoc Concilio erat, revocare Svecos & Gothos à fchifmate Græcorum, in quod Presbyterj & Sacerdotes, duftis publicè uxoribus, confenfiffe videbantur: effecítque cooperantibus Rege Erico, & Birgero Duce, ut abjuratis conjugibus & concubinis cœlibatum amplefterentur; transgreffores verò hujus ftatuti omnibus proventibus, & dignitatibus, ac privilegiis Clericali Ordini annexis, privavit, gravibúsque pœnis & cenfuris ac Judicio fæculari fubjecit.

ARTICULUS X.

Differt. Juridica
De Decimis.

61. Frequèns in Conciliis hujus fæculi aliísque fit mentio decimarúm, quæ à Fidelibus folvuntur Ecclefiæ Miniftris ad congruam eorum fuftentationem; dignus eft enim Operarius mercede fua, hoc eft, ftipendio, ut ftatui fuo congruè poffit vivere.

Difceptari autem folet, quo jure debeantur. Quæ res non magnam videtur habere difficultatem. Nam indubitatum eft, ir lege Mofaica decimas, propriè acceptas, Sacerdotibus Levitici ge
neri

neris à Tribubus reliquis debuiſſe perſolvi, & quidem Jure ac præcepto Divino. (*Levit.* 27.) In lege autem Evangelica, in quantùm neceſſariam Miniſtrorum ſuſtentationem conſtituunt, jure ipſo
naturæ debentur.   Quatenus verò determinatam fructuum portionem, decimam videlicet quamque eorum partem, comprehendunt, ſub jus duntaxat poſitivum cadunt.   Et hinc eatenus con-
ſideratæ mutationi ac diſpoſitioni Eccleſiæ ſubjacent.

Et hinc, licèt de jure communi præcipuè debeantur Parocho,
in cujus parœcia ſiti ſunt agri, prædia &c. ac proin is adversùs alios,
qui decimas prætendunt, intentionem ſuam in jure fundatam habeat,
videmus tamen haud rarò, easdem ab aliis quoque Eccleſiaſticis,
& Religioſis communitatibus, quin etiam à ſæcularibus hominibus
ex privilegio Apoſtolico colligi.

Acquirere autem jus decimandi poſſunt laici, ſi decimæ ſint
merè profanæ & *laicales*, quas olim domini ſuis prædiis, & agris,
quos ſubditis ſuis elocabant, vel in feudum, emphyteuſin, vel
uſumfructum dabant, tanquam tributum, canonem, aut penſionem
annuam impoſuerunt.   Item, ſi jus decimandi auctoritate ſummi
Pontificis fuerit abſtractum & ſeparatum à titulo ſpirituali, ut adeò
evadat jus merè profanum, non ampliùs fundatum in officio ſacro
Parochi &c.   Tunc enim per contractus aut præſcriptionem transferri illud poteſt ad ſæculares, ſicut jura alia ac bona temporalia.
Vel poteſt Papa jus decimandi, ſic ſeparatum à ſpirituali officio,
&, ùt loquuntur *Sæcularizatum*, donare laicis, propter eorum in
Eccleſiam merita, vel in ſubſidium pro eadem defendenda aut propaganda, vel ad tempus pro ſumptibus in bellum ſacrum, adversùs
Infideles ſuſcipiendum; ùt frequentèr factum eſt, hoc etiam ſæculo XIII. pro ſacris expeditionibus.

Poteſt etiam ſummus Eccleſiæ Antiſtes habiles reddere laicos
ad poſſeſſionem juris decimandi, licèt illud necdum ſeparatum ſit
à titulo ſpirituali, ſicut eos univerſim habiles reddidit ad poſſeſſionem Juris Patronatus.   Quo caſu præſcribere illud poſſunt, cùm
poſſeſſionis privilegio Apoſtolico facti ſint capaces.

Poteſt denique à Pontifice jus colligendi decimas concedi laicis in feudum vel emphyteuſin, ita, ut jus directum maneat penes
Eccleſiam, jus verò utile transferatur in laicos.   Quod ante Concilium Lateranenſe III. etiam Epiſcopi poterant.   Poſſúntque hodiedum decimas in feudum dare perſonis Eccleſiaſticis, cùm iſtæ
poſſeſſionis & juris utilis ſint capaces.

Quam-

. Quamvis autem per se loquendo laici præscribere non possint jus decimandi, utpote juris possidendi de se incapaces; si tamen in Germania tempore immemoriali quietè collegerunt decimas ex certis fundis, præsumendum esse videtur, possessionem illam esse veram & legitimam, descendentem nempe vel ex separatione juris à titulo spirituali, per summum Pontificem facta, ita, ut decimæ illæ sint omnino *Sæcularizatæ*, vel ex eo, quòd laici privilegio Apostolico redditi sint habiles ad veram & legitimam possessionem, ac consequenter ad præscriptionem: nisi præjudicia de opposito habeantur, quæ contrariam præsumptionem pariant. Unde, licèt Parochus intentionem suam in jure fundatam habeat, alius tamen tempore immemoriali decimator, in possessione sua non est turbandus: sed præsumendum potiùs de bono initio illius possessionis, quàm de malo.

Licèt verò, ùt mox dictum, laici, nullo interveniente privilegio Apostolico, possidere & præscribere non possint jus decimandi, possunt tamen huic juri præscribere. Aliud enim est præscribere *Decimas:* & aliud multò, præscribere *Decimis.* Quare laici, si titulo fulciantur, 40. annorum omissa solutione, bona fide facta, liberare se possunt ab obligatione solvendi decimas, præscribendo decimis seu juri decimandi, quod habet Parochialis Ecclesia, atque sic præscribere libertatem & immunitatem à solvendis eidem decimis. Si autem justus eos titulus destituat, non nisi præscriptione temporis immemorialis obligatio extinguitur; quamvis etiam tunc bona fides requiratur. Cum qua contra aliam Ecclesiam 40. annis præscriptio absolvitur, licèt nullus peculiaris præstò sit titulus; & contra privatum Clericum vel laicum 30. annis sine titulo: cum illo verò 20. vel 10. annis. Ubi simul præteritis & futuris præscribitur.

Quæstio hîc movetur, an immunitas à solvendis decimis emi possit? ratio dubitandi est; quia ista immunitas & libertas nihil est spirituale. Ergo sicut à laicis etiam præscribi potest, sic pariter emi. Unde non desunt graves Auctores, qui cum Ludovico Engel, Friderich, Schmier &c. censent, immunitatem à decimis solvendis pecuniâ emi posse.

Verùm, licèt immunitas illa non sit aliquid spirituale, sicque ex parte emptoris nihil videatur emptioni obstare; obstat tamen aliquid ex parte venditoris, qui vendit jus suum decimandi, quod est spirituali officio tanquam suo principali, annexum; cùm jus decimandi detur Parocho propter spirituale ministerium. Unde

ven-

venditio juris decimandi eſt Simoniaca. Ac propterea Gregorius XI. *cap. fin. de rerum permut.* contractum, inter duos Prælatos initum, quorum unus pro certa pecunia à petitione decimarum volebat abſiſtere, irritum declaravit.

Excipiunt quidem, tantùm fructus futuros vendi, non autem jus ipſum decimandi: alioquin debere illud in emptorem transferri. Sed hæc exceptio non videtur ſolida. Nam datur duplex modus vendendi jus ſuum; unus operatur translationem juris in emptorem, alter extinctionem juris, quod venditor habet adversùs emptorem. Sic dominus prædii dominantis poteſt jus ſuum activum ſervitutis vendere domino prædii ſervientis, quin in eum transferat jus ſervitutis activæ: quia ſcilicet emptor tantùm acquirit libertatem à jure contrario. Certè in caſu noſtro decimator per venditionem amittit jus decimandi. Ergo non tantùm fructus futuros, ſed etiam jus ad illos vendit.

Præcipua autem in hac re difficultas eſt circa decimas *Novalium* ſeu illarum terrarum, quæ ab immemoriali tempore jacuerunt ſteriles, paluſtres e. g. ſylveſcentes, aut ſaxoſæ, nunc autem labore & induſtria ſunt excultæ & ad fertilitatem perductæ.

Nam certum quidem eſt ex *cap. cùm contingat* 29. *de Decimis &c.* non tantùm decimas *antiquas*, ſed etiam *novalium* de jure communi pertinere ad Parochialem Eccleſiam. Idque omnino verum eſt, etiamſi alius ſive Eccleſiaſticus ſive ſæcularis, in Parochia decimas antiquas colligat, ut habet *cap. tua* 15. *eod.* ibi: *nec occaſione decimationis antiquæ (licèt in feudum decimæ ſint conceſſæ) ſunt decimæ novalium uſurpandæ: cùm in talibus non ſit extendenda licentia, ſed potiùs reſtringenda.* Ubi nihil diſtinguitur inter perſonam Eccleſiaſticam & laicam, quæ decimas antiquas colligit. Et certè Parochus, etiam quoad decimas novalium, intentionem ſuam in jure fundatam habet contra omnes, qui illas prætendunt.

Neque obſtat *cap. ex parte* 27. *eod.* ubi Pontifex ait: *cum tibi, quod majus eſt, ſit conceſſum, ut videlicet decimas de laboribus terræ Parochiarum tuarum cum integritate percipias, de novalibus eas exigere ſatispotes: quia ubi majus conceditur, minus conceſſum eſſe videtur.* Nam hoc capitulum manifeſtè loquitur de ſolo Parocho (decimas de labore terræ *Parochiarum tuarum*) non autem de aliis perſonis, colligentibus decimas antiquas. Similiter clauſula adjecta intelligenda eſt ſecundùm caſum de Parocho propoſitum: quòd ſcilicet, cui majus conceditur *jure ordinario* (nempe Parocho) etiam minus conceſſum eſſe videatur. Unde hoc reſcriptum, in favorem Parochi

datum,

datum, non eſt in ejus odium ad alios decimatores extendendum; *cùm in talibus non ſit extendenda licentia, ſed potiùs reſtringenda.* Aliud foret, ſi alicubi alia conſuetudo legitimè eſſet præſcripta, aut privilegium aliquod Parocho obſtaret, aut alius perpetuò collegiſſet eo in diſtrictu decimas novales.

Nihilominus tamen circa ipſum privilegium magna eſt inter DD. controverſia; an videlicet privilegium aliquod à Pontifice conceſſum indefinitè perſonæ Eccleſiaſticæ aut ſæculari, colligendi in certo diſtrictu decimas intelligendum etiam ſit de decimis novalium.

Qua de re jam dixi, ſi alicui perſonæ privilegium ſit conceſſum colligendi decimas *antiquas*, illud non eſſe extendendum ad novales. Idem dicendum exiſtimo, ſi privilegium decimandi ſimpliciter & indefinitè ſit conceſſum, non diſtinguendo inter decimas antiquas & novales: nam quia tale privilegium eſt odioſum & in præjudicium Parochi, ac contra jus commune atque ordinarium, intelligendum èſt de decimis præſentibus, ſeu de illis, quæ obveniunt tempore conceſſi privilegii, non autem extendendum ad decimas novalium primùm futuras. Niſi verba, quibus privilegium conceditur, ita ſint univerſalia, ùt commodè de ſolis antiquis non poſſent intelligi. Nam tunc privilegium non extenderetur ad futuras novales, ſed eas comprehenderet: e. g. ſi diceretur: *Concedimus vobis omnes & quascunque decimationes in toto hoc diſtrictu.*

Et hoc, credo, ſignificare voluit Pontifex, quando *cap.* 29. *cit.* ait, decimas novalium pertinere ad Parochialem Eccleſiam, *niſi ab his, qui alias percipiunt decimas, rationabilis cauſa oſtendatur, per quam appareat, novalium ad eos decimas pertinere.* Atqui, ſi privilegium ita ſit illimitatum, atque univerſale, ut omnes omnino decimæ certi ac determinati diſtrictus alicui ſint conceſſæ, rationabilis cauſa oſtenditur, novalium etiam decimas ad privilegiatum pertinere. Et hinc probè inſpiciendus tenor privilegii.

Et hinc etiam cenſeo, ſi privilegium ſit *negativum*, quo indulgeatur alicui, ne deinceps ex bonis ſuis debeat decimas ſolvere, ejuſmodi privilegium comprehendere etiam decimas futuras novalium, nec tantùm decimas bonorum actu poſſeſſorum ſed etiam acquirendorum.

Quæ doctrina, licèt multis DD. ſit contraria, colligi ſatìs dulucidè videtur ex *cap. quia circa* 22. *de privileg.* Ubi Pontifex decidit, quòd privilegium, quibuſdam Monachis conceſſum, non

fol-

folvendi ex bonis fuis decimas, *non folùm de decimis poffeffionem illius temporis, fed futuris* etiam intelligendum videatur. Et addit rationem: *Cùm nihil exceperit, ac in beneficiis pleniffima interpretatio fit adhibenda, nec debeat una eademque fubftantia diverfo jure cenferi.*

Et ratio ulterior eft; quia privilegium, negativè conceptum, *non* folvendi dicimas, ex natura propofitionis eft univerfale, *nullas* folvendi decimas; qua fub univerfalitate omnes comprehenduntur decimæ, adeóque etiam decimæ novalium futurorum: quæ non minùs funt decimæ propriè dictæ, quàm antiquæ.

e   Certè hanc effe mentem Pontificis videtur oftendere tum ipfa locutio adeò generalis & illimitata, *cùm nihil exceperit, nec debeat una fubftantia diverfo jure cenferi*: tum quia per fe videtur incredibile, quòd Pontifex alicui det privilegium non folvendi decimas ex agris fuis fertilibus, velit autem eundem effe obligatum ad easdem præftandas ex folo fuo fterili & inculto, quod primùm cum magno labore & fumptu ad frugem debet perducere.

Excipit quidem contra capitulum *quia circa* 22. *de privileg.* paulò antè laudatum P. Antonius Söll, anteceffor meus, in doctiffimo fuo tractatu *de decimis Novalium*, *num.* 167. aitque, ibi agi de privilegio, foli concedenti, nempe Epifcopo, præjudiciofo, qui Epifcopales decimas monafterio conceffit: cujusmodi privilegium fit latè interpretandum, adeóque contra ipfum concedentem; quia eft beneficium Principis, cujus liberalitas non eft reftringenda, nifi ipfe, qui reftringere poterat, reftrinxerit, aut aliquid exceperit.   Econtra privilegium contra jus effe ftrictè interpretandum.   Quia omnis receffus à jure communi eft odiofus, & ideo, licèt difpofitio indefinita extendatur ad futura, quando nulli eft præjudiciofa; fecùs tamen effe, fi concernat rem aliis multùm præjudiciofam.

Verùm hæc difparitas non videtur fufficiens.   Nam imprimis etiam privilegium exemptionis à folvendis decimis Epifcopalibus, quod in cafu capituli *quia circa* Archiepifcopus Londonenfis conceffit monafterio, eft pariter contra jus commune, cùm importet alienationem rerum Ecclefiafticarum, proventuum videlicet Epifcopatus, éftque tum ipfi Ecclefiæ Epifcopali, tum fucceffloribus præjudiciofum.   Si ergo hoc non obftante, nihilominus Papa decidit, privilegium indefinitè conceffum, non folvendi decimas, non tantùm de præfentibus poffeffionibus effe intelligendum, fed

Pars VI.   G   etiam

etiam de futuris, & acquirendis, meritò inferimus, idem dicendum pro cafu, quo privilegium non folvendi decimas à fummo
Pontifice Monafterio e. g. aut Ordini cuidam Religiofo eft conceffum, licèt vergat in præjudicium Parochi, aut alterius decima-
toris.

Præfertim, cùm rationes, quas *cap. cit.* affert Pontifex, fint
generales, nec minùs pro pofteriori hoc cafu pugnent, quàm pro
priori. Nam rationes, quas affert, funt iftæ: *Quia concedens pri-*
vilegium nibil excepit. *Quia in beneficiis pleniffima eft interpretatio ad-*
bibenda. *Quia una eadémque fubftantia non debet diverfo jure cenferi.* Quæ
planè omnes rationes non minùs pro cafu noftro faciunt.

Deinde, ùt idem auctor poftea *num.* 180. fatetur cum Cardinale de Luca *Difc. 4. de decimis num.* 4. exemptionem ex peculiari novalium natura concedi, *nempe quia ùt plurimùm novalia magno*
labore ac fumptu fiunt, ideóque fructus, qui ex eis percipitúr, ex caufa one-
rofa tanquam effectus proprii fumptus & induftriæ potiùs, quàm ex bene-
ficio naturæ percipitur: tum verò quia nullum Parocho exinde præjudicium
paratur, dum bona illa aliàs erant fterilia, & infructifera, adeòque non
decimabilia. Et *num. feq.* addit, congruam fuftentationem non deeffe Parocho ob non folutas decimas novales; *cùm nihil illi fubtra-*
batur, quòd antè habuit.

Hæc omnia cùm ipfemet hic auctor afferat ad probandum,
Religiofos non teneri ex novalibus, proprio labore aut fumptu
cultis, folvere decimas, quomodo poteft unicum ferme præjudicium Parochi afferre in argumentum pro fua fententia, quòd privilegium nullas folvendi decimas non comprehendat novales? Si
funt fructus proprii fumptus & induftriæ: fi nullum exinde Parocho paratur præjudicium; fi propterea non deeft ipfi congrua fuftentatio; fi nihil ipfi fubtrahitur, quod antè habuit: quomodo
privilegium Pontificium poteft adeò effe odiofum, ac tantopere
præjudiciofum Parocho?

Verum quidem eft, decimas etiam novalium de jure communi pertinere ad Parochum, ejúsque juri inferri præjudicium, fi
aliquorum bona à decimis novalium folvendis per privilegium eximantur; adeòque privilegium eatenus odiofum effe, & ftrictæ interpretationis.

Et hinc dixi, illi, cui per privilegium pofitivum conceffæ funt
decimæ antiquæ, nullatenus conceffas intelligi decimas novales
(idem

(idem dicendum, fi quis præfcripferit jus colligendi decimas antiquas, aut per ceffionem, contractum, tranfactionem, vel aliam
conventionem illud obtinuerit, aut per confuetudinem fit acquifitum) imò neque tunc, cùm privilegium fimpliciter eft datum decimandi.

Si verò privilegium affirmativum adeò eft univerfale, ut omnes omnino in certo diftrictu decimas, & quafcunque in illo decimationes alicui addicat; vel quando privilegium eft negativum,
nullas decimas folvendi; tunc probabilius puto, decimas etiam
novalium effe comprehenfas; ut hac ratione verborum proprietas,
& Canones citati folventur.

Cæterùm, licèt opinio hæc mea de privilegio negativo non
effet vera, tamen Religiofi ex fpecialibus privilegiis, etiam in corpore Juris claufis, non effent obligati folvere decimas ex novalibus, quæ propriis fumptibus aut manibus excoluerunt, atque ad
fertilitatem perduxerunt, licèt alias decimas, nempe antiquas per-
folverent.

Sic Alexander III. *cap. ex parte* 10. *de decimis,* renovavit privilegium; ab Adriano IV. aliísque Pontificibus conceffum Religiofis, *ut de novalibus fuis, quæ propriis manibus vel fumptibus excolunt, de-*
cimas non perfolvant.　　Neque hoc privilegium revocatum eft ab
Innocentio III. *cap. nuper* 34. eod. nam in eo non revocatur immunitas à folvendis decimis novalium, quæ Religiofi propriis
manibus aut fumptibus excolunt.　　Sed capitulum tantùm loquitur de prædiis & fundis jam antè frugiferis & decimabilibus, ju-
bétque, ut, fi talia ad Religiofos perveniant, ex iis decimæ folvantur Ecclefiis, quibus antea folvebantur à prioribus poffefforibus.

Et licèt permitteretur, capitulo *ex parte* derogatum fuiffe
per capitulum *nuper,* privilegium tamen illud non folvendi decimas ex novalibus, in favorem Religioforum conceffum, reno-
vatum poftea rurfus fuit à Gregorio IX. *cap. fin de privil.* ibi: *ter-*
ra, de qua non exftat memoria, quòd aliquando culta fuiffet; redacta per
Religiofos viros ad culturam, perpetuò debet, quoad immunitatem de non
folvendis decimis, novalium jure cenferi; cùm aliàs non nunquam con-
tingeret, indulgentiam de novalibus plus eis difpendii, quàm utilitatis
afferre.

Extra corpus Juris verò per fpeciales Bullas multi Ordines
Religiofi exempti funt, non tantùm in novalibus, fed aliis etiam

qui-

quibuscunque terris, quæ fuis laboribus vel fumptibus colunt.
Sicut de Religiofis Congregationis Caffinenfis, Prædicatoribus,
Carthufianis, pluribúsque aliis teftatur Barbofa in *cit. cap. ex parte
num. 5.*

Infigne pariter privilegium Canonicis Regularibus S. Salvatoris conceffit Julius II. per Bullam inter cæteros, anno 1512. 2.
April. editam; in qua exprefsè conceditur, quòd de quibuscunque poffeffionibus ubilibet conftitutis, quæ funt, vel in futurum
erunt, quas colunt, & in futurum colent, aut coli facient, decimas folvere non teneantur.   Omnibúsque prohibetur, eas exigere,
vel extorquere.   Quod privilegium videtur communicabile aliis
etiam Religiofis, qui aliàs gaudent communicatione privilegiorum,
præfertim, fi motivum dandi privilegium, e. g. cultus Divinus,
procuratio falutis animarum, prædicando, docendo, adminiftran-
do Sacramenta &c. apud eos pariter inveniatur: ùt infinuare videtur Engel *de decimis n. 45.*

Denique fingularia atque ampliffima exemptionis à folvendis
decimis plures Pontifices dederunt Societati JEfu.   Ac primò
quidem Paulus in conftitutione, quæ incipit: *Paulus Epifcopus,*
anno 1549. edita, inter alia fic loquitur: ,,Socii de domibus &
,, collegiis ac eorum prædiis, hortis, aliísque locis, eisdem fo-
,, ciis, juxta eorum vivendi inftitutum, haberi conceffis, aut de
,, iis, quæ fibi pro hujusmodi rebus, domibus, collegiis, prædiis,
,, locis, & hortis emendis per quafcunque perfonas pro tempore
,, legari aut relinqui contigerit, & aliis bonis quibuscunque, per
,, dictam Societatem & ipfius collegia poffeffis & obtentis, ali-
,, quam decimam, etiam Papalem folvere, feu canonicam por-
,, tionem exhibere, feu ad præftationem procurationum Legato-
,, rum prædictæ Sedis, vel Nuntiorum ipfius, aut Ordinariorum
,, locorum, aut exactionum, collectarum, feu fubfidiorum, vel
,, provifionum quarumcunque minimè teneantur; nec ad id per
,, litteras ejusdem Sedis, aut Legatorum, vel Nuntiorum, feu
,, Diœcefanorum prædictorum, cujuscunque tenoris fuerint, ullo
,, unquam tempore compelli poffint; nifi ipfæ litteræ Apoftolicæ
,, plenam, & expreffam, ac de verbo ad verbum, de indulto &
,, conceffione hujusmodi, ac de eorum ordine mentionem fece-
,, rint.   Et fi fortè per Nos vel dictam Sedem de piis legatis di-
,, fpofitis & relictis, in genere vel fpecie, decima, vel alia por-
                                                          ,, tio,

„ tio, feu quarta, alteri piæ vel non piæ caufæ quomodolibet
„ hactenus conceffa fuerit, vel illam in pofterum concedi feu fol-
„ vi, aut dari, mandari contigerit, focios præfatos, & illorum
„ domus, & bona quæcunque, ac eis legata & relicta, aut aliàs
„ in eorum favorem difpofita, in conceffionibus & mandatis hu-
„ jusmodi decernimus, & volumus minimè comprehendi; nifi de
„ ipfis, ac præfenti decreto & voluntate noftra, non per claufulas
„ generales, idem importantes, fed vera, expreffa, & fpecifica men-
„ tio fiat in eisdem.

Hanc Pauli III. conftitutionem confirmavit Pius IV. Bulla,
dilecti filii anno 1561. additque: „Univerfam focietatem, omniá-
„ que & fingula illius, Domos Probationis, & Collegia ubilibet
„ confiftentia, præfentia & futura, eorúmque perfonas, fructus,
„ reditus, proventus, etiam bonorum Ecclefiafticorum, Sæcula-
„ rium & Regularium quorumcunque, illis pro tempore unito-
„ rum aliásque res & bona quæcunque, à quibusvis decimis, etiam
„ Papalibus, prædialibus, perfonalibus, quartis, medietatibus, &
„ aliis fructuum partibus, fubfidiis, etiam charitativis, & aliis or-
„ dinariis oneribus, etiam pro expeditione contra Infideles, de-
„ fenfione patriæ, ac aliàs quomodolibet, etiam ad Imperatorum,
„ Regum, Ducum, & aliorum Principum inftantiam pro tempore
„ impofitis, etiamfi in illorum impofitione caveatur, quòd nulla
„ prorfus exemptio cuiquam adversùs illa fuffragetur, ita, quòd
„ focietas ejúsque domus, collegia, fructus, res & bona præfata
„ femper ab illis, absque declaratione defuper facienda, excepta
„ fint, & effe cenfeantur, perpetuò liberamus & eximimus.

Utramque hanc Sedis Apoftolicæ conftitutionum anno 1578.
nova Bulla, quæ incipit *Paftoralis officii*, innovavit ac confirmavit
Gregorius XIII. expreffè in ea derogando conftitutioni *Nuper*
(*cap.* 34. *de decimis*) quam Innocentius III. edidit in Concilio Lateranenfi.

G 3   CAPUT

CAPUT II.
De Jure Synodali Sæculi XIV.

Publicatis jam Gregorii IX. quinque libris Decretalium ordinatior hoc fæculo fuit Juris Canonici œconomia, in variis Conciliis Provincialibus propofita. Et exigebant tempora nervum difciplinæ adftringi, quando bellorum, fchifmatum, ac hærefum calamitas eundem relaxabat.

Et quidem Germaniam affligebat acerba Ludovici Bavari & Friderici Auftriaci de Imperio difceptatio, illiúsque trifte cum Romanis Pontificibus fchifma: uti etiam Wenceslai inertia.

Galliam diffidium fatale inter Bonifacium VIII. & Philippum Pulchrum, ortúmque centenarium cum Anglis bellum. Quo Gallia vix non penitus concidit.

Angliam duorum Regum captivitas & violenta mors: interna externáque bella; & fuper omnia Wicleffi feditiofa hærefis, Poteftatibus omnibus humanis exitialis.

Hifpaniam inveteratum malum, Principum difcordia: quâ Saraceno frui licuit, atque intumefcere. Adduftus ex Africa ingens exercitus. At DEI clementia profligatus. Occafuro omnino Regno Granatenfi barbaro, nifi Chriftianum fanguinem magis placuiffet fundere.

Multa etiam hoc fæculo quæftio de ordine Equeftri Templariorum, de graviffimis fceleribus poftulato, ac tandem omnino deleto.

Denique Ecclefiam totam miferè afflixit calamitofum fchifma ac pertinax, orbe in partes fciffo.

Igitur pluribus hoc fæculo Conciliis occafionem fecerunt, Bonifacii VIII. cum Galliæ Rege difcordia, Templariorum fcelera, Wicleffi hærefis, Ecclefiæ fchifma, & morum difciplina ad canonum normam reformanda.

SUM-

SUMMARIUM.
Articulus I.
De Conciliis Italiæ in caufa.

1. *Philippi Pulchri, Templariorum, & Difciplinæ.*

Articulus II.
De Conciliis Germaniæ.
§. I.
Prænotanda de rebus Germaniæ.

2. *Imperium Alberti I. & Henrici VII.*

3. *Imper. Ludovici V. & Caroli IV.*
4. *- Wenceslai.*

§. II.
Status Ecclefiafticus ordinatus per Concilia.

5. *Concilium Colonienfe I. & II.*

6. *- Salisburgenfe & Trevirenfe.*

7. *- Moguntinum, celeberrimum, in quo doctrina Canonica fecundum quinque libros Decretalium fummatim exponitur & promulgatur.*

8. *Canones ex libro I. Decretalium.*
9. *Canones ex libro 2.*
10. *Canones ex libro 3.*
11. *Canones ex libro 4.*
12. *Canones ex libro 5.*
13. *Cafus Refervati Archi-Diæcefis Moguntinæ, in illo Concilio recenfiti.*
14. *Concilium Salisburgenfe II.*

Articulus III.
De Conciliis Hungariæ.

Articulus IV.
De Conciliis Gallicanis.

§. I.
Prænotanda de Gallia.

17. *Diffidium inter Philippum IV.*
Pulchrum & Bonifacium VIII.

18. *Defunctis fine prole mafcula tri-*
bus Philippi Pulchri filiis fuccedit
Philippus VI. Valefius.

19. *Opponentibus fe Anglis, qui Gal-*
liæ coronam prætendunt.

20. *Unde bellum incboatur, quod*
100. annos tenuit.

21. *In eo Rex Joannes captus, &*
in Angliam abductus eft.

22. *Carolus V. cunctando reftituit*
rem.

§. II.
Status Ecclefiafticus ordinatus per Concilia.

23. *Concilium Compendienfe I. & II.*
pro immunitate Ecclefiaftica.

24. *Parifienfe in caufa inter Regem*
& Bonifacium VIII. agitata.

25. *Avenionenfe damnat Petrum*
Corbarium Antipapam. Agita-
tur quæftio de paupertate.

26. *Compendienfe III. Noviomenfe.*
Biterrenfe.

27. *Andegavenfe, Vaurenfe, Nar-*
bonenfe.

28. *Parifienfe ftatuit, non amplius*
effe obediendum Petro de Luna.

Articulus V.
De Conciliis Anglicanis.

§. I.
Status Angliæ.

29. *Ifabella turbat Angliam.*

30. *Eduardus II. inftigante uxore*
capitur & occiditur.

31. *Eduardus III. bello Gallico ini-*
tium facit, favente fortuna.

32. *Wicleffi hærefis feditiofa.*

33. *Richardus II. captus & inter-*
emptus : Henrico Lancaftrio in
præmium fceleris coronam Familiæ
fuæ inferente.

§. II

§. II.

Status Ecclesiasticus per Concilia ordinatus.

34. *Septem Concilia Londinensia,*   35. *Concilium Lambethense, & Ebo-*
tum pro reformanda disciplina, tum   *racense,*
contra Wicleffi hæresin, celebrata.   36.   - *Cantuariense.*

Articulus VI.
De Conciliis Hispanicis.

§. I.
Synopsis Historica.

37. *Turbulenta Hispaniæ facies, pu-*
pillari ætate Ferdinandi IV.
38. *Victi Mauri. Septa & Hera-*
clea expugnata.
39. *Rex Granatensis ad Regem Ma-*
rochii abit, eúmque ad expeditio-
nem Hispanam incitat.
40. *Persuasi Afri movent in Hispa-*
niam.

41. *Ingenti prælio victi, Tariffam*
& Algeziram amittunt.
42. *Petri Crudelis exitiale Reg-*
num.
43. *Ingens de jure in Regnum Castel-*
læ contentio.
44. *Joannis I. Castellæ Regis in*
Regnum Lusitaniæ prætensio, &
bellum.

§. II.
Status Ecclesiasticus ordinatus per Concilia.

45. *Salmanticense I. pro Templario-*
rum Innocentia pronuntiat.
46. *Salmanticense II. partem deci-*
marum Academiæ Salmanticensi
attribuit.
47. *Cæsaraugustanum Petrum de Lu-*
na primum Cæsaraugustæ Archi-
episcopum promulgat.
48. *Tarraconense canonizationem*
Raymundi Pennafortii petendam
statuit.

49. *Toletanum I. & Complutense.*
50. *Palentinum, Tarraconensia &c.*
51. *Plura Toletana.*
52. *Complutense & Ilescense in cau-*
sa schismatis.
53. *Toletanum, & Medinæ Campe-*
stre in eadem causa. Decisum,
nec Urbanum VI. nec Clemen-
tem VII. determinate esse agno-
scendum verun Pontificem.

Pars VI.   H   54. *Sal-*

54. *Salmanticenſe, Navarræum, & Barcinonenſe Clementem VII. agnoverunt Pontificem.*

Articulus VII.
DISSERTATIO JURIDICA.
De rebus Ecclefiæ non alienandis.
§. I.
Doctrina generalis.

55. *Quid nomine Ecclefiæ & alienationis hic veniat?*

56. *Quid de Emphiteuſi & hypotheca?*

57. *Vetantur alienari immobilia & mobilia pretiofa.*

58. *Requiritur jufta caufa.*

59. *Et folennitas.*

60. *Sine his nulla eſt alienatio.*

61. *Quænam actio competat Ecclefiæ?*

62. *An poſſeſſor poſſit rem alienatam præfcribere?*

63. *Quinam fructus ab eo reſtituendi?*

64. *An reſtitutio in integrum hic locum habeat?*

§. II.
An Prælatus repudiare poſſit Legatum aut hæreditatem, Ecclefiæ delatam?

65. *Rationes dubitandi.*

66. *Rationes decidendi.*

67. *Solvuntur rationes dubitandi.*

✻✻✻✻✻✻✻✻✻✻✻✻✻✻✻✻✻✻✻✻✻✻✻✻✻✻✻✻✻

ARTICULUS I.
Concilia Italiæ.

1. *Concilium Romanum*, anno 1303. à Bonifacio VIII. celebratum, contra Philippum Pulchrum, quem tum alia, tum negata Imperialis corona, & Columnarum Familia, opibus & clientelis Romæ potens, in Pontificem, cui erat irata, concitaverant. Advocaverat Papa ad hoc Concilium etiam Præfules Galliæ, fed Regno excedere à Philippo funt prohibiti, atque Lutetiam convocati, ut fuam iis caufam probaret. Porro Philippo in hoc Concilio

lio Romano: facris interdictum fuiffe, fcribit Binius ex Conrado Vecerio, negat verò Gabriel Coffartices.

Cùm fub initium hujus fæculi Templarii Equites de graviffimis fceleribus, infidelitatis, blasphemiæ, fuperftitionis, ac luxuriæ fuiffent accufati, Clemens V. Pontifex juffit, in eorum vitam ac mores diligenter inquiri. Quare varia diverfis in provinciis inftituta funt Concilia.

Atque imprimis *Ravennenfe* anno 1310. ubi variæ quæftiones de nefandis fceleribus ipfis fuerunt propofitæ. Cùmque ea negarent, nec fufficienter probari poffent, funt abfoluti. Contra verò in *Parifienfi* eodem anno multi eorum rei funt deprehenfi. *Moguntiæ*, cùm Epifcopi illo ipfo anno, & eam ipfam ob caufam effent congregati, Templarii armati in Concilium fubitò irruperunt, ad fummum Pontificem appellantes. Synodus, cùm vis inferenda timeretur, appellationi detulit.

Poftquam deinde in *Concilio Viennenfi* ordo ille fuiffet extinctus, in *Concilio Taraconenfi* Hifpani Equites Templarii innocentes funt declarati, decretúmque, ut obedientiæ Epifcoporum fubjiciantur, relicta illis ex reditibus fuis fuftentatione congrua.

Ravennenfe II. anno 1311. fancivit, ut quilibet Epifcopus pro comprovinciali Epifcopo mortuo 30. Miffas totidem continuis diebus legat, & diebus fingulis tres pauperes alat. Ut incertæ Reliquiæ non exponantur. Ut omnia Sacramenta à jejunis, quantùm fieri poteft, conferantur, & gratis. Ut Fideles die Dominica Miffam in Parochia audiant. Ut nullus admittatur ad prædicatoris officium ante 30. ætatis annum. Ut nuptiis folennes denunciationes præmittantur. Intrufi in Beneficia excommunicantur, & omni fpe promotionis privantur. Ut nullus Epifcopus in alterius Diœcefi Pontificalibus utatur.

Ravennenfe III. anno 1314. ordinavit: ut illi tantùm Canonici in capitulo vocem habeant, qui majoribus Ordinibus funt initiati, nempe faltem Subdiaconatu. Ut Legati Pontificii poteftatis fuæ fidem faciant Ordinariis. Ut pulfentur campanæ, cùm Epifcopus per fuam Diœcefin tranfit. Ut Religiofus Sacerdos, Miffam negligens, ultimum locum habeat in choro & refectorio. Ne pro caufis pecuniariis interdicti fententia feratur.

Ravennenfe IV. anno 1317. conftituit, ut quilibet intra annum fe curet promoveri ad Ordinem, quem beneficium requirit; aliàs eo privandum. Ut nullus recipiatur in Monafterium per potentiam fæcularem. Excommunicantur fæculares, qui Clericos, in

delicto

delicto deprehenfos, detinent, & Judici Ecclefiaftico nolunt extradere, aut indecore captos tractant.

Cefsârunt hoc fæculo Romana Concilia, fede Pontificia Avenionem translata, ibíque 70. annis detenta. Unde non optinè actum cum rebus Ecclefiæ.

ARTICULUS II.
Concilia Germaniæ.
§. I.
Prænotanda de rebus Germaniæ.

2.
Albertus

Abdicato primùm ob geftum, malè Imperium, dein acie cæfo, Adolpho Naffovio, fub Alberto I. refpiravit Germania. Nec tamen tanto Principi ubique quies, nec diuturna. Sub eo nimque excuffo jugo, quod aggravabat Præfectorum afperitas, neva coaluit Helvetiorum Refpublica, ex tenuibus initiis validum robur: quod magnos etiam Principes fæpiùs vinceret. Interemptus deinde Albertus decimo Imperii anno à Joanne nepote; quòd bona illius diutius pro tutore fit vifus tenere.

Henricus VII.

Brevius adhuc fuit Henrici VII. Luxemburgici Imperium, nemorabile tamen fractis Guelphis & Gibellinis (tanto jam tempore Italiam lacerantibus) & vindicatis Imperio feudorum juribus.

3.
Ludovicus V.

Tum verò diftracta Ludovicum inter Bojum, & Fridericum Auftriacum Germania: hócque ad Müldorffium acie victo, fatale Ludovicum inter & Pontifices bellum exarfit. Caufa utraque à multis accufata, à multis defenfa. Ira quandoque partem utrimque ultra metam abripit. Hoc certè nimiæ fuit iræ, quòd Corbarius quidam Romæ pfeudo-Pontifex fuerit intrufus.

Eò denique res vertit, ut Septemviri majori ex parte, irritante Clemente VI. exauctorato Ludovico, Carolum Luxemburgicum eligerent. Qui tamen vivente Ludovico Imperio confultò abftinuit. Nec eo mortuo quietus ingreffus; donec tandem communi fuffragio id faftigium eft adeptus.

Carolus IV.

Carolus hic jure paterno Comes Luxemburgenfis, Joannis in pugna Creffiaca cæfi filius, Henrici VII. Imperatoris nepos, jure materno Rex Bohemiæ, electione Imperator, Carolus IV. Princeps religione, juftitia, litteris, pacífque artibus clarus, Archiepifcopatus & Academiæ Pragenfis fundator, feptemvirorum per

Bulam

Bullam auream patronus : fed infelix pater Wenceslai, novi in orbe Heliogabali. Cui pomum Imperiale emendum fuerat à Carolo ; plùs fanguini, licèt degeneri, quàm Imperio hac in re confulenti.

Venditis igitur à patre civitatum libertatibus & vectigalibus, Cæfareæ potentiæ nervis, per aureos gradus eluctatus Wences- *Wences-* laus ad rerum humanarum faftigium : bis inde detrufus in carce- *laus.* rem : nec fe ipfo melior, tandem omnino privatus Pomo, quo luferat, & rifit. Quod facere folent vel fanctiffimi, vel peffimi, vel certè ftupidiffimi. In eo folùm vifus confulere Reipublicæ, quòd alterum Joannem *Silentiarium* martyrem fecerit ; atque hac tyrannide dederit Pragæ tutelam, Bohemiæ decus, orbi terrarum Patronum.

Hæc externa : Ut qualis qualis appareat facies eorum, qui fæculo XIV. fedebant ad clavum Germaniæ. Jam ad domeftica.

§. II.

Status Ecclefiafticus ordinatus per Concilia Sæc. XIV.

Quamvis turbatus aliquantùm fuerit hoc fæculo Reipublicæ, tum Politicæ, tum etiam Ecclefiafticæ Status, non defierunt tamen animarum Paftores gregi fibi commiffo invigilare, & laxatum alicubi difciplinæ nervum opportunis legibus adftringere. Quod in Conciliis potiffimùm Provincialibus factum legimus.

Et quidem prope initium fæculi celebratum eft *Concilium Co-* 5. *lonienfe.* Statutum in eo, ne cui Parochialis Ecclefiæ regimen *Colonienfe* committatur, nifi doctrina & moribus probè imbuto ; quifque 25 *I. & II.* ætatis annum attigerit. Privandum Parochia, qui non refideat : aut qui aliud infuper Beneficium curatum ufurpet. Ut fructus Beneficiales refidui aut Ecclefiæ relinquantur, aut in alios pios ufus expendantur. Ut teftamenta laicorum coram próprio Sacerdote conficiantur ; qui eos moneat, ut ipfi folvant debita, non autem ea hæredibus folvenda relinquant. Quemlibet poffe, five fanus fit five infirmus, teftamentum facere, & rei fuæ proprietatem & ufumfructum, vel retenta proprietate ufumfructum in alterum transferre. Conficiendum *Inventarium* ab executore teftamenti, nifi ipfe teftator fecerit.

Principes aut eorum officiales bona decedentium Clericorum ne invadant. Ufurarii manifefti excommunicantur. Prædicatores quæftuofi non admittantur ad altare, nec pulfare campanulas manuales

nuales per vicos, aut in Ecclefia permittantur. Cùm refcripta fint.
ſtricti juris, nullus Judex delegatus ufurpet jurisdictionem, in refcripto non expreſſam. Proviſores fabricæ Eccleſiarum laici-nihil diſ-
ponant fine confilio plebanorum. Campanarii ſint litterati, ut poſſint Sacerdoti miniſtrare. Excommunicantur falſarii monetæ.

Colonienſe II. anno 1310. ſtatuta, pacta, & ordinationes, contra Eccleſiaſticam libertatem factas, damnat, atque irritat, jubét-
que illas ab auctoribus revocari, fub pœna excommunicationis..
Sub nomine *Advocatiæ* nullæ exactiones imponantur Eccleſiis. Excommunicationis fententia percelluntur bonorum Eccleſiaſticorum
invaſores, ac detentores, & ad reſtitutionem compelluntur. Fructus ſuſpenforum Canonicorum capitulo cedant. Eccleſiæ non
confecrentur, niſi ſufficienter dotatæ. Annum deinceps à Nativitate Domini inchoandum, fecundum morem Romanæ. Eccleſiæ,
omnium Eccleſiarum matris & magiſtræ. Præfentes in Synodo.
erant, præter Archiepiſcopum, Trajectenſis ad Moſam, Oſnabrugenſis, Mindenſis, Leodienſis verò, & capitulum Monaſterienſe,
Sede vacante Procuratores miſerant.

6.   Habita funt eodem anno duo Concilia *Salisburgenſia* Provincia-
Salisb.   lia. In primo indictæ funt Clericis decimæ, Clementi V. in duos
annos perſolvendæ. In altero mitiùs declaratæ funt aliquæ duriores conſtitutiones Salisburgenſis Eccleſiæ. Præfentes huic Synodo fuerunt, præter Archiepiſcopum, Sedis Apoſtolicæ Legatum
Natum, Epiſcopus Paſſavienſis, Brixinenſis, Gurcenſis, Chiem-
ſcenſis, Secovienſis, Lavantinus. Friſingenſis verò & Ratisbo-
nenſis Procuratores miſerant.

Et Trevi-   *Trevirenſe* Provinciale eodem anno 1310. ſtatuta edidit, contra,
renſe.   violatores ımmunitatis Eccleſiaſticæ, contra raptores, celebrantes.
in locis interdictis, non reſidentes, Simoniacos, negligentes executores teſtamentorum: Decimas non integrè folventes: contra Decanos rurales, cauſas matrimoniales cognoſcentes, contra monachos vagos; contra laicos Judices Clericum ad ſuum tribunal ci-
tantes; contra ſtatuentes aut ſcribentes adverſùs libertatem Eccleſiaſticam; contra vendentes, oppignorantes, aut quomodolibet
alıenantes res Eccleſiæ. Contra Beneficiatos, qui Eccleſiam ſuam
ad *firmam*, ſeu ad cenſum alteri concedunt. Contra fortilegos,
quæſtores, fictas litteras exhibentes, indoctos Medicos.   ;

Notabilıs eſt canon-quintus, quo decernitur, ut capiens Clericum absque auctoritate Superioris Eccleſiaſtici, à Parocho denun-
cietur excommunicatus. Si intra triduum captivum non reſtitue-

     , ;   .   rit,

rit, terra ejus, si quam habet, sit interdicta. Si autem intra mensem non resipuerit, ejus dominus temporalis à loci ordinario moneatur, ut detentorem ad restitutionem compellat: si id non faciat, excommunicandum : si necdum compellat, terram ejus interdicto supponendam.

Item canon 31. & tres sequentes contra usurarios ; quibus
præcipitur, ut omnes usurarii restituant, quidquid ultra sortem acceperunt. Ut forte soluta reddant pignora. Utneque tutor nomine pupilli fœnoretur. Usuram autem esse, quidquid ultra sortem exigitur (*nempe solo titulo mutui.*)

Item canon 78. quo Clericis provinciæ Trevirensis datur potestas, liberè disponendi ac testandi de bonis ex Beneficio acquisitis, modò debita priùs solvant, & victualia successori usque ad futuram messem relinquant.

Canon 92. exhibet casus reservatos Diœcesis Trevirensis.
Quales sunt 39. ùt fractio votorum, ingressio in religionem vel
susceptio Ordinum post matrimonium consummatum, hæresis, Simonia, homicidium, physicè vel moraliter patratum, celebratio
in Ecclesia interdicta, matrimonium clandestinum, falsatio litterarum publicarum, aut instrumentorum; celebratio in altari non
consecrato. Perjurium; effractio Ecclesiæ; latrocinium; populatio agrorum. Celebratio Missæ in censura. Stuprum; oppressio prolis; rapina in Ecclesia; baptizatio proprii filii, extra casum
necessitatis. Luxuria in Ecclesia. Verberatio parentum; fortilegium; Sodomia cum consanguineo vel affine. Coitus cum consanguinea suæ uxoris vel sponsæ. Procuratio sterilitatis; blasphemia &c.

Eodem itidem anno 1310. celebratum est etiam *Concilium
Moguntinum*, in quod, ùt ante meminimus, armati irruerunt
Templarii, attonitis ea re Patribus. Interrogatus, quid velint,
respondit commendator: se suósque confratres intellexisse, hanc
Synodum sui Ordinis delendi gratia potissimùm congregatam ex
commissione Romani Pontificis: enormia enim & plùs quam ethnica scelera illis objici, quæ privatim committerent; quod ipsis
sanè esset gravissimum, & intolerabile: maximè, quòd non ordinatè auditi, nec convicti condemnarentur. Quare coram ista
Patrum Congregatione se appellare, & provocare ad futurum
Pontificem, ejúsque universum Clerum: publicè quoque prote-
stari, eos, qui propter talia flagitia alibi igni essent traditi & com-
busti, constanter pernegâsse, se quidquam eorum designâsse, atque

7.
*Mogunti-
num.*

que in ea confeſſione tormenta & mortem perpeſſos: imò ſingulari DEI judicio eorum innocentiam comprobatam, quòd albæ
chlamydes, ac rubræ cruces, igni non potuerint abſumi.   Archiepiſcopus proteſtationem admiſit, & cum Pontifice ſe ea de re
acturum recepit.   Atque ita illi in pace ſunt dimiſſi, ac poſtea
etiam abſoluti.

8.
*Canones
ex lib. 1.
Decret.*
Addidit hoc Concilium Canones præcipuos ex quinque libris
Decretalium: quibus ſtatuit, nihil aliud eſſe credendum, tenendum, vel docendum, niſi quod Romana credit, tenet, & docet
Eccleſia.   Ne quis præſumat docere, quòd Sacerdos in peccato
mortali non poſſit conficere, ligare vel ſolvere.   Conſtitutiones
Provinciales omnes eſſe obſervandas.   Uti etiam Reſcripta, in
debita forma exhibita.   Conſuetudinem eſſe Moguntinæ Eccleſiæ,
ut cauſas, ' per appellationem ad eam delatas, poſſit ſubdidis ſuorum ſuffraganeorum delegare.   Mortuo mandatore exſpirare mandatum, ſi eo vivente non fuerit perpetuatum.   Conſuetudines,
quæ Eccleſiæ gravamen afferunt, eſſe invalidas.   Scrutinium ſeu
examen ordinandorum inſtituendum.   Nulli recipiendum, dimit-
tendum, aut permutandum Beneficium, ſine Superioris ſui auctoritate.

Nullum ordinandum ad titulum Vicariæ, niſi ſit perpetua.
Nullum inveſtiendum ad Parochiam, niſi 25. annum attingat.   Nullum illegitimè natum ordinandum ſine diſpenſatione Sedis Apoſtolicæ.   Peregrinos & ignotos Clericos non admittendos ad Ordines
aut officium ſine Epiſcopi ſui litteris commendatitiis aut dimiſſoriis.   Appellationes ad Superiorem ne impediantur.   Vicariis
congruam portionem aſſignandam.   Vicarii ſint perpetui, ſi fieri
poteſt.   Judices delegati ne procedant ultra ea, quæ in reſcripto
exprimuntur.   Singuli Epiſcopi carcerem habeant juxta Eccleſiam
Cathedralem pro indiſciplinatis Clericis.

Capellani nobilium in capellis privatis ne Sacramenta conferant, absque conſenſu Epiſcopi.   Clerici ne poſtulent, ſeu advocent, niſi in cauſa pia, aut pro perſonis miſerabilibus vel conjunctis.   Religioſi verò non advocent, niſi de conſenſu Prælati, &
in cauſis ſui monaſterii.   Abſolutionem metu aut vi extortam eſſe
irritam.   Ceſſiones actionum non paſſim faciendas; cùm vetita
ſit alienatio judicii mutandi cauſa.

9.
Ex lib. 2.
.- Si Potentes perſonaliter citari non poſſint, citentur, in Eccleſia eorum Parochiali; ſi neque hoc fieri poſſit, citatio proponatur
in Cathedrali tribus Dominicis continuis: ſi reus nuntium, qui
cita-

citationem perfert, verberet, fpoliet, vel captivet, etiam ante litis conteftationem habendum pro convicto.

Nullus Clericum actione perfonali vel reali in foro fæculari conveniat. Sed neque Judices Ecclefiaftici caufis profanis laicorum fe immifceant. Si appellantes appellationem apud Superiorem introductam intra duos menfes non profequantur, teneantur fententia primæ inftantiæ, nifi moram purgaverint.

Multa deinde ftatuuntur de vita & honeftate Clericorum. De Clericis vagabundis coërcendis. De continentia Clericorum. Con tra Clericos non refidentes; & habentes plura Beneficia. Contra inftitutiones & inveftituras laicorum. Contra conceffionem præbendæ necdum vacantis. Contra innovationem Sede vacante. Contra occupantes bona Ecclefiaftica. Contra cohabitationem Clericorum & mulierum. Additque, hoc cohabitationis vitium, multis laboribus fucceffivè extirpatum, quorundam Prælatorum negligentia rurfus pullulare. *10. Ex lib. 5.*

Non licere Patronis partem decimarum aut proventuum adimere, cùm Beneficia fine diminutione fint conferenda. Non licere adminiftratori res Ecclefiæ donare, vendere, obligare, permutare, in emphyteufin perpetuam dare, vel alio quovis modo alienare, fine confenfu majoris & fanioris partis Capituli; eámque alienationem effe inanem & irritam. In mutuo verò eos tantùm agnofci creditores, qui probant, mutuum acceptum in rem Ecclefiæ effe verfum.

Quosdam, fpe defenfionis in Advocatos Ecclefiarum adfcitos, ex defenforibus factos effe offenfores, exactionibus immoderatis gravantes Ecclefias. Eos ftipendiis & fervitiis initiò, quando erecta eft advocatia, fponte deputatis debere effe contentos, & Ecclefiarum jura defendere. Non licere Prælato annuam penfionem de rebus Ecclefiæ cuiquam conftituere, donec Beneficium obtineat. Fructus rei oppignoratæ femper in fortem computandos. Jus tamen patronatus, rei pignoratæ adhærens, manet penes dominum pignoris; cùm tale jus pretio æftimari non poffit, adeóque in fortem nequeat computari.

Quia *anno gratiæ*, Clericis defunctis pro folvendis debitis conceffo, abufi funt, confanguineis &c. fructus illius anni relinquentes, deinceps annum gratiæ tollendum, nifi adfint Clerici defuncti debita, quæ aliter folvi non poffint.

Decernitur excommunicatio in eos, qui impediunt ultimas voluntates: cùm nihil magis hominibus debeatur, quàm ut ulti-

Pars VI. I mæ

mæ voluntatis liber fit ftilus. *Manufideles* (feü executores teftámenti) inventarium conficiant, & intra annum omnia exequantur.

Parochiali Ecclefiæ quoad fepulturam, & percipienda Sacramenta habendus honor. Religiofi ne fint compatres. Qui non eft profeffus, voce activa & paffiva careat in electione Abbatis. Proprium Monachi ne habeant.

Si Ecclefia *confecrata* polluatur, non poffe per alium reconciliari, quàm per Epifcopum. Si baptifmus cum debita forma privatim in cafu neceffitatis fit adminiftratus, ceremonias omiffas poftea publicè fupplendas. Baptifmum, oleum, chrifma, Euchariftiam, fub fideli cuftodia, clavibus obferata, effe afervanda; pallas verò, facra vafa, corporalia, & veftimenta miniftrorum munda & nitida confervanda.

Servanda Ecclefiæ jejunia, ùt quadragefimæ, quatuor temporum, & vigiliarum: nec alios dies his fubftituendos. Ecclefiæ & altaria nova non erigantur fine confenfu Epifcopi; qui primum lapidem benedicat, & ponat.

Servandam immunitatem Ecclefiarum. A Clericis nulla pedagia aut telonia exigenda. Omnia ftatuta & confuetudines, cum libertate Ecclefiaftica pugnantia, declarantur irrita, & fub pœnis abolenda.

11.
Ex lib. 4.

Denunciationes tribus continenter diebus Dominicis, aut feftivis, inter fe diftantibus, matrimonio præmittendas, ut, fi quod latet, impedimentum patefiat. Excommunicandos, qui tale celaverint. Caufas matrimoniales à nullo Archipresbytero, vel plebano cognofcendas, fine fpeciali mandato Epifcopi. Unus tantùm patrinus baptifmi, & confirmationis efto: ad evitanda impedimenta fpiritualis cognationis.

12.
Ex lib. 5.

Simoniacum effe, fi ordinandus ordinanti promittat, fe nullum Beneficium ab eo petiturum. Sub cenfura prohibetur aliquid exigere pro adminiftratione Sacramentorum, & Sacramentalium. Sponte autem & liberaliter oblatum munus accipi poffe.

Judæis fignum geftandum, quo à Chriftianis fecernantur: à publicis Officiis rejiciendos: Chriftiana mancipia, quæ habent, dimittenda. Nemini iis in eadem domo cohabitandum. Die Parafceves foras non prodeundum. Potentes, in quorum terris gens perfida verfatur, ad horum executionem pœnis Ecclefiafticis compellendos.

Excom-

Excommunicantur omnes Hæretici; damnati verò ab Ecclefia, fæculari judicio relinquuntur.   Clerici verò priùs degra-
dantor.

Statuuntur cenfuræ in laicos, qui Clericum captivum abducunt, aut detinent, aut mutilant, aut vulnerant, aut fpoliant.
Item in raptores bonorum Ecclefiafticorum; in incendiarios, effra-
ctores, & deftructores temerarios Ecclefiarum.

Ufurarii notorii excommunicantur: fepultura Ecclefiaftica arcentur.   Hæredes etiam eorum ad reftitutionem compelluntur.
Ufurarii notorii neque in articulo mortis abfolvendi, nifi ufuras
priùs reftituant, aut cautionem de iis reftituendis præftent.

Quia multi falfarii afferunt, fe litteris Apóftolicis, & aliorum
Prælatorum teftimoniis munitos, tales rejiciantur, nifi priùs litteræ ab Epifcopo Diœcefis fuerint examinatæ & approbatæ.

Excommunicantur fortilegi extra mortis articulum à folo
Epifcopo abfolvendi.

Clerici, cenfurarum contemptores, deponendi, infames, &
inhabiles ad omnia Beneficia, nifi per pœnitentiam emendati, Apoftolicæ Sedis gratiam meruerint obtinere.

Ne Religiofi fines fuorum privilegiorum excedant; cùm privilegium mereatur amittere, qui conceffa fibi abutitur poteftate.
Statuuntur pœnæ in Clericos, injuriis verbalibus vel realibus, alios
lædentes.   In lædentes quomodocumque figillum confeffionis.

Culpat Concilium facilitatem Confeffariorum, qui paffim quos-
vis peccatores abfolvunt.   Item eos, qui Miffas, à fe legendas pro
ftipendio, in fatisfactionem imponunt confitentibus.

Ne pœnitentiales fatisfactiones, & difciplinæ feveritas ener-
ventur, modus in concedendis Indulgentiis habendus.   Quare in
Dedicatione Ecclefiæ indulgentiæ ultra annum non concedantur,
five unus Epifcopus, five plures Ecclefiam dedicent: in Anniverfario verò Dedicationis tantùm 40. dierum. ' Epifcopus pœniten-
tiarium apud fe habeat, & alium in Cathedrali; qui in cafibus
Epifcopalibus difpenfare poffint.

Cafus, Epifcopo Refervati enumerantur: ut homicidia, fa-   13.
crilegia, incendia, peccata contra naturam, concubitus perfonæ
facræ cum confanguinea vel affine, vel cum ea, quæ votum caftitatis emifit: publicæ injectiones manuum in parentes, oppreffiones parvulorum, veneficia, perjuria folennia, votorum violatio, fimonia, adulteria, hærefes, apoftafiæ, maleficia conjugibus
    I 2   illata,

illata, procuratio sterilitatis, vel abortus, falsatio litterarum, vel monetæ &c.

Quia aliqui cenfuras contemnunt, spe finalis absolutionis, statuit Concilium, ut tales neque in extremis reconcilientur, nisi cautionem juratoriam præstent, per se, vel per alios, quantùm est possibile, Ecclesiæ satisfaciendi. Non communicandum cum excommunicatis, licèt excommunicatio non sit singulis intimata, modò publicè sit promulgata.

Nemo excommunicetur, nisi gravibus de causis, & præmissa competente monitione, præsentibus idoneis testibus facta, ut per eos, si necesse fuerit, probari possit.

Si Episcopus aliquem excommunicavit, per patentes litteras Episcopis vicinis id significet, ut faciant eum denunciari & vitari in suis Diœcesibus.

Excommunicantur ipso facto, qui mortuum tempore interdicti sepeliunt in Sacro cœmeterio. Excommunicati, publicè denuntiati, etiam Exemptis vitandi. Nec cum iis in censura mortuis communicandum.

Intelligentia verborum defumenda ex causa loquendi, & significatione propria ac communi; quantùm sine absurdo fieri potest. Regulis Juris, benè intellectis, & statutis Patrum Christianus populus regatur.

14.
Salisb. *Concilium Salisburgense* Provinciale anno 1386. statuit; ut omnes Clerici in Divinis officiis ritum Cathedralis Ecclesiæ obfervent. Ne Presbyteri à censuris, & casibus, Episcopo aut Sedi Apostolicæ refervatis, absolvant, sub pœna suspensionis. Licentia, absolvendi à reservatis Episcopo, revocatur, quia aliqui illa ad quæstum abutebantur. Mendicantes ad prædicandum & audiendas confessiones non admittantur, nisi sint approbati ab Episcopo, & à suis Superioribus facultatem habeant

Sub pœna excommunicationis prohibetur, ne quis invadat, occupet, aut detineat bona Ecclefiastica; addíturque ratio: *Cùm Ecclefiæ & Ecclefiasticæ personæ, ac res ipforum, non folùm jure civili, fed & Canonico, ac Divino, à fæcularium perfonarum talliis, collectis, & exactionibus, fint immunes.* Excommunicationes in omnibus Diœcesibus promulgari mandat. Uti etiam capitulum *Clericis de immunit. Ecclef. in 6* Excommunicantur laici, Clericos ad fuum tribunal trahentes, uti etiam Clerici in eo comparentes.

ARTI-

ARTICULUS III.

De Conciliis Hungariæ.

§. I.

Præmittuntur aliqua de Hungaria.

Pannoniam, ampliſſimis olim terrarum ſpatiis exporreɑ̃tam, Ro- 15.
mani occupârunt: tum verò Hunni, gens Scythica; quæ bis *Status*
in Pannoniam effuſa, primò quidem duce *Atila*, ſæculo V. dein *Hungariæ.*
ſub *Almo* Principe ſæculo VIII. reverſa, conſtanter terram illam
incoluit, quam à nomine ſuo *Hungariam* dixit: deviɑ̃to per *Arpa-*
dum Almi filium Suate, Pannoniæ Rege.

Sub initium dein ſæculi IX. ſub *Zultano*, S. Stephani proavo,
cum Thaſſilone Bavariæ Duce fœdus, inierunt Hungari adversùs
Carolum M. quare hic Europæ domitor, capto Thaſſilone, expeditionem in Hungariam ſuſcepit, eámque viɑ̃tis Hunnis, & Buda
urbe Regia expugnata, immenſæ ſuæ ditioni adjecit.

At ſub Ludovico, Germaniæ Rege, Caroli nepote, excuſſo
jugo, in libertatem aſſerti, graves deinceps fuerunt Germaniæ,
quam ſæculo X. pluribus irruptionibus, cædibus, incendiis, populationibus, pervagati, miſerandum in modum devaſtârunt: donec ab Henrico Aucupe, ejúsque filio Othone M. in Germaniæ
umbilico ingentibus cladibus attriti, pacem colere ſunt coaɑ̃ti.

A Geyſa deinde, per conjugem, Miecislai Poloniæ Regis filiam, ad Chriſti fidem converſo, altero velut Numa Pompilio,
per leges & diſciplinam gens ferox eſt cicurata, & magnam partem ab ethnicis Martis & Herculis ſacris ad Numinis veri cultum
traduɑ̃ta.

Quódque Geyſa pater immortale opus cœperat, abſolvit filius *S. Stephanus*, primus Hungariæ Rex (nam Ducum antè titulum gerebant) ſub annum milleſimum.   Ex quo tempore inclita
Natio Hungarica, quæ flagellum antè fuit Germaniæ, præſidio
eidem fuit atque tutelæ; Eccleſiæ verò ornamento multò maximo.

Nec parùm ad Hungar'æ converſionem momenti attulit *Gi-*
ſela S Stephani conjux, S. Henrici Imperatoris ſoror, natúsque ex
eo auſpicatiſſimo matrimonio *Emericus*, ſanɑ̃tiſſimus Princeps; quem
Argeli invidiſſe terræ ſunt viſi.   Neque omittendus S. *Ladiſlaus*,
oɑ̃tavus Hungariæ Rex, S. Stephani abnepos, quem pariter Eccleſia

clefia publico ritu aris intulit. Is Hungariæ Croatiam atque Dal. matiam adjecerat: non armis fed dono acceptam.

Andreas II. anno 1217. facram expeditionem in Palæftinam fufcepit. Nec fruftra. Nam Jerofolymam rurfus & Damiatam expugnavit. Dictus propterea *Hierofolymitanus.*

In *Ladislao III.* Andreæ pronepote defecit tandem Hungaro. rum ftirps Regia, per 22. Reges continuò propagata, trium fer. me fæculorum fpatio. Túmque ad exteros Principes corona tran. fiit. Et primò quidem, tranfcurfis brevi faltu dubiis aliquot capi. tibus, in *Andegavenfi* domo tantifper confedit.

Nam *Maria*, foror Ladislai, nupta fuerat *Carolo Claudo* Regi Neapolitano, famofi illius Caroli Andegavenfis filio. Ex matri. monio illo prognatus eft *Carolus Martellus*, quem Pontifex Regem Hungariæ coronavit; at Hungarorum divifa fuerunt fuffragia, qui. busdam Wenceslao Bohemo, aliis Othoni Bavaro, aliis denique Andreæ, impari thoro nato, adhærentibus. At *Carolus Robertus* Martelli filius, quietam tandem Regni poffeffionem adiit. Sed bel. lis infelix. Nam Valachos agreffus, totum amifit exercitum, vix vitam fervans fugâ, & mutato habitu.

Bene tamen de Hungaria eft meritus, quòd genuerit *Ludovi. cum*; quem populi amor eò usque extulit, ut *Magni* cognomen. tum ei indiderit. Electum dein etiam Regem Poloniæ, triftis illa magnorum fæpè Principum afflixit calamitas, quòd nullum ha. beret filium, cui Regna relinqueret.

Habuit tamen duas filias, magnarum deinceps rerum femen. tem, *Mariam*; quam Hungari non Reginam, fed Regem, publicis etiam in diplomatibus, appellarunt, more retento in futura etiam tempora. Hæc *Sigismundo* Caroli IV. Imperatoris filio ac poftea Cæfari, nupta, Regnum Hungariæ in dotem attulit. *Hedvigis*, altera Ludovici M. filia, Poloniæ hæres, defponfa eft *Jagelloni* Li huaniæ Duci. Quo pacto Lithuania cum Jagellone ad Chri. ftiana facra converfa, Poloniæ unita eft; à qua antè frequentibus bellis diffidere confueverat. Hæc, ex Antonio Bonfinio, rerum Hungaricarum feriptore facilè Principe, excerpta, contigerunt, usque ad fæculum XV.

Cæterùm feriptores aliqui Germani cum Conringio *de finib. cap.* 17. volunt, Hungariam olim fubjectam fuiffe Romano Imperio, dicúntque, eam à Carolo M. fubactam; ab Henrico III. homagio & tribu o oneratam. Henricum IV. ipfius dediffe Regem. Lo. tharium II. mififfe mandata. Comparuiffe eos in comitiis Imperii.

Sed

Sed Hungari negant, fe tanquam ftatus Imperii in Comitiis comparuiffe, aut unquam Imperio fe fubjeciffe.

§. II.

Status Ecclefiafticus per Concilia ordinatus.

Has inter Regni Regúmque mutationes frequentes in Hungaria habiti funt conventus, ad ordinandum Regni & Ecclefiæ ftatum. Celebris eft illa Synodus, in qua deliberatum. an præterito Salomone primogeniti filio, Regnum deferri poffit S. Ladislao, ex fecundo genito fratre prognato? Statutúmque, id fieri poffe ob Ecclefiæ & Regni utilitatem, eò quòd Ladislaus omnibus ad regnandum dotibus fit inftructus, Salomon autem homo ferox, ac præceps, quem magis impetus, quàm ratio dirigat.

Budenfe poftea Concilium ftatuit, ne Parochi citra neceffitatem & fine licentia per Vicarios adminiftrent Parochiam. Ne res Ecclefiafticæ ullo modo alienentur fine debitis folennitatibus. Ne abfentes à rebus Divinis de ftipendiis participent. Commendatur ftudium Juris Canonici; & obfervatio immunitatis Ecclefiafticæ à vectigalibus, collectis &c.

Concilium *Pofonienfe* anno 1309 (eo ipfo videlicet anno, quo Carolus Robertus Regnum adiit) celebratum à Legato Clementis V. ac poftea à Clemente VI. confirmatum, novem conftituit Canones.

Primus hortatur, ut omnes Apoftolicam Sedem tanquam matrem & magiftram venerentur, uti etiam Ecclefiæ Prælatos, excommunicationis & interdicti pœna ftatuitur deinde in eos, qui Ecclefiafticas perfonas capiunt, percutiunt, aut incarcerant.

Secundus vetat, ne Clericus adversùs Clericum laico det auxilium aut confilium, fub pœna excommunicationis.

Tertius: ne Clericus de manu laici Beneficium Ecclefiafticum recipiat.

Quartus: ne quis invadat, diripiat, aut retineat bona Ecclefiaftica. fub pœna excommunicationis: & nifi fpoliator intra tres menfes ea reftituerit, ejus vafalli, caftellani, comites. & officiales, ab homagio & quacumque præftatione, etiam juramento aut pacto vallata, pronunciantur abfoluti & liberi.

Quintus Clericos concubinarios mulctat fubtractione fructuum: pœna excommunicationis fpirituali, quæ contemnebatur, in temporalem, quæ magis formidabatur, commutata.

16.

Sex-

Sextus conqueritur de turbata pace Hungariæ *(nempe post mortem Ladislai Regis, ubi plures Regni candidati caput efferebant)* statuitur pœna excommunicationis in eos, qui bellis, seditionibus, aut devastationibus pacem deinceps turbaverit.

Septimus excommunicat eos, qui recusant Carolum Robertum pro Rege naturali Hungariæ recipere & habere, aut alium advocant aut nominant: item eos, qui Regalia aut Ecclesiastica bona, vel Sacram coronam occupant, aut detinent. Qui autem animo obdurato per annum in excommunicatione insorduerit, confiscatis bonis, tanquam hæreticus plectatur.

Octavus severè vetat, ne matrimonium contrahatur cum infidelibus, hæreticis, & schismaticis, maximè cum Ruthenis, Bulgaris, Rasciis, & Lithuanis, in errore manentibus: statuta excommunicationis pœna in eos, qui hanc constitutionem violaverint.

Nonus magnopere commendat obedientiam, Sedi Apostolicæ, ejúsque Legatis præstandam. Præsertim verò hanc obedientiam & subjectionem inculcat Polonis, qui unâ cum Hungaris in hoc Concilio Posoniensi præsentes erant. Fuitque postea anno 1346. hoc Concilium confirmatum à Clemente VI. ad instantiam Polonorum.

ARTICULUS IV.
De Conciliis Galliæ Sæculi XIV.

§. I.
Prænotanda de Gallia.

17.
Lis Regis cum Papa. Cum sæculo hoc cepit grande dissidium inter *Bonifacium VIII.* & *Philippum IV.* cognomento *Pulchrum* Regem Galliæ, propter Legatum Pontificium. Hic, cùm Philippum, voti religione obstrictum, ad expeditionem Jerosolymitanam incitaret, atque cunctantem liberiùs, etiam cum minis, urgeret, in carcerem conjectus est. Expostulat Bonifacius: pari fragore Philippus tonat. A verbis itum ad facta. Evocat ille Gallicanos Præsules ad *Romanum Concilium:* vetat iste Regno excedere. Anathema ille fulminat, & æmulum Philippi Albertum Imperatorem ratum gratúmque habet. Hic in Præsulum *Conciliabulo:* *Parisiis* habito, multorum criminum Bonifacium accusat, appellátque ad Generale

Con-

Concilium, meliorémque Pontificem.   Papa repetito anathemate Galliæ facris interdixit, fcholas aperiri vetuit, & exauctorato Philippo, Galliam Alberto Imperatori addixit, eúndemque cum Angliis & Flandris in illud concitavit.

Mittitur in Italiam Nogaretus, nobilis Aquitanus; qui junctus Columnenfibus, Bonifacio infenfis, Anagniam irrumpit. *Sciara Columna*, colapho impacto, Pontificem terræ allidit.   Romam inde deductus, paucos intra dies eft mortuus.

Succeffor Benedictus XI. pacem compofuit; vibrato tamen in Sciaram & Nogaretum anathemate.   Secutus Benedictum Clemens V. Gallus; qui Sedem Pontificiam Avenionem tranftulit: fautor Philippi Regis: cum quo ordinem Templariorum in Concilio Viennenfi extinxit.   Ut autem caufam Bonifacii damnaret, adduci non potuit.

At oftendit deinceps cœlum, quam caufam probaret. Bonifacii VIII. corpus poft trecentos annos integrum eft repertum. Philippi autem pofteritas in filiis defecit; Regnúmque Galliæ in eas calamitates eft devolutum, quantas à fua origine nunquam expertum fuerat; ruiturum ex integro, nifi fœmina fuftentâffet.

Philippus fiquidem brevi pòft optima in ætate morte abreptus, reliquit quidem tres filios, *Ludovicum X. Hutinum*, *Philippum V. Longum*, *& Carolum IV. Pulcbrum*.   Qui omnes fucceffivè Regnum funt adepti, fed arcto adeò tempore circumfcriptum, ut omnes fimul ne tredecim quidem regiminis annos conficerent. Et, quod magnis Principibus triftiffimum, omnes absque prole mafcula funt defuncti.

Succeffit tum quidem Philippus *Valefius*, defunctorum trium **18.** fratrum Regum patruelis, Philippi Pulchri ex fratre nepos. Exclu- *Philippus.* fis fecundum legem Salicam filiabus, quas omnes tres fratres reliquerant.   At quæftionem Angli moverunt, quam necdum folutam dicunt, quæque innumerorum mortalium fanguine non ita poterat dilui, ut Angliæ Rex non hodiedum Franciæ infignia geftet, & ejusdem etiam Regis nomen titulo fuo infcribat.

Tres fratres Reges nempe habebant fororem *Ifabellam*, Eduardo II. Angliæ Regi nuptam.   Huic, nefcio ex quo Lycurgo, jus fuccedendi in Regno Galliæ arrogabant Angli. Galli contra legem fuam Salicam, perpetua confuetudine obfervatam, apponebant, quæ exclufis fœminis, folos admittat mafculos. Quos inter ultimo poffeffori fanguine proximus erat Philippus Valefius, utpote

Pars VI.   K   patrue-

patruelis. Et quot in aliis Regnis hoc obtinet, etiam ubi nulla viget lex Salica, quæ univerſim fœminas excludat.

19.
Anglorum pretenſio. Addebant, etiamſi lex Salica non exſtaret, & ad fœminas, etiam pro illo caſu, quo vivebat Philippi Pulchri ex fratre nepos, fuiſſet jus devolutum, ſucceſſuram utique potiùs ultimi Regis filiam, quàm ſororem, vel ſaltem, ſi jus aliud hæreditarium comminiſci placeat, ſucceſſuram potiùs fratris primogeniti, Ludovici Hutini, filiam, Navarræ Reginam. In confeſſo ſiquidem apud omnes eſſe, ſecluſis ſpecialibus pactis, non in privatorum tantùm, ſed Principum etiam ſucceſſionibus majorem rationem haberi deſcendentium ab ultimis poſſeſſoribus in linea recta, quàm obliqua. Hæc illi.

At magni Principes lites ſuas ſæpè diſceptant gladio judice, qui pro fortiore pronunciat.. Erupit enim hac de cauſa anno 1337. bellum, omnium, quæ Gallia vidit, & diuturnitate, & bellantium odiis, vehementiſſimum.

20.
Belli initium. Eduardus III. Iſabellæ filius, tracto in partes ſuas Ludovico Bavaro Imperatore, cum 300. navium claſſe in Belgium trajicit. Ex parte Gallorum ſtabant Bohemiæ, Navarræ, & Scotiæ Reges. Nihil tunc actum. Anno ſequente cæſi Galli. Iterúmque celeberrima pugna *Creſſiaca.* Qua Galli 25000. amiſère: atque inter eos plures Principes ac florem nobilitatis. Cecidit etiam in hoc prælio *Joannes* Bohemiæ Rex, Henrici VII. Imperatoris filius, ac Caroli IV. pater. Cui jam priùs unum oculum hoſtis, alterum chyrurgi ademerant. At, quamvis cæcus, pluribus adhuc præliis inſignis heros interfuit. Caleſium fructus victoriæ fuit.

21.
Joannes captus. Philippo, Franciæ Rege anno 1350. mortuo, ſucceſſit *Joannes.* Qui prælio victus ab Anglis, captúsque in Angliam abductus eſt: adminiſtrante pro ipſo Galliam Carolo Delphino filio.

22.
Carolus V. Coaluit tum quidem pax *Britiniaca;* relictâ Anglis totâ Aquitaniâ, & Joanne Rege tribus auri millionibus redempto. Cui haud multò pòſt mortuo ſucceſſit *Carolus V.* filius, dictus à ſuis *Sapiens;* quòd bella geſſiſſet cunctando: ut patris & avi præcipitia evitaret. Statuit is, ut Galliæ Regum filii anno 14. dicerentur Majores; cùm antea 25. exſpectandus eſſet. Obiit Carolus Regno rurſus compoſito anno 1380. quod tamen filius Carolus VI. vix non totum perdidit; ſumma calamitate in ſæculum XV. propagata.

Turbato tamen tot bellis & cladibus ſtatu Politico, imò etiam Eccleſiaſtico, complura hoc etiam ſæculo in Gallia celebrata ſunt Concilia.

§. II.

§. II.

Status Ecclefiafticus per Concilia ordinatus.

Quia turbido hoc fæculo militaris licentia in perfonas etiam Ec- **23.**
clefiafticas, eorúmque bona manus fæpiùs extendebat, non
tantùm in Germanicis, fed Gallicis etiam Synodis per faluberrima
decreta itum eft obviàm. Unde

Compendienfe Concilium anno 1301. ftatuit, ut locus ille ceffet
à Divinis, in quo Clericus à laicis captus ac detentus fuerit. Excommunicantur Judices laici, qui mulctas exigunt pro delictis
Clericorum. Item eos, qui impediunt, ne laici in caufis Ecclefiafticis conveniantur coram Judice Ecclefiaftico. Item in Abbates
non exemptos, qui inita inter fe confpiratione fe fubtrahunt à jurisdictione Epifcopi. Si quis in excommunicatione per biennium
perfiftat animo obdurato, Concilium contra eum tanquam fufpectum de hærefi procedat. (*Fuit hoc Concilium Provinciale Rhemenfis
Provinciæ.*)

Parifienfe Concilium anno 1302. flagrantibus jam diffidiis inter **24.**
Bonifacium & Philippum, ùt §.I. annotavimus, celebratum eft.
In quo Rex conqueftus eft contra Pontificem, qui fe in temporalibus fibi fubjectum vellet, & Epifcopos Gallicanos contra fe Romam evocaret. Cùm autem Rex feverè prohiberet, ne Romam
pergant, fupplices, ac fubjectionis obfequiíque plenas litteras ad
Bonifacium dederunt, ut profectionem Romanam fibi remitteret,
ne ordo Ecclefiafticus Regnúmque univerfim Regis irâ adhuc in
majores turbas ac calamitates devolvatur. * Ad pacem denique
magnopere funt adhortati.

Concilium Compendienfe II. à Provinciæ Rhemenfis Epifcopis celebratum anno 1305. excommunicationis fententiam, ipfo facto
incurrendæ, tulit in eos, qui nominatim excommunicatos vel interdictos ad Divina vel Sacram fepulturam admittunt; vel coram
ejusmodi excommunicatis facris interfunt. Item in eos, qui matrimonia clandeftina contrahunt. Item in magiftratus laicos, qui
Clericis vectigalia imponunt, aut tallias vel collectas ab eis exigunt, eo nomine, quòd mercaturam exerceant, quod tamen probare nolunt in foro Ecclefiaftico. Ejusmodi decreta pro libertate
Ecclefiaftica facta funt etiam in Concilio *Parifienfi* anno 1314. in
Salmurienfi & *Sylvanectenfi* anno 1315. in *Senonenfi* anno 1320. in
Parifienfi anno 1323. multísque aliis.

25.   *Avenionenfe*, ab Epifcopis trium Provinciarum, nempe *Arela-tenfis*, *Aquenfis* & *Ebredunenfis* congregatum anno 1326. ftatuit, ut cenfuras, ab Epifcopo latas, etiam alii Epifcopi promulgent, & obfervari curent. Cenfura feriuntur, qui Clericos cogunt often-dere, cur jurisdictionem exerceant, quamvis jam multos annos fuerint in pacifica poffeffione. Multos 'infuper Canones edidit contra violatores immunitatis Ecclefiafticæ, lata in eos excommu-nicationis fententia.

Decrevit infuper, ut Parochus teftamentis interfit. Ut bona, reftitutioni obnoxia, fi incertus fit dominus, ad arbitrium Epifcopi diftribuantur. Ne vacantium Ecclefiarum bona quis occupet, nifi privilegio vel confuetudine fibi liceat. Ne Beneficia novis cen-fibus onerentur. Ut fæculares, ab Ecclefia rogati, excommunicatos ad fatisfaciendum compellant, fub pœna excommunicationis & inter-dicti. Excomunicantur, qui fine licentia proprii Sacerdotis è Diœcefi exeunt ad contrahendum matrimonium. Item ii, qui litteris Ponti-ficis aut ejus Legatorum abutuntur. Legati Pontificii communibus Ecclefiarum impenfis excipiantur. Hæc & alia plura Avenione an-no 1326. uti etiam anno 1337. funt conftituta; quæ confultò omit-timus, ne repetitio eorundem canonum Lectori faftidium creet.

Anno 1327. *Avenione* rurfus celebratum eft Concilium; in quo *Petrus Corbarius*, fub nomine Nicolai V. à Ludovico Imperatore intrufus Antipapa, damnatus eft; ea etiam de caufa, quòd publicè doceret, JEfum, ejúsque Difcipulos adeò pauperes fuiffe, ut nihil unquam, neque in communi, neque privatim habuerint. Quam doctrinam Concilium iftud, cui Joannes XXII. Papa præfuit, S. Scri-pturæ contrarium redarguit. At verò Corbarius Conciliabulo in Italia indicto Joannem propterea hæreticum declaravit.

Sicut autem hoc tempore multùm difputatum eft in Occidente de paupertate Chrifti ac Minoritarum, ita à Græcis in Oriente plu-ribus in Synodis agitata eft controverfia, an lumen, quo facies Chrifti in monte Thabor refplenduit, *creatum* fuerit, an *increatum*.

26.   *Concilium Compendienfe III.* Provinciæ Rhemenfis, anno 1329 fub pœna fufpenfionis prohibuit, ne aliqua perfona Ecclefiaftica fe vel bona fua Jurisdictioni domini vel judicis fæcularis fubjiciat. Néve deinceps citationes generales admittantur, fub hac formula : *Citetis omnes, quos vobis lator præfentium nominabit.* Denique præcipit, ut fin-gulis Dominicis excommunicati denuntientur, ufurpantes, impe-dientes, & perturbantes ordinariam poteftatem Ecclefiafticam.

Noviamenfe 1344. excommunicavit dominos temporales, qui prohibent fubditis fuis, ne quidquam vendant Ecclefiafticis perfonis, aut eorum agros colant. Vetat, ne recentia miracula, tanquam authentica, à Clericis populo proponantur, Ordinario inconfulto. Mendicantes jubentur adhortari populum ad folvendas fideliter decimas; aliàs adimendam ipfis facultatem abfolvendi à cafibus Epifcopo refervatis (*ex quo patet, Religiofos mendicantes etiam in Gallia, fæculo XIV. ab Epifcopis accepiffe facultatem abfolvendi à cafibus refervatis Epifcopo.*)

Anno 1346. Archiepifcopus Senonenfis cum fuis fuffraganeis *Parifiis* habuit *Synodum;* à qua præter Canones de libertate Ecclefiaftica, de cenfuris, de Clericali & Regulari difciplina, ftatutum eft, ut fæculares Magiftratus hæreticos capiant, & curiæ Ecclefiafticæ judicandos tradant. Item, ut Prioratus, & Ecclefiæ Parochiales; in quibus non funt fufficientes reditus, uniantur.

Concilium *Biterrenfe* Provinciale anno 1351. ordinavit, ut curati non dent licentiam fuis Parochianis tempore pafchali Euchariftiam percipiendi extra Ecclefiam Parochialem, nifi fint infirmi. Hortatur etiam Clericos Beneficiatos, & omnes in facris Ordinibus conftitutos, ut diebus Sabbati deinceps à carnibus abftineant. Quod idem in pluribus aliis Galliæ Synodis eft fancitum. (*Unde videtur bæc difciplina eo tempore in Gallia necdum viguffe.*)

Andegavenfe anno 1365. difpofuit, ut qui à Sede Apoftolica 27. Beneficia accipiunt, id intra tres menfes publicent. Ne Beneficia, quæ facros Ordines requirunt, conferantur hominibus immaturæ ætatis. Ut menfa Clericorum fit frugalis, duorum tantùm ferculorum cum jufculo. Abftinentiam à lacte & butyro diebus jejuniorum præcipit.

Vaurenfe, à trium Provinciarum Epifcopis congregatum anno 1368. in primo canone de fide tractat, de DEO, de facramentis, virtutibus, & vitiis, & brevi fynopfi infignem Theologiam comprehendit, omnibus animarum paftoribus utiliffimam. Quam hîc fubjicerem, fi brevitatis inftitutum admitteret. Tractat deinde de excommunicatione eorum, qui litteris Apoftolicis abutuntur. De ftatutis contra libertatem Ecclefiafticam abolendis. De iis, qui fe opponunt Canonicis electionibus, poffeffioni pacificæ Beneficiorum, aut fe in ea intrudunt, aut plura incompatibilia recipiunt. De non impediendis appellationibus ad Metropolitanum. De puniendis ab Epifcopo exemptis, fi in loco non exempto de-
K 3   lin-

linquant. De abſtinentia Clericorum à carnibus die Sabbati. De
mittendis à quolibet Capitulo duobus Canonicis ad Theologiæ vel
Juris Canonici ſtudium, qui tempore ſtudiorum Beneficii ſui fructus percipiant, exceptis diſtributionibus quotidianis. ' *(Plura alia
decreta ſaluberrima ſunt edita; quæ tamen ex ſuperioribus Conciliis jam ſunt
memorata.)*

Narbonenſe anno 1374. Canones edidit, de modo celebrandi
Concilia. De falſis Apoſtolis evitandis. De Indulgentiis conceſſis iis, qui corpus Chriſti ad ægros comitantur. De non faciendis
donationibus in fraudem laicorum. De immunitate reali & perſonali Clericorum.

28.   Anno 1398. in Synodo Parifienſi, Nationali, præſente Rege
plurimiſque Epiſcopis acriter diſceptatum eſt, an Benedicto XIII.
ſeu Petro de Luna, qui pertinaci illo ſchiſmate nolebat cedere Pa-
patu, quamvis juramento id antea promiſiſſet, obedientia eſſet ſub-
trahenda? ac denique concluſum, quia ſua tergiverſatione ſchiſma
foveat, & unitatem Eccleſiæ impediat, non ampliùs deinceps eſſe
obediendum, exſtant in tomo XV. Conciliorum plures orationes
in utramque partem hac ſuper re habitæ.

ARTICULUS V.

De Conciliis Angliæ Sæculo XIV.

§. I.

Præmittuntur aliqua de Statu Politico.

29.   Anglia, magnarum ſæpiùs tragœdiarum theatrum, hoc etiam
ſæculo non tantùm cruentam Martis ſcenam foris aperuit,
ſed domi quoque, varias inter turbas, in Reges ſuos & proceres
ſæviit: quin uxorem in maritum, filium in patrem bellum moventes vidit.

Iſabella.   Malorum fons *Iſabella*, Philippi Pulchri Franciæ Regis filia.
Hæc etenim mulier, non minùs ambitione quàm luxuria inſignis,
inauſpicato connubio juncta *Eduardo II.* Angliæ Regi, ſub ipſum
ſæculi initium, & domeſtica bella concitavit, & externis diſcordiis
titulum dotalem ad Britones attulit, paterno, & maritali Regno
erinnys fatalis.

30.   Et primò quidem diſcordiis domeſticis in Anglia præluſit;
Eduardus II. tum verò à conjuge Eduardo cum filio, quem ex eo ſuſceperat, in
Gal-

Galliam fugit; conflato exercitu, ubi in Angliam remeat, hoftilibus fignis aggreffura Regem conjugem.   Et favit fortuna fceleri.
Angli cum exercitu Gallico fe conjungunt.   Derelictus à fuis capitur Rex Eduardus, in Anglicanis comitiis Regno deponitur, &,
quod barbariem fuperat, à cuftodibus fuis crudeliter enecatur in
carcere.

Suftollitur in folium filius Eduardus III. 15. annorum adole-
fcens, famofus fæculi hujus actor, cujus dimidium bellis implevit.
Nec matri Ifabellæ impunes tot turbæ, & exerrantes libidines.
Mortemarius Procus fufpenfus patibulo, in ipfo cubiculo Reginæ,
præfentis, & infpectantis.   Hæc merces fceleri.

Prima bella Eduardus cum Scotis geffit, gente ad afperi foli ingenium formata, victrice non raro Anglicani roboris.   Tum verò, B. lliGalli-
demortuis absque prole mafcula Philippi Pulchri filiis, maternum *ci initium*
jus, quod prætendebat, armis afferturus, Gallicanis bellis initium *fubEd iar-*
dedit, fæpiùs interruptis, fæpiùsque, pace fragili diffiliente, rur- *do III.*
fum refumptis; ea quidem Anglorum aut fortitudine aut fortuna,
ut præliis plerumque fuperiores, & Gallicas artes, & multitudinem
vicerint, vix vitam fugâ fervante Philippo Rege, nobilitate proftrata in acie, ac Regni nervis incifis, in pugna verò Pictavica capto Joanne Rege cum Philippo filio.

Obiit tandem Eduardus Rex anno 1377. poftquam 50. annis   32.
Regnum & bella geffit, multarum palmarum heros.   Davidem *Wicleffus.*
Scotiæ Regem devictum captúmque Londinum abduxit.   Ordinem
Perifcelidum inftituit, vili ex caufa.   Vituperatur tamen à fcriptoribus Gallis; propter vibices fortaffis, genti fuæ inflictas.   Aliena
certè culpa infelix fuit, quòd in Regnum ejus inciderit Wicleffus,
Sacerdos Angluš, recentiorum novatorum fignifer; adverfùs poteftates, non tantùm Ecclefiafticas, fed etiam Politicas, feralis tuba;
cujus clangores funeftos *parte* 3. audivimus.

Expertus hoc eft *Richardus II.* Eduardi III. quem diximus, ex
filio Eduardo infigni heroë, nepos, & fucceffor.   Nam plebs Anglicana, feditiofa Wicleffi tuba concitata, confpirationem iniit adverfùs Regem, Proceres, Epifcopos, omnémque Clerum, interempto
in ipfis facris Cantuarienfi Præfule, eodémque furore in reliquos
defignato.   Adeò nempe omnis hærefis, indole fua ferox, tumul-
tuofa, ac feditiofa, Magiftratibus univerfim omnibus eft fatalis.
Compreffus tum quidem, tum inftitutis Ecclefiæ Synodis, tum armata auctoritate Regia vulgi furor, fed erumpens deinceps fæpiùs,
in alienas etiam provincias eft exporrectus.

Sicut

Sicut autem Anglia hoc fæculum inter·turbas cœpit, fic continuavit, & finiit. Nam Richardus Rex Thomam Gloceftriæ Ducem, patruum fuum, dolo captum fuffocari juffit, Arundelii comite plexo capite, aliisque pluribus, perduellionis reis, aut carcere aut exilio multatis.

33. *Richardus II.* Quæ, five crudelitas, five juftitia, Regi Richardo populi odium, & perniciem attulit. Nam Henricus, Lancaftriæ Ducis filius, à Rege, patruele fuo, in exilium aftus, dum Rex in expeditione Hibernica abfens effet, à Londinenfibus ex Gallia revocatus, colleftis copiis, Regi ex Hibernia redeunti, obviàm proceffit, eúmque captum carceri Londinenfi inclufit; in quo occifus eft, anno Chrifti 1399. ætatis fuæ 33. Regni 20. miferando fanè capitis coronati fato; fed in Anglia necdum miferrimo. ·Henricus coronam tulit in præmium; atque Regnum ad *Lancaftrenfem* propaginem tranftulit.

§. II.
Status Ecclefiæ ordinatus per Concilia.

34. Cùm Clemens V. ubique juffiffet celebrari Concilia, in quibus de caufa Templariorum inquireretur, ut deinde plena notitia ad Concilium Generale Viennenfe poffit afferri, celebratum eft etiam fuper re ifta in Anglia *Concilium Londinenfe* anno 1309.

Anno 1321. indiftum fuit à Cantuarienfi. *Concilium Londinenfe II.* quod antequam inchoaretur, præcepit Rex Eduardus II. ne in eo quidquam ftatueretur, Regi aut Regno in præjudicium.·· Statuta Synodi verfantur circa teftamenta, & taxam iis dandam, qui circa illa & eorum executionem occupantur. Circa moderationem provifionum in vifitationibus. Circa introduftionem Beneficiati in Ecclefiam, ab Ecclefiaftico Superiore faciendam. Circa taxam pro fcribendi litteris Beneficiati vel ordinati non excedendam. Circa Miffas, in privatis oratoriis non celebrandas, absque Ordinarii licentia, fub pœna fufpenfionis.

Londinenfe III. itidem Provinciale, à Cantuarienfi, Primate totius Angliæ, celebratum anno 1328. excommunicavit omnes, qui Epifcopum Exonienfem occiderunt. Diem Parafceves & commemorationis omnium Fidelium defunftorum, feftos ftatuit. Conceptionem item B. V. Mariæ folenniter & feftivè celebrandam. Immunitatem rerum, ad Ecclefias, aut Ecclefiafticas perfonas pertinentium. Teftamentum fervi adfcriptitii non impediendum.

Appel-

Appellationem à gravamine illato, etiam ante fententiam definitivam, ratam habet. *(Poſt Tridentinum non licet ampliùs appellare à ſententia interlocutoria, niſi vim habet definitivæ, aut gravamen afferat, quod
reparari non poſſit per appellationem à definitiva.)*
    Londinenſe IV. Præſide Cantuarienſi, anno 1342. diſpoſuit,
ut licentia in privatis oratoriis celebrandi Miſſam non concedatur
ab Epiſcopo, niſi Magnatibus & Nobilibus, quorum domus ab Eccleſia parochiali multùm diſtant, vel infirmis & debilibus. Alia
illius ſtatuta jam aliàs ſunt memorata. Canon tamen quintus hoc
ſpeciale videtur habere, quòd decernàt, licèt Parochianis juxta
conſuetudinem Provinciæ Cantuarienſis incumbat, reparare ea,
quæ ad Eccleſiam pertinent, tamen deinceps etiam exteros debere
concurrere, ſi fundos in territorio Parochiæ obtineant.
    Londinenſe V. eodem anno celebratum Canones edidit de im-
munitate Eccleſiaſtica *(cui inimicus erat Eduardus II. cum ſuis aulicis)*
excommunicat eos, qui in extremis conſtituti bona ſua per donationem inter vivos alienant, in fraudem creditorum. Prohibet,
ne excommunicati, petentibus Epiſcopis, à ſæculari Magiſtratu
cuſtodiæ traditi, ipſis inconſultis liberentur.
    Lambethenſe, Præſide Cantuarienſi, Primate, anno 1351. con-   35.
queſtum eſt, quòd Rex, ejúsque Miniſtri ſæculares, perſonas Eccleſiaſticas delinquentes carcere ac etiam morte mulctârint, ſub
prætextu, quòd privilegium fori & Canonis ſit Reipublicæ noxium,
eò quòd Clerici, privilegio ſuo cónfiſi, audaciùs, delinquant.
Prohibet proin Concilium, ne ſæculares Judices immunitatem Clericorum deinceps violent, Eccleſiaſticis verò Judicibus præcipit,
ut Clericis delinquentibus ſeveras pœnas imponant, ut querela illa
ſæcularium ceſſet.
    Eboracenſe, à Joanne Archiepiſcopo cum ſuffraganeis ſuis, con-
gregatum anno 1367. decrevit, ne in Eccleſia fiant placita ſæcularia. Ne matres, vel nutrices parvulos in lecto ſuo collocent,
propter periculum ſuffocationis. Ne cauſæ matrimoniales hominibus imperitis committantur &c.
    Londinenſe VI. anno 1352. damnavit 24. propoſitiones Wi-
cleffi; quas retuli *part.* 3. *cap.* 5. *ſ.* 4. & quidem 10. earum damnatæ ſunt tanquam hæreticæ; 14. verò tanquam erroneæ, & Eccleſiæ determinationi repugnantes. Iidem errores rurſus damnati
ſunt anno 1396. à *Concilio Londinenſi VII.* Præſide ſemper Cantua-
rienſi, Primate.

    Pars VI.   L   *Cantua-*

36. *Cantuarienfe* anno 1399. conqueftum eft, quòd Clerus valde premeretur, tum à Miniftris Regiis, tum à quæftoribus Romanis. Cúmque Henricus Rex, obtento violentè, quod diximus, Regno, identidem à Clero poftularet pecunias, complura in fine hujus fæculi & ad initium fequentis Concilia Anglica fuerunt celebrata, in quibus hac de re actum eft. Poftulatum etiam fuit in hoc Concilio, ut dies S. Georgio Martyri facer per totam Angliam celebris ac feftus ageretur. Cautum denique, ne Epifcopi caufas, quæ Sacerdotia & matrimonia refpiciunt, aliis, quàm doctis viris, in Jurisprudentia probè verfatis, committant.

ARTICULUS VI.
De Conciliis Hifpaniæ.

§. I.
Synopfis Hiftorica.

37. Sæculum XIV. feditionem bellorúmque motibus totum turbulentum erat: &, quòd dolendum, Chriftianus plerumque fanguis fufus eft, Saraceno in Regno fuo Granatenfi quieto relicto; nifi quòd circa medium fæculi una-alteráve urbs eidem fuerit detracta.

Calamitates. Et quidem fub initium fæculi *Ferdinandus IV.* Caftellæ Rex, in pupillari ætate per Henricum propatruum. non tam pupilli Regnique, quàm fui amantem, Regnum moderatus eft. Quo tempore Procerum Magnatúmque quivis de publico rapuit, quantùm potuit, membris adversùs caput in totius corporis noxam increfcentibus. Bella ex bellis fata à tutore ac Regni optimatibus, ut fe neceffarios faciant, & in turbido fibi pifcari queant. De ipfa Tariffa, nefas! Mauris reftituenda cogitatum, ut eorum ope plus Chriftiani fanguinis fundatur.

Lacerata itaque à fuis Caftella, Aragonia, relicto in Hifpaniæ vifceribus hofte barbaro, longinqua bella gerebat, Sardiniam Pifanis, Siciliam *Friderico*, Jacobi II. Regis fui fratri, ereptura. Regnum Navarræ, ad Gallos per Joannam Ludovici Hutini matrem translatum, omnes invidebant. Ridebat Granatenfis, Chriftianos mutuis inter fe odiis ac vulneribus confici.

38. *Septa & Heraclea.* Amoto tandem fufpecto tutore, Caftellanus juris fui factus, compofito, quoad fieri poterat, Regni ftatu, pacéque cum finitimis

mis

mis reſtituta, cum Jacobo Aragonio bellum Granatenſe decrevit.
Cæſi ab Aragone ad *Almeriam* barbari, & expugnata ad Africæ
oram *Septa* (quam *Ceutam* vulgus appellat) à Caſtellanis *Heraclea*
(quam Saraceni *Gibraltariam* vocitabant) ex adverſo Septæ objectam.   Quæ tamen, civilibus Chriſtianorum bellis rurſus poſtea
frementibus, in manus infidelium eſt relapſa.   Almeria & Algezira
fruſtra à noſtris oppugnata.
    Mortuo ſubin Ferdinando IV. in ipſo ætatis flore, anno 1312.
relicto in cunis filio *Alphonſo XI.* unius anni Principe, rurſus omnia
ſunt turbata.   Magna de tutela contentio; foris bella conſanguineos inter & affines Principes; domi ſeditiones, internecina diſſidia,
defectiones virorum etiam Principum ad Mauros.
    Granatenſis Rex barbarus, Caſtellæ Regibus vectigalis, uſurus   **39.**
occaſione, ad Marochii Regem Saracenum abiit, exponitque, Ma   *Oratio*
hometanum in Hiſpania Imperium, tanta fortitudine à Majoribus *Grana-*
fundatum, floreſcens olim vegetúmque, jam penitus ferme eſſe *tenſis.*
collapſum, inſigni gentis ignominia, cujus olim virtus bellica, Aſia
& Africa victoriis peragrata, terrarum ubique inclaruerit.   Unicam in extrema Hiſpania ſibi ſupereſſe Granatam, cum Malaca,
Almeria, Algezira, paucisque aliis oppidis.
    Jam verò optatum adveniſſe tempus, quo gentis gloria repa-
rari queat.   Chriſtianis Principes bellis fractos, & etiamnum inter ſe colliſos, patere ictui, à quo non facilè reſurgant.   Navarræum Regem Gallicis cladibus & factionibus implicitum; Aragonium Balearico bello adversùs fratrem diſtentum; Luſitaniam
bellis, patrem inter & filium geſtis, feſſam, novo bello non ſufficere.; Caſtellam, in qua majus aliàs robur, ſub infirma adhuc Regis ſui ætate ſciſſam in partes, ſe ipſam atterere: Caſtellanos denique & Aragonios perpetuis inter ſe odiis, invidia, & diſcordiis
diſſidere.
    Sed neque ab exteris Europæ Principibus Hiſpanis fore auxi-
lia.   Gallos, Anglósque pertinaci bello averſos mutua interne-
cione concidi.   Bellis totam flagrare Italiam, Venetos inter &
Genuenſes; Neapolitanos inter Andegavenſes, & Siciliæ Reges
Aragonios; reliquum Italiæ, ob abſentiam Romanorum Præſulum,
factionibus, direptionibus, populatione everti.   Germaniæ buſta
adhuc fumare nuperis bellis, gemino Principe pro Imperio con-
tendente.   Et necdum illi eſſe quietem, Ludovico Cæſare diris
devoto, & virium reliquias colligente, ad opprimendum æmulum,
quem, impulſu Sacrorum ſuorum Antiſtitis, cogitent Proceres
                          L 2   eidem

eidem fufficere. Poloniam, alioquin longinquam, cum Lithuanis
& Ruthenis conflictare. Pannonium Regem à Valachis nuper cum
toto exercitu concifum: fuccefforem Ludovicum reparandis ruinis
incumbere, & Regno in domo fua Andegavenfi necdum fatìs firmato, & domefticas, & imminentes Orientis procellas expavefcere.
Eam denique Europæ totius, in fe ipfam undique armatæ, effe
faciem, qua rebus Saracenis nunquam fuerit optatior.   Erumpentes ex Afia Turcas, focios fuos, ejusdem religionis affeclas, victorias fuas ulteriùs femper ulteriúsque in Occidentem proten-
dere; fi Africa pariter, fedibus fuis emota, per Hifpanias in Orientem moliatur, compreffam validiffimas inter duas gentes Europam
mediam facilè elidi, & omne Chrifticolarum genus uno velut ictu
exfcindi poffe.

Veniret proin Rex ad metendas palmas, quas ipfa temporum
rerúmque occafio ultro offerat.   Se, alioquin fub ignobili genti-
que toti probrofa tributi fervitute fquallentem, accifo Granatæ
Regno ociùs ceffurum, malléque potenti Saraceno Regi privatum
fervire, quàm miferum Regem, cui, precariò regnanti, nihil ferme nifi nomen fuperfit, fervile chrifticolis vectigal dependere. Sin
uti occafione negligeret Rex, perpenderet probè, an, pace inter
Europæos inita, rebúsque eorum, quæ nunc ferme proftratæ ja-
ceant, reftauratis, fecurus ipfe in Africa effe poffit; fubjugatis
exilibus Granatæ reliquiis, tenui freto facilem trajectum effe; infuper & oceanum & mediterraneum viam præbere claffibus. Videret proin, ne Europa in Africam effundatur. Eandem utrisque
effe femitam. In eo jam verti rerum molem, quis præveniat, &
alterum imparatum opprimat.   Tenere jam Hifpanos in manibus
hinc Calpin, inde Septam, illam Europæ, hanc Africæ clavem:
occupata hæc propugnacula fatìs oftendere, quò confilia eorum
colliment.   Ne dubitaret proin, fi nomen Saracenum, fi Regnum
fuum, fi libertatem, fi fe amaret, collecto ex omni Africa, & terreftri & navali exercitu prævalido, in Europam trajicere, & nobiles Majorum palmas inftaurare.   Nihil effe ad immortalem nominis
gloriam magnificentius, nihil ad opimam prædam locupletius, ad
utilitatem & Africæ fecuritatem nihil opportunius.

40.   Hac Granatenfis oratione excitatus Rex, non tantùm in Ma-
Afri in Hi- rochico & Feffano Regno fuo, fed in vicinis etiam Provinciis fibi
fpaniam. vectigalibus, omnique circùm Africa ingentes delectus habuit.
Collectóque immani, tum navali, tum terreftri exercitui (quadringenta hominum millia feruntur) filium fuum Abomelicum præficit.

ficit. Qui freto trajecto Algeziram venit, ejúsque urbis se Regem dixit, tum ad Heracleam, opere & situ munitam admodum urbem, Calpi monti, è regione Septæ, impositam, admotus exercitus, fame eandem ad deditionem coëgit. Ex altera parte Granatensis in Castellanum agrum irruens, populatione omnia latè vastavit.

Alphonsus Castellæ Rex, quamvis juvenili adhuc esset ætate, factis cum Aragonio & Lusitano, ùt poterat, induciis, cum exercitu Castellano, numero licèt multùm impari, obviam hosti progressus, commissa pugna, victoriam, ad eam diem inauditam reportavit. Supra ducenta Maurorum millia in acie cæsa memorantur, capti innumeri. *Tariffa* victoriæ præmium fuit, & postea etiam *Algezira.* 41. *Victi.*

At in medio victoriarum cursu domestici Procerum motus, bellúmque Aragonicum, Alphonsum revocârunt, pactis cum Mauris, qui facilè tunc exscindi poterant, nî livor, æmulatio, invidia intercessisset, decem annorum induciis.

Toto deinceps sæculo nihil admodum contra Saracenos gestum est, bellis assiduis Christianos inter Hispaniæ Principes flagrantibus. Quin fœdere cum impia hac gente sæpiùs inito, eorum ferro Christianum hauserunt sanguinem.

Fecit id potissimùm *Petrus Crudelis* Alphonsi filius, à patre per omnia degener, hostis humani generis, libidinis & crudelitatis portentum. Tres simul uxores habuit. Legitimam obtruncavit. Tres fratres interemit, plurésque Principes Regii sanguinis, alios innumeros, etiam Episcopos. Bis excommunicatus; nunquam melior. Granatensem Regem, data fide publica ad se venientem, propria manu perfidè confodit, & quidem pacis tempore. Regni annos nefanda libidine, cædibus, furóribus, immani tyrannide implevit. 42. *Petrus Crudelis.*

Ab *Henrico* fratre Gallorum armis, duce Bertrando Clakino, solio dejectus, ac fugitivus, ab Anglis restituitur. Dejectus iterum à fratre occiditur: quàm superis hominibúsque exosus, tam inferis acceptus.

Ingens tunc orta de Regno disceptatio. Quatuor proci illud ambiebant, ac discerpebant, Anglus, qui filiam Petri conjugem habuit, sed pollutis ortam natalibus; Aragonius, & Lusitanus, materno Castellæ sanguine prognati; Henricus Tyranni occisi frater; sed ex nobili Scorto Alphonso natus. Armis omnes jus suum urge- 43. *De Regno contentio.*

L 3

urgebant.   Vicit cæteris debilior Henricus, Procerum Caſtellæ &
Provincialium ope; qui exterum reſpuebant Principem.

   Et eluit natalium labem *Henricus II.* è diuturno exilio eveċtus
ad thronum, magna prudentia, fide, integritate Princeps.   Pacata
tandem legitúsque ſtabilita Republica, *Joannem* filium reliquit,
Regni hæredem, anno 1379. quamvis non ſine certamine, ſuſcita-
tis denuo cognatorum Principum juribus.

   Compoſitæ tum quidem eæ ſunt lites, novísque Hiſpaniæ Reges connubiorum ſunt junċti fœderibus, ſed novis rurſus diſſidiis
atque tumultibus daturis deinceps originem.   Quaſi Hiſpaniæ Principes nubant, ut bella pariant.

Certè ex iis nata ſunt Caſtellanis cruenta cum Aragoniis bella,
præſertim verò cum Luſitanis.   Nam *Ferdinandus* Portugalliæ Rex,
Telleſiam Acunii conjugem uxoris loco habuit, marito Acunio,
cornibus argenteis capiti ſuo impoſitis, in Caſtellam ſecedente.
Ex hac adultera nata eſt Ferdinando *Beatrix*, Joanni I. Caſtellæ Regi
poſtmodum nupta.   Cùm igitur anno 1383. Ferdinandus eſſet mortuus, Beatrice filia hærede declarata, Caſtellanus Regnum dotale
poſtulavit, retento in vinculis Joanne Beatricis patruo.   Quæ res
graviſſimo deinceps inter gentem utramque bello cauſam dedit.

   Nam Luſitani reſpuebant exteri Regis Imperium, ac *Joannem*,
ex pellice licèt natum, repetebant.   Cùm igitur Caſtellanus pacis
artibus eos adducere non poſſet ad obſequium, bello aggreſſus eſt:
Olyſſipone etiam obſeſſa.   At pluribus præliis cæſus in Caſtellam
reverſus eſt.   Angli mox junċti Luſitanis, translato in Caſtellanum
Regnum bello, multas in eo urbes ac oppida occupârunt; donec
tandem, repetitis ſæpiùs tumultibus pace ſedatis, Caſtellanus paterno ſuo Regno conſtriċtus, Joannem ex carcere throno Luſitano
dedit, propagaturum deinceps ſtirpem Regiam.

§. II.

Status Eccleſiaſticus per Concilia ordinatus.

Tot inter Hiſpaniæ turbas, bellorúmque perpetuos motus, non
deſierunt Eccleſiæ Præſules pro munere ſuo collapſam alicubi
diſciplinam reſtituere, aut labantem ſuſtentare.   Complura in
hanc rem inſtituta Concilia.

Et primò quidem anno 1310. Clementis V. juſſu, ſicut in aliis
Europæ Provinciis, ſic etiam in Hiſpania celebratum eſt Concilium

Salmanticenfe, Præfide Toletano, in caufa Templariorum. Quidum in fe animadverfum iri adverterent, correptis armis in Hifpania validis propugnaculis fe tuebantur. Sed à Regiis copiis victi, vinctique, fiftuntur Synodali judicio; in quo communi Patrum fuffragio pro eorum innocentia eft pronuntiatum. Remiffa tamen ad Pontificem rei totius fumma deliberatione, ejus decreto, quòd contagium multos infeciffet, deleti funt, bona eorum, in Hifpaniis fita, à Regibus occupata, penfione tantùm pro fuftentatione relicta.

Idem biennio pòft in concilio *Tarraconenfi* eft decretum. *Concilium Salmanticenfe* anno 1312. Academiæ Salmanticenfi, tótius Hifpaniæ facilè celeberrimæ, nonam decimarum partem Dicecefis Salmanticenfis attribuit, confentiente Clemente V. qui decimas Academiæ adimi antè præceperat. — **46.**

Cæfarauguftanum anno 1318. celebratum à Petro de Luna, primo illius urbis Archiepifcopo, folenniter promulgavit erectionem hujus Archiepifcopatus. — **47.**

Tarraconenfe eodem anno decrevit, infiftendum effe apud Pontificem pro canonizatione Raymundi à Pennafort. — **48.**

Toletanum anno 1324. præcepit, ut Epifcopi diligenter in Conciliis compareant, ne morum correctio ceffet. Vetat Clericis, ne abutantur fructibus beneficialibus: ne Beneficia confequantur fine inftitutione Epifcopali. Ne pro Miffa legenda pecuniam exigant; fed gratis accipiant, fi aliquid ex charitate ultro offeratur, absque ulla conventione aut pacto. (*Si tam falubre ftatutum obfervaretur, non tam multi effent otiofi Sacerdotes.*) Denique fub excommunicatione prohibet, ne Chriftiani Saracenis tempore *Guerræ* ulla fubfidia vendant. — **49.**

Altero pòft anno habitum eft Concilium apud *Alcalam de Henares*, feu *Complutum*, Præfide rurfus Toletano, Hifpaniarum Primate, & Caftellæ Cancellario. Promulgati duo tantùm Canones. Primus ftatuit, ut fuffraganei Toletanæ Ecclefiæ, fi non fuerint à Toletano confecrati, intra annum perfonaliter compareant, & ei reverentiam & obedientiam promittant. Alter tractat de immunitate Ecclefiarum, & excommunicatione lata in eos, qui illam violant.

Palentinum feu *Valllifoletanum* fub idem ferme tempus congregatum ab Apoftolicæ Sedis Legato, Nationale fuit Hifpaniæ. In quo decretum, ut quovis biennio Provinciale, & fingulis annis Diœcefanum Concilium habeantur. Ut Canonici, Epifcopo fuo perfo- — **50.**

perfonaliter affiftentes, habeantur pro præfentibus, adeóque fructus percipiant. Ut non plures Clerici ordinentur, quàm ex proventibus Ecclefiarum fuftentari poffint, ne multitudine vilefcant,
& mendicare cogantur. Ut Parochiæ certis finibus circumfcriban-
tur ab Epifcopo. Ne Patroni ad Ecclefiam necdum vacantem litteras præfentationis concedant, aut reditus ufurpent. Ut, qui
in quadragefima, aut quatuor temporum jejunio carnes comederit,
excepta caufa infirmitatis, fit excommunicatus. Prohibetur purgatio vulgaris per ferrum candens, aut aquam ferventem. Purgatio verò Canonica per juramentum tantùm permittitur in cafibus
jure expreffis. Denique multa ftatuuntur de Judæis & Saracenis
vitandis, ad officia non promovendis &c.

Habita funt deinde *Tarraconenfia* duo Concilia à Joanne Patriarcha Alexandrino, Ecclefiæ Tarraconenfis adminiftratore. In
primo decernitur, ne decimæ exigantur ex bonis Beneficialibus.
Ut Epifcopi excommunicatos denuntient, qui jubent ufuras folvi,
vel earum reftitutionem impediunt. *Alterum* contra invafores,
raptores, deprædatores, & contra Clericos adversùs Ecclefiam pro
laico *poftulantes* feu advocantes decernit.

Toletanum anno 1339. Præfide Ægidio Archiepifcopo, quinque Canones ftatuit. 1. Vetatur, ne quis in loco, ubi Ecclefia dominium temporale obtinet, poffeffiones fuas vendat, nifi vafallo
Ecclefiæ. 2. Ne illiterati ordinentur. 3. Ex quālibet Cathedrali
& Collegiata unum ex Canonicis ad ftudia Theologiæ & Juris Canonici mitti jubet. 4. Ut Epifcopi impediti, & Cathedralia Capitula diftinctos Procuratores ad Concilium Provinciale mittant.
5. Ut Rectores Ecclefiarum nomina fuorum Parochianorum annuatim defcribant, ut difpicere poffint, an conftitutionem *utriúsque fexus*,
circa confeffionem & communionem annuam, obfervent.

Toletanum anni 1347. quatuor Canones edidit. Primus Clericis habitum præfcribit. Secundus vetat, ne ceffatio à Divinis
fiat, nifi citato & audito, qui immunitatem Ecclefiafticam viola-
vit. Tertius ordinat, ut quæftores eleemofynarii non admittantur,
nifi authenticas litteras oftendant. Quartus moderatus taxam,
Notariis Præfulum pro litteris & figillo folvendam.

Toletanum anni 1355. declaravit, transgreffores conftitutionum
Provincialium non ad culpam, fed ad pœnam tantùm obligari.
(*At ubi nulla prorfus eft culpa, quem locum babeat pœna propriè dicta?*
quid puniatur, nifi culpa?)

Com.

Complutense anni 1379. Nationale, congregatum à Tenorio   52.
To'etano, deliberavit, cuinam parendum sit tanquam vero Pontifici, Urbano VI. an Clementi VII. Videtúrque gravißima illa
quaſtio tunc non fuiſſe deciſa, ſuſpenſis inter utrumque animis.

Eodem anno, ac ſequentibus complures eadem in cauſa celebratæ ſunt Synodi. *Ileſcenſis* magis favit Urbano. Licèt enim
ob metum, Cardinalibus injectum, illius electio fuiſſet vitioſa, ob
unanimem tamen illius coronationem, & Pontificios ei honores,
ab omnibus Cardinalibus delatos, priùs vitium fuiſſe purgatum.

Venerunt eodem anno 1379. ad Henricum II. Caſtellæ Re-   53.
gem (*quem occiſo Petro Crudeli ſubrogatum diximus*) Legati ab Urbano; venerunt pariter Legati Galli, Clementis cauſam defenſuri.
Habitum *Concilium Toleti.* At pro neutro deciſum. Id duntaxat
pronuntiatum, ea, quæ in Provincia ad Romanum Pontificem
pertinerent, integra ei aſſervanda, qui cauſam eviciſſet. Auditus etiam in Conventu Burgenſi Petrus quidam, Franciſcanæ ſacræ familiæ Alumnus, ex Aragonia Regum ſtirpe oriundus, ſan-
ctimoniæ laude, & vaticiniorum dono celebratus. Qui pro Urbani electione pronuntiavit.

Anno ſequente Medinæ Cumpi eadem cauſa acriter eſt agitata.
Hi Romana, illi Fundana Comitia præferebant. Prudentioribus
(*ùt loquitur Mariana de rebus Hiſp. lib.* 18.) neutri parti favendum
videbatur; ſed quaſi Pontificio Interregno controverſiam ad arbitrium Generalis Concilii rejiciendam.

Anno 1381. celebratum eſt Concilium *Salmanticenſe* in eadem   54.
rurſus ſchiſmatis cauſa, Præſide *Petro de Luna* Cardinale. Quo
adnitente, rejecto Urbano, tanquam vitio creato, Clemens VII.
pro legitimo Pontifice eſt ſalutatus. Rem ſic enarrat Mariana
lib. 17. *Erat Petrus de Luna nobiliſſimo inter Aragonios loco, à Grego-*
rio Pontifice Cardinalis creatus, ſecutúsque in diſſidio Clementis partes, ar-
denti ingenio vir, legum peritiſſimus. Is in Hiſpaniam, ut ingenii dexte-
ritate eas gentes in partes attraheret, legatus eſt. Et in Aragonia quidem
inanis opera fuit, Regis & Procerum animis incertis, ſuſpenſisque. Apud
Caſtellæ Regem majus operæ pretium fecit. Viri præſtantiſſimi ſelecti, de
re tota judicaturi. Multi dies in cognitione conſumpti; Salmanticæ tandem,
quò conventus translati ſunt, Urbani cauſam, ùt vitio creati, averſati,
Clementem Pontificem, quaſi liberis comitiis electum, ſalutdrunt, Avenione
morantem. In quo & loci vicinitatem ſecuti ſunt, & Regis Galliæ gratiæ
magis id datum, quàm ad æquitatis regulas expenſum. Ita Mariana.

Pars VI.   M   De

De Synodo Navarræa fic idem auctor lib. 18. fcribit:´ *Anno Domini* 1387. *in conventu Epifcoporum & Procerum apud Navarram, Clementem eo nomine VII. juftum videri Pontificem pronuntiatum.   Regum Galliæ atque Caftellæ gratiæ id dari vifum eft potiùs, quàm ad veritatis atque æquitatis regulam fatis expendi.   Et extabat à Caftellæ Rege novum Beneficium, redditis Vafconi arcibus, quæ in ditione ejus Caftellæ præfidiis magno numero obtinebantur.   Pecunia etiam, quam pater mutuam acceperat, condonata.*

De Synodo verò Barcinonenfi hæc habet: *Anno* 1378. *Barcinone, in Epifcoporum & Procerum* (Aragoniæ) *conventu fchifmatis caufa agitata eft diu multùmque.   Fundana comitia præferenda videri pronuntiatum.   Ergo Clemens omnium Ordinum confenfu atque lætitia Pontifex falutatur.   Sic Hifpaniæ multò maxima pars ejus aufpicia fequebatur; novifque acceffionibus factio ea vehementiùs confirmabatur.*

Anno fequente Petrus de Luna Clementis Legatus *Palentinam* Synodum convocavit.   Ubi de difciplina ea funt tractata feptem canonib'us, quæ jam fæpiùs memoravimus, videlicet de officio Ordinarii, cohabitatione Clericorum & mulierum, rebus Ecclefiæ non alienandis.   Judæis & Saracenis, de feriis per Saracenos obfervandis, de Clericis conjugatis, & adulteris.

ARTICULUS VII.

DISSERTATIO JURIDICA.

De rebus Ecclefiæ non alienandis.

§. I.

Doctrina Generalis.

55.   Exftant complures Conciliorum, tum Sæculi hujus XIV. tum aliorum Canones, quibus prohibetur rerum Ecclefiafticarum alienatio.   Quæ materia, cùm quotidiani fit ufus, à fcopo alienum non erit, pauca de illa differere.

Quid nomine Ecclefiæ & alienatio.   Atque imprimis obfervo, in hac materia, Ecclefiis admodum favorabili, nomine Ecclefiæ intelligi loca quæcunque pia, ad cultum Dei, falutem animarum, ægrorum, aut pauperum folarium inftituta.   Similiter prohiberi alienationem etiam latè acceptam, & quemcunque contractum, quo res ejusmodi loci pii alienarentur;

tur;

tur; five id fiat per donationem, venditionem, permutationem,
conftitutionem pignoris, fpecialis hypothecæ, ufusfruct..s, ufus,
aut alterius fervitutis, per tranasactionem, ceffionem litis, (faltem
fi Ecclefia eft in poffeffione) compromiffum, unionem cum alia
Ecclefia, per conceffionem novam in feudum, emphiteufin, loca
tionem ultra triennium, & quamcunque aliam pactionem, five dominium directum, five utile tantùm transferatur.

Notant tamen DD. res ab antiquo alienari, aut in feudum vel   56.
emphiteufin dari folitas, fi rurfus ad Ecclefiam redeant, denuo *An in em-*
fine nova folennitate alienari, feu in feudum vel emphiteufin dari *phiteufin.*
poffe (*extrav. ambitiofæ de reb. Eccl. non alien.*) immò addunt, rem
femel cum folennitate factam alienabilem, perpetuò effici alienabilem fine folennitate; modò femper cum eadem Ecclefiæ neceffitate aut utilitate fiat alienatio. Ut autem res cenfeatur *ab antiquo*
alienari folita, requirunt DD. tempus 40. annorum à prima alienatione, ritè facta.

Dixi etiam, quòd Prælatus bona Ecclefiæ non poffit fubjicere
hypothecæ *fpeciali*: poteft enim fine folennitate ea fubjicere hypothecæ generali pro debito Ecclefiæ neceffario: quia minus periculum & præjudicium Ecclefiæ eft in hypotheca generali; cùm
aliunde neceffe fit, debita per aliqua bona folvere.

Prohibentur autem alienari res *immobiles*, feu folo cohæren-   57.
tes, ùt fundi, prædia, domus &c. quibus accenfentur jura incor *Immobi-*
poralia, Jurisdictionis, fervitutum, jura pifcandi, pafcendi, li- *lia.*
gnandi &c. cenfus item annui, fi ad fuftentationem Miniftrorum,
vel confervationem fabricæ in perpetuum fint deftinati. Excipiuntur tamen res immobiles, valdè exigui momenti, & Ecclefiæ
propter impenfas faciendas abfolutè inutiles aut etiam noxiæ.
Dico, *abfolutè inutiles*; nam fi tantùm refpectivè ad alias res effent
minùs utiles, requireretur confenfus Capituli. *c. ut fuper de reb.*
Eccl. non alien.

Alienari infuper vetantur res *mobiles pretiofæ*; fi fervando fer- *Et mobilia*
vari poffunt. Ut thefauri Ecclefiæ, propter pretium intrinfecum *pretiofa.*
aut antiquitatem fingulariter æftimabiles; Reliquiæ infignes, putà,
corpus ipfum Sancti, aut caput, manus, pes; Bibliotheca, integri greges animalium, & fervi, quorum multos antehac habebant
Ecclefiæ, à fidelibus acceptos. Huc refertur etiam pecunia, ad
comparandam rem immobilem, aut mobilem pretiofam, aut ædi-
ficandam Ecclefiam, jam deftinata.

Si tamen valdè magna effet Ecclefiæ neceffitas, & ita urgens, ut præfcriptæ folennitates adhiberi non poffent, ipfa neceffitas faceret licitum, quod aliàs de jure effet illicitum.

58.
Caufa.

Omnia tamen prædicta alienari poffunt, fi duo accedant, nempe caufa fufficiens, & debitæ folennitates. *Caufa* eft triplex, neceffitatis, utilitatis, & pietatis, e. g. ad folvenda debita, ad majores proventus procurandos, ad redimendos captivos &c. & quidem absque ejusmodi jufta aliqua caufa alienatio non tantùm eft illicita, fed etiam invalida.   Cùm Prælati Ecclefiarum, etiam fummus Pontifex, non fint domini bonorum Ecclefiafticorum, fed tantùm adminiftratores.   Adminiftrator autem absque caufa invalidè alienat bona, fibi commiffa.

59.
Solenni-
tas.

Sed neque fola caufa jufta exigitur, ut Prælatus, Papa inferior, res Ecclefiæ poffit alienare.   Sed requiruntur infuper jure pofitivo certæ *folennitates.* Nempe

1. *Tractatus* prævius Prælati cum fuo Capitulo, collegialiter congregato, ut alter alterius caufas audire poffit.   Unde convocandi omnes Capitulares, qui commodè vocari poffunt.

2. *Confenfus* majoris & fanioris partis. Hinc ut Epifcopus alienet rem ad Ecclefiam cathedralem (imò etiam ad menfam fuam Epifcopalem) pertinentem, requiritur confenfus Capituli cathedralis; ut Prælatus Ecclefiæ collegiatæ, aut conventualis alienet, neceffarius eft confenfus illius collegii, aut conventus.

3. *Subfcriptio* Capituli, præfertim in donatione, venditione, permutatione, nifi alia confuetudo legitimè fit præfcripta.   Per talem enim abrogari poffunt fingulæ folennitates, non tamen omnes fimul; quia hoc pofterius vergeret in magnum periculum & detrimentum Ecclefiæ.

4. *Authoritas Superioris.* Et quidem jure antiquiore nomine *Superioris* veniebat fuperior proximus feu immediatus. Unde, ut Capitulum cathedrale, aut collegiatum, aut Monafterium fubjectum Epifcopo, aut alia Ecclefia, non habens Capitulum, legitimè alienaret, requirebatur, & fufficiebat confenfus Epifcopi, in cujus Diœcefi fita erat Ecclefia (licèt bona alienanda alibi effent fita) fi autem Ecclefia erat exempta à Jurisdictione Epifcopi, requirebatur confenfus Papæ, tanquam Superioris immediati; nifi Generali aut Provinciali, aut alteri Prælato, Jurisdictione quafi Epifcopali gaudenti, fuerat fubjecta: tunc enim fufficiebat confenfus Generalis cum fuo collegio, aut congregatione.

Hodie

Hodie tamen ac ſtando in puncto Juris poſterioris in alienationibus requiritur inſuper conſenſus Summi Pontificis.   Ita enim deciſum habemus à Gregorio X. *cap._boc conſultiſſimo* 2. *de reb Eccl. non alien. in 6.* '& à Paulo II. in celebri *extrav. ambitioſæ eod. inter comm.* ibi : *alienanti verò bona Eccleſiarum, Monaſteriorum, locorúnque piorum quorumlibet, inconſulto Romano Pontifice, aut contra præſentis conſtitutionis tenorem, ſi Pontificali vel Abbatiali præfulgeat dignitate, ingreſſus Eccleſiæ ſit penitus interdictus &c.*

Excipiuntur in hac conſtitutione ſolùm locatio ad triennium, & infeudatio & emphiteuticatio bonorum, quæ ab antiquo in feudum aut emphiteuſin concedi ſunt ſolita : hæc enim absque ſedis Apoſtolicæ conſenſu, ſecundum juris antiquioris præſcriptum, ſic alienari permittuntur, ſed non niſi de *evidente* Eccleſiarum utilitate. Excipiuntur etiam fructus & bona, quæ ſervando ſervari non poſſunt.

An autem, & in quantùm hæc *Extravagans ambitioſæ* ſit recepta, deſumendum eſt à locorum conſuetudine.   In Italia, Hiſpania & Luſitania eam vigere dicunt.   In Germania Zypæus receptam negat: quod uſus videtur oſtendere.

Si autem adeſſet conſenſus Papæ, alia ſolennitas non eſſet neceſſaria.   Quia videtur Papalis authoritas illam ſupplere.   Requireretur tamen adhuc juſta cauſa, quam per delegatos in partibus examinare deberet.

Patroni aut Principis territorialis conſenſus per ſe ac regulariter non requiritur ; niſi nempe is aut in fundatione fuerit reſervatus, aut bona Eccleſiæ in feudum ſint data, aut per privilegium, conſuetudinem, aut concordata id habeant: qualia fuerunt inita cum Prælatis Auſtriæ anno 1592 cum Bavariæ Eccleſiis anno 1585. & teſte Schambogen in Bohemia requiritur conſenſus Regius.

Cæterùm ſine ſolennitate alienatio eſſet nulla, & quidem etiam 60. pro caſu cauſæ manifeſtè juſtæ, quia lex prohibens ac irritans alie-*Nullitas.* nationem fundatur in periculo univerſali; ne Eccleſiæ damnificentur.   Licèt igitur pro caſu aliquo particulari nullum ſubeſſet periculum, ſubſiſteret tamen ratio legis, nempe periculum communiter adeſſe ſolitum.

Reſtringunt quidem plures DD. hanc nullitatem alienationis ad ſolum forum externum.   Verùm, cùm actus, ſimpliciter & · abſolutè à Jure irritatos, pro utroque foro irritatos cenſeri aliàs uberiùs dixerim, à generali illa doctrina nihil alienum hîc ſtatuendum.

Con·

Convalefcit tamen probabilius alienatio, fi confenfus Superioris poftea accedat; quia ratihabitio mandato· æquiparatur, &
fictione juris retrotrahitur ad tempus factæ alienationis.   Et fic
non *tractu temporis* convalefcit, quod ab initio non fubfiftit, fed ipfa
Juris difpofitione per confenfum Superioris accedentem convalefcit, ùt DD. paffim agnofcunt.

Neque obftat, quòd authoritas tutoris aut curatoris primùm
ex intervallo fuperveniens, non vivificet contractum pupilli vel
minoris, antea invalidè initum.   Quia pupillus nullum habet confenfum, nifi actu informetur authoritate tutoris.   Contrà verò
confenfus Superioris in alienationem æquiparatur mandato, & decreto judicis, quod fuperveniens poftea validat contractum, priùs
nulliter celebratum.

61.
Actio.

Cæterùm Ecclefiæ, cujus bona vel absque jufta caufa, vel fine
folennitate debita à Prælato fuerunt alienata, duplex datur actio:
(prout pupillo vel minori) una perfonalis adversùs ipfum Prælatum, ut ex propriis bonis, fi talia habeat, reftituat, aut damnum
compenfet; altera contra poffefforem rei malè alienatæ: eáque
vel realis, rei nempe vindicatio, fi Ecclefia probare poffit proprietatem (cùm ob nullitatem contractus emptor e. g. aut diona-
tarius nùllum dominium rei alienatæ fit confecutus.)

Vel, fi proprietas ab Ecclefia difficulter probatur, prudentiùs aget remedio poffefforio recuperandæ *unde vi.*   Ubi fuifficit
probare fpoliationem; quæ fufficienter probatur, fi probetur,
rem, ab Ecclefia priùs poffeffam, aut fine jufta caufa, aut fine debita folennitate fuiffe alienatam.

Utramlibet hanc actionem, nempe vel contra alienantem, vel
contra eum, qui rem alienatam detinet, intentare poteft Caipitu-
lum, vel fucceffor, vel alii de Clero illius Ecclefiæ; ac his deficientibus, Patronus, aut Princeps territorialis, vel etiam alius
illius Ecclefiæ, quia agitur de jure publico.

Poteft etiam ipfe Prælatus rem à fe malè alienatam repetere.
Licèt enim agat contra proprium factum, & allegare videatur
propriam turpitudinem; hoc tamen fieri poteft, fi factum fit nullum, aut alieno nomine geftum, aut contra favorem & jjuus publicum.

62.
P æfcri-
ptio.

Aliud effet, fi bonæ fidei poffeffor (eò quòd crediderit, caufam & folennitatem adfuiffe, omniáque ritè effe peracta) 1.40. an-
nòrum lapfu præfcripfiffet contra Ecclefiam.   Quamvis enim Gregorius X. in Concilio Lugdunénfi, & poftea Paulus IV. peculiari
cconfti-

conſtitutione, omnem in hāc re præſcriptioni locum ademiſſe videantur, Pius IV. tamen ad Jus commune revocavit; quod 40. annorum præſcriptionem adversùs Eccleſiàm indulget. Non tamen curreret præſcriptio, vivente Prælato alienante. Quia tunc Eccleſia ordinario defenſore eſt deſtituta; & ſic quoad hoc inſtar pupilli, adversùs quem non currit præſcriptio, quamdiu eſt pupillus.

Diſputari hīc ſolet, an una cum re alienata etiam fruĉtus interea percepti, & quales, debeant reſtitui. Verùm, cùm hoc ab ea quæſtione generali dependeat, an cum re eviĉta reſtitui debeant fruĉtus, & quales, nihil hīc aliud ſtatuendum exiſtimo. Unde malæ fidei poſſeſſor cum re alienata omnes fruĉtus debet reſtituere, ac compenſare fruĉtus jam omnino conſumptos, eósque etiam, qui percipi potuiſſent. Ac ſimul perdit pretium, pro re alienata ſolutum. *63. Qui fruĉtus reſtituendi.*

Bonæ fidei poſſeſſor verò cum re debet reſtituere fruĉtus formaliter adhuc exſtantes, & probabiliùs etiam virtualiter exſtantes, non verò ante litis conteſtationem omnino conſumptos. De quibus intelligi poſſunt textus juris, pro contraria ſententia afferri ſoliti. Sufficienter enim lucratùr, ſi compenſare ſeu reſarcire non debeat fruĉtus omnimodè conſumptòs: cùm malæ fidei poſſeſſor etiam iſtos reſarcire debeat. Et per ſe æquum eſt, ut bonæ fidei poſſeſſor non ferat damnum, neque tamen cum damno domini, pariter innocentis, ex re aliena diteſcat.

Poteſt inſuper bonæ fidei poſſeſſor repetere à Prælato vel Eccleſia pretium, pro re alienata expenſum. Neque Prælatus reſtituendo pretium, propriè alienat, ſed potiùs totam cauſam in priſtinum ſtatum reponit. Unde ſine ſolennitate poteſt pretium acceptum reſtituere. Si per pecuniam, pro re alienata, interea comparatum eſſet bonum immobile, deberet Prælatus vel petere ratihabitionem faĉtæ alienationis, vel deberet providere, ut modo aliquo reſtituenti pretium compenſetur.

Quæres, an ad recuperandam rem alienatam locum habeat remedium *reſtitutionis in integrum?* Reſpondetur. Quando res Eccleſiæ aut ſine juſta cauſa, aut ſine debita ſolennitate fuit alienata, remedio huic locum non eſſe. Quia tunc alienatio fuit omnino nulla. Reſtitutio autem in integrum, utpote tendens ad reſciſſionem contraĉtus, ſupponit, validum fuiſſe contraĉtum. Si tamen alienatio juſta ex cauſa, & cum debita ſolennitate fuiſſet celebrata, ſed tantùm læſa Eccleſia eſſet in pretio, daretur proprius huic remedio locus. *64. Reſtitutio in integrum.*

§. II.

§. II.

An Prælatus repudiare possit Legatum aut hæreditatem,
Ecclesiæ delatam ?

Subjungo maximè controversam hac in materia quæstionem, an
Prælatus absque solennitate repudiare possit Legatum aut hæreditatem, Ecclesiæ aut Monasterio delatam ? qua in re certum
videtur, id eum facere non posse licitè absque justa causa.   Id
ergo quæritur, an cum justa causa licitè & validè eam repudiationem possit facere, absque consensu Capituli, aut alia solennitate.

Communior ferme videtur sententia, quæ potestatem illam
Prælato concedit.   Eam enim tenent præter alios Panormitanus,
Sylvester, Lessius, Sanchez, Laymann, Gratianus, Barbosa, Palaus, Riccius, Donatus, Vallensis, Zoësius, Pirhing, Reiffen-
stuel, Wiestner, Schmalzgrueber.   Nec desunt gravia rationum
momenta.

I.

Rationes dubitandi.

65.   1. **Q**uia talis repudiatio non est propriè aliénatio rei Ecclesiæ, sed potiùs non acquisitio, ex *l.* 5. *§.* 13. *ff. de donat. inter virum & uxor.* ubi permittitur marito repudiare hæreditatem, aut legatum, ut uxori obveniat.   Nec censetur esse alienatio aut donatio inter conjuges.

2. Quia *l.* 6. *§.* 2. *& 4. ff. quæ in fraudem credit.* repudiatio hæreditatis & legati non censetur alienatio, facta in fraudem creditorum; ut proin non sit locus edicto Prætoris, quo succurrit cre-
ditoribus, in quorum fraudem aliquid factum.

3. Quia *l.* 28. *ff. de V. S.* Paulus JCtus ait: *Qui occasione acquirendi non utitur, non intelligitur alienare, velut qui hæreditatem omittit, aut
actionem, intra certum tempus datam non amplectitur.*

4. Quia Prælato permissa censetur quæcunque dispositio circa
res Ecclesiæ, vel Monasterii sibi commissi, quæ jure prohibita aut
irritata non reperitur.   Atqui repudiationem hæreditatis aut legati
ei prohibitam esse aut irritatam non invenitur in jure expressum.
Unde etiam solus Prælatus caducitatem potest emphiteutæ remittere.

5. Quia actus., & dispositiones quæcunque, in dubio pro validis haberi debent.   Ideóque omnis interpretatio admittitur ad
ea;

eas fuſtentandas. Sed diſtæ repudiationis valor valde eſt dubius. Ergo pro eo ſtandum.

II.

Rationes decidendi.

Graves ſine dubio ſunt hæ rationes, ut proin illa ſententia extrinſecè & intrinſecè ſit admodum probabilis, & in praxi ſatis tuta. Nihilominus probabilior mihi videtur theoricè oppoſita, quæ repudiationi ejusmodi valorem negat. Et quidem, quaǹtùm repudiationem legati concernit, eandem amplectuntur Gonzalez, Azor, Anchoranus, Angelus, Molina, Pinellus, Vaſquez, Engel, Schmier, Pichler, Franz &c. 66.

·· Primò etenim repudiatio legati eſt *alienatio*, ùt habetur *l. magis puto* 5. §. 8. *ff. de reb. eor. qui ſub tut.* ubi Ulpianus ait, pupillum non poſſe repudiare fundum legatum, *ſine Prætoris auctoritate*: addítque rationem: *eſſe enim & hanc alienationem, cùm res ſit pupilli, nemo dubitat.* Et hinc lex iſta ad repudiationem legati non tantùm requirit auctoritatem tutoris, ſed etiam decretum Prætoris: quod nunquam eſt neceſſarium, niſi in *alienatione;* dátque rationem non aliam, niſi quòd repudiatio legati, cùm res ſit pupilli, habeatur pro *alienatione.*

·.., Atqui alienatio rei immobilis & mobilis pretioſæ Prælato absque ſolennitate eſt prohibita, atque irrita. Conſequenter ſicut ad repudiationem pupilli requiritur authoritas Prætoris ſeu Judicis, ſic ad repudiationem Adminiſtratoris Eccleſiæ auctoritas Superioris.

Et ratio ulterior eſt: quia dominium rei *in ſpecie* abſolutè legatæ jam eſt penes Eccleſiam; cùm legatum ſtatim à morte teſtatoris, jam ante aditam hæreditatem, fiat legatarii. *l.* 80. *ff. de legat.* 2. & *l.* 64. *ff. de furt.* ubi generatim dicitur, rei legatæ dominium poſt mortem legantis *recta via* jam ante traditionem tranſire ad legatarium. Item *l.* 77. *ff.* habetur, *ex teſtamento etiam ignorantibus emolumentum quæri.* Et hinc, ùt eſt notorii juris, legatario competit etiam *actio in rem,* ſeu vera rei vindicatio. Neque hæres, præſtando legatum, transfert in legatarium dominium rei legatæ, ſed tantùm poſſeſſionem. Specialiter in favorem Eccleſiarum *l.* 23. *Cod. de SS. Eccleſ.* conſtituit Imperator, pro rebus Eccleſiæ legatis in centum annos *vindicationem* competere. Ex quibus ſanè conſequitur, Prælatum repudiando legatum, Eccleſiæ ſuæ delatum, repudiare rem ipſius Eccleſiæ, adeóque illam verè alienare.

Quamvis autem major non nihil ſit difficultas circa *hæreditatem,* Eccleſiæ relictam, eo quòd hujus dominium primùm per accteptaceptationem & aditionem hæreditatis transferri in hæredem videatur. Nihilominus tamen exiftimo, cum Gonzalez in *cap. 5. de reb. Eccl. non alien.* aliisque, quos ibi citat, regulariter neque illam à Prælato fine folennitate repudiari poffe. Nam licèt ante acceptationem & aditionem hæreditatis Ecclefia non habeat jus in re, habet tamen jus acceptandi & adeundi hæreditatem rei immobilis aut mobilis prætiofæ, & fic confequendi ejusdem dominium. Hoc autem jus ad rem multùm ponitur effe æftimabile, præfertim cùm rem habere videatur, qui jus ad illam habet. Adeóque fi Adminiftrator Ecclefiæ illud jus abdicaret & alienaret, cederet in notabile præjudicium Ecclefiæ. Certè fic Prælatus poffet omnes hæreditates, five per teftamentum five ab inteftato Monafterio fuo delatas repudiare, quantumcunque effent pingues & certæ. Poffet abdicare omnia remedia adipifcendæ poffeffionis, omnes item actiones ad rem acquirendam.

Denique licèt repudiatio legati aut hæreditatis non effet alienatio ftrictè dicta, eft tamen alienatio latiùs dicta; conveniunt autem fatis DD. extra hanc quæftionem, in hac materia, & generali prohibitione ac irritatione alienationis, Ecclefiis valde favorabili, nomine *alienationis* non tantùm venire alienationem ftrictè acceptam, fed latiùs etiam intellectam. Quia facri Canones, alienationem prohibentes & irritantes confulere omnino volunt, bono ac perpetuo ftatui Ecclefiarum.

Profectò Prælatus tanquam Adminiftrator Ecclefiæ vi fui officii, & juramenti præftiti, generaliter tenetur bonum procurare Ecclefiæ fibi commiffæ. Ergo non tantum tenetur ea bona, quæ Ecclefia jam habet, non prodigere, fed etiam jura quæfita & poteftatem acquirendi non projicere. Quapropter gloffa *in can.* 2. *cauf.* 12. *q.* 4. ait, fi Prælatus aliquid negligit acquirere Ecclefiæ fuæ, cùm poffit, hoc ipfi imputandum, eúmque de hoc teneri inftar tutoris, juxta *l. 7. Cod. arbitrium tutelæ*, ubi in tutorem datur actio, qui, cùm potuit, non acquifivit.

Major equidem eft ampliórque Prælatorum Ecclefiarum, quàm tutorum ac curatorum poteftas : cùm poffint etiam liberalitatem exercere, & donationes ex rebus mobilibus dignitati fuæ convenientes facere, multáque alia, quæ tutores & curatores non poffunt. Quoad abdicanda verò jura, bona immobilia acquirendi, aut mobilia pretiofa, probari non poteft difparitas. Sicut enim legatum aut hæreditas non eft relicta tutori aut curatori, fed pupillo, ita neque relicta eft Prælato, fed Ecclefiæ.

Et

Et hinc ob easdem ferme rationes & consequentiam doctrinæ dicendum puto, Prælatum neque donationem rei immobilis aut mobilis pretiosæ, Ecclesiæ suæ oblatam, posse repudiare sine solennitate.   Quia & hæc repudiatio cederet in magnum præjudicium Ecclesiæ.

III.

Solutio Rationum dubitandi.

Atque ex his, quæ in firmamentum hujus sententiæ hactenus sunt allata, haud adeò difficulter solvi posse videntur, quæ pro contraria sunt allata. Nam   67.

Ad 1. retorquetur ; nam *cit. l. 5. ff. de reb. eor. qui sub tut.* expresse dicitur, repudiationem fundi legati esse alienationem. Deinde repudiatio legati, Ecclesiæ per ultimam voluntatem facti, non videtur tantùm esse alienatio latè dicta , sed etiam strictiùs accepta, quia acceptationem Prælati non desiderat, sed statim post ipsam mortem legantis dominium transit ad Ecclesiam, ignorante etiam Prælato ; cùm statim dies legati cedat.   Sed neque jus ad rem potest Prælatus alienare: cùm, ùt dictum, in hac Canonum dispositione Ecclesiis adeò favorabili nomine alienationis veniat etiam latiùs accepta.

Ex quo eruitur etiam responsio ad *cit. l. 5. de donat. int. vir. & ux.* nam imprimis retorquetur iterum argumentum.   Nam pupillus ne quidem cum consensu tutoris potest repudiare fundum legatum, sed requiritur authoritas judicis: quia esset alienatio. Atqui Ecclesia comparatur pupillo, Prælatus Tutori, & Superior, cujus consensus requiritur, Judici.   Dein donatio inter conjuges, quatenus est prohibita, est odiosa, quia irritatur actus, de jure civili aliàs validus.   Unde prohibitio & irritatio donationis non debet extendi ad alienationem, latiùs sumptam, seu ad non acquisitionem, sed potiùs restringenda est ad alienationem strictè acceptam, qua donans fieret pauperior, quàm antè fuit.   Contra verò prohibitio & irritatio alienationis est Ecclesiis valde favorabilis; unde extendenda ad alienationem etiam latiùs acceptam.   Taceo, disputari posse, an non plus requiratur, ut dominium legati transeat in legatarium laicum, quàm, ut transeat in Ecclesiam.

Cæterùm hæc paritas probaret nimium, scilicet, quòd legatum aut hæreditas à Prælato jam agnita & acceptata posset cedi tertio; sicut conjux hæreditatem sibi delatam & agnitam potest cedere conjugi. Non enim potest quis cedere alteri jus, quod ipse cedens

non

non habet. Accedit, quòd conjux cedat jure suo, Prælatus autem repudiando legatum &c. non cederet jure suo, sed jure alieno, nempe Ecclesiæ.

Ad 2. eadem est responsio. Nam alienatio, facta in fraudem creditorum, uti donatio inter conjuges, quatenus est prohibita & irritata, est odiosa, adeóque non extendenda ad alienationem latiùs acceptam. Deinde per se patet, non cedere in fraudem creditorum, si debitor nihil novi acquirat, modo perseveret in eo statu solvendi, in quo fuit, dum contraxit debitum. Econtra repudiatio & abdicatio juris, quod habet Ecclesia, est eidem præjudiciosa. Aliàs Administrator posset omnia remedia & actiones, Ecclesiæ competentes, ad possessionem aut proprietatem rerum, eidem debitarum, se solo abjicere. Quod plane videtur excedere potestatem Administratoris : ùt exemplum habemus in tutore & curatore. Nam etiam Prælatus est quodammodo tutor, aut curator Ecclesiæ, quæ jure pupillorum & minorum gaudet. Sicut ergo ibi requiritur decretum Judicis, sic hìc Superioris. Et sicut tutor non potest repudiare legatum pupillo delatum, quia hoc cedit in favorem pupilli; sic neque Prælatus potest repudiare legatum delatum Ecclesiæ.

Ad 3. jam dixi; qui occasione acquirendi non utitur, non quidem alienat, alienatione strictè accepta: alienat tamen alienationem latiùs sumpta. Et hinc in odiosis hæc posterior non intelligitur nomine alienationis, bene verò in favorabilibus. Cùm odia sint restringenda, favores verò ampliandi.

Ad 4 putamus, satis probatum, repudiationem legati aut hæreditatis Prælato esse probabiliùs prohibitam, imò etiam irritatam. Ex remissione caducitatis non oritur Ecclesiæ præjudicium, modò caveatur, ut emphiteuta imposterum officio suo graviter fungatur.

Ad 5 objectio illa est generalis, & opponi posset semper, quando est disceptatio, an actus aliquis vel dispositio sit prohibita vel irritata à jure. Verum est: cæteris paribus standum est pro libertate & valore dispositionis. Dejiciuntur tamen à possessione, si in oppositum graviora & fortiora argumenta afferantur. Aliàs quandocunque disputatur de valore actus, ùt in jure infinities contingit, statim inclinanda essent vela, & pro valore pronuntiandum.

Cæterùm nullatenus nego, sententiam, quæ Prælato licentiam adjudicat repudiandi legatum aut hæreditatem delatam Ecclesiæ, esse verè, absolutè, & respectivè probabilem, & satis in praxi tutam; præsertim cùm major DD. pars eandem teneat.

CAPUT

CAPUT III.

De Jure Synodali & Statu Provinciarum
Sæculo XV.

Initio fæculi Ecclefiam non parùm turbavit pertinax fchifma du-
biorum Pontificum. Remedium efficax quæfitum & inventum
in Concilio Conftantienfi.

Germania fæculum memorabile reddidit, initis in Conventu
Francofordienfi & Afchaffenburgenfi, cum Romano Pontifice
concordatis, quibus lites in caufa provifionum Beneficialium fublatæ.

Galliæ fæculum infeliciffimum dederunt inteftinæ ac civiles
difcordiæ, Principum fatales iræ ac mutuæ cædes confanguineæ,
Angli toto dominantes Regno, Principum ac Provinciarum in Regem feditiones, infelices expeditiones. Turbatis tamen rebus &
collapfæ difciplinæ à Conciliis ordinarium quæfitum remedium.

Caftellæ Regnum internis externísque tumultibus vehemen-
ter concuffum, donec fub Ferdinando & Ifabella domi pacatum in
Maurorum excidium fe tandem expromeret. Aragonia, Regno
Neapolitano in poteftatem redacto nobilis, Caftellæ conjuncta.
Confultum in utraque per Synodos rebus Ecclefiæ.

Anglia primo fæculi medio vindicando fibi Galliæ Regno impenfa: eóque depulfa, altero dimidio in fe ipfam converfa Regum
fuorum fanguini innatavit, Domo Lancaftrenfi & Eboracenfi in
mutuas cædes armata. Turbatis rebus & languenti difciplinæ fuccurrere allaborârunt facræ Synodi.

Polonia Jagellone felix, qui Lithuaniam fuam Chrifto & Poloniæ adjunxit. Boruffi equites poft annua quafi bella ad obfequium
feudale compulfi Per facras Synodos inftaurati mores.

Dania ac reliqua Borealia Regna graviffimas inter rerum converfiones exitiali orthodoxæ fidei mutationi præludunt, opem ferre conante Concilio Hafnienfi. Quæ omnia diftinctiùs adumbrat
fequens fchema.

SUMMARIUM.

Articulus I.

De Conciliis Germaniæ Sæc. XV.

§. I.

Prænotanda de Statu Germaniæ.

1. *Facies Imperii.*
2. *Imperium Ruperti Palatini.*
3. *Sigismundi.*

4. *Alberti II.*
5. *Friderici III.*

§. II.

Status Ecclefiafticus ordinatus per Concilia in Germania.

6. *Concilium* Francofordiènfe *in caufa fchifmatis.*

7. - Salisburgenfe, *juxta ordinem Decretalium multos Canones conſtituit.*

8. - Colonienfe I.

9. *Concil.* Frifingenfe *Diœcefanum.*
10. - Afchaffenburgenfe & Moguntinum *in caufa* Neutralitatis *Germanicæ.*
11. - Moguntinum II. *brevem Theologiam complectitur.*
12. - Colonienfe II.

Articulus II.

De Conciliis Galliæ.

§. I.

Prænotanda de Statu Galliæ.

13. *Caroli VI. amentia, ejùsque fratris cædes.*
14. *Totam turbant Galliam, Aurelianenſi & Burgundica factione præcipitatam.*
15. *Joannis Burgundi cædes auget ruinas, Gallidmque facit Anglicam.*
16. *Caroli VII. calamitoſa initia.*

17. *Joanna Darcia unicum præſ. dium.*
18. *Pax cum Burgundo.*
19. *Angli expulſi.*
20. *Ludovici XI. initia.*
21. *Bellum civile.*
22. *Caroli Audacis fata.*
23. *Ejus filia nubit Maximiliano.*

Unde

Unde prima adversùs Austriacos bella.
24. *Morbus supremus Ludovici XI.*
25. *Ejus effigies & elogium.*

26. *Carolus VIII. ducit Britannam, magnorum procorum votum.*
27. *Ludicra ejus expeditio Neapolitana.*

§. II.

Status Ecclesiasticus ordinatus per Concilia.

28. *Concil. Bituricense, in causa exactionum.*
29. - *Parisiense I. in causa subsidii charitativi.*
30. - *Parisiense II. in causa disciplinæ : uti etiam*
31. - *Rotbomagense.*

32. *Concil. Andegavense.*
33. - *Lugdunense.*
34. - *Svessionense.*
35. - *Avenionense.*
36. - *Senonense.*
37. - *Conciliabulum Bituriense.*

Articulus III.
De Conciliis Hispaniæ Sæculo XV.

§. I.

De Statu Hispaniæ.

I.

Status Regni Castellani.

38. *Regnum Henrici III.*
39. - *Joannis II.*
40. *Alvarus de Luna.*
41. *Henrici IV. fata.*

42. *Controversia & bellum propter successionem.*
43. *Ferdinandi, & Isabellæ auspicatum Regnum.*
44. *Regnum Granatense eversum, Maurique pulsi.*

II.

Status Aragoniæ.

45. *Martinus Rex filii sui hæres.*
46. *Controversia de successione.*
47. *Ferdinandus Justus præfertur.*
58. *Alphonsus V.*

49. *Neapolitanum Regnum ad Aragonios.*
50. *Joannes II.*
51. *Ferdinandus Catholicus.*

§. II.

§. II.

Status Ecclefiafticus ordinatus per Concilia.

52. *Difciplina Clericalis miferè de-*   *Dertufano, Clerique mores refor-*
formata.   *mati* 20. *Canonibus.*

53. *Schifma Petri de Luna, & Con-*   55. *Concilium* Madritenfe *à Rode-*
ciliabula ad hoc nutriendum.   *rico Borgia habitum.*
    56.   *Toletanum.*

54. *Extinctum fchifma in Concilio*   57. - *Complutenfe.*

Articulus IV.

De Conciliis Angliæ.

§. I.

Status Angliæ.

58. *Henricus IV. Rex primus ex*   61. *Utroque Regno miferè dejectus.*
Domo Lancaftrenfi.   62. *Domus Eboracenfis per cædes*
    Principum Lancaftrenfium elucta-
59. *Henricus V. Galliam occupat.*   *ta ad thronum.*

60. *Henricus VI. Angliæ & Galliæ*   63. *A Richemondiæ Comite Henrico*
Rex.   *VII. deturbata.*

§. II.

Status Ecclefiæ ordinatus per Concilia.

64. *Lapfæ difciplinæ fubventum per*   66. *Londinenfe II.*
Concilium Oxonienfe.   67. *Eboracenfe per numerum Septe-*
65. *Londinenfe I. contra Olcaftel-*   *narium doctrinam fidei proponit.*
lum Wicleffitam.   68. *Londinenfe III.*

Articulus V.

De Conciliis & Statu Poloniæ Sæculis ultimis.

§. I.

Status Poloniæ.

69. *Cafimiri M. & Ludovici M. Regnum.*

70. *Ja-*

70. *Jagello conversus Lithuaniam unit Poloniæ.*

71. *Uladislaus Varnensi prælio occumbens.*

72. *Casimirus III. magnam Prussiæ partem Equitibus eripit, ad clientelare obsequium compulsis.*

73. *Ex ejus filiis quatuor Reges, quintus, sanctus Casimirus, Regnum cæleste capessit.*

74. *Sigismundus I. Prussiam Ducalem Alberto Brandenburgico sub nexu feudali concedit. Ejus filius Sigismundus II. per inertiam novas sectas admittit.*

75. *Breve Henrici Valesii Regnum*

excipit *Stephanus Batorius, præclarus Princeps. Moscis victis Livonia auxit Poloniam.*

76. *Sigismundus III. Sveciæ coronam amittit; adversùs Moscos felicior. Uladislaus filius Cosacos coërcet.*

77. *Cosacorum defectio sub Joanne Casimiro.*

78. *Pax Olivensis.*

79. *Abdicat Regnum infelix Princeps.*

80. *Regnum Michaëlis Coributhi.*

81. *Et Joannis Sobieski.*

82. *Augustus à Sveco pressus.*

83. *Sveci clades.*

84. *Fridericus Augustus.*

§. II.
Status Ecclesiæ ordinatus per Concilia.

85. *Concilium Polonicum.*

86.   -   *Novogradense.*

87.   -   *Califchiense.*

88.   -   *Lanciciense.*

89. *Sectarum colluvies sub Sigismundo II. in Polonia.*

90. *Culmensis aliique contra eas conventus.*

91. *Causa Thorunensis.*

Articulus VI.
De Concilio Rigensi & Statu Livoniæ ultimis Sæculis.

92. *Status Livoniæ.*

93. *Concilium Rigense.*

94. *Kettlerus apostata.*

95. *Stephani Batorii pietas ac pii conatus.*

Articulus VII.
§. I.
De Concilio Hafniensi & Statu Daniæ.

96. *Margaretha tria Regna unit.*

97. *Ericus Pomeranus successor omnibus exuitur.*

Pars VI.   O   98. *Chri-*

Articulus VIII.
De Concordatis Germaniæ.

§. I.
De Beneficiis Eccleſiaſticis reſervatis ante concordata.

§. II.

§. II.
Concordata Germaniæ.

§. III.
Observationes in Concordata de Reservationibus.

§. IV.
Observationes de Collatione alternativa.

§. V.
Observationes circa tempus Collationis alternativæ.

§. VI.

§. VII.

§. VIII.

§. IX.

ARTI-

ARTICULUS I.
De Conciliis Germaniæ Sæc. XV.

§. I.
Prænotanda de Statu Germaniæ.

1.
Imperii facies.

Sæculo XIII. & XIV. non parùm de priſtino robore amiſit Imperium. Cauſa non una. Electiones diſcordes: electi adverſis
factionibus mutuiſque ruinis in ſeſe & Germaniæ viſcera graſſantes:
magnum illud interregnum, quolibet Principe, quod Imperio ſubtra-
here poterat, in privatam ſuam domum inferente: vendita ſubin
Florentinis, Lucenſibus, Bononienſibus libertas, ut exhauſti ærarii
inopia ſublevetur. Aſſertæ pro pecunia in libertatem à Carolo IV.
multæ Germaniæ civitates: data ab eodem Imperii Statibus plena
Superioritas territorialis: aucta in immenſum Principum Electorum, totidem veluti Regum, poteſtas: telonia & vectigalia, fiſco
Imperiali debita, in Principum ac Statuum privatum ærarium translata: Joanni Galeatio Vice Comiti cum Mediolano veluti Longobardia conceſſa; acciſi proventus atque inciſi Reipublicæ nervi;
membris in capitis noxam increſcentibus.

2.
Rupertus.

Tale Imperium cùm poſt Wenceslaum inveniſſet *Rupertus Palatinus*, Princeps Imperio vegetiore digniſſimus, ut diſtractos artus
uniret corpori, cum milite profectus in Italiam, à Galeatio victus
receſſit; geſtáque deinceps in pace Republica, obiit anno 1410.
Imperii 10. fundavit Heidelbergæ Academiam, & ædem S. Spiritus, futuram olim monumento ingrati civis.

3.
*Sigismun-
dus.*

Salutato dein velut per tranſitum *Jodoco*, Marchione Moraviæ,
corona Imperialis ad Domum Luxemburgicam redit, atque in vertice, ſe d gno, *Sigiſmundo* conſedit, ut patris Caroli prodigalitatem
& fratris Wenceslai inertiam emendaret. Et emendavit: religione, ſapientia, induſtria, animi Regii magnitudine ſummus Princeps: qui, cùm meliorem ſe, amantiorémque Imperii ſciret neminem, tamquam Elector Brandeburgus, ſibi ipſi dedit ſuffragium;
atque Electoratum Brandeburgicum (cùm Saxonicam, Aſcaniam,
Bavaricam, & Luxemburgicam Domum pertranſiiſſet) deinceps ad
Fridericum Zolleranum, Norinbergenſem Burggravium, transtulit; in cujus Sereniſſima Familia hodiedum floret. Electoratum
verò Saxonicum, extincta Aſcania ſeu Anhaltina Alberti Urſi
ſtirpe, Friderico Bellicoſo Miſniæ Marchioni contulit: ex quo

Saxo-

Saxoniæ Electores deinceps in hodiernum usque diem descenderunt, imò omnes hodiernæ Sereniſſimæ Domus Saxonicæ Principes, per Friderici bellicoſi nepotes, Erneſtum & Albertum in principalem geminam propaginem diviſi.

Porro Sigismundus non tantùm Imperio meliori, qua potuit ratione conſuluit, ſed memor, ſe eſſe Eccleſiæ Protectorem, ad extirpandum pertinax ſchiſma incredibilem curam & induſtriam attulit. Quippe illius opera celebratum Concilium Conſtantienſe, in quo, depoſitis aut abdicantibus Pontificibus dubiis, electus Martinus V. Joannes Huſs & Hieronymus Pragenſis, Wicleffi ſectatores exuſti.

Enata tamen ex optimo parente, Concilio videlicet Conſtantienſi, gemina Soboles exitioſa, Huſſitæ & Conciliabulum Baſileenſe. Illi, actis Synodi Conſtantienſis in Huſſum efferati, multúmque aucti, Duce Ziſca Sigismundum Bohemia pellunt (*anno* 1419) eámque, uti etiam poſtea Germaniam barbaro furore populantur. Hoc à bonis initiis in maleſanos progreſſus degenerans, exauctorato Eugenio, Amedeum, ex Sabaudiæ Duce factum Monachum, Antipapam, Felicis nomine, obtruſit. Qui tamen poſtea & Felicem & Ducem poſuit. (*Vide part.* 3.)

Obiit Sigismundus poſt exantlatos infinitos pro Eccleſia & Imperio labores anno 1437. Imperii 27. vitæ 70. in bellis providus, ſed infelix. Adeò quiddam eſt, quod à bonis conſiliis & cauſa optima proſperos eventus ſe jungit.

Quærere ſibi viſa eſt hactenus corona Imperialis Domum, in qua ſtabilem ſedem figat, quam, poſtquam ad varias Principum Teutonicorum familias diverterat, tandem invenit in Auguſtiſſima Domo Auſtriaca: per trecentos & ultra annos perpetua ſerie in eadem commorata: ſplendore, pietate, amplitudine, potentia, majeſtate, atque eminentibus in univerſam Rempublicam meritis liberrima Electorum trahentibus ſuffragia.

Hanc ſeriem cœpt *Albertus II.* Sigismundi gener, excellenti virtute, prudentia, eruditione Princeps, à quo ſumma omnia ſpe randa Reipublicæ, niſi altero jam Imperii anno invida mors eundem terris ſubtraxiſſet. Ex *Eliſabetha,* unica Sigismundi filia, Hungariæ ac Bohemia hærede, reliquit filium poſthumum *Ladislaum,* Regem Hungariæ & Bohemiæ.   **4.** *Albertus.*

Brevitatem Imperii Albertini diuturnitate compenſavit *Fride ricus III.* filius Erneſti Ferrei, quinquaginta tres annos comple-

xus

xus Imperii, quod temporum fpatium nullus unquam alius Imperatorum explevit.

5.
Fridericus
III.

Is à peregrinatione Jerofolymitana redux, feptemvirali fuffragio dictus Cæfar, fortunam utramque expertus eft. Cùm Europa
reliqua bellis undique flagraret, dulces ipfe pacis olivas domi me-
tebat, nuncupatus propterea *pacificus*, Fabióque illi cunctatori
comparatus. Non tamen femper pacifico effe licuit, turbantibus
quietem, qui minimè debuerant, Hungaris, & ipfis etiam Auftriacis. Illi repetebant Ladislaum Regem fuum, quem Fridericus pro
tutore educabat. Neoftadii propterea obfeffus, clientem reddidit.
Ifti verò feditiofi ipfa in arce Viennenfi Imperatorem, rerum omnium inopia laborantem obfederunt. Commiffa, donec Ladislaus adolefceret, Hungaria Joanni Hunniadi, Bohemia Georgio
Podiebradio, Auftria Ulrico Cilio.

Mortuo tenera in ætate Ladislao Fridericus ab Alberto fratre
fuo fuit Viennæ obfeffus. Ac poftea Mathias Corvinus Viennam,
omnino expugnavit, afferta fibi Auftria.

Fridericus interea à Nicolao V. Romæ coronatus Imperator,
Marchionem Eftenfem Mutinæ Ducem creavit; redúxque in Germaniam provincias luftrabat, paci ac quieti fervandæ ubique intentus.

Poftquam autem hoc tempore Conftantinopolis à Turcis fuerat
capta, atque excifum Græcorum Imperium, hortante Legato Apoftolico varios conventus tum Imperator tum alii Principes indi-
xêre; in quibus deliberatum de bello Turcis inferendo. Sed intra
deliberationes & pia defideria res ftetit: præoptantibus Chriftianis
per Europam Principibus Chriftianum fanguinem fuhdere.

Maximè memorabile eft Friderici Imperium à conclufis *Concor-*
datis Germaniæ circa provifiones beneficiales, & annatas. Quæ res
digna eft, ut ad calcem hujus fæculi uberiùs tractetur.

§. II.

Status Ecclefiafticus ordinatus per Concilia in Germania
Sæculo XV.

6.
Franco-
fordienfe.

Cum pertinax fchifma Ecclefiam fcinderet, inter Angelium Corbarium & Petrum de Luna diftractam, Cardinales utriusque
partis, ùt aliàs memoratum Pifis convenêre, de certo capite pro-
vifuri Ecclefiæ. Miffi eum in finem etiam in Germaniam Legati,
qui Præfules ad Concilium Pifanum invitarent. Habita propterea.

anno

anno 1409. Synodus *Francofordienſis*, præſente Ruperto Imperatore. Concluſúmque, mittendos in Italiam Legatos, qui ad reducendam unionem operam jungerent.

Concilium Salisburgenſe Provinciale circa annum 1420. celebratum, in caufa fidei ac morum, Præſide Eberhardo Archiepiſcopo Salisburgenſi, ac præſentibus Epiſcopis illius Provinciæ, Ratisbonenſi, Friſingenſi, Chiemenſi, Seccovienſi, Lavantino, & Procuratoribus Paſſavienſis, Brixinenſis, & Gurcenſis, cum multis Abbatibus, aliiſque Prælatis, Canones condidit 34.

7.
Salisburgenſe.

1. Decernit, circa myſterium *SS. Trinitatis* & fidem catholicam nihil aliud credendum, quàm quod Romana credit Eccleſia. Hæreticam decernit eorum ſententiam, qui dicunt, quòd Sacerdos in mortali peccato exiſtens non poſſit conficere corpus Chriſti, aut abſolvere ſuos ſubditos à peccatis. Tanquam erroneam verò damnat opinionem, aſſerentem, quòd Epiſcopus aut Sacerdos curatus non poſſit abſolvere Presbyterum, in fornicationem lapſum.

2. *Præſcripta à SS. Canonibus Synodi*, tum Provinciales tum Diœceſanæ, diligenter celebrantor, etiam à ſacris Ordinibus Canonicorum Regularium S. Auguſtini & S. Benedicti. Illos convocet Præpoſitus Monaſterii B. V. Neoburgenſis, hos Abbas ad S. Petrum Salisburgi, & Abbas ad Quercum Inferiorem.

3. *Conſuetudines*, in gravamen Eccleſiæ tendentes, declarantur invalidæ.

4. Nullus Eccleſiam aut *Beneficium dimittat*, vel recipiat ſine Superioris ſui auctoritate.

5. Ordinationi *Scrutinum*, ſeu examen accuratum præmittendum. Nullus ordinetur, niſi priùs ſacram confeſſionem depoſuerit. Non ordinetur ille, cujus conſanguinei usque ad quartum gradum Clericum aliquem mutilârunt, occiderunt, aut captivârunt.

6. *Illegitimi* non ordinentur ſine diſpenſatione Sedis Apoſtolicæ.

7. Ne impediantur legitimæ *Appellationes* ad Superiorem.

8. Rectores Eccleſiarum *Vicariis* ſuis honeſtam portionem de proventibus aſſignent.

9. Judices *Delegati* non facilè Interdicti ſententiam ferant, aut brachium ſæculare implorent.

10. Explicatur officium *Judicis ordinarii*, ac Præpoſitorum Eccleſiæ. Plebem doceant, exemplo præluceant, viſitent, reforment, uſuras

ufuras vetent, concubinatum Clericorum cohibeant.   Feftivita.
tes Sanctorum, nimis multiplicatas, reftringant.   Divinum Officium
cum debitis folennitatibus peragant, habeant Archidiaconos, Decanos & Officiales in Jure peritos.   Mendicantes Fratres fuis limitibus contenti Parochiales Ecclefias aut ipfarum jura non offen-
dant.   Monafteria S. Benedicti, & Canonici Regulares juvénes fuos
ad ftudium generale mittant.   Beneficiorum permutationes duntaxat ex caufis, à jure permiffis, admittantur.

11. Capellani in caftris Nobilium non celebrent, nifi antea
Epifcopo vel Archidiacono *obedientiam* faciant manualem.   Ad
Synodos veniant, & mandata recipiant, ad fuos dominos fe-
renda.

12. Qui *vi aut metu* abfolutionem vel revocationem excommunicationis, fufpenfionis, aut interdicti extorquent, excommunicantur, éftque ejusmodi abfolutio vel revocatio jure ipfo nulla.

13. Ne Clerici aut Religiofi ob jacturam bonorum, aut metum
incommodorum Superiorum mandata infringant.   :†

14. *Ceffiones actionum* fiant ab Ecclefiis ex jufta caufa, & coram
Epifcopo vel ejus officialibus.

15. Qui ob metum perfonaliter citari non poffunt, in Ecclefia
parochiali & cathedrali citentur ad *judicium*.

16. Prohibetur fub cenfura excommunicationis & interdicti,
ne Clericus ad *forum* fæculare trahatur.

17. Si Clerici in facris Ordinibus, aut Beneficiati in Minoribus conftituti *habitum* prohibitum geftent, is ipfis auferatur, & ad
pias caufas applicetur.   Religiofi, Titulares Epifcopi facti, fub interdicto ab ingreffu Ecclefiæ. non admittantur ad Epifcopalia, munia, nifi habitum fui Ordinis geftent.

18. Cùm tempore fchifmatis diuturni (ob dubios Pontifices)
concubinatus Clericorum pluribus in locis invaluiffet, hæc Synodus
eos Beneficiis privat, & ad alia recipienda facit inhabiles.

19. Nullus *inftituatur* Clericus, nifi juraverit, quòd præfentationem fine fimonia obtinuerit.   Ad Beneficia digniores promoventor.

20. *Ecclefiaftica Beneficia fine diminutione conferuntor.* . Unde Patroni, qui partem decimarum, aut proventuum fibi retinent (fi
pluries id factum) & contumaces perfiftant, excommunicatione &
interdicto locali plectuntur.   Clerici verò fic promoti Beneficiis
privantur, & ad alia redduntur inhabiles.

21. *Emptores* prædarum, nifi reftituant, excommunicatione percelluntor.

22. Si quis terram fuam, cui jus patronatus annexum eft, *op-pignoraverit*, jus præfentandi apud oppignorantem manet.   Cùm tale jus æftimari non poffit, & in fortem nequeat computari.   (*Igi-tur jus iftud manet apud dominum terræ: Aliud eft, fi vendidiffet terram*)

23. Liberum efto Clericis de bonis fuis ad pias caufas per *teftamentum* difponere.

24. Defuncto Archiepifcopo, vel Epifcopo proprio, quilibet Sacerdos pro eo Miffam legat.

25. Ne quis alieni Parochiani confeffionem excipiat, vel aliud Sacramentum ei miniftret (extra caufam neceffitatis) non petita & obtenta facultate proprii Sacerdotis.

26. *Patroni*, qui defuncto Beneficiato Ecclefiam fpoliant, à jure præfentandi pro ea vice fufpenfi funto.

27. Prohibetur, ne novi Sacerdotes eo die, quo *primam Mif-fam* legunt, convivium inftituant.

28. Sacerdotes Parochianos fuos inftruant circa formam *bap-tifmi* lingua vulgari, ut in cafu neceffitatis illud conferre poffint. In eo etiam parentes proprios filios baptizare poffunt.   Examinent Parochi, quomodo baptifmus fuerit collatus.   Ceremonias fup-pleant, quæ non pertinent ad fubftantiam.   *Chrifma, oleum*, & *Euchariftia*, fub fideli cuftodia afferventur.   Paramenta ferventur munda.

29. *Advocati Ecclefiarum* ultra confueta & debita onera ne aggravent Ecclefias, Monafteria aut; alia pia loca, fub pœna·excommunicationis ipfo facto incurrendæ.   Reprobatur confuetudo, tam-quam abufus & corruptela, qua laici judices Clericos ratione bonorum ipforum in judicium vocant, *non attendentes, quòd Clerici & Clericorum bona eodem gaudent privilegio: & nulla fit eis de rebus & per-fonis Ecclefiarum attributa judicandi facultas.*

30. Generalis Concilii Conftantienfis conftitutio contra Simo-niacos ter fingulis annis promulgetur.   Vi cujus fimoniacè ordinati ab Ordine fufpenduntur: & provifiones fimoniacæ ipfo jure funt nullæ.   Dantes & accipientes excommunicationem ipfo facto incurrant.

31. Ipfo facto excommunicantur, qui corpora defunctorum in cœmeterio loci interdicti fepeliunt.

Pars VI.   P   32. Quia

32. Quia Wlcleffi & Huffi *hærefes* etiam in Provinciam Salis-
burgenfem clàm irrepferant, graviter fub pœnis in *Hæreticos* latis
prohibetur, ne qui; ejusmodi errorum feminatores recipiat &c.

33. Judæi pileum cornutum deferant, mulieres verò nolam
fonantem, cùm in publicum prodeunt.

34 Damnatur fœminarum luxus, fuperfluitas & inhoneftas in
veftibus.

Nota. In hoc Concilio Salisburgenfi Epifcopi, aliifque Prælati fœdus inter fe inierunt contra eos, qui fpernentes immunitatem Ecclefiafticam Clericos aut Ecclefias vexant iniquè. Atque
ftatuerunt, ut imprimis excommunicatione & interdicto contra
eos procedatur. Si contumacia perfiftat, in fingulis Diœcefibus
publicetur cenfura. Si autem talis perfona gladium fpiritualem
cenfurarum pergeret fpernere, communi omnium confenfu & confilio invocandum fore gladium temporalem, præfertim Sigismundi
Imperatoris: qui per litteras eis affiftentiam fuam promifit.

8.   *Concilium Colonienfe* Provinciale anno 1423. à Theodorico Ar-
Colonien- chiepifcopo congregatum undecim Canones promulgavit.
fe.   1. Contra cohabitationem Clericorum cum fœminis.

2. Contra eos, qui prohibent fubditis fuis, ne Clericis quidquam vendant, vel emant.

3 In appellationibus à fuffraganeorum fententiis jus commune fervandum.

4. Bonæ confuetudines non impediendæ.

5. Prædicatores Indulgentiarum aut collectores eleemofynarum non admittendi, fi non fint Sacerdotes.

6. Clerici in Ecclefia aut cœmeterio non deambulent, aut
confabulentur.

7. Rectores Ecclefiarum non affumant Religiofos in Vicarios,
fi alter idoneus commodè haberi poffit.

8. Decernuntur pœnæ in concubinarios notarios.

9. Publicatur damnatio hærefis Wicleffianæ & Hufiticæ, cum
eorum libris.

10. Feria fexta circa meridiem pulfandæ campanæ ad reco-
lendam memoriam paffionis Chrifti. Et ficut circa folis occafum
pulfatur ad peragendam falutationem Angelicam, ita etiam fingulis diebus circa folis ortum ter pulfandum in memoriam compaf-

Concilium Frisingense, Diœcesanum, quod anno 1440. Episcopus Nicodemus de Scola celebravit præsentibus, Præposito, Decano, totóque Capitulo. Nec non Abbatibus, Præpositis, Archidiaconis, Decanis, ac universo Clero Diœcesis Frisingensis, 26.
Canones constituit.

9. *Frisingen-*
se.

1. Peregrinus, pro Sacerdote se gerens, non admittatur ad
Sacramentorum administrationem, nisi litteras ab Episcopo aut
ejus Vicario habeat.

2. Laicus non citetur ad Ecclesiasticum judicium, nisi causa
exprimatur nominatim, quæ de jure vel consuetudine ad Ecclesiasticum forum pertineat.   Neque citatus super aliis causis, quàm
in citatorio expressis, teneatur respondere.

3. *Quia privilegium fori Ecclesiæ est immediatè à jure Divino; quan-*
doquidem nec consensus nec tolerantia excusare potest : Prohibetur sub excommunicatione, ne Clericus ad Forense judicium trahatur.
Propter allegationem lepræ conjuges non facilè separentur, sed
examini Episcopi aut Vicarii subjiciantur ; qui consultis Medicis
statuent.

4. Clerus honestè & devotè se gerat.   Vestes rubei aut viridis coloris non gestet.   Tabernas ne intrent, nisi sint in itinere.
Ludos inhonestos vitent.   Ne sint caupones.

5. Concubinatus Clericorum secundum constitutionem generalis Concilii Basileensis *sess.* 20. penitus eliminetur.

6. Omnes curati personaliter resideant : sub pœna privationis Beneficii. Si Canonicus per septimanam à Divino officio absit,
decem libras denariorum ad fabricam Ecclesiæ dabit. Si per alteram septimanam absit, à perceptione fructuum ex sua præbenda
penitus sit suspensus, donec pœnam solvat.   Si tertia septimana
absit, ad nullum ampliùs actum Capitularem admittatur, donec
satisfaciat.

7. Vetatur pluralitas Beneficiorum incompatibilium.

8. Nullus assumatur in Canonicum, si non vacet præbenda.

9. Res Ecclesiarum non alienandæ.

10. Per sententiam Judicis morti addicti, in torneamentis &c.
occisi, item qui absque confessione & communione decesserunt,
Ecclesiastica careant sepultura.

11. Concionatores hortentur fideles, ut decimas ex omnibus
terræ fructibus, personales verò secundùm laudabilem consuetudinem persolvant.

12. Con-

12. Commendatur Superioribus religiofa difciplina.

13. Patroni & Advocati pro tuitione Ecclefiarum plus non exigant, quàm initiò fuerat conftitutum.

14. Prælati aut alii Clerici nullam novam exactionem laicis folvere præfumant.

15. Parochi fingulis diebus Dominicis aquam & falem benedicant, & ante Miffam proceffionaliter Ecclefiam circumeant. Conceduntúrque 40. dierum Indulgentiæ iis, qui hanc proceffionem devotè comitantur.

16. Miffa non celebranda fine luminibus.

17. Doceantur fideles baptizare, pro cafu neceffitatis, lingua vulgari.

18. Euchariftia, chrifma, oleum fub fideli afferventur cuftodia. Euchariftia fingulis faltem menfibus innovetur, aut pluries fecundùm locorum exigentiam. Mappæ, pallæ, corporalia, purificatoria &c. fint munda. Negligentes in hac re ab officio fufpendantur.

19. Ne quis clandeftinis defponfationibus aut occultis matrimoniis interfit. Clandeftinè contrahentes cogat Parochus in facie Ecclefiæ publicare matrimonium.

20. Nullus pro adminiftratione Sacramentorum aut Sacramentalium pacifcatur de danda fibi pecunia &c. Ex poft autem permittitur exigi quantitas, confuetudine debita.

Ne Sacerdos notoriè delinquentem, accepta pecunia vel alio commodo temporali, condigna pœna corrigere prætermittat.

21. Judæi non permittantur fœnorari : nec uti famulis Chriftianis. Nec domus eis locentur ad fœnerandum. Die Pentecoftes feneftras & oftia claufa tenento. In diebus lamentationis & paffionis in publicum ne prodeunto. Chriftiana facra ne contumelia afficiunto. Cum fimplicibus Chriftianis difputare ne permittuntur. Cum eis edere, balneari, medicinam ab eis capere, vetitum efto. Chriftianam cognofcens viginti libras denariorum domino loci folvito.

22. Nemo pecuniam ad ufuras mutuet. Neque in oppignorationibus aliquid ultra fortem ex pacto recipiat. Secus 10. libris denariorum mulctetur.

23. Qui Clericum enormiter vulnerat, vel occidit, aut captivat, ipfo facto amittat, quæ ab Ecclefia in feudum, emphyteufin, cenfum, aut alio titulo poffidet. Et donec captivus liberetur, generaliter à Divinis ceffetur.

24. Nul-

aut Epifcopo, nifi facultatem acceperit. Abfolutio his verbis dando: *Ego te abfolvo à peccatis tuis, & reftituo te Sacramentis Ecclefiæ, in nomine Patris &c.*

Abbates, Præpofiti, Decani, Archidiaconi, (fi non fint fpecialiter exempti) peccata fua confiteantur Epifcopo, aut ejus Vicario, Sacerdotes inferiores fuis Decanis, Monachi fuis Abbatibus vel Præpofitis; nifi fpeciali privilegio gaudeant.

Quæftores eleemofynarii non admittantur, nifi litteras exhibeant, ab Epifcopo aut ejus Vicario approbatas. Falfi verò quæftores Epifcopo captivi tradantur ad pœnam.

25. Nullus excommunicetur fine fcriptis, & monitione præmiffa. Tempore Interdicti nullus inungatur, aut Ecclefiafticæ tradatur fepulturæ. Nuptiæ non benedicantur. Miffæ celebrentur fubmiffa voce & januis claufis &c.

Innovantur varia decreta Concilii Conftantienfis & Bafileenfis, de auctoritate Generalium Conciliorum, de electionibus, confirmationibus, ab immediato Superiore faciendis, de refervationibus, annatis &c.

26. Hæc decreta fingulis annis promulgentur.

Anno eodem 1440. Theodoricus Archiepifcopus Moguntinus Concilium Provinciale *Afchaffenburgenfe* indixit.   In litteris, quibus fuffraganeus Metropolitanæ fuæ Ecclefiæ convocavit, acerbè deplorat temporum illorum calamitatem, quæ ob infelix fchifma Ecclefiam undique premebat. 10.
Afchaf-
fenbur-
genfe.

In ipfo verò Concilio ftatutum eft, ut proteftatio, unio ac fœdus (*Neutralitatis*) ab Electoribus & Principibus Germaniæ initum, confervetur ac defendatur, donec deliberatum fuerit, cui parti (*Eugenio an Felici*) unanimis adhæfio fieri debeat.   Mandata autem, impetrationes, conceffiones &c. tempore proteftationis factæ vel faciendæ, irritantur.   Anno fequente in Synodo *Moguntina* tractatum rurfus de fchifmate.   Aderant partis utriusque legati.   At Synodus neutri fe addixit, fed Bafileenfi & Florentiño Concilio finito, novum cclebrandum cenfuit; in quo utriusque Pontificis caufa dirimeretur.   Idem anno 1442. ftatutum in Synodo *Francofordienfi.*   Duravitque famofa illa Germaniæ *Neutralitas* usque ad annum 1446 quo opera Friderici Cæfaris eft fublata; & Eugenius agnitus Papa. *Mogunti-*
num.

11.
Concilium *Moguntinum* Præfide Theodorico Archiepifcopo anno 1451. fuccinctam atque pulcherrimam fynopfin edidit Sacræ *Mogunti-*
num.

Theo-

Theologiæ, de unitate Divinæ essentiæ, de Trinitate Personarum in una essentia, de creatione mundi, de gratia & justificatione, de re-surrectione mortuorum, de bonorum remuneratione, & malorum pœnis, de incarnatione, nativitate, passione, morte, resurrectione, ascensione, & adventu Christi in die Judicii, de Sacramentis in genere, & in specie.   Hæcque omnia textibus Sacræ scripturæ firmat, atque hæreses contrarias refutat.

Subjungit deinde aliquot Canones, ad disciplinam spectantes; videlicet, ut Clerici concubinarii à perceptione fructuum ex suo Beneficio ipso jure sint suspensi, fœminæque, si intra triduum non discesserint, sint excommunicatæ.   Ut Dominicis festisque diebus nullus exerceatur mercatus.   Ut quæstuarii Indulgentias prædican-tes non admittantur sine litteris Ordinarii.   Ut fraternitates novæ non admittantur in præjudicium Parochialis Ecclesiæ.   Ut propter culpam privatæ personæ nullus locus subjiciatur interdicto.   Im-munitas Ecclesiarum observetur.   Monasteria reformentur.   Eu-charistia rarò populo publicè exhibeatur, ne devotio & reveren-tia ex frequenti ejus aspectu tepescat.

12.   Concilium *Coloniense* Provinciale anno 1452. celebratum,
Colonien- Præside Nicolao Cusano, Cardinale atque Legato Apostolico per
se.   Germaniam, decrevit, ut singulis trienniis celebretur Concilium Provinciale Coloniæ, Diœcesanum verò singulis annis : ibique prælegatur libellus S. Thomæ de articulis fidei & Ecclesiæ Sacra-mentis.   Ut Clerici gestent tonsuram, & habitum decenter lon-gum.

Abusus quæstuariorum coërcetur.   Mercatus festis diebus In-terdicitur.   Vetantur novæ fraternitates & congregationes, à Sede Apostolica non approbatæ.   Fratres mendicantes præsentandi Episcopo, & idonei admittendi ad audiendas confessiones.

Si hostia transformetur in cruentam carnem, vel sanguinem apparentem, penitus occultetur, nec populo ostendatur, ut abusus & quæstus occasio præcidatur.   Eucharistia rarò prostet in *mon-strantiis.* - Si accursus populi ad aliquam imaginem superstionem aliquam redoleat, tollatur imago. (*Per quæ nullatenus improbatur prudens ac devotus Sacrarum imaginum cultus, sed abusus duntaxat.*)   In Missa nominatim orandum pro Papa & Episcopo loci.

Magde-   Concilium *Magdeburgense* anno 1489. congregatum ab Alberto
burgense. Archiepiscopo, cum consensu Coëpiscoporum suæ provinciæ, vi-delicet Misnensis, Merseburgensis, Naumburgensis, Havelburgen-sis, & Brandenburgensis, varias constitutiones Conciliorum Pro-

Atque imprimis ad rubricam de fumma Trinitate & Fide catholica hæc habet: *Nihil aliud eft credendum, tenendum, vel docendum,*
nifi quod Romana credit, tenet, docet Ecclefia, piiffima, fanctiffima, &
prudentiffima Mater noftra. Ecce! ita paulò ante apoftafiam Lutheri, ita femper credidit, docuitque Magdeburgenfis Metropolitana Ecclefia cum omnibus Germaniæ, etiam feptentrionalis,
Ecclefiis.

Damnatur tanquam hæretica illa Wicleffi & Huffi propofitio,
quòd Sacerdos in mortali peccato exiftens non poffit corpus Chrifti validè conficere, aut à peccatis abfolvere.

Conftitutiones fervandæ. Refcripta ob·vel fub reptitia nul·
lius funt roboris. Qui ad parochiale Beneficium promoti, intra
annum non fufcipiunt facros Ordines, fed ideo Ecclefiam recipiunt,
ut poffint fructus percipere, illos non faciunt fuos, fed tenentur
integros reftituere. Ordinationi præmittendum examen, & confeffio. Nullus renuntiet fine Superioris fui auctoritate. Peregrinus non admittendus ad celebrationem Divinorum in publico,
licèt formatas litteras fuæ Ordinationis exhibeat, nifi etiam à fuo
Epifcopo aut Vicario litteras commendatitias habeat.

Quivis Epifcopus in fummis feftivitatibus Divina celebret in
cathedrali, fi fieri poffit. Prope cathedralem carcerem habeat
fpecialem pro Clericis delinquentibus. Conftituat Procuratorem
fifcalem, qui Clericorum, qui injuriam funt paffi, caufam agat, &
quidem gratis, fi fint inopes.

Comprovinciales requifiti circa executionem fententiarum &
mandatorum fibi mutuo fint auxilio. Capellani in caftris Nobilium non celebrent, nifi Epifcopo manualem obedientiam fecerint.
Juramentum non deferatur, parte adverfa volente probare per
teftes

Plura hujufmodi ftatuta facta funt ab hoc Concilio Magdeburgenfi, uti etiam à Salisburgenfi anno 1490. quæ tamen in fuperioribus jam funt contenta.

ARTI-

CAPUT III.

ARTICULUS II.
De Conciliis Galliæ.

§. I.
Prænotanda de Statu Galliæ.

Turbatior nunquam atque calamitofior fuit Status Galliæ, quàm primo fæculi XV. dimidio : afflicta, & inde in ruinam præcipitata ab Anglis, bello jam fopito, jam rurfus vehementiùs exardefcente: hìnc à domefticis hoftibus, Regii ejusdem fanguinis Principibus, Domo *Aurelianenfi* & *Burgundica* in mutuam perniciem eunte, miferandum in modum diftracta.

13.
Carolus VI.
Corpore & mente languebat Rex Carolus VI. unde de Regni adminiftratione inter fe certabant *Ludovicus Dux Aurelianenfis*, Regis Frater, & *Philippus Audax Dux Burgundiæ*, Regis Caroli patruus, Regis Joannis, ab Anglis capti, filius. Hæc æmulatio, Galliam in partes & factiones fcindens, totum propemodum Regnum evertit.

Joannes Burgundus.
Obiit equidem, antequam flamma penitus erumperet, Philippus Audax anno 1404. at fucceffit Joannes filius uti Burgundiæ, & magnæ Belgii partis jure materno hæres, fic etiam paternæ æmulationis, patre fuo multò vehementior. Ejus fiquidem juffu, immiffo ficario, anno 1407. peremtus fuit *Ludovicus Dux Aurelianenfis*, Regis frater. Et quamvis Joannes pullata vefte funeri affifteret (erumpente ex feretro fanguine) jure tamen cæfum, velut tyrannum, defendere allaboravit, ufus ad hoc opera *Joannis Parvi*, hominis Normanni, Parifienfis Theologi, quem propterea ipfa Parifienfis Academia, ac poftea etiam Conftantienfe Concilium, cum fcriptis fuis de tyrannicido, condemnavit, tacito nomine, obfiftente licèt Burgundo.

Cædit Aureliaenfem.
Valentina, Aurelianenfis, interempti vidua (Joannis Galleacii Ducis Mediolanenfis filia) cum filiis fuis à Rege vindictam poftulabat. At is veritus majorem procellam, venia delicti data, Burgundum in gratiam recepit.

14.
Regni turbæ.
Tum verò tota Gallia duas in factiones abiit, Anglo in rem fuam nutriente utramque. Burgundus Parifiis, ac Rege potiebatur; Aurelianenfibus plerique Principum adhæferunt. Expedita utrinque arma, direptæ urbes, per omnes ferme provincias circumlatus furor. Sacrìs etiam in Aurelianenfes, velut Regis ac
Regni

Regni hoftes, fulminibus Lutetia perfonuit, incentore·Burgundo,, adftipulante Sorbona; Aurelianenfibus verò fuis in urbibus ful-men in Burgundum ejúsque factionem, tanquam Regni perturba-tores, retorquentibus. Utque nihil ad calamitatem deeffet, la-niones (quod dictu abhorrens) Burgundo addicti Parifii ferociter ac barbarè dominabantur. .

Inita quidem fæpiùs pax, & in fpeciem data venia, fed toties 15. rupta, in graviora odia ac bella recrudefcente vulnere., Lutetia *Cædes* jam ab hac, jam ab illa factione occupata, ac miferè lacerata, præ-*Burgundi.* fertim à *Joanne Burgundo*, ejúsque affeclis: donec tandem juffu Caroli Delphini, eóque præfente, dum ad concordiam fanciendam fuiffet invitatus, in lignea ædicula, fuper pontem exftructa, per-fidè eft interemptus (anno 1419.)

. Cædes·ifta non extinxit incendium, fed oleo velut affufo flammam in immenfum auxit, ad exitialem extremámque Regni perniciem. Nam exurgens paternæ cædis ultor *Philippus*, *Dux Burgundiæ*, Belgiíque dominus, fœdere cum Anglis, inito, ipfó-que Rege Galliæ Carolo VI. ac Regina Ifabella fecum·abftractis, *Catharinam* Regis filiam Henrico V. Angliæ Regi connubio junxit, *Anglus* promiffo in dotem Regno Galliæ: &, quod mireris, pleræque *Galliæ* Galliæ Provinciæ rata; habuerunt pacta nuptialia, in partes Angli *Rex.* ·& Burgundi paffim confluentes. Unde Carolus Delphinus, uni-cus fuperftes Galliæ Regis filius ac hæres, vagus & inops, per pau-cas, quæ fide fibi remanferant, erravit provincias, difperfas reli-quias collecturus, ut qualemcunque aggerem rapido torrenti ini-mico objiceret.

Hæc rerum facies erat in Gallia, triftis & afflicta undique, cùm anno 1422. Carolus VI. decederet, Rex umbratilis, & emota mente nec fui compos, nec Regni: quod Regii fanguinis Princi-pes, velut ambitionis fuæ & funeftæ æmulationis victimam, ma-ctarunt. Vixit Calolus 45. annis. Regis verò titulum geffit 42. annos, ultra 20. annos amens: nifi quòd fublucidum quandoque intervallum intercederet, quo abuti poffent, in quorum erat po-teftate.

Carolus VII. ex quinque Caroli VI. filiis ultimus, & fuperftes 16. unicus, ex Ifabella Bavara prognatus, ab Anglo Burgundóque Pa- *Carolus* rifios ad dicendam caufam citatus, Regnique jure publica fenten- *VII.* tia privatus, audita patris morte, depofito Delphini, Regis nomen affumpfit, coronatus Pictavis, quòd Rhemi in hoftium effent ma-

Pars VI. Q · nibus;

·nibus; cum pauculis fuis copiis bis acie cæfus ab Anglis & Burgundis, deftitutus humanis auxiliis, altioribus fervatus eft.

17.
Joanna
Darc.

Jam enim Henricus V. Angliæ Rex filiolum fuum, quem ex
Catharina. Caroli VI. filia fufceperat, Galliæ Regem promulgârat:
jam omnis penè Gallia eundem eft Regem venerata ; jam Angli
Aureliam arcta obfidione ad extrema redegerant : cùm ecce! indi-
ctis à Carolo Rege precibus, & fupplicationibus publicis, adeft 18.
annorum puella rufticana, ovium cuftos, *Joanna Darcia (Darc)* in
Tullenfi Lotharingiæ agro nata. Hæc ad Regem Carolum adducta,
Divino inftinctu venire fe ait ad liberandam Aureliam, Regémque
Remos ad Sacram inaugurationem deducendum.

Martium igitur fagum induta, enféque fuccincta, prælato candido vexillo, JEfu ac Mariæ nominibus fignato, cum militum cohorte ad Aureliam movet, Anglos fubftructionibus eorum atque
fuggeftibus dirutis, depellit, urbémque liberat, ftupente Anglia
ac Francia imbelli puellæ invictam fortitudinem: quâ non minùs
feliciter per medias hoftium terras Regem deduxit Rhemos ad
unctionem facram, expugnatis, quæ itineri obftabant urbibus &
munimentis.

At, velut gemina fua legatione perfuncta, altero mòx anno
(1430) cùm ex urbe Compendio eruptionem in hoftes obfidentes
tentaret, à Burgundis capta, ac Anglis vendita, Rothomagi tanquam venefica ignibus eft cremata, ferente fententiam Bellovacenfi Epifcopo: quam tamen Califtus III. Papa anno 1456. revocavit, caufáque cógnita Virginem innocentem declaravit.

18.
Cum Bur-
undo
Pax.

Et ab eo tempore in deterius funt lapfæ res Anglorum: foluta Compendii obfidio, urbes plures Franco dedita, Principes
cum eo conciliati, &, quod rerùm caput, Philippus Burgundus
(erecto nuper Brugis honoribus S. Andreæ Aurei Velleris Ordine
illuftris) in pacem tandem confenfit (anno 1435.) Atrebati ea conditione, ut Rex Carolus ob cædem Joannis Burgundi veniam petat; Matifcone, Fano Quintini, Perona, Abbavilla, multísque in
Picardia urbibus cederet. De cætero neutrarum fe partium fore
Dux pactus eft, confentiente in omnia Rege, ut tam potentem
focium Anglis eriperet. Neque hîc ftetit felicitas, cùm Angli, pace
hac privata irritati, Ducis terras invaderent, is arma virésque Francis adversùs Anglos fociavit. Utque fœdus iftud firmiùs colliga-
retur, nuptiis inter Catharinam Regis filiam, & Carolum Audacem, Ducis filium, eft obfignatum: fimúlque concordia inter

Domum

Domum Aurelianenſem & Burgundicam, condonatis offenſis, re-
ſtaurata: poſtquam videlicet Philippus Bonus Ducem Aurelianenſem, hoſtem ſuum, jam 25. annos in Anglia captivum, magno pretio redemit.

Patuit mox tantæ pacis & unionis fruƈtus ingens, recepta Lu-   19.
tetia, Rothomagus, cæteræque Normanniæ urbes, translatóque in *Angli pul-*
Aquitaniam bello, Burdigala, Bajona, aliæque civitates, quâ dedi-*ſi.*
tæ, qua vi expugnatæ, ut adeò anno 1452. Anglis ex tota Gallia
ſolum Caletum eſſet reliquum.

Atque hoc paƈto Carolus VII. qui initio Regni omnium inops
vix habebat, quo famen pelleret, Provinciis omnibus ſibi reſtitutis, anno 1461. vitæ 59. Regni 39. obiit ex fame metu veneni.

Quamvis autem in Synodo Bituricenſi ſanƈtionem Pragmaticam Gallorum, ex Concilii Baſileenſis articulis conſutam, reciperet, nunquam tamen adduci potuit, ut iis, quæ adversùs Eugenium
Papam geſta fuerant, conſentiret.   Quin operam dedit, ut Felix
tiaram malè impoſitam deponeret, & Eccleſiæ pax atque unitas
redderetur.

Carolo VII. ſucceſſit *Ludovicus XI.* filius, patri manſueto, ſince-   20.
ro, familiari profus diſſimilis, utpote moribus aſper, teƈtus, fraudu- *Ludovicus*
lentus.   Is jam antè propter intraƈtabilem indolem patri exoſus, & *XI.*
propter ambitionem ſuſpeƈtus ad Piƈtones fuit relegatus, & cum
Borboniis aliiſque Principibus adversùs patrem conſpirationem
iniit, quòd aula excluſi, inferioris dignitatis homines dominari cernerent.   Jámque bello moto in Piƈtonibus plura oppida armis inva-
ſerant, cùm Burgundi potiſſimùm opera Regi ſunt conciliati.

Sed necdum filio immorigero convenire cum patre optimo
poterat; unde anno 1456. fugit ad Philippum Bonum Burgundiæ
Ducem, nec adduci poterat, ut rediret ad patrem.

Mortuo patre Carolo, Ludovicus XI. ſucceſſit, ingenio quidem perſpicaci & açri, ſed callido, ſuſpicioſo, pervicaci, vario.
Is abrogavit *ſanƈtionem pragmaticam*, hortante Pio II. reclamante
licèt *Parlamento*, & Academia, Baſileenſis Concilii fautoribus.   Auxit Regnum, hinc Sanquintino, Perona, Ambiano, Abbavilla, aliìſ-
que Picardiæ locis, quæ in pace Atrebatenſi à Carolo VII. fuerant
Burgundo oppignorata, pecunia ſoluta redemptis, inde Ruſcinonenſi
comitatu cum Perpiniano, ab Aragonio vendito, ùt ſcribunt Galli,
jure pignoratitio tantùm conceſſo, ùt volunt Hiſpani.   21.

Cùm autem Ludovicus indole eſſet duriore, ac nemini, præ- *Bellum*
terquam ſibi, fideret, *Carolus frater*, Dux Biturigum, *Carolus Au-* *civile.*
                                                                dax,

Q 2

dax, filius Philippi Burgundi, Comes tunc Carolefii, *Francifcus* Dux
Britanniæ, aliíque Principes multi cum Nobilitate, ab eo alienati,
propter defpoticum regimen, tributorum gravitatem, variásque
variis illatas à Rege ferociente injurias. Confpiratione inita, arma corripiunt in Regem, eúmque cruento prælio victum adigunt,
ut pacem peteret, iísque conditionibus, quos conjurati pofuerant,
iniret. At res intra promiffa ftetit.

22.
Carolus
Audax.

'' Mortuo fubin anno 1467. *Philippo Bono*, Duci Burgundiæ ac
Belgii penè totius Domino, fucceffit *Carolus Audax* filius, Principi
incomparabili, patríque manfueto ac pacifico diffimillimus. Hic
Ludovicum XI. Galliæ Regem, contra quem adhuc vivente patre,
cum Galliæ Proceribus confpiraverat, Peronam imprudenter ad
colloquium ingreffum inftar captivi habuit, pavidum & trementem,
donec quæcunque Dux vellet promitteret.

Detecta anno 1469. Cardinalis Balvæ & Wilhelmi Virdunen-
fis Epifcopi machinatio, qua Regem inter ejusque fratrem ferere
difcordias aufi funt, Carolum Audacem verò Burgundiæ Ducem ad
invadendum Regnum invitare. Datus uterque in carcerem; in
quo Cardinalis undecim annos, Epifcopus verò 14. in cavea ferrea
eft detentus (cujus ipfemet in Gallia inventor auctórque fuiffe fcribitur) fervente interim acri difceptatione tum Romæ tum in Gallia de eorum pœna. Judicati utrobique læfæ majeftatis rei.

23.
Maria
nubit Ma
ximiliano.

Mox Ludovicus Carolum Audacem in jus vocat coram Paribus Franciæ. Unde bellum. Quo Carolus Sanquintino & Ambiano fpoliatus inducias facere eft coactus. At quietis impatiens vir
ingentis fed præcipitis animi, Renatum Lotharingum & Helvetos
bello laceffit, amifsâ primo prælio, ad Granfonium fupellectili, altero ad Moratum gloria, tertio ad Nanceium vitâ. Cúmque mafcu-
lum hæredem nullum reliquiffet, Ludovicus Burgundiæ Ducatum
invafit, & Regno fuo univit, velut feudali jure redeuntem. Sum-
mæ verò imprudentiæ Galli fcriptores Ludovicum arguunt, quòd
Mariam, unicam tot provinciarum hæredem, non curârit defpon-
fari Delphino fuo, aut alteri cuidam ex Principibus Galliæ. Nupfit
illa poft mortem patris felicibus aufpiciis, favente cœlo, Maximiliano I. Romanorum poftea Imperatori. Unde fundamentum va-
ftiffimæ Auguftiffimæ Domús Auftriacæ potentiæ, fauftiffimis deinceps nuptiis in immenfum provectæ.

Prima
bella cum
Auftria-
cis.

Uffit Gallos tam opimæ fponfæ & increfcentis potentiæ invidia. Unde hîc jaci cœpta prima bellorum gentem inter utramque
femina, in fegetem heu nimiùm triftem, quia Cadmæum, furrectu-

ra.

ra. Mox etenim Maximiliano bellum movit Ludovicus, victor primùm mox cæsus ac profligatus: ùtque dolorem amissæ victoriæ fæda crudelitate leniret, quinquaginta Nobiles, quos captivos tenebat, furcâ suspendit.   Conventum nihilominus de pace. Quæ, ut esset firmior, Margaritha Maximiliani & Mariæ filiâ desponsata fuit Carolo Delphino : Burgundiæ comitatu & Artesia datis in dotem.

In morbum deinceps prolapsus Ludovicus corporis & animi, Plesiaci in carcerem velut se conclusit, fossis septum, clatrísque ferreis, ex ferro muricibus supra murum protensis, & excubantibus diu noctúque in fossâ vigilibus, qui vel procul accedentes telis repellêrent.   Vix ullum hominem, ne filium quidem aut filiam propius admisit, véstésquè omnium excuti jussit, ne fortè quis pugionem aut cultrum haberet absconditum. *24. Morbus Lud. XI.*

Videlicet, qui terrori omnibus fuit, qui tot alios caveis incluserat, qui compactis in carceres globos ferreos immensi ponderis appenderat ad pedes, qui laqueo & ferro tam multos sustulerat, qui tyrànnide, minis, terroribus undique circumtonabat, ille jam ipse, justa cœli vindicta, jacet abjectus in carcere voluntario, pavet, tremit, omnes formidat.

S. Franciscum de Paula ab ultima Calabria accersit, eúmque flexis genibus orat, sibi ut vitam proroget, omnia ipsi ac Ordini pollicens.   Nullus sanctus, quem non invocârit.   Sacras reliquias ex omni Europa corrogatas vestibus undique inserit, ut mortem arceant.   Preces publicas per totum Règnum indicit ad avertendum aquilonem, quia hic ventus erat ei incommodus.   Medico se mancipem tradit, decies millenis nummis in singulos menses illi promissis.   Ut tamen in hac morte sua se vivum Europæ promulgaret, edicta & leges novas in dies cudit & recudit, magistratus abrogat & restaurat, & prout consueverat, hos vivere, illos mori jubet : delectus militum haberi, machinas parari, lustrari exercitus præcipit; ipséque tandem sumptuosè & magnificè vestitus progreditur, quasi adversùs mortem expeditionem suscepturus, vel, ut, qui omnibus hactenus illusisset, etiam morti illuderet.

At mors nec decepta, nec territa, inquietam & verè miseram illius vitam, quam assiduis cum subditis suis ac clientibus discordiis ac bellis contrivit, finiit anno 1483. Regni 22. ætatis 61.

Novum profecto paradigma heterocliti Principis: quem metu occlusæ linguæ omnibus post mortem probris onerârunt, & Galli-   cum

Q 3

cum Tiberium ipſimet Galli vocitabant; omnibus ſiquidem exoſus, neminem amabat, præter ſe ipſum, à nemine amatus: Principes habebat pro mancipiis, mancipia pro Principibus, tonſorem, medicum, cubicularium: qui tamen trepidi illi adſtiterant.

Jam juvenis refractarius diſceſſit à patre manſuetiſſimo. Mortuo patre rogavit eum Philippus Bonus Burgundiæ Dux, qui per plures annos liberale illi hoſpitium præbuerat, flexis etiam coram eo genibus, ut veniam daret inimicis ſuis, qui patris mandato ipſi fuiſſent adverſi. At ille perductus Lutetiam, à crudelitate, depoſitione Magiſtratuum, proſcriptionibus, carceribus, cædibus Regnum exorſus, terroribus omnia compleverat.

Proceribus contemptis & abjectis plebem, auctis in immenſum tributis, ad tantam inopiam redegit, ut plerique ruſtici aratro de collo ſuſpenſo terram proſcinderent. Sævitia in eo tanta, ut carcer, caveæ, ferreique globi, loco clementiæ & veniæ eſſent: nemine præ timore vel hiſcere auſo.

Unde Principes Galliæ, tot injuriis irritati, in eum conſpirârunt, armatóque exercitu ipſam Lutetiam obſederunt (vocatúmque eſt hoc bellum *Boni Publici*) at ille promittens omnia, pacem obtinuit, ſed nihil ſervavit; quin ad artes ſuas converſus, inter Principes ſerens diſcordias, illos diviſit, ut ſingulos poſſet obruere.

Non latuit hoc Burgundiæ & Britanniæ Duces; qui propterea ſe arctiori fœdere cum Carolo Ludovici fratre, & ipſo etiam Rege Angliæ colligârunt ; cum quibus hac de cauſa plúra ac perpetua ferme bella geſſit; jus in armis ferre viſus. Et ubi vis perumpere non poterat, tectæ machinationes, fraudésque vocatæ in ſubſidium. Atque ut celeriùs omnia, quæ in Provinciis agebantur, ipſi innoteſcerent, primus veredarios per Galliam equos conſtituit. Primus etiam ſtipendiarias Helvetorum cohortes accerſivit.

Qui de ſævitia, atrocitate, calliditate, technis ac fraudibus hujus Principis plura deſiderat, legat Buſſierium tomo 2. Hiſtoriæ Francicæ, aliósque Gallicos ſcriptores: qui ipſius vitia orbi propalârunt.

Laudant tamen in eo religionis ſtudium, ſacrorum cultum, venérationem peculiarem in Virginem Deiparam, circumſpectam in omnes caſus prudentiam, niſi in calliditatem ſæpiùs & fraudulentam aſtutiam degenerâſſet. Quæ tamen calliditas eum tunc maximè deſeruit, quando Peronam, Caroli Audacis in Picardia urbem, ad amicum colloquium fuit ingreſſus. Nam eo ipſo tempore

pore Carolus litteras acceperat, Leodienfes ad rebellionem adversùs Clerum, & ipfum Ducem Carolum fuiffe à Rege Ludovico incitatos.   Trepidabat tunc intra muros portásque claufas Rex, ubi,
quod fecretum volebat, proditum audiit, & armatis cohortibus
hofpitium fuum vidit circumdatum.   Et certè confultabat irratus
Dux, quid in Regem infidum, quem in pôteftate habebat, decerneret.   At reverentia Majeftatis ferociorem vindiċtam cohibuit
ferocioris alioquin indolis.   Ea tamen Regem pœna multavit, ut
aliquot urbes cederet, & fecum expeditionem adversùs Leodienfes, quibufcum colluferat, fufcipere cogeretur, gregarius veluti
miles.   Quod dedecus, cùm homines non auderent, pfittaci, picæ,
aliáque.loquacium volucrum genera ei exprobrabant Parifiis.   Leodium, Ludovico fœderatum, expugnatum, & flammis datum.

Breve elogium huic Regi fcripfit Philippus Brietius ad annum *Elogium,*
1483. Erat Ludovicus XI. *malus filius, malus pater, malus maritus,*
malus frater, fed Rex bonus, & qui Reges Francicos fui'juris fecit. - *Ma-*
lus filius, quia patri refraċtarius.   *Malus pater,* quia non tantùm
gaudebat, Joachimum primogenitum matura morte fuiffe abreptum, eò quòd præclaram fpem de fe præberet, fed etiam Carolum,
alterum filium, unicúmque Regni hæredem ignobiliter adeò ac ru-
fticè educabat in tenebris, absque ullo præceptore, absque bonis artibus, ut decimo tertio ætatis anno, quo patri fucceffit,
nec fcribere nec legere fciret.   *Malus maritus,* quia Reginam non
ùt conjugem, fed ùt mancipium habuit, ab aula amotam, arci
inclufam, abjeċtam, defpeċtámque.   *Malus frater:* quia Carolum
fratrem unicum nullo in amore aut honore habuit : imò veneno
enecâffe fcribitur.

Bonus Rex ideo, credo, dicitur, quia fumma & abfoluta pote- *Fines pro-*
ftate regebat, & fines Regni ex omni parte protendit, adjunċta ad *tenfi.*
meridem cum Rufcinonenfi comitatu Phocenfi Provincia, poft
mortem Renati Andegavenfis, Siciliæ Regis, Galliæ unita, ad Occafum Andegavenfi, ad Aquilonem magna Picardiæ parte atque
Artefia, ad ortum utraque Burgundia : ut adeo haud dubiè Galli
usque ad fydera eundem laudibus attollerent, nifi ofor fuiffet totius humani generis.

Carolus VIII ei fucceffit, filius unicus 13. annos natus, fub   26.
tutela Annæ fororis, prout teftamento difpofuerat pater, usque *Carolus*
dum 14 annos impléffet; quo tempore ex difpofitione Caroli V. *VIII.*
Regni adminiftrationem in Gallia licet accedere.

At

At intercessit Ludovicus Dux Aurelianensis, sibi tanquam primo stirpis Regiæ Principi regimen vindicans, ac Regis tutelam. Cùm autem nihil efficeret, abiit ad Britanniæ Ducem, atque cum eo Maximiliano Archi-Duce, & Albretio adversùs Regem Carolum fœdus iniit.   Verùm prælio victus, triennio in captivitate fuit detentus; bellúmque in Britannia continuatum fuit.

ducit Bri-   Pugnatum acriter pro muliere à magnis procis. Fuit illa *Anna,*
tannam. Francisci ultimi Britanniæ Ducis filia ac hæres.   Ambiebant hanc sponsam, aut potiùs ejus dotem Rex Carolus, Maximilianus Archi-Dux, defuncta conjuge Maria Burgunda viduus, Ludovicus Aure-lianensis (post Carolum Rex Galliæ) Albretius &c. Pater omni-bus spem fecerat.   Sed ubi is decesserat, desponsata est Maximi-liano, jam Romanorum Regi.   At Carolus Galliæ Rex tum armis Britanniæ illatis, tum aliis adhibitis machinis sponsam Maximiliano abstractam sibi copulavit.   Margaritham verò Maximiliani filiam, jam antè sibi desponsam repudiavit, servata tamen, quam attulerat, opima dote, Artesia videlicet, & Burgundiæ comitatu.

Restituit   Altè in animum, ut par erat, demittebat Maximilianus utram-
dotem, & que injuriam, eámque vindicare certus, fœdere cum Henrico VII.
Ruscino- Angliæ Rege inito, in Picardia & Artesia bellum infert Franco;
nem. quod ea conditione brevi finitum est, ut Carolus cum Margaritha dotem restituat, Artesiam nimirum & comitatum Burgundiæ.

Et hoc quidem ex æquo. Sed illud capere Galli non poterant, cur Rex Ruscinonem cum Perpiniano, Ludovico XI. aut venditum aut pignori datum, ultrò & gratis Hispano restitueret, séque op-portunis adeò Galliæ claustris nudaret.

27.   Creditum, hunc bolum objicere Carolum voluisse Ferdinan-
Expeditio do, ne expeditionem Neapolitanam, quam meditabatur, impediat.
Neapoli- Suscepit hanc gloriæ cupidus Rex juvenis anno 1495. cum 3600.
tana. equitum & 20000. peditum, ad Gratianopolim in Delphinatu congregatis.   Transmittuntur alpes, excipiuntur humaniter in Pedemontio à Sabaudiæ Duce, Casali à Monferratensi, Ticini à Sfortia Mediolanensi, Pisanis datur libertas.   Florentini compe-scuntur.   Intrat Rex cum exercitu Romam per modum trium-phantis, obviis Cardinalibus & Proceribus, Pontifice verò Alexan-dro VI. in castellum S. Angeli confugiente.   At invitatus con-cordiam init.   Promulgatur Carolus Rex Neapolitanus.   Intrat Neapolitanum Regnum, nemine ferme resistente; Capua, ipsáque Neapolis triumphantem excipiunt, deduntur arces, urbes, oppi-

da.

da. Non modo Neapolis, fed etiam Jerofolymæ, quin & Conftantinopolis Imperator proclamatur. Sympofiis, tripudiis, pompa, lufibus, otio, atque voluptatibus certatur, conftituendi Regni cura nulla. Ifchia infula, in quam Ferdinandus Rex Neapolitanus confugerat, vix tentata. Munimenta non inftructa annona, difciplina militaris luxuria enervata, quafi nihil fupereffet belli, & Neapolis Regnum otio & luxu, quibus acceptum fuerat, retineri poffet. At alia mox rerum facies ludicram fcenam invertit.

Confpirârunt adverfus Gallos Alexander Papa, Maximilianus *Fœdus Ita-* Imperator, Veneti, Ludovicus Sfortia, aliique Principes Italiæ, *lorum.* fœdere inter fe icto Venetiis, ad depellandos ab Italia Gallos, totam machinam movente & impellente Ferdinando Rege Aragonio.

Veritus tam denfa nube coëunte procellam Carolus Rex Franciæ, relictis fex millibus ad defenfionem Regni, tam facilè obtenti, eadem, qua venerat, via cum exercitûs reliquiis in Galliam properat.

Fœderatus exercitus fub Apennino ad Forum novum Gallos operiebatur, ut tranfitum intercluderet. At Galli commiffa pugna viam fibi aperuerunt; felices, quod in patriam poffent regredi.

Neapolitani Gallorum, qui remanferant, paucitate contempta, Regem fuum Ferdinandum revocârunt, Gallosque aut ferro aut inedia necârunt, adeo quidem, ut anni evoluto fpatio, nihil illis in Italia fuerit reliquum, nihilque ex tota illa expeditione, ad tantam pompam inftructa, retulerint, nifi fœdum quemdam morbum, ex fœdiore caufa contractum Neapoli.

Ipfimet Galli fcriptores, dum expeditionem iftam Italicam imprudentiæ poftulant, utuntur fabula canis Æfopii, qui ex ore carnem mittit, ut umbram captet, reprehendentes videlicet, quod Rex Rufcinonem, Burgundiam & Artefiam dimiferit, ut remotas trans alpes & maria provincias occupet.

Fructum tamen multo optimum fibi decerpfiffe vifus eft. Nam poft expeditionem illam infelicem, alius à fe, totum fe virtuti dedit, rerum humanarum expertus vanitatem, cœleftique Repaternæ prorfus diffimilis, manfuetiffima, ac grata, quæ omnibus charum redderet.

Filios duos ex Anna Britanna fufceperat: qui tamen in primo juventutis flore obierant. Cùm igitur improlis decederet, fucceffit ei Ludovicus XII. Dux Aurelianenfis, fanguine proximus; cujus avus Ludovicus, à Joanne Burgundo interemptus, filius erat Caroli V. Galliæ Regis.

§. II.

Status Ecclefiafticus per Concilia ordinatus in Gallia Sæc. XV.

28.
Bituricen-
fe.
Quamvis turbatus admodum fuerit in Gallia hoc fæculo Status politicus; ac propterea pauca Concilia celebrari potuerint; non defiit tamen fedula Paftorum induftria univerfo gregi invigilare, & Ecclefiæ difciplinam, tot inter rerum furfum deorfum euntium viciffitudines enervatam, vigori fuo reftituere per facra Concilia.

Et quidem Anno 1415. Carolus VI. premente inopia pecuniæ, & Anglo hofte, Clero Gallicano vectigal quoddam impofuerat. Congregati proin *Bituricis* Præfules mittunt ad Regem epiftolam, in qua violatam per exactionem illam libertatem Ecclefiafticam conqueruntur, pro qua defendenda plures Sancti martyrium fubierint, plus timentes æternum quàm temporalem offendere Principem: Jeremiam jam olim deploraffe, Ecclefiam fieri fub tributo.

Reges etiam Ethnicos, ùt Pharaonem & Cyrum Sacerdotes ab exactionibus Principum voluiffe exemptos. Idem lege Mofaica à Deo ftatutum pro immunitate Sacerdotum. Flagellatum ab Angelis Heliodorum, mittentem manum ad bona Ecclefiæ. Non unum fummum Pontificem per facros Canones, fed univerfam Ecclefiam in Concilio Lateranenfi fub anathematis pœna inhibuiffe, exigi tributa aut tallias ab Ecclefia. Quodfi Ecclefiaftici quidquam voluntariè duxerint conferendum, Romanum Pontificem ea fuper re effe confulendum. Ipfum etiam Carolum in Regni aditu juraffe tuitionem Ecclefiafticæ libertatis. Ipfas adeò leges Imperatorias ac civiles fancire, ut à Clericis tributorum injuria repellatur, & exactionis improbitas.

Proponit deinde eadem Bituricenfis Synodus exemplum Conftantini, Valentiniani, Caroli M., Caroli Calvi, Roberti, ac S. Ludovici, eorumque hac de re decreta. Rogatque, ut Rex Antecefforum

cefforum ac Progenitorum fuorum veftigiis infiftat, & ratam hactenus Ecclefiarum libertatem protegat.

Anno fequente *Concilium Parifienfe* ftatuit, Regi indigenti fub- 29.
fidio *charitativo* (ut vocabant) per omnes Provincias fubvenire, *Parifien-*
offerendo *unam decimam integram*, confulta hac de re fede Apofto-*fe I.*
lica. Actum deinde de pluribus Praelatis ad Concilium Generale
Conftantienfe mittendis. Provincia Tolofana autem querebatur,
fe ad Synodum Parifinam ferius vocata, & non exfpectata, haec
acta fuiffe. Confentit tamen & ipfa.

Cùm tempore Caroli VII. Gallia fere omnis ab Anglis fuiffet
occupata, innumeraeque, ùt §. priore memoravimus, calamitates
Regnum obruerunt, habitum eft anno 1429.

Concilium Parifienfe Provinciale ab Archiepifcopo Senonenfi 30.
(qui fe totius Galliae & Germaniae Primatem fcripfit) praefentibus Epi- *Parifien-*
fcopis fuffraganeis Provinciae Senonenfis, videlicet, Carnotenfi, Pa- *fe II.*
rifienfi, Meldenfi, Trecenfi, Procuratoribus Epifcoporum Antifiodo-
renfis, & Nivernenfis (Aurelianenfi ob belli tumultus excufato) Abbatibus, aliifque multis Ecclefiafticis: qui 41. Canones promulgârunt.

In praefatione Senonenfis Concilii Praefes ait, licèt facris Canonibus cautum fit, ut fingulis trienniis ab Archiepifcopo Concilium Provinciale celebretur; in quibus de criminibus corrigendis,
ac moribus in populo & Clero reformandis diligenter tractetur.
Talia nihilominus Concilia à multis retroactis temporibus defidio-
fo quodam neglectu fuiffe praetermiffa: qua ex re multa & varia
delicta incorrecta remanferint, & plurimùm in animarum periculum invaluerint; propter quae praefumi poffit, iram Dei fuper Galliam defcendiffe: ac propterea fe Concilium Provinciae fuae Senonenfis Parifios convocâffe.

1. Canone praecipitur, ut Canonici Divinum officium tractim, devotè & debito tempore decantent, nec pars chori verfum
incipiat, donec ab altera parte verfus prior fit omnino finitus, fub
poena privationis fuarum diftributionum.

2. Tempore Divinorum Clerici à confabulationibus abftinento.

3. Ejusmodi confabulationes in Ecclefiis Epifcopi ne toleranto.

4. Nifi Canonici integris horis interfint, diftributionibus privantor.

5. Clerici duarum Ecclefiarum ne ab una ad alteram ad lu-
crandas diftributiones cum veftimentis Ecclefiafticis celeriter &
immodeftè currunto.

6. Ne lucri caufa Ecclefiam matricem in feftis folennibus
Clerici deferunto.   R 2   7. Sacra

7. Sacra vafa munda funto.

8. Ad ordinationes & curam fine examine & deleſtu non admittuntor.

9. Habitum condecentem deferunto.

10. Epifcopi unius vel duorum Theologorum opera utuntor.

11. Curiarum Ecclefiaſticarum officiales ab indebitis exaſtionibus abſtinento.

12. Officiales Monaſterii rationes Abbati diligenter reddunto, faltem ter in anno.

13. Monachi quarta feria, in adventu & feptuagefima jejunium fervanto.

14. Religiofi ne evagantor.

15. Pro ingreſſu in Religionem nihil exigunto.

16. Suos Religiofos in litteris inſtrui curanto, ut facras fcripturas intelligere poſſint.

17. Patroni Ecclefiis providento.

18. Religiofi conſtitutiones Benediſti XII. diligenter legunto.

19. Conſtitutiones de Monialibus accuratiùs obſervantor.

20. Clerici morum gravitatem fervanto. Tabernas ne adeunto. A negotiationibus abſtinento. In lufu veſtes ne exeunto.

21. Tunicas rubeas aut virides ne geſtanto.

22. A pejeratione cavento.

23. Epifcopi contra concubinarios fecundùm Canones procedunto.

24. Clerici taxillis aut aleis ne ludunto.

25. Barbitonfores diebus feſtis artem fuam ne exercento.

26. Chriſti nomine nullus abutior.

27. Abufus quæſtorum eleemofynæ tolluntor.

28. Curati fuos Parochianos hortuntor, ut præcipuis per annum feſtivitatibus confiteantur.

29. Medici corporalem medicinam ægris ne applicanto, nifi priùs animus per confeſſionem fuerit fanatus.

30. Qui Ecclefiaſtica judicia impediunt, denunciantor excommunicati.

31. Decimæ de omnibus fruſtibus folvuntor.

32. In privatis oratoriis matrimonia ne folennizantor.

33. Epifcopi & Archidiaconi in bannis (*denuntiationibus*) matrimonii ne facilè difpenfanto.

34. Tempore adventus, feptuagefimæ & Rogationum nuptiæ ne celebrantor.

35. Cùm

35. Cùm Divina celebrantur, foli Clerici ad altare accedunto.

36. Si Clericus à fæculari in carcere detinetur, à Divinis ceffator.

37. Uti etiam fi fæculares domini impediant citationem ad forum Ecclefiafticum, quando perfonæ aut caufæ ad illud pertinent. Impedientes vero ipfo facto excommunicati funto.

38. Teftes Synodales inquirunto, an hæc ftatuta obferventur: & ad proximum Concilium referunto.

39. Hæc decreta publicantor.

40. Defignantur teftes Synodales pro quavis Diœcefi.

41. Decreta ifta ratificantur & fubfcribuntur.

Rotbomagenfe Concilium Provinciale anno 1445. ftatuit, ne 31. quis juret per fanguinem aut membra Chrifti. Damnat certas devotiones aut modos loquendi, fuperftitionem olentes. Præfcribitur examen Ordinandorum, refidentia Clericorum, catechefis diebus Dominicis & Feftis, vifitationes, continentia &c. Prohibentur, ebrietas, cohabitatio cum mulieribus fufpectis, negotiatio fæcularis, ufuræ, quocunque colore pallientur, veftes indecoræ &c.

Andegavenfe Concilium ab Archiepifcopo Turonenfi cum Epi 32. fcopis fuis comprovincialibus celebratum Andegavi anno 1448. conftituit 17. Canones: quos exhibet Poffevinus nofter in apparatu facro.

1. Sacerdotes diebus non folennibus jubentur dicere officium Defunctorum.

2. Diftributiones tantùm dentur præfentibus.

3. Nullus pro eadem hora in pluribus Ecclefiis diftributiones percipiat.

4. Sub horis canonicis fervetur filentium, attentio, ac devotio.

5. Ludi noxii ac fcandalofi vetantur, præfertim Clericis.

6. Conciones & Miffæ habeantur in locis facratis.

7. Bona Monafterii ne alienentur. (*octavus canon non exftat*)

9. Præpofiti Ecclefiæ, qui non diligenter vifitant, puniantur.

10. Excommunicantur concubinarii.

11. Sententia excommunicationis lata publicetur intra menfem.

12. Matrimonia clandeftina ne benedicantur.

13. Tolluntur infultationes & tumultus in fecundis & tertiis nuptiis.

14. Excommunicantur invafores perfonarum & rerum Ecclefiafticarum.   R 3   15. Item

15. Item ii, qui bajulos aut executores Ecclefiafticorum ju-diciorum capiunt, detinent &c.

16. Ne ignotæ Sanctorum reliquiæ quæftus gratia Provinciæ inferantur.

17. Indulgentiæ à Sede apoftolica conceffæ promulgentur per virum doctum, à Diœcefano defignatum.

33.   *Lugdunenfe Concilium* Nationale anno 1449. conqueritur, execrandam blafphemiæ crimen in Gallia invaluiffe, ac propterea Deum pefte, fame, & tot bellis illam affligere, cenfuris proin illud coërcendum.

Ad vitandam Clericorum multitudinem, cum magno delectu eos admittendos decernit: nec, nifi adfit fufficiens ætas, littera-tura, morum probitas, titulus menfæ &c.

Pro ordinatione, confecratione calicum &c. nihil exigen-dum. Excommunicantur, qui clandeftina matrimonia contrahunt. Præmittenda tria *banna*, in quibus non facile difpenfandum. In-ftaurantur querelæ & prohibitiones contra abufus quæftorum elee-mofynæ : qui per provincias vagabuntur, deferentes reliquias, concionantes, & promulgantes Indulgentias, quorum non pauci erant impoftores. Statuit denique, obfervanda effe decreta Con-cilii Conftantienfis & Bafileenfis.

34.   *Sueffionenfe Concilium* Provinciale, Præfide Rhemenfi Archi-epifcopo anno 1456. ingemuit, ob intermiffa Provinciæ Rhemen-fis Concilia agrum Domini vepribus & fpinis horridum. Com-mendatur major cultus Divini cura, reverentia, devotio. Inftau-rantur decreta contra Clericos aleatores, ebriofos, frequentan-tes tabernas, concubinarios, exercentes mercaturam. Excom-municantur Clerici, qui ad Ecclefiafticum tribunal citati, à fæ-cularibus comminatorias litteras accipiunt. Caufæ minutæ fum-mariè & de plano tractandæ.

35.   *Avenionenfe* anno 1457. ftatuit, Religiofos mendicantes non effe præficiendos regimini Ecclefiarum Parochialium, nifi neceffi-tas exigat. Feftum conceptionis B. V. M. fecundùm decretum Concilii Bafileenfis, inviolabiliter effe obfervandum : nec quis-quam contrarium prædicare vel difputare præfumat. Dies feftivè celebrandi, Natalis Domini, S. Stephani, S. Joannis, SS. Inno-centum, circumcifionis; epiphaniæ, refurrectionis cum duobus fequentibus, corporis Chrifti, S. Joannis Bapt. Transfigurationis Domini. fefta omnia B. V. M. & 12. Apoftolorum, S. Laurentii, S. Michaëlis, omnium Sanctorum, præter omnes dies Domi-nicos,

nicos, & quos quilibet Epifcopus in fua Dicecefi duxerit celebrandos.

Nullus Epifcopus Ordinem Subdiaconatus cum Minoribus
eodem die conferat· Peregrini non ordinandi fine litteris dimifforiis Epifcopi fuæ originis. Statuti etiam Canones contra Judæos
& ufurarios.

Senonenfe auno 1485. ftatuit, ut Sanctio Pragmatica fideliter   36.
obfervetur, ut Divinum officium devotè celebretur. Multàque
alia, de choreis & ludis in Ecclefia non faciendis. De Proceffionibus ordinatim ac devotè habendis; de reformatione morum,
vifitationibus, dignis promovendis ad Beneficia. De concubina-
riis, aleatoribus, veftibus indecoris, tabernis; de coërcendis quæftoribus; de jurisdictione Ecclefiaftica, reformatione Religioforum, decimis, celebratione feftorum, matrimoniis in facie Ecclefiæ contrahendis; de libertate Ecclefiaftica defendenda, aliisque,
quæ tum memorata funt fæpiùs in fuperioribus Conciliis, tum in
libris Decretalium Juris Canonici continentur.

Præter hæc Confilia coactum etiam eft anno 1438. *Conciliabu-*   37.
lum Bituricenfe. Cùm enim eo tempore duo fimul celebrarentur
Concilia, quorum utrumque Generale effe voluit, Bafileenfe nimirum & Florentinum, & ad utrumque invitarentur Præfules Galliæ, ifti in hac Bituricenfi Synodo congregati Eugenium quidem
pro legitimo Pontifice habebant, eatenus tamen Concilii Bafileenfis caufam propugnandam fufceperunt, ut dicerent, illud legitimè
congregatum fuiffe, nec poffe inde transferri.

Approbata etiam & laudata eft in hac Synodo Sanctio Pragmatica Gallorum, ex Concilii Bafileenfis decretis compilata.
Quam tamen haud multò poft abrogaturum fe promifit Caroli VII.
fucceffor Ludovicus XI. quamvis res ferme intra promiffum fteterit (*vide part.* 3. *cap* 5. *§.* 4.)

ARTICULUS III.
De Conciliis Hifpaniæ Sæculo XV.
§. I.
Prænotanda de Statu Hifpaniæ.
I.
Status Regni Caftellani.

Joanni I. Caftiliæ Regi, anno 1390. equi cafu oppreffo, fuc-   38.
ceffit *Henricus III.* filius, ob corporis infirmitatem dictus *Henricus*
Valetu- III.

Valetudinarius, contendentibus de tutela pupilli Regis Regni Proceribus, præfertim Archiepifcopo Toletano: adeo quidem ut ad arma propterea ventum fuerit, in carcerem datus Toletanus: at opera Pontificis liberatus: Rex verò ab excommunicatione eft abfolutus. Lufitanus bellum inferre parabat: nifi Caftellanus pacem aliquot datis urbibus redemiffet. At non diuturna fuit, Lufitanis paulò poft iterum Caftellanas Provincias invadentibus. Cùm autem Caftellani ftrenuè refifterent, faftæ funt induciæ.

Henricus III. propter infirmam valetudinem nulla re gefta memorabilis obiit anno 1407. Regni 16. ætatis 27. defecit is anno 1400. à Petro de Luna, qui Benediftus XIII. appellari voluit. Cantabris duelli licentiam conceffit. Iidem Cantabri fub finem fæculi XIV. pertentando occanum Infulas Fortunatas primi detexerunt.

Regni proceres ad *Ferdinandum*, cognomento *Juftum*, Regni fceptrum deferunt. At ille infigni fide atque modeftia illud recufavit, ac *Joanni* Henrici III. fratris fui filio deberi afferuit. Pro-
39. clamatus igitur Caftellæ Rex *Joannes II.* duos duntaxat annos natus,
Joannes II fub Ferdinandi patrui & Reginæ matris tutela: cui commiffum
bellum Mauricum. Nam Rex Granatenfis ditiones Caftellanas invaferat. At præter erepta Mauris aliquot oppida, non nifi prædationibus agrorùmque vaftationibus fuit certatum, moxque Barbaro petenti conceffæ induciæ; fæpius fraftæ fæpiùs renovatæ, nullo admodum operæ pretio.

Flagrabant fiquidem perpetua Chriftianos inter Principes, Caftellanos, Aragones, & Vafcones bella: quòque pluribus & arftioribus fanguinis & affinitatis vinculis conneftebantur, eò plus fanguinis fufum. Generi cum foceris, fratres cum fororibus, filii cum patribus, non raro collifi; ftimulante ambitione, avaritia, invidia, æmulatione. Accedebant Procerum defeftiones, difcordiæ, proditiones, quarum pleni funt annales Hifpanici.

Et quidem *Joannes II.* Caftellæ & Legionis Rex, Ferdinando Jufto, patruo fuo, qui pro tutore Caftellæ Regnum præclare, fidèque optima adminiftraverat, ad Aragoniæ Regnum translato, fui juris faftus, nunquam tamen fuus, fed aliis perpetuò obnoxius, atque in focordiam, voluptates, mollémque vitam projeftus, Proceribus ac Aulicis Regnum lacerandum reliquit.
40. Fax turbarum maxima *Alvarus de Luna*, qui præcipua apud
Alvarus Regem valens gratia, ad gubernaculum admotus, & Regem &
de Luna. Regnum pro arbitrio multis annis verfabat, privatis potius
domus

domus suæ incrementis, parandísque largitione factioni suæ amicis, quàm publicæ faluti intentus.

Ægerrimè hæc res habuit complures Regni Principes, ac præsertim Ferdinandi Justi filios, Joannis II. Castellæ Regis patrueles. Qui ferre non poterant, se despectis, atque ad nullam Reipublicæ partem admissis, ab Alvaro ejúsque factione Regnum discerpi. Hinc seditiones, conjurationes, bella intestina ac consanguinea. Aragonii fratres, quà capti, quà Regno ejecti, atque paternis opibus, quas amplas in Regno Castellæ possidebant, spoliati à Rege patruele, qui eorum sororem matrimonio junctam habebat. Adeò nulla vincula pacem, & amores satis constringunt.

At maturuit tandem pœnæ præcipuus turbarum incentor *Alvarus de Luna*, anno 1453. in quadam arce sua munita captus, & Rege Joanne jubente atque inspectante publico in foro securi percussus, velut læsæ Majestatis reus. Bona ipsius, quæ amplissima collegerat, fisco illata.

Obiit haud multò pòst Joannes II. anno videlicet 1454. ætatis 49. calamitosi & inquieti Regni 48. filios reliquit duos, Henricum & Alphonsum, filiam unicam Isabellam, Ferdinando Catholico nupturam, collapsámque Hispaniam grandibus auspiciis restauraturam.

Henricus IV. in Castellæ & Legionis Regno successit, ignavia patri similis, prodigalitate etiam superior. Oppida, urbes, ditiones passim effudit, perturbantibus de industria, ac miscentibus omnia Proceribus, ut se necessarios faciant, & frequentatis largitionibus ampliùs ex publico ditescant. Exhausto sic ærario, Regníque nervis incisis, bella nihilominus Henricus mente conceperat, sed inertia. Aragonii, & Vascones lacessiti; contra Mauros Granatenses processum, sed non ultra prædas; ut habeat, quod prodigat.

41.
Henricus IV.

Regno exitiales & Regi fuerunt profusæ largitiones. Nam eum in despectum devenerat, ut Regni optimates, quorum avaritiam satiare non poterat, cum insigni fœdáque ignominia eum deponerent, & Alphonsum minorem fratrèm proclamarent Regem. Unde armata in se ipsam Hispania, bella, calamitates, ruinæ. Regina conjux, cum filia abstracta. Rex inops, ab omnibus ferme desertus. Jacta in rebelles Proceres Romana fulmina.

Moritur interea Alphonsus, à tumultuantibus Rex dictus, & quidem improlis. At necdum quies. Isabellæ sorori defertur sceptrum. Recusat illa, major Imperio, quod Henrico fratri restituit.

reſtituit. Initur pax. Henricus rurſus throno imponitur. Iſabella declaratur poſt mortem Henrici hæres: digna vel hoc uno facinore, ut plurium, quod poſtea evenit, Regnorum Regina fieret.

Nec tamen ſine tumultu, armiſque id contigit. Nam Henricus, nuptiis Iſabellæ cum Ferdinando Aragonio irritatus, *Joannam* filiam ſuam ultimis tabulis Regni hæredem ſcripſit, rejecta Iſabella ſorore, quam Regni ordines in pace nuper inita hæredem declaraverant.

Mortuo igitur anno 1474. Henrico Rege, ætatis 49. Regni turbulenti 20. ingens orta eſt diſceptatio, bellúmque atrox, aliis ad Joannam, pluribus ad Iſabellam Regni jura deferentibus.

Dubium inde ortum. Henricus Rex primis nuptiis duxerat Blancam, Ferdinandi Catholici ſororem, quam decimo quartò matrimonii anno repudiavit, tanquam impotentiæ impedimento eſſet ligata. Idque divortium Caſtellani Præſules, ipſéque ſummus ſacrorum Antiſtes Nicolaus V. habuerunt ratum. Invaluit tamen apud plures perſuaſio, ipſum Henricum Regem fuiſſe impotentem, ſuæque naturæ vitium Blancæ affinxiſſe.

Altero connubio ſibi aſcivit Eduardi IV. Luſitaniæ Regis filiam. Hæc peperit *Joannam;* quam Rex filiam ſuam haberi voluit. Multis res erat ſuſpecta. Multi ſuppoſitam dicebant, etiam palàm. Quin patrem nominabant Bertrandum aulicum, ultrà, quàm par erat, Reginæ familiarem. Et alioquin publicè conſtabat, vita illam fuiſſe impudica, & cùm abſtracta fuiſſet à Rege, atque captiva detineretur, bis factam puerperam. Accedebat inſita multis perſuaſio, Blancæ etiam teſtimonio confirmata, Regem Henricum impotentiæ vitio teneri.

Nullam igitur Joannæ aut Regii teſtamenti rationem habendam cenſuerunt Caſtellani plerique, ac propterea vivente adhuc Rege, ac conſentiente Regni hæredem declarârunt Iſabellam Regis ſororem.

At toto conatu ſe oppoſuit Alphonſus V. Rex Luſitaniæ, pro Joanna, ſua ex ſorore nepte. Sequebantur hanc cauſam ex Caſtellanis Archiepiſcopus Toletanus, & Paciecus Villenæ Marchio, præcipuæ authoritatis & potentiæ, qui ſuis in Provinciis Joannam proclamârunt Reginam.

Ventum ad arma. Luſitanus valido cum exercitu in Caſtellum irrumpit, eſque Toletanus & Villenus cum clientelis ſuis ſe conjungunt, belli atrocis calamitas undique circumfertur. Vicit
cauſa

caufa melior. Lufitanis viribus, prælio, licèt ancipiti, fractis, ad propria redit; cùmque Gallum de auxiliis fruftra appelláffet, pacem facit; qua Proceribus etiam retinentibus extortum obfequium. Firmatum fœdus pacto fponfalitio inter nepotem Lufitani & Ifabellæ primogenitam. Optimam partem *Joanna* elegit, in cœtu parthenio Chrifto defponfa,·pro cœlefti deinceps Regno depugnatura.

Aliquam etiam controverfiam Ifabellæ movit ipfimet Ferdinandus conjux, fibi, tanquam Sobrino Henrici Regis, & ex ftirpe virili fanguine proximo, Caftellæ coronam vindicans. At oppofuerunt Caftellani Ormifindæ, Odifindæ, Sanctiæ, Urracæ, & Berengariæ exempla. Litem abrupit Ifabella, affumpto Ferdinando, uti thori, ita etiam poteftatis ac Regni conforte. **43.** *Ferdinandus & Ifabella.*

Communi proin deinceps Regum nomine præclarè gubernata Refpublica; feffis rebus itum obviam, prodigè effufa revocata ad ærarium publicum, temperata populorum tributa, fatifcentes tot annorum calamitatibus, luxatæque provinciæ in ordinem fuum repofitæ, datum Proceribus documentum, Regum effe regere, non regi; nec largitionibus immodicis emendum obfequium, aut publica egeftate faginandam privatorum avaritiam.

At nihil ad immortalem nominis gloriam auguftius, nihil ad fecuritatem Hifpaniæ potentiámque majus, ad religionem cultúmque Numinis nihil fanctius, à Ferdinando & Ifabella Regibus geftum, quàm bellum Mauricum, quo *everfum Granatenfe Regnum*, & Saraceni, feptingentos & ultra annos in Hifpania dominantes fub jugum miffi. **44.** *Mauri pulfi.*

Decennio integro hoc bellum tenuit, varia rerum viciffitudine. Cæfi fæpiùs noftri. Cum infinita barbarorum multitudine, quam defperatio armaverat, decertandum. At illorum difcordia, pulfo veteri, novum Regem intrudentium, noftrorum Principum conftantia, optatum bello finem impofuit. Expugnata Bafta, Malaca, Almeria, & tandem etiam Regni caput Granata, Regnóque impio everfo, feptem fæculorum abfolutus labor (*anno* 1492.)

Dignus profectò Ferdinandus, qui propterea appellaretur *Catholicus*, & avitum *Catholici Regis* nomen inftauratum ad pofteros propagaret, novisque aufpiciis vaftæ per orbem terrarum Hifpaniarum potentiæ præluderet. Certè magnum ab eo tempore Hifpanorum nomen. In Italiam mox exporrectum Imperium; novus apertus orbis, quafi ad palmas metendas non fufficeret vetus. Circa hæc fiquidem tempora Ferdinandi Catholici gloriofis aufpi-

ciis,

ciis, Columbus Genuenfis Antillas Infulas, atque inter eas Portum Divitem, Jamaicam, Hifpaniolam, Cubam, Americus Vefputicus Florentinus propius continenti admotus, Americam, à nomine ipfius fic appellatam, Pizarrus Hifpanus Peruviam, Magellanes Lufitanus, ulteriùs proveðtus infulas, quæ Philippinæ poftmodum diðtæ funt, detexerunt: ingens Hifpanæ potentiæ opúmque immenfarum futuras incrementum, fimúlque novum agrum Ecclefiæ, in Divinos fatus meffémque ampliffimam furreðturum.

Porro Ferdinandus Mauris deviðtis agros reliquit. At, cùm poftea correptis armis tumultus cierent, aut folum vertere, aut Chriftiana facra ampleðti juffi funt. Judæorum quoque perfidiorum expulfa ad oðtingenta millia. Ereðtáque *Sacra Inquifitio*, feverum equidem tribunal, fed confervandæ orthodoxæ doðtrinæ idoneum, quod lafcivientibus novatorum ingeniis frœnum injiceret, & miferrimam pereundi facultatem eriperet. Expurgata Saracena fuperftitione templa, ritúque Catholico expiata. Datus Granatæ Archiepifcopus, poft 700. annorum captivitatem jure *poftliminii* reftitutus.

II.
Status Regni Aragoniæ.

Non minoribus quam Caftella motibus fæculó ifto XV. concuffa eft Aragonia, uti domefticis tumultibus, ita longinquis etiam in Italia bellis agitata; donec fub Ferdinando Catholico cum Caftella in unum Regnum coaluit.

45.
Martinus. Et quidem *Joanni I.* annó 1395. absque prole mafcula defunðto, in Aragoniæ & Valentiæ Regno, atque Catalaunenfi Principatu fucceffit frater *Martinus.* Qui filii fui *Martini*, Siciliæ Regis, hæres, illius etiam Regni poffeffionem adiit.

Nam Sicilia, quod aliàs diximus, jam anno 1282. per Vefperas Siculas devoluta eft ad Petrum III. Aragoniæ Regem, atque inde ad Fridericum II. minorem Petri filium, ejúsque lineam, per Petrum II. Ludovicum, & Fridericum III. propagatam. Reliquit hic filiam unicam Mariam, connubio junðtam *Martino Juniori* Aragoniæ Regis filio, qui per eam faðtus eft Rex Siciliæ. Cùm autem ante patrem Martinum feniorem absque prole legitima anno 1409. decederet, faðtus eft pater hæres filii; atque fic fub Martino feniore Sicilia cum Aragonia rurfus coaluit, atque ad noftrum usque fæculum, manfit conjunðta, iisdem Regibus parens.

Cùm

· Cùm autem altero mox anno ab adita Siciliæ poffeffi one Mar-   46.
tinus nulla'relicta prole decederet, ingens orta eft conrroverfia, *Lis de fuc-*
quis in Regnis Aragoniæ atque Siciliæ fuccederet. Quinque ma *ceffione.*
gni aderant competitores , Regiæ omnes ftirpi innexi. 1. Fridericus ex filio nepos, fed vitio natalium laborans, quamvis Benedictus Papa'in eo difpenfârit. Húncque maximè Rex fucceflorem
optàverat. ·2. Alphonfus Gandiæ. Dùx, & 3. Jacobus Urgelitanus Comes, tertio uterque confanguinitatis gradu Regi Martino
conjuncti, & ab eadem ftirpe per virilem lineam defcendentes;
4. Ludovicus Andegavenfis, Joannis I. Aragoniæ Regis ex Jolan-
thâ filia nepos. Ac demum 5. Ferdinandus Juftus, Martini ex E-
leonora forore nepos.

· Delecti à Regni ordinibus. novem Judices, tres Aragonii,
tres Valentini ,·& tres Catalauni. Coram · quibus caufa acriter
difceptata. Pronunciatum pro Ferdinando, Martini ex forore nepote, rejectis iis, qui ex virili ftirpe defcendentes remotiore Martinum gradu contigerant. Urgelitanus vim experiri aufus, victus,
captùspue, ad perpetuos in Caftellam carceres eft amandatus.

Igitur *Ferdinandus* cognomento *Juftus* , Joannis I. Caftellæ   47·
Regis filius, qui 'pro Joanne II. nepote hactenus Regnum Caftel- *Ferdinan-*
lanum fumma fide adminiftraverat, publicis in comitiis dictus Rex *dus Juftus.*
Aragoniæ, Siciliæ, ac Sardiniæ , quamvis non fine feditionum
turbis & bellorum tumultibus, Siculis non raró Sardísque caput
efferentibus.

'Petrum de Luna;· nomini Pontificio pertinaciter inhærentem.
Perpinianum ad Sigismûndum Imperatorem deduxit, cúmque flecti
non poffet, cum Aragoniis fuis, qui priùs illi adhæferant, deferuit.

Obiit Princeps pientiffimus, longiori ætate Regnóque digniffimus anno 1416. Regni 4. ætatis 36. fex liberos relinquens, Alphonfum, Joannem, Henricum, Petrum, Mariam, Regi Caftellæ,
& Joannam Regi 'Lufitaniæ collocatam. · '

Succeffit in Regnis Aragoniæ', Siciliæ; & Sardiniæ *Alphonfus*   48.
V. primogenitus, qui unà cum fratribus fuis initio plurimùm fe *Alphoufus.*
immifcuit rebus Caftellanis, gefto etiam bello adverfùs Regem patruelem atque'fororium, quia fcilicet fratres ifti Aragonii ferre non
poterant Alvarum de Luna, aliósque, nec fanguine nec affinitate
Regi junctos, in aula Gaftellana 'dominari. ·'Qua ex re turbæ innumeræ funt'exortæ.

Cæterum Alphonſus omnem ferme ætatem in vindicando ſibi *Regno Neapolitano* conſumpſit. Cæptáque hinc Hiſpanos inter & Gallos bella. Juvat breviter perſtringere originem.

Carolus Andegavenſis, Ludovici VIII Galliæ Regis filius, ùt loco ſuo memoravimus, à Clemente IV. Rex dictus utriusque Siciliæ, occiſo Conradino illius hærede. At brevì Sicilia per Veſperas Siculas ad Aragonios, Conradini hæredes, tranſiit. Neapolis verò Andegavenſibus permanſit, non ſine frequentibus gentis utriusque bellis.

49.
Neapolis
ad Arago-
nios.
   Et quidem Carolo I. Andium & Provinciæ Comiti ſucceſſerunt in Regno Neapolitano Carolus Claudus, Robertus, & *Joanna I.* Hæc, cùm ex quatuor maritis nullam prolem ſuſcepiſſet, hæredem ſcripſit·Ludovicum Andegavenſem, Joannis Galliæ Regis filium. Quia autem Joanna nimium favebat·prætenſo Pontifici Clementi VII.'Urbanus VI. *Carolum Parvum* Ducem Dyrrachinum, Joannæ in tertio gradu propinquum, ex Carolo Claudo, utriusque proavo, deſcendentem, Neapolis Regem renuntiavit. Unde bellum.

Carolo Parvo ſucceſſit primò quidem Ladislaus·filius. Huic verò ſine liberis defuncto *Joanna II.*·ſoror; quæ adverſus Andegavenſes evocavit *Alphonſum V.* Aragoniæ & Siciliæ Regem, eúmque anno 1420. in filium adoptavit. Verùm tertio pòſt anno reſciſſa adoptione, *Ludovicum III.* Andegavenſem (quem ob matrem ſuam Jolantham, Joannis I. Aragoniæ Regis filiam, inter competitores etiam Regni Aragonici fuiſſe diximus) Neapolitani Regni hæredem deſignavit, atque Calabriæ Ducem (quod ſucceſſori cognomen) promulgavit.

Alphonſus igitur Barcinone cum Claſſe ſolvens, recepta Sardinia, Corſica Genuenſibus permiſſa, pacata Sicilia, Neapolitanum bellum adverſus Andegavenſes inſtaurat: at dum Cajetam obſidet, à Philippo Mediolanenſi Duce cum duobus fratribus Joanne & Henrico capitur, & Mediolanum·perducitur. Petrus verò tertius frater, Neapolim obſidens, interficitur, præclarus omnino miles.

Profuit Alphonſo capi. Nam icto cum Duce Mediolanenſi fœdere, ex hoſte potente ſocium fecit, libertatémque conſecutus, bellum Neapolitanum ſtrenuè proſequitur, capta etiam Neapoli, nactus anno 1442. quietam totius Regni poſſeſſionem, quam poſt mortem reliquit Ferdinando, filio Notho, qui 36. annos Regnum
Nea·

Neapolitanum poffedit, ad annum videlicet 1494· quo decedens filio Alphonfo II. illud reliquit.

Andegavenfes interea Regum titulo utebantur ac jure prætenfo. Et quidem Ludovico III. quem Joanna fuccefforem deftinârat, anno 1434. mortuo, eadem Regina Joanna Renatum ejus fratrem, (qui uxorio nomine Lotharingiæ etiam Ducatum prætendebat) hæredem dixit. Is igitur redemptus è captivitate Lotharingica, in qua à Valdemontio, Ducatus competitore, detinebatur, Neapolim appulfus, magnam Regni partem faventem fibi invenit. Verùm ab Aragonico fuperatus, anno 1480. defunctus, Regni titulum Carolo, fuo ex fratre nepoti, reliquit. Hic verò anno fequente decedens, hæredem fcripfit Ludovicum XI. Galliæ Regem, ad quem etiam per hanc mortem Andegavenfis Ducatus, & Provinciæ Comitatus, tanquam ad dominum directum, rediit. Carolus VIII. Ludovici filiús jus hæreditarium in Regnum Neapolitanum repetens, eam, quam diximus, expeditionem Italicam fufcepit, totúmque ferme Regnum facili opera occupavit. At fœdere Italorum aliorúmque Principum territus, in Galliam reditum acceleravit, totúmque brevi Regnum rurfus amifit, redeuntibus ad Ferdinandi Aragonii obfequium populis.

Porrò Alphonfus V. Aragoniæ Rex obiit Neapoli anno 1458. Regni Aragonici 42. Neapolitani 38. ætatis 64. eximius Princeps. Fovit tamen fchifma, Petri de Luna partes, quas pater Ferdinandus Juftus deferuerat, rurfus ampledtens; imò poft Lunenfis obitum à duobus Cardinalibus alium Pfeudopapam (Ægidium de Munione,) fub nomine Clementis VIII. eligi mandavit, ut fic ægrè faceret Martino V. Pontifici, in Andegavenfes propenfiori, & Regnum Neapolitanum fibi attribuere recufanti. Illud memorabile Alphonfi acroama celebratur: referente quodam; à Rege quopiam dictum, litteras Regem nōn decere: *Non hominis hæc vox eft*, *fed bovis*, refpondit.

Regnum Neapolitanum Ferdinando Notho reliquit, tanquam bello partum, Regnum verò Aragoniæ, Siciliæ ac Sardiniæ *Joanni II.* fratri. Qui jam antè uxorio nomine Navarræ Rex, ut Catalaunos rebelles compefceret, Rufcinonem Gallo dedit pignori, reftitutam poftea à Carolo VIII.

Obiit Joannes II. poft varia cum fuis Vafconibus Catalaunis, Lufitanis & Caftellanis bella, anno 1479. Regni Aragonici 21. ætatis 84.

50.
Ioannes
II.

Libe·

51.
Ferdinan-
dus Cath.
Liberos genuit 1. Carolum, Vianæ **Principem**, titulo materno Navarræ hæredem, qui propterea varias adversùs patrem,
Navarræ possessorem, turbas excitavit. Mortuus est improlis ante patrem. 2. Blancam, Henrico IV. Castellæ Regi collocatam,
sed ab eo post 14. annos repudiatam. 3. Eleonoram, Navarræ
hæredem, Comiti Fuxensi, Gallo, desponsam ; ex qua cum jure
in Navarram Borbonici Galliæ Reges descendunt. 4. *Ferdinan-*
dum Catholicum, qui in Regnis Aragoniæ, Valentiæ, Siciliæ, Sardiniæ, & Principatu Catalaunensi patri successit, initóque cum Isabella matrimonio eadem Regna cum Castellano & Legionensi conjunxit, addito postea etiam Neapolitano.

Genitus in tot Regna Ferdinando & Isabellæ fuerat anno
1478. Joannes, cui Margaritha Maximiliani I. Imperatoris filia
fuerat nupta. At spes tantas præmatura mors destituit. Hæres
igitur Hispanæ Monarchiæ designabatur Isabella, primogenita, E-
manueli Lusitaniæ Regi nupta; verùm cùm hæc filium Michaëlem
peperisset, obiit, sequente mox ad mortem filio.

Alteri nimirum Augustissimæ Familiæ cœlum destinaverat Hispanias, per *Joannam*, alteram Ferdinandi & Isabellæ filiam, fau-
stissimis auspiciis *Philippo Austriaco* ; Maximiliani I. Imperatoris
filio, conjunctam; ex quo matrimonio per Carolum & Ferdinandum, Cæsares, tota deinceps Augustissima Domus Austriaca est
propagata.

§. II.

Status Ecclesiasticus ordinatus per Concilia in Hispania Sæc. XV.

52.
Cleri de-
formitas.
Tot bellis, seditionibus, schismatibus, populorúmque motibus
perturbato in Hispaniis Reipublicæ Statu, facili conjectura
assequi possumus, quæ morum licentia, litterarum ignorantia, Sacrorum neglectus, Ecclesiam Hispanam sæculo XV. afflixerint,
cùm, uti tranquillæ florentísque Reipublicæ commoda, ita ejusdem perturbatæ atque afflictæ calamitates, in Statum Ecclesiasticum redundare sit necesse.

De Sacerdotibus Hispaniæ, qui plùs factionibus & bellis profanis se implicabant, quàm prælia Domini præliabantur, ita Joannes Mariana *lib.* 23. *cap.* 18. scribit: *Invaserat pudenda litterarnm*
inscitia in Sacerdotes Hispaniæ, usque eò, ut pauci latinè scirent,
ventri gulæque servientes. Avaritia rapaces in Ecclesiam DEI
manus

manus injecerat. Emere Sacerdotia olim simonia, tunc industria erat. Neque intelligebant cæci Principes, cæcique Pontifices irrato DEO fiert impium commercii genus: quod facias, an patiaris, perinde est. Medicinæ faciendæ ratio Sacerdotum conventibus excogitata est.

Quamvis autem propter affiduos bellorum atque difcordiarum tumultus, eámque Ecclefiaftici ordinis corruptelam pauca hoc fæ. culo in Hifpania fint celebrata Concilia, exarfit tamen, à labe purus, Antiftitum quorundam zelus, & quoad fieri per tempora infaufta poterat, per Ecclefiafticos cœtus, confuetum videlicet re. medium, fatifcentibus rebus fuccurrere funt connifi.

Et quidem poftquam initio fæculi *Perpinianum*, & *Salmanticenfe* 53. Concilium aut Conciliabulum coactum fuerat, in quo utroque Pe- *Petrus de* trus de Luna tanquam legitimus Pontifex agnofcebatur, anno *Luna.* 1429. celebratum eft in Catalonia Concilium *Dertufanum*, quod 54. convocavit Petrus Fuxenfis, Cardinalis & Apoftolicæ fedis Lega *Dertufa-* tus, ex Epifcopis Tarraconenfis Provinciæ. *num.*

In hoc Ægidius de Munione, qui poft mortem Petri Lunen. fis, urgente Alphonfo V. Aragoniæ Rege, Martino V. ob negatam Neapolis *Invefituram* infenfo, fub nomine Clementis VIII. fe in. truferat, ludicrum fuum Pontificatum depofuit, factus Balearis E- pifcopus: totáque Aragonia, ùt reliquus Chriftianus orbis Marti- no V. fe fubjecit, favente jam Alphonfo Rege, cum Martino Papa interim reconciliato. Unde Rex multa in hoc Concilio pro Ec. clefiaftica libertate edicta publicavit.

Hoc idem Concilium Canones conftituit 20. ad collapfam di. fciplinam reftaurandam: quorum hæc eft fumma.

1. Clerici à procurandis vel adminiftrandis laicorum bonis penitus abftinento. Veftes decentes geftanto.

2. Clerici fornicarii aut concubinarii feverè puniuntor.

3. Uti etiam Religiofi ordinum militarium. (*Quia horum vita in Hifpania erat valde diffoluta.*

4. Nulli facri Ordines conferuntor, qui non habet Brevia- rium, & officium recitare nôrit. Ne Divinæ fervitutis cenfus, quem offerre tenetur quilibet Clericus, Beneficium Ecclefiafticum poffidens, vel in facris Ordinibus conftitutus, ex defectu Brevia- rii omittatur.

5. Indigni aut rudes ad facros Ordines ne promoventor. Si obrepferint, ab eorum executione fufpenduntor.

Pars VI.   T   6. Cu.

6. Curati singulis Dominicis rudibus Christianam doctrinam, de symbolo, oratione Dominica, decalogo, peccatis, spe cœli, & timore inferni, explananto. Laicis tamen disputatio de fide esto prohibita.

7. Sacramentum baptismi & Eucharistiæ in privatis domibus nemini sano confertor.

8. Sine auctoritate Ordinarii nullum Beneficium instituitor; nec recipitor, nisi dos ejusdem ad sustentationem sufficiat.

9. Neophytorum, seu eorum, qui à Judaismo aut Paganismo fuerunt conversi, infantes intra octiduum ad baptismum deferuntor ; sub censuris & invocatione brachii sæcularis.

10. Episcoporum Vicarii Generales & primarii officiales in sacris Ordinibus constituti sunto. Aliàs eorum actus sunt invalidi.

Qui litteras familiaritatis, ob- vel subreptitias, à Rege Aragoniæ impetrant, Beneficiis ipso facto privati sunto. *(Ideo autem se familiares Regis fingebant, ut legitima judicia possint effugere.)*

12. Excommunicatio secundùm decretum Bonifacii VIII. decernitur in eos, qui Clericos ad sæculare tribunal pertrahunt.

13. Excommunicatione & suspensione à Beneficio feriuntur, qui potestatem sæcularem adversùs libertatem Ecclesiasticam inflammant, vel documenta Ecclesiæ dolosè occultant in præjudicium Ecclesiæ.

14. Prælati Regulares omni opera ad emendationem suorum subditorum incumbant.

15. In virtute sanctæ obedientiæ prohibetur, ne Judices delegati ultra limites traditæ potestatis, aliquid attentare præsumant; cùm enucleati juris existat, excedentes potestatem concessam, velut privatos debere reputari. Hinc exhibeant litteras suæ commissionis.

16. Excommunicatione, ipso facto incurrenda, feriuntur quæstores eleemosynarii, qui sine litteris Ordinarii localis quæstum faciunt, aut prædicare præsumunt.

17. Clerici & Religiosi Prælatis ne detrahant, nec confessiones audiant sæcularium sine approbatione Diœcesani; neque à casibus reservatis absolvant, nisi litteris à Diœcesano obtentis.

18. Ecclesiarum Prælati bona decendentium Religiosorum, quibus permissum est secundùm statuta vel laudabiles consuetudines de bonis à DEO sibi collatis disponere, nullatenus audeanr occupare, si per eosdem Religiosos juxta statuta, vel consuetudi-

nes

nes prælibatas de bonis prædictis fuerit ordinatum (*notent hunc cano-nem, qui, eruditionis expertes, putant, nullum Religiofum poſſe habere dominium, aut teſtamentum facere.*)·

19. Sub excommunicatione prohibetur Medicis, ne ultra ter-tiam vicem ægrotum vifitent, nifi Sacramentum pœnitentiæ fufce-perit.

20. Circa Judæos & Saracenos obfervetur *clementina*, donec DEus eos ad veram Ecclefiam adducat.

Nota. Quidam Hifpani, præfertim Toletani, Judæos etiam converfos ab omnibus honoribus, dignitatibus & officiis publicis volebant exclufos, magno propterea in eos moto tumultu. At edita conftitutione illos feverè coërcuit Calliftus III. fummus Pontifex.

Anno 1473. *Rodericus Borgia* (poftea Pontifex Alexander VI.) Legatus Pontificius venit in Hifpaniam, ac falutato priùs Joanne Rege Aragoniæ, Madritum perrexit, à Rege Caftellæ. Henrico magna folennitate exceptus, Synodum, Epifcopis convocatis ha-buit. Actum de pecunia, quam defignato annorum numero à Sa-cerdotiis redigi in fubfidium belli Turcici Pontifex poftulabat. Graves difficultates opponebantur, iniquitate temporum exhauftis omnibus. Vicit tamen legati auctoritas, Regis voluntate adjuta. Subfidium Pontifici decretum. 55. *Madritenſe.*

Et quoniam illis temporibus plerique Clerici turpi infcitia la-borabant, in eadem *Synodo Madritenfi* ex voluntate fummi Pontifi-cis Sixti IV. ftatutum eft, ut in fingulis Ecclefiis unus Canonicatus Doctori Theologiæ, alter Doctori Juris conferatur.

. *Concilium Toletanum* Provinciale, anno 1473. in oppido Aranda celebratum, Præfide Alphonfo Carillo Archiepifcopo Toletano & Hifpaniæ Primate, ac Caftellæ Cancellario, Canones edidit 29. pro reformanda Cleri & populi morum difciplina. 56. *Toleta-num.*

In Præfatione ingemifcit, quòd inimicus humani generis tot calamitatum preffuris, tótque turbationibus & ærumnis univerfam repleverit Hifpaniam, ut pium fanctúmque Synodos celebrandi opus intermittere neceffe fuerit, in Ecclefiæ jacturam non modi-cam, & fidelium animarum. Synopfis Canonum eft fequens.

 1. Archiepifcopi Provincialia Concilia fingulis bienniis cele-brent, Epifcopi Diœcefana quot annis.

2. Parochi explanent populo doctrinam Chriftianam.

 3. Ad facros Ordines non promoveantur, qui nefciunt lati-nè loqui.

4. Alie-

4. Alieni Clérici non admittendi fine litteris commendatitiis Epifcopi.

5. & 6. Sub mulĉta pecuniaria prohibetur Clericis & Prælatis, ne induant veftes fericas, aut nimis breves. Præcipitur etiam, ut in menſa Pælatorum legatur S. Scriptura.

7. Dies Dominici & Feſtivi religioſè obfervandi. Etiam Infidelibus abſtinendum à labore fervili illis diebus.

8. Clerici lugubres veftes ne induant.

9. Statuuntur pœnæ in Clericos concubinarios.

10. Parochiæ, canonicatus, aut dignitates non conferantur illis, qui nefciunt latinè loqui.

11. Clericis non ludendum taxillis, feu aleis.

12. Prælati faltem ter, & alii Sacerdotes quater in anno Miſſam celebrent.

13. Non exercendum prædicationis officium fine facultate Epifcopi. Quæſtores non prædicent, fed præcifè prælegant litteras, quas à Diœcefano acceperunt. Litteræ etiam Pontificis à quæſtoribus exhibendæ Diœcefano, ut examinet, an non fint obvel fubreptitiæ. (*Profeĉtò Ecclefia ſemper quæſtorum ejusmodi abufus eſt deteſtata; ut proin immeritò eandem bac in parte bæretici accufent.*)

14. Ordinibus Minoribus initiati deferant tonfuram & habitum, fub pœna amittendi privilegium clericale.

15. Ut regalis Sacerdotii æſtimatio conferxetur, prohibetur Clericis, ne fæcularibus dominis, excepto Rege & Regiis perfonis, armorum auxilia præbeant, vel ſtipendia aut terras ab ipſis accipiant, ad fuppeditandos milites, fub pœna fufpenſionis ab officio & Beneficio.

16. Tempore, à SS. Canonibus vetito nuptiæ ne celebrentur.

17. Sponfalia coram quinque teſtibus contrahantur. (*Statutum boc fuerit baud dubie propter magnos abufus in Hifpania.*)

18. Excommunicantur, qui bona Beneficiorum vacantium occupant, vendunt, vel emunt.

19. Prohibentur ludi theatrales, & fpeĉtacula in Ecclefiis, dum res Divina celebratur.

20. Qui in duello occumbunt, careant Ecclefiaſtica fepultura, licèt ante mortem pœnitentiæ Sacramentum fufceperint.

21. Excommunicantur, qui Clericos à perceptione primitiarum, decimarum, & aliorum fruĉtuum Beneficialium impediunt.

22. Rap-

22. Raptores bonorum Ecclesiasticorum privantur Ecclesiastica sepultura, licet ante obitum Sacramentum pœnitentiæ susceperint, & Ecclesiæ læsæ satisfecerint.

23. Excommunicati, in una Diœcesi, etiam in aliis pro talibus habeantur, postquam Episcopi requisiti fuerint.

24. Interdicto subjicitur civitas & villa, ex qua Clericus à laicis fuerit expulsus.

25. In Ordinationibus, nec antè nec pòst, aliquid exigatur, aut recipiatur, ne quidem pro sigillo aut cera.

26. Pœnæ, contra Beneficiatos latæ, etiam adversùs Parochias, aut Dignitates, post Pontificales majores, obtinentes, latæ intelliguntur.

27. Episcopi Toletanæ provinciæ possint à censuris, in hoc Concilio latis, præcedente debita satisfactione absolvere.

28. Decreta ista intra duos menses promulgantor in Synodis Diœcesanis, aut certè in Ecclesia Cathedrali. Et deinde post 40. dies obligént.

29. Deputantur testes Synodales, qui diligenter inquirant, quæ corrigenda viderint, in sequenti Concilio nuntianda.

Nota. In hoc Concilio multis Canonibus adjectæ sunt pœnæ *pecuniariæ* in transgressores. Ideo fortassis, qùod pro corruptis illis Hispaniæ temporibus hæ efficaciores visæ sunt ad absterrendos Clericos à transgressione, quàm Ecclesiasticæ.

Circa annum 1480. Petrus Uxamensis in Academia Salmanticensi Theologiæ Professor, audaci ingenio pravóque librum vulgavit, erroribus fœdum, in authoritatem Romanæ Ecclesiæ & pœnitentiæ Sacramentum maximè grassatus. Romana résponsa errori obnoxia affirmabat: non à Christo præceptum, sed ab hominibus pænitentiæ remedium: Sacerdotes carere potestate remittendi peccata. *57. Complutense.*

Toletanus Archiepiscopus *Compluti* (ubi postea Academiam fundabat) Synodum congregavit, jussu Sixti IV. Romani Pontificis; in qua impia placita exerrantis illius Theologi sunt condemnata, lata in auctorem anathematis sententia, nisi retractaret. Quam sententiam deinde edito diplómate Sixtus IV. ratam habuit.

T 3 Arti-

CAPUT III.

ARTICULUS IV.

De Conciliis Angliæ Sæculo XV.

§. I.

Status Angliæ.

Magnas inter cruentásque admodum viciſſitudines rerum Anglicarum totum hoc ſæculum volvebatur ; primo dimidio Gallicis bellis impenſo, altero Domos inter Regias conſanguineasque Lancaſtrenſem & Eboracenſem diſtraſto.

58.
Henricus IV. Lancaſter. Abdicato ab Anglis anno 1399. Richardo II. Rege, & in carcerem conjeſto, *Henricus IV.* Lancaſtriæ Dux, Richardi patruelis, Regnum invaſit, ex *Lancaſtrenſi* ſtirpe Regum primus. Cùm aùtem multi adhuc Richardo adhærerent, eùmque injuſtè throno dejeſtum dicerent, tot rerum turbæ, conjurationes, atque tumultus eum domi involverant, ut de bello Gallico, tanto molimine ab avo ſuo, Eduardo III. cœpto, nullam cogitationem poſſet admittere. Agitavit tamen animo ſub finem vitæ expeditionem in Palæſtinam ; verùm cùm neſcio quo præſagio didiciſſet, Jeroſolymam ſibi fatalem fore, abſtinuit, obiítque Londini in cubili, quod *Jeruſalem* appellabatur, anno 1413. Regni 14. ætatis 67.

Meliùs geſſit finiſtque Regnum, quàm auſpicatus eſt. Anno 1412. Epiſcoporum Concilium confirmationem libertatis Eccleſiaſticæ ab eo petiit, & impetravit. Quin leges plures ſaluberrimas hanc in rem promulgavit. Cúmque ob bella inteſtina exhauſtum eſſet ærarium, ac Wicleffitæ, quorum multi Regnum inundaverant, ex ſeſtæ ſuæ placitis ſuaderent, ut bona Eccleſiarum invadat, execratus ſacrilegum conſilium, donum, ùt vocant, gratuitum ab Eccleſiaſtico Ordine accepit.

59.
Henricus V Galliam occupat. Succeſſit filius *Henricus V.* qui compoſitis domi rebus, avita in Galliam jura, rurſus prætendit, geſtóque deinceps bello omnem pene Galliam occupavit. Rei gerendæ opportunam occaſionem obtulit tum Caroli VI. Galliarum Regis animi exerrantis intemperies, tum internecina Principum Francorum diſcordia. Flagransque Philippi Burgundi ob paternam cædem in Carolum Delphinum odiùm.

Acceſſit fortunæ favor ; nam transmiſſo valida cum claſſe in Franciam exercitu, Azincurtio in Picardia prælio decem Gallorum
milli

millia Anglus cecidit, totidem ferme captis. (*Anno* 1415.)
Normannia præmium victoriæ fuit, & aliquid Normannia majus,
Catharina videlicet, Caroli VI. Franciæ Regis filia, cùm Regno do-
tali Henrico Trecis desponsa.

Tum enim Henricus & Regni gubernator, & post mortem Caroli successor proclamatus, & Regnum & Regem socerum in potestate habuit: anno 1422. proscripto Carolo Delphino; quem Angli per contemptum Regem Bituricensem vocitabant.

At hic ipse annus, qui Henrico veluti coronam Franciæ imposuit, vitæ eidem finem fecit prope Lutetiam, Anglici Regni nono, ætatis 34. anno.

Reliquit ex Catharina *Henricum VI.* aliquot mensium puerum;   60.
per omnem deinceps ætatem fortunæ ludentis pilam. Neminém *Henricus*
siquidem laureatis è cunis geminum in thronum, Anglicum Gal- *VI.*
licúmque, extulit magnificentiùs, neminem utroque dejecit turpiùs.

Mox etenim post mortem patris Rex Franciæ & Angliæ promulgatus, & anno 1431. publicè coronatus Parisiis, per tutores
patruos, Bedfordiæ & Gloceftriæ Duces, utramque administravit,
per illum quidem Galliam, per hunc verò Angliam. Et quidem
feliciter, quamdiu Atlantes isti rerum tantarum moli humeros sup-
ponebant; at verò his sublatis, tota substructio corruit, ut Angli, qui totam pene Galliam occupaverant, præter portum Caletanum nihil retinerent.

Tantas Anglis in Gallia ruinas causa non una accersivit: mor-   61.
tuus anno 1435. Bedfordius tutor: conciliatus Carolo VII. Gal- *Infelix.*
liæ Regi Burgundus, qui sua hactenus arma, ut cædem patris vindicaret, Anglis sociaverat: fortis virago Joanna Arca cœlitus submissa ruenti Galliæ: Salisburius & Talbotus Anglorum Duces cæsi. Unde Gallia abdicata ad pacem compulsi sunt Angli: finitúm-
que centum annorum bellum.

Nec meliùs Henrico VI. res ibant in Anglia. Origo mali
Margaretha, Regis conjux, Renati Andegavensis filia, quæ Humfre-
dum Gloceftriæ Ducem, columen rerum & delicium populi, postquam summa fide per 25 annos Angliam pro tutore gubernaverat,
in carcerem duci, & faucibus elisis occidi mandaverat. Tum
enim verò sanguineum undique Angliæ theatrum apertum. Furor
populi, conjurationes Principum, Domus Lancaftrensis & Eboracensis exitiales discordiæ, mutuæ Regum, Ducúmque cædes,
bella domestica, sæva, cruenta, ad finem usque sæculi totam sùs
                                                          · déque

déque vertebant Angliam. Rex ipfe Henricus VI. fæpiùs acie victus, fæpiùs captus, fæpiùs folio dejectus, in exilium actus, ac tandem à Richardo Eboracenfi in carcerem Londinenfem compactus,
& barbarè interemptus (*anno* 1472.) Vah fævam variantis fortunæ
rotam! quæ hunc Principem in Galliæ & Angliæ thronum fuftulit,
ut utroque dejectum profundiùs fterneret. Et ne ex ftirpe Lanca-
ftria fupereffet coronæ vindex ac ultor fceleris, præmiffa eft cædes
filii, ut bis moriatur pater.

62.
Mutuæ   Cæterùm tantis tumultibus, atque poft necem Gloceftrienfis
cædes.   ferocienti populo fe Ducem præbuit *Richardus Eboracenfis*, Regii
fanguinis Princeps, victo Henrico VI. Rege protector Angliæ dictus, pertractifque in focietatem triumviratus Salisburienfi &
Warvicenfi Ducibus, eò tandem rem adduxit, ut anno 1461.
Eboracen- *Eduardus IV.* ejus filius Rex Angliæ proclamaretur, opera maxi-
fes.   mè Ducis Warvicenfis: qui tamen poftea offenfus Eduardum acie
victum fugere in Belgium compulit, reftituto rurfus Henrico VI.
At Eduardus cum copiis ex Belgio redux Warvicenfem in
prælio, Henricum IV. in carcere per fratrem Richardum occidit.

Hic idem Richardus, demortuò anno 1483. Eduardo IV. datus *Eduardo V.* ejúsque fratri tutor utrumque interemit. Ipfe verò
Regnum invafit, fub nomine *Richardi III.* At vix alterum annum
expleverat, cùm ab Henrico Comite Richmondo prælio victus in
acie cecidit.

63.
Henricus   Cum Richardo, ejúsque nepote Eduardo, ab eodem Rich-
VII.   mondiæ Comite in carcere occifo, extirpata eft virilis Ducum Andegavenfium propago, quæ per tres Eduardi III. filios in Andega-
venfem, Lancaftrienfem, & Eboracenfem divifa ultra tria fæcula
thronum Anglicanum poffederat.

Henricus Richmondiæ Comes, ex Tudoria nobili Angliæ familia natus, cujus pater Edmundus Henrici VI. Regis frater fuerat, Uterinus, victo, cæfóque Richardo III. Rex Angliæ dictus
eft, fub nomine *Henrici VII.* præfertim poftquam Elifabetham E-
duardi IV. Regis filiam in conjugem duxit. Atque hoc connubiali fœdere diuturnum tot annorum bellum tandem eft extinctum;
pacémque aliquamdiu coluit Anglia, quam tot tumultibus feffam
deftractámque bonis legibus reftauravit Rex Henricus VII.

§. II.

§. II.

Status Ecclefiafticus ordinatus per Concilia Sæc. XV.

In tanta rerum toto hoc fæculo in Anglia furfum deorfum euntium calamitate, tótque bellis atrocibus, quà externis, quà
civilibus, perpetuò flagrantibus, minimè mirum, morum difciplinam multùm labefactatam, immunitatem Ecclefiarum fæpè læfam,
peftiferósque Wiclefii errores, impunè ferme graffantes, efficacem
à Synodis Ecclefiafticis expetiiffe medelam.

Sed propter hunc ipfum perturbatum Regni ftatum, ac arma
undique perftrepentia Concilia convocari vix poterant. Habita
tamen funt aliqua, in quibus pro Ecclefia DEI & animarum cultu
ftrenuè laboratum eft.

Et quidem fæculo ineunte tum Londini tum alibi compluribus
in Synodis actum eft de remediis, tollendi pertinax fchifma, quo
ob dubios Pontifices Ecclefia laborabat. Petitum fæpius à Rege
Henrico IV. qui ob dejectum Regem Richardum II. ortásque inde
feditiones indigebat pecunia, eámque à Clero extorquebat, ut libertatis Ecclefiafticæ rationem habeat: ob profcriptionem quorundam Clericorum bona Ecclefiis ne auferat: jus Patronatus &
Advocatiæ non ad detrimentum, fed defenfionem Ecclefiarum
exerceat.

Anno 1408. celebratum eft Concilium *Oxonienfe* adversùs Wic-   64.
leffitas, aliósque Sectarios, editis 13. Capitulis.   *Oxonien-*

In 1. & 2. fancitur, nullum ad prædicandum verbum Dei effe   *fe.*
admittendum, nifi fit authorizatus.

In 3. Concionatorem debere fe conformare fuo auditorio.

In 4. Nemini præfumendum de SS. Sacramentis aliter prædicare, quàm fecundum doctrinam Ecclefiæ.

In 5. Magiftri inferiorum fcholarum ne permittant pueros de
fide difputare.

In 6. Non legendos libros Wicleffi.

In 7. Non effe fcripturam vertendam in linguam Anglicanam:
eò quòd in ejusmodi translationibus non facilè idem fenfus retineatur.

In 8. Nemo propofitionem aliquam in fcholis contra fanam
doctrinam defendat.

In 9. Neque difputare quis præfumat de articulis, ab Ecclefia
jam definitis.

Pars VI.   U   In

In 10. Peregrinus Presbyter non finatur Miffam legere fine commendatitiis fui Dioecefani.

In 11. Quia in Academiam Oxonienfem perverfa Wicleffi & Lolardorum doctrina irrupit, Praepofiti & Cuftodes fingulis menfibus eandem vifitent.

In 12. ftatuuntur poenae in violatores harum conftitutionum.

In 13. In infamatos de crimine haerefis procedendum effe fummarie & de plano.

65.　　Anno dein 1412. etiam Joannes XXIII. in Concilio Romano
Londinen. Dialogum, *Trialogum*, aliaque Wicleffi fcripta, & quae ejus nomine
fe. circumferuntur, damnavit, ac concremari fevere praecepit. Anno vero fequente etiam in Concilio *Londinenfi Oldcaftellus* miles aliique Lolardi, Wicleffi fectatores rurfus funt damnati. Nam Joannes Oldcaftellus Nobilis Anglus, Regi ob bellicam peritiam charus, fed in Wicleffi fectam abreptus, ab Archiepifcopo Cantuarienfi ad *Concilium Londinenfe* anno 1413. faepius citatus, comparere detrectavit. Unde Rex requifitus eum per fatellites fuos captum Concilio praefentem ftitit. Cùm autem nulla ratione ad fanam mentem reduci poffet, fed errores Wicleffi, poteftate Ecclefiaftica condempta, contumaciter defenderet, à Concilio tanquam haereticus condemnatus, & accedente Regis voluntate in turrim Londinenfem eft abductus. At inde fuga elapfus, dimiffis quaquaverfum nuntiis ac litteris, omnes undique Lolardos feu Wicleffitas, quorum multi erant in Anglia, ad feditionem publicam concitavit.

66.　　Cùm propter bella & haerefim Wicleffi Academiae, Oxonien-
Londinen- fis & Cantabrigienfis, amiffo priftino flore fqualerent, paucófque
fe II. amplius Doctores crearet, Archiepifcopus Cantuarienfis anno 1419. *Concilium Provinciale Londini* in Ecclefia S. Pauli celebravit, in quo ftatutum, ut quilibet Patronus Ecclefiafticus vel collator, Beneficium primò vacaturum alicui in alterutra Academia literariis gradibus infignito conferat, aut ad illud praefentet, vel nominet: ut doctorum hominum frequentia reflorefcat.

Statuit etiam certum ac moderatum falarium curatoribus animarum iisque, qui pro animabus defunctorum anniverfaria celebrant.

Anno fequenti Abbates Ordinis S. Benedicti Weftmonafterii conventum Provincialem habuerunt; in quo multa fanctiffima decreta pro monaftica difciplina funt condita.

Memo-

Memorabilis in paucis eſt *Synodus Eboracenſis*, ab illius Provinciæ Epiſcopis anno 1466. celebrata. Propoſitus fuit in ea animarum Paſtoribus brevis catechifmus, ut fecundnm illius doctrinam fideles inſtruantur. Quo autem doctrinæ capita magis hærerent memoriæ per numerum *Septenarium* eadem potiſſimum exhibuit.

Atque imprìmis credendos eſſe *feptem* articulos, pertinentes 67. ad myſterium Trinitatis. 1. Unitatem eſſentiæ in trinitate Perfo- *Eboracen-* narum. 2. Patrem ingenitum. 3. Filium unigenitum. 4. Spiri- *fe.* tum S. à Patre Filióque procedentem. 5. Cœlum & terram omnésque creaturas eſſe à tota SS. Trinitate productas. 6. Sanctificationem Eccleſiæ, extra quam non eſt falus, per Spiritum S. & Sacramenta. 7. Conſummationem Eccleſiæ per gloriam æternam in anima & corpore, veraciter fufcitando. Ex his feptem articulis priores quatuor pertinere ad Divinitatis intrinfeca, tres verò poſteriores ad effectus.

Septem item articulos pertinere ad Chriſtum. 1. Incarnationem, feu veram carnis aſſumptionem per Spiritum S. ex Virgine gloriofa. 2. Verbi incarnati Nativitatem ex Virgine incorrupta. 3. Veri Chriſti DEI paſſionem & mortem. 4. Defcenfionem Chriſti DEI ad inferos in anima, quiefcente corpore in fepulchro. 5. Veram Chriſti refurrectionem. 6. Ad cœlos afcenfionem. 7. Futurum adventum ad judicium.

Ex Decalogi præceptis tria ordinari ad DEUM, *feptem* verò ad proximum.

In 1. vetari idololatriam, fortilegia, incantationes, fuperſtitiones, vanas obfervantias, ac divinationes.

In 2. omnes hærefes, blafphemias, perjuria, irreverentes DEI nominationes.

In 3. præcipi cultum DEI diebus Dominicis & Feſtis fecundum Canonem inſtitutionis & præfcriptum religionis Chriſtianæ. Obligationem verò, ad feriandum in Sabbato legali fecundum formam veteris teſtamenti, exfpiráſſe omnino cum cæteris in lege ceremoniis.

Ex *feptem* præceptis fecundæ tabulæ primum præcipere explicitè honorare patrem & matrem, implicitè verò omnem hominem, pro fui gradus merito. Patrem autem & matrem non folùm intelligi carnales, fed etiam fpirituales, ut pater fit Prælatus Eccleſiæ, mediatus vel immediatus: mater autem Ecclefia, cujus funt filii *Catholici* univerſi.

In

In 2. explicitè vetari omnem illicitam occisionem personæ, consensu, verbo, opere vel favore: implicitè verò omnem injustam læsionem. Spiritualiter etiam occidere, qui non reficiunt indigentes, qui detrahunt, opprimunt innocentes.

In 3. prohiberi adulterium, fornicationem, omnémque voluntariam pollutionem &c.

In 4. omnem illicitam rei alienæ contrectationem, & usurpationem per fraudem, usuram, violentiam, aut per metum.

In 5. omnem falsam testificationem, omnéque mendacium, præsertim perniciosum.

In 6. omnem cupiditatem rei alienæ immobilis.

In 7. omnem cupiditatem rei alienæ mobilis.

His superaddi duo præcepta Evangelica, diligendi DEUM super omnia, & proximum sicut se ipsum.

Septem esse *opera misericordiæ corporalia* in S. Scriptura commendata, *pascere famelicum* &c. quibus addenda *septem* opera misericordiæ spiritualia.

Septem peccata capitalia. *Superbiam* esse amorem propriæ excellentiæ: ex qua oriantur jactantia, ostentatio, hypocrisis, schismata &c. *Invidiam* esse felicitatis alienæ odium, ex qua oriantur detractio, murmuratio, dissensio, perversa judicia &c. *Iram* esse appetitum vindictæ & nocumenti alieni, ex qua oriantur persecutiones, plagæ, homicidia &c. *Acediam* esse tædium boni spiritualis: atque ex ea oriri ignaviam, pusillanimitatem, desperationem &c. *Avaritiam* esse immoderatum amorem rerum temporalium, illicitè illas acquirendo vel retinendo, atque ex ea oriri fraudem, furtum, simoniam, sortilegia, sacrilegia, & omne turpe lucrum. *Gula* peccari tempore, modo, qualitate & quantitate. *Luxuriam* non oportere notificare: cujus infamia nimis orbem inficiat.

Contra verò *septem* pariter esse *virtutes* principales: *fidem* nempe, *spem*, & *charitatem*; quæ, quia ad DEUM referuntur, *Theologicæ* appellantur: *prudentiam* verò in bono eligendo, *justitiam* in rectè faciendo, *temperantiam* in moderandis voluptatibus, *fortitudinem* in perficiendo bono, referri ad se ipsum, & proximum, eásque vocari virtutes *cardinales*, seu principales; quia illis multæ aliæ sunt subjectæ.

Virtutes autem istas septem adjuvari *septem* donis Spiritus sancti.

Septem porro esse *Sacramenta;* quæ breviter à Synodo exponuntur.

Septem

Septem denique *petitiones* orationis Dominicæ: quibus falubriter orare ac petere docemur à Chrifto; cujus pariter *feptem* fuerunt
verba, in cruce prolata.

Concilium Londinenfe, anno 1486. celebratum, Præfide Archiepifcopo Cantuarienfi, Angliæ Primate, & Apoftolicæ Sedis Legato, exequias & Miffas pro defunĉto Epifcopo per provinciam
peragendas indicit: *Quia facro atteftante eloquio*, inquit, *fanĉta & fa-
lubris eft cogitatio pro defunĉtis exorare, & tenemur bonum facere, maximè
ad domefticos, hoc facro approbante Concilio ftatuimus, ut de cætero, cùm
aliquem confratrum Coepifcoporum Provinciæ noftræ Cantuarienfis diem fuum
obire contigerit, ipfiúsque mors Epifcopis fuperftitibus fuerit notificata, quando commodè fieri poffit, quilibet Epifcopus noftræ Provinciæ fic fuperftes exequias & fex Miffas pro anima Epifcopi, fic in fata decedentis, per fe vel
per alium infra menfem à lie notitiæ mortis ejusdem Epifcopi dicere teneatur.*

68.
*Londineŋ-
fe.*

ARTICULUS V.

De Conciliis & Statu Poloniæ Sæculis ultimis.

Cùm poft Sæculum XV. in Polonia, Dania & Livonia nulla amplius jufta Concilia fint celebrata, haud magno vitio mihi
vertet benignus leĉtor, fi fchema Sacri ac Politici ftatus illarum regionum ultra fæculum XV. porrigam, & ad tempora
noftra deducam; ne per fingula fæcula continuata epitome
eruditionis in folis ultimis deficiat.

§. I.

Status Poloniæ.

Uladislao IV. fub quo Silefii Principes à Polonis defecerant, atque fub proteĉtionem Regis Bohemiæ fe contulerant, anno
1333. mortuo, fucceffit filius *Cafimirus M.* qui viĉtricibus armis magnam Ruffiæ partem occupavit; & Poloniam, abfterfa barbarie,
moribus excoluit. Obiit anno 1370. cùm cervum veloci curfu in-
fequeretur, ex equo præcipitatus: ex mafcula Piafti ftirpe Regum
ultimus: in pœnam vagæ & adulterinæ libidinis, propter quam à
fummo Pontifice & Epifcopis anathemate percuffus fuerat.

69.
*Cafimirus
M.*

U 3

Cùm

& Lud. M. Cùm autem nullam legitimam relinqueret prolem, à Magnatibus Poloniæ obtinuit, ut *Ludovicus M.* Rex Hungariæ, Elifabethæ fororis fuæ filius, Poloniæ etiam Rex defignaretur, qua occafione multa Proceres privilegia funt confecuti, in immenfum poftmodum aucta.

70. Duas tantúm filias, *Mariam*, Sigifmundi, poftea Imperatoris
Jagello. conjugem, & *Hedwigem*, Jagelloni Lithuaniæ Duci defponfam, reliquit Ludovicus. Unde magna de fucceffore contentio. Sigifmundus ob conjugem Mariam, Ludovici primogenitam, potiorem jure fe putabat. At Proceribus magis placuit *Jagello*; qui pactis nuptialibus promifit, 1.) quòd Chriftianam religionem velit fufcipere. 2.) Lithuaniam cum Polonia conjungere 3.) Abftracta cum Regno rurfus unire. 4) Wilhelmo Archiduci, cum quo priùs Hedwigis fuerat defponfata, ducenta thalerorum millia folvere.

Atque hoc pacto *Lithuania*, quæ ufque ad fæculum XIII. Ruffis paruerat, dein verò in proprium magnúmque Ducatum evaferat, unita eft Poloniæ. Per duo tamen ferme fæcula conciliari non potuêre utriusque rationes Quia Ducatus erat juri hæreditario obnoxius, Regnum verò liberæ electioni fubjectum. Quare Jagello Ducatum Lithuaniæ familiæ fuæ Principibus reliquit, juramento fidelitatis fibi ab iis præftito. Donec tandem anno 1566. cùm virilis ftirps Jagellonica in Sigifmundo Augufto effet defectura, his conditionibus facta eft unio : 1. Lithuani nullum peculiarem Ducem habento. 2. Sed electus in Regem fimul Lithuaniæ Dux efto. 3. In electione Regis æqualem poteftatem utriúsque Nationis Proceres habento. 4. Regni Comitia vicibus alternis in Polonia & Lithuania celebrantor.

Porro Jagello, ante celebratas cum Hedwige nuptias baptizatus, Uladislai nomen affumpfit, anno 1386. totúmque deinceps ad Religionis ftudia fe convertit. Luci everfi, impiæ aræ disjectæ, idola contrita, Lithuania paulatim ad Religionis Chriftianæ cultum manfuefacta, ipfo etiam Rege Jagellone Apoftoli munus obeunte.

Poft impenfa pietati obfequia, atque Lithuaniam orco ereptam, eandem adversùs terreftres hoftes, Teutonicos inquam Equites, ftrenuè tutatus eft.

Hic Ordo Equeftris in Palæftina natus, capta Ptolemaide, in Europam delatus, primùm Venetiis confedit ; tum Marpurgi in Haffia principem fedem fixit. Poftea invocatus contra gentiles Pruffos,

Pruffos, Provinciam illam occupavit; multísque conditis uibibus, Regiam veluti Magiftro fuo Marienburgi erexit. Ingens tunc erat ac formidanda Equitum iftorum potentia, ut bello, cum magnis etiam Regibus gerendo, effent pares.

Præfertim verò infefti erant vîcinæ Lithuaniæ ac Poloniæ. At Jagello anno 1410 gemino ingenti prælio eos fudit, cæfis in primo 40000. captis 14000. altero 8000. Samogitia præmium victoriæ fuit.

Obiit Jagello, de facra & politica Republica optimè meritus, anno 1434 Regni 48. Bohemici etiam Regni corona anno 1422. ipfi fuerat oblata; fed recufavit, inquiens, fatìs fibi cum Polonia & Lithuania effe negotii.

Præter aliquot Polonica Concilia ejus tempore celebratum eft Concilium Conftantiæ, quò Epifcopos etiam fuos miferat. Archiepifcopus Gnefnenfis dictus in eo Primas Regni, à Rege verò Jagellone *Interrex;* cujus videlicet in interregno primæ partes effent in Polonia.

Poft mortem Jagellonis electus in Regem Poloniæ, & Magnum   71. Ducem Lithuaniæ, in aperto campo prope Varfaviam (confueto *Uladis-* deinceps electionis loco) *Uladislaus* filius; poft mortem Alberti II. *laus.* Imperatoris electus etiam Rex Hungariæ anno 1440 felix primùm: at quadriennio poft in prælio infelici Varnenfi à Turcis cæfus occubuit.

Succefforem in Regno Poloniæ habuit fratrem *Cafimirum III.*   72. fub quo plures Pruffiæ urbes à Teutonico ordine ad Polonos defe- *Cafimirus* cerunt. Unde fecutum 13 annorum bellum: meliori Polonorum *III.* fortuna. Nam pace dein inita Equites Polonis cefferunt Pomerelliam, Michelovam, & Ermelandiam, cum urbibus Dantifco, Mariæburgo, Elbinga. Coacti infuper Magiftri Ordinis Regi Poloniæ tanquam vafalli præftare homagium.

Obiit Cafimirus anno 1492. Regni 45. ætatis 65. fub eo cenfetur ortum paradoxum illud jus Statuum Poloniæ, ut quilibet Provinciæ cujuscunque ad Comitia Regni legatus novo decreto poffit intercedere, ad modum tribunitiæ illius apud veteres Romanos poteftatis. Quo fit, ut rarò optatum exitum fortiantur Comitia. Hoc tamen jus intercedendi animam libertatis fuæ appellant.

Ex quatuor Cafimiri filiis primus, *Uladislaus,* titulo mater-   73. no Regnum Bohemiæ, ac deinde etiam poft mortem Ladislai poft- *Ejus filii.* humi Hungariæ obtinuit. Reliqui tres, Joannes Albertus Alexander,

xander, & Sigifmundus in Regno Polóniæ ordine funt fecuti. *Jo-annes* infelici aufu in Valachiam irrupit: Turcásque & Tartaros hac audacia prolicuit, qui miferè devaftârunt Poloniam. *Alexander* feliciùs contra Turcas pugnavit, reportata infigni ab illis victoria. *Cafimirus* Hungariæ Regno deftinatus à patre, vitam ante patrem finiit anno 1484. ætatis 25. caftimoniæ prodigium, à Leone X. Sanctorum faftis adfcriptus.

74.
Sigifmun-
dus I.
　　Sigifmundus I. quintus frater, à diuturnitate Regni, bellis contra Mofcos & Tartaros geftis, artibúfque politicis commendatur. Pruffia autem, quam Regalem dicimus, unita Poloniæ, reliquam partem, Teutonico ordini fubjectam, Alberto Brandenburgico, Ordinis Magiftro, fed ad Lutheri fectam defcifccnti, fub Ducatus fæcularis nomine clientelari jure poffidendam conceffit: pacto, quod à Catholico Principe nemo exfpectâffet.

Sigifmun-
dus II.
　　Filius ejus *Sigifmundus Auguftus*, quanquam Catholicus, Lutheranis favit, imò indulgentior patre fuit, permiffa tacitè libertate, per litterarum ftudiofos, ex Acatholicis Academiis reduces primùm in Poloniam invecta lues; ut adeò hodiedum Lutherani, Calviniftæ, & Græci fchifmatis affeclæ &c. in Regno illo, alioquin tam ferventer Catholico, inveniantur.

　　Quia autem hic Sigifmundus fuit ultimus ex virili ftirpe Jagellonica, ab hoc tempore Regnum perfectè electivum fuit, fuffragiis Magnatum diverfas familias modò externas, modo domefticas obeuntibus. *Capitulationes* etiam hìc cœperunt, quibus Regia reftricta poteftas, Procerum vero ampliata auctoritas.

75.
Henricus
Valefius.
　　Competitores erant Erneftus Archidux, & *Henricus Valefius,* hic fceptrum obtinuit. Verùm cùm quarto poft menfe Caroli IX. fratris fui mortem intellexiffet, clàm aufugiens, perturbato licèt Galliæ ftatu, maluit effe Rex Franciæ, quàm Poloniæ.

Stepha-
nus.
　　Quam Henricus objecerat, acceptavit coronam *Stephanus Batorius*, Tranfylvaniæ Princeps, qui Annam, Sigifmundi I. filiam, habuit nuptam. Et implevit vota. *Cofacos*, in finibus Poloniæ, Mofcoviæ, Turciæ, & Tartariæ, circum Borifthenem, ac maximè in Ucrania, (ubi Kiovia, Pultava &c.) conflatàm ex variis gentibus hominum colluviem, velut in Rempublicam compofuit, fupremo ac directo dominio penes Regem Poloniæ refidente. Optimum inftitutum, ad fines, præfertim contra Turcas & Tartaros defendendos, fed quia gens inquieta, & rapto vivere affueta, nullas pacis conditiones fervabat, fæpiúsque in Turcarum

carum & Moscorum fines irrumpebat, multum Polonis negotii fa-
ceſſebant: donec tandem ab illis omnino deféecerunt.

Obiit Rex Stephanus anno 1586. Regni 11. vitæ 53. Princeps
magna fortitudine, prudentia, religione, virtute, longiori imperio multò digniſſimus.   Bello contra Moscos egregiè gesto Livoniâ
auxit Poloniam.   Societati JEſu ; à Cardinale Hoſio jam antè introductæ, ſtabilem in Polonia ſedem fixit, litterarum præſidium,
& adversùs irrumpentes hæreſes aggerem.

Succeſſit Comitiorum ſuffragiis *Sigiſmundus III.* Joannis Sueciæ   **76.**
Regis filius; à matre Catharina, Sigiſmundi I. Poloniæ Regis filia, *Sigiſmun-*
à tenera ætate piè & catholicè educatus, permittente patre, quam- *dus III.*
vis Lutherano.   Poſt hujus mortem etiam Sueciæ Regni, ſanguinis jure ſibi debiti, poſſeſſionem adiit, anno 1592. verùm octennio
poſt propter religionem depoſitus, patruo ſuò Carolo, Sudermanniæ Duci, coronam relinquere coactus eſt.   Gravia propterea bella cum Suecis geſſit.   At majori fortuna cum Moſcis; quibus Smo-
lenſcum, validiſſimum in Lithuaniæ finibus munimentum, eripuit.
Obiit anno 1632. Regni Polonici 44. vitæ 66.

Duos ſuperſtites reliquit filios, *Uladislaum IV.* & Joannem Ca *Uladis-*
ſimirum.   Illi multum negotii fuit cum Coſacis; qui, cùm à Polo- *laus IV.*
nis coërcerentur, ne contra leges ac pacis conditiones alienas
terras invaderent, ipſos Polonos, dominos ſuos, ſunt aggreſſi.
Compreſſit tantiſper eorum irruptiones Uladislaus, exſtructis in
Ucrania duobus munimentis, atque eos rùrſus in aliquam Reipublicæ formam redegit, præfecto iis Chmielnicio, gentis ejuſdem
Principe.

Verùm illi paucis poſt annis ſub *Joanne Caſimiro* à Polonis om-   **77.**
nino defecerunt ad Moſcos & Tartaros, ingenti Poloniæ, cui ex *Coſacorum*
finium defenſoribus graviſſimi hoſtes ſunt nati, neque etiam bel- *defectio.*
lis victoriiſque Caſimiri reduci ad obſequium poterant, immani hydra in nova identidem capita ſuccreſcente.   Ut adeò Poloni pacem cum iis, tanquam ſeparata cum Republica, inire fuerint compulſi.   Miſerrimum erat, quòd, cùm ſub Moſcorum protectionem
ſe darent, in Græcanicum pariter ſchiſma fuerint prolapſi; Epiſcopis fruſtra ſe opponentibus.

Quò minùs autem Polonia in rebelles Coſacos ſe poſſet ex-
promére, obſtiterunt alia graviſſima cum finitimis bella, ſub *Jo-*
anne Caſimiro Rege.   Fœdere ſiquidem juncti, Suecus, Brandeburgus, & Ragozius Tranſylvaniæ Princeps, torrentis inſtar in
Poloniam ſunt effuſi.   Scindendus erat triplex ille funiculus, &

Pars VI.   X   dandum

dandum aliquid, ne totum amittatur. Brandenburgus, conceſſa plena Boruſſiæ Ducalis libertate, reſciſſóque feudali nexu, quo Poloniæ cohæſerat, abſtraĉtus à fœdere. Sueco Danus procuratus ꞁhoſtis, ingentia illius incrementa pertimeſcens. Quare Suecus deſerta Polonia bellum in Boruſſiam Regalem & Livoniam transfert. Ragozius, deſertus à ſociis, fugit, unde venerat.

78.
Pax Oli-
venſis.

  Tandem anno 1660. inita *Pax Olivenſis* (Olivæ videlicet monaſterio prope Dantiſcum ſito) Polonos inter & Suecos. In qua Joannes Caſimirus renuntiavit juri in Sueciam, Finlandiam, Livoniam, & Eſtoniam; Sueci verò Polonis reſtituunt Boruſſiam Regalem, & Curlandiam: ſacris tamen & profanis ubique in veteri ſtatu permanentibus.

79.
Caſimiri
abdicatio.

  Joannes Caſimirus autem Rex, magnæ equidem & generoſæ indolis Princeps, ſed infelix, tot undique bellorum calamitatibus preſſus, turbantibus rurſus Moſcis, Coſacis, Tartaris, & ad ultimum ipſis etiam Polonis adverſùs eum inſurgentibus, coronæ tam gravis pertæſus, Regnum abdicavit, anno 1668. & poſtquam tres adhuc annos in Gallia privatus vixit, obiit ibidem anno 1671. Regni 21. vitæ 63. ultimus materna ex ſtirpe (nam virilis jam dudum defecerat) Piaſti & Jagellonis ſurculus.

  Varia fata hunc jaĉtârunt Principem, de ſe optima indole & inſigni virtute prædítum, ſed Mariæ Niverenſi, quam, fratre Uladislao, cui nupta fuerat, mortuo, conjugem duxerat, obnoxium. Hæc ſiquidem fœmina inquietæ indolis, deſperata prole, ad Gallici generis Principem Regnum devolvere moliebatur. Unde turbæ, diſcordiæ, bella externa & domeſtica.

  In juventute Caſimirus animum ad Societatem JEſu applicuit; faĉtus inde Cardinalis, Rex, Conjux, Viduus, Privatus: ſi quis alius humanarum rerum inſtabiles vices expertus ; ſublatus jam per victorias, à Coſacis & Suecis relatas ad gloriæ apicem, jam rurſus per miſerandas clades, totiúsque Regni ruinas ad ima depreſſus.

80.
Coribu-
tbus.

  Caſimiro abdicato plures competitores coronam prenſabant, Carolus Lotharingus, Ludovicus Condæus (uterque exul) Zarus Moſcoviæ, Tartarorum Chanus. At illa elegit minimè exſpeĉtantem, *Michaëlem Coributbum*, ex Lithuanica Principe familia, atque adeò ex Jagellonis fratre per virilem lineam reĉtà deſcendentem, ac tunc Ducem Wiſinioviciam, cui dein nupſit Eleonora Ferdinandi III. Imperatoris filia, ſecundis poſtea auſpicatiſſimis nuptiis Carolo, Lotharingiæ Duci, deſponſa.

Neque

Neque enim ultra quatuor annos Michaël Regnum tenuit, anno 1673. defunctus, postquam Procerum diffidia, bellum Turcicum, & jacturam Caminieci est passus.

Sufficitur *Joannes Casimirus Sobieskius*, Cracoviæ Palatinus 81. ac supremus belli Præfectus, quem, præter dotes præclaras, in-*Sobies-* signis victoria, quam anno superiore à Turcis reportaverat, *kius.* commendabat. Gesta prudenter ac fortiter Respublica, Turcæ cæsi, Vienna anno 1683. ab arcta eorum obsidione liberata, gestúmque deinceps feliciter adversùs eosdem in Hungaria bellum, æterna sunt laudum monumenta, quibus nomen posteritatis memoriæ consecravit, obiit plenus dierum anno 1696. Regni 22. vitæ 72.

Faustis tum auspiciis sceptrum Sarmatiæ translatum ad *Au-* 82. *gustum*, Electorem Saxoniæ, qui, abjectis Lutheri erroribus, an-*Augustus.* no 1697. Viennæ Catholicam veterum Majorum Religionem professus, annitente Cæsare & Mosco Rex Poloniæ est renuntiatus, rejecto Principe Contio, cui Primas aliísque non pauci adhæserant.

Augustus, recepto à Turcis per pacem Carlovicensem Cameneco, fortissimo adversùs Ottomannos, munimento, ut abstractas à Polonia Provincias, ad eandem, uti promiserat, reduceret, inito cum Mosco fœdere, Carolo XII. Suecorum Regi bellum denuntiat, nisi Livoniam restituat.

Immisso itaque, Flemmingio Duce, in hanc Provinciam exercitu, (*anno* 1700.) expugnatísque aliquot propugnaculis Rigam obsidet, Petrus verò Moscoviæ Dux Narvam. At Carolus cum exercitu advolans, primùm Moscos ad Narvam victos in fugam compellit; tum Polonos Moscósque simul ad Rigam cædit. Receptísque propugnaculis, Curlandiam invadit; & expugnato Mietavio, ibidem hybernat.

In Lithuaniam subin atque Poloniam infusus, occupata Var-*A Sueco* sovia, ad Cracoviam Angusto occurrens, memorabilem refert vi-*pressus.* ctoriam. Quâ usus, Cracoviam, Lembergam, Thorunium, aliásque urbes diripit. Proclamatur Stanislaus Lescynskius Posnaniæ Palatinus Rex Poloniæ: Suecus victor in Saxoniam irrumpit, atque per vastationes & enormes exactiones pacem extorquet Ranstadensem; quæ abdicationem Augusti, & surrogationem Stanislai ratam habuit: ad rei insolentiam Polonis plerisque attonitis & indignantibus. Sed nec ipsi Sueci hac pace steterunt; cùm pergerent atrociter Saxoniam affligere, & per Mardefeldium in Polonia tumultuari.

Anno

Anno 1708. Carolus è Saxonia in Poloniam redux expeditionem adversùs Moſcum adornat, illum pariter dejeɛturus ſolio.
Ultra 60000. militum ſùb ſignis habuit, Saxoniæ ſpoliis potiſſimùm
conduɛta per Germaniam. Territus tanta tempeſtate, ſibi ſoli in-
cubitura, Moſcus, conditiones pacis propoſuit ; quas ſuperbus
viɛtor rejecit, inquiens, ſe in Moſcovia pacem faɛturum. Ruſſo-
rum itaque fines adit, eósque ad Mohilovam memorabili prælio
fúndit.

83.
Sueci cla-
des.
     At hìc ſtetit fortuna inſtabilis, quæ heroëm ſuum ad gloriæ
apicem ſuſtuliſſe viſa eſt, ut fortiore impulſu agere poſſit præcipitem. Cùm enim Ucraniam jam fuiſſet ingreſſus, in Moſcoviam
ipſam irrupturus, commeatum, quo laborabat, ex Livonia adve-
here Löwenhauptium jubet. Verùm is ad Proniam à Zaro interceptus, ita contuſus eſt, ut 5000. Sueci occiſi, 3000. capti, reliqui diſſipati fuerint, 8000. curribus vario commeatu bellíque apparatu inſtruɛtis in Moſcorum poteſtatem venientibus.

     Tanta jaɛtura licèt multatus Carolus, necdum tamen in Mo-
ſcoviam penetrandi conſilium poſuit. Quare, ut nihil à tergo ho-
ſtile relinqueret, *Pultavam*, Ucraniæ urbem obſidet. Verùm cùm
Zarus ad eam liberandam accurriſſet, 27. Junii anno 1709. ingens
prælium eo ardore committitur, quem Principis utriusque præ-
ſentia & adhortatio requirebat.

     Tandémque Petrus, magnus Moſcoviæ Dux, bellicarum jux-
ta ac politicarum artium, quas per Europam peregrinando probè
didicerat, contra Majorum ſuorum morem, apprimè gnarus, eam
reportat viɛtoriam, cui pares, ultimis præſertim hiſce temporibus
vix leguntur. 9000. Suecorum in acie cæſa, 3000. capta, cum
omnibus omnino impedimentis ac caſtris.

     Carolum, cum reliquiis exercitus in Poloniam fugientem,
Menzikovius tanta celeritate perſequitur, ut 30. Junii ad Boriſt-
henem aſſequeretur, ubi, Rege jam ultra fluvium proveɛto, oɛto-
decim Suecorum millia ſe captiva dediderunt, cum incredibili Suecici nominis dedecore, præſertim cùm plures ferme eſſent, qui
caperentur, quàm qui caperent. Vindicante credo Numine clades, illatas Germaniæ atque Poloniæ.

     Carolus, Sueciæ Rex, tam immani clade accepta ; per vaſtas
ſolitudines fugiens in Turciam. primùm Ozakovii, tum verò Te-
ginæ (*Bender* vulgò dicitur) ſubſtitit, ad annum usque 1714. urgens itentidem Turcas, ut Moſcis bellum inferrent.

     Atque hæc eſt memorabilis epocha, à qua occiſa formidanda
illa

illa Suecorum potentia, & ultra Balthicum ad nativum fuum gelu retrufa, arctioribus multò limitibus eft circumfcripta : Mofcovitarum verò nomen, fatis obfcurum antea atque ignobile, in immenfum auctum.

Quippe poft Pultavenfem cladem fex omnino hoftes nacta eft Suecia, Mofcum, Saxonem, Polonos, Danum, Brandenburgum, & Hannoveranum, ut de fex coronis (quas Sueciæ fcutum exhibet) aliquid decerpant.

Certè in Polonia Pultavenfis illa pugna protinus omnia immutavit. Revocatus ad thronum Auguftus, Stanislao cum Suecis in Pomeraniam Suecicam aufugiente, & ad mortem usque Augufti deinceps exule.

Defuncto verò anno 1733. Augufto, Polonorum pars eundem Stanislaum rurfus Regem enuntiat. Verùm Mofcorum exercitu in Poloniam accurrente, & Cæfareo ad fines excubante, electus eft à Polonis *Fridericus Auguftus*, Saxoniæ Elector, Princeps Regno multò digniffimus: jam anno 1718. Religionem Catholicam publicè amplexus. Galliæ tamen Rex, fe in focero læfum ratus, inito cum Hifpano & Sabaudo fœdere, Cæfarem bello aggreditur. Quod biennio poft pace Viennenfi finitum; in qua Frederico Augufto confirmatum Regnum Poloniæ; Stanislao cum Regio titulo ad dies vitæ attributa Lotharingia, poftea Galliæ unienda. Lotharingiæ Duci Magnus Ducatus Hetruriæ addictus. Carolus Hifpanus Rex dictus utriusque Siciliæ, adjunctis etiam Statibus Præfidii. Regi Sardiniæ Novarra & Tortona adjecta. Cæfari, cum Parmæ & Placentiæ Ducatibus, reftituta reliqua, quæ in Italia hoc bello, propter Poloniam cœpto fuerant erepta, uti etiam Imperio ea, quæ Galli ad Rhenum ceperant.

84. *Fridericus Auguftus.*

§. II.

Status Ecclefiafticus per Concilia ordinatus in Polonia.

Tot inter alternantis fortunæ cafus, tótque profpera & adverfa, ùtùt Religionis zelo ferveret inclita Polonorum Natio, fieri tamen non poterat, ut per tot bella rerúmque viciffitudines non laxaretur morum difciplina, & ex propinquis regionibus, hærefi infectis, malefana lues in Poloniam non clàm palámque irrumperet. Morbis iftis, ùt fieri affolet, à Conciliis variisque conventibus & colloquiis quæfitum remedium.

X 3

Et

85.
Poloni-
cum.
Et quidem jam anno 1375 Amurathe Turcarum Sultano victoris fuas profequente celebratum eft *Concilium Polonicum*, quod
à Staravollcio in Conciliorum epitome fic defcribitur: " Anno
" Domini 1375. *Concilium Unieiovienfe*, tempore Gregorii XI.
" Papæ, Epifcopi Poloniæ celebrârunt, præfidente Jarislao Ar-
" chiepifcopo Gnefnenfi, in quo, præter reformationem Eccle-
" fiafticæ difciplinæ, ftatutum erat, ut bini groffi de uniuscujus-
" que marcæ proventu facerdotiorum, in fumptus belli Turcici con-
" ferrentur. Pontifex enim metuens Italiæ ab Amurathe Impe-
" ratore Turcarum, quod jam magna ftrage, Bulgaros, Servos,
" Macedones, & Albanos profligâffet, undique fubfidia corroga-
" bat, & in Poloniam Nuntium Nicolaum, Epifcopum Majori-
" cenfem ca de caufa miferat.

86.
Novogra-
denfe.
Concilium Novogradenfe, anno 1415. celebratum, à Bollando
tom. 2. *Febr.* memoratur his verbis : " Circa annum 1407. Pho-
" ciey quidam, natione Græcus, eft in fedem Kiovienfem in-
" trufus : fed quòd omni ftudio conaretur Græcorum fchifma
" in Rufliam introducere, in Concilio Metropolitano Novogra-
" deci in Lithuania, juffu Alexandri Vitondi, pro Rege Jagello-
" ne Lithuaniæ Ducis, anno 1415 habito, ab Epifcopatu de-
" pofitus eft, fuffectúsque in ejus locum Gregorius Cemiwlaeus.
" Bulgarus, vir eruditionis laude commendatus, qui concilio ge-
" nerali Conftantienfi interfuit.

87.
Califchien-
fe.
Califchienfe Concilium Provinciale, in Gefnenfi Archiepifcopatu
anno 1420. collectum, Decretales Gregorii IX. promulgavit, fecundum titulos Juris Canonici difpofitos.

De Electione ait, Ecclefiis vacantibus tribus modis provideri,
per provifionem feu collationem, per electionem aut poftulationem. *Provifionem* pertinere ad Superiorem, in qua non fit neceffe
obfervare formam Concilii. *Electionem* autem & *Poftulationem* fieri
ab inferioribus, in quibus forma Concilii fit obfervanda. Hanc
effe formam *Scrutinii, Compromiffi, & Infpirationis*, vel *quafi* &c. Sequuntur reliqui tituli ordine Decretalium.

Ad Titulum de feriis memorantur dies feftivè in utroque
foro per Poloniam celebrandi. Súntque præter eos, quos tota
Ecclefia feftivè celebrat, feftum S. Stanislai, S. Adalberti, S.
Martini, S. Nicolai, S. Hedwigis, S. Agnetis, S. Dorotheæ, S.
Margarethæ, S. Marci, S. Lucæ : item SS. quatuor Doctorum
Ecclefiæ Latinæ, Gregorii, Ambrofii, Auguftini, & Hieronymi,
Feftum Patroni, & Dedicationis Ecclefiæ. Reliqua continentur
in Decretalibus.   *Con-*

Concilium Lancicienſe anno 1423. celebratum Præſide Nico 88.
lao Gneſnenſi Archiepiſcopo cum cæteris Poloniæ Præſulibus ad *Lancicien-*
verſùs graſſantem ſectatorum Wicleffi, Huſſi, ſimiliúmque hæ *ſe-*
reticorum in proximo Bohemiæ Regno ſubjectisque Provinciis de-
bachantium veſaniam, ne eorum lue interficeretur plebs, ſuæ fidei
commiſſa.

Hac Præſulum vigilantia, accedente Regum auctoritate re-
preſſa eſt Huſſitarum hæreſis. At verò ſequenti infelici ſæculo
Lutherana contagio, ſectarúmque colluvies in hoc etiam Catholicum Regnum irrepit. Contigit hoc potiſſimùm tempore Sigiſmundi Auguſti; qui omnem religionis curam abjecit; inquiens,
ſe Regem eſſe, non paſtorem. Unde, quod dixi, per litterarum
alumnos, ex Academiis heterodoxis, & exteros præceptores illata lues; quæ multos corripuit.

Imò Rex cum Proceribus quibuſdam, qui novelli dogmatis 89.
venenum jamjam imbiberant, *Conventum* inſtituit, in quo de liber *Secta in*
tate conſcientiæ, déque dulcedine novæ religionis diſputabatur, *Poloniam.*
ac deliberabatur. Verùm ubi fulmen in ipſum conventiculi locum deciderat, Rex territus, à diplomate, quo religionis libertatem concedere cogitabat, abſtinuit. Nullo tamen fræno, urgentibus licèt Epiſcopis, & præſertim Cardinale Hoſio, veſaniam, ac
pereundi licentiam cohibuit.

Qua ignavia factum, ut novi Ariani, Sociniani, Lutherani,
Calviniſtæ, Græcíque ſchiſmatis ſectatores, florentiſſimùm Regnum inundarent, multique Calviniſtæ ad Mahometanam omnino
impietatem prolaberentur; connivente ad omnia inertia Regis.
Quem, cum aliquando, ut curioſitatem paſceret, concioni hæreticæ adequitaret, Mentonienſis Epiſcopus, injecta fræno equi manu, ad catholicam concionem reduxit.

Cardinalis Hoſius, ex Concilio Tridentino redux, ut ruentem in præceps patriam ſiſteret, Societatis JEſu Presbyteros ex
Italia & Belgio accerſivit, iiſque haud multò poſt Brunſbergæ
Collegium fundavit; quibus ſe mox Stanislaus Warſevicius, Petrus Scarga, aliíque, ſanguine, virtute, & doctrina illuſtres Poloni aſſociârunt, frendentibus hæreticis, cùm varia per Regnum
collegia, ac ſeminaria, totidem veluti avitæ religionis armamen-
taria, piorum liberalitate ſurgere cernerent, horúmque opera
multos ad Eccleſiæ gremium redire; quos inter quatuor Principes Ratzivilii, quos parens in Calvini ſphalmata præcipita-
verat.

Accede-

Accedebant plures Epifcoporum conventus, quibus firmata orthodoxa veritas, eíque doctis colloquiis ac difputationibus triumphus erectus.

Præcipuè verò enitebat Stephani Regis pietas, & in defendenda avita religione vigilans conftantia, qua Sigifmundi II. emendaret inertiam. *Culmæ* in Pruffia Synodum haberi voluit; in qua plures Nobiles Poloni à Martino Laterna focietatis Sacerdote converfi funt.

 90.
Culmenfe.

Poftea verò, cùm hinc varii tumultus domeftici, inde verò tot undique bella Poloniam concuterent, concilia nulla amplius haberi poterant: compenfatus tamen is defectus per vigiles tum Sacerdotum, tum Regum & Regni Optimatum curas, quibus fæpiùs in conventibus ac comitiis confultabant de *Diffidentibus*, (ita in Polonia appellantur omnes, à Catholica Religione alieni) aut convertendis, aut Regno omnino ejiciendis.

91.
CaufaTho.
runenfis.

Certè feveris legibus coërcentur, ne aut dogmata noftra contumeliâ aut Catholicos injuriâ afficiant. Specimen luculentum haud pridem, anno videlicet 1725. in caufa Thorunenfi datum. Cùm enim Thorunii litterarum in Gymnafio noftro ftudiofus publica in fupplicatione Catholica cuidam hæretico pileum decuffifset, cives Acatholici effera rabie Gymnafium & Collegium invaferunt, & obvia quæque effregerunt, lacerârunt, proculcârunt, fpoliârunt, ne ab ipfo quidem templo facrísque facrilegas abftinentes manus, ea furendi pertinacia, ut ab accurrente præfidiario milite non nifi poft quinque horarum rabiem domari poffent.

Graviter, ùt par erat, hanc infolentiam acceperunt Rex Auguftus ac Magnates Poloniæ: atque Röfnerum urbis Præfectum cum aliis octonis capite plecti jufferunt; quamvis complures Acatholici Principes fententiæ intercederent.

ARTICULUS VI.
De Concilio Rigenfi, ac Statu Livoniæ
ultimorum temporum.

Livonia, Poloniam inter & finum Finnicum fertilis admodum Regio, Curlandiam olim pariter complexa, fæculo XII. ad fidem Chrifti fuit converfa, occafionem præbentibus mercatoribus Bremenfibus & Lubecenfibus, à Mainhardo, Holfato canonico, quem Alexander III. primum Livoniæ Epifcopum renuntiavit.

Sæcu-

Sæculo XIII. exſtructa eſt Riga ab Epiſcopo, eóque ſedes Epiſcopalis (in Archiepiſcopalem poſtea evecta) eſt translata.

Cùm autem Epiſcopus, ac univerſim omnes Chriſtiani à gen-   92.
tilibus acerbè premerentur, *Enſiferorum* Equeſtrem ordinem, pari *Status Li-*
teſ in Palæſtina natum, evocârupt. Qui Livoniam occupârunt, *vonia.*
atque per 85. annos gubernârunt. Quia verò impares erant eidem
retinendæ atque adverſùs infidelium incurſus defendendæ, anno
1239. cum *Cruciferis* Boruſſiæ, ſeu Teutonico Ordine ſe uniêrunt.
Ab eo tempore 274. annos Livoniam per Magiſtrum Provincialem,
Magno Boruſſiæ Magiſtro ſubjectum, regebant.

Anno 1513. Magiſter Provincialis exemptionem à Boruſſiæ
Equitibus emit pecunia, Alberto Brandenburgico, infelici poſtmodum Apoſtatæ, porrecta: unde per 48. annos deinceps Livoniæ ſuprema cum poteſtate Livonici Equites præerant. Donec
nempe anno 1561. *Gotbardus Kettlerus* Ordinis Livonici Magiſter,
cùm à Moſcis premeretur, atque à Religione orthodoxa defeciſſet
(Alberti Boruſſi exemplo) Livoniam Sigismundo Auguſto Poloniæ
Regi ceſſit, reſervata ſibi Curlandia, ſub nomine Ducatus ſæcularis clientelari jure poſſidenda. Ab eo tempore Curlandia à Livonia ſeparata, tanquam feudum Poloniæ peculiares Duces habuit,
usque ad annum 1737. quo Ferdinandus, Gothardi Kettleri pronepos, familiæ ultimus obiit.

Exiſtimabant tunc equidem Poloni hoc feudum aperiri domino
ſuo, uniendámque Curlandiam Poloniæ, verùm ſtatus Provinciales, reſciſſa electione Mauritii Saxonis, quem jam ante Ducem de-
ſtinaverant, impellentibus Moſcis, elegerunt Bironium, civem ſuum,
qui anno 1740. adminiſtrationi etiam Moſcoviæ admotus, ſubito
gratiâ excidit, atque in arcem Schliſſelburgenſem captivus abductus eſt: ubi etiamnum hæret. Curlandia verò, multarum contro-
verſiarum fomes, Duce vacua, Moſcorum præſidiis occupatur:
Polono jure, Moſco viribus potiore.

Porro cùm Gothardus Polonis Livoniam ceſſiſſet, Sveci etiam
& Ruſſi in partem prædæ tam pinguis venire volebant. Unde centum annorum bellum. Pace tandem Olivenſi anno 1660. eſt finitum, dataque Svecis maxima ex parte Livonia, reſervato tamen
libero Catholicæ Religionis exercitio. Sveci autem renuntiârunt
omni juri in Curlandiam.

Hoc pariter ſæculo graviſſimum bellum geſtum eſt propter Livoniam, quam Rex Auguſtus Svecis eripere conabatur. At illa
devoluta eſt ad Moſcum. Qui, poſt Pultavenſem pugnam, Rigám,

Pars VI.   Y   Dina-

D namindam, Pernavium, Revaliam, aliásque deinceps. Livoniæ urbes occupavit. Manſitque Livonia in poteſtate Moſcorum per pacem Neoſtadienſem, anno 1721. Ruſſos inter & Svecos initam. Et hæc quidem quoad politicum potiſſimùm ſtatum Livoniæ eſt facies.

Quod Eccleſiaſticum ſpeċtat, poſtquam, ùt diċtum, ſæculo XIII. Chriſtiana ſacra ſuſcepit, atque ereċto Rigenſi Epiſcopatu, ab Enſiferis primùm, ac deinde à Cruciferis equitibus adverſùs in-fideles defenſa fuit, eosdem liberatores ſuos oppugnatores & per-ſecutores ſenſit, in Epiſcopos & Clerum ſævum dominatum uſur-pantes. Unde Epiſcopi huic malo, uti etiam collapſæ Eccleſiaſti-cæ diſciplinæ remedium adhibituri, circa annum 1429. *Rigenſe Con-cilium* celebrârunt. Canones equidem injuria temporis periêre. Facit tamen de eo mentionem Albertus Krantzius *lib. II. Vandaliæ cap.* 16. ejus verba ſubneċto.

"Henricus per hæc tempora Archiepiſcopus Rigenſis Concilium
" celebravit Provinciale, cum ſuffraganeis ſuis, multis inibi de-
" cretis, quæ ad Statum Eccleſiæ pertinerent. Operæ pretium
" viſum eſt, Sedem Apoſtolicam adverſùs oppreſſores Eccleſiæ
" invoċare, detegeréque per nuntios calamitoſum Eccleſiæ Sta-
" tum, quòd ab iis qui Concilio terræ ſint impoſiti, opprimi ten-
" taretur. Delegerunt ad eam legationem Decanum Revalien-
" ſem, cum aliquot de ſingulis Eccleſiis collegis : quibus Rigen-
" ſis, Tarbatenſisque Proconſules ex filiis ſuis Clericos, Roma-
" nam curiam viſuros, junxêre, vel, ut in aliquod Italiæ Palla-
" dium collocati litteris indulgerent. Erat ea ſocietas itineran-
" tium ſexdecim perſonarum, profeċta terreſtri itinere initio qua-
" drageſimæ (quòd mare tardiùs ſit per glaciem navigabile) jumen-
" tis veċti, Grebbin ad exitum usque Livoniæ pervenerunt.

Ibi ab Arcis Præfeċto Goſvino de Aſſenberge, Ordinis Teu-
" tonicorum Fratre, crudeliter invaduntur. Primùm ademptis
" litteris, perleċtisque, terræ proditores arguuntur, & quidquid
" ab illis in purgationem diceretur de privilegiis Clericorum, præ-
" ſertim Romipetarum, irridetur magis, quàm auditur. Mox
" rebus omnibus, & non parva pecunia nudati, veſtibus demum
" exuuntur, ligatis manibus pedibúsque in profluentem rivum
" (Liva vocant) ſub glaciem detruduntur, crudelique merguntur
" exemplo.

Ita Frater Ordinis Divæ Virginis manus ſuas conſecravit Sa-
" cerdotum & innoxiorum juvenum miſerabili nece. Idem ille
" car-

„ carnifex teſtatus egregium facinus, ſcribit terræ Pontificibus:
„ Noveritis, inquit, nuper à me deprehenſos Provinciæ prodi-
„ tores, Clericos veſtros, rebus & vita exuiſſe, nullius juſſu &
„ conſilio: ſed (quòd tutandis finibus præfeſtum ſcitis) publico
„ funſtus miniſterio, publicos hoſtes feci de medio.   Eam rem
„ nemini præter me imputandam ego profiteor; nam publicam
„ peregi utilitatem.

Ita videlicet Marianus ille crucifer tanquam re bene geſta glo-   94.
riabatur, & Epiſcopis oppreſſis inſultabat.   Prodromi tales miſer- *Kettlerus.*
rimam ſæculo ſequenti ruinam traxerunt.   Dum ipſe Kettlerus,
Ordinis per Livoniam Magiſter, contra datam DEO fidem ad Sa-
crilegias nuptias ac rapinam Eccleſiaſticorum bonorum anhelans,
publicè à Religione, & ſua & Romana, deſcivit, atque exitiali ſuo
exemplo traxit Livoniam in nova Lutheri figmenta.

Stephanus Batorius Poloniæ Rex, poſtquam Livoniam à Mo-   95.
ſco recepit, ad Religionem in ea reſtituendam animum & curam ap- *Stephani*
plicuit.   Rigam itaque profeſtus cum Vilnenſi & Samogitiæ Epi- *pii cona-*
ſcopis, ac Societatis noſtræ Patribus, convocato Senatu conſilium *tus.*
ſuum proponit.   Decretúmque concipitur de inſtauranda religione Catholica, quæ ferme penitus ea provincia exulaverat.   Petit
Rex, templum Cathedrale extradi Catholicis, jure poſtliminii ipſis
debitum, quiritantibus ac vociferantibus Lutheranis, præcipuum
ſibi eripi.   Offerebant autem Regi templum S. Jacobi; quod, minori invidiæ obnoxium, & uſibus ſocietatis magis opportunum,
acceptatum, moréque à Samogitiæ Epiſcopo expiatum, latinis,
germanicis, & polonicis concionibus perſonuit.

Inciderant in illud tempus Majoris Hebdomadæ feriæ, quibus
Rex pientiſſimus clariſſimum veri cultus ſpecimen præbuit.   Bis
quotidie ad S. Jacobi, ex arce, quamquam longè poſita, cum omnium Procerum comitatu per civitatem totam hæreticam incedebat.   Perſtabat multis horis ad Sacra officia attentus, nudato ſemper capite orans, ne verbo ad quempiam miſſo.   Sacratiſſimum
corpus Domini ad ſepulchrum, piè exornatum, deduxit, ac publicè ad aram ſacram communionem ſub una ſpecie ſuſcepit.   Si-
gnum crucis die Paraſceves geſtu humillimo adoravit, aliáque plurima dedit Catholicæ pietatis exempla.   Æmulabatur aula Principem, ut neque ab excipiendis confeſſionibus, neque a verbis quotidie faciendis Patribus reſpirare liceret.

At Rege in Poloniam regreſſo, Rigenſes Præcones Lutheri
aſſeclæ tumultuari, furere, plebémque in Patres ſocietatis, & reli-

reliquos Catholicos publicis etiam ex cathedris concitare, Religionémque fanctam atrocibus conviciis profcindere : ante Rigenfes fuiffe vexatos à Mofco, hofte corporum, jam habere inteftinos ipfa intra mænia animarum hoftes: quàm charum haberent Chriftum, tantùm Papiftas, Diabolum, ejúsque Antichriftum odiffent.

His aliísque calumniis effrænis plebecula velut æftro percita, barbara rabie in Gymnafium, Collegium, cœmeterium, templúmque ipfum graffata, immania ac fæva quæque patrabat, gladiis, fuftibus, alapis, lapidibus furens: minas, vim, neces undique fpirans atque intentans. Neque truculenta vefania cohiberi potuit per Senatum, quamvis Lutheranum. Quin imò duos ex Magiftratu occiderunt, alios in exilium ejecerunt.

Unde focietatis Patres, ex confilio Cardinalis Ratzivilii, Riga tantifper cedendum, atque in aliis Livoniæ locis, Wendæ præfertim, ubi fedes adhuc Epifcopalis erat, operam fuam utiliùs locandam duxerunt, donec furialis æftus deferbefceret.

Stephanus Rex Rigenfiùm feditione ac tumultu graviter commotus, actáque vehementer improbans, ablata focietati omnino reftituta volebat. Factum id equidem; verùm Præconibus ex Lutheri difciplina tubam inflantibus, facéfque fubdentibus efferatæ plebeculæ, novus tumultus, novúmque excitatur incendium; fabula adornata, Jefuitis extradendum à Senatu urbis armamentarium. Ductus in carcerem Rector; auditáque Stephani Regis morte, Patres urbe ejecti in arcem confugerunt. At in comitiis Varfaviæ habitis caufa pro focietate decifa, à Sigismundo III. Stephani fucceffore in integrum funt reftituti. Ne tamen hæreticæ civitati porro tumultuandi daretur occafio, Novitii, qui fibi folis vacarent, ibidem funt conftituti. Reliquis, qui in proximi etiam falutem laborarent, per cætera Collegia & Livoniæ loca fparfis.

Cùm autem poftea poft diuturna bella Livonia per pacem Olivenfem ad Svecos deveniffet, focietas cum omnibus ferme Catholicis inde eft eliminata.

ARTI-

ARTICULUS VII.
De Statu Politico & Ecclesiastico Daniæ.
§. I.
De Concilio Hafniensi & Statu Daniæ.

Succinctam Historiæ Danicæ synopsin ad sæculum usque XIV. delibavimus suprà. Jam reliquam obiter attingimus. *Marga-* *retha* (quam novam Semiramidem Dani appellant) à filio suo Olao Daniam, ab Haquino marito Norvegiam, ab Alberto hoste devicto Sveciam accepit, toto septentrione sub colum unius fœminæ devoluto. Sancitúmque anno 1398. Calmarensibus in comitiis, ut tria illa Regna perpetuo nexu maneant unita. Obiit Margaretha anno 1412. laudibus immodicis elata à Danis, vituperiis depressa à Svecis. *96. Margaritha.*

Cùm autem prolem nullam post se relinqueret, *Ericum Pome-* *ranum,* seu Pomeraniæ Ducem, suum ex sorore pro nepotem, quem jam antè in Imperii consortem asciverat, tricorporis Regni hære: dem scripsit, populorum etiam suffragio comprobatum. At spes eorum non implevit. Nam Clericalis Ordinis osor & persecutor, Upsalensem tandem suæ indolis Archiepiscopum intrusit, quem tamen Rigensis Archiepiscopus, habito Episcoporum Concilio, potestate à summo Pontifice delegata deposuit. *97. Ericus.*

Implicitus deinde Ericus gravi bello adversùs Holsatiæ Comitem, cui Slesvicum eripere conabatur. Sed frustra; succurrentibus Comiti Lubeca, aliísque urbibus (quas *Hanseaticas* dixêre) quarum 66. mari Germanico & Balthico propriores, ad commerciorum libertatem commune validúmque fœdus inierant.

Magnam in id bellum, infeliciter gestum, auri vim extorserat Ericus. Unde primò ab eo defecerunt Sveci, quos per Danos gubernatores, sævos populóque graves vexerat, ac postea etiam Dani cum Norvegis, Svecorum exemplum secuti. Unde trium Regnorum anteà dominus, vagus & inops oberrans, ac tandem in Gothlandia Insula velut in asylo hæsit, quam jam antea adhuc Rex incolere consueverat. Jam in juventute humanarum rerum fidem expertus, dum in Palæstinam proficiscens à barbaris captus magno lytro libertatem redimere debuit.

Quamvis autem septentrionalia illa Regna tunc potissimùm essent *electiva,* tanta tamen iis gentibus erat reverentia sanguinis Regii, *98. Christo-* *phorus.*

Regii, u⁺ *Chriftophorum Bavarum*, Erici ex forore nepotem, omnium Regem deligerent. At hoc anno 1448. fatis concedente, exaruit maternus etiam fanguis veterum Regum Daniæ; translatùmque fceptrum ad Oldenburgicam Illuftrem Germaniæ Profapiam.

99.
Hafnienfe. Cæterùm tempore Erici Pomerani, anno videlicet 1425. celebratum eft *Concilium Hafnienfe* Provinciale, Præfide Lundenfi Archiepifcopo, una cum Epifcopis Daniæ, videlicet Viburgenfi, Burglavienfi, Rofchildenfi, Othonienfi, Ripenfi, Arhufienfi, aliísque Prælatis, Abbatibus, Præpofitis, Decanis, cæterísque Ecclefiarum Rectoribus.

In eo Concilio multa, quæ antea jam falubriter ftatuta fuerant, novo decreto funt confirmata: atque ante omnia, ut in Miffa preces pro Rege Erico, & Regina, próque Statu totius Regni tranquillo quotidie in Ecclefiis fierent; pro Regina quoque Margaretha, quæ multa in Clerum univerfum beneficia contuliffet.

Innovata inde decreta de vita & veftitu Cleri, ut ita fe gerant, ne in delicta tantùm, fed ne in fufpicionem quidem delictorum cadant. Ebrietatem præfertim luxum & libidinem fugiant; concubinas procul amandent: monialium clauftra non ingrediantur: non frequentent cauponas: arma, nifi iter facientes, non geftent: veftes & habitus omnis honeftatem præferat. Moniales non nifi cum venia cœnobio fuo excedant.

Epifcopi neminem ex Clero alterius Diœcefis ordinent, aut Ecclefiæ fuæ præficiant, nifi confciis & commendantibus iis, quorum intereft. Idémque Presbyteris imperatum. Homicidæ ab Ecclefiis excludendi, nec nifi poft feriam pœnitentiam abfolvendi ac recipiendi.

Excommunicantur, qui Ecclefias jure fuo privant, aut bona Clericorum decedentium injuftè rapiunt; qui ex Ecclefiis aut earum turribus munitiones faciunt, fine Ordinariorum confenfu, aut cœmeteria violant; qui Ecclefias effringunt, vel libertates earum lædunt; Clerici, qui præfentibus hujusmodi malefactoribus Divina celebrant; qui ftatuta condunt contra Clerum aut Ecclefiafticam libertatem, vel qui prohibent, ne quis coram Judice Ecclefiaftico conqueratur. Nec aliquis prædictorum, nifi per Epifcopum Diœcefeos, facta priùs fatisfactione competenti à fententia excommunicationis poffit abfolvi.

Ple-

Plebani Eucharistiam, & ornamenta Ecclesiarum, præcipuè ad usum altarium spectantia, in statu decenti & mundo diligenter custodiant, cæteráque curatè observent, quæ sacris Canonibus sanciuntur. Secùs censuris Ecclesiasticis, Canonica monitione præmissa, aliísque poenis à locorum Ordinariis contra eos agatur.

Cui concessum uti altari viatico, non nisi in locis tutis & honestis Divina celebret. Nullus alterius curati subdito Sacramenta confessionis & Euchariftiæ Sacramenta conferat absque licentia proprii Sacerdotis. Extranei verò & hospites peregrini à Sacerdote, in cujus Parochia versantur, Sacramenta recipiant.

Decimæ solvantur de omnibus, præcipue de agris, animalibus, apibus, halecibus, & aliis piscaturis. Fratres mendicantes Parochis solvant portionem Canonicam, & quartam de funeralibus, secundũ dispositionem juris Canonici. Prohibetur quæstoribus Indulgentias promulgare sine licentia. Invalidus declaratur contractus, quo bona Ecclesiarum alienantur. Monasteria aliáque pia loca Episcopo sint subjecta, nisi per evidentia privilegia exemptionem probent.

Excommunicentur, qui possessiones Ecclesiarum, aut jura parochialia, indecimationibus, oblationibus, & obventionibus, diminuere contendunt. Item, qui in Beneficia Ecclesiastica se intrudunt, aut per laicam potentiam, vel aliam violentiam, ea detinent occupata: qui animo injuriandi Clericum enormiter lædunt. Clerici non citentur ad placitum sæculare, vel coram Judice sæculari, sed coram Judice Ecclesiastico, in quacunque causa citentur, & ibidem legitimè convincantur.

Excommunicati à Canone denunciantur, qui casibus non permissis defunctos sepeliunt in coemeteriis vel in Ecclesiis tempore Interdicti, vel qui scienter sepeliunt nominatim excommunicatos, aut usurarios manifestos: sepelientes verò, si necdum absoluti celebraverint, irregularitatem (à qua non nisi per summnm Pontificem absolvi possint) se noverint incurrisse.

Denique statutum, ut in qualibet Ecclesia Cathedrali totius Provinciæ Lundensis bis in anno celebretur Concilium Dioecesanum: in quo hæc decreta coram Clericis & laicis vulgariter exponantur, ne quisquam de prædictorum ignorantia se valeat excusare.

Quoniam verò post hanc Synodum nullum legitimum in Dania celebratum invenitur Concilium, juvat tamen schema aliquod Regni illius obiter sub oculos ponere, tum, ut appareat, quomodo

modo feptentrionis illæ provinciæ à Patrum Majorúmque religione facrísque Canonibus defciverint : tum ne fynopfis Hiftorica Daniæ, per fingula fæcula hactenus deducta, in ultimis deficiat.

§. II.
APPENDIX.
De Statu pofteriore Daniæ.

100.
Chriftia-nus I.

Extincta veterum Daniæ Regum ftirpe, à Danis Norvedísque ad commendationem Adolphi Ducis Slefvicenfis in Regem electus eft Chriftianus I. Comes Oldenburgicus. Quem, utpote non electum juxta Conventionem Calmarienfem, quam tria Regna iniiffe diximus, Sveci refpuebant initiò, ac poft mortem Chriftophori elegerunt Carolum Canutfonem. Quia autem hic Svecis non placuit, elegerunt & ipfi Chriftianum, Daniæ Regem. Adeóque tria illa Regna rurfus erant unita, non tamen fine magnis turbis, in Svecia ortis.

Daniam auxit Ducatu Slefvicenfi, & Comitatu Holfatiæ, tum jure fanguinis tum magna auri vi ad fe tractis. Cúmque dein Romam peregrinatus effet, à Friderico III. Imperatore obtinuit, ut Holfatia deinceps Ducatus nomine honoraretur, jure clientelari ab Imperio dependens. Contrà verò Orcades infulas, ad Regnum Daniæ hactenus fpectantes, Jacobo III. Scotiæ Regi in dotem pro filia dedit. Obiit anno 1481. Regni Danici 34. vitæ 56. fundata Academia Hafnienfi celebris.

Joannes.

Duos reliquit filios, *Joannem* & Fridericum : huic Holfatiæ & Slefvici Ducatus reliquit; illum Dani & Norvegi Regem acceptârunt, ac tandem etiam Sveci, ea tamen conditione, ut debita, à patre contracta, folvat: damna illata reparet: & Gothlandiam, à Danis ereptam, coronæ Sveciæ rurfus uniat. Quæ res magnos tumultus excitavit. Iis expeditus Dithmarfos, pugillum hominum, improvide aggreffus, quia victoria certus, magna cum clade, majori cum ignominia repulfus eft. Obiit anno 1513. Regni Danici 32. vitæ 59. moderatæ ac placidæ indolis Princeps, quam erga toties feditiofos Svecos exhibuit.

101.
Chriftiani II. fata.

Degenerem omnino à paternis moribus animum nactus eft *Chriftianus II.* filius, Princeps crudelitate, libidine & calamitate ex æquo celebris. Ad gloriæ ac potentiæ apicem fortuna illum evexerat; Sveciæ, Daniæ, ac Novergiæ coronam ipfi impofuit; collocata Caroli V. Cæfaris forore toti Domui Auftriacæ affinitate

ipfum

ipfum conjunxerat ; fœderibus cum Gallia, Anglia, & Scotia munierat. Ut adeò incredibile videretur, tot validis fulcris nixum everti poffe. Evertit tamen, quin penitus fubruit volubilis rerum humanarum genius, Regnis omnibus exutum, exulem, captum à fubditis, 27. annorum carcerem paffum.

Mulierculæ fiquidem peregrinæ Sigbrittæ obnoxius, atroci ejus confilio anno 1520. Holmiæ execrabili laniena Nobiles Svecos, Epifcopos, Senatores, ac præcipuos cives, immaniter trucidavit. Qua barbara tyrannide irritati Sveci, quibus aliàs invifus erat, fumptis duce Guftavo armis, in Daniam fugere compulerunt. Sed & ipfi Dani cum Norvegis, crudelitatem & enormes exactiones graviter ferentes, eo Regnis dejecto, Fridericum ejus patruum elegerunt.

Atque hoc pacto infelix Princeps à rerum culmine in calamitatum abyffum dejectus, fruftra Europæ aulas percurfans, cum conjuge & liberis in Belgium exulatum abiit. Decennio elapfo cum militum manu in Norvegiam irrumpens, à Friderico patruo fuo, quem Dani & Norvegi Regem elegerant, captus, 27. annis in carcere contábefcens, miferam v. tam finiit anno 1559. Regni 10. exilii 36. ætatis 78.

Ita nimirum cœleftes iræ toto pondere incubuêre in fceleftum Principem; qui primus dici poteft, tria illa feptentrionis Regna egiffe in Religionis naufragium. Nam cùm propter Holmienfem lanienam, & Epifcoporum etiam in ea cædem, à Leone X. per Legatum reprehenfus effet, licèt apertè Lutheranum fe non profiteretur, eam tamen peftem efflavit, quæ latentem antea tabem facilè proderet. Tum etenim Lutheri fphalmata laudare, Pontificiam auctoritatem deprimere, cœlibatum Sacerdotum, & vota cœnobitarum habere ludibrio, Hierarchiam Ecclefiafticam tyrannidis arguere, Ecclefiafticorum bona invadere, palàm accepit.

Fridericus I. ejus patruus, Slefvici & Holfatiæ Dux, pro eo Rex Daniæ & Norvegiæ electus, Sveciam Guftavo reliquit, nunquam poftea unitam Daniæ, difrupto penitus Calmarienfi tractatu. Huic Præcones, Auguftanæ Confeffionis contribules, novum fuum Evangelium offerebant, nec ille animum alienum oftendit, permiffa Religionis libertate, necdum tamen aufus apertè deficere. *102. Frideri- cus I.*

Chriftianus III. verò ejus filius à Joanne Bugenhagio Pomme rano, quem Lutherus ei Wittenbergâ fubmiferat, anno 1537. coronatus, palàm Religionem abjecit, Hafnienfem Academiam novæ fectæ didafcalis implevit, Epifcopos & Sacerdotes lafcivientes ex Lutheri difciplina oftentatione concubinarum & pinguium *Chriftia- nus III.*

Pars VI.   Z   præ-

præbendarum traxit, obfistentes fedibus fuis ejeftos in carceres compegit, eorum & Ecclefiarum bona aut ærario fuo intulit, aut Nobilibus diftribuit tanquam fruftus novi Evangelii, ad quod vi etiam & armis populum adegit, profcripta omnino ac prohibita catholica Chrifti Religione, quam Majores ipfius, & Anteceffores Regis Daniæ, inter quos etiam plures vitæ Sanftimonia celebres, per tot fæcula coluerant. En toties prætextam atque decantatam confcientiæ libertatem!

Regno ac Rege ita comparato Præconum colluvies inDaniam advolabat, Zwingliani, Calviniftæ, Anabaptiftæ, Trinitarii &c. quælibet fefta novas fuas merces offerebat: quælibet ex Evangelio & puro DEI verbo eas depromptas dilaudabat; quælibet reliquas tanquam hæreticas, atque ad fallendos homines à Diabolo invectas declamabat. Ægrè ea res Lutherano habuit; nec quiefcebant, donec Rex reliquis publico decreto prófcriptis, eos folos civitate donaret.

Obiit infelix Princeps ano 1559. Regni 24. ætatis 56. fratrem habuit *Adolphum;* à quo Duces Holfato-Gottorpienfes defcendunt. Filios autem tres reliquit, Fridericum, Magnum (quem Mofcus Livoniæ Regem fecerat, rurfùsque novo Regno dejeftum in exilium egit & *Joannem,* fundatorem Domus Holfato-Sunderburgenfis, in plures deinde ramos divifam.

103.
Fridericus
II.

Fridericus II. autem Regnum Daniæ obtinuit. Is Religione in ftatu, quo eam à patre acceperat, relifta, bellis profanis vitam impendit. Ac primò quidem opitulahtibus Holfatiæ Ducibus Ditmarfos, fruftra antea tentatos, fubegit. Tum bellum feptenne cum Svecis geffit, felicior pace Stetinenfi quàm bello; nam Sveci, pluribus navalibus præliis viftores, cùm Mofcus eos bello effet aggreffus, cefferunt jure, quod antea fibi vendicaverant, in Norvegiam, Scandiam, Gothlandiam, Hallandiam &c. adjefta infuper pecunia, ut viftores pacem emerent, & reftitutis navibus, quas ceperant. Obiit Fridericus anno 1588. Regni 29. famofam *Formulam Concordiæ,* quam Tubingenfis Schmidlinus procuderat, ut tot Lutheranorum diffenfiones ac rixas componeret, fibi oblatam in ignem projecit, velut dignam incendio concordiam, quæ majores inter Lutheranos difcordias tótque incendia excitâffet.

104.
Chriftia-
nus IV.

Chriftianus IV. Friderici filius 60. omnino annos Regnum tenuit, fub tutoribus primò conftitutus, dein fui juri faftus, tria bella geffit, duo cum Svecis, unum cum Cæfare. In primo
bell

bello Svecico nihil admodum memorabile legitur. Facta poft triennium pace Danus pro pecunia reftituit, quæ occupaverat. Dein anno 1624. Proteftantium in Germania rebus fe immifcuit, Dux eorum adverfus Ferdinandum II. Cæfarem factus; verùm anno 1626. à Cæfareis ad *Luteram* prælio victus, cùm vires reparare conaretur, ab ,iisdem in Holofatia & Cherfonefo Cimbrica ita exceptus eft, ut anno 1629. pacem peteret, promitterétque, Proteftantium in Germania turbas à fe alienas habiturum. Pax illa *Lubecæ* confecta eft. Nec meliori fortuna ufus eft, cùm Svecorum in Germania progreffus veritus, alteram cum illis tentavit aleam. Nam Torftenfonius anno 1643. cum inftructo exercitu per Holfatiam in Daniam fubitò irrumpens, ac multis direptis urbibus, terroribus omnia complens, pacem extorfit, qua Gothlandia cum pluribus aliis locis Sueco victori anno 1645. eft conceffa. Obiit anno 1648. Regni 60. vitæ 72. plurium urbium conditor, primus Daniæ Regum, ut commercia proveheret, naves in Indiam mifit. Hamburgenfes fæpiùs preffit. Orefundicum vectigal, nervum Daniæ, indignantibus, qui commeabant, multùm auxit. Calviniftas in Regnum admifit, dum Anglis, Batavísque conceffit, ut templa exftruerent. Plures denique liberos, furtivo thoro genitos habuit, exemplo in filium, nepotémque tranfituro.

Fridericus III. quem unicum filium, juftis nuptiis prognatum, 105. Chriftianus IV. reliquit fupêrftitem, pace, quàm bello felicior, *Fidericus* gemino bello cum Svecis collifus eft. Cùm enim Carolus Gufta-*III.* vus inftar procellæ per Poloniam graffaretur, Fridericus tanta vicini, alioquin potentis, incrementa metuens, Svecos in Bremenfi Ducatu invafit anno 1657. At Carolus, relicta Polonia, tota vi in Danum incubuit; atque per Balthicum, gelu ac glacie conftrictum, pedeftri itinere transmiffo exercitu, Fioniam occupavit. Jámque Selandiæ imminebat, Hafniam ipfam, fedem Regiam, expugnaturus, cùm anno 1658. *pax Rofcbildenfis* initur, Scandiæ, Hallandiæ, Bleckingæ, jactura à Danis empta. Inter loca, Svecis tradita, erat etiam Huena, modica infula, Tychonis Aftronomi uranoburgo celebris.

Pœnituiffe vifum eft Svecos pacis, fibi tam fœcundæ. Eodem enim adhuc anno in Selandiam trajecti Hafniam obfederunt; cui tamen claffis Batavica, per medias naves Svecicas, quibus fretum Orefundicum occlufum tenebant, penetrans, fuccurrit. Anno fequente Carolus Guftavus cruento impetu Hafniam expug-

nare

nare tentaverat, verùm affluentibus undique Cæfareis, Polonicis, aliisque copiis in auxilium Dani, extremas jam ferme in anguſtias redaɛti, Sveci *pacem Hafnienſem*, Roſchildenſi parùm abſimilem, inire compulſi funt, anno 1660. reſtituta Dānis Fionia, eáque, quæ in Selandia ceperant Sveci, cum Bornholmienſi in Balthico inſula. Scandia, Hallandia &c. rurſus Svecis reliɛta.

Pacis artibus felicior fuit Fridericus III. nam juvenis primùm Verdenſis Epiſcopus, dein etiam Bremenſis Archiepiſcopus, non more Majorum, fed ritu Lutherico faɛtus eſt. Tum Rex Regnum Daniæ, *eleɛtivum* antea, *bæreditarium* fecit; ut citra comitiorum fluɛtus, & periculofa illa mortui Regni intervalla, cunæ ipſæ regales dent populis Principem, in quo pater poſt mortem ſuperſtes regnet. Res magna hîc aɛta eſt à Friderico per ſtirpe fua Oldenburgica : ut illa frondente nihil aliena ambitio ſperet. Exaruit tamen anno 1667. Comitum Oldenburgicorum in Germania propago; unde Danica linea ſucceſſit, Fridericus videlicet Rex in Oldenburgico & Delmenhorſtenſi comitatu : quamvis non ſine controverſia, quam movebant ultimi comitis foror, & filius Nothus; quibus aliquid datum, ut acquieſcerent. Major lis de hac ſucceſſione orta eſt inter Fridericum Regem, Duces Gottorpienſem, & Plönenſem, (qui uno gradu propior erat ultimo poſſeſſori) cum Plönenſi Rex tranfegit. Contra Gottorpienſem in Judicio Aulico Imperiali ſententiam obtinuit. Obiit Fridericus anno 1670. Regni 22. vitæ 61.

Duos filios reliquit, Chriſtianum in Regno jam fanguinis jure ſucceſſorem, & Georgium, Annæ Angliæ Reginæ deſponſatum : quatuor item filias; quarum natu minima Carolo XI. Sveciæ Regi fuit collocata.

106. *Chriſtiano V.* cum Svecis, tum propter viciniam, æmulationem,
Chriſtia- & jura antiqua nováque controverſa, nativo veluti hoſte, tum
nus V. cum Duce Holſato-Gottorpienſi, urbéque Hamburgo, multum negotii fuit. Cum Svecis igitur bellum quadrienne geſſit, anno 1675 cœptum, fecunda initio Danorum fortuna, tum clade; denique anno 1679. per pacem Neomagenfem, quidquid Svecis ereptum fuerat, reſtitui debuit.

Domus Holſato-Gottorpienſis, hoc fæculo in ampliſſimas fpes eveɛta, ex eadem cum Daniæ Regibus Oldenburgica ſtirpe prognata, à Chriſtiano I. Rege Daniæ, omnium parente, deſcendit. Diviſa dein fuit Holfatia & Slefvicum inter Regiam & Ducalem lineam : quæ tamen diviſio innumeras inter utramque con-
tro·

troverfias & lites excitavit, Règia plùs·ultra tendente, Ducali, quantùm poterat, obfiftente. Dum igitur Chriftianus V. bellum cum Svecis meditaretur, anno 1675. Chriftianum Albertum, Ducem Gottorpienfem, captum cuftodiæ mandavit, arcésque ipfius, propugnacula & urbes munitas occupavit. Reftitutus equidem Dux ope Sveciæ anno 1679. fed triennio pòft rurfus pulfus, rurfúsque anno 1689. reftitutus, alternantis fati vicibus ad liberos etiam transmiffis.

§. III.

Controverfia Juridica de Superioritate territoriali, in Hamburgum.

Indulgebit, credo, amicus & difcretus lector, ut in hoc *Apparatu Eruditionis ad Jurisprudentiam* geminam celeberrimam controverfiam Juridicam Daniæ cum Hamburgo annectam. Neque enim fcopus meus eft, nudos canonum fyllabos ex Conciliis exfcribere, fed cum Nationalibus & Provincialibus Synodis, Nationum fimul ac Provinciarum ftatum exponere, præfertim quoad ea, quæ eruditioni Juridicæ fubferviunt. Si quis nihilominus à fcopo alienas has differtationes duxerit, facili faltu poterit eas tranfilire.

    Igitur Hamburgum, ampla, potens, opulenta, & commerciis frequens ad Albim civitas, prima fua incunabula debet Carolo M. qui caftrum ibidem exftruxit. Quod deinceps in eam, quam hodie cernimus magnitudinem excrevit.

    Francorum poft Carolum M. haud dubiè fubjecta erat dominio, ac poftmodum etiam Henrici Aucupis & reliquorum Saxonicorum Cæfarum Ducúmque, donec profcripto Henrico Leone, Holfatiæ Comes nexu feudali, quo Ducibus Saxoniæ cohærebat, fe exfoluit, *immediatus* Imperii Status effectus. Ab eo tempore Holfatiæ Comites ac poftmodum Duces dominium ac *Superioritatem territorialem* in urbem Hamburgenfem fibi vendicabant, uti etiam Daniæ Reges, poftquam Holfatiæ & Stormariæ jura ex parte ad eos funt devoluta.

    Contra verò Imperatores complures à ducentis & ultra annis tum per fe, tum per cameram Imperii Hamburgum liberam imperii civitatem, Imperatori & Imperio *immediatè* fubjectam, declarârunt. Matriculæ proin Imperii inter reliquas liberas urbes inferta, fæpiúsque ad

comitia

107.

comitia vocata fuit, proteftante licèt Daniæ Rege, quà Duce Holfatiæ, imò prohibente, ne pareret.

Ipfa urbs, variis obtentis à Cæfaribus privilegiis, paulatim ad libertatem emergens, novum quoddam genus libertatis captabat, ut à dominio Holfatorum effet exempta, nec tamen Imperii oneribus fubjecta, fed fuo relicta arbitrio, utriusque favore & protectione frueretur. Unde à multis jam annis non ampliùs comparet in comitiis provincialibus Holfatiæ, & admodum rarò in comitiis Imperii; in quibus proin feffionem & votum non habet; cùm etiam ordinarius Imperii Status oneribus fe fubtrahere conetur.

Cæterùm Rex Daniæ his ferme momentis urbem fibi vendicat. 1. Eam effe fitam in territorio Stormarienfi, Holfatiæ Ducibus fubjecto. *Refpondet urbs*, fe habere territorium exemptum in territorio, ad exemplum Coloniæ & Spiræ.

2. Urbem à Sigismundo Cæfare ad tribunal Holfatum effe remiffam. *Refpondet urbs.* Hoc tantum indicare liberam *inftantiam*, in favorem urbis permiffam. Etiam Principes & Nobiles *immediatos* habere Judices, quos *Auftregas* vocant, nec tamen eorum dominio effe fubjectos. Nunquam tamen urbem ufam hoc privilegio; adeóque per non ufum in defuetudinem abiiffe.

3. Urbem Chriftiano I. Daniæ Regi, quà Duci Holfatiæ præftitiffe homagium, uti etiam ipfius fratribus, & fuccefforibus. *Refpondet urbs*, hoc non fuiffe homagium, cùm nullum fuerit juramentum præftitum, fed fuiffe meram conventionem, qua urbs Regi clientelarem obfervantiam, quam antea Holfatiæ Ducibus exhibuiffet, Rex verò liberum privilegiorum ufum urbi promififfet. Præterea Imperatores eam confuetudinem, antequam effet præfcripta, per urbis exemptionem, variásque inhibitiones, fimplices & arctiores, interrupiffe. Neque omnem promiffionem fidelitatis indicare fubjectionem.

4. Holfatiæ infignia ab eo tempore curiæ urbis, portis, figillis publicis, nummísque fuiffe impreffa; quæ manifefta fint *Superioritatis* argumenta. *Refpondit urbs*, fæpiùs contingere, ut alterius infignia ufurpentur, ex caufa fœderis, clientelæ, honoris, affectionis, vel alia, quin fubjectionem ea res indicet. Non omnes, qui aquilam, aut lilium, vel leonem fcuto imprimant, effe fubjectos Imperatori, aut Galliæ vel Hifpaniæ Regi. Denique Holfata infignia in figillo civitatis nunquam fuiffe adhibita.

5. Ur-

5. Urbem in bello 'copias suas velut provinciales Holsatis junxisse. *Respondit urbs*, non fuisse eas copias provinciales ac debitas, sed auxilia bonæ vicinitatis: sempérque speciali pacto de iis priùs fuisse conventum: & quandoque etiam urbis indemnitatem reservatam. Neque semper urbem pace inita potuisse frui. Cæterùm à ducentis annis talia obsequia ab urbe non ampliùs fuisse præstita.

6. Urbem ad comitia Holsatiæ fuisse vocatam, atque in iis comparuisse, propria domo Segelbergæ eum in finem comparata. Respondit urbs, se comparuisse, quando propriæ suæ rationes id exegissent, prout etiam Lubeca fecerit.

7. Veteres Comites Schauenburgicos & Holsatos singularibus prærogativis ac juribus in urbem fuisse usos. *Respondit urbs*, hæc non indicare Superioritatem dominii. Cùm talibus etiam in Lubecam Holsati sint usi, etiam tunc, postquam libera Imperii civitas evaserat. Adhæc se immunitatem ab ejusmodi juribus emisse, conventúmque esse anno 1608. ne vetera deinceps suscitentur.

8. Urbem, à camera Imperiali citatam, exceptionem fori declinatoriam opposuisse, ea ex ratione, quòd membrum sit Holsatiæ, ac Ducibus Holsatiæ subjecta. *Respondit urbs*, se forum Judicii cameralis *ea ex ratione* declinâsse, probari non posse, contraria adesse præjudicia. Neque nocere sibi posse rem inter alios actam.

9. Tempore necessitatis urbem ab Holsatis auxilium petiisse. *Respondit urbs*. Hoc non esse argumentum subjectionis. Sicut Holsatia à vicina amica urbe auxilium petierit, sic etiam se petiisse ab amica vicina Holsatia.

10. Urbem anno 1544. cùm à fisco Imperiali ad solvendam taxam & contributiones urgeretur, ratione Holsatiæ se excusâsse, neque hactenus in comitiis Imperii, aut circulo Saxoniæ Inferioris sessionem & votum habuisse. *Respondit urbs*, se ad comitia Imperii sæpiùs fuisse vocatam. Quòd autem non comparuerit, non esse factum propter Holsatorum Ducum *Superioritatem*, sed quia voluerit habere statum liberæ civitatis, prout anno 1542. 1544. & 1548. per Recessus Imperii fuit constitutus, noluerítque contribuere, ac onera Imperii subire.

Addidit urbs in probationem causæ suæ ac libertatis, emisse se libertatem ab Orlamunda Comite; eam emptionem à Comitibus Holsatiæ fuisse confirmatam, eáque se usam usque ad mortem

Adol-

Adolphi XIV. ultimi Comitis ex ea ftirpe, ânno 1459. defunǎi.
Cùm deinde Holfatia ad Chriftianum I. Daniæ Regem pervenifTet,
privilegia fua fibi rurfus fuifTe confirmata: petitum quidem à Rege homagium, fed ab urbe denegatum. Jam anno 1510. Hamburgum à Maximiliano I. pro libera civitate Imperii fuifTe habitam,
ac prætenfionem Holfatiæ Ducum ad Judicium Cameræ Imperialis
fuifTe remifTam. A ducentis jam annis nihil fuifTe Ducibus Holfatiæ ab urbe præftitum, quo fubjeǎio aliqua pofTet argui, fed in
Ecclefiafticis & Politicis pro arbitrio egifTe. Se fæpiùs citatam ad
Judicium Cameræ Imperialis: à Sigifmundo Cæfare profcriptam,
à Carolo V. propter fœdus Smalcaldicum pecuniâ multatam; tanquam *immediatam* liberam civitatem ad Comitia Imperii vocatam,
non tamen comparuifTe, quia omnino libera efTe voluerit, fub
proteǎione Ducum Holfatiæ, ut Romano Imperio nihil deberet.
Se in Matriculam Imperii nihilominus relatam, & cum Holfatiæ
Ducibus conventibus Immediatorum Principum interfuifTe. Cùm
Holfatia bellum gereret, fe fæpiùs tanquam tertium & *neutralem*
Statum fe geffifTe.

Verùm ad hæc replicârunt Holfati: emptionem illam faǎam
efTe tempore belli, poftea verò, omnia in integrum fuifTe reftituta.
Et hinc falfum efTe, quòd ab Holfatiæ Ducibus, poftquam fua
rurfus receperunt, fuerit illa emptio confirmata. ExercuifTe etiam
deinceps Comites plures aǎus Jurisdiǎionis & fuperioritatis territorialis contra urbem. Inter privilegia à Chriftiano I. concefTa urbi
non fuifTe *immediatam* aut exemptionem. Reliqua, quæ ab urbe
objiciuntur, contigifTe primùm poft tempora Caroli IV. Cæfaris,
nimirum poftquam lis de *Superioritate* cum urbe jam fuifTet cœpta;
illa proin aǎa lite pendente urbi neque in *poffefTorio* nec *petitorio*
prodefTe.

Ad exceptionem verò urbis Holfati replicant. Probari non
pofTe, quòd Hamburgum habeat territorium exemptum in territorio Holfato. Si urbs ad tribunal Holfatum præcifè tanquam Judicium *Auftregale* à Sigismundo fuifTe remifTa, deberent oftendi pa-
ǎa, aut leges, aut privilegia Cæfarea, quibus Holfati fuerint
conftituti *Auftregæ conventionales aut legales.* Talia cùm oftendi
non poffint, *præfumptionem* efTe, quòd urbs ad Holfatos tanquam
fuos necefTarios & legitimos Judices, jurisdiǎione & auǎoritate
per fe ipfos pollentes, fuerit à Cæfare remifTa, tanquam illis immediatè fubdita. Hamburgenfes fe Chriftiano III. Daniæ Regi,
tanquam fuo naturali ac hæreditario Domino, & Principi territoriali

riali fubjeciſſe, ùt ex formula fubjectionis de anno 1533. pateat.
Adeóque non fuiſſe meram clientelarem adhæfionem & obſervantiam.   Uſum Infignium, faltem cum aliis probationum adminicu-
lis, regulariter eſſe fignum fubjectionis ; incumbere proin urbi
onus probandi, hoc ex alio capite per modum exceptionis à regula factum.

Nihil eſſe novi, quòd Princeps cum ſtatibus ſuis Provincialibus
præviè tractet, antequam determinatum quid & in individuo exigat.
Licèt ergo cum urbe hoc factum eſſet, non propterea à jurisdictione
fore exemptam : præfertim cùm antiquis temporibus Holſati ſtatus
Próvinciales plus juris circa regimen habuerint.   Comparitionem
in comitiis ùt plurimùm eſſe fignum fubjectionis : ab eo verò, quòd
fit ùt plurimùm, fieii præfumptionem.   Huic proin ſtandum, nifi
validis argumentis elidatur.   Urbem obtinuiſſe à Comitibus privilegium eligeñdi fenatores, condendi ſtatuta, exercendi Jurisdictionem civilem.   Quænam autem libera Imperii civitas ejusmodi privilegia à vicino aliquo Comite petat ? Neque prodeſſe Hamburgenfibus exemplum Lubecenfium, cùm fit notorium, Holſatiæ Duces,
etiam in Lubecam formare prætenfionem, ipsíque *Immedietatem* negare. Si fubmiſſa ad defenfionem urbis auxilia alium titulum quàm
Superioritatem territorialem habeant, eùm urbi oſtendendum &
probandum eſſe.   Actus poſt Carolum IV. lite pendente exercitos nihil probare.   Ante illud autem tempus urbem nunquam ad
Comitia Imperii eſſe vocatam.

Hæc jam eſt celeberrima inter Regem Daniæ & Hamburgum
controverfia, ultra trecentos annos toties ventilata, Holſatis eam
tanquam urbem Provincialem fibi immediatè fubjectam vendican-
tibus, Cæfaribus tanquam liberam Imperii civitatem repetentibus,
urbe verò fe neutràm quandam rempublicam, ab utriusque oneribus liberam, haberi cupiente.   Holſati homagium fæpiùs petebant. Cæfares prohibebant. Danus anno 1570. caufam ad Comitia Spirenfia deferebat; ab his ad camerale Judicium fuit remiſ-
fa. Hoc anno 1618. eam liberam Imperii civitatem declaravit,
atque ad communia Imperii onera condemnavit.   Rex *Revifionem*
actorum petiit, urbíque obfidionem eſt minitatus, fi fententiæ camerali pareret.

Sic caufa in *Reviforio* perpetuò hærente, anno 1679. Chriſtianus V. Rex Daniæ, urbe homagium recufante, admoto exercitu
eandem obfedit.   Verùm interventu Galliæ & Zellenfis Ducis Pin-
nebergæ res ita eſt compofita, ut falvis Holſatorum & Imperii ju-

Pars VI.   A a   ribus

ribus usque ad judicialem decifionem, aut conventionalem transactionem caufa fufpenderetur; impofita tamen urbi magna pecuniæ vi, Regi pendenda, 220000. Imperialium.

Anno 1686. cùm urbs domesticis tumultibus æstuaret, idem
Rex rurfus cum exercitu urbi imminebat, manu armata homagium
poftulaturus. Inhibuit Cæfar vim. Urbs verò Brandenburgum,
Haffum, & Luneburgenfes imploravit; quorum officiis Rex brevem quietem indulfit. Novæ fubin exortæ turbæ Hafnienfibus
pactionibus anno 1692. tantifper funt compofitæ, poftquam urbs
promifit, octo annis certam pecuniam Regi perfolvere. Sub initium hujus fæculi Rex iterum urbem obfidere tentaverat, verùm
Luneburgicis auxilio venientibus foluta eft obfidio. Anno 1708.
Præcones Hamburgenfes Lutheri tubam inflabant, & cives adversùs Senatum concitabant. Rex hîc rurfus rem fuam agendam ratus, fe immifcuit, at cùm Saxoniæ ir.ferioris circulares copiæ ad-
ventâffent, ac Cæfar Regi fidem daret, falvis per omnia juribus
Domus Holfaticæ hanc commiffionem à fe imperatam, acquievit.
Interea caufa adhuc hæret apud cameram in *Revifione.*

§. IV.
Controverfia ratione telonii.

108. Alia adhuc caufa Regem Daniæ & Hamburgum colliferat. Anno 1630. poft pacem Lubecenfem cum Cæfare initam Rex
Daniæ Glickftadii novum telonium erexit, atque vectigal navibus
Hamburgenfibus impofuit, immiffis Albi fluvio tribus navibus bellicis, & erectâ turri, tormentis majoribus, alióque armorum apparatu inftructa. Quia autem Hamburgenfes hoc commercii fui ruinam interpretabantur, animam fuam agi putabant. Unde naves
aliquot bellicas & ipfi Albi impofuerunt, quæ mercatorias fuas naves à Danorum vi defenderent. Adversùs iftas Rex ex turri &
fuggeftibus tormenta explodi juffit, immiffis.in certamen fuis navigiis. Verùm omnes tres Danicæ naves bellicæ ab Hamburgenfibus victæ, captæque Hamburgum abductæ funt.

Ægerrimè hæc res Regem habuit, præfertim quòd ipfemet
præfens in difcrimen vitæ fuiffet adductus, Hamburgenfi cohorte
adversùs ipfum fclopos folvente.

Hamburgenfes, ut caufæ fuæ juftitiam Regi orbíque proba-
rent, ajebant, fe anno 1628. à Ferdinando II. Cæfare privilegium
accepiffe, & mandatum, ut Albim fluvium fecurum præftent, nec
                                                           pate-

paterentur, collocari in eo naves bellicas, quæ navigationum & commerciorum libertatem turbarent. Se non hoc novo duntaxat vectigali, sed etiam Orefundico, nimium aucto, & Islandicis commerciis penitus abscissis, à Danis fuisse pressos. Constare ex constitutionibus Imperii, & capitulationibus, nullum Statum Imperii absque Imperatoris & Electorum consensu posse nova telonia erigere ac nova vectigalia imponere. Se verò etiam speciali privilegio à Ferdinando II. Cæsare esse munitos, ne usque ad ostium Albis quisquam vectigal à se possit exigere.

Ejusmodi vectigal, visitationes mercium, detentiones in statione Glickstadiensi, navibus perquam incommoda, trahere cum mercatura totalem urbis ruinam, præsertim cùm peregrini mercatores portum Hamburgensem omnino essent declinaturi, & commerciorum alveum aliò inflexuri. Jugulum itaque suum peti hac nova exactione; ac proin Regem aggressorem fuisse, ac pacem publicam turbâsse, indebitum vectigal armis & coadunatis hominibus à navigiis extorquendo, & detrectantes solvere pilis igneis adigendo.

Et quamvis urbs necessariam hanc sui defensionem libenter distulisset, periculum tamen fuisse in mora, ne propter tanta incommoda commercia ab urbe deflecterènt, difficulter rursus reducenda: neque exspectandum fuisse, donec Rex dominium Albis obtinuisset. Scitum esse Juris naturæ, moderamini inculpatæ tutelæ tunc locum esse, cùm malum grave est præsentissimum, ac damnum postea irreparabile: per nullam autem Judicis sententiam commercia semel aliò derivata reduci posse. Arma proin ad naturalem & necessariam sui defensionem jure fuisse correpta, atque ad avertendam ruinam urbis irreparabilem.

Excepit contra hæc Danus, se justa retorsione ac jure suo usum, pluribus ab urbe injuriis provocatum. De bonis Regis ejúsque subditorum mercibus ac frumento ab aliquot annis vectigal, ultra modum auctum, fuisse extortum. Naves per multas hebdomades detentas. Nova vectigalia de cerevisia, & sale, contra antiquas consuetudines à subditis Regis exacta, ejúsque servos aliis etiam injuriis affectos, & exceptos ludibriis. Aggressores proin fuisse Hamburgenses, & violatæ pacis reos, exactum verò Glickstadiense vectigal justam fuisse defensionem ac retorsionem. Oritura igitur ex eo incommoda sibi adscriberent.

De cætero non eam fuisse Regis mentem, ut perpetuum vellet Albi vectigal imponere, sed eo usque duntaxat, donec damna, ab Hamburgenfibus fibi ac fubditis fuis illata, compenfaret. Nihil proin a&um contra pacem publicam aut conftitutiones Imperii.

Haud opus fuiffe violent's ejusmodi confilis, in Romano Imperio feverè prohibitis. Optimum medium futurum fuiffe, fi fuftuliffent gravamina, quibus Regios fubditos preffiffent.

Privilegium, quo fe quodammodo Albis dominos ja&itent, à Cæfare tempore belli *fub - & obreptitiè* fuiffe obtentum. Neque Cæfarem Statum Imperii jure fuo quæfito, dando tertio cuidam privilegium, absque caufa poffe privare. Regem Daniæ tanquam Ducem Holfatiæ non minùs ac alios Status Imperii jure territoriali, jure item belli & pacis, per jus feudale ab Imperatore & Imperio fibi conceffo, pollere. Proin etiam de Albi, quo usque per territorium Holfaticum fluat, eodem jure poffe difponere. Aliàs nullum Statum fecurum fore, ne cras ei rurfus auferatur, quod hodie ipfi conceffum eft.

Et licèt privilegium illud ratum foret, ad illud tamen folummodo tempus porre&um intelligi, quo Cæfar ac Rex Daniæ bello diffidebant. Pro eo duntaxat tempore Albis tutelam in eorum finum fuiffe depofitam. Bello autem per pacem Lubecenfem, cum Cæfare initam, paulò pòft finito, cefsâffe temporaneum ejusmodi privilegium, aut potiùs mandatum: nihil enim amplius effe, quod agat *mandatarius*, poftquam mandans cum eò, adversùs quem mandatum dedit, tranfa&ione convenit.

Replicuit quidem ad hanc exceptionem urbs. Privilegium illud non.tantùm tempore belli fuiffe obtentum, fed fundari in antiquiore, jam à Carolo IV. obtento: cùm ex contextu pateat, continuationem defenfionis fluvii Albis urbi à Ferdinando Cæfare fuiffe commiffam, cum prohibitione, ne ad Albim munimentum exftruatur, aut navis bellica eidem immittatur; adeóque ex natura fua privilegium illud effe perpetuum: fempérque urbem illo fuiffe ufam. Contra quam poffeffionem objici non poffit Superioritas territorialis Ducum Holfatiæ, eò quòd ex Jure Publico notorium fit, ea ratione fervitutes ac jura in alieno territorio acquiri poffe; præfertim cùm tempore obtenti privilegii ævo videlicet Caroli IV. Imperatoris, jus territoriale necdum omnia *regalia* comprehenderit, fed multa adhuc Imperatorum difpofitioni fuerint refervata.

De cætero non conftare, quòd Senatus Hamburgenfis unquam de propriis Regis bonis ve&igal exigi mandaverit. De frumento verò exportato ejus fubditos ab immemoriali tempore urbi ve&igal

pendiſſe, & quidem absque ulla contradictione. Neque conſtare de navibus detentis : niſi·quòd tempore belli tanquam cives Imperii Cæſari obedierint. Quo tamen ex capite nullus fuerit retorſioni locus, eò quòd Hamburgenſes paci Lubecenſi fuerint incluſi. Sali ſe nullum impoſuiſſe vectigal, optaréque, ut cives ſui in freto Oreſundico tam leniter tractarentur, ac ipſi Regios ſubditos tractent.

Glickſtadienſi proin telonium potiùs eſſe *attentatum*, quam uſtam retorſionem; cùm hæc læſionem ſupponat. Neque veroſimile eſſe, urbem unicam Regem tam potentem voluiſſe lædere. Sed neque violentas retorſiones in Imperio eſſe licitas; cùm *diffidationem* ſapiant, atque ad eludenda ſuprema Imperii tribunalia tendant.

Nihilominus Rex vectigalia exigere perrexit. Unde Cæſar Comitem Tillium, ſupremum belli, in iis partibus tunc vigentis, Præfectum ad hanc cauſam delegavit, qui per Camargum ſubdelegatum, eò miſſum, arma juſſit ponere, atque tranſactionem inire: qua Hamburgenſes ablatas naves reſtituerent, Rex verò telonium ſupprimeret.

Recruduit ea lis anno 1674. quo Daniæ Rex partes Cæſaris ſecutus, ab Imperatore, & Electorum collegio petiit, ut in compenſationem belli ſumptuum ſibi permittatur, ſuper Albim fluvium telonium conſtituere. Vehementer ſe oppoſuit Hamburgum, privilegia ſua prætexens. Utque efficaciùs rem ſuam ageret, Sileſios ac præſertim urbem Uratislaviam excitavit, ut & ipſi proprio nomine preces apud Cæſarem deponerent, proponeréntque, quanta Sileſiæ commerciis damna inferrentur, ſi novum Albi vectigal imponeretur, cùm occluſis ſibi Oderæ ſeu Viadri oſtiis, Albis unicus ſit fluvius, per quem ipſorum cum exteris nationibus mercaturæ in Oceanum pateat aditus.

His exceptionibus in aula Cæſarea interpoſitis, ſuſpenſa eſt Danorum petitio, manétque etiamnum ſuſpenſa.

Porro *Chriſtianus V.* ſub quo controverſia Hamburgenſis circa Jurisdictionem & Superioritatem territorialem ſummopere flagrabat, obiit 1699 Regni 29. ætatis 53.

Fridericus IV. filius coronæ hæres ſucceſſit patri. Vix autem Regnum auſpicatus fuerat, cùm Ducem Holſatico-Gottorpienſem bello eſt aggreſſus. Juvat in hoc eruditionis apparatu celeberrimam cauſam, inter Reges Daniæ & Duces Holſato-Gottor-

pienſes, toties in hanc usque diem controverſam, breviter attexere: quamvis aliquam illius mentionem jam antè fecerimus.

§. V.

Controverſia Regum Daniæ cum Ducibus Holſato-
Gottorpienſibus.

109. Slefvici Ducatus, Danici olim Regni Provincia, Regum filiis ſecundò genitis pro congrua ſuſtentatione ſæpiùs aſſignatus, mortuo Adolpho VIII. Slefvici & Holſatiæ Duce, ad Chriſtianum,
primum exigente Oldenburgica Daniæ Regem, Adolphi ex ſorore
nepotem, hæreditario jure pervenit: qui Holſatiæ etiam Ducatum
à Friderico III. Cæſare feudali jure poſſidendum accepit.

Inter Chriſtiani I. filios res ita transaſta eſt, ut communi jure,
ſocietate & authoritate utrumque Ducatum poſſiderent & admi-
niſtrarent. Eandem unionem cum fratre Adolpho, Domus Holſato-Gottorpienſis parente, renovavit Chriſtianus III. faſta tamen
ditionum diviſione, ita ut aliæ urbes & oppida ad Regem, alia ad
Ducem pertinerent, communi tamen conſilio & poteſtate guber-
narentur. Tenuiſtque hæc unio ad medium usque prioris ſæculi,
quo Fridericus Slefvici & Holſatiæ Dux partes Caroli Guſtavi
Sueciæ Regis adversùs Danum amplexus, anno 1658. in Rotſchil-
denſi pace, ſublata feudali ſubjeſtione, ſupremo & æquali cum
Dano jure portionem ſuam gubernandum accepit; ſalva tamen
unione.

Dejeſtus quidem hoc jure anno 1675. à Dano Dux fuerat.
At anno 1679. opera Galli & Sueci reſtitutus.

Nihilominus Danus, ægrè paſſus, Ducem æquali ſecum jure
Slefvicum regere, ſolus tributa imperabat, in locis etiam, ſoli Duci
ſubjeſtis: negabàtque Duci jus armorum, fœderum, munimento-
rum, in Ducalibus etiam ditionibus.

At verò Dux publico ſcripto jus ſuum aſſeruit. Slefvicenſis
ditionis ſuæ ſupremo jure ſe eſſe dominum, ratione Holſatiæ verò immediatum Imperii Principem, nemini, niſi Imperio & Cæſari
ſubjeſtum. Tributa non niſi communi utriusque voluntate de-
cernenda ac indicenda, ac deinde æquali portione Regem inter &
Ducem dividenda. Unionem eſſe fœdus æquale reciprocum, quod
tamen neutrum alteri ſubjiciat.

Exce-

Excepit contra hæc Rex, replicante Duce. Verùm dum bellum hoc litterarium parùm proficeret, Rex anno 1684. totum Slefvicenfem Ducatum armis occupavit; donec per Altonenfem tractatum Dux rurfus in poffeffionem fuæ portionis, & jus fupremæ jurisdictionis, & poteftatis independentis eft reftitutus.

Verùm cùm Rex æqualem, Dux fuperiorem in Ducatu non ferret, mox ea conventio rurfus diffiliit. Cùm enim Dux, Rege non falutato, nova munimenta moliretur, ac militem externum confcriberet, Rex utrumque vetuit: ea nixus ratione, quòd, cùm facta jurium bonorúmque communione atque focietate fint Con-Domini Ducatus, edicta & mandata utriusque nomine concipienda & emittenda, homagium utrique fimul à fubditis præftandum: hócque à gemino fæculo ufu fuiffe obfervatum. Unionem utriusque Domus toties renovatam exigere, ut omnia communicato confilio fiant.

Repofuit Dux, Rotfchildenfi & Altonenfi tractatu fupremam in ditiones fuas Slefvicenfes jurisdictionem fuiffe fibi conceffam, cum jure armorum, ac poteftate fubfidia colligendi à fubditis, pangendi fœdera, munimenta poffidendi, ac nova exftruendi. Quæ omnia fieri poffint falva inita communione, quæ nihil aliud fit, quàm fœdus quoddam reciprocum, Domum inter utramque erectum.

Non acquievit Danus; fed quia Duces jam à pluribus annis ad Suecos, frequentes Danorum hoftes, ftudia fua inclinaverant, perpetuam unionem renovari voluit, negavítque jus armorum aliter Duci conceffum, quàm ut communi cum Rege confilio & auctoritate exerceretur: prout antiqua Domum inter utramque unio exigeret.

Perrexit Dux Rege invito munire urbes, plurésque externas copias in ditiones fuas adducere. Unde Chriftianus V. Rex Daniæ anno 1697. munimenta quædam Ducis fubruit; quæ cùm à Duce rurfus fuiffent reparata, à Danis iterum folo fuerunt æquata. Jámque Tönningenfe munimentum tormentis infeftare cœperant Dani, cùm Angli, Sueci, Batavíque Ducis caufa fufcepta, anno 1700. in pace Travendalica impetrârunt, ut Dux priorem in ftatum reftitueretur, cum pleno ac libero jure armorum, fœderum, ac munitionum.

At mox Duce Friderico IV. partes Suecicas Caroli XII. in bello Livonico & Polonico fequente, Holfata Domus grandes ruinas fubiit. Cæfus in acie anno 1702. Dux Fridericus. Filius Dux Carolus Fridericus fub tutela patrui Chriftiani Adolphi conftitutus,

tus, neutrárum partium fe primùm profeſſus, quietem tantiſper obtinuit; at cùm, cæſo anno 1709 ad Pultavam Sueco exercitu, Danus etiam Suecis bellum indixiſſet, atque Holſati in munimentum Tönningenſe Suecos àdmiſiſſent, Danus Sleſvicenſem & Holſatum Ducatum eisdem eripuit.

Nullum à Suecis, tot ſurgentibus undique hoſtibus, præſidium. Unde juvenis Dux Carolus Fridericus ad Cæſarem converſus, reſtitutionem ſupplex rogavit Viennæ. Miſeratus Imperator triſtem Principis extorris ſortem, Regem Daniæ monuit, ut eundem reſtituat. At ille Sleſvicenſem Ducatum nullo cum Imperio nexu conjunctum, aut feloniæ jure, ſi tanquam Daniæ feudum reſpiciatur, ad ſe reverſum, aut ſi jure ſupremo ac independenti cenſeatur, belli jure à ſe occupatum aſſeruit. Eodem belli jure Holſatiam ſuæ poteſtatis factam. Malè actum iri cum externo Rege, ſi in Principem Imperii, qui absque Cæſaris & Imperii conſenſu bellum ſibi moviſſet, belli jure uti non poſſet.

His nequaquam motus Cæſar, Weſtphalico, & Saxoniæ Superioris ac Inferioris circulis in mandatis dedit, ut, ſi ultro non cederent Dani, vi & armis eos ſubmoverent ex ditionibus Germanis Ducis Holſatiæ. Non exſpectavit hoſtilem procellam Rex, ſed Holſaticas ditiones Duci reſtituit, nulla ratione ſe adduci paſſus, ut Sleſvicenſes etiam redderet. Neque in pace, Suecos inter & Danos anno 1720. inita, Suecia propriis ruinis fatiſcens Holſati rationem habuit. Unde hodiedum Daniæ Rex totum Ducatum Sleſvicenſem poſſidet, Holſatis eundem fruſtra repoſcentibus.

Cùm verò Domus Holſato-Gottorpienſis, paulò antè depreſſa, & omnibus exuta, ad ſummum in ſeptentrione potentiæ faſtigium tum nuper jam evecta, tum magìs adhuc deinceps ſit evehenda, altero Principe, Carolo Petro Ulrico, Petri I. ex filia nepote, ad Ruſſicum thronum, altero, ejus agnato proximo, Adolpho Friderico, ad Suecicum deſtinato, tempus oſtendet, quænam Sleſvicùm fata ſit ſubiturum: uti etiam mare Balticum, cujus dominium Dani ſibi vindicant, utpote cui Daniæ inſulæ veluti innatent, clavésque ad illud, munimenta videlicet ad fretum Oreſundicum in manu quodammodo teneant. Hinc antiquiſſimum hoc eſſe Daniæ patrimonium, ac præcipuum Regni nervum, contra Ruſſos, Livones, Curlandos, aliósque finitimos populos fortiter ſemper defenſum, diviſo jam olim fratres inter Danos Roë & Helge terrarum pelagíque imperio: ac hodiedum conſtituto maris Præfecto,

fecto, qui piratas & commercii turbatores fubmoveat, undásque Daniæ vectigales, fecuras præftet.   An hunc ipfúmque Daniæ Regem delatas à vicinis mari civitatibus querelas, poftulatámque opem, ubi à quoquam commerciorum libertas atque fecuritas turbata fuerit; ociúsque Daniam aut pro auctoritate eandem imperâffe, aut claffe immiffa extorfiffe.

ARTICULUS VIII.
Differtatio de Concordatis Germaniæ.

Inter præcipua fæculi XV. Ecclefiaftica monumenta funt *Concordata Germaniæ*, Pontificem inter Nicolaum V. & inclitam Natio-nem Germanicam circa provifionem Beneficialem & annatas conclúfa.   De quibus proin meritò uberiorem tractationem fubjungo.

§. I.
De Beneficiis Ecclefiafticis Refervatis ante Concordata.

Cùm certus modus promovendi Clericos ad dignitates, Officia *110.* & Beneficia Ecclefiaftica non fit præfcriptus jure Divino aut *Varias* Naturali, fed à jure pofitivo Ecclefiaftico dependeat, fæpiùs in *modus* Ecclefia, prout alia plura, ad folam difciplinam fpectantia, pro *provifio-num.* varia temporum locorúmque conditione fuit immutatus.

Et quidem prima Ecclefiæ ætate Epifcoporum electio fufcepta eft à clero & populo: fic tamen, ut populus tantùm haberet votum *confultivum*, inquirendo in mores, proponendo, commendàndo, ac teftimonium dando.

Crefcente autem fidelium multitudine, Clerici exclufo populo electiones Prælatorum perficiebant.   Poftquam verò etiam Clericorum numerus plurimùm auctus fuerat, non omnes ad electiones admiffi fuerunt; fed Epifcopi eligebantur à Metropolitano & Coëpifcopis illius Provinciæ, quæ difciplina diu in Ecclefia viguit.

Imperatores etiam fæpiùs Regésque chriftiani in partem ve-niebant, non quidem jure ordinàrio Regio, aut poteftati regali per fe annexo, fed delegato ipfis à Clero: qui ad evitandas dif-cordias, & violentas intrufiones, tanquam Advocatos & Prote-ctores Ecclefiæ rogavit, ut authoritatem fuam interponant, &

Pars VI.   B b   Eccle-

Ecclefiæ pro illis circumstantiis provident. Qua ratione, tum alii Imperatores, tum præfertim Henricus III. rogatus à Clero Romano, tres fucceffivè nominavit Pontifices, ac Romanis præfentavit.

Reftituto occidentali Imperio Epifcopi & Abbates, præfertim in Germania, caftra, urbes, fundos, imò integras provincias fub feudali nexu ab Imperatoribus acceperunt. Unde ifti, retento dominio fupremo in illas terras, juramentum fidelitatis à Prælatis tanquam vafallis accipiebant, & Inveftituram per traditionem annuli & baculi Paftoralis conferebant. Quæ res, cùm fub Henrico IV. accedente etiam multifaria fimonia, & turpi facerdotiorum nundinatione, in magnos abufus degenerâffet, ingentes turbas excitavit; quæ tamen tempore Henrici V. ea ratione funt compofitæ, quam *part. 3. cap 5. art. 1.* recenfuimus.

Relicta tunc Ecclefiis Prælatorum electio libera, & Epifcopo de jure communi collatio inferiorum Beneficiorum; donec Romani Pontifices varia fibi refervârunt. Harum *refervationum* origo ab aliquibus refertur ad fæculum XIII. ac tempora Gregorio IX. pofteriora; unde in Decreto Gratiani & quinque libris Decretalium nulla earum mentio: fed in illis permittitur electio Prælatorum Capitulis libera, confirmatio verò electi immediatè fuperiori, ùt confirmatio Epifcopi Archiepifcopo, Archiepifcopi Primati &c. (leguntur tamen in his Decretalibus *gratiæ exfpectativæ*, & *mandata de providendo* alicui in particulari, fæpius miffa à fede Apoftolica. Unde hæ gratiæ & mandata multò funt antiquiora refervationibus.

In fexto autem Decretalium, Clementinis, & Extravagantibus frequens occurrit mentio *Refervationum.* Et quidem *cap. licèt 2. de præbend. & dignit. in 6.* Clemens IV. qui fub medium fæculi XIII. floruit, Romano Pontifici refervat collationem eorum Beneficiorum, quæ vacant *in curia*, feu *apud fedem Apoftolicam*, allegátque antiquam confuetudinem. Ex quo colligitur, quòd, licèt antiquius jus fcriptum non habeatur, confuetudinem tamen hujus refervationis jam ante fæculum XIII. viguiffe: aliàs non poffet dici confuetudo *antiqua.*

Verùm Gregorius X. in Concilio Lugdunenfi Clementis, Anteceffhoris fui Canonem ita moderatus eft, ut, fi Papa Beneficia in curia vacantia non conferat intra menfem, (à die vacationis computandum) ad collatores ordinarios jus ea conferendi redeat. *cap. ftatutum 3. de præb. & dign. in 6.*

Bonifa-

Bonifacius VIII. *cap. præfenti* 34. *eod.* extendit difpofitionem Clementis; ut nempe etiam eorum Beneficia Papæ fint refervata, qui *non ultra dies dietas* à curia diftantes moriuntur.   Eadem refer. vatio innovatur à Clemente V. *Clement. fi duobus* 1. *ut litè pend.*

In Extravagantibus communibus *cap piæ* 1. *de præb. & dign.* eandem refervationem Beneficiorum, vacantium in curia, cum moderatione Greg. X repetit Bonifacius VIII. decernitque irritum, quiquid fecùs factum fuerit, fcienter vel ignoranter.

In *Extravag. exècrabilis* 4. *eod.* Joannes XXII. præter vacantia in curia, atque intra duas dietas, Sedi Apoftolicæ refervat Beneficia vacantia per *adeptionem novi Beneficii curati*, vel aliàs incompoffibilis.

In *Extrav. ad regimen* 13. *eod.* Benedictus XII. Joannis fucceffor Sedi Apoftolicæ multò plura refervavit, nempe, præter omnia vacantia in loco curiæ usque ad duas dietas, infuper vacantia *per depofitionem, privationem, translationem, confecrationis fufpenfionem, electionis aut poftulationis caffationem, renuntiationem*, authoritate Apoftolica factam.   Item vacantia *per obitum Cardinalis, Legatorum Apoftolicorum, & aliorum Pontificis officialium*.   Denique vacantia per *promotionem ad dignitates majores*, Patriarchales, Archiepifcopales, Epifcopales, Abbatiales authoritatè Papæ factas, poftquam dignitatis talis collatæ pacificam poffeffionem fuerint adepti.

Cùm autem quidam dicèrent, ejusmodi refervationes cum morte Pontificum, qui eas fecerant, exfpiràffe, Paulus II. ùt habetur *extrav. ult. eod.* declaravit, omnia Beneficia, à Romanis Pontificibus hactenus refervata, manere *affecta*, acfi Papa manum re ipfa appofuiffet, ita, ut pro illa vice, & pro iis circumftantiis eadem nemo alius præter Summum Pontificem poffit conferre.

Denique in *Regulis Cancellariæ* pofterioribus temporibus multò plura adhuc refervantur Papæ.   Nam *reg.* 1. præter ea, quæ in Extravagantibus refervata diximus, refervantur omnia, quæ contra decreta & formam Concilii Tridentini funt obtenta, e. g. à carente debita ætate, aut aliis qualitatibus.

In 2. omnes Ecclefiæ Patriarchales, Primatiales, Archiepifcopales, Epifcopales, & Monafteria, proventu annuo fupra ducentos florenos aureos afcendentia.   Item Beneficia, quæ vacant fede ordinariorum collatorum vacante.

In 3. prohibetur, ne quis obtento fecundo Beneficio, prius
habi-

habitum in fraudem refervationis Pontificiæ refignet : aliàs utrumque vacare & refervatum effe.

In 4. Refervantur omnes Dignitates primæ poft Pontificalem
in Ecclefiis Cathedralibus, & primæ in collegiatis, valorem 10.
florenorum auri excedentes.   Item Prioratus, Præpofituræ, &
aliæ Dignitates conventuales (*fi fint perpetuæ, & electio non fiat
à Religiofis*) ac infuper Beneficia officialium & commenfalium
Papæ.

In 9. omnia Beneficia, quæ menfibus Januario, Februario,
Aprili, Majo, Julio, Augufto, Octobri, & Novembri incipiunt vacare aliter, quàm per refignationem.   Adeóque collatoribus ordinariis, tantùm quatuor menfes relinquuntur, nempe femper tertius, ùt Martius &c.

Refervationes hactenus memoratæ in iis tantùm vigent provinciis, in quibus non habentur fpecialia privilegia, aut *concordata,*
uti habentur in Germania : prout mox dicemus.

§. II.
Concordata Germaniæ.

Inclita Natio Germanica ægrè ferebat tot refervationes, jura con-
curfus, jura præventionis, manus appofitiones, gratias exfpe-
ctativas, mandata de providendo, annatas.   Quare anno 1446.
Francofordiæ in Synodo inter Joannem Cardinalem S. Angeli,
Eugenii IV. legatum à latere & Imperatorem Fridericum III. ac
Status Imperii de moderamine hac in re tractari cœptum.

112.   Conclufus autem fuit ille tractatus Afchaffenburgi anno 1448.
A quibus inter eundem Legatum Apoftolicum nomine Nicolai V. Eugenii
conclufa. fuccefforis ex una, & Fridericum III. Imperatorem atque Imperium ex altera parte.   *Plurimorum facri Romani Imperii Electorum,
aliorúmque ejusdem Nationis, tam Ecclefiafticorum, quàm fæcularium Principum confenfibus accedentibus, conclufa, laudata, & acceptata funt concordata; ùt habet proëmium concordatorum.*

Concordata verò ifta Germanica comprebenfa funt in Bulla,
ad facram Petri fedem, Nicolai V. qua illa approbavit : neque enim
alia hac de re exftat conftitutio, nifi prævia conventio inter Legatum Apoftolicum & Nationem Germanicam.   In qua tamen
conventione aliud non continetur, quàm in prædicta Bulla Nicolai V.

Qua-

Quatuor autem præcipua capita concordata illa complectuntur: 1. *Reservationes*. 2 *Concessiones Nationi Germanicæ factas*. 3. *Menses alt'rnativos*. 4. *Annatas*.

Atque imprimis *Reservationes* ad quatuor species reduci possunt. Nam Beneficia alia reservantur ratione *personæ*, quæ illa possedit. Alia ratione *modi*, quo vacant, alia ratione *modi*, quo acquiruntur, alia ratione *ipsius Beneficii* aut Dignitatis.

Ratione Personæ, quæ prius possedit, Papæ reservantur 1. Dignitates & Beneficia, quæ vacant per *obitum Cardinalis*, ubicunque moriatur. Hinc si decedat Episcopus, qui est Cardinalis, Capitulum non potest successorem eligere, nisi speciale indultum à Papa obtinuerit. *(margin: 113. Reservata ratione personæ.)*

2. Quæ vacant per obitum aliquorum officialium curiæ Romanæ, ùt Vice-Cancellarii, Camerarii, Auditorum Palatii Apostolici, septem Notariorum, Correctornm, centum & unius scriptorum litterarum Apostolicarum, viginti quinque Abbreviatorum, nec non *verorum* Commensalium, ùt Auditorum Rotæ &c. 25. Capellanorum: ac etiam quorumcunque Legatorum, seu Collectorum fructuum & proventuum Cameræ Apostolicæ, Thesaurariorum deputatorum &c. Ubicunque eos obire contigerit. Nam Beneficia omnia, per horum obitum vacantia reservuntur Papæ.

Ratione modi, quo vacant, reservantur Pontifici 1. quæ vacant *in curia*, seu *apud Sedem Apostolicam*, vel in loco, non ultra duas dietas à Pontifice aut ejus curia seu cancellaria distante. Si igitur Prælatus aut quiscunque Beneficiatus pergens Romam, aut ab ea recedens, moriatur in loco, non ultra *duas dietas*, (seu duos circiter dies, novem videlicet aut decem milliaria Germanica) à Roma distante, ubíque nullum domicilium proprium habeat, omnia illius Beneficia, etiam alibi habita, Papæ sunt reservata. *(margin: 114. Ratione modi, quo vacant.)*

2. Reservantur Papæ Dignitates, Canonicatus, & Beneficia eorum, qui Authoritate Apostolica (sive per collationem, sive per confirmationem, aut institutionem) *promoti sunt* ad Patriarchatum, Archiepiscopatum, Episcopatum, aut Regimen Monasterii. Nam horum Beneficia, priùs habita, per ejusmodi promotionem vacant; pertinétque eorum collatio ad Papam. Idem dicendum de Beneficiis eorum, qui per litteras Apostolicas *immediatè promoti* sunt ad dignitatem, Prioratum, personatum, aut aliud

aliud quodcunque Beneficium incompatibile: nam etiam horum Beneficia, priùs habita (si sint cum noviter obtento incompatibilia) vacant, & refervantur dispositioni Pontificiæ (excipitur tamen casus, quo virtute gratiæ exspectativæ fieret affecutio novi Beneficii.)

3. Refervantur Papæ vacantia per *depositionem, privationem*, aut *translationem* Episcopi aut Beneficiati ad aliam Ecclesiam: si illa depositio, privatio, aut translatio sit facta auctoritate Sedis Apostolicæ. Idem dicendum de vacantibus per *Refignationem*, factam in manibus Papæ: licèt accepta fuerit refignatio per procuratorem. Nam Beneficium sic refignatum jam est *affectum*, adeóque refervatum.

115.
Ratione modi acquirendi.

Ratione modi, quo acquiruntur, refervantur Summo Pontifici jure devolutionis

1. Ecclesiæ Archiepiscopales, Episcopales, & Regulares exemptæ, si illi, penes quos erat electio, intra *præfcriptum tempus* (quod regulariter est trium menfium) electionem non perfecerint, aut perfectam debito tempore non præfentaverint confirmandam à Sede Apostolica: aut si electio & præfentatio debito quidém tempore fuerit celebrata, fed non fit canonica.

2. Refervantur eædèm Ecclesiæ, uti etiam aliæ dignitates, Officia, & Beneficia quæcunque, five fæcularia, five Regularia, si electio fuerit *caffata*, vel *poftulatio repulfa* à Sede Apostolica. Nam tunc pro illa vice provisio spectat ad Papam.

116.
Ratione qualitatis.

Ratione qualitatis ipsius Dignitatis aut Beneficii, Papa sibi refervat

1. *Confirmationem* canonicè electi Archiepiscopi, Episcopi, & Prælati Monafterii exempti, cum potestate tamen, ex rationabili & evidenti caufa, atque ex confilio Cardinalium, de digniore & utiliore perfona providendi.

2. In quavis Ecclesia cathedrali dispositioni fuæ refervat, dignitatem proximam Episcopali, & in quavis Ecclesia collegiata præcipuam, five deinde Præpositura sit dignior, ùt in Germania, five Decanatus, ùt in Gallia. Et hinc in Germania omnes Præposituras confert Papa, nisi aliquæ privilegio Apostolico, aut speciali jure sint exemptæ. Et hæc quidem de Refervationibus in Concordatis statuta sunt.

117.
Quid Papa concedat.

Contrà verò quoad alterum *caput concordatorum*, concedit Pontifex Capitulis.

1. Electionem liberam ac canonicam Archiepiscoporum, Epifcopo-

fcoporum, & Prælatorum Regularium (*nempe juxta cap. quia propter 42 & cap. cùm expedit 29. de elect. in 6.*) cum obligatione tamen, ùt meinini, confirmationem petendi à Papa, licèt Epifcopi electi tantùm mediatè fint ipfi fubjecti.

Ex quo habetur, partim obfervatum fuiffe jus commune; quatenus fcilicet permiffa eft capitulis electio fuorum Præfulum in Eccleliis cathedralibus ac Monafteriis, prout in Decretalibus Gregorii IX. *tit. de Electione* &c. permittitur. Partim verò à jure communi fuiffe receffum; quatenus nempe confirmatio, quæ aliàs ad immediatè Superiorem, ùt Archiepifcopum &c. fpectabat, omnibus Epifcopis immediatè à Summo Pontifice eft petenda.

2. Quoad Prælatos Regulares, non exemptos, feu Apoftolicæ Sedi *non immediatè* fubjectos, concedit Papa non tantùm liberam poteftatem eos eligendi, fed etiam confirmandi iis, ad quos aliàs de jure vel confuetudine pertinet. Idem dicendum de aliis Beneficiis Regularibus, fuper quibus pro confirmatione vel provifione ad curiam Rómanam non confuevit habet recurfus.

3. Regularia Beneficia fub *Exfpectativis Gratiis* non cadant.

4. De Monafteriis Monialium non difponet Papa, nifi fint exempta; & tunc per commiffionem ad partes.

Quoad *tertium caput* circa *collationem alternativam*, cùm antea pér Regulas Cancellariæ quatuor tantùm menfes relicti fuiffent ordinariis collatoribus, per concordata iis conceffi funt fex, videlicet Februarius, Aprilis, Junius, Auguftus, October, December. Unde hi dicuntur *menfes ordinarii*, (nempe collatoris ordinarii, ad quem de jure vel confuetudine provifio aliàs pertinet) fi igitur his menfibus Béneficium quodcunque incipiat vacare, Ordinarius providebit, ad quem collatio, præféntatio, electio, aut alia quæcunque difpofitio, præfcindendo à refervationibus, fpectabat. Promittítque Pontifex, *quòd per nullam refervationem, gratiam exfpectativam, aut quamvis aliam difpofitionem, hanc provifionem impedire velit.*

Sibi verò Papa refervat fex reliquos menfes, puta, Januarium, Martium, Majum, Julium, Septembrem, Novembrem. Qui propterea *Menfes Papales* aut menfes *Apoftolici* appellantur: quia fcilicèt de Beneficiis, his menfibus vacare incipientibus, Papa providet. *Si autem non apparuerit infra tres menfes, à die notæ vacationis in loco Beneficii, quòd alicui de illo Apoftolica Auctoritate provifum fuerit, ex tunc, & non antea, Ordinarius, vel aliùs, ad quem ejus difpofitio pertinebit, de illo liberè difponere poterit.* Durabítque deinceps hæc collationis

per

118. per alternos menfes ordinatio, *nifi in futuro concilio de confenfu Germa-*
Annatæ. *nicæ Nationis aliter fuerit ordinatum.*

Denique *quartum caput concordatorum* continet difpofitionem circa folvendas *Annatas.* De his ordinandis ac temperandis Pontifex cum confenfu Nationis Germanicæ fic ftatus : *De Ecclefiis cathe-*
dralibus omnibus , & Monafteriis , virorum duntaxat , vacantibus & vaca-
turis, folvantur de fructibus primi anni, à die vacationis, fummæ pecuniarum,
in Camera Apoftolica taxatæ, quæ communia fervitia nuncupantur : & fi
quæ exceffivè taxatæ fuerint , relaxentur : & provideatur fpecialiter in gra-
vatis regionibus fecundum qualitatem rerum, temporum, & regionum, ne ni-
mium prægraventur ; ad quod petentibus dabimus commiffarios in partibus ,
qui diligenter inquirent , & retaxent.

Taxæ autem prædictæ pro media parte infra annum à die habitæ poffef-
fionis pacificæ totius vel majoris partis, folvantur, & pro altera media parte
infra annum fequentem : & fi infra annum bis vel pluries vacaverint, femel
tantùm folvatur : nec debitum bujusmodi in fucceforem in Ecclefia vel Mona-
fterio tranfeat.

De cæteris verò dignitatibus, perfonatibus , officiis , & Beneficiis fæcu-
laribus & Regularibus quibuscunque , quæ auctoritate, Apoftolica conferen-
tur , vel de quibus providebitur (excipiuntur illa , quæ vigore gratiæ
exfpectativæ, aut caufa permutationis conferuntur) *folvantur an-*
natæ , feu medii fructus juxta taxam folitam à tempore poffeffionis intra an-
num : & debitum bujusmodi fimiliter in fucceforem non tranfeat. Sed de
Beneficiis, quæ valorem 24. florenorum auri de Camera non excedunt, nihil
folvatur. Durétque bæc obfervantia deinceps, nifi eam fimiliter in futuro
concilio de ipfius Nationis confenfu contingat inmutari.

Hæc jam eft fumma *Concordatorum Germaniæ.* Concludítque
Pontifex, *irritum & inane fore, fi fecùs fuper bis à quoquam quavis aucto-*
ritate fcienter vel ignoranter contigerit attentari.

§. III.
Obfervationes in Concordata Germaniæ de Refervationibus.

Quæritur 1. *An præter refervationes Pontificias, in concordatis conten-*
tas, nullæ aliæ in Germania locum habeant ? Ratio dubitandi eft,
quia poft confefta ifta concordata per *Regulas Cancellariæ* (quæ à
diverfis Pontificibus fuerunt fucceffivè auctæ) varia adhuc fuerunt
refervata, abfolutè & fine limitatione. Deinde pofteriores Pontifices per varias Bullas, varia fibi refervârunt Beneficia, ratione
modi

modi vacationis.   Sic Pius V refervavit vacantia propter hærefin, & fimoniam confidentialem, item parochias, non collatas fecundum formam Tridentini (*f* 24. *c.* 12. *de ref.*) Beneficia refignata, quorum refignatio non fuit publicata in Ecclefia Beneficii, &
in cathedrali præfente populo, prout ftatuit Gregorius XIII. Alexander IV. refervavit Beneficia illorum, qui offendunt aut lædunt
litigantes in curia Romana, eorúmque advocatos, judices, & teftes &c.   Nihilominus

Refpondetur, in Germania nulla alia Beneficia effe refervata, 119.
nifi quæ continentur in concordatis.   Quia Nicolaus V. in illis *Nulla alia*
promittit, quòd in menfibus ordinariorum nolit impedire liberam *refervata.*
collationem, *per quamcunque aliam refervationem, gratiam exfpeÄativam,*
aut quamvis aliam difpofitionem ; fub quacunque verborum forma faÄam, aut
faciendam.   Additque eam conventionem cum Natione Germanica
duratūram, *usque dum in futuro concilio de ejusdem Nationis confenfu aliter*
fuerit ordinatum.   Atqui in nullo haÄenus concilio aliter fuit ordinatum.

Et licèt Papa concordatis abfolutè derogare poffet, non tamen
folet, nec cenferetur iisdem derogare velle, nifi clarè id exprime-
ret: quod in Bullis memoratis non eft faÄum.

Neque opponas, propter crimen hærefis, aliáque, ipfo jure
Pontificio induci privationem Beneficii.   Cùm ergo in concordatis referventur, quorum privatio authoritate Pontificia eft faÄa,
videri refervata omnia, vacantia per privationem ob crimen ipfo
jure induÄam.

Nam hoc argumentum probaret nimiùm: quòd fcilicet refervata effent omnia, quorum privatio ftatuta eft jure Ecclefiaftico,
ut incurratur ipfo jure; e. g. refervata effent, quæ vacant per
confeffionem religiofam, per initum matrimonium, per affecutionem alterius incompatibilis &c. nam horum privatio decreta eft
ab ipfo jure.

Igitur, ut privatio Beneficii induÄat refervationem, non fufficit, privationem à jure Pontificio effe ftatutam, fed debet à *fen-*
tentia, *faltem declaratoria*, *Pontificis* induci.   Quare, fi Ordinarius
ferat fententiam declaratoriam criminis, ipfo jure inducentis privationem Beneficii, non cenfetur privatio, in fenfu concordatorum, authoritate Pontificia effe faÄa, adeóque tunc Beneficium,
per talem privationem vacans, non eft refervatum, fed ab Ordinario conferri poteft.   Illus enim auÄoritate cenfetur faÄa effe
privatio, qui primus tulerit fententiam declaratoriam induÄæ à

Pars VI.   C c   jure

jure privationis. *(ita L.ymau, Reoiuff, Engel, Weiff. Wieft. Schmalzgr. Picbler, contra Chckuer, Luarden &c.)*

120.
Vacantia ob promo- tionem.

Quæritur 2. *An femper vacent, & fint refervata Beneficia prius babita, quando quis Apoftolica Auctoritate promovetur ad Epifcopatum, dignitatem, aut aliud Beneficium?*

Refpondetur. Excipi folent plures cafus. 1. Si quis promo-veatur ad *Epifcopatum* tantùm *Titularem* in partibus infidelium; qua-lem in Germania obtinent fuffraganei feu vicarii Epifcoporum in Pontificalibus Nam horum Beneficia per adeptionem ejusmodi Epifcopatus Titularis, cujus poffeffionem fructiferam non affequun-tur, non vacant.

2. Quia Epifcopatus, *Gurcenfis*, *Seccovienfis*, *Chiemfcenfis*, & *Lavantinus*, non conferuntur immediatè auctoritate Pontificia, ne quidem per confirmationem, fed ex fpeciali indulto Sedis Apofto-licæ ab Archiepifcopo Salisburgenfi, eorum Beneficia priùs habita non funt refervata Papæ.

3. Excipiuntur in ipfis concordatis Beneficia, quæ vacant per adeptionem dignitatis aut Beneficii, virtute *gratiæ exfpectativæ* à Papa obtenti; nam Beneficia fic vacantia non funt refervata, fed provifio pertinet ad ordinarium collatorem.

4. Neque funt refervata, quæ vacant per adeptionem Bene-ficii, virtute *Primarum Precum* obtenti. Nam licèt jus Primarum Precum fundetur in conceffione Pontificia, tamen Beneficia, per eos obtenta non conferuntur *immediatè authoritate litterarum Apofto-licarum.*

121.
Præpofitu-ra.

Quæritur 3. *Quænam Præpofituræ in Germania fint refervatæ?* Refpondetur: Omnes, quæ non fpecialiter funt exemptæ; nam in concordatis generaliter refervantur dignitates in cathedralibus Ecclefiis primæ poft Pontificalem, & in collegiatis omnes principa-les feu primæ.

Excipiunt tamen 1. Præpofituras omnes *Diœcefis Leodienfis.* Quia hæ ob fpecialia concordata, cum Eugenio IV. inita, & ab Urbano VIII. poftea confirmata, funt electivæ. 2. *Præpofituras Bavariæ* extra civitates Epifcopales exiftentes: quæ ex fpeciali pri-vilegio conferuntur ad nominationem Electoris. 3. Præpofituram Ecclefiæ cathedralis *Auguftanæ*, ad quam ex privilegio Alexandri VI eligit Capitulum. 4. *Monafterienfem* ex privilegio Pauli V. 5 *Elvacenfem*, quæ indulgente Sede Apoftolica manfit electiva. Electus tamen confirmari debet à Pontifice.

Quæritur 4. *An fint refervata illa Beneficia, quæ per confirmatio-*
nem

nem vel aliam provifionem Pontificiam promoti ad Epifcopatum retinent ex difpenfatione Papæ ?

Refpondetur. Barbofa, Simonetta, P. Schmalzgr. putant, ea 122. effe refervata, ita, ut, quandocunque poftea vacaverint, ad colla- *Retenta* tionem Sedis Apoftolicæ pertineant. Allegántque in hanc rem *ex difpen-* praxin Curiæ Romanæ. Verùm abftrahendo ab hac praxi, ac fi *fatione.* ftendo. in theoria, probabilius cenfent Leurenius, Engel, Wieft- ner, Wex, ejusmodi Beneficia non effe refervata. Ratio eorum eft: quia in concordatis, *§. placet nobis*, videtur dici, quòd Bene- ficia *per promotionem ad Epifcopatum vacantia* fint refervata Talia autem Beneficia *non vacant per promotionem* (quia ex difpenfatione Sedis Apoftolicæ Epifcopus ea retinere pergit) fed poftea primùm *vacant per mortem Epifcopi.* Adeóque non videntur in concordatis effe refervata, aut affecta.

Difficultatem tamen movent hæc verba concordatorum: *Quæ* (Beneficia) *promoti obtinebant tempore promotionum , nunc quocunque modo vacantia , & in pofterum vacatura*, refervantur. Ubi planè dici vide- tur, quòd talia Beneficia, per difpenfationem retenta, etiam per mortem poftea vacatura, fint refervata.

Refpondet tamen P. Engel *de præbend. &c. n.* 16. fubintelli- gendum effe, fi fint vacatura *vi promotionis*, vacantia autem per mortem non vacare vi promotionis.

Quæritur 5. *An Electus in Epifcopum, Decanatum, aut Canonica-* 123. *tum, quem habuit, refignare poffit in manibus Capituli, & hoc illum conferre?* *Refignatio* Refpondetur. *Electus in Epifcopum, fi necdum fit confirmatus,* *Decana-* probabiliter refignare poteft Decanatum, aut Canonicatum in ma- *tus.* nibus Capituli, hócque illum conferre. *Non tamen, fi jam fit con- firmatus.*

Priorem partem amplectuntur Laymannus, Weiffius, Engel, Wieftner, Schmalzgrueber &c. contra Chokierum, Canonicum Leodienfem, & alios quofdam. Ratio eft: quia per *promotionem* ad Epifcopatum Beneficia, priùs habita, fiunt refervata: electio autem nondum eft promotio, fed inchoatio tantùm promotionis: adeóque per illam Beneficia necdum fiunt refervata.

Certè Electio, per Canonicos fufcepta, non eft promotio au- ctoritate Sedis Apoftolicæ facta. Ut autem promotio inducat re- fervationem, requiritur juxta concordata, ut promotio fit facta *auctoritate Sedis Apoftolicæ.*

Neque talis refignans agit in fraudem alicujus legis; cùm uta- tur jure fuo: præfertim cùm refervationes, utpote derogantes juri com-

communi antiquiori, fint ftrictæ interpretationis, adeóque ultra
verba concordatorum non extendendæ.

Altera pars, quòd fcilicet jam *confirmatus* Epifcopus (licèt
necdum fit confecratus, nec adeptus pacificam & fructuofam poffeffionem Epifcopatus) Beneficia, priùs habita, non poffit ampliùs
refignare in manus Capituli, eft multò communior; videtúrque
fatìs clarè expreffa in concordatis: in quibus Pontifici refervantur Beneficia, quæ *promoti* ad Archiepifcopatum, aut Epifcopatum
tempore promotionis obtinent.　Atqui electus per confirmationem fit promotus.

Neque dicas, ad hoc, ut Beneficium fiat vacans & refervatum,
requiri præter confirmationem infuper juxta concordata, ut fit acquifita pacifica & fructuofa poffeffio Epifcopatus.

Nam hanc concordata tantùm requirunt, ubi, *§. placet nobis*,
in fine fermo eft de vacantibus per affecutionem *inferiorum* Dignitatum & Beneficiorum: non autem, ubi paulò fuperiùs fermo fuit
de vacantibus per affecutionem *Epifcopatus*, & aliarum fuperiorum
Dignitatum.　Ibi enim ad hoc, ut vacent, & fint refervata Beneficia, priùs habita, tantùm requiritur, ut fit *promotus*, (quod fit per
confirmationem) non verò, ut pacificam & fructuofam poffeffionem jam fit adeptus.

Neque eft paritas cum Epifcopis titularibus.　Horum enim
Beneficia non vacant, quia fperare non poffunt poffeffionem fui
Epifcopatus.　Adeóque ex Beneficiis fuis fuftentari debent.　Aliud
eft de Epifcopis, qui mox poffeffionem Epifcopatus fperare poffunt.　Horum enim Beneficia *quoad titulum* per confirmationem vacant, licèt poffeffio eorum fructifera ipfis relinquatur, usque dum
Epifcopatus fructiferam poffeffionem fuerint adepti.

§. IV.
Obfervationes de Collatione Alternativa.

124.　**Q**uæritur 1. *Quænam Beneficia fint fubjecta collationi alternativæ?*
Quænam Refpondetur: Omnia Beneficia *propriè & ftrictè dicta* (*fi non*
alte nati- *fint excepta, aut jam aliunde Pontifici refervata*) etiam pro cafu, quo
ve fubja- fundator Beneficii ftatueret, ut à folo Ordinario femper confera-
ceant. tur.　Non enim poteft aliter fundare, nifi prout publica jura Ecclefiaftica & concordata exigunt.

Dixi autem: *Omnia Beneficia, propriè & strictè dicta.* Hinc Beneficia *manualia, Vicariæ temporales, Commendæ, Pensiones, Coadjutoriæ, Prælaturæ, & Prioratus* Ordinum mendicantium, *Vicariatus Generalis,* officium *custodis;* item *Capellaniæ,* absque authoritate superioris Ecclefiastici erectæ, non subjacent alternativæ; quia non sunt propriè & strictè Beneficia (quando non dantur in titulum perpetuum propter officium spirituale.)

Sic pariter alternæ collationi Pontificiæ non subjacent, quæ *propriè nunquam vacant,* ùt Beneficia *accessoriè* unita alteri Beneficio, Dignitati, menfæ Episcopali, Abbatiali, Capitulari (quia per unionem extinguuntur) uti etiam Beneficia *Ecclesiæ non numeratæ,* seu non habentis certum numerum Beneficiorum, quæ proin non necessariò debeant suppleri: nam neque tunc propriè vacant.

Neque alternativæ subjacent Dignitates Episcopales & Abbatiales; cùm relinquantur canonicæ Electioni Capitulorum. Neque Præposituræ; cùm fint perpetuò refervatæ Pontifici. Econtra alternativæ subfunt reliquæ dignitates, ut Decanatus (ubi non est prima dignitas post Episcopalem) Archidiaconatus, Scholasteria &c. (nisi aliud habeat consuetudo, vi cujus teste Van-Espen, Capitula passim eligunt Decanum, quocunque mense vacaverit.)

Subeunt etiam alternativam per se loquendo Beneficia *Parochialia* aliáque curata, etiamsi fint *monocularia,* aut *patrimonialia:* exceptis tamen iis, quæ sunt Juris Patronatus laicalis. Excipiuntur etiam *Vicariæ perpetuæ,* quibus providet Parochus.

Quæritur 2. *An alternativæ fint obnoxia Beneficia Patronata?* 125. Respondetur. Si fint Juris Patronatus Ecclefiastici, omnino ca-*An Patre-* dunt fub alternativam; uti etiam, fi Jus Patronatus laico competat *nata.* ex *privilegio* Pontificio, aut ex *præscriptione.*

Si autem laico competat Jus Patronatus propter *fundationem, constructionem,* aut *dotationem,* non sunt obnoxia alternativæ. Nam licèt concordata ista Beneficia specialiter non excipiant, non tamen censetur derogare juri laicorum, specialiter ipsis aliunde à facris Canonibus concesso; tum ut Ecclesia gratitudinem ipsis exhibeat, tum ut eos ad ulteriorem liberalitatem excitet. Nam ut huic juri derogari censendum esset, deberet specialiter derogatio exprimi, ùt communiter tenent DD. in concordatis autem nulla specialis fit mentio hujus Patronatus laici, aut derogationis.

Procedítque hoc probabiliùs etiam, quando Beneficium est

Patronatus *mixti*, feu partim Ecclefiaftici partim laicalis.　Quia æquum non videtur, ut laicus jus fuum perdat propter focietatem cum Clerico : fed potius privilegiatus trahit focium non privilegiatum.

126.
An refi-
gnata.

Quæritur 3.　*An alternativæ fubjaceant Beneficia, quæ vacant per refignationem ?*

Refpondetur.　Si in manibus Papæ fint refignata, prout contingit in refignatis *in favorem*, aut *fub conditione onerofa*, Pontifici funt refervata ; confequenter non fubjacent alternativæ : fed quocunque menfe fic vacant, conferuntur à Papa.

Si autem refignatio fiat *ex caufa permutationis*, aut fit omnino *pura & fimplex*, in manibus Epifcopi facta, tunc Beneficia per talem refignationem vacantia probabilius non funt fubjecta collationi alternativæ, fed eorum provifio femper pertinet ad collatorem ordinarium, nifi aliunde in concordatis fuerint refervata.

Nam licèt in concordatis Pontifex terminis generalibus (*de cæteris verò dignitatibus & Beneficiis quibuscunque fæcularibus & Regularibus vacaturis*) alternis menfibus vacantia fibi refervet ; tamen, cùm Epifcopi aliarum Nationum, fecundum Regulam IX. Cancellariæ, Beneficia, ex refignatione fimplici vacantia, quovis menfe conferre poffint, idem etiam Epifcopis Germaniæ conceffum cenferi debet.　Cùm Pontifex per concordata Germaniæ noluerit conditionem Epifcoporum Germaniæ duriorem, aut deteriorem facere, fed meliorem, cùm in favorem, Germanicæ Nationis, magísque ad juris communis normam fint fancita.

§. V.

Obfervationes circa tempus collationis alternativæ.

127.
Finis men-
fis.

Obferv. I. Menfis alternativus finitur ad pulfum horæ 12. nocturnæ ultimæ diei : ut adeò fi Beneficiatus obeat ultima die Januarii ante horam 12. auditam aut indicatam per fidele horologium, provifio adhuc pertineat ad Papam.　Si verò poft horam 12. moriatur, ad Ordinarium ; quia tunc jam cœpit menfis Ordinarii, nempe Februarius : & fic de reliquis menfibus.

Sed quid, fi dubium fit, an Beneficiatus ante horam 12. ultimæ diei obierit, an verò poft illam, fi e. g. altera die in lecto inveniatur jam mortuus ? ad quem tunc pertinet provifio ? Refpondetur : fi dubium in utramque partem fit æquale, probabilius liùs pertinet ad O. dinarium. Ratio eſt: quia Epiſcopus habet intentionem ſuam fundatam in Jure, juxta quod proviſio omnium Beneficiorum ſuæ Diœceſis ad ipſum ſpectat. Igitur reſervatio, tanquam juri communi derogatoria, adeóque odioſa, probari de‑ bet. Atqui non probatur, ſi non conſtet, an in menſe Papali mors contigerit, adeóque tunc manet Ordinarius in poſſeſſione juris providendi.

Idem conſequenter dicendum, pro caſu, quo Beneficium ſic vacans uterque (Papa videlicet & Ordinarius) contulit, & non conſtet, quis alterum prævenerit.

Imò Garcias, Palaus, Nicolarts, Leurenius, Pirhing, Wieſt‑ ner, Schmalzgrueber, Pichler, propter eandem rationem exiſti‑ mant, etiam pro caſu, quo Papa Ordinarium jam præveniſſet conferendo Beneficium, proviſionem Ordinarii, licèt poſteriorem tempore, eſſe præferendam, donec proviſus à Papa reſervatio‑ nem probet. Quia ſcilicet præſumptio Juris pro Ordinario mili‑ tat. Igitur poſſeſſor à Papa proviſus probare debet titulum reſer‑ vationis.

Aliud eſſet, ſi Papa non jure reſervationis, ſed *jure præventio‑ nis* contuliſſet Beneficium; tunc enim in dubio, quis alterum præ‑ venerit, proviſus à Papa, propter auctoritatis prærogativam, eſſet præferendus *Arg. c. ſi à ſede* 31: *de præbend. &c. in 6.* Non ſolet tamen Pontifex in his caſibus pro Germania uti jure præventionis, propter concordata.

Obſerv. 2. Licèt quis menſe Papali deceſſerit, ſi tamen *non apparuerit intra tres menſes, à die notæ vacationis in loco Beneficii, quòd ali‑ cui de illo Apoſtolica auctoritate proviſum fuerit,* juxta concordata Ordi‑ narium de illo poſſe diſponere.

128. *Trimeſtre collatio‑ nis.*

Hæc autem verba ex declaratione Gregorii XIII. in Bulla *quæ in Eccleſiarum &c.* non ita intelligenda ſunt, ut à Papa proviſus in‑ tra trimeſtre in loco Beneficii apparere debeat; ſed ſufficit, ſi in‑ tra tres menſes à die notificatæ in loco Beneficii vacationis, appa‑ ruerit Romæ, vel ubicunque, quòd alicui à Papa intra trimeſtre fuerit proviſum; licèt in loco Beneficii, aut apud Ordinarium, de facta proviſione necdum conſtet.

Poterit igitur Ordinarius, quando tres menſes à die notæ in loco Beneficii vacationis ſunt elapſi, & ipſi necdum conſtet, an Romæ alicui fuerit proviſum, Beneficium conferre, ſed conditio‑ natè tantùm, ſub conditione videlicet, *ſi ante elapſum trimeſtris Ro‑ mæ non fuerit alteri proviſum.* Unde Ordinarius non debet adhuc provi‑

provisum in poſſeſſionem Beneficii mittere, donec conſtet, ante
elapſos tres menſes Romæ non fuiſſe factam proviſionem.

Si tamen proviſus à Papa ſuam proviſionem intra tres menſes,
à die notæ vacationis in loco Beneficii, *ex culpa ſua* neglexerit in-
timare ordinario collatori, vel in loco Beneficii publicare, pœna
arbitraria eſt plectendus; tanto majore, quò diutius eam publicationem diſtulerit: ita quidem, ut poſt 9. menſes etiam ad privationem Beneficii deveniri poſſit.

Cæterùm trimeſtre Pontifici competens, non inchoatur ipſa
die, qua innoteſcit vacatio Beneficii, ſed primùm die ſequente.
(*à die notæ vacationis*) Numeranturque deinde menſes, prout in calendario ponuntur, ſive plures, ſive pauciores dies contineant.
Unde ſi 15. Januarii nota fieret vacatio, & 15. Aprilis necdum eſſet
proviſum; aut ſi ultima Januarii innoteſceret vacatio, & ultima
Aprilis necdum Romæ facta fuiſſet proviſio, jus providendi ad Ordinarium rediret: qui deinde ſex menſes haberet ad conferendum
Beneficium; quia Jus commune pro conferendis Beneficiis, quæ
ſunt infra Epiſcopatum & Præfecturam Regularem, collatoribus
ordinariis ſemeſtre concedit: in concordatis autem hoc tempus
collatoribus, Papa inferioribus, non eſt reſtrictum.

129.
*Quid, ſi
collatio
invalida.*

    Obſerv. 3. Collationem redire probabiliter ad Ordinarium, li-
cèt Papa intra trimeſtre faciat proviſionem, quæ tamen ſit *invalida,*
e. g. propter inhabilitatem perſonæ, aut propter vitium ſub vel ob-
reptionis. Neque enim Papæ tunc novum trimeſtre, aut novam
moram concordata concedunt; ſed ſimpliciter dicunt, ſi intra trimeſtre proviſio non ſit facta, Ordinarium poſſe providere. Atqui
non eſt in hoc caſu à Pontifice facta proviſio: idem enim hîc eſſe
videtur, *invalidam* proviſionem eſſe factam, &, *nullam* eſſe factam.
Et licèt Papa videatur manum appoſuiſſe, tamen non cenſetur concordatis velle præjudicare.

130.
*Quid, ſede
vacante.*

    Obſerv. 4. Sede Apoſtolica vacante poſſe Ordinarium conferre
illa etiam Beneficia *curata*, quæ menſe Papali cœperunt vacare: ſive
deinde mors Beneficiati contigerit ſede Apoſtolica vacante, ſive
vivente Pontifice, qui tamen obiit, antequam provideret.
    Probatur *arg   c. ſi Apoſtolica* 35. *de præbend. in* 6. ubi Bonifa-
cius VIII. decernit, de Parochialibus Eccleſiis *apud curiam* vacantibus, dum Sedes Apoſtolica vacat, poſſe ordinarios collatores
diſponere. Idem decernit de illis, quæ Papa adhuc vivente apud
curiam vacant, ſi de iis ante mortem non ordinaverit. Additque rationem: *Ne ipſarum vacatio diutina periculum valeat animabus
afferre.*

afferre. Ergo propter eandem etiam rationem, quæ in concordatis ftatuuntur de refervationibus Beneficiorum curatorum, non
funt extendenda ad cafum Sedis Apoftolicæ vacantis.

Imò probabiliùs etiam Beneficia *fimplicia* Sede Apoftolica vacante conferre poffunt Ordinarii, licèt menfe Papali vacare cœperint.   Nam aliarum Nationum Ordinarii indiftinctè conferre poffunt Beneficia, quæ Sede Apoftolica vacante vacant (per regulas
enim Cancellariæ illis pro hoc cafu nihil fuit refervatum) ergo
neque Ordinariis Germaniæ per concordata : cùm utique Pontifex eorum conditionem non velit effe duriorem, fed potiùs velit,
ut concordata tendant in eorum favorem, atque Nationi Germanicæ fint *utilia* & *falubria;* ùt Nicolaus V. in Bulla confirmationis
ait.

Conf. ex una parte Pontifex concordata vult effe favorabilia
Germaniæ, utilia & falubria, reducúntque Beneficiorum provifiones magìs ad jus commune.   Ex altera parte concordata nihil exprefsè ftatuunt pro cafu Sedis Apoftolicæ vacantis.   Ergo pro
eo cafu refervatio adftrui non debet : poffúntque, quæ in concordatis de refervationibus dicuntur, intelligi de tempore, quo exiftit aliquis fummus Pontifex.   Ne conceffa in favorem Epifcoporum Germaniæ in eorum odium detorqueri videantur.

Ex eadem ratione inferunt DD. etiam, quòd, fi Papa Beneficium *in curia* vacans intra menfem non contulerit, poffe Ordinarium illud conferre, neque exfpectare debeat lapfum trium menfium.   Concòrdata enim tantùm in conferendis Beneficiis, alternativæ fubjectis, Pontifici affignant trimeftre, non autem in
conferendis *vacantibus in curia.*   Sed quoad ifta ftandum eft Juri
communi, quoad *c. ftatutum* 3. *de præbend. & dign. in* 6. Ordinario
dat poteftatem de illis providendi, fi Pontifex intra menfem non
providerit.

Neque eft paritas inter Beneficia vacantia Romæ, & vacantia in Germania.   Nam illa Pontifex intra menfem multò faciliùs poteft conferre, quàm ifta.   Potuit igitur prudenter tres menfes requirere pro vacantibus in Germania, & unum tantùm menfem pro vacantibus in fua curia, utpote quorum vacatio brevif-
fimo tempore fit nota Pontifici.

§. VI.

Quinam obligentur concordatis Germaniæ ;
& quomodo ?

131. Concordata non tantùm habent rationem legis & fanctionis pragmaticæ, à fummo Pontifice cum confenfu Nationis Germanicæ circa provifiones Beneficiales latæ, fed etiam rationem pacti & contractus reciproci, quo partes contrahentes obligantur, Papa videlicet & Natio Germanica: hoc eft, illi, qui eo tempore, quo erecta fuerant concordata, verè erant *Germani, feu Alemanni* (quibus nominibus idem intelligi vult Nicolaus Pontifex) non verò ii, qui ad Imperium quidem pertinent, atque ab eo feuda accipiunt, nomine tamen Germanorum non veniunt; quales funt Itali complures; nec ii, qui erant quidem Germani, à Germanico tamen Imperio concordatorum tempore fuerant feparati. Quos inter Belgæ referuntur. Quorum tamen aliquæ Ecclefiæ, ut Cameracenfis, Nivellenfis, Thenenfis, uti etiam Metenfis & Virodunenfis in Lotharingia, concordata ultro acceptârunt.

Ubi hoc obfervo: fiquæ Germanicæ Nationis Ecclefiæ concordata non acceptâfient, eas, quoad menfium alternativam, non fore obftrictas. Nam Nicolaus V. videtur liberum reliquiffe, an ea quoad menfium alternativam velint acceptare; dum *f de cæteris* in fine addit: ut hæc ordinario *poffit per dictam Nationem* (Germanicam) *publicari, & omnes, qui ea gaudere voluerint, tempus congruum habeant, eam acceptandi.*

Quia tamen, Brandeno, Canonico Auguftano, tefte (*fuper concord. Germ. q. 3. n. 5.*) concordata cuftodita & obfervata fuerunt ab omnibus Germaniæ Ecclefiis, ab omnibus acceptata fuiffe credendum eft. Quamvis enim initiò, dum de concordatis cum Nuntio Apoftolico agebatur, complures Germani fe oppofuerint, poftea tamen, cùm à Nicolao fuiffent confirmata, ufu ipfo & praxi illa acceptârunt. Quia aliàs in Regulas cancellariæ &c. Sedi Apoftolicæ multò magìs favorabiles, & Ecclefiis duriores, fuiffent recafuri. Quare ab omnibus Germanis, Imperio fubjectis, obfervanda funt, tanquam leges & pacta: (nifi aliquæ Ecclefiæ fpeciali privilegio aut jure fint exemptæ) quale privilegium habere dicuntur Ecclefiæ Leodienfis, Herbipolenfis, Bambergenfis, & aliæ quædam quoad aliqua puncta concordatorum.

Unde fequitur Germaniæ Ecclefias non poffe (fcienter ac licitè) fe à concordatis eximere, aut iis derogare, fed tanquam

leges

feges Ecclefiafticas, à fummo Pontifice erga fubditos latas, & ab his acceptatas, uti etiam tanquam pacta, jure naturali obligantia, inviolatè effe obfervanda.

Major quæftio eft, an non faltem Papa concordatis contra- 132. venire & derogare poffit? Ratio dubitandi effe videtur.   Quia *An Papa* fummum etiam Principem leges fuas obfervare poftulat naturalis *poffit de-* æquitas: cùm quisque id juris, quod in alterum ftatuit, ipfemet *rogare.* etiam fervare debeat: *Et digna fit vox majeftate regnantis, legibus fe obligatum Principem profiteri, & majus Imperio fubmittere legibus Principatum, l 4. c. de LL.*

Adhæc pacta & contractus fummos etiam Principes ligant, cùm juris naturalis fcitum fit, fidem datam effe fervandam.   At concordata funt vera pacta, & quidem publica, mutuo confenfu inita, promittítque in iis difertè Pontifex, *fe per quamvis difpofitionem, fub quacunque verborum forma factam, aut faciendam, non impediturum Ordinariorum, aliorúmque collatorum provifiones* (alternativas) juxta concordata factas.   Subdítque poftea, eam concordatorum ordinationem duraturam deinceps, *nifi in futuro Concilio de ipfius Nationis confenfu aliter fuerit ordinatum.*

Hæc equidem argumenta id probare intelligo, non folere Romanos Pontifices, neque debere levibus de caufis concordatis derogare, neque cenfendos iis contraire, nifi fpecialem & expreffam eorum, ac juftæ caufæ mentionem faciant: adeóque refcriptum, adversùs concordata obtentum fine hac mentione pro fubreptitio & invalido habendum, ùt advertit Engel *de præbend. & dign. num. 54.*   Quæ fanè doctrina ex ipfis etiam fummorum Ecclefiæ Præfulum oraculis habetur perfpicua: fic enim Paulus V. *Conftit. Ex Paftoralis* declarat, nec fuæ unquam mentis, nec Prædecefforis fui fuiffe, concordatis derogare; ac própterea litteras, à Prædeceffore fuo in ipforum præjudicium obtentas, pro ob vel fubreptitiis habendas.   Etjam antea Gregorius XIII. *Conftit. 6. Jun.* 1572. *edita*, conteftatus eft, fe, fub quacunque forma fcripferit, concordata nolle lædere.

Nihilominus tamen non evincitur, non poffe fummum Pontificem *ex plenitudine fuæ Poteftatis* concordatis contravenire, iisque derogare, quando jufta id caufa exigit; prout paffim agnofcunt Ecclefiaftici Juris Interpretes.

Nam Pontifex Romanus, tanquam verus Chrifti in terris Vicarius, in Perfona S. Petri non tantùm accepit à Chrifto, cum poteftate clavium ligandi atque folvendi, Dominici ovilis Paftoralem

cufto-

cuſtodiam ac ſummam præfecturam, ſed etiam ſupremam diſpen-
ſationem & adminiſtrationem omnium per orbem Chriſtianum Beneficiorum, jurúmque Eccleſiaſticorum.   Hanc proin ſummam
poteſtatem, ſupremæ Eccleſiæ Præfecturæ à Chriſto ipſo annexam,
atque inhærentem, nunquam ita poteſt Pontifex à ſe abdicare,
aut alteri cuicumque ita communicare, ut non majorem adhuc retineat, niſi ſum num Pontificatum ſuprémamque Eccleſiæ Præfecturam abdicet, illáque in alium transferatur, ut Cœleſtinum V.
feciſſe quondam novimus.

Leg,bus equidem ſuis, ſi materia ſit apta ac proportionata, ex
decentia & æquitate naturali Principem teneri facilè permiſerim,
quamdiu rationi & fini intento ſunt conſonæ.   At verò, cùm eas
aut abrogari aut iis derogari neceſſitas aliqua aut inſignis ac publica
utilitas expoſcit, prudentiæ decus eſt, rerum temporúmque neceſ-
ſitatibus nova ordinatione ſubvenire.

At non leges duntaxat ſunt concordata: pactiones ſunt, contractus ſunt, quibus parte altera invita contraire nefas.   Fidem ſervari datam jura naturæ ſacroſancta petunt.   Unde ſapientiſſimum
illud Baldi pronuntiatum: *DEus Principi quidem leges, non etiam pa-*
ctiones & contractus ſubjecit.

Reſp. Principem ſupremum iis ſaltem pactionibus, quas cum
ſubditis ſuis init, derogare poſſe, ſi graviſſima id boni publici cauſa
exigat, cum Nicolartſio, & Leurenio complures DD. aſſerunt, addúntque, quomodocunque paciſcatur ſummus Pontifex, maximè
cum tibi ſubdito, ſemper incluſam eſſe hanc conditionem: *Niſi aliud*
exigat cauſa gravis & extraordinaria propter bonum commune Eccleſiæ.
Quia huic per leges aut pactiones præjudicare non poſſit.   Et ſub
hac conditione etiam intelligendas eſſe illas promiſſiones Nicolai
V. in concordatis contentas.

Imò ipſe Nicolaus hoc ſufficienter in ipſis concordatis indicat, dum promitit, ſe confirmaturum Archiepiſcopos, Epiſcopos,
& Prælatos Regulares, canonicè electos, ſibíque ritè præſentatos,
ſubjuncta hac conditione: *Niſi ex rationabili & evidenti cauſa de fra-*
trum (Cardinalium) *conſilio, de utiliori & digniori perſona duxerimus*
providendum.

Taceo, quòd quidam negent, concordata propriè eſſe pacta
& contractus ; cum ſpiritualia ſub contractum aut commercium
non cadant.   Unde dicunt, potius eſſe privilegia Apoſtolica, quibus Pontifex plura ſibi competentia circa proviſiones Beneficiales
indulſerit ordinariis in Germania collatoribus: privilegia autem
ex

ex gravi caufa revocari poffe. Cæterùm Romani Pontifices quoad
aliqua concordatis jam derogârunt, concedendo e. g. novis Imperatoribus jus Primarum Precum: menfe etiam capitulari.

§. VII.

An confuetudine vel præfcriptione derogari poffit concordatis ?

Gravifiima hæc & anceps valde eft quæftio, Doctoribus in utramque partem fciffis.   Derôgari poffe exiftimant Engel, Wieftner, Zypæus, Pichler, Schmalzgrueber.. Negant*Gonzalez, Nicolarts,*
Cho.kier, *Brandenus*, *Pirbing*, *Leurenius*, *Wex*, diverfis moti fundamentis. Nam

    Alii cum Leurenio putant, nullis refervationibus Apoftolicis
per confuetudinem contrariam, aut præfcriptionem derogari poffe; præfertim fi fubjuncta fit claufula feu decretum, irritans actus
contrarios, prout eft oppofita concordatis.   Tali fiquidem claufula infici poffeffionem & titulum, fine quibus non eft locus præfcriptioni.

    Verùm cùm aliis legibus Ecclefiafticis per confuetudinem &
præfcriptionem derogari poffit, non fatìs apparet, cur non etiam
legibus refervationum, & adjecto decreto, feu claufulæ illi irritanti,
quæ, ficut refervatio, tantùm lege humana eft concepta, derogari
poffit.   Certè in Extrav. ambitiofæ *de reb. Eccl. non alien.* additur
claufula irritans alienationem rerum Ecclefiafticarum, & tamen
iftæ præfcribi poffunt.   Non eft proin univerfim verum, ejusmodi
claufula infici poffeffionem & titulum.

    Nam poffeffio aut potiùs quafi- poffeffio in ejusmodi juribus
incorporalibus funt ipfi actus, tempore immemoriali pofiti: titulus verò certus in præfcriptione immemorialis.   Temporis non
requiritur, vel, ut Engel avertit, affignari poterit titulus *pro fuo*,
quando Prælati fibi invicem fucceffferunt, & jura ab anteceffforibus
fuis exercita, & in fe derivata, bona fide (quam etiam de Antecefforibus fuis præfumere poterant) Papa ejúsque Legato nihil
contradicente, retinuerunt.

    Alii cum Nicolartfio, Canonico Leodienfi *in praxi Benef.* fe
fundant in eo, quòd univerfali Germaniæ obfervantiæ præfcr.bere
non poffit particularis Ecclefia.   Idque tantò. minùs, quòd concordata pro fine habeant pacem & utilitatem publicam: cui præjudicare non poffit particularis Ecclefia ; quàm parùm Clericus

præ·

133.

præjudicare **poteft** favori publico per privilēgium fori Clericis. quæſito.

Verùm hæc videntur levia.   Non enim rarò contingit, ut Ecclefia particularis præfcribat contra obfervantiam univerfalis Ecclefiæ.   Exempla hiftoriam Ecclefiafticam percurrenti, ufúmque difciplinæ in diverfis provinciis infpicienti paffim funt obvia.   Sic Mediolanenfes primis quadragefimæ diebus, & Belgæ Sabbatis inter Nativitatem Domini & Purificationem B. V. contra univerfalem jejunii legem vefcuntur carnibus; Hifpanis die Sabbati licita funt inteftina animalium, Germanis diebus jejuniorum lacticinia.   Unde S. Ambrofius objicienti fibi Romanam confuetudinem, laudavit illam; aliam tamen effe Mediolani refpondit.

Cæterum leges univerfim pro fine habent bonum publicum, & tamen per confuetudinem iis derogari poteft.   Clerici quoad fuam perfonam etiam jure Divino gaudent privilegio fori. *c. 4. de cenfibus in 6. Concil. Lateran. V. Seff. 9. Concil. Trident. §. 25. cap. 20. de ref.* ubi exemptio & immunitas perfonarum Ecclefiafticarum *DEI ordinatione* dicitur effe conftituta.   Accedit, quòd confuetudo abrogans immunitatem Ecclefiafticam præjudicaret dignitati clericali, non autem præjudicat dignitati Pontificis confuetudo derogans concordatis.   Illáque reprobata eft tanquam corruptela: non aur-m ifta.   Neque Clerici proin, neque confuetudo hoc privilegium tollere poffunt.

Graviora funt argumenta, quæ petuntur ex contradictione & proteftatione fummorum Pontificum; nam, ut confuetudo legi deroget, requiritur confenfus Legiflatoris.   At verò Pontifices non tantùm non confentiunt, fed apertè reclamant, atque conftanter urgent obfervantiam concordatorum, volúntque fecundum illa judicari in curia Romana, nullam admittentes exceptionem non ufus, vel ufus contrarii.

Sic Clemens VII. in Bulla *admonet,* anno 1534. edita, difertè declarat, collationes contra concordata quomodolibet factas, vel faciendas, nullum titulum aut colorem Beneficia poffidendi tribuere; fed fic promotos pro malæ fidei poffefforibus!, & merè intrufis ab omnibus habendos, ita, ut ipfis neque regula de *annali* vel *triennali poffeffione,* neque exceptio de non receptis concordatis profit.

Adhuc patentiùs id ipfum inculcare videtur Innocentius X. qui celeberrima illa Bulla *Zelo Domus DEI* anno 1648. decrevit, omnia, quæ contra concordata *ftatuta* fuerint, irrita omnino effe, eisque

eisque præfcribendi caufam, longiſſimo etiam & immemoriali tempore, non acquiri.

Imò in ipſis etiam concordatis Pontifex expreſſè ait, ea perpetuò duratura, niſi in futuro Concilio aliter fuerit ordinatum.

Fateor, magnum his argumentis eſſe pondus, iisque hanc ſententiam tutiorem valde reddi probabilem.

Reſpondet tamen adverſæ ſententiæ Patroni, ſummos Pontifices per iſtas conteſtationes non reprobare omnem omnino conſuetudinem contrariam, ac præſcriptionem etiam extraordinariam & immemorialem, omnibus requiſitis inſtruſtam, ſed eam tantùm, quæ deficit in aliquo, ad legitimam conſuetudinem aut præſcriptionem requiſito.

Atque imprimis ſufficere *conſenſum legalem*, quo in univerſum Pontifex in Jure Canonico approbat omnem conſuetudinem & præſcriptionem, requiſitis omnibus probè inſtruſtam. Adeſſe autem hîc poſſe omnia illa requiſita. (Taceo, quòd ad præſcriptionem non requiratur conſenſus illius, contra quem præſcribitur.)

Pontifices, dum reclamant, & curiam Romanam, dum ſic judicat, præſumere, quòd non adſint omnia requiſita, vel certè eam procedere ſecundùm ſententiam ſibi favorabilem ac verè probabilem.

Clementem VII. loqui de illis collationibus, quæ non fundantur in conſuetudine legitima aut præſcriptione temporis immemorialis.

Innocentium X. irrita declarare *Statuta*, à Germanis faſta, vel facienda contra concordata; non autem legitimas conſuetudines aut præſcriptiones, à Jure utroque approbatas.

Ipſa etiam verba concordatorum intelligenda eſſe in ſenſu conditionato: duratura videlicet concordata, niſi modo aliquo, à Juribus approbato, ipſis derogetur: ſicuti aliæ etiam leges ita intelligendæ ſunt. Accedit, quòd conſtitutiones Clementis VII. & Innocentii X. uti etiam clauſulæ concordatorum ſint leges humanæ. Quibus conſuetudine aut præſcriptione legitima derogari poteſt.

· Totum igitur negotium in eo videtur verti, an revera aliqua conſuetudo contra concordata poſſit eſſe rationalis, & legitimè præſcripta. Et quidem facilè concedo, tempus ordinarium, ad multas conſuetudines ac præſcriptiones legitimandas ſufficiens, hîc viribus carcere. De tempore omnino longiſſimo ac immemoriali

riali quæro: an e. g. Canonici poſſint pergere in el) electione Præpoſiti, ſi uſus immemorialis in ipſorum Eccleſia hoc habuit? An Epiſcopus Germaniæ poſſit tuta conſcientia Parochiam aliquam, aut
Beneficium ſimplex (juxta concordata alternativæ obnoxium)
conferre menſe Apoſtolico, ſi ejus anteceſſores tempore immemoriali, vel etiam longiſſimo e. g. centum annorum, illud, menſibus
etiam Pontificiis vacans, liberè & quietè contulerunt? An Canonici poſſint Decanum eligere (licèt Anteceſſor menſe Apoſtolico
ſit mortuus) ſi uſu & obſervantia nunquam interrupta à tempore
immemoriali hoc factum eſt, neque Pontifice, neque ejus Nuntio
Apoſtolico contradicente?

Quid hîc deeſt de illa conſuetudine legitima, cui ſecundum
SS. Canones ſummus Eccleſiæ Antiſtes conſenſum ſaltem legalem
præbet? cui Jura vim derogandi legibus tribuunt?

Nihil apparet irrationabile.   Nam iſta conſuetudo non eſt
contra Jus Divinum, aut naturale, cùm modus conferendi Beneficia Eccleſiaſtica ſubjaceat diſpoſitioni humanæ, poſſétque ſummus Pontifex per privilegium eis hoc jus concedere; imò poſſet
etiam laicos habilitare ad conferendum, ſicut eos habilitavit ad
præſentandum.   Nam quæ ſunt Jurisdictionis, cuicunque mandare poteſt.

Sed neque eſt corruptela morum, aut everſiva diſciplinæ Eccleſiaſticæ, aut damnoſa Eccleſiæ, nec de ſe aliunde inhoneſta ſicut
conſuetudines aliæ, quibus derogatur legibus Eccleſiaſticis, non
ſunt inhoneſtæ, nec contra bonos mores, ac diſciplinam.

Imò eſt ſecundum jus Canonicum commune, in Decreto Gratiani, & libris Decretalium Gregorii IX. comprehenſum, *can.* 4.
cauſa 10. *q.* 1. *can.* 10. *&* 11. *cauſa* 16. *q.* 7. *cap.* 1. *de capell. Monach.*
cap. 12. *de hæret. in fine.* In quibus dicitur, Eccleſiarum proviſionem, inſtitutionem & deſtitutionem Sacerdotum & cæterorum
Clericorum ad Epiſcopum pertinere. Adeóque Epiſcopi ſuam intentionem habent fundatam in Jure. Viguítque diu in Eccleſia,
antequam reſervationes ſunt introductæ.

Si igitur ejuſmodi uſus ac conſuetudo tempore immemoriali
in Eccleſia aliqua particulari vigeat, non apparet ſatis, quidnam
deſit, quod ad conſuetudinem legitimam, cui conſenſus legalis à
SS. Canonibus impertiatur, requiratur.

Sed neque ſatìs apparet, quidnam ad legitimam præſcriptionem deſit. Nam ad hanc quatuor à Jure Eccleſiaſtico requiruntur, *poſſeſſio, bona fides, titulus,* ac *tempus debitum.* Quatuor autem
iſta

ífta adeffe poffunt.   Atque imprimis in juribus incorporalibus,
quale eft iftud, *quaſi-poſſeſſio* confiftit in ufu & actibus continuatis,
contra jus alterius exercitis.   Atqui tales ponuntur exerciti, &
quidem tempore immemoriali, aut omnino longiffimo centum annorum, quoties Beneficium vacavit.

Bona fides in præfcriptionibus temporis immemorialis præfu-
mitur (imò etiam in aliis, nifi mala fides probetur) & certè difficile videtur, omnes Epifcopos, qui fucceffivè Beneficium contulerunt, aut omnes Canonicos, qui toties ac per tot annos Electionem celebrârunt, malæ fidei arguere in re graviffima.   Potuerunt
igitur primi collatores aut electores habuiffe ignorantiam illius pun-
cti concordatorum aut illud non fatìs intellexiffe vel aliunde exifti-
mâffe, id fibi licitum: pofteriores verò, præcedentium veftigiis inhærentes, bona fide exiftimare potuerunt, anteceffores jure egiffe ;
vel quòd privilegium aliquod Apoftolicum obtinuerint, (ficut
plures aliæ Ecclefiæ varia obtinuerunt) vel quòd, dum nec Pontifex, nec ejus Legatus quidquam contra moverunt, tacito faltem
confenfu hòc jus fuccefforibus indulferint.

Titulus in præfcriptione rerum incorporalium regulariter alius
non requiritur, quàm ufus continuatus & patientia Domini : modò
præfcribens actus fuos non exerceat *vi, clàm, aut precariò. l. 10. ſſ.
ſi ſervit. vind. l. 3. & 4. c. de præfcript. 30. vel 40. ann.*

Hócque à fortiori locum habet, quando actus quafi-poffefforii
tempore immemoriali, aut longiffimo centum annorum funt exerciti, quotiescunque & quandocunque Beneficium vacavit. *Arg. c. 6.
de præfcript.* & adhuc clarìus *cap. Epiſcopum 1. de præfcript. in 6.* dicitur,
nullum requiri titulum, *ſi tanti temporis allegetur præſcriptio, cujus contrarii memoria non exiſtat.* Item ei, qui rem Ecclefiafticam præfcribit, fi jus commune non fit ipfi contrarium, & contra eum non
habeatur præfumptio, fufficere bonam fidem fine allegatione tituli.   Atqui Ordinario aut Capitulo in cafu pofito jus commune
non eft contrarium, fed ftat-pofitivè pro illis *cap. quia propter de
elect. cap. 1. de capell. Monach. cap. 12. de hæret. &c.* neque adversùs
eos habetur præfumptio.   Et licèt jus ipfis refifteret, & haberetur contra eos præfumptio, tamen in præfcriptione temporis immemorialis nullus requiretur titulus. *Cap. 1. cit. de præfcript. in 6.*

Dènique etiamfi titulus aliquis requireretur, ex juribus ab antecefforibus exercitis & poffeffis, quæ ad fucceffores transmitti
folent, habetur titulus *pro.ſuo,* ùt ex P. Engel fuprà advertimus,

Pars VI.   E e   vel fufficit.

Tempus habetur pariter in cafu noftro fufficiens, quia fupponitur tempus effe *immemoriale* (ita, ut nullus hominum defacto vi-
ventium unquam aliter obfervatum viderit) vel longiffimum centum annorum; quod fufficit ad præfcribendum, etiam contra Romanam Ecclefiam, *cap.* 13. *&* 14. *de præfcript.*

Cùm igitur omnia requifita adeffe videantur, tam *per viam confuetudinis*, quàm *per viam præfcriptionis* concordatis derogari poffe
eft verè probabile; ut adeò collatores ordinarii in hujusmodi cafu
via, ab antecefforibus fuis trita, tuta confcientia videantur poffe
incedere, donec fummus Pontifex per novam difpofitionem Beneficium illud ad concordata ac collationem alternativam vel ad
regulas cancellariæ, fpecialiter revócet. Quod eum facere poffe
non diffitemur; ficut per leges refervationum potuit ordinarios
collatores privare jure, per SS. Canones & diuturnam confuetudinem ipfis quæfito.

Quæ hactenus attulimus rationum momenta, fi non fuffi-
ciant, plura fuppetunt, quæ fententiam illam probabilem reddant.

Nam, quæ obtineri poffunt per privilegium, ea per præfcriptionem etiam & confuetudinem immemorialem obtineri poffe concors DD. eft pronuntiatum, modò præfcribens fit capax poffeffionis, & jus non refiftat. Atqui Epifcopus & Canonici funt capaces poffeffionis in cafu noftro: neque jus refiftit.

Sed quid de potentia difputatur, ubi de ipfo facto conftare
videtur? tam Papa quàm Ordinarii jam derogárunt concordatis.
Et Papa quidem Imperatoribus conceffit jus primarum precum
menfe etiam Ordinariorum. Et Sixtus IV. Univerfitati Lovanienfi conceffit, ut per multos annos nominare potuerit ad Beneficia tam menfe Ordinarii, quàm Papali. *Leurenius in foro Benef.
part.* 2. *quæft.* 595.

Contra verò etiam Germani iisdem derogarunt; nam Domus
Bavarica præfcriptione acquifivit jus præfentandi in fua provincia
ad dignitates & Beneficia extra Ecclefias Cathedrales, & civitates
Epifcopales, fi vacaverint menfe Papali: ùt exprefsè habetur in
Receffu concordatorum, initorum anno 1583. cum Ordinariis, qui-
bus Bavaria in fpiritualibus eft fubjecta.

Deinde

Deinde in concordatis *§. de cæteris* ftatuta eft alternatio in conferendis *Beneficus quibuscunque Sæcularibus & Regularibus.* Cui fanctioni quantopere derogatum fit, apparet cuique, hodiernam Germaniæ praxin infpicienti. Nam Ordinarii non tantùm inftituunt præfentatos à Patronis, & conferunt non patronata Beneficia prævio concurfu, fed etiam paffim fine ifto tam curata quàm fimplicia minora.

De Decanatu etiam teftatur Van-Efpen *J. E. U. p. 2. tit. 23. cap. 5. n. 19.* his verbis: *Ufu barum regionum Dignitates bujusmodi electivæ à refervatione funt exemptæ, eligúntque paffim capitula fuos Decanos in omnibus menfibus fine ulla diftinctione.* Verùm hæc fortaffis intelligenda funt de illis tantùm regionibus, in quibus non concordata Germaniæ, fed Regulæ cancellariæ vigent.

Sed quidquid fit de confuetudine & præfcriptione in hac re : de quibus in utramque partem probabiliter difputatur ; hoc certum videtur, òbfervantiam & ufum interpretari ea, quæ in concordatis funt dubia : cùm confuetudo fit optima legum interpres.

§. VIII.

An concordata Germanica fint rationabilia, quoad Refervationes ?

A catholici fcriptores calumniis paffim virulentis profcindunt concordata, & contentas in iis Pontificias Refervationes, velut injuftas, Germaniæ perniciofas, antiquæ Ecclefiæ incognitas, crefcente in immenfum curiæ Romanæ ambitione, ac in orbem terrarum dominatu defpotico, invectas. 134

Novum fiquidem illas effe inventum, in Decreto Gratiani & antiquiore Jure Canonico peregrinum. Turbari hierarchiam. Archiepifcopos privari jure confirmationum, Epifcopos jure collationum, jure communi, etiam Canonico, antiquiore ipfis afferto, Principes inveftituris. Obtrudi homines exteros, ignotos; nulla notitia Ecclefiæ, ad quam veniunt, præditos. Aptiores, meliùs Provinciæ & Epifcopo cognitos, excludi.

Indignum effe, Superiorem extra Rempublicam, aut ftatum in ftatu agnofcere; ab externo Principe provifiones, confirmationes, mandata petere; præcipua quædam Imperii membra ei juramento obftringi. Nec Cæfari nec Imperio hac religione cautum.

Germa-

Germaniam fubjugatam pro ancilla haberi, Regnúmque obedientiæ effe effeſtam, dimidio Majeſtatis per concordata amiſſo. Beatam effe Galliam, quæ fanſtione Pragmatica fibi caverit, aut faltem concordato mitiore : Beatiſſimos verò Proteſtantium Principes, qui excuffo penitus intolerabili jugo, in libertatem afferti, pleno, uti in politicis, ita etiam in facris jure potiantur.

Ita enim vero ad Lutheri Calviníque exitiales modulos fibilant complures novatores, jurati Ecclefiæ hoſtes, fubdentes novas faces, ac accendendas denuo diffenfiones, quas optant, Sacerdotium inter & Imperium. Non illis curæ eſt ordo Ecclefiaſticus in Germania, quem depreſſum fuppreſſúmque cuperent, fed odium in fummum Pontificem, calumniandíque licentia malignum calamum acuit, nunquam proterviùs effufiúsque petulantem, quàm ubi amaram bilem livorémque in fupremum Ecclefiæ Antiſtitem defpumat.

Non placent concordata iſtis calumniatoribus, quia concordia non placet; quia pax Sacram inter & Politicam poteſtatem non placet ; quia Regnum cum Sacerdotio æternis contentionibus vellent collidi. Querebatur jam dudum Pontifex, facras à profana manu ufurpari inveſtituras, indignos intrudi in Domini Sacraria, dominari fimoniam ac violentiam, abufus invalefcere; rationem in conferendis Ecclefiarum Præfeſturis vix ullam haberi Ecclefiæ univerfæ capitis. Quærebantur contrà Germani, premi Nationem conceſſis tot gratiis exfpeſtativis, tot mandatis de providendo, monitoriis, executoriis, tot refervationibus, tot juribus præventionis, concurfus &c. tot annatis, fervitiis, ac fervitutibus. Hinc frequens jurgium, diffenfio, calamitas. Inventum per concordata moderamen, parti utrique accommodum, fublatæ querelæ, reduſta concordia. Hoc, hoc eſt, quod non placet Acatholicis, Ecclefiæ Romanæ hoſtibus.

Non placent illis concordata. At placuerunt Auguſtiſſimo Imperatori Friderico III. placuerunt S. R. I. Eleſtoribus, aliísque *plurimis* (ùt habet proëmium concordatorum) Principibus Imperii, tam Ecclefiaſticis quàm fæcularibus, qui omnes nomine totius Nationis Alemannicæ concordata, *pro ipfius Ecclefiæ unione, pace, tranquillitate inter Ecclefiam & Nationem prædiſtam inita, rationabilia & falubria comperientes tam Ecclefiæ quàm Nationi* approbârunt, collaudârunt, concluferunt, fupplicantes Nicolao V. fummo Pontifici, ut decreto Apoſtolico per perpetuum iis robur adjiceret.

(Prout

(Prout hæc omnia in dicto concordatorum proëmio comprehenduntur.)

Non placent Proteſtantibus. 'Sed placuerunt Auguſtiſſimis Imperatoribus, Maximiliano I. in reſcripto ad Leodienſes, Carolo V. in reſcripto ad Cameracenſes, Ferdinando I. & Mathiæ, qui concordata, tanquam Imperii legem fundamentalem, obſervanda & ante oculos habenda Imperialis cameræ conſiliariis commendârunt. Placuerunt S. R. I. Electoribus poſteriorum etiam temporum, qui obſervantiam eorundem concordatorum Cæſareis Capitulationibus inſeruerunt.   Placuerunt denique toti Nationi Germanicæ, quæ illa acceptavit, uſu ipſo & praxi roboravit, atque obſervari omnino voluit: donec Proteſtantes ab orthodoxa fide, ab Eccleſia Catholica, ejúsque diſciplina vi & armis ſe abſtraxerunt, & cum fide concordata, pacta & contractus ſaluberrimos in terris ſuis perfidè abjecerunt.

Nec mirum, concordata à tota Natione Germanica fuiſſe recepta, & etiamnum apud meliorem partem viridi obſervantia florere. Nam non tantùm ceu rationabilia, ſalubria, utilia, atque ad pacem & concordiam fovendam comprimis idonea ſunt primitus à parte utraque inita ac ſtabilita. Sed etiam ratio ipſa demonſtrat, illa prudenter omnino atque ſalubriter à Germanis fuiſſe ſancita.

Et quidem imprimis ſpectando jus poſitivum certum eſt, ſummum Pontificem ampliſſimam habere poteſtatem, conferendi Beneficia omnia totius orbis Chriſtiani, vel alio modo de iis diſponendi. Ita enim clarè deciſum habemus *c. licèt 2. de præb. & dign. in 6. & Clem. I. ut lite pend.* in quibus dicitur: *Ad Romanum Pontificem Eccleſiarum, Perſonatuum, Dignitatum, aliorúmque Beneficiorum plena & libera diſpoſitio, ex ſuæ poteſtatis plenitudine, noſcitur pertinere.*

Poteſt autem illa conferre quadruplici jure. 1. *Jure præventionis*: quod verſatur circa Beneficium necdum vacans.   Dum nempe vel dat *gratiam exſpectativam* ad illud, vel *mandato de providendo* jubet conferri certæ perſonæ vacaturum: vel ipſe illud confert in caſum vacaturæ. *c. dudum 14. de Præb. in 6.*

2. *Jure concurſus*, vi cujus tanquam Ordinarius Ordinariorum concurrit cum omnibus collatoribus inferioribus quoad *Beneficia actu vacantia.*   Valétque illius collatio, qui conferendo alterum prævenit.   Ratio eſt, quia Papa, licèt aliis poteſtatem dederit

derit conferendi Beneficia, fibi tamen refervat majorem: éftque
hæc eminens Pontificis poteftas femper fubintellecta, licèt non exprimatur. *Arg. c. dudum cit.*

3. *Jure Refervationis*, quo fuæ collationi privativè ac in perpetuum refervat certas dignitates, e. g majores, aut Beneficia in
curia, vel certo tempore vacantia, prout in Extravagantibus &
Regulis Cancellariæ varia refervantur.

4. *Jure Devolutionis*, quo confert ipfe Beneficium exemptum,
quod, ab inferiore collatore vel non debito tempore, vel perfonæ inhabili invalidè collatum eft. *c. 32. in fine de Præb. in 6.*

Spectando igitur Jus pofitivum indubitatum eft, Papam fumma pollere poteftate difponendi de Beneficiis Ecclefiafticis, prout
ad gloriam DEI, Ecclefiæ bonum, & animarum falutem meliùs
falubriúfque vifum fuerit. Atque hoc fufficit homini catholico,
qui fanctionibus Apoftolicis fupremi Sacrorum Antiftitis, de rebus
Ecclefiafticis difponentis, obfequitur. Verùm quia Acatholici,
cum quibus potiffimùm hîc nobis eft negotium, Jus Canonicum
impiè contemnunt, ex altioribus res ifta eft ducenda principiis.

Evangelica veritas eft, Petrum Apoftolorum Principem (fupra quem Chriftus fuam fundavit Ecclefiam) à Chrifto conftitutum effe fupremum Paftorem ovium Chrifti, quas verbis tam fin-
gularibus, tam patentibus, totiésque repetitis ei pafcendas commifit; ipfíque dederit modo fpeciali omnino & eminenti claves
Regni cœlorum, cum poteftate in terris fuprema ligandi ac folvendi.

Unde conftitutus eft à Chrifto Ecclefiæ Chriftianæ caput vifibile in terris, Primatum tenens in univerfa Chrifti Ecclefia, verus JEfu Chrifti in terris Vicarius, Pater & Doctor omnium Chriftianorum, cum plena poteftate pafcendi, regendíque Ecclefiam
univerfalem.

Hæc autem fupremi Paftoris, Vicarii Chrifti, Ecclefiæ Capitis, Rectoris &c. officium, atque poteftas fuprema Ecclefiafticæ
Jurisdictionis, non eft finita per mortem S. Petri, fed ex fapientif-
fima ac neceffaria Chrifti providentia, Ecclefiæ fuæ ftabiliter usque ad confummationem fæculi confulentis, in omnes Romanos
Pontifices, S. Petri fucceffores, continua fucceffione eft propagata Prout eft concors & certa doctrina SS. Patrum, & Conciliorum Generalium, Chalcedonenfis, Conftantinopolitani IV. ac Flo-

Ex quibus planè confequitur, Romanum Pontificem, fupremam Ecclefiam gubernandi poteftatem à Chrifto affecutum, poffe viros Apoftolicos in mundum univerfum mittere ad prædicandum Evangelium, erigere Epifcopatus, Diœcefes, Parochias, aliásque Ecclefias, iísque Doctores, Rectores, Paftores animarum dignos & idoneos præficere, mutare, transferre, deponere, prout Divinum obfequium, animarum falus, aliæque juftæ caufæ depofcunt.

Confequitur proin ulteriùs, poffe Papam, tanquam vicarium Chrifti, caput & fupremum gubernatorem univerfalis Ecclefiæ, fumma poteftate adminiftrare Beneficia Ecclefiaftica, juri collatorum inferiorum, patronorum, electorum derogando, Beneficia uniendo, dividendo, refervando, antequam vacent, promittendo, penfiones imponendo. Si ejusmodi difpofitiones jufta caufa exigat. Nam, ùt S. Thomas quæft. 100. art. 1. ait: *Ecclefiæ funt ejus, ùt principalis Difpenfatoris, non tamen ejus ùt domini & poffefforis.*

Atque hanc fupremam in facris Jurisdictionem, à Chrifto datam, à prima Ecclefiæ ætate exercuerunt Romani Pontifices in Epifcopos etiam, Metropolitanos, & Patriarchas; fic Julius I. (tefte Sozomeno *Hift. Ecclef. lib.* 3. *cap.* 7.) S. Athanafium, ab Orientalibus Epifcopis depofitum, in Alexandrinum Patriarchatum reftituit. Cúmque plures alii Epifcopi cum Paulo Conftantinopolitano, & Marcello Ancyrano, in Conciliabulo Antiocheno fuiffent dignitate fua exuti, aliíque in eorum locum fubftituti, rogatus Julius, ut hos auctoritate fua confirmet, caufa cognita, confirmationem negavit, & depofitos fedibus fuis reftituit. *Cùm propter edis dignitatem cura omnium ad ipfum fpectaret, fingulis fuam Ecclefiam reftituit;* verba funt Sozomeni loc. cit.

S. Leo M. per totum Orientem Jurisdictionem in Prælatis Ecclefiarum conftituendis exercuit. Anatolio Conftantinopolitano, & Proterio Alexandrino Patriarchæ confirmationem non antè impertivit, quàm catholicam fidei profeffeffionem emififfent. (*Epift.* 54.) confirmavit pariter Maximum Antiochenum Patriarcham; ùt habetur in Concilio Chalcedonenfi act. 7. & epift. 84 idem S. Leo Anaftafio Theffalonicenfi Epifcopo, fuo per Orientem Legato mandat, ut de electione Epifcopi, Cleri & populi confenfu facta, à Metropolitano edoctus, auctoritate fua confirmationem tribuat, fi electio rìte fuerit celebrata. Subdítque: *ficut enim juftas electiones nullis dilationibus volumus fatigari, ita nihil permittimus te ignorante*

præfu-

præfumi. Ab eodem S. Leone reftitutum in Epifcopatum Theo-
doretum in Concilio Chalcedonenfi act. 1. legimus.

S. Gregorius M. *lib.* 4. *epift.* 34. ad Conftantiam Auguftam
conqueritur, Salonitanum Epifcopum , fe nefciente, fuiffe ordinatum: id fub nullis anterioribus Principibus eveniffe. Verum quidem eft, etiam à Patriarchis & Metropolitanis confirmatam fuiffe
Epifcoporum electionem; fed id factum concedente Romano Pontifice.

Nicolaus I. in epift. ad Michaëlem Imperatorem octo enumerat Patriarchas Conftantinopolitanos , quos Romani Pontifices
depofuerunt.   Inter quos fuit Anthimus, quem Agapetus Papa
depofuit, non obftantibus minis-Augufti & Auguftæ, & ejus loco
fubftituit Mennam, quem fuis ipfe manibus Conftantinopoli confecravit (tefte Zonara in vita Juftiniani Imp.) fic etiam Sedes Apoftolica depofuit Diofcorum Alexandrinum, Flavianum Antiochenum, Polychronium Jerofolymitanum Patriarchas, aliis in eorum
locum fubftitutis.

Et quid aliud probant tot appellationes ex omni orbe Chriftiano non tantùm inferiorum Sacerdotum, Ecclefiis fuis privatorum, fed Patriarcharum etiam, ùt S. Athanafii, S. Flaviani, S.
Chryfoftomi &c. ad Romanum Pontificem appellantium, poftquam
dignitate fua dejecti fuerant? certè hæc aliáque multa, quæ afferri
poffunt, luculentè demonftrant, Pontifices Romanos exercuiffe
fupremam illam Paftoralis officii Jurisdictionem, à Chrifto Domino fibi conceffam, in conferendis, confirmandis, adimendis, reftituendis, fummis etiam Dignitatibus Ecclefiafticis.

Cùm deinde circa fæculum IX. erigi cœpta effent Beneficia
Ecclefiaftica in titulum perpetuum, Romani Pontifices etiam in illa
Jurisdictione fua & autoritate variis modis funt ufi, dando ad vacatura *gratias exfpectativas*, & *mandata de providendo*: quorum etfi ante
fæculum 12. atque adeò ante Alexandrum III. nulla expreffa exftet
mentio, confuetudo tamen videtur effe multò antiquior. In Decretalibus autem Pontificum, Alexandro III. pofteriorum, frequens horum mandatorum, ad Ordinarios mifforum, occurrit
memoria.   Ut videre eft paffim in Decretalibus Gregorii IX. præfertim titulo de Refcriptis, *cap.* 30. 37. 38. 40. Fuerúntque hæc
mandata admodum frequentia, Principibus, Nobilibus, pauperibus pro gratia exfpectativa fæpè Papam implorantibus.

Suc-

Succefferunt deinde fæculo XIII. Beneficiorum Refervationes, à Clemente IV. aliisque poft eum Pontificibus expreffim
factæ. Quamvis etiam harum ufus fuerit antiquior; ut dictum
§. 1. *hoc art.*

Ne igitur provifiones Pontificias heteroclitæ, nefcio quis,
fidei homo novitatis poftulet. Quid ais Luthericola? novum inventum appellas Romanæ curiæ, quod Chriftus dedit, quod
perpetuo ufu obfervatum? *gratias exfpectativas, mandata providendi, refervationes,* novas effe inquit. Itáne verò? an rem, an
verba nova effe dicis? res, poteftas nempe provifionum, eft antiquiffima. Verba etiam, modúsque fic providendi trecentis &
ultrà annis antiquior eft tua fide, tua Ecclefia, tua deformatio-
ne, tuis novis inventis, in Ecclefia Dei eò usque inaudita.

Sacra omnia profanis mifcere; Principi laico fupremúm jus
facrorum addicere, tot facere Papas, quot Principes territoriales: hoc novum eft. Tot Archiepifcopatus, Epifcopatus, Abbatias, tot Monafteria, Dignitates, Canonicatus, Sacerdotia, Beneficia Ecclefiaftica, convellere, evertere, *fæcularizare*: hoc
novum eft, hoc inauditum eft, hoc toti antiquitati fuit incognitum.

Mirum profectò eft, homines iftos novitatem nobis objicere;
de turbata Ecclefiaftica hierarchia, de imminuta Prælatorum Ecclefiafticorum poteftate, de accifo Ordinariorum jure nos arguere;
cùm apud ipfos ifta omnia per feditiones, per confpirationes contra Imperatores, per vim, per arma, per tot cruenta bella, fint
convulfa, conculcata, ac pénitus extirpata.

Non concordata Germaniæ fueruht à Pontifice extorta. Quid
autem per tot bella, Smalcaldica, Mauritiana, Danica, Suecica,
adverfus Imperatorem fufcepta, fuerit extortum, novimus.

Natio Germaniæ inclita concordata illa liberrimè iniit, tanquam *rationabilia* fibíque *falubria*. Ex illis etenim, quæ diximus
hactenus, ita juvat colligere.

Romanus Pontifex ex Chrifti inftitutione, Caput totius Ecclefiæ, Paftor univerfalis omnium ovium Chrifti, principalis (ut S.
Thomas loc. cit. ait) Ecclefiarum *Difpenfator*, pollens fuprema
poteftate folvendi ac ligandi, quam etiam à prima Ecclefiæ ætate in omnes fideles, ac ordinem præcipuè Ecclefiafticum exercuit,
poffet omnia Beneficia, omnésque Dignitates Ecclefiafticas ligare,

Pars VI.   F f   fibíque

fibíque refervare, ac liberrimè conferie; ficut primitus ipfius auctoritate omnes particulares Ecclefiæ, omnésque Epifcopatus funt
erecti.

Si igitur de hoc jure fuo univerfali per concordata multa cedit Nationi Germanicæ, gratia profectò eidem collata facilè in
telligitur; & quod confequitur, concordata illa Germaniæ effe
utilia atque falubria.

Sunt autem multa & magna, quæ ultro concedit. Licet
etenim per concordata Capitulis Ecclefiarum cathedralium fuos
Archiepifcopos & Epifcopos, Monafteriis fuos Abbates per liberrima fuffragia eligere. Magnum privilegium, nec aliis conceffum
provinciis, in quibus vel Reges aut Principes ad fummas iftas
Dignitates nominant, aut Pontifex per Regulas Cancellariæ easdem fibi refervat.

Per alternam porro menfium collationem, inferiórum Præ-
pofiturâ Dignitatum, ac Beneficiorum, dimidium fui juris à fe
abdicavit Pontifex, & in Germanos tranftulit; & quidem ea horum prærogativa, ut fi Papa Beneficium fuo menfe vacans tres
intra menfes non contulerit, jus providendi ad Ordinarium redeat,
cùm tamen huic fex menfes ad collationem concedantur. Neque
hæc privilegia communia funt aliis Nationibus (quæ fpecialibus
non gaudent Concordatis) nam per Regulas Cancellariæ quatuor
dùntaxat menfes ordinariis collatoribus conceduntur, octonis
Pontifici refervatis. Quâ lege etiam vivendum effet Germaniæ,
nifi per concordata fuiffet exempta.

Poteft aliàs, quod diximus, Romanus Pontifex omnia Beneficia per totum orbem Chtiftianum conferre, *jure, præventionis,*
dando gratias exfpectativas certæ perfonæ ad Beneficium vacuta-
rum, vel *mentales* (retenta videlicet in mente perfona) mandan-
do item Ordinariis, ut certæ perfonæ de Beneficio vacaturo provideant. *Jure infuper concurfus :* vi cujus quodcunque Beneficium aut dignitatem, quocunque tempore vacantem, prævenien-
do Ordinarium, poteft conferre. *Jure* denique *Refervationis*, refervando fuæ collationi, quæcunque placuerit.

At vérò per concordata promittit, *quod per quamcunque aliam*
refervationem, gratiam exfpectativam, aut quamvis aliam difpofi-
tionem, fub quacunque verborum forma, fua auctoritate factam
aut faciendâm, nolit impedire Ordinarium collationem menfibus
alternis. Adeòque quoad ea, quæ in concordatis in favorem
Germanorum funt expreffa, non utitur Pontifex his juribus.

Quæ

Quæ sanè rursus est magna prærogativa Germaniæ, quâ non fruuntur, qui similibus non gaudent concordatis.

Et quàm benigna interpretatio concordatorum? quàm favorabilis ordinariis collatoribus Germaniæ, circa Beneficia Patronata, circa electiva per concursum, circa Parochialia, circa alia! Usus certè ostendit, quàm facilis, liberalis atque indulgens, aut saltem connivens, sit sedes Apostolica; quàm leniter atque indulgenter jura sua proseqûatur. Quot privilegia contra jus, per concordata Pontifici quæsitum, variis concessa!

Ne igitur inaniter garriant Protestantes, Germaniam per concordata factam esse *ancillam*; quod sine insigni contumelia dici non potest. Non ancilla facta est, sed consecuta majorem libertatem, potestatem, prærogativam, certam, securam, stabilem. Nulla Natio à sede Apostolica tantopere honorata, ac Germanica. Ad illam translata Imperialis Dignitas. Illa per hanc ad supremum gloriæ apicem sublimata, cæteras Nationes omnes insigni prærogativa, ac honoris fastigio antecellit. Illa cum Imperiali potestate ipsam etiam Italiam, quæ Longobardorum olim fuit, subjectam accepit. Taceo erecta Romæ & per Germaniam insigni munificentia Sedis Apostolicæ publica collegia ac seminaria pro erudienda Juventute Nationis Germanicæ, perpetua affectus singularis in eandem monumenta.

Cæterùm si aliud non intelligant Protestantes, quàm Germaniam agnoscere supremam in Spiritualibus Jurisdictionem Romani Pontificis, eíque in his tanquam Superiori suo, Legislatori, ac Vicario Christi obedientiam præstare, non horret Germania melior se in hoc sensu dici *Regnum obedientiæ*: nec puduit tot summos Imperatores, se esse inter oves Christi, quibus pascendis Christus Petrum, & in persona Petri successores ejus præfecit. Ovis Christi non est, qui summo Pastori, quem Christus constituit, obedire detrectat.

At Gallia ampliora concordata, sibíque magìs faventia obtinuit. Nam Rex, ipse nominare potest ad Archiepiscopatus, Episcopatus, Abbatias, Prioratus, in quibus antea vigebat electio capitulorum. Quoad reliquas verò Dignitates inferiores, & Beneficia, quocunque mense vacantia, provisio relinquitur collatoribus ordinariis, sine mensium alternatione. Sublatæ gratiæ expectativæ, & reservationes. Causæ apud judices ordinarios terminandæ. Appellationes gradatim faciendæ. Pro Exemptis judices constituendi à Pontifice in Gallia.

Respon-

Respondetur imprimis: si omnia, quæ facta fuerunt, fiûntque in Gallia, facienda essent in Germania, tunc expellendi essent Protestantes ex Germania, sicut expulsi sunt ex Gallia: & sicut in Gallia non toleratur confessio Lutherana aut Calviniana, sic neque tolerari deberet in Germania ; quod utique non dicent: nec ego dico. Nam cuivis Regno vivendum est suis legibus, ac concordatis.

Cæterùm non video, in quo tantopere concordatum Gallicum antecellat, aut magìs faveat Nationi Gallicæ, quàm suum Germanicæ. Rex acquisivit jus nominandi ad Episcopatus & Prælaturas, ita est: sed adempta fuit capitulis Galliæ electio: relicta capitulis Germaniæ. Hic Pontifici Romano reservatur confirmatio electi: ibi institutio præsentati. Ibi plus datum Regi, hic plus capitulis. Non ergo in hac parte præcipua plus datum Nationi Gallicæ, quàm Germanicæ. Provisio utrobique ad Nationem spectat. *Authorizatio*, ut ita dicam , utrobique ad Pontificem. Annatæ utrobique ad Cameram Apostolicam. Vacantia in curia Romana utrobique reservantur Pontifici.

Quoad inferiores Dignitates & Beneficia reservavit sibi quidem Papa collationem alternativam in Germania; sed, ut dictum, excipiuntur multa, quæ ab Ordinariis conferuntur continuò. Deinde Imperator fruitur jure *Primarum Precum*, mense etiam Apostolico; non fruitur Rex. Imò vice versâ, vi concordati Gallici (§. 10.) quilibet Pontifex per litteras in forma mandati gravare potest collatores ordinarios, ac plura suæ collationi Beneficia reservare. Et quot alia onera imponuntur Ordinariis in concordato Gallico §. 7. 8. & 9.? (*vide part.* 3. *c.* 5. *art.* 11.) De judiciis & appellationibus nihil Germaniæ concordata memorant: præjudicare proin hac in parte Nationi nequeunt. Illa exercentur etiam in Germania apud ordinarios judices; hæ gradatim fiunt: adsúntque in Germania constanter Legati Apostolici, ad quos deferri appellationes possunt, prout in Gallia.

Quid ergo tandem est in concordato Gallico, quod magnopere invidiam conflet ? at sit aliquantò plus concessum. Tempori id dari oportuit. Resuscitabant Galli frequentiùs famosam suam *Sanctionem Pragmaticam*, iniquam Sedi Apostolicæ, faventem schismati. Hanc temperari, imò aboleri liberali concordato necesse fuit.

Quæcunque tamen five in concordatis Gallicis five Germanicis Beneficia Ecclesiastica fibi reservavit Romanus Pontifex, jure

illa

illa fuo refervavit, uti ex dictis hactenus cuivis æquo rerum æftimatori patere arbitror. Quibus iftas adhuc addunt caufas juris facri Interpretes.

Ne Sedes Apoftolica, quæ authoritate fua cunctas fundavit Ecclefias, fuprémámque in omnia Beneficia habet poteftatem, jure fuo fe penitus abdicâffe videretur. Ut erga Clericos paupe-res, & perfonas de Ecclefia benè meritas liberalis effe poffit. Ut major confervetur Ecclefiarum inferiorum cum matre fua, Romana Ecclefia, ac membrorum cum capite conjunctio. Ut denique memoriâ nunquam excidat, pertinere ad fummum ovium Chrifti Paftorem tum per fe ipfum, tum per Epifcopos, aliósque idoneos paftores, ab eo conftitutos, & in partem follicitudinis vocatos, gregem Dominicum pafcere.

§. IX.

An Concordata Germaniæ fint Rationabilia quoad *Annatas?*

Ultimum concordatorum caput funt *Annatæ:* penfiones vide-licet certæ, ex vacantium Dignitatum ac Beneficiorum fructibus primi anni folvendæ Cameræ Apoftolicæ: atque in quadru-plici confiftunt fpecie.   135.

Primam conftituunt *communia fervitia*, pendenda à Prælaturis *confiftorialibus* fic appellatis. Eò quòd Pontifice conferantur in Confiftorio Cardinalium, rogatis eorum fententiis. Tales Prælaturæ Confiftoriales in Germania funt, Archiepifcopatus, Epifcopatus, aliæque Principales, tam Regulares, quàm fæculares, Sedi Apoftolicæ immediatè fubjectæ, ùt Elvacenfis, Fuldenfis, Campidunenfis &c..

De jure pendi deberent dimidii fructus primi anni, prout Bonifacius IX. conftituerat; fed ita moderatè funt taxati, ut quintam partem non fuperent. Et ne quidem hæc portio tota folvi debet ab electo & confirmato Prælato primo anno, fed tantùm dimidium; alterum verò dimidium anno fequente. Si autem Prælatura bis eodem anno aut fæpiùs vacaret; una tantùm folvitur annata; nec onus folvendi ad fucceffo̔rem tranfit, fi anteceffor non folviffet. Offértque fe Papa ad moderandam taxam per commiffarios in Germania, fi alicubi fit nimia.

    Hujus

Hujus Annatæ tantùm dimidium obtingit Pontifici; alterum
verò dimidium inter Cardinales dividitur, qui ex eo fuftentantur.
Et hinc annatæ iftæ appellantur *communia fervitia*.

Alteram fpeciem annatarum conftituunt *fervitia Minuta:*
aliqua nempe penfio, quæ ultra fervitia communia, ex iisdem
Epifcopatibus & Prælaturis Principalibus pendenda eft, atque inter inferiores Miniftros ac Officiales Pontificis diftribuenda.

In tertia fpecie funt *Annatæ propriè ac fimpliciter dictæ*, dimidia nempe pars fructuum primi anni, eidem cameræ folvenda
de cæteris Dignitatibus & Beneficiis inferioribus, quæ Pontificis
authoritate conferuntur, fi eorum reditus annui 24. Ducatos excedant, fecundum ejusdem cameræ taxam; quæ ita moderata
eft, ut nullus Germaniæ Canonicatus ultra 24. ducatos fit æftimatus aut taxatus. (quod etiam in Hifpania obfervatur; atque
in Gallia & Belgio confuetudine obtineri teftatur Van-Efpen *in
J. E. U. p.* 2. *tit.* 24. *c.* 4, *n.* 23.) Unde ex illis non folvuntur annatæ; licèt re ipfa annui proventus ultra mille ducatos afcendant.
Solvitur tamen modicum pro expeditione Bullarum.

Quartam fpeciem conflant *Quindennia* feu *Quindenæ*, pars
nempe dimidia fructuum unius anni, eidem cameræ fingulis quindecim annis folvenda de Beneficiis quibusdam unitis, quæ nunquam vacant, eò quòd fint unita e. g. alicui capitulo, monafterio &c. quæ non moriuntur) aut de liberatis per fpeciale privilegium à refervatione, quale accepit Præpofitura Auguftana: quæ
propterea folvit quindennia.

Heterodoxi fcriptores annatas iftas tanquam novum inventum curiæ Romanæ ad emungendas Ecclefias, & quæftum inju-
ftum, avarum, atque fimoniacum explodunt & calumniantur. Contra quos duo dico: primum, annatas non effe novum inventum:
fecundum, eas rationabiles effe, ab omni injuftitia & fimonia
alienas.

Quid novum appellatis vetuftæ eruditionis magna lumina,
hefternæ confeffionis affeclæ? an vocabulum *Annatarum*, an rem
fignificatam? vocabulum, fateor, novum eft, plus quàm inte-
grò fæculo tamen antiquius veftra fide, veftra confeffione Auguftana, veftris *fæcularizationibus;* fub finem fæculi XIV. à Bonifacio IX. penfionibus cameræ Apoftolicæ folvendis impofitum.

Res ipsa verò multò est antiquissima. Quippe jam in veteri lege Numer. 18. præceptum à Deo fuerat impositum Israëlitis, ut Levitis decimas persolvant; Levitis verò præcipiebatur, ut decimam decimarum, hoc est, ut decimam partem decimarum, ab Israëlitis sibi solutarum, Aaroni summo Sacerdoti tradant. En ideam, Divino præscripto, sancitam, sustentandi alendíque Cleri. Levitæ ac Sacerdotes decimas accipiebant à populo, summus verò Sacerdos à Levitis, & Sacerdotibus inferioribus.

In prima Christianæ Ecclesiæ ætate Petrus cum reliquis Apostolis alebatur ex iis, quæ Fideles ad eorum pedes deposuerant. Postea collectæ fiebant; ex quibus aliísque oblationibus etiam Pontifex ejúsque ministri alebantur. De disciplina sæculi IV. testatur Damasus Pontifex; nimirum ordinatos à Papa aliquid ei solvisse. Cùm sæculo V. Simplicius Papa bona Ecclesiastica in quatuor partes divisisset, etiam sibi unam retinuit. De sæculi VI. usu testatur Justinianus Imperator Novell. 123. cap. 3. quòd scilicet Episcopi pro *inthronisatione* solverint Romano etiam Patriarchæ certam taxam, viginti nempe auri libras. Quod eadem Novella Imperator confirmavit.

Cùm deinde sæculo IX. erigi cœpissent auctoritate Pontificia Beneficia Ecclesiastica in perpetuum titulum, etiam ex iis aliqua portio Sedi Apostolicæ est solvi cœpta; sic Episcopus Cenomanensis sæc. 12. certam taxam solvit, teste Rogerio de Hoveden. Et ipse etiam Pfeffingerus, scriptor Acatholicus, *in Vitriar. ilustr. p. 1. l. 1. tit. 15.* citato Henrico Ostiensi, fateri debet, sub medium sæculi XIII. viguisse consuetudinem, quâ consecrati Romæ Episcopi tenebantur pensionem solvere, inter Papam & Cardinales æquis partibus deinde divisam: quæ ùt plurimum annuo collati Beneficii proventui corresponderit.

Sub initium sæculi XIV. *Clemens V.* sibi reservavit per biennium reditus annuos Beneficiorum vacantium in Anglia, teste Mathæo Westmonasteriensi. In Concilio etiam Viennensi actum esse de pensione certa, ex Beneficiis Apostolicæ sedi pendenda, testatur Joannes Andreas *in cap. inter cætera de offic. Jud. ord. n. 13.*

Joannes XXII. immediatus successer Clementis V. fructus primi anni exegit ex omnibus Beneficiis, (non electivis) quæ usque ad triennium vacare contingeret, (exceptis tamen Episcopatipatibus & Abbatiis) *cap. cùm. nonnullæ XI inter extrav. comm. de præb. & dig*

Ad Ecclefias inferiores, per proximum triennium tantùm vacantes, reftrinxit penfionem impofitam Joannes XXII. At fub finem fæculi XIV. *Bonifacius IX.* non integros quidem fructus primi anni, fed dimidios duntaxat refervavit Cameræ Apoftolicæ, perpetuo tamen, onere hoc etiam ad Epifcopatus & Abbatias extenfo. Unde Platina (quem inimici Sedis Apoftolicæ frequenter in teftem vocant) in ejus vita fcripfit: *Annatarum ufum Beneficiis Ecclefiafticis primus impofuit, hac conditione, ut qui Beneficium confequeretur, dimidium annui proventus* (primi videlicet anni) *fifco Apoftolico perfolveret.* Quod non ita intelligendum, quafi ante Bonifacium nullus fuerit ufus penfionum, ex Beneficiis Cameræ Apoftolicæ folvendarum (id enim, ùt ex prædictis conftat, manifeftè effet falfum) fed quia primus eum modum formámque induxit, & penfiones, quæ antea temporales erant, perpetuas fecit, mitigatas tamen, quia ex integris dimidias. Ab eo verò tempore his penfionibus *annatarum* nomen inditum, à penfione videlicet dimidiorum fructuum primi anni. *Bonifacianæ* etiam dictæ propterea.

Licèt ergo Bonifacii primùm tempore his penfionibus *annatarum* nomen fit impofitum, módúsque ac forma nova fit introducta, in genere tamen fpectatæ, & quoad rem ipfam atque fubftantiam funt antiquiffimæ, & rationabiliter absque omni Simoniæ aut injuftitiæ pravitate Sedi Apoftolicæ porrectæ. Quod alterum affertionis caput eft.

Non enim minùs fummo Sacerdoti debetur congrua fuftentatio pro fe fuifque adminiftris, ac officialibus, quibus ad regendam Ecclefiam Univerfalem multis indiget, quam aliis inferioribus animarum Paftoribus. Poffet igitur jure fuo optimo, ficut alii Sacerdotes, à fidelibus laicis exigere decimas. Non exigit; fed more, ab ipfo DEO in veteri lege præfcripto, populus Sacerdotibus præbet in fuftentationem decimas: Sacerdotes verò decimarum loco aliquid fummo Sacerdoti contribuunt; quod multò minus eft, quàm fi pro more Sacerdotum Levitici generis, in annos fingulos decimas ex decimis aliifque proventibus fuis Beneficialibus Clerici deberent perfolvere.

Opti-

Optimè in hanc rem Cardinalis Pallavicinus *Hiſt. Concil. Trid. part.* 1. *l.* 2. *c.* 8. Annatarum proventus, inquit, *ex Saceı dotus toꞏ tius orbis Chriſtiani tanquam decimæ exiguntur, quibus ſummus Sacerdos, aliiqꞌꞌe minores Eccleſiaſtici ſuſtententur:, cui certè opus eſt, pro Chriſtianæ gentis communi bono, non modò Pontificiam aulam inſtruere plurimis eximiis ac nobilibus adminiſtris, ſed ſuorum Senatorum indigentiæ ſubvenire, tot Nuntiis ſumptus præbere, tot miſerorum fortunas erigere, tótque de republica bene meritis præmia oportune largiri.* Hoc autem jus ab eo trahit origi- nem, quod *DEUS ipſe ſtatuerat in veteri teſtamento.*

Unde nulla in annatis Simoniæ labes.   Non enim illæ ſol- vuntur pro conſecratione aut confirmatione, ſed titulo ſubventio- nis, quâ à membris corporis myſtici capiti & ab Eccleſiis filialibus Matri indigenti ac pro omnibus Eccleſiis laboranti, piè ſuccurri- tur: ut congruè alantur, tum ipſe ſummus Sacrorum Antiſtes, tum Cardinales, aliíque Adminiſtri, Legati, & Officiales, tótque Congregationes, quæ totidem perpetua Romæ Concilia referunt.

Profeꞕô, ſi ſubſidium iſtud eſt ſimoniacum, omnes decimæ, illæ etiam, quæ ſummo Sacerdoti in veteri teſtamento ſolveban- tur, omnes fundationes & proventus Beneficiorum Eccleſiaſtico- rum, omnes præbendæ, omnes penſiones iisdem Beneficiis impo- ſitæ, omnes proviſiones in viſitationibus, erunt ſimoniacæ; quia in his omnibus datur temporale ſubſidium, ut alantur Miniſtri Eccleſiæ.   Imò ſecundum Acatholicorum principia omnia ſubſidia ad congruam ſuſtentationem, quæ ab eorum Miniſtris & Præco- nibus exiguntur, eſſent ſimoniaca. (Vide, quæ de annatarum juſtitia & æquitate uberiùs diſſerui *part.* 3. *cap.* 3. *art.* 9. *num.* 11.)

At, inquiunt, ſacra Concilia ac ſacri Canones prohibuerunt ſeveriſſimè omnes exaꞕiones pro eleꞕione, collatione, confirma- tione, præſentatione, ordinatione, conſecratione, & quacunque promotione ac proviſione, tanquam ſimoniacas.   Natio Gallicana in Concilio Conſtantienſi libellum obtulit, quo abrogari petiit an- natas tanquam ſimoniæ labe infeꞕas, quia exiguntur propter col- lationem aut confirmationem.   Atque hinc Concilii Patres ſeſſ. 40. inter punꞕa, ab eligendo Pontifice obſervanda, poſuerunt etiam abolitionem annatarum.   Concilium verò Baſileenſe ſeſſ. 21. de- cernit, pœnis in ſimoniacos ſtatutis ſubjacere eos, qui annatas exigunt, in quacunque proviſione Eccleſiaſtica.   Idem renova- tum eſt in ſanꞕione Pragmatica Gallorum.   Galliæ quoque Re-

Pars VI.   G g   geꞚ

· es tum per edicta, tum per mandata, fuis Romæ Oratoribus data, annatas damnârunt, & aboleri petierunt, tanquam nimias, iniquas, de fimonia fufpectas: ùt Carolus VI. & VII. Ludovicus XI.
Carolus VIII. Francifcus I. Henricus II. ac Carolus IX. quorum
plures pecuniam ex Gallia in Italiam exportari feverè prohibuerunt.

    Refpondetur.   Sacra Concilia & Canones prohibent omnes
exactiones pro ipfa ordinatione, collatione, aut provifione Ecclefiaftica pendendas; non autem ex aliis titulis honeftis & legitimis: ut titulo *fubventionis* ad fuccurrendum Ecclefiæ Matris neceffitatibus.

    Natio Gallicana non tota in Concilio Conftantienfi annatas
fimoniæ damnavit; imò nec omnes deputati ad illud Concilium;
cùm præcipui eorum, ùt Cardinalis Aliacenfis, & Joannes Gerfon
eas ab omni labe fimoniaca abfolverint.   Inter articulos autem
capitulationis illius inauditæ, ante electionem Pontificis factæ, inferta quidem fuit abrogatio annatarum, fed cùm Martinus V. effet
electus, Nationes ipfæ à poftulatione fua deftiterunt.

    Bafileenfe Concilium non damnavit Annatas ùt fimoniacas;
aliàs fe ipfum damnaffet, cùm Felici pfeudo-Papæ, à fe electo,
varias annatas concefferit.   Sed, cùm putaret, fe poteftatem Pontificia fuperiorem habere, pœnas, in fimoniacos latas, fubire voluit omnes, qui annatas exigerent.   Statuit tamen expreffè, Ecclefiæ Romanæ neceffitatibus alio modo providendum.   Quòd cùm
factum non fuerit, dici non poteft, Concilium illud annatas abfolutè prohibuiffe.   Accedit, ex Concilio illo monftrofo, quia ace-
phalo, nihil probari.

   ·Sed neque Sanctio Pragmatica Gallorum annatas abfolutè
damnavit; fed voluit neceffitatibus Sedis Apoftolicæ, quas ag-
nofcebat, alia ratione provideri: ficut id voluit Synodus Bafileenfis.

    Idem dici poteft de edictis Regum Galliæ: nàm neque ipfi pro-
hibuerunt annatas, genericè & quoad fubftantiam, fed tantùm
quoad modum, & abufus collectorum, qui aliquando contra voluntatem Papæ irrepferant.   Agnoverunt tamen, ac profeffi funt,
neceffitatibus Sedis Apoftolicæ debere fuccurri, atque ad id fe
obtulerunt.   Henricus II. vetuit, ne pecunia ex Gallia exporte-
tur in Italiam, quia bellum illi erat cum Julio III. & Imperatore,
propter tuitionem Parmæ & Octavii Farnefii, quam fufceperat.
· Nolebat enim Gallia pecunia hoftes fuos juvari.   Siqui autem ex
                                                         Catho-

Catholicis annatas Simoniæ infimulabant, errârunt, *errore facti;* quia eas pro collatione aut promotione Ecclefiaftica exigi, velut pretium, exiftimabant.   Alias utique non potuiffet Francifcus I. in concordato Gallico Pontifici annatas promittere.

Neque opponas, licèt annatæ fimoniam non fapiant, attamen illas tantùm conceffas ad aliquod tempus, & quidem fub conditione, ut in bella contra Turcas impenderentur.   Hæc autem bella non geri continuò.   Ceffante ergo caufa, ceffare etiam debere annatas.

Nam refpondetur, falfum imprimis effe, annatas fub ea conditione fuiffe acceptas: cùm ex aliis omnino, quos diximus, titulis exigantur, ùt titulo fubventionis neceffariæ, ac recognitionis fupremæ in Beneficia Ecclefiaftica Jurisdictionis &c.

Et licèt daremus, in eum finem fuiffe collatas, *nibilominus,* ùt inquit Pallavicinus loc. cit. *quotiescunque ea bella gefta fuerant, nunquam omiferant Pontifices valida Germanis auxilia fuppeditare.   Unde certum eft, fi multi fimul anni connumerentur, Pontificis fumptus in bifce bellis annatarum proventum longè transgreffos.*   Hocque etiam poft Pallavicinum continuatum eft.   Certè Innocentius XI. ærarium exhaufit, ut pecunias adverfus Turcas largè fuppeditaret.   Et quantæ collectationes ex bonis Ecclefiafticis ipfis Principibus fæcularibus conceffæ in hunc finem ? quòties decimæ, aliifque omnibus compellata fubfidia ab univerfo Ecclefiaftico ordine perfoluta ?

At videte, quàm concinnè, quàm folidè, quàm confequenter Heterodoxi fcriptores contra annatas difputent.   Negant, eas Pontifici competere: injuftas, fordidas, fimoniacas proclamant; & tamem cum Pfeffingero (*in Vitriar. illuftr. l.* 1. *tit.* 15) affeiunt, per inftrumentum pacis Weftphalicæ omne jus Papale circa annatas in Principes Proteftantes fuiffe translatum; ac proin ex omnibus Beneficiis Ecclefiafticis annatas illis competere.

Bellè enim verò! fi annatæ Papæ non competunt, quomodo jus Papale in Laicos potuit transferri ? quomodo in fuis territoriis jus Papale circa eas exercere poffunt ? fi injuftæ funt, fi fordidæ, fi fimoniacæ, qua ratione ex omnibus Beneficiis Ecclefiafticis poffunt eas exigere ? fi jus Papale eft, cur negant illud Papæ competere? fi jus Papale non eft, fi ratione fupremæ in facris Jurisdictionis non debetur, quo titulo Principibus Acatholicis illud tribuitur ?

De æquitate, juftitia atque innocentia annatarum in genere diximus hactenus.   At quantò benigniores, mitiorésque effectæ
per

per concordata Germaniæ! Non integri petuntur primi anni proventus, ùt tempore Joannis XXII. non dimidii, ùt tempore Bonifacii IX. fed vix quinta pars, juxta moderatam videlicèt taxam
Cameræ Apoftolicæ. Et fi quæ Ecclefiæ nimiùm effent gravatæ,
offert fe l'ontifex ad minuendam taxam, & quidem per Commiffarios in partibus.

     Ante Bullas confirmationum, ac provifionum expeditas an-
natæ exigebantur olim.   Non exiguntur ampliùs.   Quin imò ad
taxam etiam illam moderatam folvendam à concordatis indulgetur
biennii mora, ita, ut dimidium primo, alterum dimidium fecundo
anno folvatur.   Si fæpiùs intra annum Ecclefia vacet, femel tantum annata folvitur.   Sique anteceffor non folviffet, debitum in
fucceentorem non tranfit.

     Ex omnibus beneficiis, quæ congruam Beneficiati fuftenta-
tiònem excedunt, poffet Sedes Apoftolica annatam petere, aut
penfionem iisdem imponere.   Non petit: non imponit.   Sed pin-
guiffimi etiam Canonicatus Germaniæ, quoad annuos fuos reditus ultra 24. *florenos auri de Camera* non funt taxati à Camera Apoftolica; ex illis proin fecundum concordata nullæ folvuntur annatæ.

     Nullum igitur fupereft dubium, quin concordata Germaniæ
etiam quoad annatas fint rationabilia, utilia, falubria, &, fi necdum
erecta effent, toti Nationi magnopere exoptanda.

DISSER-

DISSERTATIO
De Jure Primarum Precum
Et
Inftitutionibus.

CAPUT I.
De Jure Primarum Precum.
SUMMARIUM.
Articulus I.
De antiquitate Primarum Precum.

1. *Principes initio rogabant collatores ordinarios, ut cuidam provideant, fed fine obligatione.*
2. *Imò Preces illæ non rarò à collatoribus rejiciebantur, licèt præcepto effent mixtæ.*

3. *Exempla externa Angliæ, Lufitaniæ, Galliæ, Hifpaniæ.*
4. *Forma, qua Rudolpbus I. Preces ad Collatores direxit.*
5. *Patet ex ea forma, Primas Preces fæculo XIII. effe antiquiores.*

Articulus II.
Unde Jus Primariarum Precum competat Imperatori?
§. I. -

§. II.
An competat Jure Advocatiæ aut Patronatus ?

§. III.
An competat vigore solius inveteratæ consuetudinis ?

§. IV.
Intervenire debet Indultum Apostolicum.

Articulus III.
Ad quæ Beneficia se extendant Primæ Preces ?

Arti-

Articulus IV.

33. Ad quæ Beneficia ſe non extendant.

Articulus V.

Quænam adhuc notanda circa Primas Preces ?

34. *Quo tempore Preciſta Preces collatori offerre debeat.*
35. *Qualitates in Preciſta requiſita.*
36. *Poteſt Cæſar hoc jus alteri cedere, ac variare.*
37. *Quando Preciſta variare poſſit.*
38. *Poteſt Imperator executores conſtituere.*

CAPUT II.

De Inſtitutionibus.

Articulus I.

De Inſtitutione collativa.

39. *Natura Inſtitutionis collativæ*   42. *Cauſa Formalis.*
    neceſſariæ.   43. *Cauſa Finalis.*
40. *Cauſa ejus Efficiens.*   44. *Objectum.*
41. *Cauſa Materialis.*   45. *Effectus.*

Articulus II.

46. De Inſtitutione Authorizabili, & Approbatione.

Articulus III.

47. ,De Inveſtitura.

CAPUT

CAPUT I.

De

Jure Primarum Precum Imperatoris

ac

Regis Romanorum.

Magnam analogiam cum Jure Patronatus, præfertim laico, habent *Preces* Imperatoris *Primæ*, feu *Primariæ;* quarum originem plures DD. ad fæculum XV. ac tempora Friderici III. referunt.

Nam Imperatori legitimè electo competit jus nominandi idoneam perfonam ad quamlibet Ecclefiam Germániæ, & fic præfentandi ei, ad quem collatio pertinet. Hæc nominatio nomen *Primarum Precum* eft nacta, vel quia in qualibet Ecclefia eft prima & unica, feu pro prima vice, vel quia præferenda eft cuivis alteri nominationi, præfentationi, collationi, vel quia à precibus apud ordinarios collatores interpofitis hæc difciplina duxit originem, precibus deinde in jura abeuntibus.

ARTICULUS I.

De antiquitate Primarum Precum.

1. Imperatores, Reges, & Principes, fi cui Clerico provifum effe volebant, ad Patronos Collatoréfque ordinarias preces fuas dirigebant; quas tamen exaudiendi nulla erat obligatio; quinimò Papa & Epifcopi preces iftas non rarò rejiciebant. Sic, tefte Baronio ad annum 1071. n. 22. Theophylactus Primas Bulgariæ, cùm à Duce rogatus effet, ut cuidam illius amico Epifcopatum conferret, conftanter reftitit, *nec tibi*, inquiens, *fas eft, tè in ifta ingerere, neque nobis ita temere divinæ gratiæ condonandæ.*

2. Similiter Adrianus IV. repulit preces Friderici I. Imperatoris, quibus Comitis filium, ad Archiepifcopatum Ravennatenfem promoveri petebat, ùt conftat ex epift. 5. Adriani IV.

Memò-

Memorabilis eft in hanc rem epiftola, quam Hildebertus Turónen fis Archiepifcopus ad Honorium II. Summum Pontificem fcripfit. *His premor anguftiis*, inquit, *quia zelo zelatus fum Domum DEI, quia Dignitates Ecclefiafticas, nec ex Regis præcepto difpofui, nec ei difponendi facultatem indulfi. Sciens enim, quia magis oportet Domino obedire, quàm hominibus, perfonas elegi, quæ in exequendis Ecclefiæ negotiis, pondus diei portarent & æftus.* Ex quibus colligitur, fæculo XII. precibus quandoque addita fuiffe præcepta, fed ab Ecclefiæ Præfulibus rejecta.

Narrat Baronius ad *ann.* 1186. *n.* 18. Regem Angliæ petiiffe ab Hugone Lincolnienfi Epifcopo Præbendam vacantem.   Hunc verò refpondiffe, Clericis danda effe Beneficia, non aulicis; alia fuppetere Regibus, quibus Miniftrorum fuorum remunerentur obfequia. Hoc refponfo concitatum quidem fuiffe ad indignationem Regis animum, at Epifcopo audito, iram in admirationem & amorem abiiffe.

Magis adhuc memorabile eft, quod Valfinghamus fcriptor Angl. p. 2388. fcribit de Ludovico VII. Galliæ Rege, ex Palæftina reduce, noluiffe fcilicet eum acceptare privilegium nominandi ad Beneficia vacantia. Thomaffin. *de Difcipl. p.* 2. *l.* 1. *c.* 54.

Cùm preces armatas adhiberet Rex Lufitaniæ, monitus à Nicolao IV. anno 1289. promifit, fe non adhibiturum preces, quæ electionum libertatem impedirent. Ab Eduardo II. verò Clerus Anglicanus anno 1316. obtinuit, *ut ceffarent preces & oppreffiones in hac parte.* Sæpiùs tamen Regum mandato penfionibus onerabantur Ecclefiæ; fi fides adhibenda novæ compilationi Conftitutionum Angliæ.

Reges Galliæ parciùs caufis Beneficialibus fe immifcebant ufque ad Philippum Pulchrum, cui Bonifacius VIII. anno 1297. conceffit, ut Præbenda una ex qualibet Ecclefia perfonæ idoneæ ad ipfius beneplacitum conferretur.

Quæ autem deinceps per Sanctionem Pragmaticam Galliæ, ex Bafileenfi Conciliabulo depromptam de caufis Beneficiariis ftatuerint Galli, dixi *part.* 3. *Appar. c.* 5. *art.* 9. *§.* 4. & quid mutatum poftea per Concordatum cum Leone X. initum, *art.* 11. *§.* 3. in hoc Regi nominationes ad vacantes Prælaturas conceffæ.

In Hifpania jus nominandi Epifcopos perpetua lege Carolo V. ejúsque fuccefforibus conceffit Adrianus VI. cùm antea ad Regum fupplicationem Summi Pontifices precariò illos inftituerent; ut ex Mariana refert Alexander Natalis *Hift. Eccl. fæc.* 16. *c.* 7. *art.* 2. *n.* 8. Et hæc quidem de precibus externorum Principum.

Quod verò fpectat ad *Primarias Preces* Romani Imperatoris, de quibus potiffimùm hìc tractandum fufcipimus, putat P. Ignatius

Schwarz, *Colleg.Hift* p. 8. *q.*6. *§.* 12. originem earum legitimam non excedere tempora Friderici III. qùi poft concordata inita à Nicolao V. obtinuit Indultum, ad 100. Beneficia nominandi. Verùm ul-

4. tiùs repetenda eft origo. Nam prima earum mentio expreffa refertur ad fæculum XIII. quamvis earum ufus adhuc fit antiquior. Nam, ùt Joannes à Chokier, Ecclefiæ Cathedralis Leodienfis Canonicus, qui præclara Commentaria in Regulas Cancellariæ fcripfit, eisque erudita *Scholia in Primarias Preces Imperatoris* addidit, ex Nauclero refert, Rudolphus I. Magnus ac Pientiffimus Imperator, qui menfe Octobri annò 1273. in Regem Romanorum electus eft, Primariis Precibus ufus earum formam his verbis concepit, epiftola ad Abbatem:

> *Cùm ex antiqua & approbata, ac à divis Imperatoribus & Regibus inclitæ recordationis noftris antecefforibus usque ad nos producta confuetudine, quælibet Ecclefia in noftro Romano Imperio conftituta, ad quam Beneficiorum Ecclefiafticorum pertinet collatio, fuper unius collatione Beneficii, Precum noftrarum Primarias admittere teneatur, devotionem tuam rogamus, quatenus huic Clerico de Ecclefiaftico Beneficio, quod ad collationem tuam fpectat, ob reverentiam facri Imperii, & noftram, fi quod vacat in præfens, vel quamprimum vacaverit, ftudeas liberaliter providere. Taliter faciens, quod devotionem tuam noftra ferenitas debeat meritò commendare, & ad tua jufta defideria facilis inveniri. Datum anno Regni noftri primo.*

Hanc eandem formam Zegerus Van Efpen SS. Can. Prof. Lovanienfis in fuo *Jure Ecclef.* part. 2. tit. 25. c.9. n. 19. refert ex Continuatore Abbatis Urfpergenfis. Et Thomaffinus *de difcipl* p. 2. l. 1. c. 54. n. 7. ex Goldafto; quamvis non nihil mutatam & truncatam.

5. Ex hac formula habemus, hunc ufum Primarum Precum multò fuiffe antiquiorem; cùm Rudolphus fe referat ad antiquam Antecefforum fuorum confuetudinem; quamvis illam ita expreffè litteris proditam non inveniamus. Mifcetur autem in hac forma præceptum precibus: *Precum noftrarum Primarias admittere teneatur.* Goldaftus, citans Conradum Urfpergenfem, ait, Othonem IV. noluiffe Beneficia conferre primò petentibus, prout alii Principes confuevuiffent:

ARTICULUS II.

An Jus Primarum Precum Imperatori competat ex Privilegio Pontifico ?

Plerique ex Acatholicis Scriptoribus, omnis Pontificiæ poteftati hoftes, magnopere contendunt, hoc jus competere Imperator

tan

tanquam Regale, & Majeſtati Cæſareæ intrinſecè connexum, aut
tanquam ſupremæ Advocatiæ, aut Patronatui adhærens, vel etiam
ex ſola perpetua conſuetudine deductum, absque ullo Romani Pontificis indulto, aut interventu.   Cortreius *in obſerv. ad Concord p* 40.
Conringius *Operum tom.* 2. *in animadv. in Bullam Innocentii X c.* 9. Pfeſ-
finger *ad Inſtit Vitriar. l.* 3. *tit.* 2. *n.* 8. Schrötter *Diſſert. de Prim. Prec.*
Gribner *Diſſ de Prim. Prec. Imp.* in qua refutare anno 1707. conatus
eſt Diſſertationem Conradi Oligenii *de Prim. Prec. anno* 1706. *editam.*

§. I.
Refellitur Acatholicorum ſententia prima.

Jus Primariarum Precum competere Imperatori tanquam Regale,   **6.**
  Majeſtati Cæſareæ annexum, tenent Klockius *tom.* 1. *conſil* 4. *n.*
15. 30. *&* 31. Fritſchius *de Jur. Prim. Prec. c.* 5. *n.* 10. *&c.* Reinkin
gius *de Regim. Eccl. l.* 3. *claſſ.* 1. *c.* 9. *n.* 57. Vitriarius *de Inſt. Jur. Publ.*
l. 3. *tit.* 2. *n.* 9. *&c.* his moti rationibus.

1. Quia, ùt ex diverſis Imperii Receſſibus patet, Impetatori
competit in Imperio etiam *Jus Sacrorum R. I. de anno* 1512. *ſ.* 1. *& 4.*
& de anno 1524. *ſ.* 29. Et hoc jure re ipſa uſus eſt in Pace Weſtphalica, ubi de integris Epiſcopatibus & Archiepiſcopatibus pleno jure
diſpoſuit, ac Jus Sacrorum in Imperio cum Principibus ac Statibus
Auguſtanæ Confeſſionis ordinavit.

2. Quia Beneficia, prout ſunt jus percipiendi fructus, ſunt aliquid merè temporale.   Unde, ſicut poteſt Imperator Archiepiſcopis, Epiſcopis, aliisque Prælatis, conferre terras, Principatus &
Regalia, ita etiam Clericis Beneficia.

3. Quia quidam Imperatores has Preces appellârunt *jus Cæſa-*
reum, in ſignum ſupremæ Poteſtatis & Præeminentiæ, competens.

Sed contra eſt 1. Jus conferendi Beneficia Eccleſiaſtica, aut præ-   **7.**
ſentandi ad illa, eſt annexum rei ſpirituali, nempe officio ſpirituali,
legerdi Miſſas, adminiſtrandi Sacramenta &c. ergo eſt jus Eccleſiaſticum.   Adeóque non profluit ex Jure Regio aut Cæſareo, utpotè
quoc eſt temporale duntaxat.

2. Si Jus Sacrorum eſſet per ſe & intrinſecè inhærens Dignitati æque Officio Imperatoris, tunc is non tantùm poſſet nominare
ad unum Beneficium cujuslibet Eccleſiæ, ſed ad omnia. Imò poſſet conferre jure ſuo proprio omnia Beneficia in toto Imperio pro
lubitu.   Nam uteretur jure ſuo Majeſtatico, Dignitati ſuæ proprio
& intrinſeco.

3. Imperatores fruſtra & imprudenter peterent à Sede Apoſtolica

ſtolica jus exercendi Primas Preces, ſi jam aliunde & omnino independenter ab illa ipſis tanquam Regale competeret. ·Atqui petunt
à Sede Apoſtolica, ùt poſtea oſtendetur. Et ad quid *Preces*, ſi eſt
jus ſtriĉtum, abſolutum, independens, Regale, inhærens Majeſtati;
Cur *Primæ* tantum ?

4. Si Jus Sacrorum eſt penes Imperatorem, cur Proteſtantes
non ſinunt ipſum exercere hoc jùs in omnibus ſuis Eccleſiis? cur
non conſtituit omnes Miniſtros, Præcones, Superintendentes? ſed
neque quid probant, quæ ſunt objeĉta.   Nam.

8.   *Reſp. ad* 1. In *R. J. de anno* 1512. §. 1. nihil aliud dicitur, quam,
quòd in caſu, quo quispiam ſanĉtiſſimum Patrem Papam, & ſanĉtam
Romanam Eccleſiam, ejúsque libertatem, ac jura vellet invadere,
aut ſchiſma in Eccleſia excitare, Imperatorem, ac Status ejusmodi
invaſori nulla ratione fore auxilio, ſed diſſuaſuros, & fidelem operam navaturos, ut ejusmodi invaſio & ſchiſma meliori, quo viſum
fuerit, modò impediantur. Hoc totum eſt, quòd Magnus Imperator Maximilianus I. cum Statibus Imperii §. 1. cit. in comitiis Tre-
virenſibus & Colonienſibus conſtituit, defenſio nempe Eccleſiæ, &
impeditio ſchiſmatis, quod tunc occaſione Conciliabuli Piſani timebatur.

Hoc autem nullatenùs eſt Jus Sacrorum exercére, ſed agere
advocatum ſupremum ac defenſorem Eccleſiæ; prout jurare ſolent
Imperatores in Capitulationibus cæſareis. Quàm parùm igitur iſti
/per hanc promiſſionem Jus Sacrorum exercent, & quàm parùm Sigismundus Imperator illud exercuit, quando tanquam advocatus,
Eccleſiæ omni ope allaboravit, ut ſchiſma per Concilium Conſtantienſe tolleretur, tam parùm ex promiſſione illa erui poteſt aliquod
Jus Sacrorum.

Nec plus evincitur ex *R. J. de an.* 1525. ſ. 29. ubi, cùm Lutherani varia gravamina Nationis Germanicæ, in comitiis Norimbergenſibus, proponerent adverſus Romanam Eccleſiam, Carolus V.
Imperator reſpondit, in proximis comitiis deliberandum fore, qua
meliore via ea gravamina temperanda ſint. Viam autem illam non
indicat; ſed alia in mente Cæſaris non erat, quàm ut in comitiis au-
direntur querelæ, & deliberaretur, quomodo cum Legato Apoſtolico præſente, aut cum ipſo ſummo Pontifice hæc res poſſit tranſigi.
In quo Cæſar Carolus tam parum Jus Sacrorum exercuit, quàm parùm Fridericus III. dum, ut querelis Germanicæ Nationis conſule-
ret, cum Legato Nicolai V. Germaniæ concordata iniit. Certè nec
ipſi Imperatores Jus Sacrorum pro terris catholicis prætendunt,
quale

quale proteſtantici calami in odium Sedis Apoſtolicæ eisdem ad-
ſtruuut. Cùm omnes fateantur jurisdiĉtionem ſuam eſſe temporalem. Cæterùm hoc argumentum probaret nimiùm, ſi enim penes
Imp·eratores eſt Jus Sacrorum, ad quid *preces* ? cur *Primæ Preces* appellantur ?˙ cur tantùm ad prima Beneficia vacatura ſe extendunt ?
Penes quem Jus eſt Sacrorum, omnia conferre poteſt.

Quod in Pace Weſtphalica factum eſt, dira temporum neceſſitas
extorſit. Viſum multis præſtare, ut pallium relinquatur, quod recuperari non poterat, quàm ut inſuper etiam toga abripiatur. Et,
ſi penes Imperatorem ſuprema eſt in Imperio Sacrorum poteſtas , &
quidem in ipſo Jure Majeſtatis radicata , cur tantos motus adverſus
eundem excitârunt propter *Reſervatum Eccleſiaſticum*, quarto articulo·
Tranſactionis Paſſavienſis adjectum ? cur Jure Sacrorum eum uti
non ſunt paſſi ? cur tanta bella moverunt, ne hoc jure uterètur ?

Ad 2. Jus percipiendi fructus Beneficiales eſt ſaltem annexum
rei ſpirituali, officio nempe ſpirituali, propter quod unicè datur Beneficium, ùt aliàs dictum. Terræ ac Regalia, quæ Epiſcopi Germaniæ ab Imperatore tanquam feuda accipiunt, ſunt res merè temporales. Quare etiam ratione illarum jure clientelari Imperatori ſunt
ſubjecti; quia primitus ſub hoc onere ſunt conceſſæ Eccleſiaſticis.

Ad 3. Ex eo , quòd unus vel alter Imperator fortaſſis dixerit ,
Jus Primarum Precum eſſe Jus Cæſareum, non ſequitur, quòd ſit Regale, ex intrinſeca natura Majeſtatis profluens. Nam etiamſi hoc
jus ex conceſſione Sedis Apoſtolicæ promanaret, nihilominùs tamen
cum veritate dici poſſet, quòd ſit *Jus Cæſareum* (quia cæſari datum)
quòd ſit Imperatori *in ſignum ſupremæ Poteſtatis* (temporalis) *& præeminentiæ*, conceſſum.

Recoli hîc ea quoque oportet, quæ Art. ſuperiore ex antiquitatis Hiſtoria attuli. Exemplis etenim illis ſatìs luculentè demonſtratur, nullam olim fuiſſe obligationem, Preces Regum iſtas exaudiendi; conſequenter antiquis temporibus neutiquam eam viguiſſe
in hominum animis perſuaſionem, quòd tanquam Regale poteſtas
ejusmodi ad Beneficia nominandi Principibus Jure Majeſtatico competierit. Nullatenus etenim reges fuiſſent paſſi, Preces ſuas repelli, ſi jus hoc Regium eſſe intellexiſſent. Et cur Imperatores
ipſi apùd Sedem Apoſtolicam interpellarent pro exercendo jure
Primarum Precum, ſi aliunde Majeſtati ſuæ adhæreſceret ? verùm
de his poſtea.

§. II.

Refertûr & refellitur Acatholicorum fententia altera.

Plures ex Proteftanticis fcriptoribus cum Schwedero *libell. de introduct. in Jus Publ. Imp. part. fpec. fect. 1. c. 5. n. 15.* Pfeffingero *ad Vitriar. Inft. J. P. R. G. L. 3. tit. 2. n. 9.* Scheidlino, & aliis, docent, Jus Primarum Precum fundari in *Jure Patronatus, & Advocatiæ,* adeóque deberi Imperatori tanquám naturali Patrono & Advocato Ecclefiæ.

9.   1. Quia hoc eft munus Patroni & Advocati, præfentare nempe atque nominare ad Beneficia.

2. Quia Imperator non debet effe deteriore conditione, quàm alii Ecclefiarum & Beneficiorum Patroni.   Atqui Patronus quilibet, etiam vulgaris, jure præfentandi uti poteft.   Ergo etiam Imperator, fub initium faltem fui Regiminis, tum ut benignitatem fuam noviter illuceffentem exhibeat, tum ut Clero aliquam Majeftatis fuæ agnitionem imprimat.

3. Quia Primariæ Preces funt reliquiæ quædam Patronatus illius antiqui ac majoris, quo utebantur Imperatores ante Henricum V. qui remifit jus majus fupra collationem Epifcopatuum, Abbatiarum &c.

10.   Sed contra eft.   Munus advocatiæ importat protectionem ac tuitionem Ecclefiæ, non autem collationem Beneficiorum.   Aliàs Imperator vi hujus tituli & officii poffet fe folo conferre Beneficia Ecclefiaftica totius mundi; cùm totius Ecclefiæ Catholicæ fupremus fit Advocatus.

Deinde Patronus pariter fuo jure poteft præfentare ad omnia prorfus Beneficia, fuo Patronatui fubjecta, & non tantùm ad unum in qualibet Ecclefia, fed quotiescunque ea vacaverint.   Et quare antiqui Imperatores, Rudolphus I. Carolus IV. &c. non allegârunt hoc Jus Patronatus, & Advocatiæ, fed antiquam confuetudinem?

Quare vi hujus tituli apud Proteftantes non confert Imperator omnes Præbendas, aut faltem illas, quas Catholicis abftulerunt? an amifit refpectu harum Jus Regaliæ, Patronatus, Advocatiæ?

Habent hoc nempe complures fcriptores acatholici: tunc tantum amplificant Poteftatem Cæfaream, quandò adimenda Jura Romanæ Ecclefiæ, cujus odio prægnantes, ideas pariunt, quas tota nefcivit antiquitas.   Anno 1645. tefte Lundorpio in Dieta Ofnabrugenfi Primarias Imperatorum Preces univerfim volebant abolitas. Verfis jam rebus nefcio quantûm Majeftatis momentum in illis reponunt.

ponunt. Promiſſionem advocatiæ & proteƈtionis Romanæ Eccleſiæ, in capitulationibus Cæſareis fieri ſolitam Imperatori remiſſam
volunt, &, quantùm in ipſis eſt, irritam; quia hæc proteƈtio Eccleſiæ Romanæ eſt valde favorabilis. At verò quando aliquid eidèm
eſt oneroſum ac odioſum, (ſicut proviſio Beneficialis ordinariis
collatoribus adempta eſt Eccleſiæ oneroſa) tunc Jus advocatiæ eſt
quarto modo proprium Majeſtati Cæſareæ, tunc non tantùm Jus
Primarum Precum eſſentialiter fluit ex Jure advocatiæ, ſed omnès
collationes Beneficiorum (in Eccleſia tamen ſolummodo catholica)
eidem, ſi poſſent tanquam prærogativam per ſe emanantem anne-
ƈterent.

Quæ in contrarium ab Acatholicis ſunt allata, nihil probant.
Nam

Reſp. ad 1. Si Imperator eo ſenſu eſt Patronus Eccleſiarum, quo   11.
ſenſu illi, qui fundarunt Eccleſias, Jus Patronatus habent, ſeu jus nominandi aut præſentandi Clericos ad Beneficia Eccleſiaſtica, tunc
non tantùm prima vice ac ſemel tantùm poteſt ad quamlibet. Eccleſiam vacantem nominare, ſed ad omnes, quandocunque & quotieſ-
cunque vacantes, ſicut alii Patroni id poſſunt. Igitur Imperator
non eo ſenſu eſt Patronus Eccleſiarum, acſi haberet jus præſentandi; ſed eſt *Patronus* ſeu *Advocatus* Eccleſiæ univerſalis; hoc eſt,
Proteƈtor, & Defenſor adverſus hoſtes & impugnatores Catholicæ
Eccleſiæ.

Ad 2. Eadem eſt reſponſio. Nemo negat Imperatori Jus Primarum Precum. Sed ſicut Patroni inferiores jus præſentandi ad
Beneficia, à ſe fundata, acceperunt à Sede Apoſtolica, à qua ad hoc
ſunt habilitati, ita etiam Jus Primarum Precum derivatur ab eadem.
Unde hæc paritas eſt contra adverſarios, ac pro nobis militat.

Ad 3. Quæ à quibusdam Imperatoribus in collatione Dignita-
tatum ac Beneficiorum Eccleſiaſticorum ante Henricum V. & præſertim ab ipſius patre ſunt attentata, *de faƈto* contigerunt, non *de jure*.
Atque hinc deploranda illa ſacerdotii cum Regno colliſio. Redu-
ƈta tandem pax alma cœlo propitio (quam in extenſo retuli *part.* 3.
apparat. cap. 5. *art.* 1. *n.* 11. *&* 12.) dimiſit Henricus, quod uſurpave-
rat, Inveſtituram nempe per annulum & baculum. Circa *reliquias*
aliquas Primarum Precum, aut earum reſervationem, nulla prorſus
mentio, nullum veſtigium. Et, ſi conceſſum tunc fuiſſet Henrico
Jus Primarum Precum, à Calliſto II. Pontifice conceſſum fuiſſet;
cum illo enim tranſegit. Adeóque hoc ipſo à Sede Apoſtolica
procederet.

Cæte-

12.   Cæterùm bene notanda funt verba Friderici II. Cæfaris, quæ
.in publico conventu Epifcoporum ac Principum Bullæ fuæ aureæ,
ut vocat, inferuit, quam exhibet Goldaftus *tom.* I. *Conftit. pag.* 289.
& 290. *Illum igitur, inquit, volentes tollere abufum, quem quidam Præde-
ceffores noftri exercuiffe dignofcuntur in electionibus Prælatorum conceiimus
& fancimus, ut electiones liberè & canonice fiant &c.* Et paulò poft (apud
Goldaftum *loc. cit. n.* 4.) fubdit: *Illum quoque dimittimus & refucamus
abufum, quem in bonis decedentium Prælatorum, aut etiam Ecclefiarum vacantium, noftri confueverunt anteceffores committere, pro motu propriæ voluntatis.
Omnia nos fpiritualia vobis & aliis Ecclefiarum Prælatis relinquimus liberè
difponenda, ut, quæ funt Cæfaris, Cæfari, & quæ Dei, Deo recta diftributione
reddantur.* Illos haud dubiè abufus Imperator indigitat, qui Henrici
IV. & V. atque avi ipfius Friderici I. temporibus invaluerant.

§. III.
Refertur tertia fententia.

Acatholici quidam fcriptores, cernentes, quàm parùm in allatis
duabus fententiis fit præfidii, ne tamen privilegium aliquod
Pontificium cogantur admittere, ad *inveteratam confuetudinem* confugiunt, qua fola Jus Primarum Precum inductum, continuatúmque
volunt.

13.   Hanc eandem fententiam amplexi funt pauci quidam Catholici; quos inter Zegerus Van-Efpen, *in Jur. Ecclef. part.* 2. *tit.* 25.
c. 9. *n.* 19. *&* 20. poft relatam ex continuatore Urfpergenfis formulam Primarum Precum (fupra art. 1. exhibitam.) qua Rudolphus I.
Imperator ufus eft, fubnectit: ,,cùm in ea formula nullius Indulti
,, Apoftolici, alteriúsque tituli, quo hoc jus nitatur, mentio oc-
,, currat, fed totum ex antiqua confuetudine defumatur, admo-
,, dum vero fimile effe, hoc Jus *Primariarum Precum* confuetudine
,, primitus inductum effe: imò à folis precibus, apud collatores in-
,, terpofitis, originem habuiffe, atque fenfim preces, in mandata &
,, jura tranfiiffe, ipfóque Reges & Imperatores, exemplo Pontificum
,, Romanorum primò precibus, ac dein mandatis ufos fuiffe.''
      Prima igitur probatio hujus fententiæ petitur ex formula Ru-
dolphi I. qui ad antiquam confuetudinem fe retulit.

14.   *Secunda* ex formula Caroli IV. quam exhibet Goldaftus *Tom.* I.
Conftit. ad an. 1354 *pag. mihi* 343. Hac ad præpofitum Monafterii Re-
vengersburth Ord. S. Auguftini directa, ait, *tam de jure, quàm antiqua
& approbata confuetudine, hactenus obfervata,* competere Imperatoribus,
quòd in quolibet Monafterio, in Imperio conftituto, unam tantùm
per-

perſonam vi Primariarum Precum ad Beneficium Eccleſiaſticum facere poſſint promoveri. Dirigit deinde ad Monaſterium preces
pro Conrado de Dylle, addito præcepto: *per Regalia Sceptra man-*
dantes &c. quavis contradictione ceſſante. Et hinc idem Carolus IV. in
Bulla aurea *cap. 5. §. 1.* pro tempore vacantis Imperii idem jus etiam
Vicariis Imperii addicit: *ad Beneficia Eccleſiaſtica præſentandi.*

Tertia ex conſtitutione Caroli Filii Wenceslai, quæ pariter exſtat apud Goldaſtum *tom. 1. conſtit. ad an.* 1376. *pag. m.* 375. hac Wenceslaus Ruperto Comiti Palatino per Diœceſin Spirenſem & Wormatienſem cedit ſuum Jus Primarum Precum, *tam de jure* (ùt ait) *quàm*
ab antiqua conſuetudine Divis Imperatoribus, in ſingulis *tam cathedrali-*
bus, quàm collegiatis & conventualibus Eccleſiis &-Monaſteriis utriuſque ſe-
xus &c. Addit deinde non tantùm mandata, ſicut pater ejus, ſed inſuper etiam graves minas.

Quarta deducitur à Pfeffingero *ad Inſtit. Vitriar. l.* 3. *tit.* 2. *n.* 8.
& 9. ex recentiorum Imperatorum Reſcriptis, nempe Ferdinandi III.
qui in litteris, an. 1650. datis ad Eccleſiam Cathedralem & collegiatam Magdeburgenſem, Jus Primariarum Precum *jus & conſuetudinem*
Imperii appellat, *ex inveterata conſuetudine* Imperatoribus competens.
Leopoldi M. qui in Reſcripto ad eandem Magdeburgenſem, & Mer-
ſeburgenſem Cathedralem Eccleſiam anno 1661. *inveteratam conſuetu-*
dinem adducit. Uti etiam Imperator Joſephus anno 1705. ad Eccleſiam Hildeſienſem, & anno 1706. ad Paderbornenſem Epiſcopum,
ſcribens, Primas Preces *Jus & conſuetudinem Imperii, ab antiquis tem-*
poribus deductam appellat.

Quinta à Cortrejo *in obſerv. ad concord. p.* 40. ubi adducit litteras
executoriales ab Archiepiſcopo Moguntino ad Capitulum Magde-
burgenſe nomine Cæſaris ſcriptas anno 1654. in quibus Preces Primarias appellat, ex antiqua conſuetudine deducta, & in pace Weſtphalica *(art.* 5. § 18.) de novo confirmata Cæſarea Reſervata. De
Indulto Pontificio altum ubique ſilentium.

RESPONSIONES
Ad hæc argumenta.

Ad 1. quidam ſcriptores Catholici cum P. Schwarz *p.* 8. *q.* 6. *§.* 12.
exiſtiment, legitimam Primariarum Precum originem non excedere tempora Friderici III. adeóque Rudolphum I. Carolum IV. &
Wenceslaum illegitimè illis uſos; conſuetudinem verò antiquam
ad quam memorati Imperatores ſe referunt, pariter non fuiſſe legitimam, ſed potiùs abuſum, & uſurpationem.

15.

16.

Verùm licèt Wenceslai conftitutio non multùm me moveret, fi fola effet; durum tamen mihi videtur, Religiofiffimos Imperatores, Rudolphum I. & Carolum IV. arguere, quòd illegitimè ufi fint Primariis Precibus, & confuetudinem illam antiquam, in qua jus fuum fundârunt, fuiffe merum abufum, & iniquam ufurpationem. Non enim eft credibile, quòd Rudolphus juftiffimus ac pien'iffimus Imperator jus fuum fundârit in abufibus, quos haud ita pridem antea ipfius anteceffor Fridericus II. in publico Imperii conventu (ùt priore §. retulimus) damnaverat.

Unde multò probabilius mihi videtur, habuiffe ipfos jus legitimum Primarum Precum, ac confuetudinem illam antiquam, quam in litteris fuis allegârunt, fuiffe legitimam, adeóque ufum & jus legitimum Primarum Precum non primum ad Sæculum XV. ac tempora Friderici III. nec primum ad tempora Rudolphi I. aut Sæculum XIII. effe referendum, fed ad antiquiora tempora, à Rudolpho & Carolo allegata.

Fuit autem & jus horum Imperatorum legitimum, & confuetudo, quam allegârunt; quia tam jus illud, quàm confuetudo ifta, ortum erat *ex Indulto Apoftolico*. Non vana hujus affertionis præftò funt argumenta.

17.   Certè Guilielmus Durandus (*fpeculator* aliàs dictus, quia præclarum fuum opus juridicum *fpeculum* nuncupavit) qui fuit coævus Rudolpho I. *in fuo fpeculo lib. 4. particula 3. §. libellus. n. 7.* teftatur, fe hujus Indulti Bullam vidiffe. Quòd verò quidam fcriptores acatholici dicunt, hanc Bullam non fuiffe Pontificiam fed Imperatoriam, ineptum eft, ùt facilè advertere potuiffent, fi Durandi fpeculum infpexiffent. Nam hæc funt ejus verba: *Item notandum, quòd Imperator habet privilegium, quod ego vidi Bullatum, quòd in qualibet Ecclefia Alamaniæ poffit facere unum recipi.* Atqui nemo fibi ipfi dat privilegium, fed ab alio fuperiore illud accipitur, qualem quoad facra Imperator agnofcit Summum Pontificem, vifibile caput Ecclefiæ, & Chrifti in terris Vicarium. Sed quid multa.

18.   Ipfi Imperatores Rudolphus & Carolus in litteris fuis apertè fatentur & afferunt, confuetudinem illam antiquam Primariarum Precum fuiffe approbatam: *cùm ex antiqua & approbata confuetudine &c.* à quo autem alio ejufmodi *approbatio* poffet defcendere, nifi à fupremo Ecclefiæ Sacrorùmque Antiftite? Atque ex his ipfis habetur etiam *Refponfio ad 2. & 3.* Quod objectum fuit ab adverfariis. Nam etiam Carolus IV. dicit, confuetudinem illam fuiffe approbatam, certè non ab alio, nifi à Sede Apo-

Apoftolica, quæ fola potuit Imperatori dare privilegium in toto imperio exercendi Jus Ecclefiafticum, præfentationis videlicet ad Beneficia Ecclefiaftica. Suppofito autem hoc privilegio, à fummo Pontifice accepto, jure potuit Carolus IV. exigere & mandare ne quis huic fuo juri, per privilegium Apoftolicum quæfito, fe opponat.

Quòd autem ejus filius Wenceslaus graves minas addiderit, ejus moribus eft adfcribendum. -

Ad 4. Imperatores etiam recentiores ad antiquam confuetudinem fe retulerunt, prout Rudolphus & Carolus, munitatem fcilicet approbatione & Indulto apoftolico, quod à fummo Pontifice Imperatores ifti petierant more Majorum, & obtinuerant.

Deinde Imperatores Ferdinandus III. & Leopoldus litteras fuas *in loc. cit.* dabant ad Ecclefias Lutheranas ad exercendum in illis Jus Primariarum Precum. Ad hoc autem evincendum nihil erat efficacius, quàm ut ex iis fundamentis jus fuum adftruerent, quæ ab ipfis Proteftantibus agnofcuntur, videlicet ex antiquiffima confuetudine, hoc jus Cæfareæ Majeftati afferente. **19.**

Et hæc quidem confuetudo veriffimè fubfiftit, éftque omnino legitima; quia Sedis Apoftolicæ conceffione & approbatione fuffulta. Quamvis enim Proteftantes hanc conceffionem & approbationem contemnant, impedire tamen non poffunt, quò minùs confuetudo in illa fundata fit omnino legitima ac rationabilis, etiam quoad eorum Ecclefias.

Cæterùm mirum eft, potuiffe Magdeburgenfes aut alios Lutheranos circa Jus Primariarum Precum in Ecclefiis fuis difficultatem ullam movere, cùm non tantùm Jus Sacrorum Imperatoribus afferant, fed Pax etiam Weftphalica, quam adorant, *art* 5. §. 18 adeò manifeftè illud fanciat. *Ubi facra Cæfarea Majeftas Jus Primariarum Precum exercuit, exerceat etiam in pofterum: dummodo decedente Auguftanæ Confeffioni addicto, in ejus Religionis Epifcopatibus Confeffioni Auguftanæ addictus, ad normam ftatutorum & obfervantiæ idoneus, Precibus fruatur &c.*

Ad 5. Eadem eft refponfio. Nam Archiepifcopus Moguntinus litteras fuas executoriales pariter ad Lutheranos direxit. Adeóque in re jufta propriis armis, domefticis nempe eorum argumentis erant petendi. Et opportunè fanè non tantùm confuetudinem vetuftam, fed Inftrumentum etiam Pacis Weftphalicæ, tanquam argumentum maximè ad hominem ipfis objecit.

Nec mirum eft, quòd in ejusmodi litteris, ad Proteftantes directis, altum fit de privilegio Pontificio filentium. Non enim fapien-

pientiffimi Principes cenfebant è re fore, authoritatem Sedis Apoftolicæ hoftium ejus fibilo exponere, cùm abundè fuppeterent documenta, quæ ab ipfis non agnofcuntur duntaxat, fed tot etiam libris editis prolixè dilaudantur.

De cætero non altum filentium, fed altus clamor fæpè auditus
eft de conceffione & privilegio fanctæ Sedis. Dum ipfi Imperatores faterentur, jus fuum effe approbatum; dum Durandus teftare-
tur, fe vidiffe privilegium Bullatum Imperatorum; dum tot Cæfares hoc privilegium fibi innovari petèrent. Prout modò prolixiùs
paulifper imus expofitum.

§. IV.
Intervenire debet auctoritas Sedis Apoftolicæ.

Communis eft Catholicorum fententia, competere quidem Imperatori noviter electo jus ad præfentandum Clericum idoneum
ad Beneficium, primò vacaturum in Ecclefiis: non tamen independenter à conceffione Ecclefiæ.

20.   Ita docent nominatim Hermannus Hermes *fafcic. Jur. Publ. c.* 11.
& c. 4. *de Regal Imp.* Andr. Gaill. *Pract. obferv. l.* 2. *obferv.* 155. *n.* 7.
ubi ait: valere Cæfareas Preces Primarias Pontificis Indulto ac privilegio. Choppin *de facr. Polit. l.* 1. *tit.* 10. *n.* 13. Martinus Uranius
tom. 2. *confil.* 21. *§.* 10. Petr. Gregorius *Syntagm. l.* 17. *c.* 7. *§.* 21.
Azor *inftit. moral. l.* 10. *c.* 7. Boërius *decif.* 32. *n.* 8.   Befold. *tr. de
Majeft. Ecclef fol.* 121. Reftaur. Caftald. *de Imperat. q.* 100. *n.* 14. *&*
15. Arnulph. Ruzeus *de Jur. Regul. privil.* 47. *n.* 2. Joan. à Chokier
Indult. Prim. Prec. in proem. Oligenius in præclara fua Differtatione
de Primar. Precib. in qua eruditiffimè ac folidiffimè hanc materiam
pertractat. P. Ignat. Schwarz. *Coll. Hift. p.* 8. *q.* 6. Accedunt Cano-
niftæ & Juris etiam Civilis Interpretes Catholici, qui hanc materiam
tractàrunt. Imò plures etiam ex Acatholicis apud P. Schmalzgr. *de
Præb. n.* 327. ùt Beckers *fynopf. Jur. Publ. c.* 5. *§.* 5. Syringius *de Pace
Relig. concl.* 31. Rumelinus, Lampadius. Vide Oligenium p. 142.

21.   Probant 1. ex Concilio Generali Nicæno II. quod *can.* 3. ait:
*Omnis electio, à Principibus facta Epifcopi aut Presbyteri, aut Diaconi, irri-
ta maneat fecundùm regulam.*

Ex Concilio Generali Conftantinopolitano IV. quod can. 22.
prohibet, ne Principes fæculares Ecclefiafticis electionibus fe immifceant. Idem ex *can.* 4. Concilii Lateranenfis I. Ex can. 25. Concilii Lateran. II. ubi prohibetur, ne quis Beneficium Ecclefiafticum
recipiat de manu laici; &, fi receperit, eo privandum decèrnitur.
Idem

Idem posteriora etiam Concilia, tum Generalia, tum Provincialia, sacrii item Canones Juris Pontificii (uti *c. 2. de Judic. &c.*) frequenter sanciunt.

Ex hoc inferunt, laicum Principem non posse de Beneficiis Ecclesiasticis disponere, absque concessione & privilegio Sedis Apostolicæ. Unde Hermannus Hermes *fascic. Jur. Publ. c. 11.* apposite in hanc rem scripsit: *Sola consuetudo vel præscriptio immemorialis hoc jus (Primarum Precum) tribuere laico non posset ; quia principale requisitum, facultas possidendi jus Ecclesiasticum, sine indulto Papæ deficeret.*

Agnoverunt hoc sapientissimi Imperatores. Unde consuetudo illa, ad quam se referunt Rudolphus I. & Carolus IV. fuit à Pontificibus *approbata.* Privilegium Bullatum ipsemet vidit Durandus. Teste Oligenio *dissert. de Prim. Prec.* Fridericus III. petiit & obtinuit à Nicolao V. indultum ad centum Beneficia ante Concordata, post illa verò universim Jus Primariarum Precum. Mortuo Nicolao obtinuit à Callisto III. novum Diploma, prioris Indulti confirmativum.

Simile Indultum pro Primariis Precibus ab Innocentio VIII. petiit & obtinuit Maximilianus I. à. Leone X. Carolus V. rursùsque, cùm nova orta essent dubia, à Clemente VII. Oligenius *Dissert. cit. à fol. 52.* Ab eodem Pontifice privilegium hoc obtinuit Ferdinandus I. cùm Rex Romanorum esset electus, & cùm propterea Capitula & Collatores quidam conquererentur, instante Ferdinando novo Indulto Preces firmatæ sunt. Ut testatur idem Oligenius, atque ostendit anno 1564. simile Indultum impetrâsse Maximilianum II. à Pio IV. Rudolphum II. à Gregorio XIII. Mathiam à Paulo V. Ferdinandum II. ab eodem Paulo V. Ferdinandum III. ab Urbano VIII. quorum Indultorum diplomata exstant passim in extenso apud Besoldum, Chokierum, Oligenium, ac ipsum etiam Pfeffingerum *in Vitriar. Illustr. l. 3. tit. 2. ad n. 9. p. 90.* ubi omnia ista Indulta fatetur fuisse impetrata. In quibus Papa diversimodè modificet Jus illud Precum, reservando aliqua, uti primas in Cathedralibus & Collegiatis Ecclesiis Dignitates, eáque, quæ per *extravag. ad Regimen* sunt reservata.

Gloriosissimæ memoriæ Imperator Leopoldus institit quidem per Cardinalem de Hassia apud Alexandrum VII. teste eodem Oligenio, verùm cùm instaret, ut omisso (ad parcendum ob difficultatem temporum sumptibus) legato *Obedientiæ,* electionis confirmatio indulgeretur, Pontifex id facere recusavit, sícque dissimulatum etiam est tunc Indultum Apostolicum de Primis Precibus. Sed re deinde amicè Pontificem inter & Cæsarem composita, etiam hisce provisum fuit. P. Schwarz *p. 8. q. 6. §. 12. n. 4.* Oligenius *Dissert. cit.*

I i 3 **Ex**

Ex his autem ita concludunt: Tot fapientiffimi ac gloriofiffimi Imperatores per trecentos fermè annos continua ferie à Sede Apoftolica petierunt Indultum Primariarum Frecum.   Quod fanè non feciffent, nifi exiftimâffent, in hac re Ecclefiaftica intervenire oportere auctoritatem fupremi facrorum Antiftitis. Si enim ea, quam imprimere conantur Proteftantes, idea fuiffent imbuti, Jus Primariarum Precum ex fua natura perpetuo nexu pertinere ad poteftatem Cæfaream aut Regalem, tanquam Majeftati & coronæ intrinfecè & independenter connexum, atque absque ullo Indulto tanquam Jus Regium debitum, aut in fola confuetudine absque ullo Superioris Ecclefiaftici affenfu fundatum ac radicatum, verifimile nullatenus eft, Imperatores paffuros fuiffe hanc poteftatem fuam per refervationes reftringi, aut eos à Romana Curia flagitaturos fuiffe facultatem jura fua Regalia atque independentia exercendi. Neque, fi dubium aliquod incideret, aut difficultas ex parte Capitulorum aut Collatorum fe opponeret, ad eandem recurriffent ; prout tamen plures Imperatores feciffe diximus.   Nam cùm Germaniæ Ordinarii exciperent, quòd Precibus obftent Concordata Germaniæ, Imperatores ad Papam recurrerunt, ut iis derogaret

23.   Inferunt deinde ex his ulteriùs, hoc jus non ita effe Imperatoribus perpetua lege conceffum à Sede Apoftolica, ut nulla deinceps renovatione nováque approbatione opus habeant, prout in Jure Patronatus, ex fundatione e. g. competenti contingit : ubi laici univerfim ab Ecclefia funt habilitati, & ftabili lege fundatoribus præfentandi poteftas eft transfcripta: fed Primarias Preces tanquam jus perfonale ita fingulis Imperatoribus poft præftitum juramentum obedientiæ & Advocatiæ, noviter electis concedi, ut fucceffor novo rurfus Indulto opus habeat.

rum ufus declarat. Atque ad hanc normam metiendam etiam effe illam antiquam confuetudinem, quam Rudolphus I. Carolus IV. & Wenceslaus allegant, atque *approbatam* afferunt: quotiescunque nempe novus fuiffet creatus Imperator, toties à Sede Apoftolica confuetudinem illam approbatam intelligi.

Patere hoc ex ipfis formis Precum Primariarum, ab Imperatoribus poft acceptum Indultum Apoftolicum, ad Collatores ordinarios directarum, in quibus expreffam legamus eam confuetudinem à quovis tunc Ecclefiæ præfidente fpeciali approbatione roboratam. Sic in forma, à Ferdinando II. (quam in extenfo exhibet Chokier *l c. in proëm.*) ad Collatores directa, hæc haberi: *Cùm nobis ad Prædeceffo- rum imitationem ex inveterata confuetudine, etiam Apoftolica auctoritate per S. in Chrifto Patrem Paulum V. fanctæ Romanæ & univerfalis Ecclefiæ Pontificem Maximum roborata, jus competat, Preces Primarias ad omnes & fingulos, Beneficiorum Ecclefiafticorum Collatores, Collatrices, Capitula Con- ventus, & Collegia, ac perfonas alias, de illis quocunque modo difponendi jus habentes, per univerfum Romanum Imperium conftitutas, porrigendi, dandi, concedendi, & decernendi, pro perfonis idoneis, & nobis gratis &c.* **24.**

Addunt: licèt fortaffe antiqua illa confuetudo pro omnibus Imperatoribus, etiam fecuturis, conftitutione univerfali ac perpetuò valitura fuiffet approbata, ut proin tunc opus non fuiffet fingulis Imperatoribus novam approbationem, renovationem, aut novum Indultum petere; aliud tamen habere pofteriora tempora. **25.**

Nam per Concordata Germaniæ confuetudinem illam antiquam abrogatam dicunt; idque probant, tum ex eo, quòd in illis adeò fingillatim omnia fint excuffa, atque Dignitates ac Beneficia omnia & fingula, pro quocunque cafu, quandocunque aut quomodocunque vacatura, inter Summum Pontificem & Collatores vel Provifores ordinarios fint adeò minutatim diftributa, ut Cæfareis Primariis Precibus planè nihil manferit reliquum; vetitùmque omnino fuerit, ne quis aut liberas electiones ac provifiones impediret, aut contra tenorem Concordatorum quidquam attentaret, fecùs id omne inane & irritum fore.

Atque hinc Fridericum III. poft inita Concordata à Nicolao V. & poftmodum etiam à Callifto III. petiiffe & impetrâffe Diploma, Concordatis derogatorium, quo Jus Primarum Precum ipfi concederetur. Quo fanè opus non fuiffet, fi antiqua illa univerfaliter atque in perpetuum approbata confuetudo per Concordata non fuiffet abrogata, aut per Concordata jus ipfi fuiffet refervatum. **26.**

Neque fequentes poft Fridericum Imperatores per ducentos & ampliùs amplius annos eandem conceſſionem petiturus fuiſſe, Concordatis derogatoriam, ſi antiqua conſuetudine, perpetuo privilegio circumvallata, tueri ſe potuiſſent.

Conſuetudinem proin illam non fuiſſe ſtabili lege pro omnibus ſecuturis Imperatoribus abſolutè communitam, ſed velut conditionatè, ſi noviter electi eandem approbari ſinguli petant. Vel, ſi ejusmodi conſuetudo, perpetua atque abſoluta approbatione firmata, viguiſſet, eandem cum Jure Primarum Precum per Concordata Germaniæ fuiſſe abrogatam, datúmque Friderico III. novum Indultum, quod, càm perſonale eſſet, à ſingulis ſubſequentibus Imperatoribus renovari oportuiſſe. Nec ſufficere præſumptionem de mente Pontificis, ſed requiri actuale Indultum.

Patere id ex Bulla Clementis XI. ad Capitulum Hildeſienſe data, in qua præceperit, ut ad Canonicatum, menſe Papali vacantem, reciperetur à ſe proviſus, non autem illa, qui per Primas Preces absque Indulto Apoſtolico fuiſſet nominatus.

Nec ſuffragari poſſe exemplum Ferdinandi IV. qui ſtatim ac Romanorum Rex fuerat electus, non exſpectata confirmatione & Indulto Pontifico, ejusmodi Preces conceſſit, cùm ex Bulla citata conſtet, id fieri invito Pontifice, omniúmque à Friderico III. Imperatorum usque ad Ferdinandum Regem exempla haberi contraria.

27. Ipſos adeò Acatholicos fateri, Imperatores poſt Concordata Precibus non uti ſine Indulto Pontificio, illúdque agnoſcere tanquam Beneficium Papale, quod in uſu ſit jam ultra ſæculum geminum. Sic Vitriarium *Inſt. Jur. Publ. lib. 3. tit. 2.* ſcribere: *Imperatores hoc jus hodie ùt Beneficium à Pontifice agnoſcunt, uti clariſſimè patet ex formula,* qua *Paulus V. Papa Ferdinando II. hoc jus conceſſit, item ex conceſſione hujus juris, quæ facta eſt ab Innocentio X. Ferdinando III.* Idem ferme fateri Fritſchium *tract. de Jur. Prim. Prec. c. 2. n. 36 &c.* Imò Proteſtantes in Gravaminibus, anno 1646. menſe Aprili in tractatione Pacis exhibitis faſſos, Primarias Preces à Pontifice originem ducere, ac propterea easdem voluiſſe abolitas.

28. Fatentur equidem Catholici DD. cum Oligenio, Joſephum glorioſiſſimæ memoriæ Imperatorem direxiſſe Preces Primarias ad Collatores ordinarios ſine Indulto ſpeciali Pontificio. Sed reſpondent, hoc exemplum fuiſſe ſingulare, contrarium exemplo omnium Imperatorum à ducentis & ampliùs annis, omnium videlicet Cæſarum à Friderico III. usque ad hoc ſæculum. Deinde reclamâſſe Pontificem Clementem XI. ſpeciali Bulla, ad Capitulum Hildeshemienſe data. Tandem autem hanc rem totam feliciter fuiſſe compoſitam.

pofitam. Exftat in hanc rem Bulla Clementis XI. poft electionem
gloriofiffimi Imperatoris Caroli VI. ad Capitula Ecclefiarum Cathedralium anno 1714. directa. In hac dicit Pontifex; cùm jam be-
nedicente Domino difficultates illæ, propter quas Imperiales Preces Primarias non admittendas effe edixerit, prorfus fint fublatæ,
omnino recipiendas & admittendas effe Preces, quas à Carolo Imperatore electo quibuscunque Capitulis aut Collatoribus Beneficiorum porrigi feu exhiberi contigerit. Et cùm fibi innotuerit, Jofepho Imperatori animum non defuiffe, ad rem totam explendam, nifi
immaturus illius obitus cuncta turbâffet, adeóque per ipfum non fte-
tiffe, quò minùs eædem difficultates penitus tollerentur, quemadmodum ex authenticis allatis documentis fibi liquidò conftet, idcirco etiam fimiles Primarias Preces, ab eodem Jofepho Rege, dum
viveret, expeditas, fuum integrum ac plenum effectum habere;
citra tamen præjudicium eorum, qui à Papa aut Collatoribus ordinariis in poffeffionem fint miffi.

RESPONSIONES
Ad alias Objectiones.

A d præcipua Adverfariorum argumenta, petita videlicet ex ipfa
natura Juris Majeftatici, Advocatiæ, Patronatus & antiquæ
confuetudinis, jam refponfum eft. Superfunt leviora quædam adhuc breviter diffolvenda.

Dicunt 1. Jus Primariarum Precum jam inde ab Augufto, aliísque primis Imperatoribus fuam trahere originem, utpote qui fimul
usque ad Gratianum fuerint Summi Pontifices. *Refp.* Jus Gentilium
circa Sacra locum non habere apud Chriftianos. Sed nec illi leguntur ufi Jure Precum: aut ad quem unquam direxerunt fuas Preces?
Et licèt primi Imperarores Chriftiani usque ad Gratianum adhuc to-
leraverint titulum *Pontificis Maximi*, quem Gentiles more veteri eis
deferebant, non tamen leguntur, ad ulla Beneficia nominâffe. Imò
tunc necdum erecta erant vera Beneficia; fed Clerici in commune
vivebant, & fuftentabantur ex oblationibus fidelium, quas Epifcopus per œconomum adminiftrabat.

Dicunt 2. Jus Primarum Precum fundari in eo, quòd Impera-
tores femper fuerint primi Ecclefiarum Cathedralium Canonici.
Refp. Hoc fundamentum non effe firmum; cùm à nullo unquam
Imperatorum fuerit agnitum, aut allegatum.

Dicunt 3. cum Schwedero, Stamlero, Klockio, Fritfchio, Vitriario &c. Indultum Pontificum non peti ex neceffitate, fed ad

Pars VI.   K k   abun-

29.

abundantiorem cautelam, & captandam eò faciliùs Capitulorum
benevolentiam. *Refp.* Hoc dici, fed non probari.   Contrarium
ex dictis patet.   Quid opus captatione benevolentiæ, fi de jure conftat? Si Capitula refifterent, id ideo contingeret, quia ipfis perfuafum eft, necefiariò hìc intervenire debere authoritatem Sedis Apoftolicæ, & ab ea definiendum declarandúmque, fi quid dubium oc-
curreret, aut non jure fieri contingeret.   Prout ipfi etiam fummi
Imperatores, in rebus dubiis, aut à Capitulis vel Collatoribus ordinariis in controverfiam adductis, ad Sedem Apoftolicam, pro novo Indulto, magis declarativo, recurrere confueverant.   Hoc
ipfum Præciftæ etiam non rarò faciebant, ad tribunalia Romanæ
Curiæ, oborta lite, confugientes; ùt exemplis probat Oligenius
Diſſert. cit. fol. 125.   Certè non paterentur Imperatores Jus Primarum Precum per Refervationes Pontificias limitari ac reftringi, fi
tantùm *ex civilitate*, ùt loquuntur, aut *ad captandam benevolentiam*,
Indultum peterent.

     Dicunt 4. cum Goldafto.   Ex Conrado Urfpergenfi haberi,
quòd Otho IV. noluerit Beneficia feu Ecclefias conferre primis
petentibus, prout antè fuerit confuetudo Principum.   Ergo confuetudine jam dudum ante Rudolphum inductum fuerat Jus Primarum Precum.   *Refp.* Hæc non funt contra ea, quæ hactenus attuli; non enim nego confuetudinem illam efse antiquiorem temporibus Rudolphi.   Cæterùm vel fuit ea confuetudo approbata à
Summo Pontifice, prout approbata fuit ea, quam allegant Rudolphus I. & Carolus IV. & tunc fuit legitima.   Vel non fuit approbata, (prout probabilius efse videtur, aliàs Otho IV. eam non
rejecifset) tunc inter abufus eft collocanda, quos abjecit & damnavit Fridericus II.

     Dicunt 5. cum Pfeffingero *ad Inſt. Vitriar. l.* 3. *tit.* 2. *n.* 8. Impe-
ratorem Mathiam anno 1614. ad Epifcopum Spirenfem ob non ad-
mifsum Adolphum de Veningen ad ftallum in choro, dedifse litteras, in quibus Primarias Preces appellat *Jus fuum & Regale.*   *Refp.*
Certum eft, Mathiam Cæfarem à Paulo V. Papa petiifse & impe-
trâfse Indultum, prout oftendit formula Precum, quas direxerat,
exftans apud Befoldum *Theſaur. pract. part.* 2. *pag.* 149. ubi fic loquitur: *Cùm nobis ad Prædecefsorum noſtrorum imitationem ex inveterata conſuetudine, etiam Apoſtolica authoritate per ſanctiſſimum in Chriſto Patrem Paulum V. ſanctæ Romanæ ac univerſalis Eccleſiæ Pontificem Maximum Jus competat &c.* Jus igitur ac Regale appellat, quia ex confuetudine à Paulo V. approbata per fpeciale Indultum Regiæ ac Cæfareæ ejus Ma-
                                          jeftati

jeftati fuit conceffum, propter ejus præeminentiam, & fupremam
in temporalibus poteftatem.   Eodem fenfu etiam Status Catholici
Ratisbonæ an. 1646. appellârunt *Regale Romanæ Coronæ.*   Præterquam quòd hoc modo loquendi fuerint ufi tanquam argumento ad
hominem adversùs Lutheranos, qui Imperatori Jus Primariarum
Precum in terris fuis negabant.

Dicunt 6. Imperatores electi, etiam ante confirmationem ftatim adminiftrant Imperium.   Ergo etiam ftatim poffunt exercere
Jus Primariarum Precum, antequam ullum Indultum petant.   Atque ita feciffe Ferdinandum IV. & Jofephum I. eft in comperto.

Refp. 1. Hoc argumentum non probat, Jus Primarum Precum
non fundari in conceffione faltem generali Sedis Apoftolicæ.   Sed
ad fummum probaret, non debere fingulos Imperatores Indultum
petere, poftquam generali & perpetuo privilegio hoc jus Imperatoribus omnibus ritè electis conceffum fuit.   Quo non obftante
nihilominus hoc jus à Sede Apoftolica fuam poffet originem trahere, id, quod maximè cum Acatholicis eft controverfum.

Quid autem fentiendum de altera quæftione, cum quibusdam
etiam Catholicis controverfa, an fcilicet finguli Imperatores debeant ejusmodi Indultum petere, vel an non faltem ante petitum
Indultum poffit noviter electus jus illud exercere, aliorum potiùs
DD. ex fenfu ac verbis fuperiùs retuli.

Ad exempla etiam Ferdinandi IV. & Jofephi I. ex iisdem refponfum.   Hoc addo; illos haud dubiè bona fide egiffe, Catholicorum non paucorum doctrina fultos, exiftimantium, Imperatoribus
univerfim datum fuiffe à Sede Apoftolica privilegium univerfale
ac perpetuum, aut in confuetudine antiquiffima, Summi Pontificis affenfu firmata, fententiam fuam fundantium.   Quamvis poftea
Clemens XI. in Bulla citata contrarium declaraverit.

ARTICULUS III.

Ad quæ Beneficia fe extendant Primæ Preces ?

Regulæ generalis inftar hîc eft, Preces Primarias Imperatoris habere locum in omnibus Beneficiis Ecclefiafticis, fæcularibus ac
Regularibus, curatis & non curatis, fimplicibus & duplicibus, Dignitatibus videlicet, Perfonatibus, Adminiftrationibus & Officiis.

In fpecie autem his Precibus funt fubjecta 1. Refervata Summo Pontifici (iis exceptis, quæ funt refervata *in Extravag. ad Regimen.* 13. *de præbend. & dignit.*) 2. *Electiva.* 3. Subjecta Juri *Patronatus*

Eccle-

30.

Ecclefiaftici. 4. *Collativa* per turnum. 5. *Curata* & *Vicariæ perpetuæ.*
6. *Vacantia* per promotionem, per Profeffionem Religiofam, per initum matrimonium, vel ob crimen fimoniæ, hærefis &c. 7. *Devoluta*
ad immediatum Superiorem, e. g. ad Epifcopum, vel alios Præfules
Papa inferiores. 8. *Refignata* fimpliciter in manus Ordinarii. 9. *Ad
Collaturam Monafterii* fpectantia.

Quæ omnia patent ex Indultis Apoftolicis, Imperatoribus datis, uti ex dato à Paulo V. Ferdinando II. Imperatori, apud Chokier *in Prec. Prim. illuftr.* atque ex Indulto conceffo Ferdinando III.
ab Urbano VIII. (quod in extenfo exftat apud P. Schmier *l.* 3. *tr.* 1.
p. 2. *c.* 3. *Sect.* 7. *n.* 288.) ubi præmiffis magnis laudibus memorati
Imperatoris Pontifex ita loquitur :

31.   „Hinc eft, quòd Tuæ celfitudinis fupplicationi, inclinati, dicta
„auctoritate præfentium ferie Eidem Celfitudini Tuæ concedimus
„& indulgemus, quòd, fi per Te quibusvis collatoribus feu collatri-
„cibus quorumcunque Beneficiorum Ecclefiafticorum, fæcularium
„vel Regularium ordinum quorumcunque per facrum Romanum
„Imperium ubilibet conftitutorum, etiam, fi qui, vel fi quæ Pon-
„tificiali, vel alia quavis Dignitate præfulgeant, feu Collegia, Ca-
„pitula & Conventus fuerint, fuper fingulis Beneficiis Ecclefiafti-
„cis, cum cura vel fine cura, fæcularibus, vel ordinum hujusmodi
„Regularibus, in fingulis Cathedralibus, etiam Metropolitanis,
„Collegiatis, & aliis quibuscunque Ecclefiis, etiamfi Beneficia hu-
„jusmodi, Canonicatus & Præbendæ, Dignitates, Perfonatus, Ad-
„miniftrationes, vel Officia in eisdem Cathedralibus, & Metropo-
„litanis vel Collegiatis Ecclefiis, & ipfæ Præbendæ in illis ex hu-
„jusmodi Ecclefiis, in quibus Majores vel Minores Præbendæ effe
„nofcuntur, etiamfi Majores fuerint, & ad Dignitates, Perfonatus,
„Adminiftrationes, vel Officia hujusmodi confueverint, qui per
„Electionem affumi, eisque cura immineat animarum, dummodo
„Dignitates ipfæ in Cathedralibus, etiam Metropolitanis, poft
„Pontificales Majores, aut Collegiatis hujusmodi Principales non
„exiftant, ab eorundem collatorum vel collatricum collationem,
„provifionem, præfentationem, electionem, vel quamvis aliam dif-
„pofitionem communiter, vel divifim pertinentibus, fingulis per-
„fonis conferendis, feu fuper hoc, quòd perfonæ ejusmodi ad illa
„recipiantur, & admittantur Preces porrigi, feu de perfonis eisdem

„ventur, ac ipfi collatores.& collatrices faltem quatuor Beneficia
„Ecclefiaftica conferre habeant, hujusmodi precibus & nomina-
„tionibus parere, & intendere, nec non perfonas ipfas ad hujus-
„modi Beneficia, poftquam ipfis de illis Canonicè provifum fuerit,
„juxta earundem Precum ac nominationum tenorem recipere, &
„admittere debeant, & etiam teneantur.

„Quódque quicunque quibusvis in Dignitatibus conftituti, feu
„Ecclefiarum cathedralium Canonici finguli, videlicet in illis, quos
„pro fingulis perfonis Prædictis, precum & nominationum hujus-
„modi, & ad hoc, ut fortiantur illa effectum, etiam præfentium
„*Executores* deputaveris, per fe vel alium feu alios Beneficia præ-
„dicta, cum in quibusvis etiam ordinariis collatoribus per confti-
„tutiones noftras aut litteras alternativas, aliáque privilegia, & in-
„dulta quæcunque quomodocunque conceffis, & impofterum con-
„cedendis, aut aliis quibuscunque menfibus vacaverint, & quæ per-
„fonæ, pro quibus Preces & nominationes hujusmodi factæ fuerint,
„quatenus hujusmodi Preces feu nominationes ad illa fe extendant,
„infra menfem, poftquam ipfis vacatio hujusmodi Beneficiorum
„innotuerit, duxerint acceptandas; etiamfi ipfa Beneficia difpo-
„fitioni·Apoftolicæ, aliàs, quàm per Conftitutionem Fel. record.
„Benedicti Papæ XII. Prædecefforis noftri, quæ incipit *ad Regimen*,
„generaliter Refervata exiftant, & ex diverfis perfonis vacaverint,
„& perfonæ nominatæ prædictæ tempore affecutionis Beneficli, ad
„quod nominatæ fuerint, aliud Beneficium in eadem Ecclefia obti-
„neant, ac fecundùm ftatuta & confuetudines Ecclefiarum, in qui-
„bus Beneficia hujusmodi conftiterint, vel Indulta, Ecclefiis con-
„ceffa, capaces, videlicet in ætate legitima conftitutæ, aut de legi-
„timo matrimonio procreatæ non fint; dummodo quoad hujus-
„modi qualitates aliàs cum eis canonicè difpenfatum, & Beneficia
„in eadem Ecclefia talia fint, quæ fine difpenfatione Apoftolica in-
„fimul obtineri poffint, aut confueverint, ac ipforum vacantium
„Beneficiorum collatio non fuerit juxta Lateranenfis ftatuta Con-
„cilii ad Sedem Apoftolicam legitimè devoluta, neque fuper illis
„inter aliquos lis pendeat indecifa, conferre & affignare &c. nec
„non omnia & fingula, quæ ad hoc, ut Precum feu nominationum,
„ac collationum, & acceptationum hujusmodi fuccedant effectus,
„opportuna fuerint, facere, authoritate noftra per cenfuram Ec-
„clefiafticam exequi poffint, ac valeant. &c.

„Non obftantibus noftris de non utendo gratia exfpectativa,
„ac refervatione fpeciali, vel duabus gratiis infimul---nec non qui-

,, buscunque in Cancellaria Apoſtolica quandocunque publicatis &
,, publicandis, & aliis Conſtitutionibus & Ordinationibus Apoſtoli-
,, cis, nec non aliis Eccleſiarum, in quibus hujusmodi Beneficia for-
,, ſan fuerint, ſtatutis & conſuetudinibus &c. nec non Concordatis
,, Nationis Germanicæ, ac eorundem Concordatorum confirma-
,, tione, ac prædictis & quibuscunque aliis, quandocunque editis,
,, & edendis Conſtitutionibus, & Regulis noſtris, & dictæ Cancel-
,, lariæ, ad quarum ſolennitatem, adſtrictionem, formam & ſatisfa-
,, ctionem ſeu obſervantiam, habentes Preces, ſeu nominationes
,, hujusmodi, minimè teneantur, nec ipſæ Preces ſub illis compre-
,, hendantur quoquo modo; nec non quibusvis privilegiis, indultis
,, & litteris Apoſtolicis, & quibusvis gratiis exſpectativis, ſpeciali-
,, bus vel generalibus, etiam mentalibus reſervationibus, unioni-
,, bus, & annexionibus & incorporationibus, ſuppreſſionibus, &
,, extinctionibus perpetuis, & temporalibus nominationibus &c.

§2.

Ex hoc Indulto Pontificio (cui ferme conformia ſunt alia) conſtat. 1. Preces iſtas tantæ eſſe efficaciæ, ut non alteri, quàm per Preces à Cæſare nominato, Beneficium conferri poſſit, ſi is idoneus
ſit.   Et, ſi alteri conferretur, id fieret invalidè.

Conſtat 2. Eas non impediri per quamcunque Reſervationem:
exceptis iis Beneficiis, quæ continentur in citata *Conſtit: ad Regimen.*

Conſtat 3. Derogari Regulis Cancellariæ, litteris conceſſis in
forma Pauperum, ſeu mandatis de providendo Clericis pauperibus,
perſonis Illuſtribus, aut Graduatis.   Ut patet ex §. *non obſtantibus:*
imò omnibus aliis privilegiis, indultis & litteris Apoſtolicis.

.Conſtat 4. Derogari ſtatutis & conſuetudinibus Eccleſiarum
particularium. Unde ſi qualitas aliqua in Canonico aut Beneficiato tantùm requireretur ex ſtatuto, aut conſuetudine particulari
alicujus Eccleſiæ, poſſet Cæſar ad eum Canonicatum aut Beneficium nominare etiam talem Clericum, qui ea qualitate caret.   Quare, cùm Capitulum quoddam recuſaret in Canonicum aſſumere igno-
bilem Clericum, quem Ferdinandus II. nominaverat, coactum fuit
eum admittere, non obſtante conſuetudine aut ſtatuto, ut tantùm
Nobiles recipiantur.

Conſtat 5. Derogari etiam Concordatis Germaniæ (& quidem
expreſſe) præſertim quatenus ſtatuit alternativam menſium. Nam
Primæ Preces locum habent quocunque menſe absque diſcrimine,
ſive Menſe Papali, ſive menſe ordinarii collatoris Beneficium incipiat vacare.

ARTI-

ARTICULUS IV.

Ad quæ Beneficia fe non extendant Primæ Preces?

Refp. 1. Se non extendunt ad ea, quæ in Extravag. *ad Regimen* Papæ funt refervata. Neque ad ea, quæ ad Sedem Apoftoli-cam funt devoluta. **33.**

Refp. 2. Neque ad Dignitates Epifcopales, aut his proximas in cathedralibus, uti Præpofituras ; Neque ad Principales feu Primas in collegiatis.

Refp. 3. Neque ad ea, quæ ex natura fua funt Regularia, uti funt Abbatia, Præpofitura, Prioratus, Decanatus Regularis. Neque enim Cæfar nominat Religiofos ad iftas Dignitates Regulares : imò neque ad Beneficia Regularia.

Refp. 4. Neque ad Beneficia *Patronatus laici.* Quia ùt aliàs ob-fervavimus, Pontifex per Refervationes aut conceffiones generales non cenfetur derogare juri, ex fundatione, conftruĉtione, aut do-tatione quæfito. Idem dicendum de Patronatu mixto. Aliud ta-men effet, fi plures forent Compatroni Ecclefiaftici, quàm laici.

Refp. 5. Neque ad *Monocularia,* quando fcilicet collator tantum unum poteft conferre ; imò neque, fi tantùm duo aut tria poteft conferre. Nam ex Indulto recitato, Preces Primarias tantùm ii collatores tenentur admittere, qui faltem quatuor poffunt confer-re. Ne aliàs toto vitæ tempore, præfertim cùm Imperatores brevi tempore regnarent, nec unicum conferre poffent.

Refp. 6. Neque ad Beneficia *Manualia,* quæ ad nutum funt revo-cabilia, aut *Vicarias temporales, Penfiones,* & alia quæ non conferuntur in titulum. Quia propriè ne quidem funt Beneficia Ecclefiaftica.

Refp. 7. Neque ad *litigiofa,* de quorum proprietate lis pendet. Neque ad *Refignata* ex caufa permutationis, àut in favorem tertii ; quia non abfolutè vacant. Quibus addit Leurenius fimpliciter refignata in manibus Papæ.

Refp. 8. Neque ad ea, quæ perpetuo funt *incorporata* alicui Di-gnitati, Ecclefiæ, Collegio, Menfæ Epifcopali aut Capitulari.

Refp. 9. Neque ad ea, quæ funt extra Romanum Impærium, aut ad ea, quæ in alienis Regnis aut Ditionibus funt fita, licèt olim fpeĉtarint ad Imperium. Nifi ea conditione translata fit ad alium Principem Provincia, ut retineat quoad Sacra eas conditiones, quas habebat, dum erat fub Imperio, prout de Epifcopatu Metenfi, Tullenfi, & Virodunenfi perhibetur.

Exci-

Excipiuntur Beneficia Italiæ, etiam in illis Provinciis ſita, quæ Imperatori jure feudali ſunt ſubjeﬅæ. Præcedſtque hoc etiam pro caſu, quo collator in Germania exiﬅit. Sicut econtra Primis Precibus locus eﬅ, etſi collator extra Germaniam exiﬅat, modò Beneficium exiﬅat in Germania.

Quæres, an Preces Cæſareæ etiam extendantur ad Beneficium ſecundò vacaturum, quandò Preciﬅa Beneficium, primitus vacans non fuit adeptus ?

Reſp. Si Preciﬅa ex negligentia & culpa ſua Beneficium non fuit adeptus, Preces non extenduntur ad ſecundum, ſed poﬅ menſem extinguuntur, quo primùm cœpit vacare. *arg. c.* 11. *de præb. in 6.*

Si verò Preciﬅa abſque culpa ſua Beneficium non fuit adeptus, Preces etiam ad ſecundum & tertium porriguntur, uſque dum Preciﬅa unum fuerit adeptus.

Si verò jam ſemel Beneficium acceptavit, variare & aliud prætendere non ampliùs poteﬅ. Quia res non ampliùs eﬅ integra; cùm jus jam ſit conſecutus.

ARTICULUS V.
Quænam adhuc notanda ?

34. *Reſp.* 1. Clericus qui Preces Cæſareas obtinuit, debet intra menſem Beneficium, ad quod nominatus eﬅ, acceptare, & declarare, quod illud vi Primariarum Precum petat. Menſis autem iﬅe incipit currere à tempore, quo ipſi vacatio Beneficii innotuit. Quod ﬅatutum eﬅ, ne Eccleſia propter diuturniorem vacationem detrimentum patiatur.

Unde docet Hermes, menſe elapſo extingui jus Preciﬅæ, ſi ex culpa ſua Beneficium à collatore non petat. Aliàs enim fruﬅra fore tempus unius menſis determinatum. Neque huic determinationi obﬅare clauſulas generales.

Contrariam tamen ſententiam tuentur Wagnereck. Engel. Pirh. Wieﬅner. Schmalzgr. qui docent, quòd etiam elapſo jam menſe poſſit Preces collatori offerre, ſi res adhuc ſit integra, hoc eﬅ, ſi poﬅ lapſum menſis necdum alteri ſit faﬅa collatio. Quia in Indulto Apoﬅolico dicitur, non obﬅare Preciﬅæ, quæ alioquin requiruntur de *inſinuatione* & *publicatione* nec fruﬅra tamen menſem determinari, quia eum in finem determinatum eſſe, ut ordinarius collator menſe elapſo poſſit liberè conferre. Nam

Reſp. 2.

Reſp. 2. Preciſta intra menſem debet Preces Cæſareas ſeu reſcriptum, vel nominationem ad Beneficium præſentare ordinario
ejus collatori, putà Epiſcopo, vel Capitulo, capitulariter congregato &c. Si ſecùs fecerit, poterit Ordinarius liberè illud alteri
conferre, nec illa collatio ampliùs retractabitur. Cæterùm tempus legitimè impedito non currit, & probabiliùs neque Minori;
vel ſaltem habet jus reſtitutionis in integrum. Quamvis enim
Minor in iis, quæ in ſe ipſis verè ſunt ſpiritualia, uti in matrimonio, voto, profeſſione Religioſa, habeatur pro Majore, ſicut filiusfamilias quoad Caſtrenſia, non tamen in iis, quæ tantùm ſunt annexa ſpiritualibus, uti Beneficialia. Sic enim Minor adverſus
propriam reſignationem Beneficii reſtituitur in integrum.

Reſp. 3. Interponendæ ſunt eæ Preces in quavis Eccleſia pro
uno tantùm Beneficio, & ſemel tantùm (ùt aliàs dictum) Et quidem debet Imperator nominare *dignum*, ut videlicet habeat eas
qualitates, quæ de jure communi, vel vi fundationis in Beneficiato requiruntur. Unde non debet eſſe illegitimus, irregularis, vel
cenſura irretitus, nec alio laborare impedimento Canonico, niſi
à Pontifice cum eo eſſet diſpenſatum. Dixi, *de jure communi.* Nam
Imperator non tenetur attendere ad ſtatuta aut conſuetudines particulares alicujus Eccleſiæ.

Sufficit autem, ſi qualitates requiſitas habeat tempore collationis. Unde vim ſuam obtinent Preces, etiamſi Preciſta tempore
earum impetratarum, non habuiſſet primam Tonſuram, legitimam
ætatem &c.   35.

Reſp. 4. Imperator jus ſuum Primariarum Precum poteſt alteri   36.
cedere, prout exempla præteritæ ætatis demonſtrant. Sic Wenceslaus hoc jus per Dioeceſin Spirenſem & Wormatienſem ceſſit
Ruperto Palatino, Ferdinandus II. Electori Colonienſi &c. quo
caſu nominatio ceſſionarii perinde haberi debet, ac, ſi fuiſſet facta
ab ipſo Imperatore.

Immò poteſt Imperator etiam variare; hoc eſt, poſtquam Petrum nominavit ad Beneficium, nominare ad illud Paulum. Niſi

&tum, ùt fi primus a&tus fuit invalidus.   Nam licèt hæ Preces ad
unam tantùm in quavis Ecclefia collationem tendant, tamen hanc
validam effe oportet.   Et hinc fi jam primum validè acceptâffet,
non poffet ampliùs variare acceptando fecundum, quia Preces jam
funt confecutæ fuum effe&tum.   Si verò Precifta effet nomina us
ad Beneficium, quod Primis Precibus non eft obnoxium, poffet is,
omiffis Precibus, ad ordinariam provifionem tranfire, & liberam
collationem ab Ordinario petere.

Cæterùm, fi Precifta pacificam Beneficii poffeffionem obtinuit,
debet Beneficium fi quod priùs habuit, & fit incompatibile, dimittere, non autem, fi fit compatibile.

Quin imò poteft unus idémque Clericus ab Imperatore ad plura Beneficia, in diverfis Ecclefiis nominari, disjunctivè tamen.   Et
fi taliter præfentatus uno Beneficio provifus fuerit, poteft Imperator pro aliis Ecclefiis alios nominare.

38.   Ut autem Preces Primariæ eò certiùs ad finem fuum pertingant, conftituere folet Imperator authoritate Apoftolica *Executores,* qui debent effe perfonæ in Dignitate Ecclefiaftica conftitutæ,
vel faltem Canonicatum in Ecclefia cathedrali obtinere.   Hi Executores poffunt quofvis collatores ordinarios etiam cenfuris compellere, ut Beneficium ritè nominato conferant.   Et, fi renuant,
poffunt ipfi Executores illud conferre.

Poteft autem Executor Sub-Executorem conftituere; quia
eft delegatus fupremi Principis, qui poteftatem fibi commiffam
poteft fubdelegare.

C A P U T II.
De Inftitutionibus.

Inftitutio latè accepta comprehendit quamlibet provifionem Ecclefiafticam in caufa Beneficiali; atque fic electionem etiam &
collationem liberam complectitur.   Quo fenfu loquitur prima
Regula Juris *in 6. Beneficium Ecclefiafticum non poteft licitè fine Inftitutione
canonica obtineri.*   Unde poftquam de Jure Beneficiali, de Jure Patronatus, de concordatis Germaniæ, atque de Primariis Imperatorum Precibus tractavimus, de Inftitutionibus etiam breviter ali-
quà fubjungenda duxi.

Strictiùs autem fumpta *Inftitutio* dividitur 1. in *collativam,* per
quam confertur titulus Beneficii. 2. in *authorizabilem,* qua committitur
cura animarum per Sacramentorum adminiftrationem exercenda.
3. in *poffefforiam per Inveftituram,*   ARTI-

ARTICULUS I.
De Inftitutione collativa.

Præcipua Inftitutionum fpecies eft *collativa.* Eft autem alia *libera*, quando confertur Beneficium Clerico à collatore ordinario omnino liberè, ita, ut nullum jus aut obligationem præfupponat. De hac tractatum eft *Differt. de Jure Benef.*

Alia verò eft *Inftitutio neceffaria*, quæ datur ad Patroni præfentatio-nem, aut nominationem Imperatoris vigore Primariarum Precum,, & de hac hîc aliqua differenda veniunt.

§. I.
Natura Inftitutionis collativæ.

Inftitutio eft *Conceffio neceffaria Beneficii vacantis ab Ordinario facta ad præfentationem Patroni.* Dicitur *neceffaria*, quia debetur legitimè **39.** præfentato; modò Beneficium fit Patronatum, & vacet, atque debito tempore præfentetur idoneus.

Quodfi his concurrentibus Ordinarius neget Inftitutionem , aut plus æquo differat, poterit Præfentatus, imò etiam ipfe Patronus appellare, aut provifionem impetrare à Papa.

Quæftio autem controverfa eft, an valida fit Inftitutio, quæ facta eft vel invito vel infcio Patrono.   Nam duplex in hac re eft fententia.   Prima dicit, quòd talis Inftitutio non fit ipfo jure nulla, fed valeat quidem, fit tamen refcindibilis; altera omnino invalidam effe contendit.   Et hæc eft communior, videtúrque probabilior, atque decifa.   *Can. decernimus* 32. *cauf.* 16. *q.* 7. ibi : *quodfi, fpretis eisdem fundatoribus, Rectores ibidem præfumpferit Epifcopus ordinare, & ordinationem fuam irritam noverit effe, & ad verecundiam fuam alios in eorum loco (quos iidem ipfi fundatores condignos elegerint) ordinari.*

Secundum hunc autem canonem videtur intelligendum *cap. illud* §. *de Jur. Patronat. in fin.* ubi dicitur talis Inftitut o *irritanda*, nempe pro irrita declaranda; prout DD. communius explicant.

Valida tamen eft Inftitutio facta ad præfentationem Patroni putatitii, feu bona fide exiftimati, licèt re ipfa proprietas Patronatûs ad ipfum non pertineat.   Nam, ut valeat Inftitutio, plus non requiritur, quàm ut præfentans fit in poffeffione bonæ fidei.   Unde licèt poftea alius in petitorio obtinuerit, rata tamen erit præfentatio Patroni exiftimati, & fubfequa Inftitutio Ordinarii. *c* 19. *de Jur. Patr.* nam, quod legitimè factum eft, non retractatur, licèt deveniat ad eum cafum, à quo incipere non potuiffet. *c.* 12. *dift.* 55. *& l.* 2. *ff. de itin. actúq. privat.*   L l 2   **Aliud**

Aliud eſſet, ſi lis oriretur, non ſolùm, ad quem Jus Præſentandi pertineat, ſed an Beneficium ſit obnoxium Juri Patronatus.
Nam tunc pro collatione libera eſſet præſumptio.

§. II.
Cauſa Efficiens.

50. Cauſa efficiens eſt ipſe *inſtituens*, ad quem de jure vel conſuetudine pertinet inſtitutio, perſona nempe Eccleſiaſtica.   Nam ſæcularis ad hoc eſt inhabilis.

Hanc poteſtatem inſtituendi in Beneficiis Patronatis per ſuam
Diœceſin regulariter habet Epiſcopus.   Unde intentionem ſuam
habet fundatam in jure, adeó, ut, ſi quis alius jus illud prætendat,
in dubio probare illud debeat.

Inſtituere autem poteſt Epiſcopus, etiam ante conſecrationem,
modò ſit confirmatus.   Quia inſtitutio non eſt actus ordinis, ſed
jurisdictionis; & quidem neceſſariæ, cùm *debeat* inſtituere legitimè
ſibi à Patrono præſentatum.

Quapropter hæc poteſtas tranſit ad Capitulum Sede vacante.
Eſtque hoc ipſo diſparitas cum collatione libera.   Nam ſi Beneficium pertinet ad liberam collationem Epiſcopi, fieret eidem præjudicium, ſi à Capitulo conferretur.   Contra verò nullum eidem
fit præjudicium, ſi Capitulum præſentatos inſtituat, cùm inſtitutio
non ſit libertatis, ſed neceſſitatis ac juſtitiæ.   Inſtituere autem ſolet Capitulum Sede vacante per ſuum Vicarium in ſpiritualibus.

Vivente Epiſcopo competit ea poteſtas etiam Vicario Generali, & quidem probabiliùs absque ſpeciali mandato. *Arg. c. fin. de
Offic. Vicar. in 6.* ubi Vicario negatur poteſtas liberæ collationis,
ex ea ratione, quòd donare non poſſit.   Ergo à contrario poteſt
inſtituere; cùm inſtitutio non ſit donatio, ſed neceſſaria ad requi-
ſitionem Patroni proviſio.   Item *Arg. c. 3. h. t.* ubi improbatur Inſtitutio, quæ non ſit ab Epiſcopo, aut ejus *Officialibus, qui hoc de jure
poſſunt.*   Ergo ſupponitur, aliquos Officiales Epiſcopi de jure poſſe
inſtituere.   Inter hos autem præcipuè eſt Vicarius Generalis, qui
in jure præcipuè venit nomine *Officialis.*   Ratio ulterior eſt; cùm
Jurisdictio Vicarii Generalis ſit eadem cum Jurisdictione Epiſcopi,
idémque utriusque tribunal, poteſt omnia, quæ ipſi non inveniuntur prohibita.

Quamvis autem Inſtitutio Jure Ordinario competat Epiſcopo,
ejúsque Vicario, & Sede Vacante Capitulo, jure tamen Extraordi-
nario competit multis Prælatis inferioribus, ex conſuetudine videlicet

licet aut præſcriptione, vel privilegio, etiam in Eccleſiis, quæ ſubjeﬁæ ſunt Epiſcopo.

Ante Concilium Tridentinum competebat etiam Prælatis Eccleſiæ Epiſcopo inferioribus, *ex fundatione*, hoc autem Concilium ſtatuit, *ſeſſ. 14 c. 12. de ref.* ut *in caſu funaationis aut dotationis Inſtitutio Epiſcopo, & non alteri inferiori reſervetur.* Quidam tamen hanc diſpoſitionem Concilii intelligunt tantùm de Inſtitutione authorizabili. Alii verò cum Card. de Luca vero-ſimiliùs eam referunt quidem ad Inſtitutionem collativam tituli, exiſtimant nihilominus, eam conditionatè eſſe accipiendam, non poſſe videlicet Inſtitutionem in fundatione inferiori Prælato reſervari, niſi ipſe Epiſcopus conſentiat, & fundationem ſic faﬁam approbet; cùm jure ſuo poſſit cedere.

Quæres 1. An Jus inſtituendi Clericos poſſet competere laicis ? *Reſp.* Poſſet illis competere ex ſpeciali Privilegio Apoſtolico, ſicut eodem acquirere poſſunt jus eligendi, ac conferendi Beneficia, jus decimandi &c. licèt enim per ſe Jurisdiﬁionis Eccleſiaſticæ ſint incapaces, & quidem Jurisdiﬁionis internæ pro foro Sacramentali pœnitentiæ Jure Divino, cùm hæc jurisdiﬁio abſolutè ordinationem Sacerdotalem eodem Jure Divino præſupponat; Jurisdiﬁionis tamen alicujus externæ, quæ à Jure Eccleſiaſtico dependet, præſertim voluntariæ, qualis eſt inſtitutio, collatio, eleﬁio, per Privilegium Apoſtolicum fieri poſſent capaces.

Non tamen exinde ſequitur, quòd etiam per conſuetudinem aut præſcriptionem jus inſtituendi poſſint laici acquirere.   Non enim univerſaliter verum eſt, quòd per conſuetudinem aut præſcriptionem poſſit obtineri omne id, quod obtineri poteſt per privilegium.   Hoc enim non procedit, quando datur incapacitas poſſeſſionis.   Laici autem, ſecluſo privilegio Sedis Apoſtolicæ, ſunt incapaces poſſidendi jura ſpiritualia.

Si igitur alicubi laici (aut etiam Moniales vel Abbatiſſæ) ejusmodi jura inſtituendi, eligendi, aut conferendi ab immemoriali tempore exercent, id non oritur ex eo, quòd per ´aﬁus longiſſimi temporis jus iſtud acquiſiverint (cùm absque poſſeſſione vel quaſipoſſeſſione nulla præſcriptio poſſit procedere) ſed ſi in quieto uſu talium jurium relinquuntur, id contingit ideo, quia ex tanti temporis curſu, continuóque uſu præſumitur, obtentum fuiſſe aliquando·Privilegium Apoſtolicum.   Quæ tamen ipſa præſumptio, deteﬁo poſſeſſionis vitio, cedere debet veritati.

Quæres 2. An inſtituere quis ſe ipſum poſſit ? *Reſp.* Licèt quis poſſit aliquos aﬁus Jurisdiﬁionis voluntariæ in ſe ipſum exercere,

uti

uti difpenfare fecum ipfo, prout faciunt Superiores. qui difpenfando cum fubditis non rarò etiam fecum ipfis difpenfant, imò etiam
quandoque cum fe ipfis, licèt cum fubditis non difpenfent; hoc
tamen non procedit in materia Beneficiali, in qua propter ambitionis & perfonæ acceptationis periculum haud expedire vifum eft,
ut quis fe ipfum eligat, confirmet, inftituat; cùm etiam in materia
profana vifum fit inconveniens, ut aliquis fiat auctor in rem pro-
priam. *l.* 1. *ff. de authorit. tut* P. Franc. Schmier *l.* 3. *tr.* 1. *c.* 3 *fect* 3.
n. 122. quomodo autem hoc non obftante fe ipfum quis indirectè
præfentare poffit, dictum eft fuprà, fpeciale etiam quid eft, quòd
in electione Imperatoris poffit Elector fibi ipfi votum dare, ùt fecit Sigismundus &c.

Quæres 3. An faltem alium poffit quis fimul præfentare & inftituere? *Refp.* Affirmativè, fi ex eodem titulo jus præfentandi &
inftituendi habeat. Quia tunc in effectu videtur effe libera collatio.   Si autem præfentatio & inftitutio ipfi competerent diverfo
ex titulo, diverfis actibus effet exercenda, aut alterutra per procuratorem. P. Schmier *l. c. n.* 129. &c.

§. III.
Caufa Materialis.

41. **C**aufam materialem Inftitutionis dicere poffumus *fubjectum*, quod
recipit Inftitutionem ab ordinario.

Requiritur autem 1. ut fit Clericus; quia laicus eft incapax Beneficii. *c.* 2. *b t.* nec fufficit, fi quis ftatim poft Inftitutionem infigniatur prima Tonfura.   Aliud eft, fi jam fit Clericus, per Ordines
Minores aut primam faltem Tonfuram infignitus; nam tunc præ-
fentari poteft ad Ecclefiam, etiam Parochialem, & inftitui debet,
modò alioquin fit idoneus, & intra annum ad Sacerdotium promoveri poffit. *c* 2. *b. t. in 6.* quia, generaliter loquendo, non eft neceffe, ut inftituendus actu habeat illum Ordinem, quem Beneficium
requirit, fed fufficit, fi intra annum illum recipiat. *Clem.* 2. *de ætat.*
& qualit. modò fit Clericus; qualis fit jam per primam tonfuram.

Quamvis autem laicus de Jure Ordinario fit incapax, ut inftituatur in Beneficio Ecclefiaftico; nihilominus Principibus aliquibus laicis conferuntur Præbendæ quædam honorariæ, uti Imperatori Romæ ad S. Petrum in Vaticano, fi Romæ coronatus fuerit:
Regi Romanorum Aquisgrani: Regi Galliæ in Ecclefia Pictavienfi,
& Cenomanenfi: Regi Hifpaniæ in Legionenfi.

Requiritur 2. Ut inftituendus fit idoneus & dignus; neque
enim

enim Ordinarius inſtituere poteſt inidoneum ſive indignum, à quocunque demum Patrono fuerit præſentatus. Qua de re prolixiùs
tractatum eſt in *Diſſert. de Jure Beneficiali*, & adhuc abundantiùs in
Diſſert. de Jure Patronatus. Hinc ante Inſtitutionem Candidatus
examen de doctrina, Moribus, & Canonicis impedimentis ſubire
debet. Atque ſi Ordinarius inidoneum inſtituat, tenetur Eccleſiæ
damnum reſarcire quantùm poteſt.

Requiritur 3. Ut intra tempus debitum ſit præſentatus; nempe
ut intra quadrimeſtre à Patrono laico, & intra ſemeſtre ab Eccleſiaſtico ſit præſentatus. De qua etiam re ſuprà in Diſſert. de Jure
Patronatus plenius actum.

Licèt verò Barboſa, Palao, Leurenius, aliíque DD. contendant, Inſtitutionem fieri non poſſe intra tempus, à Jure indultum
Patronis ad præſentandum: ex ratione; quia aliàs per accelera-
tam ejusmodi Inſtitutionem laico Patrono fieret præjudicium, eò
quòd adimeretur ipſi facultas variandi &c. verùm non video, quomodo Patroni juribus præjudicetur, ſi ab ipſo præſentatus, poſt
legitimum examen, currente adhuc tempore conceſſo, inſtituere-
tur; cùm per ſuam præſentationem ipſemet renuntiet ulteriori
variationi. Neque præjudicatur Eccleſiæ; cui expedit, non diu
eſſe viduatam. Et videtur hoc confirmare, ſaltem in Germania,
praxis plurium Diœceſium, quarum Ordinarii ſolent inſtituere
præſentatum etiam intra tempus, ad præſentandam conceſſum;
modò idoneus fuerit inventus. Aliud foret, ſi jus. præſentandi
non eſſet ſatis compertum; nam tunc verus adhuc Patronus poſſet comparere; in cujus præjudicium cederet anticipata Inſtitutio.

§. IV.
Cauſa Formalis.

Cauſam formalem conſtituit modus, quo fieri debet Inſtitutio,
atque tribus abſolvitur. Requiritur enim 1. ut fiat ad præ·
viam Patroni præſentationem. Aliàs eſt nulla; modò Patronus
intra tempus ſibi ad præſentandum conceſſum egerit de contemptu.

2. Ut Inſtitutio fiat authoritate ordinarii. Aliàs, ſi Patronus
laicus Clericum inſtituere attentet, nulliter agit, & eſt excommu-
nicandus, Eccleſiaſticus Patronus, ſi idem attentet, noſítque de-
ſiſtere pariter cenſuris coërcendus. Quam etiam pœnam incurrit
taliter inſtitutus.

3. Ut ante Inſtitutionem per edictum, publicè affixum, citentur & audiantur omnes, qui volunt aliquid opponere. *arg. c. fin. de
eleſt.*

42.

elect. in 6 quo tamen edicto opus non est in Institutionibus, factis
à Summo Pontifice.   Neque in iis Diœcesibus, in quibus hic usus
nunquam fuit introductus, vel contraria consuetudine rursus abrogatus, prout passim non viget. Neque in collatione libera, per
quam statim acquiritur jus in re: sed tantùm post præsentationem
& electionem, per quas acquiritur solummodo jus ad rem.

Facit autem ejusmodi edictum, ut si lapso termino compareat
verus Patronus, non ampliùs audiatur, saltem si conscius fuit edicti, & legitimè non fuerit impeditus.

Cæterùm tempus, intra quod, post factam præsentationem,
facienda sit ab Ordinario Institutio, in jure determinatum non est.
Quodsi tamen, postquam debitè petita est Institutio, diutius, e. g.
ultra duos menses differatur, ejus, ad quem pertinet jus instituendi,
Superior, implorandus est, ut certum terminum præfigat, intra
quem si Institutio non fiat, ipse supplebit negligentiam, vel com-
pellet Ordinarium ad faciendam Institutionem.

§. V.
Causa Finalis.

43. Finis Præsentationis & Institutionis est, ut Fundatores Ecclesiarum ac Beneficiorum Ecclesiasticorum debitè honorentur, ac
ipsis Ecclesiæ, quàm fundârunt, de idoneo Ministro providere liceat, atque ea ratione alliciantur ad liberalitatem suam erga pias
causas exercendam.   Qui finis ab Ecclesia intentus sanè rationabilis est; non enim convenit, ut liberales Ecclesiarum fundatores,
constructores, & dotatores prorsus nullum jus circa creaturam
suam habeant.

Ne tamen contra antiquissimos Conciliorum Canones Beneficium Ecclesiasticum de manu laica recipiatur, providè ab Ecclesia
provisum fuit, ut auctoritas Ecclesiastica interveniat, & per Institutionem Ecclesiasticam, ab Episcopo aut alio Ordinario factam,
Patroni intentio ad finem suum modo congruo deducatur.   Atque
hac ratione simul & Patronorum liberalitas jugi colatur obsequio,
& nihilominus Ecclesiasticæ consulatur auctoritati.

§. VI.
Objectum.

44. Objectum, seu materia, circa quam versatur Institutio, est *Beneficium Patronatum vacans*.   Si enim non vacaret, tam præsentatio,

tatio, quàm Inſtitutio eſſet irrita. Vacare autem Beneficium
poteſt triplici modo. 1. *De facto tantùm*, quando Beneficiatus legitimo titulo ac jure munitus poſſeſſione per vim aut metum iniquè
dejeĉtus fuit. Ad Beneficium autem taliter vacans nec præſenta-
tio, nec Inſtitutio fieri poteſt, cùm propriè non vacet. 2. *De jure*
tantùm vacat, quando Beneficiatus titulo canonico ſeu jure deſtitu-
tùs, in detentione injuſta Beneficii perſiſtit. 3. *De jure & facto ſimul*
vacat, quando neque jus ſeu titulum quisquam habet, neque poſſeſſionem, ùt contingit, quando Beneficiatus moritur aut reſignat.

Jam verò, ſi ſecundo aut tertio hoc modo vacat Beneficium,
locus eſt præſentationi & Inſtitutioni. *c.* 3. *de offic. ordin. in* 6. quia
propriè vacat.

Debet inſuper Beneficium eſſe Patronatum; nam in collativo
& electivo Inſtitutio iſta locum non habet. Sed neque in omni
Patronato ſemper locum invenit; ſic locum non habet in Patronato Eccleſiaſtico, ſi Preces Primariæ Imperatoris interveniant,
aut reſervatio Pontificia.

§. VII.

Effectus Inſtitutionis.

Inſtitutio *ex parte inſtituti* producit proprietatem Beneficii, ac *jus in* 45.
re, qui per præſentationem *jus* ſolummodo *ad rem*, latiùs ſum-
ptum conſecutus fuerat. Unde juxta plures DD. uti Garciam,
Engel, König, ſi præſentatus ante Inſtitutionem Beneficium occuparet, ſéque adminiſtrationi ingereret, nihil conſequeretur, ac jure
ipſo, per præſentationem quæſito privaretur. *arg. c.* 5. *de elect. in* 6.

Quia tamen diſpoſitio citati Capituli tantùm loquitur expreſsè
de electione, ac pœnalis eſt, cenſent aliqui cum Leſſio *de J. & J.*
l. 2. *c.* 34. *n.* 15. illam non eſſe extendendam ad Beneficia Patronata, præſertim inferiora. Quæ ſanè doctrina Leſſii principiis juris videtur omnino conformis, cùm odia non ſint extendenda, ſed
reſtringenda, licèt eadem ratio eſſe videatur.

Ex parte Inſtituentis verò eum effectum operatur, ut, ſi Beneficium ſit curatum, Epiſcopus Inſtitutionem *authorizabilem*, ſeu approbationem ac juriſdictionem pro foro interno, ſeu curam animarum, explorata per examen idoneitate, ipſi impertiri debeat, atque
illi, ad quos pertinet, eum corporaliter inſtituant, inſtallent, in-
veſtiant, ſeu in actualem Beneficii poſſeſſionem introducant. Verùm de his pauca adhuc annotanda veniunt.

Pars VI. M m ARTI·

ARTICULUS II.

De Inſtitutione authorizabili.

Poſt Inſtitutionem tituli collativam, de qua articulo ſuperiore diximus, ſequitur, ſi Beneficium ſit curatum, inſtitutio *authoriza-*
bilis ſeu *approbatio* ad exercendam curam animarum, cum collatione
jurisdictionis pro foro interno.

46. 　Hæc de jure communi pertinet ad Epiſcopum, facienda tamen non antè, quàm per examen idoneus inveniatur, qui fuit inſtitutus; licèt Inſtitutio collativa tituli ad alium Prælatum ſpectet.
Imò tunc maximè illud examen locum habet. Nam, quando Inſtitutio collativa pertinet ad Epiſcopum, (uti de Jure communi etiam
ipſam pertinere diximus) utraque inſtitutio, collativa & authorizabilis, præmiſſo uno examine, uno ferme actu perficitur.

　Eſt autem Inſtitutio iſta authorizabilis ſeu approbatio Epiſcopi Clerico curato adeò neceſſaria ad ſacramentum pœnitentiæ
adminiſtrandum, ut abſolutiones à non approbato factæ ſint omnino invalidæ; niſi adſit communis error populi, exiſtimantis, eum
habere poteſtatem abſolvendi. Tunc enim validæ eſſent ipſius
abſolutiones, ſaltem ſi præter errorem communem habeat titulum
coloratum: imò probabiliùs etiam ſine iſto, modò ſit Sacerdos;
nam defectu Ordinis ſacerdotalis, jure divino requiſiti, Eccleſia
ſupplere non poteſt.

　Hanc rem optimè expreſſit Tridentinum *ſeſſ. 23. c. 15. de ref.*
ubi ait: *Quamvis Presbyteri in ſua ordinatione à peccatis abſolvendi poteſta-*
tem accipiant, decernit tamen ſacra Synodus nullum, etiam Regularem, poſſe
confeſſiones ſæcularium, etiam Sacerdotum, audire, nec ad id idoneum reputari,
niſi aut Parochiale Beneficium, aut ab Epiſcopis per examen, ſi illis videbitur
eſſe neceſſarium, aut aliàs idoneus judicetur, approbationem, quæ gratis detur,
obtinuerit.

　Ex quibus colliges 1. *approbationem* (quæ eſt judicium aut teſtimonium publicum de aptitudine Sacerdotis ad audiendas confeſſiones) duplici modo poſſe obtineri: nempe primò, quando Sacerdos vel prævio examine, vel ſine illo (ſi de aptitudine aliunde conſtet) directè approbatur tanquam idoneus ad audiendas confeſſiones; qui modus approbandi introductus fuit à Tridentino. Secundò, quando authoritate Epiſcopi, vel per liberam collationem,
aut inſtitutionem authorizabilem acquirit Beneficium Parochiale,
aut aliud curatum.

　　　　　　　　　　　　　　　　　　　　　　Colli

Colliges 2. Regulares ex licentia fui Superioris poſſe conſi-teri Sacerdoti, non approbato ab Epifcopo. Quia ante Triden-tinum id potuerunt; hoc autem Concilium hanc facultatem non revocavit; cùm tantùm dicat, confeſſiones *ſæcularium* non poſſe audïri ab eo, qui non eſt approbatus; circa Regulares autem nihil immutavit.

Quamvis poftea Gregorius XV. prohibuerit, ne ullus Sacer-dos, etiam Regularis, audiat confeſſiones Monialium, niſi ab Epi-fcopo ſit approbatus.

Cæterùm hæc approbatio ſimplex, primo modo accepta, dif-fert à jurisdiƈtione; non enim hoc ipſo, quòd Sacerdos ſit appro-batus, feu judicatus idoneus ad audiendas confeſſiones, hoc ipfo acquirit poteſtatem in pœnitentem, ùt fubditum, niſi accipiat ju-risdiƈtionem ordinariam, aut delegatam ab illo, qui habet ordina-riam, e. g. à Parocho.

Quando verò præfentatus ab Epifcopo inſtituitur inſtitutione authorizabili ad Beneficium curatum, tunc ſimul approbatur ad audiendas confeſſiones, ac infuper accipit poteſtatem jurisdiƈtionis in pœnitentes fuæ Parochiæ tanquam fubditos.

Sed quæritur jam, quis poſſit Inſtitutionem ejusmodi authori-zabilem impartiri? *Reſp.* Jure ordinario, ùt diƈtum, Epifcopus confirmatus, etiam ante confecrationem, ejúsque Vicarius Genera-lis, ac fede vacante Capitulum; quia in iis, quæ pertinent ad juris-diƈtionem ordinariam, fuccedit Epifcopo: Abbates & Prælati juris-diƈtionem quaſi-Epifcopalem habentes in populum fui territorii, à jurisdiƈtione ordinaria exemptum: Denique alii etiam Prælati, qui eam poteſtatem acceperunt fpeciali privilegio Apoſtolico.

Ante Tridentinum obtineri etiam poterat Jus Inſtitutionis authorizabilis à perfonis Ecclefiaſticis per viam confuetudinis aut po-tiùs præfcriptionis 40. annorum cum titulo, & immemoriali tem-pore fine illo.   Ratio eſt, quia Inſtitutio authorizabilis, feu com-miſſio curæ animarum, non eſt aƈtus Ordinis, fed jurisdiƈtionis Epi-fcopalis (aliàs non poſſet exerceri ab ejus Vicario, aut à Capitulo fede vacante) atqui ea, quæ ad jurisdiƈtionem Epifcopi pertinent, de jure communi præfcribi poſſunt 40. annis cum titulo, & imme-moriali tempore fine illo. *c. 1. de præfcript. in 6.*

At verò, jure novo Concilii Tridentini fpeƈtato, cenfent DD. Inſtitutionem authorizabilem in Beneficiis curatis à Prælatis infe-rioribus non ampliùs poſſe præfcribi adversùs Epifcopum, quam-diu nempe Ecclefia ab ejus jurisdiƈtione non eſt exempta.   Quia

Trid. *feff.* 7. *c.* 13 *de ref.* præfentatos à locorum Ordinariis jubet examinari, & ad curam animarum approbari, non obftante quovis privilegio, & confuetudine, five præfcriptione, etiam immemoriali; ut adeò videatur improbare non tantùm confuetudinem antea introductam, fed etiam impofterum introducendam; quia Ecclefiis & faluti animarum periculofa ac noxia eft vifa.

Seclufis tamen vitiofis circumftantiis poffet Beneficium per præfcriptionem eximi à jurisdictione Epifcopi, ac immediatè fubjici Prælato jurisdictionem quafi Epifcopalem habenti in Clerum & populum: quo cafu præfcriberetur etiam jus Inftitutionis authorizabilis. Accedit, quòd etiam claufula illa, præfcriptionem irritans, fit lex humana. Atqui omni legi merè humanæ, feclufis, ùt dixi, vitiofis circumftantiis, poteft tandem præfcribi, fi debita adfint requifita; cùm leges ipfæ tam Canonicæ quàm civiles præfcriptioni has vires tribuant.

Quæres, an Inftitutioni neceffariò præmittendum fit examen?

Refp. ex cit. feff. 7. *c.* 13. regulariter præmittendum, quia Concilium ibidem ftatuit, à quibuscunque perfonis, etiam Sedis Apoftolicæ Nuntiis præfentatio fiat, non inftituendum antè ad quævis Beneficia Ecclefiaftica, quàm à loci Ordinario examinatus & idoneus repertus fuerit. Neque ullo appellationis remedio eundem fe tueri poffe, quò minùs examen fubire teneatur.

Excipit tamen Concilium l. c. præfentatos, nominátos, & electos ab Univerfitatibus, feu Collegiis generalium ftudiorum.

Idem dici poteft pro cafu, quo præfentati mores, virtus, doctrina, ac aliæ qualitates funt abundè perfpectæ Epifcopo. Tunc enim non video, cur Epifcopus neceffariò per examen explorare illud debeat, de quo aliunde certam habet notitiam.

ARTICULUS III.

De Inftitutione corporali feu Inveftitura.

47. Quales olim contentionum fluctus excitârit pertinax illa de Inveftituris controverfia, expofui *in Appar. p.* 3. *c.* 5. *art.* 1. Pacata tunc equidem fuit grandis Sacerdotium inter Regnúmque procella; quia tamen poft Inftitutionem collativam tituli, & authorizabilem, Beneficiatus per *Inveftituram* mittitur in poffeffionem non tantùm fpiritualium jurium, fed etiam bonorum temporalium, quibus Beneficium ad congruam fuftentationem Beneficiarii eft dotatum; ideo pofterioribus etiam temporibus, atque etiam noftris, non rarò

rarò contentionis aliquid intercessit, ubi de missione in possessionem bonorum Beneficialium actum est.

Et quidem à Jure Canonico graves in eum statutæ sunt pœnæ,
qui per manum laicam Investituram acceperit. *c.* 12 16. *q.* 7. *&c.*
Pertinet proin Jus Investituræ ad Superiorem Ecclesiasticum, uti
Episcopum, qui vel per seipsum, vel per Vicarium Generalem, aut
Decanum ruralem, aut per alium Commissarium ad Beneficia Paro-
chialia aliáque investit, atque in eorum possessionem introducit.

Ut autem hoc legitimè fiat, requiritur, ut Beneficium vacet de
jure, vel de jure & facto simul. Si autem alius detineret illud, aut
quasi possideret, oporteret eundem priùs citari & audiri. *c.* 28. *de*
præb. in 6. quæ tamen citatio omittenda, si notorium sit, detentorem omni jure-destitui.

Modus Investituræ ac missionis in possessionem pro diversis
locis est varius, uti etiam pro ipsorum Beneficiorum diversa ratione. Episcopi solent investiri per installationem, certis pro loci
consuetudine solennitatibus factam: Abbates & alii Prælati per
inductionem in Ecclesiam & collocationem in sede abbatiali: Canonici per assignationem stalli seu sedis in choro & capitulo: Parochi & alii Beneficiati per inductionem in Ecclesiam, osculum altaris, aut similes ceremonias, aut per contactum januæ clausæ &
illius reserationem. In pluribus locis novi Parochi die festo aut
Dominico populo in templo præsenti proponuntur, & accipiunt
insignia Parochialia, éstque hæc *Investitura in spiritualibus.*

Peracta dein re Divina introducuntur in Domum Parochialem, ubi claves & rationum libros accipiunt, quam *Investituram in*
temporalibus appellant. Hanc aliquando Patroni, Advocati Ecclesiarum, & Domini territoriales sibi vendicant, quando Episcopus
sic investitur.

Quomodo autem Episcopi aliíque Prælati in Germania inve-
stiantur ab Imperatore in Feudis Imperii, constat ex conventione
inita inter Callistum II. & Henricum V. *in Appar. p.* 3. *c.* 5. *art.* 1. exhibita.

Cæterùm necesse non est, ut possessionem singulorum jurium
ac bonorum specialiter capiat, sufficit enim mitti in possessionem
Beneficii: accessoria enim sequuntur suum principale, in quo fundantur. Et aliunde sufficit ad acquirendam possessionem appre-
hensio etiam ficta, quæ fit per traditionem clavium, instrumentorum, librorum &c. Imò etiam per apprehensionem veram unius
partis fundi censetur possessio totius fundi esse adita.

Potest

Poteft etiam poffeffio Beneficii apprehendi per procuratorem, faltem fi mandatum fpeciale habeat. Quam limitationem complures DD. addunt.

Effectus autem Invefliturae, feu miffionis in poffeffionem funt illi ferme, qui ex capta poffeffione aliarum rerum ac jurium folent confequi. Unde quamvis illa absque praevia inftitutione tituli collativa jus proprietatis non tribuat, fupponitur tamen titulus ex diuturniore poffeffione, nifi alius jus proprietatis probet.

Dat etiam ejusmodi immiffio in poffeffionem conditionem praefcribendi bonae fidei poffeffori, ita, ut qui per triennium Beneficium bona fide poffederit cum titulo colorato fine intrufione & fimoniaco ingreffu, non tantum in foro externo tutus fit, fed etiam in confcientia; ut aliàs diximus de poffeffione triennali pacifica.

Propria tamen auctoritate Beneficiatus etiam poft canonicam Inftitutionem, collativam tituli, apprehendere non poteft poffeffionem Beneficii; nifi Inftitutio collativa facta fit, cum aliqua expreffione aut figno inveftituram denotante, e. g. cum traditione clavium, vel traditis libris rationum &c. aliàs fruftra foret ejusmodi Inftitutio realis, feu Inveftitura, fubfequens Inftitutionem collativam.

Neque obftat, quòd *c. nibil* 44. *de elect.* extra Italiam electis in concordia ante confirmationem Papalem detur poteftas adminiftrandi Ecclefiam in fpiritualibus & temporalibus, excepta duntaxat alienatione. Nam poffeffio illa & adminiftratio tantùm eft provifionalis, usque dum confirmetur & per Inveftituram ftabiliatur. Unde cit. cap. addit, eos *interim difpenfativè* poffe adminiftrare Ecclefiam.

Caeterùm fi quis poffeffionem Beneficii, cujus titulum ac jus acquifivit, propria auctoritate, violentè depellendo e. g. alium, invadat, in pœnam ipfo jure & facto amittit titulum & jus acquifitum : fi verò fine violentia, propria tamen auctoritate adit,
ipfum Beneficium non amittit, arbitrariè tamen
puniri poterit.

AD

JURISPRUDENTIAM

PRÆSERTIM

ECCLESIASTICAM,

In quo

Præter Juris Univerſalis Principia,

JUS NATURÆ, GENTIUM, DIVINUM,

APOSTOLICUM,&PONTIFICIUM,JUS SYNODALE
OECUMENICUM , NATIONALE AC PROVINCIALE,

Unacum

Provinciarum ac Regnorum Eccleſiaſtico & Politico Statu,
Diſciplina Eccleſiæ, Hæreſibus exortis &c. continua Sæculorum ſerie ad
præſens uſque tempus deductum , inſertiſque pro re nata multis
obſervationibus criticis , ac controverſiis juridicis,

Publicis, ac Polemicis

METHODO HISTORICO-DOGMATICA

colliguntur, & brevi ac clara idea delineantur,

In Utilitatem eruditionis amantium, quibus vaſta Conciliorum , Decretorum,
Hiſtoriarum &c. volumina perlegendi a it occaſio aut tempus deficit,

AUTHORE

P. JOSEPHO BINER, S. J.

SS. Theol. & SS. Can. Doctore, horúmque olim in alma Cæſareo-Leopoldina
Univerſitate Oenipontana nunc in celeberrima Epiſcopali Academia Dilingana
Profeſſore Ordinario ac Publico.

PARS VII.

De Jure Synodali , Publico S. R. J. & Provinciarum Statu, Sæculo XVI.

CUM FACULTATE SUPERIORUM AC PRIVILEGIO CÆSAREO.

Auguſtæ Vindelicorum & Friburgi Brisgojæ
Sumptibus Fratrum Ignatii , & Antonii Wagner , Bibliop. MDCCLIV.

PRÆFATIO.

Am arcta eſt ſtatum inter Eccleſiaſticum & Politicum connexio, ut alter ab altero dependere con-
ſueverit. Argumento ſit Sæculum XVI. quò Religionis mutatio magnam quoque in Republica
mutationem traxit, adeò quidem, ut novùm tunc
Jus Publicum, novùmque veluti mundum ſurrexiſſe complures
ſcribant. Quare prolixiùs aliquantò de præcipua mutationis cauſa, religione videlicet, hîc diſſerere oportet, ut, dum innumeri
prope Scriptores Proteſtantici, Jus Publicum, & Hiſtoriam Sæculi XVI. pertractantes minùs ſinceras rerum ideas imprimere nituntur, catholica Juventus apparatum quendam candidioris eruditionis ad manum habeat.

Quoniam autem in parte hac VII. præter Jus Synodale, &
utriusque Reipublicæ ſtatum, etiam fontes Juris Publici Romano-
Germanici, uti Pacem Publicam, erectionem Cameræ Imperialis,
Capitulationes, Comitia, Transactionem Paſſavienſem, Pacem
Religioſam recenſebo, æqui boníque conſulet Lector Benevolus,
quòd Diſſertationem de *Bulla Aurea* præmittam, aliáque, prioribus ſæculis omiſſa, aut leviter duntaxat tacta, hic ſuppleam.

DISSERTATIO
Præliminaris de Bulla Aurea.

Summarium.

Pars VII.   A   Quæ-

BUlla Aurea eft Sanctio Pragmatica, à Carolo IV. anno 1358. Imperii ejus fecundo, partim Norimbergæ partim Metis edita & promulgata, affidentibus omnibus Principibus Electoribus, Ecclefiafticis & fæcularibus, ac aliorum Principum, Comitum, Baronum, Procerum, Nobilium, multitudine numerofa ; in qua præprimis Electio Imperatoris, deinde Jura & Privilegia Electorum, Vicariatus item Imperii firmantur.

Finis proin eft, ut contentionibus, violentiis, noxifque Interregnis eatur obviam, atque Electoribus fua jura illæfa maneant. Dicitur *Aurea*, ab aureo figillo appenfo; quod uno latere effigiem Imperatoris Regalem cum infignibus, altero caftrum magnum refert.

Bulla ipfa in 30. capita dividitur, lingua latina fcripta, ac tria exemplaria originalia fupereffe dicuntur, unum Heidelbergæ primò affervatum, ac dein Romam translatum, alterum Moguntiæ, tertium Francofurti, non tamen ejusdem omnino tenoris. Juvat primaria illius capita ex occafione in hoc apparatu eruditionis hîc fummatim attexere.

CAPUT I.

Qualis debeat effe conductio Electorum, & à quibus?

QUando Electores ad electionem Romanorum Regis aut Imperatoris *juxta antiquam laudabilem confuetudinem* habent proficifci, omnes Principes, Comites, Barones, per terras fuas liberum eis tranfitum permittant, & falvum conductum præftent, victualia communi pretio vendant, &c. fub graviffimis pœnis perjurii, rebellionis, & amiffionis feudorum, non obftantibus quibuscunque inimicitiis & diffenfionibus, inter eos exortis. Elector verò alteri Electori conductum non præftans, præter pœnam perjurii, voce in electione pro illa vice facto ipfo eft privatus. Principes, Comites litteris & juramento promittant hæc omnia bona fide implere.

Nominantur deinde, qui fingulos Electores ad locum Electionis conducere debeant, uti *Regem Bohemiæ S.R.I. Archipincernam* Moguntinus, Bambergenfis, Herbipolenfis, Burggravius Norimbergenfis, Hohenloënfes &c.

Colonienfem S.R.I. per Italiam Archi-Cancellarium Moguntinus, Trevirenfis, Palatinus &c. *Trevirenfem S.R.I. per Galliam & Regnum Arelatenfe Archi-Cancellarium* Moguntinus, Palatinus, Spanheimenfes Comites &c. *Comitem Palatinum Rheni S.R.I. Archidapiferum* Moguntinus.

Saxo-

Saxoniæ Ducem S.R.I. Archimarefcallum Rex Bohemiæ, Moguntinus, Magdeburgenfis, Bambergenfis, Herbipolenfis, Marchio Mifnenfis, Landgr. Haffiæ, Fuldenfis, & Hirfchfeldenfis Abbates &c. Denique hi ipfi per territorium fuum conducant etiam *Marchionem Brandenburgenfem S.R.I. Archicamerarium.* Hi autem Septemviri maturè adventum fuum fignificent, & conductum expofcant. Imò etiam non nominati, fi fuerint requifiti, debent eosdem per terras fuas conducere.

Moguntinus fingulis Electoribus per nuntios fuos patentibus litteris electionem intimet, ut à die, in litteris expreffa, infra tres menfes continuos finguli Francofordiæ fint conftituti, vel fuos legatos eò mittant *cum plena & omnimoda poteftate:* fuísque patentibus litteris, majori eorum cujuslibet figillo fignatis ad eligendum Romanorum Regem in Cæfarem promovendum.

Si cæfar obiit, Moguntinus intra menfem, à die, quo obitus in ejus Diœcefi innotuerit, obitum ipfum, & intimationem prædictam Septemviris declaret. Si ille hoc facere negligat, nihilominus Electores motu proprio Francofurti ad electionem conveniant intra tres menfes.

Elector aut ejus nuntii tantùm cum 200. equitibus, ex quibus 50. solummodo poffunt effe armati, Francofurtum ingrediatur. Si autem ritè vocatus Elector vel per fe vel per legales nuntios non compareat, aut Cæfare necdum electo recedat, procuratore legitimo non relicto, eligendi pro illa vice jure careat.

Francofordia Electores eorúmque comitatum ab omni injuria fecuros præftet, neminémque alium, cujuscunque fit dignitatis, civitatem intrare permittat. Et fit quis eo tempore ingreffus effet, ejus exitum procuret.

3.
Obfervatio.

Nota 1. *ex eo, quòd Imperator dicat, Electores ad eligendum Imperatorem debere proficifci juxta antiquam laudabilem confuetudinem, omniúmque feptem officia tanquam rem antiquam commemoret, manifeftum argumentum fumt contra eos, qui dicunt, Electorale Collegium primùm per Bullam Auream fuiffe inftitutum.* Idque magis etiam confirmatur ex cap. 4. n. 2. ubi Carolus IV. ait, Moguntinum *ab antiquo* habuiffe poteftatem Electores convocandi.

Nota 2. *Moguntinum, etiam necdum confecratum, aut inveftitum poffe ac debere Electores convocare, eos quoque, qui necdum funt confecrati aut inveftiti. Sede tamen Moguntina vacante id muneris competere capitulo negat* Vitriarius Inft. Jur. Publ. lib. 1. tit. 6. n. 5. *eò quòd fit perfonale. Quare tunc monendum capitulum, ut quantocius Archiepifcopum eligat, vel Trevirenfi convocationem &c. competere, vel fua fponte Electoribus convenien-*
dum

dum pari modo nec ad electionem vocandum esse capitulum, eò quòd etiam hoc jus sit personale, ad Archiepiscopi personam restrictum. Quamvis, si Elector sæcularis sit minorennis, ejus tutor aut administrator sit vocandus.

Nota 3. *Si Elector Legatum mittit, instructum esse debere mandato cum libera, ad nullam personam restricto. Potest etiam Elector uni ex præsentibus Electoribus votum suum committere, non tamen per litteras mittere.*

Nota 4. *Quamvis A. B. Francofurtum pro loco electionis determinet; id tamen non ita præcisè observari; nam Ferdinandus I. electus est Coloniæ, Rudolphus II. & Ferdinandus III. Ratisbonæ, Ferdinandus IV. & Josephus Augustæ. Sic etiam quandoque dispensatum in eo, quòd omnes personæ publicæ tempore electionis Francofurto excedere debeant.*

CAPUT II.
De Electione Romani Regis.

Postquam Electores Francofurtum sunt ingressi, altero mox die in Ecclesia S. Bartholomæi in omnium ipsorum præsentia Missam de S. Spiritu faciant decantari.   Eáque finita omnes Electores accedant ad altare, & juramentum, juxta præscriptam formulam, emittant, quòd *secundum omnem discretionem & intellectum suum eligere velint temporale Caput populo Christiano, id est, Regem Romanorum in Cæsarem promovendum, qui ad hoc exstat idoneus, absque omni pacto, stipendio, pretio, vel promisso, seu quocunque modo talia valeant appellari.*

Tum verò ad electionem procedant, nec ampliùs separentur à dicta civitate, nisi prius *major pars* eorum temporale caput populo Christiano elegerit.   Quòd nisi intra 30. dies præstiterint, à die juramenti numerandos, *amodo panem manducent, & aquam bibant.*

Postquam autem in eodem loco ipsi, vel major pars eorum elegerit, *talis electio perinde haberi & reputari debebit, acsi foret ab ipsis omnibus nemine discrepante concorditer celebrata.*

Si autem Elector seriùs adveniat, attamen ante electionem perfectam, admittitur ad eam in eo statu, in quo adventûs tempore consistit.

Electus statim Electoribus & reliquis Principibus Ecclesiasticis & sæcularibus universis, *qui propinquiora S. Imperii membra esse noscuntur,* omnia ipsorum privilegia, litteras, jura, libertates, concessiones, antiquas consuetudines, dignitates, possessiones, absque dilatione & contradictione confirmare debet, ac postquam Imperialialibus Infulis fuerit coronatus; rursus innovare & approbare.

A 3   Con-

Confirmationem hujusmodi Electus ipfe cuilibet Principi Electori in fpecie primò fuo nomine Regali faciet, dein fub Imperiali titulo innovabit.

ſ.
Obſervatio.

Poteft Elector fibi ipfi votum dare, & fic facere majora.

Nota 1. Hodie præfentibus Electoribus in loco electionis dies electionis pridie fingulis Electoribus à Directorio Moguntino, indicitur. Altero die Electores congregantur in curia, habitum ibi fuis in conclavibus Electoralem induunt, confcensisque ante curiam equis, ordine fuo ad Ecclefiam procedunt bini & bini, Moguntinus & Trevirenfis, Colonienfis & Bohemus, Bavarus & Saxo, Brandenburgicus & Palatinus, cum Hannoverano. Si legati adfunt, præcedentiam præfentibus Electoribus cedunt. Ante Electores eorum Marefchalli hæreditarii erectis in altum gladiis equitant.

Nota 2. Usque ad electionem Ferdinandi IV. Roman. Regis Electores Proteftantes fub Miffæ Sacrificio feceſferunt in facriftiam, contra morem Majorum, & expreſſum Bullæ Aureæ tenorem. Poftea autem manſuetiores facti etiam ipfi rurfus interfunt Miffæ.

Nota 3. Finita Miffa, & præftito juramento, Electores fe conferunt in facriftiam, confuetum electionis conclave; ubi, poftquam fæculares promiferunt obfervationem capitulationum, fi quis eorum eligeretur, Moguntinus inquirit vota, primo à Trevirendi, deinde à Colonienfi, & fic deinceps: reliqui verò exquirunt à Moguntino fuum. Requiruntur autem vota, non tantùm refpective, fed abfolurè majora; ut adeò hodie, ubi novem funt Electores, quinque requirantur fuffragia.

Nota 4. Cùm quis vel omnia vel majora Collegii vota obtinuit, Moguntinus in conclavi electionem enuntiat, & adhibitis Notariis ac teftibus refertur in litteras, quæ appofitis Electorum Sigillis muniuntur. Promulgatur publicè in Ecclefia S. Bartholomæi ab eo, quem Moguntinus ad hoc delegerit. Denuntiatur Electo, fi fit abfens. Offertur capitulatio. In quam fi confentiat, juramento, fe ad ejus obfervationem adftringit.

Si autem præfens fit Electus, deducitur ab Electoribus, ex conclavi ad altare, factisque precationibus, ab electoribus in altari collocatur. Cantatur Hymnus Ambrofianus. Afcendit throhum, fit proclamatio ad populum.

Nota ſ. Licèt Aurea Bulla tantùm exprimat, quòd Electus Electoribus aliisque Principibus jura & privilegia fua confirmare debeat, hodie tamen vi capitulationum reliquis etiam Imperii ftatibus illa confirmat.

QUÆ-

QUÆSTIO I.

An eligi possit in Imperatorem Acatholicus?

E X eo, quòd A.B. hoc cap. 2. decernat, ut Electores, *Missa de* 6.
Spiritu Sancto decantata, ex ejus inspiratione eligere valeant
hominem justum, *bonum*, *& utilem in Imperatorem pro salute*
Christiani populi, atque jurare debeant, quod velint eligere *caput Chri-* Argumen-
stiano populo, id est, Regem Rom. ac Cæsarem, *qui ad hoc existat idoneus*, ta.
ex hoc, inquam, Catholici inferunt, non alium vi Aureæ Bullæ posse
eligi quàm Catholicum.

Neque enim per *Christianum populum* alium posse intelligi, quàm
talem, qualis fuerat tempore Bullæ Aureæ à Carolo IV. conditæ,
nullum autem tunc temporis in Germania fuisse Christianum populum, nisi Catholicum. Huic eligendum caput idoneum, pro hujus
Christiani populi salute designandum Imperatorem, justum, bonum,
& utilem. Huic populo Catholico non esse idoneum caput Acatholicum: pro salute populi Catholici nullum esse bonum & utilem, nisi
Catholicum.

Adhæc inter *Missæ* solennia invocandum Spiritum S. ut indicet,
quem elegerit. Hoc autem non convenire Electioni Imperatoris, qui
Missæ Sacrificium idololatriam & superstitionem reputat. Sicut propterea illi non congruunt ea, quæ A.B. *cap. 23.* statuit de Benedictio-
nibus Archi-Episcoporum, & Missarum solenniis.

Quemadmodum igitur per A.B. excludatur Atheus, Ethnicus,
Mahometanus, Judæus, Anabaptista, Arianus, Nestorianus, Eu-
tychianus, Socinianus; quia non esset idoneum caput populo Catholico: aut bonus & utilis pro ejus salute; sic etiam propter eandem
rationem excludi quemcunque à Sacris Catholicis alienum, eò magis, quòd eo tempore tam parum exsiterit populus Lutheranus,
aut Calvinianus, quàm parùm exstitit Anabaptisticus, Münzerianus,
Socinianus, Servetianus, Quackerianus, Jansenisticus &c.

Verùm non sola A.B. Acatholicum à Cæsarea dignitate excludit,
sed etiam aliæ Imperii Constitutiones ac perpetua consuetudo. Nam
non tantùm jam inde ab instauratione Occidentalis Imperii, ejúsque
in Carolum M. translatione, facta per Leonem III. Romanum Pontificem, nullus unquam Electus fuit, nisi Catholicus, sed juramenti
etiam, perpetuò usitati formula manifestè exhibet, quòd Imperatores debeant esse Patroni, Defensores, & Advocati Romanæ Ecclesiæ :
sic enim jurârunt Carolus M. Ludovicus Pius, aliique post ipsos Im-

pera-

peratores, uti videre est apud Pfeffingerum *ad Vitriar. Instit. lib. 3. tit. 2.* aliósque Scriptores Protestanticos.

Rursus jam in Capitulatione prima solenni Carolus V. juravit, quòd Pontificem & Ecclesiam Romanam tanquam ejus Advocatus velit defendere ; quod juramentum, defendendi nempe Papam, ac Romanam Sedem, omnes deinceps Electi Imperatores in primo capitulationum articulo instaurârunt.

Denique ex antiquissimo usu Electus ante coronationem ab eo Electore Ecclesiastico, cui competit jus coronandi, interrogatur: *Visne Sanctissimo in Christo Patri ac Domino Domino Pontifici & Sacrosanctæ Ecclesiæ Romanæ debitam subjectionem & fidem reverenter offerre?* Rex verò tactis SS. Evangeliis respondet: *Volo.*

Jam verò hæc omnia, tot capitulationibus munita, támque diuturna consuetudine firmâtâ, Imperatori, à Catholica fide alieno, nullatenus congruerent. Siquidem nec posset nec vellet hæc jurare, ac præstare.

Non posset. Quomodo enim posset jurare Advocatiam & protectionem Romanæ Sedi, quam secundùm Evangelium Lutheri aut Calvini credit, esse cathedram pestilentiæ, aut meretricem illam magnam Babyloniæ? quomodo defendet Romanum Pontificem, quem politum systema novatorum Anti-Christum publicè proclamat? quomodo illi tanquam *Sanctissimo Patri ac Domino subjectionem ac fidem offeret?* Quomodo defendere possit Romanam ac Catholicam Religionem, quam idolomaniæ & superstitionis tabe manantem novellum Protestantium dogma proponit?

Sed neque vellet Advocatum & Protectorem ejusdem Romanæ Sedis, ac Defensorem Papæ & Papistarum, ùt loquuntur, agere ; tum propter insinuatas rationes, tum quia Acatholici Electores satis dilucidè significârunt, quo sint in hac re animo ; dum jam anno 1562. in Capitulatione, Maximiliano II. proposita, atque deinceps sæpiùs apertè sunt protestati, se nolle, Imperatorem esse obligatum ad defendendam Romanam Ecclesiam & Papam: *mentionem,* ajebant, *quod spectat de Romana Sede & sanctitate Pontificia Protestantici Principes esse consentientes nolunt, aut Cæsares obligatos.*

7. Responsio. : Ex quibus haud obscurè apparet, quàm frivola sit Acatholicorum exceptio, dum ajunt, etiam Protestanticum Imperatorem protectionem Romanæ ac Catholicæ Ecclesiæ exhibiturum : hoc enim, ut ex '

Cæfareas , & antiquiffimas Imperii confuetudines oporteret fubverfum iri.

At, inquiunt, per Inftrumentum pacis Weftphalicæ derogatum. eft catholicorum juri, fi quod ipfis per B. A. aut alias Imperii leges fuiffet quæfitum ; dum inter trium religionum affeclas exacta in omnibus æqualitas eft fancita. Verùm cùm omnis derogatio fit odiofa, illa verò maximè, quæ adverfus fundamentales Imperii leges , & antiquiffimas ejusdem confuetudines graffatur, æqualitas illa, per P. W. afferta, ultra illa, quæ in ipfo Inftrumento funt comprehenfa, non eft extendenda. In omnibus igitur ibidem expreffis fit æquiparatio ; quoad quietem nempe, tranquillitatem, immunitatem à pœc, nis, & infectatione. Quod autem expreffum non eft, exclufum effe meritò cenfetur. Aliàs dicere oporteret, etiam quoad numerum Electorum, fuffragia Principum &c. fcitam fuiffe æqualitatem. Cùm ergo neque in pace Religiofa, neque in Weftphalica quidquam in hoc electionis cæfareæ puncto fuerit mutatum, ftandum eft Aurea Bulla , Capitulationibus Cæfareis , & antiquiffima confuetudine, atque poffeffione Catholicorum, à Carolo M. ad noftra usque tempora perpetuò continuata. Certè etiam poft tranfactiones illas, ex fatali bellorum neceffitate initas, ftat immotus capitulationum Cæfarearum primus articulus de obligatione protegendi Romanam fedem, fummúmque Pontificem, jurántque in coronatione Cæfares, fe fanctiffimo Patri ac Domino Pontifici & facrofanctæ Romanæ Ecclefiæ debitam fubjectionem & fidem oblaturos.

Sufficiebat nempe Proteftantibus pro illo tempore, quòd eorum religio novella, toties in Comitiis Imperii antea profcripta, fuerit tolerata, & quoad ufum pacis, quietis, tranquillitatis, & impunitatis, cum remiffione ad annum normalem, civitate donata. Remiffo fimul edicto Reftitutionis eorum bonorum Ecclefiafticorum, quæ à tempore Pacis Religiofæ contra Refervatum Ecclefiafticum Catholicis abftulerant. De acatholico in Cæfarem eligendo nec cogitato. Nullatenus verò approbata eft eorum religio, vel ipfo tefte Conringio oper. tom. 2. in Bullam Janoc. X. ubi ait, nullo pacto facra (Proteftantica) fuiffe laudata, fed tantùm à civili infamia fuiffe liberatos eorum cultores. Item: an facra Proteftantium fint hæretica, nec ne, non aggreffam effe Germaniæ Rempublicam definire per pacem. Hæretici appellari in Imperio Lutherani & Calviniftæ non debent; quid fint, modò non difputo. Hoc certum, fecundùm B. A. capitulationes Imperii, Juramenta Cæfarum confueta, & antiquiffimas confuetudines, neminem, à fide Catholica alienum poffe in Imperatorem eligi,

B

eligi, neque iis per pacem Religiofam & Weftphalicam quoad hoc efse quidquam derogatum.

Neque obftat, quòd olim Palatinus & Saxo, dum adhuc Proteftantium Religioni adhærebant, Imperio vacante potuerint efse fuerintque Vicarii Imperii. Nam hæc poteftas ac. dignitas eft multò. inferior & reftrictior quàm Cæfarea, brevique tempore durat; neque electione ad eam afsumuntur, fed vi Aureæ Bullæ erat illis quodammodo innata. Contra verò à fumma Cæfarea dignitate & advocatia Romanæ Ecclefiæ, ùt abunde probatum, per A. B. Capitulationes, Juramenta Cæfarum, & confuetudines Imperii arcentur omnes alieni à Catholica Religione, quæ in antiquiffima ac nunquam interrupta eft pofseffione.

Sed neque refert, quòd Proteftantes poffint Imperatorem eligere. Nam etiam Ecclefiaftici Electores pofsunt eligere, non tamen eligi. Nihil nempe eft novi, quòd quidam voce gaudeant activa, careant paffiva. Dein argumenta ex A. B. capitulationibus, juramentis Cæfareis, jure advocatiæ, obligatione protegendi facram fedem ipfûmque Papam, ac confuetudine, deprompta foliummodo militant adverfus vocem paffivam, non autem activam.

QUÆSTIO II.

An Exterus eligi poffit Imperator?

8. **M**Agnam hæc res controverfiam excitavit poft mortem Maximiliani I. dum Francifcus I. Rex Galliæ competitorem coronæ Imperialis fe offerebat. Pro eo eligendo in Collegio Electorali peroravit Trevirenfis, commoda Imperii oftentans, fi Germania & Gallia rurfus fub eodem capite unirentur.

Ejus orationem confutavit Moguntinus; neque ex ufu neque è re Germaniæ efse, exterum Principem, aliis moribus & Monarchicæ gubernationi afsuetum, Imperatorem deligere: adducendam in difcrimen Germaniæ libertatem, timendum Electorum ac ftatuum juribus, difsenfiones ob diverfum nationum ingenium vix evitandas fore. Magna efse Domus Auftriacæ in Imperium merita. Teutonicæ Nationis Principem ex innato patriæ amore falubrius ad falutem publicam populorúmque folatium gefturum Rempublicam. Germani proin fanguinis Principem evehendum ad apicem Germani Imperii, in perfona Caroli M. & poftea Ottonis I. ad folos Germanos translati.

Legi-

Legibus infuper & jurejurando impediri feptemviros, ne Imperii decus transferatur ad exteros.

Quamvis autem ad leges & juramenta Moguntinus fe hic referat, fintque non pauci, qui à Gregorio V. & Ottone III. interdictum pronuntient, ne alius quàm Germanus dicatur Cæfar, alii tamen legem hujusmodi latam negant: juramentum autem non aliud imponi Electoribus, nifi quod Aurea Bulla exhibet, eligendi videlicet *temporale caput populo·Chriftiano, id eft, Regem Romanorum in Cæfarem promovendum, qui ad·boc exiftat idoneus.* Neque alia lege Imperii prohiberi Electores, quo minùs, fi è re publica vifum fuerit, ad exterum Principem fafces deferant. Nec deeffe exempla, quæ id factum demonftrent. Alphonfum Hifpanum, Richardum & Eduardum Anglos, feptemvirûm fuffragiis fuiffe defignatos. Fridericum II. natum effe in Sicilia, Carolum V. in Belgio, Ferdinandum I. in Hifpania &c. Romanum Imperium non concludi folis Germaniæ finibus, univerfo Chriftiano populo caput eligi, totique Ecclefiæ advocatum; virtutem proin fpectandam, fidem; integritatem, fortitudinem, ac rerum ufu collectam prudentiam, non Nationem.

Sed replicant alii; quamvis expreffa Imperii fanctio non exftet, qua à culmine Imperii arceantur exteri, haud obfcurè tamen id erui ex Bulla aurea, quæ *idoneum* & *utilem* præcipiat eligi. In comparatione autem tot præcellentium Germaniæ Principum, quos generis fplendor, fanguis avitus, virtutis ac potentiæ prærogativa ad exteros etiam thronos paffim evocet, exterum Principem, peregrini moris hominem, Germaniæ rebus, quæ fuis vivere confuevit legibus, non videri utilem atque idoneum: nec ceffuum gloriæ Nationi potentiffimæ, ac toto orbe celebratæ, fi corpori fuo, tam inclito, tot eminentibus membris ornato, peregrinum caput imponat. Ad corporis fiquidem ignominiam pertinere, fi de fe ipfo defperet.

Hanc effe mentem Bullæ Aureæ, perpetuo ufu firmatam: ubi res ordine acta, Teutonicos femper affumptos fuiffe Principes, ac præfertim ex Auguftiffima ac potentiffima Domo Auftriaca. Neque enim huc facere exempla Alphonfi & Richardi, quos tempore interregni ac perturbato Imperii ftatu difcordantia vota nec fatis fincera intrudere fint conata, & hoc ipfo caruiffe effectu.

Minùs adhuc obftare exempla reliqua. Ad hoc enim, ut Germanus quis habeatur, ad obtinendum jus paffivum, neutiquam requiri, ut in Germania fit natus, aut in Germania eo tempore degat, fed fufficere, ut origine fit Germanus, aut domicilium ibi fixerit, aut feudum Imperii ad Germaniam pertinens poffideat, aut ftatus

fit

fit Imperii Sic Fridericum II. fuiſſe quidem in Sicilia natum, ſed origine Germanum, utpote ex Henrico VI. patre Germano natum. Carolum V. Gandavi in Belgio primàm lucem aſpexiſſe, ſed ex Majoribus Germanis, Auſtriaci ſanguinis, prognatum; præterquam quòd ipſi etiam Belgæ ſint Germani, utpote Germaniam inferiorem incolentes, atque ad circulum Burgundicum pertinuerint. Ferdinandum I. Caroli fratrem in Hiſpania natum, ſed origine Germanum, ex Progenitoribus pariter Germanis, Philippo patre & Maximiliano avo ortum. Denique Principes iſtos magnas in Germania Provincias jure hæreditario poſſediſſe.

Ex quibus denique colligunt; cùm per tot ſæcula Romanum Imperium per ſolos Germanos prudenter ac juſtè fuerit gubernatum, atque adverſùs graviſſimos hoſtes fortiſſimè defenſum, tantáque hodiedum illius ſit potentia, ut ſi ſibi conſentiat, externa ope non indigeat, nunquam è re Germaniæ futurum, ut tam eminentis Majeſtatis faſtigium devolvatur ad peregrinum Principem, cujus potentia plus periculi quàm ſpei eſſet allatura.

CAPUT III.

De Seſſione Moguntini, Trevirenſis ac Colonienſis.

9. UT omnis litium & contentionum de prioritate loci occaſio præcidatur, in Imperii Comitiis aliisque conventibus Trevirenſis ex oppoſito Cæſaris verſa ad eundem facie ſedeat, Moguntinus in Germania ad dexterum latus Imperatoris (excepta Diœceſi & Provincia Colonienſi) Colonienſis verò in ſua Provincia ſeu Archiepiſcopatu, utì etiam in Italia & Gallia ad dexterum ejusdem latus.

Obſervatio
De Electoribus Eccleſiaſticis.

10.
Obſervatio
NOt. 1. præter ſeſſionis prioritatem Moguntinum variis aliis fulgere prærogativis; nam quatenus eſt *Elector primus ſeu Decanus Electoralis Collegii perpetuus*, dirigit electionem Cæſaream, Electores convocat, vota exquirit, enunciat, capitulationem ſecundùm vota majora concipit. Convocat Electores ad diætas Electorales, proponit; ſecundùm majora decretum format. Convocat inſuper

per comitia circulorum univerfalia, & conventus Deputationum-Imperii, anno 1555. inftitutos.

Quatenus verò eft *Archicancellarius Imperii* per totam Germaniam (ne Trevirenfi quidem & Colonienfi Provincia excepta) trium Imperii Archivorum, & Cancellariarum eft Director, comitiorum nempe, Judicii aulici, & cameræ Imperialis, folúsque Revifiones decernit. Cancellariæ Officiales conftituit, alendos fumptibus Imperii; acta Imperium concernentia in Cancellaria expedit : perpetuus-eft cameræ vifitator. Omnium actorum, litterarum, matriculæ, monumentorum & documentorum eft cuftos. Sigilla Imperialia affervat, fubfcribit per fe vel fuum Imperii Vice-Cancellarium, quem in aula Cæfarea habet, decreta Imperatoris & Imperii. Directorium habet in Imperii comitiis, aliisque conventibus ; Cæfari refpondet nomine-ftatuum, ac Cæfar per ipfum Electorum mentem exquirit. Soli ipfi omnes legati Electorum, aliorúmque ftatuum in Conventibus Imperialibus fe fiftunt, & mandatum ac *credentiales,* ùt vocant, offerunt, ac difceffuri ante finem conventus veniam ab eo petunt. Soli ejus Directorio traduntur ftatuum memorialia, fupplicationes, petitiones, proteftationes, quæ inferi petuntur protocollo Moguntino. Exteri etiam legati caufas & negotia fua eidem primò exponunt. Eft præterea protector & director Poftæ Imperialis.

Quatenus eft *Archiepifcopus & Metropolitanus* Provinciæ Moguntinæ novem habet fuffraganeos, omnes Imperii ftatus; gaudétque jure coronandi Imperatorem in fua Archidiœcefi ; & in tertia cum Colonienfi alternat : Jus primarum precum nomine Imperatoris exercet. Eft Director circuli Rhenani Inferioris. Habet jus ftapulæ, jus fuper Mœno navem privilegiatam habendi, jus de non appellando, maleficos perfequi poteft etiam in alieno territorio.

Porro primus Moguntiæ Epifcopus fuit S. Crefcens, S. Petri Apoftoli difcipulus. Primus Archiepifcopus S. Bonifacius, à Zacharia Pontifice renuntiatus anno 744. Primus Archicancellarius Imperii Wilhelmus Ottonis M. Cæfaris filius Sæculo X. fuiffe dicitur. Primus Elector Willigifus carpentarii filius, Ottonis III. antea Præceptor.

Not. 2. quod in A. B. ftatutum eft circa feffionem Trevirenfis ò regione Cæfaris, accedente octavo Electore fuit mutatum ; nam fedit à finiftro Imperatoris latere ; fed nono accedente prior ordo fedendi rediit. Eft autem Archicancellarius Imperii per regnum Arelatenfe, & Galliam (Belgicam) Primum in electione habet votum. Caufas Moguntinum concernentes in Camera expedit. Moguntina fedo fede vacante Directorium in Imperii Comitiis prætendit, proteftante tàmen Saxone.

Jus Metropolitanum exercet in Metenfem, Tullenfem, & Virodunenfem Epifcopatum, licèt jus temporale ad regem Galliæ fit devolutum. Eft Abbas natus Prumienfis. Gaudet jure de non appellando, ficut reliqui Electores; fed fponte in utilitatem fubditorum illud conceffit, fi fumma litigiofa tranfcendat mille florenos. Prætendit dominium in partem Mofellæ. Jus habet, à fe profcriptos, nifi intra annum fe purgent, in bannum Imperii declarandi. Plura alia recenfentur à Pfeffingero in *Vitriar. illuftr. lib. 3. n. 28.*

Cæteròm primus Trevirenfium Epifcopus fuiffe traditur S. Eucharius; à S. Petro miffus ad prædicationem Evangelii, qui obiit anno Chrifti 66. Primus Archiepifcopus S. Agricius Patriarcha Antiochenus anno 330. qui Chrifti tunicam fecum attuliffe fertur. Primus Elector Ludolphus Dux Saxoniæ Sæc. XI. fub Ottone III. ùt multi exiftimant. Originem hujus Archicancellariatus aliqui reiiciunt ad tempora Henrici VII. fed vix dubium eft, effe antiquiorem.

Not. 3. Colonienfis Archicancellarius eft Imperii per Italiam. Quod munus exercere poffet, fi Imperator in Italia verfaretur. In electióne fecundum fert votum. In fua provincia & extra Germaniam ad dexteram Cæfaris incedit & fedet. Habet jus coronandi Imperatorem in fua provincia, in aliis (excepta Moguntina) alternat cum Moguntino. Ditionibus potitur ampliffimis, & jure de non provocando; cum ftatibus tamen fuis Provincialibus convenit, ut in poffefforio nunquam, in petitorio autem, fi fumma ultra mille florenos afcendat, concedenda fit appellatio.

Primus Epifcopus finiente primo fæculo fuit S. Maternus, mortuus an. 128. quem tradunt viduæ Naimiticæ fuiffe filium. Primus Archiepifcopus S. Agilulphus à S. Bonifacio Sæc. 8. inauguratus. Primus Elector Heribertus tempore Ottonis III. Sæc. XI. Archicancellarii Officium feriùs acceffit, à temporibus Friderici I.

CAPUT IV.
De Electoribus in Communi.

12. 1. IN quibuscunque conventibus à dextro latere Imperatoris, immediatè poft Moguntinum (vel Colonienfem) fedeat Rex Bohemiæ, & poft eum Palatinus. Ad finiftram verò partem immediatè poft illum, quem ex prædictis Archiepifcopis ex illo latere federe

dere contigerit, primum locum occupet Saxo, & poft eum Brandenburgus alterum.

2. Quoties Imperium vacare contigerit, Moguntinus habebit
pote.ftatem prædictos Principes ad electionem litteratoriè convocandi,
ficut habuiffe dignofcitur *ab antiquo* (*ecce! tunc jam erat antiqua
inftitutio feptem Electorum.*)

3. Quibus omnibus, feu his, qui potuerint & voluerint intereffe, congregatis, Moguntinus vota inquirat.

4. Primò quidem à Trevirenfi, prout *hactenus* factum. 2. à Colonienfi, cui competit Officium Romanorum Regi primum diadema
Regium imponendi. 3. à Rege Bohemiæ. 4. à Palatino. 5. à Saxone. 6. à Brandenburgo, deinde hi fex Electores à Moguntino petunt,
ut fuum ipfis votum aperiat.

5. In celebratione Imperialis curiæ Brandenburgus aquam Cæfari
miniftrabit pro lavandis manibus: Bohemus primum potum offeret:
Palatinus cibum afferet: Saxo Marefchallatus Officium exercebit, ùt
folitum eft fieri *ab antiquo.*

Nota. 1. Horum Archi-Officiorum originem effe valde dubiam, **13.**
Ideam aliquam jam Carolus M. induxit, qui variá officia aulica diftribuit, & Eccleftaftici quidem aulæ negotia expedientes dicebantur
Apocrifiarii, feu Capellani, & deinde *Cancellarii*, qui archivo aulico præfecti fuerant, & diplomata recognofcebant ac fubfcribebant.
Similiter fæcularia officia aulica Pincernæ, Dapiferi, Comitis palatii,
ftabuli &c. paulátim invaluêre.

Arbitraria autem, & pro-voluntate Cæfaris ambulatoria erant
hæc officia fub Carolingicis, qui hæreditaria Succeffione & paterná
difpofitione provincias obtinebant, & Cæfaream etiam dignitatem:
At verò poftquam electione Conrado I. & Henrico I. delatum fuit
Imperium, iftique Duces, Marchiones, Landgravios &c. Provinciis
præfeciffent, honoraria ejusmodi aulæ Officia, Provinciis annecti
cœperunt; & poftquam Provinciæ certis familiis factæ funt hæreditariæ, officia etiam facta talia.

Quando autem hodierna Archi-Officia præcife cœperint, & poffefforibus certarum Provinciarum fuerint annexa, valde incertum eft.
A. B. ad morem antiquum fe refert. Archicancellariatus Moguntini
per totum Imperium jam ab Ottone I. inftitutus dicitur Sæc. X. reliqui duo ad tempora Friderici I. ab aliquibus referuntur; archida-
piferatus Palatino-Bavaricus ad Henrici II. Pincernatus Bohemiæ,
& Marefchallatus Saxoniæ, ad tempora Conradi II. Camerariatus
Brandenburgicus ad Friderici I. ævum. Verùm hæc fatis iacerta.

DIS-

DISSERTATIO

De Origine Septemviratus.

NOn minùs dubium ac controverfum eft, quando & à quo feptemviratus Electorum fuerit inftitutus. Nam certum quidem videtur, Carolingicos non electioni fed fanguini potiffimùm debuiffe Succeffionem, Romanos tamen Pontifices fuam interpofuiffe authoritatem. Nam Carolum M. Leo III. Imperatorem renuntiavit; Joannes VIII. Carolum Calvum Ludovico Germanico fratri feniori, & Ludovicum Balbum Caroli filium Ludovici liberis Carolomanno & Carolo Craffo prætulit, prenfante parte ytraque favorem Pontificis, præteritis dein Balbi liberis Carolum Craffum idem Pontifex coronavit.

Certum etiam videtur, poft extinctam in Ludovico Infante ftirpem Carolingicam in Germania, Conradum I. & Henricum Aucupem à toto populo, atque à Principibus præfertim, fuiffe electos in Reges Germaniæ, Cæfareo titulo varios inter Principes Italiæ & Galliæ diftracto, donec Cæfarea dignitas à Joanne XII. Ottoni M. collata, atque ftabili lege Germaniæ firmata fuit.

Porro-Ottones partim jure fanguinis, partim electione libera videntur fucceffiffe, pofteriores verò Cæfares electione, per Principes Germaniæ facta; donec partim neceffitate fuadente, ad tollendas diffenfiones & factiones tot Principum ac Procerum, partim prævalente Archi-Officialium dignitate & potentia, partim fedis Apoftolicæ auctoritate interpofita Septemviratus eft inftitutus, & accedente confuetudine, ac conftitutione Imperii ftabilicus.

§ **14.**
Prima fententia.
Quinque autem hac in re funt fententiæ. *Prima* tenet Septemviratum primùm per Bullam Auream à Carolo IV. fuiffe ftabilitum Sæc. XIV. verùm hæc fententia eft improbabilis. Nam ipfa Bulla fe refert ad antiquam confuetudinem. Exhibet etiam Herwartus in *Defenfione Ludovici IV. Imperatoris* adverfus Bzovium Cap. 2. litteras, à quinque Electoribus, qui Ludovico Suffragium dederant, ad Pontificem fcriptas, in quibus afferunt, ad Moguntinum, Trevirenfem, Colonienfem, Bohemum, Palatinum, Saxonem, & Brandenburgenfem, *tam de jure, quàm confuetudine antiqua & approbata jus eligendi Romanorum Regem, in Imperatorem poftmodum promovendum pertinere.* Scriptæ autem funt hæ litteræ 42. annis ante Bullam Auream.

Altera

Altera proin fententia altiùs aliquantum afcendit, **contendit-** *que*, Septemviratum à Gregorio X. in Concilio Lugdunenfi paulò poft electionem Rudolphi Habfpurgici fuiffe inftitutum, *Sæc. XIII.* hanc fententiam tenent Aventinus & Onuphrius ; eò quòd nulla fit antiquior mentio, & eo tempore diuturnum Interregnum annitente Gregorio X. fuerit fublatum. Verùm nec hæc fententia eft fatis ve-rifimilis. Nam præterquam, quòd nulla de hac re exftet Gregorii X. conftitutio, aut aliud documentum ; jam antè feptem Electorum ex-ftat mentio, ad quos de jure antiquo pertinuerit electio, uti apud Albertum Hoftienfem anno 1240. *in cap. venerabilem. ſ. verùm*, & Albertum Stadienfem, qui eodem tempore ante Gregorium X. fcripfit in Chronico, ad annum nempe 1240. *ex prætaxatione Principum* (inquit) *& confenfu eligunt Imperatorem, Trevirenfis, Moguntinus, & Colonienfis, Palatinus, Dux Saxoniæ ; Margravius de Branden-burg, Rex Bohemiæ.* Sic etiam Martinus Polonus jam ante Greg. X. teftatur de 7. Electoribus.

Conftat infuper ex litteris Urbani IV. *ad Richardum*, eundem Richardum Anglum & Alphonfum Caftellæ regem tempore Interregni à feptem Electoribus fuiffe electos, & quidem Richardo vocem de-diffe Moguntinum, Colonienfem, Palatinum, accedente poftea Bo-hemo, Alphonfo verò Trevirenfem, Saxonem, & Brandenburgum.

Ex eo verò, quòd per electionem Rudolphi Habfpurgici fublatum fit Interregnum, nullatenus arguitur, quòd Gregorius X. in Conci-lio Lugdunenfi II. inftituerit Septemviratum ; nam Rudolphus jam ante initium illius Concilii electus fuerat. Electus enim eft anno 1273. Concilium verò cœpit anno fequente. Sed id fecit Grego-rius X. tefte Windeckio ; monuit Electores Germaniæ, ut cùm jam diu Imperium certo capite deftitutum fuiffet, ei idoneum Ecclefiæ advocatum & Cæfarem præficiant pro poteftate, qua valeant, fecùs fe rationem initurum, quis rerum potiri debeat. Ubi non dat eis eligendi poteftatem, fed eam præfupponit.

Tertia fententia eft trium doctiffimorum Cardinalium, Baronii, Bellarmini & Sfondrati, Septemvirorum Collegium inftitutum effe circa medium Sæculi XIII. in Concilio Lugdunenfi I. ab Innocentio IV. Teftem adducunt Matthæum Parifium, qui in Hiftoria Anglica-na fcripferit, ex actis Concilii Lugdunenfis I. conftare, Fridericum II. fuiffe excommunicatum, ac definitos feptem Electores, Ducem Au-ftriæ, Bavariæ, Saxoniæ, Brabantiæ, item Archiepifcopum Colo-nienfem, Moguntinum, & Salzburgenfem.

C   Verùm

Verùm folus Parifius homo exterus non videtur effe teftis fufficiens, ad plenam rei tantæ probationem, quam utique non tacuiffent fcriptores coævi domeftici, Germani nempe & Galli, fi in Concilio Lugdunenfi Generali re ipfa fuiffet peracta. Imò fcriptores Sæculi XIII. teftantur oppofitum. Nam Stadienfis & Hoftienfis, loco fupra citato jam anno 1240. adeòque 5. annos ante inchoatum Lugdunenfe I. fcripferunt, electionem effe penes feptem Electores, non illos peregrinos, de quibus Parifius, fed illos, quos hodie primos feptem veneramur.

Deinde ipfe Innocentius IV. cùm in Concilio Lugd. I. Fridericum II. excommunicâffet, & Imperio privatum declarâffet, adjecit: *illi autem, ad quos in eodem Imperio Imperatoris fpectat electio, eligant liberè fuccefforem. Cap. ad Apoftolicæ. 2. de fentent. & re jud. in 6.* quæ verba manifeftè videntur indicare, in illo Concilio non fuiffe inftitutos Electores, fed jam antè inftitutos fupponi.

Accedit, quòd nemo alius, nifi Anglus ifte, aliàs fubleftæ fidei fcriptor, teftetur de Electoribus Auftriaco, Brabantino, Salisburgenfi. Num tanti Principes paffi fuiffent fibi eripi jus quæfitum tam excellens, aliósque fibi fubftitui? Quis ipfis hoc jus ademit? Quomodo Carolus IV. referens in B. A. feptem alios Electores fe ad antiquam confuetudinem potuiffet referre? Quare fatis mirum, quòd fapientiffimus Bellarminus, qui antea communem fententiam de inftitutione Septemviratus fub Gregorio V. & Ottone III. amplexus fuerat; propter teftimonium unius Parifii in recognitione librorum fuorum eandem recantârit, & Baronii opinionem fecutus fuerit.

Quarta fententia eft Conringii, Cocceii, Struvii, Vitriarii, hujúsque illuftratoris Pfeffingeri, atque aliorum Proteftantium, quos ex Catholicis fequuntur plures recentiores præfertim Galli, utf Maimburgus, Alexander Natalis, Pagius &c. Opinantur ifti, inftitutionem feptem Electorum non effe antiquiorem magno Interregno, aut certè temporibus Friderici II. adeòque illam ab anno 1220. ufque ad annum 1273. quo ceffavit interregnum, factam putant.

Quamvis autem negent, Pontificem illius inftitutionis effe auctorem, in caufa tamen non conveniunt; nàm alii cum Maimburgo, Natali, & Vitriario putant, perturbatis illis temporibus reliquos Principes Germaniæ ultro jure fuo ceffiffe, & eligendi poteftatem feptem Principibus detuliffe. Pagius exiftimat, feptem illos Principes potentes reliquis exclufis per ufurpationem poteftatem illam ad fe traxiffe. Conringius ait, inftitutionem illam confuetudini deberi, reliquis Principibus jura fua negligentibus, vel tacitè confentientibus.

Pro-

17
Quarta.

Probant affertum hoc fuum. 1. Quia antiquior mentio Septemviratus apud fcriptores non exftat, nec alius modus eft, quo ad
paucos illos fit devoluta eligendi poteftas. 2. Quin imò fcriptores
antiquiores teftantur, poft mortem Ludovici Infantis Imperatoris promifcuè ab omnibus Principibus fuiffe electos. 3. Quia tempore
Friderici II. & fecuto poft eum Interregno immanes in Germania
circa electionem Cæfaris ortæ funt turbæ, diffidia, ac bella civilia.

ii tot calamitatibus feffi, ad paucos detulerunt po-
i paffi funt, ut privativè Imperatorem renunciarent,
ieti publicæ confulatur.

nt alii ad hæc Argumenta. Licèt ante medium fæ-
riptores non exftet expreffa & fpecifica enumeratio
, exftare tamen eorum mentionem implicitam &
ic apud Gewoldum exftat Diploma Rudolphi I.
dicitur Septemviratum & electionem, *ex antiquo,*
d Principes Boicæ ftirpis pertinere, & *olim* perti-
zreitterum in Hift. Bavar. part. 1. lib. 25. n. 2. ad
: apud Leibnizium *Cod. J. G. diplom. p. 14. prodr.*
'. ad Richardum Anglum, in qua ait, *Electores nu-*
re quasdam confuetudines obfervatas â tempore,
n exiftit. Rurfus Gewoldus *in Comm. de feptemv.*
Vindeckius *in Comm. de elect. Imp.* adducunt tefti-
Welberti & *Amandi*; quorum ille Conradi III. Sa-
40. de electione Lotharii II. fcripferit, mortuo Hen-
ncipes Moguntiæ fuiffe congregatos, quorum plerique
illum optabant eligi, & tamen ipfos non elegiffe, *quia*
suffragiorum realium: pauci autem fpirituales & temporales Primates eum votivè elegerunt. Amandum* autem Friderici I.
fecretarium ad an. 1152. in actis M S. hujus Imperatoris innotâffe,
convenientes Francofurti plurimo numero Principes *ad fex aut octo
Principes officiatos, refidentes in arcano loco curiæ Regalis,* dixiffe: *Nos
& tota patria teftatur, nullum aptiorem effe regno regendo, quàm Fridericum de Waiblingen & Stauffa &c.* quem per vos DEUS in regnum fu-
blimare dignetur, cùmque dein Officiati in fecreto conclavi eundem elegiffent, omnium ordinum applaufum effe confecutum.

Et hoc fenfu intelligendos effe fcriptores, qui ab omnibus Principibus electos Imperatores memorant, inquit Gewoldus, videlicet,
reliquos Principes elegiffe in fenfu latiore, certam Perfonam proponendo Electoribus, commendando, expetendo, Teftimonium dando
de eo, quem optabant eligi, ac dein electioni factæ affentiendo,

C 2 electum

electum agnoscendo, approbando, applaudendo, electionem verò
propriè dictam â solis Septemviris esse peractam, *ex prætaxatione* reliquorum Principum, ùt loquitur Stadiensis l. c. ad exemplum nempe antiquarum electionum Papalium & Episcopalium; nam licèt dicatur ab omni populo, vel â toto clero fuisse peractas, non tamen
omnes semper propriè elegerunt, sed aliqui nominando; commendando, Testimonium dando, electum acceptando &c.

Hoc ex eo etiam magis confirmant, quòd Chronicon Belgicum ad An.
1194. testetur, Ottones per successionem generis regnásse, *postea tamen
fuisse institutum, ut per Principes Officiales Imperii Imperator eligeretur.*
Henricum IV. autem conatum fuisse, jus successionis hæreditariæ
reducere.

Adducunt etiam Browerum in *annal. Fuld. l. 1. c. 6. ad an. 1181.*
testantem, quòd Reginaldus Coloniensis Episcopus circa litem præce-
dentiæ cum Conrado Abbate Fuldensi dixerit: *Cedo Abbati Archiepiscopus, Monacho Princeps Elector &c.* ex quo pateat, non omnes
Principes Sæculo XII. fuisse Electores, sed tantùm aliquos.

Sic etiam Radevicum Sæculi XII. scriptorem ad ann. 1180. testari, quòd Fridericus I. in proscriptione Henrici Leonis dixerit: *ab
eo, illiúsque generationis hominibus auferimus jus eligendi Cæsarem,
qua laudis prærogativa ipse & pater ejus splendidus exstitit &c. in
Bernardum Principem Anhaltinum conferimus tractum saxonicum, &
munus Electorale.* Ex hoc rursus patere, munus Electorale non omnibus Principibus fuisse commune; aliàs Princeps Anhaltinus illud
jam ante proscriptionem Henrici Leonis possedisset, & otiosè ipsi
fuisset collatum.

Et in hoc sensu etiam loqui Innocentium III. cùm lis de electione Philippi & Ottonis IV. verteretur, dum *cap. venerabilem 33.*
electionem Ottonis approbans Carinthiæ Duci rescripsit, quòd *in illis
Principibus jus & potestatem eligendi Regem, in Imperatorem postmodum promovendum, recognoscat, ad quos de jure & antiqua consuetudine noscitur pertinere, præsertim cùm ad eos jus & potestas hujusmodi â sede Apostolica pervenerit, quæ Romanum Imperium in persona
Magnifici Caroli â Græcis transtulit in Germanos.*

18.
Quinta. *Quinta* igitur sententia est, quæ institutionem Electoralis collegii refert ad finem Sæculi X. quo â Gregorio V. cum consensu Ottonis III. illam susceptam dicit, aut factam ab Ottone, & â Gregorio confirmatam. Hanc sententiam præter allegatos tenent scriptores omnes usque ad Aventinum, qui primus illi contradixit, & post
eum eandem amplexi sunt plurimi, non tantùm Catholici, sed etiam
Protestantes, quos diligenter collegit Gewoldus comment. cit.

Sic

Sic Magdeburgici centuriatores *cent. 10. c. 10. column. 546.* fcribunt : *Gregorius fuam patriam infigni aliqua dignitate ornaturus, fanxit , ut penes folos Germanos jus effet eligendi Regem, qui poft diadema , à Romano Pontifice acceptum, Imperator & Auguftus appellaretur.* Idem Clùverius teftatur *Hift. epit. in vita Ottonis.* Irenicus *exeg. Germ. l. 3. c. 33. & 39.* ait : ex conftitutione Gregorii V. ac Otto nis III. lege cautum erat, ut, qui virtute excellerent, Imperio potiretur. Item *: translato Imperio ad Germanos Gregorius V. electionem fecit de feptem electoribus.* Sleidanus : *quia propter fucceffionem Imperii perpetuæ erant turbæ, conftituit Otto , adiutore Pontifice, ut certi Germaniæ Principes jus & poteftatem deinceps haberent eligendi Cæfarem.* Idem Simon Schardius integro libello *de inftit. Elect.* evincit. Accedunt. Reinckingus, Fabricius, Balæus , Munfterus, multique alii Proteftantes.

Ut adeò Gewoldus *in comment. de feptemv. c. 5.* afferere non dubitet, communem hanc femper fuiffe ab Ottonis III. & Gregorii V. Pont. ævo annos ùltra quingentos fententiam, non folùm Hiftoricorum , fed etiam Theologorum , Jureconfultorum , & Politicorum , quos à tot fæculis produxerint Germania , Italia, Gallia, Hifpania, aliæque Nationes *;* neminémque hac de re dubitâffe, donec hoc fæculo , ad novandum omnia , & in dubium revocandum, plus nimis prono , aliqui contradixerint.

Ex quibus fic arguunt fententiæ hujus patroni : in quæftione facti , qualis eft ifta , ftandum eft authoritate. Atqui hæc eft multò maxima, adeò, ut , tefte Gewoldo , fingulis adverfariis viginti & plures opponi poffint.

Congruentiam afferunt iftam , quòd , cùm Otto III. prole mafcula effet deftitutus & multis manifeftisque exemplis, tam Crefcentii, quàm aliorum didiciffet, quantæ & quàm perniciofæ factiones vacante Imperio circa fucceffiones enatæ fuiffent, profpicere infuper volens Germaniæ patriæ fuæ , & Imperialis excellentiam faftigii ifti Nationi in perpetuum accommodare , auctore & fuffragatore Gregorio V. pariter Germano , confilio Principum Regni fanctionem , ab ipfo Pontifice roboratam , tulerit , & juxta hanc fanctionem primum à feptem viris electum fuiffe S. Henricum , aliósque deinceps Cæfares.

Quidam volunt, eam inftitutionem à Gregorio V. factam fuiffe in Synodo Romana, cujus tamen acta injuria temporum interciderint.

Opponitur equidem huic fententiæ , grave in criticis argumentum , à filentio fcriptorum coævorum petitum , videlicet 250. integris annis , nempe ab initio Sæculi X. ufque ad dimidium Sæculi XIII. neminem unum ex fcriptoribus fynchronis rei tam magnæ fè-

ciffe

ciſſe mentionem: apud Anſelmum Lucenſem, Bernonem, Glabrum, Hermannum contractum, Bertholdum Conſtantienſem, Lambertum Schaffnaburgenſem, Marianum ſcotum, Bodechinum, aliósque Sæculi XI. ſcriptores altum de hac re eſſe ſilentium. Nec minùs tacere ſcriptores Sæculi XII. Sigebertum Gemblacenſem, Ottonem Friſingenſem, Gratianum, Gotheſridum Viterbienſem &c.; ſimiliter ſcriptores Sæc. XIII. Steronem, Helinandum, Conradum Urſpergenſem, uſque dum circa medium ejusdem Sæculi Martinus Polonus, ſcriptor aliàs non admodum accuratus, ſcripſit *licèt tres Ottones per ſucceſſionem regnaverint, poſtea tamen fuiſſe inſtitutum, ut per Officiales Imperii Imperator eligeretur, qui ſint ſeptem &c.*

Argumento huic negativo addunt poſitivum, quo ex Friſingenſi, Gemblacenſi, Schaffnaburgenſi, Urſpergenſi, aliisque ſcriptoribus probant, ab Ottone III. uſque ad Interregnum Imperatores ab omnibus Principibus fuiſſe electos.

Sed reſpondent patroni quintæ ſententiæ, ſilentium antiquiorum ſcriptorum non eſſe univerſale, ùt ex adductis teſtibus contra priores ſententias conſtet, Stadenſem, Hoſtienſem, Welbertum, Amandum, Radevicum, &c. eſſe antiquiores Polono; deinde quoad alios ſilentii poſſe dari rationem, licèt enim Septemviratus jam fuerit tempore Gregorii V. & Ottonis III. inſtitutus, tamen hanc inſtitutionem non ſtatim potuiſſe in praxin plenè deduci, contradicentibus aliis Principibus, qui ægrè ferebant, ſe ab electione Imperatoris excludi; ac propterea ſcriptores de hac inſtitutione, tanquam re delicata, odioſa, & velut ſuſpenſa, ſilere maluiſſe; ſicut hodiedum ſcriptores res varias, licèt certas, ſilere coguntur, quia ſunt odioſæ, & poſſent offendere.

Et hinc reſpondent etiam ad Argumentum poſitivum; nam quia eâ inſtitutio non potuerit tunc in plenum uſum deduci, reliquos etiam Principes, aut elegiſſe Cæſarem, aut *prætaxaſſe*, nominando, proponendo, commendando, electum acceptando, & ſic in ſenſu latiore eligendo, ùt ſuprà dictum.

Probabilior Opinio.

19. Ex quibus apparet, quàm incerta in hac re ſint pene omnia. Cenſeo ego, ſententias iſtas veroſimilitet aliquo modo combinari poſſe. Nam fundamentum primum poſuit Leo III. dum Carolum M. nativitate Germanum, Imperatorem Occidentis renuntiavit; necdum tamen ſtabiliter Imperialis dignitas ad Germanos fuerat translata; dum Ludovico Pio ſuccederet Lotharius, & huic Ludovicus II. qui Italiæ dominabantur, tum Galliæ Regés, velut Carolus calvus,

&

& ejus Filius ; dein rurfus Italiæ Principes, Berengarii, Widones, Lamberti &c. eandem ad-fe traherent. Stabiliter verò ad Germanos translata eft à Joanne XII. in perfona Ottonis M. quem Romæ contra Adalbertum, Imperatorem dixit, ac coronavit, ubi fimul ftatutum, ut Rex Germaniæ femper fimul effet Imperator ; quod etiam effectus deinceps demonftravit. Otto II. & III. partim fanguini partim electioni totius populi fucceffionem debebant. Otto III. cùm improlis effet, & turbæ metuerentur unà cum Gregorio V. Romæ tractaffe videtur, ut poteftas eligendi Imperatorem ad paucos Germaniæ Principes devolvatur, ac potiffimùm ad eos feptem, qui erant Archiofficiales Imperii. (Neque enim probari poteft, tunc necdum viguiffe illa Officia.) Et hoc probare videntur argumenta quintæ fententiæ.

Effectum tunc quidem eum inftitutio illa habuit, ut populus excluderetur â fuffragio ; nihilominus tamen, cùm reliqui Principes fe opponerent, Septemviri eos diu adhuc admittebant, fi non ad electionem, faltem ad confultationem, nominationem, & propofitionem eligendi, & approbationem electi, ufque dum crefcente paulatim Septemvirorum auctoritate, & intervenientibus Friderici II. & Interregni tempore graviffimis turbis ac bellis civilibus, foli Septemviri electionem peregerint. Et hoc concedendum quartæ Recentiorum fententiæ ; quæ ad ea tempora inftitutionem Semptemviratus refert.

Quia autem durantibus illis Imperii tumultibus etiam Romani Pontifices, præfertim Innocentius IV. & Gregorius X. remedium afflicto Imperio afferre omni ope conabantur, Septemvirorum ftudia auctoritate fua adjuvabant, ut poteftas â Gregorio V. & Ottone III. ipfis conceffa, plenum effectum obtineret. Et eatenus admittenda videtur tertia & fecunda Sententia.

Ne autem impofterum Septemvirorum jus privativè eligendi Cæfarem turbaretur, Ludovicus Bavarus in Comitiis Francofurtenfibus & Carolus IV. in aurea Bulla Imperiali diplomate illud confirmârunt, ac perpetuum robur addiderunt. Et in hoc fenfu etiam vera eft prima fententia.

Obfervatio

De Electoratu Bavariæ.

20.

ELectoralem dignitatem jam ante auream Bullam fuiffe poffeffam â Bavariæ Ducibus conftat ex Archipincernatus Officio, ab iis gefto. Exftátque apud Gewoldum diploma Rudolphi I. Impera-

ratoris, quo diſertè pronuntiatur, Septemviratum & electionem ex
antiquo ratione Bavariæ ad Principes Boicæ ſtirpis pertinere. In electione Ludovici Bavari Rudolphus Ludovici ſeveri Filius primò genitus votum Electorale dedit Friderico Pulchro contra fratrem ſuum
Ludovicum. Anno ſubin 1329. pactione Ticinenſi alternatio ſuffragii
inter lineam Rudolphi Palatinam & Ludovici Bavaricam fuit ſtatuta.
At verò Carolus IV. Domui Boicæ infenſus, & Palatinæ per matrimonium cum Rudolphi cæci Filia affinitate innexus, per Bullam
auream & ſententiam contra Stephanum Fibulatum latam jus Bavariæ evertit, & Electoralem dignitatem Palatinis addixit, qui man-
ſerunt in poſſeſſione uſque ad Fridericum V. hoc enim victo & pro-
ſcripto Ferdinandus II. Imperator Maximiliano I. Bavariæ Duci anno
1623. priſtinam dignitatem reſtituit, plaudente orbe Catholico,

    At verò Proteſtantium Principes, Saxoniæ præſertim Septemvi-
rum ægrè res iſta cùm haberet, Moguntinus conventu Fluſſingæ
habito adductis graviſſimis rationum momentis eundem placavit. Cæſari, inquiebat, non eſſe vertendum vitio, quòd uſus ſit jure ſuo,
Electoratum delicto commiſſum, Catholicorum Electorum conſenſu,
qui Comitio Ratisbonenſi aderant, Principi meritiſſimo contulerit,
ne Collegium Septemvirûm diutius uno Electore maneret vacuum,
& Cæſarea Majeſtas per impunitatis exemplum vileſceret. Similem
eſſe cauſam Friderici Palatini & Joannis Friderici exauctorati à Carolo V. Saxoniæ Electoris, niſi quòd illius facinus ſit enormius, cùm
Saxo nullam Cæſari Provinciam, nullum regnum, coronam nullam ade-
merit.

    Septemviratum equidem Saxonicum non migraſſe in Domum ex-
traneam, ſed nec Palatinum mutare ſtirpem, cùm Bavari Principes
eoſdem cum Palatinis progenitores habeant, & Septemviratus, à prima ſui origine Bavaricus, poſtliminio revertatur ad priſtinos ſuos
poſſeſſores, à quibus per injuriam fuerit avulſus, adverſus Papien-
ſem tranſactionem, à geminis totius Familiæ capitibus, Ludovico
videlicet Imperatore, & Ruperto Comite Palatino, legitimè initam.
Non potuiſſe Bullam auream, nulla extante cauſa, nulla adhibita
cognitione, jus quæſitum Boiis detrahere. Adjectam fuiſſe Ticinen
ſi tranſactioni eam conditionem, & quidem juramenti religione firma
tam, ut, ſi pars alterutra violata juris alternativi pactione, à tran
ſactione deſciſceret, hoc ipſo omni Electorali jure, citra ullam ſen
tentiam, excideret.

    Rupertum Palatinum ejúsque ſucceſſores eam pactionem vio
láſſe, haud bona fide, reclamantibus Bojariæ Ducibus, & ad Pa
                 pien

pienſem tranſactionem aſſiduè appellantibus, ac proin omnem præ-ſcriptioni viam fuiſſe præcluſam.

His aliisque argumentis motus Saxo Maximilianum Collegii Electoralis conſortem habuit, accedente haud paulò pòſt etiam Brandenburgo.

Agitata dein rurſus fuit hæc controverſia in pace Weſtphalica. Qua Maximiliano ejúsque Poſteris confirmata fuit Electoralis dignitas cum Archidapiferi Officio, inſtituto pro Palatinis Octavo Electoratu, tamdiu duraturo, quamdiu ex linea Wilhelmina Bavarica ſuperſit Princeps.

Acceſſit anno 1692. nonus Electoratus, Erneſto Auguſto Duci Hannoverano â Leopoldo Imperatore collatus, reclamantibus Imperii Ordinibus ob defectum Comitialis conſenſus, qui tamen poſtea anno 1708. eſt ſubſecutus.

CAPUT V.

De Jure Comitis Palatini, & Saxoniæ Ducis.

1. COmes Palatinus Rheni in partibus Rheni, Sueviæ, & ubi olim vigebat Jus Franconicum vacante Imperio, ratione Principatus ſeu comitatus Palatini Privilegio debet eſſe *Proviſor Imperii*, cum poteſtate judicia exercendi, ad Beneficia Eccleſiaſtica præſentandi, colligendi reditus & proventus Imperii, inveſtiendi de feudis (exceptis feudis Principum, & Regalibus, quæ futuro Imperatori reſervantur) juramenta fidelitatis vice & nomine Imperii recipiendi, quæ tamen poſtea per Imperatorem innovari debent, præſtito eidem novo juramento. Nihil tamen Comes Palatinus de rebus Imperii alienet aut obliget.

2. Eodem Proviſionis jure fruatur Dux Saxoniæ in illis locis, ubi Saxonica jura ſervantur, ſub omnibus modis & conditionibus prædictis.

3. Et quamvis Imperator ſuper cauſis, pro quibus impetitus fuerit, habeat, ſicut conſuetudine introductum dicitur, coram Palatino Electore reſpondere, illud tamen judicium non alibi quàm in Imperiali curia, ubi Imperator eſt præſens, poterit exercere.

21.

Obſervatio
De Vicariis Imperii.

Nota 1. Vicarii antiquorum Imperatorum dicebantur *Præfecti Prætorio*, apud Francos *Majores Domus*, apud Germanos *Comites Palatini*, ſeu comites Palatii Imperialis, ac jus dicebant vivente Imperatore, tanquam ejusdem Vicarii. Unde paulatim conſuetudo invaluit, ut mortuo etiam Cæſare negotia Imperii curarent. Tales plures erant; inter eos tamen eminuit Comes Palatinus Rheni, quia in illo tractu antiqui Imperatores frequentiùs regiam figebant. Vix proin dubium eſt, Vicariatum Palatinùm Aurea Bulla eſſe antiquiorem, de Vicariatu autem Saxonico id magìs eſt anceps, cùm certa monumenta de antiquiore tempore non producantur. Ratio tamen id videtur ſuadere, cùm Cæſar etiam in tractibus Saxoniæ habuerit palatium, & Palatinus Rheni non legatur ibidem exercuiſſe judicia.

Nota 2. Vicariatum Palatini Rhenani ſe extendiſſe in eas provincias, quæ jure olim Franconico utebantur, videlicet ad tractus Rhenanos & Danubianos, Sueviam, Franconiam, Bavariam, Auſtriam, Styriam, Carinthiam, Tyrolin &c. Saxonicum verò ad eas, in quibus vigebat Jus Saxonicum, ad regiones nempe ſeptentrionales, in quas circuli Saxoniæ Superioris & Inferioris, aliæque Provinciæ exporriguntur.

Nota 3. Poſt mortem Ferdinandi III. renovata eſt controverſia, jam antea pluribus ſcriptis hinc abque inde editis ventilata, inter Bavaros & Palatinos de Vicariatu, tempore Interregni gerendo. Illi dicebant, in Electorem Bavariæ translatam fuiſſe Electoratum cum omnibus juribus, Officiis & Dignitatibus; imò in *Inveſtitura* Maximiliani Electoris â Ferdinando II. Imperatore accepta, expreſſe etiam contineri translationem Vicariatus, qui jam olim Domui Boicæ competierit propter Electoralem Dignitatem priùs eidem illatam; neque potuiſſe Boios abſque cauſa ſpoliari. Adhæc Vicariatum connexum eſſe cum Archidapiferi officio, ac proin unà cum iſto translatum.

Palatini verò reponunt, Vicariatum eſſe connexum comitatui Palatino, non verò Electoratui, aut archidapiferatui, eò quòd ſit iſto antiquior, & Bulla aurea diſertè dicat, quod Palatinus ſit Proviſor Imperii ratione comitatus Palatini; etiam cùm Imperatores Italiam fuerant ingreſſi, Vicariatum Imperii â comite Palatino geſtum. Electorem Palatinum per Inſtrumentum P. O. *art. 4. ſ. 6.*

eſſe

effe reftitutum in Palatinatum Inferiorem, & omnia eidem annexa, ac proin etiam in Vicariatum, caffatis omnibus, quæ in contrarium acta funt. Verùm hæc tantùm de terris Palatinatus & juribus illis annexis intelligenda exiftimant Bavari, non autem de Vicariatu an. nexo Electorali & Archidapiferi dignitati, Domui Bavaricæ reftitutæ ; cùm plura, quæ in Bulla aurea dicuntur, fint mutata.

Poft Ferdinandi III. obitum, quod dictum, controverfia ifta vehementer fuit agitata, & uterque Elector ad Imperii ftatus litteras dimifit. Poft mortem Caroli VI. Imperatoris uterque Elector communi confilio Vicariatum adminiftravit.

Nota 4. Haberi exempla, quibus Imperatores etiam fe vivis conftituerunt Vicarios Imperii, fic Sigifmundus conftituit Moguntinum, Carolus V. Ferdinandum fuum Fratrem, refervato tamen Electori Palatino fuo jure. Vicarius Imperii perpetuus per Italiam eft Sabaudus ; cui, olim faltem, jus dubium fecerunt Mediolanenfis & Mantuanus.

CAPUT VI.

De Comparatione Electorum ad alios Principes.

IN celebratione Imperialis curiæ Electores ante omnes alios Principes, cujuscunque ifti fint dignitatis, antecedant ; eo fignanter expreffo, quòd nominatim Rex Bohemiæ in celebratione curiarum in quibuscunque actibus ante quemcunque alium Regem præcedat.

23.

CAPUT VII.

De fucceffione Principum Electorum.

PRincipi Electori Sæculari in Electoratu fuccedit filius primogenitus, legitimus, laicus. Hoc præmortuo fuccedit avo nepos ex primogenito. Si verò primogenitus abfque hæredibus mafculis legitimis, laicis decederet, jus, vox & poteftas electionis ad ejus fratrem feniorem, per lineam paternam defcendentem devolvatur.

Si Electorem, aut ejus primogenitum, aut filium feniorem mori contigerit, relictis mafculis laicis legitimis hæredibus, defectum

24.

ctùm ætatis patientibus, tunc Frater fenior ejusdem primogeniti defuncti tutor eorum & adminiftrator exiftat, donec fenior ex eis legitimam ætatem attigerit, 18. videlicet annos compleverit. Tunc
enim tutor jus, vocem & poteftatem cum officio, omniáque inde de-
pendentia totaliter protinus refignet.

Si verò aliquem ex hujusmodi Principatibus vacare contingeret,
Imperatoris eft de eo providere, tanquam de re ad fe & Imperium
legitimè devoluta. Salva tamen (*fpectando Bullam Auream*) libera electione Regis Bohemiæ, in cafu vacationis per Regnicolas facienda.

§. I.

De Teftamentaria tutela Electorum.

25.
Pro affir-
mativa.

EX dicta aureæ Bullæ difpofitione gravis oriturControverfia, an patri Electori adempta fit poteftas Filio per Teftamentum dandi
tutorem ? Bachovius, Treutlerus, Gothofredus, Freherus,
Vitriarius *Inftit. Jur. Publ. lib. 3. tit. 11. n. 5. &c.* plurésque alii
apud Pfeffingerum, cenfent, Teftamentariam tutelam non effe fub-
latam, ex his rationibus,

1. Quia omnia jura, jus naturæ, jus gentium, & jus civile
parentibus permittunt, ut filiorum immaturæ ætati per providum
tutorem confulant. Unde etiam tutor à patre datus omnibus aliis
præfertur, eo quidem privilegio, ut fatisdare non cogatur, cùm
fides ejus ac diligentia à patre approbata videatur. Hæc autem poteftas per B. A. Patri expreffè non eft adempta, cùm Carolus IV.
per eam jura & privilegia Electorum non minuere, fed omnibus modis augere ftuduerit. Non igitur verofimile eft, quòd illis jus, nobilibus juxta ac plebeiis conceffum, adimere voluerit, ut quoad ho-
deterioris fint conditionis quàm infimus rufticus.

2. Quia Carolus IV. per eam difpofitionem plus non voluit d-
cernere, quàm quòd pro cafu, quo Elector filio per Teftamentu-
nullum tutorem defignârit, proximus Agnatus tutelam gerere debeat. Siquidem conftitutiones Imperii à Jure communi interpretatic-
nem accipiunt, ut, quàm minimè ab ifto recedant, nec juri tert-
præjudicent.

3. Afferunt exempla Teftamentariæ tutelæ prævalentis legitim-
Sic Ludovicum III. Electorem Palatinum An. 1436. Ludovico I-

fi

filio Ottonem Fratrem fuum natu minimum tutorem dediffe, præteritis Joanne & Stephano fratribus Senioribus, & re ipfa Ottonem
tutelam geffiffe. Ipfum etiam Ludovicum IV. An. 1449. Philippo filio
tutores dediffe Moguntinum & Wirtembergenfem, prætèritis agnatis. Ludovicum VI. noluiffe, ut folus Frater Joannes Cafimirus tutelam gerat Friderici IV. fed An. 1583. adiunxiffe contutores tres alios.
Similiter An. 1610. à Friderico IV. conftitutum tutorem filii Friderici V.
Joannem Bibontinum, præterito agnato proximiore Philippo Ludovico
Duce Neoburgico. (Quo tempore pro utraque fèntentia varia fcripta prodierunt.) Talia etiam præjudicia afferunt ex Domo Saxonica,
videlicet Chriftianum I. An. 1591. proximo agnato adiunxiffe Electorem Brandenburgicum.

Ex quibus inferunt, tunc tantùm vi aureæ Bullæ tutelam ad proximum agnatum fpectare, quando nullus â patre defignatus fuit tutor Teftamentarius.

Contrariam, eámque probabiliorem, mea opinione, fententiam   26.
propugnant Zeschlinus, & Fridenreich de tutela Electorali Palati- Pro negati-
na Anno 1613. Arumæus, Befoldus, Hoppius, Limnæus, Harprecht **va.**
ad *Inftit. de legit. agnat. tut. ad. ff.* 2. ubi multos alios adducit pro hac fententia, multisque rationibus eandem firmat, uti
etiam Pfeffingerus *in Vitr. illuft. l. 3. tit. XI.*

Ratio præcipua eft Sanctio Pragmatica aureæ Bullæ, quæ cap.
7. §. 4. deferte decernit, fi Principem Electorem, feu ejus Primogenitum, aut filium Seniorem Laicum mori, & hæredes mafculos legitimos Laicos, defectum ætatis patientes, relinquere contigerit,
*tunc frater Senior ejusdem primogeniti tutor eorum & adminiftra-
tor exiftat, donec Senior ex eis legitimam ætatem attigerit.* Ubi
fanè abfolutè & illimitatè ftatuitur, ut pro cafu, quo Elector moritur, & filios relinquat, frater Electoris defuncti Senior eorum tutor
exiftat. Ergo locum non habet Teftamentaria tutela, cùm nullus
Elector contra leges Imperii Publicas & Fundamentales quidquam poffit conftituere.

Neque quis dicat, in Bulla aurea tantùm denominari fratrem
Electoris defuncti, adeóque in ejus defectu non extendendam effe
hanc difpofitionem, â jure privato exorbitantem, ad ulteriores agnatos. Nam imprimis ex ipfo Bullæ aureæ fenfu facilè colligitur,
proximos agnatos effe comprehenfos. Deinde idem Carolus IV. Imperator Anno 1376. de jure & fucceffione Electorum Saxoniæ conftitutionem edidit Francofurti, in qua expreffè fancit, quòd fi Elector moriatur, & mafculos hæredes legitimos Laicos relinquat, de-

bitæ patientes defeɛtum ætatis, ex tunc Senior Frater, *nepos*, *aut Confanguineus proximior*, *in linea genituræ*, *fi Frater non exiſtat ejusdem defuncti*, *Laicus duntaxat*, *dicti pupilli tutor eſſe debeat*, *& curator*, *donec debitam ætatem attingat.*

Hæc eadem repetiit Sigismundus Imperator edita Conſtitutione Imperiali Anno 1413. & 1434. utì exſtat apud Goldaſtum *Tom. 1. Pag. m. 398. n. 7.*

\ Per has igitur Conſtitutiones, cum confenſu ipſorum Electorum publicè editas, certa quædam tutelæ Electorali forma eſt præfcripta, quæ per contrariam teſtatoris difpofitionem mutari nequit; cùm forma det eſſe rei, nemóque juri Publico contravenire poſſit; à fortiori, quòd in memoratis Bullis fancitum fit, ut jus hoc Electoralis tutelæ perpetuis temporibus valere & obfervari debeat.

Verum equidem eſt, quòd quandoque providentia & difpofitio hominis prævaleat, fed tunc tantùm, quando lex non præcifè obfervandi neceſſitatem imponit; aliàs quivis teſtator poſſet fua voluntate efficere, ut Teſtamentum abfque folennitate, & præteritis etiam hæredibus, ex lege neceſſariis, valeat, firmúmque maneat.

Accedit Argumentum â paritate; nam, quando Bulla aurea eodem Cap. 7. ſtatuit ordinem Succeſſionis in Electoratu, Primogenituram nempe, vi cujus jus in linea primogenita maneat, hac autem extincta ad fecundam lineam tranfeat, & fic deinceps, quando, inquam, hunc ordinem ſtatuit, adimitur Patri Electori poteſtas per Teſtamentum aliter difponendi: ergo etiam, quando ſtatuit, ut proximus agnatus fit tutor, adimitur Patri poteſtas, alium tutorem conſtituendi. Præfertim cùm conſtitutio de tutore fit acceſſoria difpofitioni de fucceſſione.

Et planè, nifi dicamus, Teſtamentariam tutelam fuiſſe exclufam, fruſtranea omnino atque inutilis fuiſſet illa Aureæ Bullæ de tutore difpofitio; cùm jam aliàs, ex jure videlibet privato & communi, certùm fit, quòd, ubi nulla eſt Teſtamentaria, locum habeat agnatorum tutela. *Inſt. de leg. agn. tut. pr.* ibi : *Quibus autem Teſtamento tutores dati non funt, his ex lege 12. Tabularum agnati funt tutores, qui vocantur legitimi.*

Addunt, proximo agnato exclufionem ab Electoratu per tutelam & adminiſtrationem tempore pupillari compenfari; meliúsque confultum eſſe pupillo & Reipublicæ per tutorem agnatum, quèm ipfe fanguis & nafcendi conditio fidei ac providæ curæ admoneat; neque expedire, ut extraneus, nefcio quis, arcana Domus ac Familiæ infpiciat,

ciat, & ab Electorali Collegio ad tractanda publica Imperii negotia admitti debeat, aut etiam ad gerendum Vicariatum Imperii.

Suffragatur usus & confuetudo; nam proximus agnatus paffim Electoralem tutelam gerit: & si aliquando pater in Testamento alium tutorem nominavit, proximus agnatus illico jura fua oppofuit, & tutelam sibi vindicavit. Sic anno 1449. Fridericus Palatinus, non attenta difpofitione Teftamentaria Ludovici IV. Fratris Electoris, Philippi nepotis sui tutelam gessit; uti etiam Joannes Casimirus defuncto Fratre Ludovico VI. licet hic aliter ordinârit Anno 1583. Cùm autem poftea Fridericus IV. Philippum Ludovicum Ducem Neoburgicum proximum agnatum â tutelæ Adminiftratione excludere moliretur, Rudolphus II. Cæfar refcripfit, rem effe perniciofa exempli, & Electori Palatino minimè convenientem. In eundem fenfum de hac caufa fcripferunt Electores, Moguntinus, Trevirenfis, Colonienfis, & Saxo, videlicet abfque læfione Bullæ aureæ Philippum Ludovicum, utpote proximum agnatum, non poffe excludi â tutela Friderici V.

Quibus probè expenfis non videtur arduum refpondere ad fententiæ contrariæ fundamenta. Nam

Ad 1. Ut ex allatis liquet, Aurea Bulla Caroli IV. & Conftitutio Sigifmundi foli proximo agnato tutelam concedunt, & quidem confentientibus Electoribus; nec illis fit præjudicium, quòd proprius eorum fanguis præferatur alieno & extraneo.

Ad 2. Conftitutiones Imperii â Jure communi interpretationem accipiunt, quando funt obfcuræ & dubiæ; non autem, quando funt claræ, putamus autem citatas difpofitiones effe fatis claras.

Ad 3. Exempla allata funt facti, non juris; non enim omnia, quæ fiunt, jure fiunt. Dein paffim proximi agnati tutelam Electoralem gerunt, etiam tunc, quando in Teftamento paterno alius fuit nominatus, ùt exempla mox recitata perhibent, & si quando in Teftamento nominatus tutelam invafit, id nunquam factum legimus abfque proteftatione proximi agnati. Et, si aliquando contigiffet, ut alius quispiam tutelam pupilli Electoris quietè adminiftrâffet, id cum confenfu Cæfaris, Electorum, & proximi agnati pro eo cafu particulari factum effe dicendum foret.

§. II.

§. li.

Aliæ Obſervationes ad hoc caput.

27.

Nota 1. BUlla aurea dicit, quòd proximus agnatus tutor eſſe debeat in adminiſtrando Electoratu, *voce*, *jure*, *poteſtate*, *omnibúſque ab his dependentibus*. Si igitur Elector alias inſuper provincias poſſideret, quæ ad Electoratum non pertinent, neque ab eo dependent, non apparet, cur pater quoad adminiſtrationem iſtarum provinciarum, uti etiam bonorum allodialium, non poſſit Teſtamento tutorem dare filio, etiam extraneum. Imò videtur in Bavaria tutelam Electoralem Ferdinandi Mariæ adminiſtraſſe Albertus, ejus patruus, Maria Anna verò ejus mater Provinciam Bavariæ, ut ex R. J. de Anno 1654. eruere ſe putat Pfeffingerus. Verùm hoc refundendum eſſe videtur in conſenſum, ſaltem tacitum, Cæſaris & Electorum, ac præſertim ipſius Alberti Ducis, cui per B. A. jus tutelæ quæſitum fuit non tantùm quoad Electoralem poteſtatem, ſed etiam quoad Adminiſtrationem Provinciæ, cui Electoralis Dignitas eſt annexa.

Nota 2. Licèt B. A. exigat, ut qui in Electoratu ſuccedit, ſit legitimus, adeóque excludatur non tantùm naturalis, ſed etiam adoptatus aut arrogatus, vel legitimatus per reſcriptum Principis, ſufficit tamen, ut ſit legitimatus per ſubſequens Matrimonium; nam talis feudorum eſt capax. Ex quo tamen nullatenus ſequitur, quòd Fratri juniori quidem, ſed ante legitimationem legitimè nato, eſſet præferendus. Probari enim non poteſt, quòd talis legitimatio ſit retrotrahenda ad tempus nativitatis, præſertim in præjudicium Fratris, jam antè legitimi, adeóque jus abſolutum nacti.

Nota 3. Olim multa erat diſceptatio, an nepos præferendus ſit patruo. Sed quoad Succeſſionem in Electoratu B. A. controverſiam decidiſſe videtur, quòd primogenitus cum tota ſua poſteritate maſculina excludat ſecundogenitum, hic cum omnibus ſuis deſcendentibus tertiogenitum, & ſic deinceps, ita, ut ad poſteriorem lineam non tranſeat ſucceſſio, niſi prior ſit extincta. Acerrimè tamen hac de re diſceptatum eſt, poſtquam Carolus, ultimus è linea Simmerenſi Elector Palatinus, Anno 1685. improlis fuit mortuus; inter Comites Palatinos, nempe Philippum Wilhelmum Ducem Neoburgicum, qui prioritatem lineæ ſuæ propugnavit, & Leopoldum Ludovicum Veldentiæ Ducem, qui jus ſuccedendi in Electoratu à

prio-

prioritate fui gradus, quo defunctum contingebat, derivavit. Pronuntiatum â Cæfare pro prioritate lineæ.

Neque ampliùs nunc difputatur, an fit præferendus is, qui natus eft patre necdum in dignitate conftituto, an is, qui poftea natus eft; nam pro eo pronuntiatur, qui primò natus eft, five pater
tunc jam fuerit Elector, five non. Olim tamen hæc quæftio valde
agitabatur apud varias gentes, præfertim apud Perfas, & Græcos,
qui multùm tribuebant fuis Porphyrogenitis. Imò etiam in Germania hæc lis ventilabatur inter Ottonem I. & Henricum ejus Fratrem,
Patre jam Rege natum; contra edictum Juftiniani, qui in quæftionibus, ubi de ftatu liberorum eft dubitatio, femper tempus nativitatis infpici voluit, nifi fortè tempus conceptionis infpici ipfis effet
utilius. *l. 11. c. de natural. liber.*

CAPUT VIII.

De Regis Bohemiæ & Regnicolarum ejus Immu-
nitate.

28.

Confirmatur Privilegium, ab Imperatoribus ac Regibus conceffum, atque immemoriali confuetudine roboratum, ut nullus
Princeps, Baro, Nobilis, Miles, Cliens, Civis, Burgen-
fis feu Rufticus, nulla denique Perfona ejusdem regni, ad cujuscunque actoris inftantiam extra Regnum ad quodcunque tribunal, feu
alterius, præterquam Regis Bohemiæ judicium citari poffit. In quacunque caufa, five criminali, five civili, five mixta, feu fuper
quocunque negotio, omniáque, quæ contra comparentes aut non
comparentes â quocunque judice extra Regnum attentata fuerint, irritantur & caffantur, uti etiam omnes Appellationes Bohemorum ad
externum quemcunque judicem, fub pœna perditionis caufarum,
ipfo facto incurrenda.

CAPUT IX.

De auri, argenti, & aliarum fpecierum Mineris.

29.

Decernitur, Reges Bohemiæ, omnésque Electores poffe in Principatibus, terris, dominiis, ac pertinentiis fuis, tenere ac
poffidere univerfas auri & argenti fodinas, atque mineras,

ftanni, cupri, ferri, plumbi, & alterius cujuscunque generis metal-
li, atque etiam falis, tam inventas, quàm inveniendas : nec non Judæos habere, telonea in præterito ftatuta & indicta percipere.

CAPUT X.

De Monetis.

30.
ASferitur Regibus Bohemiæ jus, ab antiquis temporibus poffef-
fum, cudendi monetas auri & argenti in quovis loco Regni,
& fubditarum eis terrarum : item emendi à quibuscunque
Principibus, Comitibus & Perfonis aliis quascunque terras, caftra,
poffeffiones, prædia, ac bona, aut ea in donum vel obligationem
recipiendi, falvis tamen juribus Imperii priftinis in ea bona. Hæc
jura extenduntur ad omnes Principes Electores, eorúmque fucceffores.

CAPUT XI.

De Immunitate Principum Electorum.

31.
STatuitur, ut nullæ Perfonæ Colonienfi, Moguntinæ, & Trevirenfi, Ecclefiis fubjectæ, cujuscunque ftatus aut conditionis
exiftant, ad cujuscunque Actoris inftantiam extra territorium,
ac limites earundem Ecclefiarum, & pertinentiarum fuarum, ad
quodcunque aliud tribunal, feu cujusvis alterius, præterquam Archiepifcoporum, Moguntini, Trevirenfis & Colonienfis, judicium citari poffint, pro quacunque caufa, criminali, civili, vel mixta, ita,
ut comparere ac refpondere nullatenus teneantur, ac citationes,
proceffus, fententiæ, tam interlocutoriæ quàm definitivæ fint irritæ,
nullíque Perfonæ, prædictis Ecclefiis fubjectæ, Proceffibus & Sententiis ac præceptis Archiepifcoporum ad quodcunque aliud tribunal liceat
appellare (quamdiu in Archiepifcoporum judicio ei juftitia non fuerit
denegata) factæque Appellationes tanquam irritæ & caffæ funt reiici-
endæ. In defectum verò Juftitiæ ad Imperialem duntaxat curiam &
tribunal appellare liceat.
    Eadem conftitutio extenditur ad Electores Sæculares, Comitem
nempe Palatinum, Ducem Saxoniæ, & Marchionem Brandenburgenfem,

genfem, eorúmqûe hæredes, fucceffores & fubditos, fub omnibus modis & conditionibus.

CAPUT XII.

De Congregatione Principum Electorum.

Electores, qui funt bafes & columnæ Imperii, per fingulos annos femel, tranfactis quatuor feptimanis poft pafcha in aliqua civitate Imperiali perfonaliter congregentur de rebus Imperii cum Cæfare confulturi.

32.

CAPUT XIII.

De Revocatione Privilegiorum.

Revocantur omnia Privilegia, quibuscunque perfonis conceffa aut concedenda ab Imperatoribus, quæ funt adverfus libertátes, jurisdictiones, jura, honores, & dominia Electorum; eáque Privilegia caffantur, licèt in iis cautum fit, ut fint irrevocabilia, nifi de Juribus Electorum, & toto in eis comprehenfo tenore fieret de verbo ad verbum fpecialis mentio.

33.

CAPUT XIV.

De his, quibus ùt indignis auferuntur bona feudalia.

IN plerisque partibus vafalli feuda, quæ à Dominis acceperunt, per fraudem verbotenus refignant, & facta refignatione hujusmodi, Dominos ipfos malitiofè diffidant, fuásque inimicitias eis denuntiant, ac feuda fic relicta rurfus invadunt & occupant. Quare

34.

ant, & nullus eis ad feuda hujusmodi pateat regreſſus, nec de novo
concedi valeant ullo modo.

CAPUT XV.

De Conſpirationibus.

35. SUb gravi pœna prohibentur omnes conſpirationes, conventicula,
confœderationes & colligationes illicitæ; illis duntaxat exceptis
confœderationibus, quas Principes, & civitates pro generali pace provinciarum inter ſe firmârunt. Quas Cæſar ſuæ declarationi
reſervat.

CAPUT XVI.

De Pfalburgeris.

36. NOnnulli cives & ſubditi Principum, Baronum, & aliorum jugum originariæ ſubjectionis quærentes abjicere in aliarum civitatum cives ſe recipi procurant, & nihilominus in priorum
dominorum terris reſidentes, civitatum, ad quas hoc modo ſe trans-
ferunt, libertatibus gaudere, & ab eis defenſari contendunt, (qui
Pfalburgeri vulgô appellantur) quia autem nemini fraus & dolus
patrocinari debent, ſancitur, ut tales ſubditi dominorum frui non
debeant libertatibus civitatum, niſi verè & corporaliter in illas trans-
eant, domicilium ibi figant & onera civitatis ſubeant. Secus ejusmodi receptio eſt irrita, non obſtantibus quibuscunque; pœna centum marcarum auri in receptores ſtatuta. Dominorum priſtinorum
ſalvis juribus.

CAPUT XVII.

De Diffidationibus.

37. PRohibetur, ne quis alterum diffidat, aut diffidationis prætextu
invadat per incendia, ſpolia vel rapinas, niſi triduo antè dif-
fidatio perſonaliter fuerit intimata diffidato, vel in loco, quo
iſte habitare conſuevit; poſſitque de intimatione hujusmodi per

t'eftes haberi plena fides, qui fecùs quempiam diffidare vel invadere præfumpferit, infamiam ipfo jure incurrat.

Nota. Ex hoc titulo patet, quòd diffidationes, feu privati belli denuntiationes, dictis limitibus circumfcriptæ, illo ævo adhuc fuerint permiffæ; poftea autem per pacem publicam, aliásque Imperii conftitutiones, meritò fuerunt penitus interdictæ erectis Imperialibus juri dicundo tribunalibus.

CAPUT XVIII.

Litteræ Intimationis.

Ontinet hoc caput litteras, quibus Imperator Electores vocat 38.
ad electionem Romanorum Regis, ex rationabilibus caufis faciendam. Sequens veiò

CAPUT XIX.

Xhibet formulam mandati, quo Elector Procuratorem mittit ad 39.
electionem Romanorum Regis, cum plena libertate faciendam.

CAPUT XX.

De Unione Principatuum Electorum & jurium connexorum.

Eciditur hìc; Electoratum effe dignitatem realem, cum terra 40.
Principatus connexam, atque ab ea infeparabilem, ut adeò ad eum pertineat, qui terram Principatûs legitimè poffidet.

CAPUT XXI.

De ordine proceffionis inter Archiepifcopos.

N proceffione feu deambulatione folemni Trevirenfis indirecta linea præcedat Imperatorem vel Regem Rom. folique inter eos medii incedant, qui infignia Cæfari aut Regi præferunt. Si verò nulla

præferantur infignia, Trevirenfis immediate incedat ante Cæfarem, vel
Regem: aliis duobus Archiepifcopis loca fua, circa feffionem fuperiùs
declaratam, fervaturis, nempe ab utroque latere Imperatoris.

CAPUT XXII.

De Ordine proceffionis Principum Electorum, & per quos infignia deportentur.

Uando in proceffione deferuntur infignia, Saxo cum enfe immediatè præcedat Cæfarem vel Reg. Rom. ita, ut inter eum & Trevirenfem fit medius. Palatinus verò â dextro latere Saxonis Pomum Imperiale portet, & Brandenburgus â finiftro fceptrum. Rex autem Bohemiæ immediatè fequatur Cæfarem.

CAPUT XXIII.

De Benedictione Archi-Epifcoporum.

Uoties in præfentia Imperatoris vel Regis Rom. Miffam celebrari vel Benedictionem menfæ fieri contigerit, prima die omnia peraget ille ex Electoribus Ecclefiafticis, qui primò fuit confecratus, fecunda die alter, & tertia tertius, fecundùm antiquitatem confecrationis.

CAPUT XXIV.

Equentes leges promulgatæ funt Metis ab eod. Carolo IV. anno 1356. in præfentia omnium Electorum, Nuntii Apoftolici, ac Galliæ Delphini. Hoc capite ftatuuntur pœnæ graviffimæ in eos, qui confpirant in necem cujuscunque Electoris; nempe, ut majeftatis rei gladio feriantur, bonis omnibus fifco addictis, filii, vita relicta, ab omni hæreditate excluduntur, fiunt infames &c. filiabus fola falcidia relinquitur. Poft mortem etiam judicari & infamia notari poffunt, adimíque bona hæredibus relicta. Poffunt in hac caufa etiam fervi torqueri in caput domini &c.

C A P U T XXV.

De Integritate Electorum servanda.

Ditiones Electorum. non imminuantur, nec dividantur in plures filios, sed primogenito jus ad dominium competat; nisi forte mente captus, fatuus, seu aliàs famosi & notabilis defectus existeret. Quo casu successio ad secundogenitum devolvitur, vel alium proximum agnatum.

C A P U T XXVI.

De Curia Imperiali & Sessione.

Die, qua solemnis curia habenda, hora prima Electores ad habitationem Imperatoris veniant, eóque insignibus Imperialibus induto, ascensis equis procedant ad locum Sessionis, insignia præferentes. Ante Trevirensem duo Principes inferiores coronam Aquisgranensem & Mediolanensem præferant. Post Regem Bohemiæ Imperatrix suis Augustalibus amicta insignibus, sequatur, suis comitata proceribus & virginibus.

C A P U T XXVII.

De Officio Electorum in solenni curia Imperatoris.

Imperatore sedente in solio, Dux Saxoniæ, gestans manu baculum argenteum & mensuram argenteam, equo insidens, ex acervo avenæ, ante curiam posito, & usque ad equi pectus pertingente, mensuram avena implet, & famulo, primitus venienti tradet. Infixo dein baculo in avenam recedet; & ejus vicemareschalus de Pappenheim accedens avenam distribuet, aut eo absente Mareschallus curiæ.

Archiepiscopi ingresso Imperatore ad mensam Benedicant. Sigilla Imperialia, baculo argenteo appensa, ante Cæsarem in mensa collocent; quæ tamen à Cæsare eis mox restituantur: ac unus eorum sigillum

gillum majus collò appenfum geflet tempore menfæ, & ufque dum illa finita ad hofpitium fuum pervenerit equitando. Tùm verò baculus & figilla cancellario Imperialis curiæ debent tradi.

Dein Marchio Brandenburgenfis Archicamerarius adequitet, geftans manibus argenteam pelvim (12. marcarum) cum aqua & manutergio, equo defcendens affundet aquam Imperatori lavandis manibus.

Comes Palatinus pariter infidens equo, & geftans manibus quatuor fcutellas argenteas, cibis impletas, quarum quælibet tres marcas habeat, accedat, & ubi ab equo defcenderit, cibos in menfa Cæfari apponat.

Deniqne Rex Bohemiæ archipincerna equo vectus intrabit, portans in manibus poculum argentcum, ponderis 12. marcarum, coopertum, & vino cum aqua permixto impletum. Tum ab equo defcendens Imperatori porriget ad bibendum.

Peractis his Electorum officiis Falckenfteinius fubcamerarius equum & pelvim Brandenburgici pro fe recipiat: Magifter coquinæ Nortenbergius equum & fcutellas Palatini, vicepincerna Limpurgius equum & fcyphum Regis Bohemiæ, vicemarefcallus de Pappenheim equum, baculum & menfuram Saxonis. Si verò hi fubofficiales Imperii â curia abeffent, quotidiani curiæ miniftri officia eorum peragant, equos & prædicta inftrumenta accipiant.

Nota. Hodie hæreditaria ifta officia pleraque ad alias Illuftres Familias videmus translata; nam Archipincernæ fubofficiales funt comites Althanenfes, Archidapiferi vices obeunt comites Waldburgenfes; Vice-Camerarii funt Principes & comites Zollerani; Archithefaurario Vicarii dati comites Sinzendorfii: Marefcallatus folus adhuc ornat Familiam, cui per B. A. attributus fuerat.

CAPUT XXVIII.

De Menfis Imperialibus & Electoralibus.

MÉnfa, ad quam folus Imperator fedet, fex. pedibus fit altior reliquis. Menfa verò Imperatricis, â latere parata, tribus pedibus fit demiffior quàm menfa Imperatoris, tribus verò altior quàm menfæ Electorum. Pro iftis menfæ fint inftructæ, in ca-

rò alius, cujuscunque fit dignitatis, inter eos fedeat, vel ad eorùm
menfam. Nulli verò ex Electoribus licet affidere, donec omnes coë-
lectores officio fuo fint functi; fed ad menfas fuas ftanJo exfpectent,
& tunc omnes fimul affideant.

Ex antiqua confuetudine electio Regis Rom. futuri Imperatoris
celebretur Fiancofurti, & prima coronatio Aquisgrani: prima autem Regalis curia Norimbergæ habeatur, nifi legitimum impedimentum obftet.

Licèt autem legitimè abfentis Electoris Legatus fit admittendus,
in menfa tamen vel fede fui principalis non fedebit.

CAPUT XXIX.

De Juribus Officialium, dum Principes feuda ab Im-
peratore recipiunt.

CUm Electores feudum recipiunt, nihil tenentur folvere. Cæteri Principes, Ecclefiaftici & fæculares, nifi privilegio fe tueri poffint, officialibus Imperialis curiæ pendant 63. marcas argenti, à Magiftro curiæ Imperialis diftribuendas, ex quibus decem
marcas fibi refervet, decem cancellario curiæ dabit; fub - officialibus
quatuor Electorum itidem, fingulis decem, tres verò reliquas Magiftris, Notariis & Dictatoribus. Si autem fub-officiales Electorum non
forent præfentes, eorum portio cedat ordinariis aulæ officialibus. Si
verò Princeps equo infidens feuda fua ab Imperatore recipit, equus
ille debetur archimarefcallo, nempe Duci Saxoniæ.

43.

CAPUT XXX.

De Inftitutione Principum Electorum in linguis.

CUm Romanum Imperium diverfarum nationum, legum, ac
linguarum homines mòderari debeat, Electores diverforum
idiomatum linguas calleant; curent igitur filios fuos præfertim in Italica & Sclavica lingua inftrui, vel eos peregrè mittendo,
vel domi per inftructores edocendo, & pueros confocios, in his
linguis peritos, eis adjungendo.

44.

LIBER I.

De Jure Synodali, Comitiali, & ſtatu
Imperii Eccleſiaſtico & Politico, atque Jure
Belli & Pacis Sæculo XVI. &c.

CAPUT I.

De ſtatu Imperii ſub Maximiliano I.

SUMMARIUM.

C A P U T I,

De ftatu Imperii, ac Jure Belli, & Pacis fub Maximiliano I.

TRiftior nunquam, ficut Europæ ferme univerfæ, ita Germaniæ fuit ftatus, quàm hoc, de quo loquimur, Sæculo XVI. Ab Hærefi, funefta illa Provinciarum ruina, origo mali. Per intima vifcera graffata pernicies. Sciffum in partes Imperium, civis cum cive collifus, armata in caput membra. Oriens & Occidens effufus in ejus exitium. At ftetit tot inter procellas ac turbines, tot inter externa internáque bella Germania, fedentibus ad rerum clavum Navarchis fortiffimis, qui authoritate, fapientia, virtute, conftantia fuftentârunt nutantem Rempublicam. En rerum fchema!

ARTICULUS I.

Gesta Maximiliani I. ante Imperium.

MAgnus hic bello & pace Princeps, natus orbi anno 1459. vastæ per Europam Austriacæ potentiæ fundamentum posuit ducta nuptiali fœdere *Maria*, Caroli Audacis, potentissimi Burgundiæ Ducis filia & hærede unica. Allata proinde in opimam dotem Burgundia, cum Belgii Provinciis.

45.
Bellum
cum Lud.
XI.

Ussit Ludovicum XI. Galliæ Regem invidia, tantum terrarum tractum â Sponsa Principe, ex Regio Francorum sanguine oriünda, in exteram Domum transferri. Quare bello moto, Burgundiam & Artesiam diripüit. At ingenti prælio à Maximiliano in Artesia victus pacem petiit, redditóque Cameraco aliísque urbibus obtinuit (anno 1482.) Utque pax esset firmior, Margaretha Maximiliani filia desponsa fuit Carolo Delphino; missa propterea Parisios, ut in Galliarum Reginam educetur: promissa in dotem Burgundia & Artesia.

Verùm Carolus VIII. non cessavit per Cordæum, Picardiæ Gubernatorem, bellum Archiduci in Belgio facere, & Flandriæ præsertim civitates adversus eundem concitare.

46.
Turbæ
Belgicæ.

Hæ civitates sæpiùs, abjecto parendi obsequio, arma adversus Maximilianum sumpserant; nato comprimis Philippo Archiduce, cujus tutelam â patre in se transferre conabantur. Cùmque seditiosi accito Germano milite non raró essent compescendi, eò usque Flandrorum furor exarsit, ut non contenti filium patri eripere, ipsum Maximilianum, Romanorum tunc jam Regem, absque militum præsidio Brugas ingressum, detinerent captivum (anno 1487.) & cum eo præcipuos aulæ Ministros Gandavum abductos; donec juratò promitteret, Germanis dimissis filii tutelam se positurum. At Fridericus Cæsar, intellecta filii captivitate, cum exercitu Flandriam ingressus, pactionem iniquam rescidit; declarantibus Theologis, juramenti, vi aut metu injusto extorti, vim nullam esse.

Rebelles proin civitates, Gandavum præsertim & Brugæ, uti potentia conspicuæ, ita frequentioribus seditionibus famosæ, correptis rursus armis, bellum per omnes propemodum Provincias circumcumtulerunt; augente hinc flammam Cordæo Gallo, inde Philippo Clivensi, qui à Maximiliano ad rebelles defecerat.

Maximilianus interea, prosperis adversisque diu exercitus, postquam Albertum Saxonem armis præfecit, Belgio, excessit, res Germanas cum Patre, jam senio fracto, curaturus. Ac primò quidem, recto itinere Oenipontum delatus, à Sigismundo Archiduce *(Friderici proscripti filio, & Leopoldi ad Sempachium easi nepote)* in filium adoptatus, Tyrolim in fidem recepit. Tum à Sigismundo, ad *Comitia Francofurtensia* progressus, in iisdem per Wolckensteinium proposuit, quemadmodum à multo jam tempore Domus Austriaca tum à Rege Galliæ in Burgundia & Belgio, tum à Mathia Rege Hungariæ (*qui Inferiorem Austriam cum ipsa Vienna adhucdum sub potestate habebat*) multa damna sit passa, · pertinere ad Imperium, Provincias Teutonicas communi consilio & auxilio ab injuria vindicare. Timendum alioquin, ne impotens exterorum ambitio ulteriùs serpat. **47.** adoptatus à Sigismundo.

Imperii Ordines in tres classes distributi *(nam Electores antea cum Principibus unam tantùm confecerant)* pro communi causa subsidia decreverunt *(anno 1489.)*

At brevi post pax composita cum Carolo VIII. expeditionem Neapolitanam parturiente. *Hæc summa.* Maximilianus Provincias Belgii tanquam Philippi Tutor porro administrato. Brugæ, Gandavum, & Ipræ, seditionis Principes, lugubri habitu supplices veniam roganto à Maximiliano, eíque pro belli impensis trecenta florenorum millia persolvunto. Clivensis aliíque rebelles in gratiam recipiuntor. Tractatus autem Brugensis, superiore anno iniquè extortus, abolitus esto. **48.** Pax cum Carolo VIII.

Finito hac pace feliciter bello Gallico ac Belgico, supererat reducenda Inferior Austria, quam, occupatam à Mathia Corvino Hungariæ Rege, Fridericus Cæsar eidem permiserat, ea tamen conditione, ut post mortem Mathiæ ad pristinos suos Dominos redeat. Postquam igitur ille anno 1490. Viennæ obiit, Maximilianus quà armis, quà deditione eandem recepit, postquam quinque annos in Hungarorum manibus hæserat. **49.** Austriam recuperat.

Electus

Electus tum quidem Hungariæ Rex Uladislaus, Rex Bohemiæ; verùm Maximilianus, contra Domus Austriacæ jura, & conventionem cum Mathia Rege initam, se præteritum questus, bellum Hungariæ intulit, eo tandem pacto finitum, ut Uladislao sine hærede defuncto Maximilianus succederet: interim verò titulus *Hungariæ Regis* utrique sit communis. Cùm dein altero pòst anno Turcæ ingenti numero per Croatiam in Carniolam, Styriam & Carinthiam irrumperent, omniáque populatione, cædibus, incendiis vastarent, amissis in pugna decem suorum millibus repulsi sunt.

50.
Turcas cæ-
dit.

Vix compositus erat Oriens, cùm nova mox procella ab Occidente incubuit. Nam Carolus VIII. anno 1492. Annam Britanniæ hæredem, post mortem Mariæ Burgundæ Maximiliano desponsam, intercepit, atque matrimonio sibi junxit, abdicata Margaretha Maximiliani filia, quam eidem desponsatam diximus. Unde rursus bellum in Belgio: quod anno sequente hac *Sylvanectensi* pactione finitum: pacta dotalia inter Margaretham & Carolum sublata sunto: uti etiam ea, quæ pace anno 1482. sunt sancita, ac proin Carolus Burgundiam & Artesiam restituito. Possessio Comitatus Antisiodorensis, Matisconensis, & Barrensis ei permittitor, donec Judiciali sententia ea lis definiatur. Exules in integrum restituuntor. Post hæc pacta Margaretha post decennalem in Gallia commorationem est Patri suo restituta. Collocata subin primùm Joanni Hispaniarum Principi, eóque mox mortuo, Philiberto, Duci Sabaudiæ. Hoc pariter brevi amisso, Belgii Gubernatrix consenuit, vidua felicior, quàm conjux.

51.
Bellum
cum Ca-
rolo VIII.

In ipsis etiam Germaniæ visceribus his temporibus variis turbis occasionem dedit Ratisbona, quæ antiquitus Bavariæ Ducibus subdita, postmodum libera Imperii Civitas effecta, anno 1486. se rursus Alberto IV. Bavariæ Duci subjecit. Proscripta propterea à Friderico Imperatore, ac tandem anno 1492. Imperio rursus restituta

52.
Ratisbona
restituta.

ARTI:

ARTICULUS II.

De Pace Publica, Camera Imperiali & Circulis Imperii.

REbus ita tum in Germania tum in Oriente & Occidente com positis obiit anno 1493. Fridericus Imperator, plenus diebus & meritis. Succeffitque Maximilianus I. Filius, jam anno 1486. electus & coronatus Romanorum Rex, Patrique in regendo Imperio Adjutor, omnibus apprimè charus ac fummo in pretio habitus ; propterea novo exemplo omnium primus _vivente Imperatore Rex Romanorum à Septemviris electus.

Cùm eo tempore Carolus-VIII. Rex Galliæ Regnum Neapolitanum,   **53.** plurésque in Italia civitates occupâffet, Pontifex, Imperator, Ferdinan- **foedus com** dus Rex Hifpaniæ, Ludovicus Sfortia Dux Mediolanenfis, ac Veneti **tra Caro-** commune fœdus adverfus eundem inierunt. Et Cæfar quidem ea de **rum VIII.** caufa *Comitia Imperii Wormatiam* indixit. Decretum bellum Italicum ad vindicandas civitates & Jura Imperii: ftatuta in fingula capita contributio nummaria (**der gemeine Pfennig**) Comes Eberhardus primus Wirtembergiæ Dux renunciatus. Ludovico Sfortiæ confirmatus Ducatus Mediolanenfis. Plerique Electores *Inveftiti* ibidem.

Præcipuè verò duo funt, quæ Maximilianus Cæfar anno 1495.   **54.** his in *Comitiis Wormatienfibus* cum immortali nominis fui gloria at- **Comitia** que ad perenne totius Imperii emolumentum geffit ; *Pax* videlicet **Worma-** *Publica*, & erectio Judicii *Cameræ Inperialis.*   **tiæ.**

Nempe Germani veteres non legibus, fed armis jus dicebant. Hinc etiam post conftituta Judicia *Purgatio vulgaris* per Duellum aut ignes remanfit. Hac per Jus Canonicum fublata, vigebat adhuc *Jus Manuarium*, quo vi privata lites definiebantur, Interregni præfertim temporibus. Hinc ortæ illæ *Diffidationes*, duella, bella privata, invafiones, rapinæ, cædes innumeræ. Bella hæc, fi triduo ante invafionem indicta fuerant, legitima cenfebantur, & ab ipfa etiam Aurea Bulla permiffa.

Pernciofo huic malo Pontifices remedium quærebant per Canones *de Treuga & Pace*, Imperatores per Conftitutiones de Pace Publica, imbecilliores Feuda potentioribus offerendo, ipfíque Status per varia inter fe fœdera. Tale erat *fœdus Suevicum*, anno 1488.

                                    à Suc-

à Suevis primitus erectum, cui tamen multi alii etiam Principes ac Nobiles se adjunxerunt.

Hæc tamen omnia non sufficiebant propulsandæ injuriæ, donec Maximilianus Imperator vindictis privatis feliciùs finem impofuit *Pace Publica* (quæ etiam *Profana* dicitur) Illius hæc epitome.

§§.
Pax Publica.

1. Nemo alterum bello alióve modo violentè invadat. Lites autem Judiciali Processu finiantur.

2. Qui contra hanc Pragmaticam Sanctionem egerit, Imperii *Bannum* seu Proscriptionem Jure ipso & facto incurrat: atque cuivis prædæ esto.

3. Suspecti de damno illato possint à læso Principe &c. citari; ut Juramento se purgent.

4. Receptores ac Defensores turbatorum pacis eidem pœnæ subjaceant.

5. Vagi milites & grassatores per Imperium non tolerandi.

6. Ecclesiastici lædentes à Prælatis &c. ad damni compensationem adstringuntor

7. Proscripti non absolvantur, donec læso sit satisfactum.

8. Nulla Privilegia patrocinentur violantibus hanc pacem.

9. Comitia Imperii sint annua, & per mensem durent. Nec antè quisquam discedat absque urgente causa.

10. Nec Cæsar Bellum aut fœdus, quod Imperio noxium esse posset, ineat absque Ordinum consensu.

11. Ditiones communi opera & sumptu acquisitæ Imperio accrescant.

12. Plura alia statuuntur de violatoribus hujus pacis. Subscripserunt Electores, Principes & alii Status.

Ut autem pax ista certiùs firmiúsque servaretur, præter Judicium Aulicum (quod cum Cæsare per Provincias ambulare consue. verat) fixum aliquod summum tribunal Imperii erigendum putavit Imperator providus, quod *Judicium Cameræ Imperialis* appellari placuit. Simúlque *Ordinationem Cameralem* confecit; qua disposuit, ut hoc Judicium constet uno Judice Illustri, & 16. Assessoribus, Notariis Publicis, Juratis Nunciis Cameræ, qui citationes denuntient; Procuratoribus & Advocatis, per quos causæ agantur.

Ut nulla appellatio admittatur, nisi *gradatim* sit facta.

Ut citationes & litteræ Judiciales nomine Cæsaris fiant.

U

Ut in *Prima Instantia* nemo in hoc Jus vocetur, nisi Imperatori & Imperio sit *immediatè* subjectus (aliud esset in casu denegatæ justitiæ à Judice inferiore.)

Ut in litteris citationis causa sit expressa, ut reus præparatus comparere possit.

Determinatur taxa *Sportularum* Judicialium.

Si Actor contumaciter absit ante litis contestationem, condemnandus est in expensas, & reus absolvendus ab instantia judicii. Si autem res non amplius est integra, procedi potest ad cognitionem causæ & sententiam judicialem. Condemnandus tamen actor contumax in expensas, licèt sententia pro eo fuisset lata.

Si autem Reus foret contumax ante *litem contestatam*, ad petitionem Actoris condemnandus est in contumaciam, & actor immittendus in bona *ex primo Decreto*: vel, si actor velit, procedendum ad discussionem causæ & sententiam: reúsque condemnandus in expensas, licèt causam obtinuisset.

Appellatio ab *Interlocutoriis* sententiis non admittatur à Camera, si gravamen per appellationem à definitiva est reparabile.

Ter in hebdomade Jus dicatur. Procuratoribus & Advocatis pauperum causæ gratis agendæ, usque dum per pinguem forte sententiam ditescant.

Quia autem hoc Judicium Camerale supremum est Imperatoris & Imperii Tribunal, habens jurisdictionem concurrentem in causis civilibus cum ipso Judicio aulico, adeóque nulla ab eo datur appellatio, idcirco Status immediati, ne omni appellationis jure privarentur, petierunt à Maximiliano, ut salva *Immedietatis* prærogativa sibi Judices constituerentur, coram quibus in prima quasi instantia lis ventilaretur, & à quorum sententia appellari dein posset ad Cameram; Imperator petitis eorum annuit, & hac ordinatione Camerali *Austregas*, seu Judicium *Austregale* ipsis concessit, statuítque, ut **Austregæ.** qui Principes *Austregas Conventionales* jam haberent, iis uterentur. Si verò tales non haberent, Princeps ab actore conventus quatuor vicinos Principes designet, ex quibus dein Actor unum deligat, qui tanquam Cæsareus Commissarius causam judicet: cum jure tamen appellationis ad Cameram vel ad Judicium aulicum.

Et hoc quidem statutum pro casu, quo Actor & Reus sunt Principes. Quando verò inferior aliquis Actor Principem vult convenire, Princeps novem ex suis præcipuis Consiliariis proponat, ex quibus Actor unum Judicem eligat, reliqui verò sint velut Assessores, omnes tamen Juramento, quo Principi sunt adstricti, pro hac causa soluti;

futi, & novo Juramento ligati, absque respectu personarum adminiftrandi Juftitiam. In hoc Auftregali judicio Actor reconveniri non
poteft; conceditur tamen ab eo appellatio ad Cameram. Et, fi Princeps interpellatus ab actore nollet hoc Judicium Auftregale fubire,
poffet actor immediatè in Judicio Camerali adverfus eundem agere.

Per hanc tamen Ordinationem nihil derogatur Superiori-
tati territoriali, tribunalibus particularibus, aut privilegiis (qualia
vi Bullæ Aureæ habent Electores, ut ab eorum fententia non appelletur) quamvis autem à Judicio Camerali non detur appellatio, dantur tamen alia remedia, uti Supplicationis, Revifionis &c.

Cæterùm huic primæ Ordinationi Camerali aliæ poftmodum accefferunt, præfertim anno 1548. & 1555. in Comitiis Auguftanis.
Locus etiam hujus Judicii fæpe mutatus. Nam 1. defignatum fuit
Francofurtum. 2. Wormatia. 3. Augufta. 4. Norimberga. 5. Ratisbona. 6. rurfus Wormatia. 7. Spira. 8. Wezlaria.

In iisdem Comitiis Wormatienfibus anno 1495. edita eft Conftitutio pœnalis contra-blafphemos. Et fecundo poft anno in Fribur-
genfibus Comitiis contra eos, qui vinum aqua, fulphure, aliisque
modis corrumpunt.

57.
Bellum
Helvetum.
Ortum brevi pôft, anno videlicet 1498. eft *bellum Helveticum.*
Haud æquis fiquidem oculis afpicere poterat Cæfar tùm cladés præte-
ritas, tum novas femper ad fœdus Helvetorum acceffiones, tum
etiam auxilia Gallis ab eis miffa. Petebat proin, ut fœderi Suevico
accederent, & communia Imperii onera ferrent. Recufabant hoc
Helveti. Paulò pòft inter Tyrolenfes & Grifones propter limites ad
arma ventum. Utque auxiliis fe munirent ifti, fœderi Helveto accefferunt anno 1488. Conftantienfes etiam ad illud accedere meditabantur.

Cæfar proin bello utrofque aggreffus eft, Helvetos nempe &
Grifones, confifus Suevico fœderi. Complura admodum cruenta
prælia funt commiffa, plerumque Cæfareis magìs infaufta; donec
anno fequenti Bafileæ pax coaluit, mediatore Ludovico Sfortia Mediolani Duce. Effectus hujus belli vix alius fuit, quàm regionum
vaftatio, & hominum cædes: quolibet, quod ante bellum habuit,
habere juffo. Ceffa tamen Helvetis fub certis conditionibus Turgoia;
Bafilea & Scaphufia paulò poft in fœdus afcitis.

Maximilianus Cæfar ad ordinandum ftatum politicum reverfus anno 1500. in *Comitiis Auguftanis* novam Regiminis formam,
quam Imperio aptiorem credidit, introduxit, erexítque novum *Imperii Senatum*, quater fingulis annis Norimbergæ congregandum;
qui

qui conftaret ex Imperatore aut ejus legato tanquam Capite & Præ- **58.**
fide : ex uno Electore (per vices feu *turnum* fublevando) ex duo- **Comitia**
bus Principibus, altero Ecclefiaftico, Sæculari altero : uno Prælato, **Auguftana.**
& uno Comite : duobus legatis Civitatum Imperialium : fex deputa-
tis à circulis.

Nam eo tempore fex tantùm Imperii Circuli à Maximiliano ere- **59.**
cti fuerant : Franconicus nempe, Suevicus, Bavaricus, Rhenanus, **Imperii**
Weftphalicus, & Saxonicus : quibus poftea quatuor addidit, Au- **circuli.**
ftriacum videlicet, & Burgundicum : Saxonico propter amplitudinem in duos divifo, uti etiam Rhenano. Burgundicus autem præter
Burgundiam, complectebatur etiam Belgium & Lotharingiam. Bohemia etiam & Pruffia invitatæ, ut duos Imperii Circulos conficerent.

In iisdem Comitiis Auguftanis confirmata & magis declarata fuit
Pax Publica Wormatiæ fancita. Facta nova Ordinatio Cameræ
Imperialis. Res Monetaria ordinata; profcripta ebrietas, luxus
veftium, multáque alia, ad *politiam* fpectantia, faluberrimè funt
decreta, ac curæ novi Senatus Imperialis commiffa. Decreta etiam
fubfidia ad bellum Turcicum; verùm cùm Status parcè contribue-
rent, res effectu caruit : ficut etiam propterea Senatus ille Norimbergenfis non diu fubftitit.

Eodem anno 1500. nova acceffio facta Domui Auftriacæ, Comi- **60.**
tatus nimirum Goritienfis, defuncto Leonardo ultimo Comite, ad **Goritia.**
Maximilianum Cæfarem jure hæreditario devoluti. Contra verò anno fequente Imperium detrimentum eft paffum, Bafilea & Scaphufia
Helvetico fœderi accedentibus. Unde anno 1502. in *Comitiis No-*
rimbergenfibus de iis reducendis actum, uti etiam, an & quænam auxilia fint mittenda Magiftro Ordinis Teutonici adverfus Polonos, Boruffiam invadentes. Quomodo confirmanda Pax Publica, Ordinan-
da Camera, Res monetaria &c.

ARTICULUS III.

Bellum Boicum, Gallicum, Venetum, Fœdera.

ORtum (anno 1503.) bellum in ipfis Germaniæ vifceribus, & quidem inter Principes ejusdem ftirpis. Nempe Stephanus Fibulatus.
Ludo-

Ludovici Bavari Imperatoris filius Bavariam-ita inter.tres fuos filios diviferat, ut Stephanus primogenitus Ingolftadii, Fridericus Landishuti, & Joannes tertiogenitus Monachii refideret.

Ingolftadienfis linea ultra alteram generationem non fuit protenfa. Landishutana paulö ulteriùs producta defecit in Georgio Divite, qui generum fuum Rupertum Palatinum (Philippi Electoris filium) haeredem fcripfit. At interceffit huic ultimæ voluntati Albertus IV. Monacenfis, & inaugurationem (feu *inveftituram*) à Maximiliano Cæfare obtinuit. Ac præterea Principum etiam Senatus Provinciam Ducis Georgii eidem ac fratri Wolfgango addixit, tanquam feudum Imperii : nixus Albertus infuper pacto *fucceffivo*, lineam inter Landishutanam & Monacenfem inito.

61.
Bellum
Boicum.

Cùm autem Rupertus ejúsque Pater Philippus Elector non acquiefcerent, Cæfar eos profcripfit, armísque Provincia Georgii fuit invafa, cæfis Bohemorum copiis, quæ Palatino venerant Auxilio. Palatinatus etiam Superior à Norimbergenfibus, & Inferior à Wirtembergenfi & Veldenfi difcerptus. Mortuo. autem altero mox anno (1504.) Ruperto, Cæfar ea conditione pacem imperavit, ut aliquot urbes & oppida, ad Danubium fita, Ruperti filiis cederent, fub titulo novi Ducatus (qui exinde *Ducatus Neoburgicus* fuit appellatus, atque etiam *novus Palatinatus*) Kuffleinium, Rattenberga, aliáque, quæ ad Tyrolin olim pertinuerant, cum quibusdam oppidis verfus Auftriam Superiorem, & in Suevia fita, aliáque jura Domui Auftriacæ obtingerent pro belli fumptibus. Data etiam portio Norimbergenfibus, Wirtembergicis, Oetinganis Comitibus, aliísque finitimis, qui bello fe immifcuerant. Quæ accifæ hac ratione Georgii Provinciæ fupererant, Bavariæ Ducibus funt relicta.

62.
foedus Ha-
genoenfe.

Dum hæc in Germania geruntur, nova pax foedúsque conflatur Blefis primùm in Gallia, dein verò *Hagenoæ* in Alfatia (anno 1505. Maximilianum inter Cæfarem, Philippum ejus filium, Belgii Principem, & Ludovicum XII. Franciæ Regem. Claudia Ludovici filia defpondetur. Carolo Philippi filio. Ludovico verò promittitur *infeudatio* in Ducatu Mediolanenfi : utrinque verò mutuum auxilium.

At fequenti mox anno Ludovicus hanc pacem fregit, dum Claudiam Francifco Engolifmenfi Comiti, tunc Galliæ Delphino, defpondit, & cum Venetis ac Principe Carolo Egmondano clàm foedus
iniit.

iniit. Hujus Egmondani avus Geldriam Carolo Audaci vendiderat :   **63.**
cum reliquis proin Belgii Provinciis jure primùm dotali ac deinde hæ-   **Bellum**
reditario ad Domum Auftriacam fuit devoluta. Verùm hic Carolus **Geldricum**
Egmondanus, adjutus à Gallis, & feditiofis Belgis, atque ab ipfis
etiam Geldris, ultra 40. annos pro Geldria bellum geffit, incredibili moleftia Maximiliani, Philippi, & Caroli V. qui anno 1537.
eum tandem poffeffione penitus dejecit.

    Cæfar in *Comitiis Conftantienfibus* anno 1507. amarè conque-   **64.**
ftus, quòd Ludovicus fidem fregiffet, atque cum Venetis à Coro- **Comit.**
nâtione Romana Imperatorem impedire conaretur, auxiliares copias **Conftant.**
ad profectionem Romanam, contra Venetos & Gallos (Ducatum Mediolanenfem tunc obtinentes) vi armata aperiendám, ab Ordinibus
Imperii petiit, uti etiam ab Helvetis. Utrique addixêre.

    At Cæfar, per Legatum Pontificis Tridenti infigni cum folem-   **65.**
nitate publicè declaratus Imperator, Venetis, quia tranfitum nega- **Bellum**
verant, bellum indixit (anno 1508.). quod magna rerum ac fortunæ **Venetum.**
viciffitudine per octo annos continuatum fuit.

    Et initio quidem Cæfareæ copiæ montium clauftra Vicentiam
verfus perumpentes, tractum illum occupârunt. At melior fortuna
Venetis affulfit in Foro - Julio, aliisque ad Adriaticum plagis : nam
prælio felici ac victoria feroces nón tantùm amiffa recuperârunt,
fed infuper Forum - Julium Tergeftum, Iftriam, Goritiam partim
ferro partim auro expugnârunt. Cùm autem etiam valli Athefinæ
imminerent, de induciis in triennium conventum eft, eo pacto, ut
Veneti interim occupata poffiderent.

    Cæfar, irâ in Venetos fuccenfus, conciliandum fibi duxit Lu-
dovicum Regem Galliæ, & ex focio hoftem reddendum Venetis.
Miffo itaque Matthæo Langio, Epifcopo tunc Gurcenfi (ac poftea
etiam Cardinale) celeberrimo ea tempeftate viro in Galliam, Cæfar
Regi propofuit, coërcendam effe Venetorum ambitionem, qui nullos fines dominatus fui ponentes in dies magis fe dilatent, ac Principum vicinorum provincias difcerpant. Multas eos urbes ditionés-
que à ftatu Pontificio, à Regno Neapolitano, ab Imperio, ab Iftria,
& Foro - Julio, atque à Ducatu Mediolanenfi abftraxiffe : intereffe
omnium, ut ad commune velut incendium reftringuendum accurrant,
ne impotens dominatio ulterius ferpat. Cæfarem paratùm fe offerre
non tantùm ad confirmandum Regi Ducatum Mediolanenfem, tra-
dendásque feudales litteras, fed etiam ad urbes eas, quas Veneti inde avulfiffent, reducendas.

' ' Non ingrata fuit Ludovico Legati oratio, cupiditate flagranti, confirmandi sibi, occupatum nuper, Ducatum Mediolanensem, eúmque redintegrandi. Et aliunde jam averso à Venetis erat animo, quòd eas, quas diximus, inducias cum Cæsare iniissent, nulla Caroli Egmondani, cum Philippo Belgii Domino, bello commissi ratione habita.

66.
fœdus Ca-
meracen-
se.

Cameraci itaque fœdus initur adversus Rempublicam Venetam Cæsarem inter & Regem Galliæ; cui postea etiam Julius Papa, & Ferdinandus Hispaniæ Rex, cum Mantuano Marchione & Ferrariensi Duce, accesserunt. Displicuit tamen Germaniæ proceribus, quòd absque eorum consensu fuisset initum. Unde negârunt auxiliares copias.

Hæc autem erant fœderis capita: Communibus fœderatorum armis invadendos Venetos, nec priùs à fœdere aut bello desistendum, donec omnes fœderati à Venetis ablata recuperassent, videlicet Pontifex Ravennam, Cerviam, Cesenam, Immolam, Faventiam, Ariminum, aliáque oppida, ditiones ac jura: Imperator Roveretum, Veronam, Vicentiam, Patavium, Tarvisium, Forum-Julium, Patriarchatum Aquileiensem, omniáque alia à Venetis nuperò bello occupata: Rex Christianissimus Pergomum, Brixiam, Cremam, Cremonam, omniáque ea, quæ antiquitus ad Ducatum Mediolanensem pertinuerant: Rex Hispaniæ Tranum, Brundusium, Hydruntem, Gallipolim, omniáque, quæ Veneti à Regno Neapolitano decerpserant.

67.
Venetorum
clades.

Primus, transmissis cum exercitu Alpibus, Martis campum aperuit Ludovicus, ac Venetos ingenti prælio fudit *ad Ghieraddam*, prope *Addam* fluvium, cæsis in acie octo hostium millibus, captóque Liviano, altero Venetorum Duce. Tantáque ex hac clade Venetiis fuit trepidatiò, ut dè continente omnino relinquendo Senatus deliberaret. Incredibilis certè victoriæ mox secutus est fructus: nam fœderati brevi temporis intervallo omnes paulò ante memoratas provincias, urbes, oppida, aliáque plura, tum armis, tum deditione receperunt, adeò ut in Italia præter Insulas & Tarvisium nihil admodum Venetis manèret reliquum.

68.
Legatio ad
Cæsarem.

Potentissima paulò antè per orbem Respublica in tantas ruinas una clade repente præcipitata, atque à tantis undique hostibus in angustias conjecta Antonium Justinianum, Patritium Venetum, ad Maximilianum Imperatorem, Bassani ad Brentam tunc commorantem, Legatum misit, qui supplici oratione ad Cæsaris genua prostratus & veniam & pacem rogavit, qualem ipsi Cæsari imperare place-

placeret, ad reftituenda omnia, quæ à Venetis Imperio aut Domui Auftriacæ fuiffent unquam fubtracta, atque ad tributum annuum pendendum fe nomine Reipublicæ offerens.

Maxim hanus, fingulari licèt manfuetudine & -clementia Princeps, tam a'tè in animum demiferat negatum fibi à Venetis innoxium tranfitum, fœdus cum Gallo, tunc hofte fuo, initum, & illata pluries damna, ut flecti non poffet, negarétque, fe ab inito fœdere receffurum.

Igitur Veneti, defperata pace ad arma rurfus converfi, primò, Tarvifium per cives fortiter defenderunt; dein Patavium (inverfo ex condicto ad portam plauftro, quem ruftici fœno onuftum adduxerant) aftu occupârunt, fruftra à Germanis poftea oppugnatum. Redeuntibus animis ulteriùs progreffi Vicentiam, & Baffanum expugnârent, aliásque circùm urbes : gefto etiam in Iftria æquali ferme fortuna bello.

Hæc detrimenta Cæfaris debebantur tum negato ab Ordinibus Imperii auxilio, ùt ipfe in *Comitiis Auguftanis*, paulò pòft celebratis, fuit conqueftus, tum languenti jam fœderi. Poftquam enim Julius ꝑ Ludovicus, & Ferdinandus fua receperant, parcè admodum Imperatori, quem unum ferme Venetorum armâ petebant, fuccurrerunt. Imò fœdus mox ruptum eft.

Primus ab eo receffit Julius, poftquam Veneti fupplices pacem ab eo petierant. Conflata eft ifta Bononiæ anno 1510. his conditionibus :

Veneti nemini Officia Ecclefiaftica conferant : Pontificiis decretis illico morem gerant. Caufas Ecclefiafticas ad Sedem Apoftolicam remittant. Bona Ecclefiaftica nullis contributionibus onerent, à Pontificiis fubdítis nullum in Adriatico vectigal exigant. Nullum hoftem Romanæ Sedis recipiant. Omnem pecuniam ex bonis Ecclefiafticis collectam reftituant. Pontifici omnia damna compenfent, refciffis omnibus contrariis pactionibus.

Ægrè hæc abfceffio fœderatos habuit, ruptam fidem, Cameraci datam, conqueftos. (Unde etiam à quibusdam Imperii Statibus decem Gravamina adverfus Curiam Romanam anno 1510. in Comitiis Auguftanis fuërunt propofita.)

At repofuit Julius Pontifex, jam fuiffe fœderi Cameracenfi fatisfactum. Recepiffe omnes à Venetis ablata, excepto Tarvifio, quod tarditate Cæfaris non fuerit receptum : ejusdem culpa amiffum rurfus Patavium, quòd modicum præfidium impofuerit.

69.
Julii fœdus cum Venetis

Ultrà

contra Gal- Ultrà Julius progreſſus, fœdus adverſum Gallos, quos Italia
los. ejectos volebat, cum Venetis iniit, Cæſare etiam, Hiſpano, & Anglo in ſocietatem vocatis; conductiſque (opera Schineri Epiſcopi
Sedunenſis) Helvetorum ſex millibus, aggreſſus eſt clientem ſuum
fiduciarium Ducem Ferrariæ, eò quòd Ludovico adhæreret. Mutinam igitur, Concordiam, & Mirandolam præſens in caſtris occupat:
conatus etiam gemina claſſe Gallos Genua depellere.

70. Ludovicus verò, ut terreret Romanos, *Synodum*, *Turonibus*
Synodus primùm, ac dein *Piſis* adverſus Julium Pontiſicem congregari vo-
Turonen- luit: miſſóque in Italiam, Trivultio duce, novo exercitu Ducem
ſis. Ferrariæ reſtituit, ſimúlque Bononiam, Pontificiæ ditionis urbem
expugnavit. Contrà verò Julius cum Venetis, & Ferdinando Hi-
ſpaniæ Rege, novum fœdus iniit, pro abolendo inauſpicato, Piſano
Concilio, & defendendo ſtatu Pontificio. Fruſtra verò Cæſarem à
Cameracenſibus pactis abſtrahere conabantur. (1511.)

71. Anno ſequenti Gaſto Foxius Germanorum & Gallorum opera
pugna ad quindecim intra dies Bononiam obſidione liberavit, Venetos bis acie
Ravennam. vicit, Brixiam & Pergomum recuperavit, ac paulo poſt Pontificium
& Hiſpanum exercitum *ad Ravennam* ingenti prælio ſuperavit. Verùm dum fugientes incautiùs perſequitur, lapſus in foſſam ab ignobili
milite confoſſus occubuit. Mox nihilominus Ravenna, Imola, Rimi-
num, Ceſena victoribus ſe dediderunt.

Audita tanta victoria, Ludovicus Julio rurſus pacem obtulit,
ea conditione, ut Bononiam aliáſque ablatas urbes recipiat; Rex Synodum Piſanam (Mediolanum interea tranſlatam) abroget & Ducem
Ferrariæ ad Pontificis obſequium flecteret, Julius verò eundem Ducem, ab anathemate abſolutum, in fidem clientelarem reciperet,
Cardinalibus verò & Epiſcopis, qui conventui Piſano præſentes erant,
indulgeat veniam.

Ratos initio Cardinalium hortatu hos articulos habuit Julius.
At cùm Maximilianus Cæſar inducias cum Venetis eſſet pactus, &
Henricus Angliæ Rex, fœderi, Julium inter, Hiſpanum, & Venetos contracto, accederet, ac præſertim cùm viginti Helvetorum millia à Schinero Cardinale Sedunenſi ad Pontificis obſequium in Italiam
adductos audiret, rejecta pace, in ſpem rediit, Gallos tota ejiciendi Italia.

72. Nec ſua eum ſpes fefellit. Galli enim mox non tantùm urbes
Galli Italia Pontificias & Venetas, quas recèns occupaverant, ſed etiam
Depulſi. Ferrariam, Genuam, totúmque Ducatum Mediolanenſem (arcibus
duntaxat aliquot exceptis) deſerere ſunt coacti ab Helvetis, qui vo-
cabulo

cabulo quodam ab Ludovico offensi conjuraverant, pedem se non elaturos Italiâ, donec vel unus Gallorum ibidem supereffet: móxque Maximilianum Sfortiam, ab exilio retractum Mediolano restituerunt: qui própterea, præter annuam pensionem, illis quatuor Præfecturas cessit, Luganensem videlicet, Locarnensem, Mendrisianam, & Madianam, à Julio verò summo Pontifice ob præstitam egregiè operàm *Defensores Fidei* sunt appellati. (*anno 1512.*)

Maximilianus interea Cæsar grandes has rerum in Italia revolutiones indifferente veluti oculo spectaverat: nam licèt cum Venetis inducias duntaxat contraxiffet, nollétque eòrum vires revivifcere, tamen haud admodum dolebat, quòd Gallorum victoriæ atque potentia, toti Italiæ formidandæ, effent fractæ. Unde & Helvetis transitum permisit, & copias suas à Gallis sejunxit, & Sfortiæ Mediolanum in feudum concessit, & abdicato Conciliabulo Pisano Lateranensi Concilio adhæsit, & per Gurcensem novum cum Julio Pontifice contra Venetos fœdus iniit, ac denique Ludovico Regi, ob detentam Burgundiam, & auxilia Carolo·Egmondano, Geldriæ adhucdum incubanti, præbita, bellum indixit; afcitis etiam in societatem Anglo, Hifpano, ac Helvetis.

ARTICULUS IV.

De Comitiis, Judicio Aulico, Notariis Publicis, Pace.

Comitia insuper Imperii *Coloniam* convocavit, in quibus de Ludovico conqueftus, déque fœdere non fatîs fideliter fervato, auxiliares adversus eundem copias petiit, ad reducendam Burgundiam ac Geldriam.

73. Comit. Colon.

Porro in his *Comitiis Colonienfibus* plures *Recessus Imperii* anno 1512. sunt concepti. Nam statuitur, ut fedes Apostolica & Romana Ecclefia ab Imperatore tanquam supremo illius advocato defendatur. Pax Publica confirmetur. Camera Imperialis, ferme collapfa, reftauretur. Imperatoris & Imperii Jura contra quemcunque aggrefforem communi Ordinum opera protegantur. Determinatum, quantùm viritim Imperii cives debeant contribuere in sex annos, pro ratione annuorum proventuum. Statutum, ut decretis, secundum

Pars VII. H majo-

majora præfentium in Comitiis Statuum fuffragia conceptis, omnes, etiam abfentes, ftringantur.

Sex Circulis adhuc quatuor additi, Auftriacus nempe, Burgundicus, Rheni; Inferioris, qui quatuor Rhenanos Electores comple- éteretur, & Saxoniæ Superioris, cujus Electores, Saxonicus & Bran- denburgicus effent capita. Ad confervandam Pacem Publicam in fin- gulos annos unius menfis Comitia decreta.

74.
Confilium
Aulicum.

Sub pœna gravi prohibita blafphemia, ebrietas, provocatio ad æquales hauftus, monopolia. In altero Imperii Receffu datum ini- tium *Confilio Aulico* reformando. Cùm enim illud hactenus cum Imperatore per Provincias ambularet, nullóque certo loco confifte- ret, & Imperatores fæpe extra Germaniam bellis abftracti jus litigan- tibus dicere non poffent, ftabile aliquod fixúmque tribunal conftitui placuit. Attributi itaque Cæfari (id petenti) octo *Confiliarii*, qua- tuor nempe ab Electoribus, & quatuor à reliquis Principibus. Qui fumptibus Imperii alerentur, & partibus litigantibus nomine Impe- ratoris jus dicerent. - Conftitutus etiam centurio, qui cùm 100. equi- tibus Paci Publicæ invigilaret. Imperatum urbi Francofordienfi, ut folennes Pafchales nundinas à fancta hebdomade in aliud oppor- tunius tempus transferat. Aliáque ad *politiam* fpectantia falubriter ordinata.

75.
Receffus
de Notariis

Tertius Imperii Receffus ad *Notarios Publicos* pertinet. Ne fci- licet hoc munus, quod fummam fidem requirit, committatur indig- nis, infamibus, imperitis, infidelibus, excommunicatis, profcriptis, aut iis, qui legitimi teftes in judicio effe non poffunt.

Ut *formam* præfcriptam obfervent in Inftrumentis, invocato videlicet Divino nomine, exprimantur annus falutis, indictio, no- men, ac annus Principis, menfis, dies, hora, locus, loci locus, dein facti feu actus gefti feries, teftium nomina. Tum inftrumentum à Notario proprio figillo fignetur, & fubfcribatur. Addátque, fe fpe- cialiter rogatum inftrumentum confeciffe. Salvis tamen aliis, quæ loci cujusvis confuetudine requiruntur.

Quilibet Notarius Protocollum habeat, cui propria manu de verbo ad verbum inferat omnia inftrumenta, à fe confecta, ut fi ori- ginalia amitterentur, aut corrumperentur, apud Notarium integra inveniri poffint.

Inftrumentum confectum coram partibus & teftibus relegat. Poftquam verò ab illis Inftrumentum relectum fuerit, & approbatum, addi, detrahi aut mutari nihil amplius poteft, etiam de partium confenfu. Si tamen poftea partes, quid mutari vellent, Notarius
rurfus

rurſus ·rogatus novum Inſtrumentum conficiat, priori manente in Protocollo, novóque pariter inſerto.

Poſſet tamen Notarius ſcripturæ, à contrahentibus coram teſtibùs ſibi oblatæ, & coram relectæ ſubſcribere, teſtarique, ita coram ſe fuiſſe contractum : atque copiam ejusmodi inſtrumenti ſuo Protocollo adjungere.

Notarius non poteſt renuntiare ſuo officio, niſi in manu Principis, cujus auctoritate eſt creatus.

Nullas *cifras* aut notas apponat, ſed integra vocabula clarè & diſtinctè ſcribat, lingua Latina, vel Alemannica in pergameno, non verò papyro.

Præcipuè verò ſit accuratus in ſcribendis teſtamentis. Ad quæ requiruntur ſeptem teſtes, ſpecialiter rogati, incluſo inter iſtos Notario : ad codicillos verò, quibus legata & fideicommiſſa, uti etiam ad donationem mortis cauſa, & ad teſtamenta ruſticorum; ſi plures haberi non poſſunt, ſufficiunt quinque : ad teſtamentum autem parentum inter liberos, ubi aliud teſtamentum non obſtat, uti etiam ad teſtamentum militis, in caſtris confectum, requiruntur duo teſtes. Si autem miles in actuali ſit expeditione bellica, ſine omni ſolennitate & teſte quomodocunque poteſt ſuam ultimam voluntatem ſignificare. Caveant autem Notarii, ne teſtes adhibeantur, qui de Jure ſunt inidonei, utì ſunt mulieres, & regulariter omnes, qui activè aut paſſivè ſunt inteſtabiles.

Additur teſtamenti ſcripti forma : nimirum producit teſtator coram ſeptem teſtibus, ad id ſpecialiter convocatis & rogatis, viris, liberis, puberibus, omnibus ſimul præſentibus ſcripturam clauſam, ſive teſtatoris, ſive alterius manu ſcriptam, offértque illam iſtis teſtibus, â ſingulis ſubſcribendam, & ſigillis propriis ſignandam : modò apertè dixerit, ſuum in ea contineri teſtamentum, ibique coram teſtibus ſua manu propria ſubſcripſerit, vel ſi ipſe ſcribere neſciat, vel tunc non poſſit, alterius octavi teſtis manu ſubſcribi faciat; dein eodem tempore, nullo intervallo per ſingulos ſeptem teſtes ſubſcribitur, & propriis ſigillis ſignatur. Si autem unus vel plures teſtes ſigillo proprio careant, alterius teſtis ſigillo utatur.

Subjungitur etiam forma teſtamenti *Nuncupativi* : in quo nempe teſtator hæredis & legatariorum nomina coram ſeptem teſtibûs exprimit, ſuámque ultimam voluntatem palàm & dilucidè manifeſtat. Hæc omnia Notarium probè ſcire oportere.

Con.

Conqueritur Imperator, quotidie ad Cameram venire Inftrumenta procuratoria defectuofa. Unde fciendum tabellionibus, quomodo
·ea conficienda, cum expreffione, quale mandatum *Procuratoribus
ad litem* fit datum, an generale tantùm, an fpeciale & *cum libera* :
fi plures funt conftituti, an omnes in folidum &c. Monendos à Notario Principalem litigantem & Procuratorem, quòd & quomodo juran-
dum de calumnia.

Notum fit infuper Notariis, quòd appellatio gradatim facienda,
nec·concedatur in camera ab *interlocutoria*, fi gravamen poftea per
appellationem à definitiva eft reparabile.   In appellatione à definitiva
non effe neceffe, caufam aut gravamen exprimere, benè verò, fi
appellatio fiat ab Interlocutoria, ubi caufa appellandi & gravamen ex-
primendum, & quidem fcripto.

Commendatur denique Notariis, ut fint Juris'periti, requifita
ad contractus habeant perfpecta, Inftrumentorum formam cum debitis claufulis bene calleant &c.

His per Receffus Colonienfes ita conftitutis, confirmatóque in
decennium Suevico-foedere, Cæfar, ut Burgundiam Gallis eriperet,
ac Carolo Nepoti fuo affereret, cum Anglo ac Helvetis foedus iniit.
Verùm plus fulguris quàm fulminis emicuit; Anglo poft victoriam
atque expugnatum Terovanum ac Tornacum trans mare in hyberna
concedente, Helvetis verò, dum Divionem obfiderent, auro expugnatis à Trimolio, & in privatam pacem euntibus. Nec major effectus victoriæ, quam ad Vicentiam Cæfarei à Venetis reportarunt.

Cùm fubin Francifcus I. Galliæ Rex Ducatum Mediolanenfem
rurfus occupâffet, Imperator·Maximilianus ultimam in Italiam expeditionem fufcepit; jámque Mediolano exercitum admoverat, cùm
Helvetis, quos fecum adduxerat, adverfus populares fuos pugnare
detrectantibus, re infecta in Germaniam rediit.

Tandem pertinax hoc bellum, quod totam ferme Europam in
partes traxit, miráque foederum ac fortunæ inconftantia per octen-
nium geftum fuerat, per *Pacem Noviodunenfem* anno 1516. finitum
eft : his articulis conclufam.

Cæfar Veronam reftituat: pro ea verò Veneti centum aureorum
millia folvant, totidem Rex Galliæ, fimúlque debitum 300000. Aureorum, ex mutuo contractum, Imperatori remittat. Idem retineat
Roveretum, aliáque opida & clauftra ad Athefin & Brentam, uti
etiam in Iftria & Foro Julio, quæ tunc poffidebat : Venetis pariter
in poffeffione eorum, quæ tunc habebant, remanentibus, donec Reges Hifpaniæ & Galliæ (tanquam *arbitri compromiffarii*) limites de-
                                                              termi-

76.
bellum
Burgundi-
cum.

77.
Pax Novio-
dum.

terminarent. Veneti omnibus urbibus & portubus Regni Neapolitani, quos antea occupaverant, in perpetuum renuncient.

Rex Galliæ Ducatum Mediolanenfem tanquam feudum Imperii retineat, usque dum Imperator & Imperium ea fuper re pronunciet.

Carolus Rex Hifpaniæ Regnum Navarræ (quod Ferdinandus Catholicus Caroli avus occupaverat) Joanni Albretano reftituat. Francifci Regis filiam ducat, venientibus in dotem juribus aut prætenfionibus Galliæ in Regnum Neapolitanum. Si verò Carolus ex Gallïca conjuge liberos nullos fufciperet, pars ea Regni Neapolitani, quæ in divifione, cum Ferdinando Catholico inita, Gallis fuerat attributa, eisdem reftituatur. Cæterùm pax efto perpetua. Exules reftituuntor. Captivi absque lytro liberi dimittuntor.

Difcordiis Europæ hac pactione compofitis, Leo X. Pontifex in id confilia fua cum Chriftianis Principibus contulit, ut arma in communem omnium hoftem convertantur, & crefcenti in dies Turcarum potentiæ, qui nuper Ægyptum etiam fibi fubjecerant, eatur obviam. Vifum proinde, ut Imperator cum Germanis, Hungaris, Bohemis, & Polonis terreftri itinere per Bofniam, Serviam, & Thraciam Conftantinopolin moveat. Gallus cum Italis & Helvetis navibus transvectus, in Albaniam & Græciam irrumpat, Pontifex cum Hifpanis, Anglis, & Lufitanis, immiffa claffe, navali oppugnatione Conftantinopolim invadat.

Maximilianus Cæfar in hunc finem anno 1518. *Comitia Augufta-* 78. *na* indixit, atque pro confcribendo valido exercitu in fingula homi- Comit. num capita decimam floreni Rhenani partem in Triennium impe- Auguft. ravit.

Verùm tam falubre confilium effectu caruit, Chriftianis per Europam Nationibus diffidentia, invidia, æmulatione diftractis, & cùm plures fe remotiores à periculo crederent, privatas rationes communibus & publicis præhabentibus.

Aderat in his Auguftanis Comitiis, præter multos Regum ac Principum Oratores, Cardinalis Cajetanus Pontificis legatus, qui bellum Turcicum vehementer urgebat. Non ea tamen, qua oportuit, feveritate Lutherum, ibidem præfentem, coercuit, Germaniam bellis, Ecclefiam difcordiis impleturum.

ARTICULUS V.

Maximiliani obitus, Mausolæum, defensio.

79.
obitus Ma-
ximil.

ANno sequente (1519.) pientissimè, uti vixit, mortem, ad quam dudum se paraverat (sandapila etiam in hunc finem per itinera secum devecta) oppetiit Maximilianus Welsii, Imperii 25. ætatis sexagesimo. Natus 1459. Rex Romanorum 1486. Imperator 1493. primis decem ætatis annis blæsæ fuit linguæ; postea insigni eloquentia, pluriúmque linguarum peritia excelluit: litterarum ac litteratorum amator & æstimator eximius. Fide, religione, integritate, clementia, facilitate, liberalitate, studio in Rempublicam singulari; omnium amorem sibi conciliabat. Uti Juvenis per rupes obrepens (non sine vitæ servatæ prodigio) feras consectabatur, ita reliquam ætatem bellis exercuit, quæ gessit pro Imperii ac Domus suæ Juribus contra Gallos, Belgas, Hungaros, Helvetos, Palatinos, Bohemos, Turcas, Venetos; ita tamen, ut pacis tranquillæ studia nequaquam seponeret. Tot Imperii comitia, ad componendam Rempublicam collecta, pax publica, camera imperialis, judicium aulicum, in meliorem formam redactum, Germania in decem Circulos opportunè divisa, tam opulentum ejus, filii, & Nepotum conjugium &c. perpetua sunt monumenta, quibus & Imperii tranquillitati providit, & Austriacam potentiam in immensum provexit, & gratam posterorum omnium memoriam sibi devinxit.

80.
Mauso-
læum.

Magnificum ejusdem Mausolæum visitur Oeniponti in medio templi aulici ad S. Crucem, à Ferdinando I. ex alabastro exstructum, circumstantibus 28. metallinis statuis, quæ totidem Personas Principes exhibent. In ipso Mausolæo, præter insigne epitaphium, 24. marmoreis tabulis rara omnino ac mira arte insculpta cernuntur præcipua illius gesta: videlicet, nuptiæ cum Maria, Burgundiæ ac Belgii Domina (1477.) victoria à Gallis victis reportata ad Guinegatum (1479.) Electio & coronatio in Regem Romanorum (1486.) Pax cum Carolo VIII. & recuperatio Artesiæ (1489.) Recuperatio Inferioris Austriæ, & Expugnatio Albæ Regalis in Hungaria (1490.) Victoria de Turcis relata in Sclavonia. (1492.) Expugnatio Atrebati (1493.) Nuptiæ secundæ cum Blanca Maria, Galeacii Mariæ Ducis Mediolanensis filia (1494.) Fœdus cum Pontifice, Hispano, & Venetis contra Carolum VIII. & recuperatio Neapolis (1496.) Philippi, ipsius

filii

filii, cum Joanna Hifpaniarum hærede conjugium (1497.) Victoria à
Bohemis devictis relata in bello Boico : & expugnatio Kueffteinii
(1504.) Fœdus cum Pontifice, ac Regibus Galliæ & Hifpaniæ adverfum Venetos (1509.) Fœdus cum Pontifice & Helvetis, atque expul-
fio Gallorum ex Ducatu Mediolanenfi (1512.) Fœdus cum Angliæ
Rege, & victoria, de Gallis cæfis reportata in Artèfia (1513.) Congreffus cum Regibus Hungariæ & Poloniæ nexúsque geminus per gemina fponfalia (1515.)

    Licèt autem Maximilianus multa omni ferme ætate bella geffe- **81.**
rit, multò nihilominus plura per opimas nuptias eft confecutus. Nam **felices**
primò, quidem per Mariam Burgundam conjugem fuam Burgundiam **Nuptiæ.**
totúmque Belgium, per conjugium filii fui Philippi cum Joanna
Hifpana univerfam Hifpaniarum Monarchiam, per utrumque orbem
latè diffufam, per nuptias Ferdinandi Nepotis cum Anna Hungarica
Regna Hungariæ & Bohemiæ, Auguftiffimæ Domui Auftriacæ intulit.

    Nam etiam hæc debentur providis Maximiliani confiliis. Siqui-
dem Philippi Archiducis, jam anno 1506. demortui, filiis Carolo &
Ferdinando Nepotibus fuis, confulturus, anno 1515. Uladislaüm
Hungariæ & Bohemiæ Regem, cum ejus fratre Sigismundo Poloniæ
Rege, Viennam invitavit, ubi actum de pace inter Polonos & Mofcos componenda, de bello Turcis inferendo, ac præcipuè magna
cum folennitate conventum eft, ut Anna Uladislai filia Carolò aut
Ferdinando defponderetur. Unde factum, ut Ferdinando poftea nu-
beret; mortuóque Ludovico fratre utrumque Regnum in dotem afferret, atque hoc pacto antiquæ conventiones de fucceffione Auftriacæ
Familiæ, fi mafcula Uladislai progenies deficeret, faciliùs implerentur.

    In eodem trium Regum augufto congreffu contracta funt fpon-
falia inter Ludovicum Ladislai filium, & Mariam, Maximiliani Cæfaris ex Philippo neptem, reliquis tribus Mariæ fororibus fummis pariter per Europam Principibus in matrimonium poftea datis. Jam
tum auditus ille verficulus :

*   Bella gerant alii, tu felix Aufria nube.*

  Sub finem breviter refutare juvat, quæ meritiffimo huic Imperatori **82.**
obiicit Hippolythus à lapide, feu potiùs fub hoc ficto nomine latens Joa- **defenfio**
chimus *Rufdorffius* Calvinifta, Romanæ Ecclefiæ & Domus Auftriacæ
hoftis infenfiffimus, fæculi fuperioris Scriptor damnatæ memoriæ, qui
ad Ordines Batavos legatus Palatinus Hagæ Comitum obiit anno 1640.

                                    Hic

Hic infamem librum fcripfit *de ratione ftatus in Imperio Romano Germanico*; & uti Domus Auftriacæ univerfim fe hoftem profitetur, ita gloriofiffimos ex illa Imperatores indignis fanè modis profcindit.

Et Maximiliano quidem obiicit, quòd multa bella gefferit, non tam ad publicum Imperii bonum, quàm in privatum fuum Domúsque fuæ commodum; ac propterea negata ipfi fuiffe à Statibus fubfidia. Quòd majoribus fuis altiora fpirans Archiducis titulum primus in Domum fuam invexerit, ut fuper alias Principum familias emineret.

Verùm has effe calumnias exinde fit perfpicuum, quòd bella fua Maximilianus gefferit adverfus Turcas, Gallos, Helvetos, Venetos. Quicunque autem temporum illorum conditionem, hoftes iftos undique increfcentes, bellorúmque caufas vel obvio etiam oculo intuetur, facilè intelliget, quantopere hæc cum rebus & rationibus Imperii conjuncta fuerint. An enim nihil ad Imperium pertinere arbitremur, Turcam non tantùm in vicinis provinciis dominari, fed in ipfa etiam Germaniæ vifcera immani populatione graffari, Burgundiam, Belgii Provincias, Mediolanenfem Ducatum à Francis invadi, Bafileam, Scaphufiam ab Imperio feparari, & ad fœdus Helveticum tranfire, Conftantiam nutare, fines Tyroleos à Grifonibus infeftari, Principem Imperii ab iisdem graviter violari, non tantùm plures Italiæ urbes, ad Imperium olim pertinentes, à Venetis poffideri, fed eorum dominium femper ulteriùs in Iftriam, Infubriam, & Tyrolis fines protendi ipfúmque Cæfarem à confueta expeditione Romana armata manu prohiberi? Profectò cogitanti ifta facilè fuccurret, Romanum Imperium magnam Maximiliano Imperatori debere gratiam, quòd fuis armis, curis, vigiliis, irruenti undique hofti aggerem oppofuerit; & fi aliquando fapientiffimis confiliis effectus defuit, retardatis id aut omnino negatis fubfidiis effe tribuendum.

Quòd verò larvatus Hippolythus dicat, Maximilianum novo exemplo arrogantiæ impulfu Archiducis titulo ufum fuiffe; id ejus aut infcitiam, aut calumniandi voluptatem prodit. Licèt enim de origine præcellentis hujus tituli diverfa fit fcriptorum opinio, aliíque eum ad Fridericum III. alii ad Albertum I. alii ad Rudolphum I. alii ad Fridericum II. alii adhuc altiùs ad Friderici I. tempora referant, omnes tamen in eo conveniunt, illum Maximiliano I. antiquiorem effe. Et licèt fortè priores Auftriaci Principes illo ufi non effent, arbitrariæ id omiffioni, non juris defectui foret adfcribendum.

CA-

CAPUT II.

De Statu Imperii Ecclefiaftico & Politico fub
Carolo V.

ARTICULUS I.

CAROLI INITIA.

SUMMARIUM.

83. Caroli V. Initia, Potentia, Re- | 85. Prima folennis capitulatio Cæ-
gimen.   farea, ejúsque Articuli.
84. Electus Imperator adverfus
æmulum, Galliæ Regem.

ARTICULUS II.

Differtatio in Capitulationes Cæfareas, an Majeftati
aut Monarchiæ derogent.

86. Argumenta eorum, qui Impe- | 93. Uti etiam Comitia Statuum
rium Monarchicum effe negant,   Imperii;
propter poteftatem Statuum.   94. Eò quòd non ipfa poteftas, fed
87. Quid Cæfar non poffit fine   ufus poteftatis limitetur, & le-
confenfu Electorum & Statuum.   ges in Comitiis latæ Cæfari ad-
88. Jus Superioritatis territorialis, fcribantur.
quo Statús fulgent.   95. Monarchicam effe Imperii for-
89. Argumenta pro Regimine Mo-   mam;
narchico.   96. Sed tamen ariftocraticè tem-
90. Refervata Cæfarea.   peratam.
91. Judicium Aulicum.   97. Proteftantium probra adver-
92. Electorum prærogativæ au-   fus Cæfaream Majeftatem.
gent fplendorem Majeftatis,

ARTICULUS III.
Ordinatio Imperii.

98. Coronatio. Bellum primum Gallicum cum Francisco I. Comitia Wormatiensia. Proscriptio Lutheri. Gallos ex Navarra, & Italia pellit.

99. Provincias cum fratre Ferdinando dividit. Wirtembergæ mutationes. Comitia Norimbergensia. Centum Gravamina.

ARTICULUS IV.
Observatio in Gravamina Nationis Germanicæ.

100. Decem Gravamina, jam Maximiliano I. proposita. A Lutheranis usque ad centum aucta.

101. Lutherus multò plurium & majorum gravaminum fuit causa.

102. Recensentur multa prætensa gravamina.

103. Non à Comitiis, multò minùs ab Ecclesiasticis Ordinibus in medium allata: sed à Lutheranis compilata, & aucta: Cæsare primùm inscio, deinde invito. Testes hujus rei.

104. Crisis circa prætensa gravamina,

105. Reformatione, ab Adriano VI. Clemente VII. Paulo III. & Concilio Tridentino, instituta, maximam partem sublata.

ARTICULUS V.
Ulterior descriptio Status Imperii.

106. In Comitiis Norimbergensibus Cheregatus frustra urget executionem Edicti Wormatiensis. Rex Galliæ captus. Roma expilata.

107. Vienna obsessa. Comitia Spirensia. *Protestantium* nomen. Coronatio Italica. Ducatus Italiæ erecti aut restituti.

ARTICULUS VI.
Observatio in Confessionem Augustanam
§. I.
Priores 21. Articuli crisi subiiciuntur.

108. Recensentur Articuli & errores circa peccatum Originale, justificationem, operum merita, contritionem, Sacramenta, vota. &c.

109.

109. Gratia . actualis & habitualis explicatur : uti etiam operum
meritum.
110. Invocatio Sanctorum.

111. Falsò dicunt, confessionem
suam esse conformem S. Scri-
turæ, & Ecclesiæ Romanæ.

§. 2.

Posteriores septem Articuli ad Crisin vocantur.

112. Prætensi abusus. De usu calicis, & conjugio sacerdotum.
113. De Missa, confessione, traditionibus.

114. Falsò asserunt ; doctrinam
de fide fuisse neglectam.
115. Devoto continentiæ, potestate Ecclesiastica, disciplina.

§. 3.

De fraudibus & variatione confessionis Augustanæ.

116. Recensentur C. A. falsitates,
& fraudes.

117. A. C. sæpe variata: sibique
contraria.

§. 4.

Edictum Imperiale.

118. Edicto Imperiali condemna- | tur Confessio Augustana.

ARTICULUS VII.

Historica Relatio de statu Imperii ab anno 1530. ad 1540.

119. Ferdinandus Rex Rom. Comitia Ratisbonensia. Suspensio
Edicti Wormatiensis. Rex Bo-
russicæ. Ordinatio pœnalis.
120. Bellum Wirtembergicum.
Pax Cadana. Anabaptistæ.
121. Prima Expeditio Africana.
Bellum Mediolanense. Agitur

de convocando Concilio. Lutherani detrectant.
122. Parma ad Farnesios. Mors Georgii Ducis Saxoniæ, secuta mutatio. Sacrum fœdus. Gandavi
seditio.
123. Postulata Protestantium,
à Cæsare rejecta.

ARTICULUS VIII.

Differtatio de avtonomia feu Religionis libertate.

§. 1.

Argumenta Theologica contra libertinos.

124. Argumenta libertinorum.
125. Confutantur argumento ad hominem.

126. Item Argumento Theologi-co.
127. Principis jus & obligatio.

§. 2.

Argumenta Politica contra libertinos.

128. Quies publica ab unitate Re-ligionis.
129. Hæresis omnis turbulenta. Patet ab experientia, & exemplo Lutheri.

130. Fructus novi Evangelii. Lutheri tuba Turcica. Scripta ejus feditiofa.

§. 3.

Diluuntur Argumenta Libertinorum.

131. In quo stet Christiana libertas.
132. Principum leges contra fe-ctarios.

133. Signa veræ Ecclesiæ.
134. Aliæ objectiones folvuntur.
135. Cur aliquando tolerentur fectæ.

ARTICULUS IX.

De Statu Imperii usque ad finem belli Smalcaldici.

136. Lutherani pactiones infringunt.
137. Altera expeditio in Africam. Bellum quartum cum Gallo. Geldria occupata. Pax Crefpiaca.
138. Tridentum Concilio defi-

gnatur. Brunfvicenfis provincia fpoliatur. Comitia Ratisbonenfia, Spirenfia, Wormatienfia.
139. Colloquium Ratisbonenfe inter Theologos.

ARTI-

ARTICULUS X.

Diſſertatio de bello Smalcaldico, aliorúmque bellorum Civilium in Germania cauſis.

140. Proteſtantici ſcriptores cauſam Pontifici & Cæſari affingunt.
141. Sed falſò. Nam Luthero ejúsque aſſeclis eſt adſcribenda.
142. Recenſentur factiones & tumultus Lutherici.

143. Proteſtatio Cæſarea ante bellum Smalcaldicum; ex qua patet, quis belli tubam inflarit.
144. Confutantur Proteſtantium exceptiones.

ARTICULUS XI.

Hiſtorica Relatio de Statu Imperii usque ad pacem Religioſam.

145. Comitia Auguſtana celeberrima. Conſtitutio. *Interim.* Belgium Imperio innexum. Electoratus in Mauritium translatus. Cauſa Brunſvicenſis: & Boruſſica. Latæ Leges politicæ. Cenſus Germanici. Decreta Concilia Provincialia. Cauſa Magdeburgica, & conſtantienſis.

146. Comitia Auguſtana altera. Confirmata priora. Imperata reſtitutio ablatorum. Expeditio in Africam tertia. Bellum Parmenſe, & Senenſe.
147. Transactio Paſſavienſis, ejusque Articuli.
148. Alberti Brandenburgici tumultus. Lis in Saxonia mortuo Mauritio.

ARTICULUS XII.

Pax Religioſa.

149. Recenſentur illius articuli.

ARTICULUS XIII.

De Reſervato Eccleſiaſticorum.

150. Proteſtantes more ſuo initiò contra illud ſunt proteſtati. Dein autem omnes abſolutè ſubſcripſerunt.
151. Reſervatum eſt æquiſſimum.

152. Conforme Verbo Dei, & juri naturali.
153. Proteſtantes illud graviſſimè violârunt.

AR-

ARTICULUS XIV.

Obfervatio circa ea, quæ Carolo V. â Proteftantibus obiiciuntur.

CAPUT II.

De ftatu Imperii Ecclefiaftico & Politico, Jure Belli & Pacis

SUB CAROLO V.

ARTICULUS I.

CAROLI V. INITIA.

**83.
Initia Ca-
roli.**

MAximus hic orbis domitor natus eft Gandavi in Flandria An. 1500. ex Philippo Auftriaco, Maximiliani Cæfaris Filio, & Joanna Hifpana, Ferdinandi Catholici & Ifabellæ primogenita, fignaturus orbem terrarum, victoriis, & utrumque mundi complexurus cardinem.

Ab avo paterno Maximiliano Cæfare omnes per Germaniam Auftriacæ Domus Provincias hæreditate accepit, â patre Philippo Burgundiam ac Belgium, ab avo materno Ferdinando Catholico Arragóniam, Neapolin, Siciliam & Sardiniam, ab avia materna Ifa bella veterem ac novam Caftiliam, totámque Hifpaniæ Monarchiam Ducatum Mediolanenfem, Regnum Navarræ, & Americam armi fibi afferuit, devictis ibidem octodecim Regibus ac duobus Impera

to

toribus , atque in Africam etiam Aſiámque prolatis victoriis ; ut adeò haud ex vano diceretur, ſolem nunquam occidere Carolo.

Sexto jam ætatis anno amiſit Patrem , qui (quod mirum) Ludovicum XII. Franciæ Regem ei tutorem dedit, à quo Wilhelmum Croium & Adrianum Florentium Magiſtros, accepit , Régiis virtutibus artiúmque diſciplinis inſtituendus.

Mortuo itaque anno 1506. Philippo patre, Burgundiæ ac Belgii Provincias per Croium Præceptorem ſuum adminiſtravit. Cui anno 1513. Margaretha Maximiliani Cæſaris filia ſucceſſit. At anno ſequenti Belgii regimen ipſe ſuſcepit : uti etiam Hiſpaniarum an. 1516. quo mortuus eſt Ferdinandus Catholicus ; qui primo teſtamento Ferdinandum Caroli fratrem , in quem majori affectu ferebatur, hæredem ſcripſerat. Aut turbas veritus , mutata voluntate Joannam filiam , Caroli ac Ferdinandi matrem, inſtituit, adminiſtrationem autem Carolo commiſit.

Tribus pòſt annis mortuo etiam avo paterno Maximiliano Imperatore, hæreditariæ quoque Auſtriæ Provinciæ, (ſedato mox tumultu, quem quidam ibidem, optimatum quoddam regimen appetentes , concitaverant,) ad eum ſunt devolutæ. Nihilque ad potentiam & magnitudinis faſtigium deeſſe videbatur , quàm corona Cæſarea, quam in Francofordienſibus Electorum comitiis ipſi præripere omni ope conniſus eſt Franciſcus I. Rex Galliæ ; pro quo Trevirenſis ſuffragium tulerat, alios etiam Septemviros in ſententiam ſuam conatus pertrahere.

Nihil pugnare cum legibus Imperii , ſi Rex Galliæ dicatur Imperator : Francos Germanicæ eſſe originis : primos Occidentis Imperatores fuiſſe ſimul Reges Germaniæ & Galliæ : uſucapione & conſuetudine potiùs ad Germanos devolutum eſſe Imperium. Magno incremento auctum iri potentiam & Majeſtatem Imperii , ſi Germania & Gallia ſub eodem capite conjungerentur.

At poſtquam Moguntinus Trevirenſis orationem ſolidè confutârat, revocatis etiam in memoriam Domus Auſtriacæ in Imperium meritis annitente pariter Saxone omnium, etiam Trevirenſis, voto electus eſt Carolus (anno 1519.) nec ratio habita legationis Romanæ, quæ Regem Neapolitanum, clientelari jure devotum Eccleſiæ, ab Imperatoria dignitate legibus arceri contenderat. (*Quod ad pactum à Clemente IV. cum Carolo Andegavenſi initum refertur*)

24.
Cæſar.

CA-

CAPITULATIO

Caroli V.

NE autem vasta Caroli potentia Germaniæ juribus & libertati sit formidanda, concepta fuit â Septemviris *Capitulatio* quædam, aliquot complectens Articulos, quibus Imperio atque Ordinum Privilegiis cautum voluerunt.

Videlicet: ut Rempublicam Christianam, Pontificem & Eccle-siam Romanam, cujus sit advocatus, defendat. Jus æquabiliter administret, & paci consulat. Leges Imperii, & præsertim Au-ream Bullam observet. Senatum in Imperio constituat, ex Germanis delectum, qui Rempublicam gerat: Jura, Privilegia, dignitatem Principum & Ordinum Imperii minimè convellat, aut imminuat. Electoribus liceat, cùm opus erit, inter se convenire, déque Republica deliberare; nullum autem, quò minùs id faciant, impe-diat, nec in malam partem accipiat. Multitudinis & Nobilitatis fœdera vel Societates initas adversùs Principes aboleat, & ne tales in posterum fiant, lege prohibeat.

De rebus Imperii nullum fœdus aut pactum faciat cum exter-nis, nisi de Septemvirorum assensu. Facultates Imperii neque di-strahat, nec oppignoret, nec alio quovis modo deteriores reddat, & quæ sunt ab aliis Nationibus occupata, vel ab Imperio divulsa bo-na, primo quoque tempore recuperet, sic tamen, ne quid fraudi sit illis, qui Privilegio vel jure nituntur. Si quid etiam vel ipse, vel ip-sius Familiæ quispiam possideat, quod sit Imperii, non acquisitum legitimè, reddat interpellatus â Septemviris.

Cum vicinis Regibus aliisque pacem & amicitiam colat: neque pro rebus Imperii, nisi de Ordinum omnium, præcipuè Septemvi-rorum, voluntate, bellum suscipiat ullum intra vel extra fines Im-perii. Peregrinum militem nullum in Germaniam adducat, nisi con-sentientibus illis. Quodsi autem bello petatur ipse vel Imperium, liceat uti quibuscunque præsidiis. Conventum Imperii nullum edi-cat, neque vectigal aut tributum imperet, nisi de consensu Electo-rum.

Negotiis Publicis non præficiat exteros, sed Germanos, ex No-bilitate delectos. Litteræ omnes conficiantur Latino vel populari ser-mone. Extra fines Imperii nullum Ordinem in jus vocet. Det ope-ram apud Pontificem, ne qua fraus fiat Privilegiis aut Imperii liber-tati adversùs pacta inita. Quomodo mercatorum monopolia, Ger-

maniæ

maniæ valde perniciofa, coërceantur, rationem ineat cum Electoribus.

Si quam habet actionem in Ordinum aliquem , legibus experiatur, vim autem nullam adhibeat iis, qui fe cognitioni legitimæ fiftunt. Neminem indicta caufa profcribat, fed juris ordinem in eo fequatur. · Imperii bona, quæ forte vacabunt, nemini conferat, fed ad publicum patrimonium referat.· Si !quam alienam provinciam auxiliis Ordinum acquiret, Imperio conjungat., Si publicum quid fuis copiis recuperabit, Reipublicæ reftituat. Quod Interregni tempore Palatinus ac Saxo publicè egerint, ratum habeat.

Confilium nullum ineat, quo dignitatem Imperii fuæ Familiæ peculiarem & hæreditariam faciat, fed liberam & integram permittat Septemviris eligendi facultatem , juxta Caroli IV. legem & Juris Pontificii præfcriptum : quod fecùs factum fuerit, irritum habeatur. Ubi primùm licebit, in Germaniam fe conferat inaugurationis caufa.

Cùm ifta legati Caroli per jusjurandum ipfius nomine probâffent, fingulis Electoribus ejus rei teftes litteras obfignatas dederunt.

Quod de Jure Pontificio dicunt, ad Innocentii III. Epiftolam Decretalem referendum videtur, qua decernit, Electores Principes Germaniæ jus habere creandi Cæfaris liberum, & Imperii dignitatem non à fucceffione pendere, fed ab electione.

Atque huc refertur prima fcriptarum folennium *Capitulationum Cæfarearum* origo ; quales poftea in omnium Imperatorum electione fuerunt conceptæ ; fæpiùs tamen mutatæ auctæque, poft pacem præfertim Religiofam & Weftphalicam.

Inftiterunt quidem non rarò reliqui etiam Status Imperii, ut & ipfis communi cum Electoribus confilio atque confenfu Capitulationes fas fit concipere. Sæpiúsque de perpetua aliqua Capitulatione ftatuenda in comitiis eft actum. Verùm Electores hactenus in poffeffione manferunt.

ARTICULUS II.

DISSERTATIO

In Capitulationes Cæfareas.

De Forma Imperii.

CUm per Capitulationes quoad plures effectus restricta sit Cæsaris potestas, Ordinum vero ampliata, non desunt ex Acatholicis Publici Juris Doctores, qui contendant, regimen Imperii Romano - Germanici non esse Monarchicum, sed in Aristocratiam deflectere, aut etiam in Democratiam, ac systema civitatum. Quin etiam Majestatem eidem detrahere cum Bodino præsumunt, acsi Imperator in Imperio non plùs posset, quàm Dux Venetorum in illa Republica.

86.
Contra
Monarchi-
am.
Nam, inquiunt, *Monarcham* ex ipsa vocis etymologia eum esse Principem, qui solus imperat, nullúmque regiminis consortem habet. Qui solis instar subjectis populis Majestatis suæ radios dispensat; qui solus & sacra moderetur & profana; penes quem unum illimitatum jus ferendi & abrogandi leges, constituendi pro arbitrio Magistratus, irrogandi poenas, imponendi tributa & vectigalia, cudendi monetam, ejúsque æstimationem universim taxandi, omnes conferendi dignitates, honores, officia, plena cum potestate resideat. Qui solus absolutum nullóque restrictum vinculo, jus judiciorum, munitionum, foederum, belli, ac pacis possideat, atque pro lubitu exercere queat.

Tales olim Monarchas fuisse Assyriorum Imperatores ac Persarum Reges, hodiéque esse Galliæ, Hispaniæ, Lusitániæ Principes, Turcarum atque Moscorum Imperatores &c. Ipsos etiam post Augustum Romanos Imperatores, quamdiu Oriens & Occidens sub unius imperio acquiesceret, potestate ejusmodi Monarchica usos esse, eandémque, extincto etiam per alienigenas gentes Occidentali Imperio, in Oriente continuatam, atque per Carolum M. in Occidente resuscitatam, in ejusdem posteris ad Ludovicum usque Infantem perseverasse.

A

At verò extinĉta Caroli Germanica progenie, poftquam non
ampliùs fanguine, fed eleĉtione creabantur Cæfares, poftquam paulatim Proceres provincias, quibus pro Imperatore adminiftrandis præfeĉti
fuerant, pioprias fecêre, poftquam Jus illud *Territoriale* apud eos
invaluit, poftquam in unum Ordinum Statuúmque corpus coalue-
runt, poftquàm tum propria ufurpatione, in magno præfertim illo
Interregno, tum per Bullam Auream, & Inftrumentum pacis
Weftphalicæ, tum maximè per Capitulationes introduĉtas, immenfa propemodum poteftate fuerint auĉti, Cæfares verò tot undique limitibus circumdati, Monarchicum non ampliùs dici poffe Imperium, in quo
tot alii coimperantes jus dicant, in communionem Majeftatis affumpti.

Per Capitulationes etenim aliásque paĉtiones non poffe ampliùs
Imperatorem, abfque confenfu Statuum, aut faltem Eleĉtorum,   87.
majoris momenti negotia folum traĉtare ; fic non poffe eum novas Q ıid Cæfar
leges còndere, aut antiquas abrogare, mutare, interpretari, neque non poffit
Imperii nomine mittere legatos, inire fœdera, bellum decernere, fine Stati-
pacem concludere, deleĉtus aut hofpitationes militum præcipere, bus.
exftruere munimenta in provinciis Ordinum, aut iis præfidia imponere, nova tributa, vel veĉtigalia imperare, Statum à communi taxa
eximere, aut profcribere, feu in bannum Imperii declarare, aut
feffione & voto privare, aut ex matricula Imperii expungere, eximere à Judiciis fupremis Imperii, aut ifta mutare ; modum menfura-
rum aut ponderum univerfalem præfcribere, defeĉtus monetarios
corrigere ; concedere jus ftapulæ, aut erigendi nova telonia, monopolia, aut jus cudendi monetam ; de Imperio aliquid
alienare, aut oppignorare ; neque conferre feuda vacantia, feu Imperio aperta abfque confenfu, Eleĉtoralia fine confenfu Eleĉtorum,
Principum fine confenfu Eleĉtorum & Principum, urbium fine confenfu Eleĉtorum & Urbium ; neque admittere vcl affumere aliquem
in Statum Imperii, nifi dominio fufficiente fit provifus, & Circulo
alicui fit adfcriptus, ac taxam communem poffit folvere,
atque adfit confenfus illius Collegii, in quod affumitur, neque in numerum Principum, Comitum &c. aliquem referre, nifi cum dignitate talem tituhum fuftinere poffit ; neque convocare judicia generalia, feu Comitia, transferre, prorogare, concedere veĉtigalia fine confenfu Eleĉtorum. Uti ex variis Capitulationibus atque
DD. colligit Linckius *Stamin. Jur. Publ. tab. 81.* Vitriarius *Inftit.
Jur. Publ. lib. 3.* P. Ignatius Schwarz *in Colleg. Hift. part. IV. quæft.
3. ſ. 3. pag. 34. & feq.* Contrà verò Status Imperii non effe meros confiliarios, nec verè fubditos, fed à temporibus Ottonum *coim-*

peran-

perantes, voto decisivo in Comitiis pollentes, ac *Dei gratia* Con-re-
gentes; eos ditiones suas cum jure *superioritatis territorialis*, atque Regalium, & cum omnimoda ac summa jurisdictione, majestatis æmula, velut pro arbitrio gubernare, jus vitæ & necis exercere, recipere homagium, constituere magistratum, ac judicia,
dare rescripta moratoria, aliáque privilegia, leges ferre, tributa imponere, quin Imperator possit intercedere; gaudere eos jure condendi urbes ac munimenta, legendi militem, mittendi legatos, pangendi fœdera tum inter se, tum etiam cum externis, & gerendi bellum, modò non contra Imperium & Imperatorem id faciant; pertinere ad eos, vi ejusdem superioritatis territorialis, jus fisci, ar-
chivi, vectigalium, mineralium, monopolii, postarum, cudendæ
monetæ, chartæ signatæ, jus fluviatile, & sylvestre, jus acquirendi
bona vacantia, caduca, commissa, aut indignis erepta; jus concedendi veniam ætatis, aggratiandi, restituendi famam, dispensan-
di, nobilitandi pro suo territorio, & Ordines Equestres instituendi &c. Frui aliquos jure de non evocando subditos ad cameram Imperialem & Judicium Aulicum &c.

    Ex quibus inferunt, Statum Imperii in provincia sua plùs posse,
quàm Cæsarem in Imperio ac nomine Imperii, uti leges ferre; etiam
contrarias Juri Communi civili, (non tamen Publico Germanico)
tributa & vectigalia imperare, fœdera inire, bella gerere, munimenta exstruere ac præsidiis firmare; defectus monetarios corrigere, mensurarum ac ponderum modum præscribere, politiam ordinare &c. Quin imò non desunt ex Acatholicis, qui asserere audeant cum Limnæo *1. p. Tom. 1. c. 12.* Cæsarem merum esse Administratorem Imperii, ad rationes reddendas Statibus obligatum,
posséque ob malè gestam Rempublicam deponi; atque in eam rem
exemplum Caroli Crassi, Henrici IV. Adolphi Nassovii, & Wenceslai afferunt.

    Ac proin Imperium Romano-Germanicum non esse Monarchi-
cum, sed Rempublicam Aristocraticam, in qua Cæsar, instar Ducis Veneti, sit primus titulo, ordine, & dignitate, potestatem verò &
Majestatem penes totum Imperii senatum residere. Ita Puffendorf-
fius sub ficto nomine Monzambani latens, Limnæus, Bodinus, Bur
goldensis, Hyppolithus â Lapide, qui p. 1. c. 18. scribere non ve
retur: *Domini nomen adhuc Imperatori tribuitur, cùm tamen re ip*
su nihil minùs, quàm Dominus sit, mansitque Imperatori hoc vestigium
& quasi umbra quædam antiquæ potestatis; nam ipsa Imperatori

diti

8,
88.
Jus territo-
riale Statu-
um.

ditio, authoritas & potestas hodie est umbra , nomènque Imperii non Imperium. Sunt enim *hæc mera Imperii simulacra.*

Altiùs ac reverentiùs de Imperiali Majeftate fentiunt, qui non obftantibus Capitulationibus, aliisque pactionibus ac Ordinum juribus Imperium verè Monarchicum eſſe, ſummáque Majeftate fulgentisfimum aſſeverant; nihilominus enim Imperatorem non modò nullum Superiorem in terris agnoſcere, ſed inſuper omnibus Imperii Statibus, civibus, populis, ex plenitudine poteftatis imperare, tanquam Caput ac ſupremum Judicem, ac verè ſummum Imperantem, adeò quidem, ut omnes ipſi parere, ac rationem reddere debeant, ipſe verò nemini.

89.
Pro Monarchia.

Atque hinc omnes Ordines-tanquam vaſallos præftare ipſi homagium, jurare fidem & obedientiam, Dominum Clementiſſimum appellantes, atque Majeftatis infignia, Pomum Aureum, Sceptrum, Coronam, ſumma cum reverentia eidem deferentes. Eò pertinere plus quàm regales illas ſolennitates in coronatione Imperatoris adhiberi ſolitas, illa Electorum Principum Imperatori ſuo inſerviendi officia, delata illa ſui muneris obſequia, politica ac militaria &c.

Neque Germanis duntaxat Principibus eam Majeftatis & Monarchicæ Auctoritatis perſuaſionem ineſſe, ſed exteris etiam Europæ Regibus & populis, qui propterea extra controverſiam Imperatori ejúsque legatis primas deferant; ab ipſis adeò Turcis, Perſis, Moſcis &c. Monarcham ſalutari; & quid certius, quàm *ſacram Cæſaream Majeſtatem* paſſim ab omnibus appellari?

Supremum hoc Majeftatis decus nequaquam minui aut deprimi, quòd Electores Imperii regali velut dignitate, auctoritate, & poteftate fulgeant; nam eò altius atque gloriofius eſſe Cæſareæ Majeftatis faftigium, quo majoribus & potentioribus Principibus imperet, eóque eminentius, quò ſublimioribus ſuperemineat.

Neque hanc eminentiam dignitatis ftare in ſolis ceremoniarum, honorum, ac titulorum ornamentis, ſed in eminenti etiam poteftate & auctoritate, vi cujus multa ſolus, tanquam *Cæſarea Reſervata*, abſque Ordinum interventu poſſit, ùt creare Reges, Duces, Principes, Comites, Barones, Nobiles, Doctores, Notarios publicos pro toto Imperio; erigere, confirmare, & privilegiis munire Academias; Status inveftire in ſuis feudis; concedere veniam ætatis; liberos ex impari matrimonio morgenatico natos æquare patri; legitimare ſpurios; aliis dignitatem & poteftatem comitivam largiri; reſtituere famam; concedere litteras moratorias, publicas & ſolennes

90.
Reſervata Cæſarea.

nes

nes nundinàs; dare jus civitatis, ordinare poftas, bellum defenfi.
vum pro neceffitate gerere, & quidem hæc omnia pro toto Imperio.

91.
Judicium
aulicum.

Præterea conftitui à Cæfare Judicium Aulicum, cum Præfide &
Afefforibus, atque per illud judicare caufas controverfas de feudis
Regalibus, de vectigalibus, Statuum privilegiis, præcedentiis, né-
gotiis Italicis, iisque, quæ concernunt Jurisdictionem voluntariam ac
gratiofam; & hæc quidem privativè; reliquas verò caufas civiles
jure præventionis ob concurrentem Jurisdictionem cum Camera Imperiali, in qua Cæfar conftituit Judicem, quatuor Præfides & duos
Afeffores. Ab his duobus fupremis tribunalibus non quidem appellationem concedi, fed tamen fupplicationem, ad Cæfarem, & *Re-
viforium.*

Ad hæc admittere univerfim Appellationem in cafu denegatæ
juftitiæ; exteris delectum concedere; promulgare conclufa Imperii;
ex plenitudine poteftatis varia difponere; eáque omnia agere, quæ
per Capitulationes aliásque pactiones non fuerunt expreffè limitata
aut reftricta.

92.
Electorum
prærogati-
væ augent
majeftatem.

Quamvis igitur magna fit Imperii Ordinum poteftas, titulo Superioritatis Territorialis inducta, & per varias Capitulationes ac pactiones fucceffivè magis magisque ampliata; quamvis adhuc majore
Electores polleant, possintque libera electione foli Caput Imperio
vacanti dare, Romanorum Regem, etiam invito Imperatore, eligere, Capitulationem præfcribere (donec ftabilis aliqua & perpetua â Comitiis Statuum fit decreta) monere Cæfarem de indicendis
Comitiis, eóque etiam reclamante Electorales conventus celebrare;
finguli duos ad minimum Afeffores Cameræ Imperialis defignare;
jure de non Appellando, aut non evocandis eorum fubditis gaudeant; pro Inveftitura nihil folvere teneantur; in actibus ad curiam
Imperialem fpectantibus ipfos etiam Reges præcedant, & extra curiam Reges foleant eosdem, tanquam æquiparatos, Fratres appellare; præterquam quòd finguli, præfertim Moguntinus, tanquam
Collegii Electoralis Decanus, & Archi-Cancellarius Imperii, fpecialibus prærogativis potiantur.

Nihilominus tamen facram Cæfaream Majeftatem tantò effe Au-
guftiorem, atque eminentiorem, quantò gloriofius eft, tantis Imperantibus imperare; tantósque Principes, quos inter quatuor hodie
Reges funt, habere Archi-Officiales; & tres quidem ex iis Archi-
cancellarios, per Germaniam videlicet, Italiam, & Galliam, quartum Archi-Pincernam, quintum Archi-Dapiferum, fextum Archi-
Marefchallum, feptimum Archi-Camerarium, Octavum Archi-The-
fau-

faurarium. Tantorum igitur Principum Archi- Officialium, alio-
rümque Imperii Statuum potentiam, jura, dignitatem, non tantùm
non minuere Majeftatem Imperatoris, fed plurimùm eandem adau-
gere ; eo etiam præfertim ex capite, quòd eorum poteftas Cæfari
tanquam fupremo Imperanti fit fubordinata, fub lege fidelitatis &
homagii, fupremo & directo dominio in Imperatoris Majeftate ra-
dicato.

Elucere hoc etiam ex ipfis Imperii *Comitiis*, quæ tamen vel
maximè Imperatoris limitare Majeftatem aliquibus videantur ; nam
hæc, de confenfu Electorum, à folo Cæfare convocari, à folo tanquam Præfide regi, & ita quidem, ut abfque ejus voluntate nihil
poffit confici.

93.
Uti etiam
Comitia.

Quamvis enim poft propofitionem à Cæfare aut ejus Commis-
fario factam tria Collegia, Electorum videlicet, Principum, & Civi-
tatùm, in fuis conclavibus deliberâffent, conclufum concepiffent,
atque omnium vota confpirâffent, fi tamen Imperator folus diffentiat,
ejusmódi *placitum* Statuum non poffe in *Receffum Imperii* aut legem
abire, imò ne quidem in *conclufum Imperii*, manifefto argumento,
quantùm vel in ipfis Imperii Comitiis Cæfaris poteftas legislativa, atque in conficiendis Imperii negotiis auctoritas emineat,

Quin imò Cæfarem non tantùm ea fe folo poffe, quæ *Refervata
Cæfarea* appellantur, fed etiam ea, quæ vigore Capitulationum &
tranfactionum accedente confenfu Ordinum ftatuit ; nihilominus enim
verum effe, quòd folus Cæfar legem promulget, edicta publicet, legatos mittat, fœdera ineat, bellum indicat, pacem fanciat, Statum
profcribat, cùm nullus Status pro toto Imperio hæc poffit facere, fed
folus Imperator ; & quamvis confenfus Statuum ad hoc requiratur,
nihil tamen propterea Majeftati aut Monarchicæ poteftati detractum
iri, cùm per Capitulationes & pactiones non poteftas ipfa radicalis fed
ejus ufus duntaxat & exercitium reftringatur.

Aliunde autem multis exemplis conftare, quòd poteftas radicalis poffit plena fubfiftere, licèt quoad ufum fit ligata, atque effectus impediatúr. Sic pupillum plenum habere dominium proprietatis fuorum bonorum, plenámque poteftatem radicalem de iis difponendi, licèt fine auctoritate tutoris hanc fuam poteftatem, hócque
fuum dominium actu ipfo exercere non poffit.

94.
Non pote-
ftas fed u-
fus limita-
tur.

Idem patere in aliis, quibus bonorum fuorum adminiftratio eft
interdicta, aut reftricta : in filiofamilias refpectu bonorum adven-
titiorum ; in facerdote, accipiente per Ordinationem poteftatem
abfolvendi à peccatis, quam tamen ufu ipfo exercere non poffit,

nifi

nifi Jurisdictio ordinaria aut delegata accedat : ipfas etiam caufas phyficas pollere virtute agendi, quin tamen illam femper proximè poffint exercere.

Nequaquam autem ad Majeftatem & Monarchicam poteftatem requiri, ut ad ufum & exercitium omnium difpofitionum fe extendat; aliàs nullam fore in orbe Monarchiam; nifi Tyrannidem aut defpoticum Imperium quis amens ea nomenclatione velit honorare. Perfarum Reges haud dubiè veros fuiffe Monarchas, quin tamen edicta fua potuerint mutare. Cancellos, quos ipfa potentia fibi circumdedit, non limitare potentiam, fed exercitium folummodo potentiæ reftringere. Poffe Monarcham etiam cum fubditis fuis & Statibus Provincialibus pacta inire, iisque obligari, quin tamen Majeftas aut Monarchica poteftas detrimentum patiatur.

Talem effe poteftatem Cæfaris; refpectu illius Capitulationes aliásque cum Statibus conventiones effe pacta, non verò leges ; has ferri in fubditos, illa fummis etiam Imperantibus effe communia, ipfam adeò infinitam DEI Majeftatem promiffionibus ac pactis cum creaturis fuis initis, obligari poffe, quin tamen eidem quidquam decedat.

Appofitè in hanc rem Jeremias Linckius *in Stamin. Jur. Publ. tab. 55.* Imperatorem cum fole comparat, Status verò cum radiis : *Centrum Majeftatis,* inquit, *apud folum Imperatorem , ut centrum lucis apud folem, refidet. Status verò funt totidem radii folares ; qui de folari quidem Majeftate neceffariò participant, fed quia ex centro fluunt, & ad id recurrunt, à folari quoque Majeftate dependent : uti autem radii folares, quamvis folis individui funt comites, ejus tamen Majeftati nibil demunt, quin potiùs eum magnificant , ita Statuum fplendidus ordo Majeftati Imperatoriæ plus addit, quàm detrabit.*

Et alibi addit, Imperatorem effe Caput totius Imperii, fummum Principem ac Dominum, femper Auguftum, Clementiffimum, Sacrum, Sereniffimum, Potentiffimum, Invictiffimum, Gloriofiffimum, Supremum Advocatum & Protectorem Ecclefiæ, fupremum Judicem, fummum Imperantem, cui omnes reverentiam & obedientiam debeant, fontem, fcatuiginem & centrum omnium Dignitatum.

95.
Formam effe Monarchicam.

Ex quibus jam ita colligunt : cùm tamen multa fint, tamqu eminentia *Cæfarea Refervata,* tot auguftiffima ac fumma jura támque fublimes prærogativæ, foli Imperatori competentia; cùm e etiam, quæ vigore Capitulationum & pactionum Comitiorum con

fenfu

fenfum requirunt, folus agere dici poffit; cùm Statuum jura, quantumvis excellentia, Cæfareæ auctoritati fint fubordinata, cùm non ipfa poteftas fumma, fed exercitium tantùm quoad aliqua fit re-ftrictum, cùm Capitulationes & Conventiones non per modum legis, fed per modum pacti Cæfarem obligent; cùm Status Imperii terras fuas tanquàm feuda recognofcant, & ab Imperatore recipiant, ho-magium præftent, fidelitatem jurent, feryitia militaria per fe vel per fubftitutos exhibeant, pœnas legitimas patienter ferant, féque dominio directo, ac fupremæ Jurisdictioni in omnibus fubordinatos effe intelligant (Linckius *Stam. Jur. Publ. tab. 58.*) cùm denique nihil ad Majeftatem auguftius effe poffit, quàm tam magnis Principibus támque potentibus imperare, Majeftatem Cæfaris effe plenam ac fummam, Regiménque Imperii Romano - Germanici omnino Monar-chicum effe dicendum.

Atque hoc ipfo confutatam exiftimant illorum opinionem, qui formam Imperii *Mixtam*, ex *Monarchica*, *Ariftocratica*, aut etiam *Democratica*, adftruunt. Nam licèt magna omnino fit Electorum & Principum, tanquam Optimatum poteftas; licèt civitates Imperia-les, quæ populum videantur referre, fuperioritate territoriali, & poft Pacem Weftphalicam Comitiali etiam voto gaudeant, tanti nihilominus ponderis effe putant, quæ pro forma Monarchica funt allata, ut nullam formam Mixtam adftruendam cenfeant. Alii ta-mēn, iíque non pauci, dicendum exiftimant, Regimen Imperii effe *fimpliciter Monarchicum*, fed tamen *Ariftocratiā temperatum*. Hac enim ratione optimè combinari poffe credunt ea, quæ pro diverfis fententiis afferuntur, argumenta.

Nam rationes allatas probare quidem, formam Imperii effe fim-pliciter Monarchicam; eam tamen effe Statuum ac præfertim Electo-rum fublimem poteftatem, tum Territorialem refpectu fuarum Pro-vinciarum; tum Comitialem refpectu totius Imperii, ut negari non poffit, eos in Regiminis partem venire, licèt illud multò eminentio-ri modo Imperatori competat, & in hoc fenfu locutos effe, qui Rempubl. Ariftocraticam dixêre.

96. Sed tamen Ariftocra-ticè tem-peratum.

Quæftio eft de nomine; nam de re ipfa ac Juribus cujusque fuffi-cienter conftat ex legibus fundamentalibus Imperii, quas falvas effe oportet. Mihi pro hoc *Apparatu Eruditionis ad Jurisprudentiam* fuffe-cerit, aliorum fententias retuliffe, ac fuum cuique pretium, quod meretur, reliquiffe.

Pars VII.   **L**   Illud

    Illud tamen aſſeverare non dubito , apertè illos errare , qui formam Imperii nihil áliud eſſe dicunt , quàm *ſyſtema civitatum* , tam arĉto nexu colleĉtarum, ut licèt ſingulæ ſummo Imperio potiantur, nec una alteri ſit ſubdita, unam tamen Rempublicam præſeferant, qualem in Helvetia , & Batavia cernimus.   Nam hac ratione nullus eſſet Imperator, aut nulla illius præcellens poteſtas atque Authoritas , Status omnes eſſent æquales. ·

    Neque *Oligarcbiam* poteſt quisquam comminiſci , quæ eſt Ariſtoĉratia corrupta , dum pauci ex optimatibus regimen ad ſe trahunt, privato potiùs quàm publico bono intenti.   Qualis olim fuit Romæ apud Triumviros , dum primùm Pompejus , Cæſar , & Craſſus, poſtea Oĉtavius, Antonius , & Lepidus, regimen ſibi vendicârunt.

97.
Proteſtan-
tium pro-
bra.

    Sed neque abſque injuria Imperii dici poteſt cum Monzambano *de ſtatu Imp Germ. c. 6. ſſ. 9*   Imperium eſſe *corpus aliquod irregulare & monſtro ſimile , exitiabili morbo , internisque convulſionibus perpetuum fomitem præbens.* Neque abſque deſpeĉtu & contumelia Imperatoris cum Limnæo *t. p. t. t. c. 12.* *Imperatorem æquè Imperii Vaſallum capacem criminis læſæ Majeſtatis in Imperium, Imperii Miniſtrum, puniendum & deponendum exemplo Wenceslai.*

    Quæ verba, plané probroſa ſunt & relatu indigna, niſi ut appareat, quanta reverentia Acatholici quidam ſcriptores de Imperatore & Imperio loquantur , qualésque ideas de iisdem efforment.

ARTICULUS III.

Imperium ordinat Carolus.

98.
Germani-
am ordinat,

CArolo V. ea, qua dixi , ratione electo Septemviri miſſa legatione , quam Fridericus Palatinus obibat , Cæſaream coronam deſerunt, atque ad eam acceptandam eundem in Germaniam invitart. Ratam Electorum volúntatem habuit, móxque compoſito, quoad fieri poterat, tumultu Hiſpanorum Procerum , qui indignè ferebant, complures Belgas tanquam Adminiſtros admoveri regni gubernaculo, iter ingreſſus , anno 1520. Aquisgrani mòre Majorum eſt coronatus.

    Quamvis autem haud modicas interea Hiſpani cierent turbas , & Gallus Carolum Auſtriacum Francofordiæ ſibi prælatum acerbè ferens , Navarram , expugnata Pompeiopoli, diripuiſſet, nihilominus

Cæ-

Cæfar, ut Germaniam ordinaret, an. 1521. prima Imperii *Comitia Wormatiam* indixit. Ubi de Ordinum confenfu novum Imperii fenatum|conftituit,qui ex 22. fenatoribusconflatus præfide Cæfaris abfentis Vicario Rempublicam gubernaret, majoribus tamen caufis Imperatori refervatis.

Confirmavit Pacem Publicam, à Maximiliano avo jam promulgatam, pluribus faluberrimis legibus ordinavit Judicium Imperii Camerale. Lutherum denique Germaniæ incendiarium publico Edicto profcripfit. Prout *part. 3 cap ult.* in defcriptione Concilii Tridentini prolixiùs expofui.

Imperii rebus fapienter adeò difpofitis in Belgium abiit, at- Et Hifpaque expugnato Tornaco in Hifpaniam profectus non modò illius mo- niam. tus compofuit, Belgis quibusdam â clavo remotis, & Adriano Florentio, Præceptore olim fuo, quem Regni Vicarium conftituerat; commendatione fua ad fummum Pontificatum promoto, fed Gallos Gallos vinetiam felici Marte ex Navarræ Regno ultra Pyrenæos montes ejecit; cit. promotáque in Italiam victoria eofdem memorabili prælio victos à Mediolanenfi Ducatu depulit, quem Francifco Sfortiæ fub feudali cum Imperio nexu reftituit, Parmâ & Placentiâ Pontifici, Genua verò, quam Galli pariter occupatam tenuerant, in libertatem affertâ (*anno 1521.*)

Hoc eodem anno Carolus Cæfar Provincias cum fratre Ferdi- **99.** nando partitus hæreditarias Auftriacæ Domus terras eidem proprio Divifio jure poffidendas tradidit : atque in his etiam Ducatum Wirtenber- Provinciagicum, quem â fuevici fœderis fociis coëmerat. rum.

Hi etenim Ulricum Ducem, quia Reutlingam urbem, fœderis fociam, ob famulorum quendam in ea interemptum, hoftili manu invaferat, Ducatu fpoliárunt, eúmque anno 1519. Carolo V. vendiderunt, qui eundem, prout mox dictum, unà cum Auftriacis Provinciis fratri Ferdinando ceffit. Vixitque Dux in exilio ad annum ufque 1534. quo Haffus, expulfis Ferdinandi copiis, eundem reftituit, Beneficiario tamen jure Auftriacis obnoxium. Anno 1522. Cæfar in Angliam trajectus adverfus Gallos fœdus iniit cum Henrico VIII. qui mari transmiffo in Picardiam irrumpens Francorum vires diftraxit.

In Germania *Comitia Norimbergenfia* funt celebrata; in qui- Comitia. bus conftitutum, quomodo in Circulis Imperii cum profcriptis procedendum. Promiffa Ludovico Hungariæ Regi adverfus Turcas auxilia, fed ob tergiverfationem Novatorum non miffa. Cheregatus Legatus Apoftolicus fruftra urget executionem Edicti Wormatienfis, in Lutherum lati, Novatoribus *centum Gravamina*, quæ propter locum conventus, exinde *Norimbergensia* dicta sunt, contra curiam Romanam & Ecclesiasticum Ordinem opponentibus.

ARTICULUS IV.

Obfervatio

In Gravamina Nationis Germanicæ.

Quantos motus facerdotium inter Regnúmque humani generis hostis diversis temporibus in Ecclesia excitaverit, nemo eruditorum est, qui ignoret. Compositis funestis illis circa inaugurationes difcordiis, cùm Romani Pontifices varias Beneficiorum Refervationes Annatáfque inducerent, in querelas rursus effusa fuit Germania, in Synodo præfertim Constantienfi & Bafileenfi propofitas. His pariter per Concordata Germaniæ utcunque pacatis, cùm morum diffolutio variíque abufus magìs magisque irreperent, ac laici detractum fibi existimarent, quidquid Ecclesiasticis accrefceret, in varia rurfus itum murmura.

Quapropter jam anno 1510, cùm Julius II. â fœdere, adverfus Venetos inito, receffiffet, atque propterea Maximilianus Imperator alieniore â Pontifice crederetur effe animo, decem querelæ feu Gravamina in Comitiis Augustanis eidem fuerunt propofita.

100.
Gravamina
decem.

1. Pactis & Privilegiis per crebras difpenfationes ac revocationes derogari.

2. Electiones Prælatorum quandoque reiici.

3. Electionibus Præpofiturarum, quas Capitula quædam impetrârint, contraveniri.

4. Beneficia & Dignitates majores Cardinalibus & Protonotariis refervari.

5. Gratias exfpectativas crebro concedi.

6. Annatas abfque dilatione exigi, etiam Epifcopis intra paucos annos mortuis.

7. Ecclefiarum Regimina minùs dignis committi.

8. Indulgentias novas, cum revocatione aut fufpenfione veterum, Laicis contra clerum murmurantibus, ad corradendas pecunias concedi.

9. Decimas fub prætextu expugnandorum Turcarum exigi, nulla expeditione fecuta.

10. Caufas, quæ in Germania terminari poffent, indiftinctè ad tribunalia Romana trahi.

Hæc Gravamina poftea Lutherani maligno, in Romanam **Centum.** curiam totúmque Ecclefiafticum Ordinem animo tantopere mutârunt, exaggerârunt, atque auxerunt, ut decem in centum excrefcerent; quæ *centum Gravamina Norimbergenfia* ab ipfis funt appellata, acfi à Comitiis Norimbergenfibus legato Apoftolico fuiffent propofita, atque ad Adrianum VI. Pontificem transmiffa ab integra Natione Germanica.

Mirè fibi applaudunt Heterodoxi fcriptores his gravaminibus, tanquam juftiffimam illa caufam dederint feparationi à Romana Ecclefia. At peffimè in ruinam fuam hallucinantur. Quamvis enim abufus irrumpant in Ecclefiam, & difciplina morum remedium pofcat, numquam tamen caufa effe jufta poteft, fe feparandi ab unitate Ecclefiæ, quamdiù doctrina fidei eft integra. Probare autem nunquam poffunt Novatores, hanc in Ecclefia Catholica fuiffe corruptam.

Neque etiam quoad difciplinam tanta fuit Romanæ curiæ & **101.** Ecclefiaftici Ordinis corruptio, quantam Lutherani in prætenfis gra-**Lutherus** vaminibus maligno livore depingunt, & per immenfas auxefes exag-**plura &** gerant. Imò omnino evanefcunt, fi cum immani fidei ac morum **majora cau-** corruptela, quam Lutherus induxit, comparentur. **fat.**

Certè in publico Edicto Wormatienfi prætenfa Lutheri reformatio dicitur *hærefis abhinc triennio cœpta, per concilia dudum rejecta, damnata, rurfus ex profundis inferni faucibus retracta - - morbus, miferabilem ruinam, & interitum omnis virtutis, honeftorum morum, pacis fideique chriftianæ jacturam allaturus. - - - doctrina, quæ reprobatis dudum hærefibus & blafphemiis fcateret. - - -* Lutheri fcripta, *feditionum, diftractionum, bellorum, cædium, rapinarum, exuftionum, & occafus fidei Chriftianæ, materiam caufámque præbentia. - - -* Lutherum cunctis permittere, *ut laxent habenas omnibus cupiditatibus, ut diffolutè effractis legum repagulis pecudum more vivant. - - -* Hominem præfracti & inquieti ingenii omnia vetera inftituta, legésque repudiare, conculcare & opprimere - - - debachari in fummum Pontificem; Chrifti Vicarium, multiplicibus, & inauditis hoftilibus famosísque maledictis. - - - complures eum extremè damnatas hærefes, quæ jam diu obfoleverant, in unam quafi Lernæam paludem coegiffe, multásque præterea novas & recentes

ex-

excogitâſſe, hoc prætextu, quòd fidem prædicet, ut veram ſince-
rámque fidem deſtruat, ac ſub nomine fucóque Evangelicæ doctrinæ
omnem Evangelicam pacem & charitatem, bonarum rerum harmo-
niam extinguat.

Hæc aliáque adhuc acerbiora continentur in publico illo Edicto
comitiali; atque deinde Lutheri condemnatio & proſcriptio unanimi
conſenſu & voluntate Imperatoris præſentis, ſacríque Imperii Electorum, Principum & Ordinum decernitur. Eadem ferme in poſterioribus etiam Imperii Comitiis ſæpiùs repetita.

Quàm verè autem hæc fuére tum Caroli V. Imperatoris, tum
Ferdinandi Locum-tenentis, tum Electorum, Principum ac Statuum
Imperii Publicis in comitiis, ſicque Nationis Germanicæ de Lutheri
reformatione ſententiæ ac decreta, tam falſò aſſeritur, gravamina
illa centum Norimbergenſia fuiſſe â Comitiis Imperii Noiimbergenſi-
bus aut Natione Germanica ad Pontificem directa.

102.
Recenſen-
tur.

Nam probari nulla ratione poteſt, quòd omnés Imperii Ordines
in ea gravamina âut compilanda, aut Pontifici transmittenda con-
ſenſerint, aut ea juſta cenſuerint. Imprimis enim prorſus incredibile
eſt, quòd Status Eccleſiaſtici, quales in Imperio ſunt multi, conſen-
ſerint, cùm plurima ex iis rectà tendant in grande ipſorum præjudicium.

Siquidem *cap. 20.* (prout Goldaſtus *tom. 1. pag. 457.* illa diſtin-
guit) divitias Eccleſiaſticorum ſine reſtrictione in Germania livi-
do dente proſcindunt, ideóque annuas pecunias extraordinarias
adverſus Turcas, atque pro rebus Imperii eisdem â Pontifice impe-
randas decernunt. *Cap. 21.* horrendum in modum detonant in Eccleſiaſticorum univerſim ſcelera; atque ut privilegium fori eisdem
adimatur, poſtulant. *Cap. 22.* lamentantur; quòd homines etiam ab
Archiepiſcopis & Epiſcopis ob cauſas profanas non niſi ob quæſtum
turpem & pecuniam excommunicentur. *Cap. 23.* conqueruntur, e-
tiam innocentes ab Eccleſiaſticis excommunicari pecuniæ acquirendæ
cauſâ. *Cap. 24.* adverſus privilegium canonis inſurgunt. *Cap. 27.* dicunt, laicos ab Archiepiſcopis, Epiſcopis, & Prælatis iniquè premi. *Cap. 28.* Jus Retractus in Eccleſiaſticorum bona laicis concedendum decernunt. 29. Epiſcopis jus ſpolii denegant. Gravamen 30.
plenum eſt vituperii in Epiſcopos aliósque Eccleſiaſticos, quòd tueantur adverſus laicos rem longè iniquiſſimam. *Cap. 31.* Epiſcopos primam collationem Beneficii Patronati ſibi uſurpare. 32. Beneficiorum
fundatores ſupra modum exſugi ab Eccleſiaſticis; 33. & præſentatos
ab Epiſcopis. 34. ordinari ab Epiſcopis prorſus ineptos. 35. immo-
dicas

dicas impenfas infumi in confecrationibus Ecclefiarum. 36. cœmeteria fuperfluè confecrari. 37. In celebritate alicuius novi Sancti E-
pifcopos & Prælatos exigere oblationes, pro conducendis militibus
meliùs applicandas. 38. Epifcopos ab Abbatiffis pecunias exigere: Abbates inutiliter confecrari. 39. Officiales Ecclefiafticorum nihil nifi
pecunias appetere. 4c Laicos iniquè trahi ad tribunal Ecclefiafticorum. In fequentibus quatuor gravaminibus eadem audiuntur lamenta. 45. per violentiam novas inftitui decimarum præftationes.

Deinde usque ad Gravamen 63. rurfus in Judicia Ecclefiaftica
univerfim aceibiffimè invehuntur : caufas profanas fub prætextu
præfcriptionis aut denegatæ juftitiæ ad forum Ecclefiafticum trahi : delinquentes duplici pœna affici. Ecclefiafticos auri facra fame pelle-
ctos ufuras, & illicitos concubinatos concedere. Synodales Judices
cenfus annuos â domibus laicorum exigere, uti etiam ab opificibus,
iniquos areftos indici. Litigantes ad iniquas transactiones compelli. Externos caufarum Patronos & Procuratores iniquè â judiciis
repelli.

A gravamine 63. iterum in omnes ordines Ecclefiafticos atro-
ciffima accufatione graffantur, quòd pauperibus Sacramenta negent.
Quòd non ferendis oneribus plebem vexent, & pro Sacramentorum
adminiftratione gravent; Miffa abutantur: fcandalofè vivant; publicas exerceant tabernas, illicita corradant lucra; legitimos hæredes
defraudent &c.

Jam verò quis fibi perfuadeat, Ordines Imperii Ecclefiafticos
hæc gravamina, potiffimam partem contra ipfos prolata, ipfisque
fummóperè pernicioſa, atque probrofa, cenfuiffe vera, æqua, at
que fuo fuffragiō decreviffe, ad fedem Apoftolicam effe dirigenda.
Quid hoc aliud effet, quàm fi de graviffimis criminibus infimulatus
rogaret, ut ad Judicem illa deferantur, ac pœna pro iis debita fibi
irrogetur. 103.
â paucis
compilata.

Quid multa? cap. 76. apud Goldaftum apertè dicitur, â laicis
ea gravamina fuiffe propofita. Ab omni proin veritate alienum eft,
quod complures Proteftantes fcribunt, eas querelas fuiffe totius Nationis Germanicæ, omniúmque Imperii Ordinum confenfu illa Pontifici fuiffe oblata.

Imò neque omnes laici Status ea omnia jufta & æqua cenfebant.
Certè Catholici Ordines nec confentiebant nec confentire poterant,
cùm plura ad evertendum Primatum fummi Pontificis, ad abolendam Ecclefiafticam Jurisdictionem, ad fubruendam Hierarchiam, ad Concordata Germaniæ, pactiones, & transactiones convellendas, ad
fidem

fidem publicè ac folenniſſimè datam infringendam, atque ad Eccleſiam Catholicam deprimendam, opprimendámque tendant.

Reprehenduntur præcepta Eccleſiæ, ritus, ceremoniæ, & conſuetudines antiquiſſimæ, ùt inventa merè humana, avaritiæ Romanæ aucupia, Pontificiæ tyrannidis onera non ferenda; culpantur Eccleſiæ jejunia, abſtinentia à carnibus, nuptiarum ſolennitas certis temporibus interdicta, matrimonii impedimenta, indulgentiæ, ſanctorum cultus.

Quis autem credat, talia ab Ordinibus Catholicis, etiam laicis fuiſſe concepta, ac propoſita? Certè Carolo V. Imperatore inſcio (cùm tunc in Hiſpania verſaretur) ſunt compilata: neque poſtea unquam ea probavit, aut juſta eſſe exiſtimavit, ſed omnino rejecit. Teſtis locuples eſt ipſius Cæſaris epiſtola, ad Clementem VII. anno 1526. ſcripta: in qua ait, ſe centum gravaminibus *nuſquam aures præſtitiſſe, nec illis animum adjeciſſe.* Id ſolùm ille petiit, ut Annatæ aliáque quædam ſubſidia, ad quadriennium ſibi concedantur adverſus Eccleſiæ hoſtes.

Cæſare invito.

Sed neque Ferdinandus Locum-tenens aliíque catholici Ordines laici centum illa gravamina ad Cæſarem aut Pontificem dirigenda cenſuêre. Quod ex eo manifeſtè elucere arbitror, quia Ferdinandus Archidux poſt Norimbergenſia Comitia mox cum Ordinibus Catholicis, quos inter erant Guilielmus & Ludovicus, Bavariæ Duces, alium conventum celebravit, in quo præſente etiam Campegio Legato Apoſtolico convenerunt, quænam gravamina ad Pontificem eſſent dirigenda.

Dicamus, quod res eſt: Gravamina decem, multò modeſtiora jam anno 1510. Maximiliano I. in Comitiis Auguſtanis propoſita, & in Wormatienſibus anno 1521. renovata, ſequenti etiam anno in Norimbergenſibus fuerunt repetita, decretúmque ab Ordinibus, ut ea ad Pontificem pro remedio dirigantur. Nec incredibile eſt, Status, aut jam Lutheranos, aut Lutheri turbulentis ſcriptis faventes, in Comitiis Norimbergenſibus varia alia gravamina propoſuiſſe; circa quæ cùm non convenirent cum catholicis, iſti ſeparatum conventum Ratisbonæ inſtituerunt, & hac ſuper re deliberârunt.

à Lutheranis aucta.

Lutherani autem deinde gravamina ita auxerunt, ampliârunt, atque Lutherico calamo malignè adverſus Romanum Pontificem & clerum Germaniæ exaggerârunt, ut centum omnino prodirent, quæ poſteriores Proteſtantes Comitiis Norimbergenſibus, totíque Nationi Germanicæ falſò adſcripſerunt.

Opti-

Optimè in hanc rem Gretferus *in defenf. Bellarm. de translat. Imp. libellus,* inquit, *centum Gravaminum, quem Lutherani etiamnum cudunt & recudunt, & nunquam non in ore habent, quémque Illyricus fuo catalogo, & Orthuinus Gratius fuo fafciculo illigavit, nec ab Imperatore, nec juffu Imperii compofitus, fed à Lutheranis fabrefaƈtus, & non alio confilio difperfus eƒt, nifi ut, quod à paucis tenebrionibus fraudulenter aƈtum erat, id Auguƒto Imperii nomine geƒtum cenferetur, ficque ad id, quod Lutherani volebant, obtineudum accommodatius eƒƒet.*

Idem teftatur Surius *in comment. ad ann. 1523.* ubi ait: *prodiit* Teftes. *tum liber centum gravaminum, Authoribus Lutheranis, ut nibil intentatum relinquerent, quod faceret ad conflandam invidiam Pontifici & Ecclefiaƒticis.*

Idem cardinalis Bellarminus *lib. 1. cap. 2 de translat.* Imperii: *Illyrio teƒte,* inquit, *exƒtat verè aureus libellus centum importabilium gravaminum, à toto Imperio in comitiis Norimbergenƒibus anno 1523. Papæ Adriano oblatus. Mendacium boc hominis impudentiƒƒimi detexit Joannes Cochlæus in Aƈtis Lutheri anno 1523. ubi fcriptum reliquit, nullum ejufmodi libellum in Comitiis Imperialibus editum, fed cùm in eo conventu propofita fuiƒƒent quædam gravamina, quibus gravari videbatur Natio Germanica non folùm à Romana curia, fed etiam ab Epifcopis & Prælatis Germaniæ, ea occafione Lutheranos edidiƒƒe librum centum gravaminum, omnia in Papæ odium augentes, aut malignè interpretantes.*

Audiamus ipfum Cochlæum, fcriptorem illius temporis, qui loc. cit. fub finem ait: „ abfente tunc procul in Hifpaniis Carolo Cæfare „ celebrabantur comitia Imperialia Norimbergæ à Vicario Imperii fra- „ tre ejus Ferdinando &c. In quibus fanè multus variúsque tracta- „ tus fuit in negotio fidei. Nam & Adrianus VI. R. P. quendam „ eò miferat Archiepifcopum Francifcum Cheregatum, virum dif- „ fertum, cum pleniffima inftructione, & Paterna oblatione ad miti- „ gandos animos Germanorum &c.

„ At quantò benigniùs fefe offerebat Pontifex, tantò ferociùs „ agebant Lutherani - - - maximè quiritantes contra abufus Ro- „ manæ curiæ, de quibus tamen abolendis Pontifex ipfe benigniffi- „ mè omnem operam fuam ultro pollicitus fuerat.

„ Propofuerant quidem Imperii Princ pes gravamina quædam, „ quibus iniquè gravari videretur Natio Germanica, non folùm à cu- „ ria Romana fed etiam ab Epifcopis & Prælatis Germaniæ. Et

Pars VII. M „ pro-

„ propofuerant ea non modò Norimbergæ in Comitiis, verùm etiam
„ Wormatiæ priùs coram Cæfare.

„ At Lutherani omnia ad finiftram & iniquam intentionem de-
„ torquentes ac depravantes, fumpta inde occafione ediderunt librum
„ tum latinè tùm germanicè, cui titulum fecêre: *centum Gravamina*
„ *Germaniæ.* In quibus fanè recenfendis non folùm malignè in odium
„ Papæ & Cleri omnia exaugebant, & in pejorem partem interpre-
„ tabantur, verùm etiam impiè plerisque antiquiffimis ceremoniis
„ Ecclefiæ, quibus Epifcopi & Clerici in fuis functionibus ritè u-
„ tuntur, derogabant, & abrogatas volebant. Atque ut odium in
„ Papam adhuc magìs adaugeretur in populo, adjunxerunt etiam
„ fummas omnium Annatarum, quas totius orbis Epifcopi loco primi
„ tiarum fummo Pontifici in confirmatione fui adnumerare folent, ut
„ longè graviffima exactio, & infinita prorfus pecunia videretur quot-
„ annis à Papa exigi iniquè.

104.   Certum proin indubitatúmque eft, centum ea Gravamina ne-
Crifis circa quaquam à comitiis exiftimata effe legitima, fed privatum effe Lu-
Gravamina theranorum partum, *Lutherano veneno inquinata, alia per calumniam*
in fedis Apoftolicæ invidiam detorta, alia malitiofè exaggerata; ùt
fcribit Odoricus Raynaldus *in Annal. ad ann. 1523.*

Nec alia fententia eft Ludovici Maimburgi, Romanæ curiæ profectò non nimium addicti. Is etenim *in Hift. Luther. tit. 1.* pariter
teftatur, ea gravamina compofita fuiffe à Lutheranis; quædam enim
manifeftè ad deftruendam totam Pontificis auctoritatem, difciplinam
Ecclefiafticam, & fanctiffimas quasque confuetudines Chriftianifmi
ab immemorabili tempore obfervatas, tendere.

Præter tot teftimonia evidens argumentum, quòd centum illa
Gravamina non fint opus Comitiorum Imperialium, fed in privato atque domeftico Lutheranorum camino excocta, exinde deducitur,
quòd ne quidem Lutherani Scriptores audeant centum Gravamina
Comitiis Norimbergenfibus adfcribere, fed 75. duntaxat; ùt videre
eft in Goldafto, qui pluribus conftitutionum tomis latina ac germanica lingua illa inferuit. Sed nunquam ultra 75. progredi fuftinuit.
Sed nec ifta omnia in Comitiis agnita fuêre jufta ac legitima, ùt ex
adductis hactenus argumentis ac teftimoniis abunde conftat. Sed
neque poftea anno 1530. in Comitiis Auguftanis aufi funt hæc Gra
vamina proponere. Imò negare videbantur. Nam in Comitiis Au
guftanis per Melanchtonem dixerunt: *Nullum dogma habemus diver*
fum à Romana Ecclefia ; levis quædam diffimilitudo rituum eft. Ecce
quomodo centum ingentia Gravamina decreverint. Subjungunt: *ad*
ba

hæc Romani Pontificis authoritatem & universam politiam Ecclesiasti-
eam reverenter, colemus ; modò non abjiciat nos Romanus Pontifex.
Aliud nempe est publicis in Comitiis coram Imperatore loqui : aliud
clanculariis in circulis, in quibus Gravamina fuerunt procufa.

Per hoc tamen nullatenus negamus, nullos fuisse abusus in Romana curia. aut apud Clerum Germaniæ; neque diffitemur, aliqua
Gravamina pluribus in Comitiis fuisse propofita, & ad ea tollenda petitum remedium. Sed tria dicimus: primum, abusus illos ab heterodoxis fcriptoribus in immensum ultra omnem veritatem augeri,
ac malignè exaggerari. Alterum, quædam Gravamina fuisse â Comitiis judicata legitima, atque ad Cæfarem & Pontificem dirigenda;
decem nempe illa, jam Augustæ & Wormatiæ propofita, atque alia
nonnulla. Tertium, adhibitum fuisse ab Ecclefia ad abusus extirpan-
dos remedium, tum per Pontifices Romanos, tum per Concilia,
præfertim Tridentinum.

Nam imprimis Adrianus VI. teste Panvinio apud Raynald. ad   105.
ann. 1523. advocato Joanne Petro Caraffa Epifcopo Theatino, & Facta re-
Marcello Gazelio Cajetano, viris integerrimis reformationi manum formatio.
admovit, atque *ut promiſſum de corrigendis Ecclefiasticis etiam re,*
non verbis præstaturus videretur, multa protinus Romæ in statum
alium vertit &c.

Clemens VII. Adriani fuccessor illico curas fuas ad reformationem applicuit; nam cùm Ferdinandus Locumtenens, Duces Bavariæ,
& 12. Ecclefiastici Principes Ratisbonæ post Comitia Norimbergenfia
convenissent, edita est per Campegium legatum Apostolicum constitutio pro reformando Germaniæ Clero, tollendisque labusibus. Triginta reformationis capita complectebatur; quæ extant apud Bzovium ad ann. 1524. Interdicti abusus, ab Indulgentiarum quæstoribus inducti. Sepulturæ fumptus imminuti. Prohibitum ne pecunia
reciperetur pro abfolutione â cafibus refervatis. Vetita exactio pro
confecratione templorum & altarium. Prohibitum, ne Epifcopi ex
penfionibus Beneficiorum decimas exigant ne Parochi confueta quædam
fubfidia â Parochianis petant. Præfcripta diligens ac fidelis bonorum
ad Ecclefias pertinentium administratio : aliáque ejusmódi plura, ut
& Ecclefiis fua conftet integritas, nec tamen laici nimiùm graventur.

Paulus III. qui Clementi VII. fucceffit, novos cenfores conftituit, qui reformandæ cameræ Apostolicæ, Rotæ Romanæ, Cancellariæ, & Pœnitentiariæ operam impenderent. Capita reformationis
alia fpectabant Ecclefiam Romanam, alia Ecclefiam univerfalem,

per-

pertinebántque ad coh bendas difpenfationes , ad tollendas gratias exfpectativas, ceffionum penfiones , pluralitatem Beneficiorum, conceffiones abfentiæ , ordinationes indignorum , laxitatem difciplinæ Monafticæ , collationem Beneficiorum indifcretam &c.

Acceffere plures Provinciales fynodi, in quibus, reformandis Ecclefiafticorum moribus, ordinandáque difciplina ftrenuè defudatum, ùt poftea dicetur.

Et quàm multa , quàm falubria *decreta de Reformatione* facta funt â Concilio Tridentino Plena illi â Pontificibus conceffa libertas reformandi difciplinam Ecclefiafticam , etiam in curia Romana. Teftem habemus Pallavic num, qui ex pluribus Pontificum epiftolis ac monitis., legatis-fuis datis, id demonftrat. Addítque *lib. 9. cap. 10. Hift. Conc. Trid.* nunquam eò deventum effe , ut Pontifex impediret legem , quam plerique Patrum condidiffent : libertatem verò publicis in confeffibus obloquendi in ipfius etiam (Pontificis) facta , atque in ejus poteftatem , fuiffe ejusmodi, quam in neminem reliquorum Principum aufi fuiffent exercere. Profectò qui Decreta Concilii Tridentini de Reformatione æqua mente perpenderit, fateatur neceffe eft , per ea melioris orbis votis ita fuiffe fatisfactum , ut nulla Lutherana reformatione opus fuerit; nifi quis dicere velit, Diviniffima Evangelii Oracula, fanctiffimas Chrifti Leges, Primatum Sedis Apoftolicæ, S. Petro datum , atque in hunc usque diem propagatum, convellere, omnem obedientiam & fubjectionem erga eandem fedem Apoftolicam abjicere, effe Ecclefiam reformare. Cur non comparuerunt Proteftantes in Concilio, ad quod toties provocárunt , ad quod toties fuerunt invitati, quod tot fumptibus, tanto labore , induftria, difficultate ipforum caufa fuit congregatum ? cur Gravamina fua in eo non propofuerunt ? cur feparatam â veteri Chrifti Ecclefia, ac novam conflârunt? Fateamur veritatem. Gravamina toties ingefta, fucus erant, oblinendi prætextum fchismatis, ad quod humanis ex rationibus naturæ infirmitate , & humani generis hofte infpirante ferebantur.

ARTICULUS V.

Ulterior defcriptio ftatus Germaniæ.

106.
Urgetur ex-
ecutio edi-
cti.

ANno 1523. bellum adverfus Gallos ftrenuè continuatum, Anglo premente Picardiam, Cæfareis verò Bonivetum ab Infubria arcentibus. In Comitiis Norimbergenfibus executionem edicti Wormatienfis adverfus Lutherum cum Ferdinando Locumtenente urgebant Ordines Catholici, obftrepentibus Lutheranis.

Sequen-

Sequente anno 1524. idem Norimbergensium comitiorum effectus fuit, quare Catholici Status cum Ferdinando Archiduce Ratisbonam secedunt, edictíque Wormatiensis observationem decernunt;
atque cum Laurentio Campegio Clementis VII. Legato de reformatione tractant. Editi in hanc rem 30. de quibus antè articuli. A-
ctum pariter de convocando Concilio.

Victis ad Eporediam Gallis, atque ex Italia ejectis, Cæsarei in
Provinciam Duce Borbonio irrumpunt; at Aquis Sextiis occupatis,
à Massiliæ obsidione depulsi, in Italiam redeunt. Sequitur Franciscus
Rex cum numeroso exercitu, brevíque Ducatum Mediolanensem aut
deditione aut vi capit, arce duntaxat Mediolanensi & Pavia exceptis.

Hanc dum obsidet, prælio cum Cæsareis inito vulneratus, vi- Rexcaptus,
ctus captúsque in Hispaniam abducitur anno 1525. In Germania verò Anabaptistæ ac Rustici, â Luthero concitati, omnia susdeque vertebant. Prout hæc aliáque ad Lutheranam sectam pertinentia *parte*
2. cap. ult. prolixiùs exposui.

Anno 1526. sub certis conditionibus liber dimissus Rex Galliæ, dimissus.
pactis non stetit; sed inito cum Pontifice, Anglo, Sfortia, & Venetis fœdere, Cæsarem impugnare non destitit. In Germania habita
sunt *Comitia Spirensia*. Confirmatum edictum Wormatiense, Saxone
licèt & Hasso reclamantibus. Contra Turcas, cæso Ludovico Rege Hungariam devastantes, vix aliquid impetratum subsidii. Judicium camerale Spiram translatum.

Ægerrimè Cæsarem habuit initum Pontificis cum Gallo fœdus; Roma va-
quare, cùm Romani Cæsareos transitu prohibere niterentur, duce stata.
Borbonio urbs capta & direpta est, Pontifice in Arcem S. Angeli
confugiente; nec inde dimisso, nisi ejurato fœdere in difficiles conditiones consentiret *anno 1527.* In Germania frustra habita sunt
Comitia Spirensia & Ratisbonensia Lutheranis jam ad arma respi-
cientibus.

Anno 1528. Galli, quàm facilè totum propemodùm Regnum
Neapolitanum occupârunt, tam facilè rursus amiserunt; deficiente
ad Cæsarem Andrea Auria Genuensi, â Gallis offenso: ac præterea
peste & ferro in eos grassantibus; similísque hæc expeditio fuit illi,
quam Carolus VIII. susceperat.

M 3 Por-

167.   Proximo dein anno 1529. tandem *pax Cameracensis* coaluit,
Viennæ ob- pacatúsque est Occidens. At major ab Oriente procella incubuit.
sidio, Dum Solymannus ex Hungaria in Germaniam effusus, Viennam obsedit, at conatu irrito, propugnante strenuè urbem Philippo Palatino, Turcásque magna cum clade retundente Cæsareo milite. Minitatus quidem est Barbarus, se brevî cum majoribus copiis rediturum, ac Viennam expugnaturum; sed, Domino custodiente civitatem, vanæ fuerunt minæ. Celebrata *Comitia Spirensia*; in quibus
cùm rursus urgeretur executio edicti Wormatiensis, intercesserunt
Saxo & Hassus, cum aliis paucis Lutheranis; quibus propterea
Protestantium nomen adhæsit, aliis deinceps etiam sectis communicatum. Exinde Luthericolæ in varios cœtus collecti consilia clan-
cularia inierunt. In doctrina tamen convenire inter se non poterant, teste Struvio *periodo 10. §. 42.* prolusúmque his synedriis fœderi ac bello Smalcaldico. Prodiit hoc anno Constitutio à Carolo
V. qua statuit, ut fratrum aut sororum liberi soli exstantes, succedant *in capita* patruo vel amitæ.

     .Anno 1530. Carolus V. ex Hispania in Italiam profectus, à Cle-
Italia. mente VII. coronatus Imperator, Marchionem Fridericum Gonzagam primum Mantuæ Ducem creat. In gratiam Pontificis Medicæos,
triennio abhinc à Florentinis expulsos, restituit, & ablata iisdem
libertàte Alexandrum Medicæum primum Hetruriæ Ducem nominat;
eique Margaritham filiam suam despondet. Francisco Sfortiæ Mediolanum restituit, Ferrariensi verò Duci Mutinam & Rhegium adjudicat, reclamante licèt Pontifice. Ordini S. Joannis Rhodo depulsis â Turca Melitam concessit.

     Sed nulla re celebrior est hic annus, quàm *Confessione Augu-*
stana. Nam Cæsar compositis Italiæ rebus, in Germaniam ad Imperii Comitia, quæ Augustam indixerat, se contulit, ubi porrectam
sibi à Lutheranis Confessionem damnavit. Cur & quomodo id contigerit, descripsi *part. 3. cap. ult.* Placet nihilominus hîc quædam de
illa annotare.

Ar

ARTICULUS VI.

OBSERVATIO

In Confessionem Augustanam.

§. I.

Priores 21. Articuli excutiuntur crisi debita.

CArolus V. ut morbis Germaniæ, â quibus ipsa ejusdem inte- **108.** stina erant infecta, feliciùs mederetur, jussit Protestantes **Confessio.** ulcera sua detegere. Quapropter illi ex Lutheri potissimùm libris 28. Articulos, fuco tamen â Melanchtone vafrè illitos conscripserunt. Quia autem Confessio illa pluries mutata, aliter aliterque cusa & recusa fuit, profuerit illius; primitus Carolo V. oblatæ, epitomen hîc adnectere.

Primus Articulus tractat de unitate Divinæ essentiæ, & Personarum Trinitate. Nihílque hîc continetur alienum â doctrina Catholicæ Ecclesiæ. Hoc unum adverto, Protestantes ex suis principiis nunquam posse ea probare, quæ in hoc primo Articulo profitentur, nisi ad principia & interpretationem Catholicæ Ecclesiæ deveniant, ùt speciali libello de Verbo DEI demonstravi.

In 2. confitentur peccatum originale. Sed malè illud consti- **Originale.** tuunt in concupiscentia & carentia metus Divini, & fiduciæ erga DEUM. Hæc enim aliquando dantur etiam in hominibus baptizatis; nec tamen datur in illis peccatum originis. Concupiscentiæ rebellio est effectus peccati non ipsum peccatum. Deinde infantes non sunt capaces, actum timoris, aut fiduciæ eliciendi.

In 3. confitentur Incarnationem Verbi Divini, more Catholico. Ut tamen hoc Mysterium adversus Arianos, Photinianos, & Samosatenianos hæreticos defendant, necesse habent ad nostra principia & interpretationes Conciliorum ac Catholicorum Patrum recurrere, ùt pariter loco citato ostendi. Ubi tamen dicunt, quòd Christus nos defendat *adversus vim peccati*, meliùs dicerent, Christum sufficientia nobis suppeditare media, ad evitandum peccatum, & ad resurgendum â peccato. Nam quamdiu manet peccatum, Christus ejus

vim

vim non tollit. Malè proin fupponitur, remiffionem peccati confiftere in mera non imputatione.

Juftificatio.   Quarto de Juftificatione hunc errorem inferunt , quòd homo
juftificetur per folam fidem, per hoc nempe; quòd credat fe in gratiam recipi, & peccata fibi remitti. Ineptè. Hoc idem eft, ac dicere, invenire thefaurum nihil aliud effe, quàm credere, fe eum inveniffe. Crede, remiffum tibi à creditore debitum, & remiffum eft.
Quàm laxa latáque fic foret porta cæli ! quàm facilis pœnitentia !
Ruite in fcelera mortales ; fed credite, remiffa vobis effe peccata ;
& res eft falva. Imò ne quidem peccare poteftis , & amittere gratiam, modò femper credatis vos effe in gratia, & peccata vobis non
imputári. Vah! portentum doctrinæ. Aliam David pœnitentiam
egit: aliam Scriptura præcipit. Juftificatio autem fit per collationem gratiæ nobis inhærentis, quæ diffunditur in cordibus noftris
per Spiritum fanctum.

Meritum.   Quintus videtur excludere meritum bonorum operum; & adhuc patentiùs fextus. Sed aliud rurfus loquitur Verbum Dei. *Mercedem* copiofam fore in cælis fpondet : reddendum cuique fecundum
opera ejus : reddendam *coronam juftitiæ* : vocandos *operarios*, ut
mercedem accipiant. Cui merces hîc promittitur, nifi merito bonorum operum ? ubi nullum eft meritum , neque merces locum habet.
Aliud eft merces, aliud donum. Et quàm luculentè S. Jacobus in
Epiftola fua Catholica ait : *Quid proderit fratres mei , fi fidem quis
dicat fe habere, opera autem non habeat ? nunquid poterit fides falva-
re eum ?* v. 14. *Abraham pater nofter nónne ex operibus juftificatus
eft ?* v. 21. *Vides, quoniam fides cooperabatur operibus illius, & ex
operibus fides confummata eft ?* v. 22. *Videtis, quoniam ex operibus
juftificatur homo, & non ex fide tantùm.* v. 24. *Sicut enim corpus
fine fpiritu mortuum eft , ita & fides fine operibus mortua eft.* v. 26.
Cæcum effe oportet, qui tantam lucem non videat. Verùm Luthero Epiftola S. Jocobi tunc erat ftraminea. Ejus autem Difcipulis poftea facta eft aurea.

Septimus Articulus videtur dicere, quòd tantùm *Sancti* pertineant ad Ecclefiam. Evangelium verò comparat Ecclefiam decem Virginibus, ex quibus quinque erant fatuæ, & quinque prudentes. Sa-
genæ, miffæ in mari, & ex omni genere pifcium congreganti. A-
gro, in quo inimicus fuperfeminavit zizania in medio tritici. Ubi
eft Ecclefia Lutherana, fi foli Sancti illam conftituunt ?

Octavus afferit, Sacramenta effe efficacia, licèt per malos ad-
miniftrentur. Catholica eft hæc affertio, Sed ex qua clara Scriptu-

ra eam contra Donatiſtas probare poſſent Confeſſioniſtæ, cùm S. Cy-
prianus cum integris Conciliis adeò vehementer contrarium propug-
nârit adverſus Stephanum Pontificem, ad Eccleſiæ Traditionem ſe
referentem?

Nonus orthodoxè de Baptiſmo ſentit, & contra Anabaptiſtas
decernit, pueros eſſe baptizandos; omittitque prudenter ridiculam
illam ineptiam Lutheri, quòd infantes, dum baptizantur, actum
fidei eliciant.

In Decimo de Cœna Domini docent, quòd corpus & ſanguis
Domini verè adſint, & diſtribuantur veſcentibus. Ecce! quomodo
in principali fidei Articulo contradicant Lutherani fratribus ſuis Zwinglianis & Calviniſtis. Sed quid tum? diſcordia in pluribus fidei Articulis confraternitatem non tollit : modò in primario eorum fidei
Articulo conveniant, quòd Papa ſit Antichriſtus, & Eccleſia Romana Babylonica meretrix. Lutheranis Evangelium aſſerit præſentiam
Chriſti, Calviniſtis negat ; nihilominus ſunt membra unius corporis
Evangelici.

In XI. de Confeſſione docent rurſus contra Zwinglianos & Calviniſtas, quòd abſolutio privata in Eccleſiis retinenda ſit ; non tamen neceſſariam eſſe omnium delictorum in confeſſione enumerationem, cùm hæc ſit impoſſibilis. Atqui etiam Eccleſia Catholica
non alia delicta confiteri præcipit, niſi quæ poſt diligentem conſcientiæ diſcuſſionem memoriæ occurrunt. Hæc autem enumerare non
eſt impoſſibile.

In XII. docent quidem, quòd Eccleſia redeun-**Contritio.**
tibus ad pœnitentiam debeat abſolutionem impertiri. Sed mà-
lè addunt, contritionem conſiſtere *in terroribus incuſſis conſcientiæ*
agnito peccato. Meliùs cum Concilio Tridentino dicerent, quòd
contritio ſit animi dolor de peccato commiſſo ejúſque deteſtatio cum
propoſito non peccandi de cætero. Malè inſuper dicunt, pœnitentiam tantùm duabus partibus conſtare, terroribus nempe conſcientiæ, & fide, remitti peccata Meliùs dicerent, pœnitentiam conſiſtere in materia, quam conſtituunt tres actus pœnitentis, nempe
contritio, confeſſio, & ſatisfactio, & in forma, quæ conſiſtit in
verbis Miniſtri.

In XII. peſſimè errant, dum dicunt, Sacramenta eſſe mera **Sacramen-**
ſigna ad excitandam & confirmandam fidem, quæ credit promiſſioni- **ta.**
bus : præſumúntque damnare eos, qui docent, quòd ex opere operato
juſtificent. Aliud Scripturæ, Concilia, Patres loquuntur : quòd videlicet non ſint mera ſigna promiſſionum, ſed gratiam Dei ex inſtitu-

Pars VII. N tio-

tione Christi contineant, eámque dignè fuscipientibus conferant.
Ita de Baptismo ad Titum 3. v. 5. act. 22. v. 16. De Confirmatione
act. 8. De Euchariſtia Joann. 6. De Pœnitentia Joann. 20. De extrema
Unctioue Jacob. 5. De Ordine 2. Tim. 1. De Matrimonio ad Ephef. 5.
De Sacramentis univerſim Concilium Milevitanum can. 2. Araufica-
num 1. can. 25. Florentinum in Decreto Eugenii pro inſtructione Armenorum. Tridentinum ſeſſ. 7. can. 8. ibi : *Si quis dixerit, per ipfa legis novæ Sacramenta ex opere operato non conferri gratiam, fed
folam fidem promiſſionis ad falutem fufficere, anathema fit.* Idem Patres, Cyrillus Hier. in præf. Catech. Greg. Nyſſ. in orat. de Bapt.
Juſtinus in Apolog. 2. Ambroſius l. 2. de pœnit. c. 2. Auguſtinus
tract. 10. in Joann.

In XIV. rectè dicunt, quòd nemo debeat in Eccleſia publicè
docere, aut Sacramenta adminiſtrare, niſi ritè vocatus. Verùm
Præcones Lutherani non intrant per oſtium, fed aliunde.

Vota.

In XV. Vota & traditiones de cibis & diebus inſtitutas ad promerendam gratiam, & ſatisfaciendum pro peccatis inutiles eſſe &
contra Evangelium. Hoc Confeſſioniſtæ dicunt abſque omni proba-
tione; contra diſciplinam totius Chriſtianæ antiquitatis, ac contra
Evangelium, quod verbis & exemplo Chriſti jejunium commendat,
& vota reddere jubet Domino. Philautiam & curam cuticulæ hic
Articulus nimiùm ſapit.

In XVI. damnant Ánabaptiſtas, qui interdicunt Chriſtianis civilia officia. Hoc bene. Sed addunt, fe eos etiam damnare, qui
Evangelicam perfectionem non collocant in timore & fide. Ignaros
omnino eſſe ſancti Evangelii neceſſe eſt iſtos Evangelicos, qui neſci-
unt Evangelicam perfectionem in executione primi & maximi mandati, perfecta videlicet DEI dilectione conſiſtere: eúmque, qui diligit, legem implere: ignaros, quid S. Paulus 1. Cor. 13. v. 13.
dicat: *nunc autem manent fides, fpes, charitas, tria hæc: major autem horum eſt charitas:* ignaros quòd *perfecta charitas foras mittit
timorem: quoniam timor pœnam habet: qui autem timet, non eſt
perfectus in charitate:* ignaros illius Chriſti oraculi: *fi vis perfectus eſſe, vade, vende, quæ habes &c.*

In XVII. Catholicè ſentiunt de extremo Judicio, æternitate
pœnarum & gaudiorum.

In XVIII. confitentur liberum arbitrium ad efficiendam civilem
juſtitiam, & deligendas res rationi ſubjectas: imò etiam ad efficiendam juſtitiam ſpiritualem cum adjutorio Spiritus ſancti. Quòd enim
homo non habeat vim efficiendi juſtitiam ſpiritualem ſine Spiritu ſan-

Et

&o, orthodoxa doctrina eſt. At longè. aliud de libertate arbitrii docuit Lutherus; aliud, Zwingliani, aliud Calviniſtæ, abſolutè illam negantes.

In XIX. bene dicunt contra fratres ſuos Calviniſtas, quòd voluntas malorum ſit cauſa peccati, non verò DEUS.

In XX. certas ferias, certa jejunia, peregrinationes, cultum Sanctorum &c. crudè appellant *opera puerilia.* Meliùs nempe iſti heſterni Myſtagogi ſapiunt, quàm SS: Patres, quàm ſacra Concilia, quàm tota antiquitas, quàm ipſe Chriſtus. Quid ? Num opus puerile appellabitis jejunium Chriſti, ac peregrinationem ex Galilæa in Judæam ad templum Jeroſolymitanum ? Et hos operum Chriſtianorum calumniatores Chriſti ſectatores atque imitatores credamus ?

Recoquunt deinde ea, quæ Articulo VI. de fide & bonis operibus dixerant, ſola fide hominem juſtificari, per opera nos non mereri; Chriſti gratiam aſpernari, qui confidunt in operibus.

Inſtruantur tantisper veræ doctrinæ ignari. Certum eſt, fidem ad ſalutem abſolutè eſſe neceſſariam, imo illam eſſe radicem & fundamentum omnis juſtificationis. Hoc nullus noſtrorum negat. Certum etiam eſt, nos primam gratiam actualem nec de condigno nec de congruo mereri poſſe per noſtra opera, hoc ipſo, quòd ſit prima ac ſupernaturaliſ, ad quam opera naturalia nullam habent congruitatem. Unde certiſſimum apud Theologos eſt axioma, *primam gratiam non cadere ſub meritum.* 109.
De gratia.

Sed neque gratiam perſeverantiæ finalis de condigno poſſumus mereri, utpote quam DEUS nobis non promiſit. Denique neque primum gradum gratiæ habitualis, ſeu ſanctificantis de condigno poſſumus mereri. Et in hoc ſenſu eſt verum, quòd juſtificationis gratiam nemo mereri poſſit, ſed quòd tam juſtificatio quàm conſequens inde ſalus & vita æterna ſit gratia & donum, ſicque nos *gratis,* ùt Apoſtolus ait, juſtificari. Quia nimirum primam gratiam ad juſtificationem nullo modo meremur, nec de condigno gratiam finalem, aut primam gratiam juſtificantem ac ſanctificantem; & quia prædeſtinatio, vi cujus ex infinita ſua miſericordia & amore peculiari eas nobis gratias ab æterno decrevit largiri, quas cooperationem noſtram tracturas, adeóque efficaces fore prævidit, eſt donum DEI ac ſumma gratia.

Nihilominus tamen ipſa ſalus & æterna beatitudo, quam dependenter à gratia Chriſti & noſtra cooperatione conſequimur, non eſt merum donum, aut pura hæreditas, ſed, ùt Apoſtolus loquitur, *corona juſtitiæ,* quà DEUS juxta ſanctiſſimam ac benevolentiſſimam

ſuam

suam promissionem præmiatur bona nostra opera ac merita, quæ Divina gratia præveniente & adjuvante fecimus, prout Divinæ scripturæ mille in locis nos consolantur, alloquendo e. g. bonum operarium : *euge serve bone & fidelis, quia super pauca fuisti fidelis, supra multa te constituam, intra in gaudium Domini tui* : & invitando electos in extremo judicii die ad possessionem regni propter exercita bona opera. *Matth. 25.*

Nequaquam tamen propter bona opera superbire, sed servos inutiles nos dicere oportet, tum, ut exerceatur Christiana humilitas ; tum quia absque gratia Christi nullum opus bonum, æternæ vitæ meritorium, valemus exercere, adeóque nostra bona opera DEO potiùs ejúsque gratiæ quàm nobis sunt adscribenda ; tum quia infinitam DEI gloriam intrinsecam nulla ratione augere possumus, cùm in se ipso, & per se ipsum infinitè perfectus & beatus sit ; tum quia DEUS nullam mercedem deberet operibus nostris, nisi illam benevolentissimè promisisset.

Non est proin, quòd Confessionistæ nobis objiciant, nos confidendo in operibus aspernari meritum & gratiam Christi. Quia profitemur, nos absque gratia & meritis Christi nullum actum salutarem, nullum opus ad salutem conducens posse efficere. *Non ego, sed gratia DEI mecum,* ait Apostolus.

Quando verò Scriptura dicit nos absque operibus per fidem salvari, de operibus merè naturalibus, aut operibus legis Mosaicæ, uti de circumcisione, esu agni paschalis, aliisque abolitis ritibus, & ceremoniis antiquæ legis manifestè loquitur, ùt ex epistolis S. Pauli ad Corinthios, Romanos, Galatas &c. evidenter patet, in quibus dum contra Gentiles & Judæos ostendit, fidem in Christum ad salutem esse necessariam, intelligit fidem vivam, seu animatam charitate aliisque virtutibus, unde Apostolus ad Galat. 5. scribit : *in Christo JEsu neque circumcisio neque præputium aliquid valet, sed fides, quæ per charitatem operatur.* Optimè in hanc rem loquitur S. Augustinus *cap. 14. de fide & oper.* ubi ait, jam temporibus Apostolorum non intellectis quibusdam subobscuris sententiis Apostoli Pauli, quosdam existimâsse, ad obtinendam salutem sufficere solam fidem, a propterea aliorum Apostolorum, ùt Petri, Joannis, Jacobi, Judæ epistolas ad eximendum hunc errorem intentionem direxisse, fidem nempe, operibus vacuam nihil prodesse : ipsúmque Paulum requisiisse fidem non qualemcunque, sed salubrem, Evangelicam, charitate aliisque virtutibus animatam. En Christianam Theologiam Ecclesiæ Catholicæ ! quam si Confessionistæ intellexissent, non adeò i

P

peritè omnia confudiſſent, neque tot falſas doctrinas nobis affinxiſ-
ſent ; niſi quis dicere velit, eos ex malitia hoc feciſſe,

In XXI. de cultu Sanctorum docent, quòd Sanctorum memoria
proponi poſſit, ut imitemur eorum fidem & bona opera ; non autem docere nos Scripturam invocare Sanctos ; cùm unum Chriſtum
nobis proponát Mediatorem, Propitiatorem, Pontificem, & Inter-
ceſſorem.

110. Invocatio SS.

Verùm Chriſtum Dominum invocandum ab omnibus eſſe tanquam unicum noſtrum Redemptorem ac Salvatórem, tanquam Mediatorem DEUM inter & homines, â quo & per quem omnia habemus, quæ habemus, in eóque ſpem omnem ac fiduciam eſſe collocandam, nemo Catholicorum eſt, qui neget. Per hoc tamen non
prohibemur invocare Sanctos, ut apud DEUM pro nobis orent & in-
tercedant, ut per merita Chriſti nobis largiatur gratias, quas rogamus. Neque hoc quidquam derogat meritis Chriſti : quia profitemur, Sanctos propria authoritate & virtute nihil nobis dare poſſe,
ſed, quod dictum, rogare pro nobis poſſunt DEUM, ut nos exau-
diat per Chriſtum Dominum noſtrum. Quæ oratio & invocatio tàm
parùm derogat Chriſto, quàm parùm eidem derogat imploratio, qua
homines adhuc viventes imploramus, ut pro nobis DEUM orent.

Neque hæc oratio & invocatio aliena eſt â S. Scriptura. Nam
Salomon oravit DEUM per merita ſui patris David. *2. Paral. 6.*
Onias & Jeremias poſt mortem oraverunt pro populo Hebræo *2.*
Machab. 15. Angelus Raphàel orationem Tobiæ Domino obtulit *Tob.*
12. Angelus oravit, ut DEUS Judæos è captivitate liberet. *Zach. 1.*
Patriarcha Jacob Angelum invocavit *Gen. 48.* & *Jobi 5.* dicitur :
ad aliquem ſanctorum convertere. item *Jobi ult. Job autem ſervus meus*
orabit pro vobis, faciem ejus ſuſcipiam, ut non vobis imputetur ſtul-
titia. Et quoties S. Paulus invocavit fideles, ut pro ſe orent, ad
Rom. 15. Epheſ. 6. Coloſſ. 4. Theſſal. 3.

Poſt iſtos 21. Articulos Confeſſionis Auguſtanæ ſubjungunt falſiſſimè, doctrinam ſuam nihil diſcrepare â Scripturis, vel ab Eccleſia Catholica, vel ab Eccleſia Romana, quatenus ex ſcriptoribus ſit
nota. Totam diſſenſionem eſſe de paucis quibuſdam abuſibus, qui
ſine certa authoritate in Eccleſiam irrepſerint, in quibus licèt eſſet
aliqua diſſimilitudo, tolerandos tamen eſſe confeſſioniſtas, quia ne
Canones quidem tam duri ſint, ut eoſdem ubique ritus poſtulent.

111. Falſitas.

Falſiſſimè, inquam, hæc dicunt ; nam licèt errores ſuos deal-
bare, fucare, & abſcondere ſtuduerint, tàmen ea, quæ tradunt de
peccato originali, de juſtificatione, de ſola fide juſtificante, de bo-

nis

nis operibus, de pœnitentia, de sacramentis, de præceptis Ecclesiæ, de libero arbitrio, de invocatione Sanctorum, manifesti sunt errores contra fidem. Quomodo ergo dicere possunt, doctrinam suam nihil discrepare ab Ecclesia Catholica aut Romana ? Si nihil discrepat, cur ergo illam tantopere reprehendunt ? cur ab illa se separant ? cur coitionibus, conjurationibus, seditionibus, bellis, adversus suum Imperatorem omnia miscent ? Si tota dissensio est de paucis quibusdam abusibus, cur in tot fidei Articulos sunt grassati ? Sustulissent abusum, & reliquissent usum. Ad quid necesse cum barba etiam mentum imò caput amputare ?

§. II.

Posteriores septem Articuli ad crisin vocantur.

112. UT autem sciamus, de qualibus abusibus loquantur, septem Articulos de illis subjungunt, atque ita præfantur : *cùm Ecclesiæ apud nos de nullo fidei Articulo dissentiant ab Ecclesia Catholica, tantùm paucos quosdam abusus omittant, qui novi sunt, & contra voluntatem canonum vitio temporum recepti,* rogamus, ut Cæsarea Majestas clementer audiat, quid sit mutatum, & quæ fuerint causæ &c.

1. Utraque species laicis datur : quia hic mos habet mandatum Domini Matth. **26.** *bibite ex hoc omnes.* Sed, quinam fuerunt isti omnes? Nunquid præsentes, Apostoli, jam ordinati sacerdotes, quos alloquebatur? Addit Evangelium Marci **14.** *& biberunt ex eo omnes.* Quinam omnes ? An etiam absentes ? Sacerdotes præsentes biberunt. Sacerdotibus præcepit Dominus bibere, si consecrant, non verò laicis, nec sacerdotibus, quando non ipsimet consecrant.

Usus calicis.
Quoad laicos varia circa hoc diversis temporibus fuit Ecclesiæ disciplina. Primis quatuor Sæculis liberum erat Christianis sub una vel bina specie Sacramentum sumere. Sæculo quinto propter errores Manichæorum præcepta fuit sumptio calicis, ut hæretici isti, vinum tanquam diaboli creaturam detestantes, â Catholicis discerni possint. Extincta hæresi ista integrum rursus erat fidelibus sub una tantùm specie synaxin sumere, â sæculo undecimo laici sub specie vini non ampliùs communicârunt, usque dum sæculo decimo quinto Hussitæ in Bohemia docuerunt, sumptionem calicis esse necessariam & â DEO præceptam. Quem errorem damnavit Concilium Constantiense,
laicis-

l aicisque calicem prohibuit. Concilium deinde Bafileenfe Bohemis &
Moravis calicis ufum fub certis conditionibus indulfit, fic tamen,
ut nemo invitus ad illum adigatur. Cùm autem fæculo 16. Lutherus aliíque Novatores rurfus docerent neceffitatem calicis, tanquam
â DEO præcepti, Concilium Tridentinum Seff. 21. can. 1. rurfus
eorum errorem damnavit : & can. 2. eos, qui dicunt, Ecclefiam non
juftis de caufis Sacramentum Fidelibus fub una tantùm fpecie præbere.

    Caufæ autem juftæ ad duo capita revocantur, tum ut exfcin-
datur error, Chrifti fanguinem fub fpecie panis non contineri, ac
fumptionem utriusque fpeciei præcepto Divino effe neceffariam :
tum, ut evitentur variæ irreverentiæ, quæ aucto in immenfum
Chriftiano populo caveri fatìs non poterant.

    Imperitè autem loquuntur Confeffioniftæ, dum dicunt, morem
fub una fpecie communicandi non effe veterem. Nam S. Auguftinus
lib. 3. de confenfu Evang. c. 25. teftatur, Chriftum ipfum duobus
Difcipulis in Emmaus Euchariftiam tantùm fub fpecie panis præbuiffe :
videtúrque hoc indicare Evangelica hiftoria. Conftat infuper prima
Ecclefiæ ætate frequentiùs accidiffe, ut fidelibus Euchariftia tantùm
fub fpecie panis fuerit porrecta, domum deferenda, ibíque fumenda,
viris quidem in manus tradita, â fœminis verò mundo linteolo excepta. Particulæ etiam fpecierum panis refiduæ pueris manducandæ
funt datæ. Confuetudo quoque, Euchariftiam die Parafceves fub
fpecie tantùm panis fumendi jam ultra 1300, annos tenet in
Ecclefia.

    Et meritò ; nam certum eft, totum & integrum Chriftum cum
corpore & fanguine fub una etiam folummodo fpecie contineri, atque â fidelibus fumi. Falfum proin eft, fideles aliqua parte Chrifti defraudari, Certum pariter eft, etiam fub una fpecie digne com-
municantibus promitti vitam æternam : *qui manducat hunc panem,*
vivet in æternum. Joan. 6.

    In II. de *Conjugio facerdotum* ajunt, ad evitanda fcandala fe
facerdotibus concedere conjugia, â Chrifto ipfis permiffa, imò præcepta. Amplum hîc fpatium foret de materia ifta differendi : verùm
cùm prolixè id præftiterim *part. 5. ad fæc. X. art. 5.* fpeciáli Differtatione de cœlibatu clericorum, eò lectorem remitto.

    In III. de *Miffa* dicunt, fe falfò accufari, quòd Miffam abole-
ant ; retineri enim apud fe, & fumma reverentia celebrari. Servari
quoque ufitatas ceremonias fere omnes, præterquam quòd latinis
cantionibus admifceantur alicubi germanicæ, ad docendum populum,
Ad hoc enim præcipuè opus effe ceremoniis, ut doceantur imperiti.

113.
Miffa.

Ad-

Addunt tamen, privatas Miſſas apud eos defiiſſe; eò quòd eæ folùm celebratæ fint ob mercedem, ſtipendium, & quæſtum. Ve- rùm iſti homines non perpendunt, quid fuadeat, æquitas, quidque Scripturæ ipfæ loquantur: dignum eſſe operarium mercede ſua : qui fervit altari, de altari poſſe vivere. Suſtentatio præbetur facerdoti facris operanti. Quid æquius ?

At fit, abufus quoad hòc irrepfiſſe, an propterea ſtatim Miſſa, à Chriſto in memoriam ſuæ paſſionis & mortis inſtituta, qua Di- viniſſimus Agnus cœleſti Patri quotidie incruento modo immolatur ac fumitur , abolenda fuit ? Res omnes ſanctiſſimas aboleas neceſſe eſt, fi omnibus abuſibus præcautum velis. Mifera profectò religio, quæ caret facrificio infinito, latreutico, Euchariſtico, propitiatorio, & impetratorio, quo DEUS cultu ſe digno, quia infinito, honoratur, nobis verò emolumentum multò maximum comparatur !

Confeſſio. In IV. *de Confeſſione* aſſerunt eam apud eos non eſſe abolitam, nec corpus Domini porrigi, nifi exploratis, & abſolutis ; ornari poteſtatem clavium &c.

Verùm hanc aſſertionem abſurdis rurſum erroribus inficiunt, dum toti funt in commendanda fola fide abſolutionis, quaſi totum Confeſſionis negotium vertatur in fola fide, qua credant, quod per illam fidem verè conſequantur & accipiant remiſſionem peccatorum. Neque ad hoc neceſſariam eſſe enumerationem delictorum.

At quomodo explorare poſſunt, an ad corpus Domini fint-ad- mittendi (ùt ſe facere aſſerunt) fi enumerare non debent ſua gra- vìa delicta, quorum conſcientiam habent ? Quomodo abſolutionis ſententiam ferre poſſunt, fi conſcientiam & ſtatum animæ non ha- bent perſpectum ?

114.
Fides. In V. de diſcrimine ciborum & traditionibus plura omnino fal- fa Catholicis affingunt ; uti, obſcuratam eſſe doctrinam de gratia & juſtitia fidei per traditiones humanas. In pœnitentia nullam mentio- nem factam fuiſſe de fide. In folis operibus fatisfactoriis totam pœ- nitentiam conſiſtere exiſtimatum fuiſſe. Per has Traditiones obſcu- rata fuiſſe præcepta Dei, ac longè prælatas Traditiones fuiſſe præ- ceptis DEI. Chriſtianiſmum totum collocatum fuiſſe in obſervatione

nas, S. Bonaventura, S. Albertus M. ex Sæc. XIII. Jóannes Duns Scotus, Nicolaus de Lyra, Gregorius Ariminenfis, ex Sæc. XIV. S. Vincentius Ferrerius, S. Bernardinus Senenfis, S. Laurentius Juftinianus, S. Antonius, Alphonfus Toftatus, Dionyfius Carthufianus, ex Sæc. XV. aliique plurimi Doctores noftri; & ad oculum patebit, quàm falfo Confeffioniftæ ifta nobis affingant.

Semper Ecclefia fidem fummopere æftimavit, prædicavitque tanquam radicem & fundamentum juftificationis: femper fidem prædicavit abfolutè neceffariam adultis ad falutem; fine qua impoffibile eft placere DEO. Semper mandata DEI præ traditionibus humanis habuit. Nunquam Doctores noftri dixerunt, nos per opera noftra mereri primam gratiam actualem, aut de condigno primam gratiam habitualem ac juftificationem. Quòd autem homo jam juftificatus per gratiam DEI fanctificantem, poffit deinde per bona opera, cum adjutorio Divinæ gratiæ exercita, mereri augmentum gratiæ fanctificantis, eft certa veritas, quæ ùt antea dictum, non derogat meritis Chrifti, fed illa vel maximè commendat; cùm omne meritum noftrum fundetur in meritis & gratia Chrifti.

Quod autem ad traditiones fpectat, magno felectu Ecclefia catholica illis utitur; neque enim quaslibet traditiones nobis commendat, fed eas, quæ funt Divinæ, Apoftolicæ & Ecclefiafticæ; quas qui contemnit, ipfam DEI vocem, per Apoftolum nobis eas proponentem & commendantem, contemnit, totámque venerandam antiquitatem condemnat, prolixè hac de re tractavi fpeciali opufculo de Verbo DEI.

In VI. *de votis Monachorum* fufè invehuntur in vitam Monafticam ac Religiofam, contendúntque, vota effe irrita, eò quòd fint contra mandata DEI, quæ præcipiunt, ut propter fornicationem unufquifque fuam uxorem habeat; meliùs enim effe nubere quàm uri. 1. Cor. 7. 115. Vota.

Verùm mandatum univerfale & abfolutum in verbis iftis contineri, dici nullatenus poteft; aliàs enim Apoftolus apertè fibi ipfi contradixiffet, utpote qui eodem capite feptimo pluribus vitam cœlibem commendat, ac præfert conjugali: *qui matrimonio jungit virginem fuam, bene facit, &, qui non jungit, meliùs facit &c.*

Igitur S. Paulus refpondet ad quæftionem, quam ipfi propofuerant Corinthii, an conjugati poffint uxorem fuam retinere, & actum conjugalem exercere? ubi affirmativè refpondet S. Doctor. Nam verbum *habeat*, ùt ex quæftione propofita & fubjecta materia, uti

Pars VII. O etiam

etiam ex modo loquendi Scripturæ conftat, hîc non fignificat *accipere* uxorem, feu nubere, fed jam legitimè nuptam fibi, *retinere*, & pergere in actibus conjugii. Quando verò dicit, meliùs effe nubere quàm uri, fenfus eft, quòd à voto & impedimento liberis meliùs fit nubere, quàm uri, hoc eft, quàm tentationi carnis fuccumbere & fornicari aut adulterari. Hæc interpretatio, præterquam, quòd fit communis PP. & DD. optimè combinat hunc locum cum iis, quæ Apoftolus in eodem capite adducit ad commendationem continentiæ ac vitæ cœlibis. Plura de hac re vide *part. 5. ad Sæc. X. Art. 5.* & de antiquitate Status Monaftici ad Sæc. IX. in fine.

Denique in VII. Articulo *de Poteftate Ecclefiaftica*, imprimis blandiuntur Principibus & Magiftratibus laicis, dum Poteftatem Ecclefiafticam reftringunt; deinde lamentantur, quòd Epifcopi condant traditiones contra Scripturam, relicta doctrina de fide, & de juftitia fidei: plures inductas effe ferias, jejunia, ceremonias novas, ordines novos inftitutos. Contra mandatum DEI peccatum collocari in cibis, diebus, & fimilibus rebus, onerari Ecclefiam fervitute legis; quafi oporteat apud Chriftianos ad promerendam juftificationem cultum effe fimilem Levitico. Hinc effe illa onera, quòd peccatum mortale fit, in feriis laborare manibus, quòd certi cibi polluant confcientiam, quòd peccatum mortale fit omittere horas Canonicas, quòd peccatum in cafu refervato non poffit remitti, nifi accefferit authoritas refervantis. Quærunt deinde, unde habeant Epifcopi jus iftas traditiones imponendi Ecclefiis ad illaqueandas confcientias? cùm Perus vetet jugum imponere Difcipulis; cùm Paulus dicat, poteftatem ipfis datam effe ad ædificationem non ad deftructionem. Cur igitur augeant peccata per has traditiones, quæ fint contra Verbum DEI? retinendam doctrinam de libertate Chriftiana.

difciplina. Verùm hæc omnia valde Lutherum redolent, eóque tendunt, ut excuffa & protrita Ecclefiaftica difciplina, & Ecclefiæ præceptis, frænum prorfus laxetur licentiæ, & fub fpeciofo nomine Chriftianæ libertatis corruptæ mortalium naturæ indulgeatur, quidquid fenfibus & ad malum proclivi genio blanditur; ut perruptis legum repagulis fe effundat morum diffolutio, nullúmque fit pratum, quod non pertranfeat effrænis cupiditas.

Hinc cafuum refervatio Poteftati Ecclefiafticæ negatur, ut nullum tam grande fit fcelus, quod non illico per folam fidem remiffionem obtineat. De charitate, aliísque virtutibus altum apud ipfos filentium, quia funt arduæ. Omnia ad nudam fidem referuntur, atque in hanc rem aliquos Scripturæ textus, aut malè intellectos, aut

. Luthe∘

Lutheri exemplo corruptos afferunt, neglectis iis **Scripturæ** locis, qui de fpe, de charitate, aliisque virtutibus, loquuntur, acfi nunquam legiffent, juftificationem non minùs fpei ac charitati tribui: *Spe enim falvi facti fumus* Rom. 8. *remittuntur ei peccata multa, quoniam dilexit multùm: cui autem minùs dimittitur, minùs diligit* Luc. 7. Igitur facræ litteræ noftram juftificationem modò ad fidem, modò ad fpem, modò ad charitatem, modò etiam ad virtutes morales referunt; quia fcilicet juncta manu hominem ad juftificationis gratiam præparant.

Abiiciuntur Ecclefiæ jejunia, exemplo Chrifti fanctificata, atque ad macerandum corpus rebelle fubigendúmque comprimis opportuna. Abftinentia ftatis diebus ab efu carnis exploditur, ne lafcivienti carni defit materia. Dies fefti ad cultum Divinum introducti abrogantur, Status Religiofus defpectui habetur, Horæ canonicæ carpuntur; quia hæc omnia difficultatem fecum afferunt, molli doctrinæ novitiæ minùs accommodam. Salem nempe præferre decreverant, quo cupidam hominum turbam pecorum more philodoni ifti attraherent.

§. 3.
Mendacia & fraudes Confeffioniftarum.

ATque ut hoc efficerent, plurimis falfitatibus confeffionem fuam infarferunt, ut Religionem nóftram catholicam denigrent: quarum aliquas jam attulimus, aliquas adhuc fubjungemus. Falfum eft, quòd apud catholicos altiffimum de fide fuerit filentium, & doctrina fidei diu jacue it ignota, quòd tantùm doctrina operum verfata fit in Ecclefiis; quòd juxta nos homo poffit humanis viribus & fine Chrifti gratia promereri juftificationem; quòd catholici parùm docuerint de præceptis Decalogi, officiis & operibus, quæ in quavis vocatione DEO placent, fed tantùm urferint opera puerilia, ùt certas ferias, jejun a &c. quòd catholici à Lutheranis admoniti hæc dedidicerint. Quòd non propofuerint ex Evangelio confolationem; quòd mandata DEI nullam laudem habuerint.

Falfum, quòd doctrina de confeffione & pœnitentia à Lutheranis bene fit tractata. Quòd impoffibilem peccatorum enumerationem exigamus. Quòd in Germania primùm ante 400. annos facerdotes fint coacti ad cœlibatum. Quòd facerdotes capitalibus pœnis excrucientur contra Canonum voluntatem. Quòd Pius Papa dixerit, reddendum effe facerdotibus conjugium. Mandato DEI præcipi facerdo-

116.
Mendacia.

tibus nuptias : eas prohibere effe doctrinam dæmoniorum. Catholicos dicere, Monafticam profeffionem longè meliorem effe baptifmo,
& quæ funt alia adhuc multa ejusmodi mendacia.

fraudes.　　Neque tantùm his fcatet illa Confeffio, fed etiam fraudibus.
Nam præterquam, quòd tectè & verfutè plura proponant, non
quidem afferendo expreffim, fed tacitè lectorem inducendo in
falfas & odiofas de doctrina·catholica perfuafiones, multos fectæ fuæ
articulos diffimulârunt, vel faltem fecundùm fuam Confeffionem Auguftanam non credunt, nec vivunt.

Nihil enim dicunt de principali fuæ fidei Articulo, Papam effe
Antichriftum ; nihil de purgatorio; nihil de precibus & fuffragiis pro
defunctis ; nihil de cultu imaginum, & reliquiis Sanctorum ; nihil
de duobus tantùm vel tribus Sacramentis ; nihil de abfoluta impoffi-
bilitate fervandi mandata ; nihil de illa fua doctrina, Corpus Chrifti
tunc folummodò effe in facra hoftia, quando actu fumitur. Hæc
aliáque doctrinæ ac fidei fuæ placita altùm filenti; unde facilè eft colligere, imò palpare, quàm accuratus, quàm fidelis, quàm perfectus
fit primarius Lutheranorum liber fymbolicus, utpote ex tot falfitatibus & fraudibus compactus.

Quid ? iftæ non tantùm patent legenti, fed ipfemet Lutherus
illas ingenuè faffus eft : nam epiftolæ fuæ anno 1530. die S. Auguftini ad Melanchtonem fcriptæ, hæc verba inferuit : *Si vim evaferimus,*
pace obtenta, poftea dolos, mendacia, ac lapfus noftros facilè emenda-
bimus; ùt expreffè teftatur celeberrimus Lutheranus David Chytræus
in Hift. Auguft. Confeff. Francofordiæ impreffa anno 1578. Idem
teftatur alter Lutheranus·Georgius Cœleftinus Tom. 3. Hiftoriæ Comit. fol. 24. qui 4. voluminibus Hiftoriam Comitiorum Auguftano-
rum anni 1530. fcripfit.

117.　　Egregium enim verò fanctúmque fidei fymbolum, ipfo fatente
variata.　& atteftante Luthero, ex dolis, mendaciis & lapfibus contextum,
quod pro certa fidei & confcientiæ regula fervire debet !

Et utinam emendaffent lapfus fuos ! at correctionis loco Confeffio Auguftana pluribus erroribus poftea adhuc magìs fuit deturpata
atque corrupta, ùt teftatur Jacobus Marchio Badenfis in motivis fuæ
converfionis à fol. 271. Selneccerus ait, multos fcandalizari propter
Confeffionem toties & tantopere variatam. David Chytræus Lutheranus Profeffor integrum librum fcripfit de Confeffione Auguftana variata & depravata anno 1599. Videatur præfertim fol. 771. Andreas
Mufculus, unus ex triariis Lutheranorum fatetur, Confeffionem Auguftanam duodecies fuiffe mutatam. Jacobus Andreæ, five Schmidlinus

linus, faber libri Concordiæ, ait, Naumburgi nullum exemplar cum
altero concordâſſe, ùt legere eſt in colloquio Herzbergenſi fol. 92. ut
adeò mirum non ſit, Laurentium Forerum ex 20. exemplaribus Auguſtanæ Confeſſionis (aut potiùs confuſionis) nullum alteri ſimile in-
veniſſe. Et tamen, quod inſignis impudentiæ eſt, omnes iſtas Au-
guſtanas Confeſſiònes ſibi ipſis adeò diſſimiles non mùtatas prædicant.
Nec crimine falſi ſe teneri exiſtimant, licèt ipſi fronti Confeſſionis
paſſim mutatæ ac corruptæ inſcribant ungeänderte Augſpurgiſche Con-
feſſion. Hoc eſt: *invariata Auguſtana Confeſſio.* Leopoldus à Kol-
lonitſch in libro, cui titulus *Auguſtana & Anti - Auguſtana Confeſſio*
quatuor editiones, in Bibliotheca Cæſarea aſſervatas, in quatuor co-
lumnis uno intuitu conſpiciendas propoſuit, ut ad oculum pateat,
quantùm à ſe invicem diſcrepent. Et tamen ſingulæ ſe jactant pro
invariatis & authenticis, éſtne autem hoc Verbum DEI, toties mutatum, variatum, correctum, corruptum, ſibi ipſi adeò diſſimile,
contrarium? profectò non confeſſio ſed confuſio meliùs vocanda. Verbum DEI manet in æternum.

Jam ipſa prima duo exemplaria, quorum unum lingua latina,
alterum germanica ſcriptum Carolo V. Auguſtæ offerebantur, ſibi
ipſis erant diſcordia; ùt comparanti Articulum octavum, nonum,
duodecimum, vigeſimum primum &c. patet.

In ipſis etiam Comitiis Auguſtanis tota ferme Confeſſio rurſus
everſa fuit, dum ſelectis utrinque ſeptem viris in colloquio 16. Auguſti habito Lutherani ferme in omnibus ad Romanam acceſſerunt
Eccleſiam, ùt videre eſt in epiſtola à Melanchtone ad legatum Pontificis ſcripta, quàm Cœleſtinus Lutheranus in Hiſtoria ſua recenſet.

In hac epiſtola ſcribit inter alia Melanchton: *Dogma nullum ha-* contraria
bemus diverſum à Romana Eccleſia - - Parati ſumus obedire Romanæ ſibi.
Eccleſiæ, modò illa pro ſua Clementia, qua ſemper erga omnes homines
uſa eſt, parva quædam diſſimulet vel relaxet - - - Adhæc Romani Pon-
tificis auctoritatem & univerſam politiam Eccleſiaſticam reverenter co-
limus, modò non abiiciat nos Romanus Pontifex - - - levis quædam
diſſimilitudo rituum eſt, quæ videtur obſiſtere poſſe concordiæ; ſed ipſi
Canones fatentur, concordiam Eccleſiæ in hujusmodi rituum diſſimili-
tudine retineri poſſe.

Et nominatim admiſerunt eo in colloquio in quarto articulo, ne
ampliùs diceretur, nos juſtos reddi per ſolam fidem, quòd hoc effa-
tum in ſacris litteris non reperiatur, ſed: per fidem & per gratiam.
In 6. neceſſe eſſe, ut bona opera, quæ DEus præcipit, efficiamus.
In 7. in Eccleſia non ſolum eſſe electos ad Gloriam, ſed etiam præ-

ſcitos

 scitos æternùm puniendos. In 18. ineſſe homini liberum arbitrium, tametſi nequeat absque Divina gratia juſtitiam aſſequi. In 21. Cæ-lites pro nobis DEum deprecari. In 22. Chriſtum integrum ſecundum corpus & ſanguinem ſub utralibet ſpecie contineri. In 26. admiſère Eccleſiæ jejunia. In 28. comprobàrunt Epiſcoporum jurisdictionem. Videatur Pallavicinus in Hiſt. Concil. Trid. l. 3. c. 4. n. 4.

Interfuerunt autem huic colloquio utrinque duo Principes, duo Jurisconſulti & tres Theologi, videlicet ex parte Catholica Chriſto-phorus Epiſcopus Auguſtanus, Henricus Dux Brunſvicenſis (cui obeunti ſuffectus Georgius Dux Saxoniæ) duo Cancellarii, alter Colonienſis, alter Badenſis. Ex Theologis Eckius, Wimpina, & Cochlæus. Ex parte Lutherana Joannes Fridericus Saxoniæ Electoris filius, Geor-gius Marchio Brandenburgicus, Pontanus & Hellerus legumperiti, ex Theologis Melanchton, Brentius & Schnepfius.

Licèt autem ab his Lutheranorum primipilis in hoc Auguſtano colloquio Confeſſio ipſorum Auguſtana, paulò antè Cæſari oblata, penitus ferme everteretur, quia tamen conjugium ſacerdotum, & communionem ſub utraque ſpecie, dimittere nolebant, Cæſar ean-dem condemnavit, prout Melanchton l. 1. epiſt. ad Joannem Oben-burgerum Imperatoris Secretarium ſcripſit: *in Comitiis Auguſtanis triſti & atroci ſententia damnati ſumus.*

§. 4.

Edictum Imperiale.

118.
Decretum. PAtétque ex edicto, quod Cæſar coram Imperii Ordinibus pro-mulgavit, atque apud Sleidanum lib. 7. ad an. 1530. & Geor-gium Cœleſtinum exaratum exſtat, ac ſic habet:

Quinto pòſt die, præſente Cæſare, decretum recitatur in om-nium Ordinum cœtu, & poſt multam enumerationem totius actio-nis, Cæſar ſtatuit, ne tolerentur, qui de Cœna Domini, ſecùs, quam huc usque ſervatum ſit, docent. Ne quid in Miſſis, vel com-muni vel privata mutetur. Chrismate pueri confirmentur, & ægro-tantes oleo conſecrato inungantur. Imagines atque ſtatuæ minimè removeantur, & quibus locis ablatæ ſunt, reſtituantur.

Eorum opinio, qui liberum negant arbitrium, nequaquam reci-piatur. Nihil omnino doceatur, quod ulla ratione Magiſtratuum im-minuere poſſit dignitatem. Dogma illud de ſola fide juſtificante lo-cum non habeat. Eccleſiæ ſacramenta ſint eo loco & numero, quo

anti-

antiquitus. Ceremoniæ omnes Ecclefiæ, ritus, exequiæ mortuorum, & id genus alia ferventur. Sacerdotia, quæ vacant, confe-
rántur idoneis. Sacerdotes vel Ecclefiaſtici, qui antè hoc tempus
faƐti ſunt mariti, priventur Beneficiis, quæ ſtatim ab hóc conventu
conferantur aliis &c. Sacerdotum vita ſit omnis honeſta, veſtitus
etiam decorus, & vitetur omnis offenſio.

Si quibus in locis Ecclefiaſtici redaƐti ſint ad aliquam iniquam
conditionem atque paƐtum, ſi quid etiam bonorum ſacrorum iniqua
ratione venditum ſit, aut in alium uſum profanum applicatum, id
omne ſit irritum. Ad docendi munus nemo recipiatur, niſi qui do-
ƐΉrinæ ſimul & vitæ probatum habeat ab Epiſcopo teſtimonium.

In docendo ſequantur omnes hanc præſentem formulam &c. temperent à ſcomatis atque contumeliis. Hortentur populum, ut Miſſam audiat, ut diligenter oret, ut Virginem Mariam cæterósque Divos imploret, ut dies feſtos peragat, ut jejunet, ut à cibis vetitis
abſtineat, ut ſubveniat egenis. Monachis autem demonſtrent, non
licere profeſſionem ac Ordinem deſerere.

Breviter: in iis, quæ pertinent ad fidem & DEI cultum, nihil
quidquam immutetur. Qui contra fecerint; corporis, vitæ ſuæ ac
bonorum diſcrimen ſubeant. Quidquid ablatum eſt Ecclefiaſticis,
reſtituatur. Quibus in locis domicilia Monachorum, & id genus alia
ædificia ſacra diruta ſunt, reædificentur, in iisque ceremoniæ fiant
atque ritus uſitati. Qui ſunt in adverſariæ partis finibus antiquæ Religionis atque fidei ſeƐtatores, & hoc decretum approbant, in Imperii tutelam recipientur, eísque licebit, quò volent, emigrare, nullo
cum detrimento.

De Concilio Pontifex appellabitur, ut intra ſextum menſem illud
ad locum aliquem idoneum indicat, ut deinde primo quoque tempore, & ad ſummum intra ſpatium anni fiat ejus initium. Hæc omnia rata ſint atque firma. Et ſiquæ ſunt oppoſitæ, vel opponentur etiam,
exceptiones, aut appellationes, locum nullum habeant. Ut verò
decretum hoc valeat & ſervetur, quantum quidem ad fidem & religionem pertinet, quidquid omnino virium atque facultatis, conceſſit DEus, id omné, vita etiam atque ſanguis, huc impendetur &c.
In cameræ judicium nemo admittatur, niſi qui hoc decretum de religione faƐtum approbárit: alioqui removeatur loco.

Subſcripſerunt huic ediƐto ipſe Carolus V. Imperator, ſex Ele-
Ɛtores Imperii, omnes videlicet, excepto Saxone, triginta Principes
Ecclefiaſtici, triginta tres ſæculares Principes, viginti duo Abbates,
triginta

triginta duo Comites & Barones, & triginta novem civitates Imperiales.

· · Contra verò Confeſſioni Auguſtanæ Cæſari oblatæ ſubſcripſe-
rant tantùm unus Elector, nempe Saxo, quatuor Principes ſæculares,
videlicet Georgius Marchio Brandeburgicus Onolsbacenſis lineæ, Erneſtus Dux Luneburgenſis, Philippus Landgravius Haſſiæ, Wolf-
gangus Princeps Anhaltinus, cum duabus civitatibus, Norimberga
& Reutlinga.

· Argentina, Conſtantia, Meminga, & Lindavium Zwinglianam Confeſſionem in his Comitiis offerebant, Chriſti præſentiam in
Euchariſtia abſolutè negantem. Verùm hæc ab omnibus Ordinibus,
etiam Lutheranis rejecta fuit.

ARTICULUS VII.

Hiſtorica Relatio de Statu Imperii ab anno 1530,
ad annum 1540.

FInitis Comitiis Auguſtanis, factóque, quem diximus, *Receſſu*
Imperii, quo rejecta fuit Confeſſio Auguſtana, Proteſtantes
eodem adhuc anno *Smalcaldicum fœdus* cuderunt adverſus Catholicos. Haſſus inſuper peculiare fœdus iniit cum Tigurinis, Baſileenſibus, & Argentinénſibus, licèt Sacramentariis.

119.   Anno 1531. Cæſar indixit *Comitia Coloniam*, ubi ejus com-
Rex Rom. mendatione Ferdinandus Archidux electus fuit in Regem Romanorum, proteſtante Joanne Electore Saxoniæ, & aliis quibusdam Principibus, Smalcaldici præſertim fœderis ſociis, ipſum etiam Cæſarem
poſtea hujus conſilii pœnituiſſe viſum eſt, cùm filium ſuum Philippum ſufficere cogitaret.

Suſpenſio   Carolo anno 1532. in Hiſpaniam regreſſo, Ferdinandus Rex in
edicti. *Comitiis Ratisbonenſibus*, ut auxilio adverſus Turcas, Hungariam
devaſtantes, & Auſtriæ jam imminentes, obtineret, conceſſit, ne
religionis cauſa cuiquam meleſtia inferatur ante Concilii definitionem,
ſuſpenſis interea edictis Wormatienſi & Auguſtano. Hoc *mandatum*
Ratisbonenſe Proteſtantes appellarunt *primam pacem religioſam*. (idem
ſtatutum in transactione Norimbergenſi per Interceſſores Moguntinum & Palatinum facta.)

Com-

Comparuit etiam in his Comitiis legatus Sigismundi Regis Poloniæ, cui nuper Albertus Brandeburgicus Ordinis Teutonici Magister, à Religione ac fide defciscens, in clientelam fe dederat, Dux Boruffiæ ab eo creatus, ac propterea à Camera Imperiali urgente Boruffia. Ordine Teutonico profcriptus, proteftante Sigismundo, Boruffiam ad Poloniam fpectare caufante, at contrà excipiente Cronbergio, novo Ordinis Magiftro, & executionem profcriptionis urgente.

Hoc anno Solymannus erumpens Lincium usque vaftabat Auftriam. At cùm Carolus collecto ad Viennam exercitu ei obviam proceffit, terrore perculfus retroceffit, bellum in Perfas converfurus. Cæfar verò in Italiam abiit, de convocando Concilio cum Pon- Pœnales tifice confulturus. Prodierunt hoc anno Caroli V. *Leges Capitales* Leges. feu *pænales conftitutiones* ducentæ decem ac novem; quo numero apud Goldaftum funt annotatæ, atque in totidem capita divifæ.

Annus 1533. legationibus ad Smalcaldicos fœderatos à Pontifice & Cæfare directis confumptus. Agnitus tandem à Proteftantibus & Bavariæ Ducibus Guilielmo & Ludovico fratribus Ferdinandus Rex Romanorum. Decretum à Pontifice Concilium, Bononiæ, aut Placentiæ, aut Mantuæ, urbe Imperiali celebrandum.

Verùm mox apparuit, Proteftantes videri tantùm voluiffe Concilium poftulare; re ipfa enim nihil magìs refugiebant. Unde tales conditiones appofuerunt, quas iniri à Pontifice non poffe facilè perfpiciebant, modum formámque in Ecclefia inauditam præfcribentes. Emortua fuit hoc anno Marchionum Montisferrati in Italia familia in Joanne Georgio, atque ad Fridericum II. Gonzagam Mantuæ Ducem translatus eft Marchionatus, qui neptem Georgii habebat conjugem. In Germania Cæfar fœderi Suevico finem impofuit. Quo obice, ne vis inferretur, fubmoto, varii tumultus orti funt; nam

Secutum eft mox *bellum Wirtembergenfe;* cujus caufam fuprà 102. expofui. Ducatum videlicet Wirtembergenfem Suevici fœderis focii Bellum Ulrico Duci ereptum Carolo V. vendiderant; qui eundem in divi- Wirtem-fione provinciarum Ferdinando fratri ceffit. Ægerrimè Ducis pro- berg. pinqui exilium habuit Philippum Haffiæ Landgravium. Quare, ut eundem reftituat, ad Regem Francifcum in Galliam abiit, eíque pro certa pecuniæ fumma comitatum Montisbellicardum nomine Ulrici oppignoravit, ea lege (tefte Sleidano ad an. 1534.) ut, fi intra triennium eundem non luat, Regno Galliæ cedat.

Sic comparatus Landgravius militem confcribit, atque, Ferdinando fruftra ad juris ordinem & Imperii leges provocante, contra

Pars *VII.*   P   pacem

pacem publicam, contráque edictum Ratisbonenfe in agrum Wirtembergenfem irruit, cæsisque Regis copiis Ducatum occupat, eúmque Ulrico reftituit.　Tandémque pax Cadani in Bohemia convenit ea lege, ut Ulricus ejúsque mafculi hæredes fint Auftriæ Beneficiarii, extinctáque familia Wirtembergica Auftriaci regionem illam obtineant. (*anno 1534.*) Gallis vertente anno reftituta pecunia.

Anabaptiftæ.　　Sub idem tempus Anabaptiftæ Monafterium Weftphaliæ urbem occupârunt, abrogatóque Magiftratu Joannem Leidenfem, antea fartorem, regem creant, totiúsque orbis dominium fibi vendicant. Polygamiam omniúmque communionem prædicant, atque Lutheri exemplo ad facram Scripturam identidem provocant.　Et, quod mireris, turbam per Germaniam & Belgium fequacem hi fycophantæ funt nacti.　Poft acerrimam oppugnationem urbs tandem ab Epifcopo Monafterienfi, Imperialibus copiis adjuto, fuit expugnata ; atque Rex Monafterienfis cum aula fua pœnæ commeritæ fubjectus.

121.
Expeditio
Africana.　　Annus 1535. gemina re memorabilis, Cæfaris expeditionem in Africam, & obitum Francifci Sfortiæ vidit.　Siquidem *Muleaffes* Rex Tunetanus, à Barbaroffa Algerii Rege, Solymanni Architalaffo, atque atrociffimo pirata, regno pulfus à Carolo V. auxilia petiit.　Is miferatus fortem afperam Regis exulis, & alioquin haud æquis oculis Tunetum in Turcarum manibus afpiciens, Barcinone in Africam cum claffe profectus, primò quidem Goletam, munitam admodum arcem, vi cœpit, ac Barbaroffam Tunetum fugere compulit, quam urbem mox obfedit, ac Chriftianorum captivorum ope expugnavit. Tunetum direptioni militum conceffum, in libertatem afferta vigint' Chriftianorum millia, Muleaffes regno reftitutus, fub conditione an 'nui tributi. Poftea à filio vifo, ab Hifpanis opibus privatus, à Cæfare obtinuit, ut in Sicilia publicis fumptibus aleretur, Rex mendi cus.　Barbaroffa Hipponem, ac inde Algerium fuga arrepta, ac claff ibi refecta, Minorem Balearem vaftavit, cum pluribus aliis oris mari timis ; & tanquam re benegefta Conftantinopoli exceptus eft.　Cæfar autem Neapoli verum triumphum egit de Africana victoria, & exule rege reftituto.

Obitus *Francifci Sfortiæ* Ducis Mediolanenfis, absque prol defuncti, novo bello occafionem dedit. Nam Rex Francifcus proa viæ fuæ Valentinæ hæreditatem fibi deberi ratus, Carolo III. Sabaudi

Bellum
propter
Mediol.　　Duce, qui expeditiònem Italicam impedire nitebatur, ditionibus fui fpoliato, in Infubriam irrupit.　At Cæfar ea tanquam feudo vacant fibi & Imperio vindicata fortiter obftitit, fimúlque in Provinciam expe ditionem fufcepit; quæ tamen tentata potiùs, quàm fructum fuum e

con

consecuta, Gallo terram propriam devastante, ut inedia hostem perime-
ret. Ardebat etiam bellum in Belgio, ubi Gallus Flandriam & Artesiam
prætendebat. Sed præter mutuam oppidorum quorundam direptionem
nihil admodum actum. Intercessit tandem Paulus III. Pontifex, atque
Niceam profectus inter duos istos summos Christianos Principes, cùm
pacem non posset, inducias decennales composuit, manente Cæsare in
possessione Insubriæ, ac filium suum Philippum inaugurante.

In Germania Vergerius legatus Pauli III. Pontificis cum Agitur de
Saxone aliisque Smalcaldici fœderis sociis de Concilio congregando fru- Concilio
stra egit; cùm nihil præter despectum & probra in Pâpam ejúsque curiam
reportârit, nihilominus Pòntifex Concilium Mantuam indicit. Atque
curiam suam reformaturus, præstantes in eam rem integerrimósque viros creavit Cardinales, Simonetam, Caraffam, Contarenum, Polum,
Sadoletum &c. (an. 1536.) Cardinales isti cum aliquot Episcopis in abusus, qui irrepserant, inquisierunt, & quid circa disciplinam reformandum
videatur, exponunt Pontifici. Qui ad eam emendationem animum cu-
rámque intendit. Cùm Protestantes audissent, indictum à Papa Mantuam Concilium, atque ad illud fuissent invitati, conventum ipsi Smal-
caldiam indixerunt, accersito etiam Luthero cum Melanchthone,
Bucero, Osiandro, aliisque multis, novi Evangelii Præconibus,
qui novam ibi Confessionem cudunt, Augustanæ prorsus contrariam. Ibi dicebant, se in nullo fidei Articulo dissentire à Catholica ac Romana Ecclesia; totam dissensionem esse de paucis quibus- Lutherani
dam abusibus. Hic verò dicunt, certamen esse non de levibus er- detrectant.
ratis, sed de doctrina fidei, déque vera DEI cognitione; extinctum
fuisse hoc dogma, vitæ Christianæ & sinceri cultus præcipuum caput,
nóvamque doctrinam invectam, magna cum Christi contumelia.
Multos præterea reprehendi errores, impiósque cultus. Pontificem
esse partem accusatam, non judicem; reum illum agi de idololatria
& hæresi. Contra illum proin celebrandum Concilium, & quidem
in Germania. (*Sleidanus ad ann.* 1537.)

Alexander Mediceus Caroli V. gener Dux Florentiæ interem-   122.
ptus à Laurentio Medicæo propinquo suo. Qui fugitivus miserè pe- Ducatus
riit. Margaritha, Cæsaris filia, quæ Alexandro marito Ducatum Flo- Parmensis.
rentinum pepererat, nuptui tradita Octavio Farnesio, Pauli III. nepoti, Ducatum Parmensem & Placentinum Domui Farnesiæ intulit,
acsi non tantùm Alexandri Farnesii, herois incomparabilis, sed etiam
Ducatuum mater esset. Nec multùm tunc disputatum, an dominium
directum penes avum mariti aut patrem uxoris esset.

Annum 1538. nobilem fecit familiaris congreſſus Caroli V. & Franciſci I. pactæque in decennium induciæ; quæ tamen ultra quadriennium non durârunt.

Mors Georgii. Rei Catholicæ magnum vulnus anno 1539. inflixit mors Georgii Ducis Saxoniæ, ferventiſſimi Ecclefiæ defenforis, quem Lutherus propterea probris petulantiſſimis onerârat. Hæredem fcripfit Henricum fratrem, Mauritii & Augufti parentem, Lutheranum, ea tamen lege, ut in Religione nihil mutetur, fecùs fi fecerit, Cæfarem ac Ferdinandum Regem à fe fubftitui. Verùm eo defuncto nihil fervatum, accitus Lutherus Lipfiam,& brevi admodum temporis fpatio tota Mifnia perverfa fuit; quam Dux Georgius eò usque feverè in officio continuit.

Sacrum foedus. Cùmque aliàs etiam plures identidem provinciæ deficerent, & foedus Smalca!dicum augerent, paſſimque bona Ecclefiaftica invaderent, Moguntinus, Salisburgenfis, Duces Bavariæ, Henricus Brunsvicenfis, aliique Catholici Principes inter fe & ipfi pro defenfione rei Catholicæ unionem Norimbergæ inierunt, quam *facrum foedus* nuncupârunt.

Gandavum. Cùm anno 1539. *Gandavenfes*, communia tributa detrectantes, feditionem moverent, prout fæpius antea fecerant, Carolus Cæfar per mediam Galliam ad eos compefcendos profectus, auctorum aliis capite plexis, aliis profcriptis, civitatem, ademptis privilegiis, ad officium revocavit; atque, ne deinceps in Principes fuos ampliùs infurgeret, arce exftructa & præfidio impofito, coërcuit.

123. Poftulata Habitus conventus Francofordiæ, in quo Proteftantes rurfus pro concedenda religionis libertate inftabant, atque poftulabant, ut Cæfar Auguftanæ Confeſſionis fociis indulgeat inducias 15. menfium. Interea religionis caufa nemini faceſſatur negotium. Pacificatio Norimbergenfis & edictum Ratisbonenfe interim rata maneant. Forenfes actiones Proteftantibus intentatæ, & profcriptio Mindenfis, fint fufpenfæ. Si quid contra fiat, fit irritum. In neutrum foedus interim plures recipiantur. Ecclefiafticis, ubicunque habitent, Proteftantes cenfus fuos annuos permittant. Utriusque Religionis Theologi Norimbergæ conveniant, ac placidè & amicè conferant.

à Cæfare rejecta. Conventionem iftam Cæfar ratam habere noluit, quia indignum exiftimabat, imò etiam (feclufa maxima neceſſitate) illicitum, permittere, ut vera Religione Catholica abjecta, quam Majores jam inde à prima fua ad Chriftianam fidem converfione puram femper atque illibatam confervârant, novi ritus, nováque, in Ecclefia eò usque inaudita, dogmata inducerentur, piæ fundationes ac bona Ecclefiaftica diripiantur, ac Germania, natio omnium fortiſſima ac potentiſſima, in partes adverfas fciſſa, à fe ipfa enervetur.

Et

Et quoniam his annis in omnibus ferme conventibus Proteftantes vehementer urgebant, ut religionis libertas fibi concedatur, & absque ea conceffione fubfidia in bellum Turcicum, aliáque communia Imperii onera negabant, quin etiam in privata irent fœdera, ut armis extorquerent, quod pace non poffent, contra veró Carolus Cæfar, Ferdinandus Rex atque Ordines Catholici univerfim religioni fibi ducerent permittere, ut tantum Religioni vulnus infligatur, ac propterea, quantùm poterant, se opponebant, juvat in hanc rem aliqua differere pro defenfione Principum Catholicorum, quos fcriptores Proteftantes hodiedum perquam frequenter reprehendunt, & læfi Divini humaníque juris reos agunt, quòd religionis libertatem negaverint.

ARTICULUS VIII.

Differtatio : An Religionis libertas jure fuerit negata ?

§. I.

Argumenta Theologica contra libertinos.

124. Argumenta libertinorum.

Antequam Proteftantes firmum in Germania pedem fixerant, Lutheri difciplina eruditi nihil magìs ingeminabant, quàm Religionis libertatem : omnes Chriftianos effe liberos ; religionem extra humanum imperium effe pofitam ; tyrannidem effe in confcientias velle dominari ; fidem in mente effe reconditam, de hac uni DEO cordium fcrutatori reddendam effe rationem, Chriftum ipfum religionem cuivis reliquiffe liberam, dum dixit : *finite utraque crefcere, oportet effe hærefes.* Ipfo etiam jure naturæ & gentium cuilibet permiffum, ut eligat, quæ fibi bona videntur, & reiiciat, quæ mala apparent. Suo cuique ftandum judicio ; confcientiæ fuæ dictamini cuivis parendum, non humano imperio, quod in actus mentis internos nullam vim habeat, fed externa jurisdictione ad confervandam publicam tranquillitatem definiatur. In ftatu juris naturæ quemlibet coluiffe DEum modo fibi placito, proin etiamnum id permittendùm ; non enim placere DEO extortum obfequium.

Nullum effe in mundo populum, in populo civem, qui non judicet, veram effe fuam religionem, falfámque contrariam : fi ergo oporteret contrariam exfcindere, actum fore de pace & tranquillitate publica, totúmque orbem perpetuis implendum bellis. Contra veró omnia effe tranquilla, fi religio cujusvis permittatur arbitrio. Vaftiffimum ac potentiffimum effe Turcarum Imperium ; quòd va-

rias

rias fectas toleret: florentiffimas Belgii Fœderati provincias, quamvis
pluribus fectis permixtas: ipfam Germaniam non antè fuiffe pacatam,
quàm per pacem Religiofam & Weftphalicam libertas fuerit inducta.

Adhæc quæftuofa commercia, artes, ac difciplinas tum maximè
florere, cùm omnibus cujuscunque Nationis & Religionis hominibus
promifcuus conceditur aditus. Denique aliqui addunt, neminem alterius religionem damnare debere; quemlibet in fua falvari poffe: fufficere in DEum credere, & Chriftum, dicente ipfo Domino: *Hæc*
eft vita æterna, ut cognofcant te folum verum DEum, & quem mifi-
fti, JEfum Chriftum. Joan. 17. nam, *qui crediderit, & baptizatus*
fuerit, falvus erit. Marc. 16.

Ad fummum illa effe credenda, quæ in Symbolo Apoftolorum
continentur, reliqua, quæ inter catholicos & acatholicos funt controverfa, ad falutem effe indifferentia; ac proin credi vel non credi
poffe pro lubitu. Si enim DEus illa voluiffet credi, clariùs in Scripturis
revelaturum fuiffe, ac omne dubium exempturum. Quare propter
diffenfionem non reiiciendam partem alteram, fed Chriftiana charitate tolerandam. Etiam in primitiva Ecclefia fuiffe diffenfiones, inter
ipfos adeò Apoftolos Petrum & Paulum, fanctósque Patres. In ipfa
etiam Ecclefia Catholica multas effe diffenfiones, nec conftare fatis,
quinam Articuli fint neceffarii ad falutem. Sufficere proin Articulos
fundamentales credere. Reliqua tanquam adiaphora cujuslibet arbitrio
relinquenda.

Ita enimvero multi pfeudopolitici, indifferentiftæ, ac libertini,
nullius religionis homines, terræ filii, humanis rationibus cuncta me-
tientes, & arctam falutis æternæ femitam in immenfum laxantes.

12 ſ.
Confu-
tantur.
Verùm hæc argumenta, quantumvis fpeciofa auctoribus fuis videantur, nullius tamen ea roboris effe fateri debent ipfi etiam Confeffioniftæ, omnésque Lutheri, & Calvini affeclæ. Si enim quid pro-
barent, evincerent planè nimium, quòd neque ab ipfis concedi poteft. Inducerent fiquidem plenam licentiam cujuscunque hærefis,
etiam Arianæ, Neftorianæ, Eutychianæ, Donatianæ, Pelagianæ,
Manichææ, Prifcillianæ, Anabaptifticæ, fectarúmque omnium colluviem, imò libertatem Mahometifmi, Ethnicifmi, Indifferentifmi,
plenique Libertinifmi, quin & Atheifmi.

Si enim jura naturæ cuilibet volunt religionem effe liberam, fi
illa extra humanum imperium eft pofita, fi cujusque arbitrio relinquenda, fi tyrannis eft religionem præfcribere, fi credere cuique licet, quod lubet, fi ea libertas ad florem commerciorum, atque ad
rationem ftatus eft neceffaria, profectò nulla ampliùs erit hærefis,
nulla fecta, quæ civitate non fit donanda.

Si

'Si quilibet quoad fidem fuo permittendus arbitrio, cur Lutherani in pace Religiofa excluferunt Calviniftas, Zwinglianos &c. Cur
Proteftantes in pace Weftphalica omnes Religiones ex Imperio pro-
fcriptas voluerunt, præter Catholicam, Lutheranam & Calvinianam? Cur Catholicis religionis exercitium negant in provinciis fuis,
etiam illis, in quibus Princeps eft Catholicus? Ad quid tot profcri-
ptiones, tot feralia edicta? ad quid tot compedes, carceres, cata-
ftæ, equulei, patibula, enfes, ignes, rotæ, quibus tot innocuos facerdotes catholicos immaniter vexarunt, torferunt, occiderunt, in
Anglia, Gallia, Belgio, Germania, Suecia? Cur Servetus, Gentilis, Anabaptiftæ &c. religionis libertatem morte luerunt?

Solvite hîc veftra argumenta autonomicæ-libertatis Patroni,
vindicate veftra jura náturæ, pronunciate: fed videte, ne in vos ipfos feratis fententiam.

Conditus eft à DEO orbis terrarum ad honorem, ad cultum,
ad gloriam fuam. Nec aliter condi potuit. Finis hic eft ultimus atque
intrinfecus humani generis. Sive igitur confiderentur homines feorfim extra alterius poteftatem viventes, five in cœtum quendam &
communitatem coadunati, ad eum finem tendant neceffe eft. Bea-
tæ proin effe non poffunt humanæ per orbem Refpublicæ, nifi ad
hunc finem fint comparatæ. Huc collimant, huc dirigunt facrofancta naturæ jura; quæ aliud non funt, quàm leges Divinæ neceffariæ, quibus tum homines finguli, tum omnes univerfim focie-
tates adftringuntur vinculo, nunquam folubili, ad cultum Numinis.

Ex quo fanè confequitur, Principes ac Reges, DEI velut Vicarios, humanis rebus effe præpofitos, ut commiffos fibi populos re-
gant ad æternas fummi Imperantis leges, ac proin non politica duntaxat gubernatione ad publicam tranquillitatem dirigant, fed ad verum etiam Numinis cultum adftringant: hoc enim & recta, mortà-
lium animis infita, ratio perfuadet, & fine eo confiftere non poteft
humanorum cœtuum felicitas, quam curare ac tueri tenentur Principes.

At verò cultus ifte Dei nequaquam eft arbitrarius, fed effe debet placitus dominantium Domino, conformis videlicet, Sanctiffi-
mis ejus legibus, iisque non tantùm naturalibus, quæ naturâ fuâ
bona præcipiunt, ùt adorare fupremum omnium Dominum, ac ve-
tant eã, quæ ex fe ipfis fùnt maligna, uti blafphemiam, Dei defpectum, facrorum contemptum, fed iis etiam, quas *pofitivas* dicimus,
atque libero Dei beneplacito funt latæ; prout funt illæ, quæ in novo Teftamento facramentorum neceffitatem, adminiftrationem ufûm-
que definiunt.

126.
Argumen-
ta Theolo-
gica.

Ædi-

Ædificavit videlicet Dominus noster JEsus Christus suam in terris Ecclesiam, quam certa ac definitâ fidei morúmque doctrina constituit. Una hæc est arca, extra quam nulla salus. Hanc omnes oportet ingredi, ejúsque legibus, â fundatore ipso JEsu Christo præscriptis, vivere. Hic unus cultus est, qui Deo placet: hæc una Religio, quam Christus præcipit. Summo huic Imperanti obediat necesse est humanum genus, hæc una mortalium vera felicitas, sine qua bene constituta esse non potest Respublica, utpote ad finem suum ultimum, ad conditorem videlicet suum, Optimum Maximum, non bene comparata.

127.
Principis obligatio.

Cùm igitur Princeps, vi suæ potestatis, â Deo concreditæ, teneatur veram felicitatem subjecti sibi populi, quoad fieri potest, procurare, prohibendo blasphemias, superstitionem, idololatriam; hæreses, aliáque scelera, adversus Deum, creaturæ rationalis finem ultimum, insurgentia, præcipiendo contra, ut summo Imperanti omnes morem gerant, veram Christi Ecclesiam ingrediantur, illius religionem, doctrinam fidei, morúmque disciplinam, ab ipso præscriptam ac promulgatam, sequantur, cùm sine istis vera felicitas rationalis Reipublicæ non possit subsistere, & Principis sit secundum Dei, summi Imperantis, mandata populos regere; sequitur dilucidé, eos, qui humanis cœtibus præsunt, obligatos esse, unam ac veram Christi Ecclesiam protegere, hostes illius coërcere, contraria dogmata, â Deo vetita, vetare, in subditis suis veram Religionem ac Christi fidem conservare, & Evangelici illius patrisfamilias exemplo intrare renitentes compellere.

Neque propterea humanum arbitrium se læsum potest conqueri: felix enim necessitas; quæ ad meliora compellit; quæ gladium eripit, ne te ipsum ferias; quæ foveam occludit, ne præceps eas; quæ aberrantem in salutis æternæ reducit semitam, quæ etiam reluctantem Divinis mandatis subjicit, ut sis beatus. Profectò alias plenæ scelerum licentiæ aperiendus aditus, ne lædatur arbitrium, laxandum frænum lascivientibus ingeniis, indulgendum facinorosis hominibus, ut, quod lubet, liceat; frustra Princeps portaret gladium; nullus scelerum vindex, nulla Dei injuriæ opponenda auctoritas.

Quis non videt, quàm malè comparata esset Respublica, in qua hæc ethica haberet locum. Et, si Magistratibus vindicanda est injuria, homini illata, quantò magis Deo irrogata? Quid autem cum Dei contemptu atque injuria conjunctius, quàm deserta Christi militia, ejusdem hostis castra sequi, repudiare Christi Ecclesiam; abjicere veram fidem, ut orco obtemperes?

§. 2.

§. 2.

Argumenta Politica contra Libertinos.

ALtioribus ex principiis argumentum repetivimus hactenus, atque Rempublicam ad Deum omnium auctorem retulimus, quæ felix esse non possit, nisi per sincerum verúmque Dei cultum, nobis omnibus præscriptum, ad finem; suum ultimum bene se habeat. Officium proin esse Principis, eum cultum religionémque protegere, nec permittere, ut in provincias potestati suæ subjectas alius, Deo ac veræ Religioni contrarius, inducatur.

Jam verò si humanos per orbem cœtus etiam nudè secundum meras rationes politicas spectemus, communis Reipublicæ felicitas nihilominus exigit, ut Princeps invigilet, nec ulla falsæ religionis lolia in agro suo sinat succrescere. Non enim hic solus agitur honor cultúsque Dei, eáque salus communitatum, quæ ex recta habitudine ad Deum, finem ultimum ac necessarium omnis rationalis Reipublicæ, consurgit. Sed agitur etiam pax, tranquillitas, socialis amor, amicitia, candidáque civis cum cive agendi sinceritas. 128. Argumenta politica.

Ita enim ego statuendum existimo: tum demum floret communitas, cùm hæc civilis ac socialis vitæ studia amœno usu in praxin eunt, cùm viget alma pax, concordia, charitas; animorum consensus: cùm cives, velut unius corporis membra, se mutuis colunt officiis, si caput suum amant, si ei succurrant, obtemperent, ac fideli obsequio famulentur; si nullis partium studiis abstracti publici potius emolumenti, quàm privati ratiónem habent, si conjunctis animis & viribus Principem ducem sequantur, ubi vis hostilis ingruit.

Ain verò, ubi hæc Reipublicæ decora & ornamenta certiùs sperari possunt, an in populo labii unius, unius religionis ac fidei, in quo omnes ejusdem matris Ecclesiæ filii unam velut familiam constituunt? an verò in gente quoad præcipuam partem, sacra nempe, cultum Dei & religionem discorde? ubi non tantùm fidei, rituum, ceremoniarum, feriarum, in civilem etiam vitam redundans confusio: ubi unus clamat, ego sum Pauli, alter Zephæ, tertius Apollo, certè, sacra attestante Pagina *omne regnum, in se ipso divisum, desolabitur.*

Utinam hoc non docuisset nimiùm frequens experientia! heu! quod funesta ab omni retro mundi ætate exempla sunt præstò! quoties 129. Ab exemplo.

Pars VII.   Q   ties

ties electus ille Dei populus ad fpurios cultus defciverat, pœna à tergo illico fequente, hoftibus in prædam datus eft, nec ab eis liberatus, nifi ubi ad veram religionem reverfus fuerat. Stetit Ierofolyma, quamdiu religio ftetit.

Quot turbas, motus, feditiones non tantùm in Ecclefia, fed etiam in' Republica excitârunt Arianæ illæ, Donatianæ, Neftorianæ, Eutychianæ, Albigenfes, Huffiticæ procellæ!

Sed quid vetuftiora commemoro? habet hoc, de quo loquimur, Sæculum XVI. quo memor cohorreat animus. Neque Scoticas aut Anglicas tragœdias exhibeo, Regali etiam fanguine, & exilio funeftas. Vix error, à Chrifti fide devius in florentiffima illa regna irruperat, heu! quæ mox rerum facies! quot tumultus, quot armatæ acies non folummodo in propria Regnorum vifcera, fed Regum etiam capita graffantes! Taceo Belgium, tot cladibus attritum, & civium fanguine ferme demerfum; Galliam fileo, per furores Hugonoticos propemodum deletam; Helvetiam domeftico cruore toties redundantem.

Unam afpicite Germaniam, florentem olim in pace, tranquillam domi, formidandam foris, fub Cæfarum tutela, Ordinum præfidio, fide, integritate, confenfu jucundè acquiefcentem.

At verò vix Lutherus facem ventilavit, novófque credendi modulos, philautiæ molliter adblandientes, occinuit, quàm aliam mox faciem induit! animorum concentùs, voluntatum harmonia, membrorum inter fe & cum capite fuo conjunctio diffoluta; contrà verò difcordiæ, diffenfiones, bella inteftina, innumeræque calamitates pleno agmine funt invectæ.

à Luthero. Strenuè fanè turbas immenfas concitavit fovitque novum Lutheri Evangelium de *Chriftiana libertate*, & *captivitate Babylonica*, omnia rumpens legum vincula, quibus populi Principibus ac Magiftratibus funt adftricti: Chriftianos ita effe liberos fcribit, ut nulla lege vinciri poffint: nulli legi fubjectos effe, nifi Divinæ; Tyrannos effe, qui hanc libertatem lædant.

Qua ex doctrina, paffim per ejus libros, fparfa, quos fructus nafci pronum fit, intelligi facilè poteft. Quin gloriatur ipfe, gratulatúrque fibi, Germaniam in feditiones concitatam. *Hoc Deus avertat*, inquit *Tom.* 2. *Wittemb. lat. in affert. Art. 13. ut Evangelium fine feditione prædicemus. Nam fi non turbas concitaremus, omniáque pacata effent & tranquilla, actum jam effet de noftro Evangelio Oportet Evangelium turbas excitare, quocunque venit. Hoc*

ff

si non faciat, non est verum Evangelium. & *Tom.* 7. *Germ. Witt.*
fol. 147. ait, nihil omnium rerum ita sibi visu jucundum esse, quàm
eùm propter Evangelium dissensiones & tumultus exoriuntur.

Hoc gaudio ut fruatur, pro! quanto conatu tubam inflat, &
Principes ad arma vocat libro, anno 1520. scripto ad Cæsarem omnémque Germaniæ Nobilitatem; & libro de sæculari potestate ann. 1523.
edito, quo Principes appellat injustos subditorum depeculatores,
carnifices, impios Herodes, tyrannos &c. quibus obedire non oporteat; cùm ipsorum potestas liberas mentes ligare nequeat; non
passurum ampliùs populum Principum tyrannidem; mundum non
ampliùs esse, sicut olim: omnes homines esse æquales: deponen-
dos Potentes de sede.

Profectò qui scripta Lutheri legerit, ea non tantùm in summum Pontificem omnémque ordinem Ecclesiasticum scurrilibus prorsus atque inauditis probrorum ac maledictorum plaustris ubique in-
farta atque inspissata fatebitur, sed in Cæsaream etiam Majestatem;
Ferdinandum Archiducem, Regem Angliæ, Wilhelmum & Ludovicum Duces Bavariæ, Georgium Ducem Saxoniæ, Albertum Brandeburgicum, Electorem Moguntinum, Henricum Ducem Brunsvicensem, aliósque Imperii Principes, adeò maligna, turbulenta atque seditiosa comperiet, ut classicum meritò dicas, quo non modò subditi in Imperatorem, Status in Statum, sed plebecula etiam,
libertatis effrænatæ avida, excusso parendi obsequio, in Principes
suos ac Magistratus suit vehementer concitata.

Et certè mox patuit novi hujus Evangelii fructus; nam Luthe-   130.
rus mox nactus incentores, aut veriùs incendiarios asseclas, subdi- fructus notis adversùs Principes ac Magistratus, rusticis adversùs dominos suos vi Evan-
exitiales faces subdidit, omnémque cùm Hutteno, Munzero, aliis- gelii.
que seditiosis suis discipulis in se ipsam armavit Germaniam.

Nam signo velut dato vidisses rusticos aratro ac stiva sua relictis
arma corripere, & bachantium furiarum instar discurrere omnémque
Germaniam ad rebellionem concitare: dignitate omnes esse æquales,
omnésque liberos, Principes ac Magistratus esse tyrannos mactan-
dos. Evigilandum tandem & excutiendum jugum; Christianis nullam
legem esse positam, & quæ alia sunt id genus pulchra principia, ex
Lutheri schola, libris & concionibus deprompta.

Atque hic fuit cantus, quo ita accensus ubique fuit Mars ru-
sticanus, ut innumeræ cædes, rapinæ, Monasteriorum arciúmque

ruinæ,

ruinæ, incendia, populationes, provinciarum vaftationes, inaudito crudelitatis exemplo, ex furore ifto evangelico fequerentur.

Verùm non plebeias duntaxat manus in dominos ac fuperiores armavit nova hæc credendi agendíque libertas, Nobilium etiam, civitatum, ac Principum animos pervafit, cum extrema afflictæ Germaniæ calamitate. Nulla amplius Imperii Comitia pacata: nulla Edictorum atque Receffuum obfervatio: nulla pacis publicæ, Judiciorum Imperialium, communísque boni apud novos iftos libertatis. fectatores cura, nulla denique ipfius etiam Cæfareæ Majeftatis reverentia.

Wormatienfe Edictum, quo Lutherus anno 1521. fuerat profcriptus, ab omnibus Imperii Ordinibus, nullo excepto, conceptum fuerat, ejúsque executio pluribus in Comitiis decreta, fed femper elufa. Succedebant proteftationes fpirenfes, coitiones privatæ, minæ, fœdera, belláque Smalcaldica fubditorum in fuum Imperatorem, & cum iis deploranda Germaniæ devaftatio.

Atque, ut nihil ad ruinam deeffet, evocati in Germaniam exteri Reges, Gallus, Danus, Svecus &c. Heu quanta inde publicarum calamitatum feges !

Neque â Chriftianis folummodo internis externísque conjuratum in Imperatoris & Imperii perniciem; ipfa Turcia in Germaniæ fines prolata. Si quæras, quo tempore Solymannus Belgradum, Budam, Strigonium, omnémque Hungariam diripuerit, in Germaniam fe effuderit, Viennam obfederit, omniáque terroribus ac barbara Chriftianarum provinciarum vaftatione compleverit? refpondebunt annales, id eo tempore factum, quoLutherani facti funt *Proteftantes*; quo fubfidia adverfus Turcam negabant; quo in privata fœdera adverfus Imperatorem coibant; quo ftatum in ftatu conflabant, quo feditionibus, turbis, bellis Germaniam mifcebant; quo Turca bonum Advocatum, fidúmque amicum in Luthero habuit.

Lutheritu-
ba.

Certè, fi lingua, fi calamus non dubius eft index mentis, fi campanam ex fono, fi avem ex cantu dignofcimus, quo animo in Turcam Lutherus fuerit, ex fcriptis ejus facilè comperimus. Audiamus unam vel alteram oden hujus Turcicæ cantantis aviculæ.

In fcripto de duplici & difcordi Cæfareo Mandato, edito 1524. in quo in Chriftianos Principes ac præfertim in Imperatorem horrendum in modum detonat, ac fulminat, fuos affeclas fic Chriftianè adhortatur: *ne temere confentiamus ad fufcipiendam expeditionem, aut*

con-

conferendas pecunias adversus Turcam, cùm Turca decies prudentior, consilio, integritate, moderatione Principes nostros antecellat.

Tom. 2. *Jen. lat. fol.* 310. rogat omnes Christianos , ne pugnent contra Turcam , neque ad tale bellum quidquam contribuant, fed ab hoc bello abstineant, quamdiu Papæ nomen sub cœlo aliquid valet.

Art. 34. *à Leone X. damnat.* ait: *præliari adversus Turcas est repugnare Deo, visitanti iniquitates nostras per illos.*

Tom. 6. *Wittemb. fol.* 589. Christianè ad ædificationem sic scribit: *nullum pulchrius regimen est , quàm apud Turcas, qui legibus Alcorani gubernantur: nullum autem turpius, quàm apud Christianos, qui jure canonico & civili gubernantur.*

Testatur etiam Erasmus *in epist. ad frat. Infer. Germ.* jactasse hos Evangelicos, Lutheri disciplina eruditos, se malle pugnare pro Turca non baptizato, quàm pro Turca baptizato, seu Cæsare.

Nunquid piæ, devotæ, Christianæ sunt hæ strophulæ? nunquid Reipublicæ Christianæ salubres? bella religio, ex cujus placitis ab ipso auctore illius occinuntur! an juratus Germaniæ, nominisque Christiani hostis aliter loqueretur?

Hoc scilicet erat reformare Christianam Ecclesiam, non tantùm antiquissima illius dogmata, ritus ac ceremonias evertere, sed etiam juratissimo illius hosti eandem devovere.

Quis jam miretur, hanc Lutheri reformationem dissensionum, turbarum, seditionum, atque ingentium discordiarum causam fuisse, cùm etiam Turcis tantopere faverit? neque exempla tantùm id demonstrârunt; sed gravissima quoque testimonia.

Certè Carolus V. Imperator in Recessu Imperii, omnium Or-Luther. sedinum assensu in Comitiis Wormatiensibus anno 1521. concepto, diuiosus. testatur, quòd Lutheri scripta universaliter nihil aliud spirent, quàm seditiones, bella , cædes, rapinas, exustiones, & occasûs fidei Christianæ materiam. In eodem edicto, uti apud Goldastum *Constit. Imp. Tom.* 4. extat, idem Imperator ait : *Obedientiam & regimen omne prorsus tollit. Unde populi ad defectionem & rebellionem à suis tam spiritualibus quàm temporalibus dominis faciendam, ad rapinas, cædes, incendia, cum magno & manifesto Christianæ Reipublicæ discrimine, provocentur. Quin imò cum vitam quandam solutam, licentiosam, atque ab omni lege explicitam, & verè ferinam inducere conetur, ita exlex homo Leges omnes damnat & contemnit &c.* & R. I. Spirensi anno 1544. §. 77. ait, ex dissidio, à Luthero indu-

cto,

&o, nifi Deus avertat, nihil aliud quàm perniciem & interjtum Romani Imperii, & Nationis Germanicæ poffe exfpectari. Idem in aliis Comitiis, iis temporibus habitis, paffim repetitur. Quis autem Cæfarem Ordinésque Imperii arguat, quòd hominem talem, talémíque doctrinam in Imperio minimè tolerandam duxerint ?

Rex etiam Angliæ Henricus VIII. apud Cochlæum de Scriptis Lutheri, & Bzovius *ad annum 1523.* teftatur; quòd fcilicet in odium Principum Lutherus, nova fua doctrina concitet populum, leges omnes abroget, Magiftratus enervet, nec aliud moliatur, quàm ut Germaniæ primùm populus tanquam pro libertate bellum indicat Proceribus, deinde ut Chriftiani contra Chriftianos, fpectantibus & irridentibus Chrifti hoftibus depugnent. Idem conftat ex teftimoniis Erafmi Rotterodami, Cochlæi, Sleidani, aliorúmque, qui Luthero fuerunt coævi. Sed quid plura ? Patet abunde ex feditiofis ejus fcriptis.

Repeto proin, quod antè dixi, prorfus immeritò à Proteftanticis fcriptoribus redargui Carolum V. Imperatorem, ejúsque fratrem Ferdinandum, Reges Galliæ, atque Hifpaniæ, ac cæteros Catholicos Principes, quòd nafcenti ejusmodi religionis diffidio fe oppofuerint, atque in omnibus Imperii Comitiis illud fublatum voluerint, utpote quod non tantùm innumeros mortales à Deo, fine fuo ultimo, & æterna falute averteret, fed pacem quoque, tranquillitatem, concordiam, regiménque politicum tantopere turbaret.

§ 3.

Diluuntur argumenta Libertinorum.

131.
Chriftiana
libertas

AT Chriftianam libertatem oggerunt, permittendam religionis electionem cujuslibet arbitrio, foli Deo de ea reddendam rationem ; in mentis penetralibus eam effe reconditam, quò humanum imperium fe non exporrigat ; imò nec poffe quenquam bona confcientia amplecti religionem Catholicam, quam falfam, fuperftitiofam, tótque abufibus, fylvefcentem videat.

Ego verò ad hæc jam refpondi. Sequeretur enim, nullam effe hærefin, quæ non relinquenda effet libera, nullámque unquam potuiffe prohiberi. Quod adverfarii admittere nec volunt nec poffunt, quamdiu funt Lutherani aut Calviniftæ, nec degenerent, quod pronum eft & ufu frequens, in libertinos, qui nullam habent religionem.

Neque

Neque in ejusmodi effræni licentia ſtat Chriſtiana libertas, ſed tum in immunitate ab innumeris propemodum ceremoniis, legibúsque judicialibus Moſaicis, tum præcipuè in liberatione à diaboli ſervitute per baptiſmum áliáque Sacramenta nobis à Chriſto Redemptore collata, uberioribúsque legis gratiæ beneficiis per merita Chriſti nobis donatis; per.quæ in libertatem filiorum Dei ſumus aſſerti. Quando verò Chriſtus Matth. 13. dixit: _ſinite utraque creſcere usque ad meſſem_, non prohibuit abſolutè evellere zizania, aliàs neque fures aut homicidæ poſſent plecti, cùm ſint inter zizania. Noluit igitur præmaturam eradicationem, quando zizania à tritico necdum ſatis diſcerni poſſunt. Unde ait: _ne fortè colligentes zizania, eradicetis ſimul cum eis & triticum._ Sic etiam, quando S. Paulus dixit, _oportere hæreſes eſſe_, non voluit, hæreſibus liberum aditum concedi; ſed per hoc ſignificavit, propter infirmitatem, levitatem, novitatum pruritum eſſe quandam neceſſitatem, ut in tanta hominum multitudine oriantur hæreſes; ſicut Chriſtus ait, neceſſe eſſe, ut eveniant ſcandala: veruntamen væ homini illi intentat, per quem ſcandalum venit.

At fides, inquiunt, in mente eſt recondita; ac proin nulla.in eam humana juriſdictio; ſed ſoli Deo de illa reddenda ratio.

Sit hoc verum, quamdiu fides in animo latet abſcondita. At quando in apertum erumpit, quando voce, calamo, actúve alio externo ſe prodit falſum dogma, quando contagium ſcriptis tot libris, quot Lutherus edidit, in mundum ſpargitur; tunc & Divinæ & humanæ poteſtati reddenda ratio. Tunc Eccleſiæ Paſtor à Chriſto conſtitutus, dum dixit, _paſce oves meos_, bona paſcua à venenatis diſcernit, noxia ſubtrahit; lupos arcet ab ovili Chriſti, gregem, quoad fieri poteſt, integrum ſervat.

Poteſtas verò ſæcularis ad frangendam contumaciam Eccleſiaſticæ jungit operam, atque unà in obſtinatos animadvertit, vetátque, toxicum ſpargi in publicum, nemine impuni, qui auſit contraire.

Fuit hæc omni tempore Eccleſiæ diſciplina, poſtquam Sylveſter Papa in Concilio Nicæno Arianam, in Arelatenſi Donatianam hære- **132. Principum** ſin damnavit, Conſtantinus M. eandem prohibuit. Poſtquam Cœ- **leges.** leſtinus I. in Concilio Epheſino Neſtorium damnavit, Theodoſius M. eundem cum hæreſi ſua exulare juſſit. Poſtquam Leo M. in Concilio Chalcedonenſi Eutychianam hæreſin cum ejusdem contumaci fautore Dioſcoro damnavit, Martianus Imperator eundem cum hæreſi ſua proſcripſit. Pelagium, ab Innocentio & Zoſimo damnatum Honorius

norius Imperator cum hæresi sua & hæreticis in exilium ejecit. An Jura nàturæ aut Divina violârunt pientiſſimi iſti Imperatores? an poteſtatem ſuam ſunt ſupergreſſi?

Graviſſimas adverſus hærefes & Hæreticos leges tulerunt non ſolùm ſummi Pontifices ad titulum de hæreticis &c. ſed ſummi quoquē Imperatores, Conſtantinus M. Valentinianus, Gratianus, Theodoſius, Arcadius, Honoriùs, Juſtinianus, Fridericus I. &c. ùt paſſim videre eſt in toto titulo *de ſumma Trinit. & fide cath.* & titulo *de Hæreticis &c.*

Primus ſtatim titulus codicis ab Imperatore Juſtiniano inſcribitur hac rubrica : *de ſumma Trinitate & Fide Catholica, & ut nemo de ea publicè contendere audeat.*

L. 1. c. boc. tit. Gratianus, Valentinianus, & Theodoſius publico ediſto præcipiunt, ut omnes in ea religione verſentur, quam Divus Petrus Apoſtolus Romanis tradidit, quámque Pontifex Damaſus tenet, addúntque ; *banc legem ſequentes, Chriſtianorum Catholicorum nomen jubemus ampleſti : reliquos verò demèntes veſanòsque judicantes, hæretici dogmatis infamiam ſuſtinere, Divina primùm vindiſta, poſt etiam noſtra pleſtendos.*

L. 2. eod. ſtatuunt iidem Imperatores : *nullus hæreticis miniſteriorum locus, nulla ad exercèndam animi obſtinatioris dementiam pateat occaſio. Sciant omnes, etiamſi quid ſpeciali quolibet reſcripto, per fraudem elicito, ab hujusmodi hominum genere impetratùm ſit, non valere. Arceantur cunſtorum hæreticorum ab illicitis congregationibus turbæ &c.*

L. decere 3. §. 3. eod. Theodoſius & Valentianus mandant, ut ſcripta hæretica comburantur, & ſub pœna ultimi ſupplicii prohibent eorum leſtionem.

L. nemo 4. Marcianus Imperator ſub graviſſima pœna vetat, nequis de fide, publicè turbis coadunatis traſtare audeat, additque: *injuriam facit Reverendiſſimæ ſynodo, ſi quis ſemel judicata ac reſtè diſpoſita revolvere, & publicè diſputare contenderit.*

L. cùm reſta 5. in præf. Juſtinianus ait, fidem Catholicam nullo modo innovationem recipere: ſequendum dogma ſanſtorum Apoſtolorum, & eorum, qui poſt eos in ſanſtis Dei Eccleſiis converſati ſunt. Et *l. cognoſcere 7. in præf.* idem Imperator Epiphaniæ Patriarchæ Conſtantinopolitano reſcribit, conſervandum eſſe absque mutatione ſtatum Eccleſiaſticum, *in omnibus ſervato ſtatu unitatis Sanſtiſſimarum Eccleſiarum cum ipſo ſanſtiſſimo Papa veteris Romæ non enim patimur, ut quidquam eorum, quæ ad Eccleſiaſticum ſpeſtant*

ſta-

ſtatum, *non etiam ad ejusdem referatur Beatitudinem*, *cùm ea ſit caput omnium Sanctiſſimorum Dei ſacerdotum*, *vel eò maximè*, *quò.l quoties in eis locis hæretici pullularent*, *& ſententia & judicio illius venerabilis ſedis cöerciti ſunt.*

L. 8. *eod.* rurſus expreſsè fatetur, quòd Pontifex Romanus ſit *caput omnium Eccleſiarum*, atque ad eum referendum, quod ad Eccleſiarum ſtatum pertinet.

Toto etiam titulo *de Hæreticis & Manichæis &c.* per 22. leges Imperatores omnes hæreſes, omniáque dogmata, Catholicæ Eccleſiæ contraria, ſeverè prohibent, dictata pœna confiſcationis omnium bonorum, proſcriptionis, & aliquando etiam mortis. Hæreticorum autem nomine intelliguntur omnes, *qui à judicio Catholicæ Religionis*, *& tramite detecti fuerint deviare; ùt* expreſsè dicitur *L. omnes 2. cod. de Hæret.*

Jam verò quis eò impudentiæ deveniat, ut omnes iſtos glorioſiſſimos ac pientiſſimos Imperatores, ipſúmque Jus Civile, jam dudum receptum, reprehendat, quòd poteſtatis ſuæ limites ſupergreſſi præceperint aut prohibuerint ea, quæ humano non ſubjacent imperio?

Sed non poteſt quis, inquiunt, amplecti religionem, quam falſam, ſuperſtitioſam, & abuſibus horrentem credit. Verùm Catholica Eccleſia ejúsque Religio tanta luce ſe ſignat, tótque notis, & ùt vocant, ſignis, & *motivis credibilitatis*, tanquam civitas ſupra montem, & lucerna ſupra candelabrum poſita, ſe reddit conſpicuam, ut cæcutiat neceſſe ſit, qui eandem non videat.

Profectò in hanc unam Eccleſiam conveniunt, quæ ſanctum JEſu Chriſti Evangelium, quæ ſancti Apoſtoli, quæ ſacra Concilia, quæ ſancti Patres, eidem attribuunt. Hæc una à Chriſto fundata, ab Apoſtolis prædicata, continuò propagata, perpetuò viſibilis, ut inveniri poſſit, conſtanter in iis, quæ fidem concerfiunt, infallibilis, in articulis fidei ſemper una, in doctrina ſemper ſancta, Catholica & Apoſtolica, tot Martyrum ſanguine inſignita; tot miraculorum ſplendore illuſtrata, tótque aliis ornamentis decorata, ut, ſi quis ſupplici prece lumen à Deo petat, atque mente pacata, à præjudiciis & humanis rationibus vacua, hæc probè ponderet, nunquam futurum ſit, quin veritatem videat, prælucente præſertim ſuperna illuſtratione gratiæ, quam Deus facienti, quod eſt in ſe, non denegat; cùm omnes velit ſalvos fieri, & ad agnitionem veritatis venire.

133.
Signa Eccleſiæ.

Quapropter nunquam continget, ut caſus eveniat, in quo homo, faciens, quod eſt in ſe, dictaminè conſcientiæ impellente fal

Pars VII.   R   ſam

fam religionem amplecti debeat, cùm erroneum judicium poffit corrigere, modò non claudat oculos, aut cœleftibus radiis valvas opponat.

Probè enim expendenti facilè apparebit, quod fuperftitionem putabat, fincerum ac genuinum Dei cultum effe, facrarum Scripturarum fuffragio, totiúsque antiquitatis ufu comprobatum, facilè etiam fuccurret, prudentis effe, privatæ fuæ opinioni in interpretandis Scripturis non nimiùm fidere, fed eandem publico Ecclefiæ judicio fubmittere, ad quam, tot promiffis Evangelicis munitam, pertinet judicare de vero fenfu & interpretatione facrarum Scripturarum.

Abufus.   Abufus, fi fcrupulum moveant, ufus funt complura, quæ abufus exiftimas. Dein optima quæque abufibus patere novimus. Agrum cogita, in quo cum optimo frumento fuccrefcunt zizania. Tu cura, ut bonum fis triticum, & nihil tibi nocumenti afferet lolium. Mundo exeas neceffe eft, fi locum velis, in quem abufus nullus irrepat. Proteftantium fpineta refpice, in quibus non tantùm quoad difciplinam, fed etiam quoad doctrinam fidei fpiffis abufuum loliis plena funt omnia. Egregii enim verò reformateres, qui, ut arborem putent, totam exfcindunt; ut menti pilos radant, caput demetunt: ut morbos fanent, occidunt. In nullo fidei Articulo ab Ecclefia Catholica fe diffidere in Auguftana Confeffione funt conteftati, totam differentiam effe in paucis abufibus. Remedium his erat parandum, fed verum, genuinum, in Ecclefia confuetum, per Sanctiones Apoftolicas, per Concilium, per Legitimos Canones; non per Lutheri, hominis privati ac fcelerati, infanos furores, quibus non tantùm immenfam abufuum graviffimorum colluviem induxit, fed in ipfos etiam fidei Articulos, Verbo Dei traditos, ab Apoftolis promulgatos, ac continuo ufu cultúque in Ecclefia propagatos, impiè ac facrilegè eft graffatus.

134.   Sed actum effet, ajunt, de tranquillitate publica, bella mundum implerent, fi oporteret contrariam religionem exfcindere.
Aliæ exceptiones diluuntur.   Ego verò nunquam dixi, obligari Principem in alterius Principis aut Reipublicæ provinciis contrariam religionem exfcindere. De fubditis loquor, de propriis Principis ditionibus. Jure optimo egiffe Imperatores, Reges ac Principes Catholicos, dum nafcenti & adolefcenti in fuis provinciis Religionis diffidio magno conatu fe oppofuerunt, ut Divino honori, mortalium faluti, ac Reipublicæ tranquillitati pro munere fuo confulant. Quantum enim turbarum, feditionum, rapinarum, bellorum, ftragum Lutheri, Zvinglii, Calviníque pulchra reformatio fecum invexerint, quantámque animorum

diffen-

diffenfionem, ac litium fegetem perpetuò nutriant, nemo, opinor, eft, qui ignorare poffit.

At quæftuofa commercia, artes, ac difciplinæ, minùs florerent, fi alienæ religionis hominibus aditus fit interclufus, minùs proin Imperator & Ordines Catholici Germaniæ confultum volebant, dum nullam religionem præter Catholicam tolerandam contenderunt.

Verùm hoc Argumento, fi quid evinceret, id omnino probaret, omnes promifcuè fectas effe admittendas. Quod, ùt fuprà animadverfum, *Evangelici* ac *Reformati* (prout fe ipfos appellant) concedere nec volunt, nec poffunt. Quin imò ipfum Inftrumentum Pacis Weftphalicæ omnes alias ab Imperio Romano exclufas voluit: utique prudenter, & absque detrimento commerciorum artiúmque.

Certè hæc ratio fummis Imperatoribus, Conftantino, Gratiano, Valentiniano, Theodofio, Arcadio, Honorio, Marciano, Juftiniano, Carolo M. Ludovico Pio, Friderico I. multisque aliis Imperatoribus, Regnísque hodiedum florentiffimis, non eft vifa tanti, ut alias propterea religiones, à Catholica alienas, donarent civitate.

Neque impedimento fuit, quò minùs Ferdinandus ille Catholicus Mauros ac Judæos tota ex Hifpania, Ludovicus XIV. verò Calviniftas tota ex Gallia ejiceret.

Dein Catholici etiam Principes ad littora fua, & portus, ad nundinas, ad commercia acatholicos mercatores admittunt, atque ad rem militarem, nauticam, fabricam, Proteftantium etiam operas conducunt, quin tamen religionis alienæ exercitium, jus civitatis, aut ftabile domicilium ipfis concedant.

Quod adverfarii dicunt de diffenfionibus in Ecclefia noftra gliffentibus, atque inter Apoftolos etiam & fanctos Patres exortis, nihil probat. Non enim diffenfiones illæ verfabantur circa articulos fidei, (in quibus omnes Catholici funt concordes) fed vel circa difciplinam, ritus, ceremonias legis Mofaicæ, aut circa eas quæftiones, quæ materiam fidei non contingunt, fed innoxiè in utramque partem ventilari poffunt, aut faltem ea concernebant, de quorum revelatione iis temporibus, quibus difceptabatur, necdum fatis in Ecclefia conftabat; qualis erat diffenfio inter S. Stephanum Papam & S. Cyprianum de valore Baptiffmi, ab Hæreticis collati.

Quod

Quod denique ad inducendam Religionis libertatem objicitur, hominem in quavis fecta falvari poffe, integro libello *de Indifferentifmo* refutavi.   Ubi oftendi exiftere DEUM , atque ab eo certum fui cultum nobis præfcribi ; eúmque ultra ea , quæ *Naturalifinus* aut *Philofophifmus* ratione dictante proponit , affurgere: *Gentilifinum* feu *Etbnicifinum* , *Mabometifinum* , & *Judaifnum* , prout hodie extat , abfurda multa , atque cum jure naturali pugnantia comprehendere : inter baptizatos éffe aliquos hæreticos , ab Ecclefia Chrifti extorres , ac proin extra viam falutis , cùm tefte Apoftolo fit unus Dominus , una fides , unum baptifma : Proteftantes nunquam fcire poffe , quinam Articuli fint fundamentales , quinam fint necessarii ad falutem *neceffitàte medii*.   Credenda omnia , â DEO revelata , & quidem , de quorum revelatione fufficienter conftat , *explicitè* , reliqua *implicitè* , five magna illa fint , five parva : quia authoritas DEI loquentis , utpote infinita , univerfaliter de omnibus fidem meretur.   Hanc tamen fidem folam non juftificare , nifi fit viva , fpe nempe , charitate , aliisque virtutibus , â DEO in facra Scriptura præfcriptis , atque obfervatione omnium mandatorum , animata.   Ecclefiam etiam audiendam (nam qui illam audit , Chriftum audit) alioquin tanquam Ethnicum & Publicanum habendum.   Exiftere pariter Verbum DEI traditum , cui non minus quàm Verbo fcripto debeatur fidei obfequium &c.

135.
Objectio de
pace Relig.
Denique ultimò pro fidei libertate permittenda objiciunt , dicúntque , quòd fi Religionis electio non poffet relinqui cujusvis arbitrio libera , malè feciffe Catholicos , quòd in pace Religiofa & Weftphalica eandem Proteftantibus reliquerint liberam.   Hoc autem dici nullatenus poffe ; cùm illi tractatus pacis fapientiffimè fuerint conclufi ; confequenter Imperatorem & Principes Catholicos nullo jure antea fe oppofuiffe.

Refpondetur , prudentis effe , tolerare minora mala , ut evitentur majora , relinquere pallium , ut tunicam ferves , dimittere partem , ne totum pereat.   Necessitas aliquando licitum facit , quod per fe eft illicitum.   Quamdiu Proteftantium fectæ necdum ad eam potentiam devenerant , fpésque fupererat , ad unitatem fidei priftinæ easdem reducendi , fui muneris & obligationis effe cenfebant Imperatores & Principes orthodoxi , ut nafcenti diffidio fe opponant.

At quando adverfæ vires cum deploránda Germaniæ ruina tantopere invaluerant , ut frangi ampliùs non poffent , ne provinciæ adhuc in fide integræ pariter eodem impetu abripiantur , fummam
effe

esse necessitatem censebant, ut non quidem approbaretur, sed tamen toleretur id, quod evitari jam non amplius poterat. Verùm de hac quæstione, de qua tempore Pacis Westphalicæ multùm in utramque partem disputabatur, satius est abstrahere.; cùm scopus præsentis dissertationis unicè fuerit, ostendere, quòd Carolus V. Imperator, Rex Ferdinandus aliiquè Principes, & Catholici Ordines jure optimo se opposuerint nascenti Protestantium dissidio; nihílque ab officio suo & prudentia alienum egerint, dum anno 1521. in Comitiis Wormatiensibus novellam Lutheri doctrinam, & Confessionem Augustanam anno.1530. Imperiali edicto proscripseruut, & anno 1539. in Comitiis Francofurtensibus religionis libertatem negârint.

ARTICULUS IX.

Historica relatio de statu Imperii ab anno 1540. usque ad finem belli Smalcaldici.

Lutherani, Smalcaldico fœdere connexi, spretis Comitiorum edictis & Cæsareis mandatis, non tantùm Religionis libertatem extorquere conabantur : sed novos insuper socios interea in fœdus suum asciverant : ipsis etiam Galliæ & Angliæ Regibus sollicitatis, missis ad eos legatis & litteris. Quin imò nec conventionibus contenti, quæ ipsis favebant, Norimbergensi & Ratisbonensi, quibus cautum fuerat, ne cui ante definitionem Concilii aut Comitiorum propter Religionem molestia inferatur, pluries eas omnino transgressi sunt. Nihilominus enim Episcopos, Capitula, Monasteria bonis suis, spoliabant. Cúmque propterea ad Cameram Imperialem citarentur, aut contumaces secundum Imperii leges proscriberentur, prout Mindensi civitati contigit, reclamabant, pacificationem Norimbergensem & edictum Ratisbonense violatum iri, eò quòd iis statuatur, ut in causis Religioném concernentibus cameræ jurisdictio suspensa maneat. Quasi verò ad Religionem eorum pertineat, legitimos dominos rebus suis spoliare, & aliena rapere. Et si hæc causa religiosa foret, pacem ipsi jam priùs spoliando Ecclesiasticos violâssent, cùm illa expressim caveat, ne cui propter religionem molestia inferatur. Variis dein colloquiis Hagenoæ & Wormatiæ, ac Conventu Ratisbonensi annus 1540 & 1541. frustra fuit consumptus, Lutheranis pertinaciter erroribus suis inhærentibus, & religionis

136.
Lutherani pactiones infringunt.

gionis

gionis libértatem extorquentibus. Carolus Imperator ab hoc Convén-
tu in Italiam profectus expeditionem alteram in Africam adverſus
Algerianos, maria omnia ferme infeſta reddentes, ſuſcepit. Et ever-
tiſſet Algerium harpyarum nidum, niſi tempeſtas claſſe disjecta eum
repuliſſet, magno rei Chriſtianæ detrimento. *(anno 1541)*

137.
Altera ex-
peditio in
Africam.

Sequente anno 1542. ortum eſt quartum bellum inter Carolum
V. & Franciſcum I. cujus non una duntaxát cauſa fuit. Sperabat
Rex, Mediolanum ſibi Beneficiario jure poſſidendum traditum iri, &
hoc, dum Cæſar biennio abhinc per Galliam iret, promiſſum ſibi
putabat. Jam verò hac ſpe dejectus erat. Wilhelmi inſuper Cliviæ Ducis cauſa non parùm incitabat. Is à Carolo Egmondano anno
1538. Geldriæ hæres inſtitutus fuerat ; cùm autem Carolus V.
Imperator ob ceſſionem, Carolo Audaci factam, Geldriam vindicaturus timeretur, Clivenſis ad Gallos ſe applicuit, ut eorum ope
poſſeſſionem firmaret, accepta in pignus ſponſa Joanna Albretana,
Franciſci I. ex ſorore nepte. Tertia cauſa fuére Fregoſus & Rinco,
Gallici ad Sultanum legati, ſecundo Pado defluentes, à Vaſtio,
Mediolani gubernatore, capti, ac capite plexi.

Bellum
quartum
cum Gallo.

Rex igitur Cæſarem pluribus ſimul locis aggreditur; in Comitatu Ruſcinònenſi, ubi Perpinianum fruſtra oppugnat : in Italia, ubi
victoriam reportat ſine fructu : in Belgio, ubi Ducatum Luxemburgicum expugnat, mox rurſus amittendum, Turcicam etiam Algerio
claſſem evocavit, quæ Niceam usque Liguriæ devecta, Gallisque
juncta, urbem illam, non tamen arcem occupavit.

Imperator primò Clivenſem aggreſſus, Clivia, Júlia, & Geldria occupata, anno 1543. pacem cum eo iniit, iis legibus, ne Religionem Catholicam deſerat. Fœdus Gallicum & Danicum abdicet,
Geldriam Imperatori cedat, Juliacenſem verò & Clivenſem Ducatum rurſus recipiát. Atque hoc pacto Carolus V. omnes 17. Belgii
provincias conjunxit. Franciſcus verò Rex audita hac pace ſponſam
Wilhelmo negavit : qui poſtea Ferdinandi Regis filiæ nupſit.

Geldria ad
Carolum.

Cùm dein Cæſar, icto cum Anglo fœdere, non tantùm amiſſas
civitates recuperaret, ſed in Pariſinum usque agrum victor excur-
reret, *Pax Creſpiaca* coaluit, his rata articulis : omnia poſt Nice-
nas inducias ablata utrinque reſtituantur. Communi ſtudio & opera
antiqua Religió defendatur. Rex promittit Regi Ferdinando 600.
equites & 1000. pedites adverſus Turcas : ſimúlque cedit omni jure
in Arragoniam, Neapolim, Flandriam, Arteſiam, ac Geldriam.
Carolus verò cedit jure in inferiorem Burgundiam, & civitates in
Picardia ad Somonam ſitas. Tractatum etiam de ſponſalibus inter

Pax Creſpi-
aca.

C 2

Carolum Francisci filium, & Mariam Caroli filiam, atque dote, ab hac afferenda. Quem in casum Rex omni in Mediolanum jure se abdicaturum promittit. Sabaudus restituatur. Hesdinum vero Regi concedatur.

Quod de sponsalibus conventum fuit, effectum non habuit ; quia anno sequente Carolus Francisci filius fuit mortuus.

Dum hoc bellum Imperatorem alio abstraheret, Rex Ferdinandus varia Comitia celebravit. Et imprimis quidem anno 1542. *Spirensia* : in quibus Pontificis legatus Joannes Moronus Tridentum pro Concilio celebrando assignavit ; tum quia Dux Mantuam, & Veneti, Turcam veriti, Vicentiam negabant, tum quia Protestantes in Germania Concilium celebrari postulaverant. Sed nihil magis abhorrebant, quàm Concilium, quod antea toties importune adeò postulaverant. Urbs displicuit & legati oratio.

138. Tridentum Concilio destinatur.

Cúmque Ferdinandus de Bello Turcico ad Ordines referret, Protestantes non antè auxilia addicebant, quàm Rex caveret, Ratisbonense edictum salvum, neminíque religionem fraudi fore. Delectus belli Præfectus Joachimus II. Elector Brandeburgicus, qui à patre suo & majoribus degener ad Lutherum defecit.

Proposita etiam querela Julii Pflugii, qui, legitimè electus Episcopus Naumburgensis, ab Electore Saxoniæ rejectus fuerat, intruso Amsdorffio, quem Lutherus inauguravit.

Certè mirum est, Smalcaldenses socios in omnibus Comitiis vehementer postulâsse, ut edictum Ratisbonense ac Transactio Norimbergensis *(de anno 1532.)* serventur. Cùm ipsi passim eandem infringerint. Nam non tantùm Ferdinandum Regem vi & armis è Wirtembergia expulerant, Ecclesiasticorum bona rapiebant ; illorum loco Lutheranis intrusis. Sed novam insuper gravémque violentiam hoc ipso anno 1542. in Henricum Ducem Brunsvicensem exercebant.

Brunsvicensis.

Hunc etenim Principem, quia apprimè erat Catholicus, & Smalcaldensium iniuriis se opponebat, bello aggressi Ducatu spoliârunt. Hoc scilicet erat servare Comitiorum decreta, & Recessus Imperii, tam providè caventes, ne vis fiat, ne ob religionem cuiquam molestia inferatur. Si læsos se putabant, cur non jure, legibus, judiciis Imperii actum ? Cur contra Pacem Publicam, contra tot Cæsarea decreta, & Ordinum conventiones, revocatis illis privatis bellis, propria auctoritate ad arma provolârunt ?

Cùm decreta Spiræ auxilia adversus Turcam, qui Budam jam diripuerat, pro Germaniæ, lentè se moventis, more, tarde convenirent,

nirent, nec numerum conventum implerent, Ferdinandus Rex nomine Cæſaris alia *Comitia* indixit *Ratisbonam*, ubi executionem de-
creti Spirenſis urgebat. : Tranſactum etiam cum Antonio Duce : Lo-
Varia Co- tharingia liber Ducatus pronuntiata, ſic tamen, ut Dux ob aliquas
mitia. terras, ad Imperium ſpectantes, feudali jure Imperio ſit obnoxius,
atque propterea ad onera Imperii debeat concurrere. Quam Tranſactionem Cæſar anno 1544. in Comitiis Spirenſibus ratam habuit.

 In *Comitiis Ratisbonenſibus* anno 1543. deliberatum de locis
quibusdam in Turcarum finibus muniendis, & ſumptibus in hanc
rem conferendis.: prout etiam de Ordinatione Judicii Cameralis,
reclamantibus pro more Smalcaldicis.

 Anno ſequente 1544. in *Spirenſibus* rurſus actum de bello Turcico,
Religione, cauſa Henrici Brunsvicenſis. Decretum tributum in ſingula capita per Imperium pro bello Turcico. . Vetitum, ne quis
Gallo militet. Actum de Proteſtantibus admittendis, ut pariter ſint
aſſeſſores Cameræ. Confecta pax Cæſarem inter & Regem Daniæ.
Confirmata pacta ſucceſſionis inter Saxonem & Clivenſem, ſi hic ſine prole maſcula eſſet deceſſurus, magnas in futurum datura. controverſias.

 In *Wormatienſibus* 1545. invitati Proteſtantes ad Concilium Tridentinum. Cùm autem comparere detrectarent, indicta ſunt in annum ſequentem *Comitia Ratisbonam*, ubi inſtituendum eſſet rurſus
inter Theologos utriusque partis colloquium, ad componendam toties fruſtra tentatam de religione concordiam.

 Recruduit hoc anno bellum Brunsvicenſe; in quo Dux Henricus â Smalcaldicis victus eſt ; cùmque Landgravio ſe dederet, ab
eo in Haſſiam & carcerem abductus eſt, & Guelferbitum, præcipuum ipſius munimentum, ſolo æquatum.

139. Colloquium ſubin Ratisbonam indictum anno 1546. initium ha-
Colloqui- huit, inter Malvendam Hiſpanum, Billichium Carmelitam, Hofmei-
um. ſterum, Cochlæum ex una, & Bucerum, Brentium, Georgium
Majorem, Schnepfium ex altera parte. Sed pro more nihil actum,
Saxone ſuos revocante.

 Imò Smalcaldici ſocii privatum Francofordiæ coëgerunt conventum, ubi conſultabant de repudiando Concilio Tridentino, de re-
novando fœdere Smalcaldico, de juvando Hermanno Electore Colonienſi, qui ad eos defecerat.

 Secutum eſt dein anno 1546. bellum Smalcaldicum, & anno 1547.
Saxonicum ; quæ breviter deſcripſi *part* 3. *Cap.* 6. *ſ.* 6. juvat tamen de hoc bello prolixiùs aliquantò diſſerere.

             DISSER-

ARTICULUS X.

Differtatio de Bello Smalcaldico, aliorúmque Bellorum civilium in Germania caufis.

PRoteftantici Scriptores paffim bella civilia Germàniæ, turbas, ac calamitates inde fecutas, fummo Pontifici ac Carolo V. Imperatori adfcribunt ; quorum ille confilio & hortatu, hic manu & enfe eorum caufa exftiterit ; totam etenim malorum fe-quelam inde duxiffe originem, quòd injuftè religionis libertati fe op-pofuerint, tyrannidem in confcientias exercuerint, tranfactiones in-fregerint. Monarchiam novam à Cæfare, oppreffa Statuum libertate, intentam : ne igitur omnem Rempublicam everfum eat, inevitabili eorum temporum neceffitate coactos fuiffe Proteftantes arma capere, ut jugum Papale Ecclefiaftici, jugum Hifpanicum fæculares poffent excutere.

140.
Proteft.cau-
fam Cæfari
affingunt.

Simulare equidem Cæfarem, velléque credi, eum id folum-modo intendere, ut inobedientes quosdam Status in ordinem & parendi obfequium reducat, fed re ipfa Religionis & Reipublicæ ju-gulum peti. Hoc enim ejus effe confilium, ut obducta fpecie qua-dam rebellionis, & tanquam in paucos aliquot vindicare velit, fo-cios fœderis Smalcaldici dividat, ut tantò facilius paulatim omnes evertat, atque ad cæcam obedientiam Concilio Tridentino præftan-dam compellat. Non effe obfcura Granvellanii, Navii, aliorúmque miniftrorum, ipfiúsque etiam Cæfaris verba ; cùm in Comitiis Au-guftanis anno 1530. Confeffionem Auguftanam damnaret, & profi-teretur, non poffe fe ferre hanc fectam & doctrinam Lutheri, fed ad eam funditus extirpandam omne fuum robur, vitam etiam at-que fanguinem velle impendere. Id proin agi, ut extincto Evangelii lumine monachi, & id genus reliqua colluvies reftituatur.

Jam inde ab inito Magiftratu femper illum eò fpectâffe, quo modo puram doctrinam exfcinderet & Germaniam in fervitutem ad-duceret. Hanc effe caufam, ut Hifpania cæterísque relictis pròvinciis, toties in Germaniam redierit, tantósque fumptus fecerit, opportunam expectans occafionem, qua inita cum Gallo pace, factísque cum Turca induciis cum Romano Antichrifto ejúsque fectatoribus iniret fœdera, & Smalcaldicos focios obrueret.

De cætero caufam nullam effe, cur bellum fufcipiat ; quôd
enim contrá ediɕtum Spirenfe fint proteftati , Wirtembergenfem re-
ftituerint, Brunfvicenfem bello viɕtum in cuftodia detineant, Pflu-
gium Epifcopatu Naumburgenfi dejecerint, Monafteria in meliores
ufus converterint, Hermanno Colonienfi aliifque evangelicæ doɕtri-
næ confefforibus proteɕtionem addixerint , fœdera propterea inierint, camerale judicium tanquam fufpeɕtum fibique iniquum decli-
naverint, id totum fé jure fuo atque ex ordine feciffe ; nôffe fe,
quid Principes Cæfari, quid Cæfar Principibus debeat. Et fi, quid
offenfionis effet datum, id faɕta fæpiùs reconciliatione à Cæfare fuiffe
remiffum ; nullo proin jure , quin contra juratam in eleɕtione fidem
bellum fibi moveri. *Ita ferme Sleidanus* , aliíque *pofteriores fcriptores
Proteftantici.*

141.
Lutherus
caufa, ejus-
que affeclæ.

 Verùm novum Lutheri Evangelium omnium turbarum bellorúmque civilium, quibus ultra centum annos affliɕta fuit Germania,
caufam fuiffe, non tantùm habetur ex feditiofa Lutheri doɕtrina,
teftimonio Imperatorum pluribúsque Imperii Receffibus, quibus dicitur, certam radicem, & principalem caufam omnis mali, & calamitatis Germanicæ Nationis fuiffe Religionis mutationem, ùt fuprà
in differt. de Religionis libertate demonftratum eft , fed ex ipfis etiam
Germaniæ annalibus rebúsque geftis conftat.

 Quàmprimùm enim Lutherus adverfus Ecclefiam tonare cœpit,
in turbas orbis abiit, voce & calamo perftrepentibus. Sed non diu
intra clamores & animorum diffidia res ftetit. Ventum eft brevi ad
turbulenta facinora ; dum & fubditi obedientiam negarent Magiftratibus , & Pax Publica privatis invafionibus & direptionibus ex Lutheri difciplina haud parùm infringi cœpiffet.

 Profcriptus eft propterea à Lutherus cum exitiali fua doɕtrina anno 1521. in Comitiis Imperii Wormatienfibus â Carolo V. Imperatore, omnibúsque omnino Imperii Ordinibus. At pœnæ fubtraɕto
per Saxonem Luthero tam falubre ac providum Imperii Ediɕtum effe-
ɕtu fruftratum eft. Urgebatur quidem in fequentibus Comitiis fæpiùs executio, at femper elufa ; nullo jam ampliùs loco habitis mandatis Cæfareis & Imperii Receffibus.

 Secutum eft anno 1525. bellum Rufticum , plebeis hominibus
Lutheri doɕtrina ad libertatem pelleɕtis , & non folummodo fubje-
ɕtionis jugum paffim excutientibus, fed igni quoque ferróque Germaniam miferrimè devaftantibus.

142.
Faɕtiones.

 Anno 1529. jam audaciores faɕti Lutheri affeclæ contra Wormatienfe Ediɕtum aliáque faluberrima decreta in Comitiis Spirenfi-
bus

bus apertè fùnt proteftati; nihílque ampliùs cum illis ex ordine & Imperii ufu agi poterat. Convulfa lex illa fundamentalis; ut Statuum fuffragia majora valeant, & accedente Imperatoris voluntate in Imperii Receffum abeant.

Cùm anno fequente 1530. in Auguftano Imperii conventu Auguftana Confeffio ejúsque Apologia à Cæfare & Ordinibus effet rejecta, mox Proteftantes feceffione facta contra Imperii leges fœdus fuum Smalcaldicum, jam antè conceptum adverfus Imperatorem & Status Catholicos procuderunt, contra Reipublicæ ordinem introducto ftatu in ftatum. Nec defierunt poftmodum plures femper plurésque in hoc fœdus afcifcere, follicitatis etiam externis Regibus, ut majorem potentiam Cæfari poffint opponere.

Hoc fœdere munitis in tantum crevit animus, ut omnia fusdeque vertere impunè fe poffe crederent. Bello appetitus ab Haffo Rex Ferdinandus Cæfaris frater, Ulricus armata in Wirtembergiam manu inductus, ejectis Auftriacis. Henricus Dux Brunfvicenfis, quòd effet Catholicus ac fua defenderet, bello illato provincia fpoliatus, una cum filio in carcerem à Landgravio abductus, & in eo pertinaciter detentus. Georgii Saxoniæ Ducis Catholici teftamentum everfum : Cæfar ejúsque frater jure hæreditatis fibi delatæ, fpoliati. Pflugius Epifcopatu dejectus â Saxone, ut Amsdorffio Luthericolæ locum cedat. Bona Ecclefiarum, Monafteriorum, Abbatiarum, Epifcopatuum, paffim direpta ac profanata.

Catholici tot contra pacem publicam, contráque omnia Divina & naturæ jura injuriis & oppreffionibns afflicti Camerale Imperii tribunal appellabant. Excipiebant Proteftantes, hoc judicium, utpote ex Pontificiis conflatum, fibi meritò effe fufpectum ; eóque rem deduxerunt, ut Cæfar Cameræ Jurisdictionem in caufa Religionis fufpenderet. Cùm autem Camera adverfus rapinas bonorum Ecclefiafticorum, privatásque invafiones, per pacem publicam tam feverè vetitas, nihilominus, prout jure poterat, procèderet, negant injufta fpolia, rapinas, invafiones ac direptiones rei alienæ ad religionem pertinere, Cæfar, premente hinc Turca, inde Gallo, Proteftantibus verò fubfidia negantibus, imò in ipfis Germaniæ vifceribus poftulationibus, minisque perftrepèntibus, coactus eft, usquè dum per Concilium Religionis diffidium effet compofitum, Judicium Camerale quoad caufas Proteftantium omnino fufpendere, ut adeò per viam Juris, five rapta retineant, five plura rapiant, nihil ampliùs agi poffet; cùm Judicium etiam Aulicum aliunde jam repudiàffent.

Jam

Jam verò abrogatis judiciis, fpretis legibus, ipfa fummi Judicis poteftate enervata, quam Rcipublicæ foimam enafci neceffe fit, quam juftitiam adminiftrandam , cùm adminiftrare fit interdictum, quam pacem & tranquillitatem confervandam , facilè quivis fanæ mentis intelligit.

Unum fupererat remedium, Concilium Ecclefiæ, ad cujus usque decifionem fufpenfio actionum judicialium permiffa fuerat. Verùm & hoc elufum eft refugium.

Initio, dum Lutheri affeclæ adhuc pauci effent & infirmis viribus, ad Concilium identidem provocabant, non, quòd illud animo ferio expeterent , fed ut interca Wormatienfe edictum fufflaminarent, atque rebus fuis firmatis ad vim adverfus Cæfarem & Catholicos fe compararent, fatis gnari, Concilium tam facilè támque brevi non poffe colligi.

Aucti dein majori ad fectam fuam acceffione, rejecto Mantuano alióve Italico Concilio, appellàrunt ad liberum in Germania celebrandum. Hoc pariter impetrato , indictóque Tridentum Concilio cum plena proponendi ac loquendi libertate , cùm rem ferio agi viderunt , rurfus exceperunt, non effe hoc Concilium fibi promiffum : Tridentum Italicam potiùs effe civitatem ; non effe illud indicendum à Papa, neque præfidere eum oportere aut votum ferre, cùm non fit Judex , fed Reus, tot abufuum , quin & errorum in fide poftulatus ; Proteftanticis etiam Doctoribus concedendum liberam fuffragium ; & fi quid contra eorum votum & fententiam concluderetur, Proteftantes eo non obftrictos fore &c. Verbo : tale petebant Concilium, quale nunquam fuit habitum, &, quale fibi concedi non poffe, præviderant.

Confecto dein bello Smalcaldico , captísque ejus auctoribus , miferunt quidem Proteftantes , aut potiùs mittere fimulàrunt fuos Tridentum, ut fucata hac fpecie belli confilia tegerent, atque Imperatorem, dimiffis ex Germania copiis , inermem, nihílque tale à cliente Mauritio opinantem, repente obruerent.

Extorta tunc-equidem Tranfactio Paffavienfis & Pax Religiofa , fed eum Pacis Articulum, qui *Refervatum Ecclefiafticum* complectebatur, omnium Ordinum , etiam Proteftantium, fubfcriptione firmatum, paffim transgreffi, multos Epifcopatus, Prælaturas, Ecclefias, Monafteria , fundationes facras diripere ac profanare perrexerunt ; eáque injufta fpolia firmari fibi poftularunt ; quod, cùm Imperatores non illico facerent,novis coadunationibus, fœderibus invafionibus,

bellis,

bellis, accitis etiam in Germaniæ perniciem, Danis, Suecis, Batavis, Gallis, extorferunt.

Ex iis, quæ ex Hiftoria illius ætatis recenfita' funt hactenus, facilè colligi poffe arbitror, quænam pars diffidiorum, turbarum, feditionum, bellorum civilium, ortarúmque ex iis ingentium calamitatum, caufa fuerit & auctor : an ea, quæ more Majorum Germaniæ in pace vivendum putabat, an verò ea, quæ protritis veterum inftitutis, legibus, moribus, novam Religionem, difcordiarum omnium fontem, novam Reipublicæ formam induxit, fchifma luctuofum conflavit, Germaniam fcidit : an ea, quæ Imperatori fupremo fuo Magiftratui morem gerit iísque, quæ à Comitiis Imperii ex ordine conclufa func, an verò ea, quæ Majeftati Cæfareæ refractaria Comitiorum edicta, Imperii Receffus contemnendo & abjiciendo, bafes ac fundamenta Imperii fubruit ; adverfus caput fœdera colligit, atque externos etiam Principes concitat : An ea, quæ antiquiffimam fuam poffeffionem tuetur ; an verò ea, quæ eandem adimere omni conatu adlaborat : An ea, quæ fua retinere, an verò ea, quæ aliena rapere, & facra omnia profanis mifcere contendit.

Sed quid opus pluribus in caufas tumultuum bellorúmque çivilium inquirere, cùm ipfum edictum Cæfareum, quo Joannem Fridericum, & Philippum profcripfit, graviffimum hujus rei documentum afferat ?

In eo Imperator initio prolixe commemorat, quantos hucusque fumpferit labores, ut Germaniam in univerfum pacaret, cujusmodi fecerit ejus rei decreta, quibus cautum fit, ne qua vis cuiquam fiat, quacunque de caufa, verùm ut legibus atque moribus agatur ; deinde quomodo fibi devincti fint, & quam fidem præftare debeant Ordines Imperii. 143. Proteftatio. Cæfaris.

Sed his omnibus neglectis Joannem Fridericum Electorem Saxoniæ, & Philippum Haffiæ Landgravium, temerario quodam aufu ftudium atque laborem fuum omnem, pro Republica fufceptum, fingulis temporibus, quantùm in ipfis fuerit, impediiffe, neque dicto fuiffe audientes, & non modò fefe oppofuiffe, fed alios etiam Ordines, ut idem facerent, & illicitas cum ipfis inirent conjurationes, impuliffe.

Et Landgravium quidem fuperioribus aliquot annis bellum inftituiffe in quosdam primi nominis Ordines Imperii, & in eorum fines progreffum, pecuniæ vim magnam extorfiffe ; deinde ambos fimul quemdam Imperii Principem, indicta caufa, bello petitum, finibus expuliffe, occupata provincia : fed & Epifcopatus ac Præfecturas, tam facras quàm civiles, quarum domini veteri confuetudine fint ditionis Imperii, & onera publica fuftineant, & in Ordinum confeffu locum obtineant, in fuam ditionem perduxerint, & adhuc quidem illos, licèt fæpiùs in Comitiis Cæfaris fidem imploraverint, in ea fervitute detineri; multos quoque fuis facultatibus & proventibus annuis fpolia- tos, & alienæ ditionis homines in eorum clientelam receptos ; nuper etiam audacia quadam fingulari follicitatos quosdam Ordines, ne ad Ratisbonenfia veniant Comitia`, ut videlicet actionem omnem impedirent, Cæfarisque contemptum excitarent.

Et hæc quidem omnia tanto eos facere liberiùs atque licentiùs, quòd judicia contemnant, nec Magiftratum agnofcant aut revereantur. Nam ipforum culpa fupremum Imperii tribunal effe fublatum, tacere leges, & multo jam tempore jus nullum dici, magno fanè cum difpendio plurimorum, & novo prorfus atque inaudito exemplo ; quódque omnium fit graviffimum, hæc omnia eos agere fpeciofo illo & dulci nomine Religionis, pacis, atque libertatis; his enim eos uti tanquam palliis, ut fuas illas tegant machinationes, cùm interim nihil minùs quàm Religionis conciliationem, aut Germaniæ pacem atque libertatem expetant.

Certè nullo fcripturæ loco doceri poffe, quòd ipfis liceat, fummo Magiftratui fuo quovis modo pertinaciter fefe opponere. Contrarium omnino doceri poffe tum facris litteris tum probatis hiftoriis, nempe prifcos illos Chriftianæ fidei profeffores, profanis quoque Regibus obtemperâffe. Quò certè minùs licere iftis, officium fuum Cæfari negare fpecie Religionis ; & cùm denegent, apertè eos declarare, ipforum effe confilii, ut diadema, fceptrum atque poteftatem omnem Cæfari adimant, fibíque ufurpent, & conturbatis omnibus, Religionem, jus, pacem, atque libertatem opprimant, & aucti novis honoribus, facultatibus, & fœderibus, in fuam tyrannidem omnes cogant. Hoc enim eorum verba teftari, plena minarum, libellos atque picturas famofas, paffim diffeminatas & in vulgus fparfas, magno cum Cæfarei nominis ludibrio atque contemptu.

Præterea non folùm fœdera iniiffe adverfus Cæfarem fuis illis in conventiculis, veıùm etiam exteros Reges in odium ejusdem concitâffe, & clanculum ope confilióque juviffe. Non deeffe etiam, qui teftari poffint, quid moliti fint, ut Turcam in Germaniam excitarent. Quod eò magis credi poffit , quoniam ad eorum inftitutum ea res perquam fuiffet opportuna. His ergo factis fidem effe violatam, qua Cæfari fint devincti, & muneris ejus dignitatem

con-

convelli, & decreta omnia labefactari. Hæc etenim ab eis non aliter accipi, quàm, ut ipfis folis permiffum fit cuilibet vim facere,
aliis verò vim â fe repellere non liceat.

Quamobrem in graviffimum illud læfæ Majeftatis crimen, &
in pœnas eo nomine dignas, legibúsque præfcriptas eos incidiffe : &
quia nota fint ipforum facinora, non opus effe ea ulteriùs demonftrari:
Quamvis autem Cæfari pro authoritate fua multò antè licuerit in eos
pro ipforum merito animadvertere, tamen ftudio pacis, & motus
vitandi caufa, plurimùm illis indulfiffe, multa fæpe conceffiffe,
magìs etiam, quàm deceret, in eóque confcientiam fuam non femel
læfiffe,& authoritatem fuam minuiffe,& aliis parùm bene confuluiffe.

Sic ante quinquennium Ratisbonæ cum Landgravio, ante biennium verò Spiræ cum Saxone clementiffimè actum, ea fpe, futurum, ut hac immodica Cæfaris lenitate & tolerantia victi defifterent
tandem aliquando â fuis illaudatis confiliis, nec opus effet violentius
aliquod remedium adhibere. Cùm autem ipfa re nihil effe profectum,
& verba duntaxat fibi data comperiat, eò quòd fuis & Imperii decretis contemptis, & violatis pactis, obftinatè pergant, & effræni
quadam dominandi cupiditate facultates aliorum diripiant, neque legibus teneri velint, fed eò tendant, ut omnem reipublicæ ftatum
evertant, & verò, nifi coërceantur, non modò non religio conciliari, fed nec reliquæ etiam reipublicæ partes poffint conftitui atque
fanari, cogi adverfus eos uti ea, qua fit præditus, poteftate.

Et quia, fubdit Cæfar, de rebellione conftat, ita quidem, ut
ipfi negare non poffint, deinde quia violenter agunt, neque judicium
ullum fubire volunt, equidem illòs ùt perfidos rebelles, feditiofos,
læfæ Majeftatis reos, & communis otii perturbatores profcribo, &
ftatutum habeo, in illos, ùt meriti funt, animadvertere; quo per
ipfos mihi liceat, rempublicam conftituere, & ea facere, quæ propriè funt mei muneris.

Mandat deinde, ne quis opem eis ferat, aut partibus eorum fe
adjungat, fibi verò auxilia fubminiftrent. Populo autem eorum di-
tíonis fidem ac jusjurandum, quo ipfis devincti funt, remittit, &,
fi morem gerant, publica fide cavet.

En fontes! en caufas belli! neque tamen propterea, quòd hoc
edicto Saxonem & Haffum profcripferit, & vindicare in eos confti-
tuerit, bello initium dediffe dici poteft Cæfar; cùm hæc acta fint
primùm, poftquam tota jam Germania armis Smalcaldicis
perftrepebat; poftquam in Tyrolin jam, Ehrenbergenfi propugnaculo capto, Schertelio duce, irruperant; poftquam Donaverdam
jam

jam aliáque oppida vi expugnaverant ; poſtquam centum jam ferme
millium exercitu, omni apparatu inſtructo, adverſus Cæſarem, ferme inermen, nec plus quàm octo millia apud ſe habentem, armati
proceſſerant. Ex quo ipſo etiam facile eſt colligere, quis primus bellum intulerit ; an is, qui nullo ferme milite & apparatu bellico erat
ſuccinctus, an verò illi, qui collecto ex omni Germania milite innumerabilem prope multitudinem in Cæſarem, adeò imparatum, ducebant.

At vicit nihilominus Divinis auſpiciis cauſa melior. Diſturbatus
ingens ille exercitus : traductæ in Saxoniam Cæſareæ copiæ ; victus
hoſtis, captúsque. Patuit tunc, quàm vanæ fuerint falſæque cri-
minationes illæ Smalcaldicæ, jactæ in Cæſarem, id ejus eſſe conſilii, ut, everſa libertate, Germaniam in ſervitutem adducat, ac
jugo Hiſpanorum ſubdat, aut Ordines juribus ſuis privet, ut novam
Imperii formam conſtituat.

Si enim hoc unquam Cæſari fuiſſet animi propoſitum, quodnam
tempus ad id perficiendum fuiſſet opportunius, quàm ubi victis captísque hoſtibus victricia per Germaniam ſigna circumtulit, ubi jam
nemo hoſtis eſſe audebat ; ubi Principes & civitates adverſæ factionis ſupplices factæ Cæſaris arbitrio ſe permiſerant. Profectò, ſi unquam, tunc certè potuiſſet plenam Monarchiam conſtituere.

Verùm tanta fuit Cæſaris victoris moderatio, ut vim nemo ſenſerit,
niſi armatus, ut priſtina ſteterit Germaniæ libertas, Ordinibus ſua
jura, cunctis, ſi vóluiſſent, tranquillæ pacis poſſeſſio. Hinc ut rempublicam conſtituat, morbósque conſueto Majoribus pharmaco ſa-
net, Auguſtana indixit Comitia, ubi aliqua etiam ad Catholicorum
invidiam Proteſtantibus indulſit ; tantáque uſus eſt clementia, ut
non deeſſent, qui dicerent, Carolum nôſſe vincere, ſed non uti victoriâ.

Sed carò ei ſtetit hæc indulgentia, bonáque de Proteſtantibus in
futurum exiſtimatio. Mox enim collectis rurſum viribus, cùm Cæſar copias ſuas, ad eximendam omnem ſuſpicionem ex Germania di-
miſiſſet, moto repente novo bello eundem ſunt aggreſſi, & inermem
vix non oppreſſerunt : & quidem, quod auditu indignum, Mauritio Saxone, & Alberto Brandeburgico ducibus, quorum alterum paulò antè captivitate liberaverat, alterum non tantùm ditionibus ſuis
reſtituerat, ſed Electoratu etiam magnísque acceſſionibus auxe-
rat.

144.   At in Concilio Tridentino, inquiunt, Religionis cauſam defini-
Confutatio. ri voluit, ejúsque decreta omnibus haberi rata. Ita eſt : non vi,
non

non armis, fed more Majorum, ex ufu Ecclefiæ & difciplina veteri
per Concilium componi voluit diffidium, ejúsque fententiæ ftandum.
Quid hic à munere fuo alienum voluit: an non & Conftantinus Arianum diffidium per Nicænam Synodum, Theodofius M. Macedonianum per Conftantinopolitanam, Theodofius Junior Neftorianum per
Ephefinam, Marcianus Eutychianum per Chalcedonenfem, alii Imperatores alias hærefes, alia fchifmata, per alias Ecclefiæ Synodos
extirpari voluerunt, earúmque fententiis ftandum? fi enim cuivis
liberum effet, Conciliorum definitiones pro lubitu acceptare vel rejicere, fruftra convocarentur; ficut alia fupervacanea & enervia
effent judicia, fi Judicis fententiam partes pro arbitrio poffent abjicere.

Sed DEO magis obediendum quàm hominibus. Quid? Si erret
Concilium, fi contra Verbum DEI definiat, fi fuperftitionem foveat, prout Tridentinum erravit, definivit, fovit? Verùm hæc Proteftantium criminatio eft omnibus fectariis communis. Ariani Nicænam, Macedoniani Conftantinopolitanam, Neftoriani Ephefinam,
Eutychiani Chalcedonenfem Synodum, alii alias, à quibus condemnati funt, erroris arguerunt. An bene? An ex vero?

In Spiritu Sancto congregantur facra Concilia, illius ductu & influxu reguntur: errare non poffunt in fide: ad Verbum Dei Canones formant. Non eft privati fpiritus Scripturas ad arbitrium interpretari. Ad Epifcopos & Ecclefiæ Prælatos, totam Ecclefiam repræfentantes, graviffimum hoc negotium pertinet. Hos Spiritus Sanctus pofuit Epifcopos regere Ecclefiam DEI: hos audire, his obedire
Divinæ præcipiunt Scripturæ.

At Papa præfidere non debuit. Cur non? Præfedit femper, in
Orientalibus per Legatos, in Occidentalibus plerisque per fe ipfum.
Cur jure & poffeffione vetuftiffima dejiciatur? Cur munus Paftorale
in perfona Petri à Chrifto fibi commiffum abjiciat? An non & Arius, &
Macedonius, & Neftorius, & Eutyches, & Diofcorus, & Photius
idem eodem jure dicere poterant? Ipfi Proteftantes ante conclufum
fœdus Smalcaldicum petierunt à Cæfare Concilium, â Pontifice indicendum. Poft bellum Smalcaldicum anno 1548. confenferunt in
Concilium fecundum Cæfaris voluntatem celebrandum.

Nihil ergo iniquum præcepit Imperator, dum Concilii Tridentini definitionibus ftandum decrevit; fed graviffimo officio fupremi
Advocati & Defenforis Ecclefiæ functus eft; prout in *Capitulatione*
juratò promiferat. Si verò ex hac protectione Proteftantes anfam
captârunt, turbas ac fediciones concitandi, idem fecerunt, quod

Ariani, Donatiftæ, Neftoriani. Sibi adfcribant fuæque imprudentiæ, quòd rem optimam occafionem effe voluerint rei peffimæ. Num leges Divinæ humanæque funt caufa fcelerum, quòd mortalium perverfitas eas transgrediendo peccet ? An propterea faluberrima præcepta abroganda putabimus ?

Quod dicunt, pactionem Norimbergenfem & Ratisbonenfem, qua cautum erat, ut actiones forenfes in caufis Proteftantium fint fufpenfæ, à Cæfare & Camera Imperiali fuiffe infractam, alienum omnino eft à veritate ; nec caufam querimoniæ ullam poffunt fibi inde accerfere ; nifi forte exiftiment, fibi per pacem licere fpoliare, rapere, prædari, Germaniámque omnem turbulentis coitionibus, confpirationibus, violentis direptionibus mifcere, Cæfari verò contra nec hifcere.

Non Cæfar fed Smalcaldici, quietis impatientes, pactiones illas infregerunt, dum Religionis prætextu nova invaderent rapéréntque bona Ecclefiaftica, plures plurésque in fœdus fuum pertraherent, alienos etiam ab Auguftana Confeffione fectarios in pace comprehenfos vellent, ipsósque adeò Galliæ & Angliæ Reges follicitarent adverfus fuum Imperatorem ; ùt hìc non rarò, vel ipfo Sleidano tefte, ad Ordines conqueftus eft. Accedebat, quòd appellando ad Concilium, atque ad illud ufque fufpenfionem actionum pacti, Cæfarem & Catholicos Ordines turpiter deluderent, cùm Concilium indictum repudiarent, táléque poftularent, quale nunquam fuerat, quódque concedi fibi non poffe videbant.

ARTICULUS XI.

Hiftorica Relatio de ftatu Imperii à bello Smalcaldico usque ad Pacem Religiofam.

145.
Comitia
Auguftana.

VIctis Smalcaldici fœderis fociis, eorúmque Capitibus in captivitatem abductis, Cæfar, ut diftortam Rempublicam in ordinem reponat, atque conftituat, anno 1548. *Comitia Auguftana* indixit. Quæ fuerunt admodum frequentia, præfentibus per fe ipfos omnibus Septemviris.

Præter Religionis negotium, & Conftitutionem *Interim* promulgatam, imperatæ Ordinibus pecuniæ ad inftruendum publicum Imperii ærarium, & bellum Turcicum apparandum. Belgii Provinciæ

(inter

(inter quas etiam Geldria nuper occupata, cum Ultrajecto & Transfisalana, quæ anno 1528. se Carolo V. subjecerant) Imperio innexæ sunt ; ad communes Imperii sumptus tantum jussæ contribuere, quantum duo Electoratus solebant conferre. Mauritius publicè dictus Saxoniæ Elector, præsente & inspectante Joanne Friderico exauctorato.

Henricus Dux Brunsvicensis post prælium Mühlbergense liber è **Causa** carcere dimissus, ac provinciæ suæ restitutus, plures gravésque ad-**Brunsvi**versùm Smalcaldos querelas proposuit, sibique satisfieri petiit. Agi-**censis.** tata etiam causa Alberti Brandeburgici, qui Borussiam Ordini Teutonico, cujus antè Magister erat, postquam ad Lutherum desciverat, rapuit, & sub protectione Poloniæ retinebat, postulante Polono, ut tollatur illius proscriptio : reclamante verò & absolutioni in-**Borussica.** tercedente Melchingero, Magistro Ordinis. Consultis Ordinibus respondit Cæsar, causam judicio definiendam ; Gedanum verò & Elbingam, quas Sigismundus Rex Polonici juris esse jusserat, Imperiales esse civitates, ac proin jure ad Comitia fuisse vocatas.

Conditæ etiam his in Comitiis novæ Leges Christianæ politices **Leges poli-** contra blasphemias, capitali supplicio plecti jussas. Contra dejera-**ticæ.** tiones, quæ continuatæ carcere puniendæ, aliísque modis pro qualitate culpæ. Contra compotationes & ebrietates. Contra luxum vestium. Contra fornicarios & adulteros. Contra nautas & aurigas aquam pro vino extracto vasis infundentes. Contra usurarios, exercentés monopolium, & annonæ flagellatores. Contra otiosos mendicos, moriones, scurras, satyricos, spargentes famosos libellos, picturàs &c.

Si pupillis testamento non sint dati tutores, â Magistratu dandos decernitur : qui inventarium conficiant, cautionem præstent, fidem jurent, ac solertiam, & quidem sub hypotheca omnium suorum bonorum. Judices, Advocati, & Procuratores lites & causas non protelent. Abstineant à conviciis sub gravi pœna. Magistratus invigilent, ne aurifabri decipiant, aut opifices nimis cara mercede operas locent.

Confirmata etiam Pax Publica, â Maximiliano I. sancita, additæque novæ pœnæ in transgressores, & leges contra proscriptos, seu declaratos in *bannum* Imperii.

Capite 17. hujus Recessus enumerantur varii modi, quibus illicitæ usuræ tunc temporis exercebantur; & quidem §. 1. dicitur, aliquos creditores in syngrapha multò plus ponere, quàm sit mutuum, ex quo plus & *supra quinque pro centum pendantur.* Quibus verbis

vi.

Cenfus
Germanici.
videtur fupponi, quòd quinque pro centum annuatim exigere liceat, non verò plus. §. 8. verò hæc habentur : *ceutum florenis quinque tantùm & non amplius annuatim, velut ufitatum eft, floreni emantur.* Ergo illa jam ætate cenfus Germanici erant ufitati, & fupponebantur liciti. Denique in his Comitiis Cæfar cum Statibus Ecclefiafticis decrevit, ut plures Synodi Provinciales & Diœcefanæ celebrentur, ad difciplinam Ecclefiafticam, multis partibus deformatam, priftino nitori reftituendam. Quare plura dein habita funt Concilia, ut poftea dicetur.

Finitis Auguftanus Comitiis, anno 1549. Cæfar Conftantiam & Magdeburgum, quia Conftitutionem *interim* recipere detrectabant, profcripfit ; & illam quidem expugnatam atque libertate civitatis Imperialis privatam, Domui Auftriacæ afferuit, hanc verò oppugnandam Mauritio novo Saxoniæ Electori commifit; at maximo fuo in futurum damno. Nam is hac poteftate abufus militem confcripfit, .& fœdera inivit clanculùm adverfus ipfum Imperatorem fuum, & Patronum maximum.

146.
Comitia
Auguftana
altera.
Imperator verò, debellatum exiftimans, fecurus fui, in Belgium abiit ; ubi Philippo filio fuo homagium à Provinciis præftari voluit. Inde verò cum eodem filio fuo anno 1550. in Germaniam regreffus, altera *Augufta Comitia* celebravit; factúmque decretum, ut ad Auguftanum, biennio abhinc conceptum religionis efctum omnia componantur : contumaces puniantur, & bona Ecclefiis ablata reftituantur. Actum etiam de præftandis fubfidiis ad ulteriorem Magdeburgi oppugnationem. Denique Cæfar in his Comitiis, prout etiam antea, Ferdinandum fratrem perfuadere conatus eft, ut Romanorum Regis dignitatem in Philippum transferat, quod tamen is facere recufavit.

Hoc eodem tempore Dragutius, infignis pirata, Ottomannicæ claffis præfectus, cùm Siciliæ & Hifpaniæ oras infeftaret, Cæfar adverfus eum Joannem Vegam Siciliæ, & Petrum Toletanum Neapolis Proregem cum Andrea Auria mifit; qui barbaro fuperato Mahumediam, ipfius regiam expugnarunt. Quæ res novo bello Turcico occafionem dedit.

Bellum
Parmenfe.
Hanc expeditionem excepit bellum *Parmenfe* anno 1551. nam Octavius Farnefius Cæfaris gener, cui in bello Smalcaldico tam fidam navârat operam, exiftimans, patrem fuum Petrum Aloyfium eodem confcio interfectum, cùm Placentiam Ferdinandus Gonzaga Dux Cæfareus ipfi eripuiffet, Henricum II. Galliæ Regem imploravit, qui auxilium protinus addixit, inito jam aliàs cum Mauritio Saxone adver-

versus Cæsarem fœdere. At res tandem ita fuit composita, ut Octavius præter Parmensem Placentinum etiam Ducatum reciperet.

Haud multò post, anno videlicet 1552. secutum est alterum in   *Senense.*
Italia bellum, nempe *Senense.* Quippe Senenses Gallorum instinctu
expulso Hispano præsidio, receptóque Gallico, in libertatem se asserere sunt conati, Draguto etiam Turcicæ classis præfecto, qui Mediterraneum oberrabat, eorum conatus adjuvante. Cæsarei nihilominus & Florentini urbem, arcta obsidione cinctam, fame potissimùm
ad deditionem compulère; Portu etiam Herculis è Gallorum manibus erepto (1555.) postea Philippus II. Senas Mediceis vendidit, retento statu Præsidii.

Sed gravius multò eodem ferme ac priora tempore exarsit bellum geminum contra Cæsarem, Mauritianum nempe ac Gallicum;
quod *part. 3. cap. 6. ſ. 9.* descripsi. Et illud quidem subitò intulit
anno 1552. Mauritius Saxo Septemvir, summis beneficiis devinctus
Cæsari; quo *Transactio Passaviensis* fuit extorta; cujus hæ sunt conditiones, prout apud Sleidanum lib. 24. extant & apud Struvium in
Hist. Imp. period. 10. ſ. 94.

Confœderati Principes ab armis discedant, & copias ita dimit-   **147.**
tant, ut Ferdinando Regi adversus Turcam militent, aut liberi abire   Transactio
sinantur. Landgravius liber dimittatur, postquam cautionem præsti-   Passavien-
terit de servandis conditionibus, Halæ Saxonum à Cæsare latis, salvo   sis.
tamen jure Cassellam muniendi &c. in quam rem renovata sponsione
Mauritius & Brandeburgus se rursus obligant. Controversia, quæ
Landgravio est cum Nassovio comite de ditione Cattorum recogno-
scatur per Principes Electores, & eos, quos Cæsar designaverit.
Intra sex menses Cæsar Imperii conventum aget, in quo deliberetur,
qua ratione dissidium Religionis componi debeat: an Concilio generali, an Nationali, an Colloquio, vel communi etiam Imperii conventu. Pacem interea colent omnes, & propter religionem nulla
cuiquam exhibebitur molestia.

Ad Imperialis Judicii confessum seu Cameram admittantur ii
etiam, qui sunt Augustanæ Confessionis. Reliqua omnia, quæ pertinent ad Germaniæ decus & libertatem, in Imperii Comitiis tractari debent.

Ottoni Henrico Palatino suæ regionis Neoburgensis dominium
atque possessio libera permittitur. Confœderati sui juris erunt, ùt
antea.

Quibus damnum hoc bello datum est, nullam eo nomine litem
movebunt iis, qui dederunt. Cæsaris tamen & Ordinum erit in pro-

xiffiis Comitiis rationem aliquam inire, quomodo farciatur iis, quod paffi funt damnum.

Ad Galliæ Regem, quod attinet, quoniam Imperii res ad ipfum nihil pertinent, licebit, ut quas cum Cæfare habet privatas actiones, eas exponat Mauritio, ut poft ad Cæfarem omnia referantur.

Profcripti recipiuntur in gratiam, modò nihil pofthac in Cæfarem ac reliquos Ordines faciant: modò etiam illi, qui Galliæ Regi militant, intra tres menfes redeant in Germaniam, illo deferto.

Albertus Brandeburgicus comprehenditur in hac pace, modò difcedat ab armis, & militem dimittat.

Hanc pacem qui violaverit, hoftis judicabitur.

148. Albertus Brandeburgicus.

Difplicuit hæc transactio Alberto Brandeburgico, Marchioni Culmbacenfi. Quare is non defiit immanitate plus quàm barbara in Franconiam, Provincias Rhenanas, Alfatiam, Lotharingiam, atque eos præfertim, qui Ecclefiaftici funt ordinis, furere, & immenfis exactionibus, cædibus, incendiis omnia complere, viginti millium fecum circumferens prædonem exercitum. En novi Evangeliifructus hoc nimirum erat reformare Ecclefiam.

Poft vaftatas Germaniæ provincias Princeps hic reformator fe cum Gallo conjunxit. Mox eo deferto, Cæfaris partes fecutus eft. Soluta dein obfidione Metenfi, ac Cæfare in Belgium abeunte, regreffus in Germaniam anno 1553. Provinciarum vaftationes inftauravit, tanta crudelitate, ut eum à Cæfare & Camera Imperiali profcribi neceffe fuerit, executione Saxoni commiffa, qui victor in acie cecidit.

Albertus altero prælio cæfus ab Henrico Brunfvicenfi, in Galliam fugit, ac inde redux mortem oppetiit 1557. homo, fi quis unquam, ferox, ac turbulentus, atque ad reipublicæ perniciem natus, abundabat enim militibus, utpote quibus omnem prædandi furendique licentiam permiferat.

Saxo.

Mortuo Mauritio Joannes Fridericus Electoralem dignitatem cum provinciis, quas amiferat, repetiit. Verùm intercedente Dano Auguftus Mauritii frater in poffeffione remanfit, traditis duntaxat aliquot urbibus, cum centum florenorum millibus, ac ftabilita lineæ Erneftinæ fucceffione, fi Albertina deficeret.

Anno 1554. Carolus V. filio Philippo Ducatum Mediolanenfem ceffit; anno verò fequente Belgii provincias, & brevi poft univerfam Hifpaniæ Monarchiam, in utrumque orbem latè exporrectam, refervatis fibi duntaxat in annos fingulos centum florenorum millibus.

ARTI-

ARTICULUS XII.

Pax Religiofa.

ANno 1555. Carolus V. qui, abdicatis hæreditariis provinciis, Cæfaream dignitatem tantifper adhuc retinebat, per Ferdinandum fratrem *Comitia Auguftana* indixit, concefla eidem plena agendi libertate. Poft multam concertationem pax tandem decreta his 22. Articulis. 149.

1. Tolluntur omnes privatæ invafiones, diffidationes, bella &c. & Pax Publica obfervari jubetur.

2. Propter Auguftanam Confeffionem nullus Status Imperii violetur, aut impetatur, aut ad eam deferendam cogatur, permifla quiete. Diffidia verò per amicam & pacificam conventionem componantur.

3. Similiter antiquæ Religioni addicti in omnibus fuis juribus, poffeffionibus, ritibus, ceremoniis &c. quietè ac pacificè relinquantur.

4. Hac pace gaudent foli antiquæ Religioni & Confeffioni addicti, exclufis omnibus reliquis.

5. Si quis Archiepifcopus, Epifcopus, Antiftes, aut alius Ordinis Ecclefiaftici à veteri Religione deficiet, is continuò Epifcopatum fuum aut Beneficium relinquat cum omnibus fructibus, ac Ecclefiæ cedat, cui integrum eft alium ejus loco conftituere, qui fit veteris Religionis, falvis nempe per omnia electionis, inftitutionis, præfentationis, confirmationis, aliisque id genus juribus. Ei tamen, qui ad Auguftanam Confeffionem fic deficeret, ad nullam infamiam id cedat. Hic Articulus *Refervatum Ecclefiafticum* appellatur.

6. Quia nonnulli Ordines Imperii quasdam præfecturas Ecclefiafticas, Collegia monachorum, & alia id genus bona facra fibi fumpferunt, non interpellentur hoc nomine: nec in jus propterea vocentur, fed ejusmodi bona, quæ non pertinent ad Ordines Imperii, vel alios Imperio planè fubjectos, & quorum poffeffionem tempore transactionis Paffavienfis Ecclefiaftici non habuerunt, fuo loco permaneant. Neque Cameræ Judicibus propter hæc ab illis ufurpata & alienata bona jure quidquam adverfus illos experiri liceat.

7. Ju-

7. Jurisdictio Ecclesiastica adversus Augustanæ Confessionis consortes maneat suspensa, quoad sublatum sit dissidium. In cæteris rebus, religionem A. C. non concernentibus, exerceatur more ac jure veteri ab Episcopis &c.

8. Census, reditus, decimæ &c. solvantur, sicut ante religionis dissidium, salvis cujusque juribus.

9. Lites desuper exortas decidat unus vel alter ex utraque parte designatus. Si autem hi non convenirent, tertius arbiter compromissarius, qui neutrius sit partis, eligatur.

10. Ad neutram religionem quis cogatur.

11. Jus emigrationis valeat. Liceátque alió migrare volentibus, sua bona vendere, distrahere, &c. salvis tamen magistratuum, superiorum, ac dominorum pristinis juribus in taxas ordinarias &c.

12. Hæc pax servetur, usque dum per Concilium Generale, aut Nationale, aut per Colloquium, aut Imperii Conclusum religionis diffidia sint sublata. Si controversiæ non componantur, nihilominus hæc pax firma maneat.

13. Imperii Nobilitas, Imperatori & Imperio immediatè subjecta, huic paci sit inclusa.

14. Ubi veteri Religioni & A. C. addicti sunt commixti, uti in pluribus urbibus Imperialibus, pacificè & quietè inter se vivant; nec altera pars alterius religionis exercitia, ceremonias &c. impediat aut turbet.

15. Hic pacis tractatus derogat omnibus prioribus Imperii Recessibus & Ordinationibus, quæ sunt aut videntur contráriæ. Nec ullæ declarationes, aut aliud quid, quo hæc pax impediretur, fiat aut admittatur: secùs illud omnino irritum fore.

16. Cæsar promittit, quòd neque ex plenitudine potestatis, vel alio quocunque prætextu velit huic paci derogare.

17. Id & promittunt Ordines Imperii.

18. Repetuntur mandata de non turbando, & offendendo.

19. Præsidi & Assessoribus Cameræ Imperialis, ut in judicando huic paci se conforment.

20. In Comitiis post sex menses Ratisbonæ celebrandis tractandum de componendis Religionis controversiis.

21. Ordo sessionis, voti, & subscriptiónis nullius juribus præjudicent.

22. Sequitur iterata contestatio servandi hanc Pacem, cum omnium Statuum subscriptione.

ARTI-

ARTICULUS XIII.

DISSERTATIO

De Reservato Ecclesiastico.

REservatum Ecclesiasticum, quo statuitur, ut siquis Episcopus, Prælatus, aut alius quispiam Ecclesiastici ordinis à Catholica fide deficiat, Episcopatum, Prælaturam, aut Præbendam, cum omnibus reditibus & proventibus Ecclesiasticis illico amittat, novúsque ex Catholicis substituatur, cui omnia jura obveniant, hoc, inquam, Reservatum magnam excitavit in Comitiis Augustanis controversiam. *150. Omnes subscribunt.*

Nam Protestantes initiò vehementer repugnabant: Religioni id suæ probrosum rati, eámque tacitè condemnari. Verùm cùm Ferdinandus Rex nulla ratione induci posset, ut eam Reservationem remitteret, sed ex plenitudine potestatis, sibi à Cæsare delegatæ, Articulum illum paci insereret, omnes absolutè subscripserunt, absque ulla adjecta conditione aut limitatione, approbando omnes Articulos, omniáque illius puncta, adeóque etiam Articulum illum, ùt sinceriores ac veraciores ex Protestanticis Scriptores facilè agnoscunt, & candidè fatentur cum Struvio *Hist. Imp. tom. 2. Period. 20. §. 101. n. 14.* ubi ait, Protestantes toti paci absque protestatione & reservatione subscripsisse, adeóque etiam illi Articulo.

Incredibile dictu, quoties & quam importunè quidam Protestantes variis in Comitiis contra hoc Reservatum insurrexerint, illúdque abolitum voluerint, negatis etiam ad bellum Turcicum subsidiis, nisi penitus expungatur. At constanter Obstiterunt Imperatores, id auctoritate sua efficientes, ut pax Religiosa absque exceptione ab Ordinibus non raiò confirmaretur. In ipsis etiam electionis Capitulationibus Electores à subsecutis Imperatoribus exigebant, ut jurarent, se pacem Religiosam integrè servaturos.

Sed neque per hoc Reservatum ullo modo derogatur transactioni Passaviensi, sed illi quàm maximè est consentaneum. Siquidem illa religionem alterutram gravari aut vexari vetat. Quantum autem gravamen foret, si personæ Ecclesiasticæ antiquissimas fundationes evertere, Ecclesias bonis, Capitula suis juribus privare, & tam opima spolia ad uxores possent afferre. Profectò sic cupidis homini *151. Æquissimum.*

Pars VII. U bus

bus licitum foret totum ſtatum Eccleſiaſticum turbare & fortunis
ſuis evertere, contra tranſactionis Paſſavienſis placita.

Unde falſum omnino eſt, quod Proteſtantes dicunt cum Limnæo
in addit. ad l. 1. c. 3. clauſulam illam, quæ Reſervatum continet, non
pertinere ad ſubſtantiam pacis; nam id, ſine quo Eccleſia Catholica non
potuiſſet ſecurè juribus ſuis ac bonis frui, ſine quo Ordines Catholici abſolutè detrectabant inire pacem, utique pertinet ad ſubſtantiam
pacis, quæ utriusque partis ſecuritati & tranquillæ poſſeſſioni con-
ſultum voluit. Accedit, quòd Pax Religioſa quoad omnes articulos,
clauſulas, & puncta ſit obſervanda, ſive dein dicantur pertinere ad
ſubſtantiam, ſive ad accidentia referantur. Atque quoad omnia puncta ſervanda Imperatoribus noviter electis proponitur, uti Ferdinandus II. in Edicto Reſtitutionis aſſerit, & capitulationes Cæſareas in-
ſpicienti patet.

152.   At cum Divinis Scripturis, inquiunt, cum jure naturali pugnat
Conforme Reſervatum Eccleſiaſticum, eò quòd libertatem hebetet Evangelicam
VerboDEI, religionem amplectendi, Verbi Divini oraculis adeò dilucidè aſſertam.

Hic jam olim fuit, & etiamnum eſt clamor Proteſtantium, ab
omni veritate multò alieniſſimus. Quænam ſunt illæ Scripturæ, quænam oracula, quibus Lutheri ſphalmata comprobentur? Inſignis hæc
eſt fraus Scriptorum Acatholicorum, quos inter Sleidanus videtur
eminere: ubique ad nauſeam recoquunt, Lutherum ejúsque aſſeclas
ex Verbo DEI themata ſua demonſtrâſſe, Papiſtas verò nunquam
ex ſacris litteris eundem impugnâſſe, ſed ad humanarum duntaxat in-
ventionum & traditionum miſerum præſidium confugiſſe.

Apertum hoc eſt mendacium. Nunquam Doctores noſtri detrectârunt, etiam ex ſacra Scriptura cum Luthero ejúsque progenie diſputare, & Argumenta ſua frequentiſſimè deſumpſerunt ex ſacris litteris, ùt facilè videre poſſent, ſi veritatem amarent, Scriptores Acatholici, ex diſputationibus & ſcriptis Eckii, Cochlæi, Pflugii, Gropperi, aliorúmque, qui veritatem Orthodoxam adverſus Lutheranos
propugnârunt.

Quòd autem in explicandis controverſis Scripturæ locis etiam
ad interpretationem Conciliorum, Patrum, Eccleſiæ, atque ad traditiones, Divinas, Apoſtolicas, Eccleſiaſticas appellârint, profectò
à nemine prudente vituperari debet. Cùm enim quæſtio oritur, quem
ſenſum textus quiſpiam controverſus ſacræ Scripturæ habeat, cui potiùs credam, an ei, qui eundem explicat in eo ſenſu, quem nos docuerunt SS. Concilia, SS. Patres, ſancta mater Eccleſia, cujus eſt
judicare de vero ſenſu & interpretatione ſacrarum Scripturarum, an
verò

verò illi, qui secundùm cerebri sui libidinem sacros textus ad sensus in Ecclesia inauditos contra totius antiquitatis sententiam petulanter detorquet? quænam hærefis non esset donanda civitate, si arbitraria ejusmodi Scripturarum interpretatio locum haberet? (*videri potest opusculum meum de Verbo DEI.*)

Falsum proin est, novitiam Lutheri doctrinam sacris Scripturis Juuri na-niti; nec alio sensu dici potest *Evangelica*, nisi, quòd sanctum JEsu turæ. Christi Evangelium eversum eat. Falsum, quòd Reservatum pugnet cum naturæ legibus. Quid enim actum? Pars catholica certat de damno vitando, pars Lutherana de lucro captando. Illa vult sua retinere: hæc aliena rapere; illa antiquissimas fundationes sartas tectásque conservare: hæc evertere; illa cultum DEI, Ecclesiarum ornamenta, Ordinis Ecclesiastici decus propugnare: hæc pessundare, & sacra omnia profanis miscere. Cui jam parti jura naturæ suffragantur?

Et hinc, cùm Lutherani dicerent, se bona conscientia non posse Reservatum admittere, Ferdinandus Rex fidenter respondit, id sibi relinquerent ac suæ conscientiæ, se DEO propterea rationem redditurum. Atque sic acquieverunt, & toti tractatui absque ulla exceptione aut limitatione simpliciter & absolutè omnes subscripserunt, contenti, quòd revocatis priorum comitiorum decretis sectæ suæ libertatem sint adepti.

At probrosum est, inquiunt, religioni A. C. eos Ecclesiasticos, qui eandem amplectuntur, Beneficiis Ecclesiasticis privari: hoc pacto eandem erroris tacitè condemnari.

Verùm, si per Reservatum secta Lutherana fuit condemnata, nihil aliud sequitur, quàm eam sectam, quæ jam pridem à Comitiis Wormatiensibus aliisque sæpius fuit damnata, in his Comitiis Augustanis ab ipsis etiam Statibus Lutheranis fuerit condemnata; cùm ipsi non minùs quàm Catholici absolutè & illimitatè subscribendo Reservatum approbârint. An hoc Religioni ipsorum sit probrosum, ipsi viderint.

Ferdinando certè Regi Ordinibúsque Catholicis gloriosum, & æterna commendatione dignum fuit, sistere ruentem impetum, & opponendo aggerem lascivienti cupiditati, miserrimam pereundi facilitatem eripere.

Porro hanc pacem Religiosam ad amussim observârunt Catho- 153. lici, non verò Acatholici Sola Augustana Confessio per illam per-Non serva-missa in Imperio ac tolerata fuerat, exclusis sectis reliquis. Sub hoc runt aca-verò fuco Calvinistæ etiam aliique sectarii sunt ingressi, ut majus tholici.

Cor-

Corpus Evangelicum conflarent. Contra Refervatum Ecclefiafticum Epifcopatus paffim Ecclefiis Catholicis funt erepti ac profanati.

Cùm autem hæc contra initum pacis tra&atum effe cernerent, omni ope adlaborârunt pluribus in Comitiis, ut Refervatum abolea-tur : Imperatoribus pientiffimis pro munere & au&oritate fua ftre-iuè fe opponentibus, & pacis obfervantiam urgentibus; tunc etiam, cùm anno 1566. in Comitiis Auguftanis Nobiles Luthero addi&i Ma-ximilianum II. rogârunt, ut fibi ad Epifcopatus & Prælaturas Eccle-fiafticas ; utpote ad confervandas Illuftres familias à Majoribus fun-datas, aditum concedat. Quafi verò Majores apprimè Catholici Ecclefias fundârint pro fe&a , quam nunquam noverunt, quæque avitam eorum Religionem totis viribus oppugnare & extinguere nititur.

Neque hìc ftitêre conatus, fed ulteriùs progreffi, Religionis libertatem etiam ad *Landfaffios*, ùt vocant, feu ad omnes fubdi-tos Imperii mediatos extenfam volebant, adeóque univerfalem *Au-tonomiam* inducere moliebantur; cùm tamen Pax Religiofa tantùm Statibus Imperii eam libertatem permittat, vetétque moleftiam illis propter C. A. inferri. Unde fpeciali Articulo Nobilitas Imperii im-mediata huic paci fuit inclufa ; quod fuperfluum omnino fuiffet, fi omnibus univerfim libertas fuiffet conceffa. Igitur tantùm illis, qui funt Status Imperii, & Nobilitati Immediatæ fuit permiffa, non ve-rô Statuum fubditis, feu fubditis Imperii mediatis. Quare fruftra nobiles & civitates, Principi Fuldenfi fubje&i, anno 1575. Pacis Religiofæ titulo Religionis licentiam extorquere nitebantur; uti etiam fubditi Domus Auftriacæ.

ARTICULUS XIV.

OBSERVATIO

Circa ea, quæ Carolo V. ab Heterodoxis obii-ciuntur.

Quamvis fumma fint gloriofiffimi atque invi&iffimi Imperato-ris Caroli V. in Imperium & Religionem Catholicam me-rita, non defunt tamen calami heterodoxi, qui cum Slei-dano, Thuano, & Hippolytho à lapide, perfonato illo Domus Au-ftriacæ maftyge, varia in eo reprehendunt.

Atque

Atque imprimis dicunt, quòd plures Imperii ditiones aut alie- **154.**
naverit, aut Domui suæ appropriaverit: retinuisse enim sibi Duca- Alienatio-
tum Mediolanensem, ac dein in filium suum transtulisse, cùm Impe- nes ob-
rio fuisset vindicandus.   Neque Florentinum unlisse Imperio, sed Me- jectæ.
dicæis concessisse, contra inita Capitulationis pacta: Senas contra
datam fidem libertate privâsse, ac Philippo filio donâsse.   Parmam
& Placentiam tradidisse Pontifici: Ducatum Wirtembergicum primo
quidem Duci Ulrico ademisse, ac dein feudum Austriæ constituisse:
Constantiam, liberam Imperii civitatem, Austriacis propriam fecisse.

Sed respondent alii, imprimis telum hoc in Protestantes retor- Retorsio.
quendo, quorum fœderibus, cum exteris Regibus contra pientissi-
mos Cæsares initis, tot urbes, ditiones, provinciæ, in Gallorum
& Suecorum manus fuerint delapsæ, tot Episcopatus, possessiones,
jura, ac dominia Catholicis Statibus erepta, hoste extero in ipsa Germaniæ viscera adducto tot damna & clades illatæ, quorum vel sola
recordatione horrescat mens Germana.

Dein magnam adhuc eámque geminam esse disparitatem inter **155.**
alienationes, Protestantium fœderibus & auxiliis Imperio extortas, Responsio.
& eas, quæ Cæsari obiiciuntur.   Nam ditiones Galliæ cessas, dis-
soluto omni cum Imperio nexu, esse avulsas.   At verò Ducatum
Wirtembergicum, Mediolanensem, Florentinum, Senensem ditionem fuisse concessos, conservato, quo priùs Imperio cohærebant,
feudali nexu, atque directo Imperatoris ac Imperii dominio.

Longobardiam dudum in exteræ præpotentis Nationis potestatem
fuisse concessuram, nisi Austriaci Cæsares, & præsertim Carolus V.
suis sumptibus, suis armis, suo milite, sibi eandem & Imperio vin-
dicâssent.   Ducatum Mediolanensem à Ludovico XII. & Francisco I.
occupatum sæpius, Senas pariter in Gallorum manibus hæsisse, Florentinis etiam turbis eosdem se immiscuisse: unum obstitisse Carolum, ne Gallia Cis-Alpina (quod olim habebat nomen) in Galliam
Transalpinam abiret.   An perdat, qui recuperat? an alienet, qui
conservat?

An nulla tot in Imperium meritis gratia, tot bellorum sumptibus compensatio? nulla dotis, à Blanca Maria Galléacii Sfortiæ filia,
Maximiliano I. allatæ ratio?

Medicæos, in gratiam Clementis VII. tam inclementer antea
Romæ habiti, non tam institutos, quàm restitutos, inquiunt.   Parmam etiam & Placentiam non tam datam, quàm restitutam Ecclesiæ.
Wirtembergiam Suevico fœderi justo titulo obvenisse, & ab hoc Carolo

rolo venditam; non tamen propterea mutâſſe nexum, quem antea
cum Imperio habuerat, ne quidem tunc, cùm reſtituto Duce Carolus illam Sub-Feudum Domus Auſtriacæ conſtituit, ſalvis Imperii
juribus. Conſtantiam denique, urbem tunc Zwinglianam, in pœnam contumaciæ libertate privatam, & in compenſationem ſumptuum
Domui Auſtriacæ fuiſſe attributam, in libertatem filiorum DEI hac
ratione aſſertam.

156.
Cur Luthe-
rani eum
ſibi vendi-
cent.

Obiiciunt deinde Carolo Religionem. Nam, quod ſanè mirum,
complures ex Scriptoribus Lutheranis eundem ſibi vendicant, eò quòd
apud Pontifices ferventer inſtiterit, ut gravamina Nationis Germanicæ, præcipuæ reformationis cauſæ, tollantur; atque ipſemet per
Conſtitutionem *Interim* reformationis negotium ſuſceperit tractandum, conceſſis iis, quæ Romana Eccleſia non concedat.   Quòd Pontificiam auctoritatem per omnem Hiſpaniam abrogârit; ipſúmque
Pontificem Clementem VII. per Fronsbergium, Borbonium, Auriacum, Lanoyum, aliósque ſuos Duces ac milites graviſſimè afflixe-
rit, Roma capta, expilata, ſacrísque ac profanis omnibus violatis
inter inaudita crudelitatis exempla.

Et licèt Carolus, qui in Hiſpania tunc morabatur, audito eo
nuntio, ingemuiſſe ſcribatur, abjectísque ſpectaculis & feſtivæ lætitiæ ſignis, ob natum recens Philippum Principem adornatis, lugubres veſtes indutum ſupplicationem, ea propter inſtitutam, fuiſſe
comitatum, publicis de cathedra pro liberando Pontifice imperatis
precibus.   Hunc tamen totum apparatum fuiſſe ſcenicum, ad ſimulationem doloris compoſitum.

Cur enim, inquiunt, ſi ſeriùs fuiſſet mæror, Pontificem non
illico liberàſſet carcere? cur eum cum tot Cardinalibus ſeptem integris menſibus permiſiſſet in illo ſqualeſcere? cur in auctores tantæ
vaſtationis non animadvértiſſet Protector & Defenſor Romanæ Eccleſiæ ac ſedis Apoſtolicæ? cur non ſaltem ſacrorum Romanenſium violationem vindicàſſet? cur mandata liberationis adeò perplexa miſiſſet, ut à Ducibus facilè eludi poſſent? cur conditiones duriſſimas
præſcripſiſſet, ac grande adeò redemptionis pretium, ut colligi ac
ſolvi non poſſet? cur, ſi Romanæ Eccleſiæ ſeriò fuiſſet addictus, hæc
omnia acta fuiſſent in Chriſti Vicarium, eo ipſo tempore, quo Lutherani Germaniam implebant, & Pontifici oppreſſo inſultabant? &
cur Edictum Wormatienſe impunè contemni fuiſſet paſſus? cur ſecurum domicilium Proteſtantibus per edictum Ratisbonenſe & No-
rimbergenſe, per Tranſactionem Paſſavienſem & pacem Religioſam
conceſſiſſet?

Deni-

Denique addunt, Carolum Lutherano more obiiffe, non in propriis meritis, aut Sanctorum patrociniis, fed in Chrifti fanguine fiducia pofita. Familialiter etiam ad mortem usque ufum fuiffe Doctoribus Lutheranis, uti Joanne Ægidio & Conftantino Pontio, fuis confeffariis : qui omnes ab Inquifitione tanquam hæretici fint damnati. Bartholomæum etiam Carranzam, Archiepifcopum Toletanum, ultimum Caroli confeffarium, qui morienti adftitit, ob vehementem fufpicionem de pravitate fidei ad ejurandum fuiffe coactum. Hæc autem omnia, fimul præfertim ponderata, haud obfcurum præbere argumentum; Carolum V. non tantùm Lutherice vixiffe, fed etiam mortuum effe.

At refpondent fcriptores Catholici, magìs faltem periti, nec nationali fpiritu; minùs benevolo, afflati, aut in partium ftudia abrepti hæc omnia, partim conficta; partim exaggerata, tantum abeffe; ut Carolo Cæfari Catholicam Religionem eripiant; ut ne quidem dubiam faciant.   157. Refponfio.

Ita eft: inftitit apud Adrianum VI. fuum olim moderatorem, dein Patrem, & Chrifti Vicarium, ut gravamina quædam, quibus oneratam fe querebatur Natio Germanica, auferantur. Sed inftitit modeftè, reverenter; prout filium Ecclefiæ decet. Nunquam autem paffus eft, ut ipfi Ordines in hac re quidquam decernerent, fed ad Pontificem & Concilium reformationis negotium remifit. Unde in litteris, ad Clementem VII. anno 1526. die 17. Sept. Granata datis (prout apud Goldaftum Tom. 1. exftant) fcripfit, nunquam fe aures præbuiffe poftulatis circa gravamina.

Conftitutio *Interim* nihil â dogmatis & fide catholica alienum continet. Retardato Concilio Tridentino quieti Germaniæ fic interea confulendum putabat, ut, cùm omnia, quæ ad difciplinam Ecclefiæ fpectant, acceptanda fore & fervanda â Proteftantibus fperari non poffet, quoad dogmata faltem cum Romana Ecclefia convenirent.

Quod Carolus omnem auctoritatem Pontificiam per totam Hifpaniam abrogârit, mendacium eft Præconum Tigurenfium, aliorúmque heterodoxorum; ùt legere poffent vel in ipfo fuo Goldafto; qui *Conft. tom. 3. ad annum 1526.* litteras Caroli ad Clementem VII. fcriptas exhibet, in quibus ait, leges non nullas per Hifpaniam latas eô folùm fpectare, ne Jura Patronatus, ab Adriano VI. conceffa, Romæ revocentur. Eftne autem hoc totam auctoritatem Pontificiam per Hifpaniam abrogare?

Direptio & expilatio Romana absque dubio valde crudelis fuit & barbara, sed â Cæsare neque imperata, neque probata; imò eo inscio, & in Hispania absente, patrata. Ducum hæc culpa fuit, & præsertim militis gregarii, magna ex parte Lutherani, ex disciplina Lutheri in Pontificem & Romam, sibi invisam furentis.

Quæ, ut perspicua fiant, altiùs nonnihil repetenda est historia. Postquam Ticinensi parta victoria Rex Franciscus in Hispanias captivus fuit abductus, pluribus Principibus suspecta atque invisa esse cœpit tanta Cæsaris potentia, acsi ad universalem Monarchiam adspiraret. Itali præsertim libertati suæ metuebant. Quare Francisco Rege liberato initum est fœdus inter Pontificem, Regem Galliæ, Franciscum Sfortiam Ducem Mediolanensem, & Venetos, adversus Carolum Cæsarem, sollicitato etiam Angliæ Rege.

Fœderis istius hæc capita fuisse dicuntur; ut Regii Principes, in Hispania pro patre obsides in libertatem asserantur: Regnum Neapolitanum jure avito Lotharingis vindicetur; Franciscus Sfortia in possessione Mediolanensi, reliqui Status Italiæ in sua libertate & juribus firmentur.

Hoc fœdus ubi Cæsari per Marchionem Pischariæ, qui simulatò eidem accesserat, innotuit, ociùs exercitum, ex Germanis & Hispanis conflatum, in Italiam misit, Ducibus eo mandato dato, viderent, ne res Cæsaris detrimentum ibidem patiantur.

Erant autem Duces, exercitui huic præpositi, Carolus Borbonius, ex Gallia profugus, in locum Sfortiæ, feloniæ damnati, Dux Mediolani à Cæsare destinatus; Lanoyius Neapolis Prorex; Hugo Moncada, legatus Cæsareus, reliquis ditionibus, quæ Cæsarei juris in Italia erant, præficiendus. Omnes isti dignitates suas, & emolumenta maxima, atque spes amplissimas erant amissuri, si fœdus illud adversus Cæsarem prævaleret, cujus Pontificem auctorem esse putabant. Jam verò, qua mente animati Duces isti, quorum fortuna omnis tantopere vertebatur, ad bellum istud accesserint, facili conjectura licet assequi. Adde Columnios odio Pontificis efferatos, Auriacum, & Alarcum militari ferocia frementes, adde Georgium Fronsbergium, SueviæDynastam, qui duodecim millia Germanorum, potissimùm Lutheranorum, spirans minarum & cædis, atque odio & furore in omne Romanum nomen flagrans, ad excidium Pontificii dominatus, ùt loquebantur, adduxerat.

His jam Ducibus hoc animo imbutis, à furioſo milite, tum odio, tum ſpe prædæ ebrio, ſecuta eſt immanis illa abominatio deſolationis in loco ſanĉto : vaſtatus ager Romanus, Roma capta, direpta, templa omnia ſpoliata ac profanata : Pontifex in Adriani mole cum Cardinalibus incluſus, eáque aĉta, quæ calamus horret ſcribere.

Quis autem credat, Carolum V. Imperatorem ac Regem, tam magnanimum, pacis amantem, filiali in ſedem Apoſtolicam amore & reverentia præſtantem, Eccleſiæ Romanæ Proteĉtorem juratum, tantæ lanienæ, furoris plùs quàm barbari, atque in ipſum ſummum Pontificem, quem, licèt iratus, nihiloſecius tamen, ut ex epiſtolis ejus eluceſcit, magnopere venerabatur, tantæ crudelitatis fuiſſe auĉtorem?

Mandatum profeĉtò nullum ab eo ita ſæviendi miles habuerat. Ipſo ignaro funeſta hæc tragœdia fuit inſtruĉta, imò, cùm inaudiit, lugente, ac publicè mœrente.

At cur Pontificem non illico è cuſtodia liberum dimitti juſſit, ſi ſerius fuit dolor? Juſſit. Sed temporis ac rerum conditionem attendamus. Frendebat miles ; ſtipendia inclamabat ; ad manum non erant ; ſeditionem movebat ; nulla Ducum imperia audiebat. Indulgendum iſti putabant præſenti neceſſitati ; ac cedendum furori. Stipendiorum ſolutionem à Pontifice & Cardinalibus petebant ; Pontifex exhauſto ærario dare non poterat. Hinc moræ : hinc rapinæ continuatæ : licentia efferi militis protraĉta ; quin Cæſar, tot terrarum mariúmque intervallo abſtraĉtus tantis malis protinus mederi poſſet.

Adhæc metuebat, ne Pontifex liberatus, tantam vindicaturus injuriam, hoſtibus ſe adjungeret, renovaret fœdus, populíſque in ſe concitatis, ira ſtimulante, majorem procellam cieret. Securum proin ſe reddere voluit. Complures arces locáque munita fidei ſuæ petiit concredi, donec æſtus ille bellicus deferbeſceret. Id genus paĉtiones tempus captivitatis protraxerant. Reliqua, quæ in perſonam Pontificis, Cardinalium, Ordinem Eccleſiaſticum & populum univerſim crudeliter atque indigniſſimè aĉta ſunt, furori militari ſunt adſcribenda, qui ſtipendiis non ſolutis compeſci non poterat ; præſertim, cùm tam multa peĉtora Lutherana rabies haberet occupata.

Cælum ipſum viſum eſt digito demonſtrare, infandæ impietatis auĉtores ; nam Fronſbergius, qui laqueum ſecum ad jugulandum Papam attuliſſe fertur, Romam non attigit, ſed Ferrariæ periit. Borbonius in ipſo urbis aſſultu cecidit. Lanoyius eodem adhuc an-

no Neapoli pefte extinctus.. Moncada paulò pòft navali prælio victus flammis combuftus eft ; Columnenfes capti, fpoliatique. Philibertus Auriacus brevi pòft cæfus in Florentino agro occubuit. Ut
adeò cœlo vindice nullus ex Ducibus, tragœdiæ illius feralis auctoribus, triennio fuperftes fuerit. Miles gregarius, ad quem pars
maxima injuriæ pertinebat, luxu, libidine, peftilentia eò usque defluxit, ut, cùm viginti quatuor millia armatorum Romam intràffent,
ne dimidia quidem pars inde redierit. Sed & hi prædandi licentia
enervati, feralíque otio torpentes, ne quidem pugnæ aleam, à Lautrechio oblatam, fubire aufi funt, fed noctis beneficio Neapolim fu-
gerùnt, ut murorum auxilio fe defendant. Navis verò facris fpoliis onufta, cùm in Hifpaniam trajicere tentaret, tanta tempeftate
fuit jactata, ut verfo in religionem periculo, in Sardiniam appulfi,
facro furto eam exonerare coacti fuerint.

Equidem, dum Romam Chriftiani expilant, Turca Hungariam
diripit : dum Catholici orbis Principes inter fe colliduntur, crefcendi in Germania fpatium eft nactus error novitius, eásque agendi radices, quæ vix ampliùs evelli deinceps queant, deploranda fanè rei
Chriftianæ jactura. Cujus culpa? Deus novit.

Hoc certum, & Pontificem & Cæfarem Religionis Catholicæ
femper fuiffe amantiffimos. Teftantur id tot decreta pro ejusdem
confervatione concepta, tot curæ, moleftiæ, labores graviffimi ex-
antlati, novellæ fectæ, obnitentibus & proteftantibus non rarò magnis Principibus, toties Wormatiæ, Spiræ, Auguftæ &c. in Comitiis Imperii rejectæ, tot folicitudines ac ftudia intenfa in congregando Concilio Oecumenico, tot pro Religione noftra Orthodoxa contra potentiffimos hoftes certamina, ea denique filialis obfervantia, qua Carolus Clementem, aliósque Pontifices, femper
complexus eft, fe filium compellando, illum patrem, Vicarium
Chrifti, fupremum facrorum Antiftitem, caput Ecclefiæ, ùt prolixè conftat ex epiftolis, quas ad eundem etiam iratus fcripfit. Errant profectò Proteftantes, animi credo vitio, qui, ubi aliquid controverfiæ, fuper jure fæpè dubio, Pontificem inter & Principem
quendam oritur, ociùs iftum fuæ fectæ fautorem proclamant.

119. Verùm minùs calidè Carolus Cæfar urgebat executionem de-
De Execu- creti Wormatienfis, in Lutherum lati : neglecta fcintilla, quæ in tan-
tione edicti. tum deinceps excrevit incendium. Neglecti fructus Smalcaldicæ victoriæ,

&oriæ. Libertas data errori, ut impunè ferperet. Ita enim verò arguunt, qui omnia Principum culpæ tribuunt: qui id folùm intuentur, quod fit, aut omittitur, non autem, cur fiat, aut omittatur, confiderant. Sæpè neceffitas excufat, quod vitio vertitur. Iniquis non rarò ac fatalibus temporum conditionibus tribuendum, quod folutior lingua illis adfcribit, qui rebus humanis præfunt.

Mitiores calami, qui fuam Principibus reverentiam dependunt, æquiùs refpondent; magnam effe Ordinum Imperii libertatem, non, poffe à Cæfare ftatim omnia confici, prout confecta vellet & optaret. Complures potentes Status Lutherum jam imbibiffe; fine feditione & tumultu feveriora media adhiberi non potuiffe. Quoties Imperator & Ferdinandus frater acriùs urgerent illam executionem, toties feditiofas voces fuiffe auditas, quibus gravamina, abufus, reformationem aulæ Romanæ & Ecclefiaftici Ordinis occlamârint, proteftantes, confueta fubfidia negantes, in privatos cœtus, & fœdera abeuntes. Adhæc Carolum Cæfarem affiduis ferme bellis adverfus Turcas, Gallos, aliósque fuiffe diftractum; neceffe proin habuiffe, ut Germania quieta confervetur.

Cùm autem bellis externis fe liberâffet, vehementiùs inftitiffe, ut faluberrima edicta ufu ipfo in praxin deducantur, & ea quidem feveritate, ut pervicaces etiam bello ad officium revocaret. Quòd verò Smalcaldica victoria mitiùs fit ufus, perfuafiffe fpem, per Concilium Tridentinum, cujus definitioni fe ftaturos Proteftantes promiferant, diffidia componenda fore. Nec defuiffe metum, novum bellum conflatum iri, fi Cæfar feveriùs ageret; cùm etiam Clementia nimis rigida ipfis fit vifa, eò usque, ut rebellem contumaciam quidam opponerent, novúmque dein exitiale bellum concitarent, percuffo etiam cum exteris fœdere; quo Transactionem tandem Paffavienfem extorferunt, permiffa â Rege Ferdinando credendi libertate, ut majora evitentur mala, quæ dira temporum conditio minabatur.

Quòd autem Carolus Lutherana morte obierit, prorfus falfum eft. Quafi verò mori cum fiducia in Chriftum fit mori Lutherice, omnis fpes noftra in Chrifti meritis eft repofita. Ipfa etiam Sanctorum interceffio in illis fundatur. Quòd Joanne Ægidio, Cacalla, aut Conftantino Pontio Confeffariis ufus fuerit, falfò afferitur. Carranza Archiepifcopus ipfi adftitit, fed probari non poteft, eum ullum dogma contra fidem Catholicam foviffe. Quamvis enim de

160.

X 2   qui-

quibusdam erroribus fuerit accufatus in Hifpania ac Romæ, ita tamen fe purgavit, ut condemnari nunquam potuerit. Cæterûm apertè conftat, Carolum in monafterio S. Jufti, poftquam fibi ipfi inter
Miffæ facrificia parentavit, morientium facramentis ritu Catholico
fufceptis, pientiffimè obiiffe, in complexu crucifixi Domini.

CAPUT III.

De ftatu Imperii fub Ferdinando I. Maximiliano II,
& Rudolpho II.

SUMMARIUM.

ARTICULUS I.

fub Ferdinando I.

AR-

ARTICULUS II.

sub Maximiliano II.

174. Comitia Augustana. Decreta auxilia contra Turcas, dudum antèa â Protestantibus negata.

175. Causa Electoris Palatini Calvinistæ proposita. Sed contra Pacem Religiosam permissus est monasteria diripere.

176. Bellum Saxonico-Gothanum, â Grumbachio proscripto, & Duce Joanne Friderico, aliisque Lutheranis, per conjurationes perfidas, & sanguinolenta consilia ad ruinam Imperii conflatum. Gotha occupata. Perduelles prædones puniti morte. Joan. Frid. Viennam abductus captivus, in 28. annorum carcere contabuit.

177 Mors Philippi Landgravii, polygami. Magni Sæculi hujus Actoris. Titulus *Magni Ducis* Hetruriæ.

178. Aliæ invasiones Protestantium, & direptiones adversus Pacem Religiosam. Hugonotis in Galliam, & Geisiis in Belgium auxilia mittunt.

179. Comitia Spirensia; in quibus latæ leges politicæ, & actum de morborum Imperii, â Luthero invectorum, remediis, atque ut pax Religiosa religiosiùs observetur

180. Obitus Maximiliani II. Ejus liberi. Erga Protestantes fuit indulgentior. Obiit tamen Catholicus.

ARTICULUS III.

Observatio circa controversiam, post electionem Maximiliani II. cum Pontifice ortam.

181. Pii IV. petitio: Maximiliani Regis exceptio.

182. Pii replica: Maximiliani duplica.

183. Finis controversiæ.

ARTICULUS IV.

Status Germaniæ sub Rudolpho II.

184. Initia Rudolphi.

185. Causa Aquisgranensis cum Calvinistis.

X 3   186. Eo-

186. Eorum furor in Senatum & Ecclefiafticos.

187. Tandem poft 30. annorum turbas à Spinola, urbe expugnata, domiti.

188. Caufa Colonienfis. Truchfefius Archiepifcopus deperit Mansfeldiam. Eámque uxorem ducit, retenturus Archiepifcopatum; ex Lutheranorum confilio, contra Refervatum Ecclefiafticum. Bonnam capit. Eligitur Erneftus Bavarus. Bellum. Vincitur Apoftata, & in Hollandiam fugit; ubi mifere periit.

189. Caufa Argentinenfis, ratione Epifcopatus, inter Lotharingum & Brandeburgicum controverfa. Bellum. Transactione tandem finitum. Ita nempe Lutherani contra Refervatum Ecclefiafticum inhiabant noftris facerdotiis.

190. Comitia Ratisbonenfia. Decreta auxilia Turcica. Pluráque alia in medium allata; fed non conclufa.

191. Mortuo Ferdinando Tyrolis & Anterior Auftria ad Rudolphum devoluta. Wirtemberga à dominio directo Auftriacorum exempta, jure tamen fuccedendi, illis refervato. Ratisbonenfia Comitia. Querelæ Proteftantium contra Judicium Aulicum. Nova Bellorum Civilium femina à Proteftantibus jacta.

CAPUT III.

De ftatu Imperii fub Ferdinando I. Maximiliano II. & Rudolpho II.

ARTICULUS I.

fub Ferdinando I.

161.
Carolus ab-
dicat Impe-
rium.
POftquam Carolus V. Hifpaniæ Monarchiam Philippo filio fuo cefferat, Cæfaream etiam dignitatem abdicare conftituit. Quare anno 1556. primùm quidem ad Ferdinandum fratrem, Romanorum Regem, Oeniponti tunc commorantem, Legatos mifit, qui hoc animi fui propofitum eidem fignificarent, peteréntque, ut Imperii curam ac regimen in fe fufcipiat. Deinde verò per litteras monitis de eodem fuo confilio Statibus Imperii, & Camera Imperiali, adminiftrationem Imperii Ferdinando commiffam intimavit.

Denique

Dénique miſſis ad Imperii Septemviros Legatis (qui tamen primùm anno 1558. Francofurtum advenerant) Imperium abdicavit. Electores ibidem congregati ægrè quidem hanc renuntiationem habebant ratam, nihilominus tamen Ferdinandum, jam pridem antea electum Romanorum Regem, poſt conceptos Capitulationis Articulos, Imperatorem enuntiârunt.

Ferdinandus anno 1503. Compluti in Hiſpania natus, ibidémque educatus ſub diſciplina Alvari Oſorii, & Adriani, poſtea Pontificis, uti etiam Cardinalis Ximenii, acceptiſſimus Hiſpanis fuit, quia apud eos natus, & indole ea fuerat præditus, quæ gratum omnibus & amabilem reddetet, nec una duntaxat corona dignum.

Quare Carolus, frater ſenior, mortuo Ferdinando Catholico avo materno, ne Ferdinandi apud gentem gratia ſibi officeret, anno 1518. eundem in Germaniam ad Maximilianum Cæſarem, avum paternum miſit. **162. Ferdinandus.**

Ducta ſubin anno 1521. Anna, Hungariæ & Bohemiæ hærede, omnes Germanicas Domus Auſtriacæ Provincias, à fratre Carolo ſibi ceſſas accepit; cæſóque ad Mohatium anno 1526. Ludovico, conjugis fratre, Hungariæ quoque & Bohemiæ coronam; & anno 1530. à Carolo Cæſare ſub nexu clientelari inſuper Ducatum-Wirtembergicum. Quod, qua ratione contigerit, aliàs memoravimus. **Hung. & Boh.**

Cùm autem Carolus Imperator propter regna ſua longinqua rebus Germaniæ non ſemper poſſet præſens intendere, Ferdinandus anno 1531. Coloniæ Romanorum Rex fuit electus, atque Aquisgrani coronatus; vehementer licèt reclamantibus Saxone & Brandeburgo Septemviris. Quæ tamen controverſia poſtea anno 1534. per conventionem *Cadamenſem* ex integro fuit compoſita, omnibus Ferdinandum Romanorum Regem agnoſcentibus. **& Rom. Rex.**

Quamdiu Carolus frater Imperium moderabatur, multum negotii ei in Hungaria faceſſiverant Joannes de Zapolia ac Turcæ, in Germania verò diſſidia Proteſtantium, donec anno 1552. nomine Cæſaris transactionem Paſſavienſem cum iis iniit; & anno 1555. Pacem Religioſam.

Hac Religionis libertatem ſibi conceſſam interpretabantur Lutherani Inferioris Auſtriæ. Quare cùm Ferdinandus Rex ſubſidia adverſus Turcam peteret, detrectabant illa ſuppeditare, niſi plena libertas ſibi addiceretur. **163. Sectis in Auſtria libertatem negat.**

Reſpon-

Refpondit Rex, per pacem Religiofam id potiùs iis fuiffe mandatum, ut fui fequantur Religionem Principis, nec a liam libertatem conceffam, quàm emigrandi, fi fequi nolint. Quòd dicant, Deo magis obediendum quàm hominibus, id effe veriffimum, fed graviffimè eos hallucinari in eo, quòd Dei mandatum fibi confingant. Non effe hominis privati, Scripturas interpretari pro lubitu. Se more majorum Ecclefiam magiftram fequi, ad quam pertineat illa interpretatio, quámque audire Chriftus ipfe jubeat. Hac regula neglecta pro novandi libidine innumeras orituras hærefes, ac religionis perturbationes: omnes enim undique hæreticos atque fectarios blandiri fibi de Verbo Dei: falfò fanè ac perverfè; fuæ proin effe confcientiæ, nunquam committere, ut, repudiata Catholica Ecclefia, quam Chriftus fundârit, Apoftoli prædicârint, Patres docuerint, Majores continuò propagarint, novella fecta, nunquam antea vifa, nunquam audita, cum æterna tot animarum ruina in hæreditarias Domus fuæ Provincias introducatur.

164.
Goldafti
crimen fal-
fi.

Ex his, quæ etiam Sleidanus *de ftatu relig. & reip. lib. 26. ad annum 1556.* teftatur, apertè detegitur crimen falfi & impoftura Goldafti, qui *tom. 3. conftit. Imper folio mihi 561.* epiftolam affingit Ferdinando Regi, ad Lutherum fcriptam, cui hanc rubricam præfigit: *de veritate doctrinæ Evangelicæ, per Lutherum repurgatæ.* Atque in ipfa epiftola mirè commendantur Lutherus ejúsque doctrina, Pontifex verò & Catholici Doctores vituperantur, tanquam impares Luthero refiftere; & feductores, *qui paleas pro tritico præbuerint & venditârint.* Inferit etiam fabulam de confeffario Ferdinandi, qui ante mortem faffus fit, fe eundem feduxiffe, nec veram femitam ad cœlum monftrâffe.

Totum quantum hoc fcriptum eft confictum & fuppofititium, atque Ferdinando, Catholiciffimo Principi protervè, impudenter, ac impiè affictum. Dignum enim verò opus Goldafto auctore, non tantùm acta publica corrumpere affueto, fed integras etiam Conftitutiones, Diplomata, Bullas confingere; prout in Apologia adverfus Tigurinos Præcones *part 2. obferv. 8. à fol. 328.* etiam Proteftantium teftimoniis ex profeffo demonftravi.

165.
Comitia Ra-
tisb.

Anno 1556. Ferdinandus *Comitia Ratisbonam* convocavit; in quibus decreta fubfidia adverfus Turcam, ftabilita Pax Publica & Religiofa, Proteftantibus adverfus *Refervatum Ecclefiafticum* excipientibus; cùm tamen priore anno Paci Religiofæ fimpliciter absque exceptione fubfcripferint. Decreta infuper Imperialis deputatio ad examiamiaminandum Judicium Camerale. Denique conventum, ùt Colloquium de Religione Wormatiæ inftitueretur ad componenda diffidia.

, Ad hoc *Colloquium Wormatienfe* anno 1557. ab Ordinibus 24. **166.**
Theologi funt deputati, 12. videlicet Catholici, & 12. Proteftantes, Colloqui- . Præfide Julio Pflugio. In hoc colloquio multò major inter ipfos Pro- um Wor-teftantes erat diffenfio atque contentio, quàm cum Catholicis. Nam matienfe. cùm hi folis Catholicis & Auguftanæ Confeffionis affeclis per pacem Religiofam Religionis libertatem conceffam dicerent, folisque illis duabus partibus comitiali decreto colloquium effe demandatum, neceffe ·proin, ut Proteftantes priùs inter fe & cum Auguftana Confeffione fua conveniant; ut nôrint Catholici, cum quibus ipfis fit negotium; aliàs enim tot inter fectas rem infiniti laboris fore, per fingulas certamen circumferre.

Tum enim verò graviffimæ inter collocutores Proteftantes ortæ funt difcordiæ, aliis Auguftanæ Confeffioni renuntiantibus, aliis eandem huc aliis illuc ferræ inftar trahentibus & retrahentibus. Siquidem Schnepfius, Strigelius, Stöffelius, Morlinus, Sarcerius, proteftati, cum Zwinglianis, Ofiandriftis, Majoriftis, Synergiftis, Adia- Proteftanphoriftis fe nullam partem velle habere, multò minùs cum eorum fi- tium diffidei Confeffione, difcefferunt, rè prorfus infecta. Cum reliquis au- dia. tem feptem Proteftantibus collocutoribus, quia Confeffioni Auguftanæ preffè inhærere detrectabant, & diverfas alias fectas profitebantur, in Romano Imperio non toleratas, Catholici Doctores, in hoc colloquio nihil fibi negotii effe meritò credebant, utpote quod â Ferdinando Rege & Statibus præcisè inter Catholicos & Auguftanæ Confeffioni adhærentes, verti voluerant; cùm hi foli per Pacem Religiofam in Imperio effent tolerati. Atque fic non alio fructu difceffum eft, nifi ut Proteftantes fuas in fide difcordias apertè demonftrarent, feque ludibrio exponerent.

Ægrè tamen Paulum IV. Pontificem habuit, hoc publicum de Religione negotium fe non confulto fuiffe fufceptum, cùmque aliunde, propter initam Tranfactionem Paffavienfem & Pacem Religiofam, permiffumque interim Auftriacis ufum calicis, haud fatìs æquo in Ferdinandum effet animo, Imperatorem eundem agnofcére, quoad vixit; recufavit, (Carolum fe infcio non potuiffe Imperium abdicare caufatus) licèt poft mortem Caroli V. quæ anno 1558. contigit, non tantùm ab omnibus Imperii Ordinibus, fed Nationibus etiam & Principibus exteris agnofceretur. At, mortuo mox anno fequente Paulo, Pius IV Antecefforis morofitatem emendavit.

    Hac igitur facta conciliatione, Ecclefiæ tam optata, Ferdinandus Cæfar alacrior, Religionis quoque in Germania conciliâtionem

167. rùrfus tentandam exiftimavit. Indictis proin anno 1559. *Auguſtanis*
Comitia Imperii *Comitiis,* quàm irrito conatu decretum fuerit Wormatienfe
Auguftana. colloquium, præfatus, ad Concilium Generale caufam illam remittendam edixit; cujus definitione componeretur.

    Optima fanè propofitio, modúsque tolléndi Religionis diffidia
Proteftan- confuetus femper in Ecclefia. At cum Proteftantibus nil agi poterat.
tes horrent Cùm enim Concilium ipfis effet exofum, utillius fententiæ fe fubtrahe-
Concilium. rent, eas rurfus conditiones præfcribebant, quas, ab ufu Ecclefiæ &
more Majorum prorfus alienas, acceptàri non poffe perfpexerant:
ante omnia irritanda effe ea omnia, quæ eò usque acta fint in Concilio
Tridentino; Papæ nullam in eo partem permittendam nifi Rei; votum de-
cifivum laicis etiam hominibus permittendum; nec ad majora vota
concipiendum decretum, fed ad ea, quæ fint magis conformia Verbo Dei. Sed fi utraque pars appellet ad Verbum DEI, fi majora ac
plura fuffragia decernant, hanc vel illam propofitionem effe Verbum
DEI, hoc ita effe intelligendum? Quibus tunc ftandum votis? Pluribus, an paucioribus? illis, inquiunt, qui meliùs probant ex Verbo DEI. Sed cui ferenda fententia, quis meliùs probet? an fecundum
majora hoc judicandum, vel minora?

    In his Comitiis Auguftanis ab utraque parte propofitæ funt
querelæ de violata pace Religiofa; eò quòd Proteftantes jam incipe-
rent rurfus plura bona Ecclefiaftica invadere, contra Refervatum Ecclefiafticum, in Pace Religiofa contentum, Catholici verò juris fui te-
naces, his violentiis fefe opponer ent.

    Factus etiam in hoc conventu Receffus de petitione, ut Gallus
Metas, Tullum, & Virodunum reftituat.

    Denique, præter Ordinationem de moneta ejufdem generis in
toto Imperio introducenda, Wilhelmus Grumbachius Nobilis Franco-
co profcriptus fuit, atque in Bannum Imperii declaratus. Quia is
anno fuperiore Melchiorem Zobelium, Epifcopum Herbipolitanum,
per 15. ficarios publica in via interemerat. Caufa tanti in Epifcopum odii allegatur, quod is eundem, Alberti Brandeburgici in provinciarum vaftationibus focium, bonis privâffet, & legatum quoddam, ejus conjugi delatum, exfolvere recufaffet. Hinc etiam contra ejufmodi invafiones violentas in his Comitiis, confirmata Pace
168. Publica, faluberrima decreta funt concepta.
Centuria-   Sequenti dein anno 1560. Centuriatores Magdeburgici, quorum
tores. primipili Flacius Illyricus, Joannes Wigandus, Matthæus Judex,
           Ba-

Basilius Faber, aliíque permulti, centurias suas excudere cœperunt, Elisabethæ Anglicæ quoad partem nuncupatas, quibus Hiftoriam Ecclesiafticam corruperunt. Exoiſi funt hoc opus malignum (ab Heterodoxis *Aureum* dictum) â centuria quarta, & ad 13. Tomos provexerunt. Sed unus Baronius tot gladiatoribus ſuperior erat pugil. . **169.**

ı Annum 1561. famoſum reddidit Proteftantium *Synodus Naum-* Synodus *burgica.* Ad hanc frequentes convenerant Proteftantium Principes, Naumburcum ſuis Præconibus. Quippe aderant Electores Palatinus & Saxo, gica Duces Brunsvicenfes, Mechlenburgicus, Wirtembergenfis, Landgravius Haffiæ, Marchio Badenfis, Comes Hennebergenfis, Schwarzburgicus. Per legatos comparebant Elector Brandeburgicus, Dux Pommeraniæ, & Holfatiæ, Principes Anhaltini ; Duces verò Luneburgici, ac Rex Daniæ officiofas litteras miſêre.

Tanti conventus cauſa erat Confeffio Auguftana, illo jam tempore toties adeò ac turpiter variata, ut Catholici eis exprobrarent, quòd ab eadem, Carolo V. anno 1530. Auguftæ oblata, omnino recefferint. Hoc probrum, ùt interpretabantur, non ferentes, hanc Synodum coëgerunt, ut deliberarent. Qua via & arte tot corruptiónes Auguftanæ Confeffionis poffent emendare. Sed non minor quàm in Colloquio Wormatienfi tot inter fectas erat confuſio.

Palatinus & Saxo ultimam editionem commendabant, utpote prolixiorem reliquis & clariorem. Reclamabant reliqui Principes, Plena dis. primámque, Carolo V. exhibitam, retinendam cenfebant, ac ſub- cordiis. fcribendam. Alii addendam putabant novam præfationem, qua contineretur, etiam reliquas editiones, quámvis primæ multùm difformes, effe bonas : alii additos volebant Articulos Smalcaldicos, alii Confeffionem Saxonicam, alii Receffum Francofordienfem.

Sed fruftra laborabant in cudendo fidei fyftemate, quod omnibus probaretur ; quin eò usque diffenfiones excreverant, ut aliqui cum Joanne Friderico, Saxoniæ Duce, ſe ex facro hoc Concilio proriperent, atque difcedeient, apeitè conteftati, non poſſe ſe fubfcribere doctrinæ, quæ Verbo DEI & Auguftanæ Confeffioni repugnaret. Cùm igitur tranfactio non procederet, unione fruftra tentata foluta eft Synodus ; omnibúsque licuit perfpicere, quàm impoffibile fit, unitatem fidei confervare, àut diffidentes conciliare, ubi nullus Controverfiarum Judex agnofcitur. Quilibet clamabat : *hic eft Chriftus*, *hoc eft Verbum DEI.* Quis verè ? Quis falfò clamavit ?

Ne tamen nihil actum videretur, legato Pontificio ac Cæfareo, ad hunc conventum miffis, ut Proteftantes ad Concilium Tridentinum, quod hoc anno reaffumptum fuerat, invitarent, reſponde-

Y 2

runt,

runt, Synodum illam à Papa fuiſſe congregatam, cujus nullam jurisdictionem agnoſcerent, atque id genus hominibus conſtare, qui juramento Pontifici ſint obſtricti, ac proin non eſſe Concilium liberum,
ac legitimum.

170.
Maximilia-
nus Rex
Rom.
    Anno 1562. Ferdinandus Imperator *Comitia Francofordiæ* ce-
lebravit; in quibus ejus filius Maximilianus Rex Romanorum à Septemviris fuit electus. Bannum dein, quo Carolus V. Magdebúrgum
proſcripſerat, ſublatum. Prolatum in his Comitiis ſcriptum Proteſtantium, in quo cauſas allegabant, cur in Concilio Tridentino non
comparerent. Sed ſutiles erant prætextus, prout *part. 3. in fine*
oſtendi.

171.
Grumba-
chius
    Grumbachius, à quo Epiſcopum Herbipolitanum occiſum di-
ximus, anno 1563. collecta mille equitum turma, violentè in urbem
Herbipolim irrumpit, eámque miſerandum in modum devaſtat, in
Canonicos præſertim & Religioſos graſſatus. Cúmque igni & ferro
urbem delere minaretur, ingentem pecuniæ vim, aliásque crude-
liſſimas conditiones extorſit, tragœdias adhuc funeſtiores deinceps ex-
hibiturus, adeò nempe religioſè Proteſtantes Pacem Religioſam &
Publicam colebant.

proſcri-
ptus.
    Cæſar, intellecta hac barbara invaſione, conditiones, violentè
adeò extortas, irritas eſſe declarat, ac Grumbachium cum ſociis,
turbarum auctoribus, rurſus proſcribit. Unde Elector Moguntinus
anno 1564. conventum Deputatorum Wormatiam indixit, ad firmandam pacem publicam. Obtulit Grumbachius Deputatis ſcriptum,
quo probare conatus eſt, ſe, ut ſua reciperet, id genus mediis uti
fuiſſe compulſum: proſcriptionem non ſubſiſtere, quia in Hungaria
à Cæſare factam, absque præſcitu Electorum, & quidem poſt tranſactionem cum Herbipolenſibus jam initam. Verùm Epiſcopus Her-
bipolenſis futile hoc ſcriptum facilè confutavit. Statutúmque, ut
nomine Imperii 1500. equites communibus ſumptibus alerentur, ad
tranquillitatem publicam conſervandam.

172.
Caſſander.
    Scripſit hoc anno 1564. Georgius Caſſander, Brugenſis Belga,
à Cæſare invitatus Viennam, libellum *de Officio viri boni*, *in hoc Eccle-*
ſiæ diſſidio, nec probatum Catholicis, & heterodoxis valdè odioſum.
In hunc enim Calvinus ſuum virus evomuit, & in Franciſcum Balduinum, quem auctorem putabat, cùm primùm absque nomine
auctoris prodiiſſet. Sed & Eccleſia eundem præſcripſit, ac libris in
prima claſſe prohibitis annumeravit. Obiit Caſſander haud multò
poſt Coloniæ; qua fide, dubium. Mirum ſtudium præſeferre viſus
eſt, varias Religiones inter ſe conciliandi; ſed per modum tranſa-
             ctionis,

𝔐ionis, alio dato , alio retento. Certiore fato Ingolstadii obiit Fridericus Staphylus, annis decem Lutheri comes, sed post foetentem illum exorcismum ab eo separatus, calamum strenuè in Lutheranos acuit.

Eodem anno 1564. mors orbi abripuit Ferdinandum I. Imperatorem, in Ecclesiam & Imperium meritis plenum. Difficillimis prorsus temporibus gessit Rempublicam, insigni sapientiæ & prudentiæ laude ; litterarum etiam amator & fautor eximius, thesauros se perdere malle inquiens, quàm litteras nescire. Concilii Tridentini decreta in provinciis suis hæreditariis, promulgari & executioni dari sedulò curavit. Solennis illi gnome : *fiat justitia, ne pereat mundus.* Obiit pientissimè festo S. Jacobi, utì prædixerat, ætatis 61.

   173.

   Cæsaris obitus.

Conjugem habuit Annam Uladislai Hungariæ & Bohemiæ Regis filiam, quæ, præter geminum regnum, 15. ei liberos peperit, nimirum quatuor filios, Maximilianum, postea Cæsarem, Ferdinandum, cui Tyrolis & Anterioris Austriæ provinciæ obtigerunt, Joannem primis infantiæ annis mortuum, & Carolum Styriacæ-lineæ felicem fundatorem : filias verò omnino undecim, Elisabetham videlicet, Sigismundo Poloniæ Regi nuptam ; qui post hujus mortem Catharinam ejus sororem, Francisci Mantuani Ducis viduam, sibi conjunxit : Annam Alberto Bavariæ Duci , Mariam Duci Juliacensi, Eleonoram Wilhelmo Mantuæ Duci , Barbaram Alphonso Ferrariæ Duci, Joannam Magno Duci Florentiæ , nuptiali foedere desponsas. Magdalena , Margaretha , & Helena Regio Parthenoni Halensi initium dedère, atque in eo sanctissimè vitam finierunt , Ursula primis vitæ annis in coelum fuit translata.

   Liberi.

ARTICULUS II.

De statu Germaniæ

Sub

MAXIMILIANO II.

Natus is est Viennæ anno 1527. sed in Hispania educatus , conjugem duxit patruelem suam Mariam, Caroli V. filiam. Anno 1562. Rex Romanorum electus , Bohemiæ etiam coronam accepit ; An. 1563. Hungariæ, & anno 1564. Imperii. Dissidii tunc aliquid cum Pio

   174.

   IV.

IV. interceffit, eò quòd Maximilianus, in Romanorum. Regem ele-
&us, *obedientiæ juramentum* nollet deponere. At Helffenfteinio Romam legato res fuit compofita. Sed mox alia inter eos orta fuiffe contentio à Proteftantibus fcribitur, eò quòd Cæfar libertatem matrimonii pro facerdotibus petierit, Pontifex verò eam negarit.

Comitia Anno 1566. *Comitia Auguftam* convocavit. Promiffa in iis au-
Auguftana. xilia contra Turcam; faftáque decreta pro correctione Judicii Cameralis, & rei monetariæ. Grumbachius, quia Epifcopum occiderat, & Herbipolim diripuerat, rurfus profcriptus. Auguftus Saxoniæ Elector, aliíque Principes in feudis fuis inveftiti. Proteftantes
propónebant gravamina adverfus canones & decreta Concilii Tridentini ; fed à Catholicis ftrenuè funt confutati.

175. Agitata etiam in his Comitiis fuit caufa Friderici III. Electoris
Caufa Pala- Palatini ; qui primus Germaniæ Principum ad Calvinianam fectam
tini. tranfiit, eámque in fuas ditiones introduxit, atque reformationis nomine monafteria Catholicis fubtraxerat. Cùm autem per tranfactionem
Paffavienfem & pacem Religiofam fola Religio Catholica, & Confeffio
Auguftana effent permiffæ in Imperio, juffus fuit monafteria reftituere,
& Calvinifmum abjicere, aut Electorali dignitate fe abdicare. Verùm cùm Elector conventum intráffet cum filio fuo Joanne Cafimiro
(acerrimo deinceps Calvinifta) Biblia fecum portante, & peroráffet,
monafteria ablata in territorio, jurisdictioni fuæ fubjecto , effe fita,
quoad Religionem verò nihil fe adverfus confcientiam poffe committere, Status Auguftanæ Confeffionis decretum mutárunt, & Electori Religionem liberam permiferunt. Adeò nempe fanctè tranfactionem Paffavienfem & pacem Religiofam, qua Calvinifmus profcriptus ex
Imperio fuerat, colebant.

Opponebant fe equidem cum Commendono Pontificis legato
Status Catholici, imò Præcones etiam quidam Lutherani cum Til-
manno Heshufio, Jacobo Andreæ &c. (quia Lutherani & Calviniftæ necdum in unum Corpus Evangelicum erant conflati, fed tanquam
hæreticos fe mutuò infectabantur) fed Maximiliano connivente confi-
fici nil poterat. Atque ab eo tempore plures femper plurésque Principes & populi à Lutheranifmo in Calvinifmum degenerárunt, utpote
deteriorem, contra apertas Pacis Religiofæ fanctiones, quas inter
fundamentales Imperii leges ipfi Proteftantes recenfent ; nec defierunt, plura & plura bona Ecclefiaftica diripere, imò integros Epifcopatus & Archiepifcopatus, contra expreffum tenorem *Refervati Ecclefiaftici.*

Ge-

Geftum eft paulò pòft *bellum Saxonico- Gothaiçum.* Nam Grum- 176.
bachius, propter violentiam; in Epifcopum & civitatem Herbipo- Bellum
lenfem exercitam, fæpius profcriptus, confugit ad *Joannem Fridg-* Gotha-
ricum Ducem Gothanum, Electoris ad Mühlbergam victi, capti, & num.
exauctorati filium, eúmque, aliàs iratum, in fpem erexit recupe-
randi avitas ditiones, & Electoralem dignitatem, totius Nobilitatis,
quam concitaverat, fpondens auxilium.

Tractis igitur in conjurationis focietatem compluribus Nobili- Joannis
bus, confilium ineunt non tantùm Saxoniæ, fed toti Imperio exitia- Friderici
le. Nam àt ex transfugis & interceptis litteris cognitum eft, in id & Grum-
confpiraverant, ut vere ineunte octo millibus peditum, & quatuor bachii con-
turmis equitum bellum gereretur. Duæ turmæ per Weftphaliam, & juratio.
Franconiam ad Rhenum usque Epifcoporum provinçias expilarent ac
pecuniam colligerent, duæ verò per utramque Saxoniam idem facerent, præcipuè verò per Electoris Augufti ditiones vim ac populationem circumferrent.

Tum verò populis terrore perculfis enunciarent, fe vindices
Religionis Evangelicæ hæc agere, ne Cæfar & Catholici Epifcopi,
cum quibus Auguftus colludat, eandem, pròut ipfis fit conftitutum,
perditum eant. Hac ratione totum feptentrionem in armorum con
fortium acciri poffe. Ericum, Sueciæ Regem jam fœdere fibi junctum
effe. Promulgandum rebus ita compofitis Wittembergæ Joannem
Fridericum, primùm quidem Electorem, dein etiam, exercitu con-
juncto, Imperatorem; non tantùm priftinas Patris Electoris clientelas, fed omne Evangelicum nomen convolaturum, ut novum Cæfarem demereantur obfequio.

Si qui Principum fe opponere audeant, tollendos è medio, totámque Germaniæ Nobilitatem plenæ libertati reftituendam, nemini;
nifi novo Imperatori Joanni Friderico obnoxiam. Tum autem rebus fic
firmatis totius Imperii regimen in novum ac meliorem ordinem di-
gerendum. Cæfarem atque Germaniam in bellum Turcicum abftra-
ctos rei ex animi fententia gerendæ occafionem offerre optimam, totum
negotium, antequam fe colligant, poffe confici.

Nunquid? bella hæc fcena, àLutheranis adornata: an ex Lutheri difciplina, quieta, tranquilla?

Neque verò lector quifpiam, minùs eruditus, hæc ex unguibus
exfugi exiftimet. Ipfi etiam Lutherani fcriptores hæc ita conftituta
fuiffe teftantur: Languetus *in Hift. bell. Gothan.* Tenzelius *in Hift.
Gothan. fect. 2. pag. 817. 826. 827. 828.* Struvius *in Hift. Imp. Period.
10. de Maximil. II. §. 8.* Gleich. *in Hift. Numifm. fuccincta §. 31.*
Schle-

Schlegel. *de Nummis Gothan.* quibus accedit Thuanus, Lutheranis
& Calviniſtis in primo gradu affinis, lib. 41. &c.

    Et re ipſa cum Erico Sueciæ Rege fœdus inierunt ; ad Galliæ
etiam Reginam Catharinam litteras dederunt, de Cæſare & Imperio
queſti. Ingerebant enim Joanni Friderico eam ſpem , fore, ut.re-
pudiata uxore ſua, Mauritii Electoris vidua, prædictam Reginam
ſibi deſpondeat. Quin emiſſi ſicarii ad interimendum Electorem
Auguſtum ; atque ad ipſas adeò artes magicas & incantationes
deſcenſum.

Vis publi-   Cùm igitur inſana hæc cohors in dies magis inſoleſceret, dele-
ca.   ctus undique haberet, Electoris terras hoſtili populatione invaderet,
Cæſar, Electores, Saxo & Palatinus, Haſſus, aliíque Principes Joannem Fridericum graviter ſunt hortati, ut ab ejusmodi violentis
conſiliis abſiſteret, & proſcriptos extraderet.

Gotha oc-   At ille ingentibus ſpebus turgidus monita ac minas
cupata.   ſprevit, telam, quam orſus fuerat, certus pertexere. Quare Auguſtus Elector, cui executio in proſcriptos jam in Comitiis
Auguſtanis fuerat commiſſa, admoto ad Gotham exercitu, urbem
obſidet. Cives, cùm nulla venirent auxilia, résque in dies arctiores
fierent, Ducémque ſuum non poſſent flectere, ut proſcriptos tradat,
primò tumultuari, dein armis correptis in arcem irrumpere, proſcriptos conquirere, & in vincula dare, ac mandare cuſtodiæ.

    Cæſareis verò legatis & Electori ſignificant, captos à ſe proſcri-
ptos, atque extradendos, ipsámque etiam urbem cum arce deden-
dam, modò æquis conditionibus id fieri ſuſtineant. Legati & Elector has pacis leges præſcripſerunt :

    Dux Joannes Fridericus urbem & arcem cum omni apparatu
bellico, atque etiam ſe ipſum Cæſari dedat, absque omni conditione ; proſcripti verò cum rebellibus ſubditis Electori tradantur. Cives poſſeſſione bonorum ſuorum fruantur, eo tamen pacto, ut per
octo legatos flexo genu veniam precentur à Cæſare aut Electore. Joannem Wilhelmum, Joannis Friderici fratrem, Ducem Vinarienſem,
deinceps Dominum ſuum agnoſcant, eíque tanquam ſubditi homagium
præſtent. Liberi verò Joannis Friderici à regreſſu in perpetuum ſint
excluſi.

    Sancita his legibus pace, Elector urbem ingreſſus eſt, & in
proſcriptos, totius mali auctores, executionem ſuſcepit. Grumbachius, & Bruckius, Joannis Friderici Cancellarius, in quatuor partes diſtracti, Brandenſteinius arcis præfectus, qui direptionis Her-

                                          bi-

bipolenfis particeps fuerat, gladio addi&us, Bejerus laqueo, uti etiam puer, quò ad magiam fuerant abufi. Alii fugâ evaferunt.

Divifa dein inter Ele&orem & Vinarienfem tormenta bellica, quorum 160. inventa. Ceffæque eidem Ele&ori pro belli fumptibus quatuor præfe&uræ. Joannis Friderici fubditi à juramento, quo eidem obftri&i fuerant, à Cæfare liberati, Vinarienfi fidem & fubje&ionem jurârunt. Arx Grimmenfteinenfis, urbi Gothanæ adfita, eò quòd rebellium fuiffet receptaculum, decreto Comitiorum Ratisbonenfium, folo æquata.

Denique Joannes Fridericus, omnibus bonis exutus, Viennam Dux cap- captivus abdu&us, in carcere Neoftadienfi adhuc viginti o&o annos tus. fuam deploravit infaniam, anno 1595. ibidem defun&us. Hæc ca- ftrophe excepit hanc tragœdiam, quæ anno 1566. & 1567. a&a eft, recidentibus telis in au&orum capita.

Durante obfidione Gothana obiit Philippus Landgravius, ma- ·177. gnus fæculi hujus a&or in theatro vitæ humanæ. Difpenfante Lu- Mors thero, vel Evangelium declarante, per novem annos duas fimul uxo- Landgra- res habuit, Chriftinam Saxonicam, & Margaretham Salenfem. Ex vii. prima legitima decem liberos genuit, ex altera o&o.

Anno 1567. Cæfar Maximilianus Statibus Provincialibus Auftriæ liberum Religionis exercitium, permififfe dicitur, accitis Lipfia Joachimo Camerario, & Roftochio Davide Chytræo.

Anno fequente 1568. Trevirenfis Ele&or Trevirim obfedit, ob denegatum parendi obfequium, fed, intèrvenientè Cæfare & Ele&oribus Rhenanis, lis fuit fopita, & ad Imperii Judicia remiffa.

Lentiùs compofita eft vetuftior controverfia, Ducem inter Florentinum, & Ferrarienfem, quis eorum videretur effe major; quæ anno 1569. rurfus exarferat. Cofmus ad Pium V. referebat arbitri- um. Ferrarienfis ad Cæfarem, & Judicium Aulicum. Pontifex Magnus Cofmum *Magnum Ducem* appellavit, reclamante Cæfare; qui ta- Dux. men ipfe poftea, ubi foror ejus Cofmi filio fuit nupta, titulum illum ratum habuit.

Heterodoxi, poftquam perpetuas turbas atque etiam bella cruenta ultra 30. annos in Imperio excitârant, usque ad Pacem Religio- fam, qua ipfis contra antiquitatis atque Imperii morem conceffa fuit Auguftanæ Confeffionis libertas, nihilominus tamen etjam iftam pacem multoties fregerunt, exemplo inter alia funt tot Abbatiæ, Monafteria, Epifcopatus abrepti, cædes Epifcopi Herbipolitani, expilatio urbis, Gothana confpiratio, illiúsque violenta in Cæfarem & Epifcopos confilia.

Pars VII.   Z   Et

178.
Proteftan-
tium invafi-
ones.

Et hoc ipfo etiam tempore, fub annum videlicet 1569. per milites Wolffgangi Comitis Palatini terras Epifcopi Spirenfis, & per exercitum Principis Auriaci Alfatiam afflixerunt. Quod autem in Germaniæ Catholicæ perniciem facere non poterant, in externis provinciis, Gallia præfertim & Belgio, turbatis ibidem Religionis rebus, effecerunt. Miffis eò numerofis militum copiis, ut violentam Calvini fectam erigérent. Quod fanè fieri non poterat, fine multifaria in conductione & tranfitu militum Germaniæ injuria.

Igitur, ut tantis incommodis affeiretur remedium, Daniel Elector Moguntinus Septemviros Fuldam convocavit, ubi ftatutum, ut Pax Religiofa fanctè obfervetur. Dein Francofordiæ celebratus eft conventus Deputationis Imperialis, ut tantis malis iretur obviàm.

179.
Comitia
Spirentia.

At cùm omnia ifta remedia morbo tanto non fufficerent, anno 1570. *Comitia* Imperii *Spirenfia* fuerunt indicta, in quibus fuit deliberatum, qua ratione Pax Imperii, tum Publica, tum Religiofa, confervari, effrænis licentia exteram militiam fequendi coërceri, antiqua militaris difciplina reftitui, urbes Hungariæ finitimæ adverfus Turcam muniri, juftitia in Camera Imperiali promoveri; Matricula Imperii, ne quis nimiùm gravetur, ordinari, res monetaria emendari, nimia licentia Bibliopolarum cohiberi aliáque ad Imperii florem & decus perduci poffint.

Porro in his Comitiis Batavi rogabant auxilia adverfus Regem Hifpaniæ, legitimum fuum Principem ac Dominum. Propofita etiam gravis controverfia inter Ducem Holfatiæ & Hamburgum agitata ratione fuperioritatis territorialis; quam Dux prætendebat, urbs negabat. Anno 1571. in conventu Deputatorum rùrfus actum de emendatione rei monetariæ, & ordinatione Matriculæ Imperii.

Cùm fubin anno 1572. & 1574. thronus Polonicus vacaret, Maximilianus Imperator multorum fuffragiis in Regem fuit electus; verùm cùm moram interpóneret, filiùmque fuum Erneftum commendaret, aliis corona fuit impofita; primò quidem Henrico Valefio, dein, eo in Galliam regreffo, Stephano Batorio. Denique anno

180.
Obitus Cæ-
faris.

1576. fuas etiam coronas depofuit Maximilianus Cæfar, in ipfis Comitiis Ratisbonenfibus, quæ ob bellum Turcicum aliáque Imperii negotia indixerat, defunctus, anno ætatis 49. Imp. 12.

Conjugem habuit Mariam, Caroli V. filiam, quæ 15. ipfi liberos peperit, novem videlicet mafculos, Rudolphum, Erneftum,

Ejus liberi.

Mathiam, Maximilianum, Ordinis Teutonici dein Magiftrum, Albertum, primò Cardinalem, Belgii poftea Principem, Wenceslaum, & tres alios, in prima ætate demortuos: & fex filias, Annam nimirum,

Phi-

Philippi II. Hiſpaniæ Regis conjugem, Eliſabetham, Carolo IX.
Galliæ Regi nuptam ; Margaretham, Chriſto cœlorum Regi in Regio
Halenſi Parthenone deſponſam. Tres alias mors præmatura demeſſuit.
Multùm laudatur Maximilianus præſertim à Proteſtantibus, erga quos
erat indulgentior ; quæ res multum ſanè moleſtiarum ejus ſucceſſoribus faceſſivit in extirpandis ex provinciis hæreditariis errorum zizaniis. Et ipſe Maximilianus expertus eſt, quàm non ſatiet acatholicorum ingluviem, quidquid ipſis conceditur. Quò enim plùs capiunt, eò plùs cupiunt, &, quod ajunt, ſi digitus porrigitur, manum apprehendunt. Plura ſanè Catholicis abſtraxerunt ſub ejus Imperio, & tamen in ultimis Comitiis Ratisbonenſibus adeò moroſos
ingratósque ſe gerebant, ut negarent, ſe auxilia contra Turcam imminentem præbituros, ſi non ſinantur plura Eccleſiarum bona abri-
pere & ſæculariſare. Quæ res adeò altè in animum Cæſaris deſcendit, ut credatur ei ſupremum morbum & mortem accerſiſſe.

Cæterùm licèt fuerit erga Proteſtantes indulgentior, alienum
tamen prorſus à veritate eſt, quod eorum nova fidei ſyſtemata un
quam probârit, aut amplexus fuerit. Neque unquam adduci potuit,
ut Reſervatum Eccleſiaſticum ex Pace Religioſa eradi pateretur ; ſed
Pacem Religioſam totam ac integram confirmavit.

Scribunt quidem aliqui, quod anno 1567. Statibus Provincialibus Auſtriæ, ſubſidia bellica præbere recuſantibus, Religionis libertatem permiſerit, accitis novi Evangelii Præconibus, Joachimo Ca-
meraio Lipſiâ, & Davide Chytræo Roſtochiô. Alii tamen teſtantur, eum poſtulata iniqua rejeciſſe, poſtquam à Pio V. per Commen-
donum Cardinalem fuerit monitus. Et licèt junior adhuc conciones
Lutheranas Sebaſtiani Fauſeri audiſſet, meliora tamen dein ample-
xum conſilia, ſincera mente easdem repudiáſſe.

ARTICULUS III.
OBSERVATIO
Circa controverſiam poſt Electionem
MAXIMILIANI II.
ortam.

POſtquam Maximilianus II. in Regem Romanorum electus fuerat, diſ-
ſidii aliquid, ùt ſuprà inſinuavi, ortum eſt inter eum & Pium IV.
Pontificem. Quod cùm non ſatìs fideliter referatur, ſed ultra veri-

ta-

tatem ex odio in Pontificem exaggeretur, operæ pretium fuerit, hic illud ex Cardinalis Pallavicini *Hist. Concil. Trid. lib.* 22. *cap.* 6. in epitomen redigere. Res ita se habet.

181.
Romano-
rum peti-
tio.

Electio Maximiliani vitiosa dicebatur à Romanis, 1. Quòd duo- bus tantùm suffragiis esset facta ; cùm tres Septemviri fuerint hæresi in- fecti ; Coloniensis verò necdum confirmatus. 2. Quòd Pontifex non admittat potestatem in Septemviris absque suo consensu destinandi successorem Cæsari adhuc viventi, sed solùm subrogandi Cæsari jam defuncto ; præsertim cùm ipsius parens coronam è Pontificis manu non acceperit. 3. Quòd Maximilianus coronam susceperit Franco- furti, & non Aquisgrani, secundum Caroli IV. Constitutionem , à successoribus perpetuò custoditam.

Quia autem hæc Romanæ aulæ cunctatio temporibus illis mini- mè opportuna, sed Ecclesiæ obfutura timebatur, eò quòd ad offen- sionem Regis & ipsius etiam Imperatoris Ferdinandi pertinere sit visa, & Protestantibus occasionem præberet, Pontifici apud Germanos, etiam Catholicos, invidiam conflandi, Pontifex significavit, haud difficilem se præbiturum ad supplendos defectus, modò Maximilianus id peteret, Catholicorum parti omnino adhæreret, juramentum pro fide & sede Apostolica ederet, ex scripto illi tradito, pro eo ac varii Cæsares jurâssent, & oratorem ad exhibendam obedientiam Romam mitteret, de more aliorum Principum , & sicuti Ferdinandus ejus parens fecisset.

Exceptio
Maximilia-
ni.

His Pontificis postulatis difficilem præbuit animum Maximilia- nus, etiam ex Ferdinandi patris sensu : quippe recusabat confirma- tionem petere, nisi ea ostenderetur petita à decessoribus. Jusjuran- dum non aliud fuisse præstitum inquiebat, quàm tuendi fidem Ca- tholicam. Nec minùs obedientiæ exhibendæ repugnabat, opponens, id à patruo suo Carolo V. & à proavo Maximiliano peractum non li- quere : & quamquam patris orator in eo consensisset, actum tamen id fuisse extra limites mandati.

182.
Replica
Pontificis.

Contra verò pro Pontifice afferebatur: quamquam, sive ob recentem Romæ direptionem, sive ob socordiam in tabulis custodiendis, non repe- rirentur juramenta, & obedientia, à Maximiliano I. & Carolo V. præstita, tamen id actum esse credendum. De juramento haberi formulam *cau. tibi Domino* 33. *dist.* 63. quæ licèt postea variata , semper tamen usitata fuerit, uti constet ex summario Othonis IV. Friderici II. Rudolphi, Alberti I. Henrici VII. & Caroli V.

Principúmque Chriſtianorum exemplo, ſed ſcriptum quoque reperiri, Carolum V eam fuiſſe pollicitum diſertis verbis, & oblatam à
Friderico III. legi in oratione, ab Ænea Sylvio Picolomineo typis
edita. Præterea de Maximiliano I. referri ab antiquo ceremoniarum
libro, ab eo obedientiam fuiſſe præſtitam. ·

Significatum etiam fuit Nuntio Apoſtolico, ut Cæſari in memoriam revocet ſuſpiciones de filio conceptas, tam quia hæreticum concionatorem à ſe depellere noluiſſet, tum ôb alia majoris momenti
ab eo geſta, adeò, ut ipſe Cæſar ſæpè conqueſtus de eo fuerit apud
Pontificem. Hinc moneri Pontificem & Purpuratos Patres, ne ſatis
haberent univerſalem quandam declarationem, qua polliceretur Rex
conſervationem Catholicæ Religionis, ſed ut poſcerent voces, de-
clarantes, quid ipſe nomine Catholicæ Religionis intelligeret.

   Ad quæ reponebant Cæſarei: juramentum ea forma, qua pe- Duplica
teretur, videri novum. Vetera juramentorum exempla varia eſſe Maximilia-
& abolita, & fortaſſe accommodata illius temporis Cæſaribus, Apo-ni.
ſtolicæ ſedi ſæpe infeſtis, à quibus par fuerit, ut Apoſtolica ſedes
exigeret hujusmodi cautiones, non tamen à veris illius defenſoribus.
Jusjurandum illud canonis, *tibi Domino*: fuiſſe in uſu, cùm Cæſar
coronam ſuſcepturus Romanum territorium ingrediebatur, adeóque
præſentibus temporibus non aptari, & fortaſſe illi juramento aliud
ſucceſſiſſe, quod Reges Romanorum habebant in prima coronatione,
& quod Maximilianus Francofurti emiſiſſet ſolenniter in conſpectu tot
potentiſſimorum Proteſtantium, frementium propterea. Si talia juramenta fuiſſent emiſſa à Carolo V., aut Maximiliano I. non
eſſe credibilem tabularum jacturam in direptione Romana, utpote
quæ conſervari ſoleant in arce Ælia, quo Clemens VII. & ſe & pre-
tioſiſſima quæque recepiſſet.

   Sed neque ſatis probari uſum poſtulatæ obedientiæ. −Æneam
Sylvium plura ſcripta ſua retractàſſe. In veteri ceremoniarum libro
diſſerta verba Maximiliani I. non reperiri: & fortaſſe *obſequium* oblatum pro obedientia fuiſſe habitum.

   Quibusdam viſum, mittendùm Romam exemplum authenticum
jurisjurandi à Maximiliano Francofurti emiſſi, in quo habebatur hæc
interrogatio, qua illum Archiepiſcopus diadema imponens percon-
tabatur: *viſne ſanctiſſimo in Chriſto Patri ac Domino Domino Roma-* 183.
no Pontifici &' Sacroſanctæ Romanæ Eccleſiæ debitam ſubjectionem &' Finis Con-
fidem reverenter offerre? Rex verò reſponderat: *volo,* ad hæc & troverſiæ.
alia à ſe promiſſa obſtringens ſe jurejurando ſuper Evangeliorum libro.

Et

Et re vera Pontifex ad Nuntium suum Viennensem scripsit : si ab initio, hoc jusjurandum, Francofurti à Rege præstitum, ad se fuisset missum, minime opus fuisse futurum tot controversiis, vocabulorum potiùs quàm rerum.

Quas ut abrumperet Pontifex, ad Ferdinandum Cæsarem totius rei arbitrium detulit. Misit igitur Maximilianus Rex per Comitem Helffensteinium. Legatum ad Pontificem litteras in hanc sententiam: *Beatissime in Christo Pater, Domine Domine Reverendissime, post demissam commendationem & continuum incrementummeæ filii observantiæ, mitto ad sanctitatem tuam Georgium Comitem Helffenstein, qui pro meorum Decessorum more à te reverenter petat, ut ea peragas, & concedas post meam electiónem in Regem Romanorum, quæ sanctissimi Romani Pontifices agere & concedere consueverunt. Itaque dum ego profiteor, præstari à me sanctitati tuæ, & sanctæ Apostolicæ sedi, nunc & in posterum, quidquid reperietur præstitum à Majoribus meis, ac præcipuè à Divis Maximiliano & Carolo V. atque à serenissimo Ferdinando, Domino ac Parente meo, non dubito, à sanctitate sua vicissim declaratum iri in præsentia benevolam erga me propensionem suam. Me quidem semper reperies in officio observantissimum sanctitatis tuæ, sanctæque sedis Apostolicæ, cui DEus immortalis prospera cuncta concedat.*

Subinde Pontifex ex consensu consilióque Cardinalium electionem confirmavit, decrevitque, ut Maximiliani orator in senatu exciperetur tanquam Regis Romanorum orator. Is verò consuetam orationem habuit, pollicens in ea *amorem, reverentiam, observantiam, & obsequium.* Atque sic illætabilis ista controversia conquievit.

ARTICULUS IV.

Status Germaniæ sub Rudolpho II.

184. initia. Natus anno 1552. in Hispania apud Philippum II. educatus, 1572. Posonii Rex Hungariæ, 1575. Pragæ Rex Bohemiæ, atque in Comitiis Ratisbonensibus eodem anno Rex Romanorum creatus, anno sequenti patri Maximiliano Imperator successit; ac mox anno 1577. Francofordiæ conventum Deputatorum convocavit, qui novam ordinationem politicæ præscriberet; & an. 1578. Comitia Wormatiæ, in quibus actum de turbis Belgii componendis,

missi

mifsíque eò à Cæfare funt legati, quos inter Colonienfis & Trevirenfis Septemviri. At apud Batavos confici nil poterat.

Neque in Belgio tantùm ingentes turbas excitârunt Calviniftæ, 185.
fed etiam in vicinis Germaniæ provinciis, præfertim Aquifgrani. Caufa
Nam eam in urbem irrepentes, cùm numero effent aucti, religionis Aquisgra*
libertatem à fenatu poftulârunt. Quamvis autem hæc eis effet ne- nenfis.
gata, pergebant nihilominus pervicaces heterodoxos fuos cœtus publicè celebrare.

Hoc ad Pacis Religiofæ injuriam pertinere arbitratus Cæfar, Ernefto Bavariæ Duci electo nuper Leodienfi Epifcopo, & Wilhelmo
Clivenfi committit negotium. Hi proin ex Cæfaris fententia Calvinianos Præcones urbe faceffere jubent, omniáque in integrum reftitui, addito mandato, ne quem, qui non fit Catholicus, in fenatum adlegant.

At factio Calviniana, omnes Magiftratuum fanctiones fpernere
affueta, fectæ fuæ homines elegit confules, novúmque fenatum conftituit. Ubi verò Cæfar folos illos, quos Catholici elegiffent, pro
confulibus & fenatoribus habendos ediceret, in eam funt acti rabiem, ut armis correptis Canonicos aliósque Catholicos ex urbe
eiicerent. (*anno 1582.*)

Imperator per Judicium Aulicum adverfus tumultuantes fententiam pronùntiat, ut omnia in eum ftatum reponantur, quo fuerant
tempore pacis Religiofæ, foli Catholici in fenatum affumantur, Proteftantes omnia damna illata refarciant. Nihil æquius effe poterat
hac judiciali fupremi tribunalis fententia, à Cæfare confirmata. Sed
armatæ Proteftantium preces pro more executionem impediebant.
(*anno 1593.*)

Tandem autem, cùm Proteftantes Aquifgrani omnia fusdeque
verterent, ac Catholicos omnes, fenatu ejectos, atrociter vexarent, Imperator eos profcripfit, executione Trevirenfi & Colonienfi
Septemviris, & Cliviæ Duci demandata. Sed mitiùs, quàm pro meritis actum. Miniftri Acatholici juffi urbe excedere, reliqui fenatu
publicísque officiis moti; fumptuum refufio imperata (*an. 1598.*) At,
cùm contumaces neque iftis-conditionibus ftarent, Præcones urbe
pulfi funt (*anno 1605.*) Verùm.

Proteftantes, pro inquieta ac turbulenta fua indole, nova fedi- 186.
tione mota, armifque correptis, in fenatum infurgunt, collegium Calvinifta*
Societatis invadunt, Patres expellunt, nihílque barbaræ crudelitatis rum furor
intermittunt. (1611.)

Deni-

187.
à Spinola
domitus.

Denique Ambrosius Spinola tot rebelliones, tot violentas invasiones ac direptiones, tótque spreta mandata Cæsarea ulturus, cum Hispano milite urbem obsidet, expugnat, atque Catholicis sua jura restituit. (1614.)

Hæc temporibus disjuncta, conjungere hîc placuit, ut Protestanticæ turbæ, quæ ultra 30. annos miseram urbem acerbissimè afflixerant, sub unum aspectum cadant.

188.
Caufa Colonienfis.

Tru hfe-
fius Agne-
tem ducit.

Eodem ferme tempore *Colonienfis Electoratus* à sectariis fuit turbatus, & in magna conjectus discrimina. Nam *Gebbardus Truchsefius*, Cardinalis Augustani nepos, anno 1577. electus archiepiscopus Colonienfis, cùm non absque laude initiò illam rexisset Ecclesiam, óculos suos conjecit in Agnetem Mansfeldiæ comitem, cœtui parthenio Girschemiensi addictam, tantámque in flammam exarsit, ut turpiter cum illa vivere non erubesceret. Cùm autem fratres Agnetis Mansfeldici comites hoc familiæ suæ probrum non ferrent, impulerunt Gebhardum, ut eandem matrimonio sibi jungeret.

Vincente igitur rationem libidine an. 1582. sacrilegas cum ea nuptias attentavit, & sacerdos, & Episcopus consecratus. Cùm verò tenui esset patrimonio, & Agnes dote careret, suaserunt ipsi Lutherani, ut eorum religionem profiteatur; sic enim futurum, ut utramque sponsam, spiritualem & carnalem retinere possit, ad exemplum tot aliorum, non tantùm in Dania & Suecia, sed etiam Germania: si Catholici se contra hanc intentionem sint oppofituri, omnes Protestantes consilio, suffragio, & armis etiam, si res eò deveniat, ipsi adfuturos, quorum vel maximè intersit, quartum habere Electorem de suo gremio, qui in Electione Imperatoris majorem votorum numerum faciat.

Difficile haud erat, homini mulieroso, & amore lascivienti, omnia persuadere, quantumvis recta ratio refragaretur. At opposuit se iniquis conatibus Rudolphus Cæsar, Pacem Religiosam & contentum in ea Refervatum Ecclesiasticum observatum volens. Partes etiam Catholicas strenuè tuebantur Capitulum Cathedrale, præeunte Friderico Saxo-Lauenburgico, nullum recognoscens Lutheranum Episcopum, & urbs Colonia, quæ in carcerem conjecit ministellos, qui permittente Gebhardo spargere novellum errorem in civitate & vicinis locis præsumpserant, omnésque Protestantes urbe exegit: non attenta Palatini & Bipontini intercessione.

Arma igitur corripuit Gebhardus, inito fœdere cum Principe Auriaco, vicino in Belgio tumultuante; conductóque in Westpha-

lia

lia milite .Bonnam, Magiſtratui tunc parentem, capit, ac publicè Bonnam
Agnetem conjugem ſuam promulgat. capit.

Pontifex Gregorius XIII. Apoſtatam anathemate percellit , &.
Archiepiſcopatum vacantem declarat. Capitulum proin eligit Erne- Erneſtus
ſtum Bavariæ Ducem, jam antè Epiſcopum Friſingenſem, Hildeſien- eligitur.
ſem, & Leodienſem ; quem Imperator, poſitis armis, ab omnibus
acceptari jubet. (1583.)

Sed Proteſtantes nihilominus arma ac bellum varia fortuna cir- Bellum.
cumferunt, in Eccleſias maximè & monaſteria pro more ſuo debil
chantes. Quare Erneſtus, acceptis ex Belgio ab Alexandro Farné-
ſio, & ex Bavaria à fratre Guilielmo auxiliaribus copiis, pleraſque
civitates aut vi aut deditione recipit, ac (anno 1584.) denique etiam
Bonnam, Gebhardo cum Agnete ſua in Hollandiam ad Auriacum profugiente; ubi ab omnibus derelictus miſerè vitam egit. Enituit hoc
bello maximè bellica virtus Ferdinandi Bavari, qui pro fratre Erneſto
ſupremus erat belli Imperator.

Non ſolummodo autem Colonienſi Archiepiſcopatui inhiârunt 189.
Proteſtantes , ſed etiam Argentinenſi. Nam cùm anno 1592. Joan- Cauſa
nes Manderſcheidius obiiſſet, pars Canonicorum catholica Tabernis Argenti-
Alſatiæ elegit Carolum Lotharingum Cardinalem, Lotharingiæ Du- nenſis
cis fratrem, pars altera Argentinæ Joannem Georgium Electoris
Brandeburgici ex fratre nepotem.

Hujus partes ut firmaret ſenatus Argentinenſis, Dachſteinium
aliáſque arces Epiſcopales occupavit, impoſitis præſidiis, repoſcente
illas Lótharingo. Cùm autem detrectaret ſenatus illas reddere, ven- Bellum.
tum ad arma, pluribus velitationibus commiſſæ copiæ : varia à Cardinale occupata oppida. Nutantes Brandeburgi res per Anhaltinum rurſus
aliquantum erectæ.

Miſerat equidem Rudolphus Cæſar ad componendas turbas fratrem ſuum Ferdinandum Archiducem ; at excipientibus Acatholicis,
negotium hoc ad totum Imperium pertinere , confici illud non poterat. Quare Imperator auctoritate ſua utendum ratus, jubet arma
ponere, & litem per arbitros compromiſſarios dirimere.

Tandem anno 1603. poſt multas dimicationes , pluréſque divi- Tranſactio.
ſionum vias tentatas, in id conventum, ut Brandeburgus Lotharingo
totum Epiſcopatum cedat, receptis ab iſto centum triginta aureorum millibus, à Wirtembergenſi verò Duce, ob ceſſam ditionem
Obernagenſem triginta aureorum millibus, cum annua penſione 7000.
aureorum; ut tamen integrum ſit Epiſcopatui poſt 30. annos urbem
illam ac præfecturam, ſolutis 500000. aureis, redimere.

190.
Comitia
Ratisbo-
nenfia.

Pendente hac controverfia Cæfar *Comitia Ratisbonam* indixit. In quibus pro gerendo bello Turcico in medium annum conceffa fubfidia 80: menfium, per modum expeditionis Romanæ in matricula taxatorum. Varia in medium allata de judicio camerali, re monetaria, & matricula Imperii: fed in annum fequentem ad conventum Deputatorum dilata. Erneftus Electer Colonienfis folenniter à Cæfare inauguratus. Religionis etiam variæ controverfiæ ventilatæ, fed non compofitæ. Tractatum de eligendo Romanorum Rege. Sed quia id Cæfari difplicere vifum, nihil actum.

191.
Tyrolis ad
Rudol-
phum.

Anno 1595. obiit Ferdinandus Archidux, Ferdinandi I. filius. Cui Tyrolis & anterior Auftria obvenerat; quæ ad Rudolphum funt devolutæ. Is hoc anno remifit dominium directum in Wirtembergiam, refervato tamen devolutionis jure in cafum deficientis ftirpis Wirtembergicæ.

Anno 1597. in Comitiis Ratisbonenfibus rurfus decreta funt fubfidia adverfus Turcas; fed cum magna contradictione Proteftantium ; qui 'varias contra judicium aulicum querelas proponebant, illúdque fublatum volebant.

Et ab hoc tempore fervebant rurfus ingentia de Religione certamina, ad 50. annos cum immani Germaniæ calamitate ac pernicie protracta. Et primò quidem Proteftantes in privatos iterum cœtus fecefferunt, fœdúsque, quod *Unionem* dicebant, percufferunt, quod tandem in fatale illud tricennale bellum erupit.

Verùm, quia hæc pleraque ad fæculum XVII. fpectant, eò perftringenda remitto, ut fub unum velut afpectum cadant.

CAPUT IV.

Status Ecclefiafticus ordinatus per Concilia in Germania Sæculo XVI.

SUMMARIUM.

ARTICULUS I.

Concilium Coloniense I. anno 1536.

194. Pars I. de munere Episcopali.

195. - - II. De officio, vita ac moribus Clericorum.

196. - - III. De Ecclesiis Metropolitanis, Cathedralibus, & Collegiatis.

197. - - IV. De Parochis, eorum Vicariis, aliisque Ministris.

198. - - V. De vita ac moribus Parochorum.

199. - - VI. De prædicatione Verbi Divini.

200. - - VII. De administratione Sacramentorum, ubi de singulis Sacramentis utilissima doctrina exponitur.

201 Pars VIII. De victu Parochi.

202 - - IX. De constitutionibus, & consuetudinibus Ecclesiasticis.

203 - - X. De vita monastica.

204 - - XI. De hospitalibus aliisque piis locis.

205 - - XII. De scholis, typographis, & bibliopolis.

206 - - XIII. De Jurisdictione Ecclesiastica.

207 - - XIV. De Visitatione & Synodis.

ARTICULUS II.

Concilium Augustanum anno 1548.

208. Occasio hujus Concilii, Dilingæ in arce Episcopali celebrati. Initium. Oratio Olavii &c.

209. Canones 33. editi: de fide catholica, constitutionibus, electione, renuntiatione, qualitate ordinandorum, Clericis peregrinis.

210. De officio Archidiaconi, Parochis aliisque curatis, officio Decani & Canonicorum, vita & honestate Clericorum.

211. De pluralitate Beneficiorum, statu Monachorum, officio Concionatoris, & Verbi Divini prædicatione, cultu Divino.

212. De administratione Sacramentorum, Baptismo, Confirmatione, celebratione Missarum, & Sacramento Eucharistiæ, Extrema unctione, Matrimonio; eorúmque gratuita administratione.

213. De consecratione, benedictione, & ceremoniis Ecclesiasticis, festis Sanctorum, orationibus Ecclesiæ, magistris, & scholis instituendis, hospitalibus &c.

214. De majoritate & obedientia, visitatione, censuris, precibus

A a 2

bus pro Principibus , pœnis , | 215. Abſolutio ſynodi.
ſynodis celebrandis &c. |

ARTICULUS III.
Concilium Diœceſanum Trevirenſe I. anno 1548.

215. Initium Concilii. Oratio
vehemens Pelargi.
217. Decem Canones, præcipuè
contra concubinarios Clericos,

& deſertores monaſteriorum.
Mandatum ſynodale Archiepiſcopi.

ARTICULUS IV.
Concilium Colonienſe II. Provinciale anno 1549.

218. Cauſa & occaſio ſynodi.
Editi 6. Canones pro reſtituenda Eccleſiaſtica diſciplina.
219. Pro reſtauratione ſtudiorum
præſcribuntur decem media.
220. De examine Ordinandorum
decem puncta.
221. De functione officiorum decem puncta.

222. De viſitatione ſeptem Canones.
223. De celebratione ſynodorum
tres Canones.
224. De juriſdictione Eccleſiaſtica tres Canones.
225. De cenſuris & decreto pro
abuſuum & vitiorum abolitio-
ne, 38. Canones.

ARTICULUS V.
. Concilium Moguntinum Provinciale anno 1549.

§. 1.
Canones ad fidem pertinentes.

226. Hoc Concilium pro illo
rerum ſtatu ſancivit imprimis
47. Canones ad fidem & ſacros ritus pertinentes. Qui
ſunt veluti compendium Theologiæ adverſus Proteſtantium
errores lectu digniſſimum.

227. Subjunguntur deinde 55.
capitula de móribus & diſciplina, pariter præcellentia, atque
illis præſertim temporibus neceſſaria.

ARTI-

ARTICULUS VI.

Concilium Trevirenfe Provinciale anno 1549.

228. Conditi 19. Cœnones de do- | ctrina & difciplina Ecclefiæ.

ARTICULUS VII.

Concilium Salisburgenfe anno 1569. & Colonienfe
in caufa Gebhardi, anno 1582.

CAPUT IV.

Status Ecclefiafticus ordinatus per Concilia in
Germania Sæculo XVI.

NUnquam Ecclefia tot tantisque ab hoftibus preffa, tot infultibus impetita, tótque artibus, conjurationibus, bellis, in ruinam impúlfa fuit, quàm hoc Sæculo XVI. Aliis temporibus cum uno hofte confligendum fuit, cum uno errore depugnandum: jam verò, ruptis velut repagulis, orcus omne fuum virus in orbem terrarum effudiffe vifus. *192. TriftisGermaniæ facies.*

Neque hærefeos duntaxat genus omne defpumatum, in orthodoxæ doctrinæ excidium: fed morum quoque corruptio paffim graffata in difciplinæ facræ ruinam, tonfo etiam vertice, quod fané deplorandum, vi mali infecto.

Quapropter non tantum pientiffimi Cæfares incumbentibus tot hoftibus obviam eundum putârunt, fed Ecclefiæ quoque Præfules, à Conciliis pro muneris fui ratione, tantis Germaniæ morbis remedium, quoad fieri poterat, folerter afferre conati funt, per facra nempe Concilia, quorum auxilio & hærefum lues extinguatur, & ignorantiæ tenebræ difpellantur, & morum difciplina reformetur. *193. à Conciliis remedium.*

Et quidem omnium cel berrimum in hanc rem celebratum eft Tridentinum, de quo part. 3. fub finem tractavi. Sed quia ob tanta, quæ ibi diximus, obftacula, generalis illa Synodus tam citò, ac morbus requirebat, colligi non poterat, & cœpta etiam, ob varias caufas fuit interrupta, Caroli V. Cæfaris hortatu Epifcopi plura Concilia Provincialia ac Diœcefana celebrârunt, ut diftortam difciplinam in ordinem reponant.

A a 3 AR-

ARTICULUS I.

Concilium Colonienſe I. anno 1536.

POſt tentatam fruſtra per tot conventus & colloquia Religionis concordiam, anno 1536. celebratum eſt hoc Concilium provinciale ſub Hermanno Archiepiſcopo, opera maximè Gropperi Eccleſiæ illius Archidiaconi, ac póſteà Cardinalis.

Actum de inſtructione Parochorum, quomodo populum docere debeant : de reformatione cleri, & defenſione ceremoniarum Eccleſiæ : de regimine Eccleſiaſtico univerſim, dignisque ac probatis viris eidem præficiendis.

Decreta autem in 14. partes ſeu claſſes ſunt diſtributa, quarum ſingulæ complures comprehendunt Canones.

PARS I.

De Munere Epiſcopali.

194.

QUod præcipuè conſiſtit in prædicatione Verbi Divini, conferendis ſacris ordinibus & Beneficiis Eccleſiaſticis, atque viſitatione Eccleſiarum. Ad certum titulum ordinandi clerici : nec niſi digni. Beneficia Eccleſiaſtica, antequam vacent, nemini promittenda. Dignis tantùm conferenda, ſepoſito omni humano affectu, ac ſimonia. In eligendis Prælatis ætas, mores, litteratura, ordo, cæteráque idoneitas ſpectanda. Patroni idoneos Archidiacono præſentent, is autem diligenter in eorum idoneitatem inquirat, & negligentiam Patronorum ſuppleat ; indignos rejiciat, aliósque præſentandi ſpatium Patronis relinquat. Vicarii in Pontificalibus ſedulò examinent ordinandos, de ætate, teſtimonio vitæ, doctrinæ, idoneitate, quo affectu ad ſacros ordines adſpirent. Ab examine neminem eximendum. Ab ordinandis nihil exigendum. Nec litteræ dimiſſoriæ temere dandæ. Titulus ordinandi diligenter diſcutiendus. Peregrini Clerici non admittendi, niſi exhibitis litteris. Idem Clericus ne plura habeat Beneficia. Diſpenſationes ſint cautæ, examinetur, an ritè impetratæ. Reſignationes & permutationes Beneficiorum

rum absque fimoniaca pravitate fiant. Melius eft , paucos habere
facerdotes dignos , quàm multos indignos & inutiles.

PARS II.

De officio, vita, ac moribus Clericorum.

Qui in fortem feu partem Domini funt vocati, intenti fint fuo
officio : quod eft duplex, docendi nempe populum, & pro eo
orandi ac facrificia offerendi. . Sacram Scriptûram diligenter
legant. Horas Canonicas devotè perfolvent. Breviaria & Miffalia
reformanda, non tamen à privatis pro lubitu, prout fæpiùs factum
fit. Summa devotione Miffæ facrificium celebrandum. Nec decur-
tandum aliquid propter muficam: quæ nihil profanum, nihil lafci-
vum, aut leve redoleat. Diebus Dominicis Miffa de eadem celebretur, fublato abufu de SS. Trinitàte aut Spiritu fancto iis diebus
eandem celebrandi. Præcipuæ caufæ omnis mali, faftus, luxus, &
avaritia Clericorum. Non licet Clerico cauponem agere, neque
tabernam intrare, excepta neceffitatis caufa. Servanda in veftibus
modeftia. Sufpecta cum mulieribus cohabitatio prohibetur. Clerici fæminis in capellanos & quafi famulos fe non addicant. Hone-
fto ac neceffario artificiolo fuftentare fe liceat Clerico , exemplo
S. Pauli. Non tamen fint mercatores, fuperftitiofi, fcurræ, mimi,
leviculi.

195.

PARS III.

De Ecclefiis Metropolitanis, Cathedralibus, & Collegiatis.

Decanorum officium eft, Clericos fuos ad obfervationem rituum,
omnémque vitæ honeftatem perducere. Præpofitus, decanus,
archidiaconus, fcholafticus, cantor, cuftos, canonici, vicarii, officio fuo gnaviter fungantur. Canonici menfuram nominis
fui impleant, hoc eft, fint regulàres, cùm prima eorum origo monafticæ fuerit difciplinæ. Meminerint Canonici, fe non quietis, iner-
tiæ, aut luxus caufa canonicatus aquifiiffe, fed ut per fe ipfos rebus
Divi-

196.

Divinis diligenter interfint, devotè pfallant, morum honeftate præluceant, habitum & tonfuram decenter geftent. Ut hæc fiant, decani invigilent: transgreffores puniant. Negligentes fubtractione diftributionum mulctentur. Vicarii quoque, qui legitimè abfentium
vice funguntur, hæc pariter obfervent.

' Quorum fundatio perfonalem refidentiam requirit, proventibus
careant, in alios pios ufus convertendis, fi non ipfi refideant ; nifi
abeffent reipublicæ caufa. Lucri tantùm caufa facris intereffe indignum eft. Capitula circa difciplinam diligenter habeantur. Contentiofi ac diffoluti à decanis coërcendi. Statuta Capitulorum indecentia tollenda ; nec cogendi, ut recèns adlecti eorum obfervationem
jurent. Fabricæ aliisque neceffitatibus ex communibus reditibus fuc-
curratur. Tribunalia fori contentiofi extra Ecclefiam collocentur, ut
domus DEI fit domus orationis, unde nec ullis theatris fit in ea locus. Proceffiones devotè more antiquo peragantur. Laici res facra-
tas ad miffam pertinentes non contingant. Miniftri altaris fuperpelliceis fint induti.

PARS IV.

De Parochis, eorum vicariis, aliisque miniftris.

197. PArochorum officium in duobus confiftit, prædicatione verbi Divini, & adminiftratione Sacramentorum. Quibus ut bene fungantur, ob oculos fibi ponant epiftolas S. Pauli, quibus Timotheum & Titum inftruit. Rogandus Dominus, ut mittat operarios
in meffem fuam ; hoc præfertim tempore, quo tot venerunt pfeudo-
próphetæ in veftimentis ovium, intrinfecus autem funt lupi rapaces ; qui non introierunt per oftium in ovile, fed aliunde tanquam
fures & latrones ; quos ad vivum depinxit præfagiens Judas Apoftolus in fua epiftola, Petrus *ep. 2. c. 2.* Paulus in *ep. ad Timoth. &*
Titum. Suborituros hómines perverfa loquentes, fe ipfos amantes,
cupidos, elatos, fuperbos, blafphemos, criminatores, incontinentes, protervos, reprobos in fide, errantes, feductores, prurientes
auribus &c.

Ut ergo ejusmodi lupi arceantur ab ovilibus, nemo admittendus ad prædicationis officium, nifi debitè vocati, ac miffi, atque
ordinaria auctoritate approbati. Quomodo enim prædicabunt, nifi
mittantur? Tales funt Parochi legitimè conftituti. Qui perfonaliter

apud

apud commiffum ſibi populum reſidere debent ; niſi magna ratio , ab Epiſcopo examinanda , excuſet.

Aliquot retro ſæculis in Eccleſiam accepti quatuor mendicantium Fratrum Ordines non repellendi à Verbi miniſterio , modò à ſuperioribus ſuis miſſi , & à Vicario Epiſcopi idonei fuerint inventi , ne tamen popularem auram captantes Religioſi Parochos , aut Clerum ſæcularem in concionibus traducant , ſed eosdem , in partem laboris vocati , adjuvent. Eleemoſynam colligentes , quos *Terminarios* vocant , quamprimum poſſunt , ad monaſteria ſua revertantur. Monachi parochias , monaſteriis ſuis incorporatas , per ſæculares presbyteros ordinariè adminiſtrent , iisque de proventibus Eccleſiæ tantum attribuant , ut & congruè vivere , & jura Epiſcopalia poſſint perſolvere.

PARS V.

De vita ac moribus Parochorum.

FLoruit Eccleſia , quamdiu Parochi verbo & exemplo commiſſum ſibi gregem paſcebant. Qui autem vitam agit doctrinæ contrariam , plus deſtruit exemplo , quàm ædificat verbo ; ſimilis Phariſæis , qui dicunt , & non faciunt &c. Avaritiam autem comprimis eos vitare oportet , non opes , ſed animas venantes , non auri ſed hominum piſcatores. Alioquin ex paſtoribus fient mercenarii. Domui ſuæ ſint benè præpoſiti ; & teſtimonium habeant etiam ab his , qui foris ſunt. Procul ſint ab omni luxu , commeſſatione , compotatione. Præcipuè verò fugiant omnem libidinem atque luxuriam , ſed ſerviant DEO in omni caſtitate. Neque implicent ſe negotiis ſæcularibus.

198.

PARS VI.

De Prædicatione Verbi.

HOc miniſterium ſummopere commendat Apoſtolus. Vivus enim eſt ſermo DEI & efficax &c. Et ſi eo non paviſti , occidiſti. Sit igitur Parochus fidelis diſpenſator , quem conſtituit Dominus ſuper familiam ſuam , ut det illis eſcam in tempore. Chari-

199.

Pars VII.   B b   tatem

tatem DEI & proximi maximè commendet, atque pœnitentiam. Media via incedendum. Temperandus fermo, & populo accommodandus.

Sit concionator Scripturæ peritus, pius, difcretus, eloquens, fervens; quomodo enim defideria æternarum rerum in aliis accendet, qui ipfe domi fuæ totus friget? Nihil alienum à catholica doctrina proponat. Aniles fabulas, loquacitatem, fcommata, convitia, devitet. In vitia invehatur, non perfonas. Severitatem benignitate temperet. Vitanda etiam manifefta reprehenfio poteftatis Ecclefiafticæ & Civilis; quin potiùs, docendus populus obedire Magiftratibus, etiam difcolis, atque pro iis orare.

Plebs erudiatur in præceptis Decalogi, articulis fidei, qui in fymbolo Apoftolorum continentur, in Ecclefiæ facramentis, oratione Dominica &c. Epiftolam & Evangelium ejus diei concionator prælegat, dein breviter illa exponat, populúmque ad pietatem, dilectionem DEI & proximi inflammet. Declaret etiam, quid Ecclefia in orationibus Miffæ eo die precetur.

Hiftoriis aut miraculis narrandis ne diu immoretur, nifi ex facra Scriptura fint petita. Expofitiones Scripturæ ex SS. PP. colligat. Sub finem brevi anacephaleofi dicta repetat. Finita concione recitandus decalogus cum fymbolo fidei, & publica confeffione, dandáque benedictio, atque ad facrificium Miffæ facienda præparatio.

PARS VII.

De adminiftratione Sacramentorum.

200.　PArochus inftruat populum de vi & efficacia, quam feptem Sacramenta habent ex infturione & meritis Chrifti, conferendi videlicet Divinam gratiam dignè fufcipientibus. Per *Baptifmum* omne remitti peccatum. Patrinos effe fponfores ac fidejuffores pro infante, cum obligatione, eum in vita Chriftiana inftituendi, nifi aliunde fit provifum. Explicandæ ceremoniæ. In Ecclefia fufcipiendus Baptifmus, nifi aliud neceffitas poftulet.

Exponat, per facramentum *Confirmationis* conferri gratiam, qua tyro firmatur adverfus fatanæ tentationes, roboratúrque, ut, quod corde credit ad juftitiam, ore confiteatur ad falutem: quid fignificet chrifma, cur ex oleo & balfamo mixtum. Suadet Concilium,

. ut hoc Sacramentum non conferatur infantibus, fed exfpectentur anni difcretionis, ut præparatus accedat.

Dolet facra fynodus, Euchariftiam, unicum illud piarum mentium delicium ac folatium, hac deploratiffima tempeftate paffim faftidiri. Docendus populus, in hoc facramento verum corpus & fanguinem Chrifti cum anima & Divinitate unita contineri, & fumi, & quidem fub una etiam fpecie. Unde fynodus ait:

,, Ubi funt, quibus contra Ecclefiæ confuetudinem perfuafum eft,
,, oportere laicos participare corpus & fanguinem Domini fub utra-
,, que fpecie, ibi docebit Parochus, corpus & fanguinem Domini
,, in altera tantùm fpecie perfectè confiftere, adeo, ut laicus, qui
,, fub fpecie panis communicat, non tantùm corpus, fed & fangui-
,, nem Domini non minùs recipiat, quàm qui capit fub utraque fpe-
,, cie. Ecclefiam quoque laicis unam fpeciem dare, quòd pro re-
,, verentia facramenti & falute fidelium fic viderit expedire. Nam
,, cùm nullatenus ambigendum fit, fub fpecie panis non tantùm car-
,, nem, nec fub fpecie vini fanguinem tantùm, fed fub qualibet fpe-
,, cie totum Chriftum contineri, cur laicus judicio Ecclefiæ, quam
,, Dominus audiri voluit, fe non fubmittat? quæ non temere, fed
,, multis rationibus permota, decrevit falubrius effe, ut non tantùm
,, populus, fed & facerdotes non facrificantes Chriftum fub una tan-
,, tùm fpecie perciperent. *Quid enim panis vinique fpecies aliud funt*
,, *poft confecratiorem, quàm fpecies facramentales & accidentia fine*
,, *fubjecto?* Ut non habeat laïcus, cur queratur, fibi alteram fub-
,, trahi fpeciem, cùm totum, quod fub utraque fpecie continetur,
,, accipiat. Ita Concilium.

Ubi obiter potes advertere, quàm protervè agant novi illi Philofophi atque Theologi, qui ex mera novandi libidine tam frequenti Concilio, ex omnibus Epifcopis & Doctoribus totius Archidiœcefis Colonienfis collecto, in faciem præfumunt contradicere, negando, in Euchariftia accidentia exiftere fine fubjecto.

Pergit deinde facra fynodus cohortari ad fummam reverentiam, Diviniffimo huic facramento exhibendam, præfertim quando in Miffa facra elevatur hoftia, vel ad infirmum portatur à facerdote, præcedente lumine, in fignum, adeffe præfentem, qui eft candor lucis æternæ. Hæc denique facrofancta hoftia femper reponatur in loco fingulari, mundo & claufo.

Doceatur infuper populus, hoc facramentum validè confici etiam à malo facerdote; quia non in merito confecrantis, fed in verbo efficitur Creatoris, & in virtute Spiritus fancti. Nam ficut ipfe eft, qui baptizat, ita ipfe eft, qui panem & vinum in corpus & fanguinem fuum convertit. Malus autem facerdos fibi tantùm nocet, indignè tantum myfterium tractando. Sicut etiam fufcipiens judicium fibi manducat & bibit, qui indignè accedit. Quare per exhomologen- fin, aut fi hæc fieri non poffit, per contritionem & peccatorum dete- ftationem fe priùs probare debet.

Parochiani faltem femel in anno confiteantnr, & Euchariftiam per- cipiant, examinandi antè de articulis fidei. Qui alteri quàm fuo proprio Parocho confitentur, teftimonium factæ confeffionis afferant. Miffæ primùm poft concionem celebrentur, ne populus dilabatur.

Inftruatur populus, quid in Miffa agatur, ut intelligat, nihil in ea effe, quod non fit pium venerandúmque. Reprehenditur abufus di- fcedendi ante finem Miffæ. (*Hîc dicitur, communionem effe præci- puam Miffæ partem.*) Inftruatur populus, quòd Miffa fit repræfenta- tio illius facrificii, in cruce peracti, quo Chriftus fe ipfuu femel ob- tulit facrificium & hoftiam pro peccatis noftris : ipfo præcipiente, ut hoc faciamus in ejus commemorationem.

Exequiæ ac Miffæ pro defunctis celebrandæ, non tamen die Do- minica. Debet quoque plebs doceri, pium effe, quemadmodum jam inde ab Apoftolorum tempoiibus Ecclefia (quæ eft firmamentum ve- ritatis) & docuit & obfervavit, pro defunctis Dominum exorare. Non tamen ad exequias monachi & cohors levium clericorum extra urbem evocandi. Neque poft fepulturam convivia inftituenda.

Pœnitentiæ facramenti tres ait effe partès, contritionem, con- feffionem, & fatisfactionem, potiffimùm tamen in abfolutione facer- dotis confiftere, qua virtute verbi & clavium remittantur peccata. Quanquam autem nemo convertatur, nifi tractus à patre, nemo ta- men excufationem prætexat, quòd non trahatur, cùm femper ftet ad oftium & pulfet. Per internum & externum verbum, contritis ta- men cordibus monftrandus Samaritanus ille, qui vulneribus infundit vinum & oleum.

De *Matrimonio* doceant, quòd fit facramentum, inftitutum à DEO, quo & gratia habitualis augetur, & gratiæ actuales conferun- tur, ut proles honeftè fufcipiatur & educetur, fides conjugalis ferve- tur, & onera annexa patienter ferantur. Clandeftina matrimonia graviter illicita. Non facilè Parochus conjugat fponfos invitis pa- rentibus, conjunctio fiat in templo inter Miffarum folennia ; tribus proclamationibus de more præmiffis: nifi caufa cognita fuerit difpen- fatum. Peregrini non copulentur, nifi à Parocho proprio facultatem habeant, ac teftimonium, quòd nullo laborent impedimento. Di-

ſpenſationes examinentur. Ludicra illa conſuetudo poſt conjunctionem pulſandi ſponſum in templo penitus tollatůr.

De *ſacro Ordine* parte I. dictum.

Extrema unctio adhibetur, ut vel convaleſcat æger, vel ad lu-
ctam ſupremam roboretur. Soli hæretici, excommunicati, publici
latrones, & qui ſe ipſos occiderunt, & quos in peccato lethali, nullis pœnitentiæ ſignis præcedentibus obiiſſe conſtat, ſacra ſepultura
careant.

PARS VIII.

De victu Parochi.

Sacramenta gratîs miniſtrentur, neque pro ſepultura aliquid acce-
ptetur, niſi ultro offeratur. Quia tamen ſacris miniſtris congrua
debetur ſuſtentatio, vicariis ea ex reditibus Eccleſiæ aſſignetur.
Si reditus non ſufficiant, duæ Eccleſiæ uniantur. Singuli Parochiani
denarium conſuetum, ſed duplicata offerant quater in anno, videlicet in Natali Domini, Paſchate, Pentecoſte, & Aſſumptione B. V. 201.

PARS IX.

De conſtitutionibus & conſuetudinibus Eccle-
ſiaſticis.

Traditiones & conſuetudines aliæ ſunt univerſales, toto orbe
Chriſtiano receptæ, quæ ab ipſis Apoſtolis vel plenariis Conciliis deſcendere cenſendæ ſunt : uti : quòd paſſio, reſurrectio,
aſcenſio in cœlum, adventus Spiritus S. quadrageſima, ſolennitate
annua celebrentur, quòd die veneris à carnibus abſtineatur, atque
alia multa, quæ ab omnibus obſervantur, & obſervanda ſunt. Aliæ
verò ſunt particulares, quæ pro loci cujusque more laudabiliter cu-
ſtodiuntur. 202.

Abſtinendum autem ſtatis jejuniorum diebus etiam à carnibus,
non, quòd caro ſit immunda, ut veteres quidam hæretici delirabant,
ſed ut corpus rebelle maceretur, & carnis concupiſcentia ſubigatur
ſpiritui. Similiter Litaniarum ac Proceſſionum ſolennium uſus anti-
quiſſimus diligenter continuandus: ut conjunctis precibus Divina benedictio exoretur. Feſti quoque dies, ab Eccleſia ſtatuti, piè obſer-
vandi,

vandi, & fanctificandi. Ut autem abusus, qui festo Dedicationis Ecclefiæ solent contingere, aboleantur, omnes Ecclefiæ festum Dedicationis eadem die agant, qua videlicet Cathedralis Colonienfis Dedicationem Ecclefiæ fuæ celebrat. Benedictiones etiam & confecrationes templorum, altarium, calicum, campanarum &c. retinendæ, cùm fint internæ unctionis & ablutionis fymbolum.

Ecclefia, per copiofam ac violentam fanguinis effufionem publicè polluta reconciliari debet gratis, folis itineris fumptibus Vicario in Pontificalibus folvendis à delinquente.

Immunitas Ecclefiaftica res eft vetuftiffima, jure pariter *Divino* ac humano introducta. Quæ in duobus potiffimum fita eft. Primo, ut Clerici, illorúmque poffeffiones & bona à vectigalibus & tributis, aliifque muneribus laicis libera fint, deinde ut rei criminis, ad Ecclefias confugientes, inde violentè non extrahantur, exceptis publicis latronibus, graffatoribus, & nocturnis populatoribus agrorum, iisque, qui immunitatis fpe in Ecclefiis aut coemeteriis delinquunt.

Fraternitates five fodalitates tollendæ, aut earum faltem abufus.

PARS X.

De vita Monaftica.

203. HÆc non multò poft Apoftolorum tempora coepit, tanquam ad perfectionem Evangelicam valde accommoda. Nemo tamen ad illam compellendus, propter periculum incontinentiæ. Doceantur meditari in lege Domini, prædicetur verbum DEI. Aliqui ad Univerfitates mittendi, ut Theologiæ ftudeant, in communitate tamen degant. Tollendi abufus, fervanda difciplina. Vifitatio facienda. Communi menfa utantur. Semper aliquid operis faciant, ut eos diabolus femper occupatos inveniat. Vagabundi ad clauftrum reducantur tanquam fugitivi. Epiftolæ Superiori tradantur. Canoniffas reformari oportet, quia vitam agunt nimis licentiofam.

PARS

PARS XI.

De Hofpitalibus aliísque piis locis.

Oportet frequentia habere nofocomia & hofpitalia; quia pau-   204.
perum curam præcipuam nobis effe Chriftus voluit. Non
tantùm corporum, fed vel maximè animarum falus procuranda. Nullæ admittantur perfonæ præter miferabiles, & quidem
loci illius, præ aliis. Viribus pollentes non recipiantur, nec mendicare permittantur; fed ad laborem adigantur. Præfecti caveant,
ne Judam imitentur, qui fur erat & loculos habens; quare fingulis
annis coram Magiftratu loci & Parocho adminiftrationis rationem
reddant.

PARS XII.

De Scholis, Typographis ac Bibliopolis.

SUmmopere refert, ut pueritia bene inftituatur & educetur. Qua-   205.
re clancularii illi magiftelli, qui in conventiculis vicatim docent,
prohibeantur, & adolefcentes ad gymnafia publica mittantur:
His autem præficiantur præceptores inculpatæ vitæ & doctrinæ;
ne fortè hærefeos virus teneræ ætati inftilletur.

Salubriter facris canonibus conftitutum, ut in qualibet Cathedrali & Collegiata Ecclefia habeatur magifter idoneus, qui Clericos
inftruat, & in Metropoli Theologus, qui facerdotes aliósque facris
litteris imbuat, & iis quàm maximè, quæ ad falutem animarum
fpectant. Singulis autem magiftris unius Præbendæ proventus affig-
nentur. Hujus autem faluberrimæ conftitutionis vix veftigium fupereffe, ingemifcit fynodus. Nam fcholas quidem reperiri, dida-
fcalum autem eruditum ac pium vix ullum; quod nihil pene ftipendii illi præbeatur. Unde magna opus effe emendatione; cùm ab hac
re totius propemodum reipublicæ falus aut pernicies dependeat. Providendum itaque de idoneis magiftris, ac fumptibus neceffariis.

Inftaurandæ Academiæ, quæ per hærefeon colluviem miferè
pereunt. Pauperibus Scholafticis ex Ecclefiafticis ftipendiis profpi-
cien-

ciendum. Eruditioribus fpes præmii facienda. Parochiæ &c. illis conferendæ. Canonici ad ftudia mittendi, percepturi toto quinquennio Beneficiorum fuorum fructus. Optimi libri in fingulis difciplinis prælegendi ftatis diebus. Vivendi difcendique regulæ fcholafticis præfcribendæ.

Cùm per abufum artis impreffsoriæ plurimùm malorum emerferit, vetat, fynodus, ne typographi aut Bibliopolæ librum quencunque aut chartam imprimant, aut vendant, nifi à deputatis cenforibus recognitus & approbatus fuerit, & typographi nomen & cognomen, ac locum editionis contineat. Typographi autem, Bibliopolæ, ac reliqui librorum inftitores, & geruli, qui huic ordinationi contravenerint, præter confifcationem librorum, pœnis etiam legalibus, ac pragmaticæ Conftitutioni Auguftanæ fubjacebunt. Contra quos in territorio Colonienfi fifcalis acerrimè inquirat, & ad pœnarum declarationem procedat.

PARS XIII.

De Jurisdictione Ecclesiastica.

206. EXcommunicationis ufus tam antiquus eft, quàm ipfa Ecclefia Chriftiana. Siquidem ipfe Dominus *Matth. 18.* illum, qui Ecclefiam non audierit, vult haberi ficut ethnicum & publicanum. Et mox fubjungit: *quæcunque alligaveritis fuper terram, erunt ligata & in cælo: & quæcunque folveritis fuper terram, erunt foluta & in cælo.*

Magiftri doctrinam ac voluntatem implevit S. Paulus 1. *Cor.* 5. ubi Corinthium publicè cum noverca peccantem tradidit fatanæ in interitum carnis, ut fpiritus ejus falvus fieret. Et cum publico peccatore nec cibum fumi voluit. Hanc difciplinam in ufum revocari optat fynodus, ad coërcendam mortalium proterviam, & fragendàm contumaciam ; fimúlque commendat ufum denuntiationis Evangelicæ.

Cavebit tamen Judex, ne cenfuras ex injuftis vel levibus caufis, vel juris ordine non fervato; vel ex odio unquam intorqueat. Cùm tantùm adverfus graves & publicos peccatores, qui monitis contumaciam opponunt, locum habeat.

Neque Fifcalis inquirat, nifi quem legitima ac frequens gravat infamia. Quam fi non probaverint delatores, condemnentur in expenfas.

penfas. Ne paffim pœnæ pecuniariæ pro criminibus imponantur. Si aliquando perfona delinquentis vel qualitas criminis hanc mulctam depofcat, in pios ufus convertatur, ne magis avaritiæ quàm correctionis caufa exacta videatur.

Clerici publicè ac graviter delinquentes publicè juxta fanctiones canonicas puniantur.

Hæredes non implentes voluntatem teftatoris ab Epifcopo jure quæfito priventur. Teftamenta, præfertim Ecclefiafticorum, intra anni fpatium executioni mandentur. Sacerdotis ab inteftato mortui bona, deducto ære alieno & funeralibus, in piam caufam convertantur pro anima defuncti. Excipiuntur tamen bona illius patrimonialia, quæ hæredibus cedunt.

Multiplex illa ac facilis juramentorum exactio in judiciis improbatur : nifi nempe gravitas caufæ aut neceffitas exigat.

PARS XIV.

De Vifitatione & Synodis.

CUm fruftra fint in civitate leges & in clero fanctiones canonicæ, nifi fint, qui exequantur, vifitatione opus eft Epifcopali; quæ inchoanda à Cathedrali, dein ad collegiatas & monafteria *non exempta*) ad parochias, fcholas, bibliothecas, hofpitalia &c. promovenda. 207.

Prima autem fit cura in reformandis Ecclefiarum Prælatis, maximè Decanis. Quod enim ab illis committitur, facilè ab aliis trahitur in exemplum. Dein cleri diffolutio coërceatur.

De parocho inveftigetur, qua ratione Verbum Divinum diffeminet, ac Sacramenta adminiftret; an omnia calleat, quæ ad ejus officium fpectant, qualis fit vita, moribus, doctrina, an victum habeat. Exploranda eruditio, habitus, tonfura, familiaris converfatio, honeftas familiæ, libri, qui omnes infpiciendi. Inquirendum, num in parochia fit hæreticus, aut fchifmaticus; num hærefis aliqua aut periculofa doctrina ferpat. Atque apponenda fecuris ad radicem. Num invaluerint fuperftitio, divinatio, fortilegium, blafphemiæ, adulterium, & fimilia crimina. An fit, qui Sacramenta negligat, parocho obedire détrectet, cenfuras fpernat. Num dies fefti & Ecclefiæ jejunia rite obferventur. Quinam abufus irrepferint. Quo-

modo

modo & â quibus pueri inftituantur.   Qua fatisfactiône parochus munere paftorali fungatur.   Quomodo fe habeat in templo, an facrum
Baptifma, SS. Evchariftia, chrifma fecurè & decenter cuftodiat.   Num
veftes facræ fint mundæ, templum fartum tectum, altaria ornata.
Qualis domus parochialis.   Num alienationes aliquæ factæ &c.

    Ut autem omnia efficaciùs atque univerfaliùs executioni dentur,
bis per fingulos annos celebrandum eft Concilium Provinciale â Prælatis Ecclefiarum cathedralium, collegiatarum, monafteriorum, ab
archidiaconis & decanis ruralibus.   Fiátque diligens difquifitio,
quænam reformatione opus habeant.   Decani autem, quæ in Conciliis Provincialibus ftatuta fuerint, in fyñodis fuis particularibus promulgent, & in ufum deducant.

ARTICULUS II.

Concilium Auguftanum anno 1548.

208.
Occafio.

Quia Carolus V Imperator poft devictos Smalcaldicos focios
in Comitiis Auguftanis voluntatem fuam fignificaverat, ut,
usque dum Concilium Tridentinum reaffumeretur, particu-
laria Concilia per provincias, & diœcefes celebrentur, Otto Trüch-
fefius Cardinalis & Epifcopus Auguftanus faluberrimæ voluntati obfecutus; poftquam Algoiam Smalcaldenfium furore miferè afflictam
ordinaverat, Prælatos, Abbates, Præpofitos, Decanos tam colle-
giales quàm rurales, camerarios &c. anno 1548. ad fynodum Di-
lingam evocavit.

    Ad diem igitur præfcriptum convenerunt multi, ex captivitate
velut refpirantes, atque præclaram animi magnitudinem ad ædifican-
dam domum Domini afferentes. Alii tamen exemptione â jurisdictione Ordinafii abfentiam excufârunt; alios profani magiftratus timor,
alios libertatis amor, aut neglecti muneris paftoralis confcientia fub-
traxit.

Initium.

    Initio ad Ecclefiam parochialem Dilinganam ordine proceffum,
Prælatis, quibus jus competebat, mitras & pedum paftorale cum
Pontificali habitu geftantibus, reliquo clero veftimentis Ecclefiafticis
decenter ornato. Miffam de Spiritu S. folenniter celebravit ipfe Cardinalis Epifcopus.

                                            Quia

Quia autem templum tantam multitudinem non capiebat, ad arcem Episcopalem redierunt Patres, atque in aula amplissima confederunt. Ad quos Martinus Olavius Theologus Hispanus, Cæsaris sacellanus, elegantem orationem habuit, de horum temporum statu, de officio Pastorum & cleri, de moribus omnium reformandis, atque disciplina Ecclesiastica restituenda.

Finita hac oratione Cardinalis causas synodi uberiùs explicavit, atque ad omnimodæ reformationis curam omnes cohortatus, se ipsum etiam obtulit synodali judicio reformandum, rogavitque, liberè ac sincerè proloquerentur, nihil sibi futurum gratius. A Cancellario dein Episcopi statuta sequentia, ordine in Jure Pontificio consueto, prælecta sunt.

STATUTA

Synodi Augustanæ.

I. De Summa Trinitate & Fide Catholica.

Cum à Christo per suos Apostolos eorúmque successores una fides Catholica in universum orbem, cujus primatus Romanæ Sedi ex S. Petri prærogativa jure tribuitur, derivata sit, omnes in ea constantes firmíque permaneant; eandem observent, credant & doceant. 202

II. De Constitutionibus.

Sacrorum Canonum & Conciliorum Decreta, ac Provinciales Moguntinæ sedis synodales constitutiones, uti etiam Augustanas, omnes observent. Constitutio Cæsaris de Inter-religione hoc anno in comitiis Augustanis edita, in ea parte, qua ad status Catholicos pertinet, acceptatur & innovatur, cum adhortatione, ut omnes, novationibus abjectis, ad unitatem Ecclesiæ redeant. Constitutiones etiam Laurentii Campegii Cardinalis, Ratisbonæ anno 1522. editæ observentur. Præsens verò libellus synodalium constitutionum ubique publicetur.

III. De Electione.

Ad Epiſcopatum Ecclefiæ Auguſtanæ poſthac nullus, niſi Presbyteratus ordine inſignis, aut qui ſe gradus omnes, quos nondum habet, quamprimùm adepturum promiſerit, eligatur aut aſſumatur.

IV. De Renuntiatione.

Ad dignitates, curam animarum, aliáque beneficia nullus coadjutor, aut reſignatarius admittatur: niſi priùs examinatus & approbatus fuerit. Secùs ſi irrepſerint, amovebuntur.

V. De qualitate ordinandorum.

Ordinandi examinentur de fide, quid ſuper hæreſibus hoc tempore jaĉtatis, & Romana Eccleſia ſentiant. Nullus ordinetur, qui non publicum teſtimonium de moribus probatis, à primario ſacerdote, vel Magiſtratu patriæ ſuæ ſignatum attulerit. Scientia examine exploranda. Eadem ratio habenda in admittendis ad Prælaturas & parochias. Examinanda etiam ætas. Pro examinibus autem nulla exigenda pecunia. Cardinalis ipſe examini coràm vult adeſſe & præeſſe, paſchali quidem & pentecoſtes tempore Auguſtæ, reliquis verò anni temporibus conſuetis Dilingæ.

VI. De clericis peregrinis.

Ignoti ac vagi ſacerdotes ac monachi absque Prælatorum ſuorum teſtimoniis ſeu formatis ad conciones habendas & ſacra peragenda nusquam admittendi, multò minùs, ſi ſint de fide ſuſpeĉti, flagitioſi, fugitivi. Debent autem formatæ teſtari de ordinibus ſuſceptis, & honeſtate morum. Requiritut inſuper, ut ab Epiſcopo, in cujus diœceſin veniunt, aut ejus in ſpiritualibus vicario admiſſorias obtinuerint, & exhibeant.

VII. De Officio Archidiaconi.

Quos Græci *Chorepiſcopos*, hoc eſt, certarum regiuncularum in qualibet diœceſi ſpeculatores, alii *Archidiaconos*, alii *Archipresbyteros* vocant, Auguſtæ & certo diſtriĉtu adjacente *Archidiaconi*, in reliqua verò diœceſi *Decani rurales* appellantur. His mandatur,
ut

ut decreta hæc synodalia parochis publicent & exequantur. Capitula sua ruralia pro more congregent, ad synodos veniant. Invigilent, ut parochi officio suo ritè fungantur. In dubiis non respondeant nisi peritiores consuluerint. Ab exactionibus sordidis, & illicitis abstineant. Libertatem Ecclesiasticam tueantur. Sexto quovis mense districtum suum visitent. Si quid emendare non possint, ad synodum, aut si periculum est in mora, ad Episcopum referant. Intrusos in beneficia, aut suspectos de surreptione dispensationis moneant, ne administrationem sacrorum usurpent; si parere noluerint, ad Episcopum ociùs deferantur.

Ne in templis, sacellis, aut oratoriis imagines pingi aut sculpi sinant, Episcopo aut ejus vicario inconsulto: ut in his veteris Ecclesiæ decorum, sacrarum historiarum veritas, & imaginum honestas conservetur. In inquirendis libris hæreticorum, aut de hæresi vel schismate suspectis, nullam diligentiam prætermittant.

VIII. De Parochis aliisque curatis.

Parochi populum de fide & religione diligenter instruant. Sacramenta administrent, eorum gratiam exponant. Publicos peccatores canonicè, occultos occultè arguant. Contumaces Episcopo aut ejus Vicario indicent, ut vel publica satisfactione curentur, aut communione Catholica arceantur. Parvulos quoque & rudes certis temporibus doceant symbolum fidei, orationem Dominicam, salutationem Angelicam, & decalogi præcepta, aut ea diebus Dominicis ex suggestu disertè pronuntient.

Viri graves & idonei ad curam animarum assumantur, & anniversaria de eorum vita & moribus inquisitio instituatur. Quia clerici non rarò in beneficia involant absque institutione Ecclesiastica, nulla ligandi aut solvendi potestate præditi: abusus iste tollendus. Quare decani hanc rem in proximo capitulo examinent, & ad Episcopum deferant, si quis ita irrepserit.

Curati omnes quatuor libros penes se habeant, nempe *baptizatorum*, stato tempore *confitentium & communicantium, matrimonio junctorum, mortuorum*, cum expressione nominum, cognominum, diei & anni; quia hæc notitia ad multa est utilis.

Capellani & primissarii parochis suis debitam reverentiam exhibeant, ac omnia debita officia; nisi vi fundationis expressè sint privilegiati.

Om-

Omnes presbyteri, præfertim curati, certam notitiam habeant eorum, quæ ad essentiam sui officii pertinent; veluti sunt formæ sacramentorum.

Quoniam plurimùm intereſt, ut pueri & rudes ritè inſti tuantur, omnes parochi legant & doceant catechismum, ſive libros *de Inſtitutione Chriſtiani bo ninis* Petri de Soto, ex Prædicatorio Ordine Theologi Hiſpani, Cæſaris confeſſoris, viri doctiſſimi ac religioſiſſimi. De hæreſi autem aut ſchismate ſuſpecti penitus tollantur.

IX. De officio Decani & Canonicorum.

Decanus collegii ſui clericos in officio contineat. Exemplo præcedat. Vitæ morúmque honeſtatem, ac diſciplinam in Divinis officiis ac ceremoniis exigati. Ebrios, aleatores, percuſſores, ſcortatores, & officii ſui immemores corripiat, ſacris abigat, & pro jure ſibi competente multet.

Scholaſticus juventutem, Eccleſiæ miniſteriis deſtinatam, doctrina, pietate, ac morum honeſtate imbuat. Aut per idoneos & probos pædagogos inſtitui curet. Atque ordinandorum examini diligenter intendat.

Canonici Decano ſuo obediant. Divinis ómnibus interſint, qua decet, modeſtia, gravitate, pietate. Eleemoſynas pauperibus diſtribuant. Populum exemplo ædificent. Deambulatio omnis in templo ſub Divinis eſto vetita.

Capitulum bonis ſtudioſis in Academia Catholica de ſumptibus neceſſariis provideat, qui redeuntes teſtimonium ab Univerſitate ferant.

Horas Canonicas decenti modulatione perſolvant. Et hanc curam ad conductitios tantùm ſuccentores minimè rejiciant.

Canonici etiam juniores Theologum, qui in ſingulis collegiis frequentioribus haberi debet, certis horis prælegentem diligenter audiant.

X. De vita & honeſtate Clericorum.

Clerus in habitu, tonſura, inceſſu decorum ſervet. Superior veſtis ſit talaris: menſa fiugalis. Abſtineat ab omni levitate, luxu, avaritia, ſordido quæſtu, ſuperſtitione, venatione clamoſa, profanis negotiis. Cauponas compotandi cauſa non ingrediatur, ſecùs multandus quatuor florenis, quorum duo fabricæ templi, duo delatori tóri cedant. Pœnam feſtus dies graviorem efficiet. Jejunia ſervet. Caſtè & continenter vivat.

Quare ſacerdos, diaconus & ſubdiaconus de fornicatione, adulterio, aut ſuſpecta familiaritáte convictus, ab officio ſuſpendatur, & beneficii fructibus ad certum tempus pro ſcandali gravitate privetur. Incorrigibilis beneficium amittat. Concubinæ autem clericorum excommunicentur. Clerici verò minóribus tantùm ordinibus initiati eadem privationis fructuum pœna plectantur, & à miniſterio Eccleſiæ arceantur. Neque fœminis cohabitent, niſi ætate provectis, aut caſtimoniæ laude publicè commendatis.

Clerici domos fundósque dotales beneficiorum ſuorum collapſos inſtaurent, quantùm neceſſitas poſtulaverit, ac reparata conſervent.

XI. De pluralitáte Beneficiorum.

Qui plura Beneficia poſſidet, uno retento, cætera intra annum reſignet, aut privilegium exhibeat. Quod ſi illegitimè impetratum fuiſſe compertum fuerit, ejusdem revocatio à ſancta ſede procurabitur. Si verò dignus diſpenſatione fuerit, nihilominus jura Epiſcopalia & Archidiaconalia ſolvat, aliáque communia onera ferat. Eos etiam, qui ex diſpenſatione Pontificia plura Beneficia obtinent, hortátur Cardinalis, ut uno retento, reliqua reſignent, & ſic ſeveritatem & coactionem ſynodalium, provincialium aut generalium decretorum antevertant.

Monaſteria verò & collegia, quæ Eccleſias cum decimis & cenſibus incorporatas habent, idoneos ſacerdotes illis præficiant, eisque congruam ſuppeditent. Aliàs Epiſcopus ex Eccleſiæ illius bonis providebit. Neque Eccleſiis ejusmodi unitis præficiendi, niſi ab Epiſcopo aut ejus Vicario tanquam idonei fuerint admiſſi. Religioſi verò Eccleſiis ac Beneficiis curatis à Prælato ſuo præfecti, non obſtante quacunque exemptione, (*quoad curam animarum*) Epiſcopo ſint ſubjecti.

XII. De ſtatu monachorum &c.

Monaſteria ſecundùm regulam ordinis reformari, monachos in obedientia & diſciplina conſervari. Capitula circa diſciplinam frequenter inſtitui, vitia caſtigari ac corrigi, cultum Divinum reverenter exerceri, habitum & tonſuram ſervari, res cuſtodiri, præcipit ſynodus, reformationis impatientes ſevera coërcitione caſtigatura.

Inter-

211.

Intermiſſa litterarum ſtudia reſtaurent, aut ad alias ſcholas aliquos mittant, â rerum profanarum exerc io abſtineant, absque juſta cauſa extra ſepta monaſterii non egrediantur: ſemper honeſti aliquid agant. Sæculari pompa abſtineant, vanisque ſumptibus. Quæ
neceſſitati ſuperſunt, in pauperes & ſtudioſorum educationem diſpen-
ſent. Monaſteria exciſa aut deſerta, quoad fieri poteſt, inſtau-
rentur.

Moniales intra clauſtrum ſe contineant, à virorum conſpectu
remotæ. Viri in earum monaſteria non ingrediantur, niſi inevita-
bilis neceſſitas id exigat: per œconomum honeſtum ac fidum res
ſuas externas procurent.

Canoniſſæ, continentiæ ſtudium, nulla voti ſolennitate obſtri-
ctum, ſectantes, commune habeant dormitorium. Habitu modeſto,
caſtitatis indice, utantur. Optandum etiam, ut communi menſa
uterentur.

XIII. De officio *Concionatoris* & *Verbi Divini Præ-*
dicatione.

Concionandi officium nemo aſſumat, niſi vocatus, & ab ordinaria Eccleſiaſtica poteſtate ſit admiſſus. Poſſunt tamen pâſtores
animarum alios idoneos aſſumere, ſi ipſi hoc munus explere nequeant.

Sacra Scriptura SS. PP. ſenſu exponenda. Nihil profani, fabu-
loſi, ſuſpecti proferatur. Sermo ſit ad captum auditorum. Concionator nunc catechiſtam agat, nunc interpretem S. Scripturæ,
nunc vitiorum reprehenſorem, nunc doctorem myſteriorum, â
quæſtionibus perplexis & difficilibus, omni eruditionis oſtentatione
abjecta, abſtineat, uti etiam à conviciis & injuriis. Clerum præſertim, Magiſtratum, & abſentes non traducat, ne ejus linguâ ſit fax
ſeditioni. Sed ſit oratio modeſta, ſobria, gravis, & Verbi Divini
nervis compacta.

Miſericordiam, bonitatem, & charitatem Dei tempore opportuno prædicet, ut anxii ſpe & amore Divino inflammentur. Neque
juſtitiæ tamen Divinæ obliviſcatur, ut ſpei ſalutaris timor Domini
admiſceatur. Eleemoſynas, ſatisfactiones, & pietatis opera commendet, quibus Chriſtianæ fidei paries liniendus. Adverſus graſſan-
tium hæreſum tempeſtatem auditores muniat. Decalogi præcepta
ſæpiùs explicet. Verbum Dei etiam traditum oſtendat, Chriſti &
Apoſtolorum ſermonibus communicatum.

Præ-

Præterea hortetur populum, ut Verbum Dei attentè audiat, ab hæresi abhorreat, Missæ sacrificio diligenter intersit, frequenti confessione se expurget, mundo corde Corpus Christi sumat, sacramentis secundùm Ecclesiæ traditionem religiosè utatur, dies festos colat. Exemplo denique & morum probitate concionator ipse præluceat.

XIV. De cultu Divino.

Cultus Divinus observetur peragatúrque iis modis & ritibus, quibus per manus sanctorum Patrum nobis traditus, & per majores nostros in sacrificio altaris, officiis defunctorum, canonicis, cæterisque Divinis laudibus, atque ceremoniis observatus fuit.

XV. De administratione Sacramentorum.

Ut confusio & schismata vitentur, & Apostolicis traditionibus, sacrísque canonibus ac legibus reverentia debita habeatur, Parochi ceremoniarum, orationum, rituúmque réceptam uniformitatem in omnibus sequantur. 212.

Doceatur frequenter populus, quid in cujusque sacramenti collatione agatur. Lingua latina in Sacramentorum administratione aliisque Ecclesiasticis officiis retineatur, & exclusa alicubi revocetur. Quæ verò lingua germahica more antiquo consueverunt pronuntiari, porro eâdem pronuntientur.

XVI. De Baptismo.

Solennes ceremoniæ & orationes in baptismo non omittantur, nisi necessitas exigat; earúmque significatio populo sæpiùs declaretur, ut professionis suæ, quo Christo initiatus est, admoneatur.

Susceptores seu sponsores parvulorum sint ætatis provectæ, atque in fide probè instructi, ut non ore tantùm sed etiam mente ad interrogata respondeant, suúmque munus intelligere, & parvulos, ubi res postulaverit, in fide possint instruere.

XVII. De Confirmatione.

Parochi suo tempore de confirmationis origine, & chrismatis

fignificatione fuos doceant, eósque ad ejus defiderium accendant, ut, cùm Epifcopus aut ejus fuffraganeus ad confirmationis facramentum conferendum advenerint, prompti & parati fint illud fufcipere, atque intelligant, quid ibi agatur.

XVIII. *De Celebratione Miffarum & Sacramento Evchariftiæ.*

Canon Miffæ fubmiffa voce more veteri pronuntiandus; in reliquis etiam Miffæ partibus nihil innovetur. Evangelia vel Epiftolæ Dominicis & Feftis in Parochia germanicè exponantur; neque Miffa ulla tunc celebretur. Miffæ celebratio neque fit nimiùm præcipitata, neque nimiùm prolixa : unde fervanda mediocritas. Undique autem ex celebrantis geftu & compofitione decorum & devotio eluceat. Melodiæ lafcivæ, aut aliò pertinentes, ac profani rhytmi procul abfint; quia populum à devotione avocant, atque vanæ levitatis memoriam ingerunt. Omnia proin facram devotionem fpirent. Decentius effet, ut veteris Ecclefiæ exemplo elevationis tempore populus proftratus Deum in fumno filentio adoraret.

Ignoti facerdotes, aut fceleribus infames, aut folum quæftum fectantes à celebratione hujus facri repellantur. Sacra hoftia pro infirmorum viatico in loco mundo & honorato, accenfo ad eum perpetuo lumine, afferyetur. Quando folenni proceffione circumfertur, ludi profani omnes abfint, & quidquid à devotione avocat. Quando ad ægros defertur, lumen præcedat, & campanula fignum detur. Dúæ minimùm hoftiæ ad ægrum ferantur, ne populus in redeuntis manibus inane vafculum adoret.

XIX. *De pœnitentia & Remiffione.*

Parochi in quadragefima fingulis Dominicis capitulum *omnis utriusque fexus* publicent in Ecclefiis, quo videlicet decernitur, ut omnes fideles, poftquam ad annos difcretionis pervenerint, omnia fua peccata faltem femel in anno confiteantur facerdoti proprio, & injunctam fibi pœnitentiam impleant, & faltem in pafchate SS. Evchariftiam fumant : alioquin viventes ab Ecclefiæ ingreffu, & mortuos à facra fepultura arcendos.

Subjunguntur dein cafus plures, in quibus Sacramentum Evchariftiæ perfonis certis criminibus irretitis negandum, aut faltem ad tempus differendum afferitur: uti excommunicatis, interdictis, publicis & habituatis peccatoribus &c.

XX. De

XX. *De Extrema Unctione.*

Unctionis extremae Sacramentum, cum litaniis & orationibus, à majoribus acceptis, totáque Ecclesia servatis, infirmis impertiendum. Sacerdos infirmum consoletur, ad spem salutis aeternae erigat. Diabolum contemnere, Christíque misericordiam sperare jubeat. Praesentes ad preces pro infirmo fundendas hortetur.

XXI. *De Matrimonio.*

Sacerdos non alibi, quàm in Ecclesia nuptias benedicat. Nec nisi tribus proclamationibus praemissis, diebus festis continuis ; ut constet, sponsos nullo impedimento laborare. Admonendi, qui conjungi volunt, ut parentum potiùs & amicorum consilia sequantur, quàm privata sua desideria, & exemplo Tobiae jejuniis & orationibus se praeparent, sciántque, matrimonia in peccato mortali contracta, esse quidem valida, sed tamen illicita : ut adeò Sacramenti gratiam non conferant.

XXII. *Sacramenta gratìs administrentur.*

Pro reconciliatione poenitentium, aut alterius Sacramenti aut Sacramentalium administratione sacerdos non paciscatur de pecunia vel alia re sibi danda ; sed requisitus eâ sine mora administret. Quod tamen ex consuetudine debetur, potest exigi.

XXIII. *De consecratione, benedictione & ceremoniis Ecclesiasticis.*

Consecrationes & benedictiones Ecclesiae, altaris, caemeterii, vestium & vasorum sacrorum, aquae, salis, palmarum, cereorum &c. solenne suum teneant, sicut ante istam Catholicae Religionis perturbationem. Doceatúrque populus, cur res e. g. fructus, agri &c. benedicantur, videlicet, ut orationis & benedictionis scuto adversùs magias, incantationes, maleficia, aliásque diaboli & malorum hominum nocendi machinationes defendantur, atque ut mentes nostras benedictionis recordatio ad DEUM gratiarum omnium fontem erigant.

Sacrae ceremoniae retinendae, tum quia in Ecclesia ab antiquissimis temporibus fuerunt usitatae, tum quia mentem ad DEUM & res

Di-

Divinas trahunt. Significationem autem ceremoniarum declarari populo oportet, veluti cereos ad laudem & gloriam ejus, qui lux eſt mundi, omnémque hominem in hunc mundum venientem illuminat, accendi. Thura incenſa indicare orationes &. deſideria noſtra cum odore bonorum operum ad DEUM aſcendere oportere &c. Cavendum tamen, ne ſacræ ceremoniæ in abuſum & ſuperſtitionem degenerent.

XXIV. *De Feriis & Feſtis Sanɛtorum.*

Circa feſtos dies celebrandos nihil innovetur, ſed antiqua diœceſis conſuetudo, ac publicata decreta obſerventur. Enumerantur hic feſta ſolénniter celebranda, uti præter omnes Dominicas, Feſta Natalitia, Paſchalia, & Pentecoſtalia, quatuor feſta B. V. Mariæ, nempe Purificationis, Annuntiationis, Aſſumptionis & Nativitatis, Natalitia Apoſtolorum, Circumciſionis, Epiphaniæ, Corporis Chriſti, Joannis Bapt. Magdalenæ, Laurentii, Georgii, Martini, Nicolai, Michaëlis, omnium Sanɛtorum, Catharinæ, Uldarici & Afræ Patronorum diœceſis &c.

XXV. *De orationibus Eccleſiæ:*

Præter innumeras novationes in fide, moribus, ritibus, etiam oratio Dominica, ſalutatio Angelica, Symbolum Apoſtolorum, ac Decalogi præcepta, à majoribus noſtris in linguam germanicam religioſiſſimè converſa ac nobis tradita, à novatoribus fuerunt inverſa, e. g. quod antea ſemper in oratione Dominica dictum eſt : *Pater noſter, qui es in cælis,* ab iſtis novis interpretibus dicitur : *Noſter pater in cælis.* His aliiſque novitatibus abjectis inſiſtatur priſtino venerandæ antiquitatis mori, atque Parochi ſinguli Dominicis finita concione orationem Dominicam, Angelicam ſalutationem, ſymbolum Apoſtolorum, & Decalogi præcepta, diſtinɛtè præeant, populo ſingula repetendo ſubſequente.

XXVI. *De magiſtris & ſcholis inſtituendis*

Diſtriɛtè prohibetur, ne quis ex Auguſtana diœceſi ad ſcholas aut gymnaſia, de ſchiſmate aut hæreſi ſuſpecta, nupérque natis de religione perverſis opinionibus contaminata, diſcendi docendive cauſa, accedat. Academiis autem Catholicis fit poteſtas viros literaa-

teratos ad regendas Ecclefias idoneos Epifcopo Auguftano fignifican-
di, quorum in conferendis Parochiis fpecialem rationem habendam,
& commendationem etiam apud Paulum III. fummum Pontificem is
pollicetur.

Collegia Canonicorum fcholas inftaurent. Iis præficiantur magiftri incorruptæ vitæ, qui & Chriftianæ vitæ principiis, & litterarum
ftudiis juventutem imbuant. Atque ad hæc idonei libri prælegantur.
In reliquis etiam oppidis, in quibus collegia non funt, fcholæ in-
ftaurentur. Ubi frequentiora funt Canonicorum collegia, Theologus conftituatur, qui certis diebus & horis interpretetur Biblia, ac
de re Theologica Canonicos, Vicarios, & alia Collegii membra doceat; uniúsque Præbendæ proventus in ftipendium accipiat.

XXVII. *De Hofpitalibus.*

Hofpitalium proventus in nullos alios ufus convertendi, & alienati
funt revocandi; fi alicubi cum aliis fuerint confuſi, ex æquo pauperibus profpiciendum. Perfonæ miferabiles loci recipiendæ. Peregrini
refectionem duntaxat accipiant. Adminiftratores rationem reddant.

XXVIII. *De majoritate & obedientia.*

Magnates feculares in executione horum Synodalium fint auxilio. Jurisdictionem, libertatem, & immunitatem Ecclefiafticam,
Epifcopis & clero ab Imperatoribus & canonibus tributam, tueantur atque confervent. Protectionis & advocationis nomine Ecclefias
ne premant. Sed clerum & præcipuè animarum fuarum paftores
venerentur. Diebus feftis & dominicis ad Divina convenjant, concionem audiant. In Miffa ad finem usque perfeverent. Confeffionis & communionis Sacramenta frequentent.

Parentes liberos etiam domi inftruant. A vitiis coërceant. Libros periculofos, & imagines turpes amoveant. Novorum dogma-
tum auctores aut profeminatores, aliique criminofi, ex diœcefi jubentur faceffere.

XXIX. *De Vifitatione.*

Epicopus per fe vel per Suffraganeum quotannis, aut quoties
res poftulaverit, diœcefin vifitabit, & examinabit, an hæc Synodalia obferventur, fuffraganeo etiam vel Vicario Generali norma vifitationis præfcribetur, uti etiam decanis ruralibus.

214.

XXX. De Censuris.

Excommunicationis, suspensionis & interdicti sententiæ à nemine contemnantur, aut quoad publicationem & executionem impediantur. Propter causam tamen levis momenti, nulla censura feratur; sed ad sanitatem magis, quàm ad interitum contumacium respiciendum.

Excommunicati, & denuntiati, ab omnibus vitari, & à nemine in consortium recipi debent; neque ante satisfactionem absolvi, aut ad Sacramenta vel fidelium communionem admitti.

XXXI. De Precibus pro Principibus fundendis.

Omnes subditi in Missis, orationibus, & concionibus precentur pro Paulo III. Pontifice, Carolo Imperatore, Ferdinando Rege, ac aliis Principibus Catholicis, & populum, ut idem faciat, adhortentur, ut orthodoxam fidem & auctoritatem sedis Apostolicæ, ut hactenus factum, tueantur. Pro lapsis verò orent, ut ad unitatem fidei revertantur.

XXXII. De Pœnis.

Cùm porro sine coërcitione jurisdictio sit inefficax, & absque pœnis non modo leges vilescant, verùm etiam quælibet civilis societas in deterius facilè abeat, statuitur, ut pœnæ canonicæ, tam in corpore juris clausæ, quàm synodalibus statutis, aliàs editis, annexæ, transgressoribus horum statutorum, infligantur.

XXXIII. De Synodis.

Cùm synodorum celebrandarum ratio in tanta rerum perturbatione plerisque ignota sit, synodi anniversariæ decernuntur. Qui autem in synodalem conseßum recipiuntur, juramenti Episcopo præstiti memores, detrimenta, defectus, vitia gravia graßantia, persecutiones &c. in medium proferant, à synodo absque respectu corrigenda.

Appellationes quoque legitimæ ad synodum, absentium gravamina, & laïcorum querelæ, ad causas Ecclesiasticas pertinentes, audientur, uti etiam, qui crimina, disciplinam & quietem Ecclesiasti-

cam

cam perturbantia, denuntiare voluerint, adquam denuntiationem ceu Evangeliam faciendam omnes invitántur.

Petit Epifcopus, ut deputentur à fynodo commiffarii, qui reformationi Epifcopi ejúsque officialium intendant. Materiam de corrigendis vitiis, quæ in Breviarium irrepferunt, de Miffis aliis fub folenni officio non legendis, de excommunicatione non ferenda, nifi ob caufas valde graves, de pluralitate Beneficiorum, de uniendis Beneficiis tenuibus, de vifitatione exemptorum, ad fynodum provincialem, aut œcumenicam, atque ad S. Sedem, remittit.

Abfolutio

Synodi Auguftanæ.

POftquam prima die memorati 33. articuli à cancellario Epifcopali cotam fynodo prælecti fuerant, juffi funt Patres altera die convenire rurfus, & de iis fuffragium ferre.

Dicta igitur fequenti die per decanum Auguftanum folenni Miffa de SS. Trinitate, Cardinalis gravi oratione fynodum adhortatus, ut fepofitis privatis rationibus, in unam DEI gloriam oculos intendentes, pro reformatione falutari irent in fuffragia. Nullus erat ex tanto numero, qui non omnes articulos maximopere collaudaret, & libero fuo voto comprobaret. Cúmque Epifcopus iterum iterúmque de fua ipfius ac officialium fuorum reformatione fynodi fententiam petiiffet, illa verò aliùd non refponderet, quàm lectos articulos tamquam fynodales ab omnibus obfervandos, gravamina, caufas, & defectus Ecclefiafticorum & laicoruum ad fynodum referri voluit.

Die tertia Nov. 14. cantato per Abbatem Ottoburanum de B. V. folenni officio Cardinalis ad diligentem fynodalium obfervationem cohortatus præfentes, abfentes, per promotorem fifci accufatos, condemnavit, ac contra eos tanquam contumaces juris ordine procedendum decrevit.

ARTICULUS III.

Concilium Trevirenſe I. Diœceſanum

Anno 1548.

216.
nitium.

IN convocationis mandato memorat Joannes Archiepiſcopus & Elector, Carolum V. Cæſarem ſtatuiſſe in Comitiis Auguſtanis, particulares interim, dum Concilium Tridentinum reſumeretur, celebrandas eſſe ſynodos, cui ſaluberrimæ ac divinitus inſpiratæ voluntati, ſe ſatisfacturum, Diœceſis ſuæ Trevirenſis archidiaconos, Abbates, præpoſitos, prælatos, archipresbyteros, decanos, parochos aliósque Eccleſiaſticos convocare in Baſilicam majorem Trevirenſem.

Oratio.

Orationem ad Patres congregatos eloquentem habuit Pelargus Doctor Theologus, de obliterata jam diu re litteraria reſtituenda, & diſciplina Eccleſiaſtica repurganda. Atque in prima parte demonſtrat, litterarum neglectui hæreſes., undique ingruentes, ac vitiorum colluviem eſſe adſcribendas. In altera dein parte oſtendit, deſperatam eſſe ovium ſalutem, niſi paſtor ipſe bono exemplo præluceat. Oratio tam libera, támque temporibus illis afflictis congrua vix unquam publico in conſeſſu dicta.

Cùm deinde Archiepiſcopus per ſuum in pontificalibus & ſpiritualibus Vicarium ſe ipſum etiam reformandum obtuliſſet ſynodo, decem ſanciti ſunt canones contra ſceleratos clericos.

217.
Canones.

In primo demonſtratur, quàm turpe atque abominandum ſit in ſacerdote *ebrietatis* vitium; eique deditos ab officio & beneficio removendos eſſe decernit.

In ſecundo graviter invehitur ſynodus in clericos concubinarios, ac ſeverè commonet, ut abactis concubinis, propudioſis fœdísque incontinentiæ latrinis, pœnitentiam agant, puriorésque deinceps ſacram ad aram manus offerant.

In tertio decernitur, ut, qui fornicationis vitium non deſerunt, bonis omnibus Eccleſiaſticis ſpolientur, ſcorta verò procul·pellantur.

In quarto excipitur caſus, quo concubina parentes in eadem parochia habet : huic enim permittitur ad eos redire.

In quinto ftatuitur, ut fi clericus ad dimiffam redierit, officio & beneficio ipfo facto fit privatus ; concubinam verò extra ædes paternas procul abigendam.

In fexto fortilegiis, incantationibus, & divinationibus, anathematis & carceris pœna decernitur.

In feptimo Apoftatæ ad monafteria fua redire jubentur.

In octavo fub cenfura prohibetur, ne quis ejusmodi Apoftatarum patrocinium fufcipiat.

In nono imponitur officialibus, ut, fi quos deferto monafterio ad nuptias convolâffe deprehenderint, Archiepifcopo eos caftigandos, & emendandos fiftant: promittitur tamen iis, qui ad Ecclefiam ultro redierint, cum iis tamquam perditis oviculis & filiis prodigis paternè actum iri.

In decimo inquifitum fuit in regularem difciplinam, tunc valde collapfam ; in eos, qui palàm vel occultè hærefes diffeminarent, aut ipfi foverent ; qui fceleribus effent dediti &c ; hos omnes fibi denuntiari petiit Archiepifcopus. Clerum dein omnem graviffimis verbis adhortatur facra fynodus, ut fublimi ftatui fuo vitam dignam ac muneri tanto congruam ducat.

Subjungitur mandatum Archiepifcopi contra concubinarios, in quo dicitur, caufam præcipuam, cur ea tempeftate facerdotes paffim contemnantur, & odio habeantur ; effe effufam vitæ licentiam, fœdámque concubinatus labem, cùm nihil magis dedeceat hominem, Divinis rebus militantem, quàm ea, quæ carnis funt, fectari, ac proin, ut tanta ignominia à ftatu Ecclefiaftico removeatur, intra novem dies omnes concubinæ, fufpectæ pudicitiæ, atque petulcæ ætatis fœminæ procul amoveantur : qui fecùs facerent, officio & beneficio, lata in eos fufpenfionis fententia, fubmovendos, fœminas verò ejusmodi, ni recederent, à locorum decanis excommunicandas, & publicè denuntiandas.

Utque hoc mandatum eò certiùs executioni detur, conftituti funt commiffarii, qui fufpectos de incontinentia ad Archiepifcopum deferant, uti etiam eos, qui Ecclefiafticam lædunt immunitatem. Hæc poftquam per decem dies acta funt, foluta eft fynodus, indicto in proximum provinciali Concilio.

ARTICULUS IV.

Concilium Colonienſe II. Provinciale

Anno 1549.

Depulſo ab ovili lupo, Hermanno infelice, cùm Colonienſis ager hæreſeon vitiorúmque zizaniis magnopere horreret, Adolpbus ſuffectus Ecclēſiæ illius Metropolitanæ verus Paſtor, tum ſuapte propenſione, tum ut Cæſari & Auguſtanis Comitiis morem gerat, ſynodum Provincialem indixit, præfatus in eam rem, tantis Eccleſiam Colonienſem procellis hæreſeon fuiſſe agitatam, ut in ea jam actum fuiſſe de fide Catholica potuerit videri : ideo ſe, ad paſtorale officium aſſumptum, lupos, concionatores ſectarios, omnis mali originem, ab ovili Dominico abigere, atque ditione ſua ejicere, quamvis non ſine difficultate, ſategiſſe, ſubſtitutis Catholicis Verbi Divini prædicatoribus. Qua re tantum eſſe profectum, ut cancri hujus progreſſum ſtiterit, & Catholicis reſpirandi rurſus feneſtram aperuerit. Non tamen hos ſcopos ſuffeciſſe penitus ad fœces illas everrendas.

Corruptos etiam cleri mores & abuſus offenſioni fuiſſe laicis, ut de religione malè ſentirent. Plurimum autem fiduciæ fuiſſe ſibi in Concilio Tridentino, feliciter inchoato, ſed inexſpectata Patrum de transferenda ſede contentione pene intercepto, atque in longum tempus protracto. At verò rebus afflictis adfuiſſe DEUM, qui Carolo Imperatori dediſſet nuper victoriam, ut hoſtes validiſſimos non tam viribus, quàm conſilio frangeret ; & quod mirandum magis, victoria parta modeſtè ac clementer uteretur, ac rebelles filios caſtigáſſe magis, more boni patris, quàm bello petiiſſe videatur.

Ejuſdem Cæſaris animum à DEO fuiſſe impulſam, ut ad reparandas religionis ruinas certam formulam, qua cleri mores reformarentur, piis quibuſdam & eruditis Theologis conſcribendam demandaret. Hanc à Cæſare traditam, univerſis Eccleſiaſtici Ordinis Statibus, qui eandem probè expenderent, quídque in ea recipiendum repudiandúmve videretur, candidè aperirent. Multis igitur conſultationibus ac deliberationibus privatim & communiter habitis, quibuſdam in formula expunctis, aliis mutatis, vel additis, communi

tan-

tandem consensu eandem approbatam, atque Cæfareæ Majeftati promiffum, ad ejus normam reformationem fe aggreffuros, falva fummi Pontificis authoritate, quæ ut eis accederet in Articulis quibusdam, neceffarium arbitrabantur.

Addit deinde Archiepifcopus, fe propterea celebrâffe in eam rem fynodum Diœcefanam, fuóque hortatu comprovinciales Epifcopos in fuis Diœcefibus.

Verùm per hoc vix quidquam aliud fuiffe promotum, quàm ut fciret quisque, quod alioquin nemo ignorabat, quomodo fibi vivendum effet piè & canonicè. Proinde ad efficacem reformationis execcutionem pertingendum fuiffe, indicendúmque provinciale Concilium. Cúmque fatis appareret, rigorem antiquorum canonum ftatim in ufum revocari non poffe, ad media quædam, facris tamen canonibus confentanea, fuiffe confugiendum, visáque opportuna fequentia fex media:

1. Inftaurationem ftudiorum, potiffimum facrorum.

2. Examen ordinandorum, ad minifteria vel Prælaturas inftituendorum.

3. Officiorum fedulam perfunctionem.

4. Vifitationem Archiepifcopalem, Epifcopalem, Archidiaconalem, &eorum, quibus hoc incumbit.

5. Synodorum frequentem celebrationem.

6. Jurisdictionis Ecclefiafticæ, jam propemodum collapfæ, & abufu depravatæ, reftitutionem.

CANON I.

De ftudiorum Inftauratione.

PRæfatus Archiepifcopus de ftudii Theologici & Canonici neceffitate, eorúmque témporum craffa ignorantia, hærefum aliorúmque vitiorum fœcunda matre, ad litterarum reftaurationem decem media fynodo propofuit.   219.

1. Cùm poft nupera Comitia præcones aliqui hæretici cathedris effent dejecti fcholarum nunc minifteriis inhiant, ut juventutem corrumpant. Ne igitur ejusmodi lupi irrepant, quibus inftitutio committitur, diligenter priùs examinandi funt de moribus & doctrina.

2. Magna eft querela, quòd plures ludimagiftri, dum omnia fimul inftillare volunt, fciolos potiùs quàm folidè doctos faciant. Qua-

re deinceps in trivialibus fcholis artes tantùm doceantur, velut gram-matica, poëtica, rhetorica, dialectica, arithmetica &c. diebus ve-rò Dominicis & Feſtis ex Evangelio &c. ſacra inſtructio pro ætatis captu proponatur. Superiores autem diſciplinæ in Academiis doce-antur, & Theologia etiam in monaſteriis.

3. Libri non niſi pii doctíque, atque à decano artium vicinæ Academiæ, aut ſaltem erudito aliquo Prælato approbati prælegantur.

4. Parochis & concionatoribus, aliisque fidelibus ſub anathemate interdicitur, ne libros legant hæreticos, ùt Lutheri, Buceri, Cal-vini, Oecolampadii, Bullingeri, Lamperti, Melanchtonis, quos con-ſtat, omnia ſua ſcripta ad decipiendum & ſeducendum homines à vera fide edidiſſe. Fugiant etiam Corvinum, Capitonem, Brentium, Pomeranum, Pellicanum, Muſculum, Sarcerium, Hegendorphinum, Oſiandrum, Spangenbergium, Oldendorpium, Bonnum, Hedionem, Chronicon Sebaſtiani Franck, & quidquid ejus eſt farinæ, donec ple-niori catalogo libri contagioſi fuerint indicati.

5. Bonæ ſpei juvènes Canonici ad Academias mittanturà col-legiis, qui fructibus Præbendæ ſuæ, exceptis diſtributionibus quoti-dianis, fruantur ad triennium, aut diutius, ſi exſpectationi ſatisfa-ciant.

6. Tales juvenes, majoribus Ordinibus necdum inſtituti, cau-tionem præſtent, ſe Statum Eccleſiaſticum non deſerturos, aut ſub-ſidiaà collegio accepta reſtituros.

7. Si Academia in eadem urbe eſt, utì Coloniæ, non eſt neceſſe Canonicos ad exteras mittere.

8. Qui profectum ſperatum in Academia non faciunt, privile-giis & fructibus priventur..

9. Ut autem etiam reliqui clerici occaſionem diſcendi habeant, collegia conſtituant Theologum, Præbendæ unius canonicalis ſala-rio eidem attributo.

10. In Academia Colonienſi lectiones diligenter habeantur ab iis, qui propterea Præbendis fruuntur.

II.

De Examine Ordinandorum.

220. CUm promovendorum ad ſacros Ordines, & Eccleſiaſtica offi-cia magna ſit habenda ratio, accuratum priùs eorum examen inſtituendum; de quo decem pariter canones ſunt promulgati.

I. Exa-

1. Examinandi de fide, quam teneant, de affectu, quo ducantur ad SS. ordines, de scientia, quæ sufficiat ad ordinis, quem petit, ministeria explenda, de moribus, ordinem decentibus, de ætate.

2. Cùm Scholasticus aliique, quibus examinis provincia demandata fuit, salariis quidem & titulo fruantur, munere autem suo non fungantur, sed alios æquè negligentes substituant, examina perfunctoriè admodum solent institui. Igitur Episcopi id genus examinibus ne fidant, sed vel ipsimet, secundùm primævum institutum, examini præsint, vel doctos, diligentes, fidósque viros sufficiant, nisi aliunde certò eis constaret, Scholasticum aliósve examinatores munere suo gravissimo ritè fuisse perfunctos.

3. Ne autem quidam examen possint subterfugere, nemini (seclusa justa causa) detur licentia, extra suam diœcesin sacros ordines suscipiendi, nisi in sua diœcesi antè fuerit examinatus.

4. Quoniam non oportet sacros ordines quasi furtim surripere, quemadmodum matrimonio jungendi, ita etiam majoribus ordinibus initiandi, trina proclamatione populo sunt denuntiandi in parochia, quam inhabitat. Sique impedimentum se prodat, id Episcopo aut ejus officialibus à parocho indicetur.

5. Promovendi afferant testimonia non modò suorum Parochorum, sed etiam præceptorum, aut proborum virorum, per examinatores discutienda.

6. Nullus electus confirmetur, aut præsentatus ad dignitatem aut beneficium curatûm instituatur, nisi priùs ab Episcopo aut ejus vicario, aliísve deputatis sit examinatus, & approbatus idoneus, velitque formulam reformationis exequi.

7. In permutationibus etiam & resignationibus præter alia diligenter examinetur, an non labes aliqua simoniaca lateat.

8. Pro diversitate statuum, graduum, & officiorum conscribendæ examinis formulæ.

9. Episcopo liceat, qualitercumque & à quibuscumque ad parochias promotos examinare.

10. Collatio Patroni absque canonica institutione est omnino irrita.

III.

De functione Officiorum.

221.   1. Nil prodest pastores animarum fuiſſe examinatos, approbatos, & canonicè inſtitutos, niſi præſtent officium, ad quod ſunt vocati.

2. Quòd paſſim tam indocti & inutiles ſacerdotes Eccleſiis ſint præfecti; quódque tam turpiter in concubinatu, ebrietate, aliisque infamibus vitiis vivant, negligentiæ Epiſcoporum & Archidiaconis illis, qui turpem quæſtum ex munerum ſuorum locatione, in acceptis ferendum, quare deinceps vices munerum ſuorum non delegent hominibus levibus, vitioſis, conjugatis, ſed tantùm Eccle-ſiaſticis, gravibus, & probatæ exiſtimationis viris.

3. Nullus Prælatus ſuam jurisdictionem pro pecunia, aut annuo cenſu committat, aut vendat.

4. Ne pœnitentiæ loco pecunia emungatur, nec propter mune-ra pœna remittatur.

5. Collegiorum præpoſitis pœna dictatur, niſi munere ſuo dili-gentiùs fungantur, & Eccleſiarum jura meliùs defendant.

6. Decani apud ſuas Eccleſias perſonaliter reſideant, & negle-ctam hactenus diſciplinam in clero meliùs curent.

7. Uti etiam Abbatiſſæ in collegiis nobilium virginum.

8. Abbates intra monaſteriorum ſepta habitent, nec moram longam extra ea trahant.

9. Pluralitas beneficiorum curatorum improbatur.

10. Vicariis collegiorum aut monaſteriorum congrua præbea-tur.

11. Ne monaſteria vel alia collegia regimen Eccleſiæ cum præ-diis, agris &c. locent plus offerenti, ſub annua penſione tanta, ut ei non ſuperſit congrua.

12. Vicarii ſeu capellani in Eccleſiis collegiatis officiis ſuis di-ligenter fungantur, cum Canonicis horas perſolvendo &c.

IV. De

IV.

De Visitatione.

1. OB visitationes neglectas, aut abusibus deturpatas tot hæreses & vitia irrepserunt, quare Episcopi etiam ipsi visitent, ut hac ratione inferiorum visitatorum ipsæ etiam visitationes visitentur.

2. Adhibendus Notarius, qui sit sacerdos, aut saltem clericus non conjugatus.

3. Visitandi omnes subjecti, ut exempti etiam visitari possint, Cæsarem in se recepisse, quòd ea super re cum Pontifice velit agere.

4. Idem observandum circa hospitalia.

5. Visitatores muniendi auctoritate coërcitiva, armandíque flagello, ut ementes, vendentes, scorta, omnémque turpitudinem è domo DEI valeant ejicere.

6. Conscribendæ formulæ inquirendi in visitatione.

7. Visitatores sumptus moderentur : unde nullum superfluum famulitium assumant, & victu mediocri sint contenti, præsertim verò parcant Ecclesiis pauperibus, parochos in vicinum locum evocando &c.

V.

De celebratione Synodorum.

1. SAlus Ecclesiæ, terror hostium ejus, fidei Catholicæ stabilimentum ac nervi sunt synodi, quibus incisis aut neglectis Ecclesiasticus ordo diffluit, ùt tristis experientia docuit. Quare synodus diœcesana quotannis bis celebretur, sed religiosiùs : in Diœcesi autem Leodiensi propter ejus latitudinem semel. Synodus verò provincialis quolibet triennio.

2. Decanis collegiorum ipsa collegia, decanis verò ruralibus parochi sumptus synodales conferant.

3. In Synodis decernatur de tollendis abusibus, & corruptis moribus, de disciplina Ecclesiastica conservanda, aut restituenda. Canones veteres, si opus renovandi, aut novi in novis casibus, juxta sacram scripturam, Patrum sanctiones, & rectæ rationis judicium condendi.

VI. De

VI.

De Jurisdictione Ecclesiastica.

224. 1. HÆc sextum est medium tanquam supremum refugium, ad reformationem, etiam contra contumaces inducendam. Hanc jurisdictionem Christus in Petro Ecclesiæ promisit: *Tibi dabo claves regni cœlorum : quodcunquæ ligaveris super terram &c.* Quæ promissio non ad solum Petrum, sed ad alios etiam Apostolos pertinebat : *Amen dico vobis, quodcunque ligaveritis &c.* Quisquis igitur Ecclesiæ claves contemnit, Christi authoritatem contemnit. Præsertim, cùm addat, pro ethnico & publicano habendum, qui Ecclesiam non audierit. Hac Ecclesiastica Jurisdictione usus est Paulus, quando Corinthium novercæ suæ stupratorem tradidit sathanæ.

Judicia igitur Ecclesiastica in primis reformanda, & curiæ Episcopales, ad normam, tempore Hermanni Archiepiscopi præscriptam. Ad quam observandam curiæ Coloniensis officiáles jurejurando adstringuntur.

2. Sub anathematis pœna interdicitur sæcularibus magistratibus, præfectis &c. ne judicia Ecclesiastica, aut sententiarum executionem impediant. Sed potiùs tamquam justitiæ patrocinatores judici Ecclesiastico petenti brachium sæculare præbeant, non obstante exceptione à reo proposita.

3. Sub excommunicationis pœna prohibetur, ne magistratus aut judices sæculares, in matrimonialibus aut aliis quibuscunque causis Ecclesiasticis, ad cognitionem solius judicis Ecclesiastici spectantibus, inter suos subditos aut alienos judicent; sed id genus causas omnes ad judicem Ecclesiasticum remittant.

VII.

Censuræ & Decreta pro abusuum & vitiorum obolitione.

225. 1. NUlla re magìs per hanc tempestatem fœdata est Ecclesiæ Christi facies, quàm profugorum monachorum & monialium perfidia atque flagitiis ; quorum ùt erat vitæ institutum arctum priùs & sanctum, ita, eo abjecto, absque omni fræno, in omne

flagi-

flagitiorum genus funt prolapfi; his enim auctoribus natæ hærefes, facrilegia , inceftuofa connubia, & facrorum omnium profanatio. Quare, ne' plures ab iis' pervertantur, nemo monachos aut mona-chas, fugitivos, extra fuperiorum fuorum obedientiam vagantes, recipere, fovere, aut àd Sacramenta vel Ecclefiaftica minifteria ad-mittere aufit , fub pœna excommunicationis', iplo facto incurrendæ.

2. Magnæ ad Synodum querclæ perlatæ funt , apoftatas illos varia vitæ genera fectari. Quosdam enim fæculare inftitutum in om-nibus affumpfiffe, & pudicitia, quam DEO confecraverant, profti-tuta, monachos monialibas duplicato inceftu, fub conjugii prætextu adhærere. Quo vitio etiam facerdotes & majorum ordinum clerici fe contaminárint. Quosdam verò viduis & fæminis fæcularibus fe copulaffe &c. Quæ nuptiæ omnes declarantur illicitæ, profanæ, facrilcgæ, inceftuofæ, execrabiles, nusquam tolerandæ, & anathe-mati omnes , qui ita contraxerunt, innexi, prolésque fufceptæ illegi-timæ, ac fpuriæ, proindéque rullo jure hæreditario parentibus poffe fuccedere.

3. In tertio genere verfantur monachi apoftatæ, qui minifteriis Ecclefiafticis perfunguntur, & concubinis adhærent. Quorum qui-dam religionis fuæ habitum penitus abjecerunt, quidam non inte-grum , fed partem tantùm retinuerunt. Hi omnes feveriori ordinis difciplinæ fubjiciantur. De facerdotibus verò & beneficiatis, qui concubinas habent, id obfervetur, quod nuper in fynodo Diœcefa-na ftatutum. Quodfi qui libidinis furiis correpti inftar equi & muli, quibus non eft intellectus , fufpenfione à beneficio & officio non emendentur, ad beneficii privationem, aliásque graviores pœnas de-veniendum.

4. In quarto genere funt monachi profugi, alii in habitu, alii eo abjecto extra obedientiam & ordinis fui difciplinam, regimini Ecclefiarum & Sacramentorum adminiftrationi fe immifcentes ; cùm fint excommunicati, & abfolvendi poteftate careant. Sub anathé-mate igitur prohibetur, nequis tales adhibeat.

5. Cùm quædam moniales ordinis fui habitu abjecto fæcularem induerint, fub arathematis pœna prohibetur, ne id porro fiat.

6. Apoftatæ , quoad fieri poteft, reducantur.

7. Abfolutionem ab hærefi à fede Apoftolica petant. Permiffio Caroli V. circa communionem fub utraque fpecie, non concernit provinciam Colonienfem. Quare omnes una fpecie utantur.

8. Apoftatæ reverfi ne ftatim involent in facra minifte-ria ; fed prius Ecclefiæ reconcilientur.

Pars VII.   Ff   9. Be-

9. Benignè tamen ac paternè recipiantur, tanquam oves errantes & filii prodigi.

10. Principes requiruntur, ut refractarios apóstatas potenti manu reducant, suísque superioribus tradant.

11. Apóstatæ quidam extra monasteria dègunt, superioribus suis rebelles, & alios ad rebellionem follicitantes, sub prætextu difpensationis Apostolicæ, quam vel in curia, vel à Pœnitentiariis, autNuntiis Apostolicis ob-aut subreptitiè impetrárunt, ac deinde Judicibus conniventibus examinandam tradiderunt. Hi omnes suas difpensationes Archiepiscopo aut Episcopo suo exhibeant.

12. Administratores bonorum Ecclesiasticorum diligentiùs rationes reddant. Et quidem Ecclesiarum provisores laici suo plebano bis in anno : nihilque absque ejus confilio disponant.

13. Campanarii seu æditui superpelliceis in Ecclesia utantur, linteámina servent munda. Barbam ne nutriant.

14 Nati instante paschate aut pentecoste afferventur baptizandi ad vigiliam horum festorum ; si nullum vitæ periculum immineat.

15. Tollatur abusus, magnatum filios domi baptizandi, aut post baptismum epulandi.

16. Religiosi neque sint patrini, nec intersint nuptiis.

17. Comœdi ne admittantur in virginum monasteria ; nec extra spectent comœdias.

18. Ut religiosius populus intersit Missæ, requirendi præfecti locorum, & conscribendæ pro captu plebis piæ meditationes & orationes.

19. Tempore solennis officii non facilè aliæ Missæ privatæ celebrentur, ne populus ad plura distrahatur.

20. Oblationes altissimæ in Ecclesia originis revocentur in usum.

21. Fiant oblationes pro defunctis, sed absque pompa & epulis.

22. A processionibus absit, quidquid vanum & profanum est, ut sint compositæ, graves, modestæ atque devotæ.

23. Clerus in iis devotione & exemplo præluceat.

24. Distributione careant, qui non intersunt decenter Divinis officiis integris.

25. Quando instituitur proceffio ruralis, ne vagi & incompositi per campos difcurrant.

26. Parochi decanis suis ruralibus obediant.

27. Magistratus sæculares ne impédiant Ecclesiasticos in exercitio sui officii & ministerii.

28. Cùm

28. Cùm graves querelæ ad Concilium sint delatæ, præfectos quosdam monasteriis magnas molestias intulisse, sub anathemate præcipitur, ut servetur immunitas Ecclesiastica.

29. Sub eadem pœna prohibetur, ne contra Juris dispositionem coloni Ecclesiarum servitiis & impositionibus à magistratibus & præfectis graventur; sed juxta Cæsareæ Majestatis reformationem, sacros canones, & Imperatorum leges, libertatem, privilegia, & immunitatem Ecclesiasticam conservent eis illibatam.

30. Ne sæculares judices ab Ecclesiasticis majores taxas judiciales exigant, quàm à laicis.

31. Clandestinè contrahentibus matrimonia negentur Sacramenta, donec ab excommunicatione sint absoluti.

32. Præcedat trina proclamatio, nec ab alieno pastore conjungantur.

33. Extra Ecclesiam non conjungantur. Nec dispensandum in hoc absque causis gravissimis, & urgente magna necessitate.

34. Singuli semel in anno à suo Pastore communionem, & quidem sub una tantùm specie accipiant, & eidem priùs confiteantur, aut testimonium factæ alibi confessionis afferant.

35. Ne fratres ordinum mendicantium confessiones audiant, nisi sint approbati ab ordinario.

36. Denominantur Pœnitentiarii, qui à casibus reservatis possint absolvere.

37. Monialibus datur potestas bis vel ter in anno alteri confitendi.

38. Qui extremam unctionem contempserit, Ecclesiastica careat sepultura.

Denique hæc omnia judicio sedis Apostolicæ & œcumenicis conciliis submittuntur.

ARTI-

ARTICULUS V.

Concilium Moguntinum Provinciale

Anno 1549.

EOdem anno celebratum fuit concilium provinciale Moguntinum sub Sebaftiano Archiepifcopo, Mauritio Epifcopo Euftettenfi per fe ipfum, reliquis Epifcopis comprovincialibus per legatos comparentibus. Conditi funt 104. capitula, 47. pertinentia ad doctrinam fidei, reliqua ad difciplinam morum.

§. I.

Capitula ad fidem pertinentia.

226.

1. MYfterium SS. Trinitatis populo exponatur fecundùm tria fymbola, Apoftolicum, Nicænum, & S. Athanafii.

2. DEUM omnis boni, non autem culpæ auctorem effe.

3. Creâffe hominem rectum, juftitia originali ornatum, .

4. Per peccatum autem corruptum &c.

5. Primum illud peccatum in omnes tranfire &c.

6. Ab eo nos redemptos per Chriftum, fanguine ejus per baptifmum nos abluente &c.

112 7. Juftificationis initium provenire à gratia DEI ante omne noftrum meritum &c.

8. Fides per dilectionem operatur. Opera autem à gratia meritum accipiunt &c.

9. Mandatorum DEI obfervationem per gratiam effe poffibilem.

10. Chriftianam libertatem non confiftere in effræni licentia, fed in eo, quòd à dæmonis fervitute liberati, volentes, prompti, & alacres legem DEI impleamus.

11. Per feptem Sacramenta gratiam nobis conferri, quæ non ex rerum externarum virtute, aut merito miniftri; fed ex operationis Divinæ virtute procedat. Nec tamen Sacramenta effe ritus fimplices,

ces, fed efficacia figna, ad noftram Sanctificationem divinitus inftituta.

12. Doceatur porro populus, per baptifmum omne prorfus
peccatum originale & actuale' remitti. Concupifcentiam verò relictam ad agonem non effe propriè peccatum, fed tale appellari, quòd ex peccato rel:cta fit, & ad peccatum inclinet.

13. Etiam in parvulis per baptifmum aboleri peccatum originale. Nec iterari poffe baptifmum, licèt ab infideli in forma Ecclefiæ cum recta intentione effet collatus.

14. Baptifmi ceremoniæ juxta ritum Ecclefiæ adhibeantur.

15. Et, fi fuiffent propter periculum mortis omiffæ, poftea cautè & piè à facerdote fuppleantur.

16. Quantùm fieri poteft, tempore matutino Baptifmus fobriè
ac devotè adminiftretur. Epulæ verò poft Baptifmum abolendæ.

17. Sacramento Confirmationis, ex inftitutione Chrifti & Apoftolorum praxi nobis relicto, novam gratiam baptizatis conferri,
qua adverfùs tentationes dæmonis muniantur.

18. Licèt hoc Sacramentum initio fola manuum impofitione
fuerit exhibitum, eò quòd Spiritus Sanctus figno vifibili · fe manife-
ftârit, mox tamen fub ipfis temporibus Apoftolorum, & ex eorum
traditione Chrifmatis unctionem fuiffe adhibitam.

19. In Baptifmo & Confirmatione unus tantùm patrinus adhibeatur propter impedimentum cognationis fpiritualis.

20. Partes integræ & utilis pœnitentiæ effe contritionem, confeffionem, & fatisfactionem.

21. Non enim remitti peccatum, cujus eum, qui admifit, non
pœniteat.

22. Et cùm Chriftus Ecclefiæ miniftris poteftatem ligandi & folvendi reliquerit, neceffariam effe enumerationem peccatorum, ut
munus fuum rità exercere poffit.

23. Satisfactionem præftandam ad redimendam pœnam temporalem refiduam.

24. Abfolutionis forma planè, fimpliciter & abfolutè pronuntietur.

25. Confeffionibus audiencis viri integri & periti præficiantur.
Fratres etiam priùs approbandi.

26. Omnibus parochis & fratribus mendicantibus ritè approbatis conceditur ab hoc concilio poteftas abfolvendi à cafibus occultis
Epifcopo refervatis, exceptis homicidis, hæreticis, & excommunicatis.

27. Religiosi laicis non præbeaht Euchariftiam fine fpeciali con-fenfu parochi; nec parochus alienis parochianis.

28. Nemo admittatur ad Euchariftiam, nifi fuo parocho fuerit confeffus, aut factæ confeffionis teftimonium habeat.

29. Magnam cautelam adhibere debent confeffarii, ne inquirendo peccati alicujus, priùs non tentati, occafionem ingerant pœnitenti. Sigillum ftricti fimè fervandum.

30. Ufurarios, fures, raptores, defraudatores non abfolvant, nifi injuftè ablatorum reftitutionem promittant. Secundùm qualitatem peccatorum pœnitentias imponant, veluti, avaris eleemofynam, incontinentibus jejunia &c.

31. De veritate corporis & fanguinis Chrifti in Euchariftia plebem doceant ex ipfis verbis Chrifti; ac fub alterutra fpecie integrum Chriftum contineri; fub una proin fpecie tantum fumi, quantum fub utraque.

32. Illum fub una fpecie communicandi morem effe antiquiffi-mum, atque ad falutem fumentium æquè utilem & efficacem, quàm alterum fub utraque, morem itaque fervandum, quem Ecclefia propter rationabiles caufas pro temporis ratione elegerit.

33. Extra cafum neceffitatis Euchariftia nemini præbeatur, nifi jejuno.

34. Sacram unctionem effe præfidium, à Chrifto inftitutum, Apoftolis jam ufitatum, contra corporis & animi infirmitates; dum & leviora peccata tollit, & graviorum reftantes reliquias expurgat.

35. In collatione ordinum conferri gratiam ad Ecclefiaftica officia ritè obeunda.

36. Matrimonio junctos feparari non poffe nifi per mortem; & fi propter fornicationem feparatio facta fit, debere manere innuptos, aut rurfus conciliari inter fe. Matrimonia fine confenfu parentum inita non debere refcindi.

37. Liberi tamen infciis aut invicis parentibus matrimonium non ineant.

38. Clandeftinè non ineatur, fed in facie Ecclefiæ, cum celebritate confueta, præmiffa trina proclamatione. In quo absque ardua & neceffaria caufa difpenfari non debet. Qui præfens tacuit, poft nuptias ad accufationem non ampliùs admittendus. Levitas illa in pulfando fponfo omittenda. Comeffationes & faltationes, fi tolli non poffunt, faltem moderandæ.

39. Benedictiones falis, aquæ, aliarúmque rerum effe confer-vandas; dummodo populus doceatur, effectus, qui inde petuntur,

non

non ipfarum rerum efficaciæ, fed Divinæ virtutis operationi per fortiffimi Divini nominis invocationem tribuendos effe, & caveatur, ne talibus rebus ad fuperftitionem abutantur.

40. Confervandas etiam reliquas facras Ecclefiæ ceremonias, quæ in cultu Divino ornatum augent, & ad pias cogitationes excitant &c quales funt, quæ in Sacramentorum adminiftratione & Divinis officiis ex antiquiffimo ufu in tota Ecclefia obfervantur.

41. Imaginum ufum, pro erudienda plebe & animis excitandis utilem, in Ecclefiis retinendum ; dummodo moneatur populus, imagines non ad id proponi, ut adoremus aut colamus eas, fed ut quid adorare aut colere, aut quarum rerum utiliter meminiffe debeamus, per imagines recordemur. Procaces verò imagines è templis eliminantor.

42. Omnis abufus fimplicis plebeculæ circa imagines tollendus. Nulla fiducia in iis ponenda &c.

43. Reliquias etiam Sanctorum in Ecclefiis proponendas & venerandas, ut per eas fideles moniti difcant virtutem & fidem Sanctorum imitari.

44. Propterea etiam peregrinationès facras permittendas ad facras reliquias, aut certa templa; modò caveatur omnis abufus.

45. Sanctos, velut ejusdem corporis membra, per communionem Sanctorum nobis fociatos, colendos & invocandos.

46. Defunctos vivorum pietate & orationibus adjuvari. Confentientem effe Ecclefiæ doctrinam Scripturarum collatione [&] evidenti ratione firmatam, exiftere medium quemdam decedentiùm ftatum.

47. Servanda Ecclefiæ jejunia, cum ciborum delectu.

§. 2.

Capitula ad mores fpectantia.

1. COnftitutiones & confuetudines Ecclefiæ non funt traducendæ tanquam traditiones merè humanæ, quales erant Pharifaicæ, fed obfervandæ tanquam leges à fuperioribus latæ ; quibus obedientiam præftari ipfum præceptun Divinum difertè jubet. 227.

2. Ignoti, qui ab Epifcopo fuo non habent teftimonium, aut à

à fuà superioribus suis, ad prædicationem verbi Divini non admittantur.

3. Qui non prædicant secundùm SS. Patrum sensum aut juxta Ecclesiæ consuetudinem sacra administrant, ordinario loci denuntientur, movendi munere.

4. Visitentur libri parochorum & concionatorum.

5. Præfecti locorum tempore concionum & Divinorum officiourm ex tabernis, foro, & plateis turbam abigant, & rei sacræ interesse compellant.

6. Divina officia à clericis devotè persolvantur. Aliis psallentibus nemo aliquid aliud, ne quidem horas canonicas legat.

7. Nemo Missam celebret absque uno vel altero præsente, qui populi nomine respondeat sacerdoti.

8. Ex hesterna crapula adhuc ebrii non celebrent. Omnisque alia etiam indecentia ac levitas evitetur.

9. Ut probet se ipsum homo, & sic de pane illo edat, & de calice bibat, celebraturus confessione Sacramentali conscientiam priùs expurget.

10. Tempore concionis aut solennis officii privatæ Missæ non celebrentur.

11. Plebs instruatur devotè audire Missam, mente ad mysterium, quod geritur, intenta, &, si non ore, corde saltem spiritualiter communicare.

12. Populus reverenti corporis habitu, præsertim post inchoatum canonem, assistat &c.

13. In primitiis sacerdotum omittantur choreæ, convivia sumptuosa, & sæculares pompæ.

14. Dominicis & festis celebrioribus mercimonia, saltationes, & profana spectacula non permittenda.

15. Libri Missales & Breviaria repurganda, ut concors sit Divinorum officiorum celebratio.

16. Antequam ad prælaturam aut dignitatem quis investiatur & confirmetur, examinandus est de doctrina & moribus, omribúsque iis disciplinis, quæ ad regimen sunt necessariæ.

17. Qui plura habet beneficia curata, intra trimestre reliqua dimittat, uno retento, aut legitimam dispensationem Episcop) exhibeat.

18 Cùm in hac misera rerum perturbatione studia litterarum propemodum in universum perierint, in totius Christianæ reipublicæ ruinam, incumbendum sanè in eorum restaurationem, ne parentes

fisios fuos ad hæreticorum scholas cogantur mittere, nunquam satis deplorando religionis periculo.

19. Capitula aliquot mittant ad studia præsertim theologica, qui per quinquennium fruantur omnibus fructibus suorum beneficiorum, exceptis distributionibus quotidianis. Reliqua etiam circa præceptores & studiosos præcipiuntur, quæ supra in concilio Coloniensi sunt statuta.

20. Collegia Theologiæ professores constituant.

21. Digni solummodo atque idonei præsententur & instituantur, absque pactione.

22. Nemo ad regimen Ecclesiæ admittatur, nisi canonicam institutionem aut provisionem exhibuerit. Nemo beneficium resignet, nisi in manus Episcopi aut ejus Vicarii. Secùs ordinarius pro arbitrio conferet illud.

23. Perniciosus abusus est, quòd Canonici, etiam non residentes, potissimam proventuum portionem capiant, vicariis vix tenui censu ad sustentationem relicto. Tollendus hic abusus, & vicariis honestus victus deputandus.

24. Dignitates obtinentes per se ipsos fungantur suis officiis.

25. Distributione quotidiana careant, qui non intersunt integris officiis Divinis: non obstante quacumque contraria consuetudine, quæ potiùs corruptela censenda est. Decani non facilè indicant capitula in eam horam, qua officia Divina peraguntur.

26. Nec in Ecclesia nec foris instituantur confabulationes tempore Divinorum officiorum.

27. Clerici omnes ad vitæ honestatem, statui suo congruam, mores suos componant. Habitus sit decens, non varii coloris, aut virgatus, non brevis, sed talaris. Nullus arma gestet, nisi peregrè proficiscatur. Nullus barbam nutriat. Coronam & tonsuram ferant. Tabernas publicas evitent, choreas, spectacula publica, ebrietatem, ludos prohibitos, & quidquid offensioni esse posset, fugiant. Tabernarios aut caupones non agant, nec se immisceant negotiationibus sæcularibus.

28. Decimæ majores & minores solvantur, uti etiam personales, ubi consuetudo viget. Quatuor insuper offertoria, & alia jura parochialia præstentur.

29. Laici servent immunitatem Ecclesiasticam, bona Ecclesiarum non invadant; causas Ecclesiasticas ad se non trahant. Actor clerico coram judice sæculari actionem intendens, hoc ipso tota causa cadat. Judex verò causam ad Ecclesiasticum forum spectantem judican-

dam affumens, ipfo facto excommunicatur. Similiter judex Ecclefiaſticus cauſas laicorum ad forum ſæculare ſpectantes non judicet: niſi
tales ſint, quæ de jure vel conſuetudine etiam ad forum Ecclefiaſti-
cum pertineant.

30. Epiſcopi & Archidiaconi, quando officiis ſuis ipſimet fungi
non poſſunt, viris gravibus, idoneis & peritis vices ſuas demandent.
Crimina ſubditorum non multa pecuniaria plectant, ſed aliis pœnis,
à jure conſtitutis.

31. Monachi aliique Religioſi vagantes ad monaſteria ſua redire
compellantur: Prælati eos benignè recipiant, nec ultra canonicas
pœnas adverſus eos procedant. Religioſi in tanta penuria idoneorum ſacerdotum ab ordinariis requiſiti operam ſuam non denegent.

32. Moniales nec ipſæ egrediantur monaſterio, nec alias perſonas intromittant.

33. Paſtores, qui ipſimet non poſſunt oves paſcere, idoneos vicarios ſubſtituant, eisque pro victu congruam portionem aſſignent.

34. Nemo ordinetur niſi prius confeſſus; ac niſi titulo beneficii
aut proprii patrimonii ei ſit proviſum.

35. Ordinum candidati Epiſcopi & plebis judicio comprobentur,
ita, ut Epiſcopus doctrinam examinet, plebs verò de moribus teſtimonium ferat. Ordinandus itaque litteris ſigillatis â prælatis Eccleſiaſticis ſeu parocho, atque etiam à ſenatu aut judicio loci, in quo
majorem vitæ partem egerit, teſtimonium afferat, quod gratis illis
concedendum!

36. Inquirendum, an ordinandi cum ſolennitatibus & unctioni-
bus in Eccleſia ſemper conſuetis ſint baptizati.

37. Litteræ dimiſſoriæ ſine gravi cauſa nemini concedantur. Nec admittantur ad ſacra miniſteria, niſi de ſuſceptis ritè ordinibus fidem faciant.

38. Prælatis Eccleſiæ debita reverentia exhibenda.

39. Juniores Canonici ſeu Domicellares non ſtatim in capitulum
recipiendi, ſed mores & idoneitas prius exploranda.

40. Juramenta non temere à capitulis exigenda.

41. Eccleſiarum ſupellex quot annis viſitetur.

42. Procuratio fabricæ Eccleſiæ non ſolis laicis committatur, ſed
plebano velut principali, atque una clavis ad ærarium & ſupellecti-
lem apud eundem aſſervetur.

43. Simoniaci excommunicantur ac deponuntur. Nullus deinceps clericus ad beneficium aut dignitatem admittendus, niſi juraverit, quòd in ejus adeptione nullam commiſerit ſimoniam, aut
fecerit pactionem illicitam.

44. Pro

44. Pro administratione Sacramentorum nihil exigatur, nisi quod pia consuetudo permittit.

45. Collegia & monasteria rectoribus Ecclesiarum sibi incorporatarum congruam præbeant.

46. Peregrini clerici ad sacra non admittantur &c.

47. Nec capellani in castris nobilium, nisi de consensu ordinarii, & salvo jure parochiali.

48. Cùm religio in integrum restitui non possit, nisi litterarum studia restaurentur, idonei & probati magistri scholis præficiendi.

49. Testamentarii (*executores testamentorum*) defunctorum voluntates diligentiùs deinceps impleant. Et ante omnia coram notario & testibus inventarium conficiant.

50. Dominicis & festis abstineatur à mercatu & opere servili.

51. Innovatur constitutio, ut nullus liber edatur aut ematur, nisi certi auctoris, ac loci nomen sit expressum, ipséque liber à constitutis censoribus approbatus.

52. Dictantur pœnæ clerico, qui alium clericum injuria verbali aut reali afficit.

53. Uti etiam iis, qui sortilegia exercent.

54. Clericis concubinæ eripiendæ.

55. Excommunicationis sententia non facilè feratur, nec nisi præmissa monitione, & in præsentia testium.

ARTICULUS VI.

Concilium Trevirense Provinciale
anno 1549.

Celebrata est hæc synodus præside Joanne archiepiscopo Treyirensi, præsentibus procuratoribus ac nuntiis Episcoporum Virdunensis, Metensis, & Tullensis, Suffraganeorum; conditíque 19. Canones. 228.

1. Ostenditur, fidem Catholicam Romanæ Ecclesiæ perpetuá successione ad nos inviolatam pervenisse, solámque esse tenendam.

2. Quoniam prædicarores verbi Divini missos esse oportet, prout DEUS misit Prophetas, Isaiæ 6. & Joannes *fuit bome missus à DEO.*

Joan-

Joan. 1. atque Apostoli à Christo : *ite , ecce ego mitte vos.* Matth. 10. (*quomodo enim prædicabunt , nisi mittantur* ? ad Rom. 10.) ideo nemo præsumat publicè prædicare , nisi ab Episcopo aut ejus vicario fuerit admissus.

3. Explorata priùs sana doctrina.

4. Exponitur , quid prædicatores in concionibus observare debeant. Videlicet , ut ab apocryphis, ludicris , sinistris affectibus, conviciis &c. abstineant ; Evangelium pacis sincerè annuntient ; simpliciter exponant decem præcepta , orationem Dominicam , sacramenta , ceremonias , ac ritus Ecclesiæ , traditiones catholicas. Cohortentur ad pœnitentiam : obstinatos timore salubri percellant ; animo dejectos in spem erigant : torpentes excitent ; voluptuariis brevitatem vitæ & æternos ignes ingerant. Ad bona opera hortentur ; fidem per dilectionem operari doceant. Ecclesiæ jejunia, confessionem & communionem paschalem, Sanctorum cultum &c. commendent.

5. Psalmodia à SS. PP. Ambrosio & Augustino commendata , ut præter cultum internum etiam externus DEO exhibeatur.

6. Horæ Canonicæ devota & collecta mente persolvantur.

7. Sub re Divina absit à templo omnis deambulatio, confabulatio, strepitus , irreverentia &c.

8. Duæ tabulæ in Cathedralibus & collegiatis appendantur, in quibus tempus & ordo rei Divinæ & cujusque officium descriptum sit.

9. Ordinantur ea , quæ ad peragendum devotè & religiosè Missæ sacrificium faciunt.

10. Cùm dies festi ultra modum creverint , devotio autem & fervor fidelium decreverit , hunc augeri ; illos autem oportet minui. Nominantur propterea dies , festivè celebrandi , dies SS. Innocentum, Cinerum , Cœnæ Domini, Parasceves, Sabbati sancti, Marci , tres Rogationum , commemorationis animarum , usque ad meridiem jubentur festivè agi.

11. Circa Religiosos pro illorum temporum necessitate varia sanciuntur : veluti , ne quis ante 15. ætatis annum ad novitiatum, admittatur, nec ante eum completum ad professionem. Bene instruantur. Ad ordines non nisi digni præsententur. Ad professionem admittantur absque pretio & pactione. Sæcularibus negotiis se non im-

misceant; extra monasterium non vagentur, sed clausuram servent.
Si necessitas aut honesta causa egressum exigat, socium apud se habeant, ac decentem habitum. Moniales præsertim intra claustrum contineantur: nec accessus ad eas pateat. Ejusdem ordinis confessarium habeant. Regulares convivia externorum non frequentent. Domi mensa frugali, sacra lectione condita, sint contenti. Nemini offendiculo, omnibus bono sint exemplo. Terminarii nullam elcemosynæ partem sibi vendicent, sed omnia in commune conferant.

12. Laici ne gravent monasteria sub pœna excommunicationis. Ad parochialium Ecclesiarum gubernacula non admittantur Regulares sine consensu ordinarii, & superiorum suorum, qui eos ad monasterium revocare possint. Sic autem ad curam animarum adhibiti parochialibus sacerdotibus se conforment, nihilque novi introducant. Mendicantes vero in Verbi Divini prædicatione, audiendis confessionibus, sepulturis & funeralibus sacris Canonibus se accommodent. Casuum, Episcopo reservatorum, decisionem nemo sibi arroget, nisi sit designatus. Nullus alienum parochianum absolvat, nisi de licentia ordinariorum aut proprii parochi.

13. Statuitur, quantum quisque curatus aut beneficiatus pendere debeat.

14. Cùm autem plura beneficia curata sint adeò tenuia, ut curatus inde sustentare se congruè non possit, determinatur, quantum exigere possit, quando educit seu benedicit puerperam; quando SS. Euchariftia ad ægros defertur, quando extremam unctionem administrat, quando offertorium quatuor festivitatum occurrit, quando nuptiis benedicit, quando funeralia celebrat.

Neque propterea Sacramentorum venditionem causentur isti, qui omnia sinistrè in ordinis clericalis confusionem interpretantur. Dignum enim & æquum est, ut, qui serviunt altari, de altari vivant. De cætero pro baptismi & pœnitentiæ sacramentis prohibetur aliquid exigi. Liberaliter oblatum permittitur recipi. Denique additur, si quæstio de competentia & collatione necessaria oriatur, eam à loci ordinario de plano decidendam, & primò ad decimas parochiæ recurrendum, sive decimator sit Ecclesiasticus sive laicus: his deficientibus ad plurium Ecclesiarum unionem; si autem nē sic quidem provideri posset, parochianos ad debitam parochi sustentationem compellendos.

15. Singula collegia scholas inftaurent. Magiftri idonei ac probi iis præficiantur. Libri probati prælegantur. Capitula finitis tribus exfpectantiarum annis (quorum primus Archiepifcopo, fecundùs quotidianæ præfentiæ, tertius fabricæ Ecclefiæ debetur) Canonicos aliquos ad academias mittant, præbenda eis affignata.

16. Nullus clericum ad judicium fæculare præfumat trahere. Si laicus hoc fecerit, caufa cadat: fententia fit irrita. Et judex ex tunc omni poteftate judicandi fit privatus. Clericus verò actor excommunicationem ipfo facto incurrat: uti etiam judex fæcularis, qui clericum coram fe litigare directè vel indirectè compellit, aut impedit, quò minùs clerici in foro Ecclefiaftico liberè agere aut defendere poffint.

17. Nullus clericis aut eorum bonis contra libertatem Ecclefiafticam pedagia, celonia, collectas, aut exactiones imponere præfumat. Quinimo fi quis aliquid extorferit, Canonica monitione præmiffa, per ordinarios locorum, juxta Ecclefiafticam cenfuram, reftituere cogatur.

18. Irritantur omnia ftatuta & confuetudines, quæ pugnant cum libertate Ecclefiaftica.

19. Cùm reformatio Cæfarea, prælatis Ecclefiarum ad deliberandum tradita, tanquam facris canonibus confona, fuerit accepta (fedis Apoftolicæ auctoritate femper falva) ac propterea in diœcefana Trevirenfi fynodo promulgata, Archiepifcopus nunc toti provinciæ eandem proponit obfervandam, & nominatim ea, quæ contra clericos concubinarios, fimoniacos, fortilegos, ebriofos, ufurarios, fuerunt fancita.

20. Jubentur hæc ftatuta per provinciam promulgari; atque ut omnia monafteria, collegia, decani, & plebani copiam eorum perpetuò apud fe habeant, atque retineant; eadémque inviolabiliter obfervent.

AR-

ARTICULUS VII.

Synodus Salisburgensis anno 1569.

CUm Tridentinum generale concilium feliciter tandem abſolutum tot præclara fidei morúmque documenta promulgâſſet,
Epiſcopi per diverſas provincias apud ſubjectos ſibi populos
illa in uſum & praxin deducere omni ope pro paſtorali ſua cura col-
laborabant. Hos inter fuit Joannes Jacobus Archiepiſcopus Salisburgenſis, qui accitis provinciæ ſuæ Epiſcopis, cœnobiarchis, præ-
ſidibus, aliiſque ſacrorum curionibus, ſacram ſynodum anno 1569.
eum in finem celebravit, formata in ea opera Ninguardæ Theologi,
& Ficleri Juriſconſulti ſaluberrima decreta (typis Dilinganis anno
1574. edita) pro eliminandis erroribus, proſcribendis hæreſibus,
emendandis corruptis moribus, reducenda collapſa diſciplina, inſti-
tuendis parœciis, monaſteriis inſtaurandis &c. *Adlzreiterus in Annal. Boicis part. 2. lib. 11. ad ann. 1569.*

CONVENTUS

Capituli Colonienſis in cauſa Gebhardi Archiepiſcopi an. 1582.

Cùm Gebhardus Truchſeſſius Colonienſis Archiepiſcopus inſano
amore Agnetem Mansfeldicam depériret, atque ſacrilegas cum ea
nuptias attentaret, Gregorius XIII. Romanus Pontifex graviſſimas
ad eum litteras dedit, quibus in præceps ruentem à lapſu revocaret:
cogitaret etiam atque etiam Truchſeſſianæ familiæ decora, Ottonis
patrui purpuram, ſpes de ſe conceptas. Haberet rationem famæ ſuæ,
turpiter adeò projectæ flagitiis, tam ſublimi loco prorſus indignis,
quæque citra ruborem ne commemorari quidem poſſint. Reputaret
ſecum, quid ſedi Apoſtolicæ, quid Chriſtiano nomini, quid patriæ,
quid generi, quid ſibi, quid DEO deberet. Eadem ferme Cæſar in-
culcabat.

At cùm fruſtra apud furentem eſſent monita, ſed uſque in pejus iret, adeò quidem, ut ipſam quoque cum pudore religionem abji-
ceret, & autonomiam inducere moliretur, cathedrale collegium cum
Colonienſibus ordinibus conventu celebrato rationes iniit, quibus caveretur, ne reſpublica & avita Religio detrimentum patiantur. Ac
primò

primò quidem rogatæ fententiæ, quid cenfendum de Gebhardo, qui
collegio Archiepifcopali & provinciæ ordinibus inconfultis, contra
datam fidem externum militem fcripfiffet, Bonnam hoftiliter habitam
præfidio alendo vexâffet, cenfus capituli ufurpâffet, à Romana Ecclefia defeciffet; tentaret facram infulam ae pedum cplo peplóque per
facrilegas nuptias copulare : qui cum externis Principibus, clande-
ftinas, confpirationes iniiffet, Alenconio videlicet, Bipontino, Cafimiro, & aliis : qui peregrinæ terræ & religionis homines, exclufis
indigenis & orthodoxis, & confiliis & provinciis præficeret, atque
adverfus pacta conventa contraxiffet ingens æs alienum, dilapidatis
Ecclefiæ opibus. - His aliifque ponderatis

Synodi exitus is fuit, ut ordines Metropolitano collegio arctiori
nexu unirentur, & pro Religione atque republica adverfus novel-
las machinationes fibi depugnandum decernerent, ac depulfo ab
ovili lupo meliorem illi paftorem præficerent.

LIBER

LIBER II.

De Statu Ecclesiastico & Politico Bo-
hemiæ, Hungariæ, Transylvaniæ, Poloniæ, Sueciæ, Daniæ, Helvetiæ, ac Mediolani Sæc. XVI.

CAPUT I.

Schema Bohemiæ circa Statum Ecclesiasticum
& Politicum.

SUMMARIUM.

ARTICULUS I.

Status Bohemiæ sub Ducibus & Regibus ex Primislai Agricolæ stirpe.

1. Post varias, gentes Slavi sub Duce Zecho in Bohemia stabilem sedem figunt.

2. Libussa Pragam minorem condit. Primislao Agricolæ nubit. Ex iis longa Ducum Regúmque progenies.

3. Borzivoius & Ludmilla conjux convertuntur, & Religionem Christianam inducunt.

4. Drahomira impia mater. Wenceslaus sanctus filius.

5. Boleslaus I. impius frater: Boleslaus II. sanctus filius.

6. Bretislaus Moraviam adiicit, Polonis tributum imperat. Victor ubique.

7. Bella domestica inter cognatos Principes, & cruentæ cædes.

8. Episcopus Pragensis tot inter, turbas Dux Bohemiæ eligitur. Synodum Pragensem celebrat, ad restaurandam collapsam disciplinam.

9. Ottocarus I. à Frid. II. Cæsare Rex creatus, cum stabilitate Regiæ dignitatis, & privilegiis Bohemiæ. Pontificis osor, & omnis cleri. Ottocarus II. emendat vitia patris. Tartarorum victor.

10. Ottocarus III. quò altiùs elatus victoriis ac summa potentia, · profundius depressus à Rudolpho I. Cæsare.

Pars VII.   H h   11. Wen-

11. Wenceslaus IV. filius, à Rudolpho Cæfare Elector Imperii, & Archipincerna, à Polonis & Hungaris Rex electus.

12. Wenceslaus V. filius, ultimus Rex ex Primislai & Libufæ ftirpe, perfidè interemptus.

ARTICULUS II.

Status Bohemiæ ab extincta Primislai ftirpe usque ad Huffitas & concilium Conftantienfe.

13. Henricus Dux Carinthiæ & Rudolphus Alberti Cæfaris filius de regno difceptant.

14. Tertius gaudet *Joannes*, Henrici VII. Cæfaris filius, ducta forore Wenceslai V. bellis Europam implet, licèt cæcus in pugna Creffiaca occumbit.

15. Major patre filius Carolus IV. Imperator, facerdotii vindex, Ecclefiarum Patronus, Bohemiam ad apicem felicitatis evehit. Archiepifcopatum Pragenfem fundat, & Academiam. Novam Pragam condit, & pontem.

ARTICULUS III.

Status Bohemiæ à concilio Conftantienfi usque ad Bafileenfe.

16. Quid Carolo IV. vitio detur.
17. Wenceslai inertia, lafcivia, crudelitas.
18. Academiæ Pragenfis Huffo inftigante mutatio.
19. Huffitarum furor duce Zifca.
20. Sigismundi regis infaufta adverfus eos bella.
21. Procopius Zifcæ fuccedit.

Furit in Ecclefiafticos; à Nobilitate cæfus perit.
22. Pax tandem compofita. Huffitæ ad compactata Concilii Bafileenfis remiffi.
23. Uno tantum anno Sigismundus in pace Bohemiam poffidet.

ARTICULUS IV.

Status Bohemiæ â Concilio Bafileenfi usque ad Tridentinum.

24. Breve Alberti & Ladislai regnum.

25. Podiebradii utraquiftæ gubernatio ac regnum.

26. Cùm

26. Cùm ex Rockizanæ Hussitæ consiliis regeret à Pontifice sacrorum communione motus est. At ille per compactata concilii Basileensis se defendit.

27. Aliis regni competitoribus præfertur Uladislaus Polonus, sub conditione servandi compactata concilii Basileensis.

28. Bellum, & pax cum Matthia Hungariæ rege.

29. Ludovici regnum, paradoxa fata.

30. Tandem stabilem sedem fixit corona Bohemica in Domo Austriaca, ad Ferdinandum I. devoluta. Illius solennis receptio. Archiepiscopatus reductio.

31. Post bellum Smalcaldicum leges statuit. Circa Eucharistiam nihil immutari præcipit. Sacerdotibus conjugium vetat. Novam Academiam condit. Societatem JEsu introducit. Concilii Tridentini sanctiones observari voluit.

ARTICULUS V.

Status Bohemiæ à Concilio Tridentino usque ad finem
Sæculi XVI.

32. Ferdinandus Archidux Prorex Bohemiæ.

33. Maximilianus II. rex. Dynastarum pro religione zelus.

34. Rudolphi II. pro religione fervor. Litterarum æstimatio; Majestas. Tycho Brahe accitus.

ARTICULUS VI.

Status Ecclesiasticus per sacras synodos ordinatus Sæc. XVI.

35. Secundum concilii Basileensis compactata usus Calicis permissus, etiam Catholicis. Sed spe frustrata.

36. Concilium Olomucense I. ejúsque acta.

37. Lutherani & Calvinistæ Rudolphum nolunt regem agno-

scere, nisi eorum sectæ permittantur liberæ.

38. Concilium Olomucense II. Concilium Trid. promulgatum. Episcopus Calicis usum prohibet.

39. Conciliabula sectariorum.

H h 2   CA-

CAPUT I.

Schema Bohemiæ quoad Statum Ecclesiasticum & Politicum.

Aucæ equidem Ecclesiasticæ synodi in Bohemia sunt celebratæ, quia tamen magnæ rerum conversiones in Ecclesiasticis æquè ac Politicis eo in regno factæ sunt, in hoc apparàtu eruditionis præteriri non debent. Et quoniam status Politicus cum Ecclesiastico arctissimè est connexus, eos in hac synopsi non separabo : sed utrumque conjungam, & primò quidem relationem brevissimam rerum gestarum usque ad sæculum XVI. præmittam, deinde copiosiùs aliquantò ævum postremum subjungam.

ARTICULUS I.

Status Bohemiæ sub Ducibus & Regibus ex Primislai Agricolæ stirpe.

§. 1.
Zechus.

Um terrarum tractum, quem Bohemi hodie incolunt, variæ ab antiquissimis temporibus gentes occupaverant ; nam Suevos, septentrionalis Germaniæ populos, Boji (à quibus nomen) expulerant, Boios Marcomanni, istos Slavi, qui duce *Zecho* (Lechi & Russi fratre) ex Illyrico progressi, firmum deinceps pedem ibidem fixerunt.

Et primò quidem per tria fermè sæcula Ducibus parebant ; quorum primus erat, quem diximus *Zechus.* Quo tempore autem is eas in terras devenerit, magna est scriptorum varietas, adeò quidem, ut ultra quinque sæcula aliqui discrepent, & hi ad finem sæculi tertii æræ Christianæ epocham figant, alii verò usque ad initium sæculi noni eandem rejiciant. Utrosque hos refutat Balbinus noster in Historia sua Bohemica, & medium quoddam tempus sæculi V. aut VI. statuendum existimat.

Libuſſa, ob prudentiam & vaticinia Bohemiæ Sibylla dicta, militarem & animoſam gentis indolem agricultura, ac civilis vitæ ſtudiis,
atque oppidorum exſtructione pacavit.   Inter alia Praga Minor eam
auctorem habet.   Cœlibem agere vitam decreverat, ſed â proceribus ad eligendum maritum adacta, *Primislaum* agricolam elegit.
Huic poſt mortem Libuſſæ multum negotii faceſſiverant fæminæ, à
Waſta Libuſſæ famula, ob negatas à Primislao cum ea nuptias, ad
arma concitatæ.   Plures annos fæmininum hoc bellum tenuit, donec
caſtro earum expugnato ad ſexus ſui conditionem ſunt redactæ.

Ex Primislai & Libuſſæ progenie ſucceſſerunt continua ſerie 40.
tum Duces tum Reges Bohemiæ, usque ad annum 1306. ſeptimus ex
iis Vogenus *Pragam majorem*, quam hodie *antiquam* appellant, condidit.   Primus verò Chriſtianam religionem ſuſcepit *Borzivoius*, duodecimus Dux Bohemiæ, circa annum 864. cùm ad Radislaum Moraviæ Regem Chriſtianum inviſeret; à ſanctis viris Cyrillo & Me-
thodio inſtructus.   Conjugem habuit *Ludmillam*, quæ cum ipſo fuit
baptizata, ac poſtmodum in ſanctorum numerum relata.   Corpus
ejus in Eccleſia ſanctimonialium, ejusdem nomini dicato, in minori
Praga prope Cathedralem Eccleſiam aſſervatur.

Bohemi gentiles, cùm Borzivoium ab idolorum cultu receſſiſſe
intellexerant, Principatu eum dejecerunt; ſed brevi reſtitutus, eundem ultro ceſſit filio, privata deinceps vita cum S. conjuge uni DEO
ſerviens.

Spitihnæo Borzivoii filio brevi defuncto ſucceſſit frater *Wratislaus I.* Hunnorum is initiò ſocius adversus Bojos fuit, dein illorum pro Moravis hoſtis.   At pejorem multò hoſtem domi habuit,
Drahomiram nempe conjugem ethnicam, Chriſtianæ, quam amplecti promiſerat, religionis odio flagrantem: in ejúsque excidium toto
niſu incumbentem.

Duos ex ea Wratislaus nactus eſt filios, Wenceslaum & Bo-
leslaum, quos tenera ætate vernantes reliquit, anno 916. defunctus.
Cujus tumulus apud S. Georgium in arce Pragenſi hodiedum viſitur,
Beati titulo inſcriptus.

Filiorum Principum tutelam & Ducatus adminiſtrationem Ludmillæ matri ſuæ commendaverat.   Verùm Drahomira crudelitate ac
fraudibus ad gubernationem provecta, cædibus Chriſtianorum provincias implevit, immiſſis etiam ſiccariis, qui S. Ludmillam Tettini interficerent.   Alliſa ibidem eſt ſaxo, quod ejus ſanguine conſper-
ſum etiamnum viſitur.

2.
Libuſſa

3.
Borzivoius
& Ludmil-
la.

4.
Drahomi-
- ra.

S. Wen-
ceslaus.

Tandem *Wenceslaus*, fub fanctiffima prius Ludmillæ; aviæ fuæ, difciplina Tettini educatus, pubertatis annos vixdum adeptus, ut reipublicæ ac religióni, in ruinam impulfæ fuccurreret, Chriſtiano- rum procerum ope matri impiæ abrogavit imperium. Quæ non mul- tò pòſt tremenda morte fcelerum pœnam luit. Nam cùm auriga, prope templum eam prætervehens, ad adorandum DEum Miſſæ con- fecratione oblatum, ex curru defcendiſſet; illa furore æſtuans, hor- rendas in cœlum blaſphemias evomuit. Quare dehifcens tellus eam cum curru & equis vivam abforpſit, ad *ſtygem rectà devehendam. Auriga verò rediens præter fcuticam nihil invenit, terra in fe ipfam redeunte. Funeſtum cafum teſtatur columna eo in loco erecta in *Rat- fcbino*, non procul ab arce.

Cùm Drahomira rem Chriſtianam in Bohemia iret perditum, Henricus Auceps, Rèx Germaniæ, cum exercitu movit in Bohe- miam, ac confirmato in Principatu Wenceslao, & religioni & rei- publicæ confuluit. Mox eundem Erfordiam ad Imperii comitia in- vitatum primum *Regem Bohemiæ* appellavit, atque S. Viti brachium eidem donavit, cujus honoribus in arce Pragenſi magnificam Baſili- cam excitavit, pluribus fanctorum corporibus hodie venerandam.

Tandem fanctiſſimum Principem impius frater Boleslaus, Dra- homira matre jam antè inſtigante, Boleslaviæ, quo eum ad convi- vium invitaverat, media nocte in aditu templi propria manu perfidè interemit, anno 938. ætat. 30. 28. Sept. quæ dies à tota Ecclefia in ejus honorem feſtivè colitur. Corpus ejus primò fepultum Boleslavi- æ, dein Pragam advectum in Ecclefia S. Viti, à fe condita, reli- giofè aſſervatur. Vita ejus plena eſt fanctimonia, cultu in DEum Euchariſticum ſingulari. Quare innumeris decoratum prodigiis eum meritò ſibi Bohemi Patronum patriæ gratulantur. *S. Podivinus,* ejus fervus, ac operum piorum focius, pariter à Boleslao interemptus, Pragæ in eadem Cathedrali S. Viti Ecclefia publicè colitur.

5.
Boleslaus I.

Sceptrum Bohemiæ, fraterno fanguine fœdatum, *Boleslaus* arri- puit, regio tamen titulo abſtinuit, ob metum Cæfaris, Ducis rur- fum nomine inſignitus. Otto M. Imperator, ut cædem S. Wences- lai vindicaret, Bohemiam invaſit, geſtóque 14. annorum bello evi- cit, ut Boleslaus fraternam cædem, illatáfque Chriſtianis injurias de- teſtatus, totúsque in alium virum mutatus, Religionis deinceps defenfor eſſet; data etiam filia fua Daumbravia Micislao Po- loniæ Duci, ea conditione, ut is Chriſtiana facra fufciperet. Qua occaſione converfa eſt Polonia. Scribunt aliqui, Boleslaum, cum Ottone in gratiam reverfum, Ratisbonæ Dapiferi Imperialis dignita- te te fuisse ornatum, aheno pro infigni attributo. At alii id eò intèrpretantur, quòd ei à Cæfare fuerit injunctum, ut in pœnam parricidii ahenum fuper ignem geftet.

Patris & aviæ vitia emendavit *Boleslaus II.* patrui S. Wenceslai exemplum fecutus, fana evertit, idola contrivit, lucos fuccendit, gentiles rebelles fubditos pluribus præliis fregit; DEO autem plus 20. Ecclefias exftruxit, Epifcopatum Pragenfem fundavit. Cujus primus Epifcopus fuit Ditmarus, alter S. Adalbertus, Bohemiæ, Poloniæ, Hungariæ ac Pruffiæ Apoftolus, qui frequenti cleri convocatione religioni ac morum difciplinæ invigilabat. At non domi tantùm pius fortifque Boleslaus fuit fubditis domitis, & Ottone II. Cæfare à Bohemia rejecto, fed per exteras etiam provincias victricia figna circumtulit, expugnata in Polonia Cracovia, in Saxonia Mifnia. Obiit anno 999. *Pius* cognominatus. Novæ verò Boleslaviæ nomen ipfe fuum impertivit.

Reliquit tres filios, à patre degeneres, Boleslaum III. qui ignavia fua rurfus amifit, quæ pater in Polonia & Mifnia occupaverat. In Poloniam invitatum rex oculis privavit. Jaromirum verò (à quo Jaromiria) alterum fratrem Udalricus, tertius frater, excæcavit, & arci inclufit, ac proin Bohemia duos fimul Duces cæcos habuit; eófque fratres, tertium verò fratrem ufurpatorem principatus; qui tamen infignibus vitiis virtutes mifcuit bellicas; nam Polonos, qui Pragam jam ceperant, Bohemia ejecit, Saxones magna clade affecit; Lufatiæ Marchionem in prælio occidit, Thuringiòs, Mifnios, aliófque vectigales fecit. Obiit 1037.

Bretislaus I. ejus filius Juditham illuftrem virginem ex Parthenone Ratisbonenfi abduxit, gladio difciffa catenà ferrea, cœnobio prætenfa. Quam injuriam vindicaturus Conradus II. Cæfar, cum exercitu in Bohemiam irruit; jámque ad pugnam paratæ ftabant utrinque acies, cùm progreffa in medium Juditha, uterum ferens, pacem compofuit. Tantas autem deinceps Bretislaus res geffit, ut Bohemiæ Achilles appelletur. Nam Moraviam Polonis ereptam Bohemiæ junxit, Uratislaviam in Silefia, Cracoviam, Gnefnam, & Pofnaniam in Polonia expugnavit, annuúmque tributum Polonis impofuit; atque inde adverfus Hungaros victoriam promovit. Gnefnâ corpus S. Adalberti Pragam avexit; quamvis Poloni illud fibi adhuc vindicent, aliúdque Pragam abductum fcribant.

Anno 1058. obiens quinque filios Principes ex Juditha reliquit, affignata Spitihnæo Pragenfi provincia, Wratislao Olomucenfi, Conrado Brunenfi, Ottoni Znoymenfi, Jaromiro Reginæ. Gradecia, Ve-

(marginalia:) Boleslaus II.

6. Bretislaus.

Verùm Spitihnæus, ferox juvenis, fratres paterna hæreditate fpolia-
tos in exilium ejecit. Sed poft fex annos præcoce morte abreptus,
Principatum *Wratislao II.* fratri, relinquere coactus eft. Hic Henricum IV. bellicis obfequiis adeò fibi devinxit, ut anno 1086. eum
Regem crearet, & Lufatiam Bohemiæ adiiceret.

Ad'perfonam tamen Wratislai (ficut priùs ad S. Wenceslai)
reftricta fuiffe videtur Regalis dignitas; nam Conradus ejus frater,
plurésque fucceffores Ducis rurfus titulum affumpferunt. Bretislaus II. Wratislai I. filius, adactis Polonis ad folvendum annuum
tributum, quod ipfius avo Bretislao I. promiferant, in venatione fuit
occifus (*anno 1100.*)

7.   Florebant ad illud usque tempus res Bohemicæ domi forisque,
Bella Co- fatisque tranquillè & ex ordine proceffit fucceffio Ducum; verùm
gnatorum. cùm ad initium fæculi XI. magnus effet Principum agnatorum numerus, ex tot Bretislai I. filiis prognatorum, eos inter non rarò do-
mefticæ oriebantur difcordiæ, altérque alterum dignitate ac provinciis exuere conabatur. Qua re factum, ùt Henricus V. Cæfar modò hunc modò alium Bohemis Ducem defignaret. Sic Borzivoius II.
Svatoplucus, Wladislaus I. Sobieslaus I. magna inter fe contentio-
nè Ducatum attrahebant & retrahebant; unus Borzivoius ter Bohemiæ Princeps fuit, toties dejectus, demum in exilio mortuus, manifefto argumento, Principatibus ac Regnis nihil effe ad domefticam
tranquillitatem falubrius, quàm, fi *primogenituræ* jure filius fuccedat patri : nec ad fecundam lineam tranfeat fucceffio, quamdiu ex
prima fupereft mafculina progenies. Prout etiam in Bohemia obfervatum usque ad Boleslaum III. ejúsque fratrem Jaromirum, excæ-
catos, quorum jura Udalricùs frater tertiogenitus invafit.

Sobieslaum I. magnopere laudant fcriptores Bohemi, quòd Pragam ac Bohemiam univerfim multis Ecclefiis, aliisque ædificiis ex-
ornarit, ligneis Pragæ domibus in lapideas mutatis; ac præfertim;
quòd ipfum Imperatorem Lotharium II. in Bohemiam moventem, ac
prælio victum, captúmque eum pluribus Imperii Principibus (inter
quos Albertus Urfus Brandeburgi Marchio) liberaliffimè exceperit,
ac liberum dimiferit.

Succeffit *Wladislaus II.* anno 1140. vehementer obfiftentibus
Principibus agnatis, contra quos ei auxilio venit Conradus III. Imperator, cum quo deinde expeditionem in Palæftinam fufcepit; cum
Friderico I. adverfus Mediolanenfes, ubi Bohemorum virtus ita enituit, ut infignibus Ducis Leo cum gemina cauda fuerit à Cæfare additus, atque Wladislaus Rex Bohemiæ fuerit declaratus. Cùm verò
                                                          poftea

poftea Fridericus à Romano Pontifice anathemate fuiffet percuffus, ab eo fe reduxit. Qua re irritatus Cæfar in Lufatiam eum compulit, ubi mœrore contabuit (1174.)

Poft illius fata effervebant rurfus cruenta Principum agnatorum certamina, altero alterum detrudente. Nam Sobieslaus II. à Fride rico I. Cæfare obtrufus, ex carcere folium fcandit. Sedbrevi ab eo dejeðus à Friderico, Wladislai II. filio, pugna ad Pragam victus. Fridericus à Conrado Znoymenfi depulfus hic rurfus à Friderico. Con radum III. cum Henrico VI. in Italiam profeðum, ad Neapolin mox lues rapuit, tum Wenceslaus principatum invafit: poft tres menfes in Lufatiam captivus abduðus.

Quare Bohemia, tot bellis civilibus feffa, Prétislaum Henri cum, Epifcopum Pragenfem, priòrum Ducum agnatum, Principem fibi conftituit, ut & Ecclefiaftica auðoritas & fæcularis poteftas in unùm colleða, mutuis officiis oppórtunius fe adjuvarent. Is igitur, ut fatifcentem tot diffidiis rempublicam componeret, quà conventi bus Ecclefiafticis, quà procerum comitiis patriæ confuluit. Petito etiam â Cœleftino Papa legato Apoftolico, celebratáque fynodo col lapfam mórum difciplinam reftituit. Verùm triennio necdum exple to mors eundem abripuit (anno 1196.) **8. Synodus Prag.**

Succeffit Uladislaus III. qui raro modeftiæ exemplo fratri prin ðipatum Bohemiæ ceffit, Moravia fola fibi refervata. Igitur *Pri mislaus II. Ottocarus*, Uladislai II. filius, qui priùs in Bavaria exul Ra tisbonæ mercenario labore fe fuftentaverat, habenas capeffens, in cogna ti fanguinis Principes fæviit, Czerninis, ex eadem Ducum profapia oriundis, Bohemia expulfis. Cùm dein Otto IV. & Philippus Im perium difcerperent, primò Philippo adhæfit ab eo Moguntiæ Rex falutatus. At litteris acrioribus à Philippo offenfus, ad Otonem ejus æmulum tranfiit, ejúsque partes tam obnixè fecutus eft, ut *Otto* rus ðarus diceretur; idque cognomen etiam filio ejus & nepoti adhæfit. Poftea nihilominus Ottone etiam relicto, Friderico II. Imperatori fe totum dedidit, eúmque militaribus officiis ita fibi devinxit, ut fo lenni diplomate Bohemiæ *Regni* titulum in perpetuum addiceret. Pri mus proin eft Primislaus II. qui Regium titulum ad omnes fucceffo res transmifit. Addidit Cæfar alia privilegia: quippe Bohemos à contributione Imperiali exemit, Regémque ab obligatione compa rendi in Imperii Comitiis, nifi in Bohemiæ confinibus, Bambergæ, Norimbergæ, aut Ratisbonæ celebrentur, adjeðis infuper pluribus ditionibus Regno Bohemiæ. **9. Ottoca rus I.**

　　Hoc equidem pacto Primislaus Bohemiam & dignitate & amplitudine auxit magnopere ; de cætero non tantùm in omnem partem erat verfatilis, ùt tot tranfitus ad contrarias Imperatorum partes fatis demonftrant, fed domi infuper in agnatos Principes fævus ,
qui ne oculis privarentur, exulatum abiverant ; tributis immanibus
populum vexabat, clerúmque omnem , Friderici Cæfaris, fidélium
communione â fede Apoftolica privati , defenfor, implacabili odio
perfequebatur, tonfo etiam facerdotum vertici tributo impofito, quin
imò, ut nihil deeffet ad forditiem, fcholarium etiam atramento &
calamis.

　　Quare Guttenfteinius Epifcopus , Ecclefiaftica libertate fæpiùs
incafsùm monitum anathemate perculit, atque Bohemiam Ecclefiaftico interdicto.fubjecit. Septem illa annis facris caruit : ob uniùs
noxam Principis, donec tandem refipifcens obiit anno-1230. Regni
31. octogenario proximus.

Ottoca-
rus II.

　　Ex arbore mala fructus bonus prodiit *Wenceslaus III.* *Ottoca-*
rus, jam in cunis à patre coronatus. Dictus fuit *monoculus* , quia o-
culorum alterum in venatione amiferat. 　Sub eo refloruit religio ,
regnúmque, quod facris antè feptennio caruit , multiplicata pietate
defectum compenfavit. 　Patris avaritiam liberalitate ac lenitate e-
mendans, amorem fubditorum ditiffimum provinciarum tributum,
meruit, quin exterorum etiam æftimationem, fingulari cùm honoris
fignificatione Auguftanis in comitiis à Cæfare & Imperii Ordinibus
exceptus. . Sed nihil ad commendationem auguftius, atque ad Chriftianæ rei tutelam falubrius, quàm bellum præclarè geftum adverfus Tartaros, qui immenfa propemodum multitudine è finibus fuis
prorumpentes, Hungariam, Poloniam, Silefiam inundaverant, cæ-
fisque Chriftianis exercitibus, populatione compleverant. 　At ftitit
ruinam bellis duratùm Bohemorum robur, commiffàque ad Olomu-
cium pugna, barbarorum ingenti clade abfperfum Europæ periculùm,
ipfo Tartarorum Imperatore à Jaroslào Sternbergio, Chriftiani exercitus duce , in acie obtruncato. 　Taceo minora Wenceslai cum
Friderico Bellicofo, Auftriæ Duce, certamina. 　Obiit anno 1253.
ætatis 47. regni 23.

10.
Ottoca-
rus III.

　　Succefforem habuit *Primislaum III. Ottoearum* ; famofum in
hoc mundi theatro fæculi fui actorem. 　Jàm in patrem arma corripuerat ; quæ melioribus poftea aufpiciis in gentiles adhuc Boruffos
vertit, hortatu Pontificis cruce fignatum ducens exercitum. 　Devicta ea gente, Regiomontem plurésque alias ibidem urbes arcéique
condidit. 　Egra dein Bojis erepta, cum Bela Hungariæ Rege commiffus,

missus, ingentem ejus exercitum gemina clade pene delevit, præ-
térque magnam vim auri Bosonium poftmodum in prædam ceffit. Ob
tantas res geftas Bohemi *victoriosi* cognomine eundem appellant. Sed
nec potentia & terrarum amplitudine quisquam ante eum Bohemiæ
Principum eò affurrexerat ; fiquidem poft mortem Friderici Bellicofi,
absque prole mafcula defuncti Auftriam. Styriámque Interrègni tempore occupaverat, five, quòd crederet, eas provincias conjugi fuæ
Margarethæ, Friderici forori (quam tamen poftea repudiavit) dotis
jure effe debitas, five, ùt Bohemi fcribunt; quòd eas à Richardo
clientelari jure legitimè fibi conceffas putaret. Carinthiam & Carniolam quoque, ab Ulrico Duce aut donatam, ùt vult Balbinus,
aut pecunia, quod alii fcribunt, emptam accepit, ut adeò à mari
Balthico ad Adriaticum usque per ingentes terrarum tractus vaftif-
fimam dominationem exporrigeret. Adhæc fumma in orbe dignitas,
Cæfarea videlicet, ab Electoribus illi fuerat delata ; quam cùm fu-
perbiùs rejeciffet, Rudolphus Habfpurgicus, qui olim Ottocaro militaverat, electus eft.

  Hic Imperator Ottocarum ad Comitia Imperii Norimbèrgam
evocavit, ùt rationem reddat, quo jure Auftriacas provincias poffideat, quæ, tanquam Imperii feuda alienari nullatenus potuerint;
præfertim Interregni tempore. Eandémque conditionem effe Carinthiæ. Cùm autem is parere detrectàffet, & arrogantiùs refpondiffet, ventum ad arma. Jámque in adverfa Danubii ripa paratus ad
prælium uterque ftabat exercitus, cùm pactionibus in id convèntùm;
ut Ottocarus eas provincias tanquam feuda Imperii agnofceret, &
à Cæfare acciperet, liberi verò utriusque jungantur nuptiali fœdere.
Cùm autem fub papilionibus Rex Cæfari quinque vexilla obtuliffet,
quibus Bohemiam, Moraviam, Auftriam, Styriam, & Carinthiam
defignabat, Rudolphus, folo Bohemico & Moravico reftituto, reliqua tria fe retentùrum refpondit, donec nuptiæ promiffæ implerentur, interim verò fe ipfum tres illas provincias adminiftraturum,
móxque fublatis repente papilionis tapetibus, utrique exercitui patuit Rex genibus fubnixus coram Cæfare, plaudentibus Germanis,
Bohemis infrementibus.

  Ægerrimè res utraque Ottocarum habuit, & quòd relinquen-
dæ interim effent provinciæ, & quòd ludibrio publico, ùt interpretabatur, fuiffet expofitus. Cúmque ira alioquin ardenti flammas
fubjiceret regina, bellum Rudolpho intulit, fibi fuísque fatale; nam
ingenti prælio fufus in acie occubuit. Hæc nempe eft variantis fortunæ indoles ; procos fuos ad fummum elevat potentiæ & gloriæ api.

       eem

cem, ut lapfu graviore profundiùs detrudat. Cecidit Ottocarus
anno 1278. regni 25.

11.
Wences-
laus IV.
Moderatè Rudolphus Cæfar ufus eft victoriâ ; nam Auftriacas
quidem provincias feudali jure Alberto filio fuo conceffit (qui Elifabetham ex antiquis Auftriæ Ducibus oriundam duxerat) Bohemiam
verò reliquit *Wenceslao IV.* Ottocari filio , puero tunc octenni ;
cujus tutelam invafit Otto longus Brandeburgi marchio, qui Ottocari fororem habebat conjugem. Sed avarè & crudeliter eandem geffit, inducto Germano milite, qui effræni licentia per Bohemiam graffabatur. Rex ipfe pupillus cum matre velut carcere fuerat conclufus , ac dein in Brandeburgiam deportatus.

At invenit liberatorem patronumque imò patrem clementiffimum
in patris hofte, Rudolpho Cæfare ; qui Wenceslao Bohemis reftituto Juditham filiam fuam dedit conjugem , fimúlque Electoralem dignitatem , munus *Archipincernæ* , Vicariatum Imperii per Mifniam , E-
grenfem circulum , Uratislaviæ Principatum, Lufatiam quoque aut
confirmavit aut contulit.

Atque ut ad felicitatem ac potentiæ incrementum nihil deeffet,
Poloni quoque ac Hungari eundem fibi Regem elegerunt. Hungariam tamen , quò filium præmiferat, afportata fecum corona, deferuit, ob gentis diffidia.

Obiit, ùt vixit , pientiffimè anno 1305. regni 27. ætat. 35.
Præter alia fapientiffimè inftituta, fuadente Epifcopo Academiam
Pragenfem orfus eft, quod tamen falubre negotium procerum fa-
ctione corruit.

12.
Wences-
laus V.
Hæredem regni reliquit *Wenceslaum V.* 17. annorum juvenem,
quem optimis difciplinis inftitutum triplex corona exfpectabat ; fed
altero mox regni anno Olomuci à ficario Thuringo confoffus occubuit. Atque in eo Primislai Agricolæ & Libuffæ ftirps mafcula , quæ
perpetua ferie per tot fæcula in 32. Ducibus , & 8. Regibus floue-
rat, exaruit anno 1306.

ARTICULUS II.

Status Bohemiæ ab extincta Primislai ftirpe usque ad Huffitas
& Concilium Conftantienfe.

3.
Henricus
& Rud.
QUare Bohemiæ fceptrum ad exteras familias translatum eft ,
per fœminas tamen principes cum Primislai ftirpe connexas.
Et imprimis quidem Wenceslaus V. duas forores reliquit ,
Annam , Henrico Carinthiæ Duci ac Comiti Tyrolis nuptam , alte-
                                                                    ram

rằm *Elifabetbam*, adhuc cœlibem. *Henricum* igitur eligunt regnł Ordines, ut per illius ex Anna progeniem ftirps Regia Primislai propagetur. At oppofuit fe exercitu in Bohemiam miffo, Albertus I. Imperator, atque, ut filium fuum Rudolphum Regem dicerent, effecit, Henrico in Carinthiam fugiente.

Verùm Rudolpho jam altero regni anno morte fublato, Albertus Cæfar alterum filium Fridericum Statibus, apud regni primatem Pragenfem Epifcopum congregatis, obtulit. Cruenta fuère comitia ; prævalente tandem Henrico, & ex Carinthia revocato. Contra quem cùm bellum appararet Albertus Cæfar, fubitò à nepote fuo interemptus fuit. Henricus verò adeò avarè & feverè regnavit, ut Bohemi tam fævæ dominationis pertæfi, legatis ad Henricum VII. Luxemburgicum miffis, filium ejus *Joannem* in Regem fibi expeterent, promiffa in conjugem Elifabetha, altera Wenceslai V. forore. Placuit Cæfari conditio, præfertim quòd Henricus necdum fuiffet inauguratus à Cæfare, aut præftitiffet homagium. Celebratis igitur Spiræ nuptiis, Joannes cum nova fua conjuge in Bohemiam profectus, Pragam occupavit, & Henricum in Carinthiam fugere coëgit anno 1311. regni 3.

14. Joannes.

Plures fcriptoresRudolphum & Henricùm extra feriem Regum ponunt, præfertim Bohemi, merúmque Interregnum fuiffe exiftimant, varias rationes in hanc rem adducunt. Quas referre nolo.

Joannes Rex coronatus, à Moguntino ingenti cum pompa, purgato prædonibus regno, domitísque feditiofis proceribus, per Europam arma circumtulit, ut de eo diceretur proverbio : *nullum bellum fine rege Bohemiæ.* Atque imprimis mortuo patre Ludovici Bavari Imperatoris partes fecutus, & Mühldorffenfis victoriæ focius, Auftriacos perfequebatur. A Teutonici Ordinis Equitibus in Pruffiam accerfitus, per mediam, hoftilem tum Poloniam, penetrans, auxilio venit, Pruffósque ethnicos victos Chrifto adduxit. Lufatiam atque Silefiam Bohemiæ adjunxit, promoto etiam in Poloniam bello. Quamvis autem utroque oculo cæcus erat, nihilominus unam adhuc expeditionem fibi fufcipiendam putavit in Galliam, ut Gallos adverfus Anglos defenderet. Verùm in Creffiaca pugna, cùm fugere regi Bohemiæ probrofum diceret, cæfus eft anno 1346. regn. 36.ætat. 50.

Magni erat animi Princeps, ac præcipuæ obfervantiæ in fumfum Pontificem, quem non tantùm defendit in Italia contra Gibellinos, fed etiam Avenione cum Carolo filio invifit, impetravítque, ut Epifcopatus Pragenfis, Moguntino Metropolitano eò usque fubjectus, *in Arcbiepifcopatum* commutaretur ; & quamvis externo Ecclefiarum

Ii 3 fplen-

ſplendori non multum tribuiſſe ſit viſus, fidei tamen Catholicæ pu-
ritatem ſincerè colebat, ſummóque ſtudio promovebat ; ùt non ſolùm expeditio Pruſſica adverſus infideles, eſt argumento, ſed Bohemia etiam ab bæreticis expurgata, dum Dulcinianos, qui ex Germania advenerant, Pragæ publico in foro comburi juſſit. Bohemi
id ei dant vitii, quòd averſo ab eis fuerit animo, tributúmque gentis, quod ſtabili lege antè definitum fuerat, incertum reddiderit,
Germanicæ Nationis hominibus ærario præfectis.

Tres filios reliquit, Carolum, (qui *Wenceslai* nomen, in Baptiſmo acceptum, in gratiam Caroli Pulchri Galliæ Regis, apud quem
educatus fuerat, mutavit) Joannem, & Wenceslaum, ac primo
dedit Bohemiam, alteri Moraviam, tertio Luxemburgum. Joannes
matrimonio junctus fuit cum Margaretha Maultaſchia, Henrici Carinthiæ Ducis & Tyroleos Comitis, quem Bohemiæ Regem fuiſſe diximus, filia. Quæ tamen ipſum repudiavit, ac nupſit Ludovico,
Ludovici Bavari Cæſaris filio, ex quo ſuſcepit Mainhardum IV. Joannes verò ſibi deſpondit Margaretham, Ducis Troppavienſis filiam,
quæ Jodocum ex eo genuit, Imperatorem poſtea electum. Neceſſe
eſt igitur dicere, inter Joannem & Maultaſchiam ſponſalia duntaxat
interceſſiſſo, aut impotentiam reſpectivam, aut certè, nunquam matrimonium illud fuiſſe conſummatum ; aliàs enim diſſolvi nequaquam
potuiſſet.

15.
Carolus.
Carolo primogenito Bohemiam, quod dixi, dedit Joannes Rex,
nec Bohemiæ, quin orbi terrarum, plus dare potuiſſet, quàm Carolum. Is ſiquidem omnes ante ſe Bohemiæ Principes tam altè meritis eſt ſupergreſſus, ut *patria patrem* appellent Bohemi. Et juventutem quidem bellis Italicis, contra Gibellinos pro ſede Apoſtolica
geſtis, informaverat. Qua re tantam apud Clementem VI. Avenione tunc ſedem figentem, gratiam inivit, ùt exauctorato Ludovico Bavaro Electores quinque Imperii eundem ejus hortatu Cæſarem
dicerent. Sed non niſi poſt mortem Ludovici plenam Imperialis dignitatis poſſeſſionem adiit.

Incredibile dictu eſt, quanta deinceps hic Princeps geſſerit,
quot monaſteria & eccleſias fundârit, dotarítque, quot urbes, arces, & opera publica conſtruxerit. Negotium de Archiepiſcopatu
Pragenſi, à patre cœptum, ipſe abſolvit, attributis in annos ſingulos centum aureorum millibus, multisque privilegiis eidem conceſſis
& impetratis, àtque exſtructa nova Cathedrali Baſilica, cui corpus
S. Sigiſmundi Burgundiæ Regis, ex Valleſia aſportatum, intulit. Vix-
que eſt in tota Bohemia, quin toto Imperio, celebrior Eccleſia, quam
ſuis

suis non cumulârit beneficiis. Immunitatis Ecclefiasticæ cultor erat defenfórque acerrimus, remissis oneribus, quibus aliqui ante eum reges, & proceres clerum premebant, ut adeò nunquam florentior fuerit ecclefiarum status, quàm sub hoc inflexibili sacerdotii vindice. Ingentem Balbinus noster in *Hist. Bob. sect. 2. c. 2.* catalogum texit grandium beneficiorum, quibus ecclefias ornavit.

Sed nec minùs omnigenam felicitatem status politici promovit. Academiam Pragenfem, toto orbe celeberrimam, ad normam Pari-fienfis, ipfe fundavit (*Carolinam* ab eo dictam) bonarum artium scientiarúmque amator & æstimator eximius, maximè recreatus, quando scholarium disputationibus interesse poterat, vide-rétque, confluente undique ad novam academiam ingenti difcentium numero, scientiarum florere difciplinas. Pons etiam Pragenfis, Moldavæ impofitus, amplitudine & firmitate præcellens, auctorem habet Carolum ; cui ad fummum ornamentum poftea accefferunt 28. prægrandes statuæ, aut faxo incifæ, aut ære fufæ, atque pilis vi-fendis infistentes, ad utrumque latus ex ordine collocatæ.

Et hoc quidem ponte Pragam Minorem cum Majore commifit. Utrique verò *Novam Pragam*, cujus ipfe eft conditor, adjunxit, ut alteri, regio palatio (*Wifcberado*) propiores haberet cives ; tan-támque triurbi fuæ conciliavit ex omni natione hominum frequen-tiam, ut ii, qui coràm hanc fpectârunt, fcribere non dubitârint, intra diei fpatium ultra 50000. militum potuiffe colligi, & in aciem educi, absque civitatis detrimento : atque univerfim Bohemiam fuiffe omnis felicitatis emporium, cui Ca-rolus Lufatiam etiam atque Silefiam, à patre jam affertam, regno Bohemiæ ftabiliter univit, conventione cum Polonis inita ; quibus propterea remifit annuum tributum, quod Bohemiæ Duces ac Reges ab iis antè exegerant.

Conftitutiones optimæ Regni legúmque ordinationes pariter de-bentur Carolo ; utì etiam fucceffio, fecundùm diploma Friderici II. Imperatoris, ad fœminas quoque devolvenda, perpetua lege firmata. Sed nihil ad Bohemiæ decus, totiúsque Imperii, ejúsque præfertim Electorum emolumentum illuftrius, quàm Bulla Aurea, quâ, ùt Bal-binus loquitur, univerfa Imperii œconomia continetur, támque gran-de in Nationem Germanicam meritum complectitur, ut per eam ha-ctenus steterit, ne Imperatoris dignitas, Imperii falus & libertas, vi aut fraude convelleretur.

AR-

ARTICULUS III.

Status Bohemiæ à Concilio Conſtantienſi usque ad Baſileenſe.

16.
Caroli næ-
vi.

Uamvis Carolus IV. immortalem nominis ſui gloriam apud Bohemos præſertim, & Eccleſiaſtici ordinis homines ſibi comparaverit, non deſunt tamen, qui palàm pronuntient, vix pernicioſum magis fuiſſe Imperio, propter inciſos ærarii publici nervos, remiſſa telonia, acciſa vectigalia, artus, ad capitis decrementum, in immenſum auctos, largitione immodica obtruſum Electoribus *Wenceslaum* filium, ventrem pigrum & inertem, alterum velut Copronymum aut Heliogabalum, qui anno 1361. Norimbergæ natus ipſas jam ſalutis undas, quibus ablutus fuerat, arámque poſtea ipſam, dum vagiens bimus infans coronaretur, fœdaverat.

17.
Wenceslaus.

Imperii gubernaculo admotus, primo quinquennio ſpem bonam præbere viſus eſt. At poſtea helluonibus & projectæ vitæ hominibus ſe totum dedens, in turpem ſegnitiem, laſciviam, & crudelitatem defluxit.

Cùm ex S. Joanne Nepomuceno elicere non poſſet, an Joanna Regina præter ſe alium amaret, in Moldavam projectum ſuffocavit anno 1383. mox in alios Canonicos, Proceres, cives, carnifice, quem compatrem ſuum appellare conſueverat, latus ſemper ſtipante, graſſata eſt immanis crudelitas.

Bohemi eam tyrannidem & ſcurrilem levitatem non ferentes, Sigismundi Regis Hungariæ, ejusdem fratris, & Jodoci patrui, Moraviæ principis, conſilio, carceri eum incluſerunt Pragæ anno 1394. At ex eo fuga elapſus, cùm ſe ipſo non fieret melior, iterum captus, ac Viennam deportatus eſt. Verùm ope funiculi ſerici, à piſcatore porrecti, ex hac etiam cuſtodia evadens, barbara laniena in Bohemos ſæviit.

Imperium, cujus curas neglexerat, tam ignavi ac ſcelerati capitis pertæſum, Electorum Principum omnium ſuffragiis Francofurti eundem exauctoravit, quòd Longobardiæ jura alienâſſet, juſtitiam auro vendidiſſet, latronibus liberas habenas laxâſſet, in ſacerdotes & honeſtos viros ſævierit, monitus non reſipuerit &c. Et re ipſa, præter alia Imperii jura diſſipata Joanni Galeacio Vice-Comiti Vicaria-

riatum Italiæ pro pecunia, Norimbergensibus libertatem pro quatuor
vini Rhenani plaustris vendidit.

Gravissimum insuper Academiæ Pragensi, à patre Carolo fun- **18.**
datæ, vulnus intulit. Hæc tanto concursu studentium floruit, ut Academiæ
ad 44000. eorum numerarentur. Quia autem horum pars multò mutatio.
maxima erant exteri, tres isti classes cum trium votorum jure con-
stituebant, una duntaxat classe; cum uno suffragio Bohemis relicta.

Ægrè hæc res Bohemos habuit, quiritantes, fundatam à Carolo
fuisse Academiam Pragensem ad normam Parisiensis, in quatuor classes
distributæ, ita quidem, ut Galli tribus suffragiis potiantur, quarto
advenis relicto : in Pragensi verò tria exteris esse concessa, in haud
leve Bohemorum dedecus, qui frequentibus à Germanis notentur injuriis, numero capitum & votorum confisis.

Wenceslaus, his querelis per Joannem Hussum, Professorem
Academicum, ad se perlatis, decrevit, ut deinceps Bohemis tria
concederentur suffragia, exteris verò unum duntaxat. Qua muta-
tione irritati exteri ad condictum tempus 40000. Pragâ discesserunt.
Qua occasione Academia Lipsiensis in Misnia fuit fundata à Friderico
Bellicoso.

At majorem multò pestem Bohemiæ invexit Wenceslai ignavia **19.**
per Hussiticam hæresin, cujus originem & errores descripsi *part. 3.* Hussitarum
art. 8. n. 33. & seqq. ubi acta concilii Constantiensis exposui. Et furor.
quia in hoc concilio Hussus cum Hieronymo Pragensi ad necem condemnatus est, Hussitæ in rabiem acti eas deinceps seditionum,
rebellionum, bellorúmque atrocium ventilârunt faces, quibus Regnum
florentissimum vix non penitus conflagravit.

Ac primò quidem duce Zischa nobili Bohemo anno 1419. in Zisca.
curiam irrumpentes tredecim senatores per fenestras præcipitârunt.
Quo auditò Wenceslaus ira exæstuans, & apoplexia tactus, inter horrendos ejulatus & rugitus interriit. Natus an. 1361. an. 1363. coronatus Rex Bohemiæ, an. 1376. vivente adhuc patre, electus Rex
Rom. an. 1686. coronatus Aquisgrani Imperator, an. 1394. â Bohemis in carcerem detrusus, an. 1400. Imperiali dignitate exutus,
an. 1402. rursus mandatus custodiæ, iterúmque à Bohemis receptus, Regis umbram præsetulit ad annum usque 1419.

Post ejus mortem Sigismundus frater, jam antea Rex Hunga- **20.**
riæ & Rom. Imperator, Regni Bohemici possessionem aditurus, co- Sigismundi
mitia Brunam indixit. Quietè primò acta omnia. Sed cùm Pragen- bella.
fibus, qui lue Hussitica maximè laborabant, severiùs respondisset,
& Crasam, civem Pragensem, ob eam hæresin Uratilaviæ occidi

Pars VII. K k man-

mandâffet, eorum animos à fe avertit, ac difficillimum 16. annorum
bellum fibi accivit; in quo facra omnia ab Huffitis violata, nullúmque
barbaræ crudelitatis genus omiffum.

Ac primò quidem Sigismundus collecto 140000. ex Germania
exercitu an. 1420. Pragam obfedit, at conatu irrito. Pluribúsque
deinceps cladibus affectus à Zifcha; donec funefta hæc patriæ fuæ
peftis anno 1424. efte extingueretur. 13. victorias ab eo relatas memorant, 150. Monafteria vaftata. Pellem fuam poft mortem in tym-
panum expandi juffit, ejus enim vel fonitu hoftes in fugam aver-
tendos. *Zifca à calice* cognominari voluit, à calicis ufu, tot fangui-
neis præliis propugnato, nobilitatem accerfens.

21. — Detulerant equidem Bohemi coronam Jagelloni, Regi Poloniæ,
Procopius. fed eo recufante, orphanos fe dixerunt, creato belli præfecto *Pro-
copio,* Joannis Zifcha avunculo. Qui per 10. adhuc annos bellum, incendia, expilationes, populationes agrorum, vaftationes urbium circumdu-
xit, non tantùm per Bohemiam, fed etiam per Silefiam, Moraviam, Lufatiam, Saxoniam, Auftriam, Bavariam, Franconiam.

Sigismundus equidem novos femper novósque, etiam cruce fignatorum, immifit exercitus, fed victi recedere compulfi funt.

Anno 1433. concilium Bafileenfe Bohemos invitavit ad conciliandum religionis negotium, prout expofui prolixiùs *part. 3. art.
9. n. 18.* in recenfenda hiftoria concilii Bafileenfis.

22. — Sequenti dein anno 1434. Procopius, cùm ab armis nollet dif-
Pax. cedere, à Nobilibus Bohemis, Meinhardo præfertim à Nova Domo,
& Ulrico Rofenfi, acie victus occubuit; & quia fic Bohemia per fe
ipfam erat devicta, tandem anno 1436. pax coaluit, Huffitis ad compactata concilii Bafileenfis remiffis, quibus ufus calicis eisdem permiffus fuerat, modò ad falutem neceffarium non crederent.

Uno duntaxat anno Sigismundo Regno Bohemico frui licuit.
Nam anno 1437. Znoymæ obiit, ætatis 70. Imperii 26. regni Hungarici 51. Bohemici à coronatione 17. à quieta poffeffione 2.

23. — Princeps erat Sigifmundus de religione, concilio Conftantienfi,
Obitus Si- & fublato fchifmate optimè meritus. Sed bello adverfus Bohemos
gism. infelix, felicior adverfus Turcas. Erroris politici eum] arguunt,
quòd perturbato regni ftatu immitiùs Bohemos initiò habuerit; quos
tandem, cùm ferro non poffet, clementia vicit.

AR-

ARTICULUS V.

Status Bohemiæ à concilio Basileensi usque ad Tridentinum.

SIgismundus Bohemiæ hæredem reliquit *Elisabetham*, Alberto II.
Archiduci jam anno 1421. desponsam, concessa in dotem Mora- **24.**
via. Mortuo Sigismundo Albertus tres coronas eodem anno ac- **Albertus.**
cepit, Cæsaream, Hungaricam & Bohemicam, solo Thabore, munita ab Hussitis urbe, obsequium detrectante. Sed spes magnas,
de Alberto II. præclaro Principe & Imperatore conceptas, mors nimis matura abscidit. Jam altero enim Imperii & Regnorum anno
(1439.) obiit, magna Religionis ac Reipublicæ Christianæ jactura.

Filias duas susceperat Albertus ex Elisabetha, ex qua gravida **Ladislaus.**
relicta natus est *Ladislaus Posthumus*, Commorini in Hungaria, quarto post mortem patris mense. Bohemi eum Regni statum versari
arbitrabantur, ut consultum non sit, infanti, sub tutoribus consti-
tuto, habenas committere.

Alberto igitur Bavariæ Duci sceptrum offerunt, & eo recu-
sante, Friderico III. Imperatori. Verùm pientissimi isti Principes
nolebant cum detrimento pupilli crescere. Quare Bohemi duos Regni Gubernatores eligunt, Meinhardum Novadomensem, & Georgium Podiebradium, illum apprimè Catholicum, hunc addictum
Hussitis, hominem callidum, qui capto & sublato Meinhardo, totius
Regni gubernationem ad se traxit.

Ladislaus interea apud Fridericum III. Cæsarem, cognatum &
tutorem suum, educabatur, nec illum Bohemis reposcentibus restituere voluit, nisi impleto ætatis anno 13. quo Pragæ coronatus est
ab Olomucensi Episcopo. Cùm ad annum ætatis 17. pervenit, solenni legatione ad Carolum VII. Galliæ Regem missa, Magdalenam
ejus filiam in conjugem sibi petiit. Sed dum sponsa ad thalamum
ingenti apparatu properat, Pragæ Ladislaus infertur tumulo anno
1457. grandi rerum humanarum exemplo. Venenum ipsi mistum
quidam existimant, sive ab Hussitis, sive à Podiebradio.

Comitia Regni dein habita pro sufficiendo Rege. Competitores **25.**
erant præcipui Europæ Principes. Sed à Rokizana, Hussiticæ factio **Podiebra-**
nis mysta, persuasi Bohemi ad Podiebradium, nobilem Bohemum, **dius.**
ex illustri Berneggiorum in Germania familia oriundum, qui Regni
gubernacula hactenus pro Ladislao non sine politica laude modera-

Kk 2   ba-

batur, vota inclinârunt. Anno 1458. coronatus is. fuit ab Hungaris Epifcopis, Pragenfi fede vacânte, & Olomucenfi à fede Apoftolica necdum confirmato.

Celebrâtur Georgius à Bohemis magnis encomiis, tanquam magnanimus, bellorum admodum peritus, juftus, in fubditorum commoda, regníque curam fedulò intentus. Ad liberandum etiam Fridericum III. Imperatorem, à Viennenfibus fuis in arce obfeffum, cum *Rockizana.* exercitu accurrit. Sed Rokizanæ, pfeudo-Archiepifcopo Pragenfi obnoxius, *Calixtinorum*, feu *Utraquiftarum* fectæ adhæfit, calicis ufum per *compactata* concilii Bafileenfis Bohemicæ nationi conceffum, & ab Eugenio IV. approbatum, dictitans.

Contrà verò Romani Pontifices eum ufum tanquam abufum volebant abolitum, allegantes juramentum, quod in coronatione Georgius præftitiffet, defenfurum fe Religionem Catholicam, & Romano Pontifici obedientem futurum &c.

26.   Miffi in hoc contentionis conflictu ultro citróque legati, infti-
Anathema. tuti Ecclefiaftici conventus, plures Europæ Principes pro Rege Georgio apud fummum Antiftitem interceflerunt. Verùm cùm nec monita nec minæ proficerent, Paulus II. tefte Balbino *in hift. Boh.* eum ad caufam dicendam citavit Romam, & non comparentem, communione Ecclefiæ movit, ac Regno privavit, fubditis à juramento fidelitatis folutis.

Georgius infiftens *compactatis* Bafileenfibus, negánsques hæreticum ea quidpiam continere, primùm à Pontifice malè informato ad meliùs informandum, deinde ab eodem ad Concilium univerfale appellavit. Immiffi fubin cruce fignati exercitus; Mathias Corvinus Hungariæ Rex in Georgium concitatus, bellum movit; Moravia, Silefia, Lufatia, obfequium detrectârunt. Bohemiam tamen fuam defendit, hoftes vicit, & provincias illas recuperavit; immani tamen vel inter victorias Bohemiæ ftrage, Ecclefiafticorum maximè & Nobilium Catholicorum bonis injuriam paffis.

Tandem curis & laboribus fractus obiit anno 1471. ætatis 51. Regni 13. retractatis, ùt plures fcriptores referunt, quæ contra Pontifices egerat, promiffáque Canonicis Pragenfibus erga Sedem Apoftolicam obedientia; à quibus proin in Ecclefia Metropolitana Catholicos inter Reges facram fepulturam obtinuit.

Candidatos inter Regni tunc eminebant 1. Mathias Corvinus, vivente adhuc Georgio in Moravia coronatus Rex Bohemiæ. At Bohemi negabant, fe eum electuros, qui patriæ bellum intuliffet. 2. Wilhelmus, Mifniæ Marchio, qui Annam natu majorem Alberti II.

ti II. Cæfaris filiam, Ladislai fororem; nuptam habebat. 3. Uladislaus Princeps Poloniæ, ex Elifabëtha, juniore Alberti II. filia, ge-
njtus annorum 15. tunc juvenis.

Hic reliquis prælatus coronam obtinuit, fub conditione, ut com- 27.
pactata concilii Bafileenfis rata maneant. Pacis, quàm belli artibus Uladislaus.
fuit felicior. Bohemiam, Wenceslai inertia, bellis Huffiticis, brevi Alberti & Ladislai regimine, Georgii, bellis nati, neglectu, haud
parùm diftortam, ac legum vinculis diffolutam, erectis tribunalibus,
legúmque placitis prudenter temperavit, & in ordinem fuum repofuit.

Bello cum Mathia Hungariæ Rege, cui Silefia adhærebat, collifus, collecto ex Bohemia 20000 exercitu, &60000, quæ pater Cafimirus ex Polonia miferat, Uratislaviam obfedit; fed tanto armorum apparatu, quem Europæ expugnandæ fibi fufficientem fore Mathias dicebat, adeò parùm actum eft, ut ne quidem urbis portæ clau-
derentur. Tandem pars utraque belli pertæfa, primò in biennes inducias, dein verò anno 1479. Olomucii in ftabilem pacem cónfenfit, 28.
his ratam articulis. 1. Uterque Regis Bohemicæ titulo ornetur. 2. Pax cum
Bohemiam retineat Uladislaus, Moraviam, Silefiam, & Lufatiam Mathia.
Mathias. 3. Si hunc priùs mori contingat, tres illæ provinciæ coronæ Bohemicæ rùrfus uniantur, folutis Hungaricæ Nationi quadrin-
gentis florenorum millibus. 4. Si Uladislaus absque prole priùs decederet, ad Mathiam omnia devolvantur. Hoc autem anno 1490,
defuncto, provinciæ illæ rurfus Bohemiæ fuerunt unitæ, & Uladislao, qui etiam in Regem Hungariæ fuit electus, attributæ.

Sed ratione Hungariæ novum ipfi bellum cum Maximiliano I.
Rege Rom. qui armis eandem fibi vendicavit, conventionibus initis
nixus. Facta autem pace Uladislaus Hungariam interim retinuit,
omni verò jure in Auftriam fuperiorem, quam Mathias anteceffor
poffederat, in perpetuum ceffit.

Quamvis autem Uladislaus Princeps erat mitiffimus, & in omnes æquiffimus, multa tamen ab Huffitis, quos unire cum Ecclefia
Romana omni ope fatagebat, adverfa tulit, adeò quidem, ut plebs,
furore percita, non tantùm fenatores occideret, fed ipfum quoque
Regem in propria Pragenfi arce obfideret, & ad mortem depofceret,
Picardicis præfertim myftis ex fuggeftu tubam adverfus eum inflantibus.

Obiit pientiffimus Princeps anno 1516. ætatis 60. Regni Bohemici 45. Hungarici 26. Regnum utrumque relinquens Ludovico filio
unico, decenni tunc puero, cui tutores Status Regni dederunt Ma-

ximilianum I. Imperatorem, & Sigifmundum Polcniæ Regem, fratrem Uladislai.

29.   De Ludovico fic Balbinus : *ante legitimum tempus natus, & fine*
Ludovicus. *pelle*: *Ungariæ & Bohemiæ Rex electus & coronatus infans* (trium-
annorum) *ante tempus loqui cœpit, fapiens fupra ætatem puer* : *ante*
decennium Rempublicam tractare aggreffus eft, (conciliata inter Nobiles & civitates pace, quam S. Wenceslai conventionem appellant)
ante legitimum tempus conjugem fibi defpondit (Mariam Caroli V. fororem) *anno ætatis 15. eandem fibi duxit* (in celebri illo trium Regum, Maximiliani I. Imp. Uladislai Regis Hung. & Boh. & Sigismundi Regis Poloniæ, conventu, Viennæ celebrato) *ante tempus men-*
tum barba veftitum oftendit : *ante annum 20. canuit* : *ante tempus*
cum Turca conflixit; ante tempus periit (ad Mohacium anno 1526.)

30.   Ad Auguftiffimam inde Domum Auftriacam devoluta Bohemia,
Ferdinan- fub optimo ejusdem regimine hodiedum floret. Et quidem, mor-
dus. tuo Ludovico absque liberis Ferdinanoo I. qui Annam illius fororem
habebat conjugem, obtigit, delegatis Regni prudenter vota fua ad
eum inclinantibus, quem jura fucceffionis vocabant, totáque ferme
Nobilitate Regni Iglaviæ Eundem excipiente. Cúmque poftea anno
1558. Imperator fuerat renuntiatus, Ordines Bohemiæ cum 3000. equitum ei obviam procefferunt. 11000. cives armati, 1500. pueruli amictu candido, quos 12. cives Pragenfes, barbati fed pumuliones, nihil
pueris majores, ducebant, 1000. cani fenes, 2000. viduæ, 2000. virgines Pragam ingredienti occurrerunt, quolibet horum agmine latina
oratione Eundem falutante, inter triumphales apparatus, & fefti-
vos applaufus.

Certè optatius nihil effe poterat ad publicam Regni falutem,
quàm Ferdinandus, qui fatifcentibus prope rebus fapienter adeò fortitérque fuccurrit, ut & pacem Nobiles inter ac cives componeret,
& exactis, quantùm fieri poterat, Huffitis, Religioni avitæ con-
fuleret.

Id certè ad pientiffimi Regis perennem memoriam præclarum,
quòd Metropolitanæ Pragenfi Ecclefiæ, poft 131. annorum defolatio-
nem Catholicum Archiepifcopum reftituerit, & novam Academiam,
orthodoxæ veritatis arcem, condiderit.

Requirébant nempe ea tempora id genus præfidia. Triftis ubique fqualebat rerum facies ; dominabatur hærefis ; templa DEI
profanata, ac deformata, monafteria aut everfa, aut cultoribus vacua ; facerdotes necati, aut, quod infelicius, ex pa-
fto-

floribus in lupos transformati; Carolinæ Academiæ Doctores universim Huffitica tabe infecti animarum cladem spargebant. Religio
Majorum, tam pulchrè olim efflorescens, spreta ubique, abjecta,
ac deserta jacebat. Contrà verò per centum & ultrà annos tanta
Huffitarum, Orebitarum, Picardorum, Taboritarum, Orphanorum,
Calixtinorum, atque ut ad plenam stragem nihil deeffet, Anabapti-
starum, Lutheranorum, Zwinglianorum, Calvinistarum, aliarúmque sectarum colluvies Regnum inundavit, ut vix trigesima pars populi effet Catholica.

Equidem priores aliqui Reges Religioni reducendæ operam dabant, sed spreta jacebat auctoritas, furore hæretico, minis, seditionibus, tumultibus, bellis omnia miscente. Nec multò melior erat
Moraviæ, Silesiæ, & Lufatiæ status.

Subventum tandem laborantibus rebus à benigno Numine, corona stabili nexu Augustissimæ per orbem terrarum Familiæ illigata,
in cujus tutelam depositum gaudemus Religionis decus.

Ac primò quidem Ferdinandus Rex legum severitate agendum
putavit; cùm enim in bello Smalcaldico Bohemi ac Silesii ipsi militare
detrectarent adversus Saxonem, quin imò huic plures venirent auxilio, Ferdinandus confecto bello in Bohemiam duxit victorem exercitum, atque à rebellibus, Pragensibus maximè & Uratislaviensibus,
quorum culpa major, pœnas exegit, severas equidem, sed justissi-
mas; non parùm etiam promoto Religionis, propemodum exulantis, negotio.

3 L.
Leges.

Sed quia timor non diuturnus esse solet magister officii, mitio-
ribus deinceps mediis cum gente, facilè irritanda, agendum ratus,
tranquillæ pacis artibus Religioni providit efficaciùs; dum videlicet,
quod dixi, & ovibus pastorem restituit, & cùm ab infecta Academia
Carolina bona sementis sperari non poterat, novam fundavit, *Fer-
dinandeam* à nomine suo appellatam, eamque Patribus Societatis JE-
su, Româ in Bohemiam accitis, attribuit, cum Dominicanorum ad
S. Clementem monasterio (perampla hodie collegio) eo deinceps
proventu, ut & Religio & bonæ Musæ, in senium quoddam defor-
me prolapsæ, ad bonorum omnium solatium, & Regni decus reflo-
rescerent.

Alloboratum etiam sedulò, ut concilii Tridentini, nuper finiti, placita in usum & praxin eant. Quia autem in Regno, novitiis
erroribus constricto, tanta res ad fastigium brevi tempore deduci
non poterat, multum laborem ac sudorem, atque præsertim multam in adversis patientiam impendere oportuit. Nam ea fuit Huffi-
taruм

tarum protervia, ut in ædium veftibulis, ac templorum porticibus calicem pictum aut fculptum defigerent: in Bibliis autem fuis hæc verba.: *bibite ex eo omnes,* aureis litteris exprimerent.

ARTICULUS V.

Status Bohemiæ à Concilio Tridentino usque ad finem fæculi XVI.

32.
Prorex.

VIvente, Ferdinando I. Cæfare, filius Ferdinandus Archidux, cui Tyrolis poftea & anterioris Auftriæ provinciæ obtigerant, ipro patre adminiftravit Regnum Bohemiæ, idque munus continuavit (etiam poftquam Maximilianus frater fenior anno 1562. Rex Bohemiæ coronatus fuerat) usque ad mortem patris, infigni reipublicæ & religionis, ejúsque defenforum emolumento. Nam uti clerum omnem, à novatoribus oppreffum, ita vel maximè nafcentem tunc in Bohemia Societatem noftram, quæ Lutheranorum & Huffitarum odiis atque injuriis acerbiùs petebatur, fingulari magnánimitate & conftantia protexit ; probè gnarus, quantum interfit ad meffem, operarios in vinea Domini defudantes, ab adverfo incurfu fecuros præftare.

33.
Max. II.

Quamvis autem Maximilianus II. res Religionis remiffiùs, quàm pater, & fratres, tractaret, induci tamen non potuit, ut confeffionem Auguftanam publico decreto in Bohemia civitate donáret, Maria præfertim Regina feliciter diffuadente. Magnum etiam Ecclefia præfidium habuit in Antonio Archiepifcopo, & præcipuis Regni Dynaftis, Lobkowiciis, Rofenfibus, Pernfteiniis, Berkanis, Haugviciis, Kolowratæis, aliisque, fummis in Regno muneribus præfectis.

34.
Rud. II.
zelus.

Sed clarior multò lux affulfit, cùm anno 1575. Pragæ coronatus eft Rudolphus, Cæfaris filius. Prima quippe illius cura Religio, quam in Hifpania educatus, pientiffima etiam matre infpirante, altiffimè animo impreffam gerebat, Laurentio Magio ufus confeffario. Cùm adhuc juvenis à patre aliquando ad concionem Lutheranam ductus fuerat, in qua præco bilem in fummum Pontificem & Ecclefiafticos ordines licentiùs exfpuebat, exfpectato ægrè fine, fonantem calumniatori colaphum inflixit, reprehenfúsque propterea à patre factum conftanter defendit.

Sce-

Sceptro admotus, quamvis Imperator effet, regiam fedem
Pragæ conftanter fixit. Præcipua per Regnum officia Proceribus
Catholicis contulit. Piccardos, infolentiffimum Huffitarum genus,
feveris decretis coërcuit, nullóque loço paffus eft apertè furere.
Templorum nitori, cultuíque Divino intentus, nihil omittebat, quo
fubjeftos fibi populos ad Numinis æterni obfequium poterat fle-
ftere.

Sacrorum curæ acceffit præcellens litterarum æftimatio, qua
imbutus doftos viròs ex omni Europa Pragam attraxit, & copiofè lau-
téque habuit, Mathefeos præfertim difciplina eruditos. Argumento
fit Ticho Brahe, quem grandi fumptu ex Uranoburgo fuo attraxit; Litteræ.
præter ingentem multitudinem omnis generis artificum, pictorum, ftatu-
ariorum, gemmariorum, chymicorum &c. tantúmque auri ac gemmarum in Bohemia congeftum fuerat, ut Salomonis tempora renata dicerent; legatis etiam Tartarorum, Perfarum, Mofchorum, Turcarum, omniúmque fermè Nationum ad Rudolphum Cæfarem Pragam
confluentibus.

Verùm quàm gloriofa fuerunt tempora prima ac media, tam triftia &
acerba ultima; florente ac præpotente paulò antè Imperatore apud
populos vilefcente, atque provinciis exuto. Quæ cùm ad fæculum XVII. pertineant, eò referenda funt.

ARTICULUS VI.

Status Ecclefiafticus in Bohemia & adjunctis Pro-
vinciis per fynodos facras aliósque conventus ordinatus
fæculo XVI.

A Nte fæculum XVI. vix ulla inveniuntur in Bohemia celebrata 35.
facra concilia. Vifum nihilominus fuit fchema aliquod rerum
præmittere, ut facræ ac politicæ Reipublicæ ftatus appareat.
Jam fynodi & conventus, eo in Regno & adjectis provinciis celebrati, breviter funt referendi.

Et quidem, quæ ratione Nationis Bohemicæ in concilio Con- Compacta-
ftantienfi ac præfertim Bafileenfi fuerant ftatuta, parte 3. retuli; ta.
Ex hujus pofterioris fynodi *compactatis,* varias tamen inter, quas
dixi, turbas, motúsque, vivebant Bohemi, à Romanis ritibus paffim
defcifcentes. Quamvis autem Romani Pontifices compactata illa reji-

Pars VII.   L l   cerent,

terent, urgeréntque, ut Bohemi in fumenda fub una fpecie facra cœna reliquæ Ecclefiæ fe conforment, nihilofecius tamen Ferdinandus I. Huffitas ad fidem orthodoxam faciliùs reducendos ratus, fi Communio *fub utraque* iis permitteretur, paulò poft concilium Tridentinum, anno videlicet 1564. à Pio IV. facultatem impetravit, ut per Bohemiam is ritus liber evaderet.

Calix permiffus.

Magno hæc conceffio plaufu Pragæ fuit excepta ; conventúque à Catholicis habito decretum, ut per omnes Ecclefias promulgetur, adjecta tamen ex voluntate Pontificis gemina conditione, ut more veteri apud legitimum facerdotem deponatur peccatorum confeffio, nemóque crederet, utriusque ufum ad falutem effe neceffarium, aut laicis à Chrifto præfcriptum, ac proin nemo ad illum cogatur.

" Mens optima erat Principis optimi ; fed fpei non refpondit eventus. Nam conditiones non implebantur.• Confeffione peccatorum non præmiffa, illoto ore calicem fitiebant : unio nulla fecuta : plures in Huffitas, quàm in Catholicos mutati. Tenuit tamen ea ritus iftius licentia ad annum usque 1622. etiam in templo Societatis noftræ, ad evitanda majora mala, facello eidem deftinato.

36.
Synodus
Olomu-
cenfis.

Quia autem non minùs Moraviam quàm Bohemiam Hüffitica lues infecerat, novique fectarii agrum Domini, dormientibus cüfto-dibus, zizaniis complerent, Guilielmus Olomucenfis Epifcopus, ut excitaret ofcitantes, anno 1568. *fynodum Olomucenfem*, ex concilii Tridentini decreto indixit. Convenêre facerdotes 260. quos inter Laurentius Magius, aliique Societatis Patres, fuhdato Olomu. cenfi & Brunenfi Collegio, in partem laboris vocati.

Quatuor orationes ab iis habitæ in concilio de *calamitatibus*, quas hærefis Ecclefiæ intuliffet : de *Primatu fummi Pontificis*: de *inftitutione* & *utilitate fynodorum* : ac denique *de fructu Theologiæ*. Tribus diebus concilium tenuit. Prima, invocato per Miffæ folennia, ab Epifcopo celebrata, fancto Spiritu, prælecta decreta *de fide*, fumma omnium voluntate comprobata, uno duntaxat curione, quem hærefis jam corrIpuerat, obnitente.

Altera die lecta fecunda ftatutorum pars, *de Sacramentis* ; omnium fententiis rata & acceptata, Epifcopo Sacramentorum dignitatem eleganti oratione commendante. Tertia die tractatum de *morum difciplina* & *reformatione cleri*. Non eodem confenfu hæc vox excepta, pluribus in luxum, & lubricæ vitæ illecebras diffluentibus. At Epifcopus gravi oratione de vita & honeftate clericorum differens, obftrepentibus injecit pudorem fui. Atque ut cuilibet, quod luberet, opponendi daretur occafio, Adalbertus Bauffekius no.

fter

noſter cathedram conſcendit, ſponſione faƈta, ſe reſponſurum, ſi quis contra ſtatuta iſta ſynodalia. quidquam vellet promere.

Quamvis autem ad Tridentini normam canones & decreta fuerint compoſita, frequénsque ejusdem concilii, nuper-finiti, ſit faƈta mentio, ne tamen ulla Cæſari Maximiliano daretur offenſio, omiſſa eſt illius publica promulgatio, aut decreto firmata receptio, reſervato in meliora tempora tam ſalubri opere.

Cùm anno 1575. in publicis-Regni comitiis de Rudolpho in Re- . 37. gem promovendo traƈtaretur, per ſex menſes graviſſima, atque dis-Lutheracriminis plena, de Religione fervebat contentio. Lutherani, Piccar-ni &c. turdi, Calviniani, aliique ſeƈtarii, quamvis in doƈtrina maximè dis-bas cierit. cordes, & capitibus in diverſa tendentes, caudis tamen, ceu vulpes illæ Samſonicæ, colligati, in exurendum Eccleſiæ Catholicæ agrum conſpirabant. Cùm autem minùs proficerent, privilegia, Catholicis & *Utraquiſtis* conceſſa, communia ſibi eſſe volebant. Alioquin novum Regem ſe non admiſſuros.

Numero ſiquidem & audacia ſua freti, atque exemplo Acatholicorum in Auſtria, qui liberum Confeſſionis Auguſtanæ exercitium ante ſeptennium à Cæſare Maximiliano obtinuerant, animati, confeſſionem quandam, quam *Evangelicam* dixêre, obtulerunt. Catholici, quibus in hac cauſa Huſſitæ ſe junxerunt, poſtulato iniquo ſe opponebant; neque enim nomine *Utraquiſtarum* Lutheranos, aliósque ejusmodi Novatores poſſe intelligi, qui nihil propemodum commune cum illis habeant.

Veritas autem ut pateret manifeſtiùs, Patribus noſtris ab Archiepiſcopo mandatum eſt, ut novam illam ſeƈtariorum confeſſionem apta confutatione refellerent, quæ typis data, & comitiis exhibita, approbationem non tantùm à Catholicis, ſed etiam Huſſitis tulit. Atque ita fraƈta in præſens Novatorum audacia Cæſareo ediƈto ſancitum, ne quid in Religione mutaretur, ac cauſa iſta in tempus aliud differatur. Quo paƈto coronatus eſt Rudolphus, præmiſſa exomologeſi, & Euchariſtia ſub una ſpecie publicè ſumpta, ingenti reƈtè ſententium ſolatio, hauſto ex tam ſanƈtis auſpiciis felici omine.

Nec ſpes fefellit, ùt diƈtum ſuprà ; nam, ut cætëra hic taceam, 38. ſub optato regimine Religioſiſſimi hujus Principis celebratum eſt an. Olomucen- 1591. *concilium II. Olom.icenſe*, ab Epiſcopo indiƈtum. Magna in ſe II. eo res aƈta. Promulgata nempe publico decreto concilii Tridentini placita , ac recepta, unà cum *Breviario Romano*, juſſu Pii V. Pont. Max. edito : cætera item, ad ritum cultúmque Divinum , & ad mores Eccleſiaſticorum pertinentia, 24. articulis ſalubriter conſtituta.

præceptum quoque parochis, ut explicent, & in fcholis fuis tradi curent parvum P. Canifii Catechifmum, adhibito etiam Catechif. mo Romano.

Sublatus præterea in omnibus pagis & oppidis, dominio temporali Epifcopi fübjectis, ufus *utriusque fpeciei* quoad laicos; no-lentésque obtemperare huic decreto fuis extorres fedibus pronuntia-vit Epifcopus. Sed vix ullus erat, qui mutare domicilium, quàm animum mallet: exemplo falubri ituro ad pofteros, ut quoad ritus etiam externos cum Ecclefia Romana in toto regno reducatur conformitas.

39.
Concilia-
bula.

Præter has, quas dixi, orthodoxas fynodos, etiam hæretici conciliabula fua cogebant; nam imprimis Conradus Archiepifcopus Pragenfis ad Huffitas defcifcens conventum indixit, in quo quatuor articuli, in concilio Bafileenfi poftea ventilati, rogati funt. Pri-mus eft de Verbo DEI liberè ab omnibus docendo. Secundus de Com-munione fub utraque fpecie miniftranda. Tertius de opibus & dominio temporali ab Ecclefiis auferendis. Quartus de peccatis publicis pu-niendis

Dein plura alia conventicula ab Huffitis fuerunt conflata, ut numerofam illam diverfarum fectarum colluviem, Taborikarum nempe, Horebitarum, Orphanorum, Calixtinorum, Picarditarum, Huffitarum, Wiclephitarum &c. ad unitatem fidei reducerent. At conatu irritô; quælibet fecta errori fuo privato infiftebat. Omnes clamabant *Verbum DEI! ecce! hic eft Chriftus.*

CAPUT II.

Status Hungariæ Ecclefiafticus & Politicus adumbratus.

SUMMARIUM.

ARTICULUS I.

Schema rerum fub Regibus Andegavenfibus.

40. Dum plures competitores de regno difceptant, Carolus Ro-bertus tandem coronatur. Pur-

gationem vulgarem fuftulit, victus à Valachis.

41. Re-

41. Reliquit filium Ludovicum M. fub quo utraque res publica apicem felicitatis attigit. 12. bella geffit; primò quidem contra rebelles, & finitimos.

42. Dein verò bellum Neapol. contra Joannam, quæ ejus fratrem ftrangulaverat.

43. Et Venetum, Dalmatia afferta.

44. Ejus pietas, & Religionis zelus. Reliquit duas filias.

45. Turbæ fub Maria ejus filia, cum Carolo Parvo, & Banne Croatiæ.

46. Sigismundus Mariæ conjux Rex proclamatus.

ARTICULUS II.

Schema rerum fub Sigismundo, Alberto & Ladislao.

47. Sigismundus rebelles vincit. Sed vincitur à Turcis ad Nicopolim.

48. In comitiis à fubditis captus, & in carcerem miffus.

49. Albertus brevi extinctus, relicta conjuge Elifabetha (Sigismundi filia) Ladislao pofthumo gravida. Quæ filium & coronam Regiam fecum Viennam defert ad Frid. Cæfarem, Ladislai tutorem.

50. Hungari verò eligunt Uladislaum, Jagellonis & Hedvigis filium. Hunniadis laudes.

51. Clades Varnenfis atrox.

52. Cæfo Uladislao Epifcopi & proceres conventum celebrant. Sanctiones. Ladislaum pofthumum regem declarant: Hunniadem regni gubernatorem.

53. Quia Frid. Cæfar Ladislaum pupillum non dimittic, Hungari Hunniadem, Bohemi Podiebradium, Auftriaci Cilium, gubernatores præficiunt.

54. Hunniadis clades, à Turcis illata. Diffidia cum Cilio.

55. Belgradum ftrenuè propugnat, Turca profligato. Capiftrani laus.

56. Cilii, & Ladislai Corvini cæfi tragœdia.

ARTICULUS III.

Schema rerum fub Mathia rege.

57. Mathias Corvinus, alter Hunniadis filius, è carcere Bohemico ad thronum Hung. Zilagii opera. Hujus fata.

58. Bellum cum Frid. Cæfare.
Pacis articuli memorabiles.
Corona reddita.
59. Bellum recrudefcit. Nova
pax.
60. Tertium bellum. Occupata
Vienna cum Auftria inferiore.
61. Bellum Bohemicum cum Podiebradio focero, inftigante
Pontifice. Moraviam & Sile-
giam occupat. Rex Bohemiæ
falutatus.
62. Bellum Polonicum. Labes
Mathiæ.
63. Bonfinius Mathiæ alumnus &
encomiaftes.

ARTICULUS IV.

Synodi Budenfis fanctiones anno 1486.

64. Recenfentur decreta circa ftatum Ecclefiafticum & Politicum
reformandum. Huffitæ vivi in
terram defoffi.

ARTICULUS V.

Schema rerum fub Uladislao & Ludovico.

65. Mortuo Mathia ingens de regno contentio inter quatuor
candidatos. Electus Uladislaus Boh. Rex. non fine capitulatione.
66. Albertus Polonus fratri bellum infert.
67. Et Maximilianus Rex Rom.
Magna Hung. pars occupata.

68. Pax, ejúsque articuli memorabiles.
69. Bellum Turcicum. Rufticum.
Conventus Viennenfis trium regum. Sponfalia.
70. Ludovici II. fata. Belgradum amiffum. Infelix pugna
ad Mohazium.

ARTICULUS VI.

Schema rerum fub Ferdinando I, Maximiliano II.
& Rudolpho II.

71. Contentio de regno inter Ferdinandum & Joannem Zapolia.

72. Qui armis inferior Turcas invocat. Hi populata Hungaria
Viennam obfident.

73. Pax cum Joanne. Articuli
memoriales.
74. Joannes Sigismundus pacem
frangit. Ingentes Turcarum
progreffus. Cædes Martinucii
Cardinalis.

75. Con-

75. Continuatio belli cum Joanne Sigismundo, & Turcis fub Maximiliano II. Sigethi expugnatio. Serinii fortitudo.
76. Bathorius Princeps Tranfyl-

vaniæ. Sigismundi ejus nepotis inconftantia.
77. Novum ac diuturnum bellum Turcicum fub Rudolpho II. varia fortuna geftum.

ARTICULUS VII.

Status Ecclefiafticus ordinatus per concilia & alia media.

78. Hærefis in Hungariam per illas turbas regni.
79. Sacerdotia direpta, ac monafteria.
80. Mifera Religionis facies.
81. Reges fe opponere nituntur.
82. Synodus Tyrnavienfis I. fub Olaho Archiepifcopo.

83. Synodus Tyrnavienfis II. pro reformando clero.
84. Adventus focietatis JEfu.
85. Concilium Jaurinenfe fub Draskovitio Cardinale.
86. Collegium Hungaricum Romæ erectum.
87. Miraculum circa Euchariftiam.

CAPUT II.

Status Hungariæ Ecclefiafticus & Politicus adumbratus.

Quamvis pofterioribus fæculis pauca inveniam in Hungaria celebrata concilia; juvat tamen in hoc apparatu eruditionis Regni etiam iftius fchema aliquod fubjicere.

ARTICULUS I.

Schema rerum fub Andegavenfibus Regibus.

Sub initium fæculi XIV. magni competitores Hungariam in partes traxêre. Et quidem defuncto Ladislao III. Nicolaus IV. Romanus Pontifex *Carolum Martellum*, Caroli Andegavenfis Neapolitani Regis filium, Ladislai forore natum, Hungaris magnopere commendatum coronavit. At pars magna illorum *Andream Venetum*, antiquæ ftirpi Regiæ innexum prætulit. Extincta verò in ifto *(anno 1301.)* S. Stephani mafcula ftirpe, aucta votorum difcordiâ, qui-

40. Regni competitores.

quidam *Wenceslaum V.* Bohemiæ·Regis filium, 13.·annorum`ado-lescentem, advocârunt. Verùm eùm ·adverfæ factiones Hungariam mifcerent, Wenceslaus an. 1303. cùm`Regia S. Stephâni corona·in Bohemiam abductus eft; primóque dein Regni anno perfide·interem-ptus *(anno 1306.)*

Pars altera elegit *Ottonem* Ducem Bavāriæ , Belæ IV. filia ge-nitum ; cui Wenceslaus anno 1305.« jus, fuum ceffit, & coronam afportatam reftituit. At verò à Tranfylvaniæ Palatino captus, re-gnóque coactus renuntiare in Bavariam rediit *(anno 1308.)*.

Carolus Tertius competitor erat *Carolus Robertus*, Caroli Martelli filius;
Robertus. qui annō 1309. in poffeffionem miffus, legibus optimis regnum di-ftortum compofuit ; Chriftianæ etiam difciplinæ intentus , abolita fuperftitione *purgationis vulgaris,* quæ. in. judiciis per candens fer-rum, ignitos vomeres, aut bullientes aquas fieri confueverat, legi-timum ordinem proceffus judicialis induxit.

Quamvis autem magna laude regnaret, non defuit tamen perfi-dus latro, qui in cœnaculum irrumpens,' ftricto ferro feralem ictum Regi intuliffet. · Nifi féliciter aberrans dextera, levi duntaxat vulne-re manum perftrinxiffet. Altero ictu in Reginam intentato quatuor ei digitos præcidit. Cúmque in Regios etiam Principes vellet irrue-re, ab accurrentibus ·famulis confoffus· periit, tota ejus familia excifa.

Alterum periculum fimúlque damnum· ingens ·regni fubiit, ubi Valachiæ Palatino bellum intulit. Nam exercitu fame pereunte ad turpem pacem compulfus eft ; qua nihilominus fracta , Valachi Hun-garos ad internecionem ferme ceciderunt, Rege· mutato habitù vix elabente.

41. Obiit ís tandem fuo fato *anno 1342.* regni 33. pace quam bello.
Ludovicus felicior, multò verò feliciffimus pater in filio *Ludovico M.* qui fum-
M. ma omnium confenfione ipfi in Regno fucceffit;

Exorfus à Religione Impérium, antiftitum ope reftauravit mo-rum difciplinam, pietatis ipfe virtutúmque omnium idea. Nec mi-nùs Rempublicam, multis locis turbatam atque imminutam in præ-validum corpus adunavit ; & alios quidem , qui parendi obfequium fubtraxerant, humanitate & animi mágnitudine fregit ; alios bellis, quorum 12. feliciter geffit ; fubegit: repreffisque ex Tranfylvania Tartaris , domitis Croatis ac Bulgaris·, Valachiæ Regulo;''victoria, quam diximus, à patre reportata, fůperbo· ad·tributi fervitutem re-ducto, Hungaricæ gentis gloriam in immenfum· auxit, finésque protulit.

Sed

Sed nullum ipſi bellum magìs memorabile, quàm Italicum. Cùm enim Robertus, Rex Neapolis, *Andream* Ludovici fratrem cum *Joanna* nepte ſua, diſpenſante in conſanguinitatis impedimento pontifice, juſtis nuptiis conjunxiſſet, ac ſucceſſorum in Regno deſignâſſet, impia mulier Andream conjugem truculentè ſtrangulavit.

Quare Ludovicus fratris necem ulturus, delectu Hungarorum habito, valido ac victoriis aſſueto cum exercitu in Italiam movit; atque occupata Calabria & Apulia triumphantis more Neapolin eſt ingreſſus, ibidémque Siciliæ, Neapolis, & Jeroſolymæ Rex publicè proclamatus, *(anno 1349)* Regina Joanna in Galliam profugiente; ubi vendito Clementi VI. Avenionenſi comitatu, conductóque novo milite, Italiam repetiit, ac faventibus Italis, externum militem haud æquo animo ferentibus, maximè autem interveniente apud Ludovicum victorem ſummo Pontifice in Regnum eſt reſtituta.

Gravi dein bello colliſus cum Venetis Ludovicus, Dalmatiam illis eripuit, & Regno Hungariæ junxit. Mortuo Caſimiro III. cujus ſorore genitus fuerat, cuique adverſus Bohemos & Lituanos auxilio venerat, etiam Poloni eum elegerunt regem *(an. 1370.)* tandémque de utraque Republica præclarè meritus obiit anno 1382. ætatis 56. Regni Hungarici 40. Polonici 12.

Sedis Apoſtolicæ ſemper fuit obſervantiſſimus, dum poſt geminam expeditionem in Italiam plurésque victorias reportatas in gratiam pontificis Joannæ Regnum Neapolitanum juſtis armis ſibi aſſertum, reſtituit.

Incredibili inſuper flagrabat ardore Chriſtianam Religionem ubique propagandi; cùmque tota Hungaria eſſet Catholica, ſolis Judæis pertinaciæ ſuæ inhærentibus, eos omnes Regno exegit. Eremitarum S. Pauli ordinem introduxit, & cœnobiis donavit, templis pluribus DEO erectis, & ſacerdotiis amplè locupletatis; Cumanos ad veram Religionem perducere omni ope contendit, immiſſis fidei magiſtris, per quos etiam Sclavoniam & Boſniam ab erroribus purgari curavit.

In eo duntaxat magnus hic Princeps infelix viſus eſt, quòd filio careret, cui tot provincias ac regna transmitteret. Filias autem reliquit duas, Mariam & Hedvigem. Illam Hungari, hanc Poloni Reginam coronârunt.

Maria, Sigiſmundo, Caroli IV. Imperatoris filio deſponſa à Ludovico patre, cùm nuptiis adhuc eſſet immatura, ſub tutela Eliſabethæ matris, & Nicolai Garæ, Hungariæ Palatini adoleſcebat. Verùm cùm omnia hujus miniſtri arbitrio agerentur, Proceres con-

Pars VII.   M m   ſpi-

42. bellum Neap.

43. Venetum.

44. Pietas.

45. fpiratione inita, anno 1384. *Carolum Parvum*, Ludovici M. ex
Turbæ fub fratre Andrea nepotem (ùt fcribit Bonfinius) qui Neapolis Regnum
Maria. pulfa Joanna, nuper occupaverat, per Zagrabienfem Epifcopum ad
coronam invitant.

Accurrit is illicò, & occupato folio Rex Hungariæ coronatur.
Verùm haud diu triumphare ambitioni licuit. Siquidem Gara Palatinus, collato cum Elifabetha Reginæ matre confilio, per Blafium
Forgatfchium, robuftum militem & audacem, regi, Budæ menfæ
affidenti, ad oculos usque caput diffindit ; quo vulnere paulò poft
miferè obiit, (*anno* 1385.) ne quidem fepulturæ facræ locum inve-
niens, quid anathemate ligatus periiffet. Itali ad necem quæfiti,
fugâ fibi confuluerunt.

Maria folennibus acclamationibus *Rex* iterum falutatur. Sed
dum velut triumphans cum matre Hungariam luftrat, Joannes Horvatus Croatiæ præfectus (quem *Bannum* vocant) Caroli necem ulturus collecta tumultaria multitudine, fui fecuras aggreditur, cælό-
que Forgatfchio, & Gara Palatino, qui vim avertere conati fuerant,
currum, quo Reginæ vehebantur, invertit, Elifabetham matrem, Ludovici Regis conjugem, capillis abftractam, & in flumen projectam
fuffocavit, Mariam Reginam in carcerem conjecit, ac gynecæum
Regium, indigniffimè habitum ; furori ac libidini militum expofuit.

46. Sigimundus interea comparato ex Bohemis exercitu ad liberan-
Sigism. dam fponfam accurrens, à Proceribus Budæ ingenti gratulatione excipitur. Quo comperto Horvatus, fibi metuens, Reginam, Sacramenti priùs religione addactam, quòd nec matris necem, nec fuam
captivitatem fit unquam ultura, liberam dimifit.

Budam effufo populorum gaudio ingreffa, atque inde Albam
cum Sigismundo conjuge profecta, coronam eidem & fceptrum ceffit. Sigismundus Rex proclamatus, & à Strigonienfi Epifcopo inauguratus, Reginæ injurias ut perfequeretur, Horvatum parricidam
primùm Poffegæ, dein Dobore obfedit, fugáque elapfum cepit, ac
currui impofitum ad contumeliam circumvexit, atque in frufta concidi mandavit.

AR-

ARTICULUS II.

Schema Rerum sub Regibus Sigismundo, Alberto & Ladislao.

Sigismundus Rex coronatus sumpta de parricida sceleris vindicta, 47.
Bosnienses, Croatas, & Dalmatas, qui à regis fide defecerant,
ad Pannoniæ Regnum reduxit; tum verò Transylvanos, & Valachos, pertinaciùs resistentes, Turcarum etiam, qui tunc primò
partes illas infestaverant, auxiliis fretos.

Mortua subin anno 1391. absque liberis Maria conjuge, Jagello
Rex Poloniæ Hedvigis uxoris nomine Pannoniam sibi vendicavit. Nec
deerant ex Nobilibus plures, qui Polono favebant; quos Sigismundus, cùm humanitate & gratia non posset ad obsequium flectere, fracta cervice sustulit.

Sed nihil Sigismundo infelicius altera expeditione in Valachos; Cæsus à
qui tributi obsequium negantes, Turcas rursus adversus Ungaros in-Turcis.
vocârunt. Sigismundus bello in eos moto, cum ingenti exercitu, ex
omni ferme Europa collecto, Nicopolim usque penetrat. Ubi collatis cum hoste signis, immani clade, 20000. Christianorum amissis, affectus, atque ob rem malè gestam ab Hungaris sibi metuens,
Constantinòpolim fugit, indéque Ægeum Joniúmque mare emensus,
exploratis Pannonum in se animis per Dalmatiam & Croátiam Hungariæ se reddidit.

Inquieti quidam, rerúmque novarum cupidi, Ladislaum
Neapolis regem, Caroli Parvi filium, in Pannoniam interea
ad ultionem paternæ cædis, atque ineundam regni possessionem ad-
vocârant. Verùm is intellecto Sigismundi reditu copias, quas in
Dalmatiam jam miserat, revocavit, apud volubilém & inter se di-
scordem gentem paterni fati calamitatem reformidans.

Cùm autem Sigismundus in Regni comitiis ab Hungaris annò 48.
1401. fuerat captus, & in carcerem detrusus, ob cæsos rebelles No- Captus,
biles, & cladem Nicopolitanam, Ladislaus rursus invitatus ad sceptrum, in Dalmatiam trajecit, rei eventum ibidem exspectaturus.
At verò cùm Sigismundus viduæ, quam Gara cæsus reliquerat, opera è carcere fugisset, & cum valida Germanorum ac Bohemorum
manu rediisset, regnúmque recuperâsset, Ladislaus in suam Apuliam
rediit. Rebellium verò Hungarorum capita debitæ pœnæ fuerunt subjecta.

Quæ autem deinceps, postquam anno 1410. Imperator fuit electus, pro Republica, pro convocando concilio Constantiensi, pro
extirpando Ecclesiæ schismate, atque contra rebelles Hussitas in Bohemia egerit, aliàs sunt recensita.

Obiit tandem, utramque fortunam expertus, pientissimè anno
1437. ætat. 70. regni Hung. 50. Boh. 17. Imp. 27. relicta, ex secunda conjuge (Ciliæ comitis filia) *Elisabetha*, Alberto II. Archi-
dúci nupta: quem à Sigismundo commendatum Hungari coronârunt.

49.
Albertus & *Alberto II.* propter conjugem suam Elisabetham ab Ordinibus
Ladislaus. Hungariæ in regem cooptato, Amurathes Tyrannus Turcarum anno
1439. Serviam invasit; ad quam servandam dum Albertus accurrit,
lue exercitum corripiente, & ipse in morbum incidit, quò præmatu-
re extinctus est, dum Viennam rediret, anno 1439. relictis duabus
filiabus, & uxore uterum serente, ex qua dein natus est *Ladislaus
Posthumus*; quem quarto mense mater coronari curavit.

50.
Uladislaus. Quia autem Pannonia in duas factiones erat scissa; altera Ladislaum pro rege habente, altera *Uladislaum III.* Jagellonis filium,
Poloniæ regem, ad coronam evocante, Elisabetha, ut discrimen evitaret, cum Ladislao filio Viennam ad Fridericum III. abiit, aspor-
tata secum astutè Regia S. Stephani corona.

Uladislaus igitur, factione adversa pugna superata regnum auspica-
tus cum Amurathe II. qui ad utramque Istri ripam magnis progressi-
Hunniades bus augebatur, bello committitur, eique supremum exercitus ductorem præficit *Joannem Hunniadem* (à *pago* in Valachia sito *Corvinum* dictum) præstantissimum ea ætate belli imperatorem, quem
alterum velut Machabæum aut Epaminondam, difficillimis illis temporibus, quibus Pannonia civilibus discordiis fatiscebat, & à Turca,
occasione illa nimis solerter uso, undique infestabatur, provida Supe-
rum cura submisit.

Et profectò fortissimus hic heros tot secundis præliis victoriisque
viribus ferocem barbarum attrivit, ut anno 1443. pacem circumspe-
ctaret, & à rege Uladislao impetraret. Quam tamen hic, à Juliano
Cardinale, ut fertur, persuasus, altero mox anno fregit; vindicante
51. te Numine violatam fidem. Quippe Uladislaus victricibus armis ad
Clades Var- ad Pontum Euxinum usque progressus, in Bulgaria ad *Varnam* ingenti
nensis prælio est fusus, quo 30000. Christianorum vitam, & suam amisit.

Ferunt, Amurathem, dum Rex, fortissimè pugnans cum Joanne
Hunniade initio pugnæ validissimo impetu Turcarum aciem adeo
turbaverat, ut victoriam jam in manibus habere visus fuerit, instru-
mentum pacis, manibus præhensum, ad cœlum sustulisse, & excla-
másse: *Vindica Christe, si DEus es, hanc Christianorum perfidiam.*

atque

atque hac voce animatos Turcas fugam ftitiffe, & in prælium rever-
fos ingentem illam reportáffe vi&oriam : infigni documento, non impunè etiam infidelibus datam violari fidem. Cecidit in hoc prælio
cum Rege etiam celeberrimus ille Cardinalis Julianus Cæfarinus, Eugenii IV. Legatus, concilii Bafileenfis initiò Præfes, bellique hujus
infelicis ut fertur) incentor.

Ad nuntium infelicis cladis orbis Chriftianus ingemuit, Pannonia præfertim ac Sarmatia Uladislai, Regis omni virtute multò orna-
tiffimi, funeftum cafum luctu publico deploravit. Ne autem vacante throno in regno, alioquin factionibus turbato, bellum erumperet, Epifcopi ac Proceres conventu celebrato faluberrimis monitis
a deꞇretis de vi, de dolo-malo, de latrociniis, cædibus & rapinis &c. providè caverunt.

52.
Convent·

Ne autem geminum potentiffimum hoftem cervicibus fuis imminentem habeant, & Fridericum Imperatorem, Ladislai pupilli jura
perfequentem , & Amurathem, victoria Varnenfi tumidum ferocém-
que, comitiis indictis, uno confenfu *Ladislaum*, annum quintum
tunc agentem, regem declarârunt. Quum autem regno per ætatem
effet immaturus, Joannem Hunniadem, Tranfylvaniæ ab Uladislao
præfectum, de Pannonia omníque Chriftiana Republica præclarè
meritum, regni *gubernatorem* defignant (anno *1445*.) miffáque ad
Cæfarem legatione Ladislaum in Hungaria educandum, & coronam,
ab ejusdem matre ablatam repetunt.

Refpondit Fridericus, electione Ladislai opus non fuiffe, quem
jus hæreditarium & natura Regem genuiffet, negavitque, fe coronam aut pupillum, cujus tutela ad fe ceu proximum agnatum fpectaret, extraditurum, donec in ætatem Regno maturam adolefceret.

53.
diffidia cu
Frid. Cæ.

Quæ res Pannonum animós tantopere irritavit, ut per Hunniadem gubernatorem Auftriam, Styriam, & Carynthiam populatione
& rapinis ferociter vaftarent: Cæfare in propofito fuo conftante, ac
potiùs ferente, ut poftea Hunniades Hungariam, Podiebradius Bohemiam, Ulricus Comes Cilius, Ladislai avunculus, potiffimam
Auftriæ partem, ad Ladislaum pertinentem, adminiftrarent. Qui
etiam in hoc münere funt confirmati, poftquam Ladislaus Româ redux,
quo Cæfarem ad coronationem comitari debuerat, anno 1452. à Friderico ad regna fua fuerat dimiffus.

Hunniades autem, ut cladis Varnenfis ignominiam vindicaret,
pluribus fecundis præliis Turcas à Pannoniæ jugulo fubmovit, fra-
ctisque Ulrici Cilii, gubernatoris poteftatem eidem invidentis, mo-
litionibus, ac regulorum Valachiæ & Myfiæ feu Raffiæ feditionibus,

54.
Hunnia-
des cæfus.

M m 3

anno

anno 1448. adverſus Amurathem II. graviſſimum bellum geſſit. Commiſſa in Bulgariæ finibus acerrima pugna, quæ, licèt barbarus 80000.
Hunniades verò tantùm 22000. ſub ſignis numeraret, triduo tenuit.
Tandem Hungari, cæſis 34000. Turcarum, amiſſis verò ex ſuis 8000.
multitudini cedere coacti, qua via cuique patebat fuga, evaſerunt.

Hunniades fugâ elapſus, primò in latrones incidit, atque ab iis
ſpoliatus, per ſolitudines variáſque ambages, terra maríque oberrans, tandémque in Dalmatiam evadens, ſuis reſtituitur.

Hoc periculo externo defunctus, in domeſticum incidit. Urebat
Ulricum Cilium rurſus invidia, atque Hungaricæ adminiſtrationis
munus ſibi potius, ceu Ladislai propinquo, deberi ratus, regni affe-
ctati Hunniadem poſtulavit. Verùm cùm hic munus ſuum apud Ladislaum vellet deponere, in eo confirmatus eſt; Cilius verò, cùm
etiam Auſtriaci graves contra eum querelas proponerent, gratia regis excidit. Verùm, ùt facilè mutantur aularum venti, præſertim
ubi regum immatura ætas deceptioni eſt magis obnoxia, Cilio in
gratiam recepto, Corvinus variis inſidiis eſt appetitus; quas ille cautè declinare noverat.

55.
Belgradi
obſidio. Non tamen his motus Hunniades, ultimum patriæ ac Chriſtianæ rei impendit obſequium. Cùm enim Mahometes II. Amurathis
filius, expugnata Conſtantinopoli victricia arma per Serviam ac fines
Pannoniæ circumferret, ad Albam Græcam (Belgradum hodie appellatam) exercitum admovit, (*anno 1456*.) quam, cùm clavem Hungariæ eſſe ſciret, omnibus viribus expugnandam ſibi eſſe putavit, ut
inoffenſo deinde velut pede barbarus dominatum in Occidentem exporrigat.

At in ſcopulum impegit ferocia. Qui plurimas urbes munitas,
ipſámque adeò Conſtantinopolim expugnaverat, Belgradum expugnare non potuit; propugnante Hunniade, victis navali prælio in Iſtro
Turcis, in urbem cum valido præſidio & annona penetrante. Quot
conatibus actum! quot aſſultibus! quoties ſupra cadaverum ſtruem,
ac murorum ruinas, nutante & ancipiti victoria dimicatum: in ipſam urbem jam penetrârant barbari, in ipſo foro pugnatum acerrimè:
cúmque Turca in altam turrim eluctatus vexillum tentaret defigere,
Hungarus inſequens Turcam apprehendit, & quia aliter prohibere
non poterat, ſe cum illo ex alto vertice dedit præcipitem, rejectus
ex urbe barbarus fugam ſimulat, ut obſeſſos ex urbe in inſidias pel-
liciat. Sed Corvinus ea occaſione uſus, caſtra hoſtium incendit, machinas æneas alias clavo adacto obſtruit, inutiléſque reddit, alias
in hoſtes convertit. Quare Mahometes expugnatione deſperata,
amiſſis ſuorum 40000. dolore amens, turpi fuga ſe proripuit.

Hun-

Hunniades ſervato hoc Chriſtianæ Reipublicæ propugnaculo gentium ubique clarus, in cœlos ex victoria triumphans ingreſſurus, ex febri obiit anno 1456. ingenti nominis fama orbi relicta, ſimúlque relicto dubio, fortiórne fuerit, an ſanctior.

Sed neque ſua laude fruſtrandus *Joannes Capiſtranus*, qui è Samnitibus oriundus, cum ſuis è S. Franciſci familia ſociis, conceſſa à Pontifice peccatorum venia, ex Germanis, Bohemis, & Polonis cruce ſignatum adduxit exercitum; & quod Hunniades manu, exemplo, ductu, id ipſe ore, hortatu, precatione, effectum dabat: haud diu & ipſe ſuperſtes victoriæ, ad Superos translatus eſt, ſanctos inter cœlites terreſtris militiæ recepturus ſtipendia.

Joannes Hunniades duos reliquerat filios, Ladislaum & Mathiam, præſtantis animi juvenes, & paternæ virtutis æmulos. Qui ob gratam patris memoriam populi amore, clientelis, amicitiis, opibus, & potentia, cæteris proceribus facilè præſtabant, ac patris munere & poteſtate adhuc potiebantur. Ferre hæc æquo animo non poterat Ulricus Cilius, regis avunculus, veteri in Corvinam gentem flagrans odio. Ut igitur ſtructæ patri inſidiæ feliciori eventu filios ſternerent, ſuadet Ladislao regi, ut Hungariam viſat. Cùm igitur Rex luſtrato regno Belgradum ingrederetur, Ladislaus Corvinus, urbis gubernator, armatis militibus portas occluſit, quòd interceptæ Cilii litteræ ſtructas vitæ ſuæ inſidias nuntient.

Cilius iræ impotens ſtricto ferro in Corvinum irruit. Sed Hungari accurrentes Cilium confodiunt, Regémque adeunt, regni hoſtem, ac diſcordiarum omnium auctorem à ſe interfectum exclamant, ut & Pannoniæ reddatur quies, & Rex, Cilii velut captivitate liberatus, jam liberè regnare queat. **65. Cilii & Corvini cædes.**

Rex ira preſſa interfectores in gratiam recipit, promiſſa, etiam Sacramento, Corvinis venia: quam confirmat, dum eorum mater regi ſupplex accidit. Verùm poſtquam eundem Budam comitati fuerant, Rex à Cilii amicis incenſus eoſdem cum pluribus proceribus capi & in carcerem duci mandat. Tertio die Ladislaus Corvinus capitali ſupplicio à Prætore addictus, quinto ictu à lictore capite minuitur. Mathias verò primùm Viennam captivus abducitur, dein verò Podiebradio Pragæ cuſtodiendus traditur.

AR-

ARTICULUS III.

Schema rerum sub rege Mathia.

AT ecce verſas rerum humanarum vices! Ladislaus Hungariæ & Bohemiæ Rex, præcellentibus corporis animique dotibus ad miraculum cultus, atque ad ſpes ſummas natus & educatus, dum ingenti pompa totiúsque propemodum Europæ concurſu cum regis Galliæ filia ſolennes Pragæ nuptias apparat, in ipſo ætatis vernantis flore ſucciditur. Mathias Corvinus è carcere ad Pannoniæ ſolium elevatur. Hungariæ Bohemiæque regna ex altiſſimo regali genere ad mediocris fortunæ manus ambo devenerunt: hoc ad Podiebradium, quem nulla majorum ſtemmata decorabant: illud ad Corvinum recidit, cujus olim genus à Romanis fertur oriundum, ſed nimia vetuſtate jam exoleverat, & in Valachia nativa patria à barbaris obrutum ad obſcuritatem ſanè pervenerat.

Audita namque Regis Ladıslai morte, in Peſthi ſuburbanis pro more comitia ſunt habita, quæ Michaël Zilagius Mathiæ avunculus armatis copiis circumdedit, & oratione habita, qua eloquentia, quı minis proceribus perſuaſit, ut eundem Mathiam, 17. tunc annos agen· tem, poſthabitis aliis competitoribus regem eligerent.

Podiebradius, Rex Bohemiæ, ubi per litteras eam electionem intellexit, primo loco Mathiam menſæ adhibuit, eáque finita nihil tale opinantem regem ſalutavit, deſponſata eidem ſua filia; atque eundem ad Bohemiæ fines deduxit, ubi ab Ungaris ſplendido cum apparatu, atque fauſtos inter plauſus exceptus eſt, ac Budam deductus, confirmatiſque ordinibus privilegiis, juratáque impunitate fratris ſui Ladislai interfectoribus, Rex proclamatus; conſtitutó tamen interim, donec ad majorem ætatem perveniret, gubernatore Zilagio.

Verùm haud multò poſt Rex Zilagium, virum integerrimum, cui ſceptrum debebat, perfidè captum, juſſit interfici; ſive ob correctionis impatientiam, ſive propter æmulorum inſimulationem, ſive ut aliis Proceribus metum ſui incuteret. At Zilagius à coquo ſuo pio aſtu è carcere liberatus cum nepote reconciliatus fuit, ac rurſus inferiori Hungariæ adverſus Turcas præfectus; quos poſtquam altero prælio vicit, tertio ipſe victus, captúsque Conſtantinopolim ductus, capite plexus eſt. Poſt domitos Moldavos rebelles, & Tranſylvanos, qui proprium ſibi regem elegerant, deinceps primum Mathiæ bellum fuit cum Friderico III. Imperatore, quem Hungarici quidam proceres, coactam Mathiæ electionem cauſantes, atque Corvi

norum,

norum, ignobili ad ea usque tempora in Valachia familiæ tantum faſtigium invidentes, regem advocaverant. Variante fortunæ alea id geſtum; donec tandem anno 1464. pax in hæc placita coaluit.

Cæſar ſacram Hungariæ coronam (quam 24. annos jam detinuerat) Pannonis reddito. Pro ea 60000. aureorum accipito. Mathiam filii loco ſemper habeto. Jus omne regni illi cedito. Contra verò Mathias Cæſarem tanquam parentem agnoſcito. Si abſque legitimis liberis obierit, Pannonici regni jus Cæſaris mox eſto. Alemannus & Ungarus abſque ullo diſcrimine ab utroque Principe tractantor. Hoc fœdere icto ſancta corona feſtiva ſolennitate à ſeptemviris, in hunc finem creatis, in Hungariam eſt deportata, & velut miſſum de cœlo decus excepta, eáque Mathias à Strigonienſi Metropolita redimitus anno 1464. regni 6.
58.
Pax cum
Cæſare.

Per 13. deinceps annos patrem inter filiúmque adoptivum pax iſta tenuit. Anno autem 1477. Mathias Cæſari bellum indixit, cauſatus frequentes Auſtriorum in Hungariam irruptiones, agrorum populationem, & abacta pecora: nec ſatis ex fide ſervatas promiſſiones. Cùm autem numeroſo exercitu in Auſtriam ducto, varia oppida caperet, ipſámque Viennam obſideret, Cæſar miſſis oratoribus hanc pacem iniit.
59.
Bellum re-
crudeſcit.

Cæſar regi ob belli impenſas 150000. aureos ad præſtitutum tempus ſolvat. Facta ſolutione Mathias omnes urbes captas & caſtella reſtituat. Si facta non fuerit, Auſtriam occupare, & in Pannonici regni provinciam redigere ipſi liceat. Pia interim patris filiíque nomina, & antiquæ pactiones ratæ firmæque maneant.
Nova pax.

Hac conventione inita Rex omnia, quæ occupaverat, ultro reſtituit, copiásque in Hungariam reduxit, adverſus communem Chriſtiani nominis hoſtem meliùs ducendas. Verùm non deſiêre Pannoniæ Auſtriæque vicinæ gentes mutuis incurſionibus ſeſe laceſſere, altera in alteram culpam reiiciente. Initæ ſæpius induciæ, renovata fœdera: At incaſſum omnia.

Nam anno 1481. Mathia importuniùs exigente promiſſa 150. aureorum millia, Friderico verò moras trahente, recruduit bellum funeſtum, cum ingenti Cæſaris & rei Chriſtianæ detrimento, Turca interim, qui unitis Chriſtianorum viribus ex Europa reiici poterat, multis inclementis aucto.
60.
rurſus bel-
lum.

Sed Chriſtianum (quæ perpetua labes eſt atque deploranda calamitas) cruorem fundi placuit: Chriſtianæ à Chriſtianis vaſtandæ provinciæ. Quippe Mathias, ducto in Auſtriacum agrum exercitu, primò Hamburgum, Pruechum, Cornamburgum, Hyppoliti fanum,

Pars VII.   N n   Eber-

Vienna capta. Eberftorffium, aliáque circum Viennam munita oppida urbésque expugnat ; dein verò ipfam urbem principem Viennam femeſtri obfidione, fame preſſam ; ad deditionem adigit, (anno 1485.) fequente dein poſt acerrimam defenſionem Neoſtadium, ut adeò totam Inferiorem Auſtriam usque ad mortem teneret occupatam, protenſa non rarò in Styriam ; Carinthiam & Carniolam prædatione.

61.
Bohemi-
cum bel-
lum.

Alterum Mathias bellum cum *Bohemis* geſſit. Et primò quidem Bohemos, quos Giſera duce Eliſabetha Regina pro filio ſuo Ladislao Poſthumo in Hungariam acciverat, variiſque locis, etiam munitis, impoſuerat, in latrocinia deinde ſub *Fratrum Bohemiccrum* nomine, effuſos, ac Hungariæ infeſtos, bello devictos, aut regno exegit, aut ſibi deditos recepit.

Moravia.

Sed majus multo bellum eum inter & Georgium Podiebradium, cujus filiam uxorem duxerat, exarſit anno 1468. Belli cauſa erat ſacra. Nam cùm Georgius propter Huſſiticam hæreſin à communione fidelium eſſet motus à Paulo II. Pontifice, hic Mathiam ad invadendum regnum accendit. Quare, comitante Apoſtolico legato, motis in Moraviam caſtris à Brunenſibus & Olomucenſibus admiſſus eſt, expugnatiſque vi adſitis arcibus, aliiſque munitioribus locis, qui Huſſitarum præſidio tenebantur, à Moravis & Catholicis Bohemis Rex Bohemiæ & Moraviæ Marchio eſt ſalutatus.

Dum Mathias Spilbergenſem ad Brunam arcem obſideret, Georgius cum eo congreſſus, *ſiccine, antiq. fili, patrem regno ſpoliare contendis?* ad quæ Mathias : *reſipiſce pater, & de fide ſacroſancta rectiùs ſenti, atque Chriſtianæ Reipublicæ hoſtis eſſe deſine.*

Cùm in tabernaculis, inter utraque caſtra tentis, reges colloquium & convivium celebrarent, quidam ex ſatrapis duos pigmæos, alterum Huſſitam Bohemum, alterum Catholicum Ungarum, inter ſe certamine commiſit, ut veræ Religionis periculum facerent. Cúmque diutiùs jam fuiſſent luctati, Catholicus Huſſitam ſublimè elevatum, humum erat inverſurus, niſi Bohemus quidam manu objecta obſtitiſſet. Obortus confeſtim clamor ; correpta utrinque arma ; interventu regum tandem depoſita. Sicque re infecta diſceſſum.

& Sileſia
capta.

In Sileſiam dein Mathias caſtra promovit, quo Uratislavia eum invitaverat. Atque omnes civitates ſe ejus poteſtati permiſère. In Moraviam redux, Victorinum, Georgii filium, victum capit, atque ùt fratrem habet. Iniquiore autem in Cæſarem erat animo, quòd ſtipendia, in Religioſum hoc bellum promiſſa non numeraret. Quæ non modica erat cauſa orti deinceps belli Auſtriaci.

Mortuo interim Podiebradio, Mathias alios inter competitores Bohemicam Coronam petiit. At prævalente Huffitarum multitudine, cui erat exofus, repulfam paffus electo Uladislao, Regis Poloniæ filio, 15. vix annos nato. Quare Hungari Bohemis irati, incendiis ac prædatione plures ad obfequium flexère.

Sed dum Mathias alienam Coronam prenfat, propriæ fubit periculum. Siquidem Hungariæ Proceres, tum tributorum mole gravati, tum ægrè ferentes, quòd Rex omnia fuo folius arbitrio ageret, adverfus eundem confpiratione inita adjutore Strigonienfi Metropolita, qui Ecclefiarum bona invadi indignè tulerat, *Cafimirum*, alterum Poloniæ regis filium elegerunt. Qui cum exercitu in Hungariam veniens, *Polonicum bellum* excitavit (*anno 1471.*) 62. Polonicum.

Mathias, reconciliato Strigonienfi, mox omnes, pro inconftantia gentis, ad officium revocavit, Polonósque cûm Cafimiro ejecit. Strigonienfem verò contra fidem datam carceri mancipavit; quo tamen eum paulò pòft rurfus liberavit.

Pacata tunc equidem Pannonia, fed in Poloniam & Silefiam translatum bellum, ibi populatione & incendiis, hîc Uratislaviæ propugnatione geftum, donec tandem amica pace finitum eft, cujus conditiones fupra in rebus Bohemicis recenfui, atque ex eo tempore amicitiam fe fe inter coluerunt Mathias & Uladislaus, & adverfus Cæfarem arma fociârunt.

Et hæc fanè labes eft Mathiæ, quòd verfis in Chriftianos armis adverfus juratum orthodoxi nominis hoftem fegniùs bellum gefferit, Jaizam in Bofnia expugnare, munimentum, quod Turcæ novum exftruxerant, demoliri, atque fines aliquibus præliis defendere, contentus. Neque hæc alio pacto egit, nifi grandi ftipendio à Pontifice & Venetis numerato. Quo ceffante, acinacem vaginæ reddidit.

Obiit Viennæ anno 1490. horrendos inter ejulatus & rugitus, vel ipfo Bonfinio Italo tefte, qui hunc heroëm fuum, in cujus domefticos largo ftipendio affumptus fuerat, ceu Principem incomparabilem, & alterum Alexandrum, omni ornamentorum genere reddit celebrem atque confpicuum. Vixit annos 49. regnavit 32. Primàm conjugem duxit Podiebradii, alteram Ferdinandi Neapolis Regis filiam. Sed nullam ex iis prolem fufcepit, relicto duntaxat filio, illegitimis natalibus orto. 63. Obitus. Bonfinius.

Bene tamen de Hungaria eft meritùs, quam in Auftriam & Bohemiam protulit, civilibus moribus imbuit, & Epifcoporum Procerúmque ope optimis inftitutis temperavit, indicto anno 1486. Budam

eeleberceleberrimo Ordinis utriusque conventu, cujus placita operæ prétium videtur, breviter referre.

ARTICULUS IV.

Conventus Budenfis fanctiones anno 1486.

64. QUia per abfentiam Regis, in externa bella diftracti, Pannones in latrocinia aliáque fcelera paffim ruebant, cuivis comitatui in flagitiofos, fures, prædones animadvertendi poteftas facta eft. Conftituta judicia, ultra quæ caufarum definitiones prorogare non liceat. Potiores autem ex nobilitate fint judices.

Sacerdotibus de perjurio aut crimine falfi convictis gravis pœna ftatuta. Nam facro extemplo munere abdicari jubentur. Abbátes & præpofiti, feveriori vitæ innexi in nulla re à religionis fuæ inftitutis defcifcant. Epifcopi bis quot annis Diœcefin fuam vifitent. Si abfuerint, per vicarios boni paftoris officio fungantur.

In judiciis non reo, ût hactenus, fed actori & teftibus juramentum deferatur. Si diverfa fint teftimonia, penes judicem efto, cui parti deferendum. Cùm Ungaris mos effet, deficientibus probationibus fingulari certamine caufam definire, hic abufus antiquatur. Qui privilegium impetrârunt, ut à folo rege judicentur, jurisdictioni ordinariorum judicum fubjaceant, comitibus tantùm quibusdam exceptis.

Dolo malo nihil impetretur. Donationes, præter morem regni factæ, refcinduntur. Oppignorata bona dominis, facta folutione, fine fœnore reddantur. Pro ufuræ autem mulcta fœnerator tantum folvat, quanti oppignorata olim bona æftimantur.

Matronarum dotes ratæ femper ac falvæ funto. Ne actor reum Nobilem anathemate feriat. Damna nobilibus & proceribus inferri vetantur. Milites pabula & commeatus vendentibus folvant: fi vi rapiant, apud judices aut Regem luant. Et præfectus, fi licentiam non represferit, ipfe fatisfaciat. Ne quis foluto jam exercitu & data miffione, in alienis poffeffionibus immoretur. Et quicunque ex militari mora detrimentum acceperint, à militum præfectis præftentur indemnes. Si præfecti aut judices in dicendo jure ignaviam aut negligentiam commiferint, ad Regem provocare liceat, qui læfum indemnem præftare debet.

Pole-

Polonis aut Venetis nemo bonorum quidquam vendere aut oppignorare poteſt. Si clientes à patronis in aliquo munere conſtituti
alios læſerint, patroni ſatisfacere debent. Sin verò in munere non
ſint conſtituti, ipſimet luant, mullámque opem à patronis accipiant.
Patronis verò datur poteſtas, clientes facinoroſos in vincula conjici-
endi, atque ad ſatisfactionem adigendi. Si verò hi iniquè ſecum
actum cauſentur, vocato in jus patrono, cauſa judicetur. Si cliens
alterius ſervitio ſe addicat, is eum ociùs dimittat.

Ne portoria plus æquo exigantur, comitatuum præfecti invigilent. Ne quis gubernator aut præfectus provinciæ, Palatinúsve,
in Baſilicas, Abbatias, & Præpoſituras, à Regibus quondam fundatas, donatásque aliquid audeat aut diſponat. Qui facinoroſum captum dimiſerit, aut villicum abduxerit, aut invitum remorātus fuerit, luito. Decimarum controverſiæ ad Regale judicium revocantur.

Rex neminem ex prima querela aut delatione, Procerúmve conſilio damnet, donec à conventus præfecto, ejúsque Nobilibus rèm liquidò fuerit edoctus. Reum violatæ Regiæ fidei per dies 15. licet retinere, & pró eo apud Regem agere. Sin aliter fecerit, Reipublicæ
hoſtis habeatur. Fures, ſiccarios, homicidas, latrones, incendiarios, litterarùm aut monetarum falſatores, domi nemo excipito: ſed
præfecto aut judici tradito. Qui contrà fecerit, ejus domus & fortunæ fiſci ſunto. Qui pro his arma ſumpſerint, pœnas, quas illi
debent, pendunto.

Fodinas auri argentíque, item ſalis ac metallorum, quæ in privatis poſſeſſionibus inveniuntur, Rex citra æquam compenſationem
non accipito. Si nihil rependere voluerit, earum jus omne fructús-
que poſſeſſoris eſto. Quicunque hominem interfecerint, capitalis
eſto. Ubicunque deprehenſus fuerit, ex Regni conſuetudine conventus præfectus judicésque de eo pœnas ſumunto. Si verò ex ino-
pinato quem necaverit, reo, cæſíque cognatis cauſæ componendæ
jus eſto.

Ad inhibendas futiles frivoláſque appellationes edictum: quicunque ad Regem provocàrit, ſi ſuccubuerit, geminatas litis expenſas pendito. Qui autem injuſta judicia queritur, ad Regem aut Prætorem provocato; ſi ſuccuberit, eas, quas judices damnati debu-
iſſent, pœnas expendito. Convictus in judicio capitis, mox ad judicem ductus in vincula conjicitor: dies tres concordiæ gratia de-
tinetor: re non compoſita, in adverſarii manum traditor, ut legitimè ab eomet pœnæ exigantur, quæ à corpore & rebus in eo de-

Nn 3 pre-

prehenſis jure dari poſſunt, in uxorem, liberos, ſorores, cognatos, poſſeſſionésque nihil ultra animadverti poſſit. Filius pro paterno facinore nec corpore nec re pœnas ullas luito. Vicis ſacris absque privilegio Regis poſſeſſiones tenere non licito.

Qui ſedem judiciariam violaverit, mox aureos centum expendito. Per conventus omnes, qui juri dicundo præſint, diſponuntor. Conſulto ſenatu Rex præfectos ex proprio quemque conventu deligito, qui unà cum judicibus ex nobilitate delectis jus dicat.

Nullus miles templorum oſtia perfringere, aut quidquam hinc rapere audeto. Si qua ſacellis vis illata fuerit à milite, præfectus turmarum pro his pœnas dato, poſſeſſionésque illius ærario cunctæ cedunto. Si inopia juſſerit, accito ſtatim pagi judice, ſacerdotéve, condita in templo cibaria præſtituto æquo pretio militi venduntor. Archidiaconorum & Plebanorum nemo, præter uſitata funeralia, ultra quidquam pro ſepultura exigere audeto. Si exegerit, ſacris extemplo beneficiis abdicator.

Conventus cujusque impenſæ collatitia pecunia perſolvuntor, Neutra litigantium pars armata judicium adito; quin & nundinæ, mercatus, fora ſunto inermia. Quicunque optimatum nobiliúmve judicem in dicendo jure, aut exequendo impedierit, infidelis eſto. Qui villicos ſervósque habuerit, qui judicium interceperint, eósque quamprimum in manus præfecti non tradiderit, centenis aureis multator.

Judices ordinarii legtimíque definiti, videlicet Palatinus, Prætor, quem judicem curiæ nominant, ſecretarium ſeu cancellarium; Prætor autem poſt Palatinum Regis perſonam refert; & cum Protonotariis juri dicundo præeſt. Vaivodas autem Bannósque Sclavoniæ inter ordinarios Regalis fori judices numerandos non eſſe decernitur. Quicunque temere & inaccerſitus curiam judicum intraverit, centúm auri mummos ſolvito. Cauſidici ultra 14. non ſunto.

Qui privilegia populatione, raptu, incendióve amiſerit, ad 60. annos actionem habeat. Nullus judex injuratus ſuum munus obito. Præſcripta inſuper jurisjurandi formula. Præſcriptus redimendis litteris curialibus modus &c.

Neque tantùm leges iſtæ in conventu Budenſi ſunt latæ, ſed rex etiam ipſe poſt Beatricis Neapolitanæ adventum mores ac vivendi normam mutavit. Nam priùs populariter absque omni pompa, aulæque apparatu familiariter vivebat, prandebátque, permiſſo facili cuivis acceſſu. At poſtea ſplendidiora omnia & magnificentiora ex Reginæ voluntate eſſe voluit. Eximios artifices ex Italia magno

ſum-

sumptu evocavit, pictores, statuarios, cælatores, aurifabros, lapicidas, architectos, cultores hortorum, muficos, grammaticos, poëtas, rhetores, philofophos, mathematicos, jurisconfultos, & cum iis liberales artes fcientiarúmque difciplinas rudi antea genti invexit.

Ad Religionis etiam curas converfus Mathias, induci nunquam potuit, ut fides, à feptingentis jam & ultra annis in Hungaria conftanter confervata, per novellos errores inficeretur. Irrepferant equidem eo regnante miniftelli quidam & præcones Huffitici furfuris; fed vado tantùm tentato; cùm tranfitum nimis difficilém reperiffent, quiefcendum fibi ftatuerunt.

Cùm enim liberum fectæ fuæ exercitium à Rege petiiffent, interrogati, quænam effet illa Religio, quam afferrent. Dicentibus, illam effe, quam DEUS fanctiffimis viris, Joanni Huffio, & Hieronymo Pragenfi revelâffet, ergo, inquit Rex, nova eft illa religio, quam in Regno meo diffeminare cupitis, & contraria illi, quæ in hoc Regno femper viguit, ab eo tempore, quo Chriftiana fides S. Stephano Regi primùm annuntiata fuit: uti etiam illi, quam Catholica Ecclfica per totum terrarum orbem amplectitur? Atqui ferre ego nec poffum, nec debeo, ut populum meum feducatis. Nec mora jubet iftos novos Evangeliftas Budâ educi, & cum libris fuis in tertam vivos defodi, Cujus fupplicii feveritas id effecit, ut id genus homines eo vivo deinceps Hungariam ingredi non auderent.

ARTICULUS V.

Schema Rerum fub Uladislao & Ludovico.

Mortuo Mathia quatuor magni competitores diadema ambiebant. 1. Fridericus Cæfar pro fe aut Maximiliano filio, fucceffionis pacto nixus, cum Mathia inito, ubi hunc absqué legitima prole mori contingeret. 2. Albertus Cafimiri Poloniæ Regis filius. 3. Uladislaus Alberti frater Rex Bohemiæ. 4. Joannes Corvinus Mathiæ filius, haud dubiè fucceffurus, nifi natalium vitio laborâffet. Certè Proceres quidam etiam armis correptis, illatóque bello ejus partes fuftinere nitebantur.

Electus nihilominus eft plurium fuffragiis Uladislaus Bohemiæ Rex, Ladislai Pofthumi ex forore nepos, hoc pacto, ut privilegia

65.

Uladislaus.

Capitulatio.

Pro-

Procerum confirmet, ad Regni leges & confuetudines regat. Tributa nimia, à Rege Mathia impofita, modeietur. Auftria, Moravia, Silefia, Lufatia, à Mathia coronæ Hungariæ unitæ, absque confenfu optimatum ne alienantor. Si provintiæ illæ redimerentur, pecunia in publicos Regni ùfus expendatur ex fenatus confulto. Rex maxima ex parte in Hungaria refideat. Regni officia Hungaris & non exteris committantur. Et quæ funt id genus plura.

66.
Bellum fraternum. Reliqui tres competitores fpes fuas bello funt perfecuti. Corvinus cum factione fua ampliffimis promiffis fuit tandem placatus. Albertus, quem prima comitiorum die quidam ex vulgo tumultuaria exclamatione Regem dicebant, cum Polonico exercitu in Pannoniam adverfus fratrem venerat, plurésque urbes vi aut deditione ceperat; fed dum utriusque fratris exercitus ad prælium accinctus ftabat, amico denique colloquio res fuit compofita, perfuafûsque Albertûs, ut cum copiis fuis rediret.

67.
Cum Max. Potentiffimus competitor erat Maximilianus Rex Rom. qui pacta cum Mathia Rege de fucceffione inita poftulavit impleri. Cúmque iis fe non teneri legato refpondiffent Pannones, jus fuum armis afferendum ratus, delectu habito, iisque, quæ ex belli ufu funt, apparatis, primo Auftriam, ejectis Hungarorum præfidiis, recepit, tum verò in Pannoniam defcendit, ubi occupatis compluribus munitis urbibus, ipsáque Alba Regali, Uladislaum ad petendam pacem adegit.

68.
Pax. Cùm enim is undique bello peteretur, ab Oriente & Meridie à Turca, Hungaricis difcordiis in rem fuam folerter ufo; ab Occidente à Maximiliano, à Septentrione à Polonis, quos Albertus adverfus fratrem, violatis ter pacis conditionibus, reduxerat, feditione etiam interna paffim per Regnum flagrante, cum Maximiliano in has leges pacem iniit: ut Regnum Hungariæ, Uladislao fine filiis legitimis mortuo ad Maximilianum, ejúsque hæredes legitimos recidat: ut interea Regis Hungariæ titulus penes utrumque refideat: ut pro belli impenfis Uladislaus Maximiliano centies mille nummorum aureorum pendat: ut Palatinatus, Provinciarum præfecturæ, ac munia tam facra quàm profana, non nifi interpofita amborum auctoritate, & jurejurando utrique dato, capi poffent: ut eosdem uterque amicos, rebelles, hoftésque haberet, juréque focietatis alter alterum bello juvaret; Germanos Hungarósque eodem loco ac honore haberet. Ne Hungaris ullis fraudi effet, quòd ad Maximilianum fe contuliffent: ac denique, ut omnes antiftites, proceres

&teres, Præsides, civitates, cum universa Nobilitate has fœderis leges se servaturos jurárent.

   Hac pace, indignantibus initiò Hungaris, promulgata, copiæ **69.** in Albertum ductæ, prælio victum, Hungariâ ejecerunt. Mortuús **Bellum** que est paulò post Casimirus pater, qui eò consilia sua intenderat, **Turcicum.** ut tres filios Reges relinqueret, primum Bohemiæ, alterum Hungariæ, tertium Poloniæ. Successit Albertus, Uladislao fratre seniore ultro jus suum in Poloniam abdicante. Supererant Turcæ, qui Christianorum istis inter se bellis, ac nativo in eos odio incitati, ubiqué crudelem in modum sæviebant. Tractum dein cum iis bellum fortuna varia, jam ad hanc, jam ad illam partem inclinante victoria.

   Finem hîc (ad annum videlicet 1495) Historiæ Rerum Hungaricarum imposuit Antonius Bonfinius, Asculanus Italus, quam ab origine gentis Scythicæ inchoavit voluntate Mathiæ Regis, atque eo mortuo continuavit jubente Uladislao, cui opus suum, stylo, pro illa præsertim ætate, terso ac nitido conscriptum dedicavit.

   Cæterùm Uladislai, Principis optimi, uti initium, sic etiam reliquum regimen turbulentum omnino fuit, non tantùm propter frequentes Turcarum incursiones, sed etiam propter crebras Procerum Nobiliúmque seditiones, ac rebelliones ; qui clementiam Regis ignaviam interpretati, anno 1505. votis comitialibus statuerunt, ut nullus deinceps exterus in Regem assumatur.

   Rustici quoque ad 40000. in arma ruentes adversus Regem ac **Rusticum,** Proceres anno 1514. conspirabant, auctore Zecklero Transylvano homine. Incredibile dictu, quantas clades inaudito crudelitatis exemplo intulerint Hungariæ ; donec armis victi, captóque eorum Rege Zecklero, sub jugum missi sunt.

   Anno sequenti celebratus Viennæ fuit celeberrimus trium Regum congressus, Maximiliani videlicet Cæsaris, & duorum fratrum, Uladislai Hungariæ & Bohemiæ ac Sigismundi Poloniæ, Regum. In quo desponsa fuit Anna, Uladislai filia Carolo aut Ferdinando Cæsaris nepotibus, Maria verò, eorum soror, Ludovico, Uladislai filio. Proximo verò anno (1516.) obiit Uladislaus ætatis 60. Regni Boh. 45. Hung. 26. relictis duobus, quos dixi liberis.

   Ludovicus II. filius, anno 1506. absque cute natus, successit, **70.** sub tutela Georgii Marchionis Brandenburgici, qui juvenem Prin-**Ludovici** cipem ad luxum educásse scribitur. Unde, neglecto rei militaris fata, usu, Solimannus anno 1521. Belgradum, Hungariæ clavem, facili opera eripuit, ingenti rei Christianæ detrimento. Rascianorum proditione id factum dicitur. Expugnata dein Rhodo (anno 1522.)

Pars VII.   O o   soli-

Solimannus.redux, cùm Hungari oblatam pacem refpuerent, bellum illis rurfus intulit.

Turcarum ultra 200000. fub fignis fuiffe memorantur; Pannonum non ultra 25000 ; nihilominus ifti, licèt adeò pauci, & Duce idoneo deftituti (nam Monachum quendam bello præfecerant) prælio decernendum ftatuunt.   Et hæc fuit infelix illa atque funêfta *ad Mobazium* pugna ; in qua Chriftianus exercitus ad internecionem ferme deletus fuit, 20000 eorum, ùt fertur, cæfis, ac Rege ipfo Ludovico, dum fugiens paludem cum equo transmittere tentat, in imo hærente, ac miferè pereunte (*anno 1526.*)

Illud in hoc Principe memorabile, quòd in eo natura omnia prævertiffe videatur. Nam natus fuit ante cutem natam. Altero vitæ anno Rex coronatus. Decennis fucceffit patri. 14. anno barbam eft nactus. 15. anno defponfatus. 18. crines canitiem induerunt. 20. ætatis anno extinctus fuit.

ARTICULUS VI.

Schema Rerum
Sub
FERDINANDO I. MAXIMILIANO II. ET RUDOLPHO II.

71.
Ferdinandus & Joannes.

JUs Regni pertinebat ad Ferdinandum Archiducem, tum propter pacta, jam inter Fridericum.III. Cæfarem, & Mathiam Regem in coronæ reftitutione inita, atque anno 1515. in folenni illo conventu Viennenfi ab Uladislao Rege rurfus confirmata, tum maximè, quia conjugio fibi habebat junctam *Annam*, Ludovici Regis, absque prole defuncti, fororem unicam ; ex qua omnes pofteriores Archiduces, Germanicæ lineæ, defcendunt.

Nihilo tamen fecius Hungari quidam *Joannem de Zapolia*, Comitem Scepufium, Tranfylvaniæ gubernatorem (Vaivodam dicunt) Regem elegerunt (*anno 1526.*) pars autem major & fanior Ferdinandum Regem promulgavit (*1527.*) qui jura fua armis profecutus, occupata Buda, cum pluribus aliis urbibus, atque reportata infigni victo-

victoria, Joannem in Poloniam fugere coëgit (*eod. anno 1527.*) ubi à Sigismundo Rège fruftra auxilia petiit.

Ad Turcas igitur, hortatu Hicronymi de Lafco, Poloni, con- **72.** verfus, à Solymanno opem implorat, qui eo pacto addixit, ut Re- **Turca** gnum tributarium clientelari jure à fe accipiat. Hanc turpem con- **Viennam** ditionem ubi ratam Joannes habuit, barbarus, jam aliàs à repetito **obfidet.** per Ferdinandi legatos Belgrado irritatus, turbinis inftar totam Pannoniam emenfus, irrupit in Auftriam, ac Viennam obfedit (*anno 1529.*)

In fecundum menfem tenuit illa obfidio ; 70. affultus tentati. At urbem ftrenuè propugnante Philippo Palatino, amiffis viginti Turcarum millibus recedere coactus eft. Culpa in Ibrahimum Vizirium conjecta, quòd Sultano perfuafiffet, urbem non admodum munitam absque tormentis majoribus expugnari poffe, modò celeritate ufi improvifos invadant. Ut tamen fui memoriam relinqueret, vineas agrósque populatus, multa Chriftianorum millia in fervitutem abftraxit. Confirmato fubin Budæ Joanne Rege precario, Vizirio verò ftrangulato, Byzantium rediit.

Trahebatur interea bellum inter Ferdinandum & Joannem: ille per Rogendorfium incaffum Budam obfedit, hic Strigonium; non alio operæ pretio, quàm ut provinciæ vaftarentur, ac multa mortalium millia in captivitatem Turcicam abducerentur (*anno 1530.*)

Sequenti anno Solimannus, ut partes Joannis labantes fulciret, immanem rurfus 300000 in Hungariam duxit exercitum. Sed cùm Carolús V. 90000 peditum & 30000 equitum ad Viennam collegiffet, foluta Strigonienfi obfidione præcipiti fuga in Thraciam fe recepit. Ut tamen more fuo fanguinea relinqueret veftigia, 15000. immifit, qui provincias vaftarent; quos prope Lincium deprehenfos Fridericus Palatinus ita concidit, ut ne nuntium quidem cladis relinqueret. (*anno 1532.*)

Cùm autem Joannes cerneret, focietatem fuam cum Turca **73.** Hungaris effe invifam, atque ad nihil aliud proficere, quàm ut re- **Pax cum** licto fibi regis fimulacro, Chriftianorum cladibus ac fervitute Maho- **Joanne.** metani increfcerent, anno 1535. cum Ferdinando Rege his conditionibus pacem iniit. 1. Uterque Regis nomen retineat, & in poffeffione eorum, quæ habet, relinquatur. 2. Poft mortem Joannis tota Hungaria Ferdinando, aut ejus hæredibus obtingat. 3. Si Joannes filium relinqueret, illi Principatus Tranfylvaniæ cum aliis quibusdam bonis ad fuftentationem tradatur.

Duobus ante mortem annis (1538.) Joannes nuptiali fœdere sibi junxit Isabellam, Sigismundi I. Poloniæ Regis filiam ; ex qua genuit *Joannem Sigismundum*, magnarum deinceps discordiarum surculum. Huic pater paulò ante mortem, quam oppetiit anno 1540. testamento tutores dedit, Georgium Martinucium, Episcopum Waradinensem, & Petrum Petrovitium propinquum suum. Testamenti autem executorem designavit Solimannum, hostem professum Christiani nominis.

74. Turcarum progressus.

Optata hæc erat barbaro occasio nutriendi dissidia & diripiendi Hungariam, præsertim ubi Georgius (ùt fertur) Isabellæ persuaserat, ut filium suum Turcarum protectioni committat. Cùm igitur Ferdinandus instaret, ut Isabella ex pacis conventione, cum Joanne inita, sibi Hungariam cedat, àtque, ea detrectante, Budam obsideret, Turcæ accurrentes obsidionem solverunt. Tum verò Solimannus infantem Joannem Sigismundum, sub prætextu eum videndi, in castra deferri voluit. Qua occasione Turcæ irrumpentes, urbem dolo ceperunt ; adhibitis mandatis ; ut mater cum filio in Transylvaniam se recipiat, Hungariámque in Turcarum manibus relinquat, donec iste adolescat.

Neque hîc stitit barbarorum furor ; nam anno 1542. præter plura minora loca occupârunt Strigonium, Quinque-Ecclesias, & Albam Regalem præcipua tunc Hungariæ munimenta, præsidiis ubique immaniter trucidatis. Anno 1544. Vicegradum periit. Anno verò 1545. factæ sunt induciæ. Quibus denuo ruptis anno 1551. Segedinum, sequenti verò Agriâ frustra tentatâ, Temesvariam, Lippam & Zolnocium expugnârunt. Anno 1554. Busbequius Constantinopolim missus ad componendam pacem, non eo, quo decuit, honore fuit exceptus.

Solimannum quippe inflabant victoriæ, quas Christianorum ei pepererant dissidia. Cùm enim Joannes de Zapolia in Hungariam adversus Ferdinandum eundem acciviffet, eique moriens filium suum Joannem Sigismundum velut in tutelam obtuliffet, abeuntem in partes Hungariam facilè & suis & civilibus armis vicit. Præsertim cùm accederent Isabellæ cum Turcis fœdera, & Georgii Martinucii factiones, quibus Pannoniam versabat.

Martinucius.

Nam is modò Isabellæ, modò Ferdinandi partes secutus, cùm adversus hunc, (cujus favore Archiepiscopatum Strigoniensen & Cardinalis dignitatem assecutus fuerat) rursus res novas moliri putaretur, jussu Castaldi, qui Cæsareanum exercitum ducebat, est interfectus ; jure an injuria id factum, utrinque disceptatum. Erat

tenui

tenui-admodúm fortuna natus. Dein Monachus, fubin Epifcopus Varadinenfis, poftea Archiepifcopus Strigonienfis, ac S. R. E. Cardinalis, Religionis tutela, idémque bellidux peritiffimus, çæfis fæpiùs Turcis inclitus, Hungaiiæ ac Tranfylvaniæ veluti gubernator, maximæ in utraque authoritatis, ut adeò Ferdinandus & Solymannus certarent, quis ejus amicitia frui queat.

Exacta fubin Ifabella è Tranfylvania, in Poloniam ad patrem Sigismundum fugit; verùm anno 1556. inde cum filio revocata Ferdinando Tranfylvaniam denuo eripuit, eámque ad mortem usque détinuit. Obiit autem anno 1560.

Cùm verò poft mortem Ferdinandi Cæfaris Joannes Sigismundus **75.** fracta pace Zatmariam occupáffet, Maximilianus II. miffo Lazaro M<small>ax. II.</small> Svendio plura Tranfylvaniæ atque Hungariæ munimenta recuperat. Quod cùm Solimannus ferret ægerrimè, ultimam in Hungariam expeditionem fufcepit. Verùm dum Sigethum obfidet; apoplexia tactus, periit, anno 1566. ætat. 70. Imp. 46. juratus, fi quis alius, Chriftianorum hoftis, quos graviffimis cladibus afflixit, prolato in omnem partem Ottomannorum Imperio.

Baffa interea, feu Præfectus Ottomannici exercitus, morte Sultani clàm habita, obfidioni Sigethi vehementer inftat, eámque amiffis 20000. Turcarum tandem, expugnat, Nicolao Serinio ftrenuè eandem propugnante, donec cum paucis refiduis præfidiariis eruptione facta Hungari omnes concifi funt, cruenta omnino barbaris relicta victoria.

Pactis dein in octo annos cum Selymo II, Solimanni filio induciis; hic Cyprum Venetis eripuit. In Tranfylvania autem, in quam variorum hæreticorum, Arianorum præcipuè, colluvies fub Joanne Sigismundo, vecorde Principe, irruperat, hoc (*anno 1571*.) mortuo ad Principatum evectus eft Stephanus Bathorius. Qui anno 1574. electus Rex Poloniæ Tranfylvaniam reliquit Chriftophoro Bathorio, fratri fuo. Cui anno 1581. fucceffit filius Sigismundus, cujus inconftans planè & turbulenta vita fuit.

Initia quidem laude fua non carent; nam duxit Chriftiernam Ar- **76.** chiducis Caroli Styriæ Ducis filiam, atque cum Rudolpho Impera- Sigism. in-tore fœdus adverfus Turcam iniit. Quod cùm improbarent Ariani conftantia. aliique hæretici, convocatis Claudiopolim comitiis 14. eorum capitis damnavit.

Tractis fubin in fœderis focietatem Valachiæ & Moldaviæ Principibus, anno 1595. Turcas aggreffus, 5000. eorùm cecidit, totidem Chriftianis captivis in libertatem affertis,

Per-

Pertæfus pòftea turbarum, quas feditiofi hæretici idéntidem movebant, anno 1596. Pragam profectûs, Tranfylvaniæ Principatum Rudolpho Cæfari obtulit, atque pro eo Oppelienfem in Silefia Principatum anno fequenti recepit, coactis Tranfylvanis Rudolpho præftare homagium. At vix bimeftri in Silefia exacto mobilis Princeps in Tranfylvaniam regreffus, reclamantibus nequicquam Legatis Cæfareis ab Ordinibus eft receptus.

Verùm vix annus abiit, cùm homo verfatilis Principatum Andreæ Bathorio Cardinali, patrueli fuo, ceffit, fub ea conditione, ut 25000. aurei annuatim fibi pendantur, remiffáque in Styriam conjuge, in Poloniam feceffit (*anno 1599.*)

Difplicuit ea res Cæfari & Valachiæ Principi. Quare Andream bello adorti, commiffa ad Cibinium pugna, victoriam reportârunt; cæfo ipfo etiam Andrea, anno ætatis 33. cùm vix trimeftri fpatio fafces geftâffet.

Dum autem victores de Tranfylvania contendebant, redux è Polonia Sigifmundus tertiò Principatum adiit. Sed prælio fufus à Bafta, Cæfarei exercitus Duce, Tranfylvaniam Rudolpho cedere coactus eft, refervata fibi penfione 50000. aureorum (*anno 1602.*) abductúsque in Bohemiam, cùm res novas rurfus moliri crederetur, Pragæ in cuftodiam datus, anno 1613. ibidem obiit, rerum humanarum vivum exemplùm.

77.
Rud. Bel-
lum Turc.　Interea novum fub Rudolpho II. Cæfare bellum Turcicum in Hungaria erupit, per 15. omnino annos fub tribus Sultanis geftum, ab anno videlicet 1591. ad annum usque 1606. quippe Amurathes III. finito Perfico bello, ex finitimorum Croatiæ & Dalmatiæ offenfionibus occafionem captans, bellum Cæfari indixit, ejus legato contra jus gentium ad triremes abducto.

Et quidem anno 1593. gemino memorabili prælio cæfi funt Turcæ, altero in Bofnia, ad Albam Juliam altero. Sequenti verò anno Mathiæ archiducis ductu Vicegradum illis ereptum, Strigonio fruftra tentato, & Jaurino amiffo. Hardeckius & Perlinus Viennæ ob præproperam deditionem capite plexi. Fortiùs & conftantiùs Comorra reftitit.

Anno 1595. Duce Mansfeldio cæfis 14000. Turcarum expugnatum Strigonium. Multa quoque millia eorum contufa à Tranfylvanis & Valachis. Dux utriusque exercitus, Mansfeldius nempe & Sinan Baffa, eodem anno extinctus, ille profluvio, hic tædio & rei malè geftæ dolore.

Igitur

Igitur Mahometes, III. fortiùs acturus, anno 1596. 200000. adduxit exercitum, eóque Agriam expugnat. Chriſtianus autem miles, Duce Maximiliano Archiduce, inſignem victoriam jam in manu habuit, cæſis in acie 20000. Turcarum. Verùm dum noſtri prædæ cupidine hoſtium caſtra & tentorium Sultani diripiunt, Turcæ à fuga reverſi, atque imparatos adorti ingentem ſtragem edunt, cæſis 10000 ; atque hac ratione victoribus prædam, gloriam, & victoriam extorquent.

Maculam anno 1597. eluit Schwarzenbergius, aſtu & virtute recepto Jaurino, fortiſſimo Hungariæ propugnaculo. Non tamen eadem felicitate anno 1599. cœpta Budæ ac Albæ Regalis obſidio. Vices Turcis Varadinum redhibuit, ad quod fruſtra obſeſſum confracta ſunt cornua.

Infelicior Chriſtianis fuit annus 1600. amiſſa Pappa Gallorum culpâ, &, (quod ingens detrimentum) Caniſia, noxa Paradiſii, quam Viennæ capite luit. Neque anno ſequente Caniſia obſeſſa recuperari poterat, per centum ferme annos in harpyarum unguibus hæſura. Recepta tum quidem per Ducem Mercurium Alba Regalis, ſed proditiòne Germani præſidii altero mox anno (1602) in barbarorum manus relapſa. Fruſtra etiam rurſus tentata Buda. Annum verò 1603. feliciorem reddidit victoria, cæſis 70000 Turcarum relata.

Tractum ſubin bellum, datis & acceptis cladibus ; donec amiſſo Strigonio anno 1606. pax tandem eſt ſubſecuta, Rudolphum inter Cæſarem, & Achmetem I. ſultanum.

ARTICULUS VII.

Statús Eccleſiaſticus Hungariæ ordinatus per Concilia & alia media.

HUngaria, in immenſam atque perpetuam planitiem diffuſa (niſi quà Poloniam ac Tranſylvaniam reſpicit) uti ſoli fertilitate, pecorum copia, metallorum venis, ac martia gentis virtute præcellens, regiones alias omnes aut æquat, aut ſuperat, ita jam inde à S. Stephano Rege, religione orthodoxa, ac præcipuo in cælitum Reginam (quam *Magnam Dominam* appellant) cultu per quingentos & ultrà annos eximiè floruit.

At

78.
Hæresis in
Hung.

At verò fæculo XVI. dum hærefis alias provincias miferè devaftavit, in hanc quoque graffata, calamitofas animarum ftrages edidit.
Occafionem fecêre tùm Otromanni irruptiones, tum interna, quæ
dixi, diffidia, ac bella civilia, tum milites, ex infectis Germaniæ
provinciis confcripti, atque adverfus Turcam in Hungariam ducti.

Quippe, dum cæfo ad Mohacium Ludovico Rege, diffidentibus
Procerum ftudiis Regnum pars ad Zapolyam, pars ad Ferdinandum
defert, atque ille Solymannum in opem evocat, (recrudefcente etiam
fub Joanne Sigifmundo impio facinore) immenfa bellorum feges affur-
gens, utramque Rempublicam in fupremum difcrimen adduxit.

79.
Sacerdotia
direpta.

Nam & Turca maximam Hungariæ partem barbaro jugo preffit,
& Novatoribus facile fuit torrentis inftar irrumpere, ac miferandam Religioni faciem inducere. Mox etenim à Lutheri exortu per Michaëlem Statium, Melanchtonis difcipulum, error irrepfit; qui per diuturna illa inteftina bella in immenfum crevit: dum extinctis Epifcopis, veteranis Ecclefiarum cuftodibus, facerdotia diriperentur. Quinque Eccle-
fienfi, Agrienfi, Varadinenfi, Chanadienfi, Nitrienfi, ac Jaurinenfi, à
profanis hominibus & militaribus in prædam raptis, aut in firmamentum novarum fectarum traductis. Eandem ruinam fubierunt facra cœnobitarum domicilia; conftátque tum ex iis, tum ex Epifcopatibus aliifque Ecclefiarum fundis plùs quàm decies centies mille
florenûm fuiffe alienata

80.
Mifera fa-
cies.

Cùm igitur pauci ampliùs fupereffent Paftores, qui luporum ir-
ruentium rabiem ab ovili Chrifti repellerent, iique turpi infcitia laborantes, atque facrilego concubitu inquinati, fusdeque euntibus rebus noftris, brevi tempore hæreticam fe Hungaria, tot quondam
fanctorum altrix, eft mirata.

Miniftellorum contrà greges undique volitabant, aureum libertatis nomen, novique Evangelii dulcedinem, velut efcam hamo præ-
fixam, objectantes. Erectæ errorum fcholæ. Biblia corrupta ab iis in
patriam linguam verfa. Miffi in Saxoniam pueri, ut infanire difce-
rent, atque inde reverfi eandem infaniam populares docerent. Im
miffi peftiferi codices. Militares quoque copiæ, perpetuis urgentibus bellis ex infectis quoque provinciis collectæ, atque Hungariæ in-
fufæ, perverfa fecum dogmata, & facrorum ftragem inferebant.
Quod tum maximè factum eft, cum Mauritius Saxo, Lazarus Sven-
dius, Tieffenbachius, aliique Lutheranæ profeffionis Duces, acatholicum militem, facra omnia facrilego furore devaftantem, Hungariæ induxerunt; & expulfis paffim Catholicis Paftoribus Lutheranos intruferunt.

Quibus

Quibus fanè, rebus effectum, ut non plebejæ duritaxat mentes, fed nobiles quoque, duce Perennio, paffim abjecta Religione, nova commenta fectarentur. Præfertim, ubi ad Lutheranam, Calviniana etiam & Ariana lues acceffit, ne una tantùm pefte immortales animi perirent.

Et hæc erat fatiscentis Hungariæ fæculo XVI. triftis undique facies. Oppofuit equidem Rex Ludovicus furgenti ruinæ fuam auctoritatem, bonorum profcriptionem & ignes minitatus. Sed eo fublato, converfis ad arma animis, nemo erat, qui rogos accenderet. Rex quoque Ferdinandus omni, qua poterat, operuentem fuftinere eft nifus Rempublicam, decretis interpofitis feverè cohibens novandi licentiam; fed inter perftrepentium armorum fragores haud facilè exaudiebantur legum voces, vim apertam aut ad hoftes tranfitum minitantibus fectariis.

81. Reges fe opponunt.

Aliam igitur viam ingreffus Princeps, reftaurandæ Religionis ardens defiderio, communicato cum Nicolao Olaho, Strigonienfi Antiftite, confilio, accedente etiam fummi Pontificis hortatu, *facras fynodos*, confuetum arduis in rebus remedium, convocari curat.

Geminas Olahus vir probitate ac doctrina fingulari, *Tyrnaviam* convocavit; primam anno 1560. in qua actum de clericorum corruptis móribus, unde religionis ruina, ad honeftatem, catholica fanctimonia dignam, revocandis, atque deinceps non nifi integris paftoribus atque optimis pafcendo gregi catholico præficiendis.

82. Synodus Tyrnavienfis I.

Alterum parochorum omnium & facerdotum Concilium, cui etiam nonnulli Epifcopi intererant, celebravit, ibidem anno fequente; fancitique funt canones adverfus clericos concubinarios. Pauci fiquidem ex facerdotibus & curionibus erant, quibus non fua domi muliercula effet. Juffi proin à facro Concilio, exturbatis pellicibus caftiùs vivere, morem geffère, uno duntaxat refragante; quem, ut exftaret feveritatis exemplum, quo cæteri coërcerentur, Olahus Archipræful de gradu dejectum, & fidelium communione motum, Diœcefi juffit excedere.

83. Synodus Tyrnav. II.

Concepta pariter decreta in eos de clero, qui hærefi erant infecti, quorum multi in illa vivendi licentia vagabantur. Denique, cùm quidam confcientiæ maculas Sacramento pœnitentiæ nunquam elucrent, quòd exiftimarent, facerdotibus fufficere illam confeffionem, quam, dum facris operantur, initio Miffæ quisque pronuntiat, his quoque errobus & abufibus falubriter itum eft obviàm.

Cùm autem faluberrima hæc inftituta in tanta religionis ac morum corruptela non admodum proficerent, redeunte poft medicinam

84. Adventus Societatis,

Pars VII.   Pp   con-

confumptam morbo. Aliud Ferdinandus cum Olaho iniit confilium, advocandi videlicet Patres Societatis JEfu, quorum labores, quos ex Inftituti fui ratione fufcipiunt, ad hærefes & fcelera extirpanda; utiles in aliis provinciis noverant.

Communi igitur ftudio & opera collegium fundare Tyrnaviæ aggreffi funt. Verùm cùm poft !Ferdinandi mortem fumma inopia premerentur focii, nulláque fpes affulgeret, è variis difficultatibus emergendi, folutum eft; nec eò rediêre ante annum 1615. fufcepta tamen, nulla ftabili fede, in Hungariam altera profectio anno 1579. Georgii Draskovitii Jaurinenfis Epifcopi voluntate, qui poftea anno 1586. collegium Sellienfe Societati fundavit, attributa ex Rudolphi Cæfaris|voluntate Thurocienfi Præpofitura ; quæ labentibus annis ad collegium Tyrnavienfe fundandum fuit translata.

85.
Concilium
Jaurinenfe.
Hic Præful, quem præcellentia merita ; uti ad alias in utraque Republica dignitates, ita ad facræ purpuræ honorem evexêre, Religionis & Ecclefiafticæ difciplinæ reftituendæ ardorê flagrans, eodem anno 1579. *Jaurinenfe concilium* indixit, quod 80. varii ordinis Præfules celebrabant. Actum in eo de facerdotii augufto munere : de Ecclefiafticorum cœlibatu, de hæreticorum converfione, aliiique patriæ juvandæ remediis.

86.
Collegium
Hung.
Sed Hungariæ nihil hoc eodem anno 1579. accidit utilius, quàm quòd Romæ adolefcentium Hungarorum collegium à Gregorio XIII. Stephano oratore noftro adnitente, eft inftitutum ; ut in ea litterarum & probitatis palæftra heroës formarentur, toti Hungariæ futuri emolumento multò maximo.

Monafterium quoddam prope defertum huic ufui attribuere volebat Pontifex ; fed cùm hoc invidiæ fore obnoxium crederetur, collegio Germanico, nuper admodum fundato, adjectum eft, quod deinceps collegium Germanicum & Hungaricum appellaretur, cura illius & adminiftratione Societati noftræ commiffa. Nec fpes fefellit ; cùm ex eo plurimi prodierint Præfules, rebus deinceps pro Ecclefia geftis infignes.

87.
Miracu-
lum.
Placuit etiam DEO veritatem Orthodoxam circa Euchariftiam evidenti miraculo fignare. Nam anno 1591. menfe Septembri Judæus quidam Leo nomine, ad Chriftianam Religionem fe converfum fimulans, Pragæ è templo Patrum Francifcanorum tres hoftias confecratas abftulit, eásque Pofonium in Hungariam detulit, ibique duabus Judæo venditis, cùm tertia Nickelfpurgum perrexit, monitísque Judæis, qui frequentes convenerant, deliberatum, quid faciendum.

Tan-

Tandem unus illorum cultrum arripit, eúmque in heſtiam defigit, inquiens, ſi tu es DEus, age, ſigno demonſtra.

Vix ictum intorſerat, cùm ecce ! copioſus ſanguis ebullit, & eodem fere momento domus, in qua erant congregati, fulmine tangitur, & unà cum plerisque cœleſti igne abſumitur. Tres tantùm ſemiuſtulati evaſerunt, Divino conſilio & ſuæ malitiæ, &, quod viderant, miraculi teſtes. Quibus, crimen faſſis, cutis detracta, & corpus ſtipiti ſuffixum fuit. Hoſtia verò cum menſa, cui erat impoſita, in incendio illæſa ab igne permanſit : cultri ictum præferens. Atque innumera populi accurrentis multitudîne inſpectante, collecta, & aſſervata fuit. Evidentia patrati miraculi nec à Sacramentariis negari poterat ; & aperire debuiſſet mentis oculos, niſi ad tam claram lucem cæcutire ultro maluiſſent.

Ipſis etiam Turcis 'major in ſacram Euchariſtiam quàm Sacramentariis hæreticis fuit reverentia. Sic Budenſis Baſſa hominem, qui in Quinque-Eccleſienſi templo S. Euchariſtiam ad pedes projecerat, fuſtuario non leviter multari juſſit. De cætero etiam apud Turcas Catholicis major erat ſecuritas & Religionis libertas, quàm apud hæreticos. Nam in urbibus à ſe captis templa & altaria integra relinquebant, nec ſacra noſtra prohibebant. Cùm autem hæretici à Baſſa Budenſi religionem ſuam exercendi libertatem, & templa aliquot petiiſſent, interrogaſſe fertur, an forma iſta religionis Mathiæ aut Ludovici Regum temporibus uſitata fuerit in Hungaria ? Negantibus, noſter, inquit, Imperator & Dominus in ſuo Imperio nihil novi vult introduci. Vobis ego ſuaſerim, ut ad priſtinos ritus redeatis.

CAPUT III.

Status Eccleſiaſticus Tranſylvaniæ, Poloniæ, Sueciæ, Daniæ Sæc. XVI.

SUMMARIUM

ARTICULUS I.

Status Tranſilvaniæ.

93. Pe-

ARTICULUS II.

Status Ecclefiafticus Sueciæ fæc. XVI.

ARTICULUS III.

Obfervatio de ftatu Poloniæ Ecclefiaftico fæc. XVI.

126. Andreæ Dudithii Episcopi infelix lapsus.
127. Et Jacobi Palæologi Dominicani.

128. Sectæ frequentiores in Polonia.
129. Catholici tamen prævalent, & magis magisque augentur.

ARTICULUS IV.

OBSERVATIO

De statu Ecclesiastico Daniæ & Norvegiæ sæc. XVI.

130. Deformatio Daniæ quibus mediis sit procurata.
131. Lutherani, licèt monopo-

lio gaudeant, ingentibus tamen dissidiis collisi cum Calvinistis.
132. Norvegiæ deformatio.

CAPUT III.

ARTICULUS I.

Status Ecclesiasticus Transylvaniæ, sæculo XVI.

TEtra sæculo XVI. Hungariæ facies, sed Transylvaniæ multò teterrima. Juvat provinciæ istius statum breviter adumbrare. Transylvania (sic appellata, quòd sylvis ac montibus in modum insulæ cingatur) pars olim fuit Daciæ, quæ præter illam etiam Moldaviam, & Valachiam fuit complexa. Getas etiam ac Sauromatas Romani incolas dixêre. Victi quidem armis à Cæsare Augusto, non tamen subacti; donec Trajanus *Decebalo* eorum Rege bis profligato, Daciam in Romanam provinciam redegit.

Versis subin Romanorum rebus Gothi primùm, dein Hunni eandem occuparunt. Postquam autem S. Stephanus Hungariæ Transylvaniam adjecit, perpetuo nexu eidem adhæsit usque ad obitum Ludovici II. per Præfectos (quos Vaivodas dixêre) à Rege gubernata.

Sublato autem Ludovico Rege, cùm scissis, quod dixi, Procerum studiis pars Joannem Zapoliam Transylvaniæ gubernatorem, pars Ferdinandum Austriacum in Hungariæ Regem elegisset, atque ille

88.
Dacia vetus.

89.
Mutatio.

Pp 3
Otto-

Ottomanni, ope implorata, diuturno ac funesto bello Pannoniam omnem involvisset, sancita tandem pace Ferdinandus Transylvaniam Joanni reliquit; quam post hujus obitum Solymannus Isabellæ viduæ, Regióque pupillo permisit.

At Georgius Martinuzius Episcopus Varadinensis, ac postea Cardinalis, ex tenui fortuna ad gloriæ apicem eluctatus, vir religione, potentia, ingenio, auctoritate maximus, tutor pupillo à Joanne datus, pertæsus Turcici fœderis, rebus Christianis perniciosi, & aliunde Reginæ offensus, Transylvaniam Ferdinando attribuit; Isabella cum filio in Poloniam ad patrem excedente. Classicum hoc erat, quod Turcicum Martem accenderet ad bellum, quod ultra sæculum non Transylvaniam modò, sed universam Pannoniam subverteret. Inita sæpius pax, quam tamen mox rursus exitialis turbo abrupit. Quid postmodum sub Stephano, Christophoro, & Sigismundo, Battoriis Principibus actum, tum *cap. 3. bujus libri 2. Art. 6.* tum *part. 4. pag. 134.* pro instituti ratione breviter recensui. .

Jam verò, cùm status Religionis ac disciplinæ cum politico conjunctus esse soleat, facili cogitatione licet assequi, quam tot inter vicissitudines, bella, ac Reipublicæ naufragia faciem ille induerit.

90.
Hæresis.   Et quidem jam Caroli M. tempore, pars magna Transylvaniæ Christianæ fidei lucem aspexit, à S. Stephani autem ætate, qui cùm Hungaria totam Christo subjecit, aurea quinque Religionis sæcula fluxerunt: Lutheri dein ævo tempora plùs quàm ferrea. .

Nam mox ab ejusdem defectione infamium libellorum mercatu Cibinium invecta pestis nobilissimam urbem invasit, atque inde in alias partes, ùt velox contagii propagatio esse solet, grandibus incrementis transvecta, totam Transylvaniam infecit.

91.
Deforma-   Ludovicus equidem Rex gravibus decretis mederi satagebat,
tio. sed conantem mors oppressit. Successère bella cum Turcis cruenta, civium seditiones, sacerdotum idoneorum ac magistrorum solitudines, ac frequentes ad insanientes sacrilegi transitus, juventutis erudiendæ & Christianis credendi vivendíque legibus imbuendæ neglectus, Procerum denique, Ecclesiarum spoliis inhiantium, ab antiquis sacris secessiones.

Contrà verò ministelli, iisque admixta hominum sceleratorum fæx per urbes & oppida impiis concionibus & tumultibus tanquam ex inferis emissæ furiæ sanguineis veluti flagris in Catholicos furere; sacras ædes diripere, cœlitum imagines proculcare atque comminuere, tonsos vertices abradere, fronti crucis notam cauterio inurere, sacra omnia immanitate plus quàm barbara polluere.

Neque hæc à Lutheranis duntaxat, patrata sunt. Nam accessit Calvinianus furor, quò nullus truculentior esse solet. Sociârunt operam Anabaptistæ, in unius Catholicæ Religionis excidium collaborantes.

Sed harum omnium longè & numero & potentia princeps fuit Arianorum secta; (quos *Antitrinitarios* vocant, quia Trinitatem Divinarum Personarum negabant) quam Georgius *Blandrata* Medicus inculerat, in Principum ac Procerum contubernia irrepens, ut, dum corporibus medetur, animas enecet. Nactus haud ignavos, sed ad malum strenuos commilitones, Faustum *Socinum*, & Franciscum *Davidem*, primò Catholicum, dein Lutheranum, tum Calvinianum, denique Arianum.

92. Ariani.

Has inter lamentabiles Religionis ruinas à Principibus, quorum erat sacra avita tueri, nihil aut parùm præsidii. Joannes Zapolia, quamvis Catholicus, fœderi tamen Ottomannico innexus, bellorum adversus Orthodoxos majorem curam, quàm sacrorum habuit. Joannes Sigismundus filius immatura ætate afflictæ Religioni opem ferre non potuit, adolescentior noluit; quin versatilis in omnem partem, modò Lutheranum, modò Arianum se profiteri non erubuit. *Petrovitius* tutorum alter, fidei desertor, homóque planè impius, qui post Martinucii necem Principem gubernabat, furentibus faces sub impietas didit, & effrænem licentiam auctoritate roboravit Archiepiscoporum Strigoniensium, quorum ad provinciam spectabat Transylvania, sacra fulmina risu ac despectu fuerunt excepta. Unus erat Georgius Martinucius Episcopus Varadinensis Principis alter tutor, qui, dum vixit, sectariorum furorem cohibuit, ne in apertum prorumperet; at eo sublato nemo erat, qui impietati sese opponeret. Quin Albensibus in Comitiis publico decreto plena sectis omnibus libertas fuit permissa.

93. Petrovitii impietas.

Atque hic erat rerum status, cùm Stephanus Bathorius, vir excellenti virtute, fide, prudentia, religione, ad Rempublicam gerendam accessit. Altùm ingemuit Princeps pientissimus ad lamentabilem aspectum; móxque ad opem ferendam intentus, in omnem partem circumtulit curam. Arianos, qui primis antè tumebant officiis, aula muneribúsque publicis, quantùm poterat, jussit absistere, ac velut alter Machabæus, purgatis sacris ædibus, Divinum cultum instaurare conatus est.

94. Bathorii.

Cùm

95.
Adventus
Societatis.

Cùm autem cerneret, defe&u paftorum, & idoneorum facerdotum pòtiſſimùm tam præcipitem provinciæ defectionem contigiſſe;
quòd nemo fermę eſſet, qui juventutem inſtrueret, qui verbi Divini
pabulo gregem nutriret, qui fectariorum commenta aptè refelleret,
Societatem JEſu , quam Viennæ noſcere cœperat, ſibi advocandam
putavit, datis in eam rem Viennam ad Laurentium Magium Provinciæ Præſidem litteris. Neque id negotium urgere deſiit, poſtquam
Polonia ipſum ad coronam vocaverat. Sed unà cum Chriſtophoro
fratre , nòn minori virtute Principe, in quem Tranſylvaniæ habenas
tranſtulerat, tamdiu inſtitit , donec votis potiretur.

96.
Collegia.

Igitur anno 1579. duodecim focii è vicina Polonia in Tranſylvaniam profecti, pars Claudiopoli, pars Albæ Jùliæ ſtationem, à
Principe Chriſtophoro aſſignatam, occupant, facrìſque laboribus
dant initium ; Leleſio, qui jam antè advenerat, ad Sigiſmundi Principis, quem mater Calviniana pervertere nitebatur, jùventutem lit-
tērarum diſciplina ac moribus Chriſtianis informandam aſſumpto.

Jámque novis affluentibus ex Polonia, Auſtria, atque Italia ſacris Coloniis refloreſcere cœperant res Tranſylvanæ. Claudiopoli &
Albæ Juliæ (Principum ſede) erectum ſtabat Collegium, cum ſemi-
nario juvenum, à Gregorio Pontifice & Rege Stephano fundato.
Apertæ ſcholæ : adjecta Claudiopoli Academia : emiſſæ in omnes
partes, quoad licuit, facræ operæ, falcés ad meſſem ampḷam gna-

Miſſiones.

viter admotæ, facræ Miſſionum expeditiones fuſcéptæ , ad Siculos
quoque, Temeſvarinos, Valachos, & Moldavos excurſum , Præfectis Turcicis haud ægrè permittentibus. Ex ea, credo, politica
ratione, quòd metuerent, ne incolæ ob defectum Sacerdotum aliò
commigrarent, ac folitudinem locorum relinquerent. Imò ipſe etiam
Solymannus improbâſſe dicitur, in tot fectas ſcindi Tranſylvaniam ;
quòd ea res non niſi ad turbandam quietem publicam ſpectaret.

97.
Peſtis.

Affulgentibus igitur magnis ſpebus, ex nova operarum, cultura
agrum illum ad optatam frugem revocatum iri, cujus præclaros fructus jam variis in locis ſpectare licuit, maligni hoſtis invidiâ cœpta
feliciter gemina procella abrupit. Nam contagioſa lues , ex Hungaria in Tranſylvaniam graſſata, tanta vehementia incubuit, ut innumeros ubique mortales ſterneret ; quibus cùm Patres Societatis diu
noctùque aſſiſterent, & ipſi correpti , charitatis victima, occubuerunt, ea ſtrage, ut ex 40. non niſi 10. in Tranſylvania manerent
ſuperſtites.

Qua

Qua clade in Poloniam nuntiata Stephanus Rex vehementer in- **98.**
doluit, litterásque confolationis plenas ad refiduos Patres dedit, at- Stephani
que à Claudio Aquaviva, Societatis univerfæ Præfide, novas auxi- Bathorii
liares copias expetiit. Sed hæc dum ageret pientiffimus multò Prin- obitus&
ceps, cujus unius vitâ Tranfylvaniæ falus vertebatur, ingenti om- elogium.
nium bonorum luĉtu &,ipfe mortis falcem fubiit, magnus fanè pacis
bellíque artibus Princeps; nec religione minor. Bello adverfus Mofchos feliciter gefto nullam fubegit provinciam, quin catholica facra
eidem inferret. Cúmque fancita pace Livoniam obtineret, indignum
ratus, illam fibi antè quàm Chrifto fubici, Rigam usque profeĉtus
eft, ut Romanum cultum, jam diu exulem, regio quafi comitatu
reduceret. Acceffère aliæ optimi regis dotes; mens excelfa quovis
eventu, vigórque animi periculis major: ufu multo firmata prudentia: legum juftitiæ conftans tutela: vigilans cura in omnes Reipublicæ partes exporreĉta: morum nativa gravitas admirabili facilitate
ita temperata, ut vivæ majeftatis radios fpargeret, & intuentium animos raperet.

Sublato hoc Religionis columine hærefis rurfum furrigebat caput **99.**
in Tranfylvania. Opportuna illi omnia: ætas pupillaris Sigismundi Hærefis re-
Principis, optimè licèt fide Orthodoxa imbuta, fub tutoribus alieno vivifcens.
arbitrio obnoxia: Proceres plerique à fide alieni, Arianis dominan-
tibus, Gezius gubernator provinciæ Calvini affecla: plebs indomita, maximam partem à vera fide aliena.

Licèt igitur pefte fublatis propugnatoribus fidei recentes ex Polonia aliísque provinciis fuerint furrogati, hoc tamen rerum articulo
rem fuam agendam rati feĉtarii in Societatis Patres confpirant, non **100.**
quieturi, donec eandem ex tota Tranfylvania exterminent. Nunc Confilium
tandem opportunum adeffe tempus, vociferabantur, quo ab invifis de pellenda
hofpitibus fe liberent, atque Jefuitas idololatriæ reftauratores finibus Societate.
fuis exigant. Id nifi facerent, furreĉturam rurfus Romanam tyrannidem, fub ejúsque jugum denuo mittendam provinciam; jam Claudiopoli & Albæ Juliæ ereĉta ftare numerofa impietatis feminaria;
Varadini jam fedem occupatam; quaqua verfum inde fpargi emiffarios
ad evertendum 'illatum nuper Evangelium; multos jam in eorum
partes fuiffe pertraĉtos; neque deftituros, donec totam Tranfylvaniam in veterem fuperftitionem pertrahant; plures plurésque in dies
non tantùm ex Auftria & Polonia, fed ex ipfa quoque Italia, atque
ultima adeò Hifpania accurrere, ut provinciam depafcantur, & ac-
cenfa nuper fidei lumina rurfus extinguant. Ne igitur majora detri-

menta patiatur res publica, excidendam malorum radicem, totúmque hoc perniciofum hominum genus profcribendum.

His criminationibus velut facibus à miniftellis accenfi Procerum,
à fide alienorum, animi, proximis in Comitiis profcribendam Societatem decernunt.

Ad hæc Patres : fe à Stephano rege & Chriftophoro fratre in
Tranfylvaniam vocatos, ifeque, quæ nonum jam annum poffideant,
in domiciliis absque ullius injuria aut jufta offenfione locatos, ut
inftituti fui muneribus fungantur, publico infuper Comitiorum decreto receptos. Nihil effe noxæ, ob quam poffeffionibus juftè acquifitis deiiciantur, aut omnino ex provincia depellantur. Demonftra-
turos fe quà voce quà calamo, non effe idololatriam, quam doceant,
fed veram Chrifti religionem, jam à fexcentis & ultra annis in Tranfylvania receptam, cultámque. Cur deteriori fint loco, quàm Ariani, novi Judæi, Ebionitæ; quàm Lutherani, Calviniani, Græci,
Rafciani, Valachi, aliique, quorum dogmata nuper primùm fint
nata, aut introducta? cur, quod illis liceat, pacatis in provincia degere, fibi non liceat, quorum fides & religio à Chrifto & ab Apoftolis profecta, per fanctiffimos Hungariæ reges introducta, tot annorum præfcriptione fit vallata? licere cujuslibet fectæ Proceribus fibi
fuísque liberis magiftros, concionatores, & animarum paftores in
in Tranfylvania, quos lubet, affumere, cur folis Catholicis, cur ipfi
Principi id non liceat?

Hæc aliáque, quamvis omni juri ac rationi confentanea furdis
ad veritatem auribus dicebantur. Ratum erat fectariis non quiefce-
re, donec Jefuitas ad unum omnes in exilium ejectos cernerent.

Sigifmundus Princeps magno aliquoties animo iniqua poftulata
rejecit, fæpius conteftatus, Societatem, quam pater patruúsque tanto ftudio advocàffent, fub cujus difciplina ipfe effet educatus, aut
retinendam, aut fe unà profcriptum iri. Verùm cùm tributa fectarii negâffent, & Principem eum agnofcere detrectâffent, ni profcri-
ptioni annueret, â conftantia defecit, & iniquo decreto fubfcripfit;
101.
Profcripta. ratus, cedendum ad tempus furori; rebus fuis magis firmatis, revocari poffe, quos modò retinere fibi non effet integrum.

Salutem ultimam dicentibus Patribus refpondit, agnofcere fe
perutilem Societatis operam : huic adeò tribuere, quidquid in virtute & pietate, quidquid in litteris boni progreffus feciffet. Caufam ejectionis effe incolas : obfiftere fe illis non ampliùs potuiffe, ùt
quibus infinita poteftas effet decreta condendi : de cætero fe perpetuò in fide catholica perfeveraturum. Abeuntéfque largo viatico

ac

ac publicis litteris est profecutus; quibus fidem faciebat, illos probè munere suo functos, nec aliam ob causam, quàm quòd ferre eos Nobilitas noluisset, missione donatos fuisse.

Socii exules plerique in Poloniam concessere, aliqui in Austriam, quinque in Moldaviam, duo in Hungariam, (*anno 1589.*)

Graviter dein Sigismundus à Sixto V. admonitus, & hæretico- **102.** rum factiones, ad extinguendum omne nomen Catholicum invalesí- Revocatio. cere sentiens, Societatem paulatim revocare aggressus est, accersito mox anno sequente Claudiopolim P. Valentino Lado, impigro atque integerrimo Missionario, qui jam antè in Transylvania & adjacentibus provinciis præclaram animarum messem collegerat.

Anno verò altero (*1591.*) tres alios è Societate sacerdotes postulavit, intérque eos Alphonsum Carillium, spectatæ prudentiæ virum. Redditum illis Collegium, quod Albæ Juliæ habuerat Societas. Placuit nihilominus, ut abstinerent tantisper veste Societatis, & eam induerent, qua Canonici vulgò utebantur. Utque ex integro revocaret, eodem anno indixit Ordinum comitia. Spem evertit, qui minimè debuit, Audreas Bathorius Cardinalis, Societati jam à puero infensus. Ut solent plures, qui magno labore ac tolerantia litteris instructi beneficiis ingratitudinem reponunt.

Clemens VIII. infestos religioni Procerum conatus inhibere me- **103.** ditans, id enixè P. Carillio commendaverat, ut induceret Sigismun- Fœdus cum dum ad feriendum cum Rudolpho Cæsare fœdus adversùm Tur- Ferdinan- cas. Persuasum facilè, indignantibus sectariis Transylvanis : qui con- do. tra ipsum suum Principem fœdus cum Turcis inierunt, eúmque illis tradere decreverunt. At non defuit sibi Sigismundus; comprehensos auctores impiæ conjurationis supplicio affecit, ac jure cæsos Transylvani publico decreto pronuntiárunt (*anno 1594.*)

Fractis perduellibus, metúque injecto cæteris, comitia Ordinum indixit (*anno 1595.*) in quibus fœdus cum Cæsare confirmatum : religio Catholica in libertatem vindicata : Societatis restitu- **104.** tio decreta. Redditum proin eidem etiam Collegium Claudiopoli- Datus Epitanum. Societate pristinis sedibus restituta, id agebat Carillius, ut scopus. Transylvania proprium Albæ Juliæ habeat Episcopum, qui præsenti auctoritate ac vigilantia fidem Catholicam contineret. Cúmque Sigismundus ipsum Carillium designaret, is dignitatem ex usu nostro fugiens, perfecit, ut Napragius eo munere ornaretur.

Et utinam Sigismundus non inconstantia fœdâsset præclara initia ! verùm dum ille seditionum domesticarum tædio Principatum in Rudolphum Cæsarem transfert, & Oppolitanæ in Silesia solitudinis

pertæfus, féque delufum queftus, in Tranfylvaniam redit, à fuis re-
çeptus eft, fed ea lege, ut Societas Claudiopoli & Alba Julia pelle-
retur; quam tamen anno fequente rurfus reftituit (*1599.*)

105.
Andreas
Bathorius.

Metu dein belli propter Tranfylvaniam à Cæfare inferendi, Principatum in patruelem fuum Andream Bathorium Cardinalem : ab
hæreticis minùs, quàm à Societate alienum transfert.   Erátque periculum religionis penitus evertendæ.   Sed mox à Valachis victus Andreas, in fuga ab agreftibus eft obtruncatus : indignus utraque purpura, quam induerat.

Refumere gubernacula tertiò conabatur Sigismundus, at victus
à Bafta Cæfareanorum Duce in Bohemiam abiit.   Michael Valachus,
licèt belli adverfus Tranfylvanos focius, crudelitatis in Catholicos &
præfertim Jefuitas pœnam nece luit : vocatus etiam in fufpicionem
conjurationis de Tranfylvania fibi afferenda.

106.
Moyfis fu-
rores.

At Moyfes quidam homo Arianus, è Siculia Tranfylvaniæ Provincia Valachiæ finitima oriundus, collectis Arianis, fretus etiam
Turcarum & Tartarorum auxiliis, bellum contra Cæfareanos redin-
tegrat, & occupata Tranfylvaniæ parte, Claudiopolim portis patentibus ab Arianis admiffus eft.   Primus mox furor in Collegii templum
fe effudit : facra omnia comminuuntur.   Emanuel Niger, è Societate
frater adjutor, & ædis facræ cuftos, dum obftare nititur, fecuri impa-
cta fronti obtruncatur.   Tum verfa in Collegium rabies.   Obvii Patres fuftibus excipiuntur, vulnerantur, ejiciuntur : ædésque direpta
folo æquatur (*anno 1603.*)

107.
Bafta refti-
tuit rem.

Haud impune fcelus impiis fuit.   Moyfes duplici prælio profligatus à Bafta in acie cecidit, cum præcipua Tranfylvaniæ Nobilitate.
Claudiopolis tertio poft menfe recepta. Alia ædes Societati data. Impiis
venia à P. Argento exorata Catholicæ religioni libertas reftituta. Corpus Chrifti, quod indigniffimè Ariáni tractaverant, folenni fupplicatione per urbem deportatum, lachrymantibus præ gaudio fenibus Catholicis, qui ante 50. annos eandem ceremoniam à fe vifam prædicabant.

108.
Botscaius.

At verfa rurfus rerum fcena.   Tranfylvani Auftriacum regimen
non minùs quàm religionem exofi, pulfo Bafta *Stephanum Botskaium*,
Sigismundi Bathorii propinquum, hominem Calvinianum, fibi præficiunt, quem etiam regem Turca dixit anno 1605. Hic mentitus, Papam cum Cæfare conjurâffe in excidium omnis religionis, à Romana
alienæ, fidos adhuc Auftriacis reliquos Tranfylvanos, & multos etiam
Hungaros ad defectionem concitavit.   Cùm igitur haud parùm accifæ effent Cæfareanæ copiæ, & infuper graviffimo bello adverfus Turcas

cas implicitæ, à Botskaio fufæ funt. Præcipitata religio. Ejecta 105.
rurfum Societas, primùm Claudiopoli, tum omni Tranfylvania (*anno* Altera pœ-
1606.) Collegiorum ac templorum bona partim in amicos, partim fcriptio.
in pauperes, quantùm in fociis fuit,. diftributa, Cætera direpta, &
fifco addicta. Remanfere, tamen aliqui clàm in Procerum Catholicorum arcibus, ut defertum religionis cultum utcumque fuftentarent.

Altero Principatus anno mortuus Botskaius regimen Tranfylvaniæ reliquit *Sigifmundo Rakocio*, nobili Hungaro, Calvinianæ pariter fectæ addicto, poftulantibus Tranfylvanis, & Auftriacis approbantibus; licèt ad eos ex pacto anno 1606. inito rediret Tranfylvania,
Botskaio fine liberis mortuo. Mathias tamen Archidux nihil priùs à
Rakocio poftulavit, quàm ut ejectam Societatem JEfu reftituerèt.
Retulit ille ad Comitia; in quibus profcriptio fuit confirmata.
(anno 1607.)

Principatum mox altero anno fponte depofuit, ac *Gabrieli* 110.
Bathorio tradidit, homini pariter heterodoxo multóque ferociori & Gabr.Bath.
crudeliori. Nam is, ut omnem viam religioni & Societati reftituendæ præcluderet, ipfos quoque proceres Catholicos perdere ftatuit.
Edicere comitia properat, in quibus variis criminibus per calumniam
onerati publica Ordinum voce tanquam perduelles damnarentur.

Non latuerunt Catholicos funefta confilia. Accedere comitia
recufant; alii munitis arcibus fe includunt; alii fugam, alii arma, ut
injuftam vim repellant, moliuntur. Procerum facilè princeps Kor-
nifus. Hunc fugientem Bathorius cum expedita manu affecutus, ac
tumultuario certamine victum, vulneratùmque, in carceres abduxit; atque folenni decreto pœnísque graviffimis propofitis fanxit,
ne quis deinceps facerdos catholicus pedem Tranfylvaniæ inferret.
(anno 1610.)

Et hæc erat miferanda Tranfylvaniæ fæculo XVI. imò etiam
XVII. facies; non abftergenda, nifi fub finem ejusdem XVII. fæculi
fub Leopoldo M.

Tantas inter turbas concilia facra haberi non poterant, præfer- 111.
tim quum Paftoribus idoneis careret Tranfylvania. Hæretici autem Concilia-
dominantes compluribus conciliabulis unionem fidei inter fe tenta-bula,
bant. At fruftraneo femper conatu, qualibet fecta verbo DEI ad erroris fui tutelam abutente. Ubi illud lepidum : quòd Lutherani &
Calviniani, contra Arianos difputantes, identidem ad Patres & Concilia, eorúmque interpretationem recurrerint, exprobrante ipfis Francifco Davide Ariano, quòd Catholicorum arma, ab iis toties explofa,

fa, arripere necesse habeant. Si Patrum & Conciliorum interpretatione standum, redeundum ad Romana facra.

ARTICULUS II.

Status Ecclesiasticus Sueciæ sæculo XVI.

112.
Guftavus
fit Luthe-
ranus.

POstquam Chriftianus II. Daniæ, Norvegiæ & Sueciæ Rex cruenta illa, Holmiæ anno 1520. peracta, nobilium laniena fe omnibus exofum reddidit (quod *part. 6. art. 7. ſ. 2.* memoratum) Sueci *Guftavum Ericbfonium*, ex nobili Waforum familia, fibi regem elegerunt (1523.)

Cùm autem pecunia ipfum deficeret, Lutheranam fectam hæreticorum fuafu inducere conftituit, ut hoc pacto Ecclefiarum fpoliis poffit pinguefcere : oftentata etiam proceribus fpe in partem opimæ prædæ veniendi. Quia verò Suecia ex integro erat Catholica, timebátque, ne populus obfifteret, accitis ex Saxonia miniftellis, & nobilium puerorum inftructoribus, regnum pervertendum obtulit, conceffa cuivis religionis libertate.

Ubi hac ratione popularium animos inclinatos fenfit, cœpit apertè reformare fecundùm Lutherum, hoc eft, facerdotibus offerre pellices, Ecclefias fpoliare, diripere, prædari, facra omnia profanis mifcere. Non tulit impunè fcelus; nam mente dejectus miferè periit anno 1560. relictis tribus filiis, quos fortuna aut calamitas memoria dignos reddidit.

113.
Erici fata.

Primus erat Ericus, qui patri in Regno fucceffit, brevíque thefauros, à patre iniquè collectos, quà in bellum Danicum, qua in vitam luxuriofam prodigámque diffipavit. Nec minùs crudelitate infignis fuit; nam (præter plurimos neci datos) Joannem fratrem, Finlandiæ Ducem, ex vana infidiarum fufpicione carceri incClufit, feptémque annos in eo detinuit.

Qua rei indignitate Sueci vehementer commoti, cùm aliàs Erici crudelitatem, & nuptias cum vili muliercula non ferrent, feditione mota eundem, Holmia occupata, armata manu captum in carcerem compingunt, in quem Joannem fratrem antè conjecerat, quémque pater Guftavus ex fpoliis Ecclefiarum exftruxerat.

114.
Joannes.

Vice igitur mutata Ericus in carcere contabuit, *Joannes* verò ad thronum evectus eft, opera potiffimùm Ponti Gardii, hominis
Galli,

Galli, qui artibus fuis totam tragœdiam adornaverat. Promotus propterea à Joanne ad præcipuas dignitates, & copiis præfectus, quas adverfus Mofchos mifit. Cúmque Narvam eis eripuiffet, Livoniæ gubernatorem renuntiavit.

Joannes conjugem habuit Catharinam, Sigismundi I. Poloniæ Regis filiam, Principem apprimè catholicam, quæ neque in carcere maritum deferuerat. Sed neque ipfe à Catholicis facris abhorruit; nam ftata Ecclefiæ jejunia obfervabat. Sacram fcripturam fecundùm unanimem fanctorum Patrum fenfum interpretari voluit: nec rarò pfeudo - epifcopos & miniftellos errorum ac fraudum convincebat. Per catholicos facerdotes corpora fanctorum Erici Regis, & Birgittæ Upfaliæ in antiquâ fede repofuit.

Synodum etiam *Holmienfem* indixit, in qua veritatem facrificii 115. Miffæ adeò dilucidè demonftravit, ut dogma illud Miffámque rece-Synodus. perint. Regina verò Religionis Catholicæ cultum omnem etiam pu- blicè exercebat, filiúmque Sigismundum in eodem fedulò educabat, rege Joanne non invito.

Cùm igitur non procul abeffe videretur à regno DEI, Grego- 116. rius XIII. cui fummopere cordi erat Sueciæ falus, P. Laurentium Ni-Adventus colai, Societatis noftræ facerdotem, ex Norvegia oriundum, eò ab-Societatis. legavit. Quem anno 1576. benignè fufceptum Rex monuit, ne pro facerdote fe gereret; hac enim ratione faciliùs negotium promo- tum iri.

Laurentius tempori & voluntati regis obfecutus, præcones Lu- theranos adiit, oftenditque defiderium, doctrinam fuam, quam in diverfis fcientiis acquifiiffet variis in Academiis, patriæ fuæ com- municandi, accepítque ab eis, ut Rex fecurior effet, litteras com- mendatitias ad regem, qui eum Theologiæ Profefforem renuntiavit, juffis miniftellis fcholam ejusdem frequentare, & duobus renitenti- bus folum vertere.

Formam dein Miffæ Rex edi curavit, correctam magìs ea, qua 117. Sueci poft defectionem uti confueverant, cui cùm hæretici fe oppo- Altera ly- nerent, Epifcoporum *Synodus* eft congregata: in qua Rex facunda nodus. oratione in miniftrorum focordiam, cultúsque Divini neglectum fuit invectus: fqualere templa; facros ornatus fordefcere; domi ab eis adhiberi ad compotandum fcyphos aureos, in ecclefia ad facra my- fteria luteos, & loco patenæ fcutellam ligneam; quemvis pro libidi- ne novas comminifci ceremonias; nihilque ampliùs ferme ex decoro & ufu veteri retineri. Juffit dein, eam formam Miffæ recipi, quam ipfe publicâffet.

Mifit

Mifit quoque duos legatos Romam ad Gregorium XIII. qui regis propenfum ad Catholicam Religionem animum fignificarent, fimul tamen proponerent difficultatem & periculum, quod fubiret, fi eandem palàm profiteretur.

118.
Joannes
Converfus.

Timebat nempe Danum, aliósque heterodoxos Principes, per litteras ipfi arma minitantes, fi religionem à patre illatam mutaret; maximè verò Carolum fratrem Sudermanniæ Ducem, ne Suecos ad feditionem concitaret, fibíque coronam eriperet.

Anno 1578. Holmiam venit tanquam Legatus fummi Pontificis P. Antonius Poffevinus, cum aliquot aliis focietatis facerdotibus; quos inter P. Stanislaus Varfevicius, Reginæ à facris confeffionibus futurus. Poffevinus rem eò deduxit, ut Rex edita clàm profeffione fidei catholicæ, & peccatorum ccnfeffione depofita, facra Synaxi more Catholico reficeretur, promitterétque, fe nunquam à religione modò fufcepta receffurum.

Quibus peractis Poffevinus Romam rediit, Pontificem edocturus fimúlque expofiturus Regis preces, quibus petebat, ut Suecis Euchariftiam fub utraque fpecie fumere liceat, & facerdotibus uxores concedantur, atque Miffa lingua patria celebretur. His enim permiffis multò faciliorem fore Sueciæ converfionem. Sequenti anno 1579. Poffevinus, multis fecum apportatis libris catholicis, in Sueciam regreffus eft, Regíque, Upfaliæ tunc commoranti Pontificis litteras tradidit, quibus eum ad conftantiam & religionis defenfionem hortatus eft.

119.
Relapfus.

At Regem, ab hæreticis continuò obfeffum, metúque coronæ amittendæ perculfum, haud parùm immutatum invenit: præfertim ubi intellexit, negari à Pontifice, quæ petierat. Spem omnem denique abrupit mors Reginæ. Atque hac ratione regem, meliora videntem, deteriora tamen ex rationibus humanis fequentem, mors oppreffit anno 1592.

120.
Sigifmun-
dus depofi-
tus.

Filius ejus Sigifmundus, quinquennio ante mortem patris electus Rex Poloniæ, fucceffit quidem in regno Sueciæ, negotium tamen religionis, quamvis pientiffimè à matre educatus, non eft aufus urgere; cùm facilè cerneret, Suecos promptiùs regem, quàm errores fuos abdicaturos.

Quòd haud multò pòft manifeftè patuit. Cùm enim Sigifmundus in Polonia abfens Sueciam per quatuor gubernatores regeret; Carolus ejus patruus Sudermanniæ Dux, concitato ad rebellionem hæretico populo, Sueciæ Rex dictus eft, dejecto propter religionem

Sigis-

Sigismundo (anno 1600.) quæ atrox injuria diuturnum deinceps bellum Suecos inter & Polonos peperit.

De cætero statum Ecclesiasticum & Politicum Poloniæ exposui *Part. IV. cap. 4. art. 16.* ubi de novis Arianis, Antitrinitariis, Deistis, Atheistis, Tritheistis, ex Lutherana & Calviniana secta prognatis : item *part. 6. cap. 3. art. 5.* de Dania verò *art. 7. pag. 173.* Juvat nihilominus hîc aliqua adhuc addere.

ARTICULUS III.

Observatio de Statu Ecclesiastico Poloniæ sæc. XVI.

Q Uam Miecislaus è Paganismo conversus Poloniæ intulit, religio catholica, ad infelix usque sæculum XVI. incorrupta permansit. Quamvis enim Hussitæ ex Bohemia tentârint aditum, nihil tamen adversus regnum, ex integro catholicum, machinationibus suis efficere poterant. Quin, ubi Hussitæ Uladislao Bohemiæ regnum per Legatos obtulerant, is´ generoso fastidio respondisse fertur, nolle se hæreticis imperare; redirent priùs ad Ecclesiam, tum coronam se accepturum.

Exorto verò Lutherano schismate, in Poloniam quoque irrepsit contagium. Obstitit fortiter Sigismundus I. atque in publicis Ordinum Comitiis decretum promulgavit, ut DEI ac Reipublicæ hostis haberetur, qui avita Majorum sacra desereret. **121. Hæresis in Poloniam.**

At filius Sigismundus Augustus ignavia perdidit, quod pater sartum tectúmque conservaverat. Irruerant etenim tot sectæ, ut Hedio in epistola ad Melanchtonem 128. earum computet. Et quidem Calvinismi tam prona est via ad Arianismum, & Mahometismum, ut cum Blandrata, Gentili, Alciato, Ochino, Statorio, Amanuo, Neusero, Silvano, Gonesio, Gribaldo, Volano, Lisinano, Davide, plures eandem triverint, sequente cum aliis Steinbergero, Lutheri discipulo. Nempe ubi semel à via veritatis aberratur, per avia quævis & invia prolabi pronum est. Nec desunt impii ex hac disciplina homines, qui in despectum Christiani nominis porcum ac vitulum, adhibitis ceremoniis, baptizârunt. **122. Calvinistæ Mahometani.**

Plures certè ex Lutheranis cum Jacobo Andreæ famoso illo Tubingensi cancellario scribere non dubitant, mirum non esse, quòd multi in Polonia, Transylvania & Hungaria Ariani, quidam etiam Mahometani fiant, quibus Calvinus doctrina sua latam patefecerit fenestram.

Pars VII.   R r   stram.

ftram. Et Adamus Neufferus, minifter quondam Heidelbergenfis, primum Lutheranus, dein Calvinianus, poftea Arianus, deniqne Mahometanus, in epiftola ad Stephanum Gerlachium anno 1574. fcripfit, neminem fe vidiffe, fuo tempore Arianum factum, qui non priùs Calvinifta fuerit. Adeò nimium fcitè Calvinus in iis, quæ de Trinitate, Incarnatione, Euchariſta, Baptiſmo, Præfcientia & Prædeſtinatione impiè fcripfit, infelicem hanc gradationem docet. Utque Præcones Tigurini devotionem fuam erga Mahometifmum toti mundo luculentiùs oftenderent, Alcoranum, impofturis, fpurcitiis, & blafphemiis plenum, dignum judicarunt, quem per Bibliandrum verfione latina donarent. Demonſtrare, credo, volebant, quale Evangelium populis annuntiarent.

Certè Florimundus Ræmundus *lib. 4. de ortu hæref. cap. 9.* prælongam & exactam parallelam ducit inter Evangelium Mahometis, & id, quod novi iſti Apoſtoli prædicârunt ; oftenditque prolixè fimilitudinem quoad dogmata & doctrinam fidei, quoad propagationem violentam, armis & provinciarum incendiis peractam, quoad variationem fuæ utriusque religionis, in fectas innumeras divifæ &c. exhibet denique idem auctor conatus Proteftantium, ut cum Turcis fœdere jungantur in Chriſtianorum perniciem.

123.
Lafcus.

Poloniam quod fpectat, inter præcipuos deceptores, qui Calvinifmum in illa profeminârunt, fuit Joannes Lafcus nobilis Polonus, primò in Germaniam tum in Angliam profugus, poftea in Daniam delatus, ut Regem à Lutheranis abftraheret, mox Embdam in Frifiam excurrit, demum patriæ turbator periit. Cùm autem hujus farinæ homines cernerent, aperta ac manifeſta in comprobationem Catholicæ veritatis fieri miracula, Polychronius quidam prædicantium de tribu impoftor, ut prodigium patraret, hominem, qui mortuum fe initio fimulaverat, excitaturus ad vitam, ad mortem promovit. Alio, fed meliore miraculo, miniftelli calumniantis, ac fubitò obmutefcentis, coram infpecto, Podoliæ Palatinus converfus eft.

Rege ofcitante, Epifcopi in Polonia, quorum magna eft potentiâ atque auctoritas, aggerem torrenti oppofuerunt, maximè Cardinalis Hofius, è Concilio Tridentino nuper reverfus, fortiffimus ille editis præclaris libris, hæreticorum malleus. Igitur fectarii, ut contra prædominantem catholicorum religionem fe unirent, varia habuêre

124.
Conciliabula.

Conciliabula. Memorabile eft illud, quod Petricoviæ Calviniani & Ariani feu Trinitarii inftituerant. Princeps quæftio erat, an Chriftus fit DEus. Ariani tertio quovis verbo textum aliquem ex S. Scriptura oggerebant, interpretatione, quam ipfi commenti fuerant, adje-

adjeéta.   Calviniftæ pariter fcripturæ teftimoniis perfonabant.   Sed
cùm nullus effet controverfiarum judex, qui fcripturæ fenfum decla-
raret authenticè, poft vanos clamores re infeéta difceffum eft.   Uti
etiam anno 1567. Varadini, anno 1568. Sendomiriæ, Albæ Juliæ,
Lublini, aliiſque in conciliabulis contigit: defperato fyncretifmo toties tentato.

Quia igitur neque in doétrina fidei, nec difciplina morum, nec
ritibus convenire poterant, in tantis autem turbis & diffenfionibus
fuis catholicis ludibrio fe effe cernebant, de uno quodam, penes quem
fumma effet in facris poteftas, deligendo confultabant, ut reliquos   125.
in officio contineat, & unitatem confervet, atque in delinquentes de Papa
fpiritualem gladium expromat.   Hæc erant feétariorum in Polonia inter eos.
Papam optantium vota, penes quem primatus refideat.   Ita enimverò quod una manu demoliebantur, altera ædificare nitebantur.

Quamvis autem apud feétarios mera erat confufio, non unum   126.
tamen ex caftris noftris acceperunt transfugam, libertatis cupidine Dudithius.
& carnis illecebra pelliciente.   Hos inter fuit Andreas Dudithius
Hungarus, Quinquecclefienfis in Hungaria Epifcopus, gravibus muneribus & legationibus fub Maximiliano II. perfunétus.   Poftremo
cùm in aula Sigismundi Augufti Poloniæ regis legatus verfaretur, nobilis puellæ forma captus, Epifcopatum, famam, pudorem, & religionem abjecit, ut ea potiri poffit; poftquam jam antè fœtens va-
por ignem latentem prodiderat; dum in Concilio Tridentino omni
fua, qua pollebat, facundia perfuadere Patribus conabatur, ut facerdotibus conjugii libertatem concederent.   Miferam deinceps cum
pellice & liberis in Polonia & Silefia vitam duxit: homo libertinus
nullius religionis, poftquam eam, quam folam veram fcivit, libidinis impotens deferuit.

Non minùs triftes annales auget Jacobus Palæologus, ex anti-   127.
qua Græcorum Imperatorum ftirpe infelix furculus.   Is Romam de- Palæolo-
latus fanétiffimum Prædicatorum ordinem cum Pio V. poftea Papa gus.
ingreffus, adverfa fidei dogmata propugnavit.   Quare Inquifitioni
traditus, atque ex carcere elapfus, in Germaniam profugit: inde verò
cùm nec Lutheranam nec Calvinianam feétam approbaret, in Poloniam
illapfus Arianum induit, Chriftum DEum, Patri confubftantialem
inficiatus.   In Moraviam dein cum appendice fecundi generis pro-
feétus, Gregorio XIII. à Maximiliano II. Cæfare fuit extraditus, pœnis canonicis, ùt merebatur, puniendus.   Cùm autem Romæ Laurentius Magius, & Robertus Bellarminus, ejus examini adhibiti, per-
tinacem inveniffent, miffus in carcerem, eduétúſque ad rogum, hæ-

refin abjuravit. Sed brevi relapfus, tandem degradatus, & fæculari brachio traditus, crematus eft.

128.
Sectæ præ-
cipuæ.
Ex fectis porro innummeris, quæ fæculo XVI. regnum hoc apprimè antea Catholicum torrentis more inundârunt, frequentiores funt, Ariani ac Trinitarii, Diviniffimum negantes myfterium, in alios ramos rurfus fegregati, ùt Trithcitarum, Socinianorum, Samofetanorum &c. Dein Græci fchifmatis fectatores, cum Arianis per utramque Poloniam fparfi, atque cum Mofcis Patriarchæ Conftantinopolitano in facris fubjecti.

Poft iftos magnum numerum conficiunt Lutherani, in magna præfertim Polonia, Livonia, ac Pruffia, Dantifci præfertim, Elbingæ, Regiomonte. Quamvis etiam Calviniftæ infaufta fœcunditate fuccreverint, maximè Dantifci, Vilnæ, & Pofnaniæ. Anabaptiftæ quoque frequentes irruerunt, potiffimùm in Silefiæ fines, Lublinum, in Gedani & Cracoviæ fuburbia, atque viciniam. Adde Calixtinos ex Huffitica progenie, Adamitas, Fraticellos, ac Judæos, grandi numero, & opibus pollentes; atque ad Boriftenis ripas Mahometanos.

Tres autem maximè caufas devaftati tantopere agri optimi adftruunt; cultorum habilium inopiam, Sigismundi Augufti ignaviam, & nobilium adolefcentum ad exteras fcholas, zizaniis fcatentes, acceffum. His etenim miferandis erroris fubfidiis tantopere aucti funt fectarii, ut in Comitiis univerfalem quandam autonomiam concedere neceffe fuerit.

129.
Catholici
prævalent.
Nihilominus tamen Catholicorum femper fuit pars multò maxima. Quod tum præfertim patuit, cùm poft mortem Sigismundi Augufti, ex Jagellonica ftirpe ultimi, Catholicum Regem averfati, fectæ alicujus fuæ hominem intrudere nitebantur. At prævaluit pars major & fanior; dum Henricum Valefium, ob contritos Hugonotos Proteftantibus invifum, & poft eum Stephanum, & Sigismundum, Principes eximiè Catholicos, folio admoverunt, ringentibus heterodoxis.

Effectúmque dein fub finem fæculi, ut regum cura, Epifcoporum follicitudine, accitis facris operis, erectis fcholis, atque collegiis, ingens ad avitam fidem, nobilium præfertim, Dynaftarum, Palatinorum, ac Caftellanorum, fuerit facta acceffio, numero electorum in futurum adhuc multò magis his præfidiis augendo.

AR-

ARTICULUS IV.

Obfervatio de Statu Ecclefiaftico Daniæ & Norvegiæ fæculo XVI.

E Quidem de iftis quoque regnis parte VI. tractavi; placet tamen 130. hîc aliqua adhuc obfervaie, ut imago fæculi XVI. omnium infauftiffimi, fub unum afpectum cadat.

Chriftierno II. Sueciæ, Daniæ, & Norvegiæ rege potentiffimo poft lanienam Holmienfem expulfo, Fridericus ejus patruus Daniæ & Norvegiæ Regnum obtinuit, Suecia avulfa, & Guftavo, quod fuprà dixi, commiffa.

Fridericus à Smalcaldicis Sociis ad fœdus & Confeffionem Augu-Deformaftanam invitatus, pronum ad utrumque fe oftendit, Epifcoporum ta-tio. men auctoritatem veritus, lentè agendum ratus, Lutheranos Miniftellos accivit; qui ex Lutheri ufu operi gnaviter infiftentes, oftenfa regi & proceribus opima Ecclefiarum præda, facerdotibus conjugii illecebris, plebi licentia & fectæ dulcedine, id effecêre miraculi, ut faxum, ex innata gravitate ad lapfum facile, ex alto præceps ad ima rueret.

Tum enimverò multi abjecta facra ftola, & cucullis ad uxorios amplexus feftinantes, carnis voluptatibns frui, quàm folitariam & aufteram vitam ducere malluerunt. Chriftianus III. verò, Friderici filius, à Bugenhagio Pomerano Lutheri apoftolo, quo concionatore utebatur, coronatus, Religionem fluctuantem tanta vi in fcopulum impegit, ut naufragium paffa, non nifi modicas disjectæ claffis reliquias poffet colligere.

Eò autem promptiùs mergebatur in errores Dania, quòd externum cultum nihil admodum immutari populus cerneret. Nam altaria, facræ imagines, cerei accenfi, ornamenta Ecclefiarum, & vafa facra, Miffæ ritus, aliæque ceremoniæ ex ufu veteri confervabantur. Eóque externo rerum habitu decepta Dania, ex affe Lutheranam fe mirata eft, antequam id pro fua ruditate & ignorantia fatis perfentifceret.

Sola tempore aliquanto Lutherana fecta monopolium erexerat; 131. quum novi nundinatores merces etiam fuas inferre nitebantur, Zwing-Monopoliani, inquam, & Calviniftæ, intérque eos ille mundi erro Joannes lium Luth. Lafcus, Polonus, qui Maria ad Angliæ folium admota, cuticulæ

me-

metuens, duas naves Calvinianis mercibus onuftas ad Daniam appulit, Regique venales expofuit. At Lutherani cautè eum monebant, pefte fummè maligna infectas effe. Ipfis etiam Papiftis pejus effe hoc hominum genus, horrendas in DEum blafphemias evomere, nec aliud nifi hærefum luem, adverfus SS. Sacramentum, aliáque Evangelica myfteria afferre.

Jurgia.
Lafcus ac focii Reformati minimè pigri has laudes in Lutheranos retorquebant; hæreticos eos effe & feductores peffimos; cavendum ab eorum fermento, non ad Evangelicæ lucis radios, fed in atris averni furnis excocto, diu alterna hæc, fe mutuò infectantium, & tanquam hæreticos profcindentium, modulatio tenuit, & aures regis verberavit; cùm etiam Anabaptiftæ, Trinitarii, & Schmidlinus cum fuo libro Concordiæ, in partem pulchræ harmoniæ veniunt: hæreticos effe reliquos, fe folos veritatem canere prædicabant. Et tamen, quod mireris, hi omnes purum Verbum DEI in ore ferebant.

Exitus is fuit, ut penes Lutheranos ftaret victoria; quia à Proteftantibus Germaniæ Principibus Rex plus fperabat. Ideò cantus eorum magis placuit. Merces eorum approbatæ; exacti regno Calviniftæ. Lutheranis monopolium relictum; usque dum fub Chriftiano III. Angli & Hollandi mercatores cum peregrinis mercibus Calvinianam luem reduxerunt: publico etiam exercitio iis permiffo. Catholici autem facerdotes non nifi fæculari habitu difperfo gregi clàm fubvenire poterant.

132.
Norvegiæ deformatio
Eadem procella, quæ Daniam, Norvegiam quoque rapuit. Quippe promulgata Ecclefiafticis perfonis uxores ducendi libertate, ac retinendi nihilominus interim Ecclefiarum proventus, qua data porta ruerunt in præceps, fruftra obfiftente Nidrofienfi Archiepifcopo. Populus tamen, fi non exercitium religionis, memoriam tamen illius & fpem redeundi ad priftina facra diu retinuit. Faxint benigni cœlites, ut Boreales illi populi, uti nivium frigoribus, ita corporis robore indurati, ad lumen veritatis aliquando rurfus pertingant, ducente illo, qui illuminat omnem hominem, venientem in hunc mundum, & neminem vult perire, fed omnes ad agnitionem veritatis venire.

CA-

CAPUT IV.

Status Helvetiæ Ecclesiasticus & Politicus.

HElvetia graviſſimas inter revolutiones, ſtatúsque ſui mutationes, libertate tandem parta, fide, religione, candore, integritate, & invicta fortitudine, gentium ubique inclaruit,domi arcto potentíque fœdere ſibi cohærens, foris bellicoſa ac hoſtibus formidanda. Floruitque ad omnem amœnitatem hoc inclitæ Nationis inconcuſſum decus,quamdiu ReligioOrthodoxa,pietatem aluit, & animos pulchro nexu conjunctos tenuit. At verò poſtquam illa tetro ſchiſmate ſciſſa eſt, diverſam multò rerum faciem induta, euntibus in contraria ſtudiis, in magnas calamitates fuit præcipitata ; prout uberiùs aliquantùm demonſtratum imus.

SUMMARIUM.

ARTICULUS I.

Status Helvetiæ Politicus usque ad ſæc. XVI.

AR-

Continuatio.

139. Pugna ad Sempachium. Leopoldi cædes ; hujus filii Friderici profcriptio : hujus filii Sigismundi, & Friderici III. Cæfaris, uti etiam Maximiliani I irriti conatus. Pugna ad Bafileam cum Gallis.

140. Bellum Burgundicum cum Carolo Audace.

141. Friburgum, Solodorum, Bafilea, Scaphufia, & Abbàtifcela ad fœdus.

142. Helvetiæ Regimen.

143. Subditi Helvetiæ.

144. Socii confœderati.

145. Bella Italica.

ARTICULUS III.

Status Ecclefiafticus usque ad fæculum XVI.

146. Converfio Helvetiæ : ejùsque Apoftoli ac primi Epifcopi. Octodurenfis Sedunum, Vindoniffenfis Conftantiam, Aventici Laufannam translatio.

147. Ordo S. Benedicti Religionem propagat.

148. Præfertim Patres Sangallenfes, viri fanctiffimi & doctiffimi. Uti etiam Einfidlenfes, Murenfes, &c.

149. Ciftercienfis Ordinis adventus in Helvetiam.

150. Et Canonicorum Regularium S. Aug.

151. Uti etiam Præmonftratenfium.

152. Lites circa Jus Advocatiæ. Epifcopi Gebennenfis cum urbe. Dux Zäringenfis à Vallefiis victus.

153. Francifcanorum adventus.

154. Et Dominicanorum. Sabaudus victus à Vallefiis. Primum fœdus cum Bernatibus. Arbona ad Conftantienfem , Bruntrutum ad Bafileenfem.

ARTICULUS IV.

Continuatio.

155. Vallefiani tumultus. Vallis Tellina ad Curienfem. Abbatiscellanæ turbæ. Cufanæ. Collegiata ad S. Leodegarium.

156. Tog-

156. Toggenburgum ad Monast. Sangallense.

157. Bellum Sabaudicum, Vallesii victores Inferiorem Vallesiam subigunt. Vaudum ad Bernates.

158. Jodocus Sillenon Episcopus Sedunensis expulsus.

159. Cardinalis Dominicanus Helvetiam turbat.

160. Udalrici Abbatis Sangallensis laudes.

161. Nicolai de Rupe sanctitas.

162. Impostura Bernensis: malè à Protestantibus nobis objecta.

163. Cardinalis Schinerus cum Georgio Supersaxo & Vallesiis collisus. Papæ & Cæsari ex integro addictus.

ARTICULUS V.

Status Ecclesiasticus Helvetiæ sæculo XVI.

164. Zvinglius causa turbarum & Bellorum civilium. Verbo Dei prætenso abusus.

165. Conciliabulum Tigurinum.

166. Monitum 12. Cantonum ad Tigurinos.

167. Synodus Badensis ejúsque canones. Proscriptus Zvinglianismus ab Episcopis & 12 Cantonibus. Zvinglius Disputationem declinat.

168. Varia Zvinglianorum conciliabula. Disputatio Bernensis umbratilis.

169. Defectio Bernæ, Basileæ, Scaphusiæ, urbis Sangallensis &c.

170. Bellum civile à Zvinglianis conflatum. Pugna Cappellensis. Interitus Zvinglii. Catholicorum victoriæ. Pax. Conciliabula Ministrorum.

ARTICULUS VI.

Continuatio.

171. Fœdus Vallesiæ cum 7. Catholicis Cantonibus pro defensione Religionis. Bellum Sabaudicum. Episcopus Genevâ pulsus. Augia & Oeninga ad Constantiensem.

172. Vallesia à Zvinglianis inficitur.

173. Pax cum Sabaudo. Vaudum Bernatibus concessum. Caballia restituta.

174. Mors præcipuorum novi Evangelii Apostolorum.

175. Collegium Mediolanense Helveticum à S. Carolo. Nuntiatura stabilis.

Pars VII.   S s   176. Ad-

176. Adventus Societatis Jesu in Helvetiam, & Patrum Capucinorum.
177. Catholicorum fœdera. Protestatio Zvinglianorum. Responsum Catholicorum.
178. Conciliabulum Montis Belliardi, & Bernæ. Turbæ ex iis ortæ. Dissidia Novatorum.
179. Abbatiscellensium regimen ob religionem divisum.

CAPUT IV.

De statu Helvetiæ Ecclesiastico & Politico.

ARTICULUS I.

Status Helvetiæ Politicus usque ad sæculum XVI. & mutationem Religionis.

**133.
Sub Romanis.**   Helvetii, ab antiquissimis temporibus liber populus, cùm combustis ultro laribus suis in Galliam irrupissent, à Julio Cæsare (postquam Galli Romanos in auxilium vocâssent) imminuto licèt multùm numero, in sedes suas repulsi sunt, & magnam partem unà cum Gallia in Romanorum potestatem redacti; præsertim ubi anno Christi 69. ab A. Cæcina ingenti prælio fusi sunt. Urbs eorum princeps Aventicum.

Burgundis.   Romanorum Imperio sæculo V. undique ab irruentibus Borealibus populis distracto, Burgundiones, ex Pomerania prorumpentes, eum terrarum tractum, qui Rhenum inter & Rhodanum comprehenditur, invasère; fundato ibidem Regno Burgundico, cujus sedes Regia Viennæ ad Rhodanum. Verùm illud sub quatuor duntaxat Regibus non ultra sæculum stetit. Sub tertio illius Rege S. Sigismundo magnam partem conversum.

Francis.   Sæculo VI. in Gallicam Provinciam redactum, Merovingicis & Carolingicis Regibus subjectum fuit. Quo tempore propiores Italiæ Helveti, Uranienses, Suicenses, & Subsylvani, ad depellendos ab Italia Saracenos progressi, pluribus à Ludovico Pio privilegiis sunt donati.

Post mortem Ludovici pars Regni Lotharici facta est Helvetia. Lotharii verò liberis absque prole mascula defunctis, in divisione Regnorum inter fratres Carolum Calvum & Ludovicum Germani-

cum

eum facta, potissimam partem Regno Germaniæ accessit. Carolo dein Crasso exauctorato, surrexit novum Regnum Burgundicum (*Transjuranum* appellatum) sub Rudolpho I. Sueviæ comite, cum Arelatensi postea conjunctum. Ad hoc Regnum potissima Helvetia pertinebat ; regiones videlicet intra Rhodanum & Rhenum, uti Argoja, Nuitonia, Vallesia, Sabaudia, Rauracia &c.

.. Cùm subin, ùt *part. 5. àrt. 1. §. 2.* prolixiùs narratum, Con- Imperio. radus II. Imperator Regnum Arelatense Romano Imperio vindicasset, Helvetia pariter ad illud rediit ; ac 300. ferme annis sub eodem stetit. Quia autem Helveti jam à Ludovico Pio varias libertates acceperant, multò mitiùs à Præfectis Cæsareis cum iis agi oportuit, quàm cum aliis provinciis.

Et quidem Tigurum, Basilea, & Geneva liberæ Imperii civitates fuerant declaratæ. Tribus provinciis, Uraniæ, Suitio, & Subsylvaniæ (quæ sylvestres civitates dicuntur) sua initiò rata fuerant privilegia, Præfectus tamen à Cæsaribus ipsis erat impositus, qui jus diceret. Præterea non pauci erant in Helvetia comites aliique Nobiles, clientelari obsequio addicti Imperio.

. Contigit autem non rarò, ut Imperatoribus cum Romanis Pontificibus collisis (præsertim tempore Friderici II. anathemate illigati) alius aliam partem sequeretur, & plebs adversus Nobiles, Episcopos, & Abbates insurgeret, hique illam rursus subjicerent. Ex quo sæpiùs turbæ gravissimæ ac bella domestica orta sunt ; præsertim magni illius Interregni tempore, quo quisque in armis jus suum ferre videbatur.

Et licèt Rudolphus Habspurgicus, cujus in Helvetia, in qua multas Austriacis. ditiones possidebat, magna erat auctoritas, postquam ad culmem Imperii evectus est, dissidia composuisse sit visus, stabilitatem tamen non tulit concordia ; Præfectis præsertim potestate sua abusis. Quæ res tandem in magnam mutationem erupit, & Reipublicæ erigendæ occasionem dedit.

Cùm enim post mortem Rudolphi I. inter Adolphum Nassovium & Albertum Rudolphi filium ferveret bellum, Helvetiæ civitates, ac præsertim Urania, Suitium, & Subsylvania Adolphi partes sequebantur, hoc subin cæso, Albertus rerum potitus, injuriam, ùt interpretabatur, sibi illatam vindicare, & Helvetiam Domui suæ, tanquam novum Ducatum, asserere constituit.

. Postquam igitur ditionibus amplis, quas jam antè Domus Austriaca in Helvetia possederat, plures novas, à Wilisaviensibus, Rotenburgicis, Regensbergiis, Eschenbacensibus, emptione comparatas,

tas,

tas; adjeciffet; Legatos ad Sylveftres tres civitates mifit, qui ab eis peterent, ut aliorum exemplo Domui Auftriacæ fe fubjicerent : fic magis fecuras & potenti defenfione munitas fore, atque privilegiis fuis quiete ac conftanter fruituras.

Verùm civitates reponebant, fe immediato nexu Imperio effe junctas, quem rumpere non poffint. De cætero Imperatori fe omne debitum obfequium exhibituras, omniáque facturas; quæ ex ufu fuarum provinciarum; atque ex more Majorum effent.

Albertus abrupto hoc refponfo accepto, non leviter eis fucceñfuit; diffimulata tamen irâ duos ad eos Cæfareos Præfectos more veteri deftinavit, Gäslerum nobilem Equitem, qui Uranienfibus & Suicenfibus præeffet, & Landenbergium; qui Subfylvanis jus diceret. Ille in arce Küffenacenfi, hic in Sarnenfi fedem fixit.

134.
Præfectorum feveritas.

Hi duo Præfecti lenibus initio verbis gentem permovere conabantur, ut hæreditariis Domus Auftriacæ ditionibus accederet. Cùm autem nihil proficerent, crudeli eam fervitute cœperunt premere, non paucis levem ob caufam Lucernam aut Tugium, Habfpurgicæ ditionis urbes, ad carceres abductis, bonisque eorum fifco illatis.

His aliisque oppreffionibus irritati de excutiendo jugo cogitabant. Tres præcipuè viri initium dederunt, Arnoldus *Melchtalius* Subfylvanus, Wernerus *Stauffacherus* Suicenfis, & Walthcrus *Fürftus* Uranienfis : finguli peculiaribus injuriis notati. Melchtalio à Landenbergio per fervum boves abduci juffi, addito in humano apophtegmate, rufticos ipfos aratrum poffe trahere. Melchtalius fervo verberibus excepto, in Uraniam aufugit. Patri verò ejus, bonis omnibus fpoliato, eruti oculi. Stauffacherus, cùm ei Gäslerus inter minas novam domum, absque Præfecti licentia ædificatam, exprobraffet, periculo caput fubtracturus, fe pariter in Uraniam fugâ recepit : ubi tres memorati viri focietate inita, poftea anno

Foederis
initia.

1307. prope Brunnam icto fœdere, ad patriam fervili jugo liberandam conjurârunt. Atque ex parvis his initiis furrexit deinde potentiffima fœderatorum Respublica.

135.
Tellius.

Acceffère plura alia, quæ animos tolerantiâ feffos ad vim vi repellendàm concitarunt Nam cùm officialis quidam Landenbergii Conradi Baumgartneri uxorem ad turpia cogeret, à marito in balneo fecuri percuffus periit.

Maximè verò memorabile eft, quod cum Wilhelmo *Tellio* contigit, ac negotium fœderis haud parùm promovit. Gäslerus, ut de gentis in fe animo experimentum caperet, Altorffii, præcipuo Uraniæ oppido, pileum fuum perticæ impofitum erexit fublimem,

ju

juffitque non minorem illi honorem & reverentiam deferri, ac ipfi præfenti exhiberent.

Cùm igitur Tellius illic prætergrediens, vel ex incuria vel de induftria, reverentiam pileo non exhibuiffet, in carcerem abductus, & in id condemnatus eft, ut pomum, filii fui capiti impofitum, fagitta arcu emiffa excuteret. Præftitum id innoxio filio; cùm verò Præfectus quæreret, cui ufui alteram fagittam, in pharetra hærentem, referváffet, intrepidè repofuit; fi prima fagitta aberráffet, alteram in illius caput fuiffe paratam, qui ad tam inhumanum facinus fe adegiffet.

Qua liberá voce offenfus Gäfslerus Tellium vinciri, navique alligátum in Küffnacenfem carcerem abduci juffit. Verùm cùm vehemens tempeftas navem periculo naufragii exponeret, voluit Præfectus, qui unà vehebatur, ut Tellius, nauticam artem apprimè callens, vinculis folutus, atque gubernaculo admotus, navem regeret.

Ufus ille opportuná hac occafione, cùm navem fecundùm fcopulum dirigeret, fubitò in eundem profiliens, impetu validò navi pede impreffo, evafit.

Poftquam dein navis Brunnam appulfa eft, Gäfslerus Præfectus equo confcenfo reliquùm iter ad Küffnacenfem arcem terrà conficere voluit; at Tellius re explorata, viarúmque gnarus, haud procul ab ea arce, faltûs frondibus tectus, venientem fagitta trajectum equo dejecit exanimem. Móxque in Uraniam ad foederatos correpto itinere, narratóque rei eventu, ad abfolvendùm opus coeptum eft adhortatus.

Ad hoc autem comprimis opus effe intelligebant, ut munitis arcibus potirentur. Aftúque rem tentandam rati, calendis Januarii, cùm pro more Landenbergio munera afferrent, expromptis armis Sarnenfem arcem occupârunt, Landenbergiò in vincula abducto. Roftenbergenfe verò caftellum ceperunt, juvene quodam per Amafiam noctu refti atracto: qui dein focios pari modo in arcem traxit. **136.** *Arces capiunt.*

Hujusmodi artibus etiàm Küffnacenfem, aliásque arces fuæ poteftatis factas folo æquarunt. Landenbergium verò, ejúsque, uti etiam Gäfsleri familiam ac domefticos ad fines provinciæ deductos profcripsère, jurare compulfos fe nunquam redituros.

Hac igitur ratione tres Sylveftres communitates in libertatem affertæ, anno 1308. commune foedus in decem annos ineunt, vità & fanguine defendendi libertatem, Articulis foederis à tribus primis conjuratis in medium allatis.

Al-

Albertus Cæfar hoc civitatum Sylveſtrium auſu vehementer commotus, Lucernatibus & Tugiehſibus ſuis. omni cum eis commer-cio interdixit. Důmque bellum in eas pararet, à Joanne nepote ſuo perfidè fuit interemptus.

Henricus VII. verò à Septemviris electus Imperator, fœdus ea-rum ratum habuit ; miſſo tamen novò Præfecto Cæfareo, qui ſimul Tigurinis, Turgoiis, aliisque Imperii populis jura ac juſſa diſpenſa-ret. Ex quo facilè apparet, communitates illas tunc necdum ſol-viſſe nexum, quo cohærebant Imperio, ſed libertates ſuas duntaxat ac privilegia vindicâſſe.

Dimicantibus poſtea Ludovico Bavaro & Friderico Auſtrio de Imperio fœderati Ludovici partes ſecuti ſunt: Quare Leopoldus Glo-rioſus, Friderici frater, Alberti Cæfaris filius, comparato 20000. exercitu, Helveticæ inſuper Nobilitatis auxilio ſuccinctus, bello ip-ſos aggreſſus eſt. Sed ad *Morgartam* prælio victus, & cladem ingen-tem paſſus, retroceſſit ; quamvis fœderatorum non plures, quàm 1500. fuiſſe ſcribantur.

Hoc bellicæ virtutis edito ſpecimine animatæ tres illæ commu-nitates anno 1320. Brunnæ fœdus, quod ad decennium conſtrinxe-rant, perpetuum ſtatuerunt.

Sed neque hoc fœdus eò collimâſſe, ut ab Imperio ſe penitus eximerent, id argumento eſt, quòd Ludovicus æmulo profligato, novum ad eos Præfectum Imperialem miſerit, & non tantùm eo-rum fœdus, ſed etiam privilegia confirmârit, aliiſque novis, in re-cognitionem præſtiti ſibi obſequii, adauxerit. Poſteriores verò Im-peratores unà cum ſuprema Juriſdictione conceſſa, poteſtatem ipſis dederunt, Præfectos ac Judices ſibi deligendi. Quo factum, ut pau-latim ab Imperio ſe ſubtraherent.

Anno 1332. Lucernates, (Abbati Murbacenſi olim ſubjecti, ſed commutatione facta in Alberti I. Cæfaris jura tranſgreſſi) bello in-ter Ludovicum & Fridericum flagrante multa paſſi, & à Præfectis acerbiùs habiti, ab Auſtriacis deficientes, fœderi acceſſerunt, primo loco ipſis conceſſo. A quo tempore *fœderati quatuor Sylveſtrium civitatum* dicti ſunt. Nobilitas equidem Lucernenſis cum pluribus civibus hoc fœdus improbantes Auſtriacis portas urbis noctu aperire conſtituerant, ſed ab adoleſcente proditi pœnas dederunt. Nec plùs armata manus proficiebat.

Induciis dein factis, anno 1351. Tigurini (urbem pervetuſtam, à Fri-derico II. liberam Imperii civitatem declaratam, incolentes) finiti-mæ Nobilitatis, Auſtriacis addictæ, vexati incurſionibus : atque cum

ſenatu

137.
Pugna ad
Morgar-
tam.

138.
Lucerna
ad fœdus.

Et Tigu-
rum.

senàtu suo còllisi, eundem dejectum urbe expellunt, ac Sylveſtrium quatuor civitatum fœderi se se aſſociant, permiſſo ipſis primo dignitatis loco, & Cántonum, ùt vocant, *Directorio.* Cúmque Albertus Friderici Pulchri frater, pluribus Imperii Principibus ſtipatus eos aggrederetur, victus receſſit: neque trina obſidione poſtea Tigurum expùgnare potuit.

Poſteriore verò anno Tugienſes & Glaronenſes, à Fœderatis ex-Tugium, pugnati, in fœdus recepti ſunt, conceſſo illis ſexto, his ſeptimo Glarona. loco. Receptum quidem ab Auſtriacis fuit Tugium, ſed à ſociis rurſus expugnatum, in fœdere permanſit.

Præſertim verò fœdus illud firmatum fuit, dum Berna, anno Berna, 1191. à Ducibus Zäringenſibus ædificata, libera dein Imperialis civitas à Friderico II. Cæſare declarata, cùm varii proci eidem inſidiarentur, fœderi anno 1355. acceſſit. Nacta propter amplitudinem & potentiam ſecùndum inter Cantones locum: multis poſtmodum oppidis, urbibus, ac provinciis, ad Genevam usque protenſis, ſummòpere aucta. Et hi ſunt octò illi Cantones, quos *Veteres* appellant. Quibus poſtea quinque novi ſunt adjuncti.

ARTICULUS II.

Continuatio Hiſtòriæ Politicæ.

ÆGerrimè tulerunt Auſtriaci tanta incrementa fœderis; qua- **139.** re *Leopoldus Probus*, Alberti I. Imperatoris nepos, anno Pugna 1386. collecto exercitu, multisque ex Suevica & Helveti-ad Sempa-ca Nobilitate comitantibus fœderatos bello aggreditur. Ad Sempa-chium, chium, haud procul Lucerna, ventum ad arma, commiſſúmque atrox prælium. In quo ipſe Leopoldus cum Nobilitatis flore cæſus occubuit. Certè ex ſolis Nobilibus Equitibus ad 500. ceciderunt; fœderatorum, ùt fertur, ducentis duntaxat deſideratis.

Inducias proin concedere oportuit, ſæpiùs poſtmodum renova-tas; præſertim ubi ſub initium ſæculi XV. Leopoldus Craſſus (ad Sempachium cæſi filius) ad Glaronam magna clade fuit affectus.

Infelicior adhuc fuit Auſtriacis annus 1415. quo Fridericus IV. Archidux, quòd Joannem XXIII. ex Concilio Conſtantienſi abduxiſſet, à Sigismundo Cæſare proſcriptus fuit. Tum enim verò fœderati, dato veluti ſigno, in Auſtriacorum ditiones, quarum adhuc

multas

multas ac magnas in Helvetia poſſidebant, involârunt. Bernates, circum-
curſantes, & inſignia ſua affigentes, tunc maximè aucti ſunt, Lucernatibus
adSurſeam ſeuSariam diutius hærentibus. Alias inter urbes & oppida Badena, Mellinga, & Bremgarta quoque communem in prædam venit.

Sigismundus Friderici filius conabatur equidem ablata reducere ;
ſed adhuc plura amiſit, ipſa etiam Gentilitia arce Habſpurgo in Ber-
natium manus dilabente. Præſertim verò cum Helvetis colliſus eſt,
poſtquam eum Pius II. Pontifex, ob Cardinalem Cuſanum, Epiſcopum Brixinenſem, militari manu captum & in carcerem detruſum,
communione fidelium movit.

Nec plùs evincebat Fridericus IV. Imperator, qui rogatus, ut
privilegia ſua confirmaret Helvetis, id ſe facturum negabat, niſi omnia Auſtriacæ Domui ablata reſtituerent. Quod cùm detrectarent,
ad arma rurſus ventum. Tigurini, indignantibus reliquis Cantonibus fœderatis, privatam ſocietatem cum Cæſare tunc inibant, &
adverſus fratres ſuos pugnabant.

Cæſar verò auxiliares copias primò ab Imperii Principibus fruſtra petebat, dein autem à Carolo VII. Gallorum Rege, qui pacem
EtBaſileam. cum Anglis ſanciverat, quinquemillia. Miſit is 40000. quibus filium
ſuum Ludovicum Delphinum præfecit. Exercitu hoc ad Baſileam
admoto, diſturbatum eſt conciliabulum, quod plures annos ibidem
jam hæſerat. Tum verò cum 1600. Helvetorum tam acriter conflixit, ut 6900. Gallorum in acie caderent, Helveti verò multitudine
obruti omnes cæderentur, 16. duntaxat exceptis, qui elapſi à popu-
laribus ſuis propè occiſi ſunt, quòd fugiſſent. Ludovicus expertus
eorum fortitudinem retroceſſit, nolens ita ſecundò vincere.

Denique etiam Maximilianus I. voluit tentare aleam, erecti nuper Suevici fœderis uſus viribus. Verùm ad Mayenfeldam in Griſonibus cæſus, aliiſque præliis & velitationibus plerumque inferior,
anno 1500. Helvetis pacem dedit, non ampliùs rumpendam.

Germani Gallique Helvetiorum vires experti, Burgundicæ Domui, tunc admodum potenti, eos debellandos obtulerunt. Carolus Audax, immenſæ ambitionis Princeps, ac vicinis omnibus formidandus, & hoc opportunus videbatur.

Nec occaſio deerat. Nam Sigismundus Archidux, Tyrolis &
Anterioris Auſtriæ Princeps (quem cum Cuſano & Pontifice colliſum
diximus) bellis adverſus Helvetos aliósque geſtis exhauſtus, Burgundo Suntgojam & Brisgojam pro mutuo 80000. florenorum oppignoraverat. Cùm autem poſtea oblata ſolutione illas vellet redimere, Carolus pecuniam acceptare noluit. Ea igitur Baſileæ de-
pe-

pofita Sigismundus, remiffis juribus iis, quæ prætendebat, cum Helvetiis fœdus iniit. Quam fabam adverfum fe cufam arbitratus Burgundus Helvetiis exitium jurabat, ne quidem admiffis eorum, quos
miferant, legatis.

Qua fuperbia offenfi, dum ille 1474. Ubios infeftaret, auxi- **140.**
liares Cæfari copias miferunt, ac ferocientem repulerunt. Cùm au- Bellum
tem haud multò pòft Fridericus Cæfar privatam cum Burgundo pa- Burgundi-
cem iniiffet, folique Helveti hoftes ei effent relicti, hos ille uno ve- cum.
lut halitu deglutiendos putabat, adductis curribus, onuftis reftibus,
quibus eos fufpendere cogitabat. At verò Germani Gallíque, qui
Helvetiorum virtutem meliùs nofcere didicerant, & utriusque partis
crefcentem in dies potentiam exofam habebant, exfpectatione fufpenfi hærebant, quò victoria inclinaret, mutuam utrisque cladem tacitis votis ominantes.

· Primum prælium anno 1476. commiffum eft ad *Granfonium* in
Verbigenis, quod deditione ceperat Carolus; fed præfidiarios incolumitatem pactos partim fufpendit, partim aquis fuffocavit. Victus
ea pugna Burgundus ab irritatis, opes amifit; quas ad oftentatio-
nem immenfas in caftra advexerat. Ad tres milliones florenorum
ab Helvetis victoribus collecti dicuntur.

Alterum prælium eodem anno confertum fuit ad *Murtam*,
quò Carolus, ira vehementer exæftuas, 100000. milites adduxerat.
Verùm ab Helvetis, qui numero multò minore ad obfidionem folvendam accurrerant, ita exceptus eft, ut 20000. Burgundorum in acie
occumberent, 10000. aquis fuffocarentur.

·   Carolus Genevam fugâ elapfus, atque tædio ac pudore
fuffufus, vitato hominum confortio tantisper delituit. Tum verò
in novos furgens aufus, reparato exercitu tertium prælium fufcipiendum fibi putavit. Ac primò quidem Nancejum obfedit anno
1477. cùm reliquam Lotharingiam jam antè Renato
Lotharingo abftuliffet. At Helveti, Renato fœdere juncti,
allatis validis auxiliis, tertiam ac fupremam ei cladem inferunt,
cæfis 7000. Burgundionum, ipfóque Duce Carolo occiforum numerum augente; Helvetiorum verò non pluribus, ùt fertur, quàm 30.
defideratis: ut proin diceretur, Carolum Audacem primo ad Granfonium prælio amififfe fupellectilem, altero ad Murtam gloriam, tertio Nancejum vitam.

Hoc tanto bello fortiter adeò gefto, tantóque hofte profligato, **141.**
Helvetiorum virtus ac gloria terrarum ubique inclaruit. Eósque ami- Fribur-
cos, & focios habere omnes exoptabant. Ac primò quidem Fribur- gum.

: *Pars VII.*   T t   gum

gum Nuitonum, à Bertholdo Duce Zäringenſi anno 1091. exſtruĉta
civitas, (poſtea ad comites Pfyrtenſes, & ab his ad Habſpurgi-
cos devoluta) cùm à Nobilitate premeretur, anno 1481.
ad fœdus acceſſit, decimo inter Cantones loco illi aſſignato. Eodém-

Solodo-
rum.

que adhuc anno Solodorum Imperialis atque antiquiſſima totius Helvetiæ urbs, in Argoja ſita, ſecuta eſt, undecimum ordine locum naĉta.

Finito dein bello Germanico-Helvetico adverſus Maximilianum I.

Baſilea.

geſto, Baſilea, libera antè Imperii civitas, ex ruderibus Auguſtæ
Rauracorum enata, · & à Pio II. Pontifice publica Academia ornata,
fœderatis Cantonibus, quibus jam antè auxilia præbuerat, anno 1501.

Schafuſia.

ſe adjunxit, honoris gratia nono ipſi loco conceſſo. Sequente eodem anno exemplum Scaphuſia; quam urbem anno 1330. Ludovicus
Bavarus Imperator Domui Auſtriacæ oppignoraverat. Sed paulatim
ab ea deficiens, fœdus auxit, duodecimum locum ſortita. Tandem
etiam Abbatiſcella, Abbati S. Galli olim ſubjeĉta, eidem eſt aſſociata
anno 1513. ultimo loco contenta. Ubi obſervare licet à primo trium

Abbatiſcel-
la.

Urbium Sylveſtrium fœdere 205. annos fluxiſſe, donec Helvetia in
13. Cantonum (quos pagos aliqui vocant) ſyſtema coaleſceret.

142.
Regimen.

Quælibet autem ex his communitatibus, poſtquam per pacem Weſtphalicam ab Imperio fuerunt exemptæ, ſupremam atque
independentem in territorio ſuo exercet Jurisdiĉtionem. Varium tamen apud eas eſt regimen, alicubi Ariſtocraticum, ùt Lucernæ,
alibi Democraticum, ùt apud Sylveſtres Civitates, uti etiam
apud Tugienſes, Glaronenſes, & Abbatiſcellenſes ; rurſus alibi Mix
tum, ùt apud Tiguiinos &c. Ariſtocratia tamen prævalente.

Quamvis autem quilibet ex 13. iſtis Cantonibus pleno jure terr-
toriali potiatur, quando tamen de bello, pace, fœderibus, aliisque totam Helveticam Rempublicam concernentibus negotiis tra-
ĉtandum, id in communibus Cantonum omnium comitiis (quæ Badenæ, Aroviæ, aut Fravenfeldæ congregantur) eſt perficiendum ;
ut adeò in una tredecim ſint Reſpublicæ.

143.
Subditi.

Habent præterea 13. iſti Cantones ſuos ſubditos, vel ex integro,
vel ſaltem ex parte ; quibus per Præfeĉtos jus dicunt. Tales ſunt
verſus Orientem & Germaniam, Comitatus Badenſis Comitibus olim
Pfyrtenſibus dein Habſpurgicis parens, cum Badena civitate, & liberis provinciis, (Comitibus olim Rorenſibus ſubjeĉtis) in quibus
Bremgarta, Mellinga, Vilmerga, ſeptem veteribus Cantonibus usque
ad anuum 1712. ſubjeĉtæ. Deinde Turgovia, Vallis Rheni, Traĉtus Sargantinus, quibus oĉto veteres Cantones per vices Præfeĉtos
mittunt. Verſus Occidentem & Galliam quatuor ſunt Præfeĉturæ,
Mu·

Muratum, Granſonium, Urba, Schwarzenburgum, Bernatibus & Friburgenſibus olim alternatim ſubjectæ. Verſus Meridiem & Italiam itidem quatuor Præfecturæ, nempe Luganenſis, Locarnenſis, Mendriſiana, Madiana, à Maximiliano Sfortia an. 1512. 12. Cantonibus traditæ ; quòd eum in Ducatum Mediolanenſem reſtituerint.

Porro caſtra Rhætica, Uzenachum, Gamſium, Suicenſibus & Glaronenſibus parent. Bellinzona, Vallis Brunia, Riviera, tribus urbibus Sylveſtribus : Werdenberga Glaronenſibus : Arovia, Pons Areolæ, Zopfinga, Bernenſes habent Protectores : Steinium, Vitodurum, Tigurinos : Dieſſenhofium Tigurinos & Scaphuſianos : Rapperſvilla, ſeu Ruperti Villa, olim Uranienſes, Suicenſes, Subſylvanos, & Glaronenſes Protectores agnovit quid verò hìc alibique poſt infelix bellum anno 1712. a Tigurinis & Bernenſibus mutatum ſit, ſuo loco referetur. Denique Epiſcopi-Cellæ Catholici ſubſunt Jurisdictioni Epiſcopi Conſtantienſis, Zvingliani verò Tigurinorum. Omnia ferme iſta præter multa alia Auſtriacis fuerunt erepta.

Sunt præterea plures urbes & ſpatioſæ provinciæ, quæ neque 144. ad 13. Cantones pertinent, nec iis ſunt ſubditæ, ſed ſociæ ac fœde- Socii. ratæ, uti Princeps Abbas S. Galli, qui jam olim cum Tigurinis, Lucernenſibus, Suicenſibus, & Glaronenſibus fœdus inierat : Urbs S. Galli inſuper Bernates & Tugios fœderatos habet.

' Rhœti ſeu Griſones, ad Imperium olim ſpectantes, atque in tria fœdera diviſi, nempe fœdus *decem judiciorum*, ubi Mayenfelda, fœdus *Domus DEI*, ubi curia, & fœdus *ſuperius*, ubi Ilancium ; pulſa Nobilitate, anno 1471. cum veteribus Cantonibus fœdere juncti ſunt. Vallem autem Tellinam, & tractum Wormienſem, propter auxilium præſtitum à Maximiliano Sfortia anno 1513. ſibi donatas, tanquam ſubditas ditiones regunt. Et cùm poſtea ad Mediolanenſes redire cogitarent, ope Gallorum retentæ ſunt.

Valleſiana Reſpublica, in ſeptem Diſſenos tanquam provincias diviſa, anno 1533. cum ſeptem Catholicis Cantonibus fœdus iniit. Inferiorem verò Valleſiam, quæ olim ad Sabaudum pertinuit, tanquam ſubditam regit.

Urbs Muhlhuſium anno 1515. & Biela 1547. cum omnibus Cantonibus fœdus pepigit, Rotwila anno 1519. ſub eorum protectionem conceſſit Neocomenſis Principatus, ad Boruſſiæ Regem hodie ſpectans, Bernates ab anno 1529. fœderatos habet : Geneva verò ab anno 1535. quo Epiſcopum ſuum ejecit, Bernates, ab anno verò 1584. etiam Tigurinos. Epiſcopus Baſileenſis anno 1597. cum ſolis Catholicis Cantonibus ſocietatem fœderis contraxit.

Quin

Quin magni etiam per Europam Principes Helvetiorum amicitiam, & fœdus ambiebant, præfertim Galliarum Reges. Initium fecit Ludovicus XI. qui eorum vires ad Bafileam expertus fuerat.
Cùm enim haud æquis oculis afpiceret Domus Burgundicæ crefcentem potentiam, anno 1474. fœdere fibi junxit Helvetos, & cùm Carolum Audacem contudiffent, liberaliffima eis dona mifit.

145.
BellaItali-
ca,

Ejus filius Carolus VIII. 8000. Helvetiorum ad expeditionem
Italicam affumptis, anno 1494. *Regnum Neapolitanum* eorum opera
expugnavit, & ne in reditu interclufus periret, effecit.

Ludovicus XII. quamdiu Helvetios amicos & focios habuit,
profpero fucceffu res ejus ibant in Italia ; nam Ducatum Mediolanenfem ocupavit, capto Ludovico Moro (1500.) Verùm cùm pofcen-
tes augmentum ftipendii rufticos montanos appellaret, ab eo alienati, atque à Julio II. in Gallos incitati, primò Alphonfum Ferrariæ
ac Mutinæ Ducem eorum focium profligârunt. Deiu totum Gallorum exercitum Novaram obfidentem, eruptione facta, in fugam conjecerunt, ac denique anno 1513. Maximiliano Sfortiæ, pulfis Gallis,
Ducatum reftituerunt. Inito dein fœdere cum Maximiliano I. Cæfare & Henrico VIII. Angliæ Rege, Comitatum Burgundiæ invaferunt, nec nifi magna auri vi ab ulterioribus progreffibus arceri poterant.

Cùm poftea anno 1515. Galli fub Francifco I. Maximilianum
Sfortiam rurfus Mediolano dejeciffent, Helvetíque eum reftituere
niterentur, biduano prælio ad *Mariguanum* victi quidem funt, 10000.
fuorum amiffis, fed Galli eorum vires mirati, magnis deinceps præ-
miis annuifyque penfionibus eorum focietatem fibi conciliabant.

Magnum profectò apud omnes populos eò ufque erat Helvetorum nomen, eximium decus, ingens gloria ; quamdiu videlicet unius
erant labii, fide, religione, interna pace, fraterna charitate conjuncti.

At verò, ubi antiqua religio, quæ à prima converfione apud
eos pulcherrimè floruit, à pluribus Cantonibus fuit protrita, facra
Romana abjecta, & infelix illud fchifma mutuam fiduciam, concordiam & animorum concentum fcidit, converfis in fe ipfos armis,
mutuifque cladibus attriti, Majorum gloriam, ne plùs dicam, non
ampliùs æquârunt. Certè quidquid acerbi deinceps Helvetia paffa
eft, deformatæ re novas fectas religioni debetur. Sed hæc luculentiùs ponenda ob oculos.

AR.

ARTICULUS III.

Status Ecclesiasticus Helvetiæ usque ad sæculum XVI.
& mutationem Religionis.

Haud ita pridem Joannes Jacobus Hottingerus, Tigurinus, Historiam Ecclesiasticam Helvetiæ scripsit, maligno in Catholicos odio, fraudibus & erroribus fartam ; prout in Apologia mea *part. 2. observat. 11. & part. 3. de Ecclesia cap. 3.* adversus Tigurinos edita, ostendi, & passim in hoc apparatu ejus lapsus annotavi. Juvat tamen hîc prolixiorem aliquantò sinceriorémque rerum Ecclesiasticarum narrationem ejusdem mythologiæ opponere.

Japheti jam posteros in has terras immigrâsse traditur, atque unius veri Numinis cultum secum intulisse; postmodum autem, aliarum gentium more in idololatriam Helvetos prolapsos, præter alia plurima idola, Deam Aventiam præcipuo cultu veneratos: usque dum Romani etiam suos Deos, à Græcis acceptos, uti Jovem, Apollinem, Mercurium, Minervam &c. invexerint : in monte Jovis dæmonem per oraculum sicut olim Delphis responsa dedisse, donec S. Bernardus de Menton eum catena monti alligârit ; atque ab eo tempore montem S. Bernardi fuisse appellatum.

Quonam tempore & à quibus lex Evangelica primò fuerit Helvetiis promulgata, res est incerta. Sunt qui volunt, S. Barnabam illis prædicâsse. Alii S. Pauli discipulis id tribuunt. Alii SS. Hermagoram, Maternum, & Eucharium à S. Petro eò ablegatos scribunt. [14 Conv]

Exploratius tamen apud scriptores est, S. Beatum à Petro Apostolo Romæ ordinatum sacerdotem inter primos fuisse Helvetiæ Apostolos, uti *part. 3. Cathol. observat cap. 3. ff. 1.* adversus Hottingerum probavi. Sæculo dein secundo S. Lucium Rhœtis Evangelium prædicâsse Venerabilis Bedæ, & communis scriptorum est sententia. Nec refert, quòd heterodoxi Historici, quos Hottingerus ad an. 205. adducit, hanc rem aut more suo inficientur, aut dissimulent.

Prout autem S. Lucium Curiensium, ita S. Pantalum primum Basilcensium Episcopum sæculo III. fuisse traditur. S. Pelagium verò eodem seculo Constantiæ pro Christi fide occisum : S. Mauritium autem cum Thebæa legione Agauni in Vallesia. Uti contra eundem Hottingerum l. c. §. 2. ostendi. Ubi etiam §. 3. SS. Felix & Regula, antiquissimi Tigurinorum Patroni, S. Verena, aliisque Sancti primæ mæ Chriftianitatis adverfus eundem Sanctorum hoftem funt vindicati.

Tempore dein Conftantini M. uti alibi, ita etiam in Helvetia Chriftiana Religio magna incrementa cepit ; & multò adhuc majora fæculo VI. fub Sigismundo Rege Burgundiæ converfo. Tum etiam Epifcopatus Vindoniffæ, Octoduri, Curiæ Aventiæ, Genevæ, jam priùs cœpti, diftinctiùs determinati. Poftquam autem Clodovæus Helvetiam, & Alemanniam, Haffiam nempe, Sueviam, & Bavariam fibi fubjugaverat, multi cum eo Chriftianam fidem fufceperunt : ædificatis pluribus Monafteriis, inter quæ celeberrimum fuit Agaunenfe in Veragris feu Inferiore Vallefia, à S. Sigifmundo Burgundiæ Rege fundatum ad Divinum cultum, fanctorúmque Martyrum. Sanctus. quoque Fridolinus ex Sanctiffimo ordine S. Benedicti negotium Religionis multùm promovit.

Sub finem fæculi VI. Epifcopatus Octodurenfis Sedunum, Vindoniffenfis Conftantiam, Aventicus Laulannam fuit translatus, ob commodiorem, poft plures populos converfos, Diœcefis adminiftrationem.

Sub initium fæculi VII. venientibus fanctiffimis viris ex Ordine S. P. Benedicti, S. Columbano, S. Gallo, S. Magno, S. Sigisberto, Helvetiæ & Rhætiæ Apoftolis, fparfa ubique Chriftianæ fidei fementis in fructus uberrimos excrevit ; præfertim ubi celeberrima Monafteria ad S. Gallum, Campidonæ, Difertinæ, Abudiaci &c. fuerunt condita, fanctitatis, & doctrinæ viridaria, virorúmque Apoftolicorum plantaria. Quódque fupererat gentilis fuperftitionis, magnus ille Germaniæ Apoftolus Bonifacius, ejusdem Illuftriffimi Ordinis præclarum decus, fæculo VIII. eradicavit, proprio dein fanguine in Frifia confirmans veritatem, quam prædicaverat.

Socium, uti facerrimi Ordinis, ita Chriftianæ Religionis propagandæ habuit S. Pirminium, Epifcopum antè Meldenfem ; dein Helvetiæ & Germaniæ Apoftolum. Qui, ut perpetui effent Divini cultus, ac veræ Religionis propagatores, complura condidit facra cœnobia, uti in Augia Divite, ad Thermas Favarias ad fines Helvetiæ & Grifoniæ, Murbaci in Alfatia, ad Superiorem & Inferiorem Quercum in Bavaria, Hornbachii in Bipontinis, Gengenbaci, aliaque plura ad Rhenum, &c His acceffit eodem fæculo VIII. S. Othmarus, Abbas ad S. Galli, fulgentiffimum pariter fydus Monafticæ Sanctitatis & Religionis Catholicæ univerfim.

Carolus M. cùm Helveti in bellis, ab eo geftis in Germania contra Saxones & Bojos, in Gallia adverfus Aquitanos & Vafcones, in

Hi-

Hifpania contra Saracenos, in Italia contra Longobardos, in Pannonia contra Hunnos, fidelem fortémque navâffent operam, multos magnósque eis favores impertivit, atque erectis variis in provinciis pluribus magnificis Bafilicis Ecclefiafticum decorem in immenfum provexit. Ac nominatim Tiguri præter templum principale, à Theodoro Epifcopo confecratum Ecclefiam ædificavit honoribus SS. Martyrum Felicis & Regulæ, in loco, quo pro Chrifti fide vitam immolârunt. Poftea verò Ludovicus Germaniæ Rex, Caroli M. nepos, ad augendum cultum eorundem SS. Martyrum Tiguri condidit celeberrimum cœnobium fanctimonialibus, illúdque ampliffimè dotavit Tiguro & multis in Urania bonis ipfi attributis, fuerúntque primæ Antiftites ipfius Regis Ludovici filiæ, Hildegardis & poft eam Bertha.

Præfertim verò Ecclefiam Chrifti fanctitate & doctrina illuftrârunt fummi viri, qui ex Afceterio Sangallenfi, fcholísque ibidem, uti etiam in Augia Divite erectis, fæculo IX prodierunt, Hilperici, Wermberti, Walafridi, Rabani, Hartmundi, Ifones, Salomones, Ratberti, Wettini, Notkeri, Tutilones, Landolini, aliáque plurima ex Illuftriffimo Ordine S. Benedicti, fulgentiffima fapientiæ ac veræ Religionis lumina.

148. San-Gallenfes.

Accesferunt fæculo X. ex tenuibus initiis plura alia celeberrima veritatis orthodoxæ & omnigenæ virtutis propugnacula, Monafterium nimirum in Eremo (*Einfidlenfe* appellatum) ubi S. Meinradus Eremita à duobus latronibus jam antè occifus fuerat, ab Hermanno Alemanniæ Duce, emptis à Rappesvilæ Comite fundis, erectum; & S. Blafii, in fylva Hercinia à Reginberto, qui Ottoni I. à confiliis fuerat, primitus fundatum; utrumque ad Ecclefiæ ornatum, & animarum falutem ampliffimè augendum.

In Ecclefia Monafterii in Eremo hodiedum exftat, magnáque peregrinorum frequentia colitur facellum B. V. M. cœlitus ab Angelis confecratum. Cujus cœleftis beneficii memoria feptimo quoque anno fingulari celebritate recolitur, per 16. dies habitis quotidie duabus concionibus; quarum una etiam mihi olim obtigit.

Einfidlenfes.

Ipfum cœnobium, grandibus à fede Apoftolica & Imperatoribus privilegiis munitum, pluribus fanctiffimis viris fulget, uti Thietlando, Adalrico, Geroldo, Gregorio &c. variísque Diœcefibus Epifcopos dedit, uti S. Wolfgangum Ratisbonenfi, Warmannum & Rumoldum Conftantienfi, Hartmannum aliósque Curienfi; multíque ex eo, quòd eximiis viris viridíque difciplina fummopere floreret, in varia Monafteria ad Infulas funt poftulati: ac hodiedum ex longinʒinquis etiam regionibus accurrenti hominum multitudini prope innumeræ fanctiſſima pœnitentiæ ac communionis facramenta jugiter diſpenſant facri judices & animarum medici peritiſſimi.

Mur:nſes.   Nec minùs illuſtre eſt Monaſterium Murenſe (à muris ſic appellatum) quod Ratbodus comes Habſpurgicus & Idda ejus conjux ſub initium ſæculi XI. fundárunt religioſiſſimis viris ex ordine S. Benedicti, cujus opera noverant, non tantùm Germaniam omnésque ferme Septentrionales provincias ex gentilitatis tenebris ad Evangelii lucem fuiſſe perductas, atque in vera fide, cultúque Divino fuiſſe conſervatas, ſed præcellenti etiam virtute, florenti diſciplina regulari, jugíque pſalmodia atque ſanctiſſimis inſtitutis Divinas laudes perſonare. Vigétque etiamnum in Principali hoc Aſceterio, virétque primævus ille diſciplinæ flos, à Majoribus plantatus, atque ſub vigili cura Abbatum, ac præſertim Geroldi, ſummi viri, nuper defuncti, religioſiſſimè cultus.

Ad hæc tempora referunt aliqui fundationem Eccleſiæ Beronenſis (aliqui antiquiorem exiſtimant) ab Ulrico Comite Lenzburgenſi ſuſceptam, in loco, ubi olim Bero comes ejusdem familiæ cum urſo luctatus, & beſtiæ vitam eripuiſſe, & ſuam amiſiſſe traditur. Hodie celebris eſt ac dives Collegiata Eccleſia, Divo Michaëli facra, in ditione Lucernenſi, 21. Canonicis conſtans, qui ex Nobilibus aut civibus Lucernenſibus à ſenatu aſſumuntur, uti etiam eorum Præpoſitus.

Huic pariter ſæculo XI. initium debet Monaſterium Benedictinum Engelbergenſe, à Conrado Seldenbürenſi in Subſylvania fundatum, & Petershuſanum ad Conſtantienſem Rheni pontem, à S. Gebhardo Conſtantienſi Epiſcopo exſtructum, atque dotatum.

Illud quoque memorabile, quòd Hermenfridus Sedunenſis Epiſcopus cum poteſtate legati à latere in Angliam ab Alexandro II. Papa fuerit miſſus, ut diſſidia Regem inter Wilhelmum & ſacerdotium orta componat : ubi Synodum celebravit.

Hoc denique ſæculum illuſtravit Hermannus Contractus, in Augia Ordinem S Benedicti profeſſus, de quo dubium, doctiórne, an ſanctior fuerit. De eo Bertholdus Conſtantienſis ipſius continuator : *omnes tunc temporis viros ſapientia & virtutibus præcellens.* Tantam autem doctrinam hauſit in ſcholis Sangallenſibus, Magiſtro uſus Hilperico, ac præcipuè Maria ſede ſapientiæ : cujus deinde honoribus antiphonam *Salve Regina* compoſuiſſe fertur.

Ciſtercien-   Sub initium ſæculi XII. illuſtriſſimus atque ſanctiſſimus Ordo
ſes.   Ciſtercienſis, à S. Roberto ſub ſeveriore S. Benedicti regula jam

14?.

priùs fundatus, â S. Bernardo, uti in provincias alias, ita etiam in fuperiorem Germaniam fuit illatus, ingenti cultus Divini & animarum falutis incremento. 160. Monafteria univerfim vivente S. Bernardo condita atque ex ejus difciplina Deiparæ Virgini dedicata. Hodie verò ejusdem Ordinis 1800. virorum, 1080. fanctimoni lium monafteria numerari dicuntur.

Inter hæc primum in Germania fuit Lucifcellenfe, in finibus Helvetiæ Alfatiam inter & Burgundiam anno 1124. erectum ac dotatum à tribus Burgundiæ Comitibus, ex Bellevallenfi Burgundiæ monafterio ducta colonia, aliis deinceps per Germaniam copiofam daturum fobolem. Ex eo enim enatum eft Cæfareenfe celeberrimum atque ampliffimum S. R. I. cœnobium & ex hoc Stambfenfe in Tyroli : cœlo fœcundante Divinos fatus. Iftud etenim Stambfenfe B V. M. ad S. Joannem Baptiftam inclitum Monafterium in primævo fuo feveræ difciplinæ flore jugiter perfiftens, virtutis & doctrinæ radiis provinciam illuftrat, atque fub Rogerio moderno Abbate, uti difciplinæ Religiofæ cuftode vigilantiffimo, ita ftudiorum Patrono fingulari, viris excellenti doctrina confpicuis præclarè fulget.

Lucellæ advocatia Comitibus Pfiretanis olim commiffa fuit. Ab anno 1467. Solodoranos Protectores habet : magno fuo ad fecuritatem emolumento. Ubi adverte, monafteria olim aliásque Ecclefias potenti alicujus protectioni fuiffe commiffas, ut ab injuriis & invafionibus vindicentur. Sed hoc ipfum optimum de fe inftitutum magnarum fæpe turbarum fuit occafio, dum protectores jure Advocatiæ abufi, atque in Ecclefiarum bona graffati, aut nimiam inde poteftatem fibi arrogantes, loco protectionis exhibitæ maximas eis moleftias inferre confueverunt.

Meliores Patronos invenit fub annum 1127. Creüzlingenfe prope Conftantiam monafterium, ab Imperatore, Epifcopo Conftantienfi aliisque fautoribus Religiofæ perfectionis fundatum pro illuftriffimo ac fanctiffimo Ordine Canonicorum Regularium S. Auguftini; ut in diftincta Ordinum varietate, & virtus omnigena refplendeat pulchriùs, & Helvetia omni ex parte ad utilitatem publicam circumdetur opportuniùs. Fuit Prælatus Status Imperii, infertus matriculæ ; quamvis in Comitiis comparere non ampliùs foleat. **150. Canonici Regulares.**

Agaunenfe etiam S. Mauritii cœnobium, hoc tempore ad Canonicos Regulares devolutum, priftino flori eft redditum. Erecta eidem præclariffimo Ordini Bafileæ & Interlaci facra domicilia ; quæ tamen poftea Zvinglianus & Calvinianus turbo rapuit. Ittingenfe vero monasterium, Canonicis Regularibus primitus conditum, ad Carthusianos postea devenit.

151. Præmon-stratenses.
Paulò post fundatum Ordinem Cistercienfem circa annum 1120. novum Ecclefiæ decus & ornamentum ingens acceffit, illuftriffimus nempe Ordo Præmonstratenfis Canonicorum Regularium, duce ac fundatore viro Sanctiffimo Norberto; Nobili Lotharingo, Archiepifcopo poftea Magdeburgenfi, profligata Tanchelini hærefi, aliisque rebus præclarè pro DEI gloria, & animarum falute geftis, toto orbe celeberrimo.

Nec diu Helvetia novis iftis militantis Ecclefiæ præfidiis caruit. Quippe Sigenandus, Præpofitus Granfeldenfis anno 1136. Bellelagii, medio inter Bruntrutum & Biennam loco, primùm ecclefiam, dein cœnobium condidit, atque Præmonftratenfi Ordini tradidit; anno poftea 1170. ab Ortliebo Bafileenfi Epifcopo, affignatis ex quatuor parochiis decimis, locupletiùs dotatum; atque in Concilio Conftantienfi à Martino V. & Sigismundo Cæfare, novis privilegiis & immunitatibus exornatum; ut proin hæc Abbatia inter Ordines Epifcopatus Bafileenfis primatum teneat. Sicut autem Lucifcella fub protectione urbis Solodoranæ floret, ita Alten-Reiffenfis in Fpifcopatu Genevenfi fub Advocatia urbis Friburgenfis; cujus primus Abbas fuit Guarinùs, factus poftmodum Epifcopus Sedunenfis, à S. Bernardo fummopere æftimatus & amatus.

His fub finem fæculi XII. acceffit monafterium ad S. Urbanum, Ordinis, ùt Altenreiffenfe, Ciftercienfis, in finibus Lucernatum & Bernatum fitum, atque anno 1194. Deiparæ Virgini, ficut reliqua facræ hujus Familiæ domicilia, dedicatum ab Epifcopo Conftantienfi. Fundatores habuit tres fratres Langenfteinios & Kapfenbergenfes; florétque hodiedum præclarè fub protectione urbis Lucernenfis. Equitibus pariter Rhodiis & Teutonicis fuæ fedes affignatæ.

Flòrebat itaque in tota Helvetia fæculo XII. Catholicâ Religio, fub vigili Epifcopòrum cura, tótque Religioforum fideli auxilio; neque ulla turbabant circa fidem diffidia, nifi quòd Arnaldus Brixienfis, Romana fulmina effugiens Tiguri conatus fit optimæ meffi afpergere errorum zizania.

152. Lites.
Aliæ tamen hinc inde fervebant controverfiæ; uti circa jus Advocatiæ, fines ditionum, & jura profana. Sic monafterium in facra Eremo collifum eft cum Svicenfibus, & dein etiam cum Uranianis & Subfilvanis: Epifcopus Genevenfis cum urbe, in quam dominium & fupremam jurisdictiònem fibi vindicabat, excipiente urbe & Comite Genevenfi, eum quidem urbi præfidere, fed non aliter, ac Ducem

Ve-

Venetorum aut Genuenfium. Ex quo bellum fatis diuturnum eft ortum.

Anno 1157. in Comitiis Vefuntinis Fridericus I. Cæfar Jus Advocatiæ in Epifcopatum Sedunenfem, Laufannenfem,. & Gebennenfem, cum aliis quibusdam juribus in dictas civitates Bertholdo Duci Zeringenfi tradidiffe fertur. Quod cùm non ferrent Vallefiani, Dux trajecto per montes exercitu cæfus rejectúsque eft.

Cùm etiam hoc fæculo XII. frequentes effent Cæfares inter & Pontifices difcordiæ, Helvetia pariter, ùt aliæ Imperii Provinciæ, in partes fciffa eft, aliis alteri adhærentibus.

Sæculo XIII. Deus Ecclefiæ fuæ militanti novas mifit fuppetias, Seraphicum videlicet Ordinem S. Francifci, ductis deinceps innumeris coloniis per orbem terrarum diffufum. Helvetia mox eum recepit, conftructo monafterio primo Lucernæ, ubi fundatricem Patres nacti Gutam Comitem Rotenburgi, quæ fpatium pro domicilio emit à Murbacenfi Abbate, ad quem Lucerna fpectabat. Extra civitatem illa degebat prope Crienfium in edito colle; quotidie tamen ad facra in Ecclefia à fe conftructa audienda acceffiffe traditur. Quod iter dum pedes conficeret, interea temporis campanula pulfabatur; more in hodiernum usque diem continuato, ut diuturno ac fonoro ftrepitu vicinia refonet. **153. Francifcani.**

Acceffère mox alia monafteria, uti Friburgi Nuitonum, fundatoribus Comitibus Kyburgicis; ad quos extincta Ducum Zäringenfium mafcula ftirpe Friburgum aliáque in Helvetia bona per fœmininam lineam fuerant devoluta.

Iidem religiofiffimi Patres domicilium fixere Tiguri, Bafileæ, Conftantiæ, Muhlhufii, Bernæ, Campi Regii, Solodori, Scaphufiæ, & Burgdorfii prope Bernam, ubi eos locavit Eberhardus Comes Habfpurgicus, ad quem per conjugem Elifabetham, Hartmanni ultimi Comitis Kyburgenfis filiam, translata funt bona Domus Kyburgicæ. Taceo plura afceteria monialibus S. Claræ ejusdem Ordinis ædificata: uti etiam Eremitas S. Auguftini eodem ferme tempore Friburgi, Conftantiæ &c. magno animarum fructu introductos.

Ciftercienfis quoque Ordo, propter difciplinæ vigorem, & fanctorum doctorúmque virorum copiam plurimùm ampliatus, in Helvetia monafterium Wettingenfe, (*Maris ftella* appellatum,) in Comitatu Badenfi ad Argojæ & Turgojæ fines, accepit ab Henrico Comite Rapperfvilano, qui ex peregrinationibus in Palæftinam, Syriam, Arabiam, Ægyptum, & Hifpaniam ad S. Jacobum fufceptis, *peregrinator erat dictus*, ac tandem ipfemet facro huic Ordini **Wettinga.**

dini

dini fe addixit. Colonia ducta eft ex monafterio Salemitano; cujus Abbas Vicarius Generalis Ordinis per Germaniam eft conftitutus.

154.   Atque ut nihil facri præfidii deeffet, Dominicani pariter (in
Dominica- Gallia, quòd templum S. Jacobo facrum poffiderent, *Jacobitæ*, aliàs
ni.   communiter *Prædicatores* à concionandi munere appellati) hoc tempore in Helvetia funt recepti, atque in ea Illuftriffimus hic Ordo, viris eximiè doctis infignis, primum monafterium obtinuit Tiguri, dein Bafileæ, Laufannæ, Bernæ, uti etiam in vicinis urbibus, Argentina, Conftantia &c.   Zoffingæ quidem fedem fixerunt, fed proditionis accufati ex mœnibus fufpenfi funt, verfo monafterio in Præpofituram.

.. ·Petrus Comes Sabaudiæ, quàm liberalem fe exhibuit erga mona-fterium Agaunenfe, donata illi valle Bagnienfi, tam iniquè bello aggreffus eft Henricum de Raronia Epifcopum Sedunenfem, fed victus à Vallefiis receffit. ·Qua occafione Vallefia primum fœdus cum Bernatibus iniit (anno 1243.) -

Anno 1273. Rudolphus Comes Habfpurgi, Kyburgi, Badenæ, Lenzburgi, Landgravius Alfatiæ, cùm bello cum Epifcopo implicitus Bafileam obfideret, Francofurti à Septemviris electus eft Imperator, ad fingularem Helvetiorum gloriam : atque mox pax Epifcopo placuit. Cùm autem plures in Helvetia & Suevia hoftes adverfus Rudolphum infurgerent, vendita pro 12600. aureis Florentinis libertate, & pro 6000. Lucenfibus, victor ubique omnes ad parendi obfequium reduxit. .

Albertus ejus filius, novum in Helvetia Ducatum erecturus, multas ditiones coëmit, atque imprimis Lucernam pro 2000. marcis feu libris argenti, aliáque in Argoja & Turgoja bona ab Abbate Murbacenfi ; Glaronam quoque ab Antiftite Seckingana ; attracto ad fe complurium Ecclefiarum & Monafteriorum jure Advocatiæ. Bernam autem (quamvis irrito conatu) obfedit, quòd Judæos ob concifum Rudolphum puerum ejeciffet.

Sub finem fæculi XIII. Epifcopus Conftantienfis Arbonam ad lacum Acronium in Turgoja emptione accepit : Bafileenfis Bruntrutum, & Hombergam. Geneva, de qua Comes Sabaudiæ cum Epifcopo contendebat; hujus dominium agnovit.

AR-

ARTICULUS IV.

Continuatio Hiftorica Status Ecclefiaftici Helvetiæ usque ad fæculum XVI.

POftquam graviffima diffidia Suicenfes inter & monafterium Ein-fidlenfe, fæpiùs fopita, iterúmque in apertam vim propter fi-nes & jurisdictionem erumpentia ad 200. annos tenuerant, Suicenfes fubita irruptione monafterium diripuerunt, abftractis in captivitatem monachis, anathemate propterea ab Epifcopo Conftantienfi percuffi (fub initium fæculi XIV)

Meliori pace fruebatur Vallefia fub Epifcopo Aimone de Turri, Comite ac Præfecto fuo, qui Gerundæ, amœno colle prope finum Carthufianæ facræ Familiæ monafterium condidit (anno 1330.) In quod poftea defertum Patres Carmelitæ immigrârunt. Quàm probus autem fuerat Aimo, tam impius alius ex eadem familia (Antonius de Turri) qui circa annum 1375. Guitfchardum ex nobili ftirpe de Tavellia, Epifcopum Sedunenfem, avunculum fuum, ex arce Seona egit præcipitem. $\quad$ **159. Vallefia.**

Haud multò pòft (anno 1384.) Edoardus Sabaudiæ Comitis filius in Epifcopatum Sedunenfem intrufus, à Vallefianis expulfus fuit. Cúmque Amodeus armis eum reftituere tentaret, amiffis 4000. fuorum in fugam conjectus eft.

Poft victoriam Sempachianam recruduit annofa fimultas Einfidlenfes inter & Svicenfes; qui monafterium occuparunt. Res eò tandem tranfacta, ut pagus adfitus in fidem Svicenfium recipéretur.

Sub idem tempus mira Conftantiæ facta eft commutatio. Nicolaus Epifcopus. factus eft Præpofitus, & Burcardus Præpofitus Epifcopatum adeptus fuit. $\quad$ Simile quid contigit Bafileæ *; ubi Epifcopi perpetuis ferme bellis cum vicina Nobilitate erant impliciti, Epifcopus verò Curienfis à Barnabone Galeacio, apud eum exulante, Vallem Tellinam, Wormium, Clavennam, & Plurfium (poftea terrâ abforptum) dono accepit Wilhelmus autem Montenajus Epifcopus Laufannenfis, à proprio fervo cultro confoffus, vitam amifit. $\quad$ **Vallis Tellina.**

Sub initium fæculi XV. hæc acta funt. Quo tempore Cuno Abbas S. Galli ab Abbatiscellenfibus, & urbe S. Galli, fubditis fuis, gravi ac diuturno bello appetitus Wilæ obfeffus, atque indignè ha- $\quad$ **Abbatiscellana turbæ.**

Uu 3 $\qquad$ bitus

bitus fuit, monasterii bonis passim direptis; donec ad obedientiam reduc̄ti sunt. Quæ tamen à turbulentis. Abbatiscēllensibus brevi rursus fuit subtracta. Cùm autem venerabile illud monasterium à multo jam tempore undique ab hostibus impeteretur, sub protectionem Tiguri, Lucernæ, Svicensium, & Glaronæ postea concessit (1451.)

Vallefianæ.   Adversus Wilhelmum II. de Raronia, ejúsque nepotem & succesforem, Episcopos. Sedunenses, Vallesiani pariter insurrexerant (circa annum. 1414.) præsertim postquam Episcopus Sabaudiæ Comitem adversus eos invocaverat. Berna Episcopi partes tuebatur; Lucerna verò, Urania, & Subsylvania Dissenis favebant. Episcopus cum Guiscardo parente suo primùm in arcem Seonensem, dein Bernam aufugit, Archi Episcopo Colotiensi à Concilio Constantiensi Episcopatus cura interim commissa. Tandem anno 1419. Laufannensis. Episcopi & Ducis Sabaudiæ opera reducto Episcopo conciliata est pax; accusante clero Episcopum apud. Pontificem, quòd Dissenis nimiùm, indulsisset.. Is proin Romam citatus, in reditu obiit.

Cùm. anno. 1415. Fridericus. IV.. ob. Joannis XXIII. fugam à Sigismundo, Cæsare. fuisset. proscriptus, Helvetii, qui. Domui Austriacæ adhuc parebant, juramento. fidelitatis soluti, à fœderatis, adversus, Fridericum incitatis, direpti sunt; propioribus Rheno urbibus, Steinio, Dieffenhovio, Scaphusia, Frauenfelda, à Cæsare occupatis : & Episcopo. Tridentino. causam suam adversus eundem. Archiducem. acriter in Concilio prosequente. Huic cùm ablata restituta essent, sub finem Concilii Fridericus. absolutus, ditiones suas recepit, iis. exceptis, quæ fœderati Helveti occupaverant.

Anno 1418. finito Concilio Constantiensi Martinus V. secundo Rheno Scaphusiam, Badenam, Solodorum, Bernam, Friburgum, Genevam profectus, ubique magna reverentia exceptus, ordinabat Ecclesias, Quæ postea in Helvetia per Concilium Basileense ac Laufannense bene ac malè gesta sunt, *part. 3.* prolixè recensui..

Lucerna, ùt aliàs dictum, ad monasterium Murbacense pertinuit, sempérque ex eo quidam Religiosi in ea habitabant, etiam postquam urbs. ad Austriacos. pervenit, ac dein in libertatem asserta est. At verò circa annum 1455. Asceterium illud in Collegiatam Ecclesiam Canonicorum ad S. Leodegarium conversum est; quæ hodiedum insignibus viris, ad omnem decorem & morum probitatem excultis eximiè floret:

Quia in Helvetia & Svevia nulla erat Academia, in Rhenanis verò provinciis non alia, nisi Colonensis & Heidelbergensis, anno 1459. Basileæ erecta, à Pio II. confirmata, & insignibus privilegiis

                                                    ad

ad Bononienfis exemplum, ornata eft. Produxit illa deinceps præftantes viros. Utinam femper ad Religionis decus !

Cùm circa annum 1460. Cardinalis Cufanus ab eodem Ponti- Cufanus.
fice Epifcopus Brixinenfis fuiffet conftitutus, ísque varia jura præten-
deret, à Sigifmundo, Tyrolis & Anterioris Auftriæ Principe, in carcerem datus eft. Quam ob rem fidelium communione ei interdixit
Pius, atque Helvetios in eum concitavit ; qui Vitodurum, & Tur-
gojam occupêrunt, ab octo veteribus confœderatis Cantonibus deinceps per Præfectos gubernatam, Vitoduro fub protectionem Tigurenfium concedente.

Poft extinctam Comitum Toggenburgenfium virilem ftirpem Co-   156.
mitatus ille ad Hilteprandum & Petermannum de Raronia Vallefia- Toggen-
nos propter aviam Toggenburgenfem eft devolutus, atque 14500. burg.
florenorum pretio emptus ab Abbate Sangallenfi, ad quem jam antè
proprietas fpectaverat. *(anno 1469.)*

Florebat eo tempore Jodocus Sillinonius, oriundus ex Ura- Sillenon.
nia, natus verò Lucernæ, Præpofitus Beronenfis in Argoja, prudentia, auctoritate, ac rerum ufu confpicuus; qui fœderis cum Sigifmundo Archiduce & Ludovico XII. Galliarum Rege adverfus Burgundum fanciendi fœderatis auctor exftitit ; Epifcopatu Gratianopo-
litano propterea donatus à Ludovico (1474.)

Waltherus Superfaxo Epifcopus Sedunenfis tunc renovabat fœ-   157.
dus cum Lucernatibus, Uraniis, & Subfylvanis. Quod cùm ægrè Bellum.
ferret Ducis Sabaudiæ frater Epifcopus Genevenfis, fatis negotii fœ- Sabaud.
deratis cum Burgundo fore ratus, collecto fuorum & Sabaudorum
10000. exercitu, fuperiorem Vallefiam invafit, Sedunum obfidione
cingens, & igni ferróque provinciam devaftans. At Vallefii, Gri-
fonum, & Solodoranorum auxiliis aucti, memorabili prope Sedunum
prælio profligatis Sabaudis, inferiorem Vallefiam eripiunt (anno 1475.)
quam in hodiernum usque diem tanquam fubditam per gubernatores regunt. Utque adverfus potentem vicinum fe magis munirent,
Epifcopus, confentiente Cathedrali capitulo & feptem Diffenis, perpetuum cum Bernatibus fœdus iniit. Qua occafione etiam Vaudum
(*Pais de Vaux*) amœniffima atque feraciffima ad lacum Genevenfem regio Sabaudis, ad Burgundi partes inclinantibus, à fœderatis
Helvetis erepta eft. Reftituta equidem numerato ære paulò pòft,
fed fæculo XVI in Bernatum dominium relapfa.

Mortuo Walthero Jodocus, quem dixi, Sillenonius Epifcopa-   158.
tum Gratianopolitanum cum Sedunenfi commutavit (1482.) gratus Sillenon.
initiò Vallefiis ; quibus petentibus, ut victoriæ fuæ, à Sabaudis re-
por-

portatæ, fructum percipere liceat, peculiari transactione, Natriæ inita, imminuta Episcopi potestate temporali, plura jura in Vallefiam inferiorem, nuper subactam concessit, præsertim verò, ut unum ex gubernatoribus constituere fas sit Dissenis. Transactio ista dein Seduni in Majoria, arce Episcopali, confirmata fuit ab Episcopo, Capitulo, & Dissenis.

Collisus postmodum bello Jodocus cum Aronæ Comite, Insubrium Ducis cliente, victúsque, cùm in Gallum' esset propensior, odium Vallesiorum incurrit, eò usque, ut illum in propria arce obsiderent, atque Episcopatu & provincia cedere cogerent : substituto Nicolao Schinero Episcopo (1496.) Milibachio, in Gomesia prope Aragnum, oriundo ; cui postea successit ejus nepos Matthæus Schinerus, vir per tótam Europam magni nominis.

159.
Prædicator
turbat.
Antequam hæc contigerunt, haud parùm Helvetiam turbavit Andreas, ex Dominicano Ordine ad Cardinalis dignitatem evectus. Hic enim turbulentæ indolis homo ex Italia Bernam profectus, coram senatu ibidem professus est, se Basileense instauraturum Concilium ad reformandum Pontificem, Sixtum IV. ex S. Francisci Ordine assumptum. Basileam ubi pervenit, Cæsaris legatum se mentitus, conscensa Cathedra in Pontificem, velut hæreticum, grandiúmque criminum reum, furenti similis detonuit, affixis ubique ad templorum valvas infamibus schediasmatis ; quibus populos ab ejus obedientia abstrahere nitebatur, data etiam ad Cæsarem epistola, seditionis plena ; qua eum ad convocandum Concilium adversùs Papam incitabat. At ille, re cum Pontificiis legatis collata, furentem vinciri, & in carcerem dari jussit : ubi dein laqueo se suspendit, atque à carnifice cistæ inclusus inde ad Rhenum eductus est ; haud leve probrum non modò Cardinalium Collegii, sed etiam Illustrissimi & Sanctissimi sui Ordinis toto orbe celebratissimi.

160.
Abbas San
gall.
Anno 1490. obiit Uldaricus Abbas Sangallensis, vir singulari sapientia, virtute, probitate, ac constantia ; quem alterum velut fundatorem veneratur celeberrimum cœnobium. Provinciam bellis exhaustam reparavit, Toggenburgensi comitatu auxit, subditos ad pacem composuit, apud sedem Apostolicam eam æstimationem obtinuit, ut Cardinalis dignitas ei fuerit oblata ; quam tamen viri modestia constanter recusavit. Impedire tamen non potuit, quò minùs Abbatiscellenses, aliíque monasterii subditi novum ædificium, quod Roschaci ad lacum Acronianum exstruxerat, demolirentur, veriti, ne Patres antiquam sedem desererent.

Secu-

Secutum eſt bellum Suevico- Helveticum cum Maximiliano I. Imperatore, parva ſcintilla ingens excitante incendium. Clerus in eo multa paſſus, maximè Epiſcopus Curienſis, qui relictis Griſonibus ad Cæſarem confugerat.

Singulari vitæ ſanctimonia hoc ſæculo XV. Helvetiam illuſtra_ 161. vit Nicolaus de Rupe, 1417. in Subſylvania natus, piéque educa. Nicolaus tus, ex juſtis nuptiis decem liberos genuit. In ſeptenni bello Ti_ de Rupe. gurino, & Turgojo, adverſus Ducem Sigismundum geſto, caſtra ſecutus, Prætor (Landammanum vocant) à populo electus eſt. Sed rerum humanarum tædio, ut cœleſtium contemplationi quietiùs va_ caret, in ſolitudinem conjugis conſenſu ſe abdens, vitam eremiti_ cam profeſſus fuit, aſperam admodum ac ſeveram ; ad 20. annos non alió cibo paſtus, quàm cœleſti pane Corporis Domini, quo ſin_ gulis menſibus in templo reficiebatur. Et quamvis nec ſcribere aut legere nôſſet, altiſſima nihilominus ſapientia Divinorum myſteriorum imbutus, omnes ad ſe accedentes, ad cultum Numinis, conſtantiam in fide Catholica, pœnitentiam, & morum probitatem adhortaba_ tur.

Cùm Helvetios inter ob diviſioném ſpoliorum, quæ à Burgundo ter devicto reportaverant, non levis orta eſſet controverſia, poſt plures conventus habitos ad Nicolaum detulerunt arbitrium ; qui ex eremo ſuo Stantium delatus in curia ad Cantones peroravit, eósque ad concordiam cohortatus eſt eo proventu, ut ſepoſitis litibus fœ_ dus renovarent, & Friburgenſes ac Solodoranos, qui adverſus Bur_ gundum ſuas copias junxerant, in illud pariter aſſumerent. Quæ omnia Stantii in Subſylvania hodiedum depicta in curia viſuntur.

Obiit fidelis iſte Chriſti ſervus, ſimplex & rectus, anno 1487. ætatis 70. ante & poſt mortem prodigiis clarus ; Beatorum numeró à Clemente X. adſcriptus, cum facultate in tota Diœceſi Conſtan tienſi Miſſam & Officium ſub ejus invocatione celebrandi.

Sub initium ſæculi XVI. (*anno 1508.*) evoluta eſt fabula, 162. quam zelo non ſatìs laudabili luſerant Bernæ quidam non optimi fi- Impoſtura lii Sanctiſſimi patris Dominici. Sententia de Immaculata Conceptio. Bernenſis. ne Deiparæ Virginis jam paſſim invaluerat, Ordine Seraphico ex diſciplina Scoti ſtrenuè eandem propugnante. Ægerrimè ea res ha_ buit Bernenſes illuſtriſſimi Ordinis Prædicatorum alumnos, eóque impulit indiſcreta æmulatio, ut fictis ſignis & prodigiis ſibi & do ctrinæ ſuæ auctoritatem conciliare attentarent.

Opportunus ſtrophæ videbatur Joannes Jezerus, opificio ſartor, recèns in ſanctiſſimum Ordinem adlectus, homo ſimplex, & decipi

Pars VII. X x faci-

·facilis. Longum foret recenfere protafin, epitháfin, & cataftafin hujus comœdiæ ; quam dein hæretici variis epifodiis & affabulationibus auxerunt. Sufficit epylogum in argumento tam illætabili breviffimè attingere.

Poſt varias apparitiones, quibus ſub ementita ſpecie fanctorum cœlitum, ipſiúsque etiam Deiparæ, Dominicani ſe fratri Jezèro præſentaverant, liquore quodam ſopito quinque ſtigmata impreſſerunt, atque ad ſe reverſo perſuaſerunt, DEI Matrem ipſi vulnera Chriſti impreſſiſſe. Tum verò illum in altari collocant, Deiparæ imaginem, cui decidentes lachrymarum guttas appinxerant amplexantem ; Patrum autem quidam abſconditus per imaginem loquebatur. Accurrit ad ſpectaculum frequens populus : lachrymaſſe Deiparam, & fratrem Jezerum januis clauſis per miraculum, in altari collocatum ſpargunt, nec poſſe avelli, niſi Prætori urbis ac tribus ſenatoribus ſignificáſſet, quæ B. Virgo publicè enuntiare ſibi mandâſſet.

Comparentibus illis in templo ſartor frater edixit, quæ à Dominicanis, perſonam Deiparæ fingentibus, & per imaginem loquentibus, priùs eductus fuerat : videlicet, lachrymâſſe B. Virginem, eò quòd urbs, ſi fœderibus & penſionibus Gallicis non renuntiet, ſit peritura : quòd Franciſcani non ejiciantur : & quòd urbs credat, Deiparam ſine macula peccati originalis fuiſſe conceptam.

Res pluribus ſuſpecta viſa eſt, præſertim ubi ſartor Lauſannam ad Epiſcopum abductus, ibique examini ſubjectus apparitiones ſuas, reſque ſeriem prodiderat. Senatus igitur Bernenſis cuſtodia Monaſterio appoſita cauſam ad ſummum Pontificem, Julium II. defert ; qui eandem Epiſcopis Lauſannenſi & Sedunenſi delegavit. Quæſtione proin ſeverè habita, réque diligenter examinata, fraus tota patuit. Atque anno ſequenti quatuor Dominicani, Prior, Sub-Prior, Magiſter Theologiæ, & Procurator, ſcenæ hujus auctores, ſæculari poteſtati traditi, ac palo alligati à carnifice, exuſti ſunt, Jezero qui plures alios complices nominaverat, in perpetuum exilium relegato. Atque hæc authenticis actis à Notario Apoſtolico ſubſcriptis inſerta, jámque ſequenti anno (1509.) latinis litteris, orbi prodita : à Doctore Theodoro Frickio ſenatore Bernenſi tunc vivente deſcripta, multorúmque poſtea libris memorata ſunt.

malè obje-
cta.

Hanc paucorum labem etiam ultra veritatem ſucelis ſuis atris denigratam frequenter nobis objiciunt Heterodoxi, Religioſos Ordines accuſantes, quòd fraudibus & impoſturis dogmata Romana fulcire attentent, peſſimóque exemplo nomen Chriſtianum inficiant. Verùm non video, de quò fidei dogmate actum hîc fuerit Bernæ. Dein, ſi ex eo

priv aprivato aliquorum facto Religiosos Ordines sibi infectandos existimant, eti m cœlum, paradysum, Collegium Apostolicum, primos Ecclesiæ Diaconos, accusent. Adhæc Lutheri sordes & olentem exorcismum, Zwinglii libidines & apparitionem, Calvini lilium cauteriatum, & miraculum primæ classis, in suscitatione mortui patratum, aliquantisper considerent. Si has purulentas tabes, tot testimoniis manifestas, negent, negabimus & nos eodem jure Bernenses facinus.

Successerunt fœdera Helvetiorum cúm Julio II. & bella contra Gallos in Italia, auctore comprimis Matthæo Schinero, Episcopo Sedunensi, Legato à Latere, ac S. R. E. Cardinale, qui magna apud Cantones auctoritate pollebat; sed cum suis Vallesianis, incentore potissimùm Geòrgio Supersaxo, Glisensi cive, collisus est. Is etenim Gallo addictus, Vallesianos in fœdus cum illo attraxit, sequentibus exemplum Grisonibus. Quæ res adeò displicuit Cardinali, Gallos aversanti, & Cantonibus, ut Georgium Friburgenses carceri addicérent: Cardinalis verò anathemate eum feriret. Elapsus inde, ac Romam ad dicendam causam citatus, comparuit, atque Francisci I. intercessione è captivitate liberatus, in Vallesiam rediit. Nec quievit, donec Cardinalem patria extorrem faceret. Rependit is vices Georgio, paulò pòst pariter in exilium acto, in quo Vibisci ad lacum Genevensem prope centenarius obiit, relicta numerosa prole; ex cujus posteris plures ad Episcopi & Ballivi dignitatem promoti præclarè Rempublicam gerebant. Uti autem per tractatum Sillenonium, ita per has turbas crevit rursus sæcularium pòtestas; rerum tamen summa penes Episcopum, Comitem & Præfectum Vallesiæ remanente.

Porro neque Cardinalis Matthæus patriam suam & Episcopatum, multa acerba passum, ampliùs vidit; sed Pontificibus Julio II. & Leoni X. atque Imperatoribus Maximiliano I. & Carolo V. ex integro devotus, tum Romæ, tum in aula Cæsarea, tum maximè in variis ad Helvetios Legationibus versatus, ad Episcopatum suum recuperandum, & militem contra Gallos comparandum intentus, laboriosam tandem vitam Romæ finiit, dum post mortem Leonis X. in Conclavi cum aliis Cardinalibus de novo Pontifice eligendo ageretur, votis pluribus ejus personam designantibus *(anno 1521.)* Ingenio fuit haud dubiè ad res magnas nato; florétque hodiedum in Nobili Familia, ad summos etiam honores in Vallesia evecta.

163.
Schiner
Cardinalis

X x 2 AR-

ARTICULUS V.

Status Ecclesiasticus Helvetiæ sæculo XVI.

164.
Caufa tur-
barum.

HElvetiorum gens, ùt fcribit Florimundus Ræmundus , non minùs corporis robore , quàm imperterriti animi magnitudine præftans , concorditer hactenus in pagis fuis , quàmvis feparatas
Jurisdictiones habentibus , arctiffimo tamen inter fe fœdere connexis
vixerat. Et quamvis exteris militans , pacem tamen domi colebat.
Tandem verò mala quædam Erynnis , orco progreffa , civili excitato
bello , Rempublicam hanc , cui unitæ cæteroqui nulla exteri hoftis
vis eft formidabilis , vehementer concuffit , populósque in ea comprehenfos ita commifit , ut fociorum ac popularium cruore terra paffim fœdata , & cæforum cadaveribus repleta fuerit : idque ob unius
tantùm , & quidem obfcuri hominis fomnium , Ulrici fcilicet Zwinglii ; qui ab albo vel altro genio (colorem enim ipfe internofcere non
poterat) edoctus atque inductus , Lutheri æmulatione populis illis ,
novum annuntiavit Evangelium longè diverfum ab eo , quod S. Gallus Helvetiæ Apoftolus majoribus ipforum tradiderat.

Prout autem omnis in animarum corporúmque perniciem fœcunda femper fuit hærefis , ita fectæ præfertim novæ , fæculo demum
XVI. erumpentes , Lutherana , Zwingliana , ac Calviniana , more
nequaquam Apoftolico pacatè inductæ , fed immani furore per
cruentas cædes , incendia , urbium provinciarúmque ruinas funt
graffatæ.

Zwinglius

Et quidem Zwinglius , homo facerdotalis in Ecclefia Ordinis ,
fed inquieti turbidíque omnino ingenii , cùm Lutherum in Germania
novantem ac tumultuantem cerneret , blandientíque mendacio populorum turbas trahentem , alioquin cœlibatus pertæfus , & adhin-
niens fociali thalamo , facram ftolam cum muliebri commutavit.

Ut autem libidinem , cujus potens non erat , & ambitionem religionis fuco tegeret , Verbum DEI aliorum novatorum more prætexens , in Romanæ Ecclefiæ tyrannidem , ùt vocitabat , & abufus
tonare cœpit : maximè , cùm per id tempus in Helvetiam veniffent
quidam indulgentiarum præcones , qui poteftatem aut mentiti aut fu-
pergreffi , pecunias fordidè corraferant libertatis infuper dulcedine
aures demulcens , Tigurinos in præceps actos ab avita Majorum fide
abduxit : in eo potiffimùm cum Luthero fcurrilibus jurgiis commiffus , quòd abjurata Chrifti in Euchariftiæ facramento præfentia Di-
viniffi-

viniſſimum Myſterium, tam claris Verbi Divini eloquiis aſſertum, everſum iret.

Traxit mox, ùt facilis eſt mali ſequela, exempli vis erroris ſocios. Relicta Monaſteria, abjectum ſacerdotium, ductæ mulierculæ. Capito & Oecolampadius Baſileæ, Hallerus Bernæ, Bucerus & Hedio Argentinæ, Myconius Lucernæ, Blaurerus Conſtantiæ, virus propinabant. Leo Juda Zwinglii Achates Biblia in Teutonicam linguam transfudit, ea fide, quam ipſi etiam Lutherani reprehenderent. Docti homines, ſæculi vitio, pauci erant in Helvetia, qui errores ac fraudes redarguerent.

Equidem Hugo Epiſcopus Conſtantienſis, ut ruentem ſiſteret impetum, apud ſenatum Tigurinum graviter conqueſtus eſt, quod Zwinglius, non legitimè miſſus, nec ritè vocatus, novam & eò usque in Eccleſia inauditam doctrinam ovibus, curæ ſuæ Epiſcopali commiſſis, prædicet. Sed aliud reſponſum non tulit, quàm videri illum proponere Verbo DEI conſentanea. Ita nempe ſibi blandiebantur indocti iſti Verbi Divini judices.

Hoc etenim aſtu, antiqui illius ſerpentis inſtinctu, veterator ille uſus eſt, ut peſtiferæ ſuæ doctrinæ pietatis ac verbi Divini velum prætexeret, & fellis amaritiem frequenti Domini DEI ac Chriſti Salvatoris mentione, tanquam ſeſamo & papavere condiret. Qua fraude impoſtores hodiedum libros & peſtilentiæ cathedras implent; incautósque lectores & auditores faſcinant. Cùm tamen, ubi dubius aliquis, atque varias inter religiones controverſus ſcripturæ locus, occurrit, nulla ipſis certa ſuppetat regula decernendi, quo ſenſu ille intelligendus veniat; niſi privato ſuo ſpiritui, aut potiùs comminiſcendi libidini credi velint. Quaſi verò DEus certiùs ipſis veritatem inſpiret, quàm univerſis Patribus in Conciliis congregatis, atque ei, cui ovilis ſui curam commiſit, ligandi atque ſolvendi poteſtate cum clavibus regni cœlorum tradita.

Ne tamen nihil agere videretur Senatus Tigurinus, ſuprema quadam auctoritate ad decidendas fidei controverſias Eccleſiaſticorum Synodum anno 1525. indixit, invitato etiam per litteras Epiſcopo Conſtantienſi. Et hic quidem miſſo Joanne Fabro, ſuo in ſpiritualibus Generali Vicario, graviter monuit; rem tanti momenti; dogmata fidei concernentem, non eſſe ejus loci definire, ſed ex Chriſti ordinatione & Eccleſiæ uſu ad Concilii, legitimè convocati, notionem pertinere.

Regeſſit Zwinglius cum ſuæ factionis turba complice, in re, quæ ad omnium ſalutem & ſingulorum pertineat, omnibus quoque

Verbo Dei abuſus.

165. Synodus.

X x 3 &

& fingulis difquifitionem effe permittendam : perrumpenda tandem aliquando vincula, quibus ligatos populos tyrannis Romana teneat. ;

Dimiffo conventu doctrina Zwinglii 67. Articulis comprehenfa majori fuffragiorum numero recepta fuit à fenatu illo, quem defcribunt Ræmundus *lib.* 3. *de orig. bæref. cap.* 3. & Ægidius Albertinus *part.* 3. *cap.* 3. *num.* 2. ego verò ex reverentia tam illuftris ac primi inter Cantones loci filentio prætereo.

166.
hortatio
Cantonum.
Cantones reliqui, errorum fibilis fruftra hactenus afflati, indicto Lucernam conventu, miffisque ad Tigurinos Legatis; demonftrârunt, quàm malè fibi, Ecclefiæ, & Reipublicæ confulant, quòd à temerariis aliquot atque turbulentis hominibus quietem publicam turbari, & Religionem à majoribus acceptam, totque fæculorum poffeffione firmatam, everti paterentur, fparfo in corpus univerfum Helveticum difcordiarum femine.

Incaffum abiit amica fœderatorum hortatio. Altiores enim jam malum radices egerat, quàm ut facili manu evelli pòffet. Quin eò impietatis deventum, ut pulfis cœnobitis; ac Chrifti facerdotibus, Miffam abolerent, aras everterent, icones facras cremàrent; & Ecclefiarum, quas pientiffimi olim Reges ac Principes cœlitum honoribus fundaverant, opimis proventibus ventres profanos faginarent: Lucernatibus aliisque civitatibus nequicquam reclamantibus, atque meliora fuadentibus.

167.
Synodus
Badenfis.
Quare, ut nihil intentatum relinqueretur, Epifcopi, Conftantienfis, Bafileenfis, Laufannenfis, ac Curienfis, quorum facra jurisdictio per Grifoniam & Helvetiam late exporrigitur, accedente communi Cantonum decreto, Conventum Badenam indicunt (*anno 1526.*) in quo de controverfis quæftionibus amicè difceptaretur. Miferant eò, quos dixi, Epifcopi fuos quisque Theologos ; quos inter doctrina eminebant, Joannes Faber, Epifcopi Conftantienfis Vicarius, Thomas Murnerus è facra Divi Francifci Familia, Theologiæ & J. U. Doctor, religionis Lucernæ columen, & Joannes Eckius, palmis à devicto Luthero inclitus.

Zwinglii
abfentia.
Ex parte Novatorum ftabant, Oecolampadius, Studerus, & Hallerus. Zwinglius, quamvis, plena fecuritate promiffa, fæpius invitatus, caufæ tamen fuæ diffifus, comparere noluit. Ita enimvero generofus hic miles, qui toties, dum nemo adeffet, qui fe opponeret, animofè provocàverat, ubi res feriò agi cœpta, lucem fugiens domi latitabat, prudenter judicans, facilius effe homines rudes, & libertatis appetentes, tumultuofis concionibus Tiguri pervertere, quàm doctorum virorum afpectum fubire, & adverfus eos

malam

malam caufam defendere. Non ita primi illi Chriftiani, gentiúmque Apoftoli. Qui bonitate caufæ & mentis, innocuo teftimonio freti, ubi fides agebatur, ad dimicationem fe offerebant, & Chrifti nomen ubique profefli intrepidè, per medios ignes & flammas ad palmam martyrii erumpebant.

Per plures tamen dies, abfente licèt & latitante Zwinglio, generofo illo quinti Evangelii Apoftolo, difputatio tenuit, Eckio potiffimum & Oecolampadio difceptante. Atque imprimis Catholici Theologi themata quædam, quibus Orthodoxa veritas demonftrabatur, proponebant: tum exceptiones Novatorum auditæ, atque utrinque difcuffæ. Penes quos verò fteterit victoria, exitus palàm oftendit. Communi enim duodecim Cantonum decreto feptem illa Catholicorum themata, tanquam facræ Scripturæ confentanea recepta funt & approbata.

Videlicet: 1. verum Chrifti corpus & fanguinem adeffe in cœna Domini, atque realiter & corporaliter percipi. 2. Chrifti corpus & fanguinem in Miffæ facrificio pro vivis & defunctis offerri. 3. Virginem Mariam & reliquos Sanctos tanquam Interceffores effe invocandos. 4. De facramentorum numero, virtute &c. vera hactenus docuiffe Ecclefiam, & adhuc docere. 5. Poft hanc vitam locum effe, in quo animæ, nondum omni macula liberæ, antequam cœleftis gaudii fiant participes, purgentur. 6. Infantes fidelium in peccato originali nafci. 7. Non Joannis, fed JEfu Chrifti baptifmo illud deleri.

Canones.

Hoc igitur decreto Zwingliana doctrina condemnata in hoc conventu fuit, vetitúmque: ne quid in doctrina & cultu Divino novaretur: decretis in eos pœnis, qui fecùs facerent. Faber, qui Zwinglium provocaverat, ubi eum ex latibulo fuo extrahere non poterat, fcriptis rem egit, in quibus enormes Zwinglii contradictiones, & Oecolampadii in folo articulo de facramento altaris 150. mendacia demonftravit. Ejúsque exemplo gloriofus ille pro Chrifti fide Martyr Fi'cherus, Roffenfis in Anglia Epifcopus, utriusque errores duobus doctiffimis libris orbi palàm exhibuit.

Triumphâffet haud dubiè ubique adverfus Zwingliana fomnia, in lucem producta veritas, nifi cæcutire malentibus impietatis miniftri affudiffent tenebras. Neque enim in Badenfi conventu duntaxat Zwingliani prorfus proftrati funt, ut non haberent quid folidi, quod opponerent; fed in Suevia etiam & Saxonia inftitutis fynedriis condemnati funt. Quin Lutherus ipfe Zwinglium ejúsque fectatores tanquam Hæreticos & diabolis omnibus pejores publicis fcriptis eft
infe-

infectatus : nec quidquam profecit Marpurgensis conventus, à Land-gravio ad componendam concordiam tanto studio adornatus.

168.
Concilia-
bula.

At protritus licèt virulentus anguis in omnem partem se gyra-bat, ut disputationem Badensem, sibi tantopere infaustam, explo-dat, & fallaci sibilo, aures, ad novitatem prurientes, demulceat. Quot synedria, quot conciliabula frequentata, Triguri, Bernæ, Ba-sileæ, Frauenfeldæ, Ilantii, Togenburgi, ut Badensis macula abster-gatur, & decretum comitiale 12. Cantonum evertatur.

Cúmque hæc omnia molimina non sufficerent, anno 1528. no-vam Bernæ disputationem habendam decernunt, eam prætexentes causam, quòd Religionis diffidia in dies augeantur, nec eadem esset eorum etiam, qui Zwinglio adhærerent, doctrina, & novæ passim sectæ emergerent. Leges dein disputationi præscribunt, atque ad Cantones litteras mittunt.

Bernense
conventicu-
lum.

Lucernates, Uranii, Svicenses, Subsylvani, Tugienses, Glarea-ni, Friburgenses, Solodorani, prolixo scripto gravissimè hortantur, ut nihil innovetur. Jam Badenæ negotium esse transactum, atque ab omnibus Ordinibus, Tigurinis solis exceptis, solenni decreto sta-bilitum; novas molitiones ad offensionem Reipublicæ, ac fœderis pactique violationem pertinere.

Bernates nihilominus, potentiæ suæ confisi, cœptis insistunt. Tigurini, Basileenses, Schafhusiani, Abbatiscellenses, Sangallenses, & quatuor Sueviæ civitates, Constantia, Lindavium, Memminga, & Ulma, Zwingliano pure infectæ, Præcones suos mittunt : quos inter Oecolampadius, Musculus, Capito, Hallerus, Blaurerus, Bucerus, & ipse etiam Zwinglius, generosus jam miles, cùm nullus adesset hostis. Nam Episcopi, quòd causa hæc Badenæ jam esset definita; & alioquin non ad profanos homines, sed ad Episcoporum Concilium spectaret, neminem miserunt, ne ejusmodi conciliabulis auctorita-tem addere viderentur sua præsentia.

Ex Catholicis igitur pauci aderant, iique parùm docti, & ob-scuri nominis, adeò quidem, ut ludimagister Zoffingensis Catholi-corum loco disputaret, ut Ministelli umbratiles saltem qualescunque adversarios habuisse viderentur. Augustinianus quidem & Domini-canus Monachus initiò aderant. Sed iis, perpetuum Catholicæ Re-ligionis sine interruptione consensum demonstrantibus, silentium im-posuerunt; quòd lege cautum dicerent, ne quidquam præter S. Scri-pturam afferretur, reponunt illi, hoc ipsum maximè esse controver-sum, quo sensu S. Scriptura sit intelligenda in quæstionibus illis, de quibus sit præsens dissidium. Omnes ab omni tempore hæreticos iden-

identidem inclamâsse: sacra Scriptura! Evangelium! verbum DEI! sed ex ejus malo intellectu, & perversa interpretatione omnes enatas esse hæreses. Standum proin interpretatione Patrum, Conciliorum, totiúsque Christiani orbis consensu, quibus meliùs perspectus fuerit S. Scripturæ intellectus, quàm novellis quibusdam & inquietis, qui non optima intentione ducantur, hominibus. Se proin, cùm Judices, ac præfecti, disputationis Patrum & antiquorum Doctorum interpretationes doctrinámque rejiciant, & privato suo, quem scripturæ affingant, sensu omnia definire velint, ex hoc Zwingliano Conventu, in quo nihil ex æquo & more Ecclesiæ agatur, excedere.

Sic ergo novi illi ministelli sine adversario alicujus nominis, sine vulnere & pulvere triumphârunt; atque Bernates, Basileenses, Scaphusianos, Sangallenses, Muhlhusanos, Bielenses, multósque ex Glareanis, Abbatiscellensibus, Grisonibus, Toggenburgicis, Turgoiis, Rhenovallensibus, aliísque populis, jam antè infectos, ab avita majorum fide, & Ecclesia Catholica in æternum exitium abstraxerunt, sparsó etiam Solodori infelici lolio, missóque, qui illud nutriret, Hallero, Bernensi antea ministello. Ubi illud adhuc juvat advertere, nusquam absque turbis atque civilibus discordiarum motibus, & armorum non rarò strepitu novas hasce sectas fuisse inductas; more profectò à Christi Apostolis, & Christianæ Religionis Magistris multùm alieno. *169. defectiones*

His accessionibus aucti quiescere diu non poterant Tigurini, ac Bernates, sed majoribus viribus freti, cum sociis civitatibus in arma ruunt *(anno 1529.)* facta tum quidem pax, cuilibet Cantoni crendendi libertate permissa. Quæ tamen diu non tenuit, mox enim duobus pòst annis (*1531.*) bellum recruduit, Catholicis quinque Cantonibus, qui quotidianis ferme injuriis provocati fuerant, ad sui defensionem compulsis. *170. Bellum civile,*

Cùm enim Zwingliani non tantùm in suis provinciis, sed iis etiam regionibus, quæ communi potestate ab Helvetis regebantur, sacras aras passim subverterent, cultúmque Divinum, per tot sæcula stabilitum, exterminatum irent, atque subrutis communis fœderis basibus ad pluralitatem suffragiorum controversias nollent dirimere; occupatísque viarum claustris, commeatum & annonam intercluderent, bellum illis denuntiant Catholici, graviter conquesti, quòd contra pacta, & fœdera juramento confirmata, contra pacem publicam, contra disciplinam & concordiam Christianam, contra fidem & charitatem, & quæ inter confœderatos esse debeat, ami-

Pars VII.   Y y   citiam

citiam, atque adeò contra jus naturale & omnem æquitatem, Catholicorum fubd.tos ad rebellionem incitârint, eámque folummodo ob caufam; quòd erroneam & larvatam eorum religionem amplecti noluerint, vias publicas obfideant, falem & alia alimenta ad fe devehi prohibeant. Cùm igitur jus omne fibi denegatum videant, ac jam tanto tempore tot tantásque injurias, vim & infolentiam pertulerint, coactos fe coram DEO omnipotente, quod ex ufu Reipublicæ effet, providere, atque vim vi repellere.

pugna Ca- Ventum igitur ad arma meliorque caufa placuit Superis. Nam
pellenfis. quinque Cantones Catholici, Lucerna videlicet, Urania, Svitium, Subfylvania, & Tugium, Vallefiorum fubfidiis aucti, *ad Capellam* memorabili prælio Tigurinos fuderunt, cadente etiam in pugna Zwinglio, galeato potiùs ac haftato milite, quàm Apoftolo aut animarum procuratore; homine certè Religioni & Reipublicæ graviter pernicio- fo; quem brevi poft haud dubiè ad inferos fecutus eft Oecolampadius alter in Helvetia novi Evangelii Apoftolus; abjecto cucullo, fractifque facris votis, DEO factus ad id muneris, & facrilegum concubinatum vocatus.

Auxêre Catholicorum triumphum ac bellicæ virtutis gloriam quatuor aliæ victoriæ, quas brevi pòft quinque illi Cantones, pro caufa DEI certantes, non tantùm à Tigurinis, fed aliis etiam fectariis, qui fuis auxilio venerant, reportârunt.

Accepto etenim cladis nuntio Bernates, quorum præcipua eft potentia, cum Tigurinis, Bafileenfibus, Solodoranis, Scaphufianis, Sangallenfibus, Mulhufanis, conflato, ùt fertur, triginta millium exercitu adverfus Catholicos, quorum vix octodecim millia fuiffe fcribuntur, in aciem procedunt. Victi nihilominus Bernates fugam arripiunt, octingentis in acie amiffis, & totidem ferme flumine hauftis.

Clades No- Major autem multò fuit clades, quàm 24. Octobris acceperunt.
vatorum. Nam diem jam bis iniquum fibi experti, noctem amicam magìs crediderunt. Sed Catholici in armis parati ftabant, atque ùt fe fe internofcerent, candidis veftibus lineis induti, magnam Zwinglianorum ftragem edunt, fex millibus eorum interfectis.

At illi contractis profligati toties exercitus reliquiis, novífque copiis aucti, die ultima Octobris rurfus tentârunt aleam: fed eodem eventu. Nam quarto prælio victi funt, amiffis fuorum quirque millibus.

Cælo probatam Catholicorum caufam videbant fectarii; hinc quafi Divos priùs expugnare oporteret, adverfus facellum in Eremo, Deiparæ Virgini facrum, ad quod viris in acie ftantibus, imbecillior

Catho-

Catholicorum turba fupplicatum iverat , malefani conjurant , illúdque fundítus evertere ftatuunt. , Hoc, eorum confilio cognito Catholici ita eos exceperúnt , ut quinque·rurfus millia occiderent , multis
eorum fignis captis.

Quinta hac clade fracti tandem fectarii pacem rogârunt ; quam Pax.
benignam admodúm dederùnt Catholici , moderatè fuis ufi victoriis,
permiſſa victis in ditionibus fuis religionis libertate, cum juribus priftinis : digni profectò , qui eandem erga fe moderationem experian-
tur , fi victoria in futurum mútaret vices.

Addita fuit illa conditio, ut Catholici renuntient fœderi , cum
Ferdinando Rege·inito , Zwingliani verò fœderi , quo fe obftrinxe-
rant Philippo Haſſiæ·Landgravio. Zwingliani cnim in Comitiis Auguftanis condemnati , & à fœdere Smalcaldico tanquam hæretici à
Saxone aliisque Lutheranis rejecti , poft fruftra tentatam Marpurgi
religionis concordiam, cum Haſſo privatam armorum unionem pacti
fuerant.

Cæterùm bene notandum, in hoc tractatu pacis·ftatim §. 1. Religionem Catholicam appellari , *veram·, indubitatam*, *Chriftianam
fidem :*. & §..2. *Antiquam* , *veram*, *Chriftianam fidem* ; Zwinglianam
econtra fectam nominari *novam fidem·* : argumento manifefto, quid
ipfi etiam Zwingliani in publico pacis inftrumento fint confeſſi. Sed
nempe aliud eft , veritatem confiteri : aliud , illam non fequi. Illud
ingenuitatis eft : hoc dementiæ.

Multi tamen , præfertim iin communibus Helvetorum provinciis,
poft eam pacem ad antiqua facra redierunt , uti in Turgoia, valle
Rhenana·, agro Sargantino, Badenfi, Mellingenfi , Bremgartenfi &c.
præfertim verò Solodori Religio , per plures annos gravibus procellis agitata in integrum reftitulta fuit. Quin Tiguri etiam non deerant , qui reditum ad agnitam veritatem meditabantur , nifi fraudibus Henrici Bullingeri , qui Zwinglio fucceſſerat, Leonis Judæ, Andreæ Carlftadii , Bernardini Ochini , Theodori Bibliandri, Conradi
Pellicani, ac dein etiam Petri Vermilii , aliorúmque , ex monafteriis
profugorum hominum , mulierculas fecum abducentium aut quæren-
tium fuiſſent in errore detenti.

Utque hic magis firmaretur , Tiguri in annos fingulos coacta funt Concilia-
duo miniftrorum Conciliabula. Bernæ vero anno 1532. miniftelli bula.]
330. fynodum conflabant , accito etiam Bafileâ Capitone, ubi Myconius & Grynæus omnem induftriam cum eo contulerunt , ne homines fapiant.

ARTICULUS VI.

Continuatio Historiæ Ecclesiast. sæculi XVI.

171. A Nno 1533. Adrianus Sedunensis Episcopus, & septem Dissent cum septem Catholicis Cantonibus, quibus in nupero bello valida auxilia miserant, peculiare foedus inierunt pro conservan-
Foedus. da fide Orthodoxa. Anno verò 1536. Vallesiani Carolo III. Sabau-diæ Duci, qui Genevam obsedit, tres Præfecturas eripuerunt, Ber-nenses Vaudum, Friburgensibus etiam in partem belli & prædæ ve-
Vaudum. nientibus. Defecit eo tempore Geneva, Lausanna &c. pulsis Epi-
Geneva. scopis. Joanni verò Episcopo Constantiensi, in Helvetia & Suevia annuis redditibus multùm imminuto, indultu Pontificis, Augia & Oeninga accessit.

172.   Sub medium sæculi XVI. Zwingliana lues, tacitè ulteriùs ser-
Vallesia in- pens, plures etiam ex Vallesiis corripuit, quos inter Kaufmannus
ficitur. quidam, Parochus Vespiæ, non postremus fuisse traditur, illatum contagium per libros infectos, Tiguro submissos: perque litterarum alumnos, qui, cùm in Vallesia scholæ publicæ necdum essent aper-tæ, Bernæ, Basileæ, & Tiguri studiis operam dantes, luem secum in patriam reportabant. At vigilantia Episcoporum, & zelus Catho-licorum, præsertim Gomesianorum (unde hodiedum *Gomesia catho-lica* appellatur) grassanti malo remedium postea attulit, purgata provincia; foedere cum Catholicis Cantonibus ad conservandam ve-ram Religionem, renovato, anno 1565. Ac postmodum rursus anno 1578.

173.   Quo tempore Catholici Cantones etiam cum Sabaudiæ Duce,
Pax Sabaud. & Friburgenses ac Solodorani cum Episcopo Basileensi, & urbe Vesun-tione foedere juncti sunt. Bernates verò paulò ante (*anno 1564.*) pace cum Sabaudo inita, Vaudum, & quidquid cis Rhodanum & lacum Gebennensem anno 1536. occupaverant, retinuerunt; restitutis, quæ trans Rhodanum in agro Caballico Sabau-dis eripuerant. Lis tamen cum Friburgensibus, ratione religionis in quatuor communibus Præfecturis pluries recruduit; Bernatibus ubi-que veram fidem exterminatum euntibus.

Obierunt

Obierunt his temporibus plures in Helvetia famosi Grammatici
ac Philologi (aut potius Mythologi) uti Bernæ *Joannes Hallerus* Cá-
nonicus Apostata, Bernensis ruinæ Princeps auctor: Basileæ *Simon*
Grinæus, Oecolampadii successor, semi-Lutheranus, magni apud
suos nominis; *Andreas Carlstadius*, mundi erro, Sacramentariórum
parens; *Sebastianus Münsterus*, monachus, maritus, Bibliographus,
Cosmographus; *Erasmus Roterodamus*, quàm cultioris litteraturæ
gnarus, tam dubiæ fidei: Tiguri *Leo Juda*, & *Theodorus Biblian-*
der, Bibliorum non satis fideles transfusores; ut vel ipse etiam Lutherus iis exprobravit; *Conradus Pellicanus*, excucullatus monachus,
primùm Basileæ, dein Tubingæ adyersus Lutheranos, rursus Basileæ, ac denique Tiguri adversùs Catholicos declamator, linguæ Græ-
cæ ac Hebraicæ doctor. *Henricus Bullingerus*, Zwinglii in Aposto-
latu Tigurino successor, à procusa nova Helvetica fidei Confessione
famosus; cui Tiguri successit, quem honoris causa nomino, Jacobus
Breitingerus; *Petrus Vermilius* seu *Martyr*, monachus Italus, singularis monialium amator, & raptor, quàm acuti homo ingenii,
tam pravi; *Josias Simlerus*, Historicus: *Joannes Stumphius* Chro-
nicus: *Joannes Frisius* Lexiciplastes: Conradus *Gesnerus* polyhi-
stor, de profana eruditione non malè meriti; utinam meliùs de religione! In urbe Sangallensi *Joachimus Vadianus*, Medicus Senator,
eódem dignus elogio, aliis tamen modestior.

Taceo *Bernardinum Ochinum* ex sacro ordine & Italia profugum,
mulierosum hóminem, primó Genevæ, dein Tiguri, Basileæ, in
Anglia & Polonia tumultuantem, denique in Moravia pereuntem.
Martinum Bucerum, fœdifragum pariter ac sacrilegum ex monasterio apostatam, Argentinæ perturbatorem & eversorem, versatilem
in fide ac fluctuantem Melanchtonis exemplo Protheum: frustra cò-
natum Lutheranos cum Zwinglianis ad unitatem reducere, alteri
alteros hæreseos insimulantibus, gravésque in Suevia, Palatinatu,
Saxonia, & Argentinæ turbas cientibus. Omitto etiam *Farellum*,
& *Viretum* cum Calvino Genevam & adsitas provincias subver-
tentes.

Hos ómnes, quos brevi temporis intervallo mors rapuit, tanquam novos Helvetiæ ruentis Atlantes, & (Erasmo & Vadiano exceptis) verbi Zwingliani ministros, somnisque interpretes
ad cœlum extollunt heterodoxæ pennæ. Sed dies, ultrix scelerum, tótque animarum perditarum vindex, lapsus infelices
ostendet. Cultioris licèt alicujus litteraturæ laus non sit iis

174.
Prædican-
tes.

dcae.

deneganda; de religione tamen non aliam merentur famam posthu-
mam, quàm Herostratus ille de templo Ephesino.

Cùm autem Catholici cernerent, Zwinglianos amplis stipendiis,
ex profanatis monasteriis & Ecclesiarum fundationibus collectis, publicas ubique scholas erigere, ac turbam didascalorum & præconum,
qui ingenio valerent, attrahere, atque per eos rudes pervertere,
cogitârunt & ipsi de mediis, abstergendi ignorantiæ fuliginem, do-
ctósque viros obtinendi, qui Zwinglianis se opponerent, atque veritatem contra tectas eorum fraudes opportunè defenderent.

175.
Colleg.
Helvet.
Mediol.
Igitur S. Carolus Borromæus, Cardinalis & Archiepiscopus Mediolanensis, qui miserandum Helveticæ Ecclesiæ statum præsens inspe-
xerat, re cum Catholicis Ordinibus collata, seminarium Mediolani
fundavit, in quo quadraginta circiter ex Helvetia, Vallesia, & Gri-
sonia juvenes morum probitate & litterarum studiis imbuerentur,
atque iis instructi populares dein suos erudirent.

Optimum sanè consilium, & usu ipso comprobatum. Ex ea
enim pietatis & litterarum palæstra, directioni Patrum Societatis
JEsu à S. Fundatore concredita, prodierunt deinceps multi insignes
viri, qui verbo & exemplo parœcias animarent, & felici scuto, venenata adversantium tela retunderent.

Nuntiatura
Usu quoque tunc receptum, ut Nuntius Apostolicus constanter
apud Helvetios resideret, caverétque, ne quid Ecclesia, fidésque
Orthodoxa in iis partibus detrimenti patiatur. Primus, cui hoc munus obtigit, fuit Bonomius, Episcopus Vercellensis, obstrepentibus,
sed frustra, Zwinglianis & Calvinistis. Fuit autem huic *Nuntiatu-
ræ*, ut vocant, provincia per Diœceses Constantiensem, Basileensem, Sedunensem, Lausannensem, & Curiensem, assignata.

176.
Adventus
Societatis,
Utque in ipsa etiam Helvetia Catholica litterarum studia flore-
scerent, erectæ sunt scholæ publicæ, advocati Patres Societatis JE-
su: primò quidem Lucernam anno 1559. & paulò post Friburgum;
anno 1588. Bruntrutum, 1646. Solodorum. Cúmque non obstante
diligenti cura nihilominus, in micus ille humani generis, nova identidem in agro Vallesiano superseminaret errorum zizania, in eum
quoque inductæ operarum coloniæ, mutata sæpius statione, sedem
tandem stabilem Brigæ fixerunt.

& Capuci-
norum
Atque ut nihil subsidiorum deesset in pagis etiam Helvetiæ, ejusdem S. Cardinalis zelo, & Catholicorum Cantonum liberalitate,
magno animarum bono introducti sunt Patres Capucini, vel ipso habitu, & severa consiliorum Evangelicorum observantia, mollem mi-
nistellorum vivendi rationem condemnantes. Et primò quidem Altorffii

in

in Urania confederunt ; inde verò Srantium, Sarnam, Svitium, Lucernam, Abbatifcellam, Badenam, Tugium, Rapperfvilam, Frauenfeldam, Surfeam, Bremgartam, Friburgum; Bruntrutum, Wilam, Arthum, atque in agrum Sargantinum, Oltenfem, Schüpfenfem, Glaronenfem, félici fœcunditate propagati, in fola Helvetia integram provinciam, eámque præftantem conftituunt.

Et hæc quidem fpiritualia erant præfidia. Quibus adjunĉta fœdera; nam feptem Catholici Cantones non tantùm inter fe Unionem paĉtúmque renovarunt Lucernæ anno 1585. fanguine etiam & vità, fi neceffe fit, protegendi Religionem Catholicam; fed cum Philippo II. etiam Rege Catholico, tanquam Mediolanenfi Duce, in eundem finem, anno fequenti fœdus jurârunt. Quin imò confervata in Gallia quoque Orthodoxa fides plurimi m fanè debet Catholicæ Helvétiæ, quæ validiffimis copiis fubfidio-miffis, tot graviffimis in præliis, cum rebellibus Calviniftis confertis, & Regem & Religionem invicto robore fuftentavit.

177. Catholicorum fœdera.

Lividis oculis res iftas fpeĉtarunt Cantones Acatholici, acerbè per legatos conquefti, præter alia, adverfus hæc cum externis fœdera : his enim compagem nexus interni diffolvi, nervósque Helvetici corporis, tanta fide animorúmque conjúnĉtióne antea uniti, penitus incidi.

Refponderunt Catholici, fe deplorare labefaĉtatam inter confœderatos Cantones unionem, tánto impendio ftabilitam; verùm omnis mali originem inde ducendam, quòd unius, vilis & fœdifragi hominis faĉtione (Zwinglii videlicet) commune ac fociale vinculum fit difruptum, fœdera à fe inita ad nullius offenfionem pertinere, fed neceffariam fui defenfionem adverfus quofcunque injuftos aggreffores fpeĉtare. Acatholicos Cantones diverfas religiones in una civitate tolerare, parùm follicitos, cujus fidei fint, modò non fint Catholici: hinc etiam emendationem Calendarii, licèt optimè faĉtam, ab iis repudiatam, eam duntaxat ob caufam, quòd à Papa fit profeĉta. Voce *Hæretici* : fe quidem ufos, fed non alio fenfu quàm S. Paulum. Catholicam autem Ecclefiam ejúsque fummum Antiftitem graviffimis calumniis & opprobriis à Zwinglianis laceffi.

Et refponfum.

Addunt, Religionem fuam in Verbo DEI fundatam; & extra illam neminem falvari poffe. Si veritatem amâffent Acatholici, eandem Tridento, quò invitati fuerint, petiiffent. Cum Genevenfibus (qui Acatholicis Cantonibus fœdere junĉti erant) nihil fibi fore negotii. Fœderibus verò fuis, cum aliis Principibus initis, fe non renuntiaturos, nec eorum legatos abaĉturos. Ab unitate Religionis pendere unionem, pacem & tranquillitatem Reipublicæ. Illam nifi amplectan-

plectantur., nescire se, quomodo ista conservari possit. Se id acturos, quòd è re & usu Reipublicæ videretur.

178.
Synodus
Mympel-
gardensis.

Verùm non tantùm à Catholicis, sed à se ipsis quoque vehementer diffidebant Acatholici. Nec Conciliabulo Mumpelgardensi, à
Wirtembergico Duce indicto, quidquam profectum; quin majoribus discordiis & rixis collisi sunt, Beza, qui cum Zwinglianis ministellis colloquio aderat; cum Jacobo Andreæ, quà voce, quà scriptis infamibus, turpiter de doctrina disceptante: & Samuele Hube-
ro cum Abrahamo Musculo in nova jurgia Bernæ insúrgente.

Huberus etenim lectis Conciliabuli Mumpelgardensis actis Musculo exprobravit, quòd à Bernensis Ecclesiæ, uti etiam à Tigurina Bullingeri Confessione perfidè recesserit, ac novæ Tubingensium subscrip-
serit. Articuli autem, quos Huberus propugnabat, erant: Christum pro omnibus mortuum esse. DEum omnes ad vitam æternam
ordinasse. Prædestinatos posse à fide deficere & damnari. Etiam reprobos fuisse aliquando Christo unitos. Baptismum infantium validum
& efficacem esse.

& Bernen-
sis turbæ.

Ut hæc capita, Calvini potissimùm doctrinæ (à Bernensibus priùs
rejectæ) contraria, definirentur, coactum est anno 1587. Bernæ
Conciliabulum, vocatis ad illud Tiguro, Basilea, Scaphusia, & ex
ditione Bernensi, præconibus, eo post trinas sessiones, & multas rixas, eventu, ut. Huberus à Senatu, qui judicem agebat, condemnatus, & cùm doctrinæ suæ constanter insisteret, proscriptus fuerit.
Nec desiit postea Tubingæ aliisque in locis Lutheranis Zwinglianos, & Calvinistas, strenuè oppugnare; obscœnus scurra propterea
ab illis appellatus. Sed is retorsit argumentum.

Dissidia
Novato-
rum.

Certè ea erat inter sectarios discordia, ut Zwingliani non tantùm
à Lutheranis & Calvinistis dissentirent, sed quælibet ferme civitas
propriam ac peculiarem confessionem ab aliis diversam, ederet, aliis
ad Genevensem, aliis ad Bernensem, aliis ad Tigurinam, aliis ad
Basileensem, aliis ad Grisonicam, aliis ad Heidelbergensem &c. accedentibus; pulcherrimo sanè argumento fraternæ unionis.

Tirani in Valle Tellina Catholicus Parochus hanc Calvini the-
sin, Christum secundum Divinam naturam esse mediatorem inter
DEum & homines (*lib. 2. Instit. cap. 14. §. 3.* contentam) repro-
bavit. Quod cùm Calvinistæ non ferrent, coacta est synodus (anno
1595.) jurgiis transacta. Deputati verò trini fœderis, ulteriore di-
sputatione inhibita, Parochum mulctârunt, quòd Calvinum aggredi
ausus fuisset. Sequenti anno Burcardus Lemannus, Tigurinus præco,
cùm pro concione diceret, sibi imprecatus, ut diabolus eum rapiat,

nisi

nifi doctrina fua de cœna Domini fit vera, repente è cathedra abreptus traditur, jure an injuria, non difcutio, affirmant alii factum, Tigurini negant : utique non fine caufa. .

Abbatifcellenfis regio, monafterio Sangallenfi olim fubjecta, dein anno 1513. in commune'Helvetiorum fœdus recepta, ficut alii Cantones, per religionis mutationem vehementer concuffa eft. Dum enim alii antiquam fidem retinere laborant, .alii in novos errores abripiuntur, eò ufque per multos annos increverunt domeftica diffidia, ut anno 1597. in duas eam communitates partiri neceffe fuerit; quaium quælibet fui fit juris, proprium fenatum, feparatámque ab altera jurisdictionem habeat. *Interiorem,* in qua Abbatifcella, & *exteriorem Rbodenam* appellant; illa Chriftum, hæc' Zwinglium fequitur.

179. Abbatifcellenfes divifi.

Conftantienfis Epifcopus Andreas, Archiducis Ferdinandi filius, Cardinalis & Archiepifcopus Toletanus, tot millium animarum, miferè feductarum, fortem miferatus, atque in omnem partem Paftoralem curam exporrigens, fi qua via ad ovile Chrifti reduci poffent, anno 1598. Legatos Tigurum mifit, atque difputationis de Religione inftituendæ eis copiam fecit; quam cùm detrectarent, eorum Confeffionem fidei per Joannem Piftorium, virum excellentis doctrinæ, confutavit, plùs quàm 2000. erroribus-in ea detectis. Patres etiam Capucini tum Abbatifcellæ, tum Thunõnii in Sabaudia difputationem obtulerunt Acatholicis; at ifti fatius duxerunt, non condicere. Agrum autem Caballicum, à Bernenfibus priùs perverfum, infigni cum fructu excoluit S. Francifcus Salefius; Genevæ cultura nequicquam tentata.

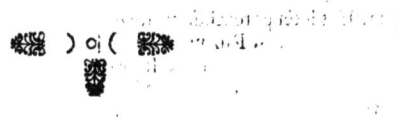

CAPUT V.

Schema rerum Mediolanensium & Concilia à S. Carolo Borromæo celebrata sæculo XVI.

SUMMARIUM.

ARTICULUS I.

De Statu rerum Mediolanensium.

180. Antiqua Insubria, sub Romanis, sub Gothis, sub Hunnis,
sub Longobardis, sub Carolingis Imperatoribus, sub Italiæ
Principibus, varia fatorum vicissitudine.

181. Otto M. Mediolanum ad
Imperium reduxit. Fridericus I. evertit. Guelphicis ac
Gibellinis Factionibus jacta-
tum.

182. Vice - Comites Gubernatores primùm dati ab Imperatoribus, paulatim Principatum
ad se traxerunt.

183. Hos inter potentissimus Joannes Galeacius, Dux primus Mediolani, Italiæ, imò & Imperatorum terror, qui dominationem in omnem partem protulit, sed filii rursus amiserunt,
quod pater acquisiverat.

184. Defuncto ultimo Vice - Comite ingens quattuor inter competitores de Mediolano contentio. Sed victoriam refert reliquis infirmior Franciscus Sfortia.

185. Filius ejus minor Ducatum
invasit. Sed à Gallis dejectus,
in Gallicum carcerem abductus
est. Ejus filii sæpiùs dejecti
à Gallis : sæpjùs restituti. Donec Carolus V. Ducatum filio
suo Philippo tradidit.

186. Religionis status. Enumerantur Episcopatus ad Provinciam Mediolanensem spectantes, cum brevi descriptione
tum urbis Archiepiscopalis,
tum aliarum urbium Episcopalium.

ARTI-

ARTICULUS II.

Concilia Provincialia Mediol. S. Caroli Borromæi.

§. 1.
Mediolanenfe. I.

187. Oratio S. Caroli de fine Conciliorum.

188. *Pars I.* de fide Catholica: prædicatione verbi Divini : imaginibus &c.

189. *Pars II.* De Adminiftratione Sacramentorum.

190. De collatione Beneficiorum.

191. De Epifcopis : de clericis.

192. De parochiis, vicariis, vifitatione.

193. De Judiciis, caufidicis, executoribus.

194. De miniftris Ecclefiæ.

195. De Divinis Officiis.

196. De exequiis & fepulturis.

197. De bonis & juribus Ecclefiafticis.

198. De Matrimonio.

199. De meretricibus, hiftrionibus, aleatoribus &c.

200. De ufuris.

201. *Pars III.* de piorum locorum adminiftratione.

202. De monialibus.

203. De Judæis.

204. De pœnis & executione.

§. 2.
Mediolanenfe II.
Titulus I.

206. De fide, facramentis & pa-| .ftoralibus muneribus.

Titulus II.

207. De Miffa, cultu Divino, & | Ecclefiafticis.

Titulus III.

208. De bonis & juribus Eccle- | fiarum.

§. 3.
Mediolanenfe III.

209. De Feftorum cultu.

210. De concionatoribus & fide tuenda.

Z z 2

211. De

211. De Sacramentis & Sacramentalibus.

212. De Missa & Divinis Officiis.

213. De Parochis

214. De Capitulis.

215. De ornatu & cultu Ecclesiarum.

216. De bonis Ecclesiasticis.

217. De Matrimonio.

218. De foro Ecclesiastico.

219. De Regularibus.

§. 4.
Mediolanense IV.

220. *Pars I.* De professione fidei, sacris reliquiis, miraculis & imaginibus.

221. De indulgentiis, jejuniis, festis, & peregrinationibus.

222. De sacris locis, eorúmque cultu.

223. De Verbi Divini prædicatione.

224. *Pars II.* De Sacramentalibus & Sacramentis.

225. De baptismo & confirmatione.

226. De Euchariftia.

227. De pœnitentia & extrema unctione.

228. De Sacramento Ordinis.

229. De collatione beneficiorum.

230. De Missa & Divinis Officiis.

231. De diftributionibus, capitulis &c.

232. De parochiis & parochialibus juribus.

233. De Episcopis

234. De vita & honeftate clericorum.

235. De visitatione.

236. De synodis.

237. Admonitiones.

238. De foro Ecclesiastico.

239. De Regularibus.

240. De locis piis.

§. 5.
Mediolanense V.

241. Oratio S. Caroli ad synol..dum.

Pars I.

242. De fide tuenda.

243. De prædicatione Verbi DEI & doctrina Chriftiana.

244. De feftis & sacris temporibus.

245. De votis, oratione, indulgentiis, sacris Reliquiis.

246. De Sacramentalibus & Sacramentis.

Pars II.

Pars II.

247. De cura tempore pestis. De Ho- | spitalibus à S. Carolo exstructis.

Pars III.

§. 6.
Mediolanense VI.

CAPUT V.

De statu & conciliis Mediolanensibus.

ARTICULUS I.

De statu rerum Mediolanensium.

Q Uamvis de rebus Mediolanensibus tum antiquis tum recen- 180.
tioribus multa pro temporum varietate in hoc apparatu sint Antiqua Indicta ; juvat nihilominus hic illa velut pugno constringere. subria,
Circumsita Mediolano regio *Insubria* olim , ac *Gallia Cis-Alpina*
Z z 3   fuit

fuit dicta, præcipua postea Longobardici regni provincia : si quæ alia terrarum pars, frequenti varietate fatorum jactata.

Nam postquam Insubres ab antiquissimis temporibus eundem incoluerant, anno 366. à Roma condita Senones Galli Brenno Duce Mediolanum & circumjectum regionum tractum occupâsse dicuntur. Verùm crescente Romanæ Reipublicæ potentia, tandem etiam pugnacissima hæc Natio eidem succubuit. Eversa Republica Imperatoribus paruit ad sæculum usque Christianæ æræ quintum, quo primùm Alarico Gothorum Duci in prædam cessit, tum ab Attila Hunnorum Rege vastata Mediolano funditus eversa.

Attila ex Italia recessit ; Gothos Longobardi expulerunt, qui Alboino duce novum regnum erexerunt, sede Regia Ticini constituta (sæculo VI.) dictum ab ipsorum nomine Longobardicum : superstire hodiedum nomenclatura *Lombardia.* 206. annis illud regnum steterat ; cùm à Carolo M. eversum est, Desiderio Rege ad Ticinum victo captoque (sæculo VIII.)

Romani igitur rursus Imperii provincia, sub nomine regni Italiæ, facta est Gallia Cisalpina, seu Longobardia, varia tamen fortunæ vicissitudine. Nam sub Carolingicis usque ad Caroli crassi mortem utcunque quieta paruit ; tum verò sub finem sæculi noni & initium decimi à Berengariis, Guidonibus, Lampertis, Adalbertis, Bosonibus, & Rudolphis distracta, Ottonis M. virtute in unum rursus corpus cum Imperio coaluit.

1 Sæculô verò XII. surgentibus Gibellinis illis & Guelphicis factionibus, sub Friderico præsertim Ænobarbo magnas calamitates Longobardia est perpessa. Quippe Mediolanum, cùm obsequiò se subtrahere niteretur, prima Friderici expeditione domitum, altera funditus eversum est. Tertia verò expeditione devictus Cæsar, cum Pontifice Alexandro III. & Longobardiæ civitatibus transigere coactus est.

Sæculo XIII. sub Friderico II. factio recruduit ; nec vinci ita Insubres poterant, ut non multum, quoad viveret, negotii eidem facesserent. Tempore Interregni sui juris erant. Postea gubernatores rursus ab Imperatoribus acceperunt ; quos inter erat *Matthæus Vicecomes*, quem Henricus VII. Imperii per Italiam Vicarium dixit (sæculo XIV. anno videlicet 1310.) successit eadem potestate filius *Galeacius*, verùm is à *Marco* fratre suo ad Imperatorem Ludovicum Bavarum delatus agitatæ defectionis, cum filio *Azone* in custodiam datus est. At innocentia patefacta liberatus, Marcus verò à nepote suo Azone, Galeacii filio interemptus est. Huic absque liberis defuncto

Margin notes:

Lombardia.

Distracta.

181. Otto.

Mediolanum eversum.

182. Vice-Comites.

funÐo

funào fuccefferunt ejus patrui, primùm *Luchinus*, tum *Joannes*, qui fimul erat Archiepifcopus Mediolanenfis, facra fimul ac profa‚ na jura difpenfans, omnique ferme potitus Longobardià.

Joannes, anno 1354. obiens hæredes fcripfit Stephani fratris fui filios ; quorum tres·erant : primus *Matthæus II.* fed hoc brevi decedente, ejus fratres, *Galeacius II.* & *Barnabus*, qui fimul Prin- cipatum gefferunt. Verùm *Joannes Galeacius* Matthæi II. filius ſe præteritum indignè ferens Barnabam in carcerem conjeàum veneno fuftulit.

Hic igitur *Joannes Galeacius*, ingentium fpirituum Princeps, extinào Barnaba patruo, non tanrùm regimen occupavit, fed etiam ab Impératore Wenceslao *primus Mediolani Dux* fuit renuntiatus, at- tributis ei multis Longobardiæ civitatibus, uti Alexandria, Bobbio, Brixia, Cremona, Laudo, Novara, Tortona, Vercellis, Placentia, Parma, Reggio, Baſſano, Feltrio, aliifque pluribus. Præterea oc- cupavit Tarvifum, Paduam, Tridentum; Scaligeris verò Veronam & Vicentiam eripuit.

Quamvis autem increfcentem tantopere Galeacii potentiam æquis oculis afpicere non poterant reliqui Italiæ Status, nemo ta- men fe eidem audebat opponere. Quare Rupertum Imperatorem evocârunt ; fed is cum exercitu ad lacum Gardenfem à Galeacio vi- àus, in Germaniam redire compulfus eft.

Cum Pontifice dein & Florentinis commiſſus, eos pariter acie vicit, & Bononiam expugnavit. Mantuanum verò Marchionem Francifcum Gonzagam arma ponere coëgit.

Tandem poft tot viàorias morti in prædam ceſſit anno 1402. ætatis 55. reliàis tribus liberis, *Valentina*, Duci Aurelianenfi nupta (unde poftea bellorum feges) & duobus filiis, Joanne & Phi- lippo.

Igitur *Joannes Maria* alter Mediolani Dux regimen aufpicatus, pat·is fœdavit viàorias. Verona & Vicentia Venetis ceſſere, Bo- noniâ Pontifici, Pifa Florentinis. Obiit anno 1412. cúmque nullam prolem relinqueret, fucceſſit *Philippus Maria* tertius Mediolani Dux, atque ultimus ex Vicecomitum familia. Conabatur is quidem amiſſas à fratre urbes reducere, fed non minùs infelix, Bergomum infuper & Brixiam Venetis cedere eft coaàus.

Mortuus Philippus anno 1447. vitæ 55. reg. 35. unica reliàa prole *Blanca Maria*, ex concubina fufcepta. Ingens mox orta de Ducatu Mediolanenfi magnos inter candidatos contentio. Quatuor eorum erant. Primus Fridericus Imperator, qui Infubriam, tanquam

Im-

183.
Joannes
Galeacius:

184.
Lis de Me-
diolano.

Imperii feudum, extincta Vicecomitum Ducali Familia, ad Impérium reverſam, eidem vindicavit.

Competito-
res.

Alter erat Carolus Dux Aurelianus, cujus mater fuit Valentina, Joannis Galeacii legitima filia, Philippi ultimi poſſeſſoris ſoror. Accedebant pacta dotalia, quibus cautum erat, ut Valentinæ poſteri in Ducatu Mediolanenſi ſuccedant, ſi Galeacii filii absque legitima prole decederent.

Tertius inter competitores fuit Alphonſus V. Rex Aragoniæ, quem Philippus teſtamento hæredem ſcripſerat.

Sfortia.

Quartus denique erat *Franciſcus Pſortia*, Papiæ Comes, qui Blancam Mariam, ultimi poſſeſſoris filiam notham in uxorem duxerat. Et hic, licèt omnium infirmiſſimus, opimam dótem in Domum ſuam importavit. Nam Mediolanenſes externorum regimen abhorrentes, Blanca declarata hærede, Sfortiam Ducem renuntiatum in poſſeſſionem miſerunt, fulcientibus etiam ejusdem partes Pontifice & Venetis.

185.
Morus.

Moriens anno 1466. Franciſcus Sfortia Ducatum reliquit primogenito ex ſex filiis *Galeacio Maria*. Cui anno 1476. interempto ſuccedere debebat filius *Joannes Galeacius*. Sed quia is tenerà admodum erat ætate, & mente non ſatìs firma, *Ludovicus Sfortia*, cognomento *Morus*, primùm tutelæ nomine adminiſtrationem arripuit: dein verò eundem Galeacium nepotem ſuum anno 1494. veneno extinxiſſe fertur. Reliquit equidem Galeacius quadrimùm filium Franciſcum. Verùm is anno 1499. à Gallis captus, in monaſterio obiit anno 1511.

Ludovicus Morus igitur, Ducatu non ſatis ex fide parto, ut ſe tutum redderet, Gallos & Neapolitanos inter ſe commiſit, primò Caroli VIII. ſocius, dein verò in eo Neapoli rurſus depellendo, atque ex omni Italia eiiciendo hoſtis.

Ad Gallos.

Non tulit perfidiam Ludovicus XII. ſucceſſor Caroli: ſtimulabátque Valentinæ aviæ hæreditas. Cùm igitur Ludovicus Morus cùm Venetis bellum gereret, transmiſſis Alpibus viginti intra dies totum Ducatum occupavit, Ludovico Moro cum filiis in Germaniam expulſo. Verùm Mediolanenſes Gallorum mox pertæſi, Ducem cum Helvetorum exercitu venientem receperunt ; nihílque Gallis, præter arcem Mediolanenſem & Novaram, reliquum fecerunt. At Gallus novis ſubmiſſis ſubſidiis, cùm Helvetii adverſus populares ſuos, in exercitu Gallico militantes, pugnare nollent, Morum alieno habitu fugere conantem intercepit, captúmque in Galliam abduxit anno 1500. ubi poſt octo annorum carcerem obiit.

Fi-

Filios reliquit duos, *Maximilianum* & *Franciscum.* Qui Gal-Ejecti.
lis Ducatum obtinentibus exulatum abiverant. Verùm cùm Gallorum arma in Italia dominarentur, Pontifex Julius, & Ferdinandus.
Catholicus, rupto fœdere, adversùs Venetos inito, cum Anglis,
Helvetiis (quos, Ludovicus XII. à se alienaverat) ipsisque Venetis, bellum in Gallos verterunt. Qua occasione *Maximilianus Sfor-*
tia, Helvetiorum maximè opera, Gallis expulsis, Ducatui est restitutus, *anno 1512.*

Rex Ludovicus equidem novo exercitu misso, totam propemodum Insubriam recuperavit, ipsúmque Ducem Maximilianum Nova-
ræ obsedit. At Helvetii eruptione ex urbe facta, tanto impetu in
Gallos invecti sunt, ut eos ad internecionem ferme cæderent,
cladísque reliquias tota Italia ejicerent. (*anno 1513.*)

Franciscus I. biennio post novam in Italiam expeditionem susce-Redeunt.
pit, victisque pertinaci *ad Marignianum* prælio Helvetiis, Maximilianum adegit, ut sibi provincias cederet, & 30000. aureórum annua pensione deinceps in Gallia viveret : ubi cœlebs obiit anno
1530.

Carolus V. Cæsar & Italiæ Status haud ferentes tantam Gallo-Iterum pul.
rum in Italia potentiam, iis cæsis pulsisque, *Francisco Pfortiæ*, al-si.
teri Ludovici Mori filio Ducatum restituerunt (*anno 1521.*) Accepit
autem illum Franciscus à Carolo Cæsare ceu feudum Imperii, clientelari jure possidendum. Minimè tamen quieto esse licuit. Quippe
anno 1524. Rex Franciscus novum Boniveto duce immisit exercitum;
eáque magnám partem repulso, ipsemet anno 1525. novas adduxit
copias, firmatóque Medioláno milite præsidiario, Paviam obsedit;
ubi commisso cum Cæsareis Ducibus prælio, victus, captúsque in
Hispaniam abductus est : Gallis denuo tota Italia depulsis.

Madritensi deinde pace, post 13. mensium captivitatem, Rex
Franciscus omni in Ducatum Mediolanensem jure se abdicavit. Sed
cùm pactionem istam extortam diceret, anno 1528. misso cum exercitu in Italiam Odeto Lautrechio, illatis Insubriæ armis; in Regnum
usque Neapolitanum progressus est, urbémque principem obsidione
infestavit. Verùm peste in exercitum sæviente, totam rursus Italiam relinquere coactus est, tandémque, ut Rex filios suos, in Hispania pro se obsides, reciperet; anno 1529. in pace Cameracensi
omni denuo in Mediolanum jure, solenni abdicatione cessit.

Haud multò post, anno videlicet 1535 ubi improlis obiit *Fran-*Ad Austriæ.
ciscus Sfortia, vitæ 42. præterito illius fratre Joanne Paulo Sfortia cos.
(à quo Comites Carravacénses descendunt) Carolus V. Cæsar Du-

catum Mediolanenſem feudali jure poſſidendum tradidit Philippo filio ſuo, à quo deinceps ad Philippum III. & IV; atque ad Carolum II. tranſiit.

Carolo II. anno 1700. extinĉto Philippus Dux Andegavenſis ejuſdem
poſſeſſionem cepit, retinuítque usque ad annum 1706. quo poſt cladem
Taurinenſem paĉtione inita Galli Ducatum AuguſtiſſimæDomui Auſtriacæ denuo conſignârunt. Alexandria verò, Valentia, traĉtus Lumelli-
næ &c. Sabaudis acceſſère ; quibus poſtea plures aliæ urbes ac regiones Ducatus Mediolanenſis per alias paĉtiones reliĉtæ ſunt.

186.
Religionis
Status.
Religionem quod ſpeĉtat, primus eam in Inſubria S Barnabas
Apoſtolus propagâſſe traditur : plurimúmque deinceps préſſa fuit,
primùm à Gentilibus, ſub Imperatoribus ethnicis, poſtea verò ab
Arianis, præſertim tempore Conſtantii Cæſaris, à S. Ambroſio po-
tiſſimùm reſtituta. Tum etiam ab irruentibus peregrinis pópulis,
Gothis, Hunnis, Longobardis multùm perpeſſa : denique tot inter
revolutiones ac bella, quibus Mediolanum ultra 40. vices obſeſſum,
& ultra 20. expugnatum eſt, morum diſciplina miſerè fuit afflĉta.

Remedium quæſitum cùm per ſynodos Diœceſanas, tum verò
máximè per Provinciales, quarum 18. diverſis temporibus Mediolani
ſunt celebratæ : & ex illis ſex à S. Carolo Borromæo, ex tota provincia Mediolanenſi, quæ eſt ampliſſima, & 15. omnino Epiſcopatus
numerat, convocatis Epiſcopis.

Mediolani
deſcriptio.
Archiepiſcopi Sedes eſt *Mediolanum*, Inſubriæ caput, quæ &
Provinciæ & Ducatui nomen dedit : urbs ampliſſima, quam propterea *Grandem* appellant, 110. monaſteria, ut fertur, complexa,
220. eccleſias, & inter has 96. parochiales. Cathedralis, eximiæ
prorſus magnitudinis, media ferme in urbe proſpeĉtans, adhuc mar-
moreo opere in altum ſurgit, ſupra teĉta ingenti & artificioſa turrium
mole duobus jam lateribus in cœlum exporreĉta. Subtus pavimen-
tum Eccleſiæ ſacellum S. Caroli religione populorum celeberrimum
viſitur, multis ardentibus ad ſacrum corpus lampadibus. Præſertim verò Eccleſia S Ambroſii multis antiquis monumentis eſt conſpicua ; inter quæ eminent corpora ſacra Ambroſii, Gervaſii, &
Protaſii. Exhibetur ibi ſerpens æneus à Moiſe ereĉtus : porta, ad
quam S. Ambroſius Theodoſium Imperatorem, priùs excluſum, dein
pœnitentem recepit ; corona ferrea qua olim Imperatores ab Archiepiſcopo Mediolanenſi coronari conſueverant. Solus circulus in-
terior eſt ferreus, reliqua ex auro & gemmis conſtant.

Taceo templa alia plurima, antiquitate, aut venuſtate, aut
amplitudine   conſpicua,   ſodalitatum & clericorum Collegia,

legia, Hofpitalia (quorum unum in urbe, alterum extra mœnia qua-
drato opere ac ftupenda magnitudine) 22. portas : gemina palatia,
alterum Archiepifcopi, Gubernatoris alterum : arcem extra urbem
præmunitam forma polygona per modum ftellæ ; Collegium Societatis Brerenfe, cum magnifica Academia : armamentarium in urbe
inftructiffimum ; Bibliothecam Ambrofianam, Mufæum Settalanum;
liberales artes, commercia florentiffima, fluvios ad illa opportunos,
præfertim *Ticinum*, qui in monte S. Gothardi exortus, Bellinzonam
prætervectus, in lacum Majorem feu Verbanum fe exonerat, inde-
que egreffus haud procul Ticino in Padum influit : & *Adduam*, quæ
ex Rhœticis Alpibus exurgens, per vallem Tellinam & lacum Comen-
fem fluit, atque inde emergens, ac Pizzigitonam & Ghieram inter-
fecans, pariter in Padum prope Cremonam fe effundit. Ex his enim
duobus fluminibus geminus canalis Mediolanum ductus, hinc cum
Rhœtia, Germania & Helvetia, inde ope Padi & Adriatici cum reliqua Italia ac toto Oriente & Occidente commerciis opportunitatem aperit.

Secundus Provinciæ Mediolanenfis Epifcopatus eft *Dertonenfis*, Epifcopa-
à Dertona feü Tortona Epifcopali fede fic appellatus. Hanc urbem, tus.
Romanorum tempore celebrem, Fridericus I. Imperator vaftavit. Inde reparata ac fæculo ifto munita, atque duabus arcibus editiore
loco pofitis firmata, anno 1706. à Cæfareis, anno 1734. à Gallis &
Sabaudis expugnata, anno 1738. Regi Sardiniæ cum diftrictu Der-
tonenfi eft tradita : qui eandem ultimo bello amiffam recuperavit.
In Cathedrali Ecclefia corpus S. Martiani Epifcopi & Martyris colitur.

Tertius Provincialis Epifcopatus eft *Aquenfis* ab urbe cognomine
dictus, fita in Ducatu Montis Ferrati, qui olim proprios Marchiones habuit : dein extincta virili ftirpe Carolus V. anno 1536. eundem Friderico II. Mantuæ Duci, qui ultimi marchionis fororem habuit conjugem, feudali jure poffidendum tradidit : anno deinde 1708.
à Jofepho Imperatore ad Duces Sabaudiæ translatum.

Quartus eft *Brixienfis*, cujus fedes Brixia, ampla ac venufta
civitas, quam S. Appollinaris ad fidem convertit. A Cenomanen-
fibus Gallis ædificata, ad Romanos pervenit. Inde ab Attila vaftata, Longobardis ceffit: quibus erepta à Carolo M. pars Regni Italiæ
fuit. Libertatem poftea aliquamdiu fectabatur : tum ab Henrico
VI. Imperatore ad Imperium reducta. Vice-Comitibus Mediolanen-
fibus deinde paruit. Denique Venetis fe fubjecit; quibus eam Ludovicus XII. anno 1509. eripuit, fed brevi rurfus reftituta fuit. Cæ-

terùm arce, rupi impofita, munita eft, & officina armorum inftru-
ſta : unde ab Italis *armata* dicitur.   Epiſcopus illius Dux & Marchio
appellatur.   Circumſitus ager ab ea nomen habet.

Bergamum, à qua *Bergamenſis Epiſcopatus* nomen, eadem ferme fata habuit, ſub Romanis, Attila, Longobardis, Carolingis,
Scaligeris, Vicecomitibus, Sfortiis, Venetis.   Arce & ipſa eft munita.   Ejus ager ab Ortu Brixienſe territorium attingit, à Septentrione Vallem Tellinam, à Meridie & Occidente Mediolanenſe dominium.
Bergamates lingua Italica omnium maximè abſona uti dicuntur.

Cremona, *Epiſcopi Cremonenſis* ſedes ad Padum ſeu Erydanum
ſita, urbs eft ampla & pervetuſta.   Antonius Triumvir illam direptam miſerè vaſtavit : unde illud Virgilii : *Mantua heu miſera ni-*
miùm vicina Cremonæ Veſpaſianus reparavit.   Sub Gothis, Longobardis, Guelphis & Gibellinis multa perpeſſa, ad Vicecomites Mediolanenſes & Sfortianos, translata, ſæpiùs à Gallis expugnata, iterúmque iisdem erepta ; hoc ſæculo, anno videlicet 1702. Eugenius
Princeps ſuos per canalem immiſit, multisque Gallorum cæſis Villa
regium Ducem cum aliis captivum abduxit.

Cæterùm Cremonenſis ager à Pado Addua, & Ollio includitur,
& hic quidem à Brixiano & Bergamenſi ditione eundem ſeparat, Padus
verò à Parmenſi & Placentino Ducatu, in quos ex altiſſima turri,
quam Fridericus Barbaroſſa ædificaverat, longiſſimus proſpeſtus,
trans Padum, ad ipſam etiam Placentiam conſpiciendam patet.   Ager
ubique, ſicut Mediolanenſis, eft admodum fertilis, maximè frumenti & orizæ ferax.

Septimo loco eft Epiſcopatus *Aſtenſis*, cujus ſedes Aſta Pompeja,
urbs ampla & munita ad Tanarum ſita in comitatu Aſtenſi, qui inſuper Verucam & Cevam complectitur.   Olim ad Ducatum Mediolanenſem, hodie ad Pedemontanum pertinet.   Arma hoc præſertim
ſæculo magno ſtrepitu circumſonabant.

Octavús eft *Alexandrinus* ; urbs tempore Friderici I. Imperatoris à Guelphis ædificata ad Tanarum, in honorem
Alexandri III. Pontificis *Alexandria* dicta eft ; operibus poſtea
& arce munita.   Spectabat ad Ducatum Mediolanenſem : verùm
anno 1706. ab Eugenio expugnata, anno ſequenti Sabaudiæ Duci relicta eft.

Conterminus Epiſcopatus eft *Vercellenſis*.   A Vercellis pervetuſta populoſa ac munita Pedemontii urbe cognominatus.

De-

Decimus *Albenfis*, cujus fedes Alba Pompeja Montisferrati civitas ad Tanarum, poft annum 1631. Sabaudo parens, per
pacem Chierafcenfem eidem addicta.

. Undecimus *Vintimilienfis* in Genuenfi ditione. Urbs Vintimi-
lia portu & arce inftructa ad Genuenfes fpectat, ager circumjectus
verò ad Comites Vintimilienfes.

Duodecimus *Savonenfis*, pariter ad Ligufticum mare expanfus.
Savona, poft Genuam facilè, princeps Genuenfium urbs, anno
1616. præclarè munita, anno 1727. fruftra à Sabaudo eft appetita.
Ultimo bello occupata quidem, fed ad priftinos dominos rediit. Portum habet, fed, ne commercia à Genua abftrahantur, minùs ex-
cultus.

.. Decimus tertius *Cafalenfis*, quem rogatu Wilhelmi Palæologi Montisferrati marchionis anno 1474. erexit Sixtus IV. à quo tempore Cafale non tantùm Epifcoporum fed etiam Marchionum facta
eft fedes, & caput totius Ducatus. Sita eft ad Padum, à Mantuæ
Duce Vincentio egregie munita anno 1590. at verò anno 1681. à Carolo IV. Mantuæ Duce Gallis vendita, novisque munimentis inftructa; quibus tamen exuta eft, poftquam fœderati anno 1695. eandem occupârunt. Initio hujus fæculi Galli eam rurfus munierunt;
at anno 1706. Sabaudo ceffit, cum toto Ducatu.

Decimus quartus *Viglevanenfis*; fedes Viglevanum urbs, minuta quidem, fed tamen munita, cum Viglevanenfi diftrictu, fæpiùs
à Sabaudo petita, ac tandem obtenta. Epifcopatus primùm à Clemente VII. erectus eft, rogante Francifco Sfortia Mediolanenfi Duce.

Decimus quintus *Novarienfis*, cujus urbs primaria Novara, Petri Lompardi patria, infigniter munita, cum agro vicino, anno 1738. ·
in manus Regis Sardiniæ devenit.

·Hos Epifcopos obiter commemorare placuit, quia illi omnes ad
provinciam Mediolanenfem fpectantes fex Concilia provincialia fub S.
Carolo celebrârunt.

·' Sunt quidem alii infuper Epifcopatus in Ducatu Mediolanenfi,
fed non pertinent ad provinciam hanc. Sic Papienfis eft exemptus,
& immediatè fubjectus fedi Apoftolicæ. Comenfis ad Aquileienfem.
Bobienfis ad Genuenfem, Placentinus ad Bononienfem provinciam
fpectat, quamvis ad Concilia Mediolanenfia fuerit evocatus.

AR-

ARTICULUS II.

Concilia Provincialia à S. Carolo Borromæo Mediolani celebrata fæculo XVI.

187. Ecretum Tridentini de celebrando quovis triennio Concilio provinciali nemo diligentiùs & curatiùs executus eft, quàm S. Carolus Borromæus, S. R. E. Cardinalis & Archiepifcopus Mediolanenfis. Quippe is undecim Synodos Diœcefanas, fex omnino Provinciales habuit, atque Ecclefiafticam difciplinam fanctiffimè reftauravit. Ego illa, quæ magìs videntur memorabilia pro inftituto meo, in brevem fummam contraham.

§. I.

Concilium Mediolanenfe I. anno 1565.

AD patres congregatos ipfe fanctus Cardinalis Orationem ferventem habuit. In qua demonftravit, quàm falubriter mos Concilia celebrandi, jam diu intermiffus, in ufum revocetur ; ex quo Chriftiana Refpublica uberrimos falutis fructus fit perceptura. Et quidem ipfa natura & ratione nos duci, ut in gravioribus rebus deliberandis aliorum confilia inquiramus. Inftituti hujus auctorem ipfum effe Chriftum Dominum, qui congregatis in fuo nomine præfentiam fuam promifit : Apoftolos autem, etfi doctore Spiritu Sancto uberem omnium rerum cognitionem fint confecuti, tamen, fi quid gravius incidiffet, hac confultandi ratione ufos ; innumerabiles deinceps fanctiones fuiffe conftitutas ac decreta promulgata, & à fummis Pontificibus, & à Conciliis, tum œcumenicis tum provincialibus, de retinenda aut certe repetenda hac fynodorum confuetudine. Hujus autem intermiffio, difficile dictu effe, quantas calamitates in Chriftianam rempublicam invexerit.

Inde enim miferè prolapfam Ecclefiafticam difciplinam, ipfofque, qui in officio continere alios debuiffent, maximè ab officii femita deviâffe. Nota effe Ecclefiæ DEI vulnera, quæ fine acerbiffimo doloris fenfu commemorari nequeant. Conventum igitur hunc provincialem, quàm primùm licuerit, à fe indictum, ut, quod periit, re-

requiratur, quód abjectum est, reducatur, quod confractum est, alligetur, quod infirmum est, confolidetur, quod pingue & forte, cuftodiatur. Hoc munus paftoris, hoc ducis officium, has partes gubernatoris, ut gregi, militi, navi profpiciatur.

Et quia tria præcipuè fint, quæ ex Tridentini Concilii auctoritate in Conciliis provincialibus agi oporteat, ut delicta corrigantur, mores ad optimam difciplinam revocentur, dirimantúrque controverfiæ, primum illud effe jaciendum totius ædificii fundaméntum, ut omnia & fingula, quæ à Tridentino definita ac ftatuta funt, ex integro recipiantur. Memorat deinde, quomodo curandi delictorum moibi, difciplina reftituenda &c. propónit fanctorum Patrum exempla, cum ferventi adhortatione ad fynodum.

PARS I.

De Fide Catholica.

Prima Paftorum cura fides Catholica, ejúsque profeffio fecundùm formulam ad mentem Tridentini à Pio IV. præfcriptam, in prima fynodo à Beneficiatis omnibus edenda : item ab omnibus præceptoribus intra menfem. Sufpecti de hæref mox ad Epifcopum vei Inquifitorem deferantur. Hæreticorum terras litterarum aut mercaturæ caufa ne adeunto, idque fæculares Principes & Magiftratus prohibento. Sacræ Inquifitionis officio favento, regulas Indicis de libris vetitis fervari Epifcopi jubento.

Prohibetur omnis abufus facræ Scripturæ. Magiftris idoneis & probatis juventus inftruenda committatur. Parochi fingulis Dominicis & feftis à prandio pueios inftruant doctrina Chriftiana. Quæ Ecclefiæ Cathedrales vel collegiatæ ftipendium pro Theologo necdûm habent affignatum, Præbendam proximè vacaturam eidem attribuant.

Prædicatio Verbi Divini præcipuum munus Epifcoporum, per fe ipfos, fi fieri poffit, fecus per alios idoneos obeundum, & quidem in parochiis fingulis faltem Dominicis & feftis præcipuis, & diebus jejuniorum, quadragefimæ & Adventus quotidiè, vel iis faltem diebus, quibus Epifcopus jufferit. Parochi quovis menfe unam faltem concionem ad Epifcopum mittant, ut difpiciat, quomodo Verbum DEI prædicent. Si autem munus concionandi obire non poffint, peritos implorent. Extra urbem verò fingulis menfibus faltem femel Verbum DEI prædicetur. Concionatoribus autem præter victum etiam eleemofyna præbeatur.

Tra-

188.

Traduntur præcepta concionatoribus; facram fcripturam juxta fenfum Patrum interpretentur; nihil leve aut futile proponant: fed præcipuè in Evangelii, fymboli, orationis Dominicæ, falutationis Angelicæ, decem præceptorum, Sacramentorum Ecclefiæ, & facrorum rituúm dilucida explicatione verfentur. In fcelera, pravas confuetudines & periculofas, non autem in homines, vitæ ftatum aut ordinem ab Ecelefia receptum invehantur, neque in Epifopos, Magiftratus fæculares, aut Prælatos, fed præpofitis etiam difcolis obedire doceant. Officia hominis Chriftiani erga DEum, próximum, & fe ipfum inculcent. Non folùm inftruant, *cur* virtutes colendæ, & vitia fugienda, fed etiam *quomodo*. Qua ratione utendum talentis, animi dotibus, bonis fortunæ. Præfertim verò bono exemplo præluceant.

Neque pro fe neque prò aliis in concione eleemofynam petant, fed in genere de officiis charitatis admoneant. Noĉtu nunquam habenda concio. Sub ea nec Miffa nec horæ legantur. Epifcopi ipfi ftudeant intereffe; uti etiam reliqui clerici. Loca virorum & mulierum fint diftinĉta.

Circa imagines infolitas obferventur decreta Tridentini. Nec aliæ proponantur, nifi quæ pietatem excitant. Quare piĉtores & fculptores nullam imaginem effingant, nifi Parocho approbante. Repræfentationes omnes vanæ tollantur. Reliquiæ Sanĉtorum religiofè afferventur, vafculis decorè conditæ: cùm populo oftenduntur, accendantur lumina &c.

Sortilegia quæcunque acriter coërceantur, in blafphemos pœnæ ftatuantur. Dies fefti religiosè colantur. Nulla officina fit aperta. Ne ludi equeftres, fpeĉtacula ludicra, aut certamina, vel choreæ proponantur.

PARS II.

§. I.

De Adminiftratione Sacramentorum.

189.   Ut omnibus Sacramenta miniftrari poffint, loca valde diffita viciniori parochiæ uniantur, aut novus reĉtor conftituatur fumptibus matricis ecclefiæ, aut populi. Fines parochiarum dubii determinentur. Nihil exigatur pro adminiftratione Sacramentorum.

Ri-

Ritus & ceremoniæ more Romanæ Ecclésiæ adhibeantur. Populus de virtute & ufu inftruatur.

Baptifmus in ecclefia ante nonum diem peragatur. Si in cafu neceffitatis domi infans fit baptizatus, ceremoniæ in templo fuppleantur. Compatres eligantur, qui animæ fint profuturi. Chrifma folenniter confecretur, baptifterium & liber baptizatorum vifitanda. Puerperæ, cùm domo exierint, ad templum pergant, ad agendas DEO gratias, & benedictionem à parocho accipiendam.

Confirmatio feptennio minori non conferatur. Parochi tempus populo denuntient. Sufceptores nihil largiantur. Parochi confirmatos infcribant & compatres.

Eucbariftiæ fumptionem tempore pafchæ nemo differat. Negligentes ad Epifcopum deferantur. Legitimè abfentes parocho fidem faciant de peracta communione pafchali. Publici peccatores graves, femel admiffi, fi relabantur, non admittantur, nifi emendatio fuerit perfpecta. Si fieri poffit, maribus feorfim miniftretur. Statuuntur plura alia, jam aliàs nota & ufitata.

Miffam nemo legere permittatur, in aliena Ecclefia, nifi fcriptam licentiam ab Epifcopo habeat. Hic autem illam non det, nifi vifis teftimoniis proprii Epifcopi, brevi antè datis. Notoriè criminofi non admittantur. Facultates eadem die plures Miffas legendi pofthac fint irritæ. Nemo Dominicis & feftis in oratoriis Sodalitatum aut fæcularium Miffam dicat ante finitam concionem, quæ inter Miffam in parochia habetur.

Miffæ nec ante auroram nec poft meridiem dicantur, nifi ex caufis jure expreffis. Nec in oratoriis privatis, nifi ab Epifcopo fint approbata Paramenta fint munda: ac proptereà, fi fieri poffit, vinum album adhibeatur. Ineptiæ in primitiis tollantur. Ceremoniæ Romanæ Ecclefiæ fint folæ in ufu. Varii abufus in Miffa legenda vetantur.

Sacramentum Pœnitentiæ quivis faltem femel in anno à proprio parocho percipiat. Medicus curet, ut priùs anima fanetur. In cathedrali fit proprius pœnitentiarius. Epifcopi delectum habeant confeffariorum. Fœminæ ante ortum folis & poft occafum non audiantur; nec in privatis ædibus abfque neceffitate fiat confeffio. Qui fuperiori confeffione juffi aliena reftituere id neglexerunt, non abfolvantur ante factam reftitutionem. Publicis peccatoribus publica pœna imponenda.

Cafus Epifcopo refervati funt: raptus Virginis. Violatio monialis. Abortus procuratio. Inceftus in 1. & 2. gradu. Incendiarium.

Pollutio-Ecclefiæ.. Homicidium voluntarium. Percuſſio parentum.
Expoſitio infantum in loco pio, ſi habeant, unde'alant. Crimen Notarii, qui legata pia non denuntiat. Magia & ſuperſtitio. Stateræ,
menſuræ, monetæ adulteratio.

Inter opera pœnitentiæ eſt *Jejunium*: quod obſervandum in
quadrageſima, quatuor anni temporibus, pervigilis, triduo rogationum. Quibus abſtinentia à carne ſervanda, & omnibus, quæ à carne trahunt originem, ùt ovis, lacte, caſeo, butyro.
In provincia initium quadrageſimale jejunium ſumat à die cinerum,
exceta urbe Mediolanenſi, iisque Diœceſis partibus, in quibus ex
S. Ambroſii inſtituto Divina officia celebrantur. Illorum verò damnatur ingluvies, qui primis quinque diebus quadrageſimæ Mediolanum ſe conferunt, ut carnibus veſci poſſint.

Extrema unctio ægroto, dum integris adhuc eſt ſenſibus, à
parocho miniſtretur. Qui illum conſoletur, & hortetur, ut à curis
terrenis ad cœleſtem vitam cogitationes erigat, ut abjecto mortis
metu, gaudeat, ſe à DEO in æternam requiem vocari. Præſentes,
verò moneantur, ut preces pro ægro fundant.

Sacramentum Ordinis conferendum cum iis cautelis, quas Tridentinum præſcripſit. Neque Epiſcopus neque ejus miniſtri quidpiam
accipiant, etiam ſponte oblatum. Omnium Ordinatorum nomina inferantur libro: qui apud Archidiaconum, & Epiſcopum cuſtodiatur.

§. 2.

De Collatione Beneficiorum.

190.　　Clerici ad Beneficia adaptari debent in *ſeminariis.* Ad hæc autem fundanda omnes Beneficiati decimam partem fructuum contribuant. Pro electione, præſentatione, nominatione ad Beneficium nihil omnino, etiam ſponte oblatum, accipiatur. Neque
ab Epiſcopo aut aliis ulla pars fructuum reſervetur. Sed integrè &
absque diminutione conferantur. Aliàs jure cadant. Epiſcopus autem neminem inſtituat, admittat, aut confirmet, niſi juraverit,
neque ſe, neque alium ſe ſciente aut conſentiente quidquam largi-
tum, promiſiſſe, aut compenſaſſe. Notariis, aliisque miniſtris pro
litteris non plus detur, quàm ad ſummum duo aurei.

Ne pluris vendatur res propter annexum jus patronatus. Ne
quidem ad redimendam vexam, etiam in caſibus à jure permiſſis,
lice-

liceat aliquid dare absque confenfu Epifcopi. Qui Beneficium vacans multis , & ambitiofis precibus per fe vel alium petit, ad illud & cæ- tera omnia per biennium fit inhabilis. Idem : fi quis Beneficium necdum vacans poftulet.

Vacante *Ecclefia parochiali* affixo edicto omnes invitentur ad concurfum , & examen , inftituendum juxta formam à Tridentino præfcriptam.

Promovendus ad Epifcopatum imprimis examinetur à quinque viris doctis de *fide , vita , & moribus :* an fit bonæ exiftimationis? an fufpectus de hærefi ? An hæreticorum libros legerit ? An cum eis converfatus ? An ftato tempore confiteatur &c. ? An facris Ordini- bus initiatus ? An infamia notatus ? An inimicitias graves gerat in loco Epifcopatus ? An filios habeat illegitimos , & quot ? An fami- liam fuam prudenter regat ? An bigamus ? Sufpenfus ? Excommuni- catus ? Apoftata ? an ei publica pœnitentia impofita ? An infanierit ? An à dæmone vexatus ?

De *natalibus* verò , *ætate , gradu , corporis habitu ,* à duobus vel tribus teftibus , vel ex inftrumentis publicis cognofcatur. An ex legitimo matrimonio natus ? An hæretici filius aut nepos ? An tri- gefimum annum impleverit ? An Doctor vel Licentiatus Theologiæ, aut SS. Canonum aut faltem publico alicujus academiæ tefti- monio ad alios docendos oftendatur idoneus ? Si Regularis fuerit, an à fuis Superioribus fimilem fidem habeat ? An aliquo vitio vel infigni deformitate laboret ? An comitiali morbo tentetur ?

De *Doctrina* autem fic periculum faciat. Adhibitis tribus Theo- logis , & tribus Canoniftis interrogetur. Quid differant Sacramen- ta veteris & novæ legis ? quot fint , & quænam eorum materia , for- ma , minifter ? quod officium Presbyteri , Diaconi , Subdiaconi , quódve minorum Ordinum ? quæ præcepta Divina , quæ Evangelica confilia ? Duos item locos ei proponat interpretandos, alterum no- vi teftamenti , alterum veteris , à mane ad vefperam dato fpatio. Dein experimentum fiat , an etiam jure Canonico fit imbutus. Qui- bus confectis profeffionem fidei ex confueta formula emittat. Deni- que hæc omnia ad fummum Pontificem mittantur.

Clerici univerfim nihil præ fe ferant , quod non fimplex , ca- ftum , integrûmque fit, ut modeftiæ , frugalitatis , benignitatis ; & , quæ eos tantopere cum DEO conjungit , fanctæ humilitatis , ac vir- tutum omnium exemplo cæteris præluceant. Epifcopi & reliqui facer- dotes Dominicis & feftis Miffam celebrent. Curati præterea ter in heb- domade, aut etiam fæpiùs , reliqui verò clerici fæpiùs communicent.

§. 3.

De Episcopis.

191.   Alienum est valde à *dignitate* Episcopi, si in consuetudine Principum se deprimat, & abiiciat. Ne igitur accumbentibus illis stent. Principes verò eos honore debito prosequantur. Ut igitur venerationem sibi concilient faciliùs, nunquam profano *vestitu* compareant, aut cum apparatu. Unde non utantur serico, pretiosis pellibus, unguentis, stragulo equi serico, ephippiis, calcaribus, aut frænis inauratis. Lineum rochetum gestet in ecclesia & in publico. Sine talari tunica neque ex cubiculo exeat. In itinere quoque vestitum gerat: ex quo Episcopus appareat.

In *supellectili* nihil auro argentove ornatum: nihil sericum, aut colorum variete distinctum: non aulæa aut tapetia: nihil acu pictum, aut variè textum, vel studiosiùs elaboratum. Simplici tantùm corio vel panno mensæ sint stratæ. Nulla signa aut tabulæ profanæ. Equos ne alat, nisi necessarios. In domo ejus nihil appareat, quod simplex & modestum non sit. Omnem verò splendorem ad templorum cultum & ornamentum conferat.

Mensa sit frugalis, tribus ferculis contenta. Bellaria, placentæ, omniáque sacharo artificiosè condita, cæteráque escarum lenocinia, & exquisita vinorum genera prohibentur, non obstante quocunque hospitum respectu. Mensa lectione sacra sit condita. Parasiti, sanniónes, scurriles joci, maledicta procul absunto.

Familia pariter ad omnem modestiam sit composita : modica; vestitus omnino simplex ; cæteráque omnia ita ad ædificationem temperata, ut appareat illos esse ministros ministrorum DEI. (*Hæc erat aula S. Caroli, eámque omnium Episcoporum esse volebat*)

§. 4.

De Clericis.

Clericus, *Divinum officium* negligens, fructus Beneficii non faciat suos : sed eos tanquam injustè perceptos ad fabricam vel in pauperes erogare debet. Si Canonicè admonitus se non emendet, Beneficio privetur. Officium autem omittere, ut Beneficio privari possit, is jure dicatur, qui quindecim dierum spatio illud bis omiserit.

                                               Li-

Libros habeant & legant delectos, S. Scripturam, Tridentinum Concilium, Catechifmum Romanum, conftitutiones iftas fynodales; Directorium Diœcefanum. Parochi infuper *homiliarium*, fummam Antoninam : atque in lectione Paftoralis S. Gregorii & S. Chryfoftomi affiduè verfentur.

Habitum clericalem omnes facris initiati , aut quodcunque Beneficium obtinentes, geftent, ordini fuo & dignitati congruentem: fecùs privandi primò fructibus, dein Beneficiis, tonfura infuper decenti fint infigniti. Comam & barbam ne nutriant. In habitu color tantùm fit niger : nifi fortè dignitas colorem alium requirat. Materia fit ex lana. Forma talaris. Pluráque alia circa veftitum, ad modeftiam & decentiam pertinentia præfcribuntur, à capite ad calcem.

Ædes pariter fint modeftæ. Nullæ in eis fœminæ, ne quidem confanguineæ ; nifi neceffitas judicio Epifcopi aliud exigat. Domum, in qua degunt, vel degere debent, ne locent laicis, præfertim in urbe. Canonici habitent in ædibus canonicalibus, parochi in parochialibus. Clerici poft primam horam (*nempe poft primam horam à folis occafu*) domo ne exeant, nifi ex jufta caufa, & cum lumine.

Arma clericorum funt orationes. Venatione abftineant, uti etiam choreis, fpectaculis, larvis, follis ludo feu pila inflata, aleis, tefferis, comeffationibus, cauponis. Imò ne quidem ludorum, fpectaculorum, chorearum fint fpectatores.

Negotia fæcularia devitent. Coram Judice fæculari advocatos aut procuratores ne agant, nifi ab aliis in judicium vocatus fuam, vel fuorum, vel Ecclefiæ, vel perfonarum miferabilium caufam agat, facultate priùs ab Epifcopo fcripto conceffa. Abftineant officio tabellionis in profanis negotiis, arte medendi, mercaturis, negotiatione, conductione alieni prædii lucri caufa, tutela & curatela, fidejuffione, negotiorum procuratione, famulatu laicorum, etiam Principum, nifi ad officium facerdote non indignum ab Epifcopo fcriptam facultatem habeat ; fingulis annis renovandam ; præfertim verò omni famulatu & comitatu fœminarum. Transgrefforibus ftatuúntur pœnæ.

Refidentiam curatè fervent. Secus fructus non faciunt fuos; fed hofpitalibus tradant, aut fabricæ Ecclefiarum. Plura ftatuuntur circa horum executionem; uti etiam contra obtinentes plura Beneficia : & ftudiorum caufa abfentes per quinquennium.

§. 5.

De Parochiis, Vicariis, Visitatione.

192.   In singulis parochiis Epicopus constituat certos viros probatos, qui investigent, & referant, quæ medicina indigeant. Parochus omnes Parochianos suos descriptos babeat. Observet novos inquilinos, cujus fidei, vitæ &c. Inquirat in pauperes, ægros &c.

Vicarii forenses constituantur per certas regiones Diœcesis, qui parochis, & curatis, an officio satisfaciant, invigilent. Singulis mensibus presbyteros suæ regionis convocent, modò, ad hanc modò ad aliam ecclesiam. Pridie conventus omnes confiteantur. Die ipsa omnes in ecclesia illa celebrent; unus, verò ex ipsis solenne officium cantabit, alter ad populum dicet. Habita dein processione circa cœmeterium in domo parochi prandebunt uno ferculo contenti. Tum verò conferant inter se de boni pastoris officio, de malorum remediis, casibus reservatis, constitutionibus synodalibus, casibus conscientiæ.

Præcipuè verò de presbyterorum vita, diligentia &c. an omnia debitè observentur. Certior fiat Episcopus. Cùm in urbem venerint, primò Episcopum adeant, ac referant. Curati verò quicunque vicariis istis obtemperent. Alioquin ab Episcopo puniendi. Hi autem vicarii ab Episcopo amoveri semper possunt, puniendi & ipsi, si muneri suo desint.

Visitatio inter curas Episcopi præcipua. Verbi DEI prædicatione omnes ad cultum DEI, vitæ integritatem, pacem & concordiam, docendo, arguendo, obsecrando cohortetur. Confirmationis, Sacramentum, ubi opus, ministrabit, à casibus sibi reservatis confitentes absolvat. De vita & moribus inquirat. Ecclesiæ omnes partes lustret. Altaria consecret. Ecclesias pollutas reconciliet. Paramenta exploret. Visitet instrumenta, libros, inventarium &c. Examinet, an clerici ritè suis fungantur muneribus; quæ vitæ ratio, habitus, modestia domi forisque? An ecclesiæ jura defendant? Fructus rectè dispensent? Pacem colant? Qualis populus in cultu Divino, moribus &c.

An parochi *libros* debitos habeant, in quibus nomina baptizatorum, confirmatorum, matrimonio junctorum, mortuorum. An ritè Sacramenta præbeant? Quómodo Eucharistia, chrisma, oleum conserventur, & suo tempore mutentur? Qua reverentia Euchariæ ad ægros
gros

gros deferatur? An matrimonia adhibjtis, denuntiationibus ritè celebrentur? An & quomodo Verbum DEI prædicetur, pueri inftruantur? An in populo fint hæretici vel alii facinorofi, aut inimici?
An & quomodo ecclefiæ jejunia, dies fefti, ritus facri, confeffio &
communio annua, vigeant? quæ executio piorum legatorum? Quæ
liberorum educatio?

An, & qui Regulares munere prædicandi, aut confeffiones audiendi fungantur? Quomodo hofpitalia fe habeant, & alia pia loca,
quoad vitam, adminiftationem &c. ? *De fcholis*: quinam libri prælegantur? Quales magiftri? Quomodo doceant? *De Bibliothecis*:
an nulli in illis libri prohibiti?

Comitatum non habeant nifi neceffarium; in quo non plures
quàm 15. perfonæ, & 12. jumenta. Si plures duxerint, alant fuis fumptibus. Menfæ duo tantùm fercula inferantur. Si vifitator inferior
fit Epifcopo, in comitatu octo hominibus ad fummum & fex jumentis contentus fit. Vifitatio non folùm quàm diligentiffimè, fed etiam
quàm celerrimè conficiatur.

§. 6.

De Judiciis.

A foro Ecclefiaftico omnis avaritiæ fpecies amoveatur, & cau- **193**
fæ quàm minimis incommodis & fumptibus agantur. Quare Notariis & fcribis certa taxa præfcribenda, quam non poffint excedere. *No-*
tarii probè examinandi, an fint idonei. Jurent, fe munus fuum diligenter & fideliter executuros: nihil accepturos ultra taxam, ab Epifcopo præfcriptam: fe non intrufuros: nec procuratorem acturos.
Omnia acta judicialia, & inftrumenta in regeftum feu protocollum
fideliter relaturos: extractum inde daturos ex voluntate Judicis: fe-
creta caufarum, depofitiones teftium, ac fententias nemini patefa-
cturos ante judicialem ac legitimam publicationem: juffis Epifcopi in
omnibus absque fraude & dolo obtemperaturos.

Nullus Notarius Judicibus ordinariis, delegatis, arbitris, ar-
bitratoribus proceffus judiciales originales tradat; fed copias duntaxat & exempla, ex regefto defcripta: nifi Epifcopus aliud jubeat.
Hæc etiam à fcribis & cancelliftis obferventur. Adduntur pœnæ in
tranfgreffores.

Cau-

Caufidici & *Advocati* fifcales non admittantur ad caufas in foro Epifcopali, priusquam Epifcopo jurejurando fe obftrixerint, nullam caufam fufcepturos, quam à juftitia & æquitate alienam exiftima-verint. Hortantur etiam Principes & Magiftratus, ut idem in lai-corum caufis fervandum curent.

Executoribus, *miniftris*, & carceris *cuftodibus* certam taxam præfcribant Epifcopi, à captis folvendam. Captorum res tuto loco collocentur: abfolutis integrè reftituendæ. Si quis aliquid furripue-rit, duplo mulctetur. Vifitentur carceres. Conftituat Epifcopus ali-quos, qui perfonarum miferabilium caufas gratis agant. Idem agant laici Magiftratus.

§. 7.

De Miniftris Ecclefiæ.

194

Initio cujusvis anni in cathedralibus & collegiatis tres deligan-tur Canonici, qui de eorum, qui creandi funt Officiales & Mini-ftri ecclefiæ, moribus & aptitudine inquirant, & ad Epifcopum ju-rato referant. Miniftri per fe ipfos munus obeant. Quibus à Jure permiffum eft, ut aliquo tempore abeffe poffint, à chori Præfide, fi intra triduum reverfuri fint, fi diutius abfuturi, ab Ordinario difce-dendi facultatem petant: ne nimis multi fimul difcedant, & ecclefia miniftris evacuetur. Nemo autem tempore abfentiæ diftributiones quotidianas percipiat: non obftante quocunque ftatuto, confuetudi-ne, pacto aut ultronea conceffione: fed præfentibus accrefcant. Ex-cipiuntur tamen ii, qui propter infirmitatem, vel aliam neceffitatem aut manifeftam Ecclefiæ utilitatem, à SS Canonibus aut Tridentino excufantur. Tertia pars fructuum ex omnibus Dignitatibus, Cano-nicatibus, & aliorum redditibus, in quotidianas diftributiones con-vertantur.

Chori Præfes invigilet diligenter, ne quid prætermittatur, né-ve indecorè quidquam fiat. Si qui fuo officio non fatisfaciant, eos graviter & amanter objurget. Si non emendentur, ad Epifcopum deferantur.

Dignitates aut *Perfonatus* obtinentes aliis exemplo præeant in Divinis officiis. Ex Canonicis ordine conftituatur hebdomadarius, qui Miffam & Vefperas canat. Canonici celebranti Epifcopo affiftant. Tempore Divini officii ne celebrent capitulum: neque diebus feftis.

Cere-

Ceremoniarum magiſter denuntiet ritum modúmque, quo res Divina celebranda, omnésque ſui officii admoneat. Adoleſcentes priùs erudiat, vel erudiri curet. Tabellam in ſacriſtia affigendam curet, in qua cujusque officia ac munera contineantur. Si magiſter deliquerit, à chori præſide objurgetur.

Sacriſta cuſtodiat vaſa ſacra, totúmque eccleſiæ theſaurum. Munditiem conſervet. Neceſſaria ad Divina officia babeat præparata, uti cereos, oleum, vinum, hoſtias &c. Aquam benedictam ſingulis ſeptimanis renovet. Altaria decenter ornet. Tempore congrua det ſignum campanæ. Tabellas, in quibus cujusque functio deſcripta ſit, in ſacriſtia babeat. In eadem ſilentium procuret. Laicos ibidem morari non patiatur, ne permittat quenquam extra ſuum ordinem Miſſam dicere : ſed ordinem tabulæ ſervandum curet.

Minorum Ordinum functiones ad uſum revocentur. *Oſtiarius* ſuo tempore fores eccleſiæ aperiat & claudat. Excommunicatos & infideles arceat. Ne populum, ad ſacrificantem propius accedere patiatur. Campanas pulſet. Quietem in eccleſia turbantes moneat, pertinaces expellat, aut deferat ad ſuperiorem. Mendicare ne ſinat. Eccleſiam verrendam curet. Canes expellat : & quidquid dedecet, amoveat.

Lector prophetias in Miſſa, & lectiones in matutino pronuntiet. Pueros prima fidei rudimenta doceat. *Exorciſta* memoriæ mandet exorciſmos eccleſiæ, ut, cùm res poſtulaverit, eo munere fungi poſſit, quod tamen non faciat, niſi conſentiente Epiſcopo. Hic autem nemini, ne ſacerdoti quidem hoc munus committat, niſi ejus ætatem & mores probârit, nullus intercedat quæſtus, nulla curioſa percunctatio, præſertim quæ ad divinationem pertinet. Nemo hoc munus invadat ejiciendi dæmones, niſi exorciſtæ ordine ſit initiatus. *Acolythus* diacono & ſubdiacono ad aram inſerviat Lumina accendat, & deſerat. Urceolos vini & aquæ ad Miſſæ ſacrificium paret.

§. 8.

De Divinis officiis.

In his ritus Romanæ Eccleſiæ obſervetur : niſi alius à ſede Apoſtolica ſit conceſſus. Calendarium ſeu Directorium ſingulis annis pro omnibus diebus conficiatur à chori magiſtro cathedralis Eccleſiæ. Horæ nunquam omittantur. Omnes compareant induti ſuperpelliceo cum latis manicis, non anguſtis, inſtar rocheti. Cantus graves ſint, pii ac diſtincti. Cantores, quantùm fieri poteſt, ſint clerici. Omnis laſciva muſica, & mollis canendi ratio abſit.

Tractat dein ſacra ſynodus, quomodo ad Divina Officia in Eccleſia conveniendum: quomodo in choro verſandum: atque inde recedendum, ut omnia cum decore, modeſtia, devotione, atque ad omnium ædificationem peragantur. Matutinum officium vel media nocte, vel eo ſaltem tempore inſtituendum decernit, ut ſub ortum ſolis ſit abſolutum.

Miſſam diebus ſolennioribus Epiſcopus ipſe ſolenniter cantet, cum Veſperis. Canonici eum ad Eccleſiam conducant, & reducant. Apponitur inſtructio, à quibus & quomodo Miſſa major ſit cantanda.

In *Eccleſia*, dum Divina celebrantur, aut concio habetur, nemo audeat deàmbulare, nugari, colloqui, averſus ab Euchariſtia ſedere, aut quamcunque irreverentiam exhibere; in eccleſia, cœmeterio, porticu, atrio venale aliquid proponere; nec in eccleſia mendicare, nocturnas vigilias agere; confugientibus ad illam vim inferre contra SS. Canones. Summopere tamen cavendum, ne facinoroſi, niſi neceſſariò, ad ea quaſi aſylum; in ſacrarum conſtitutionum fraudem ſe recipiant. Conſulendus igitur, antequam facinoroſus admittatur, Ordinarius. Quod idem faciendum, antequam extradatur. Nihil ex ſacra ſuppellectili ad profanos uſus commodetur. Neque campanarum ſono populus ad ſpectanda reorum ſupplicia convocetur.

Proceſſiones & ſupplicationes generales ex cathedrali, vel cujusque loci majori eccleſia proficiſcantur, & eòdem revertantur, niſi aliud viſum Epiſcopo. Eas Canonici & alii clerici, ſuperpelliceis induti comitentur. Nemo Ordinem deſerat. Faceſſant in iis ſpectacula indecentia, & omne profanum commercium.

§. 9.

De Funeribus, Exequiis & Sepulturis.

196.   Epiſcopo mortuo vel morti proximo vocetur vicinus Epiſcopus, qui cum omni clero eum ad ſepulchrum proſequatur; & quidem gratìs. Fiant à capitulo certiores provinciales Epiſcopi, ut preces fundant, Miſſam in cathedrali ſolenniter celebrent pro anima defuncti, & electione novi paſtoris. In ejus exequiis non plures accen-

dan-

dantur cerei quàm 24. Anniverfarium pro defuncto celebretur, quam. diu fucceffor vivit, hujus & capituli fumptibus.

Ante folis ortum & poft occafum nemo fepeliatur : non tamen fub Miffa majore. Cerei omnes ad ecclefiam fpectent, in qua mor. tuus fepelitur. Iis exceptis, qui clericis comitantibus in eleemo. fynam dantur : falva etiam quarta funeralium parochiæ perfolven. da. Statuenda taxa ab Epifcopo in mercedem pro laborantibus in exequiis. Pauperes fumptibus ecclefiæ fepeliantur. Exequiarum, fepulturæ, & anniverfariorum nomine nihil licet pacifci aut exige. re : pia tamen confuetudo fervari debet. Absque confenfu Epifcopi nemini funebris oratio habeatur ad ejus laudem. Poteft tamen ha. beri concio, quæ tota referatur ad humanam miferiam proponen. dam, omnésque ad vigilandum cohortandos.

Non ferendus ille abufus, quo cadavera in templo collocantur in excelfo loco, tanquam fanctorum corporum reliquiæ, circúnique arma, vexilla, trophæa & alia victoriæ monumenta fufpenduntur; ut non jam Divina templa, fed caftra bellica effe videantur. Tol. lantur hæc, & fepeliantur ita, ut fepulchrum è folo non emineat.

§. 10.

De Bonis & Juribus Ecclefiafticis.

Quoniam Ecclefiæ multis rebus funt privatæ, nec fpes recupe. randi fupereft, inftrumentis perditis aut interceptis, ideo, ut in fu. turum faltem provideatur, omnes Ecclefiaftici Ordinis homines om. nium bonorum, poffeffionum, reddituum, ac jurium, ad Ecclefias' vel loca pia pertinentium *Inventarium* conficiant, cujus unum exem. plum, Notarii manu confectum, in Archivo, quod Epifcopo & Ca. pitulo eft commune, affervetur : alterum ad Metropolitanum mit. tatur. In vifitatione luftretur.

Si quæ bona Ecclefiæ, laicis conceffa, caduca facta fint, cave. fint Epifcopi &c. ne caducitatis pœnam ipfis remittant. Qui bona ecclefiæ in *feudum* obtinent, à fucceforibus inveftituram renovan. dam, tempore à jure præfcripto, curent, eísque fidelitatis juramen. tum dabunt. Pari ratione hæredes inveftituram petant ab iis, qui ecclefiæ præfunt. Feudatarii in tali innovatione omnia bona fingil. latim publico inftrumento defcribant. Nemini Beneficii bona propin. quis fuis usque ad tertium gradum in emphytevfin dare aut locare

_liceat;

197.

liceat; nifi evidens & magna ecclefiæ utilitas judicio Epifcopi aliud expofcat. Recognofcantur omnes locationes ad longum tempus à 30. annis factæ : &, fi non fint factæ fecundum canonicas fanctiones, irritæ declarentur.

Succeffores in Beneficio ne fraudentur fructibus. Prima Dominica Adventus & quadragefimæ concionatores doceant populum , quid Tridentinum ftatuerit de folvendis integrè *decimis ;* recitèntque decretum ejusdem Conciiii contra occupantes bona, fructus ac jura ecclefiarum & piorum locorum.

Immunitas Ecclefiaftica, Dei ordinatione, fummorum Pontificum decretis, & facrorum Conciliorum authoritate tributa, nulla ratione violetur. Neque enim Principes & Magiftratus res Ecclefiafticas attentare, neque facros & religiofos homines ad fuum judicium aut poteftatem evocare, neque DEO addictis bonis manum injicere, aut ullum onus imponere debent.

Commendatur Beneficiatis *hofpitalitas*, maximè Epifcopo, erga indigentes. Cùm bona, quæ fidelium pietas DEO confecravit, alendis ecclefiæ miniftris, reficiendis ecclefiis, earúmque ornatui comparando ad Divinum cultùm, vel pauperibus fuftentandis addicta fint, ubi primùm bona Ecclefiæ effe cœperunt, eam naturam & conditionem induerunt, ut in alium, quàm in facrum piúmque ufum eorum fructus converti fit nefas. Quare omnes Beneficiati meminerint, ea bona fibi non effe credita ad luxum , neque ad augendos confanguineos, fed ad vitam honeftè agendam : ex eo verò, quod fupererit, fi neceffaria pauperibus alimenta negârint, intelligant, fe, quos non paverint, occidiffe ; atque ob violatam charitatis legem peccatum mortale commififfe. Laici etiam refciffo luxu, veftium ac conviviorum prodigalitate, pauperum neceffitatibus pro facultatibus fuccurrant.

§. 11.

De Matrimonio.

192.   Curatè fervanda, quæ Tridentinum de matrimonio ftatuit. Epifcopus & parochus , fi alteri cuidam facerdoti facultatem affiftendi concedant, fcriptò id faciant, & libro inferatur. Denuntiationes feftis diebus fiant, qui Ecclefiæ præcepto coluntur, cùm frequentior in Ecclefia eft populus. Parochus finita Miffa, cui fponfi interfint, nuptias benedicat. Abufus autem ille in ecclefia tunc bibendi,

beñdi & cyathum frangendi penitus tollatur. Quæ Tridentinum de reformatione matrimonii ſtatuit , in communem linguam converſa,
omnibus parochis diſtribuantur, qui tertio quovis menſe ea populo
recitent : niſi aliud viſum Epiſcopo.

§. 12.

De meretricibus, lenonibus, hiſtrionibus, cingaris, aleatoribus &c.

Ut meritrices ab honeſtis mulieribus diſcernantur, curent Epi-   **199.**
ſcopi, ut aliquem amiĉtum palàm indutæ ſint, quo turpem earum
vitæ conditionem omnes dignoſcant. Non liceat illis in publicis cauponis pernoĉtare,etſi ſint advenæ:ſed in unaquaque civitate locus eis aſſignetur,ab hominum frequentia&eccléſiis remotus, ubi omnes habitent,
ea lege,ut ſi extra ejus loci fines domum ejúsve partem conduxerint,&ip-
ſæ & locatores ſeverius puniantur. Omni gemmarum , auri, argenti
& ſerici uſu eis à Magiſtratu ſæculari interdicatur. Omnes , qui lenocinio quæſtum faciunt, exterminentur : uti etiam hiſtriones , mimi , & ejus generis perditi homines.

Vagum & fallax cingarorum genus pariter arceatur, niſi certis
ſedibus collocati, vitam honeſtis artibus, & in omnibus, prout Chriſtianos decet, agere velint. Ganeæ, & tabernæ meritoriæ, omnis
nequitiæ ſentinæ, tollantur. Prohibeatur taxillis aut alea ludi, gravi pœna in luſores & receptatores lata. Bonis artibus otia, quantùm fieri poteſt , ex civitatibus eliminentur.

§. 13.

De Uſuris.

Ex mutuo nihil præter ſortem percipi poteſt : tametſi pecuniæ   **200.**
ſint pupillorum aut viduarum, aut locorum piorum, vel dotales, niſi
quatenus id jure nominatim permittatur. Si creditor oblatos ſibi
loco & tempore pecunias recipere nolit , neque ratione lucri ceſſantis,
aut damni emergentis, vel alia ex cauſa, ultra ſortem accipere aliquid poſſit.

Ne fiant cambia, cùm litteræ ad deſtinatum locum verè non
mittuntur, & ibi non fit ſolutio, ſed uno eodémque loco pecunia da-

tur & recipitur. Qui partim pecuniam partim nomina difficilia dat, non poteft totum in pecunia exigere. Ne quis rem ob dilatam folutionem cariùs vendat jufto pretio. Neque ob anticipatam folutionem res minoris ematur jufto pretio. Ne res vendatur dilata folutione, ita, ut fi pretium mercis interim crefcat, plus folvatur, fi decrefcat, nihilominus nulla fiat folutionis diminutio. Ne fi umentum, vinum, oleum aliúdve detur, ut plus recipiatur. Ne quis mutuò det frumentum corruptum, ut integrum recipiat. Ne in focietate, in quam alter pecuniam confert, alter operas, lucri diftibutio conftituatur nifi per quotas partes : neque ultra eas certa fumma folvatur. Ne fiat pactio, ut fors falva fit, fructus verò dividatur. Et quæ funt alia ejusdem generis pacta ufuraria.

PARS TERTIA.

§. I.

De piorum locorum adminiftratione.

201. Qui hofpitalia aut alia pia loca in commendam vel adminiftrationem accipit, aut ecclefiis fuis unita, ædificia ruinofa reficiat, injuftè alienata recuperet; aliáque juxta canonicas fanctiones ad officium fuum fpectantia diligenter præftet : aliàs ipfemet ad reftitutionem pio loco faciendam obligabitur. Debitores pii loci ejusdem adminiftratores effe non poffint. Antequam adminiftrationem adeant, juramentum deponant. Immobilia vel mobilia pretiofa alienare non poteft, absque jufta caufa & debita folennitate. Ne locentur debitoribus. Conductor det idoneum fidejufforem.

Collector eleemofynarum fit bonæ exiftimationis, ejusdem diœcefis, in qua eft hofpitale. Ab Epifcopo quot annis licentiam colligendi petat. De eleemofyna nihil participet, fed vel gratis vel pro certa mercede operas locet. Circulatoribus aliisque nebulonibus hofpitalia ne pateant. Morbum fimulantes artifici applicentur, renitentes ejiciantur. Notariis fcribísque ultimarum voluntatum fub pœna excommunicationis præcipitur, ut legata ad pias caufas Epifcopo fignificent. Retento eleemofynæ pio inftitutò tollantur omnes commeffationes certis diebus inftitui folitæ. Epifcopi omnem curam impendant, ut in civitatibus erigantur Montes pietatis, unde pauperes mutuas pecunias poffint accipere : nec

in

in eis ultra fortem quidquam accipiatur, nifi pro miniftris aliisque neceffariis fumptibus, idque ex fummi Pontificis authoritate.

§. 2.

De Monialibus.

S. Carolus, ut in omnes partes follicitudinem fuam paftoralem **202.** exporrigeret, plures Conftitutiones pro Monialibus etiam exemptis fecundum datam fibi poteftatem à Pio IV. fummo Pontifice, avunculo fuo edidit, quibus ftatuit, ut numerus fit pro facultatibus monafterii; non tamen minor, quàm 12. Jura fua, ab Apoftolica fede conceffa, Epifcopo exhibeant. Nulla ambiat præfecturam aut officium. Præfecta non fit minor 40. annis: quæ octo annis poft profeffionem probè vixerit. Si talis non habeatur, ex alio monafterio ejusdem Ordinis poftuletur. Præfecta duas tertias fuffragiorum habeat. Vicaria, & Difcretæ, feu matres confilii, abfolutè majora, omnia occulta. Præfectæ germana foror nullum officium habeat. Officium non duret ultra duos vel tres annos.

Commendatur pax, obedientia, diligens officiorum executio, capitulum, quot feptimanis convocandum ad corrigendos defectus, claufura exacta, pluráque alia de capitulis, labore, fufceptione, novitiis, ætate, profeffione, noviciarum feparatione fub una magiftra, Divino officio, oratione mentali, facra lectione, votis, de puellis, quæ in monafterio educantur: de concionatoribus, confeffariis, vifitatoribus, & capellanis, regulis &c.

§. 3.

De Judæis.

Judæi, ut dignofcantur, pileum crocei coloris, fœminæ pannum ejusdem coloris capitis tegumento impofitum geftent. Chri- **203.** ftiani non accedant eorum convivia, nuptias, dies feftos, fynagogas, neque cum eis ludant, multò minùs choreas agant: nec fint eorum famuli. Si in diem vel horam eis operas locârint, cibum apud eos non capiant. Chriftianæ mulieres ne fint apud eos nutrices. Ne fint Chriftianorum medici. Ne utantur eorum opera in contrahendis matrimoniis.

Locare

Locare Judæis bona Ecclefiarum, vafa, veftes &c. nefas efto. Diebus feftis cum illis nullum contractum ineant. Tribus ante pafcha diebus Judæi in publicum ne prodeunto. Nec quidquam palàm vel occutè in contemptum Chriftianæ religionis attentare audento. Ne dignitatem vel publicum officium gerunto.

Rogat dein facta fynodus, Principes, ut in fingulis civitatibus locum conftituant, in quo feparati à Chriftianis habitent : in contractibus annotandis lingua vulgari utantur : avaritiam, fraudes, ac dolos coërceant. Inftituantur in fide. Converfi, à Judæis feparentúr, & à Chriftianis flagitiofis : legitimam pater dare compellatur, adhuc vivens, vel, fi mulier fit, dotem : aut fi conjugata fit, maritus illam reftituere.

§. 4.

De pœnis, & executione.

204. Pœna pecuniaria non perveniat ad Epifcopum. Sed tertia pars ad delatorem, relíquæ duæ ad pia opera aut loca. Hoc intelligendum, fi clericus puniatur : fi verò laicus propter delicta fori Ecclefiaftici aut mixti, tertia pars caufæ piæ, tertia ad fifcum fæcularem, tertia accufatori detur.

Epifcopi facultates, licentias, confenfus, approbationes &c. dent gratìs. Poffint omnia, quæ pertinent ad poteftatem jurisdictionis, agere per vicarios, nifi fint perfonalia privilegia, aut fpecialiter excepta. Si circa ea, quæ in his decretis continentur, ante alteram provincialem fynodum aliqua difficultas oriretur, illa Metropolitano refervata efto : falva femper fedis Apoftolicæ auctoritate

Quidquid de facramentorum adminiftratione, Miffæ celebratione, Divinorúmque officiorum ratione dicta funt, id neque ad Ecclefiam Mediolanenfem, quæ S. Ambrofii præfcripto & inftituto proprios ritus & ceremonias habet, neque ad cœteras, quæ eosdem ritus ex antiquiffima confuetudine retinent, in iis, quæ expreffè his ritibus adverfantur, pertinere vult fynodus.

Hæc decreta poft duos à publicatione menfes obligent : Publicatio autem fiat per publicam affixionem in valvis cathedralium eccelefiarum, in Diœcefana autem fynodo prælegantur. Pofteáque fæpiùs eadem lectio repetatur.

Hac

Hac ſynodo finita S. Carolus Romam revocatus eſt à Pio IV. ſed eo brevi pôſt mortuo Pius V. approbatis his conſtitutionibus Carolum ad gregem ſuum dimiſit.

§. 2.

Concilium Mediolanenſe II. anno 1569.

Hanc iterum provincialem ſynodum tertio pôſt anno ad præ- 205. ſcriptum Tridentini convocavit S. Carolus Borromæus, atque ad Patres congregatos eloquentem ac Spiritu Divino plenam orationem habuit. In cujus exordio, *jam ſcitis,* inquit, *qua in perturbatione reipublicæ Chriſtianæ Status verſetur*; *quàm funeſta hæreſeon faces in finitimis provinciis jam dudum excitatæ*; *quàm turbulenti inde in Gallia motus, quàm multæ ſtrages, quot pugnæ editæ ſint. Quid? Quot templa vel auguſtiſſima diruta, religioſiſſimis imaginibus & ornamentis ſpoliata, vaſa ſacra erepta, reliquiæ ſanctorum diſſipatæ, ſacerdotes & religioſi viri interfecti, ſacræ Virgines injurioſiùs tractatæ, Divina polluta, omnia denique proſtrata jacent.* Dein velut alter Jeremias ſæculi ſui mala deplorat, non modò ab hæreſeos labe, ſed à corruptis quoque Catholicorum moribus profecta. Imò ex depravatis moribus tot hæreſes ortas lamentatur.

Tot malis à Conciliis quærendum eſſe remedium; & quamvis in prima ſynodo multæ ſalubres conſtitutiones ſint conceptæ, tamen fundamentum duntaxat eſſe jactum. Jam verò ſuperſtruendum ædificium conſummandúmque: ſolo DEI honore, animarum cultu, & Eccleſiæ conſervatione præ oculis habita, contemnendas illas populares mundi corrupti voces: *Non ferunt hæc tempora veterum canonum ſeveritatem': ſic jam diu viximus, ſic vixerunt, qui ætate anteceſſerunt; vitæ inſtitutum nihil eſt, quòd mutemus.*

Contemnenda iſta, proponendámque ob oculos illam libertatem Spiritus, qua armati Apoſtoli, muniti Martyres, atque inſtructi viri ſanctiſſimi, Athanaſius, Chryſoſtomus, Ambroſius, aliíque Patres, non terroribus, Apoſtolico quodam animorum ardore flagrantes, non minis, non furoribus fracti, pro DEI gloria, pro gregis commiſſi ſalute forti conſtantíque animo adhibuerunt cenſoriam illam virtutem, ſcelerum vindicem &c.

TITULUS I.

De Fide, Sacramentis, & Paſtoralibus muneribus.

206.   Graviter præcipitur, ut omnes , quomodocunque de hæreſi vel doctrina minùs ſana ſuſpecti , à quocunque conſcio ad Epiſcopum aut Inquiſitorem deferantur. Atque hoc decretum ſæpiùs promulgetur. In oppidis inſtituatur Doctrinæ Chriſtianæ ſodalitas, quæ parochos adjuvet in imbuendis pueris fidei principiis. Problemata & axiomata de ſcientiis priùs non proponantur, donec ab Epiſcopo vel delegatis cenſoribus fuerint recognita.

Summorum Pontificum Bullas Epiſcopus , à Metropolitano ſibi transmiſſas, promulgari curet duobus ſaltem menſibus poſt publicationem Romanam. Ad viſitationis munus, ſi fieri poteſt , ſacerdotes idonei adhibeantur. Epiſcopus non ſolùm in adminiſtratione Sacramentorum, ſed etiam in Sacramentalium explicet rationem myſterii. Sacrum oleum à ſacro homine deferatur. Omnino rudes ne ſint compatres. Commendatur iterum communio paſchalis in propria parochia peragenda, ac frequentando cultu Divino.

Mandatum Pii V. ut medicus poſt triduum ægrotum deferat , ſi intra id ſpatium non confiteatur, executioni dandum. Uſurarii, niſi re ipſa ante mortem reſtituerint, aut ſaltem cautionem idoneam præſtiterint, Eccleſiaſtica careant ſepultura.

Qui propter infirmitatem in quadrageſima carne veſcitur, in remotiori ædium loco id faciat.

Cùm Epiſcopus aliquem excommunicavit ac publicè denuntiavit, ejus nomen ad Cathedralis & propriæ parochialis eccleſiæ valvas affigi, atque ad parochos Diœceſis mitti curet , qui prima quavis menſis Dominica eum populo denuntient : neque hoc agere deſiſtant , donec ab Epiſcopo reconciliationem cum eccleſia intelligant. Si tres menſes in excommunicatione permanſerit, eum Epiſcopus comprovincialibus & aliis finitimis Epiſcopis denuntiet. Quòd ſi per annum inſorduerit, jure Canonum contra eum procedatur.

Omnes Ordinati alicui eccleſiæ adſcribantur, in qua ſacras functiones obeant, ſéque ad ulteriores Ordines dignos reddant.

Matrimonium cum hæreticis ne contrahatur. Epiſcopus non det parocho facultatem jungendi peregrinos & vagos, niſi conſtet eos eſſe ſolutos, & verè catholicos. Denuntiationes tum demum fiant, cùm ſponſi eorúmque parentes id poſtulârint. Si in diverſis

ha-

habitent parochiis, in utraque fiant. Eas denuntiationes nulla ex
parte licet remittere, niſi de conſenſu Epiſcopi, & cauſis jure permiſſis. Si ex diverſis ſint parochiis, non antè jungantur, quàm alter parochus teſtimonium miſerit, quòd ternæ denuntiationes ſint legitimè factæ, nullúmque impedimentum appareat.
Fornicationem inter ſponſos caſum eſſe reſervatum Epiſcopo decernitur. Parochus in nullo alio loco, quàm in eccleſia ſponſos
matrimonio jungat, niſi Epiſcopus diſpenſet. Nulla autem cum muſica eos ingredi patiatur. Si concubinarii moniti non dimiſerint concubinas, excommunicatione aliísque pœnis ſeverè puniantur.

TITULUS II.

De Miſſa, Cultu Divino & Eccleſiaſticis.

Absque ſpeciali facultate Epiſcopi nemo Miſſam celebret in eccleſiis monialium, ſub pœna ſuſpenſionis. Qui Beneficium obtinet,
vi cujus certis diebus Miſſas celebrare debet, ſiugulis menſibus ſaltem ſemel offerat pro fundatoribus. Quando in Miſſa conventuali
aut parochiali corpus Chriſti ſuſtollitur, ſigno campanæ abſentes moneantur, ut tanti myſterii memores mentem ad Deum elevent.

· Proceſſionem in feſto corporis Chriſti & octava eæ tantùm eccleſiæ inſtituant, quibus Epiſcopus permiſerit. Cùm ſynodus indicta
fuerit, in cathedralibus, & collegiatis ſingulis Dominicis proceſſio,
in parochialibus verò feria quinta Miſſa de Spiritu ſancto celebretur,
uſque ad finem Concilii.

Sexta quaque feria paulò ante horam nonam ſignum campana
detur, ut fideles paſſionis ac mortis Chriſti piè memores, ter orationem Dominicam & Salutationem Angelicam devotè pronuntient;
concedántque Epiſcopi hoc facientibus 40. dierum Indulgentias.

In capitulo, quod ſingulis hebdomadis celebrandum à Canonicis, quæratur, an ſuperioris Concilii decreta de Divinis officiis, ceremoniis &c. obſerventur. Legatur pars aliqua ex conſtitutionibus illis
de vita & honeſtate clericorum, aut ex Catechiſmo Romano, vel
alio pio libro.

Canonici exequiæ ſumptu capituli fiant. Conventualis Miſſa
pro eo celebretur : ſinguli item ſacerdotes illius Eccleſiæ Miſſam applicent.

Parochum ægrotantem vicinior parochus frequentius inviſat,
ſacris provideat. Ad funus totum capitulum rurale conveniat. Quis-

que mox facrificium pro eo offerat. Miffa etiam conventualis pro eo celebretur. Neque hoc nomine aliquid exigatur. Preces pariter fundantur, ut Deus orbatæ Ecclefiæ paftorem tribuat fecundum cor fuum.

Commendatur reverentia ecclefiis debita: vifitatio feminarii, tertio quovis menfe ab Epifcopo facienda. Examinandi mores, diligentia, profeftus in litteris. Mulftandi clerici, qui concioni non interfunt. Clerici inferioris Ordinis inftituantur moribus, litteris, ceremoniis, ritibus &c Conventus menftruos inftituant, in quibus neceffariæ & utiles quæftiones decidendæ proponantur. Quæ indecifa manent, ad Epifcopum referantur. Negligentes in hac re Vicarius foraneus Epifcopo denuntiet. Ubi plures funt Sacerdotes in eodem loco, frequentiùs ejus generis conventus & difputationes habeantur. Si in propinquo fit doftus aliquis Regularis, illius etiam opera utantur.

Clerici nullas fœminas, quavis etiam dignitate illuftres doceant legere, fcribere, cantare, inftrumentis muficis ludere; nifi Epifcopus in id confenferit.

Epifcopus clericum alienum, qui in propria diœcefi deliquit, petenti Epifcopo extradat, poftquam de citatione, contumacia, aut condemnatione debitè edoftus fuerit.

Qui impetrata facultate ab ecclefia difceffit, reditum fuum intra menfem Epifcopo nuntiet ; fecùs perinde habeatur, ac fi non legitimè abfuiffet.

TITULUS III.

De Bonis & Juribus Ecclefiarum.

208.   Poffeffionem adeptus Beneficii titulum intra menfem Epifcopo exhibeat. Caveant Epifcopi, ne paffim & indiftinftè omnes Beneficiorum ceffiones admittant.

Omnes confuetudines, & ftatuta, etiam juramento firmata, quæ fi non Simoniam, avaritiam tamen, & forditiem redolent, antiquantur : uti, quòd receptus in numerum Canonicorum fex menfes choro infervire debeat absque diftributionibus, etiam quotidianis, illæque reliquis accrefcant. Statuit igitur fynodus, ut quamprimum, diftributionibus quotidianis potiatur, aliisque refidentiæ fruftibus.

Bona

Bona Beneficialia non elocentur patronis neque illis, quorum ceſſione obtinentur, neque conſanguineis in primo & ſecundo gradu, ne ad breve quidem tempus; niſi Epiſcopus eccleſiæ utilitate cognita ſcriptò conceſſerit. Qui ſecùs fecerit, fructibus unius anni mulctetur.

Qui bona eccleſiaſtica illegitimè alienârunt, contra detentorem agat, compellátque, ut ea cum fructibus interea perceptis reſtituat; quia alienatio prorſus irrita fuit. Detrectantes anathemate aliiſque pœnis plectantur. Si is, in quem alienata ſunt, ante ſuperioris conſenſum in poſſeſſionem ingreſſus eſt, irrita ab Epiſcopo declaretur. Si alienata ad eccleſiam redierint, non ampliùs ad longum tempus locentur; niſi manifeſta eccleſiæ neceſſitas vel utilitas verſetur. Si locatio ad longum tempus ab Epiſcopo ſit facta, ad viciniorem Epiſcopum cognitio ſpectet.

'Ut bonorum Eccleſiaſticorum, quæ in emphytevſin vel alio quovis nomine ad longum tempus ſunt data, memoria conſervetur, omnique præſcriptioni locus præcludatur, clericus, cui quovis anno eo nomine aliquis canon vel penſio ſolvitur, in prima ſolutione Notarium adhibeat, qui inſtrumento facto teſtetur, quid, quo titulo, ex quo fuerit ſolutum.

Plura ſæpe damna paſſæ ſunt eccleſiæ ex locatione, ea conditione facta, ut prædià meliorata conductor reſtituere poſſit, omnésque ſumptus in meliorationem factos ipſi à locatore ſolvantur. Ut igitur præcidatur occaſio magnas impenſas in meliorationem faciendi, lacator clericus cum conductore pacto conveniat, ne hic majores ſumptus in melioramenta faciat, quàm ſit canon annuus: ita quidem, ut conductor tertiam hujus ſummæ partem quovis anno retinere poſſit, quoad recuperet, quoad erogavit.

Cùm Epiſcopus ſubſidium charitativum à clero petere cogitur, ejusdem cleri procuratores priùs convocet, eiſque cauſas exponat. Summam tamen à Benedicto XII. *extravag. I. de cenſib.* ſtatutam, non excedant.

Sub excommunicatione prohibetur, ne quis mortuo Beneficiato bona, ad eccleſiam ejúſve miniſtros pertinentia, invadat.

Si hæres aut executor ultimarum voluntatum pia legata intra annum, aut tempus à teſtatore præſcriptum non exſolverit, ab Epiſcopo pœnis jure conſtitutis adigatur, Epiſcopus verò non facilè tempus illud proroget. Notarii autem ſub pœna excommunicationis deinceps teneantur Epiſcopo intra tres menſes à notitia mortis teſtatoris, indicare legata pia, in teſtamentis aut codicillis, quos ipſi ſcripſerunt, relicta.

Ad-

Adminiftratores ecclefiarum piorúmque locorum bona', cenfus, proventus nulla ratione ad alios ufus applicare poffunt, quàm inftitutum eft. Si adminiftrator ex bonis illis aliquid emerit, aut conduxerit, ftatim officio moveatur. Idem, fi mutuum dederit, vel acceperit peculium ecclefiæ.

Ne quisquam pecuniam apud Montes pietatis deponat, vel mutuo det, ut inde aliquid lucri, aut ejus, quod intereft, nomine accipiat. Qui verò titulo depofiti vel mutui aliquid perceperit, cum eo tanquam ufurario agatur ad pœnas canonicas.

Epifcopus.pecuniæ fummam præfcribat, quam puella ingrediens monafterio det alimentorum nomine, nifi cenfus aut alia bona immobilia, quorum annui fruĉtus ejusdem judicio ad ea alimenta latis fint, monafterio attribuantur. Ea autem pecunia apud virum fidelem deponatur, qui profeffione peraĉta illam ftatim monafterio tradat.

Adduntur alia circa publicationem & executionem horum decretorum, quæ in fuperiori Concilio.

§. 3.
Concilium Medialonenfe III. anno 1573.

209. Concilium hoc Provinciale, ob invaletudinem S. Caroli bis prorogatum, rurfus à facunda Oratione ejusdem fanĉti Archi·Præfulis initium fumpfit: in qua proponit, per priores duas fynodos necdum omnibus provinciæ malis allatum fuiffe remedium, neque eam fuiffe ubique Decretorum executionem, ut ea contenti effe poffint, perficiendum itaque DEO aufpice, quod pro illius honore, & animarum proventu cœptum, habito ob oculos Chrifti exemplo, qui non deftitit ab opere redemptionis noftræ, donec *confummatum eft.* Editæ dein plures conftitutiones, tum novæ, tum confirmantes, limitantes & explicantes antiquas.

§. 1. De Feftorum cultu.

In Feftis abfit fervilis labor, nundinæ ac mercatus, contraĉtus, eolleĉtationès. Prope ecclefiam nihil venale proponatur. Officinæ fint claufæ. Tonfores, piftores &c. meliùs colant feftos dies. Faceffant choreæ, tripudia, haftiludia, vana ac ludicra fpeĉtacula, gefticulationes agyrtarum.

Miffam

M'ſſam omnes audiant : neque viduis aut puellis exceptis, Concioni interſint, uti etiam veſperis , doctrinæ Chriſtianæ, proceſſionibus. Ægros viſitent, aliiſque piis operibus, intendant : optimates exemplo præluceant.

§. 2. De Concionatoribus, & fide tuenda.

Ut dies feſti religioſe agantur, & Chriſtiana doctrina frequentetur, concionatores perſuadeant. Sermones ſuos feſtorum ac temporum rationi accommodent, ut populus fidei myſteria, præcepta, omniáque Chriſtiani hominis officia condiſcat ; & in uſum ducat.

Maximè verò ad Verbi Divini prædicatores pertinet tueri fidem, Quæ ſtatuta à Tridentino de profeſſione fidei , exacte ſervanda. Magiſtri integri , libri puri provideantur. Summopere cavendum, ne peſtis cum libris hæreticis invehatur. Exacta proin ſit viſitatio ac cenſura. Index eorum, qui importantur à Bibliopolis, aut venales exponuntur , librorum viſitatoribus offeratur. Si quos inferant, aut vendant, qui in indice illo non ſunt comprehenſi , ſeverè puniantur. Exacta etiam cenſura adhibenda libris noviter edendis.

§. 3. De Sacramentis & Sacramentalibus.

Sacra crux frequentibus & honeſtis locis erigatur : ad excitandam tanti myſterii gratam memoriam. Singulis Dominicis parochus aquam ſale aſperſam benedicendo renovet. Fons baptiſmalis in ſolis Eccleſiis parochialibus aſſervetur. Infans expoſitus, licèt appenſum collo ſcriptum babeat, quo baptizatus ſignificetur, ſi tamen re diligenter perquiſita dubium maneat, ſub conditione baptizetur.

Ad frequentem SS. Euchariſtiæ uſum parochi & concionatores diligenter populum hortentur, naſcentis eccleſiæ exemplo propoſito. Si concionator aliquid côntra d xerit, munere deiiciatur. SS. Sacramentum parochus ad ægros deportet, ſi fieri poſſit, pluviali indutus , comitantibus etiam Clericis in ſuperpelliceis.

Qui confeſſus fuerit ſacerdoti cuicunque, non approbato ab Epiſcopo, illi negetur communio tanquam non abſoluto. Vota ne commutentur in minùs bonum. Regularibus non licet à caſibus Epiſcopo reſervatis abſolvere, niſi ab hoc facultatem habeant.

Quamvis extrema unctio ſit miniſtranda integris adhuc ſenſibus; ſi tamen æger omnem ſenſum amiſiſſet, ut nihil planè intelligat, ſacramentum hoc ei nihilominus eſſet conferendum, modò adhuc vivat,

210.

211.

vat, & dum ufum rationis habebat, pii animi fignificationem dedę-
rit, ut inde judicari poſſit, eum facramentum petiturum, fi adhuc
integra mente eſſet.

Sine Canonica difpenfatione ordinati extra tempora, vel ante
legitimam ætatem, vel absque dimiſſoriis Ordinarii fui, ab executione Ordinum, fic fufceptorum, jure ipfo funt fufpenfi. Sique durante fufpenfione funċtionem aliquam fui ordinis obierint, ſtatim in-
cùrrunt irreguiaritatem: ob quam etiam Beneficiis privari poſſunt.

In dimiſſoriis Epifcopus teſtetur de vitæ probitate, doċtrina, examine habito, ordine, qui eſt conferendus, natalibus, aut difpenfatione: fi majori ordine initiandus, de ætate infuper, & fufficiente
titulo Beneficii, penfionis, aut patrimonii. Si tales litteras non habeat, non ordinetur.

Sicut Beneficiatus non recitans horas, fruċtus non facit fuos, ita
nec penfionarius, fi omittat Officium B. V. Mariæ.

Clerici, qui certe ecclefiæ minifterio non funt addiċti, diebus
feſtis ad ecclefiam parochialem conveniant ad Divina officia, licèt
Sacerdotes fint; proceſſiones comitentur &c. ante primam autem
tonfuram nemo clericalem habitum geſtet. Clerici verò, fi debitè
moniti illum non gerant, Beneficiis priventur, aut privati declarentur.

Clericus extra ecclefiam cum fuperpelliceo ne incedat, nifi in
proceſſione, aut facramentorum minifterio.

Piċturæ omnes, imagines, ſtatuæ, minùs pudicæ, non tantùm
ex locis facris, fed etiam ex foro, hortis, plateis, compitis, domibus eliminentur: nec tales ampliùs effingantur. Adduntur plura de
inſtruċtione, profeċtu, vita & honeſtate clericorum.

§. 4. De Miſſa & Divinis officiis.

212.   Miſſa conventualis in cathedralibus & collegiatis quotidie celebretur. Publicè ac notoriè criminofi factis ne interfint. Miſſam flexis genibus omnes audiant, excepto Evangelio. Die cœnæ Domini
omnes clerici, qui non facrificant, Euchariſtiam fumant à folenniter celebrante. Sabbatis fub crepufculum in parochiis Salve Regina
vel alia Antiphona, tempori refpondens, decantetur, in honorem
B. V. Mariæ convocatis etiam figno campanæ fidelibus.

Reſtituatur mos diu intermiſſus anniverfarium confecrationis
Epifcopalis diem ritu folenni celebrandi. Sacerdotes verò ordinationis

tionis fuae diem facrificio & precibus recolant. Feftum confecrationis Ecclefiae folenniter agendum : tripudia verò tollantur.

§. 5. De Parochis.

Parochiali ecclefiae praeficiendus juret coram Epifcopo, fe Romano Pontifici & Epifcopo obedientem fore, decreta Concilii Tridentini executurum circa refidentiam, bona ecclefiae non alienaturum,
& malè alienata revocaturum, juráque omnia pro viribus conferva-
turum. **213.**

Canonicus, qui parochiam unitam habet canonicatui, in illa refideat. Poft finitam rem Divinam Dominicis parochus populum moneat, ut ter orationem Dominicam & falutationem Angelicam pre-
cando dicant pro fidei propagatione, pro fummo Pontifice, Epifcopo & reliquis paftoribus animarum, pro Principibus & magiftratibus,
pro peccatoribus & haereticis, ac infidelibus, pro defunctis, ad aver-
tenda mala & calamitates.

Parochus feftis vefperas cantet ftata hora. Commendatur eidem
diligentia concionandi, pueros in doctrina Chriftiana inftruendi &c.

§. 6. De Capitulo.

Epifcopus frequenter ftudeat, intereffe capitulo, & explorare,
an & quomodo cultus Divinus peragatur. An inter Canònicos diffidia. An leges ferventur. An Canonici in Capitulo & aliis fuis muneribus diligentes. **214.**

Quando collegialiter incedunt, primi fint, qui dignitates obtinent, tum Canonici presbyteri, poftea diaconi, denique fubdiaco-
ni. Hos inter autem in canonicatu feniores praecedant.

Canonici duo conftituantur, qui Archivo praefint, ad quod uterque clavem babeat. Plura alia de Archivo, inftrumentis, & documentis in eo cuftodiendis fanciuntur.

§. 7. De Ornatu & Cultu Ecclefiarum.

Locus Epifcopi fit altior, ut confpici à populo poffit. In ecclefia ab Epifcopo confecrata absque hujus confenfu ne fiat novum aedi-
ficium, facellum, altare. Si quae aedificia ecclefiae nimis ptopinqua,
aut aliàs praejudiciofa exftruuntur etiam à laicis, Epifcopi eft caufam
cognofcere ac decernere. Sine jure conftructa amoveantur, praefer- **215.**

Pars VII.   E e e   tim

tim si minùs sint decentia, ut stabula &c. in atrio verò Ecclesiæ ædificare nullatenus licet.

Fœminæ velato capite in Ecclesiis, & processionibus compareant.

Episcopus monasteria, in quibus non viget regularis disciplina ex decreto Tridentini visitet, aliáque Beneficia, licèt sint commendata.

§. 8.
De bonis Ecclesiasticis.

216.   Episcopus procuratorem & advocatum constituat, qui bona ecclesiarum tueatur, & ablata reducat.   Graviter vetatur, ne quis clericus scripta aut documenta, ad ecclesiam pertinentia surripiat, aut occultet.   Idem ad hæredes laicos aliósque extenditur.

Decimarum investituras, quæ laicis factæ sunt in perpetuum, Episcopus diligenter cognoscat.   Si quis immunitatem à solvendis decimis prætendit, privilegium exhibeat: uti etiam si jus decimandi sibi vendicat, quia in hoc casu præscriptioni non est locus.

Quæ legati nomine relicta sunt pro certo pio usu, ea ne necessitatis quidem causa, nec hæredum ejus, qui reliquit, consensu, ad aliam causam æquè piam applicentur, absque Episcopi consensu.

§. 9.
De Matrimonio.

217.   Episcopus perquirat, an in singulis parochiis decreta Tridentini de matrimonio sint promulgata.   Denuntiationes ne fiant, nisi utroque sponso petente.   Qui falsum aliquod impedimentum malitiosè attulerit, excommunicetur.   Parochus non assistat matrimoniis occultè extra ecclesiam ineundis sine Episcopi licentia, celebrentur tempore matutino post sacrificium missæ.

Parentes liberos suos ad catechesin mittant, instrui curent fidei rudimentis, & ipsi etiàm instruant.   Illos Christianè educent, totámque familiam verbo & exemplo ad cultum DEI permoveant. Non tolerent blasphemias, execrationes, verba obscœna, aliáque scelera. Sed si quid vitiosum pullulare cœperit, maturè amputent. Parochus etiam, si quid scandali oriri audiverit, emendari illico curet. Ad orationem omnes domestici quotidie convocentur.

§. 10.
De foro Ecclesiastico.

Episcopus intra anni spatium fori sui judiciis, causis, judicibus, procuratoribus, advocatis, notariis, & ministris, quibuscunque, certas constituat leges: illisque omnibus certam etiam taxam præscribat. Atque hæ leges & taxæ in cancellaria publicè prostent.   218.

Causæ, quæ decem aureorum summam non excedunt, summariè ac de plano cognoscantur. Judices &c. nullum genus donorum, ne quidem esculenta aut poculenta à partibus accipiant. Pro dimissoriis, aut testantibus susceptos esse ordines cancellarius non plus accipiat, quàm decimam partem aurei. Si verò aliunde ei salario sit provisum, nihil omnino recipiat.

Acta omnia judicialia Notarius in codicem referat. Monumenta omnia in archivo custodiantur: ad quod clavem unam Episcopus, alteram Cancellarius habeat. Attestationes in causis civilibus, à Notario seu actuario scriptæ, pariter archivo importentur: idem de actis totius causæ. Si Notarius publicus non haberetur, duo viri probati acta conscribant.

Procurator, qui causam iniquam sciens defenderit, munere privetur. Episcopus sæpiùs tribunal fori sui visitet: item carceres, curétque, ut justum patrocinium detentis in iis non desit, nec Christiana corporis animíque subsidia. Viduarum, pupillorum &c. curam gerat, ne opprimantur.

§. 11.
De Regularibus &c.

Sodalitas erigatur, quæ in fraternæ correctionis officium ex professo incumbat. Aut alteri sodalitati jam erectæ id muneris imponatur   219.

Moniales servent ea, quæ Gregorius XIII. constituit, de earum numero, eleemosynis, ostiolo obstruendo, quo aditus ad exteriorem ecclesiam pateat, de clausura &c. Confessarius nullum ab eis donum accipiat, ne quidem nomine monasterii, sed annua sustentatione sit contentus. Adduntur aliqua de executione decretorum hujus synodi, ut in superioribus.

§. 4.
Concilium· Mediolanenfe IV. anno 1576.

220. Concilium hoc provinciale fanctus Cardinalis in oratione ad Patres habita aperuit his verbis : Quousque tandem concilia provincialia toties convocata? quorfum & tot conftitutiones & Decretorum vincula? vulgaris vox, Patres fanctiffimi, ac ficut nec tacita cogitatione religiofæ mentis digna, longéque à fenfu Epifcopalis veftri animi aliena, ita hominum vel impiorum eft, Ecclefiam DEI oppugnantium, vel Chriftianorum, Chriftianam difciplinam abhorrentium, vel imperitorum, planéque nefcientium, quantas vires habeat frequens fynodorum actio, atque ufus, vel illorum fane, qui parvo anguftóque animo omnia metiuntur.

Addit deinde, hominem naturæ imbecillitate fæpe labi, proinde plurimis opus effe conciliis atque decretis, quibus conftrictus à recta femita non declinet, aut aliquando digreffus, in viam falutis redeat. Proponit Chrifti Domini promiffum, & Apoftolorum exemplum; populorum exfpectationem, & paftorale Epifcoporum, aliorúmque Ecclefiæ miniftrorum officium.

PARS I.
§. 1. De Profeffione fidei, facris Reliquiis, Miraculis, & Imaginibus.

Apponitur hîc in extenfo confueta profeffio fidei, à Pio IV. ex mente Tridentini præfcripta ; quam ego *in part. 3. bujus appar. cap. 4.* in fine concilii Tridentini integram inferui.

Sanctorum corpora ac reliquiæ per viros eruditos recognofcantur, infpectis tabulis, litteris, annalium codicibus, aliifque antiquis monumentis, teftimoniis, traditionibus &c. tum verò tota recognitio in librum inferatur. Deinceps verò nullæ novæ reliquiæ exponantur, nifi ab Epifcopo recognitæ & approbatæ fint. Non afferventur in privatis domibus, fed in ecclefiis. Rarò exponantur; aut oftendantur, neque velis nudæ, neque extra capfas. Martyrium & vitæ hiftoria breviter exponatur.

Nihil novum atque in ecclefia hactenus inufitatum proponatur. S. Crux & imagines non fculpantur in pavimento, neque in loco fordido. Effigies animalium ne fint in ecclefia : nifi hiftoria facra exprimenda: nulla procax imago, aut minùs decens, fub pœna excom-
muni-

municationis. Vetuſtate obſitæ ac deformatæ renoventur aut deleantur, aut in ignem coñiiciantur, & cineres ſub pavimento ecclefiæ collocentur.

Obſtet Epiſcopus & clerus clamoribus vulgi, quæ facilè aliquid pro miraculo enuntiat, donec rei veritas ſit examinata. Theologi ac prædicatores exactè doceant fideles, quæ de cultu & invocatione Sanctorum, & factis reliquiis & imaginibus Tridentinum fancivit. Omnis verò ſuperſtitio & abuſus eliminetur.

§. 2. De Indulgentiis, Jejuniis, Feſtis, & Peregrinationibus.

Indulgentiæ, tanquam cœleſtis theſaurus, magno in prétio habeantur. Recognoſcantur tamen, an re vera conceſſæ, & an legitimè. Conficiatur earum catalogus, in Archivo Epiſcopi aſſervandus: in illum etiam noviter conceſſæ referendæ. In eccleſiis particularibus pariter exſtet earum catalogus.

Quatuor temporum jejunia Dominica præcedente denuntientur: auditione miſſæ & concionis celebrentur. Nec eo tempore jus dicatur.

Curati diebus feſtis Divina ſemper in loco celebrent. Si ad aliquam celebritatem evocati, comparere neceſſe haberent, per vicarium, rem Divinam peragant. Si talis haberi non poſſet, populum priùs moneant de ſua profectione, ut alio ad ſacra ſe conferre poſſit. Feſtum S. Ambroſii per totam provinciam ſolenniter celebretur.

Nullus clericus peregrinetur ſine dimiſſoriis & teſtimonialibus litteris Epiſcopi : his inſerantur etiam viæ comites. Conſtituendus vicarius. Multas pie ſanctéque peregrinandi regulas præſcribit ſynodus ; quomodo in itinere, in loco ſacræ peregrinationis &c. ſe gerere debeant.

§. 3. De ſacris locis eórumque cultu.

Nova ecclefia non ædificetur inconſulto Epiſcopo ; cui diſpiciendûm, an locus decens, capax populi, disjunctus ab ædibus, an altare verſus orientem &c. Crux figatur in arcu fornicato chori. Nulla in Eccleſia ſit feneſtra, per quam foris ſtans miſſam audire poſſit. Aliáque plura ſtatuuntur, de vaſe aquæ benedictæ, ſacrario, lampade, capellis, altaribus &c. quæ paſſim in noſtris quòque templis videmus.

Altare non ſit prope ſuggeſtum, aut januam, aut organum, aut columnæ adhærens. Lapideum ſit, vel ſaltem lateritium cum tabula

lapi-

221.

222.

lapidea, si sit confecrandum. Septo ferreo aut lapideo cingatur. Petra facrata ita menfæ inferatur, ut digito dignofci poffit. Adduntur plura de ornatu altarium &c.

Nulli detur fepultura in Ecclefia fine confenfu Epifcopi, in capella majore verò feu choro nullo modo : nec prope altaria. Supra Ecclefiæ folum ne emineant. Ne crux aut imago infculpatur. Cœmeteria muro cingantur. In medio crux fit erecta.

Parochialis ecclefia fi tres campanas, majorem, mediam ; & infimam habere non poffit, duas faltem habeat, diftincto foni concentu inter fe rectè confentientes, pro varia officii Divini ratione. Simplex ecclefia, & oratorium unam tantùm campanulam habeat. Campanis autem nihil profanum infcribatur : fed crux & facra imago patroni ecclefiæ, piáve infcriptio. Antequam in turrim fuftollantur, precibus & benedictione ab Epifcopo fint confecratæ.

Altaria contegantur tela cerata, & mappis tribus mundis, quarum una oblonga ex lateribus in terram defluat. Arbores, hederæ, rubi, vites &c. ecclefiæ non adhæreant, neque in cœmeterio tolerentur. Nihil in eo feratur, nec fenum fuccidatur, neque herba animalibus in pabulum. Nulla in eo fit lignorum ftrues aut lapidum : nihil denique, quod decori ac nitori officiat, aut loci fanctitati repugnet.

Nullæ fchedæ profanæ ecclefiæ affigantur. Nullæ officinæ aut tabernæ adhæreant. Tecta nullus frumenti acervus, cubiculum, aut alia res profana oneret. In cœmeterio nullæ fruges expandantur, neque telæ, aut panni ibi exficcentur : nullus labor profanus exerceatur. Nullæ beftiæ adducantur. Neque per ecclefiam veluti plateam communem onera deportentur. Abfint fcholæ profanæ.

Mos intermiffus, ut viri à fœminis fint feparati in templis, reftituendus. Ad loca illa, quæ fub gradibus aræ fummæ funt exftructa, *Martyria & confeffiones* olim appellata, viri aut fœminæ non ingrediantur. Nullum prorfus in templis toleretur profanum commercium ; fed Divinis duntaxat laudibus refonent.

Ecclefiæ parochiales omnes cum ara majore confecrentur : fitque feftus ille dies, anniverfario cultu recolendus. Confecrationes ecclefiarum & altarium, atque cœmeteriorum, & campanarum benedictiones libro inferantur, ad perpetuam rei memoriam. Tabula infuper marmorea affigatur, in qua confecratio fit defcripta.

Si templum diruendum, facra priùs, religiofè à facerdote afportentur, uti lapis akaris confecratus, reliquiæ, imagines, fidelium offa.

Sacri-

Sacriſtia habeat oratorium, ſi fieri poteſt, feparatum, ubi facerdos ante & poſt miſſam orare poſſit; tabellas item, veſtiarium, aliáque ad rem Divinam neceſſaria.

Antiqui præfertim codices & manuſcripta in Bibliotheca ecclefiæ fedulò aſſervanda, cum eorum indice. In hoc notetur, ſi ſciri poteſt, tempus, quo quilibet liber ſcriptus eſt. Clericus doctus præficiatur. Viſitetur ab Epiſcopo.

Oratoria, ubi miſſa non legitur, nullum habeant altare; qualia ſunt, quæ in viis ad excitandam prætereuntium devotionem, exſtruuntur. Valvis & clave, à parocho aſſervanda, muniantur, vel ſaltem cancellis à parte anteriore ſepiantur. Intus ſit imago facta; quæ per feneſtellas poſſit aſpici. Pilæ quoque in viis publicis ſtructæ, cum facra effigie impoſita, conſerventur.

Parochus populum in Eccleſiam ad veſpertinas preces convocet ſigno campanæ. In pagis & vicis, à parochia remotioribus, conſtituat Epiſcopus ecclefiam, vel capellam, aut oratorium, aut denique crucem, facrámve imaginem, quo etiam ſub dio ad veſpertinam orationem convenire liceat. Si denique propter domorum diſperſarum diſtantiam neque hoc fieri poſſit, unusquisque paterfamilias domi ſuæ cum domeſticis preces illas perſolvat quotidie. Cùm ad depellendas tempeſtates campanæ pulſantur, fideles preces fundant, & ſi fieri poſſit, in ecclefia ad orandum conveniant.

§. 4. De verbi DEI Prædicatione.

223.

Munus prædicationis ſibi proprium Epiſcopus & parochus diligenter obeant, cujuscunque ſtatus homines inſtruendo, ſuíque officii admonendo, jam patentes, jam liberos, nunc viros, nunc uxores, modò ſervos, modò dominos. A vitiis deterreant, ad virtutes accendant, facrarum litterarum, Patrúmque teſtimoniis, exemplis, traditionibus, ſimilitudinibus, arguendo, obſecrando, increpando. Tantóque plus tructus ſe relaturos confidant, quo ſinceriori oratione, ab omni vel artifici, vel hominis ſua ſpectantis ſuſpicione aliena, officium ſuum exequuntur.

Præcipuè verò orationis nervos intendant ad rebellanda vitia magis dominantia, repetitis etiam frequentiùs vicibus, arborem annoſam non primo ictu cadere perſuaſi.

Veteris Eccleſiæ inſtituto ſacra concio inter Miſſarum ſolennia poſt decantatum Evangelium habeatur. Si Epiſcopus prædicet, mi-

tra

tra, omnique facro ornatu, quo miffam celebrat, indutus fit, feptem miniftris, veftibus factis ornatis, utrinque affiftentibus.

Concionator in fuggeftu ftet, aut fedeat, prout maluerit, capite operto. Celebrans verò in loco, aliquantùm ab ara feparato,
cum miniftris fedens concionem audiat. Si Epifcopus concionatur,
nullus aliüs ea hora in ea urbe concionetur. Populus adftringatur,
ad præbendum victum aut eleemofynam folitam. Sub concione nulla
miffa in ea Ecclefia dicatur. Clerici fuperpelliceis induti fervato ordine concioni interfint.

Non folùm in parochiali ecclefia, fed remotioribus etiam pagis
doctrina Chriftiana explicetur. Præfténtque Clerici in hoc tam pio
ac neceffario opere parocho auxilium.

PARS II.

§. 1. De Sacramentalibus.

224.   Parochus, ubi olea nova receperit, vetera ftatim comburat in
lampade, quæ ante SS. Sacramentum lucet, bombyce in facrario planè exufto. Librum Ritualem omnes parochi habeant; neque à ritu
cathedralis ecclefiæ recedant. Oleo deficiente, fi aliunde tunc haberi non poffit, confecrato mifceatur non confecratum, in minori
tamen femper quantitate, quàm fit illud, quod priùs aderat.

Nullus clericus energumenos exorcizet, nifi ab Epifcopo fcriptam facultatem habeat. Hac inftructus examinet vitam morésque
energumeni, confulat medicum, an non vi morbi aut atræ bilis agi-
tetur. An non fponte fimulet. Si verè energumenus fit per vexationem dæmonis, exorcifmus fiat in ecclefia: præfentibus paucis viris gravibus: de die: nunquam duos fimul exorcizet: jejunio & oratione fe præparet, peccata confeffus. Si facerdos fit, antea miffam
faciat. Energumenos pariter moneat, ut priùs confiteantur, orent.
Non aliis utatur ritibus aut precibus, quàm illis, qui funt in rituali.

§. 2. De Baptifmo & Confirmatione.

225.   Baptifterium ex marmore aut folido lapide conftet. Sepiatur
cancellis, Sabbato Sancto & Pentecoftes fontis baptifmalis benedictio
fiat folenni ritu, frequenti facerdotum conventu; etiam exemptorum,
fi non fpeciale quoad hoc privilegium à Pontifice habeant.

Infantem peregrinum parochus extra cafum neceffitatis, non ba-
ptizet, fed ad proprium parochum remittat: infantes à Sabbato fan-
&to

éto usque ad fabbatum in albis, & à fabbato Pentecoftes usque ad fabbatum fequentem nati in parochiis urbanis, ad confervandum aliquatenus ufum veteris ecclefiæ, ad ecclefiam cathedralem deferantur ad baptifmum, nifi mortis periculum urgeat, ut in piopria parochia baptizentur antea.

Ritus accuratè obfervetur. Ad aquam infundendam non manus, fed vas ad id paratum adhibeatur. Non imponantur nomina gentilium, aut ridicula. Grave atque immane facinus eft, infantes per imprudentiam illorum fuffocari, qui eos, ne quidem annum natos, in cubili nulla cautione collocant. Si igitur mulier infantem anno ætatis nondum expleto, fecum in lecto jacentem, non ea cautione tenuerit, quam ab Epifcopo præfcriptam ei parochus demonftrârit, excommunicationem ipfo facto incurrat : nec abfolvatur, nifi gravi, ad alios deterrendos, pœna impofita. Parochus verò fæpe moneat, ne infantes fecum in lectum affumant, hócque decretum publicet.

Parochi, qui in urbe funt, Dominica pentecoften præcedente doceant, quanto religionis ftudio fufcipiendum fit *Confirmationis Sacramentum* , cujus conferendi folus Epifcopus ordinariam habet poteftatem. Curent etiam, ne quis illud negligat.

Addulti priùs confiteantur, & jejuni fufcipiant, fi ante prandium miniftretur Explicet parochus ea, quæ ad hoc Sacramentum rectè fufcipiendum pertinent. Idem præftent reliqui parochi per diœcefin, Dominica antecedente hebdomadem, qua Epifcopus illud eft collaturus. Qui alienæ diœcefis hominibus illud non conferet fine confenfu proprii Epifcopi : nifi in fua diœcefi jam domicilium fixiffent.

§. 3. De Sacramento Euchariftiæ.

226.

Tabernaculum ferico intus fit ornatum ; conopeo decenti contectum ; bene claufum, ab omni alia re vacuum. Hoftiæ, jam ante 20. dies confectæ, non confecrentur. Quamvis Sacramenti hujus Diviniffima dignitas, virtus, & efficacia frequenter expl canda eft, atque ad frequentem devotúmque ejus ufum populus commonendus, non tamen omnia, quæ fublimiffimo hoc myfterio infunt, percipiendi atque intelligendi eft capax.

Occafione communionis, etiam pafchalis, nihil omnino petatur. Ægrotantibus etiam absque mortis periculo Euchariftia à parocho eft miniftranda, fi petant. Dum palàm in majori · hierotheca proponitur, fex ad minimum cerei ardeant, non tamen ultra decem. Et duo clerici in fuperpelliceis femper affiftant. Quadraginta horarum

rum comprecatio die ac nocte continuetur. Horæ inter certas hominum claffes diftribuantur. Fœminæ autem noctu non compareant.
Si noctu continuari non poffit, fuppleatur die. Hæc comprecа-
tio jugiter per Ecclefias circum ambulet. In Cathedrali folenniùs
agatur, convenientibus ibi Regularibus etiam, qui fupplicationibus
intereffe folent, & fodalitatibus, more proceffionum prælata cruce.

§. 4. De Sacramento pœnitentiæ, & extremæ unctionis.

227.   In confeffionali hæc fint affixa : facra imago, Bulla cœnæ, ta-
bélla cafuum, quos fibi Epifcopus refervavit, forma abfolutionis,
cum precibus præparatóriis ad audiendas confeffiones. Ne prope
confeffionale fit capfa eleemofynaria. Qui absque Epifcopi approbatione audit confeffiones, ipfo facto eft excommunicatus. Regularium nomina & peritiam Superior Epifcopo fignificet. Medici juramento fe adftringant ad fervandam Pii V. conftitutionem. Cafus
reftitutionis bonorum incertorum ex delicto Epifcopo refervatus efto.
Eorum, qui in pafchate confeffi funt, nomina libro infcribantur.

Extrema unctio miniftranda adultis periculofe ægrotantibus, fenio confectis, licèt nullo alio morbo laborent, quàm fpirituum defectu : non autem pueris rationis ufu carentibus, mulieribus in partu laborantibus, ad bellum proficifcentibus, navigantibus, mox ultimo fupplicio mulctandis.

Parochus die noctúque fit paratus. Plures, fi fieri poteft, pref-
byteros in fuperpelliceis comitantes habeat, ac miniftrantes. Vas
facri olei ferico inclufum collo pendens reverenter ferat, fuperpelliceo ac ftola indutus. Pia adhortatione ægrum foletur. Sæpiùs
vifitet &c.

§. 5. De Sacramento Ordinis.

228.   Qui clericali vitæ fe adfcribere cogitant, fub Ecclefiafticorum
difciplina inftruantur ; ut habeatur mutua probatio, ac velut novi-
tiatus. Extra ftata tempora facri ordines nemini conferantur absque
difpenfatione Pontificia. Adduntur plura de teftimonialibus & di-
mifforialibus litteris, quas oportet effe recentes.

Impedimento Ordinum irretiti funt, carentes ætate, Sacramento confirmationis, rudes, criminofi, folenniter pœnitentiam agentes,
neophyti, ebrietati & gulæ dediti, luxuriofi, lapfi poft ordinem, per-
juri, ufurarii manifefti, infames, ratiociniis obligati, fervi, corpore vitiati, infigniter deformes, illegitimè nati, peregrini & ignoti,
bigami

bigami, irregulares, fufpenfi, aut alia cenfura innodati, amentes, morbo caduco laborantes, energumeni, non examinati & probati, titulo menfæ carentes.

Præmittantur facra exercitia. Ordinandi nomen, cognomen, patria, parochia, parentes, domicilium, titulus, natales, ætas, vita, mores, doctrina, & cætera requifita teftimonialibus litteris ad Epifcopum mittantur. De initiando prima tonfura habeatur teftimonium de confirmatione, de crebra in Ecclefia frequentia, de fpe permanendi in vita clericali, de crebra communione.

Sacrum ordinem fufcepturus teftes litteras afferat, denuntiationes prævias effe factas in Ecclefia inter miffarum folênnia: titulum effe fufficientem, ætatem præfcriptam; exercitia facra præmiffa, habitum geftatum, in ordine miniftratum, SS. Sacramenta percepta &c.

Epifcopus ipfe in examinibus præfens effe ftudeat. In interftitiis ne paffim & absque delectu difpenfetur. Parochus clericum ad aram miniftrum habeat, fi aliter fieri non poffit, populi fumptu alendum.

§. 6. De Beneficiorum collatione.

Licèt jus eligendi, præfentandi, inftituendi aliis competat, tamen Epifcopi etiam authoritas interveniat neceffe eft. Alioquin provifio irrita cenfenda eft. Si præfentati non fint idonei, reiiciantur. Liber fit in archivo Epifcopali, in quo omnia Beneficia, provifiones cujuscunque generis fint defcripta.　**229.**

Si Beneficium fimplex, ad congruam fufficiens, poffidens aliud cujuscunque generis eft adeptus, vacat ipfo jure primum. Et fi cenfum ex priore adhuc colligat, duplum reftituat. Ne Clericus quispiam minore ætate Beneficii provifionem & adminiftrationem bonorum alteri committat absque facultate ab Epifcopo impetrata.

§. 7. De Miffa & Divinis officiis.

Epifcopo facris operante, uti etiam fub folenni officio non facilè aliæ miffæ dicantur: Non facilè concedat facultatem miffam legendi in oratorio privato. Moneantur fideles, ut Dominicis feftisque majoribus in parochia ad officia Divina conveniant. Etiam capellani Miffas fundatas per fe ipfos celebrent. Omnes Miffali Pii V. juffu edito utantur.　**230.**

Epi-

Episcopus per se ipsum vel alios inspiciat, quo decore, reverentia, modestia, observatione rituum, ceremoniarum, ac rubricarum sacerdotes celebrent. Clericus ministret sacerdoti, superpelliceo mundo ac decenti indutus. Urceoli ex vitro sint confecti, ut facilius vinum ab aqua discernatur. Hostiæ pro Eucharistia non à laico, minùs à fœmina conficiantur.

Præcipuis per annum festis Episcopus ipse pontificali ritu, solenniter celebret. De Sancto, cujus corpus, aut caput, brachium, crus, aut aliæ Episcopi judicio *insignes* asservantur in Ecclesia, Officium in ea. fiat ritu duplici. De Beato, necdum in Sanctorum numerum relato, officium à nemine fiat, nisi cum facultate Sedis apostolicæ. Statuuntur plura alia de ritibus, de missæ sacrificio decenter peragendo, de processionibus, ac ordine in iis observando, de sactis exequiis, quæ in antecedentibus jam habentur, vel aliàs jam nota sunt.

§. 8. De Distributionibus, Capitulis &c.

231.

Si Canonicus in parochia residet, fructus annuos seu grossos sui canonicatus percipiat, non verò distributiones quotidianas. Constituuntur rursùs *punctatores*, qui juramento se obligent, quòd officium suum diligenter ac fideliter obire velint, omnium videlicet tum Canonicorum tum aliorum clericorum absentiam & errata notare, ac significare.

Si qui in servandis decretis synodorum Mediolanensium negligens fuerit, ab Episcopo multetur: si verò ipse Episcopus sit futurus negligens, norit, se in proxima provinciali synodo rationem redditurum.

Cùm de rebus patrimonii Capitularis, de locationibus, de contractibus, de officiis conferendis, aut aliis rebus gravioribus in capitulo est deliberandum, in uno capitulo causa proponatur, in altero deliberetur: aut, si res moram longiorem non patiatur, saltem capitularibus ante notificetur causa, de qua danda suffragia, ùt eò meliùs perpendi possit.

Cancellarius acta capitularia atque ordinationes in singulos dies in libro annotet, Notarius autem ad causas, lites, instrumenta publica conficienda adhibeatur.

Juramentum, quo jurant canonici, se nihil eorum, quæ in capitulo aguntur, evulgaturos, non stringit, quò minùs Episcopo actiones susceptæ manifestentur.

Non

Non licet canonico bona capituli conducere, ne ad modicum quidem tempus.

§. 9. De Parochiis & Parochialibus Juribus.

Ecclesiis parochialibus, inopiâ laborantibus, succurratur vel Beneficiorum unione, aut primitiis ac decimis, aut parochianorum contributione, aut alia via, prout videbitur Episcopo, commodiôre. Adjutores parochi in eadem cum parocho domo habitent. Vetus oblationum institutum revocandum in usum diebus Dominicis & festis, ut primo mares, dein foeminæ accedant; offerentium autem, prout consuetum, commemoratio fiat in missa post offertorium

Parochi nullis aliis negotiis, ab officio suo alienis, se immisceant, ut animarum curæ, ægrorum solatio, puerorum catechesi, verbi DEI prædicationi, Divinis officiis, Sacramentorum ministerio, & universim cultui Divino se totos possint impendere.

PARS III.
§. 1. De Episcopis.

In oratione sanctisque meditationibus frequentes eos esse oportet : certam igitur horam Divinæ contemplationi quotidie impendant. Ad vespertinas preces cum tota sua familia conveniant. Sacrum etiam faciant, antequam aliis negotiis se applicent. Preces horarias, piè, devotè, ac decorè persolvant; nec continenter, sed distinctis temporibus. Si obstet negotiorum moles, potiùs prævenant. Confessario utantur probo & docto, cujus consiliis juvari possint. Nec omittant Theologiæ, SS. Canonum, & Ecclesiasticæ doctrinæ studio, quotidie statis horis operam dare atque Scripturam sacram legere.

Neque sint difficiles in audiendis iis, qui eos tanquam Judices, patres, adjutores, adeunt. Nec infimos etiam homines arceant. Quæ ad spiritualem curam, & gubernationem, Divinúmque cultum pertinent, per se ipsos pótissimùm præstare studeant : cætera per Vicarios ac ministros potiùs exequantur.

Divinis manè rebus, ac dein auditorio absoluto, à prandio reliqua perficiat. Quidquid autem temporis animi relaxationi aliquando ob valetudinem dabitur, id omne vel in spiritualium librorum lectione studióve, vel in colloquio piorum & eruditorum hominum, spiritualísque vitæ amantium ponere studeant. A nimia au-

232.

233.

tem

tem laicorum familiaritate abstineat; eorum convivia fugiat. Lectio
in mensa sit potissimum ex S. Scriptura, ex pastoralibus libris, & vi-
tis SS. Episcoporum.

     Sexta feria, ac diebus jejuniorum nigro vestitu, aliàs viola-
ceo utatur. Familia, ecclesiæ sumptibus sustentata, vitæ & morum
exemplis aliis præluceat. Cubicularii sint ætate graves moribúsque.
Omnes de familia servent Ecclesiæ jejunia: quot mensibus confessi
ad S. mensam accedant; in adventu autem & quadragesima singulis
Dominicis. In mensa & aliàs loco confabulationis pius liber prælegatur. Nemo sit otiosus, levis, loquax.

§. 2. De vita & honestate clericorum.

234.   Vestes etiam domi sint decentes clericum. In omni incessu, statu, gestu, vultu, clericalis animi ideam exprimat. Vox non nisi
Divinas laudes resonet. Publica convivia vitet. Illud sæpe repetat,
se non ad inertiam atque ignaviam, sed ad spiritualis atque Ecclesiasticæ vitæ labores vocatum esse. Si igitur tempus, ab officii negotiis vacuum nactus fuerit, Divinarum litterarum studio, & cœlestium
rerum contemplationi impendat. Quare Episcopi in visitatione diligenter inquirant, quo modo clerici tempus traducant. Si otiosum
aut in sæcularia diffluentem videant, rationem ineant, qua ad spiri-
tuales occupationes transferri possit.

     Caveant clerici, ne dum sceleratos conantur convertere, ipsi lue
aliqua affleant. Librum nullum periculosum aut minùs pudicum
legant. Ne sint leves, ne rixosi, ne rerum novarum curiositates
sectentur. Singulis mensibus juniores testimonium vitæ suæ Episcopo afferant. Provectiores etiam ætate sacris exercitiis ac meditationibus vacent.

§. 3. De Visitatione.

235.   Episcopi non plures quàm decem homines, & septem jumenta
secum ducant; alii verò visitatores inferiores longè pauciores homines & jumenta adhibeant. Et eatenus derogatum sit decreto, in
primo provinciali concilio edito. Frugali prorsus mensa contenti
sunto, nec sinant sibi opipara convivia instrui.

     Episcopus visitationem à domo sua & familia inchoet, ut exem-
plo permoti alii faciliùs correctionem admittant: & jussa studiosiùs
exequantur. Cæterum appellatio nulla correctionis executionem impedit aut moratur.

                                             Ve-

Veſtium luxum, tot malorum incentivum omni modo temperare viſitator ſtudeat, præſertim in fœminis. Clauſuram in monaſteriis monialium, Hoſpitalia, loca pia, & ſodalitates, Canonum & Tridentini jure ſibi conceſſo viſitet. Adventanti Epiſcopo fideles obviàm procedant. Frequentes tum etiam compareant in Ecclefia, audituri ſacra monita.

Præmittatur, qui viſitationem indicet, aut alio modo ſignificetur, aut adveniente Epiſcopo omnia ſint parata. Viſitationis tempore omnes confiteantur parochiani, & SS. Euchariſtiam ab Epiſcopo accipiant. Omnia, quæ tunc benedicenda aut conſecranda ſunt, habeantur in promptu, uti etiam libri, inſtrumenta, monumenta, tabulæ, ſacra ſupellex, volumen rituum & conſuetudinum, ſi quas peculiares habet illa Ecclefia : item inventaria SS. reliquiarum, indulgentiarum, ornatuum, documentorum, quibus bona, jura, privilegia, Ecclefiæ, capellarum, altarium continentur. Index denique dignitatum, Canonicatuum, Beneficiorum, ſcholarum, confraternitatum, locorum piorum, monaſteriorum, prædiorum, parochianorum, librorum, hominum criminoſorum &c.

§. 4. De Synodis.

Singulis trienniis provincialis ſynodus ex præſcripto Tridentini habeatur. Illam indicat Metropolitanus : eo autem impedito ſenior coëpiſcopus, in feriam quintam poſt Dominicam tertiam à paſchate, ut adeò non opus ſit alia ſignificatione vel convocatione. Sed tertio quovis anno omnes, ad quos de jure vel conſuetudine pertinet, Mediolani ad eam diem compareant.

Impediti cauſas exponant abſentiæ, & procuratorem mittant. Omnes veniant parati ad exponenda, quæ ſynodi auctoritatem, ſententiam, correctionem, executionem requirunt.

Die primæ ſeſſionis fiat publica ſupplicatio per urbem, Officium ſolenne à Metropolitano, ſermo latinus. Quod officium & ſermo etiam poſterioribus diebus continuetur. Nemini diſcedere liceat inconſulto præſide. Illud maximè agatur, & Concilii Tridentini Decreta, & conſtitutiones ſynodorum Mediolanenſium executioni dentur.

Finito concilio omnes Epiſcopi præſentes & abſentium procuratores ſubſcribant : tum factis ſolitis acclamationibus in oſculo pacis diſcedent. Per hæc tamen non derogatur poteſtati Metropolitani, alio; ſi viſum fuerit, tempore ſynodum convocandi.

236.

Syno-

Synodus Diœcefana quovis anno celebranda eſt ſecundum Tridentini ordinationem. In ea Decreta concilii provincialis publicentur. Hoc ſynodi habendæ inſtitutum nunquam negligatur.

In provinciali ex quavis diœceſi duo, in diœceſana ſeptem *teſtes ſynodales* deligantur, viri ætate & moribus graves, qui jurent, ſe fideliter omnia, qnæ correctione aut ſynodi cognitione indigent, delaturos.

Inquirant autem diligenter absque ulla jurisdictione, an clerici reſideant : an curati invigilent : an in Sacramentis recte miniſtrandis, verbi DEI prædicatione, puerorum inſtitutione, & cæteris curæ paſtoralis officiis muneri ſuo ſatisfaciant : an Eccleſiæ ſartæ tectæ, ſupellectili & ornatu inſtructæ, mundæ, ab omni re profana puræ. An populus in via Domini ambulet, frequens adſit in Divinis officiis & ſacris concionibus, cum modeſtia & devotione : an & quomodo feſta colat. An jejunia ſervet : an decimas ſolvat : an ſint in populo criminoſi, de hæreſi aut magia ſuſpecti : an aliæ morum corruptelæ malæve conſuetudines : an ſerventur Pontificiæ conſtitutiones, & ſynodalia Decreta ? Hæc omnia in provinciali ad Metropolitanum, in diœceſana ſynodo ad Epiſcopum referant, ſcripto annotata.

§. 5. Monitiones.

237. S. Carolus Borromæus, ſynodorum iſtarum Præſes more majorum clero ſuo certa monita dedit, ut ſanctæ vocationis ſuæ ſemper ſint memores, cœleſtémque in terris vitam velut angeli DEI moribus exprimant, ſæcularibus negotiis abſtineant, totúmque animum ad Divinum cultum, cœleſtium meditationem, virtutis ac Chriſtianæ pietatis decus transferant ; quæcunque ſunt vera, quæcunque pudica, quæcunque ſancta ac religioſa, ea cogitent, eáque agant, ut exempli vis ad cæteros etiam emanet, omnésque Chriſto lucrifaciant.

Deinde hortatur ad devotam miſſæ celebrationem, decoram Breviarii recitationem, frequentem confeſſionem & communionem, ad preces, meditationes, lectionem ſacram Bibliorum, SS. Patrum, piorum aſcetarum, librorum S. Ambroſii de officiis, & ſacerdotali dignitate. Pergítque quoſque officii ſui graviter & paternè admonere. Ut videlicet habitus ſit modeſtus, menſa frugalis, familiaritas cum fœminis nulla : vitentur ſpectacula, ludi, caupónæ, compotationes, joci, faſtus, luxus, ambitus, ſæcularia negotia, contentiones, jurgia, diſcordiæ &c. Omnia denique illa ferme hic collectim memorantur clerico-

ricorum officia , quæ per plures conftitutiones. Canonicales & fynodales funt difperfa.

§. 6. De foro Ecclefiaftico.

Omnes omnino mulctæ pecuniariæ piis locis & operibus appli- 238.
centur , nulla omnino parte ad alios ufus unquam refervata.

Conftitutiones Pontificiæ, decreta fynodalia, & edicta Epifcopalia , in Ecclefia Cathedrali integrè populo frequenti prælegantur ,
in reliquis verò Ecclefiis per capita fummatim promulgentur : fingulis autem menfibus aliqua ex iisdem , uti etiam ex Tridentinis decretis , & paftoralibus litteris evulgentur , ut ordine omnia diligenter
promulgata, fæpiúsque certis diebus repetita curatiùs in executionis
ufum deducantur. Concionatores etiam eadem cohortatione per-
fuadeant.

Caveat parochus , ne dum fponforum voluntatem, ut denuntiationes fiant , explorat , ea occafione in confenfum matrimonialem
coram teftibus inquirat: unde feparatim & cautè fponfum, & deinde
fponfam interroget , an velint fieri denuntiationes.

§. 7. De Regularibus.

Si fœmina cujuscunque dignitatis virorum monafterium per in- 239.
teriorem portam intret , cenfuræ declaratione Epifcopus feverè contra illam agat.' Intra claufuræ autem terminos etiam funt horti ,
monafterio continenter adjacentes. Plura dein ftatuuntur de arctif-
fima monialium claufura.

Moniali ne liceat iis , qui extra clauftrum funt, medicinas pa-
rare , aut præbere. Antiquus communis dormitorii ufus , ubi fieri
poteft , reftituatur. Communis vitæ ratio ftudiofè introducatur.
Monialium prædia Epifcopus locari curet ; idque fub hafta auctione
facta. Puellæ ad profeffionem recipiantur occultis monialium fuffragiis. Confeffarii & capellani monialium præter annuum ad fuftentationem ftipendium prorfus nihil accipiant.

§. 8. De locis piis.

Bonorum omnium , reddituum, juriúmque, ad Ecclefiam aut 240.
loca pia pertinentium , inventarium accuratum perficiatur : ejúsque
triplex copia, publici notarii teftimonio munita conficiatur : quarum
prima fit apud adminiftratores, altera apud Rectorem Ecclefiæ, tertia
in archivo Epifcopali cuftodiatur.

Adminiftratores muneris fui rationes fæpe ac diligenter reddant: quare diaria & codices rationum habeant ordine confectos; ut inde facilè ducatur omnis ratio accepti & expenfi. Epifcopus autem quot annis rationes recognefcat.

In pauperum delectu non egeftatis modò fed etiam morum habeatur ratio. Univerfim verò eleemofynæ verè pauperibus diftribuantur, præfertim etiam iis, qui pudore retenti domi inopia premuntur, & publicè mendicare erubefcunt. Epifcopus & parochus in id curam intendant, ut omnes eleemofynæ & hofpitalium proventus rectè impendantur. Eleemofynariæ collectæ in dies certos indicantur.

Invigiletur autem præcipuè, ut mendici temporalium inopes animæ bonis fint divites. Quare attendatur, unde & quò migrent, quomodo vivant, quam fidem téneant, an miffam audiant, confiteantur, communicent, tempore faltem pafchali.

Subfcripferunt huic concilio IV. S. Carolus Præfes, Epifcopus Laudæ, Brixienfis, Cremonenfis, Bergomenfis, Aftenfis, Cafalenfis, Alexandrinus, Vercellenfis, Albenfis, Intimilienfis, Novarienfis, procurator Epifcopi Dertonenfis, procurator Epifcopi Aquenfis, procurator Epifcopi Savonenfis, Archiepifcopus autem *definiens* fubfcripfit, Epifcopi *confentientes*, Procuratores *recipientes*.

§. 5. Concilium Mediolanenfe V. anno 1579.

241.   In concilii hujus ingreffu S. Carolus orationem ad Patres congregatos pro more habuit; in qua demonftrat, quàm mifera fuerint fuperiora tempora, quibus tamdiu intermiffa funt concilia. Inde enim factum, ut multiplex malorum quafi fylva extiterit, bafilicæ incultæ, ornamenta fupellectilis Ecclefiafticæ pene nulla, ceremoniarum ritus & ufus vix cognitus, Divinorum officiorum ratio perturbata, chori difciplina refciffa, functionum Ecclefiafticarum munera contempta, ftationes clericales defertæ, omnia demum difciplinæ officia abjecta; populi præterea inftitutio depravata, morum corruptelæ undique obortæ, feftorum dierum veneratio multis peccatis violata, facrorum locorum cultus multis partibus læfus, facerdotalis ordinis dignitas pro nihilo habita, & cuncta denique ad eum ftatum deducta, ut lachrymis, luctu, commiferationéque digna effent.

Vifam provinciæ faciem deformatam, nec planè à collachrimabili illo templi Hierofolymitani afpectu diffimilem; cùm videlicet vaftatis ab Antiocho omnibus Judas Machabæus templi illius cultum everfum, altare violatum, januas exuftas, & omnia proftrata afpexit.

Ora-

Gratias proin dicendas DEO, cujus Divino munere Tridentinum concilium, præter alia adjumenta Chriftianæ Reipublicæ fubminiftrata, falutarem fynodorum ufum reftituerit. Hinc enim firmiffimum effe cujuscunque inftituti præfidium, hinc rituum fanctarúmque confuetudinum perennem confervationem, hinc difciplinæ omnis robur perpetuum, hinc rerum falutarium fanctiffimum firmamentum, hinc prompta omnium ad obediendum voluntas, hinc præclara illa bene agendi rectéque exequendi contentio ac pulchra æmulatio. Proponit denique ferventis vigilantífque Epifcopi, qui in conciliis comparet, ejúsque decreta exequitur, & remiffi atque languentis, qui cuticulam curat, diffimilitudinem, infignémque dioecefium in omnibus difparitatem.

PARS I.

§. 1. De fide tuenda.

Nemo omnino concionatoris officio fungatur, nifi profeffionem fidei emiferit. Hoc idem de medicis & chirurgis cautum fit, de advocatis item & procuratoribus in caufis facræ Inquifitionis agendis. Curatum Beneficium, Canonicatum, aut dignitatem confecute Epifcopus nullo modo fructus, quos fuos non fecit, remittat, fi tempore præfcripto fidem non fuerit debitè profeffus. 242.

Speratur, Principes & magiftratus Mediolanenfis provinciæ nunquam paffuros, ut acatholici milites tranfeant. Bullæ coenæ fanctiones & cenfuræ quoad hæreticos non recipiendos &c. obferventur.

Judæi non permittantur in una civitate plures quàm unam fynagogam habere, nec, quam habent, amplificare, vel dirutam reftituere, aut novam alicubi erigere. Signo ubique fint diftincti; feparato à Chriftianis loco habitent. Dominicis & feftis nullum opus fervile faciant. Nullus fidelis eorum ceremoniis interfit. Cingari penitus eliminentur. Congregatio, ex Theologis & JCtis conftans, quot menfibus conveniat. Epifcopo Inquifitores jurent, fe arcana non evulgaturos, uti teftes eorúmque atteftationes, fententias &c. donec judex ipfe publicet.

Librorum prohibitorum indicem omnes litterarum profeffores habeant. Libri omnes in lucem edendi, & jam editi, antequam venales proftent, accuratè cenfeantur.

**§ 2. De prædicatione verbi DEI & doctrina
Chriſtiana.**

243.   Epiſcopi eſt concionatores conſtituere; qui ſint viri graves doctrina & moribus.   Auditores velut DEum ſibi loquentem excipiant:
ſibi non aliis dicta putent; animum ad proficiendum paratum afferant: attentè ac modeſtè audiant; abſoluta concione ne ſtatim ad
profana dilabantur, ſed orent, & audita altiùs in animum demittant.
Domi cum domeſticis & familiaribus ſpirituali colloquio audita re-
petant.
        Chriſtiana doctrina ubique diligenter in virtute ſanctæ obedien-
tiæ præcipitur rudibus tradi, præſertim verò in locis, quibus finitimi
ſunt hæretici, aut in quibus impune illis licet inter catholicos degere.
In hoc tam neceſſario opere promovendo Epiſcopi, parochi, concionatores, ludimagiſtri, confeſſarii, magiſtratus ſæculares, parentés-
que piè collaborent.

§. 3. De Feſtis & ſacris temporibus.

244.   Clerici die feſto absque urgente cauſa iter ne ingrediantur. Tollendus abuſus ipſis calendis Maii cum ſtrepitu aliiſque inſolentiis erigendi arbores.   Contra verò diebus feſtis templa eximiè ornentur.
Ille item gravis abuſus procul faceſſat, quo primis quinque quadrageſimæ diebus larvata hominum ſimulacra incendantur; inanes nuptiæ fingantur, concurſationes nocturnæ tumultúsque fiant.   Pueti
etiam maximè coërceantur.
        Omnes ſervent ſtata jejunia, cujuscunque ſint dignitatis.   Car-
nes pro ægrotis ne publicè tunc vendantur.   Ceſſante morbo ceſſat
diſpenſatio.   Caupones & tabernarii vetitos cibos non vendant, aut
apponant, ne quidem peregrinis, viatoribus &c. neque aliunde ap-
portari permittant.
        Quadrageſimæ præſertim tempus omnes piè impendant ad pœ-
nitentiam, orationem, mortificationem, eleemoſynam, carnis ma-
cerationem, ſingularémque DEI cultum, per confeſſionem, frequentem communionem, concionem atque in Divinis officiis devotam
præſentiam, ac virtutum peculiare exercitium.   Tempore, quo verbum DEI prædicatur, tabernæ & officinæ ſint clauſæ.

§. 4. De votis, oratione, indulgentiis, ſacris reliquiis.

245.   Ubi communitas de voto aliquo concipiendo deliberat, parochus Epiſcopum conſulat, ejúsque ſententiæ omnes acquiescant. Pri-
                                                                    die

die voti omnes adulti confiteantur & communicent : die ipfo proceffio ad Ecclefiam inftituatur : atque in ea ad aram votum nuncupe-
tur inter miffæ folennia fub offertorio, præmiffa concione de voto ejúfque caufis &c. Voti autem formulam delegati totius communitatis nomine flexis ante aram fummam genibus diftinctè pronuntient. Voti
editi inftrumentum authenticum ad Epifcopum mittatur, in ejus archivo affervandum. Aliud voti inftrumentum in Ecclefia cuftodiatur.
Utque perpetua fit voti obfervatio tabulæ lapideæ in Ecclefia infcribatur.

Nullum opus inchoëtur, nifi præmiffa oratione, & bona intentione. Atque ad hoc parochi & concionatores populum frequenter
hortentur, ut & neceffarium DEI adjutorium imploretur, & operi
meritum inde accrefcat.

Indulgentiæ non promulgentur absque confenfu Epifcopi. Ne
indulgentiarum litteræ aut infcriptiones eo loco fint pofitæ, ubi eft
capfa ad colligendam eleemofynam collocata : doceátque concionator, ad confequendas indulgentias non effe neceffariam eleemofynæ
largitionem ; ut cœleftem eum Ecclefiæ thefaurum non ad quæftum, fed ad pietatis exercitationem, & pro peccatis fatisfactionem
exponi omnes intelligant.

Ne facræ Reliquiæ ex Ecclefia ad ægros exportentur, ne confuetudinis quidem prætextu.

§. 5. De Sacramentalibus & Sacramentis.

Benedictiones cereorum, candelarum, palmarum, cinerum,
ceræ in agnos DEI, ùt appellantur, efformatæ, domuum ædiúmque
afperfa aqua benedicta, fecundùm præfcriptas formulas, magna veneratione peraguntor, & in ufum deducuntor: cùm fint plenæ piis
fignificationibus, & utilitatibus corpori animæque per benedictionum
preces conciliandis opportunæ.

Non fit compater, qui non eft confirmatus chrifmate; nec minor
14. annis. Parochus exquirat, an infans jam domi baptizatus fit,
& fi ita, qua verborum forma, & materiæ applicatione. Singuli feorfim baptizentur.

Epifcopus ne fit negligens in conferendo Sacramento confirmationis. Ægrotos petentes etiam extra ordinem confirmet, fi fit præfens in loco. Quamvis prioribus conciliis ftatutum fit, ut ante feptennium ætatis non facilè conferatur, relinquitur tamen id arbitrio
Epifcopi. Cùm autem dein ad rationis ufum pervenerint, inftruantur de hoc Sacramento fufcepto. Ritus omnes curatè ferventur.

246.

Sacerdos S. fynaxin diftribuens extra Miffam, fuperpelliceo fit indutus, & ftola alba, ubi verò viget ritus Ambrofianus, rubra. Epifcopus verò extra miffam eandem miniftrans pluviali fit. indutus. In eodem omnino morbo ne fæpiùs præbeatur per modum viatici. Capitis damnatus, quo dîe SS. Sacramentum pro viatico fumpfit, ne morte plectatur.

Ante quadragefimam parochus accedat domos & examinet, quinam ad Sacramentum pœnitentiæ & Euchariftiæ obligentur, iique peculiari cura inftruantur. Approbatio ad confeffiones audiendas pertinet ad Epifcopum. Quicunque à cafu, Epifcopo refervato, absque illius facultate abfolvit, fufpenfionem ipfo facto incurrat. Confeffarii fuperpelliceo & ftola fint induti, regulares verò eo habitu, quo in choro utuntur. Extra Ecclefiam aut oratorium absque urgente caufa non audiant, neque ftando, vel ambulando, fed fedendo prò tribunali.

Extrema unctio non detur pueris, necdum rationis ufu præditis. Si alio oleo, uti Chrifmate vel oleo catechumenorum per errorem ufus fit, adhibeat oleum infirmorum, formámque iterum pronuntiet. Si æger inter ungendum moriatur, defiftat alios fenfus inungere. Si dubium fit, an adhuc vivat, conditionatè abfolvat. Minifter ordinarius eft parochus; qui in eo conferendo fit valde diligens; alias ab Epifcopo multandus. Diligenter etiam alios quotidie invifet ægrotos & fpirituali, imo etiam pauperes temporali folatio recreet. In vifitatione examinetur, quomodo parochus in iftis officio fuo fungatur.

PARS II.
De cura tempore peftis.

247.   Superioribus annis funefta contagio primùm urbes aliquot Italiæ celeberrimas, deinde fenfim longè latéque ferpens, Mediolanum ejúsque diœcefin fere omnem corripuit. In hac publica calamitate diffugientibus pluribus aliis, nec malo obviàm ire, aut afflictis defertísque opem afferre curantibus. S. Carolus in ftatione conftanter perfiftens, paftoralem curam opémque in omnem partem exporrexit, peftiferis ipfe inferviens, omníque auxilio & folatio illis fuccurrens.

Igitur ut deinceps in repentino ejusmodi ac publico malo non amplius talis contingat perturbatio, utiliffimas in hanc rem fanctiones in hoc concilio edidit. Atque imprimis ab omnibus attentè perpendi

pendi cupit, peſtilentiam eſſe pœnam ſcelerum; cauſam proin omni conatu amovendam, ut DEus miſereatur, ac pœnitentia placetur. Niſi enim Dominus cuſtodierit civitatem, fruſtra vigilat, qui cuſtodit eam.

Nullatenus autem tunc animarum paſtoribus, neque Magiſtratibus fugiendum, ſed in communem omnium animæ corporiſque ſalutem vigilandum ac deſudandum, perſtandúmque in charitatis officiis. Neque omittenda Divina officia, ſed multiplicata induſtria tantò devotiùs peragenda: ſupplicationes, litaniæ, ſacrificia, ſacramentorum uſus intendendus.

Epiſcopus curet, ut jejunio, eleemoſyna, aliiſque virtutum exercitiis præparati fideles ſupplicationes publicas comitentur, ſacco, cilicio, omnique mœſto & lugubri amictu, gemitu, lachrymis, capite aperto; pedibus nudis, omnique pœnitentiæ publicæ modo. Quadraginta horarum preces celebret per urbis Eccleſias. Reliqui quoque comprovinciales Epiſcopi, licèt in eorum diœceſin lues necdum irruperit, inſolitas etiam ſupplicationes, & precationes inſtituant.

Imminente periculo peſtilentiæ Epiſcopus indaget, quæ vitia maximè graſſentur, & iram DEI poſſint accerſere: atque in ea convellenda totis viribus incumbat. Rationes etiam judicii ſui Eccleſiaſtici examinet, an non injuſtitia aliqua indignationem Divinam provocet. Synodum Diœceſanam convocet, aut ſaltem vicarios foraneos evocet, ut cleri vulnera ſanentur, & ſi quid Divinos oculos offendat, amoveatur. Vocet in partem ſollicitudinis confeſſarios & concionatores, ſuperiores item monaſteriorum. Poteſtatem denique ſæcularem quoque, ſi neceſſe, imploret, ut ſcandalis, corruptelis, malis conſuetudinibus extirpandis auctoritatem ſuam & manum admoveat.

Præſertim verò omnes adhortetur, ut in eo vitæ diſcrimine diſponat domui ſuæ per ſinceram confeſſionem peccatorum, & ſacram communionem, æris alieni expunctionem. Deligat ferventiores cleri ſæcularis & Regularis viros, qui urbem perluſtrent, peſtiferis inſerviant, & omnibus omnia fieri contendant. Medicos quoque & chirurgos provideat, medicamenta item, & miniſtros infectorum, bajulos mortuorum & veſpillones. Confeſſariis amplam poteſtatem concedat; & in multis, quæ alias ex ordine fieri deberent, quantùm poteſt, diſpenſet.

Mendici non expellantur civitate, ſed in unum locum colligantur: ſintque conſtituti, qui eleemoſynas pro illis colligant. Ho-
ſpi-

fpitaliâ publica apparentur, alia pro infectis, alia pro fufpectis, alia pro convalefcentibus, absque præjudicio tamen ecclefiarum.

Locus proin amplus extra urbem eligatur, qui fit fanus, ficcus, prope aquam fluentem, loco editiore. Defcribit deinde totam fabricam; qualem ipfe Mediolani extra mœnia exftrui curavit. Ubi hodiedum vifitur ingens ædificium pro peftiferis, ingenti prorfus amplitudine, fpatiofam aream circumdans, cubiculis ultra 300. diftinctum, unius tamen contignationis. In medio areæ interjecta eft capella, januis undique & feneftris inftructa, ut per eas peftiferi poffint omnes è fuis cubiculis audire Miffam. Circum totum feptum ædificii in extremitatibus areæ eft cœmeterium lapidibus ftratum, ad quod etiam mortui in Hofpitali ampliffimo, quod eft in urbe pro ægrotis omnis generis ampliffimo cenfu conftructum (cum inftructiffimo Pharmacopolio, multisque officialibus & miniftris) fepeliendi deferuntur. Cujus Nofocomii urbici magnitudinem, ftructuram, ordinem, apparatum, decorem, & munditiem, ab omni fœtore puram; tot centenos inter ægrotos, per longas amplasque aulas, utroque ex latere longa ferie in lectulis honeftiffimè difpofitos, admirari non fatis potui; dum præfens infpexi, cum magnâ æftimatione prolixæ charitatis, quam Italica natio tot fumptibus, tantâque curâ ac ftudio perpetuò exhibet omnium nationum ægrotis hominibus.

Plurimas infuper S. Carolus inftructiones in hoc concilio edidit, de officiis ipfo peftilentiæ tempore miniftrandis; conftantique miniftratione facramentorum &c. de concionibus tunc habendis: de cautelis, quas adhibere debet facerdos miniftrans; de cautela adhibenda, cùm ipfe facerdos de pefte eft fufpectus, aut ea jam infectus: de cautelis in monafteriis adhibendis: de baptifmo infanti peftifero conferendo: de officiis confratrum charitatis, collectione eleemofynarum & diftributione: de cura præftanda & exercénda. pietate in hofpitalibus, ac domibus occlufis: de cura difciplinæ motum in iisdem locis: de difciplina parochis & facerdotibus in locis publicæ curationis tenenda: de fpeculatione in miniftris publicæ curationis adhibenda: de vifitatione locorum publicæ curationis feu hofpitalium: de cura fpirituali, fingillatim unicuique pefte infecto vel fufpecto à facerdote adhibenda: de cura à clerico homini pefte infecto adhibenda, dum ejus convalefcit à pefte, aut ab ejus fufpicione liberatur: de cura mortuorùm: de præftandis pefte reftincta.

Addit

Addit denique ſacerdotes, præſertim curatos, non debere mortis metu ſtationem deſerere, cùm in ſuperiori peſtilentia pauci ex iis, qui peſtiferis inſervierunt, ſint mortui, plures verò ex iis, qui fugerunt.

PARS III.

§. 1. De Seminariis.

Urgetur erectio ſeminarii in ſingulis diœceſibus; & annuus cenſus, quantus eſſe debeat, taxatur pro ſingulis : videlicet Mediolanenſis ſeminarii annuus proventus ſint aurei 6000. Dertonenſis 600. Aquenſis 400. Brixienſis 2000. Cremonenſis 2000. Bergomenſis 1000. Aſtenſis 600. Alexandrini 400. Vercellenſis 1000. Albenſis 600. Vintimillienſis 200. Savonenſis 300. Caſalenſis 500. Viglevanenſis 200. Novarienſis 1200. Placentini 1500.

§. 2. De Examinibus.

248.

Conſtituantur Examinatores viri doctrina & moribus graves : qui nulla ſpe, nullo metu docti ſincerè examinent, nent, judicéntque. Atque imprimis fiat examen de vita, moribus, virtute : quomodo oret, quo fructu, an meditari nôrit. Qui *primam tonſuram* petunt, aut *minores Ordines*, interrogentur : quare ad Statum clericalem animum applicent, quo directore hoc conſilium ſuſceperint, an non laborent impedimento aut irregularitate, ex defectu ætatis, natalium, morum, ſcientiæ, lenitatis, famæ, integritatis corporalis.

An miles fuerit, an cædes patrata, an in judicio criminali laico capitis ſententiam tulerit; an notarii, advocati, procuratoris, accuſatoris partes in eo egerit. An per ſaltum promotus. An vim, naturam & rationem Ordinis, quem petit, nôrit : an ritus, & eorum ſignificationem : an functionum notitiam habeat. An ſæcularis judicii declinandi cauſa clericatum petat ; quo vitæ genere hactenus verſatus. Qualem ſpem præbeat ; an legere & ſcribere nôrit. An doctrinæ Chriſtianæ rudimenta calleat, an confirmatus. Si minores Ordines petat, an ſaltem primordia Grammaticæ & linguæ latinæ calleat.

Majoribus initiandi examinentur, an per omnes Ordinum gradus in vitæ spiritualis disciplina majorem progreſſum fecerint. An habeant Breviarium, Biblia, SS. Patrum volumina, Concilium Tridentinum, Catechiſmum Romanum, Rationale Divinorum officiorum, libros aliquos aſceticos.

Quæ ſit Ordinum minorum & majorum differentia. An in minoribus probati ſint. De voto continentiæ, ſubdiaconatûs Ordini annexo : de Sacramentorum doctrina ſaltem generatim. Experimentùm aliquod hauriatur de concionibus.

Ex illis, qui *ſacerdotio* initiari petunt, quæratur, quomodo in miniſteriis prioribus ſe geſſerint ; an piè, caſtè, ac integrè vixerint. Quid ſit Miſſæ ſacrificium, quis effectus, partes, myſteria, ſacrarum veſtium ſignificatio : quæ requirantur ad illud ; ubi & quando celebrare non liceat. An ſacræ confeſſionis peritiam habeant. An ad aliaSacramenta miniſtranda & conciones idonei ac populum inſtruere ac docere nôrint.

De præficiendis *parochiali curæ* exploretur, præter orandi, meditandi & vitæ ſpiritualis ſtudium, an concionari nôrint. An ex tempore aliquid aptè poſſint dicere, capiatur hujus rei experimentùm. An nôrint impedimenta, propter quæ Sacramenta miniſtrari aut ſuſcipi non poſſint. Quæ cujusque Sacramenti materia, forma, cauſa efficiens principalis, inſtrumentalis, cauſa finalis, effectus, ritus. Fiat periculum, quomodo in caſibus conſcientiæ ſint verſati, conſtitutionibus eccleſiaſticis, quos libros legant. Quinam caſus Papæ, & Epiſcopo reſervati : quinam à Jure, ab homine. An SS. Canonum notitiam habeant, præſertim eorum, quæ Tridentinum ſtatuit, de reſidentia, parochiis, Divino cultu, de clericorum honeſtate ac diſciplina, de Sacramentis, ſacris functionibus.

Speciatim *confeſſarii* examinentur de Sacramento pœnitentiæ, à quo, & quare inſtitutum ; quæ illius materia, forma, effectus, miniſter, conditiones. Quæ regulæ ad dignoſcendum mortale à veniali. Quæ partes pœnitentiæ. Quid *contritio* ; quomodo elicienda; quæ utilitas ; quæ ſigna veræ contritionis. Quæ ipſius *confeſſionis* ſubſtantia : quæ circumſtantiæ mutent ſpeciem : quænam exponendæ. Quæ radices reſtitutionis. An ſuſpectos contractus nôrint. Quibus criminibus annexæ cenſuræ : quam vim illæ habeant. Quibus caſibus incurratur irregularitas. Quæconditiones ex parte pœnitentis neceſſariæ. Quando interanda confeſſio.

Circa

Circa *ſatisfaſtionem*, quis finis, fructus. Quanta imponi debeat. An nôrit agere judicem, medicum, doctorem in ſacro tribunali. Examinetur de forma abſolutionis, de ſigillo. Quæ Tridentinum & conſtitutiones ſynodales de hoc Sacramento.

Concionatores examinentur de dogmatibus à Tridentino propoſitis, de peccato originali, juſtificatione, Sacramentis, Miſſa, purgatorio, invocatione Sanctorum, indulgentiis, poteſtate Papæ, jejuniis, feſtis &c. qualis ſit concionator in Theologicis : quos libros adhibeat. An Biblia cum commentario legat : an locos inde poſſit aptè depromere. An ſcripturam interpretari nôrit. An illam non detorqueat pro ſuo lubitu. An traditionum Apoſtolicarum & Eccleſiaſticarum notitiam habeat. An & quomodo in SS. Patribus ſit verſatus : quem ex illis in prædicatione maximè ſequatur. An Sacrorum temporum myſteria, rituúmque ſignificationem calleat. An Eccleſiaſticæ hiſtoriæ conciliorúmque cognitionem habeat. An Sanctorum vitas legat. An Canonum notitia imbutus ; an ſynodorum decreta in promptu habeat. An caſuum conſcientiæ doctrina inſtructus, an theologia myſtica, quæ in ſpiritualis vitæ doctrina, purgandis affectibus, & reformando interiori homine verſatur. An orationis mentalis uſum habeat. Quos locos teneat, ad excitandos auditores ad amorem DEI, deſiderium cæli, virtutum ſtudium, deteſtationem & fugam ſcelerum.

An ſimilitudinibus aptis utatur, e. g. ex agricultura, vinea, ſemente &c. Chriſti exemplo depromptis. An recta intentione feratur. An ordinatè, diſtinctè dicat; clarè pronunciet. An verba pondus habeant, ut non ſolùm aures demulceant, ſed cor tangant, & animi medullas penetrent. An pro ratione rei, de qua agit, aptam, decentem, & congruam actionem adhibeat.

Examinatores hæc aliáque diligenter explorent, & quinque claſſes conficiant, eorum, qui ſunt optimi, ſupra mediocritatem, mediocres, infra mediocritatem, infimi.

§. 3. De Ordinis Sacramento.

Afferant teſtimonia de natalibus, ætate, Ordine proximè ſuſcepto, progreſſu in eccleſiaſtica diſciplina, denunciatione in eccleſia ſacta, miniſterio in eccleſia, exercitio Ordinis ſuſcepti, frequentis

249.

ſa-

facræ communionis, obfervantia erga fuperiores, interſtitiis fervatis, litterarum ſtudiis, titulo.

Abbates diœcefanis absque Epifcopi facultate non conferant
primam tonſuram, aut minores Ordines. Tonſuræ forma fit major
aut minor pro ratione Ordinis fuſcepti. Beneficia curata per con-
curſum conferantur. Nullus facerdos plures Miſſas eadem die legat,
neque neceſſitatis prætextu. Cùm aliquis ex Humiliatorum olim
ordine obierit, in ejus locum facerdos alius furrogetur.

Soli illi abfentes propter infirmitatem, neceſſitatem, & manifeſtam ecclefiæ utilitatem diſtributiones quotidianas percipiant, qui
antea non impediti perfonaliter in choro adeſſe confueverant. Neque
peregrinantes, aut ſtudiorum cauſa abfentes easdem percipiant, licèt à fede Apoſtolica abfentiæ licentiam habeant. Inculcatur rurfus
perfonalis refidentia.

§. 4. De Ecclefiis, Synodis, vifitatione.

250. Poteſt Epifcopus, eum, qui in aſylum Ecclefiæ fugit, per fuos
fatellites interim, donec ſtatuatur, an aſylo gaudeat, in carcerem
abducere, atque in eo cuſtodire : ubi verò decifum fuerit, quòd
aſylo gaudeat, ſtatim illum rurfus Ecclefiæ debet reſtituere Quamdiu verò in cuſtodia eſt, nulla quæſtio aut examen de eo haberi debet.

Pulvinaria Miſſalium nullius uriquam genibus fubſternantur.
Lapides, & ligna ecclefiæ dirutæ ad profanos quoque ufus applicari
poſſunt, non tamen ad forditos. Pecunia verò inde collecta ad ecclefiæ ufum convertatur. Miſſæ verò ad ecclefiam matricem transferantur.

In fynodo diœcefana adornanda Epifcopo maximè auxilium ferant Canonici, & Decani foranei, ac Regionarii civitatum. Con-
ſtituatur promotor fynodalis juris peritus, addito uno vel altero
Ecclefiaſtico, qui abfentium excufationes, controverfias, querelas,
accufationes audiant, & ad Epifcopum referant. Ipſa die omnes fuperpelliceis induti in Ecclefia cathedrali conveniant, Veteri inſtituto triduum eſt præſtitutum, quod tamen Epifcopus pro ratione ma-
teriarum, quæ tractandæ occurrunt, prorogare vel contrahere poteſt. A proceſſione initium, dein Miſſarum follennia, tum fermo
latinus, lectio variorum decretorum. His abfoluti finguli nominatim

tim vocentur. Profeſſio fidei. Examinatores, punđatores, teſtes ſynodales renuntientur ab Epiſcopo. Tertio ſeſſionis die decreta ſynodi ex ſuggeſto prælegantur. Sequuntur monitiones, indiđio anni
ſequentis ſynodi, proceſſio ſolennis, preces, acclamationes, bene-
diđio Epiſcopalis , & oſculum pacis.

Qui dignitates aut canonicatus in cathedrali obtinent, aut præ-
feđuram in collegiata, pluviali induti in ſeſſionibus compareant;
reliqui ſuperpelliceo : Epiſcopus pontificali habitu. Concellarius
omnia ađa conſcribat. Regulares etiam, qui curam animarum gerunt, conciliis diœceſanis interſint.

Antequam à loco viſitationis diſcedatur, ſcripta relinquantur
decreta Ordinationum & reformationis ſuſceptæ, eáque publicentur.

§. 5. De Epiſcopali Jurisdiđione & Foro.

2ſ1.

Si Epiſcopus aliunde veniat, apud comprovincialem Epiſcopum di-
vertat. Archiepiſcopo verò & legato Apoſtolico cbviàm procedat
absque rocheto aperto. Coëpiſcopi tempore calamitatis publicæ
mutuò ſuccurrunt precibus, conſilio, ſolatio, eleemoſyna. Epiſcopus œconomum Eccleſiæ cathedralis conſtituat juxta concilii Chalce-
donenſis decretum.

Nullus Prælatus iñducat alienum Epiſcopum ad ſacrum òleum
aut chriſma conficiendum adminiſtrandúmve, aut conſecrandam Eccleſiam, aut exercenda pontificalia. Regulares, quibus ex privilegio
jus competit conſervatores eligendi, ad quos in judicium vocentur, quos ſemel delegerint, ne mutent.

Quando conciliorum provincialium aut Tridentini decretis
ſtatutum eſt, de capituli cleríque conſilio aliquid agendum, non tamen propterea Epiſcopo neceſſitas eſt impoſita illud ſequendi, niſi
id nominatim cautum ſit.

Quoties Epiſcopus etiam tanquam ſedis Apoſtolicæ ex decretis
Tridentini delegatus ſententiam tulerit, iis in cauſis, in quibus ante
concilium poteſtate ordinaria pronuntiare poterat, non propterea
Metropolitani jurisdiđio in appellatione ſubterfugiatur.

Quod Tridentinum ſtatuit, ne à ſententia interlocutoria appelletur, ſervandum eſt; niſi gravamen tale ſit, quod per definitivam
reparari nequeat, quale eſſet indebita incarceratio. Attamen etiam

in hoc cafu appellatio non habet effectum fufpenfivum, fed tantùm devolutivum.

Non tantùm in litis principio juramentum calumniæ Judex potest exigere, fed in omni ejus parte, cùm expedire cenfuerit. Cenfurarum vim & poteftatem parochus aliquando pro concione explicet; uti etiam, quòd excommunicatus, qui monitus, ut facerdote celebrante ex ecclefia difcedat, parere tamen detrectat, abfolvi non poffit, nifi à fummo Pontifice. Interdicta Epifcopalia etiam à Regularibus ferventur.

Cùm parochos aliquos interdictos aut excommunicatos pronuntiârit, eos quamprimum ad Epifcopum deferat. In Epifcopali foro omnibus jus gratìs dicatur. Si quis aliquid acceperit, pœnam repetundarum lege Julia fancitam ipfo facto fubeat.

Qui in familia aut famulatu funt Epifcopi, caufis, quæ in Epifcopali foro aguntur, fe non immifceant, ne quidem ulla commendatione, nifi ex officio adftringatur. Imò expedit, ut alienæ potiùs diœcefis Vicarii Epifcopales adhibeantur, ne ullo humano refpectu à via juftitiæ declinetur.

Ne avocentur parochi ab Ecclefiæ fuæ cura. Piarum voluntatum executio, & jurium Ecclefiafticorum defenfio jure canonum Epifcopi curæ commiffa eft. Caufæ incarceratorum quàm celerrimè finiantur.

Procurator fifci Epifcopalis veritatem criminis inquirat; nullatenùs verò poteftate fua abutatur ad innocentum vexationem. Vigilet etiam cum Vicario, ne apparitores aut fatellites quidquam extorqueant. Teftes pro informatione curiæ; aut Inquifitionis excipere poteft. Quæftionibus quoque intereffe poteft, & Judici interrogationes ad caufam pertinentes in memoriam revocare. Denuntiationum quoque, quæ de legatis piis fiunt, indicem, à Cancellario communicatum, apud fe habeat.

Cancellarius curiæ Epifcopalis nullum prorfus munus accipiat. Neque difpenfationes ullas expediat, nifi in quantum ipfius officium & mandatum Epifcopi concedunt.

Hebdomadæ dies non gentilium more planetarum, Lunæ, Martis &c, fed feriarum nomine appellentur.

Can-

Cancellarius & Notarius caufarum acta, inftrumenta origina-lia, ac proceffus ñemini afportanda tradant, fed in Cancellaria aut Archivo illa infpicienda exhibeant. Et ne hoc quidem fine Vicarii confenfu.

Quæ de taxa, miniftris tribunalium determinanda, ftatuta funt, cùm necdum ubique executioni fint data, omnino impleantur ; aliàs Metropolitanus id faciet, ad abfcindendam omnem avaritiæ occafio-nem.

. In cancellaria conficiantur acta vifitationis, litteræ teftimonia-les, dimifforiæ, atteftationes de alicujus aptitudine ad Beneficium : ceffio Beneficii coram Ordinario liberè facta. Proceffus de natalibus, ætate, aliisque conditionibus eorum, qui initiandi funt, aut ad fe-minarium admittendi. Inftrumentum jurisjurandi, præftandi ab iis, qui Beneficium obtinent, profeffionis fidei : facultatum, quæ mo-nialibus funt conceffæ : facultatum erigendi confraternitates, fcho-las &c. abfentiæ ftudiorum caufa : eleemofynam colligendi, abfol-vendi à cafibus refervatis : celebrandi ubique vel certo loco : præ-dicandi : audiendi confeffiones.

Litteræ item indulgentiarum ; confecrationis vel reconciliatio-nis ecclefiæ, cœmeterii, altarium, campanarum. Conftitutio coad-jutoris. Reductio Miffarum. Commutatio bonorum operum. Fa-cultas peregrinandi extra diœcefin. Litteræ, quæ ad Vicarios fora-neos, parochos, aut alios fcribuntur. Proceffus & acta omnia cir-ca miracula examinanda, vel Reliquiarum veritatem. Facultas afpor-tandi cadaver de loco ad locum. Decreta, ordinationes, ftatuta ab Epifcopo vel ejus Vicario confecta. Conftitutio Vicarii in quavis ecclefia. Difpenfationes, litteræ & expeditiones quæcunque fpiri-tuales.

§. 6. De Matrimonio.

Decernuntur irritæ omnes leges & ftatuta, quæ libertatem matrimonii contra SS. Canones impediunt. Denuntiationes remit-tendi non alia videtur effe caufa fufficiens, quàm probabilis fufpicio, ne matrimonium malitiofè impediatur. Ne Vicarius quidem genera-lis eas remittere poffit. Si poft denuntiationes, in ecclefia factas, lutra duos menfes matrimonium non ineatur, repetantur. 252.

Pa-

Parochus ne jungat fponfos antè, quàm rudimenta Chriftianæ fidei calleant. Qui teftibus, adhibitis, absque parocho (aut alio facerdote, cui is, vel Ordinarius facultatem dederit) matrimonium de facto cõntraxit, cum aliis liberè contrahere poteft; cùm illud factum ne fponfalium quidem vim habeat.

Moneat parochus contrahentes, pœnam excommunicationis effe propofitam in gradibus confanguinitatis & affinitatis fcienter contrahere præfumentibus: nec fpem fore obtinendi difpenfationem, ne quidem fornicationis caufa.

Irritum declarandum matrimonium, quod non à parocho proprio contrahentium, fed à parocho loci, in quo initur, celebratur.

Excommunicationi latæ fententiæ fint irretiti, qui fafcinationibus & veneficiis matrimonia impedire nituntur.

Sufficiens caufa difpenfandi in gradibus cognationis, & affinitatis eft loci anguftia, in quo alium cum competente dote mulier habere non poteft: licèt extra fuum municipium tales habere poffet.

Meretrices aut proftituti pudoris fœminas in nulla caupona licitum eft tolerare. Sed in unam fentinam ea fæx compingatur.

Parochi fpeciale ftudium adhibeant, ut mulieres luxum, cincinnos, inaures, fucum, & veftes caudatas deponant.

Parentes liberos totámque familiam ad virtutis normam & vitam Chriftianam componant. Et univerfim petulantis juventutis effrænis licentia coërceatur, præfertim in locis DEO facris. Quare ratio aliqua cum ftatu Ecclefiaftico & politico ineatur, ut efficax in hac parte remedium adhibeatur.

§. 7. De Scholis, Confraternitatibus, Monialibus;

Nemo in fcholas aut confraternitates admittatur Chriftianæ doctrinæ omnino rudis, nec facinorofi, nec turpis vitæ aut infamiæ labe notati: fi verò jam admiffi fint, nec moniti refipifcant, excludantur.

Contra moniales absque facultate fedis Apoftolicæ clauftro egredientes cenfuris aliisque juris remediis procedatur. Neque Religiofi
fepta

253.

septa monasterii, quamvis suæ curæ commissi, ingrediantur; ne quidem professionis admittendæ, vel confessionis audiendæ, vel Missæ dicendæ causa, sed in ecclesia exteriori, ubi SS. Eucharistia ad fenestellam ministratur, hæc illis præstentur. Idem de Episcopo, confirmationis Sacramentum conferente.

Nulla monialis atramentum, calamum aut alia ad scribendum instrumenta in cubiculo habeat. Si aliquid necessariò scribendum, à Superiore arma scriptoria accipiat, móxque post ulum restituat: & quæ scripsit, eidem ostendat. Libros nullos habeant, nisi quos Episcopus approbârit. Ante professionem Episcopus Novitiæ voluntatem ad crates exploret.

Adduntur consuetæ clausulæ circa executionem horum Decretorum. Subscripserunt S. Carolus Metropolitanus, cum 16. Episcopis comprovincialibus personaliter præsentibus, omnibus nempe iis, quorum Diœceses supra, ubi de seminariorum censu actum est, expressim nominavi, excepto unico Placentino. Præter Episcopos autem nemo subscripsit. Indictum futurum concilium pro more.

§. 6.

Concilium Mediolanense VI. anno 1582.

Ultimum hoc concilium provinciale biennio ante mortem S. Carolus celebravit; eique ardentem facundámque orationem pro more præmisit; in qua repetita conciliorum necessitate & utilitate ait, plurimos languentes esse sanandos, provincialem Episcoporum conventum esse velut medicorum collegium, in quo de curatione consulendum in medium. Enarrat dein, ingemiscens cum propheta, varia morborum genera, quibus provincia ceu magnum quoddam nosocomium repleta sit, aspernata medicamenta, & in medicos frendens pestiferis febribus phrenetica. **254.**

Hic hydrope laborantes, dæmonum impetu agitatos, lepra fœda affectos, paralyticos, gibbosos, mutos, surdos, plurimos; claudorum, aridorum, cæcorum infinitum jacere numerum, lamentabili languentium miserandóque spectaculo. Hic multos superbia turgidos, luxu distentos, avaritia sordidos, luxuriæ ardoribus æstu-

Pars VII. Iii antes

antes, ira furentes, otio torpentes, invidia lividos, gula ventris-
que ingluvie propemodum fatifcentes : &, ut nihil ad calamitatem,
miferiámque deeffet, ipfos medicos languere : ipfos facratos myftas,
aut febrium intemperiis correptos jactari, aut lethargo torpentes jacere proftratos.

Ubi Decretorum executio ? ubi morum corruptelæ creptæ ? ubi
peccatorum publicorum femina convulfa, vitiorum exempla fublata,
difciplina introducta ? ubi juvenum petulantia emendata, lenocinia
profcripta, proftibula amota ? Ubi popularis concurfus ad lubrica
fpectacula eliminatus, fcurriles ac fefcenn*ni* joci fublati, bachantium
Chriftianorum effufa licentia repreffa ? Quare autem non eft obducta cicatrix populi ? Nunquid, non eft refina in Galaad ? qui applicare deberent pharmacum, acediæ lethargo hebefcunt & contabes-
cunt.

Ita temporis fui morbos deplorabat, ceu alter Salvianns, fan-
ctiffimus Mediolanenfium Præful Carolus ; & ob oculos proponi jubet probaticam illam pifcinam, atque in ea multitudinem magnam
languentium, cæcorum, claudorum, exfpectantium motum aquæ,
agitandæ fynodali confultatione & paftorali officio.

§ 1. De Fide.

255.

Ne concedatur ingreffus in provinciam ulli hæretico ex vicinis
infectis regionibus venienti. Si omnino impediri non poffit, in publica caupona diverfetur, atque ad Epifcopum deferatur. Non
permittatur intrare ecclefiam, nifi tempore concionis.

Nemini licet bona fua vendere, ut in hæreticorum terras migret
ibique domicilium figat. Bibliopolæ & typographi fidei profeffionem
edant. Nullus liber, etiam aliàs jam editus, recudatur absque debita licentia. Nullus liber ficto aut alieno nomine edatur. Nemo
prædicatoris officium affumat fine approbatione Epifcopi.

§ 2. De Reliquiis, Feftis, Indulgentiis.

256.

Sine Epifcopi conceffione facræ Reliquiæ non transferantur ab
una ecclefia ad aliam, multò minùs extra Diœcefin. Sub excommunicatione etiam prohibetur, ne quis privatim particulam alteri donet, aut concedat.

Quia S. Barnabas Mediolanenſem Ecclefiam primus erexit, &
myſteriis fidei imbuit, ejus feſtum ſub præcepto à clero populóque
colatur. Licèt feſtum in diem jejunii inciderit, nihilominus jejunium feivandum.

Parochus indulgentias conceſſas diligenter promulget.

§. 3. De Sacramentis.

Fideles frequenter ad Eccleſiam parochialem conveniant, ad   257.
SS. Sacramenta percipienda, audiendum verbum DEI, & cultum
DEO ſub Divinis officiis exhibendum, Dominicis præſertim feſtisque
diebus.

Regulares etiam exempti olea facra non aliunde quàm ab Ecclefia Cathedrali fumant.

Diem Baptiſmi celebrandi uſus reſtituatur : dicente Ambroſio :
*repete, quid interrogatus ſis; recognoſce, quid reſponderis. Renun-
tiaſti diabolo & operibus ejus, mundo & luxuriæ ejus, ac voluptatibus : memor eſto ſermonis tui, & nunquam tibi excidat tuæ ſeries cau-
tionis.* Parentes igitur diem illum notent. Non tamen celebretur
dies ille natalis luxu, conviviis &c. ſed ſanctis erga DEum gratitu-
dinis & charitatis officiis.

Quivis paterfamilias audito campanæ ſigno cum cereo ad ecclefiam parochialem ſe conferat, ut inde SS. Euchariſtiam ad ægrum
comitetur. Si autem impeditus ſit, alium ex familia cum cereo
mittat.

Epiſcopus ab audiendis confeſſionibus ſuſpendat eos, qui id
munus non exercent ſanctè, integrè, & cum ædificatione.

Fideles confiteantur, quando præſens mortis periculum ade-
undum : & SS. Euchariſtiam ſumant. Idémque faciant, quando periculum evaſerint. Reliqua, quæ hîc de extirpandis publicis ſcele-
ribus, de communione paſchali, de approbatione confeſſariorum affeiuir-
tur; jam ſæpius repetita ſunt; uti etiam, quæ de titulo menſæ dicuntur.

§. 4. De capitulis, clero, ac Divinis officiis.

Capitulum ſede vacante aut veterem Vicarium confirmet, aut   258.
novum conſtituat, ſi fieri poſſit, Juris Canonici Doctorem. Ob

caufam femel electum mútare licebit.   Capitulum fede adhuc vacante rationem ab eo exigere poffit : uti etiam novus electus Prælatus.

Epifcopi jurent manu ad pectus admota.   Idem de reliquis prælatis : inferiores verò clerici tactis facris litteris.

Sacerdotes à Miffa fufpenfi frequentem facram communionem
fumant.   Statuuntur pœnæ in clericos concubinarios, aut eo nomine
fufpectos.

In quolibet altari, in quo Miffa celebratur, crux adfit.

Quando fummus Pontifex moritur, omnes campanæ compul-
fentur.   In cathedralibus verò & collegiatis folennis Miffa & officium
defunctorum pro eo celebretur.   Reliqui facerdotes aut Miffam, aut
faltem ftatam orationem pro eo faciant.

Cùm Epifcopus graviter ægrotat, fupplicationes & orationes
pro eo inftituantur.

Antiphonæ Breviarii ad novi officii rationem emendentur.

§. 5. De funeribus, proceffionibus, Ecclefiarum cultu,

259.   Clericus mortuus veftitu pro ordinis fui gradu indutus effera-
tur.   Laicum Eccefiaftici nunquam efferant : neque in altiori ordine conftituti inferiorem clericum.   Nifi neceffitas aliud exigat : Epifcopum obtinentes dignitatem & canonici facerdotes : laicum laici.

Dominicis & feftis nulla celebrentur anniverfaria pro defunctis.
Oratio pro defunctis quotidie fub crefculum fiat à toto populo, campanæ figno admonito.   Datæ in id Indulgentiæ.

Ne in pofterum corpus aliquod fepeliatur, nifi duodecim faltem
horis poft mortem.   Si verò quis repentina morte occumbit, 24.
horis exfpectetur.

Statæ proceffiones devotè obeantur, prælato vexillo.

Si in ecclefia crimen aliquod patretur, id ocius Epifcopo figni-
ficetur.   Mulieres omnes velato capite in ecclefia compareant.   Prope baptifterium nullum fiat fepulchrum.

§. 6. De

§. 6. De Juribus, & Jurisdictione Ecclesiastica.

Locationes ad longum tempum ac perpetuæ examinentur. Le- **260.**
gata pia diligentiùs inquirantur & in tabulas referantur, ut ad præ-
ftitutum tempus folvantur.   Idem de decimis & primitiis.

Epifcopus duos facerdotes, pietatis ze o flagrantes deligat,
quorum officium fit, eum privatim admonere, quidquid in eo defiderati vel opus effe viderint, ad Tridentini aliorúmque conciliorum
executionem.   Ipfi etiam Epifcopi provinciales hac de re inter fe
conferant.   Atque fanctæ etiam fedi quot annis Ecclefiæ fuæ ftatum
exponant.   Plura infuper ftatuuntur pro cafu, quo Metropolitanus
aut alius Epifcopus provincialis ægrotat.

In rei frumentariæ publica inopia clerici frumentum & annonam ne abfcondant, fed ftato pretio vendant.

Quia fæpe accidit, de fervitute aquæ, per alienos agros dedu-
cendæ, de oryzis intra certos fines non ferendis, atque de aliis ejus
generis caufis & controverfiis lites oriri ecclefiafticos inter & laicos,
eas Epifcopus ad SS. Canonum & æquitatis normam decidat.

Epifcopus eas etiam capellas vifitet, quæ ea conditione erectæ
funt, ut Ordinarius aliúsve fuperior Ecclefiafticus eas non vifitet.
Nifi fe$_d$es Apoftolica ejusmodi erectionem aut fundationem appro-
bâffet.

§. 7. De Synodis, & Beneficiis.

Præfcribuntur regulæ, quomodo Epifcopi venientes ad conci- **261.**
lium debeant urbem, & Ecclefiam Metropolitanam intrare, quomodo excipi & falutari debeant.   Quod durante concilio quotidie
unus ex Epifcopis debeat folenniter celebrare, & fermonem ex fug-
gefto habere : quomodo orationes publicæ fieri ; exercitationes,
conciones, & difputationes facræ inftitui ; fynodorum acta in unum
volumen colligi.

Beneficia, quæ per ceffionem vacant, Epifcopus nec fuo, nec
cedentis confanguineo, aut familiari conferat, prout Pius V. ftatuit.

§. 8. De Foro Ecclefiaftico.

262.   Caufæ Ecclefiafticæ celeriùs expediantur, quàm in foro laico fieri confuevit; & fi res dubia & intricata, tranfactio tentetur, vel amicabilis compofitio. Judex coerceat advocatos, procuratores, aliósque litium miniftros, ne quæftus caufa lites protelent.

Abbates aliíque inferiores Ecclefiaftici caufas matrimoniales, & criminales poffunt cognofcere, quibus aliàs legitimè talis jurisdictio competit, aut de immemorabili confuetudine conftet.

Antequam Epifcopus clericis facultatem concedat, ut in foro laico interrogari poffint, interrogationes, ipfis proponendas intelligat, ac perpendat.

§. 9. De Matrimonio.

263.   Antequam denuntiationes fiant in ecclefia, parochus ipfe fponfos examinet, an non aliquo impedimento dirimente aut impediente ligentur. Viderit itaque, an non alteri fidem dederint: an non caftitatis aut religionis voto teneantur: an non fubfit aliquod impedimentum confanguinitatis, cognationis fpiritualis, aut affinitatis.

Filiosfamilias valde cohortetur, ut parentibus infciis aut invitis rem tanti momenti non fufcipiant: fimúlque per orationem ad DEum priùs confugiant.

Gravi pœna & cenfuris Epifcopi fanciant, ut peffima illa confuetudo ante initum matrimonium coeundi extirpetur. Itaque priùs nulla familiaritate aut commercio utantur.

Epifcopi fummopere invigilent, ut grande concubinatus crimen radicitus extirpetur. Et contra reos abfque forma judicii, fola rei veritate infpecta, feverè procedant.

Paftores animarum graviter vetent, ne mas & fœmina, licet puerili adhuc fint ætate, fimul cubènt, ut omnis flagitii præfcindatur occafio: nec facilè paupertatis & anguftæ habitationis audienda excufatio: cùm humi aut fub dio jacere fatius effet.

Tollenda pariter nocturna rufticanæ plebis conventicula, tempore præfertim hyemali in ftabulis fieri folita. Caupones etiam fæpe moneantur, ne domi fuæ flagitia patrati patiantur, aut occafionem eisdem præbeant. Quare nullos profligati aut etiam fufpecti pudoris homines in familia fua toleret. Amotis omnibus procacibus

bus

bus picturis ac sculpturis, sacra imago singulis in cubiculis ponatur.

Hæreticos apud se divertentes caupo illico denuntiet ; nec feria sexta & sabbato eis carnes apponat. Nec sinat mulierem cum viro cubare, quos suspicatur non esse conjuges. Hospite peregrino in morbum incidente, parochum moneat. In omnibus denique ita versetur, ne alienorum peccatorum se reum faciat.

§. 10. De Disciplina Militum.

Ad milites. etiam, quorum disciplina Christiana multùm collapsa est, Episcopalis cura se exporrigat ; ut nullus sit hominum status, quem pastoralis sollicitudo non complectatur.   264,

Ubi igitur milites sunt in præsidio, Episcopus cum eorum præfectis paternè agat, ut secundum Christianæ vitæ instituta vivant : Christianæ doctrinæ rudimentis imbuantur, frequenti confessionis & communionis usu se communiant. Quotidie mane & vesperi stata hora preces ad DEum fundant : Rosàrio B: V. quotidie utantur, ac litanias collecti in statione recitent : sacram imaginem in loco stationis habeant : sacerdote ab Episcopo delecto sit eis provisum, qui in rebus spiritualibus, & animæ salutem concernentibus eos exerceat. Libros obscœnosne legant, sed in otio militari Martyrum, præsertim militum, vitas legant, in quibus Christiana pietas cum virtute militari enituit.

Illud verò quàm maximè Episcopus cum militum Ducibus·agat, ut jejunia & ciborum delectum ex ecclesiæ præcepto servent, à blasphemiis abstineant, uti etiam à furtis, rapinis &c. persuasúmque habeant, ejus generis criminibus perpetuam inuri infamiam. Denique detractiones, mendacia, ingluviem, aleam, luxuriam abhorreant. Christianos contra mores induant, .& confectentur virtutum decus. Ad quæ consequenda. Episcopus, piam inter eos confraternitatem, Christianæ velut vitæ palæstram, curet institui.

§. 11. De Confraternitatibus, piis locis, & Monialibus.

Quælibet confraternitas sacerdotem habeat, vitæ spiritualis   265. præsidem ac moderatorem.

Ut

Ut omnes diſſenſiones de loci in proceſſionibns prærogativa tollantur, illæ deinceps ſodalitates priores incedant, honoratiore nempe loco, quæ habitu confraternitatis antiquiores ſupplicationes ſolebant comitari : licèt aliæ tempore ſint antiquiores, majoribúſque privilegiis vallatæ.

Noctu nullas ampliùs proceſſiones agant, niſi de licentia Epiſcopi. Epiſcopus interſit adminiſtrationis rationibus, & adminiſtratorum mutationi.

Cùm ea, quæ toties de Monialium clauſura graviſſimè conſtituta ſunt, necdum ubique in uſum eant, acuuntur pœnæ in omnes, tam eccleſiaſticos, quàm laicos, qui earum Monaſteria, quavis cauſa aut prætextu, accedunt. Multò minùs quisquam ipſa ſepta ingrediatur, niſi peculiarem facultatem, eámque ſcriptam ab Epiſcopo habeat. Neque Vicarius generalis eam licentiam dare poteſt; niſi ſpeciale mandatum ab Epiſcopo habeat. Qui contra hæc·commiſerint, ipſo facto ſunt excommunicati, abſolutione ſummo Pontifici reſervata.

Subſcripſerunt huic ſextæ ſynodo præter S. Carolum Præſidem, novém Epiſcopi provinciales præſentes. Quia verò Epiſcopus *Vercellenſis*, apud Rudolphum Imperatorem Nuntius Apoſtolicus, *Laudenſis* apud Philippum Regem Catholicum, *Savonenſis* apud Avenionem Pontificius gubernator, *Aquenſis* verò, & *Novarienſis*, propter alia impedimenta per ſe ipſos intereſſe non poterant, per procuratores ſubſcripſerunt: Placentinus verò & Albingaunenſis neque per ſe ipſos, neque per procuratórem ſubſcripſerunt.

Septimam ſynodum provincialem S. Carolus indixit ad annum 1585. Sed antequam is veniret, evocatus ſuit à DEO ad cœleſte præmium & æternam requiem.

LIBER

LIBER III.

Status Ecclesiasticus & Politicus
Galliæ sæculo XVI.

SUMMARIUM.
ARTICULUS I.
Status Galliæ sub Ludovico XII.

1. Ludovicus solvit mattimonium, metu initum.
2. Ducatum Mediolanensem Ludovico Sfortiæ eripit:
3. Neapolin Friderico Regi, eámque cum Hispanis dividit. Rex uterque investitur à Pontifice.
4. Galli à Gonsalvo M. Neapoli eiiciuntur.
5. Genuæ fata, & Venetiarum.
6. Discordia cum Julio Pontifice.
7. Galli Italia pulsi, & Navàrrâ.
8. Inito cum Venetis fœdere Insubria recuperata, rursúsque amissa.
9. Cladès Gallorum in ipsa Francia.
10. Pacta cum Helvetiis.
11. Ludovici mors.

ARTICULUS II.
Status Galliæ sub Francisco I.

12. Expeditio Italica. Insubria denuo subacta. Pugna ad Marignanum. Maximilianus Sfortia ductus in Galliam. Concordatum cum Leone X.
13. Fœdus cum Helvetiis, à Ludovico XII. abjectum, à Francisco instauratur. Pax universalis.
14. Semina discordiarum inter Carolum V. & Franciscum I. primùm inter eos bellum Navarrense, & Insubricum. Ab Hispania & Italia depulsus Gallus. Ludovicæ matris & Boniveti factiones.
15. Carolus Borbonius ad Cæsarem transit. Bonivetus omnia perdit. Expeditio Cæsaris in Phocensem provinciam.
16. Rex in Italiam. Pugna Ticinensi victus captúsque. Consilia de rege capto.
17. Pax Madritensis. A rege non servatur.

18. Fœdus adverfus Cæfarem. Romæ direptio. Alterum bellum. Magni Gallorum initiò progreffus in Infubribus & Samnitibus.

19. Mox omnia rurfus amiffa : Doria ad Cæfarem tranfeunte ; & Genuam in libertatem afferente.

20. Pax Cameracenfis : indignantibus Venetis.

21. Nova Francifci fœdera cum Anglo & Clemente. Contrada cum hoc affinitas.

22. Tertium bellum, ejúsque tres caufæ.

23. Francifcus Infubriam rurfus prætendit & Pedemontium. Carolum III. Sabaudiæ Ducem provinciis fpoliat. Genevam re-

bellem in libertatem afferit. Cæfaris in Provinciam infelix expeditio.

24. Induciæ à Paulo III. Niciæ impetratæ, ut Concilium celebrati poffit. Cæfaris iter per Galliam.

25. Quartum bellum, propter Clivenfem & legatos cæfos. Belgium & Rufcino theatrum belli. Claffis Turcica Gallicæ junda.

26. Clivenfis fubadus. Lucemburgum receptum. Bellum in Pedemontio. Pugna ad Cerifolam.

27. Pax Crefpiaca. Angli bellum continuant in Belgio. Pax. Mors Francifci.

ARTICULUS III.

Status Galliæ fub Henrico II.

28. Aulæ mutatio. Stamparum Duciffa cum Mommorantio ejeda. Diana Pidavienfis fubintroduda. Nuptiæ Principum.

29. Stirpis Lotharingicæ adumbratio.

30. Bellum Parmenfe, Lotharingium, & Alfatum. Tres Epifcopatus erepti Imperio.

31. Obfidio Metenfis. Sors melior Cæfatis in Picardia.

32. Bellum Belgicum. Senenfe. Corficum. Senæ à Cofmo expugnatæ.

33. Induciæ. Mox iterum ruptæ. Bellum Hifpanorum cum Paulo IV, cui Galli fe mifcent. Guifius in Italiam nullo fucceffu.

34. Hifpani in Picardiam. Pugna ad Sanquintinum. Galliæ confternatio. Guifius ex Italia accitus reftituit rem. Caletum &c. Anglis eripit.

35. Fadiones in aula inter Mommorantios & Guifios. Clades Gallorum ad Gravelingam. Res in Pedemontio.

36. Pax Cameracenfis. Henrici infelix mors.

ARTI-

ARTICULUS IV.
Status Galliæ fub Francifco II.

37. Guifiorum in aula potentia. Adverfa factio Borboniorum, Mommoranci, Colygniorum.
38. Malorum caufa bærefis; & ambitio. Lutheranorum in Galliam adventus. Regis foror eos fovet. Genevæ defectio.
39. Calvini juventus. Inftitu-

tiones. Doctrina impia in Galliam illata & Brafiliam. Andelotii facinus,
40. Poft mortem Henrici II. hærefis infolefcit. Annæ Burgi fupplicium. Guifiorum zelus pro religione. Ambofiana confpiratio.

ARTICULUS V.
Status Galliæ fub Carolo IX.

41. Catharinæ matris pfeudopolitica. Synedrion, feu colloquium Poffiacenfe. Laynii oratio.
42. Triumviratus. Mommorantii religio. Partes Catholicæ. Primum Hugonotorum bellum. Antonii Navarri converfio, & mors. Drocenfis pugna. Condæus & Mommorantius capti. Guifius victor à Poltroto interemptus. Prima pax.
43. Iniqua Catharina Tridentino Concilio. Sententia Pontificis in octo Epifcopos, præfertim Cardinalem Caftilionium, apertè hæreticum, & in Joannam Albretanam. Molinæus in carcerem. Profcriptus liber Caffandri. Mors Calvini.
44. Alterum bellum Hugonot. Rex ereptus periculo. Pugna

Sandionyfiana. Mommorantii gloriofa mors & laus. Cafimirus in Galliam. Rupellæ defectio. Pax altera. Ab Hugonotis non fervata.
45. Tertium bellum. Pugna Jarnacenfis. Condæi mors. Monconturiana clades. Soria pirata. Tertia pax indigna victoribus.
46. Cædes Hugonotorum Parifina. Navarri & Condæi fimulata converfio. Quartum bellum. Rupellæ obfidio fruftra tentata. Sancerra expugnata. Quarta pax.
47. Quintum bellum. Mongomerius captus & Parifiis damnatus. Factio tertia Politicorum, Alenfonio duce. Confpiratio eorum detecta. Condæi fuga. Mors Caroli regis.

AR-

ARTICULUS VI.

Obſervatio in Pariſienſem Hugonotorum cædem.

48. 'Hugonotæ impii in Religionem. Sacrilegi in templa : Sacerdotes : Catholicos univerſim : in Sanctos eorúmque, uti
etiam regum, ſepulchra.

49. Proditores & everſores patriæ, ac regni : in regem rebelles. Senatus ſupremus jure
cæſos pronuntiavit.

ARTICULUS VII.

Status Galliæ ſub Henrico III.

50. Galliæ facies. Henrici è Polonia redeuntis torpor. Nuptiæ. Mombrunus captus ac
condemnatus.

51. Alenſonii fuga ad Hugonotos,
uti etiam Politicorum Catholicorum, ac Navarri. Ingens
belli apparatus: Pax iniquiſſi-
ma à Regina inita.

52. Liga ſacra Catholicorum, duce Guiſio. Criſis de illa. Rex
ipſe Ligæ ducem ſe profitetur.
Comitia Bleſenſia. Defenſio
religionis decernitur.

53. Bellum ſextum Catholicis glo-
rioſum. Sed pax ſecuta pro-
broſa. Ordo S. Spiritus.

54. Bellum ſeptimum, fortiter
rurſus à Catholicis geſtum.
Sed turpi pace ab Henrico concluſum.

55. Mollis ac variabilis regis indoles. Expeditio in Azores infelix : uti etiam in Belgium ab
Alenſonio iterum ſuſcepta. Hujus morte augetur metus Ca-

tholicorum. Qui multas urbes
occupant, regémque impellunt,
ut hæreſin prohibeat.

56. Octavüm Hugonottorum bel-
lum ; fauſtum initiò Catholicis,
Legati Proteſtantium ad regem.
Bellum ei denuntiant.

57. Rex tres conſcribit exercitùs.
Primum tradit Valetæ, quem
Ducem Epernonium creavit,
magnísque dignitatibus auxit.
Sed parùm egit : alterum Arqui-
nò, quem Joioſæ Ducem fecerat, ac pariter ad ſummos honores ac Regiam affinitatem
evexerat. Hic pugna Curtra-
cenſi ab Hugonotis victus, captus, & contra jus belli interemptus eſt.

58. Tertium exercitum, multò
minorem dedit Guiſio, ob Ligam ſibi infenſo, ut Germanos
& Helvetos tranſitu arceret.
Quos ad Alnæum acie vicit, ac
diſſipavit.

59. O

59. Offenfionibus præluditur tragœdiæ. Guifius Parifios ingreditur, velut tutelaris Angelus à populo exceptus. Rex ejus mortem decernit. Civitas in regem. Fugit is Lutetia Carnutum. Per matrem cum Guifio tranfigit. Epernonius Guifii inimicus gratia regis excidit.

60. Comitia Blefenfia. Poftulata Ordinum. Infidiæ. Cædes Guifiorum. Conjunctorum & amicorum captivitas.

61. Multæ urbes & integræ provinciæ deficiunt à Rege ad fœderatos. Is conventu habito cum Navarro fœdus init. Mornæi libellus de hoc fœdere oleum igni affundit. Maynius Parifiis ut Numen exceptus. Bellum per provincias fparfum.

62. Obfidio Lutetiæ. Regis cædes.

ARTICULUS VIII.

Status Galliæ fub Henrico IV.

63. Spes metúsque Galliam fufpendit. Deliberatio Catholicorum, qui Henrico III. adhæferant. Fœderati Catholici Cardinalem Borbonium fub nomine Caroli X. regem enuntiant.

64. Bellum per provincias. Maynius Rothomagum obfidione liberat, & Lutetiam. Sixtus V. & Philippus II. ad fœdus. Juriacenfis victoria ab Henrico obtenta.

65. Obfidio Lutetiæ. A Farnefio foluta. Obitus Cardinalis Borbonii, quem regem dixerant. Maynius confirmatus Vicarius regni. Bellum in provinciis. Hifpani confilia.

66. Gregorii XIV. interdictum, in Galliam miffum. Ejusdem copiæ fœderatis datæ. Sabaudus accedit fœderi; & in Provincia ac Delphinatu prætenfiones fuas perfequitur. Vincitur à Lediguerio.

67. Caroli Guifii libertas. Tumultus Parifienfis in Maynium. Qui novem ex fexdecim viris trabi affigi jubet. Turrenius fit Dux Bullionii. Farnefius Rothomagum obfidione liberat. Ejus confiliis Maynius contrarius. Indicit comitia regni. Papa & Hifpanus agunt de renuntiando rege. Philippus per feriam legatum proponit Ifabellam filiam fuam, nupturam Guifio. Receptum in Comitiis Concilium Trid.

68. Cur Rex converfionem fuam diftulerit. Dubitatio de poteftate abfolvendi. Converfionis folennitas. Inauguratio Carnuti facta.

69. Lutetia, multæque urbes regi fe dedunt: uti etiam Guifius, donatus Prætura Provinciæ, abdicato

K k k 3   dicato

dicato Epernonio, Elbovius &c. Rex bellum indicit Hifpanis, varia fortuna geftum.

70. Viget Romæ perfuafio & apud plures in Gallia, regem non effe ferio converfum. Hanc nutriunt Maynius & Hifpani. Barrieræ impium confilium de necando rege. Caftelli parricidale in regem flagitium.

71. Gueretus tortus. Guignardus fufpenfus. Societas expulfa. Laborat apud Pontificem pro impetranda regis abfolutione.

72. Abfolutio folennis Romana. Ejus conditiones. Maynius regi conciliatus ; uti etiam Nemurfius, & Joiofa, factus rurfus Capucinus. Ac tandem etiam Dux Mercordius: Eftreæ opera. Nannetenfe edictum.

73. Bellum Hifpanicum adverfus Gallos fortiter geftum. Cum Cameraco plures urbes captæ. Nivernenfis obitus. Alberti Ar-

chiducis gloriofa initia. Cur Aumalius & Rofneus regi non fint conciliati, fed Hifpanis adhæferint. Ambianum captum receptumque.

74. Quamvis Henricus rex cum Anglis & Batavis fœdus injerit, illis tamen reclamantibus cum Hifpano pacem Varvicenfem iniit.

75. Caufa Salutiarum ; quas Sabaudus Gallis eripuerat. Papa défignatus arbiter. Arbitrium recufat. Dux ad regem. Omnia tentat, ne reftituat. Rex bello eum aggreditur. Pax confecta datis Sebufianis pro Saluffiis.

76. Bellis fuccedunt variæ Principum nuptiæ, atque ipfius etiam regis. Nam Etræa pellice, miferè mortua, matrimonium cum Margarita irritum declaratum à pontificis judicio delegato ; initúmque novum cum Maria Medicæa.

ARTICULUS IX.

Obfervatio,

Quibus viis hærefis in Galliam irruperit, & Ecclefiam perturbârint.

77. Evangelium Calvinianum illatum & propagatum, per arma & rebelliones: per fœminas, Margaritam, Renatam, Stampenfem. Per Grammaticos, & Philologos.

78. Regis Francifci I. periculum: ac dein zelus pro religione.

Calviniftarum Martyrologium. Libelli famofi. Inftitutiones Calvini.

79. Calvinus Genevæ Pontifex, quomodo illam reformarit Prima ejus fynodus in horto. Ejus Miffionarii.

80. Re-

80. Reformatio & purgatio Calviniana defcribitur: quoad cœlibatum, jejunia, libertatem, templa, imagines, miffam, Euchariftiam, S. Scripturam, Traditiones, Sacramenta.

81. Dulce Calviniftarum melos. Plures in fynodis de reditu cogitant. Quomodo in fcholas irrepferint, ut juventutem pervertant.

ARTICULUS X.

Status Ecclefiæ Gallicanæ reformatus per fynodos provinciales.

AR-

ARTICULUS I.

Status Galliæ sub Ludovico XII.

1.
Divortium

MOrtuo Carolo VIII. Ludovicus XII. Dux Aurelianensis, proximi sanguinis jure ad regnum evectus, Joannam Ludovici XI. filiam Pontificis auctoritate repudiat, ad eam ducendam vi se adactum causatus; atque Annam Caroli VIII. viduam, Britaniæ potiundæ cupiditate substituit.

2.
Mediola-
num.

'.Tum verò in Italiam animum curásque convertit, in Mediolanensem Ducatum maximè, quem tanquam debitum Valentinæ aviæ suæ, & Familiæ Aurelianensi illatum, ceu patrimonium, & propriam hæreditatem sibi vindicabat.

Instauratâ igitur cum Hispano & Anglo amicitia, adversus Maximilianum Cæsarem concitatis Helvetiis, cum Alexandro VI. (concesso ejus filio Cæsari Borgiæ Valentino Ducatu) & Venetis in Ludovicum Sfortiam (quem *Morum* cognominant) fœdus init, transmissísque Alpibus anno 1500. brevi tempore tota Insubria & Liguria potitur. Ludovicus verò Dux in Germaniam exulatum abiit. Cúmque frustra à Cæsare, in Mathiam Hungarum abstracto, auxilia petiisset, ad Helvetios conversus, eorum ope totum Ducatum, arce Mediolanensi & urbe Novariensi exceptis, recuperavit. Sed mox ab iisdem desertus, captúsque à Gallis in Franciam abductus, cum fratre Ascanio Cardinale, in tetro carcere per decem annos contabuit; Insubria interim ad Gallos relabente.

3.
Neapolis.

Subacto Mediolanensi agro Gallus ad Regnum Neapolitanum, pristino jure ab Andegavensibus vendicatum, animum applicuit. Sed timebat Ferdinandi Catholici potentiam, qui Neapolin sibi asserebat, quæsito jam inde ab obitu Conradini jure, per Constantiam Manfredi filiam ad Aragonios devoluto. Et quidem Alphonsus V. Ferdinandi Catholici patruus armis eandem Gallis eripuerat. Quoniam autem prole carebat, quæ justo thoro esset prognata, Ferdinando Notho suo reliquit. Cui filius Alphonsus successit, adversus quem Carolus VIII. Galliæ Rex expeditionem suscepit. Mortuo Alphonso ejúsque filio Ferdinando, *Fridericus* alter Ferdinandi Nothi filius Regnum adeptus est, quo Ludovicus XII. Gallus, & Ferdinandus Catholicus, ejus propinquus, eundem privàrunt.

Cùm enim, quod dixi, timeret Ludovicus, ne Ferdinandus consiliis suis se opponeret, mentem suam fœderísque conditiones eidem

dem propofuit : vetuftas, effe difficilésque Domum inter Andegaven-
fem & Aragonicam de utraque Sicilia controverfias, jam inde à Carolo Andegavenfi, & Petro Aragonio enatas : graviffima propterea
per tria jam fæcula bella gefta, totam Italiam non rarò in partes ex-
citam, torrentes fanguinis Chriftiani fufos ; ad Fridericum, licèt
in poffeffione effe videatur, Neapolin non pertinere, eò quòd ex
patre, fpuriis natalibus infecto, fit natus ; qui proin nihil juris in
eum potuerit transferre. Ad fe duos, ceu familiæ utriusque capita
regnum Neapolitanum effe devolutum. Cujus ftirpis potiora fint jura,
tot bellis hactenus fuiffe difceptatum. Quin igitur amica tranfactione litem annofam tandem dirimerent, & utrinque uno dato, altero
retento finirent.

Haud multum Ferdinando, Regi fagaciffimo, & futura animo
conjicienti, ea oratio difplicuit. Itum igitur in fœdus, & tranfactionem: cujus hæc pacta : Ferdinandus perpetuò maneat in poffes-
fione & dominio Siciliæ, ejus regni titulo Ludovicus abftineat : fe
Regem Neapolitanum & Jerofolymitanum, Ferdinandus autem fe
diceret Ducem Calabriæ, penes quem Calabria & Apulia Siciliæ vicinæ effent. Franco cætera cum Neapoli cederent. Quisque fuam
portionem fine alterius auxilio compararet. Quisque à Pontifice tanquam domino directo partem fuam clientelari jure obtineret.

Contracto hoc divifionis pacto uterque Regum inftruebat exercitus, fimulata in Turcam expeditione, qui dudum Venetos bello
vexabat. Ludovicus cum viginti peditum millibus, & 1500. cataphractis equitibus Romam verfus profectus, totius Italiæ vota atque
metum fufpendit. Ubi Romam ventum eft, Oratores utriusque Regis, larva depofita, traditionem poffidendi Regni, quam vocant
Inveftituram, à Pontifice poftulant. Nec ille vota poftulantium diftulit, aliunde Friderico fuccenfus, & duos potentiffimos Europæ
Principes pro regno uno, non admodum magno, habiturus clientes
atque obnoxios.

Franci & claffe è Phocenfi provincia & terreftri itinere in Campaniam profecti, ultra arma victoriam promoverunt, atque metu
undique fparfo intra menfis fpatium portionem fuam occupârunt rebus fecundis primóque impetu ferociffimi. Confalvus autem Cordubenfis, jam à Mauricis palmis clarus heros, Calabriam interim
atque Apuliam in poteftatem Hifpanorum redegerat.

Fridericus autem tantis impar hoftibus, primo in caftella, deinde
in Ifchiam Infulam fe abdens, tandem Gallis fe dedere coactus, atque
in Franciam abductus, triennio exacto captivitatem morte finiit. Ejus

Pars VII.   L l l   verò

verò filius Hispanis, Tarentina arce expugnata, est traditus, ut stirps miserrima utrique hosti & spolium esset, & trophæum.

Sed regnum unum duos Reges & tantos non capiebat ; nec confusi & incerti limites semovere poterant duas gentes, quas Pyrenæi montes vix satis dividunt. De finibus igitur utriusque portionis orta primùm contentio, tum aperta vis atque bellum gravissimum. ' Et Confalvus quidem, Hispanorum ductor, rerum bellicarum multò peritissimus, castellis primùm locisque munitis militem continebat, donec Gallorum æstus, qui vehemens initiò esse solet, deferbesceret, atque ingenio usus per insidias & opportunas eruptiones victoriæ præludebat, capto etiam Albinio, Gallorum ductore celebri.

4.
Galli pulsi. Tum verò in campum apertum eductis copiis, pugna copiam Gallis fecit. Conserta illa est anno 1503. ad Ciriniolam in Apulia. Cæsus cum flore exercitus Gallorum ductor Nemursius, Armaniacæ stirpis ultimus. Tantúsque mox secutus est victoriæ fructus, ut Confalvus Neapoli totóque regno potiretur, arce duntaxat Neapolitana, Cajetana, & Venusina, cum aliquot in Samnitibus oppidis Gallorum præsidio adhuc retentis.

Ludovicus Rex dolore & indignatione perculsus, quatuor simul terra maríque conscribit exercitus, quibus Ferdinandum in Hispania & Italia aggrederetur. Sed magnis conatibus eventus non respondit. Salsulæ obsessæ conatu irrito. Classis, milésque, accisus, reductus in Franciam, præter ignominiam, & opum detrimentum nihil reportavit.

Sed nec melior in Italia armorum sors. Nam cæsis ad Cajetam Gallis, totum regnum Neapolitanum à Confalvo occupatum. Similísque ferme hæc Ludovici XII. Neapolitana expeditio fuit illi, quam Carolus VIII. susceperat. Gallis in quæstores & annonæ præfectos culpam conjicientibus.

Ludovicum certè gravis morbus corripuit, animo jam priùs ægrum, & secum reputantem belli ignominiam ; eò recidisse spes, conatus, & amplitudinem Franciæ, eò tot exercitus, tam immensam pecuniam, ut regnum tanta infamia sibi eriperetur, nec sibi aliud superesset, quàm pudor, & opprobrium victi.

Publicis autem totius regni supplicationibus sanitati redditus dissolvit sponsalia Claudiæ filiæ suæ, cum Carolo, Philippi Archiducis filio, inita, ne Britannia à Galliæ corpore rursus avellatur. Desponsa autem fuit Francisco Inculismensi Delphino. Quæ res licèt vehementer displiceret Philippo Archiduci, nihilominus (quod mirùm)

rum) hic ultima voluntate Carolo Ludovicum tutorem dedit, præterito avo paterno Maximiliano, & materno Ferdinando.

Obitus Philippi Archiducis Ludovico spatium dedit ordinandi   5.
Insubriam atque Liguriam. Nam Genua, ad Longobardicum olim Ita- Genua.
liæ regnum, tum ad Imperium pertinens, sui dein juris facta, denique
Mediolani Ducibus subjecta, atque cum eo ad Ludovici dominium devoluta, dudum in varias turbas domesticas fuit distracta, Fliscis, Do-
riis, Spinolis, Grimaldis aliisque Patritiis in plebejos, his in Nobiles
familias surgentibus. Postremo plebejorum factione prævalente non
seditionem modo sed apertam rebellionem res spectabat, dejectis
Franciæ insignibus, & Cæsareis substitutis. Quare Ludovicus in Italiam profectus urbem expugnat, & supplicem in gratiam recipit;
turbarum auctoribus supplicio affectis. (*anno* 1507.)

Interea Ferdinandus quoque Rex, ut regnum Neapolitanum,
nuper acquisitum, præsens inspiceret, in Italiam navigavit. Atque
Neapoli digressus Savonam movit. Ubi celebris ille, cum Ludovico
congressus fuit habitus; certantibus Regibus, quis alterum majore
benevolentia & amicitiæ significatione vinceret.

Maximilianus quoque Imperator in Italiam moturus fuerat, Venetiæ.
nisi obstitissent Veneti, contra quos dein quadruplex illud solenne
fœdus Cameraci est initum, conventúmque, ut Pontifex Flaminiæ
urbes, Faventiam, Ariminum, Ravennam; Cæsar Patavium, Vicentiam, Veronam, Tarvisium, Forum Julii; Ludovicus Cremonam, Cremam, Brixiam, Bergamum; Ferdinandus Brundusium,
Hydruntem, Tranium, Molam, Monopolin, à Venetis abstractas
reciperent. Qui urbes suas reduxisset, sociis opem ferat.

Primus, ut conventum, Ludovicus ad Adduam movet copias. Venetos Petilianus ducebat, & sub eo Alvianus, qui efferve-
scente ad pugnam sanguine, invito & absente Petiliano in prælium
ruit; quo & ipse captus, & exercitus cæsus, & potentissima Respublica in summum discrimen fuit adducta. Brevi siquidem temporis intervallo tot tantisque urbibus fuit spoliata, quas per ducentos
annos magno labore, cura & sumptibus comparaverat. Quæ deinceps cum Venetis gesta *lib.* 1. hujus partis, recensui.

Postquam Julius Papa Flaminiam receperat, deserto fœdere
Cameracensi cum Venetis reconciliatus fuit, atque adversus Ludovicum, cujus in Italia potentiam ferre non poterat, bellum pa-
ravit. Occasionem dedit Comachium, urbs Flaminiæ, quam ab
Alphonso Ferrariæ Duce, tanquam ad Ecclesiam pertinentem, reposcebat: Alphonsus Imperii urbem profitebatur. Ducis, fœderati
sui, causam apud Pontificem tractandam Ludovicus suscepit.

At is obfirmaverat animum; quin ut Genuam Ludovicus libertàti reſtituat, poſtulavit.

6.
Diſcordia
cum Papa.
Confidebat nempe fœderi, cum Ferdinando rege clàm inito, atque Helvetiorum ſubſidiis, quos Schinerus à Ludovico, plus ſtipendii negante, abſtractos, Pontifici adjunxit. Jámque Mirandulam expugnaverat Julius, præſens ipſe in caſtris, cùm Ludovicus Epiſcoporum totius Galliæ concilium Turonibus celebrati voluit, atque proponi, regem nulla ſua culpa à Pontifice impeti; ab eo vim Ferrarienſi Duci inferri, una de cauſa, quòd Francis ſocius eſſet, ſimul ſtatuiſſe Francos omnes ex Italia pellere. Regem adhibuiſſe omnem induſtriam, ut ab irato pacem exoraret; perſtare iram Pontificis, bellúmque iniquiſſimum palam indicere; regem flagitare, quid in eo rerum articulo ſibi faciendum ſit; an liceat vim iniquè illatam vi repellere?

Uno conſenſu reſponſum, licere illam repellere, nec metuendas diras, ſi adjungerentur; imò poſſe juxta concilii Baſileenſis decreta regi regnóque conſuli more majorum. Poſtremò ſancitum, ut hæc ſignificarentur Pontifici, atque is rogaretur, ut ab inferendo bello abſiſteret. Si recuſaret, compelleretur indicere concilium Generale, ùt à Patribus Baſileenſibus ſtatutum fuiſſet. Quibus conſtitutis vetuit Rex, ne quid pecuniæ aut litterarum Romam deferrètur.

Erepta ſubin Pontifici Bononia & reſtitutis Bentivoliis, conciliabulum Turonenſe Piſas transfert, ut propiorem eidem metum incuteret. Finem ſynodi Cardinales quidam præferunt, ut concordia Principum Chriſtianorum concilietur, bellum contra infideles apparetur, diſciplina Eccleſiæ reformetur, tam in capite, quàm in membris, idque juxta placitum concilii Conſtantienſis. Orta dein Piſis ſeditione Mediolanum transfertur ſynedrion, atque ibi etiam rerum facie mutata, Lugdunum; tenente ſcena ludicra, quoad vixit Julius.

7.
Galli Italia
r ulſi.
Quamvis autem Galli ductore Gaſtone Comite Fuxienſi 23. annorum Juvene, brevi tempore in Italia res magnas agerent; Bononiam obſidione liberarent, Brixiam, ad Venetos relapſam, rurſus expugnarent, eosdem Venetos ſæpiùs cæderent, atque inſignem à Pontificiis, & Hiſpanis *ad Ravennam* victoriam reportarent, ipſámque hanc urbem diriperent, atque ad eum gloriæ atque potentiæ apicem aſcendiſſe viderentur, ut omnem Italiam poſſent ſubvertere; nihilominus fortuna inconſtans, inverſa mox felicitatis rota, ad ima depreſſit, quos tot victoriis elevaverat. Amiſſa Flaminia, Bononia,

Par

Parma, Placentia, Genua, Mediolanum, ut adeo præter geminas arces nihil Gallis in Italia superesset.

Causa tantæ támque subitæ cladis erat gemina : mors Gastonis, Gallorum ductoris post victoriamRavennensem incautiùs hostem insequentis, & præcipuè Helvetiorum, quos Ludovicus avaritia & contemptu irritaverat, in Italiam adventus. Restitutus ab exilio vocatus Maximilianus Sfortia, cui Schinerus Cardinalis, qui Helvetios adduxerat, Mediolani claves obtulit.

Neque amissa Italia circumscripta calamitas ; Navarræ quoque regnum Gallis ademptum. Ferdinandus etenim rex catholicus, sagaci mente in omnem partem exporrectus, cùm Francos in Italia cum adversa fortuna luctari cerneret, icto cum Anglis eorúmque rege Henrico VIII. genero suo fœdere, Joanni Albretano, Gallicæ stirpis Principi, & uxorio nomine regi, primo Pompeiopolim tum universùm Navarræ regnum eripuit, Ferdinando Albano Duce juvenilem tunc ætatem imbuente ad victorias, & supremi Ducis ita fungente officio, ut omnes Gallorum conatus dissiparet, attrito ad Pompeiopolim eorum exercitu, & Francisco Delphino cum ignominia coacto recedere. &Navarra.

Ludovicus destituit deinceps affinem & fœderatum regem exulem, tota cogitatione in Ducatum Mediolanensem intentus, quem velut patrimonium suum avitum, tot bellis partum, ac peculium suum velut castrense respiciebat. Sed quam spem conciperet, Pontifice, Imperatore, regibus Hispaniæ & Angliæ, Helvetiis, totáque Italia adversus se, tot cladibus attritum, conjuratis ? Venetos pertentat; quos, licèt omnium calamitatum eis causa exstiterit, ad fœdus promptos invenit, quippe, omnem rimam circumspicientes, per quam ex præsenti turbine se possint evolvere.

Capita autem fœderis erant : Veneti ad recuperandam Insubriam regi commodarent decem millia peditum, equites mille & ducentos : Cremona quoque & Adduanus ager ad eum pertinerent. Cætera ipsorum essent, quæ Cameracensi fœdere amisissent : & Rex ad ea subigenda arma adjungeret. 8.
Mediola-
num recu-
peratum,

Trajecto igitur novo per Trivoltium in Italiam exercitu, Venetis junctus, quos Alvianus ducebat, mira celeritate Insubriam Liguriámque recuperat, præter Comum & Novariam, in quam Maximilianus Sfortia, Mediolano profugus, se abdiderat, patris tamen ea in urbe fata reformidans. At Helvetii, constantiori jam fide eidem adstricti, imprimis Gallos obsidionem solvere cogunt, digressósque insecuti intempesta nocte ingenti prælio profligant, octo millibus in acie cæsis rursúsque
amissum.

cæfis, caftrisque omni opulentia inftructis, in victorum manus venientibus. Trimollius, Gallici exercitus dux fupremus, hac labe priftinam gloriam commaculans rebus defperatis in Galliam receffit, amiffis in Italia omnibus, præter arcem Genuenfem. Adeò nempe Longobardia æmulabatur æftum maris, per alternos fluxus, & refluxus undas fuas cientis & reforbentis.

9.
Clades
Galliæ.

Infubriam, Liguriam, regnum Neapolitanum, regnúmque Navarræ, cum pluribus exercitibus & immenfis bellorum fumptibus, Ludovicus amiferat hactenus. Jam verò translato in ipfam Franciam bello, ipfa illius vifcera petebant Cæfar, Anglus, atque Helvetii. Et Henricus quidem foceri inftinctu trajectis Caletum, atque indè Tervanam decem Anglorum millibus, pugnam conferuit, quæ *Calcaria* dicta eft, quia Galli ferro vix tentato non nifi calcaria ad fugiendum attuliffe funt vifi. Victoriæ præmium fuit Tervana capta, cum præcipuis Gallorum ducibus ; quos inter Bajardus fortitudinis laude ea tempeftate heros in paucis inclitus.

Jamque trepidatum Lutetiæ, omnium armis in Ludovicum, velut Ecclefiæ hoftem, controverfis. Et quidem Anglus imminebat Picardiæ, Helvetii jufto cum exercitu Burgundiæ infundebantur ; focii, Scoti videlicet & Veneti cæfi, illi ab Anglis, hi ab Hifpanis. Cùm fubito lux affulfit. Anglus reflexo à Gallia itinere Tornaco intercepto in patriam rediit. Helvetii, dum Divionem obfident, à

10.
Pacta cum
Helvetis

Trimollio Burgundiæ Gubernatore emolliti blanditiis & promiffis, roganti pacem concedunt, ea lege, ut Rex 400000. aureorum fibi pendat. Concilium Pifanum abdicet cum Ducatu Mediolanenfi ; nihilque in Pontificem & Arragonium Regem moliretur. Sex nobiles pacis obfides daret.

Hæc pacta Trimollius infcio Rege iniit, ut fortiffimam gentem â jugulo Galliæ, in extremum difcrimen adductæ, averteret. Ludovicus autem non attento obfidum periculo, illa poft Helvetiorum difceffum rata habere noluit ; quin novam expeditionem in Italiam adornavit, poftquam cum Anglo, ducta ejus forore, fœdus pepigit, mutuam opem pactus, Tornaco apud Anglum perftante.

11.
Mors Lu-
dovici.

Poftquam verò Ludovicus cum Leone X. reconciliatus, abdicato Pifano conciliabulo, Lateranenfem fynodum admifit, fublatum fuit, quod Julius promulgaverat, Galliæ interdictum, cum belli facri pro Ecclefia titulo. Brevique poft obiit ventris profluvio, anno 1515. ætatis 55. regni 17.

Sub.

Subditos impensè amavit, imminutis etiam tributis, dicere solitus, *gregem pinguissimum optimi pastoris esse indicium;* pater populi propterea appellatus. Bene etiam de Gallia meritus, quid Paulum Æmilium Veronâ adduxerit, (qui 38. annos impendit Francorum Historiæ) sed bellis, quibus ætatem implevit, fuit infelix; dum multa fortiter aggressus, nullum secundo exitu finiit; plectente Deo contumelias in Pontificem sparsas, & contemptum, quo Helvetios ex amicis hostes fecit gravissimos.

Ex Anna Britanniæ hærede duas filias reliquit, Claudiam, primò Carolo Archiduci desponsam, dein Francisco I. nuptam, ut Britannia maneat unita Galliæ; alteram Renatam, Herculi Estensi Ferrariæ Duci collocatam, celebrem Calvinistarum fautricem.

ARTICULUS II.

Status Galliæ sub Francisco I.

FRanciscus lege Regni evectus, ac more Majorum Rhemis unctus, fœdus instauravit cum Venetis, Anglis, atque dein etiam cum Carolo Archiduce, qui per Henricum Comitem Nassoviæ pro Artesia, Flandria, & Carolesio Regi clientelam præstitit, promissis Renatæ nuptiis. Nassovius verò duxit Claudiam Orangiam; unde in posteros Oraniæ principatus.

Compositis domi rebus Franciscus expeditionem Italicam suscepit, assumptis 43000. militum, sub præstantissimis ducibus Carolo Borbonio, quem comestabilem dixit, Alensonio, Palissa, Bajardo, Trimollio, Guisio, Trivultio, Lautreco, & Petro Navarro Cantabro. Fauces montium insederant Helveti, cum Maximiliano Cæsare, Ferdinando Rege, Maximiliano Sfortia, & Leone Pontifice juncti fœdere.

Igitur Franci per novas vias superatis montibus in Italia constiterunt, antequam venientes conspecti sunt. Helveti, ubi se delusos videbant, ad defensionem Mediolani accurrerunt; & licèt multò pauciores essent numero, non exspectatis Hispanis & Florentinis sociis, accendente ad Martem Cardinale Sedunensi, prælio se paratos offerunt.

12.
Expeditio
Insubrica

Et

Pugna Marignana Et hæc eft pertinaciffima illa *ad Marignanum* pugna : quæ biduo tenuit. Primo die anceps erat certamen, atque in denfam noctem excurrens modicam ceffationem, quietem. nullam indulfit, ftante in armis & collato veluti pede utroque exercitu. Primo diluculo tanta vi atque ferocia Helveti in Gallos invehuntur, ut multis eorum cæfis, multis in fugam compulfis, jam victoriam in manibus habuiffe fint vifi, cùm Alvianus cum validis Venetorum fubfidiis fubitò Cremonâ advectus, atque Helvetos â tergo aggreffus, Gallorum fpem erexit, Helvetorum verò, univerfum Venetorum exercitum adventare reputantium, infregit.

Quare fortunæ cedendum rati, recipiunt fe, fed leonum inftar, ftipatis in phalangem ordinibus, & verfus hoftem, quoties lacefferet, frontem obvertentes. Qua occafione multi Venetorum cæfi funt, qui ferreos illos erinaceos aggredi præfumpferant. Galli autem liberum illis difceffum libenter permiferunt, non tam victis, quàm non vincentibus. Helveti verò fe victos arbitrati funt, quòd non vicerint, fuffufi pudore, quòd primùm orbi hic documentûm dederint, fe vinci poffe. Quatuordecim eorum millia globis màximè tormentorum (quibus ipfi cárebant) folo allifa dicuntur.

Mediolanum captum. Reliqui Mediolanum regreffi, cùm Sfortia ftipendia pendere non poffet, in patriam abierunt, fruftra dehortante Sedunenfi : qui affumpto Francifco Sfortia Ducis fratre Tridentum receffit ad Cæfarem novi belli confilia cum eo collaturus. Maximilianus verò Sfortia deditionem pactus eft ea conditione, ut arcem Mediolanenfem & Cremonenfem cum jure in univerfum Ducatum regi cedat : habitaret in Francia, loco, quo ipfe vellet, in penfionem, quoad viveret, 60000. Ducatorum in annos acciperet. Rex verò poffeffionem adiit, acceptis à tota Italia, præterquam ab Hifpanis, legatis, Venetis ad expugnandam Brixiam, aliásque urbes copias mifit.

Leo Pontifex, metu perculfus, cùm rege pacem iniit, inftituto Bononiæ folenni colloquio, quo fanctio Galliæ Pragmatica abrogata, erectum verò fuit *concordatum*. Data regi poteftas toto regno deligendi Epifcopos & Abbates, eósque Pontifici præfentandi. Da**Concordatum.** tum contra Pontifici, ut ad illas dignitates promovendi, facerdotii fructus, quos primo anno colligerent, Pontifici penderent, quos Annatas appellant; nova æftimatione inftituenda. Simúlque Rex Medicæ Domus & Florentinorum protectionem promifit. Pontifici Bononia, regi Parma & Placentia affetta.

Redux

Redux inde Mediolanum nihil antiquius habuit, quàm ut Hel- **13.**
vetiorum, quos hostes porro habere nolebat, odium auro expugna- **Fœdus**
ret, ac fœdere sibi conjungeret iis conditionibus, quas Ludovicus **cum Hel-**
XII. abjecerat : ut prom ssa ad Divionem pecunia iis solvatur, daren- **vetis.**
tur pensiones antiquæ, justo stipendio Regi militarent, præterquam
contra Pontificem, Imperatorem atque Imperium. Præfecto dein Insubriæ Carolo Borbonio in Galliam rediit

. . Tentaverat equidem Cæsar Mediolanum ; sed quia Helvetii in
utroque exercitu militabant, adversùs populares suos pugnare detrectantes, recessit ; initáque cum Venetis & Francis pace, Jani templum aliquamdiu claudi visum est, actúmque de bello Turcis inferendo, quorum potentiam subacta Ægypto omnes formidabant.

Verùm statuta salubriter ambitio & æmulatio Christianorum **14.**
Principum disjecit. Mortuo siquidem Ferdinando catholico, & paulò **Discordia-**
post Maximiliano Cæsare, in ipsa electione Imperatoris, dum Carolus **rum semi-**
Francisco præponitur, dissidiorum jacta sunt semina, in summas Eu- **na.**
ropæ calamitates, atque Religionis perniciem excretúra. Carolus
querebatur, aviæ suæ Mariæ abreptam à Ludovico XI. Burgundiam,
Maximiliano avo subtractam à Carolo VIII. sponsam, remissámque
Margaretham filiam : Philippum patrem delusum sæpiùs spe nuptiarum : sibi primùm desponsam Claudiam, Ludovici filiam, tum Renatam, denique filiam Francisci in cunis vagientem, sponsione ubique
illusa. Adhæc Insubriam, ad Imperium pertinentem, à Gallis insideri.
Contrà verò Franciscus crescentem in dies Austriacæ domus potentiam ; illatum in eandem Belgium, hispaniámque, abrepta Neapolis & Navarræ regna, invidis atque ægris oculis aspiciebat.

Nec diu ferrum vagina reconditum latuit. Nam incentore præ- **primum**
sertim Boniveto, primò in Navarram bellum traductum est, Henrici **bellum Na-**
Albretani exulantis Regis nomine ; quòd Noviodunensi cum Carolo fœ- **varrense.**
dere statutum esset, ut sex intra menses Navarra Henrico restituatur, secùs Francisco fas esset, Henrico ferre suppetias. Belli momentum
una erat Pampelona (Pompejopolis) nam Ferdinandus occupato
Regno arces omnes diruerat, servata duntaxat primaria, ne rebel-
landi voluntati facultas accederet. Civitas admittit illico Asparrum
Ducem cum Gallo milite, præsidio Hispano in arcem recepto, quam
propugnabat Ignatius Lojola Nobilis Cantaber. Hac expugnata tota Navarra in Gallorum potestatem venit. Verùm dum isti in reliquam etiam Hispaniam excurrunt, Velasques domitis Hispanis Carolo rebellibus, exercitum in eos ducit, confertóque prælio victor,
Gallos ex toto Navarræ regno expellit (*Anno 1521.*)

Pars VII. `        ` Mmm `                ` Trans-

& Infubri-
cùm.

Translatum dein bellum in Belgium, à Cæfare &. Rege præfentibus geftum, verùm dum Rex Caftilionii, Franciæ Marefcalli. confilio, opportunitatem prælii dimittit, & ne Fontarabiam, â Boniveto
in Cantabria occupatam, reftituere debeat, pacem ab Anglis propofitam, repudiat, in extremam fe Regnúmque calamitatem induit.

Nam Carolus Cæfar' totum ferme Mediolanenfem ducatum occupavit, opem ftrenuam jungente Profpero Columna, Pontificiarum
copiarum Duce. Cladis Gallicæ caufa Francifci Regis mater Aloyfia feu Ludovica, avara & animi impotens fœmina, Galliæ fax, quæ
ùt bellum accendit, ita reftingui noluit, ut Boniveti amafii ambitioni ferviret. Quare offenfa Lautrechio Mediolanenfi Proregi, ut
eundem perderet, Infubriam filio perdidit, retenta perfidè pecunia,
ad bellum fuftentandum neceffaria. Dùm fœmina igitur'hæc regnum verfat, & Rex voluptatibus torpet, magnis'paffibus publica
res ad interitum properat. Cæfus *ad Bicoquam*, tertio' à Mediolano

Gallorum
clades.

lapide, â Cæfareanis & Pontificiis Lautrechii exercitus, Helvetis primò ferociter loco iniquo prælium depofcentibus, dein verò, multis
fuorum amiffis, torpentibus & fugam circumfpicientibus. Reftitutus Mediolano, ita volente Pontificè ; Francifcus Sfortia, Maximiliani in Galliam abducti frater. Parma & Placentia expugnatæ, ac
Pontifici permiffæ. Cremona & Genua, ultimæ ex naufragio Italiæ
reliquiæ, amiffæ. Rex denique ipfe, ad majora oftentanda; quàm
gerenda natus, gloriam, opes, exercitus, provincias, atque ipfam
denique libertatem perdidit.

Neque Infubria duntaxat atque Liguria, tanto molimine partæ,
in hoftiles manus relapfæ ; Fontatabia quoque, propter quam pa-
cém Rex improvidus excufferat, ad Hifpanos rediit. Cæfareani
Anglique in ipfa Galliæ vifcera ê Belgio infufi. Ipfi denique Veneti,
Gallis nihil ex confilio, & conftantia agentibus, ad Carolum Cæfarem tranfeunt.

Atque ut nihil ad ruinam deeffet, ipfi etiam Galliæ Proceres,
matre Aloyfia, invidiam, ambitiones & intempeftivas æmulationes
nutriente, in fe ipfos converfi, & fe ipfos & rem publicam præci-
pitabant.

15.
Borbonius

Hos inter eminebat Carolus Borbonius comeftabilis Franciæ,
Regii fanguinis Princeps, ftirpis Borbonicæ in plures ramos divifæ
primarius ftolo, rerum bellicarum Dux peritiffimus ; quem licèt
ad primam comeftabilis & Infubriæ Proregis dignitatem elevatum
Rex tanquam æmulum fuum velut à puero oculo iniquiore refpiciebat,

ciebat, ac propterea ejus confilia, quamvis optima, abiicere folebat. Animo jam aliàs ægrum exulceravit penitus mater Regis Aloyfia, quacunque poffet via, odium in eundem expromens, adeò quidem, ut lite mota fortunis, quas Sufannæ Borboniæ uxoris nomine amplas habebat, eum evertere niteretur, quare obfcuro habitu tectus ad Carolum Cæfarem profugit : qui probè gnarus, quantum heroüm acciperet, copiis fuis illum præfecit : atque Mediolani Gubernatórem conftituit, oftenfurum mox Regi, quem virum alienaverit.

Francifcus ejus defectione, ut par erat, motus, cùm propter magnas affinitates & clientelas ejusdem de plurium fide dubitaret, novos Provinciis gubernatores dedit, Picardiæ, hoftibus magis obnoxiæ Trimollium, multarum palmarum Ducem ; Burgundiæ Claudium Gúifium, fpectatæ virtutis Principem, pluriúmque heroum parentem : Aquitaniæ Lautrechium, Campaniæ Orvallum. Copiis autem præfecit in Gallia Renatum Sabaudum, & Paliffam. Bonivetum verò cum triginta millibus peditum & quatuor millibus equitum, in Ítaliam mifit. Sed Bonivetus, homo arrogans, militaris autem rei imperitus, non alio fine in Longobardiam veniffe vifus eft, nifi ut Regi fuo & pecuniam & milites fruftra perderet, Lanojo Neapolitano Prorege, & Borbonio, viris militari arte fubactis, cum indurato bellis robore militis, Germani Hifpaníque ubique prævalentibus. Quin jmò Borbonius in Phocenfem ufque Galliæ provinciam cum pedeftri exercitu excurrit, Moncada claffem admovente, expugnatum Tolonium, vetus Maffilienfium colonia, cum Aquis Sextiis, primaria urbe Provinciæ.

Bonivetus,

Fruftra tunc equidem obfeffa Maffilia, rejectúfque in Italiam Borbonius, fed Regem cum robore Franciæ & flore Nobilitatis in ruinam traxit. Is, etenim fugientes Cæfareanos infecutus, totam jam Italiam fpebus magnis præoccupabat. Sed rejectis veteranorum Ducum confiliis, uni Boniveto, vano homini & bello rudi obfecutus, omnia peffundedit, nam adulationis fufurris ab eo demulfus, in plures turmas divifit exercitum, & alios ad expugnandam arcem Mediolanenfem, alios ad Cremonam, alios ad Genuam, alios ad ipfam adeò Neapolim occupandam dimifit. Ipfe verò cum exercitûs reliquiis Ticinum, urbem, & opere & præfidio munitiffimam, obfedit.

Lanojus Prorex & Borbonius, in rei fummam intenti, collectum fervabant militem, prudenter arbitrati, fractis fecundo prælio in Infubria hoftium viribus, prona fecutura cætera. Et ita fanè evenit. Conferta *ad Ticinum* ingenti pugna victi Galli, atque Rex

16.
Rex capitus.

ipfe

ipfe, ne in Borbonii, quem ceu prôditorem oderat, manus incideret, Lanojo fe captivum dedit. (*Anno 1525.*) Cæfi ipfo in conflictu Gallorum octies mille, capti plurimi, atque inter eos præ-
clariffimi quique Duces. Trimollius, Paliffa, Francifcus, Lotharingiæ Ducis frater, Suffolcius Anglus, Henrici Regis æmulus, Renatus Sabaudus, Lefcunus, & ipfe Bonivetus, cladis auctor occifi. Hen-
cus Navarræ Rex, Borbonius Sanpaulinus, Nivernenfis, Mommorantius, Chabotus, Brio, aliique multi Duces cum Rege capti. Reliqui difperfi in Galliam fuga evaferunt. Sicque terror ille Italiæ
uno velut momento evanuit ; omnibus victoris arbitrium prenfan-
tibus. Et hæc eft illa clades Franciæ, â Pictavienfi fanè maxima;
iisdem prope caufis, temeritate & arrogantia.

   Francifcus primùm in arcem Piffeonenfem (Pizzigetonam vulgò appellant) abductus, dein in Madritenfem (necdum enim Madritum in urcem furrexerat) â Carolo Cæfare afpectu prohibitus,
donec in morbum lapfum invifit. Mirificè autem Cæfar gaudium
in poteftate habuit, fupplicatione indicta, fumptáque Evchariftia,
intra religionem lætitiam continens, affirmánfque, victorias de chriftianis Principibus civiles effe, nec triumpho dignas.

   Deliberatum interea, quo modo tanta victoria uti oporteat.
Non deerant, qui in captivi gratiam dicerent : Turcam in Hungariam irrupiffe, Lutheri hærefin diffeminari tota Germania ; neceffariò in utrumque hoftem bello infurgendum : pacem proin inter Imperatorem & Franciæ Regem conftituendam : hujus autem vinculum firmiffimum fore, fi manfuetudine conciliaretur, támque beneficio vinceretur Regis animus, quàm armis profligatus effet exercitus.
Contrà verò Ferdinandus, Albæ Dux, rigidioris femper indolis Princeps, negabat, Regis animum clementia vinci poffe : perftiturum
femper fenfum opprobrii : eripiendam proin facultatem vindictæ,
ficque infrigendam, ut fe porro non poffit exerere. In hanc fententiam itum â cæteris.

17.
PaxMadri-
tenfis.   Quum autem conditiones pacis duriores Francifco viderentur,
quàm ut acceptari queant, ad matrem & Proceres fcripfit, ut nulla
fui ampliùs haberetur ratio ; Delphinum Regem coronarent. Precibus autem Gallorum motus, in conditiones tandem à Cæfare propofitas Madriti juravit. Earum hæc fumma : ut Francifcus Burgundiæ ducatum, Carolefium, Matifconem, aliáque oppida Carolo cedat : clientela Flandriæ nulla in pofterum effet. Jus nullum Gallis in Italicas ditiones &c. Delphinus cum duodecim Proceribus
obfes-

obses esto, vel horum loco alter Regis filius. Si conditiones non implerentur, Rex' in potestatem Cæsaris se restituat. Desponsa dein sibi Eleonora Caroli sorore, cum duobus filiis suis permutatus, anne vertente in·Galliam rediit.

Interpellatus â Legatis Cæsaris de implendo fœdere ; querelas non servareposuit, indigne atque inhumanè in carcere Hispano se suisse habitum: extortas â se per vim & metum conditiones fœderis, quas implere nec posset nec vellet: prohiberi se juramento in unctione Rhemensi præstito, quòd nullam regni partem sit distracturus. Regnum esse Francorum, Regis usumfructum: se absque assensu Comitiorum nec Burgundiam, nec ullum oppidum potuisse promittere. Idem responderunt Comitia : irritam fuisse conditionem, per metum, & contra primarias regni Leges extortam. *tur.*

Anglus interea, vastam Cæsaris potentiam veritus, ad Fran-**18.** cum se applicuit. Pontifex quoque Clemens VII. soluto Rege ju-Fœdus in ramenti religione, cum Venetis, Francisco Sfortia, & Helvetiis, Cæsarem fœdere Gallo junctus, ad exteros ab Italia pellendos , asserendam ipsius Italiæ libertatem, Sfortiam Mediolano restituendum, & recipiendos regios Principes , in Hispania pro Patre obsides. Verùm dum fœderati lentè se movent, tota tempestas in Pontificem, & Romam â Borbonio captam detonuit (*Anno 1527.*) quæ in ea alterum direptione crudeliter atque inhumanè acta sunt , aliàs exposui. bellum

Fœderati ea indignitate moti alacrius bellum gerunt. Galli sub Lautreco Genuam recipiunt , Alexandriam, Vigevanum, Tici-Insubria núm. Ferrariensis â Cæsaris partibus abstractus conciliatus fœderi, Clemente promittente Mutinam, Francisco Rege Renatam in conjugem: Roma subin liberata, in Regnum Neapolitanum exercitum Lautrecus promovet, omniáque præter Cajetam & Neapolin subigit. Victi â Doria navali prælio Hispani : cæsus ipse Moncada Neapo-Neapolis litanus post Lanoji mortem Prorex. Obsessâ Neapolis : visáque est fortuna instabilis atque infida , obverso Cæsareanis dorso, sereno Gallos, eorúmque fœderatos vultu respicere.

At verò perpetua hæc erat Gallorum sors , ut initia essent for-**19.** tia ac gloriosa, finis infaustus & luctuosus. Amissa rursus tota Ita-Gallorum lia. Mali non una causa. Prima erat defectio Andreæ Doriæ Genu-clades. ensis , rei maritimæ Ducis clarissimi , qui paulò ante prælio navali Hispanos vicerat. Is etenim Francisco Regi strenue militaverat, sed ab eo offensus, quòd â se captum Principem Orangium post Madritense fœdus absque pretio dimiserit, Genuam patriam suam severius

rius haberet, & Savonæ videretur subjicere: Igitur cum classe sua ad Carolum Cæsarem transiit, pactus Genuæ libertatem. Erat

Doria

tunc illa in Gallorum potestate, sed pestis sævientis occasione usus Doria classem ad portum applicat, urbem occupat, arcémque, in quam Trivultius Præfectus se receperat, expugnat. Constituta

Genua.

Reipublicæ ratio, Adorniorum & Fregosiorum factionibus, quæ urbem tanto jam tempore turbaverant, extinctis. Penes Doriam Patriæ liberatorem erat authoritas, titulo & honoribus ad senatum populúmque traductis. Atque in posterum civitas illa, tot mutationibus antè obnoxia, anchoram fixit, stetitque procellas inter turbinésque incolumis, laude Andreæ Doriæ sanè eximia, qui regiam propemodum potentiam ad patriæ libertatem convertit.

Neque in hoc viro duntaxat damnum ingens est passa Francia; sed morbi etiam exercitum, Neapolin obsidentem, acciderunt, Navarro Principe, Vademontio, præcipuísque tribunis, cum ipso Lautreco, supremo copiarum Duce, ea lue extinctis. Soluta proin obsidio, & abscedentes Gallorum reliquias Orangius, post Moncadam Prorex, toto regno ejecit. Ita enimvero tres continuò Reges, Carolus, Ludovicus, & Franciscus Neapolicanam expeditionem initiò fortunatam, sub finem infaustam atque fatalem sunt experti.

Nec melior apud Insubres Gallorum sors, incuria Regis, multa inchoantis, defectu autem constantiæ nihil perficientis. Victus à Leva Cæsareo Duce Borbonius Sanpaulinus, captúsque, nec milite nec pecunia satis instructus. Reliquiæ in Galliam fugientes evacuârunt Italiam.

20.
Pax Cameracensis.

Atque hunc finem accepit alterum Francisci I. cum Carolo V. bellum; nam primum per illius captivitatem & pacem Madritensem finiti visum est. Martem tam iniquum expertus Rex, Pontifice cum Cæsare in novum fœdus eunte, aliisque fœderatis dilapsis, pacem petere coactus est. Contracta illa est *Cameraci* (*Anno* 1529.) & quidem, quod mirum, per duas fœminas, Margaritham videlicet Caroli V. amitam, Gubernatricem Belgii, & Aloysiam Francisci I. matrem; quæ eadem die Cameraci convenientes clam fœderatis in has conditiones pacem concluserunt.

Rex pro recipiendis liberis obsidibus duodecies centena aureorum millia pendat. Quadringenta millia Regi Angliæ Imperatoris nomine solvat: rursus eidem Regi quingenta millia, quæ sibi Carolus dixerat multam, nisi Mariam ejus filiam duceret conjugem. Li-

Ili florem ex· auro puro pretiofiffimis gemmis ornatum , à Philippo Archiduce oppignoratum Henrico , redimat , & Carolo reftituat. Sponfalia cum Eleonora Cæfaris forore inita, compleat. Invito Cæ- fare nullam in Germania focietatem contrahat. Flandria , Arte- fia , Afta à feudali Galliæ nexu liberæ funto. Jute omni in Medio- lanenfem Ducatum & Regnum Neapolitanum Rex cedat. Caroli Bor- bonii bona legitimis ejus hæredibus tradat. Naves Cæfari Italiam petenti commodet. Venetis bellum indicat, fi arces Carolo refti- tuere detrectarent, &c. Adjuncta alia, quibus Victor Francifcum in arctum conftringebat.

Diu fœderatos latuerunt hæc pacta. Ubi innotuerunt , Vene- **Venetis** ti præfertim vehementer conquefti funt , fe à Gallis perfidè prodi- **invitis.** tos , & poteftati Cæfaris objectos. sanctè Regem afferaffe ac promififfe, fe abfque affenfu fociorum cum Cæfare hunquam conven- turum. Rex paternum in filios amorem & pacis necefitatem ob- tendebat. Veneti irritati fœdus poftea cum Imperatore pepigerunt; à Francifco adeò in pofterum averfi, ut nullis ipfius precibus minifve ad novam focietatem flecti potuerint.

Pace conclufa necdum ftatim Francifco redditi liberi, quia Pra- tus cancellarius nummos ex auro impuro cufos Carolo miferat , de- ficientibus quadraginta aureorum millibus ; quam fraudem eluere priùs oportuit. Tum verò reftituti Principes , contractúmque inter Regem & Eleonoram matrimonium. Quamvis Rex aliò fuos amo- res verterit, præfertim in Annam Piffeleviam, puellam Aquitanam, quàm Duciffam Stampenfem dixerat.

Nulla etiam pacis fœdera amicitiam Carolum inter & Franci- 21. fcum colligare poterant, cùm enim res Cæfaris fecundo curfu irent, **Nova Fœ-** uuffit Regem invidia , & cladium acceptarum fenfus, ut nova bella **dera.** excoquêret. Nec defiit novis fœderibus fe armare. Et primò qui- dem Anglum , in quo plus momenti , conciliavit : miffo ad eum Bellaio Langæo , qui gratus Henrico, quòd perfeciffet, ut in Aca- demia Parifienfi aliifque pluribus matrimonium cum Catharina irri- tum pronuntiaretur, quod volebat, impetravit. Nam quingenta au- reorum millia , à Carolo ipfi promiffa , & lilium gemmeum, Hen- rico Francifci filio, quem facro de fonte levaverat , dono dedit ; & fœdus iniit ; quod uterque Rex deinde ad Smalcaldenfes focios, id rogantes , extendit , pro defendendis Principum Germanorum juribus.

Pon-

Pontificem etian conciliandum ratus, nuptias inter Henricum filium, & Catharinam Medicæam celebrandas proponit. Clemens Regiæ affinitatis cupidus, & à Cæsare jam alienor, quòd is Ferrariam, Mutinam & Rhegium, quas Pontificiæ ditionis urbes Clemens contendebat, suscepto arbitrio Alphonso Estensi adjudicâsset, fœdus cum Francisco iniit, Massiliam'usque devexa ætate profectus, ut cum Rege præsente illud-pangeret. Ubi etiam, quod dixi, conjugium celebratum fuit (*anno 1533.*) Quatuor Galli Cardinales creati. Inter quos Odetus Castilionius, undecénnis puer, posteæ apertè hæreticus.

22.
Tertium
Bellum.

. Cùm ità se muniisset Franciscus, tertio bello aggredi Cæsarem statuit ; cujus causa remotior atque perpetua, invidia .& æmulatio, proxima ac nova triplex, à Sfortia Cæsaris cliente ad mortem damnatus Mervillius, propter tumultum excitatum, & homicidium patratum, primam dabat. Quippe Franciscus apud omnes Christianos Principes de atrocitate facinoris cônquestus, violatum jus gentium in Mervillio Legato suo iniquè occiso. Jámque -in bellum pruriebat ; cùm Carolus III. Dux Sabaudiæ & Pedemontii ejus avunculus, ad Cæsaris partes traductus, negat transitum in

Causæ.
Italiam. En alteram belli causam. Denique mortuus anno 1535. Franciscus Sfortia absque liberis tertiam, eámque præcipuam occasionem dedit. Nam Pontifex & Veneti volebant, ut Ducatus Mediolanensis ad aliquem Italiæ Principem devolvatur. Gallus, licèt in Madritensi & Cameracensi pace juri in illum renuntiaverit, tamen eum modò liberis suis vendicavit., asserens , non potuisse horum juri derogari. Cæsar eundem sibi vindicavit, non eo tantùm titulo, quòd à Francisco scriptus fuerit hæres, sed eo maximè, quòd cum clientum familia extincto feudali jure, dominium utile cùm directo consolidetur, atque ad Imperatorem tanquam supremum dominum transeat, multa quoque ad Pontificem de Rege questus, quòd in aula illius versaretur Legatus Solimanni, pactúmque cum eo fœdus. Quod equidem, opprobrii pudore, negabant Galli, suspicionem tamen non inanem excutere non poterant. Verùm, si illud fœdus tunc confectum non est, postea absolutum fuit. Quod ne ipsi quidem scriptores Galli sinceriores negare audent.

23.
Sabaudus.
Gallus à Sabaudo belli initium fecit ; quippe Ludovicæ matris hæreditate adita, deposcebat universam Ducis ditionem, eò quòd illa fratrem natu minorem Carolum excluderet. Præterea asserebat Rex, Pedemontium, Nicæam, & Villafrancam appendices esse Phocensis Provinciæ. Cùm igitur Genevenses prava hæreseos lue

corru

corrupti, quà vicinorum Bernenſium, quà Farelli Delphinatis afflati contagio, Epiſcopum ſuum cum ſacerdotibus ejeciſſent, atque
Sabaudus eum reducere conaretur, ac urbem, quam ſuam eſſe dicebat, obſediſſet, Rex cum Bernenſibus ad obſidionem ſolvendam
accurrit. Quo paſto Geneva, hæreſis propugnaculum, & deſer- Geneva.
torum aſylum, in hodiernum diem potitur præmio ſceleris.

Poſtquam his auſpiciis præluſit Franciſcus, Ducem primò Sabaudia, dein per Chabotum Admiralium Pedemontio ſpoliat, ipſa
etiam Taurino capta Carolus Cæſar ab expeditione Tunetana redux, omiſſo Pedemontio, bellum in Phocenſem Provinciam, toties jam infeliciter tentatam, transfert. Transmiſſo igitur Varo,
qui Galliam Italiámque interfluit, Antipolim (*Antibe*) Forojulium
(*Frerus*) Aquas Sextias ſubigit, atque Maſſiliam obſidet. Cùm
autem Galli dućtore ſupremo Anna Mommorantio, urbes & oppida muniiſſent, & omnem circa regionem, ut hoſti inediam facerent, vaſtáſſent, morbus exercitum Cæſaris vehementer afflixit,
cadente etiam Antonio Leva, extenui milite ad ſumma belli mune-
ra præclaris meritis elućtato. Cedendum igitur non tam hoſti, qui in munitis caſtris ſe con-
tinuerat, quàm morborum malignitati, ratùs Cæſar, exercitus re-
liquias in Italiam tranſtulit, non auſis infequi Gallis, dicente Mommorantio, aureum pontem ſternendum boſti fugienti. Cæſar in Italiam delatus Montisferratenſem Ducatum, liti obnoxium, Gonzagæ
Mantuano Duci adjudicavit, excluſis Sabaudo Duce, & Saluſſii
Marchione.

Traćtum dein in Pedemontio bellum, alternante fortúna, Cæſare in Hiſpaniam digreſſo, & Vaſtio copiis præfećto. In Belgio pariter Mars tonabat ad urbes obſeſſas, majori aliquanto Naſſovii &
Roéſii, Cæſareorum Ducum felicitate.

Paulus III. Pontifex omni ope contendebat pacem conciliare, 24.
ut arma adverſus Turcam convertantur, & concilio celebrando de- Induciæ
tur occaſio; evicítque tandem, ut Cæſar & Rex Niceam irent: ſe-
peratim cum ſingulis ibi egit Pontifex; ut autem in mutuum con-
ſpećtum venirent, exorare non potuit. Impetravit tamen, ut in decem annos ſancirentur induciæ (*anno* 1538.) Sabaudo in exilio re-
lićto. Convenerunt autem poſtea ad Aquas mortuas inter varias
mutuæ humanitatis & benevolentiæ ſignificationes. Sed nihil aćtum,
quàm impoſitum humano generi, credenti, ex animo inſtauratam
amicitiam.

Pars VII.　　　N n n　　　　　　Non

Non tamen meram fimulationem res ea habuit; nam cùm pau-
Cæfar per lò pòft Gandavenfes Legatos ad Regem mitterent, qui orarent, ut
Galliam, fe iniquis tributis vexatos in clientelam & tutelam fuam reciperet.
Idem plurium in Flandría civitatum effe votum : fe Regi urbem
fuam offerre , Francifcus negabat , quod petebant , eorumque litte-
ras ad Imperatorem mifit. Cui ingenuitati is confifus per mediam
Galliam in Belgium iter inftituit, magnificè exceptus conductúfque
â Rege. (*Anno 1539.*)

Mommo-   Cùm autem poft domitos Belgas caftigatófque , Galli Mediola-
rantius.   ni promiffionem impleri peterent , negavit Cæfar, fe id promififfe.
Quare Annas Mommorantius , ob excellentes dotes Regi â puero per-
charus , atque ab eo ad fummas dignitates,& ipfum adeò comeftabilis
feu Aulæ Præfecti fupremum munus evectus, ab aula ejectus exulatum abiit, quòd auctor antea Regi fuiffet , ne â Cæfare tranfeunte fcriptam Mediolani promiffionem peteret. Nec, dum Rex vixit , receptus ampliùs in gratiam. Eundem ferme aulæ ludum expertus eft Chabotus Admiralius Franciæ, peculatus damnatus atque
exauctoratus ; Cardinale Turnonio & Annebaldo ad rerum clavum
fuffectis. (*Anno 1540.*) Chabotus poftea famæ & bonis reftitutus
Duciffæ Stampenfis gratia, quæ Regis amorem & voluntatem in poteftate habuit ; Poyetus verò Cancellarius , qui Chabotum accufa-
verat , falfi convictus artibus fuis in carcere periit.

25.   Ortum fubin anno 1541. quartum Cæfaris cum Rege bellum;
Quartum nam tertium per inducias Nicænas fufpenfum fuerat in decennium ,
bellum. fed neque in quartum annum illæ conftare poterant. Caufæ, præter æmulationem antiquam, maximè fuerunt duæ. Primam obtulit Clivenfis patrocinium , adverfus Cæfarem â Rege affumptum.
Quippe Wilhelmus Cliviæ, Juliæ, & Montium Dux, â Carolo
Egmondano Geldriæ hæres teftamento inftitutus , adverfus Carolum
V. eandem fibi vindicabat , icto cum Gallo fœdere , qui , ut nexus effet arctior, Joannam Navarræ Regis filiam eidem defpondit.
Quam rem ad gravem fuam offenfionem pertinere Imperator ar-
bitrabatur.

Altera caufa Francifcum impulit, duo videlicet Legati , Cæfar Fregofus Genuenfis , & Antonius Rinco Hifpanus exul , ab eo ad
Solimannum & Venetam Rempublicam miffi , dum fecundo Pado de-
veherentur , â Guaftio , Cæfareo Duce , intercepti atque necati.
Exclamare Rex illico , appellare jus gentium , publicæ pacis violatas fanctiffimas leges , minari bellum , nifi injuriam Imperator far-
ciat.

eiat. Ad ea Cæfar primò, injuſſu ſuo, dein jure cæſos reſpondit, ex Genua & Hiſpania exules, qui nautarum habitu induti, nihil minùs quàm legatorum ſpeciem præſeferrent ; imò ſpeculatorum & proditorum inſtar ſeſe occulerent.

Carolo igitur ex infelici altera expeditione Africana reverſo Franciſcus bellum indicit, Solimanno vaſtante Huńgariam, & jam Auſtriæ imminente. In partes Europa tracta. Cæfar Anglum, & Germaniæ Principes Gallo eripuit ; hic præter Solimannum, veterem fœderatum, Daniæ & Sueciæ Reges cum Helvetiis ad ſocietatem pellexit. Quaſi æmuli in odii ſupplementum univerſum orbem evocarent.

' Francus in Belgio & Ruſcinone bellum (*Anno 1542.*) orditur : miſſóque Aurelianenſi minore filio, & adjuncto, qui regeret illius adoleſcentiam, Claudio Guiſio (Franciſci patre) excepta Thionvilla totum Ducatum Lucemburgenſem cum urbe-principe ſubigit, promotis etiam in Arteſiam & Hannoniam armorum progreſſibus, captóque Landrecio ; quod fruſtra dein Cæſareani obſederunt.

Non eadem fortuna Gallis in Ruſcinonenſibus. Obſeſſum ductore Henrico Delphino numeroſo exercitu Perpinianum, ſed eruptionibus, Albani inſidiis, morbis, diſcordiis, attritis copiis, re infecta diſceſſum.

Spectatæ tunc ſunt in mari Gallico ad opprobrium gentis claſſes geminæ, Francica, & Turcica, â Solimanno ex fœdere adverſus Cæſarem Regi miſſa. Ducebat éam, 110. triremibus, & 40. biremibus conſtantem, Ænobarbus, famoſus ille pirata. Calabriæ ora direpta, Maſſiliam eandem appulit. Ubi Gallicæ juncta ad Niciam Arcem expugnandam ducitur. Sed eam Paulus Simon, Eques Militenſis, nomine Sabaudi tam ſtrenuè defendit, ut ad ſolvendam obſidionem hoſtes coëgerit ; frendente barbaro, & incuſante negligentem Gallorum apparatum, ut globos pulverémque ſulphureum è ſuo armamentario peterent, atque arma Turcica illam incurriſſent ignominiam, ut nec unum ſcopulum expugnaverint. Hyeme dein Antipoli & Tolonii conſumpta, appetente vere Conſtantinopolim rediit, ſtipato in naves ingenti Chriſtianorum captivorum numero, quos in Calabria collegerat. Et hic fuit Barbarici fœderis fructus : ſumptus plurimi, jactura famæ & gloriæ, ignominia Chriſtiani nominis, & calamitoſiſſima vincula tot innocentium Chriſtianorum.

26.
Clivenfis

Imperator interea Clivenfem ad extrema adigit, profligátque. Qui amiſſa Dura, Julianco, Venlone, Ruremunda &c. uti Gallorum auxilio, ita animo deſtitutus, ad clementiam Cæſaris confugere coactus eſt, ſéque ſuáque ejusdem arbitrio permittere. Receptus in gratiam ea lege, ut Ducatui Geldriæ, & Francico fœderi rénuntiet. Et aliquantò pòſt Ferdinandi filiam in uxorem duxit, matrimonio fœcundo equidem, ſed ingentes pariter lites in poſterum parituro.

Belgium

Clivenſi perdomito, atque ad obſequium revocato, victorem exercitum Cæſar in agrum Lucemburgicum ducit, omniáque ferme cum urbe primaria recuperat, cæſáque Briſſaci cohorte, Anglum interpellat, ut junctis armis, quod inter ſe ſtatuerant, ſimul Lutetiam verſus ſe conferant. Sed illo, dum Imperator integras provincias expugnat, ad unam Bononiam obſeſſam hærente, Carolus ſolus, admoto propiùs ad Pariſios exercitu, trepidationem ingentem urbi immiſit, adeò quidem, ut cives de fuga una ſolliciti, urbem patriófque lares turmatim relinquerent.

In Pede-
montio.

In Pedemontio tamen Gallis fauſtius aliquid, aùt minùs improfperum accidit. Suſtentabat eorum ibidem res conſilio manuque Bellajus Langæus, uti artium politicarum, ita rei militaris apprimè gnarus; de quo Carolum V. dixiſſe ferunt, eum lingua & calamo plures Regi ſuo peperiſſe victorias, quàm cæteros Duces armato milite. Huic vita functo Rex Buterium primò ſuffecit : ſed cùm is bellum adverſus Guaſtium infeliciter gereret, munimentis pluribus amiſſis, Auſſuno capto, Engviennio Principi cedere munus coactus eſt.

Hic impetrata â Rege pugnandi copia, *ad Ceriſolam* in Subalpinis cum Guaſtio congreditur. Vehemens erat pugna. In cornu uno Cæſarei vincebant (Enguiennio ad deſperationem jam adacto) in altero, quod Helvetii compleverant, Galli, quorum tandem, Guaſtii fugientis culpa, victoria fuit, ſed carò empta. Carinianum tamen cum aliis quibusdam Pedemontii urbibus præmium fortunæ fuit (*Anno 1544.*)

Quamvis autem ſpectata tota belli ratione Cæſar armis eſſet ſuperior, jámque Meldas uſque excurrerat, trepidante cum Lutetia univerſa Gallia ; quia tamen hinc Proteſtantes in Germania, inde Turcæ in Hungaria erant infeſti, ad pacem reſpiciebat. Hanc promovebant duæ in Gallica aula fœminæ, formæ æmulatione & ambitione

bitione certantes, Stampensis nempe ducissa, Regis Francisci dudum potens, & Diana Pictaviensis, quæ Henrici Delphini amores sibi mancipaverat.

Stampensis ad clavum sedebat hactenus ; lividis proin oculis aspectabat æmulam, Delphini favore nixam, ad quem orientem veluti solem, respiciebant Franci. Quare, morbis jam languente & ætate Rege amasio, novum sibi paratura fulcrum, annorum robore duraturum, ad Aurelianensem, alterum Regis filium, se convertit, in vulgus Nobilitati percharum. Utque illum arctiùs firmiúsque sibi adstringeret, per Longavallium clàm Cæsari nuntiat, quæ in dies consilium Regium statuerat, rogátque, ut Aurelianensi filiam suam despondeat, Flandriam aut Insubriam in dotem allaturam. Id si faceret, pacem in ejus fore arbitrio.

Flagrans Aurelianensis id votum erat. Ut igitur vafra mulier **27.** telam, quam orsa fuerat, pertexeret, explorata Cæsaris mente Regem Franciscum, sibi alioquin obnoxium, aggreditur ; nec difficulter pacem persuadet. Hanc anno 1544. *Crespiaci* sanxerunt Gonzaga & Granvella legati Cæsaris, cum Annebaldo & Baiardo, missis à Rege. Leges autem istæ utrinque placuerunt. Intra biennium Imperator filiam suam Carolo Duci Aurelianensi det in conjugem, cum Belgio, aut neptem ex Ferdinando fratre cum Mediolanensi ducatu. Urbes post Nicenses inducias captæ restituantur. Rex in Turcam militem suo sumptu scriberet, alerétque. Ita pax conclusa, gaudente Francia, quòd jactura levi periculum ingens redemisset. At ingenti luctu afflicta est anno sequenti per mortem Aurelianensis, extincta cum præcellenti Principe præsenti spe amplissimi matrimonii. Petiit tunc equidem Rex, ut everso fulcro pacis Crespiacæ novum fœdus constituatur, sed aliud responsum legati non retulerunt à Cæsare ; quòd, nisi provocetur, cum Rege illibatam pacem sit habiturus.

Pax Crespiaca.

Crespiaca sancita pace Anglus, licèt invitatus, bellum in Picardia est prosecutus, ignominia plenus, quòd nec unam urbem possit expugnare, Cæsare tam multas occupante. Tandèm Bononiam cepit. Pluráque leviora prælia sunt conserta. In quorum uno Franciscus Aumalius, Claudii Guisii filius, lancea in vultu graviter læsus est, ictu valido, intra nasum & oculum accepto, usque ad occiput penetrante. Lethalis erat plaga. Sed provida cœli cura servavit Principem, per quem in Gallia stabit religio.

Angli.

Terrestribus velitationibus parùm proficientibus, mari placuit periculum facere. Instructa utrinque classis. Dum suam Franciscus

luftrat , ad oftentandam potentiæ fuæ pompam in navi prætoria ,
totius oceani maxima ,.pulcherrima , atque validiffima, aulicis fœminis epulum inftruit : cùm ecce! coquorum incuria flammas concipit , piláfque ejaculantibus tormentis (centum erant) in frufta
difcerpta, miferè conflagrat, fparfo etiam in naves vicinas incendio. & ruina. Siniftro omine navigans dein claffis nullum operæ
pretium tulit , Anglica certamen detrectante.

Tædio denique belli utrinque fuborto, exhauftóque ærario, pax
coaluit Conventúmque , ut Henricus Bononiam Francifco reftituat.
Hic vero illi , dum viveret , in penfionem annuam 95000. aureos
folvat. Octavo verò poft anno ipfi aut hæredi auri vicies centena
millia penderentur, tum ob priora debita , necdum perfoluta , tum
ad refarciendos fumptus præfentis belli. Hoc pretio perfoluto finitæ fùnt nundinæ (*Anno 1546.*) Anno fequenti Rex uterque
obiit.

Mortuus eft itaque Francifcus I. ex ulcere maligno , octennio
abhine à medicis, dum molliùs tractant, malè curato, Regno ad
pacem compofito , anno 1547. Regni 32. ætat. 53. relictis ex Claudia,
Ludovici XII. filia (nam ex Eleonora Caroli V. forore prolem
nullam fufceperat) duobus duntaxat liberis, Henrico, & Margaretha, Sabaudiæ Duci poftea nupta (nam reliqui ante patrem de-
ceſſerant.)

Mors.   Fuit haud dubiè præclaris animi corporífque dotibus ornatus
Princeps, robore animi excelfo , inexhaufta liberalitate, magnificen-
tia regia , clementia facili, religionis in fuo regno cultu infigni, &
verè magnus, nifi in Carolum V. incidiffet. Scriptores Galli ad
fydera ufque laudibus eum extollunt ; multi ex Germanis & Hifpanis eum ad ima mergunt. Mei inftituti non eft , magnorum Principum maculas oftentare. Si quæ funt, cenfendus eft eas eluiffe ;
dum in extremo morbo immani doloris fenfu excoctus , Rambulleti
ad proximam mortem chriftiano ritu fe comparavit, & noxis facramento pœnitentiæ expiatis, fideíque profeffione edita (ad quam
omnes inconcuffè fervandam eft adhortatus) fumptóque æternita-
tis viatico, pientiffimè deceffit.

Nec abfona videtur Hiftorici cujufdam obfervatio , à nemine
minùs quàm à litteratis obiiciendos næros Francifco, quorum fautor,
æftimator, & cultor fuit eximius. Certè fub eo litteratura , fatis
antè inculta in Gallia, refloruit, viris undique doctiffimis conquifi-
tis, & liberaliter nutritis. Nec minimam ex eo laudem meretur ,
quòd fub finem vitæ, dum Proteftantes Germaniæ opem ab éo ad-
ver-

versus Cæsarem flagitarent, eandem negârit ; indignissimum ratus, si Rex christianissimus pacem nuper juratam infringeret, ut rebelles Ecclesiæ atque Imperatori suo propugnaret, ignominia Turcici fœderis necdum abstersa.

ARTICULUS III.
Status Galliæ sub Henrico II.

Henricus rerum clavo admotus : continuò magnas aulæ mutationes suscepit. Cardinalis Turnonius & Annebaldus amoti, cum Taissio, Villaregio, Bajardo, Biezio, Vallio, & anteomnes Stampensis ejecta, instigante Diana Pictaviensi, Bresæi conjuge ; quæ, sicut illa Franciscum patrem, Henricum filium, conjugio pariter illigatum, amoris veluti fascino dementatum possidebat ; versabátque Regem & Regnum pro arbitrio. Quasi verò lex Francorum Salica solas Regias Principes à regno excluderet, propudiosas verò pellices, humili loco natas, formæ privilegio admitteret.

Non malè tamen Diana Regno consuluit, quòd Principes eos, quos Stampensis aula ejecerat, aut averso animo persecuta fuerat, restituerit. Revocatus ad pristinam dignitatem Anna Momorantius, arque ad intimam Regis gratiam admissus, & cum eo Guisii, Franciscus, & Carolus, Rhemensis tunc Antistes, Cardinalis postea Lotharingus dictus. Santandreanus in Marescalli munere Annebaldo suffectus. Quatuor viros istos nomino, quia illis conservàtam postea religionem debet Gallia.

Rex Henricus lustrata Gallia, Subaudia, & Pedemontio, geminis nuptiis posteritati providit. Antonio Borbonio Duci Vindocino juncta Joanna Albretana, Regnum Navarræ, & Henricum IV. Franciæ Regem eidem paritura. Francisco Guisio Herculis Ferrariensis & Renatæ filia data, innexâ Guisiorum stirpe Regio sanguini, jam antè per Renatum Andegavensem in Lotharingos transfuso. Hæc stirps Guisia cum Historiæ Francicæ utramque impleat paginam, juvat de illa aliqua annotare.

Per virilem stirpem, ordine non interrupto, multis sæculis decurrerat Lotharingiæ ducum series usque ad Carolum I. qui annò 1430. decedens, filiam reliquit Isabellam, nuptam Renato, Duci Andegavensi, ad quem etiam Barrensis ducatus, Mussipontum & Guisa spectabant. Sed grave bellum Isabellæ movit Antonius Isabellæ patrue-

28.
Aulæ mutatio.

29.
Domus Lotharingica.

patruelis, cui Maria uxor Harcuriam, Aumaliam, & Mayennam attulit. Bellum igitur erat inter cognatas domos de Lotharingiæ ducatu. Quod tandem extinctum est, cùm Jolantha Renati & Isabellæ filia nupsit Friderico Valdemontii comiti, Antonii filio, nam hoc pacto utraque Domus rursus coaluit.

Ex matrimonio isto amplissimo natus est Renatus II. qui à patre Friderico accepit Valdemontium, Joanvillam, Meduanam, Aumaliam, & Elbovium: à matre verò Jolantha Lotharingiam, Barrensem ducatum, Mussipontum, Guisam, cum prætensione in Neapolim, Siciliam, Jerosolymam, & Arragoniam. Postquam autem potentissimus hic Princeps Renatus à Carolo Audace tota ferme Lotharingia fuerat depulsus, eundem ad Nancejum ope Helvetiorum pugna vicit, & vita exuit. Decedens autem anno 1528. duos filios reliquit, *Antonium* & *Claudium*. Illi attribuit Lotharingiam, Valdemontium comitatum, Barrensem ducatum, & Mussipontanum Marchionatum ; postea verò Mercordia in Arvernia per nuptias accessit. Atque is in hodiernam usque diem stemma Lotharingicum propagavit.

Claudius verò, de quo nobis potissimùm hîc sermo est, à patre Renato in hæreditatem accepit ditiones Gallicas, videlicet Guisam, Aumaliam, Meduanam, Joanvillam, Elbovium, Harcuriam , cum adhærentibus ditionibus. Secessit igitur Claudius in Galliam, atque Burgundiæ Gubernator constitutus, præclaram pace & bello Francisco Regi navavit operam.

Sed multò celebrior in suis fuit liberis, quorum anno 1550. defunctus sex reliquit superstites, nimirum Franciscum Guisæ Ducem ; Carolum Rhemensem Præsulem, qui Cardinalis Lotharingus fuit appellatus; Claudium Aumaliæ Ducem, Ludovicum, quem Cardinalem Guisium dixère ; Franciscum magnum Franciæ Priorem ; Mariam, Jacobo V. Scotiæ Regi nuptam : & Renatum Elbovium Marchionem, qui Harcuriam nuptiis accepit, & Lilebonam.

30.
Bellum
Parmense.
Henricus Rex, postquam severis edictis hæresin coërcuit, & duos pagos, in eandem lapsos, exussit, multis ad mortem damnatis, *Bellum Parmense* suscepit , adversus Julium III. Pontificem, & Cæsarem, qui Octavio Farnesio Parmam & Placentiam auferre nitebantur ; ille tanquam feudum Ecclesiæ commissum , hic velut appendicem Ducatus Mediolanensis ; paratus Julio jacturam in Regno Neapolitano resarcire. Oblatis amplioribus in eo ditionibus pro ejus nepotibus. Jamque per Gonzagam Mediolanensem Prætorem Cæsar Carolus genero suo Octavio Placentiam eripuerat, & Parmam obsidebat, Pontifex verò Mirandolam, Ludovico Pico cum
nepo-

nepote suo lite colliso, Galliæ Regi ceu sequestro commissam, Gallicóque præsidio occupatam.

Octavius igitur Henrici opem implorat. Quam ille continuò addicit; utque nexus cum Farnesiis esset firmior, Horatius Octavii frater Dianam, Henrici ex Pictaviensi spuriam, accipit in sponsam. Brissacus igitur, Pedemontii pro Henrico Gubernator, bellum movet; quod tamen nullo majori facinore inclaruit, Gallo milite in arcibus se continente.

Sed ex hac veluti scintilla multò majus belli incendium erupit, Henricum inter & Cæsarem, qui illum incusabat, quòd Italiæ se immisceret, Parmam & Mirandolam præsidio obtineret: Tridentinum Concilium interturbaret; amicitiam cum Turcis aleret: Protestantes Germaniæ fœderatos haberet; triremes Cæsareas invasisset. Henricus contra querebatur, Flandros naves Regias persecutos: Andelotum Mediolani captum teneri: Mercatores Gallos à Belgis spoliatos: Legatum Francicum à Maria Belgii Gubernatrice in custodiam datum: Mirandolam â Cæsareis obsideri.

His querelis, odio veteri, æmulatione, & cupiditate accensis, primus Henricus in bellum ruit, jussis Picardiæ, Campaniæ atque Pedemontii Prætoribus illud inferre; percussoque cum Mauritio Saxone aliisque Protestantibus fœdere, tres Imperii civitates, Tullium, Metas, & Virdunum, ductore Mommorantio, diripit. Simúlque Rex in Lotharingiam penetrat, & intercepto Nancæio, totam provinciam ad partes suas traducit, administratione commissa Nicolao Comiti Valdemontio Caroli II. Ducis patruo: ipsum verò Ducem, novem annorum puerum, in Franciam abducit, cum Delphino instituendum, ceu futurum Regis generum. Matrem verò illius, Cæsaris ex sorore neptem, in Fandriam jussit abscedere. (*Anno 1551.*) Lotharingicum.

Tum verò per Lotharingiam in Alsatiam cum exercitu abiit, & transitum ab Argentinensibus petiit. At illi Metensium exemplo edocti, quanto periculo id genus hospitum admitteretur, nec minis nec policitationibus se flecti sinunt. Quare Gallus Hagenoam & Viceburgum occupat; cùm intelligit, transactione Passaviensi sancita fœderatos Protestantes à societate recedere, Imperii Principum oratores excipit, rogantes, ne ulteriùs pergat; jam enim nullum superesse Germanicæ libertatis periculum; propter quod avertendum contractum sit fœdus. Henricus, quamvis vehementer attonitus, politico responso dato, gaudere se, quòd libertate Germaniæ reddita finem expeditionis suæ sit assecutus, in Belgium recessit, plu-

ribus urbibus captis , & relictis ubique triſtibus tranſitus ſui veſti-
giis , Maria tamen Cæſaris ſorore , Belgii Gubernatrice , quantum·
tunc poterat , reſiſtente.

31.
Obſidio
Metenſis.
· Carolus Imperator collecto exercitu **Metim** obſidet , quam
Franciſcus Guiſius propugnabat , præſentibus in urbe ejus fratribus,
cum Condæo , Mommorantii comeſtabilis filiis , & Horatio Farneſio Duce Caſtrienſi , Regis genero. Aumalius autem Guiſii Frater
adverſus Albertum Brandenburgicum temere in pugnam ruens , victus , captúſque eſt.

Cæſar obſidionem inchoans centum millia peditum , & viginti equitum ſub ſignis habuiſſe ſcribitur : inter quos Albanus Legatus
Cæſaris , podagra laborantis , toti exercitui præfectus , Philibertus
Emanuel Caroli Sabaudiæ Ducis filius , Brandenburgus, Holſatus,
Avila Hiſpanorum ductor , Manriques rei tormentariæ præfectus ,
cum 7000. foſſorum , & 120. majoris molis tormentis. Sed iniquiſ-
ſimùm erat anni tempus, November videlicet, quo cœpta oppugnatio,
pluviis , nivibus , gelu horreſcens , ut morbis, lue, & eruptionibus
Gallorum ad 40000 imminuto exercitu , ſub initium Januarii 1553.
obſidionem ſolvere coactus ſit , magna Guiſii gloria.

Sorsmelior
in Belgio.
In Belgium delatus , ex quo jam antè Roeſius excurrens igne
ferróque vaſtaverat Picardiam , meliore fortuna uſus Cæſar , Tervanam , amplam munitámque in Atteſia civitatem , ſed Belgis maximè infeſtam expugnat , ſolóque æquat , ut vix rudera illius ampliùs
appareant. Eadem felicitate Heſdinum , ſitu & opere munita urbs,
in cæſaris poteſtatem redacta, cæſis multis è Galliæ Nobilibus , &
cum illis Horatio Farneſio Caſtrienſi Duce Henrici Regis genero.
Advenerat equidem cum ingenti exercitu Rex Henricus ; ſed à Cæſare ita circumductus eſt , ut re nulla acta inglorius in hyberna re-
ceſſerit , emendante fortuna Mentenſem cladem.

32.
Bellum
Belgicum
·Sequenti anno 1554. Galli quidem Dinantio aliquot arces expugnârunt , & prælio leviore Cæſareanos ad Rentiacum vicerunt ;
ſed ad rei ſummam parùm confectum. Et vices reddiderunt anno
1555. Belgæ in Atteſia : exſtructis etiam duabus arcibus Carolo-
montio ad Moſam , & Philippopoli in Namurcenſibus , ad retun-
dendas Gallorum irruptiones.

Neque in Belgio ſolum decurſus Martis campus ; maria etiam
claſſibus preſſa. Quin per Principem Salernitanum (qui ob Pro-re-
gis Neapolitani vexatiónem ad Gallum defecerat) Dragutus (Solimanni Architalaſſus poſt Barbaroſſam) Conſtantinopoli cum claſſe
exci-

excitus, Neapolin & Calabriam vaftabat : fimúlque Franco Senas & Corficam occupandi occafionem fecit.

Senenfes, hactenus liber populus , fub tutela Imperatorum Senenfc fuo ipfi regimine rempublicam adminiftrabant. Nunc autem Cofmi Florentiæ Ducis fufpecta potentiâ militare præfidium â Cæfare petie-runt. Miffus Mendoza arce exftructa civem acerbiùs habet, atque patritios armis exuit. Implorato proin clàm Gallorum auxilio, cùm Dragutus oram Italiæ legeret , â Mendoza impetrant , ut fibi ad portus fuos propugnandos fcribendi militis copia fieret. At illi mi-lite introducto , & arce expugnata ac diruta Mendozam cum Hifpa-nis urbe pellunt Gallófque , â Termæo adductos , recipiunt.

Termæus urbe potitus, cùm Hifpani ad Dragutum Neapoli & Corficum. Calabria depellendum effent avocati, claffem Gallicam Turcicæ jun-ctam ad Córficam applicat, eámque infulam totam ferme Genu-enfibus eripit, ut navigantes in Thufciam Francos tuta ftatione ex-cipiat. Verùm poftquam Dragutus ex Corfica difceffit, Doria Cæ-farea & Genuenfi claffe appulfa , totum ferme regnum pulfis Gallis recuperat, atque Genuenfibus reftituit.

Bellum verò Senenfe tractum diutius. Cùm enim Cæfar Bel-gio atque Neapoli defendendæ effet intentus , Cofmum Medicæum Florentiæ Ducem in Senenfes Gallófque incitavit. Victus prælio Stroffius , nobilis Florentinus, Gallorum ductor , qui cum pluri-bus aliis Florentinis Medicæorum dominationem non ferentibus , exilium infra libertatem habebant. Obfidione dein â Cofmo cinctæ Senæ, atque fame ad deditionem compulfæ , ftrenue licèt propug-nante Monlucio; qui cum Gallis fuis , & Florentinis exulibus , & octingentis civibus , quibus libertas charior erat patria, urbe ex-ceffit. (Anno 1555.)

Miferant equidem ad Henricum Regem Legatos , qui auxili-um peterent. Et urgebant illud Guifii : agi de gloria Franciæ & utilitate. Admiffam urbis oppreffæ tutelam. Senenfes ob unam Galliam miferos incurriffe odium Imperatoris & Florentini , nihil Regis confiliis opportunius, quam pedem in Thufcia figere, quæ mari adjecta claffem exciperet , & media inter Neapolitanos & In-fubres , gentem utramque dirimeret, â mutua ope ceu clauftro ob-jecto abfciffam. Sed Momorantius, rapiente in Guifium æmulatione , ad quem Senenfes perfugerant, ab eo confilio Regem avertit, & urbis & fidei jacturâ.

Meliori aliquantò forte ufi funt Galli in Pedemontio(cui Briffa-cus Gubernator fuerat impofitus) & Infubria ; nam præter alias ur-

urbes , ob Figueroæ (Gonzagæ fuffecti) Gubernatoris imperitiam & incuriam, Briffacus Cafalim vino fepultam occupat aftu , Valentiam verò armis : at Albanus Dux furrogatus Mediolanij Prætorj curfum ftitit. Quamvis enìm Rex ad famam Albani decem millia ductore Aumalio in fubfidium mitteret, nihil tamen fingulare geftum fuit.

33.
Induciæ

    Tandem anno 1556. cùm de pace integra conveniri non poffet, quinquennales pactæ funt induciæ. Quarum lex præcipua, ut quifque in quinquennium pòffideret , quod tunc obtinebat. Libera effent utrobique commercia , ac fœderati, quos invicem dicerent , pace fruerentur. Captivi mutuò reftituerentur. Has inducias Bruxellis coram Cæfare juravit Gafpar Colinius , Blefis coram Rege Lalinius.

bellum
cum Pon-
tifice

    Verùm non alio fine pax ista videtur jurata , quàm ut eò turpiùs mox iterum rumperetur, & in majus bellum exardefceret. Caufam, vel faltem occafionem , dederunt , qui minimè debuerant , Pauli IV. Pontificis nepotes , inquieti , & ambitiofi homines, qui in aula Romana dominantes patruum capularem fenem pro libidine verfabant. In Columnenfes maximè provectus impetus : quorum ampliffimum patrimonium fifco Ecclefiaftico addictum. His opem Hifpanorum implorantibus , in Hifpanos ipfos (Paulo alioquin ab Auftriacis averfo) verfa funt confilia , & impulfus à nepotibus Paulus in fpem regni Neapolitani obtinendi. At cùm cupiditas fine Francorum auxilio fruftra foret, nepotes , ut eos in defiderii partem atque emolumenti vocarent, rem Henrico proponunt , atque Cardinalem Lothariagum , Guifii fratrem in mentem fuam pertrahunt, ea fpe ductum, ut hæc inter bella , Paulo brevi emprituro , Guifius ex Andegavenfi Domo oriundus Neapolin avito jure fit obtenturus.

Induciæ
ruptæ

    Licèt igitur Mommorantius, Guifiorum crefcentem potentiam veritus, Henrico perfuadere niteretur, ne turbis Pontificem inter & Hifpanos exortis fe immifceat : juratas modò inducias : nec integrum effe à fanctiffima re ista refilire. Obrutos effe calamitatibus populos , nifi refpirandi fpatium detur, deficiendum effe fub onere. Si tamen bellum placeret : cur tam longinquum, incertum, & anceps ? in extremam Italiam vires totas Franciæ ablegandas ; at quo fulcro ? depontano fene, qui fpes cum vita ftatim fit extincturus ; inexpertis & ambitiofis nepotibus, in fua folummodo comoda intentis, atque emolumentum ex Francorum profpera & adverfa fortuna capturis.

Nihil-

Nihilominus tamen Cardinale perorante, bellum effe juftiffimum : inducias primùm à Cæfare violatas, qui fummum Pontificem, communem omnium pattem, per Columnam clientem, & Albanum, Neapolis Proregem, vexari fineret : vim repelli. Nulla religione pacis aut facramento vetari, quin tegendo capiti manum aut brachium quis opponat : Rex in hanc partem inclinatus, accedente præfertim Dianæ, in Guifios propenfæ, pondere, bellum decrevit.

Miffus igitut Guifius, fupremus belli Imperator, poft abdicationem Caroli V. anno 1557. rigente bruma per Alpes in Italiam, atque intercepta Valentia, ad Ferrarienfem invifens, belli apparatum ab eo accepit, ad expeditionem Neapolitanam, quam animo deftinaverat. Sed, poftquam Romæ diutius moratus, hofti fe colligendi fpatium dedit, omnia adverfa fuit expertus. Guifius in Italiam.

Ferdinandus Toletanus, Dux Albanus, Neapolis Prorex, â Flaminia, quam invaferat, redux, limites regni providè communivit. Octavius Farnefius recepta Placentia Hifpanis adhæfit, uti etiam Cofmus Medicæus, poftquam ipfi tandem Philippus Rex Senas cefferat Evanuit etiam fpes claffis Turcicæ, offenfo Solimanno voce fuperba oratoris Gallici. Baro Gardiæ autem, Archithalaffus Galliæ, nihil folus tentare eft aufus. Quare, cùm nihil fupplementi veniret ex Francia, Guifium fpe dejectum, animóque hærentem, quid confilii caperet, Henricus poft Sanquintinam cladem revocavit, copias in Galliam, ad proprios lares defendendos, deportare juffum, velut unicam poft naufagium Franciæ tabulam.

Gallis digreffis Pontifex pacem obtinuit. Oppida mutuò reftituta. Albano propter invafionem Flaminiæ data venia, fed tota ira Pauli in Marcum Antonium Columnam, & Afcanium Cornium, ab Hifpanis jam defertos, incubuit : diris â Pontifice damnatos. Albano verò Romam ingreffo ii honores funt habiti, quibus Guifius antè receptus fuerat. Ferrarienfis quoque pacem ab Hifpanis impetravit. Atque hoc pacto pax Italiæ rediit.

Sed vehementior multò belli procella Belgio atque Picardiæ incubuit. Nam dum Guifius exercitum in Italiam traiicit, Henricus, nullo per fecialem indicto bello, Colygnium, poft Annebaldum Franciæ admiralium, in Artefiam, Flandriámque jubet irruere. Is Duaco fruftra tentato, direptione & incendiis in limites graffatus, in Picardiam fe recipit, conquerentibus Hifpanis, violatum jus naturæ & gentium ; fumma perfidia fractas inducias : prædonum inftar Francos irruere, bellúmque non indictum inferre innoxiis ; & 34. In Picardiam.

fide

fide jurisjurandi securis. Sed Galli in Hispanos culpam rejecerunt: eos primos rupisse inducias: bellum Pontifici intulisse: Artesiæ præsidia impunè grassari, atque in Picardiam excurrere: & quæ sunt ejusmodi.

Philippus Rex, ut injuriam vindicaret, exercitum instruit, eique præficit Philibertum Sabaudiæ Ducem, adhucdum Sabaudia & præcipuis Pedemontii urbibus exclusum. Ille copias ad Sanquintinum, munitam admodum in Picardia urbem, obsidendam ducit.

Pugna ad
Sanquinti-
num.

35000. peditum, & 1200. equitum sub signis habebat, ductoribus præcipuis, Arscotio, Mansfeldio, Egmontano, Parlemontio, Hornio &c. quibus accesserunt haud multò pòst novem Anglorum millia, missa â Maria Regina, quæ hortatu Philippi conjugis pariter Henrico bellum indixerat.

Galli pauciores erant, quippe adhuc destituti Germanis & Helvetiis conductitiis copiis, quæ iis temporibus robur erant Gallici exercitus. Adhæc querelæ jactabantur in Colignium Admiralium, Picardiæ Gubernatorem, quòd parùm solenter urbes, curæ suæ commissas, munierit. Quare â Mommorantio, supremo belli Imperatore, avunculo suo, missus in urbem obsessam, ut eam defendat cum Andeloto fratre.

Cùm autem Galli obsidionem niterentur solvere, festo S. Laurentii anno 1557. confertum est ingens prælium, & decumana Gallorum clades secuta, ultra mediam partem exercitu cæso. Ex principibus occubuerunt Enguiennius Condæi frater, Turennius, multique alii. Capti Mommorantius comestabilis, Dux Mompenserius, Dux Longavilla, Santandreanus Marescallus, Ludovicus Gonzaga, Ducis Nivernensis gener, Ringravius Germanorum tribunus, comestabilis filius, cum aliis plerisque ducibus; ex Hispanis verò paucissimi desiderati sunt.

Galliæ
consterna-
tio.

Certè tanta post eam cladem Galliæ erat consternatio, ut Lutetiam facilè occupandam fuisse scribatur, si Hispani, prout vincere, ita victoria uti novissent; referúntque, Carolum pattem, cùm ei in solitudine sua tanta victoria esset nuntiata, interrogâsse, an filius jam sit Parisiis.

Philippus Rex lento motu Gallis se colligendi spatio dato, quarto â pugna die in castra ad Sanquintinum venit, spectatóque spoliorum, tormentorum, captivorum, & cæsorum numero, haud satis dignum tanta victoria fructum tulit. Sanquintinum vi expugnatum, cæsi Duces, civi parcitum, Colignius captus, Andelotus per paludes elapsus. Capto dein Casteleto, Hamo, Novioduno, & Caunio, cur-
sus

fus victoriæ fiftitur, difcedentibus Anglis & Germanis, de inæqua-
li pædæ dftributione adverfus Hifpanos quiritantibus.

Rex Henricus cladis magnitudine percepta, Termeum ex Pe-
demonto arceffitum Parifiis præficit, Guifium ex Italia exercitum
jubet reducere. Per Germaniam & Helvetiam ad conducendum
militem Duces mittit, numerofam ex tota Gallia, Ecclefiaftico
etiam ordine contribuente, pecuniam colligit, atque reparatum exercitum Guifio ducendum tradit.

Ille, ut grandi facinore Galliam dejectam erigat, atque ex- Guifii ge-
fpectationem de fe conceptam impleat, prim die anni 1558. dum fta.
hoftis in hybernis effet, magna celeritate ad Caletum copias admovet. Urbs ea munitiffima ad extremam Picardiæ oram mari ap-
pofita, jam ante 220. annos poft pugnam Creffiacam ab Eduardo
Rege capta, ad hoc ufque tempus in Anglorum poteftate hæferat.
Tanta autem peritia & virtute Guifius urbi inftabat, ut feptimo
oppugnationis die Angli eandem dederent, ea quidem lege, ut civi atque militi libertatis effet copia, Dunfortius verò Præfectus cum
50. ducibus captivum traderet : atque commeatus omnis cum
armis & tormentis victori cederetur. Guinæ dein oppidum muni-
tiffimum unius diei fpatio captum, atque, quòd fupervacaneum
cenferetur, penitus everfum eft ac dirutum. Hamefium paulò
pòft occupatam, adventante Guifio, diffugiente Anglorum præfidio. Angli per fretum Caletanum audito machinarum reboantium
fragore appulfi ferò renavigârunt in patriam. Philippus verò fubfidia
nulla miferat, infenfus Anglis, quòd â fe difceffiffent.

Immenfam ea res nominis famam, populíque benevolentiam
peperit Guifio, ceu Franciæ fumma in calamitate confervatori, quin
etiam gloriofo finium propagatori ; eáque laude fpes fuas ad apicem gloriæ evecturo, maximè ubi ipfius ex forore neptis Maria
Stuarta, Scotiæ Regina, Francifco Delphino fuit nupta, regni corona â Proceribus Scotis fponfo oblata, ut proin *Rex Delphinus*
diceretur. In ea pompa Guifius Magiftri palatii munus obiit, abfente in captivitate Mommorantio.

Moleftiffima acciderant ea Guifiorum incrementa, & apud Regem Delphinúmque gratia factioni adverfæ, quam conflaverant Mom- 35.
morantius comeftabilis, ejúfque filii, & ex forore nepotes, Cafti- factiones
lionei fratres, Gafpat videlicet Colinius, Franciæ admiralius, An- aulæ.
delotus peditatui Præfectus, & Cardinalis Caftilionæus ; qui Guifiorum crefcentem in aula potentiam decrementum fuum interpretabantur. Auxit moleftiam Andeloti cafus ; quem, ubi Regi interrogan-
- ti,

ti, quid de Miſſâ ſentiret, abominabilem eſſe reſpondit, in carcerem duci juſſit; mox dignitatem, nam Tribunus erat peditatus totius Franciæ, Monlucio, præclaro bellis viro, tradit.

Mommorantius ægerrimè ferens Guiſianam in aula factionem creſcere, ſuámque imminui per abſentiam, impetrato â Philippo Rege commeatu, Henricum adiit; frigidè primùm ab eodem exceptus, propter rem ad Sanquintinum malè geſtam, adductámque in magnum diſcrimen Galliam; ſed brevi captata benevolentia veteri, ſe in Regis animum penitus immiſit. Utque factionem ſuam potenti fulcro muniret, ſe etiam abſente valituram, Dianam Pictavienſem, ſibi antea ſemper adverſam, & Guiſiis faventem, conciliavit. Ambitioſa nempe illa, & potens Regis mulier, cùm adverteret, Guiſios, Reginæ Scotiæ in aula gratioſæ atque potentis favore confiſos, non ampliùs illa, quæ ſoliti fuerant, deferre ſibi obſequia, & aliàs experiretur, Reginam eandem ſibi infenſam, ex integro Mommorantio, ejúſque factioni ſe addixit, data nepte ſua ad roborandam conſtantiam ejusdem filio in conjugem. Quibus domi confectis Mommorantius ſe Hiſpanis reſtituit; Philippo, perſpicaciſſimo Principe, haud ægrè ferente, aulam Gallicam in partes ſcindi.

Hoc aulæ æſtu fervente continuatum eſt bellum; atque Thionvilla, præcellens ad Moſellam munimentum, Guiſio & Nivernenſi, æquali poteſtate ductoribus, eſt expugnata, magni ad Metim & Lotharingiam univerſim tuendam momenti. Sed cecidit in oppugnatione *Stroſſius*, nobilis Florentinus, Italicis palmis inclitus, vir fortiſſimus & bellicarum rerum peritiſſimus. Atlo paulò pòſt ſe dedidit.

Jámque Gallorum res, magnopere antè afflictæ, velut ad apicem rurſus erigi videbantur, cùm ſubitus turbo, prout belli potentes inter hoſtes variabilis eſt indoles, ſpes magnas rurſus proſtravit. Termeus Stroſſio Mareſcallus ſubrogatus, ac juſſus in Flandriam, quà ad mare ſpectat, penetrare, Dunkercum, Bergam, & Mardicum expugnat, omni circum provincia rapinis & incendiis vaſtata.

Pugna ad Gravelingam. Ad miſeros ſubditorum ejulatus excitatus Philippus Rex, Egmondano mandat ulciſcendi provinciam. Et ille vir impiger coactis 12000. hominum, præter immenſam ruſticorum turbam, qui ad vindictam decerpendam accurrerant, *ad Gravelingam* ſe redeuntibus obiicit, atque egregiam victoriam reportat, adjuvantibus Anglis, fortuito prætervectis. Pleriqúe Gallorum cæſi aut capti, cum ducibus omnibus. Quos inter præcipui, Termeus, Annebaldus, & Villebonus, inſignis prædo & incendiarius, qui ruſticos po-

pulan-

pulando agros & tecta in furorem egerat. Ex militibus captis ducenti in Angliam ducti, totidem rusticis ad ultionem dati. Clades
hæc magnam Guisio invidiam peperit., incusantibus æmulis, quod
moras nectens Termeo non succurrerit.

Nec melior Gallis belli alea in Pedemontio. Nam Brissacus In Pede-
deficientibus supplementis & stipendiis, amissisque eum, ob defe-montio.
ctum Helvetiis, urbes complures perdidit, ab Hispanis captas. Nec
quidquam profuit classi Turcica, Ligusticum mare oberrans. Nam
Genuensibus pecunia redimentibus incursionem Gallorum spes pro-
strata jacuit. Vocatique rursus Guisii in invidiam, quasi ex æmulatione cum Brissaco subsidia impedissent.

Excurrit etiam classis Belgica juncta Anglicæ in minorem Britanniam, sed in Oceanum retrusa gens nautica à provinciali milite,
à Francico littore recessit. Delectibus autem magnis solerter habitis ingens utrinque paratus ad ulteriores dimicationes stabat exercitus; cùm optatæ utrinque pacis nomen insonuit quam Christier-
na, Caroli Lotharingiæ Ducis mater, omni industria procurabat.
Promovebántque ejus studia Philibertus Sabaudiæ Dux, Mommorantius & Santandreanus; ille ut ditionem suam, ab utroque Rege occupatam, hi ut libertatem recuperent. Et aliunde comestabilem urebat Guisiorum in aula potentia, per suam absentiam firmata. Rémque totam urgebat Diana, rata extincto bello Guisios
facilè redactum iri in ordinem.

Convenerunt igitur in Cameracensi tractu Legati, Cardinalis Lotharingus, Mommorantius, Santandreanus, ab Henrico designati; Albanus, Gomesius, Orangius, Granvellanus, à Philip- 36.
po missi: præter Oratores Angliæ & Sabaudi. Gravissimum obi- PaxCame-
cem Caletum posuit, quod restitutum volebant Angli, nolebant racensis.
Galli. Dilata proin pactio; cùm magno bonorum luctu obiit ex
hydrope Maria, Angliæ Regina, Philippi Regis conjux; quæ mors
continuò novam rerum faciem induit, Elisabetha in aversas ab Hispanis vias abeunte.

Conventum nihilominus de pace (*Anno 1559.*) postquam
præcipuæ duæ controversiæ, de Caleto videlicet & Meti fuerant
compositæ. Sancitum nempe, ut Henricus intra octo annos Caletum cum Oyo comitatu Anglis restituat; sin minus, quingenta
nummorum millia pendat. Tres Lotharingiæ urbes, Metis, Tullum,
& Virdunum ab Imperio, Gallis permissæ. Reliquæ conditiones
erant: ut pacta priora sint rata. Exulibus parcatur, exceptis Siculis, Neapolitanis, & Mediolanensibus. Henricus Philippo restituat

Thionvillam , Marienburgum , Damvillerium, Mommedium , Valentiam in Infubribus omnefque arces ac urbes , quas is cis vel ultra
Alpes poffidebat ; Carolefium infuper comitatum , atque Hesdini
ditionem : Bovinas & Bullionem Leodienfi Antiftiti : Monferratum
Mantuano Duci : Corficam Genuenfibus. ' Philippus verò Henrico reddat Sanquintinum , Hamum , & Caftelletum. In Subalpinis
Taurinum , Pinarolium , Cherium , Civafium , & Villanovam ,
pignoris loco Henricus retineat , dum de avitæ fucceffionis jure
ab feledtis arbitris pronuntietur. Henricus prior fœdus impleat ,
Ifabella ejus filia tredecennis Philippo in conjugem detur : Margaritha Henrici foror Philiberto Sabaudiæ Duci. Illi 500000. nummorum , huic 300000. in dotem numerentur.

Difplicuit ea pax Guifio , Briffaco & plerifque Gallis , indignantibus , trecentas ' propemodum arces pro paucis reftituendas.
Sed Henricus pacem omnino expetebat , â Diana fua & Mommo-

Mors.
rantio impulfus : atque â Martis apparatu converfus ad Hymenæi
pompam nuptialem lætitiæ diem funeftum habuit. Haftilium
fiquidem cùm indixiffet certamen , atque in tertium jam diem de-
curriffet , â Mongomerio comite , ad curfum provocato , ad dex-
trum fupercilium graviter vulneratur , nulla deinceps voce edita ,
undecima â vulnere die extindtus eft, epithalamio in funereum lef-
fum commutato : rerum humanarum magno ludibrio.

Obiit infelix 9. Julii 1559. ætatis 41. regni 12. dotibus corporis erat eximiis , animóque facili ac benigno , nifi ubi religionis
cultus agebatur : fed aulicis obnoxius , quorum blandientibus fufurris fluctuum inftar volvebatur ; atque fupra omnem modum addictus Mommorantio , & quod deterius , Dianæ muliercula , tam
cæco & obftinato obfequio , ut vulgò creditus fit ab impura fœmina fafcinatus.

ARTICULUS IV.

Status Galliæ præfertim Ecclefiafticus fub Francifco II.

HEnrici luctum confequentium temporum inteftina calamitas
auxit, quæ quadraginta continuos annos miferam Franciam difcerpfit, atque in fupremum exitii periculum impulit.
Caufa ruinæ gemina ; hærefis & ambitio (regnorum Erinnys haud

infoinsolita) quæ sub tenera pupillorum ætate religionem & rem omnem publicam eversum ibat.

Reliquerat Henricus ex Catharina Medicæa conjuge, quatuor filios, Franciscum, Carolum, Henricum, omnes successu temporum Franciæ Reges, & Franciscum, Ducem postea Alensonium. Et quidem Franciscus eo nomine secundus annum ætatis decurrebat decimum septimum, cùm raptus est pater, adolescens infirma valetudine, & animo impar tantæ moli.

37.
Guisiorum
potentia.

Guisii, Franciscus, Carolus, Ludovicus (uterque Cardinalis) Claudius Dux Aumaliæ, & Renatus Elbovii Marchio Reginæ avunculi, tanquam affines proximi, extemplo rerum clavum arripiunt. Et quidem Franciscus Guisius, rebus militia gestis clarissimus, Meti servata, Caleto capto, famam omnium gentium consecutus, dotibúsque summis ornatus Princeps, quolibet dignus erat fastigio. Carolus Cardinalis consummatæ vir prudentiæ, & eloquentiæ, consiliis aulam regebat. Reliqui fratres, viri pariter præstantes ad duorum, natu majorum nutus accedebant.

Regis edicto Catharinæ matri, quæ Guisiis se admoverat, supremum in totum regnum defertur imperium, Duci Guisio belli administratio, Carolo Cardinali ærarii custodia; Cardinalis Turnonius, vir integerrinus, Mommorantio odiosus, in aulam arcessitus: Santandreanus Marescallus, filiâ uni ex Guisii filiis desponsâ, arctiùs illigatus. Diana Pictaviensis, regii cubiculi claves, gemmásque jussa tradere, ex aula ejecta.

Gravissimè ferebat hanc Guisiorum in aula potentiam adversa factio; quam conflabant Borbonii Principes longa cognatione per Robertum Clarimontanum, S. Ludovici filium, sanguini Regio innexi. Horum quinque tunc erant. Tres nempe ex familia Vindocinensi fratres, Antonius, Carolus, & Ludovicus. Et quidem Antonius, post mortem Henrici Albretani Navarræ Regis soceri sui, uxorio nomine titulum illius Regni gerebat, Princeps militarium magìs quàm aulicarum artium peritus erat. Carolus Cardinalis Rothomagensis Archi-Episcopus vir simplex & rectus. Ludovicus autem Condæus, tertius fratrum, uti pusillo corpore & infirmis viribus, ita generosi animi, altique spiritus, aptus videbatur, ut factionis caput constituatur. Duo præterea fratres, Ludovicus Dux Mompenserius, & Carolus Rocasurionis Princeps: miti uterque indole, orthodoxæ fidei studiosissimi proximum ab iis, stirpis regiæ gradum obtinebant.

adversa
factio.

Au-

Augebant factiónem , aut potiùs inquietis confiliis magno ardore præibant , Anna Mommorantius , Comeſtabilis aǹtè , ſeu ſupremus aulæ Præfectus , magnæ authoritatis ſenex , qui Guiſiorum
dominatum non ferens. aula excefferat : ac præſertim tres ejus ex
forore nepotes , Caſtilionæi fratres , videlicet Gaſpar Colygnius ,
Admiralis Franciæ , Odetus Cardinalis , & Andelótus peditatui antea præfectus. Ex quibus Antonius Navarræ Rex , Condæus , &
Caſtilionæi fratres Calviniana hæreſi erant infecti , magnáque pertinacia eandem protegebant. Omnes proin Hugonoti eorum factioni accedebant ; nec ceffârunt , Navarrum ſtimulare , ut tanquam
proximus regii ſanguinis Princeps , dejectis ab uſurpata adminiſtratione Guiſiis , Regios pupillos , Regnúmque moderetur. Cúmque
moderatioris eum indolis cernerent , ad Condæum ejus fratrem , ve-
hementioris & acrioris animi Princípem converſi , eas flammas excitarunt , quibus Gallia ferme omnis deflagravit.

Quoniam autem ab hæreſi , funeſta illa Regnorum face , tanta
calamitatum procella fuerat profecta ; vocata in auxilium ambitione , quæ ſola Borbonios Principes , ut Hugonotorum favore adverſus Guiſios potiantur ; in præceps rapuit , operæ pretium fuerit,
à prima origine mali cauſam arceſſere.

38.
Cauſa ma-
lorum hæ-
reſis.
Lutherus , ut everſa Chriſti Ecclefia , novum indigeſtúmque religionis inauditæ chaos orbi obtruderet , non contèntus infeciſſe Boreales plagas , magnámque partem Germaniæ ; in Gallias etiam luem diffudit : miſſis eò viris aliquot , Grammatica , linguis , & profana litteratura eruditis : qui aureo velus poculo venenum porrigerent :
Rege etiam Francifco I. litteris , fucata pietate , officio , & obſequio plenis , pertentato.

Nec ſpes fefellit deceptores. Complures enim exteri , hac politio-
ris doctrinæ larva tecti tacitè ſe inſinuabant , & ſenſim virus inſtil-
labant , Meldenſi præſertim decepto antiſtite , Guilielmó Briſſoneto,
ut adeo morbus antè in viſcera graſſaretur , quàm adverti poterat ;
inductis haud paucis , quibus ſacerdotum mores offenſioni erant. Et
verò iis temporibus Præſulum atque ſacerdotum tam vita ſcandalo,
quàm ignorantia fuit contemptui , ut ſale inſipido , & luce extincta,
cæteros caligo involveret , ac putredo corrumperet.

Nec parùm hoc malum promovit Margarita Valeſia , Regis
Francifci. I. foror , Henrico Albretano Navarræ Regi nupta ; quæ à
Jacobo Fabro & Gerardo Ruffelio (*Rufum* alii appellant) ſeducta
Novatoribus plurimùm favebat ; decima velut Muſa ab iis culta.
Lutherani. Unde apud regem fratrem effecit , ut Cochium, Zwinglianos de Sa-
cra-

cramento altaris errores prædicantem, audiret, & Melanchtonem ad
reftaurandam litteraturam, & Eccleſiæ diſciplinam accerferet: vèrùm
à Turnonio Cardinale, viro cordatiſſimo, de periculo atque inſidiis
monitus, illum ad retractionem adegit, hunc verò regno prohibuit,
atque ut toti Galliæ demonſtraret ſuam in avita religione conſtantiam,
inſigni ad cultum celebritate SS. Evchariſtiam per urbem Pariſinam
circumferri, Novatoies verò igne exuri præcepit; reducta etiam ad
veritatem catholicam ſorore Navarræ Regina cum ejus conjuge Henrico. Nec deinceps perſequi caſſavit ſectarios; quorum aliqui in Germaniam, alii Genevam aufugeruit: alii flammis abſumpti: quos ſectarii velut martyres prædicant. Verùm non tam mors quàm cauſa
mortis facit martyres   Aliàs etiam Servetus & Gentilis, à Calviniſtis
propter religionem exuſti, forent Martyres.

Genevæ eo tempore circa annum videlicet 1535. ſacra & profana omnia miſcebantur. Nam parte civium, rei catholicæ & Sabaudiæ Duci tanquam Domino ſuo faventium, ope fœderatorum
Bernenſium, urbe depulſa, dominabatur pars altera; à Farello,
Meldis profugo, & Vireto, atque ab ipſis Bernatibus in hæreſin præcipitata, deſerente tot inter turbas & vis armatas urbem Epiſcopo,
ac Duci Sabaudiæ ſe adjungente.

Catholicis urbe jam pulſis venerat Genevam Joannes Calvinus,
Novioduni in Picardia natus anno 1509. ex Gerardo Chauvino Notario: ſtudiiſque primis eruditus, à quodam affine ſuo duo ſacer-
dotia impetravit. Carolus ejus frater, cùm moriens SS. Evchari-
ſtia-paſci recusâſſet, beſtiæ inſtar ſub-patibulo ſepultus eſt. Joannes verò, juventute jam prima malis moribus corrupta, abſoluta
Pariſiis Philoſophia, Aureliæ & Biturigibus Jurisprudentiæ ſtuduit
ſub Andrea Alciato: ubi à Melchiore Volmaro(ad docendas græcas
litteras à Regina Navarræ ex Germania accito) hæreſi imbutus eſt.
Theologiam nunquam didicit: unde tot illius in altiſſimis Religionis
myſteriis errores abſurdiſſimi, & rudiſſimi ignorantiæ partus.

Ut verò etiam documentum daret, qua virtute morúmque probitate â juventute eſſet, duobus Beneficiis Eccleſiaſticis Novioduni
pro pecunia venditis, Pariſios reverſus eſt; per plures inde civitates vagus, ob infandum ſodomiæ crimen ſtigmate notatus Gallia
exceſſit, ac Baſileæ ſuas *Inſtitutiones*, opus immenſæ impietatis &
maledicentiæ, in linguam Gallicam traduxit, ac Franciſco Regi de-
dicare præſumſit.

Inde excurrit Ferrariam ad *Renatam* Ludovici XII. filiam, Herculi Ferrariæ Duci nuptam; quæ ob paternas cum Julio II. colliſiones

39.
Calvinus.

alio-

alioquin odio in fedem Apoftolicam flagrans, hærefin altè imbibitam tota vita retinuit, refugium commune erronum, dum viveret in Italia ; & dum poft mortem mariti in Galliam rediiffet, Hugonotorum.

inftitutiones.   Calvinus coram illa aliquoties concionatus, metu *Inquifitionis* Genevam profugit; ubi â Farello perfuafus Theologiam docuit, quam , ùt dixi , nunquam didicit. Verùm cùm Bernenfium difciplinæ, Genevæ receptæ, fe nollet fubiicere, velut publicæ tranquillitatis perturbator cum Farrello profcriptus, Argentinam ad Bucerum abiit. Cúmque ibidem *Inftitutionem* fuam *Chriftianam*, fæpiùs mutatam , rurfus ad incudem revocâffet, ducta uxore cujusdam Anabaptiftæ vidua, cum Bucero ad congreffum Wormatienfem ac Ratisbonenfem abiit. Ubi non dubitavit, fe pro Lutherano gerere , licèt in præcipuis fidei articulis diffentiret.

Cùm autem anno 1541. amica Calvino factio Genevæ prævaleret, regreffus illuc Calvinifmum ftabilivit ; in plures deinceps provincias diffeminatum : quamvis quælibet natio, imò quodvis fere caput fuo illum genio adaptâffet ; ùt fieri confuevit apud Philofophos, quolibet ferme ingenio pro fentiendi libidine novum fibi fyftema procudente.

Hoc Calvinus pariter Novatorum more attentavit ; licèt enim multà ex hæreticis à veteri Ecclefia jam damnatis, uti etiam ex recentioribus, ùt Luthero, Zwinglio, Oecolampadio, Melanchtone, Bucero in congeriem fuæ Inftitutionis intuliffet, tamen, ut novæ fectæ dux haberetur, multos errores fuo ingenio procufos adjecit:

doctrina impia.   velut: Filium divinum non continuò generari â Patre; Chriftum in cruce de falute fua formidâffe ; majorem hominum partem â Deo creatam ea intentione ac fine , ut damnentur, ideóque damnari , quia eorum damnatio ante omnem prævifionem peccatorum decreta eft ; fidem & gratiam nunquam poffe amitti ; fidem femper debere commifceri cum dubitatione & incredulitate ; opera etiam fanctiffima meras effe fordes ; Chrifti corpus non tantùm in figno, fed verè effe præfens in facramento , nihilominus tamen, quantùm cœlum â terra, diftare â facramento. In quo non tantùm Catholicis, Lutheranis, & Zwinglianis contradicit, fed etiam fibi ipfi.

Quamvis autem hæc aliáque Calvinianæ doctrinæ monftra horrore percellere quemvis chriftianum animum meritò debeant, multos tamen prurientes ad novitates amafios nacta funt. Quo factum, ut Calvinus velut oraculum non tantùm Genevam haberet ab obfequio sequio, sed etiam ex pestilenti sua cathedra quaquà versûm, præsertim per Gallias, tum scriptis tum emissariis circulatoribus luem exitialem spargeret.

Quapropter, licèt Franciscus I. excisa Waldensium fæce, quæ in Galliam ex Pedemontio in Provinciæ fines proserpserat, severissimis edictis, gravibúsque suppliciis in hæreticos omnes animadverteret, & Henricûs II. eadem edicta ac pœnas non tantùm innovaret, sed etiam asperaret, impediri tamen non potuit, quò minùs levis complurium Gallorum indoles in novitates prosiliens, psalmos, â Maroto Calvinista in linguam Gallicam perversè atque infideliter traductos, publicè decantaret, horrescentibus ad inconditum inauspicatúmque melos auribus Catholicis.

Cùm tamen Calvinistæ in Gallia sub Henrico II. res suas minùs florere cernerent, ad deducendam in Brasiliam coloniam animum intenderunt; ut, cùm in veteri orbe non satìs possent, in novo feliciùs christianas mentes perverterent. Favit expeditioni Brasiliam. Gaspar Colygnius, admiralius, ùt vocant, jam tum Calvinianum stomachum catholico nomine obtegens. At votis eventus defuit. Nam Calvinistæ, Richero Genevensi ministro comitante, in Brasiliam appulsi adeò in doctrina & ritibus inter se discordes erant, ut Durando eorum duce ad Catholica sacra reverso, in Galliam reduces Catholicorum risu sint excepti.

Sicut autem hoc pacto consilia Colygnii sunt frustrata, ita Andeloti ejus fratris, quem Rex peditatui præfecerat, insignis protervia est coërcita. Cùm enim, quod memini, Rex Henricus ex eo quæreret, quid de Missa sentiat, impiè respondit, abominandam esse Andelotus. hominum inventum. At vocem abominandam luit carcere: periturus, nisi Mommorantius avunculus & Diana Pictaviensis eum servâssent Non tamen ante ex carcere fuit dimissus, quàm Missam coram se celebrari curaverat.

Confecto bello Hispanico, quo fervente hæresis aucta est, Henricus ad eam extirpandam mentem rursus convertit. At subitò morte abreptus est, in nuptiali certamine ludicro, (quod dixi) hasta læsus â Mongomero comite.

Tum verò triumphabat impietas, despecta tenera pupillorum ætate, & sexu matris viduæ. Manuali sclopo trajectus in via pub-40. lica Mynardus rei monetariæ præfectus, fidei studio eximius: Pro-insolescit. ceribus Catholicis, ipsíque adeò aulæ intentatæ ab Hugonotis minæ, ni carceribus emitterentur ipsorum contribules, liberúmque sectæ relinquerent spatium. Hæc tamen adeò non terruère Judices, ut

An-

Burgus.   Annam Burgum, Parifinum fenatorem, quem Henricus propter hærefin carceri addixerat, capitis condemnarent, atque ultimum de
eo fumerent fupplicium. Ipfa etiam aula edicta adverfus hæreticos
acuit, omnique feveritate executioni dari voluit.

Guifiorum   Tanta religionis cura debebatur Guifiis fratribus, præfertim
zelus.   duci Francifco & Carolo Cardinali ; qui, cùm Reginæ, Mariæ Stuartæ, effent avunculi, omnia apud Francifcum II. Regem poterant.
Sed hæc ipfa eorum in aula potentia, & afperitas in hæreticos,
aulam omnémque Galliam in partes fcidit. Cùm enim, quod antea
memoravi, Principes Regii fanguinis Borbonii, Antonius videlicet
Rex Navarræ, & Ludovicus Condæus ejus frater, cum Colygniis,
Gafpare clâffium Præfecto, & Andeloto, fupremo peditatus tribuno, hærefi omnes imbuti, Guifios in aula dominantes ferre non
Ambofiana poffent, famofa illa *Ambofiana* in Guifios regémque confpiratio, â
confpira- Renaudio fufcepta, ut Guifios, Regémque ipfum caperent. At fe-
tio. liciter detecta atque elifa. Sumptum de reis fupplicium : Condæus
datus in carcerem : disjecta in præfens Hugonotorum cruenta confilia.

ARTICULUS V.
Status Galliæ fub Carolo IX.

41.   AT mox atrociùs infremuit bærefis, altero regni anno imma-
Catharinæ   turo fato abrepto Rege Francifco. Tum enim in Scotiam,
pfeudopo-   hoc eft, calamitatum abyffum, remiffa Regina : â rerum
litica.   clavo rejecti Guifii ; Condæus libertati datus â Catharina. Borbonii Colygniique cúmque iis hærefis in altum evecta. Catharina
Medicæa tutelam equidem decennis filii Caroli IX. ad fe traxerat :
fed ambitioni fuæ magìs quàm regno aut religioni regnare vifa. Nam
factiones aulæ ftudiofè nutrivit ; ut alteram alterius ope in officio
contineret, & utriufque oculi ad fe refpicerent.

Verùm arte ifta politica & regnum & religionem, quin & fe
ipfam in præfentiffimum difcrimen adduxit. Cùm enim ita foveret
Guifios, ut Hugonotorum principes haberet ab arcanis confiliis ,
eorúmque arbitratu multa ageret, evecto etiam ad Cancellarii munus Hofpitalio Calvinifta, adeò viribus increvit hærefis, ut regnum
totum fubrutura videretur : regina apertè eidem favente, & ad
cultum impium prope adducta. Gallia jam ante minitata convocare
Natio.

Nationale Concilium, effecit equidem, ut Tridentina synodus reaſ- Collo-
ſumeretur. At cùm eſſet congregata, neminem Regina, religionis quium.
ſtudio torpente, ad illam miſit ; ſed *colloquium Poſſiacenſe* coram
ſe & Rege filio haberi voluit. Acciti ad illud Religionis utriuſque
Doctores, ex Catholicis quidem Cardinales Galli Turnonius, Caſtil-
lionius, Lotharingus, Armaniacus, Guiſius, & Borbonius, cum Claudio Eſpencæo & Sanctefio : ex Calviniſtis verò comparuerunt Beza,
Marloratus, Petrus Martyr, Joannes Malo, Joannes Spina, ſinguli
ex ovili Eccleſiæ transfugæ, facti rapaces lupi, ſuis quiſque inſignes
flagitiis, atque factionis capita.

Aderat etiam præſens Jacobus Laynius ſocietatis JEſu Generalis Præpoſitus, ex voluntate Pontificis Hippolytum Eſtenſem, Car- Laynii
dinalem Ferrarienſem, ad colloquium illud comitatus. Gravi is oratio.
oratione demonſtravit, controverſiam illam fidei ejuſque judicium
ad Epiſcopos ſedémque Apoſtolicam pertinere. Incongruum & ab
Eccleſiæ uſu alienum eſſe, neglecto generali Concilio, quod etiam
Galliæ voluntate eſſet reaſſumptum Tridenti, & in quo omnia, quæ
cum Lutheranis & Calviniſtis eſſent controverſa, ad uſitatam Eccleſiæ normam eo tempore examinentur ac decidantur, ad particulares
& privatos cœtus dilabi : exſpectare & magnopere exoptare ſummum ſacrorum Antiſtitem, ac ſynodum Tridentinam, ut Gallia abruptis privatis ejuſmodi congreſſibus, Prælatos ſuos eò mittat, in
publica illa orbis luce cum reliquis chriſtianis Nationibus in commune conſulturos, & Eccleſiæ etiam Gallicanæ proviſuros. Tum
verò Petri Martyris argumenta de SS. Evchariſtiæ Myſterio docte
ac ſolide Laynius confutavit.

Diſplicuit Reginæ ejus oratio ea parte, quâ colloquium illud
improbavit, totámque de fide controverſiam ad concilium Tridentinum remitti voluit. Eum tamen fructum tulit, ut nec Rex nec
Regina illi ampliùs diſceptationi intereſſent.

Pro Hugonotis dixerat Beza potiſſimum, de Eccleſia & Sacramento Cœnæ, cui ita reſponderunt Cardinales Turnonius & Lotharingus, cum Eſpencæo, ut catholica veritas, ſolidiſſimis ſacræ ſcripturæ nixa oraculis, facilè ab omnibus potuiſſet perſpici, niſi hæretica pertinacia voluntatem penitus obduráſſet, & glaucoma adeò
craſſum obduxiſſet oculis, ut pleno in meridie cæcutirent, atque
ferociores omnia per vim agerent.

Cùm igitur re catholica â Regina prodita, omnibuſque in pe- 42.
jus labentibus, Anna Mommorantius, vir priſci moris ac Religio- Triumvi-
Pars VII. 　　　　　　　Q qq　　　　　　　 nis ratus.

nis Catholicæ amantiſſimus, cerneret, hæreſin paſſim dominati, ſuf-
fultam Reginæ conniventia, Borboniorum atque Coliniorum patrocinio, utioſque ùt ùt-amiçiſſimos deferendos putavit, ineundúmque
ſepoſita domus utriuſque æmulatione, cum Guiſio, â quo ſemper an-
rea ſua eum conſilia animúſque ſejunxerant, & Santandreano fœdus,
ad vindicandam in Gallia avitam religionem. Acerbè Hugonotos,
præſertim Colinios, admiralium & Andelotum, Mommorantii ex ſorore nepotes, hoc fœdus habuit : quod per contemptum *Trium-*
viratum dixêre. At hoc triumviratu religio ſtetit in Gallia.

    Cùm enim Catharina abolitis ediĉtis priſtinis, poſtulante inter
minas Gaſpare Colinio, omnem prope Hugonotis libertatem per-
mitteret, iique jam publicè etiam in ipſis Lutetiæ ſuburbiis armata
vi furerent ac cœnam Calvinianam inſtruerent, paſsímque templa
profanatent, tres iſti herões aulâ exceſſerunt, iiſque paſſim adhæ-
ſêre Catholici, non tantùm plebeji, ſed præcipua nobilitate, rebúſ-
que geſtis clariſſimi viri, Guiſii fratres, Monpenſerius, Nivernenſis,
Nemurſius, Monlucius, Briſſacus, ejúſque frater Coſſæus Mareſcalli,
Martigujus, Jojoſa, cum Mommorantii cometabilis filiis, Mareſcallo, ac Damvilla. Et quod bonorum gaudium maximè auxit, Antonius Rex Navarræ, Henrici IV. parens, primus poſt Henricum
Valeſium & Alenſonium regii ſanguinis Princeps ad Catholica ſa-
çra rediit, ac deſerto fratre Condæo Coliniſſque triumviratui ſe conjunxit. Simúlque Regem Carolum, invita licèt Catharina, Condæo
ereptum, Pariſios ſecum abduxerunt, applaudente urbe Catholica.

Primum ·   'At fremens Condæus cum Coliniis, accitis ex Germania An-
bellum. gliáque copiis, cum Hugonotis ad arma convolat, ut regem, (ſic
ajebat) â triumvirorum tyrannide liberet, re ipſa ut hæreſin ac
potèntiam ſuam deviĉtis Catholicæ fidei propugnatoribus ſtabiliant.
Igitur Regem ſuum regnúmque graviſſimo bello adotti, Aurelium,
Rothomagum, Lugdunum, Piĉtavium, Andegavum, Turones, Bi-
turiges, aliáſque urbes regni primarias occupant, eáque in templa,
aras, ſepulchra, ſacerdotes, & Catholicos univerſim omnes edunt
inauditæ crudelitatis, nefandorum ſcelerum, furorſíque exempla, ad
quæ Turcæ omnſíque barbaries inhorreſcant. Sed quos alios ex
novo illo ſanguineo Evangelio fruĉtus exſpeĉtes ?

Navari ·   Catholici, ut Hugonotos ex urbibus, quas ſubito impetu ce-
mors. perant, expellerent, colleĉto ſub regiis auſpiciis exercitu, primò
Rothomagum obſident, expugnántque ; at jaĉturâ Navarræ Regis,
qui lethaliter vulneratus Helvetiorum humeris in urbem portatus
)
                                          glo-

gloriosâ morte defunctus est anno 1562. Litârunt victores funeri regio Marlorati apostatæ suspendio, ignobili tantis manibus victima.

Commissa paulò post *Drocensis* pugna. In qua captus dux utriusque exercitus, hinc Condæus, inde Mommorantius. Cúmque hæ- Drocensis retici jam triumphum canerent, invicta Helvetorum virtus & Fran- pugna. cisci Guisii ars militaris plenam reportârunt victoriam : capto tamen etiam Santandreano triumviro, & perfidè interempto. Majori fide & humanitate in Condæum captum usus Guisius, eadem mensâ & lecto excipiente, quos contraria studia perpetuò disjunxerant.

At parùm apud Heterodoxos valuêre tam insignia humanitatis officia Francisci Guisii, fequenti anno, dum Aureliam obsideret, â Pol- Cædes troto sclopo manuali ex insidiis perfidè interempti. Interceptus Guisii- parricida fassus est, instigantibus Gaspare Colinio & Theodoro Beza, qui ea in urbe tunc fuerat, patratum facinus. Dux accepto vulnere ex latrone ad se adducto quæsivit, num aliquam in se offensam vindicare voluerit ; respondit, se nulla ab eo affectum injuria, sed religionis suæ zelo id consilii suscepisse. *Bene est*, reposuit Dux, *tua religió te docet illum ex insidiis occidere, qui te nunquam offendit : & mea religio juxta Evangelium mihi præcipit, veniam tibi tanquam inimico impertiri : vide, utra sit melior.* Obiit autem, ùt vixerat, pientissimè, heros ævi sui incomparabilis ac verè christianus, defensis Metis, recepto Caleto, restitutâ post Sanquintinam pugnam, re Francica, Drocensi victoria aliisque palmis, &, quod omnia superat, sustentata in Gallia religione Catholica, toto orbe celeberrimus, atque ingens Lotharingicæ stirpis gloria ; quæ tot ferme invictos heroës, quot Principes numerat. Reliquit Franciscus tres filios, Henricum Guisii, Carolum Majennæ Ducem, & Ludovicum postmodum Cardinalem, famosa in Historia Franciæ nomina, atque defensâ Majorum exemplo Religióne in paucis inclita.

Post cædem Guisii, quam præcones Calvinicolæ editis libellis Prima pax. ac laudibus celebrârunt, Regina Condæum, quem ex Drocensi pugna captivum detinebat, ad pacem ineundam sollicitat. Coaluit illa quidem, sed nec firma, nec digna victoribus, sanctior ineunda, si Guisius viveret. Urbes regi restitui jussæ : permissum nobilibus privatum religionis Calvinianæ in ædibus suis exercitium : in qualibet Provincia in suburbio unius civitatis (Parisina excepta) concessum templum Hugonotis. Exteri regno exesse jussi.

Displicuit ea pax Regibus per Europam Catholicis, ac præser- 43. tim summo Pontifici. Quem ut ad alias curas Regina Catharina Concilium

Trid. averteret, per legatum suum, quem cum Cardinale Lotharingo aliisque Galliæ Prælatis ad Concilium Tridentinum dimiserat, non tantùm plures molestias circa sedis prærogativam aliáque facessiverat,
sed etiam institit, ut in alium aptiorem locum transferretur synodus,
in quo etiam Protestantes Galliæ commodiùs comparere possint.
Pluráque circa privilegia & immunitates tum regni tum Ecclesiæ
Gallicanæ jactaverat.

Sententia   Quæ sanè causa fuit, ut Papa Pius IV. publicarit tandem senin Episco- tentiam, quæ in tribunali Inquisitionis Romano lata fuerat in octonos
pos. Episcopos Galliæ, de hæresi accusatos, inter quos Joannes Monlucus Episcopus Valentiæ, â quo protestationes illas ac tricas Reginæ
inspiratas esse crediderat, ac præsertim in Cardinalem Castilionium,
qui â fratribus suis Coliniis Gaspare, & Francisco Andeloto seductus, atque in hæresin pertractus, tanquam hæreticus â Pontifice
Cardinalatu reliquísque dignitatibus privatus fuerat.

Castilio-   At ille his auditis, purpuram, quam jam antè deposuerat, cum
nius. Episcopi titulo resumpsit, locúmque inter Cardinales occupavit in
Rothomagensi senatu (in quo Carolus IX. anno 14. ætatis necdum expleto, majorennis est declaratus) & ut Ecclesiam turpiùs
sperneret, palàm se uxoratum professus est.

Joanna.   Citata etiam est ad dicendam Romæ causam Joanna Albretaña
Navarræ Regina ac mater Henrici IV. propter hæresin, quam magnopere protegebat. Propter quas causas Galli privilegia sua & immunitates oggerebant : conquesti etiam, per decreta Reformationis, â Concilio Tridentino lata, easdem læsas. At Rex Carolus,
misso ad Pontificem legato professus est, paratum se esse ad de
Molinæus. fendenda Ecclesiæ jura. Ac Carolum Molinæum Jurisconsultum
famosum, hominem hæreticum, propter librum pestiferum, quem
Consilium de non recipiendo Concilio Tridentino inscripsit, per senatum Parisinum in carcerem dari mandavit. Proscriptus tunc etiam
ab Ecclesia, & inter libros prohibitos primæ classis relatus, libellus
Cassander. Georgii Cassandri Brugensis Belgæ *de officio viri boni in hoc Ecclesiæ*
dissidio ; neque Catholicis neque Acatholicis probatus, in indifferentismum quendam declinans. In eundem atque in Jurisconsultum Balduinum, quem authorem illius esse primò putabat, acerbè
invectus est Calvinus, anno 1564. Genevæ mortuus horrendos
Mors inter ejulatus, dejerationes ac invocationes dæmonis, cujus mox
Calvini. præda esset futurus : id elogium vel â Bucero amico promeritus,
ut rabidum canem appellaret. Calipham Genevæ successorem habuit

buit Theodorum Bezam, dignum didascalo discipulum, incendiorum per Galliam fomitem.

Intèrea Catharina Regina cæso jam Antonio Navarræo, Guisio, & Santandreano, nihil ampliùs gubernationi suæ timens à catholicis, iniquiore oculo respicere visa est Condæum, & Castilionios fratres, reliquósque universim Hugonotos. Cúmque filium regem per regni provincias circumduceret, miseranda busta, ruinas & calamitates, à sectariis illatas, oculis obiiceret, lachrymas juxta irámque regis prolicúit.

Quare Condæus, ùt malè sibi conscia est semper hæresis, cum Admiralio Colinio, malorum fonte, rebus suis diffidens, fœdera, nescio quæ, cum Hispano contra se suósque asseclas inita suspicatus, evocatis rursùm exteris copiis, & Hugonotis suis ad arma concitatis, pacem frangit, bellúmque alterum civile adversùs patriam suam regémque instaurat, non sine insidiis dolo plenis, in Regem Meldis degentem, ut eum interciperet, adornatis; at feliciter superatis. Nam cùm rex media nocte Parisios properaret, invasus in via à Condæo, Monmorantii cura ac Helvetorum, qui Pfiffero duce in quadratum agmen distributi, regiam familiam in medium receperant, fideli fortíque auxilio Hugonotis eripitur, agnus lupis. 44. Secundum bellum. Rex ereptus.

Hunc cùm elapsum cernerent, ipsi Lutetiæ exercitum admovent, eámque cum rege obsident, Condæo rege salutato. Mommorantius igitur cum regiis copiis urbe egressus, ad *S. Dionysium pugnam* conserit, refértque victoriam, hostibus cruentam & sibi: nam lethaliter vulneratus paulò pòst magnam animam Deo reddidit jam octogenarius. pugna.

Glorioso hoc facto occubuit alter velut Epaminondas inter decora vulnera, pro DEo, religione, rege, patria, magnus ille Annas Mommorantius, ex vetustiffima Galliæ stirpe, aulæ ac rei militaris Præfectus supremus, sub quinque jam Regibus expeditionum prope omnium aut comes aut dux, triumvirorum ultimus, maximéque per Galliam pace bellóque authoritatis (quamvis paris artibus, quàm belli fortuna felicior) Guisiis is antè ob eorum in aula regnóque potentiam infensior, Borboniis Principibus Coliniísque nepotibus suis adhæserat. At cùm religionem avitam everti cerneret, sepositis humanis rationibus, Guisiis meliorique causæ se applicuit, jurata in religionis defensionem fide, quam nunquam fefellit; erectaque hoc transitu suo catholicorum fiducia ac spe, quam prolixè implevit; alter religionis conservator, & orthodoxorum pater. Funus ejus regio honore elatum Parisiis. Mommorantii mors.

Hu-

Cafimirus.   Hugonotti, licèt ipfi etiam victoriam fibi vindicarent, poft
pugnam in Campaniam verfi, recepturi octo equitum millia, tria
peditum, quæ Cafimirus Palatinus auxilio iis adduxerat. Tum ve-
Rupella.   rò direptis urbibus, vaftatis provinciis, & ex fectæ indole contaminatis facris, Rupellam in provincia Pictavienfi urbem munitiffimam,
proditione recipiunt, futuram deinceps perduellionis munimentum,
hærefis afylum, & fcelerum caput.

Exultans hac præda Hugonotorum exercitus Carnutum obfidet.
fecunda   Cùm Regina pacem obtulit, conceffa rebellibus religionis ac pereun-
Pax non   di libertate, reftitutis regi urbibus, perfolutis ab eo ftipendiis Ger-
fervata.   mano militi, eóque in patriam remiffo.

Inierunt quidem conditiones iftas hæretici, sed non fervârunt:
pluribus urbibus retentis. Rupella quoque Prætorem à Rege miffum
excluferat. Quin urbes paffim quà vi quà proditione diripiebantur,
eáque in catholicos præfertim facerdotes, exercita infandæ crudelitatis flagitia: quæ gentilium tyrannorum manfuetudinem ac modeftiam laudarent.

En tertii cum Hugonotis belli originem. Henricus Valefius
45.   Regis frater poft Mommorantium dictus belli Præfectus; exautho-
tertium   ratus Hofpitalius cancellarius calvinifta. Odetus Caftilionæus, an-
bellum.   tea Cardinalis, Coliniorum frater, cum pellice in Angliam evadens, ut Elifabetham in Regem concitaret; Selymus etiam Turca
follicitatus ab hæreticis.

Anno 1569. Henricus Valefius Dux Andegavenfis, comitibus Henrico Guifio, Francifci perempti filio, & Briffaco, ad *Jar-*
pugna Jar-*nacum* ingenti prælio vicit Hugonotos, cæfo eorum capite Ludovi-
nacenfis.   co Condæo, bono milite, sed malo chriftiano.   Difperfi exercitus reliquias collegit, duxítque fub juvenum Principum Navarri &
Condæi aufpiciis Gafpar Colinius. Frater verò ejus Andelotus paulò poft impiam animam exfpuit, facrilegus templorum prædo & incendiarius, tortor immanis facerdotum, ex quorum refectis auribus torquem collo appenfam geftare confueverat.

Advenêre tunc Hugonotis cæfis auxilio Dux Bipontinus, Prin-
Cæfi Hu-   ceps Arauficanus & Comites Naffovii, Regiis verò Pontificii. Hi
gonotti.   auctus copiis uterque exercitus congreffus in Pictonibus, Hugonoti
co adeò cæfo, ut fola nox intercederet, ne omnino deleretur. A
Contur-   quatriduo tantùm dilata ulterior cædes. Nam ad *Monconturium* de
niana   cretoria pugna hæretici ad internecionem ferme cæfi funt: deletúm-
que fuiffet haud dubiè perduello Hugonotorum imperium, si Ca-
tho

lici, uti vincere, ita victoria uti noviffent. Dum enim profequi fugientes oportuiffet, ne ullo loco tuti potuiffent confiftere, lenta Angurii obfidione fpatium refpirandi, féque colligendi augendíque hoftibus dedêre: ut adeò hi cum prædone exercitu varias provincias rapinis, cædibus ac furoribus fuis implerent, trucidatis etiam barbara immanitate per Soriam piratam cum Azevedio quadraginta Societatis Je-Soria. fu hominibus, cùm in Brafiliam tenderent.

Pax tandem, ab Hugonotis toties jam rupta, rurfus tentata: Tertia multáque per illam Hugonotis, quamvis toties victis conceffa : ut li-Pax. bera effet religionis facultas, juxta edicta fuperiora. Hugonotti, perinde atque Catholici, ad omnia regni officia, & publica commoda admittantur. Orangius in omnia jura reftituatur. Tolofanus fenatus, contra Hugonotos erectus abrogetur. Quatuor urbes, Rupella, Montalbanum, Conacum, & Caritas obfidum loco in fidei pignus ipfis relinquantur, dum ea pacta impleantur.

Dum autem nec bello attrita hærefis conquiefceret, nec pace 46. limitibus fe contineret ; fed feralis hydra femper fuccrefceret, ul-CædesHu-teriúfque magna ferocia virus fpargeret, feffus tandem Rex tantis gonoto-tót annorum calamitatibus, anno 1572. in nuptiis Margaritæ fororis rum Pari-fuæ cum Henrico Navarræ Rege contractis, Gafparem Colygnium, fina. rebellionis ac turbarum facem, cum præcipuis Hugonotis, occidi præcepit ; tranfeunte etiam in alias provincias feveritatis exemplo, ut compreffa tandem perduellium pertinacia optata regnum pace conquiefceret. *Cædes Bartholomæa* dicebatur ; quia fefto S. Bartholomæi ad fignum campanæ ex condicto fuit patrata.

Cum Admiralio occifi funt Rupifocaldius, Tellinius, Renellus, Brionius, Lavardinus, Caumontius, aliique plures; Mongomerio, Rohanio, Vidamo, & cæteris, qui in S. Germani fuburbió hofpitabantur, fuga elapfis. Navarrum verò & Condæum in conclave arceffitos Rex alloquitur, ad bella civilia comprimenda eo opus fuiffe remedio ad eos quod fpectaret, juftam fibi effe materiam odii & vindictæ, quòd fe duces factionis deterrimæ præbuiffent. Attamen ea affinitati & fanguini dari, modò vitam & mores mutarent, atque catholicam Religionem amplecterentur. Viderent proin, ut ea in re fibi obfequerentur ; alioqui ad ea ferenda, quæ paffi effent eorum familiares & domeftici, fe pararent.

Ad ea Navarrus, falva vita & confcientia, fe fòre obfequen-Nav. & tes. Condæus verò audaciùs: bona & vitam effe in poteftate Re-Cond. gis, Religionis unum Deum effe Dominum. Quibus verbis Rex
con-

concitatus , utrumque in cuftodia haberi juffit , atrociora mini-
tans , nifi intra triduum à pertinacia deficerent. Neque Navarrus
difficiliorem fe præbebat. Ac tandem etiam Condæus fimulatè faltem
confenfit ; Carolo Borbonio Cardinale , eorum patruo , abjuratio-
nem hærefis admittente. Mox lite in Admiralium inftructa , læfæ
Majeftatis reus decreto fenatus dictus eft , ac damnátus.

Hugonoti primùm in urbes munitas Rupellam , Montalbanum ,
Sancerram , Nemaufium profugerunt , alii in Angliam , Helvetiam ,
Germaniam , Genevam ; tum verò collectis ex trepidatione animis ,

quartum
Bellum. primo timore in vindictæ rabiem exurgente , atrociffimum bellum
movent , odiifque majoribus ex fociorum cineribus exurgit factio.
Invafione urbium , direptionibus , incendiis fævitum.

Maximè verò contumacem frontem Rupella oftentàvit. Quare
Rex Hénricum fratrem cum exercitu ad expugnandam eandem mifit.
Fortiter ille obfidionem aggreffus , omnia tentavit , ut hærefis nidum
pertinaciffimum déftrueret , fed tot invenit obices , ut obfidionem
folvere fuerit coactus ; ab ea ad Thronum Poloniæ evocatus , licèt
invitus (*anno* 1573.) In ea obfidione Dùx Aumalius , Francifci Guifii , ad Aureliam à Polèroto cæfi , frater , præftanti pariter Princeps

quarta
pax. religione , ac fortitudine , tormento ictus occubit.

Circumlato per provincias ferali bello , quartò itum in pacis
conditiones. Permiffa Hugonotis fua religio. Rupella , Nemaufium , & Montalbanum , fancitæ immunes , atque à præfidio liberæ.
Sancerram verò in Biturigibus urbem , jam quartò menfe obfeffam , Rex
propter infignem pertinaciam beneficio pacis exclufit , extrema dein fame ad deditionem compulfam , atque munimentis murifque nudatam.

47.
Quintum
Bellum. Verùm pacem hanc Rupellenfem refpuerunt Hùgonoti in Occitania , fequentibus turbulentùm perniciofùmque exemplum Phocen-
fibus & Delphinatibus (omnes etenim Galliæ provincias hærefis per-
vaferat , tracta in ruinam infinita hominum multitudine) Quintum
igitur bellum orfi , leges Salicas , à condito Regno ftabilitas , ac Regia jura nituntur convellere. Calamis primò certatum , tum ferro.
Monbrunus Delphinatum , Mongomerius Normanniam : Noya Pictones Santonéfque invadunt , plurélque urbes occupant ; Rupellani ,
pprtu ampliffimo inftructi , acta in oceanum claffe , latè toto mari ,
direptis mercatorum navibus , prædas agunt. Reliquæ pariter fedibus fuis in bellum emotæ provinciæ.

Contra rebelles Rèx trinum emittit exercitum : primum Mompenferio duce in Pictones ; alterum in Delphinates fub ejus filio :
tertium in Normanniam duxit Matignonius. Sed parùm actùm ad
rei

rei summam, aula factionibus undique turbata. Captús tamen â Matignonio Mongomerius, qui Henricum II. in haftiludio occiderat, malignus calvinifta, & multarum turbarum incentor. Ductus Parifios, damnatúfque perduellionis reus, in publico foro capite plexus eft : Lorgio ejus filio pariter capto, & patris fatum fubituro, nifi catholici cujusdam ope fuga fuiffet elapfus. *Mongomerius.*

Bellum verò in provinciis trahebatur, modico Regiorum progreffu. Quippe aula, turbis domefticis agitata ad externa intendere animum minùs poterat. Tertia namque exorta eft factio, Catholicos inter & Hugonotos media *Politicorum* dicta : quæ fepofita religionis cura, uni bono regni publico effet intenta, re ipfâ, ut dejecta ab adminiftratione Regina, ejectífque ex Francia exteris (Guifios fibi invifos, Italófque defignabant) privatæ fuæ ambitioni lenocinarentur. Ducem fe præbuit, qui minimè debuit Alenfonius Regis frater, natu minimus, non animo deformior, quàm corpore. Is à matre & fratre fe contemptum ratus, plures ex Proceribus dubiæ fidei in partes fuas attraxit, uti Annæ Mommorantii filios, Marefchallum, Damvillam, & Moræum, ac præterea Coffæum, Turrenium, atque ipfos etiam Principes Navarrum & Condæum, qui adhuc in aula verfabantur ; in turbido, quod ajunt, pifcaturi. *factio politicorum.* *Alenfon.*

Hæc factio, jam antè conflata, poft Henrici in Poloniam difceffum in lucem prodiit. Quafi Franciæ in partes geminas fcindi leve effet, nifi & tertia calamitas accederet, poft aliarum turbidam meffem ambitionis quæ fpicas legeret. Hoc ut evinceret, Mommorantius â Rege poftulat, ut Alenfonio fratri legataria in totum regnum præfectura, quam Henricus antè gefferat, tradatur. Obftitit Regina mater filii indolem, variam, levem, turbulentam, Hugonotis addictam, novarum rerum machinatricem, Regi exponens. Simúlque ad eam dignitatem infinuat Carolum Lotharingiæ Ducém, generum fuum, Guifiæ gentis caput.

Quia igitur hoc negotium trahebatur, Alenfonius moræ impatiens, non tantùm Politicæ factioni fe ducem dedit, fed etiam, quod turpe magis, Hugonotis, eorum viribus extorturus, quod petebat ; & fortaffis quid ultra. Iique urgebant cupidiffimè, ut ahjecta larva ad ipfos accederet, regiménque tandem fufciperet. Accedunt fuafores Navarrus, Torræus, Turrenius &c. ut ab aula profugus fe iis adjungeret : verùm re tota ad Reginam delata, cùm quæftione habita Alenfonius & Navarrus fe confpirationis immunes *Confpiratio detecta.*

Pars VII.   R r r   dice-

dicerent, Mommorantius & Coſſæus, Mareſcalli, palàm in baſtillam, publicum Pariſiis carcerem, abducuntur. Navario & Alenſonio cuſtodes adhibiti. Condæus, Ambiani capiendus, in Germaniam cum Torræo Mommorantii fratre profugit, nova ibidem ligna collecturus ad nutrienda Gallicana incendia.

Mors Caroli. Et hic erat miſerandus rerum ſtatus, cùm Carolus Rex morbo oppreſſus occubuit, anno 1574 ætatis 25. regni 14. Princeps meliore regni ſtatu digniſſimus. Quippe habebat inſignes à natura ad regnandum dotes, ſublimes ſpiritus, ingenium perſpicax ac vividum, tenacem memoriam, eloquentiam firmam ac robuſtam, & quanquam iracundæ, & odiorum amorúmque tenacis eſſet indolis, ſimulandi nihilominus & diſſimulandi ſagacitatem incredibilem Primus Regum Franciæ Prætorianum militem ad corporis cuſtodiam adhibuit, artes inter liberales amavit, coluitque Poëſin & Muſicam, litteris in pueritia inſtitutus ab Amioto, Antiſiodorenſi tunc Epiſcopo, qui primus Franciam eleganter & eruditè loqui docuit.

Eliſabetha conjux, Maximiliani II. Cæſaris filia, ſuaviſſimos & integerrimos mores in Germaniam retulit, anno ætatis vigeſimo vidua, atque repudiatis ſecundis nuptiis, ultro cœnobio Clariſſarum incluſa genuit Carolo Regi filiam, quinquennio pòſt extinctam.

Quoniam autem Hugonoti præcocem Regis mortem in horrorem cædis Pariſienſis & conſcientiæ lanienam referebant & hodiedum paſſim Proteſtantes calamos ſuos in cadem illam & catholicos acuunt, non abs re fuerit, de illa hîc pauca diſſerere.

ARTICULUS VI.

Obſervatio in Pariſienſem Hugonotorum cædem.

HEterodoxi ſcriptores paſſim calamos acuunt in Carolum IX. Galliarum Regem, non aliam ob cauſam, niſi quòd Hugonotorum furoribus ſe oppoſuerit, atque præſertim, quòd cædem illam Bartholomæam adornârit. Hanc enim balneum ſanguinarium, cruentas nuptias, immanem lanienam, & tyrannidem plùs quàm barbaram appellant.

Non equidem ego ſum, qui facta magnorum Principum ſub cenſuram vocem, aut cædem illam approbem. Cordatè nihilominus pronunciandum exiſtimo, homines iſtos non conſiderare, quanta ipſi facinora conſciverint in Religionem, in Regnum, & Regem ipſum, in illam impii, in iſtud hoſtili ferro & igne immaniter graſſantes, in hunc rebelles nefarii.

48. Calviniſtæ impii in religionem

Atque ut à religione exordiar, quam Regnorum cœtuúmque humanorum univerſim omnium animam eſſe oportet, quámque jam inde à S. Clodoveo tota Gallia ſanctè coluit: eam novi iſti homines penitus exſcindere omni ope ſunt conati. Et quidem Franciſci I. & Henrici II. tempore intra tectas fraudes & occultas machinationes pœnarum metu conſiſtebant. At verò iis ſublatis, ubi infirmam pupillorum ætatem, aulam factionibus ſciſſam, Reginæ matris ambitioſam, verſatilem, muliebrémque tutelam conſpexerunt, in apertam vim prorumpentes, incredibile dictu, quanto furore & atrocitate avitam majorum Religionem, ejúsque cultores ſint perſecuti.

Factionis turbulentæ capita erant tres, quos dixi, fratres Caſtillionæi (à Caſtillione ſua in Gallia urbe ita appellati) qui ipſos etiam Borbonios Principes, in Guiſios incitatos, ſeduxerunt. Et Gaſpar quidem Colygnius, Admiralius, (ùt appellant) Franciæ, fratrum primus, poſt colloquium Poſſiacenſe factus audacior, 2150. templa pro Hugonotis inter minas à Regina poſtulavit.

Móxque ad Lutetiam ingenti tumultu excitato catholicum templum violentè invadunt; eunte per provincias impio crudelitatis & rapinæ nefariæ exemplo. Eáque deinceps acta ſunt, ad quæ omnis barbaries cohorreat. Infinitus eſſem, ſi omnia luberet perſequi. Ab uno vel altero facinore colligere licebit reliqua.

in templa

Sacrata Deo templa paſſim expilata, everſa, concremata. Aræ dejectæ, imagines contritæ; aurum & argentum in nummos cuſum, campanæ, æreæ ſtatuæ, in bellica tormenta fuſæ; ſacra omnia profanata, polluta, ac contaminata.

Sacerdotes

Major adhuc in ſacerdotes & religioſos homines rabies. Equorum caudis alligati paſſim lacerabantur. Effoſſi oculi, abſciſſæ aures ac nares. Cutis vivis detracta. In fervens oleum injecti, donec cutis & caro deflueret. In tonſos vertices aut clavus adactus, aut bulliens oleum affuſum; aut cultris abraſa pellis. Lingua ſub mento extracta, exſecti ventres, avena injecta ad paſcendos equos; viſcera arboribus ſuſpenſa; adipe imbutæ ocreæ. Pedum plantis ſoleæ ferreæ clavis impactæ; coacti aratrum trahere, in-

ter crepitantia flagellorum verbera, donec exanimes conciderent.
Alii ex integro vivi sepulti, alii capite tenus, & in capita globis
lusum.

Sacerdotem sacris vestibus indutum atque ad Missam accin-
ctum, eo habitu templo extrahunt, impositoque capiti ad ludibrium probroso pileo, humerisque hasta, per plateas inter sannas
circumductum ad portam vigilias agere cogunt. Alium, jam octo-
genarium, morbo decumbentem, fune collo injecto propenudum
per plateas trahunt, spineis virgis flagellant, glandéque trajectum
ex arbore suspendunt. Multa alia patrata, quæ vel recensere pudor
vetat.

in omnes Neque in sacerdotes duntaxat sævitum; in omnes etiam ca-
catholicos. tholicos promiscuè effusa rabies. Aurelia, Incolisma, aliæque urbes, quas oppugnabant, deditionem fecerunt eo pacto, ut catholici indemnes serventur. At vix urbes eas intraverant, cùm furiarum instar in omnes passim orthodoxos immaniter grassantur, mactant, perdunt, atque prorsus inaudita crudelitatis, impietatis, libidinis, & impudicitiæ patrant exempla. Hoc nempe est, egregiè reformare.

Sed neque tenellæ infantium ætati pepercit furor, quos ad
experimentum, quàm acuta sit gladiorum acies, & validi lacerti, à
capite ad calcem uno ictu diffindunt medios. Imò in mortuos etiam
exprompta væsana rabies. Spoliata & eruta sepulchra, excussæ ur-
in sanctos næ, cineres in profluentem sparsi. Corpora sanctorum Irenæi,
& sepul- Martini, Eutropii, Juliani, Benigni, Ausonii, Agnani, Hilarii,
chra. Francisci de Paula, aliorúmque, quos tota Ecclesia, & præsertim
Gallia antiquis à temporibus coluit, ex hypogeis suis extracta &
combusta, inter infanda sectæ impiæ ludibria.

At minùs mirum est, à Calvinistis sacrorum omnium hostibus hæc fuisse patrata. Illud autem inauditum est, atque in nulla barbarie attentatum, Regum etiam, qui apud omnes gentes,
eas quoque, quarum nulla est religio, sancti habentur mausolea
diruta, spoliata, omnique contumeliæ genere conspurcata. Cor
Francisci II. corpus Ludovici XI. aliorúmque indignissimis modis
habita, atque ignibus cremata. Et hæc quidem impiè ac sacrilegè
in religionem sunt perpetrata, sed non minùs immania in Regnum
universum.

Repe-

Circumſpice te ipſam infelix eo ſæculo Gallia, victrix olim in bellis, florens in pace: jam verò à filiis tuis ad intima uſque viſcera lacerata, diſcerpta, deformata. Corporis tui nervi inciſi, ſolutæ compages, exhauſta medulla, aſpice converſas in'ſe ipſas fraternas acies, conſanguineos præliantes exercitus, cruore tuo tumentes amnes, fœdata flumina, Cadmeam veluti ſegetem demeſſam. Aſpice, ſi potes, fumantia urbium buſta, provincias incendiis depaſtas, plura centena civium tuorum millia, in ſanguine natantia, aut ruinis ſepulta, regnum univerſum exitialibus velut furiarum tædis ambuſtum, ſqualidum, ac propemodum extinctum. Fidem profectò negaret poſteritas, tantum à Gallis in patriam ſuam conſciri potuiſſe nefas, niſi tot teſtes triſtem veritatem proderent.

Cauſam ne quæras; notior ac certior eſt, quàm ut de ea dubitari queat. Pulchræ Reformationi hæc debentur. Ad Calvinianos miniſtros, eorúmque turbulentas ac ſeditioſas conciones pars prima pertinet. Hæreſis eſt, quæ ſanguineis flagris, tædiſque flammantibus armata; ac diſcurrens lymphata, & faces ventilat, & flammas ſubdit, & emotas ſedibus ſuis provincias in bella accendit, & miſerandam toti regno faciem induxit: & quaſi non ſatìs eſſet, cives diſcerpi à civibus, fratres à fratribus, ex Germania, Dania, Helvetia, Anglia, Hollandia evocat armatas acies, factionis ſuæ aſſeclas, ut ſociam jungant operam, ac Galliam, jam undique fatiſcentem, ſupremam in ruinam agant.

Atrox hoc equidem facinus, crudele, impium, civilem fundi In Regem ſanguinem, hoſtem exterum acciri in perniciem patriæ, matris rebelles. jugulum peti, communis patriæ diſcerpi viſcera. Sed plus dicó. Quid? ſi inſuper ſubditi in regem ſuum perduelles inſurgant? ſi adverſus eum conjurent? ſi exitium eidem machinentur? ſi arma, ſi bella, ſi vim apertam inferant? quo nomine hoc ſcelus compellabimus? aut qua pœna dignum judicabimus?

Sacroſancta apud omnes gentes Regum Majeſtas eſt, & eſſe debet. Communis omnium Rex pater eſt. In omnes partes ſollicitudinem paternam exporrigens, ſuis curis, ſuis vigiliis, filiis providet, fovet ſuſtentátque Rempublicam. Omnium proin ſubditorum

ani-

animis fides inflexibilis , & fincerus in Principem amor innatus effe
debet. Tum verò Gallicæ præfertim Nationi ea laus datur , quòd
præcipua quadam in Regem fuum fide & amore ferantur.

At verò hærefis, Erinnys illa malefaufta, facratiffima naturæ
amorífque innati rumpit vincula, disjectifque fidei iuratæ legúmque
repagulis, rebellem effrænémque frontem oftentat, non deftitura, fi
vires fuppetant, donec ipfi vel infanire & impunè graffari liceat ,
aut facrata Regum capita in vincula conjiciat.

Teftis utinam non effet Gallia ! heu ! quæ non acta à Calviniftis, & prælertim à Colygniis in defpectum Regum ! quid dico
in defpectum ? quæ non machinæ, infidiæ, fubftructiones in perfonam Regis adornatæ ; quoties arma in eum fumpta ? quot bellis,
imò parricidiis, petitus ?

Notæ funt Renaudianæ confpirationes, incentoribus miniftris
in familiam Regiam conceptæ. Fugit Rex Francifcus II. Blefis Am-
bofiam ; nec Ambofiæ tutus eft ; cingitur urbs à conjuratis, ut
Regem capiant. Regem fuum Carolum IX. Meldis conantur in-
tercipere : tendunt infidias, vim parant, imò adhibent. Fugit Rex
Lutetiam, Helvetiorum fideli fortique opera diftrictis eorum gladiis
ereptus. Quid dicam ereptas Regi tot urbes, circumlata per regnum incendia & ruinas , excitas adverfus Regem in Franciæ vifcera hoftiles copias ? Heu ! quot perfidiæ & proditionis, quot perduellionis, quot læfæ Majeftatis crimina ? Et hæc impunè patren-
tur ? Rebellibus fubditis omnia adverfus Regem fummo imperio
gubernantem, liceant, Regi in perduelles toties fubditos nihil ? an
mirum, quòd tandem clementia fracta feveritatem induerit ?

Cùm enim ad nuptias, quas Navarrus cum Regis forore con-
trahebat, magna Hugonotorum multitudo conflueret, Gafpar Colygnius, Calviniftarum dux & antefignanus, turbarum, bellorúmque auctor, Regi toties perduellis, jam ante â fupremo fenatu
majeftatis damnatus, innumerarum cædium reus, dum per plateam Parifiis incedens litteras legeret, duobus globis ex ædibus explofis vulneratus eft. Mox ingens Hugonotorum tumultus : graves minæ à faucio Colygnio fparfæ. Monetur Rex á primoribus
urbis de gravitate periculi tot inter Calviniftas, urbem implentes,
& exacerbatos.

Jubet igitur Rex, ut cives arma capiant, & altera die, ubi ad
S. Germanum campana fignum dederit, Hugonotos invadant. Primus Colygnius multis ictibus conciditur. Corpus per feneftras eje

ctum

&ctum patibulo fufpenditur. Sequitur aliorum cædes. Rex in fenatu adverſus Colygnium ejúſque affeclas graviffimè queſtus demonſtravit, ſupremam neceſſitatem extrema popoſciſſe remedia : nec alium ſuperfuiſſe modum rebellionem compeſcendi.

Senatus jure cæſos pronuntiat ; actæque Regi gratiæ, quòd detecta proditione tam providè regno, urbi, ſibíque conſuluerit. Rurſûmque Colygnius, ceu hoſtis communis quietis, auctor perduellionis adverſus Regem, ac Majeſtatis reus denuntiatur ; publicatis ejusdem bonis, & armis gentilitiis à lictore confractis, liberíſque nobilitate exutis. Redditæ etiam publicæ Deo grates, quòd Regem Regnúmque â conſpiratione & malignis Hugonotorum conſiliis præfervârit. Exteri Principes pleríque eam cædem approbârunt, probè gnari, quanti interſit, ut Princeps rebelliones extinguat, & feditioſis machinationibus neceſſaria remedia adhibeat. Senatus jure cæſos pronuntiavit.

Hugonoti autem in rabiem acti ſcriptis etiam libellis Regem vehementer ſunt infectati ; qui tamen à doctiſſimis Juriſconſultis, Jacobo Cujacio, & Vito Fabro ſolidè ſunt confutati, & quò. demum res evaderent, ſi Regibus non eſſet integrum, in rebelles ſubditos, quietíſque publicæ turbatores animadvertere.

Nempe, ùt volunt ſectarii, licuit Calviniſtis ſacra omnia contaminare, Regnum evertere, conjurare, Regíque inſidias ſtruere, exterum militem in patriam armare, multa mortalium millia iniquiſſimè interficere. At Regi ſceleratos plectere non licuit, ut religionem & regnum ſervet. Quòd Poltrotus inſtigante Beza & Colygnio Franciſcum Ducem Guiſium, religionis vindicem ceu ſicarius & latro occiderit, laude non caret. Sed quòd Rex eundem Colygnium, per duodecim jam annos toties perduellem, tot publicis criminibus reum ſuſtulerit, ingens ſcelus eſt. Laudant Calviniſtæ Henricum III. quòd Henricum Guiſium ejúsque fratrem Cardinalem, ſacri fœderis capita, trucidari præceperit. Sed quòd Carolus IX. Gaſparem Colygnium, Calviniſtarum tunc caput, Galliæ incendiarium, ad pœnam vocârit, facinus ipſis eſt, omni dignum opprobrio. Proprium Regem, inaudito exemplo ſententia velut judiciali condemnatum, carnificis manu obtruncant Calviniſtæ in Anglia ; & hoc laudibus eorum celebratum fuit. Solus Carolus IX. Rex Franciæ, rebelles ſubditos, proditores & everſores patriæ, toties Majeſtatis reos, tollere è medio non potuit ; ſed tolerare debuit, ut pergant conjurare, inſidiari, mactare, perdere, totúmque regnum in extremas calamitates conjicere.

ARTI-

ARTICULUS VII.

Status Galliæ fub Henrico III.

50.
Rerum fa-
cies.

CAtharina poſt mortem Caroli regimen rurſus invaſit, Galliám-
que jam undique fatiſcentem in ſcopulum impegit. Bellum
Hugonoticum quintum adhuc furebat. Proceres ab ea erant
averſi. Quorum tamen præcipuos, factionúmque duces habebat
conſtrictos. Alenſonium & Navarrum luparæ regia Pariſiis arce
cuſtodiebat, ſolo ad enervandos Principes ad Gynæceum aditu permiſſo libero. Mommorantius & Coſſæus Mareſchalli erant in vinculis ; exulabat Condæus in Germania ; Colygnii cum Mongomerio perierant, Damvillam Præfecturâ Occitaniæ dejecerat.

Sed hæc ipſa Procerum, Hugonotis faventium fata, eosdem
in rabiem egerunt. Condæus ejurata rurſus religione factionis dux
ab iis dictus , ad delectus habendos Palatinum Rheni convenit.
Damvilla , licèt Catholicus , præfecturæ ereptæ ſenſu commotus ,
iisdem acceſſit , & regia velut jura in Occitania uſurpabat. Moya
& Mombrunus Calviniſtæ per provincias prædonem circumferebant
exercitum, Mompenſerius Princeps â Regina cum exercitu miſſus,
tot hoſtibus non ſufficiebat ; cùm non tam cum hoſtili cordato
exercitu , quàm cum multis circumvagantibus graſſatorum turbis
ipſi res eſſet. Henricus III. Rex mollitie & ſocordia res inclina-
tas adhuc magìs præcipitavit.

Henrici
torpor.

Is, cùm Rupellam obſideret , â legatis ad Poloniæ coronàm
evocatus , mulierum Gallicarum amoribus irretitus , ægerrimè ex
Francia diſceſſerat , nec niſi fratre Carolo Rege , quocum non bene ei convenerat , compellente. Cracoviæ coronatus, patriæ deſi-
derio contabeſcens, cum paucis Gallis conclavi ſe abdidit lugens
atque incuſans fortunam, quòd regnum ampliſſimum dediſſet.

Audita autem Caroli fratris morte, nocte concubia aufugit ,
magnóque honore Viennæ ab Imperatore exceptus, per Tyrolim,
Venetias, Ferrariam, Mantuam delatus, eosdem honores ubique
expertus eſt. Taurini ad Margaretham amitam diutius divertit ,
atque ab ea & Philiberto Duce blanditiis captus Pinerolium, Sa-
villianum, & Peruſiam vallem, quas â poſtrema pace cum Hiſpanis inita , Galli adhuc retinuerant, reſtituit, magno ob locorum
ſitum in futurum detrimento.

Tau-

Taurino per Allobroges & Delphinates Lugdunum progreſſus ingentem ſpem excitaverat, ob tot reportatas ab Hugonotis victorias, luſtratas regiones, coronam jam geſtatam, dotéſque præclaras â natura conceſſas. At ſpes conceptas vehementer.fefellit. Nam Sarmatico velut torpens frigore, extinctis, quibus antè flagraverat, martialibus ignibus, non niſi ad muliercularum & adoleſcentum amores caleſcere videbatur. Quippe permiſſa matri, cujus una dominandi cupiditas, regni adminiſtratione, conclavi cum juvenculis ſuis ſe abdens nugis vacabat ; Condæam præſertim, licèt conjugio vinctam, inſano amore deperiens : in flammas videlicet ſurgente libidine, cùm ſcintilla contemnitur. Adhæc in res leviſſimas ingentes ſumptus profudit. In ſolis emendis & alendis catellis Melitenſibus centum aureorum millia quot annis inſumpſit, in pſittacis ſimiiſque non minorem pecuniam.

Trahebatur interea bellum, Hugonotis provincias diripientibus. A copiis Regiis vix aliud collectum belli pretium, quàm Mombrunus, paulò antè prælio victor, captus, & Gratianopoli â ſenatu perduellionis damnatus, & capite truncatus, unus ex præcipuis Hugonotorum incendiariis. Subrogatus ab illis Lediguerius, nobilis Delphinas, bonus miles in cauſa mala. **Mombru-nus.**

Regi interim Rhemis inaugurato â Cardinale Guiſio (cujus frater Carolus Cardinalis Lotharingus, vir ſummus, nuper obierat) data conjux Ludovica, Nicolai Valdemontii Comitis & Mercurii Ducis filia, novum Domus Lotharingicæ & Guiſiorum fulcrum. Dum autem Lutetia nuptialibus gaudiis perſonat, Catharina aulam factionibus miſcet, & Rex ſe ipſo non melior, in languidum otium, luxum, & mollitiem diffluit. Fuga elapſus Alenſonius, Buſſiambo-ſii conſilio & ope, rectà ad Hugonotos contendit ; ingenti plauſu ab iis exceptus, haud ignaris, quantùm Regius hic Princeps, coronæ proximus, in partes ſuas propenderet. Nec minùs lætatur ea fuga Politicorum factio, ducem ſibi potentem præbitum. Rex autem fruſtra ad eum retrahendum Monpenſerium & Nivernenſem miſit cum exercitu. **Nuptiæ** **ſ1.** **Fuga Alen-**ſonii ad Hugono-tos.

Quæ lætitia tum maximè aucta eſt, quando plures Catholici politicæ factionis, quibus inviſa erat Reginæ adminiſtratio, & Gui-ſiorum favor reſtauratus, cum Ventadurio & Turrenio, qui fidem totam necdum ejuraverant, ad Alenſonium & Hugonotos convolârunt, & Condæus cum Caſimiro Palatino novum Germanorum exercitum in eorum caſtra adduxit. Erant tunc in exercitu, ex catholicis & **Apparatus** **Hugono-**ſiorum. hære-

dæi reditum 2000. equites ex Germania adduxerat. Torræus pugna victus ad Alenfonium, Lavallius verò, Andeloti (qui miferè perierat) filius, Argentinam fugâ evafit. Guifius eo prælio gemino vulnere faucius, crure & gena glande confoffis, ob cicatricem orthodoxis acceptior, non tam ea deformatus, quàm charactere religionis fignatus.

Magnum tamen Catharinæ terrorem injecit tantus Hugonotorum & Politicorum confpirantium belli apparatus, præfertim ubi etiam Henricus Navarræ Rex, fugâ Parifiis elapfus, fe eis adjunxit, ejurata rurfus religione, quam vi obtrufam fimulato animo fe coluiffe dixit. Igitur vaferrima mulier, uni dominationi fuæ retinendæ intenta, affumptis fecum ex carcere Mommorantio & Coffæo, ad Hugonotos profecta, pacis conditiones proponit ; quas viribus fuis confifi hoftes iniquiffimas extorquent. (*anno* 1576.)

Pax quinta
iniquiffi-
ma.

Alenfonio datæ urbes Biturigum, Turonum, & Andegavenfium, cum penfione annua 100000. librarum in augmentum patrimonii : Condæo prætura Picardiæ cum ufu libero, & Perona urbe munitiffima, & centum librarum millibus. Contyo Principi, Condæi fratti, Noyæ, & Noclæ, fingulis catephractorum equitum turmæ ; Turrenio præfectura Turonum. Cafimiro, omnium pertinaciffimo, immenfa pecunia cum ingenti fpe. Judicia omnia in Admiralium, Mongomerium, Mombrunum, & cæteros Hugonotos irrita declarata, ac damnatorum memoria in integrum reftituta. Hugonotis datæ urbes haud paucæ, & eorum religioni plena per totum regnum libertas.   En ! quo ambitio & dominandi libido unius fœminæ, factiones inftruentis, & nutrientis, chriftianiffimum regnum deduxerit.

Ægerrimè, prout par eft, Catholicos habebat tam ampla atque effrænis, quà luberet, vagandi graffandíque hærefi data licentia, tótque urbes in ejus finum conjectæ. Nullum in Rege enervato præfidium : Mater Catharina, dum regnet, in ruinam Religionis laboriofa : res catholica femper in pejus lapfa : hærefis in dies magnis incrementis aucta.

Quare Catholici Religionis avitæ zēlo accensi, in Henricum 52.
Guisium, Francisci â Poltroto interempti filium, oculos animós-Liga la-
que convertunt, tanquam unum superstitem fortissimum Religio-cra.
nis proditæ vindicem, inito inter se arcto fœdere, quod *sacram Li-*
gam appellârunt. Tres illius præcipui erant articuli. Primo statutum, communi studio defendendam Religionem Catholicam. Secundo, Regem firmandum in throno. Tertio, restituendam Regni
& comitiorum libertatem : eligendúmque ducem fœderis, cui omnes fœderati obsequantur in rebus Ligam spectantibus. Atque in
hanc unionem vitam & sanguinem addicunt, polliciti, se hostium
loco habituros, qui eidem se opponerent.

Scriptores Galli vehementer in hanc Ligam, quam factionem
Galliæ quartam dicunt, bilem commovent, etiam Catholici, &
religiosam vitam professi. Mirum sanè. Hugonoti igne & ferro
Religionem & Regnum per tot jam annos rebelles pessundant. Et
eorum pennis vix non in Cœlum levantur. Nihil illis fortius, nihil
prudentius. Sola aula solíque Guisii peccârunt. Liga, cui summus
Pontifex, Rex Hispaniæ, Dux Sabaudiæ, aliísque Principes ad conservandam in Gallia Religionem avitam accesserunt, ipsis est lues crisis de
Galliæ, per contagium sparsa, â facinorosis, delatoribus, prodigis, illa.
& quibus malum publicum pro deperditis facultatibus foret, primùm admissa : cui omnia deinceps Galliæ mala adscribenda.

Sed quid tandem in fœdere illo continetur, tanta vituperatio-
ne dignum ? promittunt defensionem Religionis Catholicæ, in supremum discrimen adductæ. An hoc vituperium meretur scripto-
ris Catholici ? promittunt defensionem Regis, Regníque, tot tantísque procellis â rebellibus jactati. An hoc displiceat fideli subdito ? Comitiorum ad publicum Regni bonum avitam libertatem
defendere promittunt. An hæc tanta lues cordato civi ? Si abusus aliquorum irrepsit postea, is non Ligæ, sed quorundam proterviæ, ac præcipiti atque indiscreto ardori est imputandus. Ea
rerum humanarum conditio est, ut usus etiam sanctissimi quorundam abusibus sint obnoxii. Dicamus, quod res est. Adulatores isti
non tanguntur præsente tunc regni statu & illius religionísque periculo, sed considerant eos, qui ex Hugonotorum partibus tunc
stabant. Superis grates ! quòd per Ligam conservata sit Religio,
& eidem conciliata Domus Borbonica, columen deinceps & firmamentum veræ Religionis.

Rex auditis fuffragiis, ad Navarrum, Condæum, & Damvillam legatos mittit, qui eos ad comitia invitarent, doceréntque,
omnium Ordinum calculos ad unius Religionis cultum fuffragari.
Navarrus refpondit, fieri non poffe, ut una duntaxat Religio colatur in Francia ; ad fe quod fpectaret, eam fe amplecti, quam
fanctiorem crederet ; fi Deus aliud in mentem induceret, paratum
fe divinis nutibus obfequi. Condæus legatos non admifit, caufatus,
fe hoftium coetum non habere pro Comitiis Regni.   Móxque ad
bellum delectum habet, ac vim intentat. Damvilla, Annæ Mommorantii filius, qui Occitaniam Hugonotorum ope pertinax infedit,
Catholicam Religionem fe tueri, refpondit ; negavit, legitimum
effe Comitiorum conventum : hærefin bello, quod appararetur,
adaugendam potiùs quàm tollendam.

53.
Bellum
fextum.

Rege obfirmato, ex comitiorum fententia nullam in regno publicè religionem tolerare præter orthodoxam, Hugonoti ducibus
Navarro & Condæo, Miniftris verò inftigantibus, in arma ruunt,
bello jam fexto conflato. Rex duos inftruxit exercitus, quorum
alterum Alenfonius frater, legataria in Regnum poteftate donatus,
modò infenfus Hugonotis, alterum Dux Maynius duceret. Noluit
etenim Alenfonius, ut alter exercitus Guifo, quem oderat, trade-
retur. Legatum tamen eundem fuum, cum Nivernenfi & Aumalio admifit, Birone tormentorum præfecto, & Chaftrio caftrorum.
Damvillam pariter Rex occultis confiliis eripuerat Hugonotis.

periore pactione à Regina fuerant promiffæ ; nifi quòd religionis exercitium arctioribus aliquantùm finibus fuerit circumfcriptum. Pax ifta in Occitaniam nuntiata diremit prælium, ad quod accinctæ ftabant copiæ Damvillæ, & Caftillonii, qui Gafparis Colygnii, admiralii, patris fui , furores ftrenuè profequebatur.

Indignabantur Catholici fœdere colligati, rebus fuis adeò florentibus , tam · iniquam pacem effe initam , velut à victoribus Hugonotis , ubique profligatis, dictatam. Aucta eft averfio animorum à Rege, propter gravia tributa, populo impofita, & in juvenes amafios profufa. Quorum tamen plures fummo ejus dolore violentè trucidati funt.

His igitur rebus quantò magis marcefcebat fubditorum amor, tantò majora incrementa fumpfit Liga, cui novum poténsque fulcrum fubftravit Rex Hifpaniæ ; dum Alenfonius, aulæ pertæfus, atque â Belgis quibusdam invitatus, expeditionem Flandricam fufcepit. Dum enim Francus Calviniftarum partes fovebat in Belgio, Hifpanus Catholicos tueri cœpit in Gallia. Captæ ab Alenfonio aliquot urbes ; fed orta inter eum & Cafimirum æmulatione aliquantò poft in Galliam rediit ; tentaturus poftea expeditionem alteram , fed eventu neutiquam meliore.

Eos inter aulæ variantis æftus Rex ordinem S. Spiritus Nobilitati inftituit ; ordine S. Michaëlis, cujus auctor erat Ludovicus XI. jam vilefcente, ac tradu&to ad viliffima capita , ut adeò torquis equeftris non ampliùs effet nobilitatis infigne, aut præftantium meritorum præmium, fed mercatorum ornamentum aut dedecus. Vilitatem nempe poft Henrici II. tempora fecerat copia.

Tempus jam aderat, quo Hugonoti urbes, fibi obfidum loco datas, Regi debebant reddere. Ne id faceret Navarrus , perfua- **54.** ferunt (quod prorfus abfonum) proximi Regis, Catharina mater, **Bellum** factionum bellorúmque nutrix, Alenfonius frater , pariter quietis **feptimum** ofor, Margaretha foror, Navarri Conjux, infenfa fratri Regi, quòd ab eo ad maritum ab aula Parifina remiffa effet. Verè inimici hominis domeftici ejus.

Septimum igitur cum Hugonotis bellum erupit , à Navarro illatum, & quinque in provinciis geftum, in Pictonibus, Picardis, Occitanis , Delphinatibus , & Aquitanis, Hugonotis, Miniftrorum afflatu, dato figno ad arma convolantibus. Rex, ad belli fragorem tandem ab inertis otii fopore excitatus, tres confcribit exercitus : quorum unum Biro in Aquitaniam , alterum in Picardiam

Matignonius Marefcallus, tertium in Delphinates Maynius duceret; Ludio cura data Pictones compefcendi, Occitanos Damvillæ, à fratris morte nunc Mommorantii Duci.

Faram in Picardia ubi Condæus ceperat, Picardi præ cæteris incensè Catholici, cum Maynio provinciæ Prætore amarè conquefti, in vifceribus Provinciæ novam Genevam erigi, Ligæ fidem implorant. Matignonius igitur cum Guifio, Aumalio, Valeta, urbem expugnat, Condæo in Angliam ad El-fabetham, in Belgium ad Orangium, in Germaniam ad Cafimirum, Calvinianæ factionis homines, ad conquirenda belli fubfidia excurrente.   Maynius interea cum Mura expugnata totum Delphinatum recepit, Lediguerio Hugonotorum duce incaffum obfiftente.

Pax fepti-   Et licèt Navarrus Cadurcum in Aquitania magna prudentiæ,
ma.   fortitudinis, & conftantiæ laude expugnarit artifque militaris tyrocinium ibidem pofuiffe dicatur, nihilominus, cùm à Bironio, aliifque Regiis ducibus ubique in arctum cogeretur, atque iterum Hugonoti in extremis agerent, levi impulfu agendi præcipites, Rex, & fuus & catholici fœderis hoftis, Hugonotis rurfus pacem obtulit, fuperioribus tranfactionibus renovatis, explicatione duntaxat levis momenti adjuncta, *(anno 1580.)* quafi verò catholici exercitus ideo folùm vincerent, ut hærefin auctoritate Regia ftabilirent, aut faltem eum tantùm in finem tot bella, tot. fubditorum fumptibus gerantur, ut innumerabilium mortalium fanguis & vita prodigantur.

55.   Rex bello gloriofè confecto, & pace ignominiofè compofita,
Regis   in veternum relapfus, fœminis & juvenibus imperitis, quos ama-
indoles.   bat, Regni habenas permifit; neglectis præftantibus viris, quos virtus, ætas, res geftæ, collectáque rerum ufu experientia, dudum erudierant.   Quin juvenes illi, Sanlucius, Dojus, Arquius, Valeta &c. præcipuis muneribus admoti, ac Regis gratia abufi, fuperbi in Proceres & avàri in populos, & cunctis intolerabiles, comparabant in ipfum Principem immenfum odium.   Præcipuè ubi Arquium & Valetam, qui totum Regem poffidebant, Pares Franciæ & Duces creavit, illum Joiofæ, hunc Epernonii, & in illius cum Reginæ forore nuptias incredibiles fumptus, fubditorum fudore partos, effudit.   Alteram Reginæ fororem Epernonio defpondit, fed illa Chriftum fponfum prætulit.

Et hæc quidem odium populi, contemptum verò accerfebat variabilis femper genius, à choreis etenim & nugis revolutus ad
extre-

éxtremæ probitatis cultum cœnobitam induit ; accitis in luparam
Monachis, canonicas inter eos horas concinere, cœtibus pœni-
tentium cucullo tectus candido intereſſe, cilicium induere, ſe
flagellis cedere. Indole nempe cerea jam ad voluptates immodi-
cas, jam ad pietatem extremam flexili. Quo fiebat, ut ficta
crederetur religio, quæ fulguris inſtar evaneſceret ; pravo ſemper
ad deteriora credenda mortalium ſenſu.

Promovebant indignationem catholicorum ſuſceptæ in exteras Expeditᶦo
provincias adverſus Regem catholicum expeditiones bellicæ, dum inBelgium,
propiii lares flagrarent incendio. Nam Alenſonius alteram in Belgio tentavit aleam & claſſis Gallica in Azores pro Antonio Luſitano adverſus Hiſpanum miſſa. Utraque expeditio malè ſuſcepta,
dignum ſe eventum habuit : hoc eſt, infelicem. Alenſonius, magnis ſpebus decoctis, inglorius rediit. Stroſſius, claſſis Gallicanæ Et Azores.
præfectus, ab Hiſpanis ad Terzeram victus, captúſque. Abreptæ
Francis octo naves, cæſa bis mille hominum, capti trecenti, in quibus
erant octoginta Nobiles ; quos Marchio Sanctacrucius, claſſis Hiſpanæ Præfectus, veluti piratas & prædones publicos, in publico foro ſuſpendio necari juſſit. Nèc tentata iterum expeditio feliciùs
ceſſit ; Chaſſio ductore claſſis â Sanctacrucio ad deditionem com-
pulſo, & remiſſo in Galliam. Ita nempe Franci domi victores vi-
ctíque, exterorum triumphum adornabant, longinquas expeditiones ſemper infauſtas experti.

Ab expeditione Belgica Alenſonius Regis frater feliciorem ſu- Alenſoniä
ſcepit in vitam alteram ; meliùs mortuus, quàm vixit. Tum verò mors.
fœderati catholici adhuc magìs ſunt accenſi, metuentes, ne Henrico Rege, quem impotentem credebant, etiam mortuo, Navarrus,
primus è Regio ſanguine Princeps ad ſolium evaderet, eáque
ratione ad Hugonotos Regnum devolvatur. Quare Guiſius Metus
cum fœderatis varia in conſilia abiit ; deſignatúſque Henrico Catholico-
ſucceſſor Carolus Borbonius, qui linea quidem Henrico Regi erat rum.
remotior, ſed gradu ſanguinis uno proximior. Acceſſitque ad hoc
conſilium etiam Philippuſ Rex Hiſpaniæ, fœdere inito cum Guiſio
Ligæ duce.

Editis igitur geminis ſcriptis, adverſus rationem regiminis, Bellum
pro tutela religionis, plures (*anno 1581.*) urbes quà vi quà dedi- fœderato-
tione fœderati occupant ; & quidem Guiſius Tullum & Virdunum, rum.
in Lotharingia, Catalaunum & Meſerias in Campania; Maynius ejus
frater Divionem totámque Burgundiam, cum omni ferme Delphinatu : Aumalius, eorum patruelis, totam pene Picardiam : Entra-
quius

quius Aureliam , Briſſacus Andegavum : acceſſit Lugdunum arce
diruta.

Pax.

Quamvis autem Epernonius , Jojoſa , & Matignonius , Regii
Duces , ſe opponerent , & aliquot fœderatorum cohortes cæderent,
nihilominus Rex metu perculſus ad matrem , ſacram velut ad anchoram confugit.　Illa Guiſium conveniens , pacem impetrat, ea
lege , ut Rex Hugonotoium religionem prohibeat.　Ad eam Regno
pellendam fœderatis Principibus committantur exercitus.　Iisdem
Ducibus obſides urbes dentur, Catalaunum , Rhemi , Sandeſirium,
Tullum , Virdunum , Divio , Belna &c. Cardinali Guiſio , Ducibus Mercurio , Guiſio , Maynio , Aumalio , Elbovio , Ducibus
fœderis (qui omnes erant ex ſtirpe Lotharingica) ſimúlque Cardinali Borbonio , deſignetur miles ad corporis cuſtodiam.　Tribuatur
pecunia ad ſolvendum Germanis ſtipendium , & arcem Viroduni eri-
gendam.

56.
Octavum
bellum

Ea pactione Navarrus , Condæus , cætéráque Hugonoticæ factionis capita , velut fulmine afflata , vim vi repellere ſtatuunt,
abductíſque à fœdere Nivernenſi Duce , & Damvilla ſeu Mommorantio , octavum , omniúmque graviſſimum bellum inchoant,
petitis etiam ab Eliſabetha & Germaniæ Proteſtantibus ſubſidiis.
Et licèt Lediguerius aliquas urbes ceperit , tamen Hugonoti ſub
Condæo , Turrenio , Trimollio , Caſtillonio Gaſparis , & Lavallio Andeloti filio , in turpem fugam verſi , atque à Regiis & fœderatis

felix initiò.

Ducibus , Jojoſa , Guiſio , Epernonio , Maynio , Aumalio , Briſſa-
co , Birone , Chatrio , Matignonio , ferme penitus erant proſtrati,
exercitu eorum diſſipato , Condæo in Angliam fugiente , Navarro
in Benearnia ſua ſe continente : Rege novis edictis , Pontifice ſacris
fulminibus in Hugonoticæ factionis capita tonante.

Legati
Proteſt.

Multi tunc ad Majorum Religionem reverti , quàm patria extorres vivere maluerunt.　Margaritha poſt Sixti diploma à Navarro
conjuge , uti à Chriſtianorum ſacris abſciſſo , diſceſſit.　Sed Condæus ex Anglia cum claſſe & pecunia rediens ſpem Hugonotorum
rurſus erexit ; quæ tunc maximè crevit , cùm legati Proteſtantium
Luteriam ad Regem pervenerunt ; poſtquam Navarrus per Bullionium , Fridericum Wirtembergicum , & Bezam , Genevà ad Helvetios miſſum , rogaverat , ut religioni oppreſſæ opem ferant.

Erant autem Proteſtantes , qui legatos miſerant , Rex Daniæ ,
Electores Palatinus , Saxo , & Brandeburgicus , Principes Imperii,
Archi-Epiſcopus Magdeburgenſis , Dux Brunſvicenſis , Landgravius
Haſ-

Haffiæ, atque civitates liberæ, Argentina, Ulma, Norimberga, & Francofurtum, cum Cantonibus Helvetiæ acatholicis. Legati Germaniæ scripto tradito acerbè conquerebantur, fidem subditis violatam. Rex ira excandescens, respondit, sui esse muneris edicta condere, abrogare, mutare, pro rerum temporúmque varietate ; mentiri eos, qui dicerent, se abrogando edictum fidem fefellisse. Qua voce offensi legati bellum minantur ; ac Principes suos ad illud quantocius inferendum instigant.

Rex Germanorum atque Helvetiorum metu perculsus, pacem Hugonotis offerre cogitat ; obsistente Guisio, qui telam cœptam pertexendam dicebat ; atque fœderatos suos ad hoc animat. Quare, cùm Rex nôsset, matrem propter arctam affinitatem propensiorem in Lotharingos, Villaregium & Nivernensem in fœdus proniores suspicaretur, Epernonium à Guisiis prorsus alienum sciret, nemini fidit, sed uno se ipso in consilium adhibito statuit, catholicorum fœderatorum, & Hugonotorum factionem, utramque sibi invisam, alteram per alteram infringere.

Quam ob rem tres instruit exercitus. Primo præficit Epernonium, jam à puero sibi chárum, Valetam antea nuncupatum, usque dum eum Epernonii Ducem creavit, ea dignitatis prærogativa, ut omnes duces antecederet, exceptis Principibus Regiis, ac iis, qui orti essent ex familiis, Longavilla (quæ à Carolo sapiente Rege Franciæ, sed impare thoro, descendit) ex Lotharinga, ex Sabaudica, uti Nemursius, seu Nemoiosius, aut ex Nivernensi (ad Gonzagas devoluta) útque Epernonio, jam ita sublimato, adhuc majorem auctoritatem & potestatem adderet, eum Tribunum totius in Francia peditatus, atque Phocensis provinciæ Prætorem renuntiavit, adjecta præfectura Caleti, Metis, Bononiæ &c. Valetæ verò ejus fratri Salussios & urbes transalpinas regendas dedit. [in margin: 57. Eperno-nius.]

Epernonio igitur, tanta dignitate atque potentia vallato exercitum dedit, adversùs Hugonotos in Delphinatum & Provinciam ducendum. Sed sortem adversarium ibidem nactus est Lediguerium ; ut adeò præter urbes aliquot occupatas, & deperditum ad Caturigum exercitum, haud magnum operæ pretium retulerit.

Alter exercitus traditus fuit Jojosæ, alteri familiari Regis suavissimo, Duci jam antè in gratiam creato, & per matrimonium cum soiore Reginæ affinitatem, atque innumeram pecuniam adepto. Nunc verò, ut omnibus facultatum & dignitatum ornamentis splendidus appareat, dictus Normanniæ Prætor, præfecturis [in margin: Jojosa.]

Pars VII.   T t t   arcium,

arcium, magno pretio redemptis, & in eum congeftis. Admiralii præterea præclarum officium refufcitatum, & in eum collatum :
patérque ejus Franciæ Marefcallus proclamatus, inundantis gratiæ
exuberantia. . Sed amplitudine illa poteftatis mentem obruente, ùt
ferunt res humanæ, miferrimè cecidit.

Nam exercitu in Avernos, Velaunos, ac Pictones, quas provincias Hugonoti incurfabant, â Rege inftructus, Laverdino dicto
copiarum legato, oppida aliquot capit ; in quibus Peyra arx, rupi
impofita, inexpugnabilis vifa. Delibata deinde fortuna quibusdam
cum Navarri copiis, levioribus velitationibus, victor victúsque,
fupremam aleam tentandam exiftimavit.　Juffus equidem fuerat
Matignonius auxiliares jungere copias ; & adfuturas defignata die

Curtracen-
fis pugna.
is fcripferat. At Jojofa victoriam animo præoccupans, nec illius
confortem fuftinens, ad Curtracum in Aquitania pugnæ fe offert
præcipiti confilio.

Neque cunctatus Navarrus, in quatuor agmina divifit equitatum.　Primum duxit Sueffionenfis Condæi frater, cum Contyo itidem fratre, qui nuper conciliati fuerant Navarro, cùm hactenus
Regias partes effent fecuti. Secundum agebat ipfe Navarrus, tertium Condæus, quartum Turrenius ; peditatus tribúnis commiffus.
Fauftum erat Jojofæ initium pugnæ, fed triftis exitus. Nam relicta Navarro infigni victoria, captus ipfe eft, atque contra jus
gentium â duobus centurionibus necatus. Meliorem partem elegit
Henricus Jojofæ frater, qui, mortua conjuge, Epernonii forore,
generofo pede calcans fplendentem mundi vanitatem, Capucinorum
ordinem ingreffus eft.

Licèt autem memorabilis illa Hugonotorum fuerit victoria,
cæfis Regiorum quinque millibus, quingentis captis ; quos inter
Laverdinus, Jojofæ legatus, Sanlucius, multíque alii nobiles. Nullus tamen alius victoriæ fructus fuit, Navarro, exercitu foluto in
Benearniam, Condæo Rupellam regreffo. *(anno 1587.)*

58.
Guifii
gloria.
Vices majori cum emolumento rependit Guifius, quem, fibi
propter fœdus invifum, Germanis Helvetiísque, per Lotharingiam
in Galliam irrumpentibus, objecit, ut vel vita, vel militari laude populíque amore excidat.　Erant Germanorum atque Helvetiorum
ultra triginta millia, ductoribus Donavio, quem Cafimirus fibi fubftituit, Bullionio, ejúfque fratre Marchio, quibus Contyus, Ca-
ftellonius aliíque Hugonotorum Duces adhuc plura millia adduxerant. Guifio, ut certiùs periret, modicas Rex copias dederat ;
nam

nam licèt Carolus Dux Lotharingiæ militem suum jungeret, & Parmenfis ab Artefia fuppetias mitteret, fuósque amicos Guifius privato fumptu arcefferet, tamen non ultra duodecim millia fub fignis habebat. Majorem multò exercitum, in quo Monpenferius, Nivernenfis, Epernonius, Aumontius, Rhetius, Marefchalli, Oliverius Cancellarius, Villaregius, & Proceres magno numero, Rex ipfe poftea ad Ligerim ducebat, inter Navarrum & Guifium medius, ut Guifio cæfo, Germanis fe opponat, & cum Navarro conjunctionem impediat.

Guifius cum quatuor duntaxat millibus (nam reliquas copias in Burgundiam & Picardiam dimiferat, ne Rex quid in fœderatas urbes tentaret) Germanos equites *ad Alnæum* prælio aggreffus, præclaram retulit victoriam, cæfis 3000. captis feptem vexillis, 3000. equis, 800. plauftris, & præda ingenti. Poft Guifii gloriam Sanpauli præfertim virtus ea in pugna enituit. Alios Epernonius cecidit : Helvetios pecunia perfuafos Rex domum remittit. Reliqui conditiones, ab Epernonio oblatas admiferunt : ut domum redeuntibus effet fecuritas, vexilla complicata in arculis deferrent, Francis impunitas foret. Atque ita ingens illa & formidanda moles disjecta eft, fumma Guifii gloria, Hugonotorum dolore multò maximo. *(anno 1587.)*

Proftratæ tunc fuiffent Hugonotorum vires, fi in eos trepidatione attonitos ducere placuiffet victrices copias, Contyo, Bullionio, Caftillonio &c. fuga difperfis, Condæo mortuo ; nifi æmulatio, invidia, odium, everfis melioribus confiliis, tragœdiam adornaflent multò triftiffimam. Prælufum mutuis offenfionibus. Rex odio Guifiæ gentis Admiralii dignitatem cum Noimanniæ Prætura in Epernonium, Guifiorum inimicum contulit, quam Guifius Brifaco amico fuo petiverat. Picardiæ Præfectura Aumalio erepta, & in Nivernenfem collata, ut totus abftraheretur â fœdere.

59.
Offenfio-
nes.

Verùm Aumalius eam dimittere noluit ; & interim Guifius, Nancei cum Duce Lotharingiæ, aliisque fuæ ftirpis, & fœderatorum Ducibus de rei fumma confilio inito, poftulata ad Regem mifit, ut is fe arctiùs ad fœdus applicet ; eos â Præturis amoveret, quos defignaverat ; Concilium Tridentinum admittat, Inquifitionis tribunal inducat, urbes defignandas in fecuritatem fœderatis committat. Simúlque graviter queritur, fe ac familiam fuam haberi defpectui, fuis inimicis impertiri omnia, Catholicam Religionem premi.

Cùm

Cùm Rex de iftis deliberando cunctaretur, & in graves iras furgeret, Parifienfes verò Guifium, ceu Catholicæ fidei ac patriæ confervatorem, laudibus immenfis celebraient, in Regem autem, etiam ex publicis concionatoium cathedris, contumelias fpargerènt, atque in ejus perniciem confilia coquerent, alimenta uibi feditiofæ inferri vetuit. Parifienfes per fexdecim, variis urbis regionibus præfectos, legatione miffa Guifium rogant, ut urbi preffæ fuccurrat, illiúsque tutelam fufcipiat.

Guifius Lutetiam. Guifius, quamvis res in omnem. partem plena effet periculi, nihilominus cum feptem duntaxat Nobilibus Parifios inermis ingreditur, atque tutelaris velut de cælo genius à populo excipitur. Ad ædes Catharinæ Reginæ primò divertit ; quæ afpectu viri attonita, mittit ad Regem, qui adventum nuntiaret. Is improvifo nuntio perculfus, atque cogitationum æftu jactatus ; raptante hinc odio, illine metu, anceps animi per aulam difcurrit, ac tandem conceptum pridem mentis decretum de eo necando, impellentibus juvenibus aulicis, exequi ftatuit.

Accitus proin ad Luparam, folo animo fretus cum Regina accedit ; hæc fella geftabatur, ipfe pedes nudo capite comitabatur, advolante ampliffima civitate, & frequentes inter applaufus acclamante : vivat Guifius, vivat Ecclefiæ columen: quin genibus nixi prætereuntem falutabant.

Periculum. Ad Regem in Luparam perductus, percontanti, quid veniffet, à quo vocatus, tanta modeftia refpondit, ut Rex pacatior ad Reginæ ædes eum remiferit. At mox ira recrudefcente, & fermento animi exæftuante, ftatuit extemplo vindictam exequi. Ad Reginæ domum infequitur, ubi cum Catharina in horto deambulantem rurfus aggreditur, cur contra fuam prohibitionem, litteris fignificatam, Parifios veniffet. Jurat ille, fe nullas ea de re accepiffe litteras. Incalefcentibus animis Mater Regem abducit, & cum Guifio femotis arbitris colloquitur.

ad arma. Luparæ propiùs se admovent. Guisius absque custode, patentibus ædibus, solus obambulat; Rex tumultu civis & peregrini militis territus, fugientis instar Lutetia se proripit. Dum Biro & Aumontius Prætorianum militem urbe educunt, Helvetiorum unus sclopetum explodit: mox cæteri saxorum grandine ex ædibus depluente mactantur. 70. quà necati, quà saucii furorem piebis expleverunt. Rex disce-dit.

Guisius Regis fuga perculsus, licèt multæ civitates, imò integræ provinciæ ad eum fœdúsque accederent, Lutetia ad quietem composita, pacem â Rege, qui Carnuti substiterat, Catharina matre interveniente, impetravit, in has leges scriptam : Rex hæreticos Principes â spe Regni excluderet. Tridentinum reciperet. Præter probatos Catholicos nemini Præturas aut dignitates conferret. Privatis pactis Guisium *militiæ Francicæ summum Magistrum* dixit, abrogata *Comestabilis* voce, Regi invisâ. Picardiæ Prætura Aumalio confirmata, Lugdunensis Nemursio, Guisii fratri uterino, Parisiensis Brissaco. Multæ urbes designatæ, quæ darentur fœderatis obsidum loco. Duos exercitus Rex instrueret ; quorum alterum in Delphinates duceret Maynius, alter in Pictones adversùs Hugonotos mitteretur. Jurejurando se Rex obstrinxit, ad has conditiones servandas. Fœdus verò, abrogato Ligæ nomine, *Unionem* catholicorum voluit appellati. Subscripserunt paci post Regem Principes. (*anno 1588.*) Pacta cum Guisio.

Legatis dein Parisiensibus, rogantibus, ut Lutetiam rediret, respondit, habenda priùs Blesiæ comitia. Mox Carnuti Guisium excepit, à Catharina adductum summa benevolentiæ significatione, tecto videlicet animo, ut certiùs feram in casses agat. Simúlque Epernonius, Guisii inimicum, aula abscedere jussum, Normanniæ Prætura spoliavit, suffecto Monpenserio, Guisii ex sorore nepote. Sic ingens illa in Epernonium gratiæ moles momento soluta, & potentiæ Colossus vel auræ flatu excussus. Valeta frater parem ferme sortem passus. Epernonius Incolismam abiit. Quamvis nec ibi quieto vivere licuit. Eperno-nius exul.

Rex interim Regni comitia Blesiam convocat. Sedebant ad dextram Regis stirpis Regiæ Cardinales, Borbonius Navarri & Condæi defuncti patruus, Cardinalis Vindocinensis, Principes Contyus, & Suessionensis, omnes tres Condæi fratres, Princeps Monpenserius ex eadem Borbonica familia, dein Duces, Nemursius ex Sabaudica stirpe, & Nivernensis ex Mantuana : Rhetius Marescallus &c. ad 60. Comitia Blesensia.

lævam

lævam Cardinales, Guifius, Lenoncurius, & Gondyus. Duci Guifio peculiaris locus datus. Juratum à fingulis, Rege præeunte in
Unionis, nuper fancitæ, edictum.   Poſtulabatur à Rege, ut Magiſtratuum infinitam turbam minuat, tributa ad eum modum reducat, quo tempore Ludovici XII. fuerunt exacta.   Officia publica
non vendantur.   Navarrus propter hærefin à fucceſſione Regni renuntietur dejectus :'adjecta alia, ex quibus conſtaret, Guifium &
fœderatos in comitiis dominati.

    Præterea duo alia magna contentione agebantur, caufa nempe
Saluſſiorum, & receptio Tridentini.   Quippe Carolus Emanuel Sabaudiæ Dux, magnorum fpirituum Princeps Philippi II. gener, cùm
res Franciæ adeò perturbatas fpectaret, Marchionatum Saluſſiorum,
qui folus in Italia poſt pacem Cameracenſem Gallis remanſerat, expugnata Caramaniola, eripuerat, urbibus reliquis, nullo præfidio
munitis, facilè fe dedentibus.   Rex graviter queſtus evicit, ut in
comitiis bellum Sabaudo denuntiaretur, Guifio fuam operam ad id
offerente.   Sed intra verba bellum tunc hæfit.

    Nec minùs moleſtiæ comitiis attulit deliberatio de admittendo
Concilio Tridentino.   Quod cùm flagitarent Ecclefiaſtici ab annis
pluribus, Rex comitiis permifit.   Contra illius receptionem dixit
Efpeſſius Advocatus Regius, de immunitatibus Ecclefiæ Gallicanæ
multa prolocutus.   Interpellabatur hominis loquacitatem Cardinalis
Guifius, aliique Præfules.   Sed eam inter contentionem cœtus folutus eſt ; Rege alia confilia excoquente.

Infidiæ   Cùm enim comitia urgerent tributorum remiſſionem, Navarri
folennem abdicationem, comitiorum poteſtatem, qualis in Anglia,
Suecia, & Polonia eſſet, ut Guifius cum fummo in militiam imperio comeſtabilis appellaretur, aliá que, quæ Regiæ poteſtati of-
ficerent, Rex iræ impotens Guifiorum cædem decernit, præfertim
ubi jam àrdentem in flammam accenderunt eorum inimici.   Et ne
ultor necis exurgat, defignatur Ornanus, qui Maynium Lugduni
comprehendat, Aumalium Parifiis Harlæus fenatus Princeps, Laverdinus Chaſtrium in exercitu, Nivernenfis Mercurium Nannetis.

    Monitus de infidiis à familiaribus Guifius difcedendi veniam
à Rege petiit : at ille facinus patraturus, fumma benevolentia
eum retinet.   Collocatifque in cubilibus fuis ficariis virum incom-
Cædes parabilem jubet interimi.   At necdum fatiata crudelitas, Ludovicum etiam Cardinalem Guifium, Henrici perempti fratrem, funus
cruentum addidit.   Mox variis in locis capiuntur Cardinalis Bor-
                                                                    bo-

bonius, cum Archiepifcopo Lugdunénfi, Nemurfia cæfi mater,
Joinvilla filius, Nemurfius, Elbovius, Briffacus; aliíque pluiimi.
(anno 1588.) Regi, ob Cardinalem cæfum â Nuntio Apoftolico
denuntiata cenfura. Catharina mater audita Guifiorum cæde, extincta eft, anno ætatis 72. poftquam Galliam factionibus mifcuit,
luxum peregrinum induxit, modeftiam à fœminarum moribus ablegavit, Hugonotis crefcendi occafionem dedit.

Nuntiata Guifiorum cæde tota Gallia vehementer fuit como-
ta, Hugonótica & Politica factione plaudentibus, fœderatis Catholicis, graviffima, atque juftiffima, ùt putabant, ira in Regem frementibus. Mox plures ac præcipuæ urbes â Rege (quem Henricum
Valefium compellabant) defecerunt. Parifiis ingens tumultus. Concionatores ex cathedris tonant, civis in foro, plebs in compitis ;
in facra etiam clauftra pervadit indignatio. Sorbona decreto fancit, Francos facramento fidei & obfequii in Regem folutos poffe
in eum bellum fufcipere. Sexdecim viri Harlæum primarium fenatus Præfidem, cum Chriftophoro Thuano, Briffonio, & Seguerio
Præfidibus in Baftillam abducunt, fequentibus in eundem carcerem
reliquis fenatoribus. Juratum ab omnibus ordinibus Unionis edictum, ad confervandam Religionem Catholicam. Maynius occiforum frater dictus urbis Gubernator. Tantáque erat exacerbatio,
ut piaculum morte dignum haberetur, fi quis Henricum Regem appellaret, aut tabulam ejus pictam domi haberet. Tota denique
civitas fagum induit.

61.
Defectio-
nes à Rege.

Lutetiæ exemplum fecutæ aliæ urbes & provinciæ, fidem &
obfequium Henrico renuntiârunt, uti Aurelia, arce ab Aumalio expugnata, pulsóque Aúmontio, Ambianum & Abbâvilla cum Lauduno in Picardia, tota Campania præter Catalaunum, in Normannia Rothomagum parlamento expulfo, Bajocæ, Falafia, cæteræque
urbes ad Sequanam ; Cænomanum, Pictavium ; cum Divione tota
Bûrgundia, Lugdunum, & cum Maffilia, Arelate, & Aquis Sextiis
tota Phocenfis provincia, Valeta & Epernonio pulfis ; Bituricen-
fes cum urbe primaria, impellente Chaftrio Gubernatore ; Arvernia
inferior. In Delphinatu Ornanus Gratianopoli à fœderatis pulfus.
Britanniam Dux Mercurius (feu Mercordius) â Rege abducit. To-
lofa denique, ab Hûgonotorum fermento immunis fervata, fœderi acceffit, Duranto fenatus Præfide necato & in furcam acto. Bur-
degallam adverfus Briffacum Matignonius Regi fervavit, & aliqua
in Normannia Monpenferius.

Rex

Conventus.

Rex conventu indicto, in quo comparuerunt, Contius, Suessionensis, Monpenserius, ejúsque filius Dombensis, & Nivernensis, Principes : Biro, Aumontius, Marescalli : admisso dein etiam Epernonio, adversus Maynium, Aumalium, Mercurium, Brissacum, Chastrium, Roissium, aliósque foederis Duces, & urbes foederatas, edicta promulgavit. Romámque ad Cardinalem Jojosam, & Pisanium Oratorem suum scripsit, ut ob Cardinalem Presbyterum caesum absolutionem à Pontifice peterent. At Sixtus exorari non poterat, obsistentibus Maynii legatis. Spem tamen fecit, si Rex Cardinalem Borbonium , & Archiepiscopum Lugdunensem custodiâ dimitteret.

Petitio absolutionis.

Verùm eâ spes brevi evanuit, ubi Rex cum Navarro pacem ac foedus iniit. Tum enim verò excandescens Pontifex Monitorium,ùt vocabat, Romæ, & in ipsa Francia Carnuti & Meldis affigi curavit, quo jubebat, ut Rex Cardinalem & Archiepiscopum liberos dimittat ; quod nisi decem intra dies faceret, declarabat , eum censuras gravissimas incurrisse Cunctante Rege & foedus cum Navarro prosequente, Nuntius Apostolicus ex Gallia discessit, & Regis Orator Româ.

Regis foedus cum Navarro.

Auxit aversionem foederatorum à Rege libellus, cujus auctor Mornæus, homo doctus, sed malignus Calvinista, per quem Navarrus cum Rege foedus inierat. Volebat hoc scripto Mornæus pacem & foedus initum à labe purgare ; sed cùm plura in defensionem Hugonotorum inspergeret, Regem in hæresis suspicionem , & adhuc majus foederatorum odium adduxit. Nam passim Regem hæreticum proclamárunt, noménque ejus è sacræ liturgiæ precibus eraserunt, verbis substitutis : *pro Christianis Principibus nostris.* Mornæus nihilominus in præmium Salmurii Præfecturam accepit.

Mornæi libellus.

Maynius, ad quem capiendum Ornanus missus fuerat , tanquam Numen quoddam Parisiis exceptus est, throno velut Regio à civibus apparato. At ille regis titulo repudiato, urbe composita, dictus est regni legatus atque Vicarius ; fractóque Regis sigillo , substitutum est aliud, his verbis inscriptum: *sigillum Regni Franciæ.*

Maynius.

Lutetia digressus cum exercitu Maynius, capto Vindocino, ad Turones, ubi Rex morabatur, copias admovet ; & propè aberat , quin eum egredientem caperet. Rege in urbem regresso , pugnáque cum Regiis feliciter conserta, suburbium Maynius occupat. Verùm Castellonio cum parte Hagono ici exercitus adveniente, & deinde Navarro cum parte altera , incenso suburbio, ad Vindecinos se recipit.

Au-

Aumalius interea Sylvanectum , quod Tótræus Mommorantii frater propugnabat , obfidione cinxit , & ad extrema jam redegerat ; cùm Longavilla & Noya adductis Regiis copiis , commifsáque pugna Aumalium in fugam agunt, cæfis foederatorum duobus millibus , caftrisque eorum direptis.

Conjunctis dein Hugonoticis Navarri copiis cum Regiis , per Helvetiorum adventum auctis, Rex & Navarrus exercitum, quadraginta hominum millibus conftantem , ad Lutetiam expugnandam ducunt. Jamque dies fecunda Augufti *(anni 1589.)* defignata erat ad impetenda fuburbia , cùm pridie ejus diei Rex occiditur.

62.
Obfidio
Lutetiæ.

Perfeverabant nempe Concionatores è pulpitis detonare in Regem ; & inoleverat paffim plurium animis tetra illa & in publicum noxia opinio, licere tyrannum occidere ; cùm è Patrum Dominicanorum familia ea opinione imbutus parricida exurgit Jacobus Clemens, nuper inauguratus facerdotio. Is cùm cultium paráffet , litterásque, urbe in caftra egreffus , atque introductus ad Regem, cui foli litteras à fe tradendas dicebat, cultrum è manica eductum in ejus alvum abdit, vifceribus cum fanguine prorumpentibus. Rex cultrum extrahit, eóque duo vulnera parricidæ infligit. Accurrunt aulici & impium percufforem pluribus plagis confodiunt.

Cædes Regis.

Rex, ubi, fe obfequentem Ecclefiæ filium profeffus, ob cæfum Cardinalem & vinctos Præfules veniam petiit, â cenfura abfolutus eft, confeffione etiam facramentali depofita, aliisque Ecclefiæ munitus præfidiis, piè obiit, ætatis anno 39. regni 14. ultimus ftirpis Valefiæ. Dotibus erat præclaris ; fed eas obfcurabat aulæ corruptela, & factionum confufio.

ARTICULUS VIII.

Status Galliæ fub Henrico IV.

EXtincta per Henrici III. cædem Valefia familia, quæ per 260. annos folium tenuerat, luctus, gaudium, fpes, metúsque, pro cujusque animo, totam Franciam habebat confufam, & Europam omnem exfpectatione fufpenfam, quo demum res fit evafura. Sola quippe fupererat è Regio Hugonis Capeti, & , ùt multi opinantur, Caroli M. fanguine ftirps Borbonica, per Robertum Claremontanum, S. Ludovici filium natu minimum propagata.

Et quidem fecundum legem Salicam jure repræfentationis' ac primogenituræ corona debebatur Henrico Birbonio, Duci Vindocinenfi, ac Navarræ Regi (quem Navairum hactenus appellavi) fed quia Calviniana labe erat infectus, Proceres Catholici, qui â fœdere alieni defuncti regis partes tuebantur, in cœtum collecti' deliberant, atque in tres fententias abeunt.

63.
)eliberatio
.egiorum.
Longavilla cum aliis fceptrum Henrico abfque ulla conditione deferebat. Altera plurium fententia exigebat, ut illico Catholicam Religionem profiteatur : id fi præftaret, res tota ad Regni comitia referatur. Tertia Mompenferii, & Pinæi, eáque media. obfequium eidem ftatim addixit , ea tamen conditione, ut intra fex menfes Catholicam Religionem fe doceri curaret, interim verò Hugonoticam prohibeat, ñullam illis Præturam aut Præfecturam concedat , licerétque Nobilibus ad Pontificem legatos mittere.

In tertiam hanc itum fententiam. Nec abnuit'Henricus, eo folo excepto, quod de interdicenda Hugonotis religione petebatur. De cætero Catholicos in omnes urbes admittere, & Ecclefiafticis facultates reftituere promifit, promulgato in hanc rem edicto. Vitrius nolens fubfcribere fœderatis acceffit. Epernonius fœderatis & Hugonotis æquè inimicus cum duobus peditum millibus & quingentis equitum difceffit, Henrico fruftra eum retinere conante.

'œderati
Cardin.
lorb.
Contra verò fœderati, magno de Regis nece gaudio concepto, atque â Navarro hærefi infecto tota mente abhorrentes, duce Maynio Parifiis Borbonium Cardinalem, ab adverfa parte adhuc in cuftodia detentum, tanquam uno gradu propiorem ftirpi Válefiæ, Regem promulgant, fub nomine Caroli X. Maynio verò vicariatum generalem Franciæ confirmant.

Navarrus 36. tunc ætatis annum agens , poftquam exercitum multorum feceffione multùm imminutum vidit, & Maynium de concordia fruftra appellavit, depofita fpe capiendæ Lutetiæ, in tres partes copias divifit ; quarum unam Longavilla, Princeps Catholicus, in Picardiam duceret, alteram Aumontius pariter orthodoxus in Campaniam , tertiam non ultra feptem millia conftantem, ipfe in Normanniam, opulentam provinciam, in qua Anglica auxilia exfpectaret.

64.
Aaynius
Rothoma-
um libe-
t.
Erant cum eo Contyus, Damvilla, Caftillonius, Rohanius, Forcia, Baquevilla. Accefsítque Mompenferius Normanniæ Prætor, cum 200. Nobilibus, 1500. peditibus. Interceptis in itinere pluribus arcibus Rothomagum obfedit, quam Aumalius & Briffacus propug-
na-

nabant. At Maynius cum exercitu accurrens eum depulit, & in tantas angustias conjecit, ut Parisios scriberet, se clausum habere Bearnium, nec elabi posse, nisi in piscem versus insiliret in pelagus. Verùm Henricus licèt copiis inferior, pugna *Arcensi* conserta id effecit, ut Maynius in Picardiam recederet.

Instructus interea Rex ab Elisabetha 4000. militum, pecunia & largo ad bellum commeatu, rectà ad occupandam Lutetiam progreditur; ac tribus in locis eam invasit.   Ad primum suburbium ^{Et Lute-} occupandum designati Angli, duce Birone, cum filio & Guytrio : ^{tiam.} ad alterum Aumontius & Damvilla, Catholici : ad tertium Castillonius & Noya. Expugnata omnia tria suburbia. At veniente cum exercitu Maynio Henricus obsidionem solvit ; captisque pluribus oppidis, & urbibus in Normanniam rediit.

Sixtus interea Pontifex misso in Galliam Cardinale Cajetano ^{Sixtus &} cum decem episcopis, & Roberto Bellarmino, cujus jam tunc mag-^{Philippus} na erat auctoritas, fœderi accessit, una cum Hispano, qui Galliam ^{ad fœdus.} in tutelam suam deponi cupiebat.   At Maynius modicas tantùm copias, plures tamen pecunias petiit, atque â Parmensi ex Belgio 2000. militum impetravit, ductore Philippo Egmontio, Egmontii viri fortis filio, cui Albanus vitam ademerat.

Secuta est mox *Juriacensis* pugna ; quam ab invito Maynio, duce peritissimo Egmontius, militésque extorserant. Utrinque per-^{Juriacensis} tinacissimè dimicatum.   Sed tandem Regis victoria fuit, fœderatis^{pugna.} magno numero cæsis, atque inter eos Egmontio. *(anno 1590.)*

Tanta victoria dignum non aliud videbatur præmium quàm ^{65.} Lutetia, quam Nemursius omni ad defensionem apparatu instruxerat.^{Obsidio} Noya afflictam recenti clade urbem vi expugnandam censuit, Biro^{Lutetiæ,} fame ad deditionem compellendam.   Hoc consilium placuit. Jámque urbem extrema fames vexabat, multis hominum millibus inedia occumbentibus ; cùm jubente Hispano Alexander Farnesius Dux Parmensis ex Belgio exercitum duodecim millium adducit, cui copias suas junxerunt Maynius, Aumalius, Chastrius, Balagnius, Sam-^{à Farnesio} paulus.   Navarrus cum exercitu obviam procedit, pugnámque, cu-^{soluta.} jus erat cupidissimus, offert Alexandro.   At ille minore impendio Lutetiam liberaturus, traductis clam copiis Lagniacùm, urbem ad Matronam munitam expugnat, pérque flumen illud magnam cibariorum copiam Parisiis invehit, urbis Salvator publicè acclamatus , Navarri contra exercitum inedia cœpit infestare, atque inde coëgit recedere.

Ten-

Tentavit tamen adhuc per Caſtillonium ex S. Jacobi ſuburbio ſcalis applicitis clàm in urbem evadere. Nec procul â ſucceſſu conatus abfuit, jam eluctante per ſcalas milite, niſi pauci Jeſuitæ, qui fortè eo loco dormientibus cæteris intendebant vigilias, ad arma conclamaſſent, excitíque milites hoſtem abegiſſent. Hoc conſilio fruſtrato Henricus in Picardiam, Parmenſis verò, expugnato Corbolio, cauſatus Belgici belli neceſſitates, in Flandriam rediit, latera ejus velut ſtipante Navarro, ad fines Galliæ ventum ad arma, conſertáque pugna, victoria penes Farneſium ſtetit.

.Obitus
Card.
Borb.

Sub ipſis Pariſienſis obſidionis exordiis Fontenæi, ubi captivus detinebatur, obiit Cardinalis Borbonius, quem fœderati Regem renuntiaverant. Confirmata Maynio vicaria in univerſum Regnum Præfectura. Editum â Sorbona decretum, quo ſanciebat, jure Divino nefas eſſe, Regem hæreticum admittere. Inſtitutæ ſupplicationes â cœnobitis, crucem læva, haſtam dextra geſtantibus. Incedebant longis ordinibus, in diverſas ſacras familias diſtributis, cincti gladiis, galeis, loricíſque ſupra religioſas veſtes armati, atque diverſa armorum genera ferentes; concinebant preces, crebris ſclopetorum exploſionibus interpolatas. Nemurſius verò, Aumalius, Duces, Tribuni, Magiſtratus &c. juramento ſe adſtrinxerant ad Religionis defenſionem, & Principis hæretici repulſam.

Bellum in
provinciis.

Dum hæc toto anno ad primariam urbem gerebantur, pleriſque in provinciis Mars atrociter ſæviit, varia fortuna, Henrico tamen magis favente. In Andegavis, Cenomanis & Pictonibus Princeps Contyus urbes expugnabat. Aquitaniam Matignonius compeſcebat. Arvernia, parta ad *Iſſoriacum* victoria, Regi aſſerta. Lediguerius expugnata Gratianopoli in Delphinatibus & Phocenſibus rem ſtrenuè gerebat. Britanniam Princeps Dombenſis, Monpenſerii filius, & Dux Mercordius lacerabant. At hanc provinciam H.ſpanus Iſabellæ filiæ ſuæ, ob matrem Henrici III. ſororem, vindicabat. Miſſis itaque cum claſſe copiis Mercordium juvabat. Rex iterum Lutetiam aſtu tentavit, centurionibus ruſticorum habitu equos farina onuſtos ad urbem agentibus. Sed fraus patefacta & exploſa eſt. Captum tamen â Regiis Carnutum. Pluréſque ex Catholicis ad eum ſe applicuerunt, inter quos Ludovicus Gonzaga, Princeps Nivernenſis magnæ in Gallia, licèt eſſet exterus, exiſtimationis, & Epernonius, qui poſt mortem Henrici III. ſe ſubduxerat. Quo pacto non parùm auctæ ſunt illius copiæ, tot pugnis & obſidionibus attritæ.

Jam-

Jámque fœderatis fuperior erat viribus ; cùm illi ad Phi-Hifpani
lippum Hifpaniarum Regem legatum mittunt, qui majora fubfi-confilia.
dia expeteret. Refpondit iile, fe imenfam ;am fœderatis in rem alienam expendiffe pecuniam. Galliæ cotonam filiæ fuæ, â forore
Henrici III. prognatæ, effe debitam. Nupturam illam Alberto
Archiduci, atque in dotem Belgii provincias allaturam ; qua ratione multùm augendam Galliam, fi illa in Reginam adfcifceretur.
Et quamvis orator legis Salicæ normam, regnique confuetudines
opponeret, tamen copias dedit atque pecuniam.

Perculit ea Hifpani mens æquè fœderatos, ac Regios. Sed   66.
nec minùs fummorum Pontificum animus varius. Sixtus fub vitæ Interdi-
finem alienior vifus â fœdere, Catholicis, qui Henricum fequeban-ctum.
tur, aures dedit, inhibito legato fuo, ne cenfura eos perftringat.
At Gregorius XIV. Mediolanenfis in Hifpanum pronior, geminum
diploma mittit in Galliam. Primo Ecclefiafticos interdicit factis ,
nifi ab Henrico Borbonio, hæretico, & relapfo recedant.   Altero
laicos cum minis hortatur, ut eundem deferant.   Verùm fenatus
Catalaunenfis & Turonenfis aufus eft utramque Bullam abrogare.
A Præfulibus etiam, qui Henrico adhærebant, Carnuti declaratum,
irrita effe illa diplomata : reclamante tamen Cardinale Borbonio
(antea Vindocinenfi) quem frater Sueffionenfis in fpem regni adduxerat.

Sacrum fulmen cùm non proficeret apud gentem, nefcio qui-Pontificis
bus libertatibus fibi blandientem, profactum Gregorius adhibendum copiæ.
putavit. Indicit delectum : quo fcribuntur Helvetiorum fex millia, Italorum duo, ac mille equites ; iisque ducem præficit Her-
culem Sfondratum nepotem ex fratre, ærario, quod Sixtus congef-
ferat, huc impenfo.

Cum Pontifice & Hifpano fœderatis acceffit Carolus Emanuel
Dux Sabaudiæ ; cui fatis non erat Saluffios, vivente adhuc Henri-Sabaudus
co III. eripere, fed eo interempto in Galliam univerfam jus extendit, quòd ex Francifco I. avo materno prognatus effet. Præfertim
verò in Delphinatum & Provinciam Phocenfem , fibi vicinas, fpes
fuas intendit : fufcitato etiam jure ad regnum Arelatenfe, ad quod
provinciæ illæ quondam fpectaverant. Conciliatis igitur fenatoribus,
Aquas Sextias ad Comitia properat ; â quibus Provinciæ regimen
cum titulo Proregis fub corona Franciæ accipit. Mox Salonio capto Maffiliæ excipitur, uti etiam Arelate, ac Berræ ; receptifque â
Philippo focero auxiliis, fpes fuas ulteriùs promoturus videbatur.

Victus.   Sed verſa mox eſt fortunæ alea. Valeta & Lediguerius Regii Duces, nulla ope, nulla pecunia freti, ſua induſtria, fortitudine, ſummáque in Regem fide, Sabaudum in Provincia fregerunt; tum maximè, ubi Lediguerius ad *Poncbaram* in Delphinatu Amedeum ejus fratrem nothum, atque Hiſpanos memorabili prælio vicit, cæſis eorum quatuor millibus, caſtrisque omni opulentia plenis direptis. Qua parta victoria in Phocenſem Provinciam victor advolat, atque ſubſtitutus in demortui Valetæ locum, non tantùm ex Provincia Sabaudum abigit, ſed in Pedemontium quoque irrumpens, complures urbes arcésq ie expugnat, ac præſidiis firmat.

67.   Proſperis his rerum eventibus Henricum recreatum duo per-
Guiſii li-   turbant, Guiſii libertas, & Noyæ mors. Carolus nempe Guiſius,
bertas.   Henrici ab Henrico III. Bleſis cæſi filius, viginti 'tunc annorum juvenis, ex Turonenſi arce, in qua captivus detinebatur, cytharœdi opera ſericum funem nactus, quem in ipſam cytharam indiderat, per feneſtram demiſſus, atque â paratis equitibus exceptus, ad Chaſtrium evadit.

Turbæ Pa-   Tumultuatum interea Pariſiis, dum Maynium inter & ſexde-
riſienſes.   cim viros ſerpebat diſcordia. Quippe Maynius impatienter ferebat, civium turbam ac propemodum fæcem in auctoritatem ſummam aſſurgere. Quamobrem eam factionem ſupprimere ſatagebat. Illi autem, ut contra Maynii potentiam ſe tuerentur, ad Guiſium, cuſtodia liberatum, verterunt animos, nova condita juramenti formula, ad pellendam urbe factionem Politicorum (nam ita Regi faventes appellabant) ſimúlque omnes Regii ſanguinis Principes â regno excludebantur. Tres ſenatus principes, qui in Henricum propenſiores videbantur, ſuſpendio neeati. Maynius occaſionem nactus, qua ſexdecim virorum poteſtatem uſurpatam circumſcriberet, novem ex illis per lictorem trabi affigi jubet. Quo facto infinita illa tribunorum plebis potentia ſic contrita eſt, ut deinceps vix ampliùs aſſurgeret; ſimúlque ſenatum ad lubitum mutavit.

Henricus, cùm Pontificem, Hiſpanum, Sabaudum, ac Galliæ fœderatos Catholicos adverſum ſe inſurgere ſpectaret, ad externa quoque auxilia animum intendit, acceptíque per comitem Eſſexium tria Anglorum millia, & ex Germania 11000. peditum, equitum ſoſo â Palatino, Saxone, Brandeburgo, Haſſo, & civitatibus Proteſtantibus, impenſis Eliſabethæ ſcripta; imperio penes Anhaltinum exiſtente.

Con_

Conductæ funt hæ copiæ potiſſimùm curâ Vicecomitis Henri- Turrenius, ci Turrenii ; cui Mareſcallo creato à Rege uxor data Catharina , hæres Bullionii Ducatus, à fratre inſtituta ea conditione, ſi Hugonoto ſit nuptura. Quare rejectis nobiliſſimis, ex Mompenſeria , Lotharinga, & Nivernenſi familia, procis, Bullionium (quòd ad Eccleſiam Leodienſem olim ſpectaverat) cum Sedano Turreniorum domui intulit. Ex hoc Turrenio natus eſt magnus ille Gallici exercitus, ſub Ludovico XIV. Imperator, Henricus Turrenius.

Henricus Rex cum Germanis, Anglis, Batavis, Galliſque, ſibi Farneſius adhærentibus, Normanniam ex integro ſibi aſſerturus, Rothoma- Rothomagum, provinciæ caput, obſidet, ſtrenuè illam, propugnante Villar- gum libe-ſio. Cedere nihilominus hoſtium multitudini debuiſſet, niſi Par- rat. menſis cum exercitu veniens obſidionem bis ſolviſſet, ſicut antea Lutetiam liberàvit. Et fregiſſet omnino .ſummus hic belli Imperator Henrici partes, niſi Maynius, nolens Hiſpanos creſcere, omnibus ejus prudentiſſimis conſiliis ſe oppoſuiſſet. Ita nempe hoſtis emolumento ſocius ſocium turbat, cùm ad diverſos fines tendunt. Et imprimis quidem Alexander cæſis ad Aumaliam Hugonotis , captáque urbe cum pluribus arcibus & oppidis, Henrici ad Rothomagum munita caſtra aggredi ſtatuit, ut pugna decretoria pertinaci tandem bello finem imponat. Sed Maynio cum Gallis ducibus fœderatis obſiſtente, cùm Villarius fauſtis eruptionibus hoſtem fregiſſet, in hyberna conceſſit. At cùm Henricus mox ad obſidionem rediiſſet, atque ad deſperationem jam ferme redegiſſet, rogatus Farneſius eandem denuo liberavit. Debellari tunc potuiſſe exiſtimabatur, ſi Dux Maynius perſuaderi potuiſſet, ut prælium ineat. At ille poteſtatis ſuæ finem metuens, nolénsque, ut Gallia ab Hiſpanis ſubacta leges acciperet, induci non potuit, ut in prælium conſentiret. Dato igitùr Navarro ſpatio, quo exercitum ſuum, ad Rothomagum valde acciſum attritúmque, novis undique affluentibus Heterodoxorum auxiliis repararet, Catholicus exercitus in magnam cibariorum penuriam incurrit, & â Navarro velut concluſus tenebatur ; ſed Farneſius, licèt brachio pila tactus graviter ſaucius, trajectis ſingulari arte per Sequanam copiis , hoſtéque prope metante decepto, rem totam reſtituit, pluribusque propugnaculis aut expugnatis aut deditione acceptis, in Belgium rediit , ubi interea Batavi magnis fuerant incrementis aucti. Et quamquam tam claſſe nuper in Angliam deſtinata, quàm intercepto ab Anglis auro Indico, aut retardato, atque tot bellis in Gallia, Belgio, Aragonia geſtis, ærarium Hiſpanum erat exhauſtum, tertiam nihilominus in Galliam

expe-

expeditionem adornavit, ut & fœdus vacillans fuſtentaret, & regni comitiis, pro renuntiando novo Rege armatus intereſſet. Sed in ipſo apparatu Atrebati obiit.

Parmenſi in Belgium regreſſo, cæsóque magno Regis dolore Bironio Mareſcallo, Regem inter & Maynium pax tentata eſt, conferentibus conſilia hinc Villaregio; inde Mornæo. Sed Hiſpani quà minis quà ſpebus negotium evertunt, atque Maynium ad comitia Regni indicenda compellunt ; à quibus is poteſtatis amittendæ aut

Comitia. minuendæ metu abhorrebat. Sed accedente Clementis VIII. ſummi Pontificis, ipſorúmque fœderatorum voluntate, tandem conſenſit.

Finis erat, quem legatus Apoſtolicus proponebat, ut renuntietur Rex Catholicus. Orationem in eam rem ferventem habuit Genebrardus, uti probitate & religionis zelo, ita omnibus litterarum ornamentis vir clariſſimus, ex Illuſtriſſima S. Benedicti familia.

Conſilia de Feria Hiſpanus Orator iis in comitiis, collaudatis Philippi in Gal-
Rege. liam ac præſertim fœderatos beneficiis, Iſabellam Claram Eugeniam, ex Henrici II. primogenita natam, Reginam Franciæ enuntiandam proponit, nupturam Alberto Archiduci. Cùm hæc propoſitio comitiis diſpliceret, idem legatus nupturam Gallorum alicui, ſi vellent, aſſeruit. Magna tunc erat exſpectatio, quem ex Galliæ Principibus diadema illud involveret. Comitia autem, à ſenatu Pariſienſi monita, eam etiam propoſitionem rejecerunt. Feria ulteriùs progreſſus, Carolum Ducem Guiſium, nuper carcere liberatum, futurum Iſabellæ conjugem nominavit, jámque ad Guiſium, velut futurum Regem, frequens erat confluxus ; cùm Maynius indignè ferens nepotem præponi patruo , tot jam laboribus curisque pro fœdere exercito , id conſilium diſturbat, ipſo etiam Guiſio aſſentiente.

Ne autem Maynius, inter odia Hiſpanorum & Henrici medius ſuccumbat, trimeſtres ab hoc oblatas inducias acceptat. Sed mox
Receptum rurſus novam cum Hiſpanis unionem in tutelam fœderis paciſcitur.
concil. Denique legato Pontificio urgente, admittit in comitiis Concilium
Trid. Tridentinum. Idque ſaltem iſthæc effecerunt comitia, ut converſionem Regis promoverent.

. 68. Dudum ille veritatem Catholicæ Religionis agnoverat ; ſed
Cur dilata quia in tanto prioris aulæ fermento nihil certi ſperare ab eadem po-
converſio. terat, apud Hugonotos verò, quorum plurimi erant, caput eſſe poſſet, eorúmque potenti factione fulciri , differendam converſionem cenſebat. Poſt Henrici Regis cædem, averſis ab eo fœderatorum animis, Hiſpanísque regnum ſibi quærentibus, per Hugonotorum,

Eli-

Elifabethæ, Batavorum, Helvetiæ & Germaniæ Proteftantium operam regnum fibi debitum comparandum putabat. Præterquam, quòd minùs decorum fibi duceret, fi fpeciem præberet, quòd aut regni terreni cupiditate, aut à fubditis fuis coactus religionem mutaret.

At verò ubi vidit per tot jam annos à Francis exterifque, à fe ipfo etiam fuifque fuum lacerari regnum, Philippum, potentiffimum Hifpaniarum Regem omnes vires impenfurum, ut filiam fuam in his adverfus fe ipfam armatæ Franciæ turbis folio admoveat; faventem in hoc fibi habere Pontificem, atque Sabaudum generum; fœderatos à fe velut hæretico abhorrere; quin eos etiam catholicos, qui ex fuis ftant partibus, difceffionem minitari, nifi ad facra catholicorum redeat; noviffimè Contyum & Dombenfem, Duces fuos, in Britannia prælio à Mercordio victos, præcipuas Regni urbes adhucdum effe in fœderatorum poteftate; æternum fore bellum, in extremam perniciem Franciam daturum.

His, inquam, aliifque apud animum fuum probè expenfis, fpretifque Hugonotorum, Anglorum, Batavorum, & Germaniæ Proteftantium precibus ac minis, rejectis quoque Mornæi, à quo hactenùs à catholica profeffione avocatus fuerat, hortationibus nihil amplius diffimulandum fimulandumve ratus, Jacobi Petronii, ad Ebroicenfes tunc Infulas deftinati, eloquentis & eruditi in paucis viri induftria, doctrina de invocatione fanctorum, de peccatis facerdoti privatim aperiendis, & Pontificis poteftate (in quibus adhuc hæfitare videbatur) uberiùs inftructus, ipfis etiam Hugonotis fatentibus, in catholica Religione falutem æternam comparari poffe, diem profeffioni publicè emittendæ defignavit.

Difceptatum tunc equidem inter Catholicos, an Galliæ Præfules Regem abfolvendi facultatem haberent, pernegante id Cardinale Borbonio, flamma ambitionis, quam Maynius & Hifpani ftudiofè nutriverant, necdum extincta; major nihilominus confultantium pars cenfuit, abfolutionem in hoc rerum articulo impertiti poffe, non appellato Pontifice. — De abfolutione.

Illuxit igitur tandem non folùm Galliæ univerfæ, fed rei etiam Catholicæ optata dies 25. Julii (*anni 1593.*) qua Rex domo prodiens, candida vefte, in Principum Procerúmque magna frequentia, ad fores templi Sandionyfiani progreffus, occurrenti Bituricenfi Archiepifcopo, aftantibus Cardinale Borbonio, cæterifque Præfulibus, interroganti, quis effet, quidve inquireret, refpondet, fe Regem

Converfio. effe, ac velle admitti in gremium fanctæ Ecclefiæ Catholicæ, Apoftolicæ & Romanæ. Deinde procumbens in genua, fidei profeffionem ex fcripto legit, traditque Bituricenfi. Mox in Ecclefiam ducitur; concinitur facræ lætitiæ canticum; deponit peccatorum confeffionem apud Bituricenfem, ac folemni facro præfentem fe fiftit, à prandio vefperis & concioni intereft, effufo omnium gaudio, maximaque Parifienfium frequentia, qui contra legati Pontificii & Maynii juffa advolaverant. Et verò illa converfione non tantùm cælorum aditus patefactus eft Regi, fed civitatum quoque & Provinciarum, quas hactenus Religionis ftudium occluferat.

Nam mox Vitrius, qui poft Henrici III. mortem à Navarro propter religionem ad fœderatos defecerat, primus omnium ad Catholicum jam Regem fe convertit, fequentibus exemplum Præfecti fui Meldis; dein Aquis Sextiis in Provincia, Genebrardo Archiepifcopo ftudio fœderis fecedente Maffiliam. Secutæ funt Aurelia cum Biturigibus, quas Chaftrius pro fœdere adminiftratas ad Regem traduxit. Lugdunum pariter, Nemurfio Prætore in cuftodiam dato, Regios admiffit.

Inauguratio. Sufcepta mox Carnuti (nam Remos fœderati obtinebant) folennis Regis inauguratio à Nicolao Thuano, Carnutenfi Epifcopo, præfentibus Principibus, qui Pares Franciæ referrent, Contyo, Sueffionenfi, Mompenferio, ac Ducibus Pinæo, Rhetio, & Ventadurio, Matignonio Marefcallo, Longavilla cubiculi Regii Præfecto, Cancellario, Epifcopis & Optimatibus *(anno 1594.)* Secuta brevì Lutetiæ deditio per Briffacum, fortem eò ufque fœderis focium, quem Rex extemplo Marefcallum dixit. Legatus Pontificius cum Feria oratore Hifpano & copiis incolumes exceffere. Urbi mox parta quies, feftivifque gaudiis Rex exceptus, amneftia ubique promulgata. Univerfitas etiam, abrogatis prioribus decretis, obfequium fidémque Regi juravit.

69. Lutetia.

aliæ urbes. Tum verò multæ urbes, æmulatæ exemplum Lutetiæ, Regi funt deditæ, Monterolium & Abbavilla in Picardia; Trecæ & Senones in Campania; Rionum in Arvernia; Aginnum, Villanova, & Marmanda in Aquitania; & præfertim Rothomagum in Normannia, à Villarfio Præfecto, Admiralii dignitatem, facerdotia opulenta aliáque fibi pacto, tradita. Lauduno dein vi expugnato, ad Regem accefferunt, Perona, Roya, Mondiderium, Ambianum, Bellovacum, Noviodunum, Sueffio, Hamum, Fara, Theodorici caftrum.

Imò jam à Maynio deficiebat sua familia ; Elbovius cum Picta-**Principes.** vio Regi addictus : & ipse Guisius pro fœderatis Campaniæ Gubernator, à Maynio dissidens, postquam cum rege contraxerat, Rhemos eidem tradit, interempto Sampaulo eorum Præfecto, fortissimo illo milite, qui ejus patrem tam sollicitè adversus Henricum III. Parisiis à nece vindicaverat Guisius donatus prætura Phocensis Provinciæ, amoto Epernonio. Similiter Lotharingiæ Dux opera Bassompetræ cum rege convenit ; fœdúsque pangit.

Rex Henricus tantis incrementis auctus, recuperata tota ferme **Rex bel-** Burgundia, quæ hactenus Maynio fida in fœdere perstiterat, Hispa- **lum indicit** no bellum indicit, dissuadentibus multis, sananda potiùs Franciæ **Hisp.** vulnera existimantibus ; magnóque aut libertatis aut etiam vitæ discrimini se exposuit. Nam Bullionio in agrum Luxemburgicum misso, Balagnio in Artesios, atque Hannonios, nihil præter rusticorum prædationes relatum: atque pugnæ avidus Rex ad Fontem Francicum Maynium & Velascum Hispanorum Ducem aggreditur ; cúmque Maynius jam delibâsset victoriam (nam Velascus suo milite immotus stabat) Rex cum centum tantùm cataphractis in aciem prorumpit, séque hosti irruenti obiicit, stricto ense in densam turbam se abdens, prælium restaurat ; & si non integram victoriam reportavit, cladem saltem suorum audaci facinore evitavit.

Sed & duo alia gravissima sustinuit pericula à perditissimis duobus hominum monstris. Nam cùm Rex à Pontifice necdum absolutus esset à censura, quia putabatur solummodo ad tempus, ut fœdus dissolvat, & regnum acquirat, religionis catholicæ simulationem præferre, nutrientibus hanc Romæ persuasionem Maynio & Hispanis, & aliunde constaret, Elisabetham, conversione Regis irritatam, ejusdem excusatione fuisse placatam, atque Hugonotis sectæ suæ exercitium, cum facultate convocandi synodos, tum particulares tum nationales permisisse, non seriò Regem conversum plures existimabant.

Hos inter mortalium impiissimus Petrus Barriera, primùm **70.** Aureliæ navicularius, dein miles, de inferenda Regi nece nefandum **Barriera.** suscepit consilium (ex perversissima illa persuasione, quam post Henrici III. cædem concionatores ex pulpitis detonabant) Varadeus Collegii Parisiensis Rector, cui consilium atrox Barriera aperuerat, gravissimis verbis hominem reprehendit, ac dehortatus est, nec confessionem ejus audire voluit, sed Regem de vesani hominis dementia monuit, prout Rex ipse postmodum publicè fuit testatus. Captus proin nebulo Meloduni, meritóque supplicio affectus est.

X x x 2 **Gu-**

Gravius alterum propiúsque fuit periculum. · Cùm enim Rex apparaturus bellum Hispanicum Parisios venisset, in turba procerum, cùm cubiculum ingressurus erat, parricidali ictu appetitur; lethalis erat futurus, quia in guttur directus, nisi se demisisset Rex ad excipiendum Montignium, qui salutaturus accesserat. Cultro igitur in os impacto, labro inferiore scisso, & excusso dente sauciatur. Ingens in re subita terror & consternatio. Circumspicitur, quis tanti patrator flagitii (nam is cultrum in turba projecerat) apprehenditur à Suessionensi Principe juvenis incognitus: negat facinus, sed ad supremam curiam ductus fatetur.

Castellus: Joannes Chastellus is erat, mercatoris Parisiensis filius, Jurisprudentiæ tunc alumnus, annorum novendecim, sceleratissimus nebulo, stygia illa ex priore bello persuasione imbutus, flagitiorum veniam se non obtenturum existimans, nisi cæde Regis, quam adhuc hæreticum plures nuncupabant. Quæstioni subjectus, ut complices nefandi facinoris prodat, constanter etiam inter tormenta, asseruit, neminem fuisse conscium, suo unius consilio id esse patratum.

  Interrogatus de vitæ genere, se priùs in Jesuitarum scholis Philosophiæ fuisse inscriptum respondit, jam verò ultra medium annum Jurisprudentiæ, Marcilio Professore, dedisse operam. Quamvis autem propior cadere potuisset suspicio in scholas juris, quas à septem jam mensibus adiverat, tamen inimici, Societatis pellendæ se nactos causam arbitrati, Jesuitas sceleris auctores divulgant, absque ullo indicio, sine ullo teste; pernegante Chastello, ullum ex Societate fuisse conscium, aut cum ullo ea de re consilium se contulisse. Gueretus Chastelli quondam in Philosophia Professor in carcerem abreptus; torturæ subjectus, quamvis neque scripto nec voce aliquid docuerat, quod culpæ dari posset, datus nihilominus in vincula, quia Professor olim rei fuerat. Quasi verò Professores omnia crimina deberent luere, quæ à discipulis patrantur.

71.   Excussa dein omnia collegii scrinia. Inventum in cubili P. JoGuignar- annis Guignardi Theologiæ Professoris scriptum, anno 1589. condus fectum, cùm de nece Henrici III. Parisiis inter Theologos multa esoccisus. set disceptatio, passimque de hoc argumento, Parisiis præsertim, disputare aut scribere, piaculum nemo duceret. Ipsáque Sorbona multò acriora edidisset, quàm Guignardus privatim conceperat.

  Is nihilominus tractus in carcerem & quæstioni admotus, fassus est, se illa, quæ sibi obiicerentur, privatim scripsisse, sed tempore illo, cùm eadem, & adhuc acriora, concionatores passim ex
                 cathe-

cathedris declamarent, &, plurimi Doctores, Præsules, Parochi, & ex aliis Religiosis familiis viri docti & pii, scribebant, & in vulgus etiam jactabant; idque totum, plena inducta præteritorum amnestia, clementissimè à Rege condonatum. Quòd verò ejusmodi scripta non combussisset, id oblivione factum & negligentia, non animo nocendi, aut iis unquam utendi. De cætero Chastelli facinus nulla ratione ad se pertinere. Nihilominus à senatu jussus est ex furca pendere; licèt ejusmodi scripta, etiam post edictum ea lacerandi aut comburendi, passim adhuc in Bibliothecis & manibus versarentur.

Sed illud iniquius, quòd Senatus ille Parisiensis (cujus caput Harlæus, vehementer tunc inimicus Societati) propter unius hominis noxam (etiamsi illa excusari non potuisset) toti in Gallia Societati exilium indixerit. Quid, quæso! humanis per orbem societatibus fieret, si unius culpam omnes oporteret luere? Num propter facinus Jacobi Clementis, qui Regem Henricum III. interfecit, totus ejusdem ordo, tot meritis inclitus, è Gallia proscribendus; sed invidiæ, quæ virtutis, laudis, bonique meriti solet esse comes, livori, atque odio quorundam, tristem id genus scenam adornantium condonandum fuit.

Obtemperârunt Patres; mox ab ipso rege maxima cum laude revocandi; quibus exilium non tam pœna fuit, quàm probatio; revocatio innocentiæ præmium, non culpæ venia: Rege ipso postmodum potenter vindicante honorem Societatis, quam antea vix aliter, nisi ex ore Hugonotorum noverat. Attamen supremæ curiæ (seu parlamenta) Tolosana & Burdegalensis, decreto Parisiensis curiæ, cui non subsunt, rejecto, Jesuitas in collegiis ditionis suæ conservârunt.

Chastellus parricida nefarius pro merito punitus (si ulla tanto sceleri pœna par esse queat) membra candenti forcipe laniatus, discerptus trahentibus in diversum equis, atque igne consumptus. Domus ejus paterna funditus eversa, solóque æquata; & in area relicta pyramis erecta, cui insculptum legebatur senatus decretum, cum variis inscriptionibus, à Josepho Scaligero, homine hæretico, ut Societati probrum inureret, compositis.

Gravissimè accepit Clemens VIII. Pontifex Societatis è Gallia proscriptionem; firmatúsque in opinione, jam aliàs ab hostibus Regis ipsi impressa, Henricum tempori duntaxat in amplectenda religione serviisse, Ludovicum Gonzagam, Ducem Nivernensem, à Rege ad petendam absolutionem missum, non admisit, significans

per

per litteras, se ab Henrico Borbonio Oratorem nullum admissurum.
Tacita tamen legati appellatione cum Pontifice locutus, re infecta
rediit in Franciam.

Societas laborat pro absolutione Regis.

Non cessabat autem Societas pro causa Regis apud Clementem
agere, ac rogare, ut absolutionis beneficium eidem impertiat. Neque Galli solùm in hoc negotio laborarunt, uti Sirmondus, Como-
letus, Alexander Georgius, nuper Collegii Parisiensis Rector, cum
Guereto, Castelli olim Professore, qui pedibus Pontificis advoluti,
reconciliationis cum Ecclesia gratiam pro rege rogârunt; sed ipse
etiam Claudius Aquaviva Societatis Generalis.   Cui cùm plerique
auctores essent, ut inter conditiones, Regis in communionem Ecclesiæ recipiendi, hanc apponi curaret, ut Societas in Galliam restituatur, aut saltem Regis negotium retardaret, soverétque suspicionem, de parùm sincero in Ecclesiam animo: quippe qui ordinem
religiosum, religioni propugnandæ ferventer addictum, regno exigeret, ipse neutrùm fecit; sed per se suósque apud Pontificem laborare & rogare non destitit, ut causa Regis quantocius ad optatum
exitum perducatur.

Accessit Toleti, è Societate ad purpuram assumpti, indefessa
industria. Qui licèt Hispanus esset, pro auctoritate & gratia, qua
pollebat apud Pontificem, ipsum adhortari, impellere, & propemodum cogere ad impertiendam absolutionem Regi, non cessavit.
Tandem igitur inflexus Clemens, Dossatum & Perronium, Regis
oratores, admisit; iisque agentibus negotium confectum est.

72. Conditiones.

Quippe causa ad Cardinalium collegium relata, indictísque per
omnia urbis templa solennibus precibus, post revulsos omnes obices, quos hostes objecerant, in sexdecim conditiones conventum est.
Quarum erant præcipuæ; ut Rex in Bearnia instauraret Religionem:
intra annum Condæum Principem ab Hugonotis reciperet, curarét-
que orthodoxa religione institui: Concilium Tridentinum admitteret,
iis exceptis, quæ observari in Gallia non possent, quin tranquillitas
regni turbaretur. Cætera ad pietatem Regis stabiliendam, & palàm
omnibus contestandam pertinebant.

Absolutio.

His constitutis, anno 1595. 16. Septemb. Pontifice præsente in
pegmate ante fores S. Petri erecto, & adstantibus Cardinalibus cum
curia Pontificia, Perronius & Dossatus in ejus conspectum admissi,
legunt primùm libellum Regis supplicem, exhibito in eam rem mandato; mox lecto decreto Pontificis, quo priorem Regis absolutionem, à Bituricensi in Gallia impertitam, abrogabat, Procuratores
Regis

Regis nomine abjurant hæreſin, ac catholicam fidem profitentur; tum proſtrati ante Pontificem, ejus manu virga leviter percutiuntur humeros, dum pſalmus *Miſerere* concinitur. Tandémque Pontifex in ſolio conſidens abſolutionem pronunciat, fauſtis populi acclamationibus, & tormentis Adrianæ molis gratulationem latè intonantibus. Mox apertæ S. Petri valvæ: inducti Procuratores ad ſepulchrum SS. Apoſtolorum : finitáque ſacra ceremonia. Perronius & Doſſatus in numerum Cardinalium adlecti. Rex eorum negotium continuò ratum habuit, ac toto regno gratiarum actionem inſtituit.

Hac abſolutione non tantùm Rex Eccleſiæ, ſed etiam ſubditi Maynius Regi ſunt reſtituti, fœderis partibus abjectis prorſus, atque infractis. Regi con-Nam Maynius, per ſeptem jam annos fœderatorum caput, exemplo ciliatur. ad clementiam Regis converſus, largis conditionibus ab eo inter tergeminos amplexus receptus eſt; præter veniam præteritorum cum aſſeclis plurima conſecutus. Debita ipſius à Rege perſoluta; tres urbes adſecuritatem ei conceſſæ, Sueſſio, Cabilo, & Bellegarda; certantè deinceps utroque alio multò armorum genere, Rege gratiis, Maynio fide atque obſequio: æmulorum altero injuriæ, altero auctoritatis ponente memoriam.

Maynio ſe junxerunt Nemurſius ejus frater uterinus, & Jojoſa, ampliſ ſimiliter conditionibus recepti. Et Jojoſa quidem, quem Jojoſæ fra= poſt fratris mortem ex Capucinorum ordine ad defendendam Reli- ta. gionem Catholicam Toloſates in Præfectum arceſſiverant, Toloſam cum reliqua Occitania, à fœdere abjunctam in obſequium Regis adduxit; atque Mareſchallus ab eodem dictus, impetrata à Pontifice votorum commutatione per Jojoſam patruum Cardinalem, ut ea inſtar Melitenſium Equitum obſervaret. Lusítque per aliquot annos in ea mundi ſcena perſonam Ducis; donec aſpirante Divina gratia, ſponte abdicato poteſtatis & coruſcantis vanitatis ludibrio, rurſus ſe induit in Capucinorum pauperiem; repetita humilitate illuſtrior, atque uni Deo ſerviendo, mente pacatior, & perennis gloriæ ſecurior.

Phocenſis Provinciæ Præturam Guiſio Rex conceſſerat; verùm Provincia. Epernonius vir magno animo, quem per multa jam utriuſque fortunæ fata induraverat, eandem dimittere noluit, in pretium admiralatus eandem ſibi datam aſſerens, aditámque hæreditario quaſi jure, quam Valeta frater geſſiſſet, ærumnis hoſti abreptam, partámque. Sed Rex Guiſium immiſit in poſſeſſionem, ferro aperiendam. Exceptus is primò Aquis ſextiis, Epernonium aggreditur. Qui cernens ſe porta tueri non poſſe, in Regis tandem clementiam ſe conjecit;

cit; donatus Prætura Lemovicensi, & centum aureorum millibus
ad farciendas impensas. Massiliam dein; duorum consulum tyrannide nomine fœderis preffam, Guisius Regi, sibique Gubernatori,
conciliat, illustri Prætura auspicio.

Mercurius. Supererant ex fœderatorum reliquiis duo adhuc Principes, Mercordius seu Mercurius, & Aumalius, cum Rege necdum conciliati.
Et Mercordius quidem magna constantia, aut pertinacia Britanniæ
inhærebat: Aumontii Marefchalli, viri fortiffimi, in obfidione Com-
perii cæde, factus animofior, in plures adhuc annos dominationem
porrrexit; ufque dum Rex ipfe cum exercitu in Britanniam movens,
urbium præfectos, qui Mercordio adhærebant, clementia ad obfequium flexit. Quare Dux Mercordius neceffitate compulfus, Regis
tandem gratiam per conjugem Mariam Luxemburgicam appellavit;
exceptus proin à Rege plura impetravit, quam fperaverat.

Eftreæ Promovebat hanc concordiam Ludovica Henrici III. vidua,
opera. Mercordii foror; ac præcipue Gabrielis Eftræa, Regis Henrici IV.
omnino potens, qui eam Duciffam Betfortiam dixerat; postquam ex
ea liberos fufceperat. Eftræa fummopere favebat Principibus, ex
Lotharingica ftirpe ortis, quia fperabat, per eos liberos fuos, quos
ex Rege genuerat, exclufis Principibus aliis Borbonicis, ad regnum
promotum iri. Quare etiam Guifio, & Maynio optimas pacis conditiones à Rege impetravit. Et in hac ipfa cum Mercordio transactione ejus opera fponfalia funt nuncupata, inter Cæfarem ejusdem
filium (quem dein Rex pater legitimis natalibus reftituit, & Vindo-
cinenfem Ducem atque Britanniæ Prætorem creavit) & Francifcam
Mercordii Filiam. Sponfus quartum, fponfa fextum ætatis annum
agebat.

Ab hac pactione Rex ultra progreffus ad ordinandam Britanni-
Nanneten- am, tot annorum bellis conquaffatam. Nannetis edictum fanxit in
fe edictum plura defcriptum capita, quod *Nannetenfe* dictum. Quo Hugonotis plura conceffit, permiffa iis in Bearnia & aliis quibufdam locis,
fectæ libertate, atque promiffo Miniftris ftipendio, non quidem ex
decimis, uti poftulaverant, fed ex Regis ærario.

Hugonoti nempe jam à converfione averfo à Rege animo, inter fe confpiraverant, præfertim ubi viderunt fœderatos, fibi inven-
fiffimos, in gratiam & amicitiam receptos. Negabant propterea
adverfus Hifpanos auxilia, inftigati, ut credebatur, à Duce Bullionio, Mornæo, Noya, & Trimollio, eorum ducibus.

Tan-

Tantæ proterviæ occafionem fecit bellum Hifpanicum; quod interea acriter geftum eft , non una Gallorum clade   Nam imprimis Parmenfis, dein Mansfeldius & Velafcus arma ex Belgio ftrenuè inferebant ; denique Comes Fontanus in Picardiam ruens, primò Caftellerum deditione obtinet ; dein reportata egregia victoria, cæfóque Villarfio, Darlanium capit.   Tum verò factus animofior, fuadentibus Aumalio & Rofneo, Cameracum obfidet. **73. Bellum Hifpan.**

Eam urbem ad Imperium fpectantem, amplam & validam, Balagnius pro fœderatis tenuerat.   Mox conventione cum Rege inita, Marefcallus ab eo dictus, obtinuit, ut fummo jure illam poffideret, fub protectione Regis.   At cùm impotentiùs regeret, Cameracenfes fe Regi fubiiciunt.   Sed ille impulfu Etreæ (quæ Balagnio favebat) jubet, ut Balagnio pareant.   Qua repulfa itritati , Balagnii imperium non ferentes, Hifpanis fe dedunt : expoftulante cum Rege Birdnio, quòd unius mulierculæ blanditiis urbem tantam amififfet.

Rex indignatione æftuans, ftatuit in confilio hoftem victorem extemplo aggredi ; quod cùm difsuaderet Nivernenfis, ob fummum periculum emolumento nullo fubeundum , Rex vultu fevero, *tibi fit*, inquit, *ifte metus, qui ab hofte feptima leuca femper abfuit.* **Nivernentibi fis obitus.** Qua voce Princeps percuffus decubuit , & paulò pòft obiit. Hanc mercedem ab aula retulit Ludovicus Gonzaga, uxorio nomine Dux Nivernenfis & Retelenfis propter inconcuffam in Franciam fidem, & impenfam perpetuam in militia & aula pro Regno follicitudinem.

Venerat interea in Hifpanorum caftra (*anno 1596.*) Albertus Archidux , fufcepto Belgii regimine ; atque complures urbes, & inter eas Caletum per Rofneum capit, per palmas & adoreas inaugurans principatus initia.   Devictis Gallis, mulctatifque in Batavos promovit victoriam, Hulfto expugnato , fed Rofneo in obfidione occifo. Gallus is fuit, vir belli peritiffimus, fœderis & Aumalii comes perpetuus.   Tentaverat quidem conciliationem cum Rege, fed quia Marechalli dignitatem petierat, de cætero nihil præter fe ipfum allaturus, repulfam paffus, totum fe Hifpanis applicuit, ingenti Galliæ detrimento. **Albertus. Rofneus.**

Omnes jam tœderatorum Duces aut mortui erant, aut cum Rege conciliati, folo excepto Duce Aumalio, Maynii patruele, cui fenatus Parifienfis atroci atque indigna fententia reditum intercluferat ; dum eum, læfæ majeftatis reum damnaverat , exauctoratùm Nobilitate, quadrijugis difcerpendum ; pluráque addita cum ingen- **Aumalius** ti infamia, idque in ejus effigie executus fuerat carnifex. Qua rei indignitate commotus Princeps totum se Hispanis addixit ; nec post pacem etiam confectam rediit, sed anno 1618. Bruxellis est mortuus.

74.
Henrici
fœdus cum
Anglis &
Batavis.
Ambianum.

Rex interim, magnificè Parisiis excepto Alexandro Medicæo Cardinale (postea Leone XI.) cui obviam miserat Henricum Condæum puerum, catholica fide institutum ; cum Elisabetha & Batavis fœdus pepigit, ea conditione, ut neutra pars citra alterius consensum cum Hispano transigeret. Hoc tamen fœdus impedire non potuit, quò minùs Hispani ductore Tellio Portocarrero Ambianum Gallis eriperent, ingenti Franciæ luctu ; quem ut abstergeret Rex, cum præcipuis Ducibus, Maynio, Mompenserio, Carolo Nivernensi, Ludovici nuper defuncti filio, Montignio, Noya, Vico, atque selectis copiis, Ambianum rursus expugnat, & Vico administrandum tradit, Alberto frustra cum exercitu accurrente.

Dum hæc in Picardia agerentur, Guisius totam Provinciam cum adjectis insulis recepit ; Lediguerius verò, ut Crequium generum, à Sabaudo in Morienna captum, vindicaret, Barausium castellum, quod in finibus Delphinatum maximo sumptu nuper Dux exstruxerat, occupavit.

Fessa tunc tot annorum immani bello utraque parte, (*anno 1598.*) pax tandem *Vervinensis* coaluit, Gallorum provinciis miserè laceratis, Hispanis verò in Anglis & Batavis affatim hostium habentibus. Tria autem petissimùm obicem ponebant, Cameracum, Angli, & Sabaudus. Urgebat Gallus, ut Cameracum arce eversa aut Imperio aut Balagnio restituatur. Paci Elisabetha intercedebat ; quia cautum priore anno fuerat, ne Rex ipsa invita pacem cum Hispano contrahat. Idem Batavi oggerebant. A Sabaudo Salussios Henricus repetebat, quos ille negabat restituere, nec Philippus destituere poterat generum & belli socium.

Tandem placuit Cameracum silere ; quandoquidem Hispanus idem de Metis exigere posset, conventúmque, Elisabetha invitata, sed repugnante, in has conditiones.

Pax Var-
vicensis.

Pax Cameracensis anni 1559. observetur. Captæ urbes ultro citróque restituantur. Dimittantur mutuò captivi. Sabaudus Berram restituat. Quoad Salussios arbiter sit Clemens Pontifex ; qui intra annum sententiam ferat.

Móxque ad executionem processum. Henricus Philippo comitatum Carolesium restituit. Philippus Henrico Caletum, Ardras,

Mon-

Montulinum, Durlanium, Capellam, & Caftelletum in Picardia, Blavetum in Britannia. Ex quibus fanè apparet, tam cruenti tot annorum Gallos inter & Hifpanos belli non alium fuiffe partum, quàm
difcerptas urbes atque provincias, & exundantes rivos humani fanguinis. Mirum certè videri poffit, Philippum victorem tam multas urbes munitiffimas reftituiffe. Sed ille fenio confectus, & morti proximus, Alberto & Ifabellæ Belgium, à Gallorum armis quie-
tum, voluit relinquere.

Parta videbatur quies, cùm mox bellum recruduit Gallum inter & Sabaudum, propter Marchionatum Saluffiorum feu Salutiarum,
quem Carolus Emanuel Dux Sabaudiæ durante in Gallia bello civili
Francis eripuerat ; delato in pace nupera ad Pontificem arbitrio :
Rex per legatum ante omnia petebat reftitui atque in poffeffionem
mitti, quippe per vim fpoliatus ; nihilominus tamen etiam in *petitorio*, ùt loquimur, judicio Papæ fententiam fubiturus, caufam
apud eundem inftruit, inftrumenta exhibet, *laudum* exfpectat. Verùm Sabaudus tergiverfatus, arbitrum promiffis pertentat, fe Pontificis fratri Salutias traditurum, fi eas fibi fententia addicat. At
Clemens indignatus fe corruptela peti, totam à fe caufam removet,
fua jura alibi difceptanda partibus relinquens.

Igitur Dux bellum veritus, anno 1599. magno cum comitatu
ad Regem in Galliam abit, amicè transacturus. Certatur honoris
fignificatione maxima, & muneribus, copiosè in Proceres â Duce
congeftis. Caufa Salutiarum committitur arbitris utrinque delectis.
Dux petit à Rege, ut Genevæ tutelam abiiciat ; fuam effe urbem,
raptam patri Philiberto per fummam injuriam ; tam æquum, ut ipfe
Genevam repetat, quàm Rex Saluffios. At Rex imparem effe contendebat caufam ; quando jam plures Franciæ Reges protexiffent
Genevam, Salutias autem nuper primùm Dux per vim eripuiffet.
(Quafi verò iniqua protectio per annos roboretur, ubi dominus
continuò reclamat) Dux Mediolani & Neapolis fpem ingerit. Sed
nec ea efca placuit Regi, afferenti, fe fua petere, non incerta aut
aliena. Denique ad preces Dux verfus, rogat, ut uni ex filiis fuis
marchionatus detur in clientelam. Sed Rex reftitutionem urget ;
tunc vifum iri, cui traderet.

Cùm igitur Dux & artes, & preces, & dona confumpfiffet,
novum fœdus compingit, ut in proximum Junium regi traderet vel
Salutias, vel Sebufianos cum Pinerolio, atque optio penes Ducem
effet. Veniente Junio variis excufationibus is moram nectebat, atque in omnes partes fe verfabat, ne Salutias redderet, neque aliunde

de-

(marginal notes:)
75.
Caufa Sa-
lutiarum.

Dux in
Galliam.

detrimentum pateretur. Quandoquidem gravissimum ei acciderat, quòd detracta spe Delphinatus, & Phocensis Provinciæ, in quam immensas jam pecunias insumpserat, etiam Salutias amittere, aut alias suas ditiones deberet. Quid, quòd Salussiis traditis, janua perpetuò aperta, admitteret Francos in intima sua viscera, excepto non tam hospite quàm hoste, clave Italiæ in Gallorum manibus hærente.

Bellum

Rex contra jus suum armis prosecuturus copias trifariàm dividit ; quarum unam pattem Biro in Sebusianos, alteram Ledigverius Mommelianum versus, tertiam ipse Camberium duceret. Biro Burgum expugnat, Lediguerius Moriennam & Tarentasiam, Rex Camberium, plurésque alias urbes, ac denique omnes conjuncti Mommelianum ; eversâ etiam ad Lediguerii, adhuc hæretici, intercessionem arce, quæ Genevæ erat infesta.

Pax.

Dux igitur, Hispano negante auxilia, ad pacem petendam compulsus, ablata recepit, & pro Salutiis Sebusianos Regi tradidit ; id in mœrore solatii consecutus, ut retento marchionatu Salutiarum cum Caromaniala, Francis Italiæ clavem eriperet ; plaudente Hispano, Francos immensis alpium repagulis Mediolano secludi (*anno 1599.*)

76.
Nuptiæ.

Pace compositâ, ad connubia versi animi. Primum contraxit Henricus Caroli II. Lotharingiæ Ducis filius cum Catharina, Regis Henrici IV. sorore, Calvinianæ sectæ addictâ. Altero & tertio Familiæ Nivernensis, & Maynia arctiùs junctæ sunt ; quarto Mompenseria & Jojosea. Quintum Rex ipse adjecit.

Etreæ
obitus.

Quippe jam diu Margaritam Valesiam, Henrici III. sororem, conjugis loco non habebat, sed Etræam, quam Belfortiam ducissam creaverat, ducere cogitabat. Hanc etenim fœminam insano amore deperibat, trésque jam liberos ex ea susceperat, quos per subsequens matrimonium legitimis natalibus donare statuerat. Verùm ea res turbatura erat Franciam ; quòd Principes Regii sanguinis haud passuri essent throno destinari, quos plerique ex gemino adulterio natos accusabant.

Cùm ecce ! Belfortia quartùm prægnans ipso parasceves die apoplexia subita corruens, inter horrendas membrorum convulsiones exspiravit, ore retro in tergum retorto, mira formæ venustate in extremam deformitatem repente conversâ ; animi turpitudine in corpus redundante. (1599.) Rex ad nuntium morbi Parisios properans, morte auditâ, exclamâsse fertur, Deo Franciam esse curæ.

Igitur

Igitur de futuro hærede follicitus, atque de conjugio ferio Matrimo-
cogitans, Clementem Pontificem rogavit, ut matrimonium cum nium irri-
Margarita irritum declaret. Cùmque ipfa etiam in hoc confenfum tum decla-
præbuiffet, Pontifex Jojofam Cardinalem, cum Nuntio fuo, & ratum.
Arelatenfi Epifcopo Judicem delegat. Hi caufa in Gallia cognita
matrimonium irritum confuerunt, ob quatuor potiffimùm caufas:
quòd fponfi tertio gradu affines effent; quòd fponfus fuerit hæreticus, & fponfa nunquam in eas nuptias confenferit, quódque inter eos verfaretur fpiritualis affinitas.   Ac licèt Carolus IX. poft
cædem Hugonotorum Parifiis factam, à Gregorio XIII. difpenfationem petierit, atque impetrârit, illam tamen fuiffe invalidam,
quòd obtenta effet Margarita infcia, imò repugnante.

Pontifex ubi fententiam Judicii delegati approbavit, Mariam
Rex duxit, ex Francifco Florentiæ Duce, & Joanna Ferdinandi I. Maria Me-
Cæfaris filia prognatam, domo Borbonica novo nexu cum Auftriaca dicæa.
conjuncta. Matrimonium Rexcontraxit primò Florentiæ per procuratorem, Ferdinandum Magnum Hetruriæ Ducem, fponfæ patruum, qui
Francifco fratri fuccefferat. Sponfa anno 1600. Maffiliæ à Jojofa,
Gondio, Giurio, & Sourdio, Cardinalibus, comeftabili, Guifio, aliisque
proceribus excepta, atque ad Regem conjugem deducta, fequenti
anno Ludovicum XIII. peperit.

ARTICULUS IX.

Obfervatio,

Quibus viis hærefis in Galliam irruperit, & Eccle-
fiam perturbârit.

QUamvis ex iis, quæ dicta funt hactenus, facilè fit perfpi-   77.
cere, nova credendi vivendíque dogmata non more Apofto- per arma.
lico pacatè & quietè fuiffe introducta in Galliam atque
propagata, fed more, hæréfi ubique confueto, per rebelliones, arma
& cruenta bella.   Quantùm enim fanguinis quadraginta intra annos fufum ad Veras, Druidas, S. Dionyfii fanum, Jarnacum, Monconturium, Courtracum, Sanlifium, Jurium, aliísque plùs quàm centum præliis, infinita civium ftrage commiffis? An ullus toto ferme regno locus, qui non captus, receptus, rurfúmque captus, atque

que omni belli genere miferè fuerit vexatus, ultra decies centenis
hominum millibus crudeliter abfumptis ?

Nihilominus tamen hærefis, exitialis illa regnorum fax, non
folis armis, cædibus, ruinis Galliam mifcuit, verùm fuggerente maligno generis humani hofte aliis quoque machinis in ipfos incautos
mortalium animos fibi viam aperuit ; & primò quidem per fœminas.

Velut enim fetalis ille ferpens per Evam olim primum noftrum
parentem feduxit, totámque progignendæ fobolis, in ftirpe vitia-
tæ, maffam corrupit ; ita non defiit poftmodum naturam, Redemp-
toris fanguine reparatam, per fœminas, quâ fenfuum illeccbris, quâ
hærefibus propagatis in exitium dare.

Per fœm'-
nas.

Novimus etenim, jam olim Montanam hærefin per Prifcillam
& Maximillam, Samofatenam per Zenobiam, Prifcillianam per Aga-
pen, Pelagianam per Julianam & Demetriadem, aliásque hærefes
per alias mulierculas fuiffe profeminatâs. Et ficut Arianos magno
ftudio protexit Conftantia, Conftantini M. foror, ita Calviniftas in
Margari-
tam
Gallia Margarita Francifci I. foror, Henrico Albretano Regi Navarræ nupta. Quæ pro genio muliebri, & innata Gallis indole, novitatis avida, à Jacobo Fabro & Gerardo Rufo, fectæ Iutheranæ
Grammaticis perverfa, non defiit auxilio, patrocinio, pecuniis numerofis, etiam Genevam ad Calvinum miffis, nafcentis hærefeos tutelam gerere, commune velut ejusdem Afylon.

Renatam.

Acceffit Renata, Ludovici XII. filia, Duci Ferrariæ nupta, quæ
in ipfam Italiam luem intulit, & redux in Galliam eandem pro-
pagantes magnis favoribus eft profecuta. Nec parum opis in Stam-
penfi Regis pellice. Ut adeò non procul abfuerit, quin Francifcum
Per Gram-
maticos.
I. tres iftæ fœminæ tabe fua inficerent. Is quippe literarum amans,
cùm Galliam denfis ignorantiæ tenebris fepultam cerneret, peregrinos
didafcalos, Catholicam Religionem præferentes, fed venenum in-
fpergere omni ftudio laborantes, in aula fua jam fovebat, audiebat,
78.
Regis pe-
riculum.
eorum fcripta legebat, ipfúmque Melanchtonem, quem eruditum & in
religionis negotio moderatum effe virum ex Béllajo Langæo, fuo ad
Proteftantes Germaniæ Principes legato, intellexerat, fcripta epiftola
jam accerfiverat ; motus præfertim libello, quem is de moderandis
religionis negotiis ediderat, in cujus initio Papæ auctoritatem Monarchicam in Ecclefia effe concedit, ut unitas fidei ac difciplinæ
contineatur ; poteftatem autem in Regna & Imperia nec ad Ecclefiam, nec ad Evangelium attinere. Neque parùm ad permittendam fe-

ctam

&am Regem inclinabant Langæi fratres, Archiepiſcopus alter Pariſienſis, alter legatus, cum aliis politicis, regionem plùs quàm religionem curantibus : perverſo prorſus conſilio : quaſi verò regio ſalva
ſtare poſſit religione everſa.

At Cardinalis Turnonius Archiepiſcopus Lugdunenſis, magna
virtute & doctrina Præſul, Regem cordatè monuit, ex S. Irenæo,
Galliæ Apoſtolo, exhibens, quantùm ſint fugiendi hæretici. Et ſanè
Regem adhortatione ſua ita immutavit, ut non modò invitationem **Regis ze-**
Melanchtonis revocaret, ſed ſeveris etiam edictis, pœnisque ſanci- **lus.**
tis, unam Religionem Catholicam in Gallia colendam graviſſimè
decreverit : Pratenſi, ſupremæ curiæ Præſide, mandata ſtrenuè exe-
quente. Quin Rex eam, quam ſuprà dixi, ſolennem ſupplicationem omnium Ordinum inſtituit, quam cum liberis ſuis nudo capide cereum
manu geſtans eſt comitatus ; eáque finita orationem ad populum
habuit, qua omnes ad conſervandam perpetuò Religionem Catholicam, à majoribus acceptam, graviter eſt adhortatus, illud inter
alia piè ac fortiter ediſſerens, ſi ex filiis ſuis aliquem, aut membrum
aliquod ſuum, hæreſeos peſte infectum eſſet, illico abſciſſurum. Ac-
clamavit voce elata populus, ſe in Catholica Religione vivere velle
& mori. Et eadem adhuc die ſex hæretici igne ſunt cremati. Quos
cum aliis deinceps heterodoxi martyrologio ſuo intulerunt. At
Weſtphaluſ Lutheranus, contra Laſcum Calviniſtam ſcribens, abo-
minandos diaboli martyres appellat. Certè non mors ſed cauſa
facit martyrem. Aliàs etiam Servetus & Gentilis &c. forent martyres.

Verùm ea eſſe conſuevit pertinacia hæreſis, ut nullis Princi-
pum edictis morem gerat, ſed obdurata cervice quà vi quà fraudi- **Per libel-**
bus ad quidquid audendum projecta obluctetur, jugúmque omne **los.**
excutiat. Quippe Hugonoti ad Proteſtantes Germaniæ Principes
converſi, legationem ad Regem impetrant ; libellos peſtiferos omni lingua conſcriptos ſpargunt, in cœnacula, & ipſum etiam Regis
cubile iniiciunt ; cum libellis edicta portis affigunt, quibus interitum Regi rebelles minitantur, niſi novo Evangelio locum cederet.

Neque Benearniam duntaxat, Hiſpaniæ finibus imminentem,
quæ ad Henricum Albretanum, Navarræ regem, tunc ſpectabat,
Margaritæ, ejusdem con ugis opera, perverterant, ſed omnem pene
Aquitaniam, imò ipſas etiam Meldas, propinquam Lutetiæ urbem,
Briſſoneto Epiſcopo verborum lenocinio ſeducto ; qui tamen poſtea
faſſus ignorantiam, atque meliora edoctus, ad Eccleſiæ gremium
cediit.

Maxi-

Per Calvi-
num,
　　　　　Maximè verò mortiferum virus per provincias propagatum est,
ubi Calvinus illud per emissarios suos Genevâ sparsit. 　Is patratis
pluribus in Gallia sceleribus infamis, ut pœnæ caput subtrahat,
ex patria profugus, in Helvetiam atque Argentinam ad Bucerum de-
Ejusque In-latus, suas Institutiones conscribit, in quibus velut Pericles tona*t*,
stitutiones & livore, odio, maledicentia, animique impotentis intemperie plenus, quidquid quartana febris, calculi, hemicraniæ, hemorhoi-
　　dum dolor, & atra bilis ægro suggerebant, immani rabie exspuit
in Romanam Ecclesiam, Babylonem effrontem, prostitutam meretricem, idolis servientem, stygi devotam &c. compellans.

　　　　　Virulentum hunc partùm edidit anno 1534. Basileæ; alter velut Enceladus Ossam Olympo, & Pelion Ossæ superimponens, cœlum petiturus & eversurus, aut Horostrati instar ex incenso templo Ephesino sibi famam comparaturus. 　Accitus inde à Farello Genevam, jam priùs ejus opera corruptam & legitimo domino abreptam, Catechismum ibidem conscribit, scatentem pariter furore
& infandis erroribus.

　　　　　At cùm insolentiùs se gereret, Genevâ cum Farello proscriptus,
Bernæ, ut gratiam iniret, Zwinglium laudavit. 　Verùm Zacharias
Belga Theologiæ Doctor coram senatu schedam ei exhibuit, propria
illius manu scriptam, qua Zvinglium execratur. 　Quâre inde etiam
fuga se proripiens, rursus Argentoratum ad Bucerum, illum in religione Portheum, & cum eo Ratisbonam concessit ad colloquium:
dicitúrque aliam religionem in Gallia, aliam in Helvetia, aliam in
Germania professus: in prima suam, in altera Zwinglianam, in tertia Lutheranam.

79.
Reformat.
　　　　　Anno 1541. Genevam revocatus, per 23. deinceps annos ibi
Pontificatum gessit; licèt enim ipsa etiam Catholica nomina Ponti-
ficis, Episcopi, Sacerdotis &c. execraretur, re ipsa tamen summam in omnibus potestatem exercebat; ut adeò dici possit *Calvinus
Pontifex Genevensis hujus nominis primus.* 　Qui vivente legitimo urbis Episcopo, nemini succedens, absque ulla legitima vocatione,
missione, & ordinatione intrusus, à se ipso inchoavit, contra leges Evangelicas, & totius antiquitatis morem.

　　　　　Imò ultra progressus, non solummodo Ecclesiastica omnia tanquam *Rex sacrorum* summo imperio moderabatur, ac pro libidine
sus déque vertebat; sed Reipublicæ etiam fasces arripiens, politicum statum, quò volebat, versabat (etiam in criminalibus sedens
Judex) illam sibi familiarem assumens tesseram: *cedo nulli.* Et quamvis

quentiam ; hic tamen triumviratus prout ille Romanus, haud diu
tenuit, Calvino inftar Julii aut Octavii collegas profligante, omniáque ad fe rapiente. Quare Farellus & Viretus, Calvini dominationem defpoticam, afperos mores, & mordacem linguam non
ferentes, Genevâ excefferunt : ille Neocomum, hic verò primò
Laufannam, deinde in Bearniam.

Solus igitur Calvinus, velut Apollo Delphicus, Genevæ funde- Genevæ
bat oracula, totique Hugonotorum genti, per Gallias fparfæ, refpon- Pontifex.
fa dabat : quæ velut à Numine quodam profecta adorabantur. In ipfam verò Genevam omnium profugorum, Apoftatarum, & fcelera-
torum hominum colluvies confluxit, ut apud Calvinum, facram
velut ad aram, afylum inveniat. Eos inter Onelphum Trecenfem,
& Spifanium, Nivernenfem Epifcopum, Genevam fugientes rurfus
ordinavit homo facrilegus, omni ordinandi poteftate vacuus.

Primum autem conciliabulum Calvinus in horto quodam cele- prima ejus
bravit, æmulatus ferpentem, qui in horto genus humanum corru- fynodus.
pit. In hoc conventiculo facrofanctam Evchariftiam abrogavit,
tam difertis verbis in facris litteris affertam ; & cœnam quandam
profanam, quam ftando aut ambulando fumerent, introduxit, pane
& vino, prout in caupona fumitur, definitam. Tum verò quafi re
magna patrata Miniftros (qua nomenclatione Præcones fuos com-
pellari voluit) per omnem Galliam, ceu totidem Joves ignem fpi-
rantes, diftribuit, priùs tamen ex difciplina fua probè excoctos.

Tonare ifti debebant ac fulminare, ex Calvini præfcripto contra vi- Miffionarii
tia facerdotum & abufus, & utinam eos fuftuliffent ! fed dum

plexus fœtidos, induxiftis procaces mulierculas in afceteria Mo
chorum. Bella purgatio ? Suftuliftis Ecclefiæ jejunia, & carnis n
cerationes. Hæc enim ad veftram purgationem non faciebant, N
gâftis humani libertatem aibitrii , ut effrænem inducatis licentia
Quis enim contra fatum ? Deum (vah fcelus!) feciftis auctore
fcelerum. Sic enim purgâftis mundum à fcelere. Quam enim
bem affricet facinus , cujus homini Deus eft auctor ?

Evertiftis novi Donatiftæ facras aras , Divinis eloquiis toti
commendatas ; dejeciftis , contriviftis , exterminaftis facras im
gines , toti antiquitati venerabiles ; fola intacta diaboli imagine ,
Judæ Ifcariotæ. Sacrata Deo templa incendiftis, diruiftis, aut
ftabula commutâftis. Hæc veftra purgatio. Idola vos exterminâ
dicitis. Itáne verò ? quid eft idolum ? an idola fuerunt Chérubini
templo Solymæo , Deo adeò grato , exhibiti ? Docti vos eftis hon
nes ; qui inter idolum & imaginem nefcitis diftinguere. Illud ad
ipfum refertur , hæc ad aliud , quód repræfentatur. Sic eft : *non*
Imagines. *cies tibi fculptile , ut adores illud.* Hoc fane obfervamus. V
verò perfidè & facrilegè hunc locum corrupiftis, dum ita tradu
ftis : *non facies tibi imaginem.* Quid verò noxæ eft, fi Chriftu
ipfum adorem, quem ejus imago mihi repræfentat ? fi fanctum h
nore colam, quem imago mihi exhibet ?

Miffa. Sed necdum purgationum fatis eliminâftis Miffam. Idololat
vobis eft facrofanctum, Divinum atque unicum legis Evangelicæ
crificium , quo fummus Deo cultus defertur ; quo id agitur, qu
Chriftus præcipit, *hoc facite in meam commemorationem.* Quid h
quod Chriftus fecit. Quid fecit ? fe ipfum Patri Divino facrifi
um obtulit pro mundi vita. *Hoc* quotidie in Miffa facit facerdo
minifterio. Nec aliud hoc eft facrificium , quàm illud in cruce co
fummatum , fed idem omnino , fæpius repetitnm in commemor
tionem paffionis & mortis Chrifti. *Hoc facite in meam commemor*
tiônem, quod ego feci. Num idolatriam dices, quod Chriftus fit
præcepit, quod tota Chriftiana fecit antiquitas ? ita eft : hoc fe
femel fe ipfum offerendo in cruce cruentô modo , fed incruento m
do quotidie. Apage religionem, quæ omni caret facrificio,

Cœna. Et quomodo habeant facrificium , qui nec Chriftum habent
fua cœna ? Dicit quidem Chriftus verbis adeò claris, ut plùs quà
folaribus radiis fcripta videantur : *Hoc eft corpus meum : caro m*
verè eft cibus : fanguis meus verè eft potus. At evangelium novu
dicit : hoc eft falfum : hoc non eft corpus Chrifti : caro Chrifti n

ft verè cibus : fanguis Chriſti non eſt verè potus. Quæſo ? quid
loc ? an hæc reverentia, quàm Diviniſſimis Chriſti verbis mentes
Chriſtianæ debent ?

Ite ſomniantis Zwinglii & furentis Calvini aſſeclæ ; jactate, S. Scriptu-
ræedicate, clamate : Evangelium ! Evangelium ! Verbum DEI ! ra.
Verbum DEI ! vos eſtis, qui honorem ei dependitis. Ubi illud affir-
nat, vos negatis, aut ad ſenſus improprios detorquetis. Hoc, ſi
cet, nihil ampliùs certi ex ſacris litteris haurietur. Donatiſtæ,
riani, Neſtoriani, Eutychiani, Pelagiani, Anabaptiſtæ, Socinia-
i, & ſinguli hæretici ad ſuos errores privatos eaſdem torquebunt,
cut vos ad veſtros. Et certè nulla unquam exorta eſt hæreſis, quæ
on ad ſacras ſcripturas appellârit, prout vos facitis. Imò ultra pro-
reſſi eſtis. Corrupiſtis, truncâſtis, plures libros abjeciſtis.

Dicite aliquando, unde vobis certò conſtet, quibus libris in-
orruptum verbum Dei contineatur : quo ſenſu textus ſcripturæ,
arias inter religiones controverſus, ſit intelligendus ; in toto ar-
namentario veſtro nihil invenitis, quod reſpondere poſſitis, niſi ad
cras traditiones & Eccleſiæ auctoritatem recurratis. Plus dico: ne
uidem ſummum Trinitatis Myſterium probare poteſtis, uti nec plu- Traditio-
alia, quæ in ſymbolo Apoſtolorum comprehenduntur, niſi ſacras nes.
aditiones in ſubſidium vocetis ; uti in obſervationibus meis polemi-
s libro ſecundo de verbo Dei prolixiùs oſtendi, atque ipſimet ex-
erti eſtis, quando cum Arianis in Tranſylvania de Trinitate diſcep-
ſtis.

Quamvis autem homines iſti ſacra ſcriptura, turpiſſimè abutan-
ir, nihilque in ſectæ ſuæ novitatibus inveniant, niſi deceptæ men-
s ludibria, plurimos nihiloſecius, dum blandum melos occinunt,
renum inſtar incantârunt.

Quid enim in vulgum plauſibilius, depravatæ mortalium indoli 81.
innatæ philautiæ ſuavius, atque ad fallendum univerſim aptius, Melos Cal-
nam ex prætenſi evangelii placitis denunciare : audite cives : nemo viniſticum.
inceps tenebitur Eccleſiæ Romanæ obſervare jejunia ; nemo Miſ-
m audire : nemo peccata ſacerdoti exponere : nemo votâ obſerva-
Sacerdotibus & cœnobitis licet inire conjugium : monaſteria
rúmque bona diripere, Eccleſiarum opes aufere : omnes corporis af-
ctationes, carnis macerationes, cordis contritiones, abrogatæ
nto. Crede. & res eſt ſalva.

Ad quid tantum auri in Eccléſiis ; tam ſplendidus ornatus, tam
ngues Eccleſiaſticorum reditus, niſi ad ſaginandos pigros ventres ;
quid perditio hæc ? ad quid dies feſti, ſupplicationes, adgenicu-

latio-

lationes , peregrinationes , nisi ad turpe otium·, & laboris fugam ; ad quid tot orationes pro mortuis ? jucundius est Maroti & Bezæ rhytmos suaviter cantillare.   Quid tot Sacramenta ? sufficiunt duo.

Sacramen-
ta.

Baptismus non est ad salutem necessarius.   Nemo illum ex laicis unquam conferre potest.   Moriatur infans : quid tum? salvatur in fide parentum & Ecclesiæ.   Cœna tantùm quater in anno instruatur. Nemo genu flexo illam accipiat.   An jejunus illam sumas , an jam antè pastus & potus , parùm interest.   Ægris verò nunquam apportetur. Ut Minister Ecclesiæ formetur , non opus tot testimoniis, examinibus , probationibus, manus impositionibus , ordinationibus, approbationibus , missionibus. Etiam cerdones , sartores , lanæ carminatores , rudésque menalcæ repente evaserunt prædicatores. Nempe sicut populus ,·sic & sacerdos.   Qualis religio, tales ministri.

Matrimonium , sicut non est Sacramentum, sic non tam arctum est vinculum.   Fornicatur uxor , duc aliam.   Non vult te Genevam sequi , dic repudium.   Si à te discedat, post annum liber es.   Neque polygamia tam peregrinum nomen est , ut concedi non soleat. Ad quid tot matrimonii impedimenta ; consanguinitas patrem à filia arcet , fratrem à sorore.   Quid plura requiris ?

Atque hæc sunt pulchra illa documenta , quæ teste Florimundo Ræmundo *in Hist. de ortu, progr. & ruina hæres. lib.* 7. *&* 8. Calvinistæ Genevæ & in Gallia docuerunt & exercuerunt.   Quamvis non omnium eadem fuerit sententia : quis enim in tanta sentiendi , & loquendi licentia unitatem exspectet ?

Synodi.

Certè in synodo Pictaviensi secunda , anno 1559. complures, tum ministri , tum alii , spectantes abominationem desolationis inter Calvinistas, de reditu ad Ecclesiam Catholicam deliberarunt.   In-

re dicitur feras allicere, & devorare. Præcipuè verò in Academias & litterarum Gymnasia se insinuabant, optimè gnari, nusquam
uberiorem sementem lolii exsurgere, quàm ubi teneram in ætatem
spargitur, eorum præsertim, qui aliquando aut Ecclesiasticam aut
politicam sunt gesturi rempublicam. Hinc id genus heterodoxi Grammatici præceptores se offerebant, & illoto pede etiam in Theologiam involabant, ne quidem Academia Parisiensi ab hac fæce purâ.
Utque securiùs laterent, nomina mutabant; quasi novo nomine induto veterem hominem exuerent. Sic tectus Mossonus primus erat
Lutetiæ Minister, qui verbo Dei prætenso multos seduxit. O quàm
verè verus propheta: *falsò vaticinantur prophetæ in nomine meo :*
non misi eos, & non præcepi eis, neque locutus sum ad eos. Jerem. 14.

ARTICULUS X.

Status Ecclesiæ Gallicanæ per Concilia reformatus
Sæculo XVI.

NUllo unquam tempore calamitosior erat status Ecclesiæ Gallicanæ, quam sæculo XVI. quo hæreses, seditiones, belláque
assidua, quæ descripsi hactenus, florentissimum Regnum con-
quassabant, & morum disciplinam Religionémque eversum ibant.
Invigilabant tamen quantùm ferebat temporum iniquitas, atque pa-
storalem curam exercebant multi docti ferventésque pro domo Domini Galliæ Præsules, vocatis in subsidium conciliis provincialibus,
ut ordinario & opportuno pharmaco Ecclesiæ morbis medeantur.

Horum aliqua celebrata sunt ante Concilium Tridentinum ad
restaurandam disciplinam & arcendas irrumpentes hæreses: alia verò post illud, circa annum præcipuè 1583. quo plerique Archiepiscopi provinciæ suæ Episcopos, Suffraganeos suos convocarunt, plu-
rimáque sanctissima Decreta promulgârunt, simili ferme pleraque tenore, ad mentem videlicet Concilii Tridentini & sacrorum canonum,
atque antiquiorum synodorum sanctiones concepta; dignáque prorsus, ut in ipsis conciliorum actis legantur extensa, ego pro instituti
mei ratione synopsin duntaxat aliquam delibo, & quæ memoratu
magìs digna sunt visa, recensebo: multa omissurus, ne eadem toties repetantur.

Con-

Concilium Avenionenfe anno 1509.

82. PRovinciale hoc fuit Concilium , Præfide Antonio Flores, Archi-Epifcopo Avenionenfi celebratum Avenione , urbe celebri ad Rhodanum in Provincia fita, quam cum adjecto comitatu Clemens VI. à Joanna Neapolis Regina , ex familia Andegavenfi oriúnda, anno 1348. emit, fex Pontificum fæculo XIV. fedem, hodiéque à Pontifice per Legatum gubernatam · Editi autem funt 35. fynodales canones ; quorum hæc eft fumma.

1. Revocantur conceffiones non refidendi in Beneficiis Ecclefiarum.
2. Nemo duo Beneficia babeat aliàs privandus utroque
3. Refidentia perfonalis præcipitur , ita ut nullus ultra 30. dies per annum ahfit ; nifi ab Archi-Epifcopo aut ejus Vicario fpecialem habeat licentiam.
4. Fundationes , ac proventus capellaniarum fcriptæ reponantur apud fecretarium curiæ Epifcopalis.
5. Singuli Parochiani diebus Dominicis feftifque ad Parochiam accedant , Miffam majorem, verbum DEI &c. audituri : fub pœna excommunicationis.
6. Omnes Clerici horas canonicas in Ecclefia perfolventes , aut Sacramenta miniftrantes, aut funus comitantes &c. fuperpelliceum cum longis manicis geftent. Illis , quæ manicis carent , fub excommunicationis pœna rejectis.
7. Nemo urbe excedat , antequam folverit fynodaticum , cathedraticum , aliáque jura Epifcopalia.
8. Intrà fex dies omnes curati fiftantur Epifcopo.
9. Clerici hofpitalitatem obfervent.
10. Fons Baptifmalis mundus & claufus teneatur.
11. Curato mundus , tutus & honeftus locus detur.
12. Paramenta fint honefta ac munda.
13. Excommunicati publicè denuntiandi, atque ad Ecclefiæ unitatem reducendi.
14. Omnium excommunicatorum nomina fifcali aut fecretario tradenda.
15. Quilibet Parochus ftatuta fynodalia habeat.
16. Nemo fructus beneficii elocet, aut hypothecæ fubiiciat.
17. Nemo curam animarum exerceat, nifi legitimè fuerit præfentatus.
18. Nullus clericus ludat taxilis , aleis, aut chartis, fub pœna excommunicationis.

19. Ne-

19. Neque tabernam accedat, fub eadem pœna.

20. Parochus nomina decedentium, teftatorum, hæredum fynodo annuatim exhibeat.

21. Omnes concubinæ dimittantur, fub pœna excommunicationis.

22. Concubinarii & fortilegi à Parochis denuncientur fifcali curiæ Epifcopalis.

23. Commendatur cura & confervatio Beneficiorum, Ecclefiarum, librorum, ornamentorum.

24. Alieni parochiani ad propriam parochiam remittendi ad Divina & verbum Dei audienda.

25. Etiam Sacramenta confeffionis & communionis in eadem percipiant; nifi habeant licentiam.

26. Excommunicatus, fi fatisfecerit, abfolvendus.

27. Rationes fundationum exhibendæ.

28. Prohibentur matrimonia clandeftina, fub pœna excommunicationis.

29. Quam etiam incurrunt omnes, qui eadem promovent.

30. Uti etiam, qui Diœcefi aut parochia exiverint ad eà contrahenda.

31. Nullus Sacerdos fæcularis Miffam celebret aut confeffiones audiat, nifi licentia obtenta.

32. Præfcribitur clericis decens habitus.

33. Rectores Ecclefiarum documenta ac monumenta fundationum &c. officiariis Epifcopi exhibeant.

34. Statuta omnia fynodalia obferventur.

35. Clero fupplicante adjunctæ funt aliquot modificationes horum ftatutorum: e. g difpofitio can. 2. de pluralitate Beneficiorum reducitur ad Jus commune: uti etiam can. 3. de refidentia. Canon 16. ita intelligendus, quòd liberè liceat *arendare*, feu locare fructus Beneficiorum illis, qui conditionem Ecclefiæ poffunt facere meliorem: modò locatio in feudum aut alienationem non tranfeat. In 25. non derogatur privilegiis.

Conciliabulum Turonenfe Anno 1510.

INdictum hoc fuit à Ludovico XII. Galliarum Rege Turonibus, clariffima in Provincia Aurelianenfi ad Ligerim urbe, contra Julium II. Pontificem, occafione bellorum Italicorum inter Pontificem & Abhonfum Ferrariæ Ducem, à quo Julius ducatum repetebat, quem ejus progenitores fiduciario jure à Pontificibus acceperant. Quum
etenim

85.

etenim Pontifex Alphonfum fidelium communione moviffet, omnésque eidem adhærentes, aut faventes, & peculiariter omnes in 'exercitu Gallico militantes, quem Ludovicus Duci auxilio miferat ,
Rex Epifcopis ac Theologis Turonem convocatis, octo capita, quæ
ad fchifma conflandum vergerent, expendenda propofuit. Et
quamvis Galliæ Præfules quæftiones eas odiofas in favorem Regis fui
refolverent, vifum tamen nomine Ecclefiæ Gallicanæ legatos ad
Pontificem priùs mittere, qui eum hortarentur ac modefte, monerent, ut cœptis defiftat, & pacem atque concordiam cum primogenito Ecclefiæ filio ineat. Si nolit, interpellandum de convocando concilio, juxta fynodi Bafileenfis placita. Cùm autem ille in
bellum rueret, fecuta funt dein illa, quæ tùm part. 3. ad Concilium Pifanum & Lateranenfe V. tum in hac parte Art. I. recenfui.

Porro invidiofa illa octo capita verfabantur circa jura Pontificis & Regis adverfum fe invicem. Exftántque apud Ludovicum
Baillium *tom. 2. pag. 456. & 629.* Ego illa vel recenfere nolo. Meliùs Orthodoxi omnes eò ftudia fua intendunt, ut pax confervetur
atque firma concordia Patrem inter & Filios, quàm ut de fupremis eorum juribus odiofæ quæftiones moveantur. Hoc certum, nulli Principum bene vertiffe bellum, adverfus fedem Apoftolicam fufceptum. Et ipfe Rex Ludovicus, licèt ingentes retuliffet victorias,
magnámque Italiæ partem jam occupáffet, tota nihilominus excedere Italia debuit, amiffis multis fubditorum millibus & immenfis
pecuniis.

Secutum eft anno fequente Conciliabulum Pifanum, veluti
proles Turonenfis, quod part. 3. defcripfi. Ejus acta & apologia
ab hæreticis & fchifmaticis fuerunt collecta, atque anno 1612. primùm typis data, non adfcripto auctoris neque typographi nomine,
atque malignis futelis corrupta.

Concilium Rotomagenfe anno 1522.

14. COncilium hoc Provinciale celebratum eft â Georgio Archiepifcopo & Suffraganeis Rothomagi, celeberrima ac primaria
Neuftriæ feu Normanniæ ad Sequanam urbe. Edita 6. Decreta, & refolutæ 11. quæftiones.

1. Paftores animarum morum integritate, vita fanctimonia, & boni nominis fama præluceant.

2. Ut

2. Ut ovibus fedulò invigiletur, curati perfonaliter refideant. Nec difpenfetur, nifi caufa legitima fcriptò judicetur.

3. Pro Ordinatione, aliísque Ecclefiafticis minifteriis nulla pecunia recipiatur.

4. Epifcopi executores teftamentorum compellant ad implendas ultimas voluntates.

5. Mulctæ pecuniariæ pro fceleribus taxatæ in curiis Ecclefiafticis in pios ufus & elemofynas convertantur, juxta illud : *facite vobis amicos de mammona iniquitatis.*

6. Ecclefiarum Prælati veftibus honeftis induantur, fericis penitus eliminatis, & verficoloribus. Sequuntur undecim quæftiones propofitæ.

1. An peccent Canonici confabulantes in choro, aut deambulantes fub Divino fervitio, aut qui non interfunt ? Refpondet Concilium, quod peccent ; nifi rationabilis caufa, aut impedimentum excufet.

2. An Refidentia Canonici in Cathedrali aut Collegiata excufet eum à refidentia in fuo Beneficio curato ? ℞. Eos à perfonali refidentia excufari, debere tamen aliquibus diebus folennibus fuos Parochianos vifitare.

3. An valeat confuetudo, qua arctati ad refidentiam in Cathedrali die pafchæ, dimittunt oves proprias ? ℞. Supponi falfum, quòd ita arctentur.

4. An liceat eis aliquid recipere pro receptione Canonicorum de novo venientium ? ℞. videri, quòd fic. *Verùm pro ipfa receptione in Canonicum aliquid petere, aut recipere eft fimonia, multis Canonibus damnata. Aliud effet, fi ex gratitudine aut donatione poft receptionem aliquid daretur : aut ftatutum vigeret, poft receptionem confuetam aliquam taxam folvendi, ficut folvuntur annatæ.*

5. An Prælati teneantur includere Moniales, extirpare proprietatem Abbatum & Monachorum ? Refponderunt affirmativè. *Videndum, an fint exempti, aut cafus excepti.*

6. An valeat confuetudo, ut Monachi lautiùs vivant, quàm contineat eorum regula ? ℞. quòd debeant vivere fecundùm regulam, falvis tamen privilegiis. *Si univerfalis effet confuetudo legitimè præfcripta, poffent fecundùm illam vivere. Cùm enim valeat confuetudo legitimè præfcripta contra leges, cur non etiam contra regulas ?*

Pars VII. Aaaa 7. An

7. An in quolibet monaſterio teneantur habere præceptorem ad docendum religioſos juvenes, vel eos mittere ad ſtudium ? ℟. quòd ſic.

8. An Monachi poſſint eſſe compatres frequentare nuptias, & prætextu officii, à regulis abſoluti, paſſim vagari ? ℟. quòd noh.

9. An liceat Monaſterio aliquid recipere ab ingrediente ? & an excuſet conſuetudo ? ℟. quòd poſſint gratis & ſine pacto oblata recipere ; non autem exigere. *Pro ipſa receptione vel ingreſſu nihil poſſunt petere, bene verò ex aliis pluribus titulis.*

10. An Monachi ſine conſeņſu Epiſcopi poſſint nova ædificia exſtruere, vel antiqua ſumptuoſiùs reparare ? ℟. poſſe conſtruere & reædificare, non tamen ſumptuoſiora & ad pompam.

11. An Monachi exempti delinquentes in territorio Epiſcoporum poſſint coërceri ab Epiſcopo vel laico : & an ſubditi Epiſcoporum teneantur exire Epiſcopatum ad agendum contra exemptum coram conſervatore ? ℟. quòd poſſint ab Epiſcopis coarctari, donec requirantur à ſuis Prælatis. Et quòd non debent exire provinciam pro juſtitia habenda. *Verùm actor ſequi debet forum Rei.*

Actum dein de abolendo tertio Ordine S. Franciſci, aut reducendo ad unicum conventum ; atque de non imprimendis libris, niſi priùs à Doctoribus Theologiæ lecti, & ab Epiſcopo ſint approbati, præcipuè ſi fidem aut mores contingunt.

Denique Archiepiſcopus Rotomagenſis in ſua Diœceſi ſequentia feſta juſſit ſupprimi, non quidem quoad cultum Divinum, ſed ita, ut dein mechanici ſuas operas exercere poſſint, videlicet feſtum Cathedræ S. Petri, Inventionis S. Crucis, S. Joan. ante portam Lat. SS. Gervaſii & Protaſii, S. Eligii, S. Martialis, translationis S. Martini, S. Petri ad Vincula, Inventionis S. Stephani, Fidelium Defunctorum, S. Clementis, S. Thomæ Martyris, Feria 4. poſt feſtum Pentecoſtes.

Concilium Lugdunenſe anno 1527.

35. POſtquam ſtatuit, liberaliter Regi Franciſco ſubvenire, ut poſſit filios, in Hiſpania pro ſe obſides datos, redimere, damnavit hæreſin Lutheranam, atque ſub gravibus pœnis prohibet, ne quis eandem regno inferre aut tenere præſumat, néve quiſpiam aliquid proferat, per quod Chriſtianus populus amoveri poſſit à fide Catholi-

ca,

ca, à facramentis fanctæ matris Ecclefiæ fincerè credendis, à veneratione intemeratæ Virginis Deiparæ, fanctorum & fanctarum, ab
obfervantia & votis religiofæ difciplinæ, à jejuniis, ab orationibus,
& interceffionibus pro defunctis, à præceptis Ecclefiæ. Prohibentur deinde omnes libri Lutheri & fequacium ; quia fub dulci, fu-
cato & affectato fermone mellita venena propinant. Denique prohibetur etiam lectio S Scripturæ in linguam Gallicam à Lutheranis translatæ ; quia ejusmodi lectio rudibus propter eorum imperitiam & temeritatem plus affert periculi ac etiam damni, quàm
emolumenti : dum litteræ, quæ occidit, inhærentes, à veritate &
puritate fenfus aberrant facilè, atque fic temere proprios conceptus
ac privatos fpiritus SS. Patrum doctorúmque fententiis & interpre-
tationibus anteponunt : ùt experientia non raro demonftravit.

Prohibetur igitur graviter, ne librarii id genus libros habeant,
aut publicè vel occultè venales exponant. Laicis verò, ne de fide,
aut articulis damnatis difputent. Sed à pafteribus animarum diligenter inftruantur in doctrina Chriftiana. Si quos autem nôrunt
erroribus implicatos, fuperiori denuntient, juridicè compefcendos & corrigendos.

Adjuncta dein funt duò decreta ad reformandos mores, ut cultus divinus fervente pietate floreat, vitæ clericalis munditia, honeftas, & modeftia palàm eluceat. Vitia autem, quibus Ecclefiafticus Ordo paffim diffamatur, ac traducitur ; prorfus reprimantur,
illa præfertim, quæ fcandali offendiculum figunt in oculis hominum.
Itaque pœnis coërceantur negotiatores clerici, concubinarii, omnésque indecorè viventes.

Onerofa illa Ecclefiis ; laicis verò contemptibilis clericorum,
fæpè rudium & egenorum multitudo minuatur. Quare nulli ad
factos ordines admittantur, nifi qui moribus, fcientia, ætate, &
competente titulo, fe dignos probent, præcedente ad hoc diligenti fcrutinio. Bona autem in titulum affignata nulla ratione valeant
alienati. In concedendis verò litteris Dimifforiis cautela adhibenda, ne paffim & indifcretè dentur.

Concilium Bituricenfe anno 1528.

PRovinciale hoc Concilium celebratum fuit Biturigibus clara in
Provincia Aurelianenfi ad Ligerim urbe, Præfide Francifco Turnonio Archiepifcopo, Aquitaniæ Primate, adverfus perverfa Lutheri

86.

ri dogmata, atque ad morum reformationem.   Promulgata 23.
Decreta. Quorum hæc epitome.

1. Lutheri & fequacium dogma, jam pridem à fede Apoftolica damnatum, ubi errores necdum funt noti, generaliter tantùm in concionibus reprobetur.

2. Curati infectos illis erroribus, & fortilegos denuntient Epifcopo aut ejus Vicario.

3. Ne quis librarius libros infectos imprimat, vendat, aut retineat, fed Ordinario tradat.

4. Libri etiam facti, in vernaculam translati, non vendantur, nifi ab Ordinario fint recogniti.

5. Quæftores Indulgentias non promulgent, absque facúltate Ordinarii ; nec quidquam proponant, nifi quod authenticis litteris continetur : nullus incognitus prædicator admittatur, nifi de licentia Ordinarii.

6. Rectores Ecclefiarum Dominicis prædicent præcepta Dei, Evangelium, epiftolam illius diei, aut quod confert ad fugam peccatorum, & amorem virtutis.   Tripartitum etiam Gerfonis verfum fermone vulgari declarent.

7. Statuta fynodalia in linguam vernaculam vertantur, & populo exponantur.

8. Nemo vagetur per templa fub re Divina.

9. Decretum Concilii Conftantienfis de celebrandis tertio quoque anno fynodis obfervetur. Prælati quot tannis vifitent.

10. Acerrima inquifitio fiat in blafphemos &c.

11. Omnes genua flectant ad elevationem SS. Evchariftiæ.

12. In adminiftratione facramentorum nihil ridiculi admifceatur. Nec pœnitens nec confeffarius pœnitentiam injunctam revelet. Sigillum fanctius cuftodiatur.

13. Obfervetur ftatutum Concilii Conftantienfis & fanctionis pragmaticæ de refidentia Miniftrorum Ecclefiæ & præfentia in cultu Divino. Pfalmodia lentè & devotè peragatur.

14. Emendæ (*mulcta*) non dentur ad firmam (*non elocentur*) nec jus figilli Prælatorum.

15. Breviaria, Miffalia, aliique facri libri non imprimantur, donec exemplaria ab Ordinario accipiant.

16. Confraternitates non erigantur inconfulto Ordinario.   Nec fiant fumptus immoderati.   Pecuniæ earum convertantur in pios ufus. Contractus ficti & ufurarii vitentur.

17. Nu-

17. Numerus festorum coërcendus. Standúmque in his abrogandis Ordinarii arbitrio.
18. Studiosis non prælegantur libri, revocantes à sacris ceremoniis, & institutis ab Ecclesia approbatis.
19. Parochi visitent quandoque personaliter suas curatias.
20. Dimissoriæ non dentur promovendis, nisi debitè examinati fuerint, & inventi idonei, ac fidem fecerint de titulo mensæ. Promóti sine dimissoriis suspenduntur, quamdiu Ordinario visum fuerit.
21. Non dispensetur à Prælatis, ut curati relictis ovibus propriis inserviant alienis.
22. Moniales clausuram monasterii servent. Ac per omnia observetut *cap. periculoso unic. de statu regul. in 6.*
23. Religiosi extra claustra sua vagantes ab Ordinariis cogantur redire ad rectam semitam; & claustrum suum.

Addita sunt deinde aliquot Decreta circa Immunitatem Ecclesiasticam ab Officialibus Regis & Judicibus laicis violatam. Statutúmque, ut ea super re porrigatur Regi supplicatio. Moderamen etiam adhibitum censuris Ecclesiasticis, præsertim excommunicationi, ut eâ non feratur propter rem levioris momenti, neque pro prima contumacia : & in litteris contra participantes datis eximantur uxor, liberi, servi & ancillæ. Potiùs per viam interdicti ab ingressu Ecclesiæ esse procedendum.

Curati resideant, nec dispensetur, nisi causa cognita, & Vicariis idoneis substitutis. Ne tam facilè cœmeteria polluantur ac profanentur, claudantur muro aut pariete, aut sepe.

Decretum denique, ut intra biennium quatuor decimæ omnium fructuum ab omnibus Ecclesiasticis solvantur pro redemptione filiorum Regis, in Hispania pro patre obsidum; cum protestatione tamen, quòd per hujusmodi concessionem Concilium nolit contra venire Conciliorum Canonibus, sacrísque constitutionibus de solutione decimarum : sed solùm in casu, à Jure permisso, videlicet in redemptionem captivorum, citra præjudicium alicujus consequentiæ; non intendens libertati Ecclesiasticæ derogare.

Concilium Parisiense *anno* 1528.

HOc Concilium dicitur etiam *Senonense*, quia Parisiis celebratum fuit ab Archiepiscopo Senonensi Antonio à Prato S. R. E. Cardinale

87.

Aaaa 3   dinale

dinale Franciæ Primate & Cancellario. Qui fe etiam Germaniæ
Primatem fcripfit.

Digniffimum planè lectu eft hoc Concilium, licèt admodum
prolixum ; quia Novatorum & hæreticorum mores graphicè de-
pingit, eorúmque errores folidiffimè confutat. Quare cùm doctif-
fimam Polemicæ fynopfin contineat, rem non ingratam lectori me
facturum credo, fi prolixiùs aliquantò illud exponam.

Et in epiftola quidem encyclica ait Cardinalis, frequentem Conciliorum celebrationem agri Dominici præcipuam effe culturam, quæ
fpinas hærefeos extirpet, atque deformata reformet. Generalia
autem non facilè poffe adunari. Providè itaque à SS. Patribus
conftitutum, ut Metropolitani Provincialia convocent, quibus unà
cum fuis fuffraganeis irrepentibus animorum morbis digna cautione medeantur. Quod etfi femper non fegniter fuerit obfervandum,
maximè tamen nunc, ubi lethifer morbus corpus depafcat, & exitialis quædam animorum peftis immaniter graffetur, tantam enim
Lutheri & perditorum quorundam hominum aufpiciis luem in Orthodoxam fidem effe profeminatam, ut ferpenti cantagio ociùs opportuno remedio fit occurrendum. Eò namque dementiæ prorupiffe
perduelles Ecclefiæ, atque in eam perveniffe perfrictæ frontis im-
pudentiam, ut hærefiarchas à Chriftiana antiquitate damnatos, SS.
Patribus & Conciliorum decretis anteponant, fcripturam depravent,
& corruptam atque adulteratam in fuam fententiam detorqueant.
Ne itaque latiùs hic cancer ferpat, promulgata effe Concilii decreta, quibus exitiale Lutheri & cæterorum id genus hæreticorum
virus detegatur.

88.
De hæreti-
cis.
In præfatione ipfius Concilii dicitur, plurimos ab omni ætate
infurrexiffe hærefiarchas, at de omnibus victricem Chrifti Ecclefiam gloriofè triumphâffe. Refufcitari à Luthero iftorum hærefes :
cum Manichæo everti humani libertatem arbitrii, acfi decepiffet
nos Veritas, dum ait, noftræ poteftatis atque electionis effe, vias
noftras bonas vel malàs facere. Cum Aërio contemni Ecclefiæ
jejunia, corporífque efflictationes, & pro libertate fpiritus, carni
dominantis, in qua fita fit libertas Chriftiana, induci carnis licentiam. Cum Vigilantio, altero Epicuro, facerdotum cœlibatum explodi, quafi nihil fit, quo homines Divina adjuti gratia, diftent à
porcis. Cum Waldenfibus idiotis perturbari hierarchiam Ecclefiæ ;
tanquam liberum cuíque effet publicè prædicare verbum DEi. Cum
Marfilio Patavino omnem Ecclefiafticam jurisdictionem everti, & in
laicos transfundi. Cum Wiclefo in plures damnatas hærefes irrui.

Ex

Ex his aliorúmque veterum hæreticorum virulentis fontibus hauſſe calumnias atque hæreſes Lutherum, Melanchtonem, Carolſtadium, Zwinglium, Oecolampadium, & cæteros hujus execrandæ conjurationis complices. Quaſi verò magis ſit paucis temerariis errorum ſatoribus credendum, quàm omnibus Doctoribus, ſanctis Martyribus, Academiis, Epiſcopis, ſummis Pontificibus, Generalibus Conciliis ; quò ſtultíus dici nil poſſit, nec furioſius. Majorem nullam eſſe inſaniam, quàm prædamnatas tot retro ſæculis hæreſes revocare, atque ex inferis denuo ſuſcitare.

Sed quantumlibet tumultuentur, innumeras inſipientium catervas in perniciem, atque ad nefariam impietatem technis & fraudibus, alliciant, libros ſine fine ad firmandam execrabilem hanc ſectam conſcribant, nugas & calumnias ſuas compoſito fucatóque ſermone ſatagant adumbrare, totisque viribus in Eccleſiæ Catholicæ conſpirent exitium, inferorum tamen portas nunquam adverſus eandem prævalituras.

Hoc eo jam tempore (*quo Lutheraniſmus vix decem annos numerabat*) ſpectari, dum Lutherani inter ſe valde diſſideant : alii imagines retineant, alii deiiciant : alii baptiſmum iteratum ſuſcipiant, alii execrentur : alii corporis & ſanguinis Chriſti in Euchariſtia præſentiam profiteantur, alii ſignum tantùm aliquod adeſſe velint. Alii ſcripturam claram, alii obſcuram dicant. Has autem aliáſque diſcrepantias planè indicare, quàm à veritate ſint alieni. Veritatem ſiquidem ubique ſibi conſtare, nuſquam diſſidere ; non enim ſpiritum Dei eſſe ſpiritum diſſenſionis. Lutheranam itaque doctrinam à ſpiritu mendacii prodire ; nempe uſque adeò pudendos & execrandos in ea contineri errores, támque malè ſibi cohærentes, ut facilè deteſtanda appareat.

Hac doctrina maleſana ſcriptorum Catholicorum libros à Lutheranis corrumpi. Impiis præfationibus, annotationibus margini adjectis, ſcholiis, indicibus, ſerpentina malitia limpidiſſimos fontes inſici.

In prima ſeſſione editum fuit Decretum : quo dicitur, inſurrexiſſe nonnullos pſeudo-Chriſtos, & pſeudo-Prophetas, quorum dux & vexillifer Lutherus, hæreſiarchas, faſtuoſos, ſeditioſos, luciferiana ſuperbia ac rabie lupina erectos, quales Apoſtolus 1. Tim. 4. ad amuſſim exprimat, affirmantes, laicos & mulierculas æquè ac presbyteros poſſe abſolvere ac conſecrare, omnéſque Chriſtianos eſſe ſacerdotes ; cœlibatum ſacerdotum abiiciendum ; Monachis

chis & aliis voto obftrictis lafciviendi libertatem indulgendam. Qui
facros canones, Ecclefiæ ceremonias, receptásque laudabiles confuetudines impiè derideant ; atque ut nihil ad impietatem defit ,
facras fcripturas corrumpere , & ad fuos fenfus torquere præfumant, conviciis femper & maledicentiis pleni, aceto ubique & veneno perfufi. Articulos infuper infinitos ab eis diffeminari, aut
fcandalofos , aut temerarios, aut blasphemos, aut piarum aurium
offenfivos. Ac tandem fuper exitiali ac peftilenti veneno dogma-
tum, pleraque alia tam fœda ac malè olentia à haufeabundis evo-
mi, ut quafi ex profeffo habeant, decorem fanctæ matris Ecclefiæ,
fœdare , fpurcare ac contaminare.

    Excommunicat deinde facra fynodus, omnes hæreticos, om-
nésque univerfim, qui aliter credunt, aut prædicant, quàm Romana credit aut prædicat Ecclefia ; quæ etfi diverfa nonnunquàm
edidit decreta, nihil tamen eft in tanta decretorum multitudine ,
quod fidei orthodoxæ adverfetur : fed pro conditione temporum
ea, quæ ad difciplinam fpectant ftatuit, quæ conducibiliora funt
vifa. Excommunicantur etiam omnes credentes, receptatores, de-
fenfores, & fautores hæreticorum : fufpecti autem de hærefi, poft
unam vel alteram correptionem, decernuntur ab omnibus devi-
tandi.

    Damnati hærefeos, fi eam abjurare noluerint ; fi laici funt ,
ftatim judicio fæculari relinquendi funt : fi clerici, præfente ftatu
fæculari, à fuis ordinibus funt degradandi : & pronuntiandum eft,
ut eos fæcularis Judex in fuum forum recipiat. Et quia Epifcoporum numerus, per factos Canones ad degradationem requifitus ,
non facilè poteft congregari, folus Epifcopus, convocatis Abbatibus
aliisque Prælatis, poffit tales degradare. Relapfi in hærefin ftatim
judicio fæculari funt relinquendi. Relapfi autem cenfentur, qui in
Judicio hærefin priùs abjuraverant ; licèt crimen hærefis non plenè
fuerit probatum.

    Hæreticorum bona, fi laici fint, fifco applicentur fæculari , fi
verò clerici, Ecclefiæ, à qua ftipendium acceperunt. Confifcatio-
nis autem executio non fiat per Judicem fæcularem , nifi priùs à
Judice Ecclefiaftico fuper crimine fententia fit lata.

    Prohibentur deinde privata conventicula, libelli hæreticorum,
prædicationes occultæ, aut faciendæ ab eis, qui non funt legitimè miffi. *Quomodo enim prædicabunt, nifi mittantur ?* Fit denique
fupplicatio ad Regem, & Paftores animarum atque Inquifitores, ut
invigilent. Sequuntur Decreta fidei.

§. 1.

§. 1.

De unitate & infallibilitate Ecclefiæ.

ECclefiam ait, effe fponfam Chrifti, non habentem maculam *(quoad fidei morúmque doctrinam')* non effe proin feparandam à fponfo per ullam infidelitatem, fed cum ea futuram ufque confummationem fæculi, effe domum DEI , quæ columna eft & firmamentum veritatis, bené fundatam fupra firmam petram : in quam licèt defcendat pluvia , irruant venti , inundent flumina, everti tamen non poffe , neque portas inferi prævalituras adverfus eam. Non enim dormitabit neque dormiet, qui cuftodit eam : qui dedit quofdam quidem apoftolos, quosdem autem prophetas, alios verò Evangeliftas, aliós paftores & Doctores , ad confummationem fanctorum, in opus minifterii, ad ædificationem corporis Chrifti : donec occurramus omnes in unitatem fidei, & agnitionis filii Dei , in virúm perfectum, in ætatem plenitudinis Chrifti : ut jam non fimus parvuli fluctuantes, & circumferamur omni vento doctrinæ , in nequitia hominum, in aftutia, ad circumventionem erroris : fed maneat nobifcum in æternum fpiritus veritatis. Eam Ecclefiam effe tabernaculum illud cum hominibus, in quo habitabit cum eis , & ipfi populus ejus erunt, & ipfe Deus cum eis. Extra quam , ficut quondam extra arcam Noë, nemo falvus effe poffit, quin infurgentibus hærefum procellis obruatur. Eam ipfam unam effe domum, in qua agnus pafchalis manducati eft juffus, extra quam nulla participatio menfæ Domini. Eandem unicam domum Rahab, qua conclufi evadant exterminium urbis Jericho : unam igitur, fanctam & infallibilem Ecclefiam , quæ à veritate & orthodoxa fide deviare non poteft. *Unum corpus , unus fpiritus, unus Dominus , una fides.* Ephef. 4.

89.

§. 2.

De vifibilitate Ecclefiæ.

IN 2. *Canone* fynodus tractat de *vifibilitate Ecclefia.* Nam quis , inquit, contentionis modus , ubi provocatur ad Judicem , qui nec inveniri , nec inventus internofci poffit ; fi te corripientem frater tuus non audierit, dic Ecclefiæ, præceptum eft Domini. Quid autem craffius, aut quid inutilius fingi queat, fi prorfus occulta fit

90.

& imperveſtigabilis Eccleſia, cujus antiſtites monet Apoſtolus, uni-
verſo gregi, non utique inviſibili, attendere, in quo eos Spiritus S.
poſuerat Epiſcopos ad regendam Eccleſiam Dei ? An inviſibilis illa,
à qua pro Petro dum carcere tenebatur, aſſidua fiebat oratio, aut
in qua Timotheum converſari docet Apoſtolus. Non igitur fide tantùm interna, ſed confeſſione etiam fidei, & viſibili ſacramentorum
participatione conſtat, ſempérque conſtitit Eccleſia. Quiſquis igitur
inviſibilem & incertis ſedibus errantem dixerit Eccleſiam, non hæreſin tantùm dixiſſe, ſed hæreſum omnium puteum fodiſſe judicetur.

§. 3.
De authoritate Conciliorum.

21. *IN* 3. ait, ad Synagogam olim delatum eſſe, ſi quid difficile in
lege dubiúmque occurriſſet, non autem minùs adeſſe Deum Eccleſiæ, in ſacris conciliis generalibus congregatæ ac repræſentatæ. His
enim concliis ſi ea decernendi, quæ ad fidem, extirpationem hæreſum, Eccleſiæ reformationem & integritatem morum pertinent, poteſtas adimatur, nihil certum, nihil ſtabile futurum eſſe, nihil denique,
quo hæreticus ab orthodoxo internoſci poſſit, cùm ille frequenter
loquacior, & pervicacior, pluribus (licèt perperam intellectis) ſcrip-
turarum teſtimoniis falſò glorietur. Nec fuiſſe, quo veterum quorundam hæreticorum inſultus retunderentur, niſi Eccleſiaſtici proceres Apoſtolorum exemplo concilia celebrâſſent : quibus ſi ſua non
conſtet authoritatis, protinus velut ab inferis ſuſcitari hæreſes damnatas, neque defuturos, qui hinc Ario, inde Neſtorio, cæteríſque
id genus peſtibus ſint ſubſcripturi. Id autem ab Apoſtolis (quibus
Epiſcopi ſuccedunt) obſervatum, ut, ſive murmuri Græcorum occurrendum, ſeu pacanda ſuper legalibus orta ſeditio, non centurio-
nem, non promiſcuam è plebe multitudinem accerſerent, ſed præſentem ſibi Spiritum S. affirmarent, cujus inſtinctu, quod juſtum &
æquum eſſet, ſanciretur. Sanè ſi, ubi duo vel tres ſunt congregati in nomine Domini, continuò in eorum medio eſt Dominus, quantò magis ubi ſummus Pontifex cæteríque Primores Eccleſiaſtici conveniunt, ut hæreſibus ſubinde pullulantibus occurrant, & Dominicum agrum ſubortis expurgent zizaniis. Sanctam igitur & inviolabilem eſſe ſacrorum conciliorum univerſalium authoritatem, cui
quiſquis pertinaciùs refragatur, eum hoſtem fidei jure optimo cenſeri debere.

§. 4.

§. 4.

De Libris Canonicis.

*I*N *quarto canone* declaratur, ad Ecclefiam pertinere determinatio-   92.
nem, *quinam fint libri canonici:* afferitúrque, fummam quidem
effe S. Scripturæ auctoritatem, in qua nihil falfum, nihil otiofum
effe poffit, nullum tamen furrexiffe hæreticum, qui non fuum errorem fcripturâ tueri conaretur: nullam tam impùdentem & abfurdam
hærefin, quæ non facris eloquiis fe fe jactitet, fed corruptis, & à
genuino fenfu depravatis. Imò verò fi quis litteræ corticem tantùm
fuo fretus ingenio percurrat, fi penitiffimos fenfus cum Ecclefiafticis interpretibus non penetret, vix unquam confutaturum hæreticorum verfutias. Obortis igitur de fide diffidiis, fruftra fæpè fcripturam confuli, nifi litem dirimat certa & infallibilis auctoritas Ecclefiæ ; quæ canonicum librum ab apocrypho, catholicum fenfum ab
hæretico, germanum ab adulterino difcernat. Hac nempe velut in-
ternuntia, Patrum & conciliorum organis, à Spiritu fancto doceti
nos omnia, & fuggeri nobis omnia : fine quorum aufpiciis eos, qui
facræ fcripturæ fenfum habere fe jactitent, non intelligere, quæ loquuntur, fed videntes non videre, & audientes non audire. In
enumerandis igitur canonicæ fcripturæ libris, qui præfcriptum Ecclefiæ ufum & authoritatem non fequitur, facrum Carthaginenfe Concilium tertium, Innocentii & Gelafii decreta, & denique definitum
à SS. Patribus librorum catalogum refpuit, fpretifque orthodoxorum Patrum veftigiis, propriis fpiritus judicium fequitur, eùm velut fchifmaticum, & hærefeon omnium incentorem & fautorem
à tanta temeritate reprimendum: ne porro fodiat fibi cifternas dif-
fipatas, quæ continere non valent aquas.

§. 5.

De Traditionibus.

*I*N *quinto* definit, *aliqua firmiter effe credenda, quæ non continen-*   93.
tur expreffè in S. Scriptura, atque, perniciofo eos errore laborare, qui nihil admittendum putant, quod non è fcriptura de-
promptum fit. Multa quippe à Chrifto ad pofteros per manus Apoftolorum ore ad os & familiari colloquio effe transmiffa: quæ etfi in S.
Scriptura expreffè contineri non videantur, inconcuffè tamen effe

tenenda , ùt ritum baptifmi atque ceremonias, ufum genua fle-
dendi & orandi verfus Orientem, fignandi fe fanda cruce, vinum
in Sacrificio Miffæ mifcendi aqua &c. undionem in Sacramento confirmationis , pluráque id genus , quæ quafi per manus ab Apoftolis
emanârunt.   Ubi fcriptum , quod à Chrifto didum commemorat
Apoftolus : *beatius eft magis dare quam accipere* ? ubi fcripta , quæ
per dies à refurredione quadraginta Dominus cum Difcipulis , de regno Dei differuit ? quibus in libris S. Scripturæ continetur ipfum illud celeberrimum *Symbolum Apoftolorum* ? atque alia id genus multa ; quæ fi fcribantur per fingula , nec ipfum mundum (*juxta Joannem 21.*) arbitramur poffe capere eos , qui fcribendi funt , libros.
Hinc Paulum non eas tantùm traditiones juffiffe obfervari à Theffa-
lonicenfibus, quas per epiftolam , fed etiam quas per omnem fermonem didiciffent.   Neque prætermififfe putandum cætera , quæ circa
Evchariftiæ ritum Corinthiis fe difpofiturum, cùm veniffet, ultrò fpo-
ponderat.   Oportere itaque nos authoritati Patrum confuetudiníque
majorum, per tantam annorum feriem protelatæ, credere , eámque,
ùt antiquitus tradita eft , jugi obfervantia & reverentia cuftodire.
Quam fi quis eo prætextu pertinaciùs rejiciat, quòd non legatur in
fcripturis facris, ùt hæreticum & fchifmaticum habendum,

§. 6.

De Conftitutionibus.

94. *S*Extus Canon agit de *Conftitutionibus humanis & confuetudinibus* :
     aitque , cùm tanta fuerit Synagogæ majeftas, tanta Levitici or-
dinis audoritas , ùt nolens obedire facerdotis imperio , qui eo tempore Domino miniftrabat , decreto Judicis moreretur , ut hac animadverfione tollatur malum de Ifraël, nullúfque deinceps intumefceret fuperbia , qua fronte hæreticus in eam prorumpat audaciam,
ut quidquid fcriptura non expreffum , fed à facrofandis Conciliis &
fummis Ecclefiæ Pontificibus, ftatutum fit, aufu temerario refpuat,
& fubfannet ? An nefcit verba Chrifti ? Qui, ne quifpiam à præftanda fcribis & Pharifæis obedientia ob apertam etiam morum impuri-
tatem avocaretur, *omnia*, inquit Matth. 23. *quæcunque dixerint vobis, fervate & facite* ; *fecundum autem opera illorum nolite facere.*
Et ad fuos converfus, quibus fuam regendam committebat Ecclefiam : *qui vos audit*, inquit Luc. 10. *me audit* : *& qui vos fpernit,*
                                                          me

me spernit. Atque id optimo quidem jure : nam cùm filios patribus, & subditos sublimioribus potestatibus oporteat esse subditos, non solùm propter iram, sed etiam propter conscientiam, nec in iis tantùm, quæ jure Divino cauta sunt, sed etiam quæ ad familiam aut rempublicam pertinent, quantò magis patribus spiritualibus, & præpositis oportet obedire & subjacere eis, qui pervigilant, tanquam rationem pro animabus nostris reddituri ? Quæ omnia cùm priscis olim patribus essent persuasissima, non inveniebatur, qui non ultrò jussa capesseret, cùm Synagogæ primores jejunium aliquod aut dies festos indicerent, vel Apostoli à sanguine, suffocato, & idolothytis abstinendum esse. Quin Paulus hominem contentiosum, legem illam de velandis mulieribus, non probantem, fortè, quòd ea non inniteretur scripturæ, Ecclesiastica consuetudine refellendum censuit, quæ contentiones hujusmodi non admittit. In omnibus igitur, in quibus nihil certi definivit scriptura, mos populi Dei, & instituta majorum pro lege habenda sunt : & sicut prævaricatores Divinarum legum, ita contemptores Ecclesiasticarum consuetudinum coërcendi.

§. 7.

De Jejuniis.

95.

IN septimo de *Jejuniis Ecclesiasticis* inquit ; cùm in omni Ecclesiastica lege honestas quædam & spiritualis profectu elucescat, in indicendis tamen jejuniis insigniter emicare : quibus nihil aptius retundendæ carnis petulantiæ potuisset institui ; cùm id genus dæmoniorum jejunio tantùm & oratione pellatur. Nec quidquam, exemplo Mosis (*Exod. 34.*) promovendæ mentis puritati commodius : nec exemplo Ninivitarum, (*Jonæ 3.*) ad impetrandum, aut Deum placandum efficacius ab Ecclesiasticis quondam Præsidibus potuisse ordinari. Unde Apostolos quadragesimale jejunium sanctificâsse, quo Christi fideles, non tam Moysen aut Eliam, quàm Christum imitati, totius anni decimam persolverent. Quæ verò à Callisto Papa & Martyre in quatuor anni partes discreta sunt jejunia (*distinct. 76. c. 1.*) quarti, quinti, septimi & decimi mensis legem referre ac figuram adimplere : & velut quasdam nostri temporis primitias sub illis quatuor anni partibus offerri (*de consecr. dist. 3. & 5. &c.*) ea quidem observantia, ut duodenarius dierum numerus duodecim mensibus respondeat. Nec dissimili religione statuta esse vigiliarum jejunia, quo puriores sactis solennitatibus accedamus.

Nihil

Nihil infuper fanctius, nih l utilius potuiffe inftitui, quo puriens carnis lafcivia fraenaretur, quàm ut ftatutis jejuniorum diebus à carnis efu temperemus. Si quis igitur Aërianorum errorem, duodecim ante fæcula jam damnatum, & à Joviniano, Vigilantio, Valdenfibus, Wicleffo, Huffitis, & Lutheranis fufcitatum, fecutus, Ecclefiaftica jejunia, & præfcriptas à Patribus abftinentias non fervaverit, aut non obfervanda duxerit, eum facrorum conciliorum auctoritate effe anathema.

§. 8.

De Cœlibatu.

56. *CAnon octavus Cælibatum facerdotum* commendat, aítque, non fatis effe vifum Lutheranæ factionis auctoribus, fi quis in fordibus eft, fordefcat adhuc, nifi quàm plurimos exleges facerdotes & indifciplinatos Monachos, qui jam dudum impudicitiæ fræna laxaverent, in facrilegos inceftus ac nefandas libidines fecum præcipitáffent. Ut enim, qui lafcivia diffluebant, plures haberent fui fimiles, & coacervata mutitudine fuam utcunque turpitudinem obumbrarent, in eam prorupiffe audaciam, ut facerdotes Evangelicos nulla cœlibatus lege teneri velint : fed contra totius Ecclefiæ ritum, & præfcriptam ab ejus incunabulis confuetudinem, liberas quibufcunque poft adeptum facerdotium affirment nuptias. Leviticis quidem facerdotibus licita fuiffe conjugia, utpote qui paucis tantùm diebus fua vice miniftrarent, & ex ea tantùm tribu jure fucceffionis facerdotio fungerentur. At facerdotio Chrifti, utpote fublimiori & excellentiori, fuperinductas de jure fuiffe nuptias, carere exemplo, & tanquam ab Apoftolis interdictum fecundo Carthaginenfi Concilio prohiberi. Neque potuiffe quidquam fanctius inftitui, quò miniftri puriores facris accedant altaribus, & jugi pene facramentorum adminiftrationi reddantur aptiores, quàm neminem nec ad fubdiaconatum quidem admitti, nifi perpetuæ caftitatis voto fe fe adftringeret. Si enim in lege veteri ii tantùm facris panibus vefcebantur, qui ab uxoribus mundi erant, fi procul à fuis domibus habitabant, quibus fua vice facrificandum erat, ne conjugum forte polluerentur amplexibus, fi, quibus orandum, à conjugali commercio ad tempus fit abftinendum, fi denique à viduis, quas fuis fumptibus alendas Ecclefia quondam admittebat, continentiæ votum exegerit, jure quidem optimo à fummis Pontificj.

ficibus, & farctis Ecclefiæ Conciliis ind ctum effe, utqui facris ultro fe fe ordinibus manciparent, perpetuo caftitatis vinculo necte-
rentur. Nam *qui fine uxore eft, follicitus eft, quæ Domini funt,*
quomodo placeat Deo : qui autem cum uxore eft, follicitus eft, quæ
funt mundi, quomodo placeat uxori, & divifus eft. 1. Cor. 7. de-
gravari animum & ad terrena deiici per ufum. matrimónii, amore
filiorum avarum & follicitum reddi. Quisquis igitur contra SS.
Conciliorum & Patrum decreta, facerdotes, Diaconos, aut fubdia-
conos lege cœlibatus non teneri docuerit aut liberas illis concefferit nuptias, inter hæreticos effe numerandum.

§. 9.
De Votis.

IN nono, *de votis præfertim monafticis,* Concilium Lutheranos re-   97.
prehendit, quòd ea non vanitatis tantùm, fed & impietatis ac-
cufent, quafi vota ejusmodi libertati Chriftianæ præjudicium afferant, nec fatis in noftra fit poteftate jugis illa perpetuáque cafti-
tas. Cùm tamen nulla fit major libertas, quàm cùm repreffa carnis tyrannide corpus in obfequium Chrifti trahitur, & fpiritús do-
minatur. Neque quidquam effe, quod non poffimus in eo, qui
nos confortat : cùm non patiatur nos tentari fupra id, quod poffumus, fed faciat cum tentatione proventum. Hinc commendari à
Domino eos, qui fe ipfos caftraverunt propter regnum Dei : atque Apoftolum Paulum fæpiùs ad perpetuæ Virginitatis obfervantiam inftigâffe.
Cúmque Chriftus apertè fuaferit, ut qui vult perfectus effe, ab-
neget femet ipfum, vadat, vendat omnia; & det pauperibus, ad
perpetua tum obedientiæ tum paupertatis vota cohortari. Reddenda igitur vota Domino. Si quis fecùs fecerit, aut hæretica pravitate
corruptus fecùs facere licitum effe docuerit, eum velut juris Divini
atque naturalis infractorem, & SS. Conciliis injurium condigna
animadverfione plectendum.

§. 10.
De Sacramentis.

IN 10. de *feptem facramentis* tractat, fingulíque à Chrifto Domino   98.
inftituta, gratiam dignè fumentibus conferre probat, tum ex S.

Scrip-

Scripturæ oraculis, tum ex antiquiſſima Eccleſiæ doctrina, uſu ac conſuetudine. Ac denique concludit, hæreticum eſſe habendum, qui ſeptem Sacramenta non admittit.

§. 11.

De Miſſa.

IN 11. de *ſacrificio Miſſæ*, quod eſu agni paſchalis, manna, cæteríſque prope omnibus Moſaicæ legis ceremoniis figuratum ſit. Neque enim legem eſſe poſſe, quæ careat ſacrificio ac ſacerdotio. Chriſtum, ſacerdotem in æternum ſecundum ôrdinem Melchiſedech ſacrificium obtuliſſe, quod exteriore panis & vini oblatione veteri illi reſponderet. Quam oblationem in ultima cœna factam fieri juſſit ab Apoſtolis, eorúmque ſucceſſoribus, in ſui commemorationem *Luc.* 22. Hoc eſſe holocauſtum, hanc victimam pro peccato, hanc hoſtiam pacificam, hoc juge ſacrificium, hanc mundam illam oblationem, quam Malachias prædixit, in omni loco offerendam. Nihil igitur in ſacrificiis majus eſſe poſſe, quàm corpus & ſanguinem Chriſti, nullam potiorem oblationem. Qua in re cum univerſali Eccleſiæ ritu conſentire tam apertè SS. Patres, Ignatium, Irenæum, Cyprianum, Athanaſium, Chryſoſtomum, ac reliquos poſteriores, & Concilia prope innumera; ut, qui contrarium ſenſiſſe præſumpſerit, manifeſtam hæreſeos labem incurrat.

§. 12.

De Purgatorio &c.

99.

IN 12. de *ſatisfactione, purgatorio, & commemoratione defunctorum* agitur, videlicet, illud imprimis fuiſſe hactenus obſervatum, eos, qui hæreſibus procudendis animum intenderunt, ea ſibi dicenda putare, quæ maximè placitura videantur; quo prurientes multitudinis aures demulceant, & à ſeverioribus avertant. Hac ratione Mahometicam quondam peſtem invaluiſſe: hoc aucupio Lutherum plures illaqueare, dum ſimul cum culpa ſemper omnem cujusvis pœnæ temporalis reatum aboleri contendat: purgatorium tollat, & quò laicos graviùs in Clericorum odium exaſperarɛt, ſacrificia, oblationes, & omnes id genus pro defunctis orationes,

recens

recens esse sacerdotum commentum impudenter asseveret. Prævidisse etenim versutum artificem; nihil effræni plebeculæ fore jucundius, quàm si facillima in cælum prædicetur via. Ne igitur incautus fortè quispiam, vafris hujusmodi blanditiis pellectus, errorum scopulis illidatur, sacrum Provinciale Concilium decernit, firmiter tenendum, culpa per pœnitentiam abolita, frequenter superesse temporalis pœnæ reatum, velut superstites quasdam peccati reliquias, quæ per dignos pœnitentiæ fructus veniant expiandæ. Hinc iniquitate & culpa peccati Israeliticæ plebi murmuranti, ac postea Davidi dimissa, pœnam adhuc temporalem fuisse irrogatam. Superabundantem quidem esse atque exuberantem Christi satisfactionem, per baptismum & pœnitentiam nobis applicatam, non eam tamen semper esse pœnitentiam, ut reatum etiam omnem pœnæ extinguat. Cùm autem residuæ ejusmodi pœnæ temporalis, aut venialis tantùm peccati reum repente nonnunquam interire contingat, de omni verbo etiam otioso rationem redditurum, nec illi pateat aditus in cœlestem illam Jerusalem, in quam nihil intrat coinquinatum, nec tamen gehennæ subjaceat, quippe qui gratiæ sit particeps, ac pœnæ tantùm temporalis debitor, purgari priùs debet, de sua semper interim salute securus. Sancta igitur & salubris est cogitatio pro defunctis exorare, ut à peccatis solvantur. Nec abs re ab Apostolis traditum, ut in sanctis mysteriis agatur commemoratio defunctorum. Sciebant enim inde multam utilitatem contingere. Cùm igitur tam sanctum Apostolorum institutum ab initio Ecclesiæ ex S. Dionysio (*Ecclef. hier. c. 7.*) legamus observatum, ac in Cabilonensi, pluribúsque subin Conciliis promulgatum, quisquis Catharorum, Armenorum, Wicleffi, Bohemorum, Lutheri, aut Valdensium, exemplo, hos errores cum Concilio Constantiensi non damnârit, hæreticæ pravitatis pœnas incuriat.

§. 13.

De Invocatione sanctorum.

Anon 13. de *invocatione Sanctorum* disserit : sicut abyssus abyssum invocat, & scelus scelus trahit, in eam hæreticos incidisse insaniam, ut qui piis animabus, quæ purgatorio detinentur, suffragia vivorum adimunt, vicissim quoque vivos defraudent auxiliis sanctorum, qui in cœlis sunt : quasi vel preces nostras non audiant, vel nostris calamitatibus non tangantur ; aut quasi id Christo Divinæque

Pars VII. Cccc que

que clementiæ deroget. Sed quàm ista non modò veritati fed etiam
fcripturæ fint contraria, facilè intelligere eum, qui novit, pervium
effe beatis illud Divinitatis fpeculum, in quo, quidquid eorum interfit, illucefcat. Adeffe etiam nobis Angelos, ut olim Danieli ac
Tobiæ, qui preces noftras offerant, quorum fuffragium imploramus.
Deinde qui fieri poffit, ut noftris non afficiantur incommodis, quibus tantum gaudium in cœlo fuper uno peccatore pœnitentiam agen-
te ? Abraham pro falute Sodomorum interpellavit apud Dominum :
an nunc, immemor filiorum, non oret pro iis, qui in hoc procello-
fo mari adhuc conftituti diris jactantur mundi fluctibus ? hinc illa,
quam in fymbolo credimus, *communio fanctorum.* Hinc Angelus ille
Zachariæ, & Jeremias, jam dudum in finum Abrahæ receptus, multùm orant pro populo & fancta civitate. Sed neque Divinæ benig-
nitati aliquid decedit, quæ infima per media moderatur & regit.
Neque minùs eft unus mediator Dei & hominum JEfus Chriftus, fi
juxta facram Aurelianenfis Concilii aliorumque complurium inftitutionem litaniis ad aliquos fanctorum convertamur, Chrifto tamen accepta
ferantur omnia ; per quem omne id genus interveniendi munus ,
cæteráque in humanum genus beneficia derivantur. Abfit igitur ,
ut apud aliquem tanti fint hæreticorum præftigiæ, ut cum Manichæis, Catharis, Bohemis & Valdenfibus, beatis illis cœleftis aulæ
proceribus cultum exhiberi non finat, dicata Martyribus templa
fubfannet, aut dies feftos celebrari vetet.

§. 14.
De facris Imaginibus.

101.   IN 14. propugnat *venerationem facrarum Imaginum*, aitque : fi tam
         candidè quàm curiosè hæreticus ea loca perluftráffet, quibus
fcriptura paffim ab idolorum & fimulacrorum cultu revocat, nequaquam certè tanto ftrepitu Chriftianos ab imaginum honore de-
terreret. Neque enim Catholicus quispiam, dum fanctam Chrifti
veneratur imaginem aliquod Numen ei fubeffe putat, aut quafi
Deum colit : fed ob recordationem filii Dei, ut in ejus amore in-
calefcat, illúmque adoramus, quém imago nobis repræfentat : non
majore quidem idololatriæ periculo, quàm cùm in nomine JEfu
omne genu flectitur : quem enim vocula autibus infinuat, hunc
eundem imago oculis repræfentat. Accedit infuper ex imaginibus
idoneum indoctæ plebi rudimentum, ut uno fæpe intuitu plura fib
                                                              pro

proponat ad imitationem virtutum exempla, quàm multa librorum
lectione comprehenderet. Non abs re igitur Apostoli (Damascene
teste lib. 4.) vivificam crucem & sacras erexerunt imagines, quæ
ab initio Ecclesiæ debita semper veneratione sunt cultæ.   Quin &
ab Augustino moribundis proponi jubentur (*lib. de visit. infirm.*)
& a Gregorio M. tum ad Recaredum, tum ad Secundinum missæ
leguntur.   Et insurgentibus tandem imaginum eversoribus Romani
Pontifices, Constantinus, Gregorius II. & III. Paulus I. Stephanus III. & Hadrianus I. cum multis aliis sanctis viris, tanta animi
constantia restiterunt, ut Iconomachi in septima dein apud Nicæam
synodo unanimi Patrum sententia damnarentur.   Quisquis igitur
de Christi, vel sanctorum imaginibus aliter senserit, is Christo &
sanctis injurius pestiferam hæreseos luem se noverit incurrisse.

§. 15.
De libero Arbitrio.

IN 15. *liberum arbitrium* asserit, inquiens : etsi nulla sit tam aper-   102.
ta Catholica veritas, nullus tam manifestus S scripturæ locus,
quem non hæretici suis cavillis & tergiversationibus eludant, nulla
tamen in re tam impudenter debachari, quàm in exterminando
profligandóque libero arbitrio.   Nihil Christi fidelibus perniciosius
potuisse excogitari, quàm si vel seducti à Pelagio sine præsidio Divinæ gratiæ omnia sibi tumidiùs arrogent, vel cum Wicleffo fatis committant omnia.   Nihil hoc pacto reliquum fore tum Divinis legibus tum humanis : nullum consiliis aut electioni, nullum
precibus aut objurgationi, cæterísque id genus locum.   Nullam
denique futuram justitiam, qua aliis pœnæ, aliis præmia sunt constituta, si inevitabili necessitate omnia eveniant.   Prodiisse hunc
errorem primitus apud gentiles, sed mox ab omnibus sapientibus
explosum, evidenti experimento humanæ menti se manifestante libertate   Reliquit videlicet Deus hominem in manu sui consilii,
apposuítque coram eo ignem & aquam, bonum & malum, ut, ad
quodcunque voluerit, porrigat manum suam.   Nec abs re beatus
ille dicitur, qui potuit transgredi, & non est transgressus, facere
mala, & non fecit : quòd sub eo sit appetitus ejus, & dominetur illius.   Et quid in sacris scripturis magis obvium, quàm liberum in utramvis partem hominis arbitrium ? neque tamen propterea Divina excluditur gratia : sed voluntas humana misericordiæ

præveniensis auxilio fuffulta, & interiori infpirationis afflatu com-
tacta fe fe convertit ad Deum. Sed neque tanta gratiæ neceffitas
præjudicat libertati arbitrii, cùm illa femper fit præftò, ftante Domino ad oftium & pulfante : neque tale fit hujufmodi trahentis
Dei auxilium, cui refifti non poffit. Quoties enim Dominus vo-
lúit congregare filios Jerufalem, ficut gallina congregat pullos fuos
fub alas, & noluerunt? Fruftra certè Sephanus Judæos duræ cervi-
cis argueret, qui femper Spiritui S. refifterent. Fruftra Paulus Thef-
falonicenfes admoneret, fpiritum ne extinguerent, fi Divinis infpira-
tionibus humanæ mentes inevitabiliter raperentur. Trahit quidem
Deus, fed in ejus odorem currimus; non vi, non unco raptamur.
Prædeftinat, eligit, vocat, fed eos demum adultos glorificat, qui in
fide & charitate radicati per bona opera certam fuam vocationem
& electionem fecerint. Et licèt attingat à fine usque ad finem fortiter, difponit tamen omnia fuaviter. Hanc igitur hærefin, libertatem arbitrii abnegantem, facra fynodus non tam damnat, quippe
jam olim ab Ecclefia & SS. Conciliis damnatam, quàm communi
hominum fenfui, & apertis fcripturæ teftimoniis declarat contrariam.

§. 16.
De Fide & operibus.

103. *ULtimus* Concilii Senonenfis Canon eft de *fide & operibus*. Frequens illud eft, inquit, apud imprudentes, & qui non tam animi moderatione quàm impetu feruntur, ut dum ab altero vitiorum
incautè diffugiunt, in alterum prolabantur. cujus rei Lutherus fidem facit, qui dum operum fiduciam nimis infectatur, nihil tandem
operibus reliquum facit, atque ita folius fidei patrocinium fufcipit,
ut folam agnofcat, opera reiiciat & condemnet. Verùm fi rectè per-
pendantur, quæ pro fide producit è fcripturis teftimonia, reliquas
virtutes non excludunt. Quæ verò contra opera citat, ea omnia vel
ad nimiam in operibus fiduciam, vel ad legales ceremonias pertinent. Fide quidem vivimus, & fine hac eft impofsibile placere Deo.
Si quis nihilominus habeat omnem fidem, ita ut montes transferat,
charitatem autem non habuerit, nihil eft. Fide juftificamur: fed
& fpe falvi facti fumus. Et dimiffa funt Mariæ Magdalenæ peccata
multa, quoniam dilexit multùm. *Si quis enim diligit me,* ait Dominus Joan. 14. *fermonem meum fervabit, & ad eum veniemus &c.* &
Paulus 1. Cor. 13. *nunc igitur manent fides, fpes, & charitas, tria*
hæc

hæc , major autem horum eſt charitas , & in juſtificando potior :
quandoquidem fides ſine operibus mortua eſt. At charitas non eſt
otioſa, ſed per bona opera ſatagit, ut certam noſtram vocationem
& electionem faciat : non enim Auditores legis juſti ſunt apud Deum,
ſed factores legis juſtificabuntur : dum ille reddet unicuique ſecundum opera ſua; & unusquisque mercedem accipiet ſecundum laborem ſuum : cùm omnes nos manifeſtari oporteat ante tribunal
Chriſti , ut referat unusquisque , prout geſſit , ſive bonum ,
ſive malum. Ubi eos, qui à ſiniſtris erunt, non ſolùm increpabit
Dominus , quia non crediderunt, ſed quia operibus miſericordiæ
non vacârunt. Eos autem, qui à dextris erunt, commendabit non
tam à fide , quàm à bonis operibus : opera enim illorum ſequun-
tur illos. Talibus ſiquidem hoſtiis promeretur Deus : non quidem
abſoluta condignitate (*neque enim condignæ ſunt paſſiones hujus ſæcu-*
li ad futuram gloriam , quæ revelabitur in nobis. Rom. 8.) ſed merito fundato in gratuita & liberali promiſſione , quâ facta conventione de denario diurno, conduxit operarios in vineam ſuam : quâ,
inquam, qui ſuffert tentationem, cùm probatus fuerit, accipiet coronam vitæ, quam repromiſit Deus diligentibus ſe , & ei , qui fidem ſervaverit, certaverit bonum certamen, curſum conſummave-
rit, coronam juſtitiæ reddet in illa die juſtus judex , qui nos ,
etſi ſervos inutiles, ſua miſericordia dignos facit, ut veniamus in
partem ſortis ſanctorum. Non juſtificat igitur ſola fides, ſed magis
charitas, nec quævis opera peccata ſunt ; ſed eatenus adultis ad
ſalutem neceſſaria, ut meriti quoque rationem non reſpuant.

His eruditiſſimis juxta atque fundatiſſimis 16. Canonibus dog-
maticis, (quos utinam legerent, & pacato pauliſper animo perpen-
detent Novatores) addidit idem *Concilium Senonenſe* 40. decreta morum, ex variis Juris Canonici partibus deprompta.

§. 17.

Decreta Morum.

Eadem Pariſienſis ſynodus Provincialis, Præſide Reverendiſſimo 1044
in Chriſto Patre ac Domino Archiepiſcopo Senonenſi, præſentibus Reverendis in Chriſto Pattibus Epiſcopis ejusdem ſuffraganeis,
videlicet Carnotenſi, Pariſienſi, Meldenſi, Antiſſiodorenſi, Trecenſi,
Nivernenſi, & Vicario Epiſcopi Aurelianenſis, 40. Decreta ad mores ac diſciplinam ſpectantia adjunxit : quorum hæc eſt ſumma.

1. Oran-

1. Orandum in Ecclefiis pro pace.
2. Pro facra adminiftratione nihil exigendum.
3. Ordinandus teftimonium habeat à Parocho, in quo contineantur duo vel tres teftes jurati de ætate ac moribus. Tum exploranda fcientia.
4. Cùm in dedecus Clericalis Ordinis vergat mendicitas, nullus fub-diaconus ordinetur, nifi fufficienti titulo Beneficiali aut patrimoniali provifus.
5. Quamvis Epifcopus originis, domicilii, aut Beneficii, ficut Ordinare, fic etiam Dimifforias dare poffit, priùs tamen inquirat de ætate, moribus, litteratura, titulo ; déque iis in litteris fiat mentio.
6. Promoti ad facerdotium absque legitima ætate, moribus, fcientia, fufpendantur.
7. Quia nonnulli fuæ incapacitatis confcii, examen fuorum Epifcoporum fugientes, absque litteris dimifforiis ad Romanam Curiam fe conferunt, ibíque ordinantur, etiam extra témpora, & tribus fucceffive diebus, à quibúsdam, qui fe dicunt Epifcopos, poteftatem habentes à Papa : talibus Epifcópi non permittant executionem fuorum Ordinum, nifi vifis, idoneis litteris de ordinandi poteftate à Papa concefsa. Ac tum examinentur de ætate, moribus, fcientia, titulo. Si deficiant, fufpenfi declarentur.
8. Ad Curam non admittantur, nifi priùs ritè examinati, licèt inftituti aut provifi fuerint per fedem Apoftolicam.
9. Indigni non admittantur ad Beneficia. Admiffi fufpendantur, donec fe dignos reddant.
10. Invaluit confuetudo irrationabilis in quibusdam Cathedralibus & Collegiatis, ut Canonici per intereffentiam unius dei fructus groffos totius anni percipiant. Unde vagandi materia oritur, cultus Divinus minuitur, & officium, propter quod datur Beneficium, omittitur, Clericis ignaris tenui pretio conductis, qui Divinum officium, non fervatis temporum interftitiis, uno contextu perfunctoriè percurrunt. Talis confuetudó tanquam Ecclefiis nociva caffatur & revocatur. Canonici fint ipfi præfentes ; & fructus groffi majori ex parte in diftributiones quotidianas convertantur.
11. Rectores Ecclefiarum (quorum fingularis electa eft induftria) compellantur perfonaliter refidere ; nec difpenfetur absque caufa probabili. Singulis Dominicis in Parochiis annuntient præcepta Decalogi, & articulos fidei. 12. Mo-

12. Moneant frequenter Parochianos, ut diebus Dominicis & Festis
Missæ parochiali intersint: atque ut frequenter confiteantur, &
communicent, præsertim in festis solennibus, ac tempore periculi mortis. Nec peregrinentur sine litteris testimonialibus
sui curati. Attendant diligenter curati, an saltem semel in
anno communicent.

13. In Parochiis singulis diebus Divina Officia peragantur. Et universim sacræ fundationes impleantur, & earum litteræ Ordinario exhibeantur. Capellæ de novo non erigantur sine ejusdem licentia.

14. Non licet in Oratoriis privatis Missas celebrare prætextu dispensationis sedis Apostolicæ, nisi litteris dispensationis ab Ordinario recognitis. Neque in Capellis hospitiorum permittantur peregrini Missas audire.

15. Ne populus distrahatur à Missa Parochiali, & auditione mandatorum Dei & Ecclesiæ, in Capellis non legantur Missæ, præsertim die Dominica, nisi quæ à fundatore sunt præscriptæ, eæque post Missam Parochialem. Episcopi non facilè consecrent
altaria portatilia, præsertim pro domibus privatis.

16. Cessent in Ecclesiis omnes profanæ actiones, conversationes, &
quæcunque Divinum cultum perturbare queant. Nec fiat deinceps festum fatuorum aut innocentium.

17. Musici cantus sint discreti, moventes cor ad devotionem &
compunctionem, rejectis cantilenis publicis & lascivis. Sit
igitur psalmodia modesta & devota. Instrumentis etiam mu-
sicis nil nisi pudicum & devotum resonet.

18. Psalmodia fiat horis debitis non cursim sed tractim, distinctè
ac devotè. Psallentes talari tunica & superpelliceo sint decenter
vestiti. Ad *Gloria Patri &c.* omnes surgant. Ad nomen JEsu
caput inclinent. Nemo ibidem aliud agat.

19. Qui sub re Divina foris aut in Ecclesia deambulat, aut con-
fabulatur, totius distributionis illius diei fructum amittat. E-
tiam privatim Officium recitantes, non intra dentes verba
detineant, sed distinctè pronuntient.

20. Tabula Officiariorum in choro ponenda, nec ante finem Officii discedant. Aliàs distributione illius diei careant.

21. Canonici admissi statim fructus grossos percipiant, nisi aliud
habeat fundatio. Reprobatur autem consuetudo, qua seniores juniorum portionem per tempus aliquod capiunt.

22. Re-

22. Regularis difciplina reftauranda, in victu, veftitu, moribus, juxta cujuslibet Religionis inftitutum.

23. Clerici per decentiam habitus externi internam morum honeftatem oftendant.

24. Veftes Clericorum fint talares, honeftæ absque fordibus, & vanitate. Nec comam nec barbam nutriant. Tonfuram geften. Pannis rubeis & viridibus non utantur.

25. In inceffu quoque honeftatem exhibeant. In converfatione autem cum laicis tales fe exhibeant, ut neque ex nimia familiaritate incurrant contemptum, neque ex faftu judicentur elati. In publico non ludant cum laicis. Ab alearum fufu, aliifque, quæ à forte pendent, omnino abftineant. Procul abfint à choreis, hiftrionum fpectaculis &c.

26. Incontinentes, concubinarii, venatores, & fæcularibus negotiis impliciti Clerici pœnis coërceantur.

27. Monafteria, quæ non habent fufficientes reditus ad plures fuftentandos, uniantur.

28. Moniales tot fufcipiantur, quot fuftentari poffunt. Sed pro ingreffu nihil petatur. Claufura exactè fervetur.

29. Vifitanda diligenter hofpitalia &c.

30. Nulla nova confraternitas erigatur absque confenfu Ordinarii. Rationes reddant. Reprobantur juramenta fervandi earum ftatuta; non tamen ea, quæ deponuntur à procuratoribus, confraternitatum & Ecclefiarum.

31. Excommunicationes non ferantur, nifi ex gravi caufa, eáque cognita fecundum formam Juris; neque pro injuriis verbalibus, nifi fint valde atroces.

32. Sæpiùs vifitentur parochiæ, in quibus fama eft habitare aliquos hæreticos, & ab incolis juramentum exigatur, an fciant aliquos hæreticos, aut celebrari conventicula. Contra nolentes jurare tanquam fufpectos de hærefi canonicè agendum.

33. Quia hæreticorum mos eft facram fcripturam convellere, ac relicto vero fenfu ad fuam phantafiam contorquere, doctorum item facros libros fcholiis, annotationibus marginalibus, ac depravatis futelis inficere, fub pœna excommunicationis, ipfo facto incurrendæ, prohibetur, ne libri etiam facri edantur absque fpeciali Ordinariorum permiffione, Alibi impreffi fub eadem pœna vetantur importari in Provinciam, vendi, aut diftrahi.

34. Libri de fide aut moribus tractantes, à 20. annis editi ad Diœcefanum ferantur ad examen.

35. Cùm

35. Cùm falfi prædicatores & quæftores quandoque fubintrent, prohibetur, ne ulli prædicationis officium permittatur, nifi ab Epifcopo ejúfve Vicario approbatus aut miffus fuerit. Prædicetur fincerè Evangelium, cum decenti gravitate & modeftia, abfque vanis, profanis, poëticis, futilibus, ridiculis, aut fubtilibus fermocinationibus.

36. Sint prædicatores difcreti; innitantur interpretationi S. Patrum. Inftruant in præceptis Dei & Ecclefiæ. Vitiorum odium, virtutis amorem inftillent, pro fcopo habentes honorem Dei & falutem animarum, omni vanitate & oftentatione procul habita. Ne Auditores ad rifum concitent. Ne facerdotali Ordini aut Principibus detrahant.

37. Illi foli Mendicantes habent poteftatem abfolvendi, qui à fuis fuperioribus eledti fuerint idonei, probi, periti, difcreti, modefti, atque Ordinario præfentati.

38. Quoniam Abbates quandoque attentant Confirmationis Sacramentum conferre, idque ex confuetudine præfcripta ad fe pertinere dicunt, confuetudo hujusmodi reprobatur; quia hæc impofitio manuum à Chrifto primò inftituta, & ab Apoftolis recepta, folis Epifcopis (qui Apoftolorum funt fucceffores) refervata eft. Si qui fint, qui contendant, hanc poteftatem fibi competere ex privilegio, illud exhibeant, cùm fuerint requifiti. Idem ftatuitur de illis, qui calices confecrant.

39. Cùm matrimonium, à Deo in paradyfo iuftitutum, in lege Evangelica tefte Apoftolo fit facramentum, proin magna cum reverentia & devotione fufcipiendum, utpote à quo, uti à reliquis facramentis, gratia confertur, prohibetur in nuptiali benedidtione omnis levitas, verba ridicula &c. Sponfi jejuni, contriti, & confeffi, de die illud fufcipiant. Clandeftinè verò contrahentes ex communicationi ipfo fadto fubjaceant.

40. Abfint ab Ecclefia Dei omnes lafcivæ imagines, aut minùs modeftæ, aut quæ ad devotionem non incitent, aut veritati fcripturæ non conveniant. Ne quis pofthac miraculum de novo fadtum prætendat, aut ejus prætextu capellam, aut altare erigat, nifi priùs loci Epifcopus de negotio quid fentiendum tenendúmque fit caufa cognita decreverit.

Et quia parùm effet jura & ftatuta condere, nifi effent, qui ea tuerentur & executioni mandarent, ideo Archiepifcopus præcipit ac mandat, ut hæc Decreta fynodalia à fuffraganeis publicentur, & in obfervationem accuratam deducantur.

§. 18.

Exhortatio Concilii ad Chriſtianos Principes pro extirpatione hæreſum.

105.   NOn ſufficere, inquit ſynodus, hæreſes detexiſſe, ſed opus eſſe Chriſtianorum Principum auxilio, qui, zelo zelantes pro domo Domini ſuppetias ferant. Laboråſſe olim ſtrenuè adverſus hæreticos Chriſtianiſſimos Principes, Conſtantinum, Valentinianum, Theodoſium, Clodoveum, Carolum M. Ludovicum S. Ludovici patrem, gratiam propterea apud Deum, & immortalem nominis famam apud homines conſecutos. Principes contra, qui hæreſi aut faverunt, aut minùs fortiter auctoritatem ſuam eidem objecerunt, iram Dei vindicem ſenſiſſe, in graves ærumnas prolapſos, & miſerandum vitæ exitum ſortitos. Cujus rei teſtes ſint Licinius, Julianus, Valens, Philippicus, Conſtantinus V. ejúsque filius Leo &c. qui deteſtandam impietatem conſectati digna ſuæ perfidiæ reportarint ſtipendia.

Rogat itaque ſacra ſynodus chriſtianos Principes & in Domino exhortatur, ſi ſuæ ſaluti conſulere, ſi ſuæ ditionis jura illibata cuſtodire, ſi in pace & tranquillitate ſubditas ſibi Nationes continere exoptant, potenti brachio fidem Catholicam tueantur, ac ejus hoſtes viriliter ſatagant debellare. Id autèm factu haud fore difficile, ubi antiqua Chriſtianiſſimorum Principum in hæreticos eorúmque libros & fautores edicta inſtaurabuntur.

Quæ ſi maturè, antequam malum invaluerit, ſalutari judiciorum ſeveritate executioni demandentur, libros peſtiferos, ſcripta venenata, conciones maleſanas, conventicula periculoſa, in quibus peregrinus cultus à Chriſtiana & avita pietate degenerans profeminatur, extirpando, atque Religionis ſanctæ decus illibatum, florens ac vegetum conſervandum fore. Hoc ſynodi eſſe deſiderium, hanc votorum ſummam, hanc conatus gloriam.

Et ſanè, ſi Gallia hæc ſynodi vota exaudiſſet, ſi initiis fortiter & conſtanter reſtitiſſet, ſi ſcintillam extinxiſſet, nunquam in extremas illas calamitates, quas poſtea paſſa eſt miſera, fuiſſet devoluta.

Concilium Narbonenſe Ann. 1551.

106.   COncilium hoc provinciale celebratum fuit Narbone, antiquiſſima & celeberrima in Occitania urbe, ab Alexandro Zerbinatis, Juris Profeſſore, Vicario Reverendiſſimi in Chriſto Patris Domini Franciſci S. R. E. Cardinalis à.Piſanis, Narbonenſis Archiepiſcopi &

Pri-

Primatis, unà cùm Vicariis Reverendorum in Chrifto Patrum Dominorum Suffraganeorum Narbonenfis Provinciæ & Archiepifcopatus, videlicet Epifcopi Biterrenfis, Carcaffonenfis, Montifpeffulani, Lodovenfis, Uticenfis, Agathenfis, Nemaufenfis, Electenfis, & S. Pontii, à quibus editi 66. Canones. Quorum hæc fynopfis.

Præfatio finem conciliorum indicat, videlicet afferendam fidei doctrinam, reftituendámque Ecclefiafticam difciplinam, quam in clero collapfam ingemifcit fynodus, aftque, fruftra à populis emendationem morum exfpectari, fi ii, qui vitæ inculpatæ exemplo prælucere deberent, fceleribus fuis & vitæ malæ exemplo fubditis fuis fint fcandalo. Subjunguntur canones.

1. Tractat de *Fide Catholica*, creditque unam, fanctam, catholicam, & apoftolicam Ecclefiam (cujus caput Chriftus eft) fub imperio & authoritate Romani Pontificis, cui omnes parere debent. Subjunguntur reliqui articuli, quos novatores impugnant, uti de feptem facramentis, invocatione fanctorum, purgatorio, libero arbitrio.

2. Paftores exemplo præluceant.

3. Ante ordinationem inftituendum fcrutinium de ætate, genere, moribus, litteratura, titulo, legitimis natalibus, irregularitate.

4. Prima tonfura exigit feptem annos: quatuor Minores 12. Subdiaconatus 18. Diaconatus 20. presbyteratus 25. (*Tridentinum aliter difpofuit.*)

5. Mores fint probi ac integri.

6. Illegitimi non ordinandi.

7. Teftimonia bona habeat.

8. Bona ad victum fpeciatim habeat affignata.

9. Litteratura diligenter examinanda.

10. Corpore vitiati aut balbutientes non ordinandi.

11. Dimifforiæ non dentur nifi dignis.

12. Hæc dignitas exprimatur in litteris.

13. Clerici peregrini ad facra non admittantur facienda fine commendatitiis fui Epifcopi.

14. Sacerdotes fint fobrii, modefti, cafti &c.

15. Tonfuram gerant, barbam radant faltem femel in menfe, talari vefte incedant.

16. Monachi non nifi proprio habitu prodeant.

17. Tabernas Clerici ne frequentent.

18. Aleæ ne ludant.

19. Ne larvati incedant, nec faltent, hiftriones vitent.

20. Ar-

20. Arma ne gerant, nifi in itinere.
21. Non agant famulos, œconomos laicorum, negotiatores &c.
22. Mulierem domi non habeant &c.
23. Filios fuos fpurios fecum non habeant.
24. Clerici à Judice fæculari capti, abfque populi fcandalo ad Judicem Ecclefiafticum remittantur.
25. Facinorofos in territorio fuo ne patiantur.
26. Requifitum ad Beneficium ordinem recipiant. Plura incompatibilia ne habeant.
27. Perfonaliter refideant, nifi ftudiis vacent, aut officio apud Epifcopum, aut in cathedrali vel collegiata.
28. Abfentes cùm licentia conftituant idoneos vicarios.
29. Cui affignetur congrua.
30. Hofpitalitatem erga egenos exerceant.
31. Vicarii Epifcopo præfententur.
32. Domus Beneficiati neceffariis fit inftructa.
33. Baptizatos & mortuos diligenter in libro fcribant.
34. Sacram fcripturam &c. habeant.
35. Singulis Dominicis Evangelium exponant &c.
36. Diebus Dominicis parochiani Miffam audiant.
37. Nullus prædicet, nifi ab Epifcopo deftinatus.
38. Evchariftia decenter cuftodiatur cum perpetuo lumine, fingulis 15. diebus eam renovent. Chryfma fingulis annis.
39. Sacra vafa & veftimenta fint munda.
40. Parochum reliqui facerdotes adjuvent.
41. Pro fpiritualibus minifteriis nihil exigatur.   Salva tamen laudabili confuetudine.
42. In fynodo non comparentes puniantur.
43. Præbenda Theologo detur.
44. Beneficiorum rationes reddant.
45. Divino officio in choro diligenter, modeftè & devotè interfint.
46. Abfint ab Ecclefiis fpectacula ludicra &c.
47. Uti etiam choreæ, omnifque levitas.
48. Ecclefia fit domus orationis &c.
49. Dies fefti religiosè colantur.   Abfit fervilis actio, ebrietas, lufus publicus.   Officinæ fint claufæ.
50. Die pafchæ facramenta confeffionis & communionis à proprio parocho percipiant, nifi ab eo facultatem acceperint.   Parochus eos, qui non communicârunt, ad Diœcefanum aut ejus Vicarium deferat.

51. Qui

51. Qui alteri confitetur, parocho fidem faciat.

52. Corporis medicus infirmum moneat, ut animæ medicum adve. cet.

53. Matrimonio tres denuntiationes tribus diebus Dominicis aut feftis præmittantur. Nec facilè in hoc difpenfetur. Perègrini non conjungantur. In Ecclefia, contrahatur : confeffione antè peraɗa.

54. Ne permittantur cohabitare, de quorum matrimonio non conftat.

55. Nullus monachus fit folus in monafterio, nec extra illud vagetur, præfertim indecoro habitu. Moniales non finantur monafterio egredi.

56. Scholis præficiendi priùs offerendi Epifcopo.

57. Hæretici, fortilegi à parochis denuntientur ordinario. Parochiani de fide non difputent &c.

58. Quæftores non finantur aliud prædicare, quàm in litteris continetur. Eæque publicentur à parochis non à quæftoribus, qui fabulas folent intermifcere. Litteræ diligenter examinandæ, omnis abufus tollendus.

59. Diœcefani diligenter vifitent, errata corrigant &c.

60. Contemptores excommunicationis pœnis ac mulɗ s, hofpitali applicandis, coërcendi.

61. Difpenfationes non fint faciles aut frequentes.

62. Synodi celebrandæ ob caufas Ecclefiafticas.

63. Cùm, qui fervit altari, de altari vivere debeat, decimæ integræ & fine fraude folvendæ funt parochis, à quibus Ecclefiaftica facramenta percipere debent.

64. Pecuniæ in templo colleɗæ bene applicentur.

65. In fingulis Ecclefiis liber habeatur, in quo fcribantur res mobiles & immobiles Ecclefiæ; jura item, aɗiones, reditus. Hic liber catena ferrea affigatur ; ejufque exemplar apud Epifcopum affervetur. Præterea de contraɗibus omnibus feudalibus & emphytevticis duo inftrumenta publica conficiántur, quorum alterum parochus habeat, alterum in fuperiore libro fcribatur.

66. Concilium omnia hæc Decreta determinationi Ecclefiæ Romanæ fubjicit. Nihil autem derogatum vult generalibus aut provincialibus conciliis receptis & ufu confirmatis, neque Regis aut Ecclefiæ Gallicanæ juribus, aut prærogativis.

Concilium Viennense Anno 1557.

107.

CElebratum fuit hoc Concilium Provinciale Viennæ Allobrogun, celeberrima olim in Delphinatu civitate, & Romanorum fede primaria , Præfide illius Provinciæ Archiepifcopo. Edita 14. Decreta ; quorum hæc epitome.

1. Omnes per provinciam diligentiùs in fide chriftiana inftruantur. Nec præceptores fufpectum quid doceant, neque libri periculofi tolerentur.
2. Curati fingulis Dominicis populum doceant orationem Dominicam, falutationem angelicam, fymbolum Apoftolorum, præcepta legis & Ecclefiæ, ac fanctum Evangelium fecundum Ecclefiafticas traditiones.
3. Ad prædicandi officium nemo admittatur, nifi nominatim approbatus ab ordinario, ne lupi pro paftoribus recipiantur.
4. Rectores Ecclefiarum fingulis Dominicis populum moneant, ut fi quos fciant religionis ambiguæ ac fufpectæ, ipfis denuntient.
5. Parochi diligentèr annotent illos, qui non faltem in] pafchate confeffionem auricularem peregerunt, & SS. Evchariftiam fumpferunt, aliófque, qui in fide funt fufpecti, atque defcriptos ad Vicarium Generalem deferant.
6. Diebus feftis nullæ inftituantur choreæ, faltationes, ludi, ludicra, fed fanctè & piè celebrentur. Multò minùs Ecclefiaftici ejusmodi vanitatibus interfint.
7. Viri Ecclefiaftici tonfura infigniti & decenti habitu incedant.
8. Non indecoros pileos geftent, fed byreta.
9. Neque enfes, pugiones, aut alia arma ferant.
10. Cum hominibus fufpectis aut depravatis ne contrahant familiaritatem.
11. Monafteria mulierum ne accedant , nifi ex evidenti neceffitate , atque cum licentia Vicarii Generalis reverendiffimi Epifcopi.
12. Moniales non egrediantur, nec alios recipiant.
13. Religiofi non agant patrinos.
14. Provincialia hæc ftatuta promulgentur, & transgreffores corrigantur.

Concilium Rhemenfe I. Anno 1564.

108.

PRovinciále iftud concilium celebratum fuit Rhemis, antiquiffima ac celeberrima , præfertim à Regia unctióne, urbe, ab Archiepifco-

epifcopo Carolo Cardinale Lotharingo , magno illo in Gallia Ecclefiæ Præfule, ac primo Pari Franciæ.

Præfatus eft ille de caufa convocandi Concilium, Dei videlicet
honore augendo , & collapfa morum difciplina reftauranda. Introducti deinde funt Archiepifcopus Senonenfis & Epifcopus Virdunen-
fis , licèt non effent de provincia Archiepifcopatus Rhemenfis. Dicti Actuarii concilii Nicolaus Biito , & Gentianus Hervetus , celebris ille Conciliórum ex linguis orientalibus verfor, ambo Ecclefiæ
Rhemenfis canonici.   Ad initium Concilii Cardinalis ad populum
concionem per horam habuit. Erat etiam præfens in concilio Henricus
Dux Guifius, Cardinalis nepos, Campaniæ Prorex, cum multis aliis
illuftribus laicis.   Doctor Demochares cum aliis juffus concipere
formulam fidei ; quam novari fine injuria Tridentini non poffe quidam exiftimabant.   Edita dein 19. ftatuta.

1. Poftquam variæ dictæ funt fententiæ de obligatione refidendi ,
   ftatutum eft tandem, ut curiones aut perfonaliter refideant ,
   aut Beneficium refignent, aut idoneos Vicarios Epifcopo præ-
   fentent.
2. Curati compareṅt fibi doctrinam Concilii Tridentini , eámque
   populo proponant.   Singulis Dominicis feftifque fermonem
   ad populum habeant per fe , vel fi legitimè impediti fuerint,
   per alium idoneum , de Evangelio , Epiftola , vel aliis S. Scripturæ doctrinis.
3. Parochi doceant præftantiam, vim, & ufum Sacramentorum ,
   atque ad eorum dignam fufceptionem invitent fuaviter.
4. Impedimentum cognationis fpiritualis ultra baptizantem & bapti-
   zatum, hujúfque patrem & matrem & patrinos fe non extendat.   Unus autem fit, vel ad fummum unus & una, juxta
   difpofitionem Trid.
5. Ab adventu ad Epiphaniam , & in quadragefima ad octavam
   pafchæ non celebrentur nuptiæ. Præmittatur confeffio & communio.   Abfit omnis levitas.
6 Clericus fcandalofus deponendus, aut faltem dandus ei coadjutor.   Quia ejus doctrina facilè defpicitur, cujus vitâ improbatur.
7. Curati à deputatis examinentur.   Digniori conferatur Beneficium.
   Dignior præfentetur.   Edat profeffionem fidei.
8. Non ordinentur, nifi diu multúmque probati.
9. Prima tonfura non initientur, nifi Sacramentum Confirmationis
                                                              fufce-

fufceperint. Nec fori privilegio gaudeat, nifi habeat Beneficium, aut tonfuram & habitum geftet, fimúlque Ecclefiæ alicui deferviat, aut in Seminario Clericorum vel in Univerfitate
verfetur.

10. Ne minores Ordines otiofi dicantur ab hæreticis, eorum ufus
& functiones reftituantur. Si cœlibes non habeantur, fuffici po-
terunt conjugati, vitæ probatæ, modò non bigami, qui tonfuram & habitum clericalem geftantes muneribus illis fint idonei.

11. Ordines minores fufcipientes faltem linguam latinam calleant.
Servent interftitia. Suo fungantur munere. Altioribus ordinibus fe dignos exhibeant.

12. Nullus ordinetur, nifi alicujus Ecclefiæ minifterio adfcribatur.
Si locum deferat inconfulto Ordinario, ab exercitio ordinum fu-
fpendatur. Nullus clericus peregrinus fine commendatitiis fui
ordinarii ad Divina celebranda admittatur.

13. Nullus ordinetur Subdiaconus ante 22. ætatis annum, Diaconus ante 23. Presbyter ante 25. neque ullus, nifi habeat Beneficium, quod refignare non poffit, nifi exprefferit, fe ad illius
titulum fuiffe ordinatum. Si ad titulum patrimonii, aut penfionis quis ordinetur, fit illud fufficiens, nec alienari poffit, donec
Beneficium acquirat, aut aliunde poffit honeftè vivere. Beneficia fimplicia, quæ non fufficiunt fuftentando clerico, uniantur Parochiæ, falvis obfequiis fundatoribus præftandis, & vocatis iis, quorum intereft.

14. Promovendi ad majores ordines, menfe ante ordinationem examinentur de natalibus, ætate, moribus, fcientia. Presbyteri
faltem quater in anno celebrent.

15. Clerici Divinis officiis in Ecclefia, cui funt adfcripti, diligenter
interfint.

16. Pro ordinatione nihil licet recipere, ne quidem fponte oblatum. Notarii verò pro dimifforiis aut teftimonialibus litteris
non ultra decimam aurei partem poffunt accipere.

17. Clerici habitu, geftu, inceffu, fermone &c. nil nifi modeftum,
moderatum, grave ac religione plenum præfeferant. Et quæ
in facris canonibus de vita & honeftate clericorum, de luxu,
comeffationibus, choreis, lufibus &c. vitandis continentur, diligenter obferventur.

18. Decani rurales diligenter invigilent, Archidiaconi vifitent, cleri ac totius populi mores & fidem explorent, corrigant, & Epifcopo rationem reddant, contenti folito viatico.

19. Sæpe moneant clericos piè vivere, & orationibus inftare, hortarique gregem fuum ad pœnitentiam, ad decenter reparandas ædes parochiales.

Interfuerunt huic concilio præter Archiepifcopum Rhemenfem, Epifcopus Sueffionenfis, procuratores Capituli &c. ex Diœcefi Laudunenfi fede vacante procuratores. Ex Diœcefi Noviodunenfi Antonius de Mouchi, Demochares dictus, Doctor Theologus, Canonicus & Vicarius Epifcopi, procuratores capitulorum &c. Ex diœcefi Bellovacenfi procuratores. Ex Ambianenfi pariter Procuratores. Epifcopus Catalaunenfis, & Sylvanectenfis. Ex diœcefi Morinenfi fede vacante procuratores. Præter abbates &c.

Additum fuit decretum; quo matrimonium clandeftinum declaratur irritum. Præcipitur trina denuntiatio prævia. Inter raptorem & raptam nullum poteft iniri matrimonium, quamdiu rapta eft in poteftate raptoris. Teneatur hic eam dotare, five eam duxerit five non. *Hoc tamen decretum non fuit publicatum.*

Illud adhuc notandum, non parum negotii in hoc concilio facefïïffe; quòd Cameracenfis Epifcopatus rogante Rege Catholico à Paulo IV. Pontifice in Archiepifcopatum fuerit mutatus, attributis illi fuffraganeis Tornacenfi, & Attrebatenfi Epifcopis. Cùm enim omnes tres ifti Epifcopatus ad provinciam Rhemenfem fpectaffent, Archiepifcoqo illius fubjecti, pariter ad Concilium fuerunt invitati, fed exemptionis facta allegatione fe excufarunt.

Concilium Rothomagenfe II. anno 1581.

PRovincialis ifta fynodus celebrata fuit Præfide Illuftriffimo ac Reverendiffimo Domino Carolo Borbonio S. R. E. Cardinale, Archiepifcopo Rothomagenfi, Normanniæ Primate. Edita 12. Decreta.

109.

1. *De fide & Religione.* Ubi excommunicantur hæretici. Et præcipitur profeffio fidei promovendis ad facros ordines, ad Beneficia, & officia Ecclefiaftica, Magiftris Scholarum, adminiftratoribus piarum communitatum.

2. In extenfo proponitur formula Profeffionis fidei, à Pio IV. præfcripta ad mentem Tridentini.

3. *De Cultu Divino.* Examinandi libri facri, an nihil infperfum à fide alienum. Sciant, Breviarium trium tantùm lectionum, à Cardinali S. Crucis compofitum, à fede Apoftolica fuiffe prohibitum. Qui recitare negligit, graviter peccat., & Beneficii fructus pro rata non facit fuos: fed eos tanquam injuftè perceptos in fabricam aut pauperes erogare tenetur. Per omnes Dominicas moneatur populus, nemini abfque licentia Papæ fas effe legere libros hæreticos &c. Confeffarii etiam pœnitentes de hoc interrogent. Inquirendum etiam in maleficos, libertinos, Atheiftas. Nundinæ arceantut à diebus feftis. Uti etiam comeffationes, lites, lufus &c. Ceffet in Ecclefia omnis ftrepitus &c.

4. *De Sacramentis.* Curati vim & ufum eorum explicent. A Calviniftis baptizati non debent rebaptizari. Infantes quamprimum baptizandi. Non finant eis imponi nomina paganorum.

5. *De Confirmatione.* Hoc in provincia vix fcitur effe Sacramentum, Et pauci de illo fufcipiendo funt folliciti. Quare parochi illud commendent. Epifcopi frequentiùs ad illud conferendum per diœcefin eant. Adulti priùs confeffi illud fufcipiant. Inter confirmatum & patrinum, uti etiam inter hunc & confirmati patrem & matrem contrahitur cognatio fpiritualis. Unde nomina libro inferenda.

6. *De Sacrificio Missæ.* Sancta fanctè tractanda. Abfint fordes calicum, corporalium, mapparum &c. Celebraturus, peccati gravis confcius, priùs confiteatur. Si defit copia, quamprimum fieri poteft. In oratoriis privatis non finantur celebrare.

7. *De Matrimonio.* Optat fynodus, ut in Regno Galliæ promulgatum effet Tridentinum, ut matrimonia clandeftina declarare poffet irrita, moneantur in concionibus parochiani de hoc decreto. Interim tamen taliter contrahentes excommunicantur: & presbyteri fic conjungentes ipfo facto funt fufpenfi à Divinis. Banna præmittantur. Si probabilis fit fufpicio, matrimonium malitiosè impeditum iri, una tantùm vel altera fiat denuntiatio, aut faltem coram parocho & duobus vel tribus teftibus contrahatur. Ante confummationem tamen in Ecclefia fiant confuetæ denuntiationes. Omnino tamen aut ex parte remitti à folo Ordinario poffunt, non tamen abfque legitima caufa. Sponfi priùs confiteantur & communicent. Temporibus vititis aut in aliena Ecclefia nuptiæ ne celebrentur. Licèt matrimonia

libera

libera effe debeant, non tamen facilè parochi conjungant aliquos invitis parentibus. Concubinarii excommunicandi.

8. *De Epifcopis & Capitulis.* Rogat fynodus, electiones ad vete-rem morem Ecclefiafticis à Rege reftitui. Rogandus Papa, ne ulli provifio expediatur, priufquam Metropolitanus refcripferit de qualitatibus requifitis. Si provifus Epifcopus intra tres men-fes non confecretur, fructus non faciat fuos, fed in pias caufas expendat, ficut is, qui non refidet. Non recipiatur à capitulo, nifi profeffionem fidei ediderit, ac decenti habitu appareat; exemplo præluceat, & fiat forma gregis. Omnibus faltem Dominicis feftifque celebret; Rei Divinæ in cathedrali frequen-tiffimè interfit. Abfit luxus, & vanitas. De reditibus Eccle-fiæ ne ditent confanguineos. Neminem in fua familia tolerent fufpectum de hærefi. Canonici quoque moribus fint integris. Examinentur provifiones; an non fimoniacæ &c. Habitum de-centem gerant. A fœminis caveant. Luxum profcribant. Spurius non obtineat Beneficium in Ecclefia, in qua pater ha-bet aut habuit. Ad perfonalem refidentiam obligantur, citra juftum impedimentum. Nemini cura animarum committatur, nifi 25. annum attigerit, Decani, Præpofiti, Archidiaconi, Pœnitentiarii fint Doctores Theologiæ aut Juris canonici, aut Licentiati. Archidiaconi quot annis vifitent, & diarium vi-fitationis ad Epifcopum referant. Primæ partes in cathedrali fint Epifcopi. Tempore Miffæ majoris capitulum non habeatur. Ad majus altare nemo celebret, nifi Epifcopus & canonici. Statuta, bona, privilegia, jura capitulorum Epifcopo exhibeantur. Si-cut non licet Epifcopo res Ecclefiæ alienare fine confenfu capi-tuli, fic neque capitulo fine confenfu Epifcopi aut aliorum fu-periorum. Alienata reftituantur in integrum. In collegiatis etiam una præbenda affignetur Theologo.

9. *De Epifcopi officiis.* Ante ordinationem fiant tres denuntiationes ficut ante matrimonium. Præfcribuntur varia circa ordinandos facienda, circa tempora, locum, cœlibatum, Breviarium, fi-moniam vitandam. Refignationes in favorem, cum refervatio-ne, conditione, onere &c. non permittendæ abfque confenfu Papæ; quia de fimonia funt fufpectæ.

Ingemifcit fynodus fimoniæ vitium in Beneficiis Ecclefiafticis valde graffari; privationem Beneficii & cenfuras decernit. Si Epi-fcopus præfentatum inftituere nolit, fuperior non inftituat, nifi cog-

nita

nita & judicata caufa.   Poftquam fabricarum Ecclefiæ & hofpitalium,
in quæ.portio pauperum ab Epifcopis fuit divifa, règimen Epifcopis
fuit ablatum , & in laicos translatum , bona-ifta dilapidantur,. & in
alios ufus diftrahuntur. ⁀Adhibendum feriò remedium. Synodi cón-
vocentur Diœcefanæ fingulis annis. Curati in illis compareant in
fuperpelliceis, ftola, ac toto habitu decente. ·

Controverfias omnes de præcedentia Epifcopus componat, appellatione remota. Calendarum antiquiffimus eft ufus & abufus ;
nihilque aliud fignificant, quàm cleri vocationem ad cenfuram. mo.
rum faciendam : tres in anno inftituantur in Ecclefia. ·Abfi omnis
abufus.⁅ ⁆Supplicandum Papæ, ut Indulgentiarum conceffionem moderetur, quia frequentia vilefcunt , & ad quæftum concedi multi
fibi perfuadent , eáfque ad enervandam difciplinam tendere.   ↵

10. *De Curatorum & aliorum prefbyterorum & parochianorum offi-
    ciis.* In curatis duo requiruntur , capacitas & poteftas : ut fci-
    licet fint digni, & canonicè inftituti.   Perfonaliter refideant.
    Aliàs fructus non faciunt fuos.   Concubinas dimittant. Abfit
    fordities , luxus, negotiatio facularis , fimonia , fcandalum. Plu-
    rima alia hìc providentiffimè ac fanctiffimè curatis , & parœ-
    cianis præfcribuntur , quæ in Jure canonico & Concilio Triden-
    tino continentur.   Quare optandum effet, ut omnes has fan-
    ctiones legerent , & obfervarent.

11. *De Monafteriis.* Supplicandum Regi , ut electiones fecundum
    morem antiquum reftituere aliquando dignetur ; & interim in-
    tra fex menfes juxta concordata, aut ad fummum intra novem,
    teneantur nominati ad Monafteria & Prioratus provifiones à
    fede apoftolica impetrare, aut omni jure excidant, & fructus
    pietatis operibus Epifcopi applicent , donec à Romana fede
    provifum fuerit. Emittant autem profeffionem fidei. Plura alia
    faluberrima decreta de ftatu Regulari ad mentem Tridentini &
    SS. Canonum feruntur ; præfertim verò adverfus abufum, quo
    in Gallia paffim commendatarii , fæculariter viventes, fuerant
    intrufi, qui Monafteriorum bona dilapidabant, & in ufus profa-
    nos diftrahebant.

12. *De Jurisdictione Ecclefiaftica.* Cùm & Canonicis & Regiis
    conftitutionibus jurisdictio Ecclefiaftica femper fejuncta fuerit à
    fæculari , in perfonalibus civilibus , & criminalibus caufis , ita,
    ut à fecularibus Judicibus Ecclefiaftici non debeant compelli ad
    folvenda debita , nec puniri, fi quid animadverfione dignum
                                                            com-

commiferint, fed ad Judices Ecclefiafticos debëant remitti in cáfibus præfcriptis à factis canonibus ; monentur Judices fæculares , ut dictis Canònibus pareant, nec falcem in meffem alienam mittant , fecùs excommunicationis vinculo fe noverint fubjacere. Sub eadem pœna præcipitur omnibus Ecclefiafticis, ne coram Judicibus laicis litigent , néve voluntariè eorum jurisdictioni fe fubiiciant in cafibus ad jurisdictionem Ecclefiafticam pertinentibus , five actores five rei fint.

Lites finiantur compendio præcifis dilationibus. Publicatis teftium elogiis non admittantur ampliùs recufationes teftium. Promotores non debent ferre fententiam excommunicationis , cùm fint actores, non Judices. In contumaces non ftatim poft primam citationem ferenda excommunicatio. Non liceat Epifcopis figillum fuum pro certo pretio locare. Actuarii curiæ Ecclefiafticæ fint clerici. Abfente Officiali teftes non examinent. Sportulæ fint moderatæ. Seminaria erigantur ad præfcriptum Tridentini. Hæc omnia fubiiciuntur judicio fedis Apoftolicæ.

fubfcripferunt Cardinalis Borbonius, Archiepifcopus Rothomagenfis.Epifcopus Bajocenfis , Sagienfis, Claudius de Sainctes Epifcopus Ebroicenfis , Epifcopus Lexovienfis, Procuratores Epifcopi Conftantienfis , & Ecclefiæ Abrincenfis vacantis : Deputati à Capitulis , Abbatibus &c.

Additum fuit de inftaurandis fcholis decretum, erigendis feminatiis &c. Propofita etiam funt Papæ plura dubia : e. g. quinam fedendi ordo in Conciliis Provincialibus fit obfervandus ? Refponfum fuit Româ, primum locum competere Archiepifcopo tanquam Præfidi , alterum Epifcopis comprovincialibus fecundum antiquitatem confecrationis , non verò dignitatis Ecclefiarum : Cànonicos cathedrales præferendos abbatibus , quando cápitulariter incedunt : commendatarios poft Abbates mitratos locum habere , poft hos Dignitates , ac demum Procuratores.

Quæfitum 2. fuit , an exempti teneantur comparere in concilio provinciali , ejúfque ftatuta obfervare? Refponfum fuit, non teneri, nifi qui de jure vel confuetudine intereffe debent. Capitula cathedralia fpecialiter invitanda obligari ftatutis, qui Epifcoporum jurisdictioni fubduntur ; exemptos etiam in cafibus , in quibus à jure communi & Tridentino fpecialiter Epifcopis aut Concilio Provinciali fubiiciuntur.

Quæ-

Quæfitum 3. quam vocem habeant in Concilio, Abbates, Commendatarii, & Capitulorum deputati? Refponfum, eos tantum confultivam habere. Procuratoribus verò Epifcoporum abfentium poffe decifivam concedi.

Quæfitum 4. an fupplendæ ceremoniæ baptifmi in iis, qui ab hæreticis baptizati ad Ecclefiam redeunt? Refponfum, fupplendas, præcedente in adultis abjuratione hærefis, & reconciliatione.

Quæfitum 5. cùm plures fuerint ordinati ante tempus, à Tridentino definitum, an non liceat cum illis difpenfare, & cum aliis, eò quòd multæ Ecclefiæ fint abfque paftoribus? Refponfum : indulgebitur facultas difpenfandi cum hactenus promotis : de cætero, intellecta neceffitate Ecclefiarum aut utilitate, fingillatim difpenfabitur.

Quæfitum 6. an refidentia in Ecclefia Parochiali fit de jure & præcepto Divino, & an ulla caufa poffit effe canonica, ut omnino quis excufetur à refidentia, an tantùm ad certum tempus ex caufa aliqua particulari? Refponfum, fuiffe declaratum & ampliffimè provifum per Concilium Tridentinum : illius decreta obfervanda.

Quæfitum 7. quid agendum cum canonicis, qui non habent victum fufficientem, fi carere debeant Beneficio parochiali ; nam fi ad hujus refidentiam teneantur, cathedralem miniftris privari ; fi verò cogantur parochialem dimittere, in majore parte Cathedralium & collegiatarum præbendam non fuffecturam ad victum. Nulla autem effe Beneficia fimplicia, quæ intuleant, neque tot præhendas, ut aliquæ poffint fupprimi, tótque fint gravamina & fubventiones cleri in regno Galliæ, ut vix poffit fatisfieri? Refponfum, quoad retentionem parœcialis cum cathedrali canonicatu pro neceffitate & utilitate Ecclefiarum, & regionis, in cafibus particularibus providendum fore.

Propofitum 8. Cùm Tridentinum (S. 24. c. 6.) Epifcopis dederit poteftatem abfolvendi ab hærefi pro foro confcientiæ, Bulla autem cœnæ, & Pius IV. & V. eam abfolutionem fedi Apoftolicæ refervent, rogant Epifcopi, ut dignetur fua fanctitas eis poteftatem ex decreto Concilii Tridentini concedere ; quia plures potiùs effent manfuri in hærefi, quàm propter eam mittant Romam, & interea dum mittitur & exfpectatur abfolutio, varia pericula poffint incidere. Refponfum, pro neceffitate provinciæ concedendam facultatem abfolvendi juxta decretum Tridentini, cui magìs vifum fuerit.

Quæfitum 9. circa claufuram Monialium quid agendum, maximè ubi timetur, ne per eam deterius quid contingat, cùm quædam

dam dicant, per fundationem liberum fibi relinqui exitum ; aliæ, fe non emififfe votum claufuræ, nec ingreffuras fuiffe, fi fciviffent obligationem claufuræ ; aliæ minitentur, fe potiùs reditura ad fæculum , & parentes nobiles necem Epifcopis intentent ; fi aufi fuerint ingréffum prohibere ? Refponfum, executioni mandanda decreta Concilii Tridentini & Bullas fummorum Pontificum , quibus fublata fint omnia privilegia & fundationes.

Supplicatum 10. ut fedes Apoftolica , ficut Archiepifcopo Rothomagenfi conceffit Bullam uniendi cum Archiepifcopatu Canonicatum , ita eandem facultatem ad reliquos etiam provinciæ Epifcopatus extendat, ut fic vocem habere poffint in capitulo Epifcopi, eique præfidere, atque hac ratione reformare, quod aliàs fieri non poffet. Refponfum, habitum iri hujus rei rationem, & prout fingulis Ecclefiis magis expedire vifum fuerit, provifum iri.

Concilium Rhemenfe II. Anno 1583.

PRæfedit huic Concilio Provinciali Ludovicus Guifius S. R. E. Cardinalis , Archiepifcopus Rhemenfis, primus Par Franciæ , fedis Apoftolicæ Legatus natus. Poftquam ad congregatos Provinciæ fuæ Epifcopos finem Concilii expofuit , reftitutionem videlicet Ecclefiafticæ difciplinæ, interim , dum amplior Concilii Tridentini promulgatio quotidie fperatur & exfpectatur, plura capitula funt fancita.

1. Omnibus ad Ordines , Beneficia aut Officia promovendis injungitur profeffio fidei.
2. Ifta exhibetur , prout à Pio IV. præfcripta fuit.
3. Commendatur cultus Divinus , oratio devota in templo , reverentia , imaginum honeftas.
4. Examinentur Miffalia , Breviaria , Ritualia.
5. Dies feftos foli Epifcopo inftituere liceat , eofque etiam exempti fervent. Populus Miffæ, Concioni, & Vefperis interfit, Diebus pafchæ , pentecoftes, & natalis Domini nemo abfit à parochia, nifi ex jufta caufa cum licentia parochi. Abfint à feftis nundinæ, mercatus, auctiones , ludi theatrales.
6. Prohibetur omne genus fortilegiorum.
7. Doceatur populus piè fufcipere facramenta.
8. Commendatur Sacramentum confirmationis.

9. Con-

112.

9. Confeſſarii medium teneant inter ſeveritatem & lenitatem.

10. Hortatur ad frequentem & devotam Evchariſtiæ ſumptionem, Miſſæ celebrationem &c.

11. In matrimonio ſerventur, quæ Tridentinum ſtatuit.

12. Commendatur uſus extremæ unctionis, à Jacobo Apoſtolo promulgatæ.

13. Omnes Chriſtiani, præſertim laici in communi cœmeterio ſepeliantur, non vero in Eccleſia, ſine ſuperiorum cenſenſu, quam non concedant ſine delectu. Tumuli humo altiores non excitentur. Publici Simoniaci, hæretici, Schiſmatici, excommunicati, venefici, ſortilegi, uſurarii, qui ſibi manus violentas intulerunt, in duello mortui, qui in paſchate Sacramenta non perceperunt, Eccleſiaſtica careant ſepultura. Si tales in cœmenterio ſepeliantur, tantùm cœmeterium polliutur, ſi autem in Eccleſia, tam cœmeterium quàm Eccleſia cenſentur polluta.

14. In qualibet Dicœſi erigantur ſeminaria pro juventute inſtituenda, ut pii doctíque clerici formentur.

15. Clerici bono exemplo præluceant &c. non ſe addicant domeſticæ curæ in domibus laicorum; neque negotiationi profanæ &c.

16. Monaſteria reformentur.

17. Canonici ſint Doctores aut Licentiati Theologiæ aut Juris canonici, aut ſaltem competentem ſcientiam habeant. Tertia pars fructuum in diſtributiones redigatur.

18. Exponitur munus Epiſcoporum.

19. Damnatur crimen Simoniæ, etiam confidentialis circa Beneficia.

20. De uſura ſic loquitur : cùm ſacræ litteræ excludant eum à Divino tabernaculo, qui pecuniam dederit ad uſuram, apertéque nuntient, ut mutuum demus, nihil inde ſperantes ; quisquis præter ſortem præcipuam ex mutuo aliquid ampliùs exegerit, vel acceperit, cujuscunque generis illud ſit, modò pecunia æſtimari poſſit, uſurarius eſſe cenſetur. Quæ autem per uſuram parta ſunt, vel accepta, uſurarii reſtituere teneantur. Parœcus in pronao (ſeu ſuggeſtu) ſingulis diebus Dominicis annuntiet, uſurarios eſſe excommunicationi obnoxios. Clericus uſurarius juxta Nicæni Concilii ſententiam deiiciatur à clero.

21. Judices ſæculares monentur, ne cauſas ad Eccleſiam pertinentes ad ſe trahant. Eccleſiaſtica judicia ſummariè, quantùm fieri poteſt, tractentur. Nulla accipiantur à partibus munera.

qui

qui per annum in censura insorduerit, suspectus sit de hæresi.

22. Episcopi quot annis vel per se vel per vicarium generalem, aut visitatorem diœcesin visitent, ut saltem intra biennium totam absolvant.

23. Singulis annis celebretur synodus Diœcesana, præside Episcopo aut ejus Vicario. Legantur statuta synodalia. Decani rurales rationem reddant. Curati sacro ac decenti habitu compareant. Controversiæ clericorum componantur.

24. Singulis trienniis habeatur Synodus Provincialis. Secluso legitimo impedimento Metropolitanus & Episcopi Suffraganei personaliter intersint.

Hanc synodum approbavit Gregorius XIII. dedit etiam facultatem Cardinali Guisio concilium celebrandi, licèt pallium necdum acceperit.

Conventus Melodunensis & Parisiensis.

SUb hæc tempora Episcopi Galliæ Meloduni congregati pro reformanda collapsa disciplina, habitis ad Regem Henricum III. orationibus duo petebant pro sanandis Ecclesiæ Gallicanæ morbis, videlicet promulgationem Concilii Tridentini, quam jam ante in Comitiis Blesensibus Ecclesiasticus Ordo postulârat. Altera petitio erat, ut sacræ electiones restituantur. 110.

Respondit Rex, promulgationem Concilii Tridentini justis, ex causis à Carolo fratre non fuisse concessam, nec à modò concedi posse. Jus nominationis ad Archiepiscopatus, Episcopatus, & Abbatias, per concordata à Pontifice Regibus concessum. Abdicari à se non posse, curaturum autem, ut digni Ecclesiis Pastores præficiantur, juxta edictum, jam in comitiis Blesensibus editum.

Quàm calamitosus autem eo tempore fuerit Ecclesiæ Gallicanæ status, ex Episcoporum orationibus in Conventu Melodunensi habitis constat. Multi Episcopatus Pastoribus erant destituti, plurima Cœnobia Abbatibus, nulla Divini cultus habita ratione, sacerdotia passim à profanis hominibus, quin & mulierculis atque hæreticis detinebantur. Siquidem Beneficia impunè vendebantur, Abbatiæ fœmi-

Pars VII.   F f ff   fœmi-

fœminis in dotem affignatæ, poft earum obitum inter hæredes dividendæ.Nobiliora & pinguiora Beneficia paffim à Rege in commendas laicis data. Annatæ facerdotum à Rege collectæ. Hæc aliáque Prælules eo in conventu Regi cordatè proponebant, & pro remedio fupplicárunt.

In gemino dein conventu Parifienfi clerus Gallicanus urgebat executionem Decretorum circa reformationem difciplinæ ; & præcipuè perorante Archiepifcopo Bituricenfi rurfus inftabat, ut Rex promulgationem Concilii Tridentini permittat, & electionum Ecclefiafticarum libertatem Ecclefiis reftituat, ceu duo ad difciplinam reftaurandam maximè neceffaria, Rex de Concilii promulgatione fe deliberaturum refpondit. Mentionem de electionibus commotiori animo accepit, elusítque.

Concilium Burdigalenfe anno 1583.

111. PRovinciale hoc Concilium celebratum fuit Burdigalæ, celebri ad Garonnam in Aquitania urbe (quam proprium Parlamentum & ftudiorum Univerfitas reddit confpicuam) Præfide Reverendiffimo Domino Antonio Lanfaco, Archiepifcopo Burdigalenfi. Decreta 36, lata : ad eum fere modum, qui in aliis provincialibus Conciliis fuit obfervatus.

Atque imprimis propofita profeffio fidei, à Pio IV. præfcripta. Cultum dein divinum commendat, eúmque precatione & facrificio conftare ait. De officio Divino ab omnibus Beneficiatis & facris ordinibus inauguratis perfolvendo, de Breviariis & Miffalibus ordinandis, de Miffa devotè celebranda ; de reverentia templis debita, de feftis religiosè colendis tracta. Sortilegia & magicas artes profcribit.

Ad facramenta deinde exponenda progreditur, atque ad ea fumma cum veneratione & animi puritate fufcipienda hortatur. Baptifmium feclufa neceffitate in templo conferendum. Patrini admoneantur fui officii. Confirmationis Sacramentum prope intermiffum revocetur, cùm gratiam & robur fuppeditet. Deplorandam focordiam plurium Sacerdotum, qui vix femel in anno Miffam celebrant. Ordinantur circa pœnitentiam, quæ Tridentinum docet, & præfcribit. Parochi fint diligentes in conferenda infirmis extrema unctione. Nemo prima tonfura initietur, nifi confirmationis Sacra-

cramentum perceperit, & fidei rudimenta teneat. Nullus ordinetur ,
nili examinatus & probatus.

Matrimonia clandeſtina declarantur non tantum illicita, ſed
etiam invalida atque irrita. Benedictio nuptialis à proprio parocho
fiat, nili alteri licentiam dederit. Solennes nuptiæ non celebrentur
tempore vetito. Cum hæreticis non contrahantur matrimonia. Impedimenta matrimonii recenſentur aliqua.

Epiſcopi ne ditent conſanguineos, nili ſint pauperes. Si intra
tres menſes conſecrationem negligant, tenentur fructus perceptos
reſtituere. Si per alios tres menſes neglexerint, ipſo jure Eccleſiis ſunt
privati. Vicarius Epiſcopi fit Sacerdos.   Supplicat ſynodus Regi
per viſcera miſericordiæ DEI ac per Chriſti ſanguinem, ut facultatem eligendi idoneos paſtores Eccleſiæ reſtituat.

Præcipiuntur deinde pluribus capitulis ea de Canonicis, Parochis , reſidentia paſtorum, prædicatione verbi Divini, vita & moribus clericorum, examine promovendorum ad Beneficia curata,
de Seminariis & Monaſteriis, quæ Tridentinum ordinavit.

Ingemiſcit, calamitoſis his temporibus Eccleſiæ facultates rapinis,
direptionibus & injuſtis uſurpationibus, non ſolum fuiſſe imminutas,
ſed omnes ferme abſumptas, ac proin ſeverè interdicit, ne modicum, quod ſupereſt, alienetur. Nulla prædia cum aliis commutentur, aut in emphyteuſin dentur, nili ab omni tempore fuerint
inculta.

Mutuum ex Jure Divino debere eſſe gratuitum, ac proin titulo mutui nihil prorſus ultra ſortem poſſe exigi.   Ne quis frumentum &c. corruptum det, ut purum poſtea recipiat.   Ne quis ob
dilatam ſolutionem carius vendat, quàm juſti pretii ratio ferat. Neque ob anticipatam ſolutionem minoris ematur.   Ne carius aliquid
vendatur, ut vilius poſſit redimi. Ne in ſocietate, in qua alter pecuniam confert, alter operam, lucrum aliter dividatur, quam ex
æquis partibus.   Non fiat pactio, ut ſors ſit ſemper ſalva Prohibentur quoque annuorum cenſuum ſimulati & fictitii contractus : in quibus nulla certa res immobilis, quæ juſto pretio ematur, deſignetur.
Aliáque plura de uſuis ſeverè decernuntur.

Nulli poſt mortem communicetur, cui vivo communicare non
licuit.   Unde talis arceatur ſacra ſepultura &c,

Sacrarum litterarum monumentis conſtare, duplicem à Deo inſtitutam eſſe poteſtatem, ſæcularem nimirum & Eccleſiaſticam. Nec Clerici igitur nec laici mittant falcem in alienam meſſem. Lites brevì finiantur. Si reus petitionem aƈŏris negaverit, conteſtationem litis Judex ſtatuat, ac tempus determinet, intra quod aƈtor ſuam intentionem, ac poſtea reus exceptionem formare poſſit. Si reus in jus vocatus non campareat, citetur ſecundò peremtoriè, ſi necdum pareat, contumax declaretur, & in pœnam aƈtori ſolvendam condemnetur. Si aƈtor non comparet, reum comparentem Judex abſolvat, & aƈtorem in expenſas condemnet. Judex priùs omnia Juris remedia experiatur, antequam ad excommunicationem deſcendat.

Multa inſuper valde ſalubriter ſtatuuntur de viſitatione, de ſynodis. In his traƈtetur primò de cultu DEI, tum de iis, quæ ad officia paſtorum ſpeƈtant.

Cùm ſine coërcitione jurisdiƈtio ſit enervis, & leges vileſcant, ſtatuuntur pœnæ in transgreſſores ſtatutorum. Judex tamen de mulƈtis pecuniariis nihil in uſus ſuos convertat, ſed cauſæ piæ applicet, parte tamen aliqua accuſatoribus reliƈta.

Submittuntur omnia aƈta judicio ſedis Apoſtolicæ, à qua omnia approbata ſunt. Subſcripſerunt Archiepiſcopus Burdigalenſis, Epiſcopi, Agennenſis, Engoliſinenſis, Piƈtavienſis, Santonenſis, Sarlatenſis, Vaſatenſis, & procurator Eccleſiæ Candomienſis, ſede vacante.

Additæ ſunt leges Seminariorum, de ædibus, de admittendis, de Primario & Præfeƈtis Seminarii, de œconomia, de diſciplina, de pietate, obedientia, re litteraria, correƈtione, ratione promovendi clericos.

Concilium Turonenſe II.   Anno 1583.

113. FUit pariter Provinciale, habitum partim Turoni partim Andegavi Præſide Simone à Maillè Archiepiſcopo Turonenſi, 21. Decreta pro reformanda morum diſciplina compleƈtens.

Inchoatur ſynodus gratiis Deo agendis, quòd Rex in toto Regno Concilia provincialia celebrari voluerit, ut & hæreſes extir-
pen-

pentur, & morum disciplina, tot seditionum bellorúmque incursi-
bus conquassata, restauretur. Vota deinde pro Regis conservatio-
ne facit, atque sub excommunicatione vetat, ne quis vivente Principe ausit de alio regni successore consilium inire, aut maledicta in
eum coniicere. Additque hæc verba : *si quis potestati Regis,*
quæ non est nisi à Deo, contumaci ac inflato spiritu contra auctori-
tatem & rationem pertinaciter contradicere præsumpserit, & eju
iustis imperiis obtemperare noluerit, anathematizetur. Petit deind·
synodus à Pontifice, ut Episcopis eorúmque Vicariis facultater
concedat absolvendi ab hæresi : à Rege verò, ut Tridentinum pro
mulgari, electiones verò Episcoporum & Abbatum liberas est
sinat.

Omnes Beneficiati intra tres menses à die adeptæ possessi·
nis in præsentia Episcopi aut Vicarii professionem fidei emittant
ac proprio nomine subscribant. Neque licet hoc·per procurate
rem facere. Laici non disputent cum hæreticis. Humanite
isti reducendi. Indulgentiæ nullæ promulgentur absque consensi
ordinarii, superstitio omnis tollatur.

Innovantur Bullæ Pii IV. & V. circa simoniam confidentia·
lem : atque Ecclesiam ipso jure vacare decernitur.

Tum verò de Sacramentis, reliquiis, imaginibus ea decernuntur, quæ tum in superioribus Conciliis, tum præsertim in·Tri-
dentino continentur, cujus etiam decretum amplectitur de irritatione matrimonii clandestini.· De disciplina etiam Ecclesiastica, de
Episcopis, Canonicis, Parochis, Monachis &c. eadem ferme
statuta.

Subscripserunt Archiepiscopus Turonensis, ejúsque suffraganei Episcopi, Andegavensis, Nannetensis, Leonensis, Briocensis,
Rhedonensis, Corisopitensis, per procuratorem Dolensis, Cenomanensis, Maclov+iensis, & Trecorensis Ecclesiæ sede vacante.

Concilium Bituricense II. Anno 1584.

INdixit hoc provinciale Concilium Rignaldus de Beaulne, Patriarcha & Archiepiscopus Bituricensis, Aquitaniæ Primas. 46.
titu-

114.

titulis , quorum finguli complures continent canones , Ecclefiafti. cæ difciplinæ providetur , ex Tridentino potiffimùm aliifque fyno-dis jam memoratis defumptos.

In titulo de abufu fcripturarum tollendo Can. IV. dicitur . *Sit Index librorum probibitorum apud actuarium cujuscunque Epifcopatus , qui` fingulis annis exhibeatur Bibliopòlis & Typogra-phis , ne per errorem improbatos libros diffeminent.*

Epifcopi fint executores teftamentorum in iis , quæ perti-nent ad pias caufas.

Qui nihil , nifi quod in fcriptura expreffè continetur , pro vero tenendum , & traditiones Ecclefiæ quafi inventa humana re-fpuendas effe dixerit , anathema fit.

Notabilis eft canon III. titulo *de Evcbariftia* , qui fic habet : *negantes accidentia panis & vini in Sacramento Evcbariftiæ fine fubftantia panis & vini manere , anathemate feriantur , & bære-tici cenfeantur.* Et canon III. tituli *de Miffa : Miffa vivis · & de-functis prodeft : quia æquè funt membra Cbrifti.; Quis fecùs credi-derit , anatbema fit.*

Item Canon I. tituli *de Beneficiis* , cujus hæc funt verba : *Cùm Beneficium Ecclefiafticum non otiofis , fed officium fuum exe-quentibus fit conftitutum , & propter Officium detur Beneficium, de-nuntiat bæc fynodus omnibus cujuscunque gradus , & conditionis , qui Beneficia Ecclefiaftica folius temporalis proventus gratia fufci-piunt , eos non facere fructus fuos : fed ad reftitutionem teneri.* Can. 2. vetatur pluralitas. can. 4. ne curata in fimplicia convertan-tur. Can. 6. ne quis confanguineo Beneficium cedat folius confan-guinitatis ratione.

Subfcripferunt Archiepifcopus Bituricenfis , ejúsque fuffraga-nei Epifcopi , S. Flori , Cadurcenfis , Lemovicenfis : Deputati Ec-clefiæ Claromontenfis , & Caftrenfis , fede vacante. Procurator Epifcopi Ruthenenfis , Tutellenfis , Albienfis , Mimatenfis , Va-brenfis. Confirmatum denique fuit hoc Concilium à Sixto V. ficut priora à Gregorio XIII.

Concilium Aquenfe anno 1585.

CElebratum Aquis Sextiis nobili Provinciæ Phocenfis civitate, 115.
Parlamento & ftudiorum Univerfitate inclita, Præfide Alexandro Canigiano Archiepifcopo Aquenfi, 43. Conftitutionum capita ad reformationem pertinentia fancivit. Atque imprimis decrevit, ut à Rege humillimis precibus flagitetur, ut Tridentinum Concilium, quo labenti reipublicæ Chriftianæ accuratiffimè fubvenitur, promulgari juberet.

Interim verò, dum ea promulgatio exfpectatur, fecundum ejusdem Concilii placita faluberrimæ fanctiones latæ funt de fide ejúsque profeffione, de inftitutione catechetica juventutis diebus Dominicis feftifque diligenter habenda, de libris vetitis, de Sacramentis in genere & in fpecie, de cultu feftorum, de vita & honeftate clericorum ; de his, in quibus Epifcopus juxta Tridentinum tanquam delegatus fedis Apoftolicæ procedere poteft aut debet : de vifitatione, concione, & verbi Divini prædicatione, de Canonicis, Capitulis, Parochis, refidentia, Ecclefiarum cultu, choro, altari, facriftia, cœmeterio, campanis, exequiis, proceffionibus, indulgentiis, reliquiis, cenfuris, Beneficiis, Seminariis, Synodis, Vicariis, Foraneis, Monafteriis.

De Baptifmo ait, eum ne quidem fub conditione effe conferendum illis, qui ab hærefi, Calviniana redeunt, eò quòd Calviniftæ publico in cœtu baptizent, debitámque materiam & formam adhibeant : formam autem fub conditione baptizandi introductam effe propter baptifmos occultos, de quorum valore dubitari poteft.

Confirmationis Sacramentum non impertiendum ante feptimum ætatis annum, nifi jufta ex caufa aliter videatur. Juniores ne fint patrini fenioribus. Præcipitur ufus Breviarii & Miffalis Romani. Renovantur ea, quæ Tridentinum de matrimonio ftatuit. &c.

Subfcripferunt Archiepifcopus Aquenfis, Epifcopus Aptenfis, Vapincenfis, Regenfis, Ciftaricenfis, & Vicarius Forojulienfis Epifcopi.

Concilium Tolofanum & Avenionenfe.

16.

ANno 1590. celebratum eft Concilium Provinciale Tolofanum Præfide Francifco de Joyofa S. R. E. Cardinale & Archiepifco-ɔo Tolofano, & anno 1594. Avenionenfe; in quibus multa de reta funt condita, fed eadem fere, quæ à fuperioribus Conciliis, & præfertin à Tridentino funt fancita. Ne igitur eadem identidem epetamus, lectorem ad Acta Conciliorum remittimus.

Illud notandum; licèt Galliæ Reges non permiferint publico aliquo totius Nationis Galliæ decreto Concilium Tridentinum promulgare, per iftas tamen Provinciales fynodos, in omnibus ferme provinciis habitas, id effe publicatum, dum illius Decreta tanquam fynodalia fua decreta afferuerunt.

LIBER

LIBER IV.

De Statu Civili & Ecclesiastico Belgii.

Quoniam nulla majoris momenti Concilia in Belgio usque ad Sæculum XVI. sunt celebrata, vix ullam hactenus illius mentionem feci. Jam verò, ut Sæculi XVI. status luculentius pateat, juvat eundem in hoc Eruditionis apparatu ab altioribus principiis repetere.

CAPUT I.

De Statu Belgii.

S U M M A R I U M.

ARTICULUS I.
Prænotanda de Regno Lotharico.

1. Regnum Lotharicum: in Austrasiam & Burgundiam divisum.
2. Regnum Burgundiæ in Provinciam, Delphinatum, Ducatum & Comitatum Burgundicum, atque Sabaudiam, ac magnam Helvetiæ partem.
3. Austrasiæ partes. Inter quas Lotharingia, & Belgium.

ARTICULUS II.
De Belgio usque ad Burgundos.

4. Brabantiæ & Flandriæ vetustæ adumbratio.
5. Luxemburgi, Hollandiæ, & Selandiæ, variæque provinciarum uniones.
6. Namurcum, Frisia, Geldria, Ultrajectum.

ARTICULUS III.
Sub Burgundis.

7. Burgundiæ Ducum prima linea, Roberto Fundatore.
8. Ex secunda Philippus Audax Joannis Galliæ Regis filius: Joannes Intrepidus: Philippus Bonus: Carolus Audax.

AR-

ARTICULUS IV.
Sub Auſtriacis ad ann. 1559.

6. Maria nubit Maximiliano. Burgundiæ Ducatus, & Arteſia à Ludov. XI. abreptæ. Philippus Archidux. Margaretha & Maria Gubernatrices.
10. Carolus V. Gröningam, Ultrajeaum, & Geldriam unit cum reliquis provinciis. Abdicatio.
11. Philippus II. pace cum Gallis faaa, Belgium ordinat, provincias diſtribuit; abit in Hiſpaniam.

ARTICULUS V.
Sub Margaritha Parmenſi.
§. 1. *De Cauſis tumultuum Belgicorum.*

12. Cauſa prima, ambitio Procerum. 2. Hiſpani milites 3. auaus Epiſcoporum numerus, & Abbatum querelæ. 4. Inquiſitio. 5. Granvellanus.

§. 2. *Has non fuiſſe cauſas primarias.*
13. Diſſertatio de cauſis ſeditionum & bellorum.

14. #### §. 3. *Principalis malorum cauſa fuit bæreſis.*

§. 4. *Relatio Hiſtorica Aaorum ſub Margaritha.*
15. Analogia ſtatus Belgici cum Gallico.
16. Granvellani avocatio; & elogium.
17. Regis conſtantia, & zelus pro Religione.
18. Nobilium conſpiratio propter Inquiſitionem: edicta, conſultatio ea ſuper re.
19. Geuſiorum nomen, origo, & inſolentiæ. *Compromiſſum.*

§. 5. *Continuatio ejusdem Hiſtoriæ.*
20. Geuſiorum iconomachia, ac barbarus furor, per totum ferme Belgium, nec Margarithæ indulgentia mitigatur.
21. Procerum aliquorum conſpiratio, ac Geuſiorum in Regem conjuratio. Brederodii inſolentia poſtulata. Gubernatricis reſponſio. Geuſii arma expediunt.
Ter vincuntur. Valencenæ à Regiis captæ.
22. Orangius juramentum fidelitatis detreaans Belgio excedit. Brederodii interitus. Hæreſis ubique profligatur. Belgium ad Religionem & obedientiam redit.
23. Legati Proteſtantium ex Germania ad Gubernatricem.

AR-

ARTICULUS VI.
Belgium sub Albano.

24. Rex de bello consultat. Illúd-que decernit; Margaritha, quæ pacem conciliaverat, invita. Albanus Italicas copias in Belgium ducit.

25. Egmontius & Hornanus capti. Belgarum mœror. Missa Galliæ Regi subsidia. Margaritha Belgio excedit.

26. Albanus novo erecto tribunali severa judicia exercet. Orangium aliósque contumaciæ & majestatis damnat. Bona fisco addicit.

27. Orangius armatus in Belgium. Cæsus Arembergius.

28. Actio in Egmontium & Hornanum. Exceptio. Sententia. Executio. Elogium. Alii condemnati.

29. Albanus in Frisiam. Geusios profligat. Ingentem novum Orangii exercitum cunctando vincit. Vitellii virtus. Hochstratanus occumbit. Alteræ Galliæ Regi missæ suppetiæ.

30. Albanus novo tributo Belgas irritat. Sed nuntiata ingenti eluvione, & Brila capta, executio suspenditur.

Continuatio Historiæ.

31. Orangius occasione novi tributi multos Belgas in suas partes trahit. Brila capta Reipublicæ dat prima initia. Mutata mox rerum facies. Urbes aut deficiunt, aut expugnantur à Geusiis. Albanus plures recipit: pari utrinque crudelitate.

32. Nardemi excidium. Harlemi cruenta expugnatio.

33 Requesenius in Belgium. Albanus in Hispaniam, relinquens Belgium ubique turbatum, quod pacatum à Margaritha acceperat. Albani elogium.

ARTICULUS VII.
Belgium sub Requesenio.

34. Middelburgum à Geusiis captum. Victoria Hispanorum. Seditio militaris. Lugduni obsidio irrita. Altera seditio.

35. Expeditio Selandica. Vitellii mors, & effigies. Mors Requesenii, & elogium.

36. Senatus arripit regimen, ac omnia turbantur. Seditio tertia militaris. Aloftum seditiosi intercipiunt. Conspiratio Belgarum in Hispanos. Antverpia direpta. Hispanorum apud Regem excusatio.

ARTICULUS VIII.
Belgium sub Joanne Austriaco.

37. De illo admittendo consultant ordines. Ipsémet deliberat. Tandem edictum ordinum Gandavense acceptat: atque Hispanos milites dimittit. Non tamen sine difficultate. Bruxellas ingreditur.

38. Artibus Orangii versa mox scena, & insidiis appetitus Namurcum fugit. Mutua exprobratio.

39. Orangius Brabantiæ conservator dicitur. Miles Hispanus revocatur, cum Alexandro Farnesio. Orangius arces civitatum diruit.

40. Evocatur ab ordinibus Vienna Mathias Archidux. Religiosi exules ob detrectatum juramentum adversus Joannem Austriacum.

41. Bellum toto Belgio. Duces utrinque. Victoria Gemblacensis, ejúsque fructus. Limburgum præter multas alias urbes expugnatum. Orangius ad mare Batavicum fundaturus imperium, Amstelodamum fraude capit. Pax frustra tentata.

42. Mors Joannis Austriaci, elogium ac vitæ series. Obitus Barlamontii.

ARTICULUS IX.
Belgium sub Alexandro Farnesio.
§. 1. Septennium primum.

43. Misera Belgii facies. Evocatus Alensonius, & Casimirus. Uterque recedit. Farnesii copiæ, & progressus.

44. Wallones à reliquis ordinibus deficiunt, ac tertiam classem constituunt: dicti *malecontenti*. Pellunt hæreticos. Farnesii & ordinum contentio, eos ad partes suas reducendi. Reconciliantur Regi: præsertim audito

furore hæreticorum Antverpiæ. Fabula Parisina. Trajecti cruenta expugnatio.

45. Coloniensis Conventus Cæsare arbitro. Reservata Regis. Ordinum enormia postulata. Terranovæ Legati responsio. Arbitrorum moderatio. Re infecta disceditur. Arschotti reconciliatio.

Continuatio Historica.

46. Frisia & Transfiselania per Lalinium Rennebergium Regi conciliatæ. Occupata Mechlinia. Sed felicem armorum cursum stitit

stipendiorum inopia. Exteri millites dimissi Revalescunt fœderati. *Anglicana furia* Mechliniæ. Rubasii victoria capto Lanua.

47. Mar-

47. Margaritha à Rege in Belgium missa, ut civilem Præfecturam administret, militari filio Alexandro relicta. Qui eam divisionem Gubernationis improbat: ac dimissionem petit.

48 Hornamus Comes ob conjurationem in Alexandrum capite plexus. Victoria Gröningensis, per Martinum Schenchium relata. Lalinius quoque in Frisia res magnas gerit. Plures urbes captæ.

49. Fœderati Regem abdicant, & Alensonium sibi Principem deligunt. Discedit Mathias. Orangius proscriptus. Ejus urbs Breda ab Altapennio capta.

50. Cùm Alensonius exercitum duceret, actum est de revocando extero milite, consentientibus Wallonibus. Captum Tor-

nacum. Alexandri periculum geminum. Verdugi in Frisia victoria. Aldenarda capta. Reditus exteri militis. Captæ urbes.

51. Alensonius Principatum firmaturus, fœderatorum suorum urbes invadit, præsertim Antverpiam, infausto eventu. Bironio cæso fugit ex Belgio.

52. Mox captæ à Farnesio Dunquercha, Neoportum, Menina, Duxmunda, Stenberga, Zutphania, Axella, Ulstum, Alostum, Gandavum, Brugæ, Ipræ, aliæque urbes. Quibus accessit fausta expeditio Coloniensis adversus Gebhardum.

53 Obitus Alensonii, & elogium. Orangii cædes per Girardum. Elogium. Mauritius a fœderatis suffectus sub Holachio. Gallo deferunt Belgium.

§. 2. *Alexandri septennium alterum.*

54. Variæ urbes expugnatæ. Celeberrima omnium expugnatio Antverpiæ. Pons portentosus. Naves incendiariæ Clades in ponte misera. Conditiones deditionis. Accedunt Teneramunda, Bruxellæ, Neomagum, Mechlinia, restituto Archiepiscopo.

55. Taxii victoriæ, Frisia & Geldria per eum ad Regem reductæ. Ostenda frustra tentata, & Lilloum. Buscoducum recuperatum. Bomeliana expeditio in summum discrimen exercitum adducit. Per P. V. servatus.

56. Fœderati post evocatos sæpiùs

Germanos & Gallos, Angliam armant. Comes Leicestriæ à Regina missus Gubernator dicitur. Farnesius Graviam & Venloñam expugnat.

57. Coloñiensis expeditio ab ipso Alexandro suscepta. Novesium denuo expugnatum & direptum. Sed dum Rhenobergam oppugnare cœpit, in Belgium redire cogitur: in quo Leicestrius Zutphaniæ imminebat, & Mauritius Nassovius Axelam astu ceperat. Leicestrius ordinibus invisus recedit in Angliam, Mathiæ, Casimiri, & Alensonii exemplo.

58. Missi

58. Miffio Caftrenfis. Daventria à Stanlæo Anglo Catbolico Regi fuo reddita. Rolandus exemplum fequitur. Slufa expugnata. Geldria à Pattono Scoto tradi-

ta. Altapennii obitus. Simultas inter Leiceftrium & Ordines. Ille Belgium omnino relinquit.

Continuatio Hiftorica.

59. Ingens belli apparatus in Angliam. Prudens Alexandri confilium: fed negleaum. Copiæ Belgicæ pro ea expeditione. Navigia. Ob eventum infauftum Alexander in invidiam vocatur. Se purgat.

60. Expeditio tertia Colonienfis, ad Boonam, à Schenchio abreptam, recuperandam. Taxius obit. Ejus elogium. Bonna recepta.

61. Gertrudisberga occupata. Alexander in Balneum. Mansfeldius in Bomeliam, ubi Hedelam capit, Levianæ legionis perfidia & feditio. Diffolvitur.

Lis de fpolio. Hoftis liberalitas.

62. Martinus Schenchius Neomagum penetrat. Sed tandem repulfus, aquis hauftus eft. Ejus effigies. Rhenoberga in Ubiis expugnata. Cum bello Colonienfi finit hiftoriam Strada: ne verfam Belgii fortunam debeat fcribere.

63. Farnefio in Gallia abfente fœderati refpirant, Mauritius occupat Bredam, Zutphaniam, Neomagum, Daventriam, Hulftum, Steinvicum, Covordiam. Alexandri Farnefii obitus, & elogium.

ARTIC. X.

Belgium fub Mansfeldio, Ernefto, & Fontano.

64. Mansfeldius Gubernator. Nova expeditio in Galliam inutilis. Gertrudisberga ad fœderatos.

65. Erneftus Archidux Gubernator. Pacem offert Batavis. Superbè rejicitur. Gröoingam & Hoyum occupant. Res Hifpanæ inclinatæ. Obitus Ernefti, & elogium.

66. Fontanus Gubernator. Arfchotus offenfus Belgio excedit. Carolus Mansfeld Petri Ernefti filius à Rudolpho Cæfare expetitus adverfus Turcas, Hoyum receptum per Mottæum. Verdugi mors.

67. Batavorum conatus maritimus in Boreali Oceano. Eluviones. Pacem callidè petunt.

68. Fon-

68. Fontani militares leges. In Picardiam : Caftelletum, Dorlanum, & Cameracum capit. | Mottæus obit. Rofnæus fufficitur. Galli victi. Villarii perfida cædes.

ARTIC. XI.
Belgium fub Alberto.

69. Albertus Wilhelmum Orangii filium ex H.fpania adducit. Quem Mauritius frater & Batavi patria excludunt. Albertus Gallis eripit Caletum, Guinam, Hamam, Ardeam, Batavis Hulftum. Rofnæi mors.

70. Mauritii ad Tornhutum victoria. Ambianum à Portocarero captum aftu: ab Henrico receptum. Mauritius complures ad Rhenum urbes occupat.

71. Pax Vervina cum Gallis: quibus urbes reftitutæ. Confultatio de connubio inter Albertum & Ifabellam: ftatuitur cum dote Belgii fub certis conditionibus. Batavorum obtrectationes.

72. Albertus in Hifpaniam ad ducendam fponfam. Andreas Auftriacus interea præfectus Belgio. Mendoza armis: qui Rhenobergam expugnat. Militem per Rhenanas provincias in hyberna diftribuit, non fine querela Germanorum, præfertim Proteftantium apud Cæfarem.

73. Archiducum adventus. Certamen fingulare. Mauritii progreffus, & victoria ad Neoportum, cruenta quidem: quæ tamen nullum fructum traxit.

CAPUT II.
De Statu Ecclefiaftico Belgii in fpecie.

ARTIC. I.
De Statu Religionis.

74. Ortus Chriftianæ Religionis in Belgio. Primi Apoftoli & Epifcopi. Progreffus. Normanica perfecutio.

75. Tanchelini hærefis, à S. Norberto debellata. S. Bernardi zelus. Sacrorum Ordinum propagatio. Schifma inter Urhanum VI. & Clementem VII. Belgium fcindit. Sed omnia componuntur.

76. No-

76. Novæ hærefes florentem Religionis ftatum evertunt, atque omnia mifcent. Earum initia. Lanoy Calviniftæ exorcifmus.

77. Hærefum progreffus, & furor barbarus. Gorcomienfes

Martyres. Multi alii facerdotes crudeliter necati

78. Jefuitæ pulfi in exilium. Miffionem Batavicam inftituunt. Fabula de necando Mauritio, 60. mendaciis contexta, à Coftero confutata.

ARTIC. II.

Status Ecclefiafticus per Concilia ordinatus.

79. *Concilium Ultrajectenfe* deliberavit Sæculo VII. fub S. Willibrordo Epifcopo, quomodo per infignes Verbi Divini prædicatores finitimis populis annuntiandum fit fanctum Dei Evangelium, & Chriftiana fides propaganda. Præfens huic Concilio fuit S. Winfridus, Bonifacius poftea dictus, Archiepifcopus Moguntinus ac Germaniæ ac Frifiæ Apoftolus.

Sæculo XI. Concilium Diœcefanum *Attrebatenfe* utiliffimam de facramentis, aliifque myfteriis Religionis doctrinam tradidit.

Alterum *Attrebatenfe*, & fequentia de monafteriis potiffimùm, & eorum privilegiis tractârunt. Sæculo autem XVI. tria Concilia Provincialia funt celebrata, admodum celebria, duo *Cameracenfia* & *Mechlinienfe*, quorum Doctrina & Canones fpecialem merentur memoriam.

ARTIC. III.

Concilium Cameracenfe I.

Edita 22. Capita de doctrina fidei & difciplina Ecclefiaftica.

80. De libris vetitis. Lectione Theologica. Scholis. Seminariis. Doctrina & prædicatione verbi Divini. De cultu, ceremoniis, & officio Divino.

81. De Minifteriis Ecclefiafticis. De vita & honeftate Clericorum. De Examine Epifcoporum, & Paftorum. De Refidentia Epifcoporum aliorúmque Paftorum. De Vifitatione.

82. De poteftate & Jurisdictione Ecclefiaftica. De Matrimonio. De Decimis, oblationibus, & portione Canonica. De Purgatorio.

83, De

83. De Monafteriis. De Sanctis. | De Indulgentiis. Subfcriptio-
De Imaginibus. De Reliquiis. | nes.

ARTIC. IV.
Concilium Provinciale Mechlinienfe.

84. Occafio Concilii &c. Tracta- || rochis & eorum officiis. De
tum de facramentis. De ordi- | vita & honeftate Clericorum.
nandis. De fponfalibus & ma- | De Scholis.
trimonio. De officio & cultu | 86. De Unionibus & bonis Eccle-
Divino. De Imaginibus & In- | fiafticis. De Regularibus. De
dulgentiis. | litteris Apoftolicis & Judicibus
85. De Epifcopis & eorum offi- | delegatis. De Ufuris. De Vi-
cio. De Miniftris Ecclefiæ & | fitationibus. Subfcriptiones.
Refidentia. De Decanis, Pa- |

ARTIC. V.
Concilium Cameracenfe II.

87. Editi Canones de fide. Doctri- | ca. De adminiftratione bono-
na. Officio Divino. Feftorum | rum Ecclefiafticorum. De Cle-
cultu. Sacramentorum admini- | ricis in genere. De Epifcopis,
ftratione. | Capitulis & Canonicis. Pa-
88. De Baptifmo. Confirmatione. | rochis.
Euchariftia. Pœnitentia. Ordi- | 90. De Regularibus. De Scholis
ne. Matrimonio. Extrema un- | & Seminariis. De foro, Juris-
ctione. Obfervatio de matri- | dictione, & Immunitate Eccle-
mo clandeftino in Belgio. | fiaftica. De Ufuris. De Synodis.
89. De fepulturis, Oblationibus, | Subfcriptiones.
Decimis, & portione Canoni- |

ARTIC. VI.
Diſſertatio Juridica de Uſuris.

91. Titulo folius mutui aliquid | cenfus Germanici, qui non ex
exigere eft ufura propriè dicta, | titulo mutui exigitur: fed ex
contra Jus naturale, Divinum, | aliis titulis.
& humanum. Alia eft ratio |

92. Jus civile moderatúm auĉtarium permittit.   Uti etiam
Conflitutiones Imperii : non
tantùm poft moram, aut pro
tempore belli Suecici : prout
confuetudo etiam in Germánia
.declarat.

93. Explicatur : quid ejusmodi
ftatutum Principis intendat :
confirmatúrque per variâ Juris
exempla.

94. P. Pichleri fententia vindicatur
adverfus cenfuras P. Danjelis
Concina.   Cujus admirationi-
bus & exclamationibus refpondetur, per multa Juris utriusque exempla.

95. Explicatur uberiùs doĉtrina
de Jure naturali & Divino: ex

cujus ignorantia videtur labi
R. P. Concina. Afferuntur rurfus plura Juris utriusque
exempla.

96. Caufæ ejusmodi ftatuti per-
mittentis aliquid exigere occafione mutui, & transferentis
ejusmodi auĉtarium.

97. Iufinuantur aliquot contraĉtus & tituli, quibus utiliter
pecunia ad aliquod lucrum collocari poteft. Et quid de rudibus in hac materia fentiendum.

98. Sanĉtiffimi Domini noftri Be-
nediĉti XIV. fententia de cafibus, quibus purum mutuum,
absque auĉtario, eft celebrandum.

C A P U T I.

De Statu Belgii.

A R T I C U L U S I.

Prænotanda de Regno Lotharico.

1.
Lotharicum.
Ludovicus Pius inter tres filios fuos Regnum ita diviferat, ut
Lothario Italia, Ludovico Germania, Carolo Calvo Gallia
obtingeret.   Sed quia Lothario Imperatori minor votis erat
Italia, adjeĉtus illi eft prælongus terrarum traĉtus Germaniam inter
& Galliam, à mari mediterraneo ad Germanicum usque excurrens,
Regnum Lotharicum propterea appellatus. Compleĉtebatur id tetras,
quas hodie Phocenfis Provincia, Delphinatus, Sabaudia, Helvetia,
Alfatia, Burgundia, Lotharingia, Palatnatus, Ager Trevirenfis,
Colonienfis, Juliacenfis, Clivenfis, & Belgium occupant.

Lotha-

Lotharius moriens provincias suas pariter inter tres filios suos ita divisit, ut Ludovico Imperatori Italia obveniret, Lothario *Austrasia*, complectens Lotharingiam, Alsatiam, Treviros, Palatinatūm, Coloniam, Juliacum, Cliviam, & Belgium : Catolo verò *Burgundia*, per Provinciam, Delphinatum, Sabaudiam, Helvetiam, Ducatum & Comitatum Burgundicum extensa.

Sed neque ista divisio diu tenuit ; nam tribus istis fratribus absque legitima prole mascula defunctis, eorum patrui Ludovicus Germanicus, & Carolus Calvus Regnum Lotharicum inter se ita partiti sunt, ut illi Sabaudia, Helvetia, pars Belgii cum Germanicis provinciis accederent, Carolo verò Provincia, Delphinatus, Burgundia, cum parte Lotharingiæ & Belgii.

Neque hæc partitio ætatem tulit. Siquidem Carolus Calvus Provinciam & Delphinatum clientelari jure possidendas dedit Bosoni, affini suo, qui eas sub nomine Regni Arelatensis occupavit: de quo plura disserui *part. 5. ad sæc. XI. art. 1.*

Paulò pòst Carolo Crasso regimine moto surrexit alterum regnum Burgundicum in Helvetia & Sabaudia, à *Rudolpho* Suevo inchoatum; quod *Transiuranum* dictum est. Accessit tertium eo in tractu, quem Ducatus & Comitatus Burgundiæ occupat.

Sed & hæc divisio brevi concidit, toto Regno Burgundico ad Rudolphum II. devoluto; dum Hugo Comes Arelatensis, perfidus tutor, eidem Regnum Arelatense cessit pro Regno Italiæ. Postquam autem Rudolphus III. absque liberis anno 1031. obiit, Conradus II. Imperator Regnum Arelatense seu Burgundicum Imperio univit, & per vicarios gubernavit.

Hi autem Gubernatores provincias sibi commissas, turbatis maximè temporibus, proprias paulatim & hæreditarias fecerunt. Sic *Phocensis Provincia* sæculo XI. proprios Comites habuit. Ab his per nuptias ad Berengarios, Barcinonenses Comites sæc. XII. translata fuit: sæc. XIII. per Beatricem, ultimi Barcinonensis Comitis filiam, ad Carolum Comitem Andegavensem, S. Ludovici fratrem, qui simul utriusque Siciliæ Rex à Pontifice fuit renunciatus. Sæc. XV. Carolus, ultimus ex media Andegavensi Domo Ludovicum XI. Galliæ Regem Provinciæ hæredem testamento scripsit. Qua ratione Franciæ unita est.

Delphinatus pariter primò Regni Lotharici, dein Burgundici atque Arelatensis pars, sæc. XI. proprios Comites nactus est. Horum ultimus Humbertus sæc. XIV. Philippum VI. Valesium Regem

2.
Provincia.

Delphinatus.

Iiii 2   Galliæ

Galliæ hæredem dixit, ea conditione, ut quilibet Regum primogenitus *Delphini* titulo infigniatur.

Burgundia.   *Burgundia* Regni olim Lotharici portio, in Ducatum deinde & Comitatum divifa eft. Ducatum fæc. XI. occupârunt Hugonis Capeti pofteri, atque poffederunt usque ad medium fæculi XIV. quo Philippus ultimus hujus lineæ Burgundicæ improlis obiit.   Devolutus tunc eft Ducatus jure materno ad Joannem Galliæ Regem, qui eundem reliquit Philippo Audaci filio fuo natu minimo, qui novam, eámque potentiffimam Burgundiæ Ducum lineam eft aufpicatus, per 116. annos à quatuor Ducibus deinceps continuatam, donec anno 1477. cæfo Carolo Audace, per Mariam ejus filiam Ducatus Burgundiæ Domui Auftriacæ fuit illatus.   Sed mox à Ludovico XI. abftractus, & in Galliæ provinciam eft rédactus.   Præcipuæ in ea urbes funt Divio, Auguftodunum, Mutifco, Antiffiodorum, Cluniacum, Trevoltium, cum Comitatu Carolefii, & Breffiæ, atque agro Cabillionenfi.

    Comitatus Burgundiæ pariter fæculo XI. cœptus, à decem Comitibus (inter quos Otto II. Dux Meranenfis, per nuptias Comitatum illum affecutus) usque ad annum 1316. poffeffus.   Quo Ducatus Burgundiæ cum Comitatu eft unitus per conjugium.   Poft necem Caroli Audacis hic Comitatus ad Auftriacos tranfiit, mansítque apud eos usque ad annum 1674. quo Ludovicus XIV. eundem occupavit, & pace Neomagenfi Galliæ confirmavit.   Appellatur vulgo *Franche Comte*, feu liber Comitatus, Ducatu Burgundiæ, Lotharingia, Campania, & Helvetia conclufus.   Primariæ illius urbes funt Dola, Academia à Philippo bono fundata celebris, & *Vefuntio* usque ad pacem Weftphalicam libera Imperii civitas, Archiepifcopatu, Academia, & parlamento ornata.

Sabaudia.   Ad Regnum Lotharicum, & poftea ad Burgundicum & Arelatenfe Regnum pertinebat etiam *Sabaudia*.   Primus illius Comes fub initium fæculi XI. fuit Beraldus, cujus Genealogia ad Witekindum M. refertur.   Stirps ifta per tot jam fæcula propagata hodiedum floret, ac præter Sabaudiam magnis in Italia acceffionibus aucta eft. Amadeus VIII. qui Genevenfem Comitatum emit, factus eft primus Sabaudiæ Dux anno 1416. à Sigismundo Imperatore, à Conciliabulo Bafileenfi Papa, à Papa Nicolao V. Cardinalis: à fe ipfo Monachus.   Sabaudiæ, quæ eft feudum Imperii, urbes potiores funt Camberium, Ducum olim fedes: Montmelianum infigne olim munimentum, fed à Gallis propugnaculis exutum: Annecium in tra

ctu

ctu Genevenfi, nunc Epifcopi fedes, poftquam Geneva defecit. His accedunt ager Cabellicus, Comitatus Tarentafiæ & Mauriennæ &c. Ducatus ifte fæpiùs à Gallis fuit occupatus, fed femper iterum reftitutus. Qua denique ratione Helvetia, quæ magnam Regni Burgundici partem conftituebat, primùm ad Imperium, dein verò in liberam Rempublicam tranfierit, dictum eft fupra.

3.

Auftrafia, altera Lotharici Regni pars, ficut Burgundia poft Auftrafia. mortem Lotharii Junioris paulatim in varias minores provincias, eadem occafione, fuit divifa; quia fcilicet Gubernatores, ab Imperatoribus præfecti certis ditionibus, eas hæreditarias ac proprias fecerunt. Et quidem Alfatia, Palatinatus, Treviri, Colonia, Juliacum, Clivia, Leodium ad diverfos Germaniæ Principes tranfierunt.

Lotharingia verò, in qua tempore Merovingicorum Metis erat Regum Auftrafiæ fedes, primò ad Duces Mofellanos pervenit, quos inter memorabiles, Albero, qui jam quinto fæculo in eo ad Mofellam tractu confedifle traditur: S. Arnolphus fub Dagoberto I. Major Domus, dein Epifcopus Metenfis, denique eremita. S. Clodulphus primogenitus ejus filius lineam Ducum fuperioris Lotharingiæ, Anfegifus verò paternas ad Scaldim ditiones, & in dotem inferiorem Lotharingiam, feu Brabantiam adeptus, lineam alteram propagavit. Gifelbertus, Henrici Aucupis gener, inferiorem Lotharingiam cum fuperiore conjunxit, ab ejus nepotibus rurfus divifam.

Anno 1048. Godofredo II. avo Godofredi Bullionii, fola inferior Lotharingia relicta eft, fuperiorem verò Henricus III. Imperator feudali jure conceffit Gerhardo Alfatiæ Comiti; à quo virilis Ducum ftirps in hodiernum usque diem feliciter eft propagata. Et quidem ad annum usque 1430. quo obiit Carolus Audax, primogenita linea continua ferie fucceffit. Tum verò gravis agitata eft quæftio, an Ifabella fratris primogeniti filia, an fecundogeniti filius Ducatum obtinere debeat. Nec ferro decidi potuit. Sed pactis nuptialibus tandem fopita eft.

Nam Renatus Andegavenfis Ifabellæ conjugis fuæ jura perfecuturus Antonium Valdemontium bello primùm vicit, verùm à Philippo Bono Burgundiæ Duce, ad quem Antonius confugerat, dein victus, captúsque Divionem abductus eft. Tandem verò pax ita fuit compofita, ut Jolantha Renati ex Ifabella filia cum Friderico Antonii filio defpondeatur, atque in liberis, ex eo matrimonio fufceptis, omnes ditiones conjungantur. Idque in Renato II. contigit,

git, multarum etiam in Gallia ditionum Domino.   Verùm eundem
mox bello appetiit Carolus Audax, potens ille ac formidandus Dux
Burgundiæ, totámque ferme Lotharingiam jam occupaverat; cùm
ab Helvetis ter cæsus occubuit.

Mortuo ann. 1508. Renato in Lotharingia succeffit filius Antonius, Gallicis partibus magnopere addictus, de cætero acerrimus
Religionis vindex. Mortuus anno 1544. Francifco feniori filio Lotharingiam, Nicolao Juniori Ducatum Mercordii reliquit, cujus filiam Henricus III. Galliæ Rex uxorem duxit. Francifcus mox defunctus Carolum II. duorum annorum pupillum hæredem dixit, fub
tutela Chriftinæ matris & Nicolai Valdemontii patrui educandum;
verùm Henricus II. Galliæ Rex direptis Meti, Tullo, & Vi-duno
puerum Parifios abduxit, ubi eum cum Delphino educavit, defpon-
fúmque cum Claudia filia fua in Lotharingiam remifit; ubi Academiam Muffipontanam fundavit (*anno 1573*) tumultibus Hugonoticis
in Gallia exortis, Guifiorum fuæ ftirpis Principum partes ftrenuè
promovit; donec poft 63. annorum regimen piè obiit (*anno 1608*)
Et hæc quidem de Lotharico & Auftrafiæ regno prænotare placuit.
Magnam verò utriusque partem conftituebat Belgium; cujus modò
ftatus breviter adumbrandus.

ARTICULUS II.
De Statu Belgii antiquo usque ad Burgundiæ Duces.

BElgium, quod feptendecim hodie provincias complectitur, fub
Romanis olim in *Galliam Belgicam* & *Bataviam* divifum fuerat.
Irrumpentibus autem fæculo V. Francis in Galliam, Belgium
quoque Merovingicis Regibus parebat.   Ad Carolingicos inde translatum, poft divifionem Ludovici Pii ad Lotharicum regnum acceffit,
ac paulò poft ad Auftrafiam, quæ Lothario II. obvenerat. Gubernatoribus autem paulatim terras illas ùt proprias poffidentibus enata
eft tanta provinciarum divifio; cui Normannorum etiam incurfiones
non levem occafionem dederunt.

4.   Et Brabantia quidem, quam ad diftinctionem Lotharingiæ fu-
Brabantia. perioris feu Mofellanæ (de qua paulò antè aliqua memoravimus) *Lotharingiam inferiorem* aut *Mofanam* dixerunt, *Anfegifo*
S. Arnulphi Comitis Mofelani filio (quod prius infinuatum) uxorio
nomine

nomine occupatâ traditur annô 6ʃ8. inde ad *Pipinum Heriʃtallum* ejus fiilum, Carolum Martellum, Pipinum Brevem, Carolum M. Ludovicum Pium, Lotharium I. Lotharium II. Carolum Calvum, ejúsque poʃteros, Galliæ Reges, devoluta, ad Carolum Lotharii III. fratrem pervenit: hic Carolus à Regno Galliæ exclusus fuit, quòd ab Ottone III. Brabantiam in feudum accepiʃʃet. Ejus verò filius *Otto* ultimus ex Carolingicis erat Dux Brabantiæ ʃeu inferioris Lotharingiæ: anno 100ʃ. mortuus.

Soror ejus *Gerberga* Lovanienʃi Comiti nupta hæreditatem prætendit, quam tamen ei dubiam fecerunt Imperatores, & Duces ʃuperioris Lotharingiæ. Ex his poʃtremus erat inclitus ille heros Godofredus IV. Bulʃionius, qui, poʃtquam Bullionem Eccleʃiæ Leodienʃi vendidit, ʃacram in Palæʃtinam expeditionem ʃuʃcepit, dictúsque eʃt Rex Jeroʃolymæ, quam expugnaverat. Poʃt ejus mortem Henricus IV. Imperator Brabantiam (quæ ad id usque tempus Inferior Lotharingia fuit appellata) Henrico Comiti Limburgenʃi tradidit. At *Godofredus Barbatus* Comes Lovanienʃis jus ʃuum armis aʃʃeruit, ac Brabantiam familiæ ʃuæ intulit: quæ eandem tenuit usque ad annum 13ʃʃ.

Godofredus III. Infans in caʃtra delatus, ʃuʃpenʃis ex arbore cunis eum pugnantibus ʃubditis ʃuis ardorem inʃpiravit; ut victoriam reportarent. Joannes I. anno 1282. Limburgum, ab Adolpho Comite emptum, Brabantiæ adjecit. Poʃt mortem Joannis III. ejus filia Antonium Burgundiæ Ducis fratrem Brabantiæ & Limburgi hæredem renuntiavit. (*anno 1404*)

Flandriam & *Arteʃiam* Carolus Calvus Balduino I. genero ʃuo propriam fecit anno 8ʃ8 quindecim dein Comites ex Baldúino deʃcendentes utramque poʃʃederunt. Ex his memorabiles ʃunt *Robertus* Hieroʃolymitanus, ita appellatus propter expeditionem ʃacram, quam cum Bullionio 1099. ʃuʃcepit. Balduinus VI. qui Richildim Hannoniæ hæredem duxit. Philippus, qui neptem ʃuam Philippo II. Galliæ Regi deʃpondit cum dote Arteʃiæ. Soror Philippi Margaretha Balduino Hannoniæ Comiti nupta, Hannoniam & Namurcum cum Flandria conjunxit.

Ex hoc matrimonio natus eʃt *Balduinus IX.* qui voti religione ʃe liberaturus anno 1201. expeditionem in Palæʃtinam adornavit, & ope Venetorum Conʃtantinopolin expugnavit, dictus Orientis Imperator; at anno vertente à Bulgaris captus, manibus pedibúsque abʃciʃʃis atrociʃʃimè trucidatus eʃt. Margaretha ejus filia ʃtemma propagavit. Sed cum nothi cum legitimis filiis vellent fuccedere, graviffimum inter eos ottum eft bellum. Qua occafione Hannonia rurfus à Flandria fuit feparata. Guido ejus filius Flandriæ Comes bis à Philippo Pulchro captus eft. Sed ejus filii in pugna Co:tracenfi 24000. Gallorum ceciderunt.

Ludovicus Guidonis pronepos, Flandriæ, Niverni, & Retelii Comes; per nuptias cum Margaretha Philippi V. Gallæ Regis filia Comitatum Burgundiæ & Artefiæ in dotem accepit; Mechliniæ verò dominium ab Ecclefia Leodienfi emit. Cæfus eft in pugna Creffiaca. Ejus ex filio neptis *Margaveta*, collocata Philippo Audaci Burgundiæ Duci, Flandriam, Nivernum, Retelium, Antverpiam, Mechliniam, cum comitatu Burgundiæ & Artefiæ Domui Burgundicæ intulit. (1369).

5.
Luxembuig.

Luxemburgi Comitatus fæculo X. à Sigfrido cœptus dicitur. Ex ejus fuccefforibus memoriam meretur Henricus III. qui in Imperatorem fub nomine *Henrici VII.* electus fuit: ejus verò filius Joannes Rex Bohemiæ. Is Luxemburgum, in Ducatum erectum, reliquit Wenceslao filio tertiogenito: quo defuncto Wenceslaus Imperator illud nepti fuæ tradidit; quæ Philippo Bono vendidit, fruftra reclamantibus Sigismundi Cæfaris neptibus, quibus jus quæfitum videbatur. Atque hoc pacto etiam Luxemburgicus Ducatus ad familiam Burgundicam tranfiit.

Hollandia &
Selandia.

Hollandiæ & *Selandia* primus Comes fuiffe traditur Theodoricus; à Carolo Calvo fæculo IX conftitutus. Defcendentes ex eo Comites 18. continua ferie gubernarunt utramque provinciam ultra tria fæcula, ad annum nempe ferme 1300. Ex his Florentius III. cum Friderico Barbaroffa in Palæftinam profectus cum eodem obiit. Florentii IV. filia, Hermanno Comiti Hennebergico nupta, dicitur eodem partu 365. proles effudiffe. *Wilbelmus II.* anno 1248. electus Imperator adverfus Fridericum II, & Conradum IV. à Frifonibus occifus eft: quos filius ejus Florentius V. domuit. Sed tandem miferè peremptus eft. Cum Joanne ejus filio comitum antiquorum Hollandiæ & Selandiæ familia extincta eft.

Jure materno hæreditatem tunc adiit Joannes II. Comes Hannoniæ. Qua occafione tres provinciæ, Hannonia, Hollandia, & Selandia conjunctæ funt (anno 1300.) quibus acceffit Frifia. Has omnes ejusdem neptis *Margaretha* attulit conjugi fuo Ludovico Bavaro Imperatori, nec defuit fœcundus thalamus, quatuor filiis ex eo matrimonio ortis, nec longam tamen progeniem mafculam habituris.

Nma

Nam Ludovicus Romanus, & Otto, elector uterque Brandenburgicus improles obierunt. Wilhelmus .V. regimen Hollandiæ &c. adiit vivente adhuc patre. Sed eo mortuo Margaretha mater fasces rursus ad se trahere nitebatur. Ortum propterea grave bellum matrem inter & filium: quo victa illa in Angliam profugit. ___

Wilhelmus V. post sexennium mortuus successorem habuit Wilhelmum VI. filium, qui mente dejectus curatorem vivens habuit, & mortuus hæredem Albertum Bavarum, patruum suum, cui successit filius Wilhelmus VII. Defecit in eo mascula stirps Bavara. Filiam tamen reliquit Jacobæam. Quæ licèt quartò fuerit desponsa, nullam tamen prolem genuit. Quare Philippum Bonum Burgundiæ Ducem Patruelem suum hæredem instituit. Qua ratione etiam Hollandia, Selandia, Hannonia & Frisia in Domum Burgundicam abierunt.

Namurcum, usque ad annum 1191. proprios Comites habuit. Dein jure uaterno ad Flandriæ comites transiit. Tum rursus separatum est. Denique sæculo XV. Philippus ultimus Comes illud eidem Philippo Bono vendidit.

6.
Namur.

Frisia jam ante Francorum in Galliam adventum Romanorum jugum excussit; & ante Carolum M. novem Reges habuit. Inter quos *Adgildus* sæculo VIII. primus christianam Religionem acceptasse traditur. Postquam autem Carolus M. *Radbodum* ultimum Regem throno dejecit, gens illa liberam veluti rempublicam coluit. Vicini Hollandiæ comites multa cum ea bella gesserunt. Tandem cùm anno 1187. Frisia aquarum inundatione mergeretur, Florentius V. Hollandiæ Comes propiorem illius pattem occupavit, remotiore sub Romano Imperio remanente. Unde divisio in Frisiam Occidentalem & Orientalem. Illius urbs primaria Leowardia, hodie Gubernatoris ex Domo Nassovia sedes, hujus verò Embda.

Frisia.

Geldria jam à sæculo IX. suos Gubernatores habuit, qui paulatim increscentes propriam sibi provinciam fecerunt. Primus verò illius Comes fuisse perhibetur Otto Comes Nassoviæ, ab Henrico IV. Imperatore anno 1079. creatus. Adjunxit per nuptias Zutphaniæ Comitatum. Octo ex sanguine ipsius successores utramque provinciam ceu Comites possederunt. Nonus verò Reginaldus II. Geldriam tanquam Ducatum à Ludovico Bavaro obtinuit. Zutphania verò Comitatus nomen retinuit.

Geldria.

Anno 1372. mascula Nassoviorum Geldriæ Ducum stirpe extincta Wilhelmus Dux Juliacensis uxorio nomine Geldriæ possessionem fionem adiit; retinuitque in fua familia usque ad annum 1423. quo Reinaldus IV. improlis obiit. Tum verò materno jure Ducatum obtinuit Arnoldus Egmondanus. Hunc filius Adolphus in cærcerem conjecit, & quinque annis in eo detinuit; donec Carolus Audax Dux Burgundiæ anno 1471. vices mutavit, & patre liberato impium filium captivum abduxit. Pater liberatus, filio exhæredato, Carolum liberatorem fuum Geldriæ & Zutphaniæ hæredem inftituit. Qua ratione etiam hæ provinciæ devenerunt ad Burgundos; non tamen adhuc nexu quieto ac ftabili. Nam licèt Carolus Audax, & poft eum Maximilianus Auftriacus illius poffeffionem adierit, Carolus tamen Egmondanus, impii Adolphi filius, magnas eis moleftias, quin etiam Carolo V. intulit; dicto etiam hærede Duce Clivenfi, ùt poftea dicetur.

Trajectum.   *Ultrajectum* circa finem fæculi VII. in Epifcopatum erectum; cujus primus Antiftes Wilibrordus fuit, qui Frifios convertit. Tantæque deinceps potentiæ fuit, ut vicinæ etiam provinciæ Gröninga & Tranfyfalania eidem parerent. Tandem fæc. XVI. omnes tres provinciæ Carolo V. ultro fe dediderunt.

ARTICULUS III.
Schema Belgii fub Burgundis.

DE Regno antiquo Burgundico, à Wandalis fundato, uti etiam de pofterioribus regnis Burgundicis atque Ducatu gemino, antiquo & recentiore aliàs dixi. Hìc verò de ipfis Ducibus, & Belgio ab ipfis gubernato aliqua juvat fubjungere.

7.   Lineam primam Ducum Burgundiæ aufpicatus eft *Robertus*, Hu-
Prima Linea. gonis Capeti ex filio nepos (*anno 1032.*) Roberti nepos Henricus Regnum Portugalliæ fundavit. Succefferunt complures ex ea familia in Burgundia Duces. Ultimus autem ex ea improlis obiit anno 1361. quo Joannes Galliæ Rex materno jure Burgundiam coronæ univit.

Secunda.   At non diu tenuit ea unio; nam idem Joannes Rex eandem Ducatus nomine in patrimonium tradidit *Philippo Audaci*, filio fuo natu minimo. Audacis cognomen accepiffe dicitur, quòd in pugna Pictavienfi cum patre ab Anglis captus, ultimus in acie perftitiffe dicatur. Per nuptias cum Margareta Flandrica Burgundiæ adjecit Flandriam, Artefiam, Comitatum Burgundiæ, Antverpiam, Mechliniam, Nivernum, & Retelium. Obiit anno 1404. 44. regiminis.

Joan-

Joannes Intrepidus successit patri ad Nicopolim juvenis captus à Turcis, in Colchidem abductus est; sed à Bajazethe liber rursus dimissus. Quomodo verò propter administrationem regni Galliæ tempore Caroli VI. mente capti, Ludovicum Ducem Aurelianensem Regis fratrem publica in platea occiderit, ac postea ipsemet à Delphino Carolo VII. interemptus fuerit, ad sæc. XV. narratum est in synopsi Historiæ Gallicæ. Fratrem habuit Antonium, quem Joanna Brabantina hæredem scripsit Brabantiæ & Limburgi. Hujus filius Joannes academiam Lovaniensem fundavit.

Philippus Bonus anno 1419. successit patri Joanni Intrepido. In hunc fortuna visa est omnes suos thesauros effundere. A patre accepit utramque Burgundiam, Flandriam, Artesiam, Antverpiam, Mechliniam: à patrueli suo Joanne (quem Academiam Lovaniensem fundasse diximus) & Philippo ejus fratre, cùm improles obirent, Brabantiam & Limburgum: à Jacobæa Hollandica cognata sua Hollandiam, Selandiam, Hannoniam, & Frisiam: ab Elisabetha Luxemburgica per emptionem Ducatum Luxemburgicum: à Philippo ultimo comite pariter emptione Namurcum.

Tantarum autem licèt esset provinciarum dominus, ea tamen erat modestia, ut coronam Regiam, quam Fridericus III. Imperator ei obtulerat, constanter recusaret, ea in omnes gratia, ut *Boni* cognomen jure optimo sit meritus. Cùm anno 1430. tertiam uxorem duceret Isabellam Lusitaniæ Regis filiam, in nuptiarum solennitate instituit ordinem *Aurei Velleris*, hodiedum celeberrimnm. Post auctam in immensum Domum Burgundicam obiit septuagenarius anno 1467. felicis regiminis 48. Id unum ei culpæ datur, quòd complures genuerit liberos spurios, quorum duo ad Ultrajectensem Episcopatum erant assumpti.

Ex justo autem matrimonio prolem suscepit unicam, nempe *Carolum Audacem*, ingentium spirituum Principem, sed arrogantem, ferocem, præcipitem. Belgicis provinciis, à patre acquisitis, adjecit Geldriam & Zutphaniam, quà hæreditate quà emptione ab Arnoldo Egmondano acceptas: ut adeò solæ adhuc deessent Ultrajectum, Transisalania, & Gröninga; quas postea Carolus V. adjecit.

Quam pater recusavit coronam Regiam, prensavit filius, atque à Friderico III. Imperatore petiit, unà cum Vicariatu Imperii. Sed cùm timeretur pro sua indole tanta potentia & dignitate abusurus in præjudicium Imperii & Domus Austriacæ, Fridericus Imperator, interrupto negotio clàm discessit.

Quam

Quam ob rem iratus Cæsati bellum meditabatur; cui occasionem brevi dedit controversa electio Hermanni Hassi, & Ruperti
Palatini in Arch'episcopum·Coloniensem. Illius partes tuebatur Cæsar, hujus Dux Carolus. Qui anno 1475. Hermannum Novesii obsedit. Et quamvis per annum ferme vehemens ac pertinax teneret
obsidio, deditione tamen desperata inglorius abscessit; atque arma in
Lotharingiam & Helvetiam vertit. Sed ter victus & vitam & omnia
perdidit; ùt in Historia Helvetica prolixius fuit expositum. Quæ
verò eidem cum Ludovico XI. Galliæ Rege intercesserunt bella &
controversiæ, in Historia Galliæ relata sunt.

Obiit anno 1477. ætat. 44. regiminis 10. tres conjuges habuit,
duas ex Gallia, videlicet Caroli VII. & Caroli I. Borbonii filias,
tertiam ex Anglia Ducis Eboracensis filiam. Prima & tertia erant
stériles, ex Borbonia verò suscepit prolem unicam, nempe *Mariam*;
in quam unam tota Domus Burgundica procubuit; sed ingenti Domus
Austriacæ incremento.

ARTICULUS IV.
Res Belgicæ sub Austriacis usque ad mutationem Religionis.

9.
Maria.

TOtius Europæ oculi animíque erant intenti, quis Principum *Mariam Burgundicam* tam opimam Sponsam cum tot provinciis in
domum suam esset ducturus. Et quamvis illa ex Francia esset
oriunda, quoad paternam & maternam stirpem, Germanus tamen
præ Gallo placuit; ingemiscente hodiedum Francia, tam oportunam
in immensum crescendi occasionem sibi fuisse præreptam, nec sæculorum bellis obtineri potuisse, quod unica pactio nuptialis tunc peperisset.

&
Maximilian.

Maximiliano Archiduci, Friderici III. Cæsaris filio, sors illa beata
obtigit; quem Maria paulò post patris mortem anno 1477. elegit conjugem; omniáque, quæ pater possederat, Augustissimæ Domui Austriacæ inseruit, excepto *Ducatu Burgundiæ*, quem ceu patrimonium Philippo Audaci, filio natu minimo à Rege Joanne datam, ad coronam
retraxit Ludovicus XI. frustra reposcente Maximiliano.

Neque contentus Ludovicus Burgundiæ Ducatu, *Artesiam* etiam
occupavit. Et quamvis Maximilianus anno 1478. ad Teruannam Gallos ingenti prælio vicerit, hærebat nihilominus Artesia in eorum manibus

nibus, donec à Carolo VIII. Ludovici filio anno 1490. fuit restituta.

Quinto connubii anno mortua Maria conjuge Maximilianus tu- **Philippus.**
telam filii *Philippi*, Belgarum Domini, gerebat, indignantibus Belgis, qui magnas ei propterea molestias facessebant, eò usque, ut
eum Brugis captivum detinerent, legésque præscriberent, donec Fridericus Cæsar cum exercitu veniens eundem liberaret. Concedens inde
in Germaniam Albertum Animosum, Saxoniæ Ducem (lineæ Albertinæ
patentem) Belgis præfecit; qui strenuè eos in officio continuit. Ubi
in compensationem Clivia ipsi promissa fertur in casum, quo Imperio
tfeudum illud aperiretur, unà cum Vicariatu Frisiæ.

Philippo Austriaco anno 1506. mortuo Belgium nomine Caroli **Margaretha.**
ejus filii primò gubernabat Wilhelmus *Crojus*; dein verò ab anno
1513. *Margaretha* Maximiliani Imperatoris filia, quæ Carolo VIII.
quondam erat desponsa, tunc verò Joannis Hispani Principis & Phili-
berti Sabaudiæ Ducis erat vidua. Atque illud gubernationis munus
ad mortem usque continuavit, ad annum videlicet 1530.

Suffecit Carolus V *Mariam* sororem suam, postquam Ludovi- **Maria,**
cum Hungariæ Regem conjugem suum ad Mohazium amiserat. Nec
ante gubernationem deposuit, quam frater ejus anno 1556. Belgicas
provincias in Philippum filium transtulit, eámque secum in Hispaniam abduxit.

Quamvis autem Carolus nullam stabilem in Belgio sedem fige-
ret, per orbem terrarum arma circumferens, Belgis nihilominus
erat acceptissimus, tum quòd apud esset natus & in prima pueritia
educatus, moderatoribus usus Crojo & Hadriano Belgis, tum quòd
officia honorata incolis distribueret. Quomodo autem ad doman-
dam rebellem civitatem Gandavum per mediam Galliam sit profectus, aliàs diximus.

Auxit insuper suam in Belgio dominationem quatuor provinciis. **10.**
Nam anno 1521. Gröninga, eò usque libera eidem se subjecit. **Carolus V.**
Anno 1529. Henricus ex domo Boica Ultrajectinus Episcopus, cùm
à Geldriis premeretur, temporalem jurisdictionem in eum transtulit, reservata sibi Ecclesiastica, & Ecclesiarum proventibus.

Difficiliùs multò adjuncta est Geldria; quæ'equidem (quod supra memini) ab Arnoldo Egmondano transcripta fuit Carolo Audaci, **Unio;**
& hoc pacto ad hæreditatem Burgundicam pertinebat. Sed opposuit
se totis viribus tum Adolphus impius Arnoldi filius, tum verò maximè

mè Adolphi filius Carolus Egmondanus; qui tum vi tum Geldriorum favore fe ipfum in poffeffionem mifit, eámque Gallorum ope 45. annos retinuit, ab anno nempe 1492. ad 1537. quo Wilhelmum Cliviæ Ducem hæredem inftituit; qui in fextum usque annum poffeffionem retinuit, ad annum videlicet 1543. quo Carolus V. eum dejecit, ac Geldriam Belgio univit; ut adeò omnes feptendecim Germaniæ Inferioris provincias fub imperium fuum collectas cerneret.

Cogitabat equidem Carolus omnes iftas provincias ita in unum corpus redigere, ut iisdem legibus regerentur; fed quia hoc propter diverfas admodum provinciarum confuetudines, leges, & privilegia, arduum omnino atque difficillimum fore facilè videbat, id faltem fancivit, ut omnes 17 provinciæ perpetuò unitæ maneant; útque nexus is effet firmior, ac majori potentia fulciretur, fub nomine circuli Burgundici Romano Imperio eas univit.

Abdicatio. Tandem Carolus V. anno 1555. convocatis Belgii ordinibus Bruxellas, præfentibúsque Philippo filio, & Maximiliano nepote, Philiberto Sabaudiæ Duce, Eleonora Galliæ, Maria Hungariæ viduis, & Chriftierna Dani Regis filia Lotharingiæ Duce, primùm Philippum filium Equeftri ordini aurei velleris præficit; tum commemoratis expeditionibus & profectionibus, quas fufceperat, novem in Germaniam, fex in Hifpaniam, feptem in Italiam, quatuor in Galliam, decem in Belgium, duas in Angliam, totidem in Africam, mari undecies remenfo, ingravefcente, inquit, in dies valetudine fe fractum proftratúmque feriò admoneri, ut fuprema componat, & quam rerum molem fuftinere diutius pro dignitate haud poffit, maturè transferat in Philippum filium ætate ac fapientia tanto oneri parem.

11. Philippus acceptis à patre cum Burgundiæ comitatu 17. Belgii provinciis, cum Gallis inducias pactus eft. Quæ tamen brevi pòft ruptæ funt, occafione litis, quæ in Italia inter familiam Caraffatum, & Columnenfium exarferat. His per Albanum auxilio fuit Philippus II. illis per Guifium Henricus II. At translato in Belgium graviori bello, Gallísque primùm ad S. Quintinum, dein ad Gravelingam acie victis, anno 1559. pax coaluit, Gallis iniquior, qui 198 oppida urbésque cum Pedemontio, quod ab anno 1535. in Gallorum erat poteftate, reftituere coacti funt.

Provinciæ diftributæ. Hac pace compofita Philippus, antequam in Hifpaniam abfcederet, Belgium ordinavit, novósque provinciis Præfectos dedit:
Flan-

Flandriæ & Artefiæ Lamoralium Egmontii Comitem: Hollandiæ, Selandiæ & Trajcctenfi ad Rhenum agro Wilhelmum Orangii Principem: Lucemburgo Erneftum Mansfeldium, qui jam priùs eandem gubernaverat; Namurco Carolum Barlamontium, Regiarum partium ftudiofiffimum; Limburgo Oft-Frifiæ Comitem; Hannoniæ primò Lanoyum, dein Bergenfem ad Zomam Comitem: Frifiæ occidentali & Tranfifalaniæ Ligneum Comitem Arembergicum, præcipuæ in Regem fidei: Geldriæ & Zutfaniæ poftea Brimæum Comitem Meganum: Comitatui Burgundico primò Vergium, deinde Orangium. Brabantia foli Margarithæ Regis fotori Alexandri Farnefii matri, quam toti Belgio Gubernatricem præfecerat, parebat. Diftributis provinciis rem militarem componere aggreffus, equitatui in 14. figna divifo Duces præfecit plerosque, quos nominavi, provinciarum Præfectos, ac infuper Philippum Crojum Arefcoti Ducem, Joannem Crojum Reuxii, Heninium Boffuvii, Lalinium Hochftratæ Comites, & Henricum Brederodium è Bataviæ Comitibus. Maris verò Belgici præfecturam cum Regiæ claffis imperio commifit Philippo Momorantio Hornæ Comiti, Philippum verò Staveleum fupremum rei tormentariæ Magiftrum dixit. Erántque hi omnes, Brederodio excepto, torquati aurei velleris Equites, quorum 51. tunc fuerant. Privatis verò à confiliis Gubernatrici effe voluit Granvellanum Attrebatenfem Epifcopum, Comitem Barlamontium, ac Viglium Zvichemum.

Poftquam autem hæc ita ordinavit, atque forori Gubernatrici in proventum annuum triginta fex aureorum millia attribuit, Gandavi Comitia habuit, in quibus ordines rogarunt Regem, ut Hifpanum militem ex Belgio abducat, nec nifi Belgas præfidiis aut confiliis admoveret. Quorum fpem cùm Rex feciffet, in Selandiam difcedens, è Fliffingæ portu fecunda navigatione folvit in Hifpaniam, anno 1559. nunquam ampliùs vifurus Belgium. Emanuel Philibertus verò, qui per triennium Belgium magna virtutis laude adminiftraverat, in provincias fuas nupera pace reftitutus, cum Regia fua fponfa, Henrici II. forore, in Italiam abiit.

ARTICULUS V.

De Statu Belgii fub Margaritha Parmenfi ab anno 1559. ad 1565.

FLorentiffimus erat ea tempeftate Belgii ftatus. Prout enim ea regio fertilitate glebæ, provinciarum amœnitate, urbium frequentia & fplendore, fluviorum varietate, commerciorum opima ubertate, ita ingeniorum acri perfpicacia, liberalium artium fcientiarúmque difciplinis præftabat. Lovanienfis Academia omnium nationum erat emporium, ad quod infigni frequentia litterarum alumni confluebant. Bruxella ad regalem magnificentiam exculta Ducum, Procerum, Nobiliúmque fedes. Antverpia, totius orbis mercatu celebris, ditiffima Europæ civitas habebatur, ultra centum auri milliones uno anno ibidem commutatione diftractis. Artificum autem omnis generis tanta copia, ut foli pictores ultra 300. & Aurifabri 124. numerarentur. Mechlinia Archiepifcopali fede, fupremo Brabantiæ Senatu, Nobiliúmque frequentia fpectanda. Excellens pariter Flandriæ, Hannoniæ aliarúmque provinciarum quoad urbes, opes, nobilitatem decus ac præftantia, tranquillitatis internæ jucunditate, omníque rerum affluentia tantopere efflorefcens, ut Belgium fortunæ atque felicitatis fedes appellaretur. At digreffo in Hifpaniam Philippo Rege fatalis nefcio quæ Erinnys felicem illum Belgii ftatum evertit, & primùm tumultibus ac feditionibus, dein aperta rebellione ac bellis, magnitudine & diuturnitate atrociffimis conquaffavit, atque in fummas calamitates præcipitavit, omni ferme Europa eunte in partes. Juvat tantifper malorum fontes inquirere.

§. I. Differtatio,
De caufis Belgicorum tumultuum.

12. Ambitio.

PRimam fuppeditavit ipfa *munerum diftributio*, à Philippo Rege ante difceffum fufcepta, dominante inter Proceres ambitione, dum alii fe præteritos, alii minora meritis accepiffe exiftimabant. Et quidem Wilhelmus Orangius, primus actor in turbulenta hac fcena, altiùs reliquis invectus, univerfi Belgii Præfecturam ambitiofa fpe præoccupaverat. Claritudo generis, Naffoviæ Domus fplendor, pares opes, Principatus Araufienfis nulli obnoxius, præter alios in Germania & Belgio dominatus, poten-

potentia magnam Septentrionis partem affinitatibus complexa: ad hæc propriæ laudes, exsomnis animi vigor, consilii supra ætatem maturitas, spectata legationibus æquè ac bello virtus, Caroli V. de illo magnis in rebus adhibito liberale judicium, spes hominis amplas inflaverant.

Aliorum vota designaverant Belgii Gubernatorem Lamoralium Comitem Egmondanum Gavræ Principem, clarum militari scientia virum, rebus bello gestis celebrem, victoriæ ad S. Quintinum & Gravelingam ingens momentum, atque innata comitate populari provinciis gratum. Verùm Orangio suspecta religionis fides (quippe ab infantia Lutheri disciplina enutrito) Egmontio Caroli Egmondani, de Geldria cum Carolo V. contendentis, Gallisque obnoxii memoria officere visa est. Cùm igitur Rex Margaritham sororem suam Octavii Parmensis conjugem prætulisset, uttique fixit aculeum, qui vehementer ussit invidiam, infaustas deinceps aversi animi proles parituram. Sed neque reliquorum Procerum cupiditas satiari poterat; dum plura multo muneribus essent ora hiantia. En primam malorum causam, ambitionem, cupiditatem, invidiam.

Alteram dedit *Hispani militis præsentia.* Hunc etenim adversum Gallos adductum, finito bello reduci petiverant Belgæ. Audiit preces Philippus, relictis tamen ad fines tutandos tribus duntaxat Hispani. millibus, quibus Orangium & Egmontium præfecit. Sed neque hunc manipulum Hispanæ militiæ ferebant Belgæ, atque ne ferrent, Dux ipse Orangius stimulabat, jam tum altius quid animo parturiens.

Tertium fontem adstruunt auctum *Episcoporum numerum.* Quippe Philippus Rex irrumpenti hæresi firmum aggerem objecturus; quatuor Episcopatibus, qui soli hactenus erant in Belgio, 14. alios adjecit. Et quidem ex Pauli IV. decreto Episcopatum Cameracen- Episcopi. sem, hactenus Rhemensi subditum, & Ultrajectensem Coloniensi, mutavit in Archiepiscopatus, quibus adjunxit Mechliniensem, cui primum dedit locum. Eidem attribuit Episcopatus Antverpiensem, Brugensem, Gandavensem, Iprensem, Ruremondanum, Buscoducensem: *Cameracensi* vero Attrebatensem, Tornacensem, Santaumarensem, Namurcensem: denique Ultrajectensi Daventriensem, Gröningensem, Harlemensem, Leovardiensem, Middelburgensem. Quibus omnibus civitatibus designati sunt Episcopi, pietate & doctrina conspicui.

Pius IV. erectionem illam Episcopatuum rursus approbavit, cum ea tamen mutatione, ut dotis constituendæ causa in locum aliquo-

Pars VII.   L l l   rum

rum Abbatum, quos mori contingeret, fufficerentur Epifcopi, noménque & proventus;, aliósque Abbatum honores ita caperent,
ut nihil interim de cœnob'orum cultu remitteretur.   Hæc' autem res, mirum eft, quàm ingrata acciderit.   Querebantur
veteres Epifcopi cum Belg'ci tum finitimi, terminos fibi & proventus accidi, iis, quorum intererat, Romæ non auditis.   Nobilitas
indignè ferebat, Epifcopos Abbatum loco comitia frequentaturos,
pro gradu fuo potentiores, ideóque de Nobilium non folùm auctoritate fed etiam libertate detractum iri.   Neque hoc effe è re Principis, ut in Comitiis tantopere dominentur, qui fummi Pontificis
auctoritatem nutúmque fequuntur.

Abbates.

Sed nullæ quàm Abbatum Monachorúmque acriores fuerunt
querimoniæ, quia juftiores videbantur: eripi fibi contra omnem ve-
tuftatis memoriam jus poteftatémque Abbatis eligendi ex fuo ordine: non debere hominibus relig'ofis certum vitæ inftitutum fecutis
eos præfici, qui difciplinæ religiofæ fint ignari.   Nimirum ad Epifcopos tranfituras Abbatum opes authoritatémque, follicitudinem verò
moleftiámque penes Monachorum aliquem futuram.   Adhibitos tunc
quidem ad ea munera viros doctrina & vita confpicuos, mox è comitatu Principis affentatoribus affeclisque tam ampla facerdotia prædæ ceffura.

Inquifitio.

Quartam, quæ Belgii populos maximè concitârit, originem ad
Inquifitionem referunt, adverfus hærefes inftituendam.   Illam jam Carolus V. ut medicinam furenti morbo faceret, petitis Roma fidei
cenforibus in Belgium introduxerat, additis feveris interdictis,
septies repetitis.   Verùm nova illa judicii facies plus terroris Belgio
quàm obfervantiæ attul.t.   Nam licèt alicubi fufcepta res eft, Brabantini tamen, privilegia fua prætexentes, eandem excufferunt.

Philippus paternas leges novo edicto firmavit, útque fervaren-
tur exactè, difcedens è Belgio fotori Gubernatrici diligenter com-
mendavit.   At illa, cùm Provinciarum Præfectis executionem imperaret, mordicus obfiftentes invenit.   Evolutáque in vulgus Inquifitionis fama, paffim exaudiebantur contumaciter obftrepentium voces; cur rex auxiffet tot Epifcopos, fi propulfaturi religionis injuriam ipfi non erant? At profectò in Conciliis decretum fuiffe,
ut qui paftores animarum in expurgando inter fuos mala hærefum
fruge fegniùs agerent, Fpifcopali munere exauctorarentur.   Curarent igitur Epifcopi res fuas, aut perfonam malè impofitam deponerent; quanquam futurum fatius fuiffet, fi eam non induiffent, neque

que tot infularum numero Belgium fruftra territâffent. Floruiffe jam multis fæculis apud Belgas religionem, fola urbanorum magiftratuum opera, fine ea Pontificiæ feveritatis pompa, fine ullis Caroli Cæfaris edictis. Quid nova ifta quæfitorum additamenta, & Hifpanicos timores? Cœpiffe jam intermitti commercia regionum, fublata mercatorum libertate, magno utique impendio Belgarum, ac præcipuè Antverpienfium, quorum opes ea negotiatione conftent. Denique non poffe Principem, quia in Brabantina privilegia juraverit, inducere novas judiciorum formas.

Cùm autem Gubernatrix his nihil mota edicta Regis urgeret, & rei ad fupplicium ducerentur, Tridentinúmque præterea Concilium promulgaretur in Belgio juffu Regis, fremere alicubi palàm populus, damnatos è lictorum manibus abftrahere, clandeftinos in urbe conventus celebrare, deinde in campis; quin & Nobilium plures capita conferre, fœdus inter fe icere, libellos partim in vulgus fpargere, partim Gubernatrici magna caterva offerre, eo tumultu, ut mitigatis propterea edictis, intermitti oportuerit conatum introducendi Inquifitionem, ubi antè non fuerat.

Quintam tumultuandi occafionem fumpferunt Belgæ ex *intimo* Granvella- *confilio*, quod Rex difcedens forori addidit, ad caufas fubitas, quás-nus. que ad fenatum integrum propter varias, quæ incidere poffent, caufas referri non expediat, concludendas. Conftabat iftud tribus capitibus, Cardinale Granvellano, Comite Barlamontio, & Ulrico Viglio. Ad hos præcipua rerum momenta deferri querebantur Nobiles, ac præcipè per Granvellanum, hominem exterum, & Gubernatricem & Belgium totum impotenter gubernari.

Natus eft Antonius Perenotus Granvellanus Vefuntione in Comitatu Burgundico, patre Nicolao Granvellæ Domino, magnis pro Carolo V. Cæfare muneribus fapienter perfuncto. Sub hujus parentis difciplina, cùm excellenti polleret ingenio, magnarúmque rerum capaci, facilè affecutus eft perfectiffimam rerum agendarum folertiam, adeò, ut ad Rempublicam admotus illico fe probaverit Carolo Cæfari, prò quo in Tridentino Concilio dixit præftanti facundia, qua nemini ea ætate concedebat.

Annos non plus 24. natus Attrebatenfis Antiftes delectus, atque inter fupremos Imperii Belgiíque confiliarios cooptatus, variis legationibus rebúsque ex fententia confectis tantam apud Cæfarem æftimationem eft adeptus, ut is cedens Philippo provincias feratur dixiffe, unum effe Granvellanum, cujus opera uti filium in fummis

qui-

quibusque rebus exoptet. Et verò ufus eft integro, quo in Belgio Philippus fubftitit, quadriennio, nihil tranfigens, nifi adminiftro & interprete Granvellano. Quin etiam in Hifpaniam-abiens Gubernatrici eundem reliquit, præcipuum regiminis inftrumentum, quo illa omnia agebat.

Quamvis autem ad declinandam invidiam in eadem urbe imò aula præfens pleraque per epiftolas arcanas cum Margarithà conficeret, non ita tamen, uti oculos, ita fufpicionem fallere poterat: maximè cùm eam rcuerent cum ipfa regiminis indoles, Granvellani ingenio conformata, tum Archiepifcopatus Mechlinienfis, cum Belgii Primatis d gnitate collatio, tum denique additus honor purpuræ, Regiæ in eum gratiæ locuples argumentum.

Urente igitur Nobilium mentes invidia, fenfúque injuriæ, quam à Cardinale fe paffos arbitrabantur, apud Regem litteris, apud Gubernatricem querelis, ceu fuperbum infeftúmque Nobilitati, ac futurum aliquando Belgarum perniciem criminabantur. Populis invifum jam effecerant, perfuaferántque, Epifcoporum numerum, edictorum Cæfaris reftitutionem, Hifpanicam inquirendi de religione feveritatem, ab unius effe Granvellani ambitione, qui per eam Belgarum fervitutem nefcio quod imperium fibi meditaretur.

Et vulgus audiebat, quia oderat; & quidquid afperius Rex moliebatur, eidem adminiftro acceptum ferebat. Optimates verò ceu popularium Patronos & Belgicæ libertatis vindices refpiciebat, ad omnes eorum nutus intentos.

§. II.

Oftenditur, has non fuiffe primarias tumultuum atque defectionis caufas.

13.
Differtatio
de caufis.

NOn equidem negaverim, has à multis recenfitas tumultuum feu occafiones feu caufas turbáffe Belgarum provincias; id tamen fidenter afferendum exiftimo, nec unicas fuiffe, neque primarias. Altior eft fons & origo omnis mali; quæ Germaniam, Galliam, Helvetiam, aliásque per Europam Nationes infelici hoc fæculo XVI. in motus plùs quàm civiles, bella cruenta, perniciémque populorum concivit, fine qua reliqua haud ita difficulter fuiffent compofita; certè in tantas feditiones, bella, defectiones, ac provinciarum calamitates nunquam excreviffent. Eft hæc rerum humanarum indoles:

doles: quieta semper omnia esse non possunt. Rixantur cum jugo suo subditi, & vias rimantur omnes, quibus aura liberior adspiret. Sed severitate clementia temperata reducuntur ad officium. At verò ubi cérta quædam furia assurgit, ruptis repagulis furor in apertum prorumpit, non quieturus, si vires suppetant, donec ima summis & sacra omnia profanis misceat.

Nemo equidem ibit inficias, Catholicos etiam Belgas abalienato in Philippum Regem fuisse animo, sed nisi hæresis flammas ministrâsset, scintillæ illæ extingui poterant; prout extinctæ sunt in Hispania initio regni Caroli Cæsaris. Juvat alienationem illam altiùs aliquantò repetere.

Cùm Carolus V. sceptrum capesseret, in aula illius dominabantur Belgæ, non sine Hispanorum æmulatione & tumultu. Quo sedato, cùm crescentem in dies fortunam ejusdem variæ nationes sequerentur, gratiam quoque & munera absque discrimine distribuit, aditu omnibus facilis, atque versatili ad omnia ingenio externos mores ita indutus, ut non minùs cum Germanis Germanum ageret, cum Italis Italum, cùm Hispanis Hispanum, quàm cum Belgis Belgam. Nec molestum id Belgis visum, qui contendere cum peregrina Nobilitate referebant ad patriæ decus.

At ubi advenit in Belgium Philippus, Hispanorum Procerum corona septus, ac domi forisque, ùt dicebant, impenetrabilis, esse & videri omnibus Hispanus: parcè loqui, nec nisi Hispanicè: publico libenter abstinere: de cultu & vestitu Hispanico nihil immutare. Quem vivendi agendíque modum Belgæ ad contemptum suum pertinere arbitrabantur. Confecto dein bello Gallico tantò magis recruduit aulæ pugna, quantò sibi majora deberi Belgarum Proceres existimabant, ob strenuam operam in armis collocatam.

Verùm non infrequentes hi aularum fluctus facilè subsidissent, nisi vehemens aliunde turbo undas in æstum concitâsset, hæreticis & de hæresi suspectis, etiam palam frementibus: Hispanos apud Regem esse omnia. Belgas Hispanorum umbras esse, quæ eos comitentur, & ad eorum nutum moveantur. Quippe gravissima quæque Regem transigere cum Ferdinando Toletano Albæ Duce, cum Roderico Gomesio, cum Comite Feriano, unica illa cohorte interioris admissionis, Belgas verò magnificè ad consilia adhiberi, ut acta jam agerent. Talem sui contemptum quousque Belgas patienter laturos? Præteritos plures Nobiles, qui corpora sua pro Rege

hosti

hofti ftrenuè objeciffent. Præfecturam Belgii ad fœminam delatam, excluso Orangio & Egmontio, viris toti Hifpanicæ monarchiæ regendæ natis.

Hoc nifi Aquilone afflatæ fuiffent Belgarum mentes, perfuadere mihi nullatenus poffem, nationem tam cordatam prudentémque ciendam fuiffe in motus adeò vehementes, quos experientia poftea demonftravit. Sit enim, quòd Philippus Rex, nativitate & indole Hifpanus, non illico omnibus Belgis arriferit, aut adblanditus fuerit, fed iis, quibus affueverat, quorúmque dotes noverat, confiliis ufus fuerit; tamen ubi difceffit, omnium provinciarum atque militiæ præfectos Belgas conftituit.

Quòd autem Margaritham Auftriacam, Caroli V. Cæfaris, de Belgio tam bene meriti, filiam fororem fuam, Ducem Parmenfem, in Belgio natam, Belgio præfecerit, nefcio, qua ratione Orangius aliquis, de hærefi, quam cum lacte hauferat, fufpectus, aut Egmontius, infignis licèt, à cognati tamen fanguinis memoria fortaffis ab aula timendus, ad injuriam fuam referre potuerit : præfertim, cùm à quadraginta ferme annis non nifi Principes fœminæ Belgium fumma omnium voluntate tranquilla pace gubernarint. Sed multos nobiles Rex præteriit, nullis illos muneribus auxit. Quafi verò,[1] ubi infinita eft competitorum multitudo, & officia minore multo numero conftricta, quiscunque fit ille Princeps, fpes omnium implere poffit. Conquefti funt illi, quos inter provincias diftribuerat, arctis nimium fe conftringi limitibus, quid facturos putemus, fi plures adhuc in focietatem munerum vocâffet ?

Sed neque, quòd militem Hifpanum, ad tria duntaxat millia redactum, Rex reliquerit in Belgio, redargui poteft. Reliquit ad defendendos fines dubiis illis temporibus. Hoc ægrè quis ferre poffit, nifi qui patriæ tutelam oderit, & in effrænem quidvis audendi licentiam fit projectus? Cùm autem, ut apud milites fieri confuevit, ultra difciplinam militarem quidam effent progreffi, & querelæ propterea ad regem effent perlatæ, hunc etiam qualemcunque manipulum, ne Belgis umbram faceret, revocavit, & Gubernatricem, totúmque Belgium folis Belgis reliquit. Quid autem ob hoc in feditiones & tumultus abeant prudentes Belgæ? militum miffionem petierunt. Miffi funt. Quamvis Rex multas habuerit caufas, quas eventus demonftravit, eosdem retinendi in Belgio.

At novos Epifcopatus erexit Rex Catholicus. Hoc enim verò qui improbant, fatis produnt, quo fpiritu agantur. Paftores timent, ne lupos arceant. Sed hoc pacto antiquiorum Epifcopatuum,

Colonien-

Colonienfis, Leodienfis, Rhemenfis &c. jurisdictio·fuit reftricta, imminuti proventus, Abbatum ac Monafteriorum jura accifa Verùm, ficut utrosque id ægrè accepiffe facilè credo, ita cùm petente Rege fummi Pontificis auctoritate, qui Ecclefiarum & bonorum ad eas pertinentium fupremus eft adminiftrator, id factum fit, cur ex caufa & neceffitate publica, ad animarum falutem atque ad Religionis periclitantis tutelam, id fieri non potuerit, neutiquam video.

Neque verum eft, rem hanc ad id usque tempus caruiffe exemplo. Nam prout Diœcefes olim erant raræ, atque per ampliffimas provincias extenfæ, ita aucto facerdotum ac fidelium numero dividere illas frequenter oportuit, ut plures paftores præfentes gregem poffint pafcere, lupósque ab ovili Chrifti depellere. Sic Bonifacius ille Germaniæ Apoftolus auctoritate Gregorii III. & Zachariæ Pontificum tres novos Epifcopatus ad reliquos addidit. Quot in Germania Epifcopatus novos adjunxerunt Carolus M. Otto M. S. Henricus! Tolofanum in Gallia Ep fcopatum, quòd ampliffimè pateret, nequirétque unus paftor infpicere fingulorum vultus, ùt habetur (*cap. Salvator 5. extravag. de præb. & dign.*) in quinque Epifcopales fedes partitus eft Joannes XXII. nulla habita ratione jacturæ, quam Narbonenfis, Bituricenfis, Cadurcenfis, & ipfe Tolofanus antiftes incurrerent. Idem Pontifex Condomii, Vabrinci, & Lomberiæ in Gallia Abbatibus, Epifcopos fubftituit.

Unde neque ab hac parte fumi potuit tumultuandi principium, præfertim cùm ea ratio Epifcopos in Abbatum, fiqui fortè decederent, locum inducendi, uniendique cum illis eorum bona, ob affiduas ad Pontificem & Regem querimonias, pauciffimis in urbibus fit inftituta. Certè in Brabantia, quæ maximè privilegia fua objiciehat, tunc quidem nihil immutatum.

Sed neque *Inquifitio* primaria erat caufa, quæ belli fores in Belgio aperuerit. Juvat ea de re pauca differere. Pertinet equidem ad Epifcopos & ordinarios animarum paftores Religionis tutelam gerere, eáque diu in Ecclefia ab illis folis fuit adminiftrata, ut in vitam ac fidem fubditorum inquirerent, ac feveros in hac parte cenfores agerent, ne infelix hærefeos aut doctrinæ minùs fanæ lolium in Ecclefiæ agro alicubi fuccrefcat.

Poftea, five pluribus curis facer is Epifcoporum magiftratus implicetur, five quòd à grege fuo abeffe eos interdum contingat, five demum, quòd eorum aliqui incuriosè id muneris, aut etiam infcitè

exer-

exerceant, optimum factu vifum fedi Apoftolicæ, fi extra ordinem delegarentur Judices, doctrina ac pietate præftantes, quibus inquirendi animadvertendíque in hæreticos poteftas effet. Id ab Innocentio III. cœptum, miffo adverfus Albigenfes S. Dominico, qui primus munus Inquifitoris fumma cum laude geffit.

Exceptus ille mos eodem atque fequentibus fæculis à pluribus Nationibus, creatíque in provinciis aliquot fidei cenfores, qui de religionis injuria legitimè cognofcerent. Non tamen perinde ea res ubique valuit. Aliò temporarii quæfitores miffi ob hærefin repente natam, eaque extincta revocati. Certum alibi tribunal erectum, quò de fide quæftiones perpetuò referrentur. Alibi tota illa judicii forma rejecta; nec alii præter Epifcopos permiffi in hæreticos inquirere. Quin & Romæ variatum; nam modò per confuetos urbanósque magiftratus adminiftrata funt omnia. Quæfitor extra ordinem nullus: modò plures, fed fub unius pluriúmve. regimine ex purpuratis Patribus; donec Paulus IV. inftituto aliquorum ex iis Patribus Collegio rem iftam Romæ ftabilivit, mulct s ac pœnis in contumaces fancitis.

Acriores pœnas Imperatores ftatuerunt. Cùm enim facilè cernerent, præter Dei cultum, pacis intereffe, cujus tutela in Principem eft depofita, fi religione contineantur populi, eáque periclitante non poffe inter fœdas hærefum undas tranquillitati locum effe, quæ in perduellionis reos, eadem in hæreticos, ceu religionis & pacis hoftes, decreverunt, ita tamen, ut fupplicia non antè fumerentur, quàm in Ecclefiaftico foro, cujus eft de hærefi cognofcere, difceptatum fuper ea re, noménque criminis pronuntiatum foret.

Quæ etfi per orthodoxas provincias femper fuerint exercita, nusquam tamen, quàm per Hifpaniam accuratiùs acriúsque. Exorto autem Lutherano fchifmate Carolus V. non modò novellos illos errores in Comitiis Wormatienfibus affenfu omnium Imperii ordinum feveiè profcripfit, edictísque fepties repetiti vetuit, fed infuper fidei cenfores pro Belgio fuo à Pontifice petiit, obtinuítque.

Sed cùm plures provinciæ obftreperent, Cæfárque per varia bella diftraheretur ad alias curas, eam provinciam Philippo filio demandavit: hic verò forori Gubernatrici. Sed cùm hæreticorum miniftri pluribus in locis populum commoverent, atque ad feditionem, facrorúmque populationem impellerent, id perpetuo inclamantes, everti Belgarum libertatem, privilegia juráque peffundari, Hifpanicam

eam induci tyrannidem, mitigata sunt à Gubernatrice Cæsaris edicta, eáque in hæreticos animadvertendi ratio.

Propter eandem rationem non ubique publicatum est Tridentinum Concilium, aut ejus canones & decreta recusata. Hæc omnia, quamvis etiam Catholicis quibusdam essent ingrata, tamen scintillæ etant, facilè restinguendæ, nisi faces ab hæreticis, quorum multi erant in Belgio, ventilatæ excitâssent incendium, nullo deinceps sanguine extinguendum.

Nec Granvellani invidia, & apud Belgas odium eò usque invaluisset, & tam cruentas tragœdias excitasset, nisi idem spiritus hæreticus animos orthodoxórum etiam in partes traxisset. Peregrina res minimè est, in aliis etiam provinciis ac regnis præfici ministros, populis ingratos, multásque propterea volitare per ora querimonias: an idcirco ad seditiones, bella, rebelliones insurgendum?

Id nempe in Belgio agebant hæretici, cùm aperta fronte necdum impunè liceret furere, conquisitis undeunde causis, aut confictis, aut certè in immensum amplificatis, catholicos in partes suas, tumultuandique voluntatem pertrahebant, ut per violentas populorum seditiones, ac bella cruenta jus civitatis obtinerent. Quod ubi à Philippo Rege Catholico obtinere non poterant, ejus in se potestate ac jure protrito privatam in Rempublicam discesserunt. Hæc nisi causa eos impulisset, cur Granvellano à Rege amoto, & ex toto Belgio ad armatas eorum preces revocato, non acquievissent, & pacem ceu fideles subditi religiosiùs servassent?

§. III.

Seditionum, bellorum, defectionúmque in Belgio princeps causa fuit Hæresis.

INvexerant in Belgium hæresin partim externi mercatores, quorum cum mercibus hæc quoque pestis quandoque navigat, partim legiones Helvetiorum, Germanorúmque, quorum opera prioribus bellis uti oportuit, partim exules profugi ex Gallia & Anglia. Lutheranis & Calvinistis accessère Anabaptistæ, ex Westphalia per Frisiam illapsi magno numero.

14.

Hac igitur contagione afflati non pauci Belgæ, ut eam vivendi credendíque licentiam defenderent, audaciores in dominos facti, in omnem occafionem animum intendebant, qua turbas mifcere, liberúmque Reipublicæ ftatum poffent inducere. Rarò etenim religionem civitates mutant, quin & civilem ftatum atque politicum invertant. Emotáque facra hac anchora nutant reliqua.

Eft nempe hærefis contumaciæ rudimentum; dúmque ex hominum mentibus fenfim excutit Dei jugum, detrectare fimiliter docet humana imperia; atque fub fpecie Chriftianæ libertatis in mores vitámque Principum, non furdis ad hoc melos vulgi auribus, affiduè atque acerbè declamat. Quo fanè fit, ut ejusdem præceptionibus, velut factis imbuti multitudinis animi, tantum fibi addant de immunitate parendi, quantum Principi detrahunt de auctoritate imperandi.

Infitum eft à natura mortalium animis averfari jugum, & ægrè dominorum imperia pati: quid facient impulfi quotidianis declamationum flabris? trifti id experientia fentiunt complures per Europam regiones, quas paucorum hominum turbulentis concionibus excitas toties in dominos armavit hærefis, inexpiabili populorum & provinciarum clade. Ut fanè nimium quantum conftet, non poffe absque ingenti rerum publicarum motu religionis cultum antiquari.

Et quamvis ad id usque tempus Catholici multò majorem Belgii partem implerent; cùm tamen hi retineri Hifpanum militem, augeri Epifcoporum numerum, publicari cum Tridentini decretis edicta Cæfatis, imponi fidei quæfitores adverterent, occinentibus palam hæreticis, hæc omnia confpirare in everfionem privilegiorum, atque in perniciem Belgicæ libertatis, facilè pertracti funt ad eorum ftudia. Quare longa libertate, variis privilegiis accepta, atque fub fœminarum regimine, quadraginta annis continuato, diuturnis præfertim bellis accedentibus, fecuriùs ufurpata, ferociores Belgæ, hæreticis immifti, iisque impulforibus contumaces, obfequium Regi negare cœperunt.

Profectò nifi hærefis vexillum rotáffet, & tubam infláffet, ad extorquendam fectarum licentiam, nunquam ad arma rebellionémque fuiffet ventum, fed intra querimonias res ftetiffet, quibus fedandis Rex multa mitigáffet: prout facto ipfo mitigavit. Heterodoxi præfertim fcriptores Philippum II. ceu Principem feverum, trucem, faftuofum, imò & atrocem, impotenter dominantem nobis
pro-

proponunt, non ſine injuria magni Regis. Religionem ſecuram volebat, proſcriptam hæreſin volebat Rex Catholicus, huc omnia referebantur: huc retentio Hiſpani militis: huc Epiſcopatuum erectio, absque impendio Nobilitatis & populi facta: huc conatus inquiſitionem inducendi; huc ſtudium promulgandi Tridentini canones: huc Granvellani, Præſulis apprimè catholici, auctoritas: huc edicta adverſus hæreſin renovata. Tantum autem avitæ religionis conſervandæ ſtudium quomodo diſplicere tantopere poterat mentibus ſincerè catholicis, ut in ſeditiones & bella propterea ruerent, abjecto, quod regi debebant, parendi obſequio?

Et quid poſtulabant Belgæ? avocati Hiſpanum militem? Avocavit. Removeri à rerum gubernaculo Granvellanum? Removit. Provinciarum præfecturas Belgis diſtribui? Diſtribuit. Inquiſitionis inducendæ contentionem remitti? Remiſit. Albanum à Belgii Præfectura amoveri? Amovit. Decimum nummum ab eo imperatum aboleri? Abolevit. Mitiores Gubernatores mitti? Miſit. Cur ergo pergunt tumultuari? cur ceſſante tumultuandi cauſa non ceſſat tumultus? cur in dies creſcit? cur in ſeditiones, in bella, in defectiones abit?

Quid ergo petunt ampliùs? hæreſibus libertatem permitti? hoc unum Rex catholicus noluit. Nullum habere maluiſſet Belgium, quàm hæreticum. En! quò denique recidant tumultuum, bellorúmque cauſæ. Sed quorum erat illa poſtulatio? Catholicorum? non credo. Cur enim hæreſis patrocinium ſuſciperent? Igitur hæreticorum; qui prætextu libertatis multos etiam Catholicos in turbarum ſocietatem impulerunt, nutrita promotáque per concionales miniſtellos animorum ab Hiſpanis alienatione.

Et ex quo fonte profluxit primus ille violentus graviſſimúsque tumultus? illa Eccleſiarum direptio, altarium everſio, imaginum ſacrarum diſturbatio, per multas urbes graſſata? illa ſacerdotum proſcriptio, bonorum Eccleſiaſticorum ſpolium, ſacrorum omnium profanatio? Nullus adhuc in Belgio fuerat Albanus, dum hæc acta ſunt; ſub Margaritha Belgii Gubernatrice, mitiſſima atque ſapientiſſima Principe, ac Matre Belgii ſui amantiſſima, feralis ſcena inſtructa eſt, auctore hæreſi.

Cur poſtea Rex per ſingulas civitates rebelles bellum circumferre debuit? cur pertinaciter adeò negata deditio? hæreſi iſta deberi demonſtrat hiſtoria. Et quò ſpectabat illa vox Antverpiæ Præfecti hæretici, cùm urbem illam poſt obſtinatiſſimam defenſionem

Alexan-

Alexandro Parmenfi dedere coactus effet, fe totam Hollandiam &
Selandiam ad Regem facilè reducturum, modò religionum libertatem concederet ? Ecce ! cui ulmo adhæfit contumacia. : Novimus
denique quis actor præcipuus in tota hac fcena fuerit, Orangius nempe, qui.ùt ipfe in apologia fua anno 1581. teftatur, fe à puero reformatæ religionis perquam ftudiofum fuiffe: manfifféque animo infita femper ejus femina, quæ grandiore cum ætate maturuerint,
eóque pertinere omnia, quæ feciffet, nempe ut religionem, tot'
Hifpanorum telis impetitam, pro veteri fuo cultu tueretur. Verùm,
quæ hic breviter attigi, ipfa Belgicorum tumultuum bellorúmque ob
oculos ponet hiftoria, quam pro inftituto in fynopfin contraham.

§. IV.

Relatio Hiftorica eorum, quæ fub Margaritha
Gubernatrice contigerunt.

15.
Analogia
cum Gallia.

PRofecto in Hifpaniam Philippo, cùm quererentur apud Gubernatricem Belgæ, quòd Hifpanus miles, quem ceu frænum fuæ libertatis refpiciebant, intra quadrimeftre necdum, prout Rex promife-
rit, ex Belgio fuerit deductus, miffionem illam imperare opòrtuit,
ne ulla genti querimoniarum præbeatur occafio. Quam ob caufam
intermiffa funt etiam copiarum equeftrium auxilia, quæ Philippus,
frementibus in Gallia bellis civilibus, Reginæ adverfum Hugonot-
tos ex Belgio promiferat, Orangio maximè, qui cum Condæo collu-
fiffe vifus eft, obfiftente.

Ubi non ineptè conferri poffunt hæreticorum utrobique conatus, aulæque utriusque ftudia ; Hugonottorum illic, hic Geufiorum
nomina fortuitò nata inter hæreticorum turbas, Condæus cum Orangio, Colinius cum Brederodio, Caldinalis Lotharingus cum Cardinale Granvellano, Medicea cum Farnefia, confimiles Nobilium confpirationes in utrumque Regem, paria utriusque edicta, pares utrobique facrarum ædium urbiúmque direptiones, eandem utrobique
turbarum videas caufam, hærefin nempe & ambitionem: eo folo
difcrimine, quòd Belgica fit Gallicæ filia.

Nam primas in Belgio turbas excitarunt Calviniftæ Galli, per
Tornacum, Infulas, Valencenas, aliásque finitimas Galliæ urbes
fparfas, ubi primùm duo Calviniani miniftri palàm ad populum de
novo Evangelio dixerunt, tracto mox longo per urbes pfalmos ad
Ma-

Maroti & Bezæ rhytmos canentium syrmate. Et quidem Tornaci tumultum brevi compescebat Montinius urbis Præfectus, exustis hæreticorum libris, captóque Lanoya, concionatorum altero, qui tamen postea catholicè vixit, scripsitque. At verò Valencænæ ex cunctatione Marchionis Bergensis audaciores facti bæretici, duos ministellos, impetu in satellites facto, supplicio subtraxerunt, furentium instar magno numero per urbem discurrentes ac minas intentantes. At supplicio de aliquibus sumpto tantisper quieverunt. Eodem tempore ex vicinis Germaniæ provinciis Lutherani & Anabaptistæ in Frisiam luem sparsêre, strenuè se opponente Arembergio. (*anno 1562.*)

Quæ res Margaritham permoverunt, instante præsertim Granvellano, ut designati pridem Episcopi in suam quisque sedem quamprimum inducerentur, exemplóque ac verbo, qua maximè ratione religio procuratur, commissis sibi populis adjumento forent. At vehementer obstabant Brabantini, Abbatum causa apud Pontificem & Regem suscepta, & ne Antverpiæ Episcopus constitueretur, obnixè postulantes.

Accessit Procerum, Orangii, Egmontii, Hornani, Montinii, 16. Bergensis, Hochstratani &c. in Granvellanum, ex invidia & æmu- Granvellani latione concepta indignatio. Mirum, quot machinas conspiratio- avocatio. nésque adhibuerint, ut virum hunc, sibi infestum, non ab aula modò, sed toto Belgio amoverent. Annuit tandem Rex, ut omnem tumultuandi occasionem præscinderet; & Cardinalem primùm in Burgundiam patriam suam, dein Romam ad eligendum Pontificem misit: jussus ibidem orator Regis Hispanas res procurare, & fœdus cum Pontifice Pio V. aliisque Christianis Principibus adversus Turcam inire. Qua in re aliisque omnibus negotiis ita sapientiam, fidem, integritatem Regi probavit, ut multò adhuc profundiùs in ejus æstimationem sese gratiámque immiserit. Unde Neapolitanus Prorex cteatus, Joanni Austriaco vexillum sceptrúmque, insignia militaris imperii, à Pontifice submissa, tradidit.

Mortuo Pio V. ad Comitia Romana profectus, auctor fuit, ut Gregorius XIII. eligeretur. Cum quo tamen Pontifice mox gravi controversia de foro competente collisus est. Extraxerant nempe Granvellani Proregis lictores è custodia Archiepiscopi Neapolitani facinorosum hominem, cujus causam sui esse fori asserebat. Archiepiscopus sacris propterea Regiis ministris interdicit. Granvellanus offensus, jussis in carcerem conjici Archiepiscopi famulis, Præsuli ipsi factos reditus intersistit, ne quidquam minas intentante Nuntio

Apo-

Apoſtolico. Admonitus Gregorius iratúsque (præſertim quòd eodem tempore Caſtellæ ab ejus conſilii Præſide Didaco Covaruvia Se-
govienſi Epiſcopo ſimilia attentarentur) Granvellano denunciat, niſi
acta in Archiepiſcopum ejúsque famulos deſignatos reſcindat, ſe
eum Cardinalium numero expuncturum. Qua improviſa denuntiatione perculſus, Archiepiſcopo ex integro ſatisfecit, Pontificia exinde jura majori cum reverentia complexus.

Porro cùm Regnum quodriennio inſigni quidem prudentia, non
maxima tamen pudicitiæ laude, adminiſtrâſſet, Romam iterum delatus, atque inde poſt triennium à Rege in Hiſpaniam evocatus,
conſilio rerum Italicarum ſumma cum auctoritate præficitur; ſed nec
ibi Regni primatibus gratus, quòd veteranæ ſapientiæ tot annorum
experientia ſolidatæ confiſus, ab eorum ſententia plerumque non
ſine criſi acerbiore diſſentiret. Et licèt ipſum etiam Regem non
nunquam perſtringeret, tam altas tamen æſtimationis & benevolentiæ radices in corde Regis fixerat, ut proficiſcens ad Luſitanum Regnum capeſſendum, moderandæ Hiſpaniæ curam eidem commiſerit,
red-énsque è Luſitania Madritum triumphans ingreſſus, unum hunc
purpuratum ſenem ſiniſtro lateri adequitantem habuerit.

Denique tribus poſt hæc annis reverſus Cæſarauguſta Granvellanus, ubi Regis filiam cum Carolo Emanuele Sabaudiæ Duce matrimonio junxerat, Madriti ſeptuagenarius anno 1586. fato conceſſit: vir prudentia, uſu, conſilio, & in Principem fide magnus, invidia, aulæque factionibus ſuperior. Sed redeundum, unde di-
greſſi ſumus.

17.
Regis Con-
ſtantia.

Amoto Granvellano, gaudio geſtiebat Belgium; Gubernatrix autem ad Religionem, quæ pluribus in locis nutabat, ſtabiliendam vires intendit, tum ſuapte propenſione, tum Regis mandato, qui
cætera omnia poſt eam habuit. Neque ad ſolos Belgas ea Religionis
cura ſe extendit, ſed Anglis etiam exulibus & in Belgio & Hiſpania
collegia fundavit. In pluribus quoque Belgii urbibus, uti Antverpiæ, Brugis &c. exuſti hæretici, quamvis non ſine plebejo tumultu.

Qui magìs auctus eſt, ubi Rex Tridentinum Concilium in Belgio promulgari juſſit. Sed dum ea cura fervet, diſſenſio Pontificem
inter & Regem orta eſt, quòd ille oratori Gallico priorem Romæ
locum dederit; Hiſpano Legato Regis juſſu diſcedente. Cum plauſu id nuntium excepêre non modè hæretici univerſim, ſed inſuper

Ca-

Catholici quidam in Belgio, ea spe freti, per illud dissidium studia Regis promulgandi Tridentini remissum iri.

At Philippus, scribens Gubernatrici, dignam-Rege- Catholico protulit sententiam, ideo revocâsse se ab urbe oratorem suum, quòd in ea comparere cum dignitate non posset; cæterùm, quæ ad publicam Religionis procurationem, aut ad obsequium vel obedientiam summo Pontifici, sanctæque Romanæ sedi præstandam pertinent, à quibus ne latum quidem unguem res eum ulla dimoverit, se curam demandâsse Cardinali Paceco, Hispaniarum apud Pontificem Patrono, cum quo transigere in posterum ea, quæ spectare videbuntur ad sacrorum Antistitum designationem, aliáque religionis firmamenta; in qua strenuè propugnanda, sicut etiam in Concilio Tridentino Belgis accuratè proponendo, exigendóque, nihil ab ea remitti, quacunque de causa, par esse.

Et verò perspecto Regis animo, nihil illa erat remissura. Sed Senatores opponebant, in Concilii decretis contineri aliqua, quæ cum Regis juribus, & provinciarum privilegiis pugnent. Ac proin sine eorum capitum exceptione non publicandum in Belgio. At rex ea de re certior à sorore factus rescripsit; sibi non placere in Concilio populis promulgando quidquam excipi, ne reliquis Principibus præbeatur imitationis exemplum. Easdem in Hispania difficultates fuisse allatas in medium; quarum nulla ibidem sit ratio habita, sed concilium sine ulla exceptione promulgatum, adhibita tamen perlevi moderatione in ejus usu, ita se velle in Belgio idem fieri: eóque mitti Hispanicæ publicationis exemplum, ut populi sui omnes ad eandem normam revocentur. (*anno 1564.*) Hæc autem Margaritham exequi conantem, qui motus à sectariis potissimùm concitati, exceperint, postea opportuniùs memorabitur.

Hoc autem anno, præter ea, quæ dixi, hæreticorum & politicorum animos concussit congressus solennis Caroli Galliæ Regis ac matris ejus cum Isabella Philippi conjuge & Albano Duce, Bajonæ in Aquitaniæ finibus celebratus. In hoc enim nescio quæ in se cusa consilia suspicabantur Galliæ & Belgii sectarii eorúmque fautores.

Ut autem tumultibus præcaveatur missus post Montinium Comes Egmontius ad Regem in Hispaniam, ut de rebus Belgicis ad eum referat. Acceptus is perhumaniter Regem in eam inflectere partem conatus est, ut ad conciliandam tranquillitatem Belgii de edictis in hæreticos pronuntiatis aliquid remitteret. At is convoca-

to

to Theologorum concilio, eorum in hac re sententiam exquisivit. Responderunt illi, licitum esse Regi pro avertendo majore malo, quod provinciis Belgii immineret, in libero factorum cultu populis indulgere.

Ac religio-
nis zelus. Negavit Rex, accitos à se fuisse, ut docerent, an permittere id possit, sed an sibi necessariò permittendum scriberent. Illis necessitatem nullam videri asseverantibus, Rex in eorum conspectu provolutus in genua coram Christi crucifixi imagine, *ego verò*, inquit, *Divinam tuam Majestatem oro quæsóque, banc ut mibi mentem perpetuam velis, ne illorum, qui te respuerint Dominum, uspiam esse me, aut dominum dici acquiescam.*

Atque in hanc sententiam firmatus, in litteris Egmontio tradendis ad sororem Gubernatricem scripsit, dolore se incredibili perculsum, audito hæreticorum progressu: certúmque ac fixum animo manere, nullam suis in tegnis mutationem Religionis se esse passurum, licèt propterea millies sibi occumbendum foret. Cum his litteris Egmontium in Belgium remisit, tradito simul ipsius fidei Alexandro Farnesio, ad Margaritham Gubernatricem ipsius matrem perducendo.

Privatis verò ad eandem litteris scripsit, ac præcepit, ut quæsitores causarum fidei (neque enim hoc novum tribunal esse, aut non summopere necessarium) ubique persanctè retineantur, omníque ope à Gubernatrice, ac reliquis provinciarum Præfectis adjuventur. Et quoniam Concilium Tridentinum Belgis jam imperatum esset, superesse, ut ejus decretis, simúlque edictis tam Imperatoriis, quàm Regiis pareatur. (*anno 1565.*) Hæc litterarum summa, quibus omnes Belgii calamitates Orangius, aliíque aut bæretici aut eorum fautores acceptas referre consueverunt; impellente videlicet hæresi supremus hic annus Belgicæ tranquillitatis fuit.

Nam sequentem sesqui millesimum sextum fœdârunt aperta Nobilium conspiratio, vulgi seditio, turbida Primorum consilia, furialis hæreticorum incursus, templorúmque execranda violatio. Quippe Regium edictum publicârunt quidem Provinciarum Prætores, professi tamen aliqui se impares in tanta edicti severitate continendi populos; quin addiderunt, nolle se suam conferre operam in multis mortalium millibus exurendis.

Brabantiæ civitates, Lovanium, Bruxellæ, Antverpia, & Buscoducum, provinciæ capita, habito senatu postulant, ut suorum habeatur ratio privilegiorum, cum quibus ea quæsitorum judicia atque
edicta

edicta pugnent; à se certè non admitti. Simúlque erupit agitata jam dudum conspiratio Nobilium, quibus nullum in Republica munus. Siquidem novem ex illis, dictante Marnixio Aldegundio homine hæretico, Bredæ, Orangii urbe, in novum fœdus conjurant adverss-execrandam, ùt ajebant, Inquisitionis tyrannidem. Atque hoc fœdus *compromissum* vocitabant; eíque plurimi deinceps nomina dederunt, quos aut furor hæreticus, aut bachandi licentia, aut res domi decocta in tumultus concivit.

18. Nobilium conspiratio.

Quadringentos fuisse Nobiles constat, præter mercatorum & plebeiorum turbam. Hi ducibus hæreticis, Henrico Brederodio, è præcipua Hollandiæ Nobilitate feroci juvene, Ludovico Nassovio Orangii fratre, Florentio Comite Culemburgio, & Guil. Bergensi Comite, libellum componunt, in quo Inquisitionis abrogationem postulant; eúmque juncta omnium opera Gubernatrici Bruxellis offerre decernunt.

Illa hac de conjuratione admonita, Provinciarum Præfectos, & Equites aurei velleris, cum privato concilio in senatum convocat, atque, an conjurati in urbem admittendi, quidque armatis eorum precibus respondendum, sententiam rogat. Crojus Armbergius, Mansfeldius, & Barlamontius negabant eam multitudinem in urbem admittendam: quid enim opus esse 500. hominibus, ut libellus unus offeratur? non eam speciem esse supplicum. Mitterent aliquem omnium nomine. Alioquin portas occludéndas. Orangius verò in graves contra Regem querelas effusus, & alii plerique admittendos censebant omnes, at sine armis.

Gubernatrix altera die rursus eundem senatum colligit, & cùm pridie advertisset magnam in plerisque à Regiis edictis, & præsertim ab Inquisitione aversionem, audivisse se, inquit, esse non paucos, qui Imperatoris Caroli parentis sui edicta carpere palàm audeant, uti barbara ac populis non ferenda? hos injuriam facere non modò, sapientissimo Principi patriæ amantissimo, sed Equitum collegio, senatorùm concilio, imò totius Belgii ordinibus, quorum omnium judicio consensúque eæ leges sint latæ. Cur ergo nunc severitatem Cæsaris accusent? Cur ea damnent, quæ omnium antè suffrag is sint probata? An quia se morbus nunc intenderit, idcirco remittenda sit cura? Neque Inquisitionis tribunal esse recens in Belgio erectum, cùm jam sexdecim lapsi sint anni, ex quo illud Carolus Cæsar statuerit. Nihil severitatis habere Ecclesiasticam illam censuram, quod edicta non habeant; imò multò hæc quàm illam

Consultatio.

feveriora effe: ut adeò Rex-mirari fatis non poffit, cur tantopere ab
Hifpanica Inquifitione fibi timerent Belgæ.

Rogatis inde fententiis aliqui cenfebant, nihil immutandum in
edictis: leges, antequam ferantur, expendendas: ubi latæ fuerint,
tolerandas: nec alia re magis labefactari ftatum civitatis, quàm
crebra legum mutatione. Adhæc famæ intereffe, nihil cedere poftulatis hæreticorum, qui, fi prima obtinuerint, finem poftulandi
nullum fint facturi. At plerique contra differebant. Majus famæ
periculum fubire Principem., fi manere velit legem, cui multitudo
non pareat. Nec fatis prudenter exigi, quod obtineri non poffit.
Sapientis effe, leges ad ufus accommodare, & pro temporum varietate mitigare, aut abrogare, ut populi contineantur in obfequio.
Quod verò ad Inquifitionem attinet, fatis apparere, eam nulli hominum ordini acceptam effe. Imò & Epifcopos non levi affici injuria, dum religionis caufæ, quæ ad eorum forum pertinent, ad hoc
peregrinum tribunal revocentur. Poffe igitur conjuratis refponde-
ri, non effe, quòd de Inquifitione laborent; cujus ufus alioquin fit
intermittendus: edicta verò falubri aliquo temperamento fore miti-
ganda, & præfenti rerum ftatui adaptanda. Et hæc fententia numero prævaluit. Certè Egmontius negavit, fe contra ullum mortalium pro inquifitione aut edictis pugnaturum.

Eadem adhuc die conjurati numero ducenti Bruxellas ingreffi
funt, equis omnes infidentes, geftabántque finguli bina ante ephip-
pium fclopeta. Præibat ductor Brederodius, juxtáque Naffovius,
qui ad Orangii ædes divertêrunt. Altero die in domum Culember-
gii à Brederodio convocati conjurationem inftaurant. Tum ordine
bini & bini in curiam ad Gubernatricem procedunt, cui Brederodius libellum obtulit, in quo abrogatio Inquifitionis & edictorum
poftulabatur.

Margaritha confideraturam fe eorum poftulata refpondit, &
quando non nifi Regis dignitatem, ùt præferrent, & patriæ falutem fpectarent, haud dubie poftulatis fatisfacturam. Poftero die
libellum eis reddidit, adjecta in margine refponfione, qua intermit-
tendæ Inquifitionis, edictorúmque moderandorum, fed Rege antè
confulto, fpem faciebat.

19.
Geuſiorum   Excepit eo die in ædibus Culembergicis largo fanè convivio con-
origo   juratos circiter trecentos Brederodius. Qui cùm narraret fuper menfam, attonita aliquantùm ad ingreffum tot Nobilium Gubernatrice,
Barlamontium adftantem ei dixiffe, non effe timendos, quia tantùm
                                                          fint

sint *Geusii*, hoc est mendici, illi exclamantes repetebant: *vivaut Geusii.* Noménque hoc factioni deinceps adhæsit, ut, sicut in Gallia hæretici vocabantur *Hugonoti*, ita in Belgio *Geusii.*

·· Denique Brederodius sub finem convivii, mantica more mendicantium collo suspensa, ligneóque poculo vini pleno, manu elato, simul omnibus propinat: respondente convivantium choro : *vivant Geusii.* Inde cyathum & manticam assidenti tradit: sicque per omnes circumlatis, singuli resalutato Brederodio, idem carmen inter compotandum repetunt, conjuratione magis firmata, clavo etiam in parietem à singulis adacto. Supervenientibus dein Orangio, Egmontio, & Hornano, atque bibentibus, eadem pro Geusiis vota, magnis acclamationibus renovata. Eadem vota pro Geusiis ad cœnam, quam in domo Orangii Hornanus ac Brederodius cum pluribus ex conjuratis sumpserant, resonante toto convivio repetita.

Sed necdum nugarum & insolentiarum finis. Sequentibus die-&insolentiæbus, cinericio pauperum habitu induti variam mendicorum supellectilem circumferunt per plateas, suspenso ex collo nummo: in cujus parte altera cælata erat Regis effigies, cum subscriptione : *fideles Regi.* In altera visebatur mantica, duarum complexu manuum intercepta: inscriptis circum his verbis: *usque ad manticam.* Taceo reliqua, viris nobilibus plane indigna. Discedentes deinde explosis extra urbem sclopetis, pars magna cum Brederodio Antverpiam abierunt: ubi ingenti plausu à populo excepti, inter compotandum patera prægrandi propinata in Belgii libertatem biberunt.

Dum Geusii nummo, quem dixi, abusi sunt, Croyus Areschotus cœlitum Reginæ simulacrum, Hallis in Hannonia devotione ac cultu celeberrimum, metallo imprimi curavit, atque nummis ira ejusmodi gestavit, sequentibus exemplum multis catholicis. Cúmque Pius V. indulgentias gestantibus impertiisset, nummismatum sacrorum usus per reliquum etiam orbem Christianum aut originem, aut celebritatem accepit.

Geusii, Bruxellis digressi, atque per varias provincias dispersi victoriam & impunitatem religionis ubique prædicantes, ceu vindices libertatis excepti sunt; móxque Belgium hæreticis impletum est. Quare Gubernatrix Comitem Bergensem Hannoniæ Præfectum, & Momorantium Montinium, aliàs de integritate ac fide suspectos, in Hispaniam ablegavit, de statu Belgii & Nobilium postulatis Regem edocturos.

Nnnn 2 Sed

Sed donec inde refponfum veniret, Geufii graviffimam in Belgio feditionem moverunt. Nam plurimùm numero aucti, cùm per provincias fparfiffent, Inquifitionem cum edictis in hæreticos effe abrogatam, atque Equites aurei velleris eam abrogationem fcriptò fibi tradidiffe, mox ex Germania, Galliáque miniftellorum catervæ in Belgium effufæ, concionibus feditiofis publicè habitis, in facras ædes armârunt hærefin, de Hifpanorum tyrannide, de corrupta per fuperftitiones, abufus, novásque humanas inventiones à Pontificiis Religione, de puro finceróque Evangelio, etiam publicè ad populum differentes; atque per provincias, urbes, & oppida, tanquam emiffæ orco furiæ difcurrentes.

Atque hoc fanè tempus erat, quo miferandum magìs nunquam vidit religio in Belgio. Etenim licèt Rex refcriberet, Ecclefiafticos quæfitores removeri poffe, modò Epifcopi in fuas fedes antè inducerentur, edictis etiam in hæreticos imponi modum fineret, atque conjuratis veniam concederet; nihilominus hæretici, furiali æftro perciti, latè per Belgium vi aperta circumtulêre facrorum vaftationes.

§. V.
Continuatio ejùsdem Hiftoriæ.

20.
Iconomachia.

NAm poftquam Trudoropoli ad duo millia Brederodio duce convenerant, Naffovium cum 12. aliis (quos 12. Apoftolos dixere) ad Gubernatricem legârunt, poftulaturos, ut Orangius, Egmontius, & Hornanus fœderatorum rebus cum fumma auctoritate præficerentur, atque generalis Belgicorum ordinum conventus indiceretur; alioquin extrema denique remedia quærenda. Mox barbara hæreticorum cohors furores immanes per Flandriam circumtulit. Dictu horrendum fœdúmque, qua rabie in templa, aras, facras imagines multis in locis fint debachati.

Illo furiofæ iconomachiæ nuntio Bruxellas perlato, Gubernatrix ad Egmontium ibidem præfentem converfa, audis, inquit, Comes, quàm læta perferuntur è Flandria, provincia tua? an patieris tam immania in Deum fcelera impunè patrati? ille, primam rationi ftatus curam impendendam refpondit. At Margaritha: humanis rebus præferendum Divinum cultum; ita fentire & jubere Regem, cui nihil religione prius. Ad quæ Egmontius ea repofuit, quæ pfeudo-
poli-

politicum magis quàm Christianum decent. Nec parùm ei postea nocuit hæc loquendi cum Gubernatrice temeritas.

Neque Flandria continebatur hæreticorum furor, sed tanquam procella modò in hanc partem, modò in illam impetu delata stragem inauditam facris intulit; Antverpiæ præsertim, ubi disturbata supplicatione publica in maximum templum irruunt, execrabili petulantia nefanda quæque patrant flagitia, SS. Evchariftiam ad pedes projiciunt, pyxidem vino implent, & inter blasphema ludibria epotant, Chrifti crucifixi imaginem deturbant, illæfis utrinque latronibus. Denique paucas intra horas templum vastiffimum, septuaginta altaribus, omnique cultu ornatiffimum, atque toto orbe celeberrimum ita devastârunt ac polluerunt, ut nihil integrum inviolatúmque reliquerint. *Furia Belgica*

Inde facrilegi prædones, tanquam facinore egregio patrato, *vivant Geusii*, exclamantes, ad alia templa & monasteria versi, violentia, direptione, furoribus omnia complent, fugientibus è clauftris Religiofis & fanctimonialibus, ut violentiæ corpora fubtrahant. Noctu hæc patrata. Sed impunitate audaciores facti facrilegi, per tres deinde dies infandam illam facrorum stragem, ac direptionem continuant. Simúlque ea labes ac turbo Brabantinos & Flandros, Hollandos & Selandos, Geldrios & Frifios invafit. Populationem autem istam, totum ferme Belgium pervadentem, attribuunt Geufiorum principibus, præfertim Ludovico Naffovio, Trudoropoli Geufios inter & Galliæ Hugonotos conclufam. Auditásque ferunt voces, eodem Naffovio inftigante: Nifi Nobilium fœderatorum fecuritati caveatur, & liber cuique aditus ad conciones pateat, fuáque nemini religio fraudi fit, Gubernatricem fuismet oculis infpecturam, templorum, quotquot Bruxellis effent, incendia, facerdotum cædes, fuam ipfius captivitatem.

Tantis undique tumultibus concuffa Gubernatrix, cùm Bruxellis non ampliùs fecuram fe crederet (in qua 15000. hæreticorum numerabantur) statuit, clàm urbe egredi, & Montes Hannoniæ fe transferre. At confilio evulgàto, occlufis portis à civibus retenta eft: relatáque ad illam ea Orangii vox: fi Margaritha publicam hac ratione rem defereret, Flandria, Artefia, & Hannonia potituros Gallos, jam pridem earundem candidatos: reliquis autem provinciis dominos non defuturos. *Nec lenitate mitigatur.*

Tot

Tot terroribus mota tandem Margaritha, suo nomine securitatem foederatis asseruit, concionesque audiendi copiam Geusiis fecit, iis tamen duntaxat in locis, in quibus ad eam diem fuissent habitæ, modo inermes nec infesti catholicis convenirent. Addiditque, hæc tamdiu permitti, quamdiu Rex assentientibus Belgii ordinibus voluerit permissa. At Orangius Antverpiæ, Hornanus Tornaci, Hochstratanus Mechliniæ, multo plus hæreticis permittebant; reprehensi propterea à Gubernatrice. Trajectenses catholicos à templo, Buscoducenses ipsum Episcopum ab urbe arcebant. Pejora his Amstelodami patrata, instaurata sacrorum vastatione. Adeò nempe hæresis, sive severam ostentes frontem, sive indulgeas, indolis suæ tenax manet, pergitque furere.

Rex sororis litteris de effræni Geusiorum licentia, sacrorúmque latrocinio, conjurationibúsque Nobilium edoctus, facilè advertit, eò jam ventum esse, ut nullus clementiæ locus sit reliquus, sed armis frangendam compescendámque contumacem petulantiam: statuitque, quod Gubernatrix sæpe rogaverat, ipsemet exercitum in Belgium ducere, & illud quà armis quà Regia auctoritate in ordinem reponere: datis etiam ea super re ad Cæsarem, Galliæ Regem, & Imperii Principes litteris. Cæsar & Gallus vetuerunt, ne quisquam ex suis subditis adversus Hispanos in Belgio militet.

Quà re territi Orangius, Egmontius, Hornanus, Hochstratanus &c. conscientia factorum lancinante, *Teneramunda* clàm cöeunt, **Procerum Conspiratio.** capturi in periculo consilium, quomodo Regi, cum exercitu adventanti, Belgii aditus occludi possit. Sed cùm vires deficerent, in id tandem conventum est, offerendum Belgium Maximiliano Cæsati. Minùs id fore in publicum probrosum, magisque tutum in omnem eventum, quàm si apertis armis in Regem insurgerent.

Utque factionem suam augerent, Egmontius Ernestum Mansfeldium veterem suum amicum per litteras sollicitat conqueritúrque, quòd ab eorum societate modò se segreget. Respondit ille, non alia ratione à principio se cum illo aliisque se consensisse, nisi quòd visum sibi fuerit, religionis & patriæ interesse, si & Granvellanus Belgio moveretur, & sublata Inquisitione, moderatio aliqua edicta temperet. Quæ cùm à Rege tributa sint, nullam superesse causam querelarum.

At Geusii, sive Lutherani, sive Calvinistæ, sive Anabaptistæ, Geusii in Re-
sive alterius lectæ homines (prout translatitiæ sunt eorum religiones, gem conju-
atque temporibus accommodandæ) in unam modò Confessionem rant.
Augustanam compacti, cum Principibus Acatholicis Germaniæ fœdere inito; habitóque *Bredæ* conventu; Egmontium in commune
adversus Regem fœdus per litteras sollicitant, præsertim Orangius,
Hochstratanus, & Brederodius, veteres ejus amici. Verùm ille
negabat, se in fœdus illud contra Regem iturum. (Acta hæc sunt
anno 1566.)

Cùm dein Brederodius novum libellum querimoniis plenum ad
Gubernatricem misisset, quòd contra datam fidem Religionis exercitium prohibeat, cùm tamen concionum nomine totum id veniat,
quod ad religionem pertinet; respondit illa, non assequi se, quinam sint nobiles illi & Belgarum populi, quorum nomine hæ litteræ mitterentur: cùm plerique satisfactum sibi contestentur. Conciones à se tantummodo esse permissas, non autem potestatem,
Consistoria erigendi, creandi magistratus, tributa imperandi, cor-
rogandíque supra vicies centena florenorum millia, matrimonia ritu
hæretico celebrandi, quotidianos cœtus, cœnásque Calvinianas fre-
quentandi.

Cur sileant, post conventionem initam tam multa perfidè ac sacrilegè patrata, templa direpta, ejectisque Religiosis inde familiis occupata, conciones in novis locis vi armata inductas, urbes atque
provincias ad seditionem, defectionémque sollicitatas, munitiones
Regis invasas, ejusdem ministros expulsos, ad tympanorum pulsum
populos in aciem excitos, cœnobia, ædésque Nobilium igne ferróque vastatas, catholicos omnes, ne quidem se Gubernatrice excepta, ad cædem designatos, ingentémque Belgio cladem intentatam?

Brederodius hac accepta epistola exercitum Geusiorum Vianam
traduxit, oppidum suum in Hollandia, paulò antè munitum; atque
mutata veste à Geusiana factione Amstelodamum admissus, spem
Batavia potiundi confirmâsse visus est. Antverpia etiam Buscoducum, utrumque Trajectum, Gröninga, Tornacum, Valencena,
aliæque civitates, militibus auctæ, instigantibus hæreticis vim adversus Regios parabant. Comes Meganus, fidus semper Regi à
Buscoduco per fraudem rejectus à Bombergio Brederodii satellite,
Ultrajectum occupat.

Mar-

Prima pu-
gna.

‚ Marnixius vero, exconjuratis unus, tentata fruftra Selandia, ad Antverpiam cum Lanoyo Regio duce prælio congreffus, victúsque eft. Prima hæc pugna fuit, cum rebellibus in Belgio commiffa (*anno 1567.*) in qua periere Geufiorum 1500. capti 300. Fremebant Antverpiæ Calviniani, cùm fuos cædi viderent; & quia Orangius portas urbis claufas teneri præceperat (five ne Calviniani auxilio accurrant fuis, five ne Regii victores urbem intrent) movebant tumultum, fed à Catholicis, quibus Lutherani fe conjunxerunt, à vi prohibiti.

Valencena
capta.

Valencena exclufo Regio præfidio vim parat. Quare Norcar-mus, pro Marchione Bergenfi, qui adhuc in Hifpania cum Montinio detinebatur, Hannoniæ Præfectus, juffu Gubernatricis, Geufiis gemino conflictu fufis, Infulis, Armenterio, Tornaco, præfidium imponit. Valencena, hæreticis referta, pertinaciùs refiftens, vi expugnata, atque armis & privilegiis exuta eft; tantáque rebelles confternatio corripuit, ut hac una in urbe urbium claves omnium repertæ effe dicerentur.

22.
Orangius
fugit.

Gubernatrix fecundis his progreffibus animofior à Proceribus & Magiftratibus novum fidelitatis Sacramentum exigit. Jurarunt illico Mansfeldius, Arefchotus, Egmontius, Meganus, Barlamontius. Brederodius certuriam Equitum, quam à Rege habebat, dimittere maluit. Recufàrunt pariter Hochftratanus, Hornanus, & præfertim Orangius; qui Albani adventantis metu perculfus cum familia Belgio exceffit, Dilemburgum gentilitiam Naffoviorum urbem profectus. Dicitur abiens monuiffe Egmontium, ut caput procellæ fubtrahat. At ille Regis partibus totus applicitus, fe hoftem eft profeffus omnium, qui Religioni aut Regi fe opponerent.

Orangii difceffu, & Egmontii declaratione vehementer afflicta eft fœderatorum factio. Quippe Ludovicus Naffovius, Culembergenfis, & Bergenfis, ejusdem capita, cum Orangio abierant Belgio. Reliqui certatim rogata venia *Compromiffo* renuntiant, novóque juramento fe Regi obftringunt. Tandem etiam Hornanus, & Hoch-ftratanus juramentum funt polliciti. Unde querelæ mercatorum & hæreticorum, proditos fe defertósque à Nobilitáte. Auxit eorum confternationem, fugámque Præconum Trajecti ad Mofam, Bufcoduci, Antverpiæ, aliarúmque urbium deditio. Reftitutus ubique Divinus cultus; ac res catholica. (*anno 1567.*)

Unus fupererat fœderatorum princeps Brederodius; qui juffus Amftelodamo abfcedere, hæreticorum favore nixus recufavit. Cùm

autem

autem àudiffet circumvolitantes per totum Belgium victores Regis Brederodij exercitus, cædi ubique fugarique Geufios, dilabi aut in gratiam interitus. redire fœderatos, dedique urbes, eorum denique, qui in Hollandia fupererant, militum cladem, tentata fruftra reconciliatione, fractus animo, patriam deferuit, ac primùm Embdam, Bremam, atque Schovemburgum delatus, mota furiis mente, periit ibidem anno fequenti.

Brederodii fugam fecuta eft univerfæ Hollandiæ deditio. Via- Hæretfis ubina, ipfius oppidum, mœnibus nudata. Amftelodamum, Lugdunum, que victa. Harlemum, Delphi, ac reliquæ civitates flagitantes præfidium acceperunt, partim à Megano, partim à Norcarmió ducibus. Idem Middelburgi, aliísque in Selandia urbibus. Idem Gröningæ ac Daventriæ, totáque Frifia factum ab Armbergio, provinciæ Præfecto: ut adeò nulla per Belgium urbs, oppidúmve, nulla uspiam arx aut pagus fuerit, qui non certatim ejectis hærefum magiftris, ac feditionum incentoribus, fe Regis arbitrio clementiæque tradiderit.

Gubernarrix igitur ad ruinas reparandas intenta, ftipendium, quo miles alatur, mulctæ loco civibus imperat. Alicubi, Antverpiæ præfertim, comprimendæ in futurum licentiæ arces defignat. Sacrarum Imaginum violatores, ac feditionum auctores, quotquot inveniri poterant, quæftionibus habitis convictos fupplicio affici, templa refici ex reorum bonis, aut publica civitatum rebellium pecunia, hæreticorum fana deftrui mandat, tanta populorum in id feftinantium contentione, ut Gandavi unius horæ fpatio Lutheranum templum, fanè peramplum, folo æquatum fit. Alias profectò civitates, homines alios diceres, qui paucis antè menfibus tanto hæreticorum partes fufceperant ftudio.

Atque in hunc modum incendium illud, populorum offenfionibus conceptum, hæreticorum flabellis eventilatum, æmulatione Nobilium enutritum, Geufiorum demum fœdere per Belgium omne feditionibus ac populationibus graffatum, Gubernatrix adeò diftraxit, ut religione & obedientia ubique reftituta, hæreticis aut pœna coërcitis, aut folum vertere coactis, Geufiis conjuratis partim in gratiam receptis, partim bonis ac patria exutis, atque ad manticam mendicitatémque redactis, univerfo demum Belgio pacem tranquillitatémque priftinam reddiderit.

Una res in tanta felicitate Gubernatricem angabat, quòd Belgarum plurimos videret, non impetrata præteritorum venia, ac venturi ab Hifpania exercitus metu perculfos, aliò quotidie commigra-

re, ingentíque damno civitatum ad finitimos populos opificia & mer-
caturas, atque adeò lucra transferre.

     Venerant in Belgium hoc anno (1567.) Legati Saxonis & Bran-
deburgici Septemvirûm, Wirtembergici Ducis, Haſſiæ Landgravii
& Marchionis Badenſis, à quibus ſupremam opem imploraverat hæreſis Belgica. Eorum ad Gubernatricem hæc fuit oratio: Profeſſionem Auguſtanam, Evangelio conſentaneam, in Inferiore Germania
liberè complectendam eſſe: certè ſuppliciis non vexandam. Proinde à ſuperioris Germaniæ Principibus rogari Gubernatricem, ne populos cætera innoxios divexari hoc nomine, Hiſpanicæque cenſuræ
minis ac pœnis plecti patiatur. Reſponſum; quæ legati de Religione præmiſerint; reſponſione indigna eſſe. Quæ pro excuſanda rebellium, impiorúmque contumacia diſſeruerint, oſtendere, Germaniæ Principes minùs fidei habuiſſe litteris Hiſpaniarum Regis, ac Belgii Gubernatricis, quàm ſeditioſorum hominum querimoniis, contra quos & expilata & everſa templa, & illata vis magiſtratibus, &
excitati ad arma populi, magnam ſcilicet innocentiam conteſtentur.
Proinde Gubernatricis nomine illos, à quibus miſſi eſſent, monerent,
ut regnorum ſuorum curam Regi permitterent, néve per ea turbulentorum patrocinia turbas in alienis provinciis foverent.

A R T I C U L U S VI.
Status Belgii ſub Duce Albano ab anno 1567.
ad 1573.

REſtituta fuerat per Margaritham Gubernatricem Religio, totúmque Belgium poſt fugatos aut ſubactos rebelles ad pacem compoſitum; cùm immiſſus à Rege novus Belgii Gubernator nimia
ſeveritate ingentes deinceps calamitates invexit. Quæ res qua ratione contigerit, nunc breviter expediend·un.

     Rex catholicus altè in animum admiſerat non ſolummodo Bel-
garum rebellionem, ſed vel maximè ea, quæ adverſus Religionem,
cultúmque ſacrorum ſacrilegè patrârant. Unde, Margarithæ etiam
hortatu, ipſiúſque Pii V. Pontificis, ſtatuit cum armato exercitu in
Belgium proficiſci, atque provinciarum ſtatum ordinare (niſi, ut
quidam volunt, tota hæc profectionis ſcena ad ſimulationem fuerit
compoſita.)

Ha-

Habito ea super ʼre senatu, Rodericus Gomesius à Silva, Ebo-   24.
lı Princeps, intimæ apud Regem admissionis, magnæque in aula Consultatio
potentiæ, iter dissvasit; intempestivum, inquiens, esse, quietos de bello.
jam obsequentésque Belgas armis lacessere, simúlque finitimos hæreticos ad opem ferendam irritare. Cavendum eo· maximè loco
belli civilis incendium, ubi prope adsint, qui illud alant. Quantumcunque ad eam diem peccatum à Belgis, à Regis sorore abundè fuisse correctum: & si quid ultra vincendum, animos esse non
corpora. At illos non armis, sed beneficiis expugnari. Id verò
& clementiæ Principis accommodatius, & Belgarum indoli, de qua
dictum à Carolo patre, nullos esse populos, (modò paternè habeantur) qui servitutis· nomen magis execrentur, magis patiantur.

Contra verò Dux Albanus arma & ultionem unicum læsæ religioni auctoritatíque Regiæ remedium esse contendebat; cæteris artibus ac diuturna facilitate nihil aliud' effectum, quàm ut Regi obedientia, rebellibus timor adimeretur. Non tam rogâsse quàm postulâsse Belgas, ut Hispanus miles Belgio excedat; hunc unicum esse obicem publicæ tranquillitatis. Hoc impetrato num quievisse?ʼ
an potiùs postulâsse audaciùs ut Granvellanus à Gubernatricis late-
re· & rei publicæ clavo amoveatur? an placatos ea indulgentia?ʼ
quin imò contra auctas sacrorum Antistitum præfecturas, contra restituta Cæsaris edicta, Tridentinas sanctiones, Pontificios quæsitores, improbis carminibus precibúsque ac minis armatis insurrexisse.
Hic etiam' moderatione adhibita à Gubernatrice, quid obtentum,
nisi ut votorum ubique compotes, obsequium parendi dedíscerent,
atque conjurationes, consœderationes, rebelliones, defectionésque
ubique moliti Divina omnia humanáque confunderent? Præmonstrâs-
se profectò Carolum patrem, quid Belgarum ingenio esset accommodatius, dum contumacem pattiam armis restituit. Nunc verò
non' unius civitatis, sed provinciarum consensu gravissimè peccatum
in Deum & Regem. Nec quia rebelles in præsentia armorum metu
conquiescant, minùs ferociæ animis inesse, resumpturos vires, ubi
metum ultionis abjecerint: neque enim timorem diuturnum esse
magistrum officii. Exploratum namque haberi, hæresin nunquam
bona fide mansuescere. sic ille pronus semper ad· asperiora differe-
bat. Atque in ejus sententiam cum Cardinale Spinosa plures ibant.·

Rex· audito senatu, deliberatum' sibi pridem, ait, ire in Bel- Decernitur.
gium, se tamen haud antè profecturum', quam præmisso cum dele-

O o o o 2·   ctu'

&u exercitu Duce, qui affuturi Principis fecuritati ac majeftati confulat. Eúmque renunciat ipfum Albanum, veteranum Ducem,
multarúmque palmarum heroem inclitum, defignatis ex Italiæ præfidiis militibus veteranis, quos tyronibus Hifpanis fupplet.

Gubernatrix certior facta de exercitu, ab Albano in Belgium
deportando, deducere ab eo armorum apparatu conata eft Regem,
quæ nulli jam ampliùs ufui, nifi rebus iterum turbandis forent.
Belgium magna nunc pace frui, religione & obedientia reftitutis.
Nec militem deeffe, quo hic ftatus, uti partus fit, confervari
queat. Multas jam opificum & mercatorum familias, audito externi militis adventu, aliò migrâffe, migraturas plures, ubi propiùs
accefferit. Accedere indignationem populorum atque Nobilium.
Profpicere fe animo civile cruentúmque bellum, in multas ætates
inexpiabili contumacia continuandum, eáque occafione hærefin rurfus inftaurandam; rogare proin, ut Rex omiffo armorum ftrepitu
pacatus in Belgium veniat, rebúsque feliciter compofitis fapientia &
authoritate perpetuitatem addat.

Margaritha
invita.

At Rex ad confirmandam non turbandam tranquillitatem venturum militem afferens, ex præfidiis Infubriæ, Neapolis, & Sardiniæ octo peditum, & duo equitum millia Albano attribuit, non
magnum quidem exercitum, fed ex veterano bellisque-indurato milite compactum, cui præftantes bello Duces præfecit. Has copias
Albanus per Pœninas Alpes in Allobroges, atque inde per Burgundiæ comitatum, Helvetiam, & Lothaiingiam in Belgium deduxit;
eásque Burgundiam tranfiens (incedente ad latera Gallo milite, ad
fines tutandos miffo) 400. equitibus Sequanicæ juventutis auxit.

Copiæ.

Bruxellas ubi pervenit, Margarithæ Regis litteras obtulit, quibus Albano tribuebatur fumma per Belgium armorum præfectura,
integra rerum civilium adminiftratione penes Gubernatricem. Remotis dein arbitris ampliorem fibi datam poteftatem exhibuit, videlicet arces exftruendi, Magiftratus ac Præfectos exauctorandi,
præteritorum caufas tumultuum cognofcendi, plectendíque, atque
alia agendi, pro re nata communicanda.

Margaritha laudavit Regis confilium, modò ita tractetur, ut
pax adhuc recens, ceu tenera arbufcula non irritetur violentiori
cultu. Ad Regem autem fcripfit: tantum auctoritatis Albano tributum, exiftimationi fuæ, tantum militum compofito provinciarum
ftatui multùm officere. Jam enim ex iis, qui aut hofpitiorum onere,
aut veniæ defperatione, aut calamitatum metu, in Angliam, aliásque

que terras cum pecunia & supelle&ili migrârint, numerari centena circiter hominum millia. Una re sustentari adhuc à se populos, adventu Regis; quem, si differri contingeret, orare ex animo, ut se, nono jam arno Belgio moderantem, diuturna administratione absolvat. Id verò ut multò ardentiùs exposceret, Albani mox severitas effecit.

Is etenim præfecturam suam ab animadversione in suspectos aliquos Belgarum Proceres auspicaturus, eosdem Bruxellas ad ordinandam rem publicam evocat. Comparuerunt in ædibus Culemburgicis (nam palatium Gubernatrici Albanus reliquerat) Arschotus, Egmontius, Mansfeldius, Armbergius, Barlamontius, ac tandem etiam Hornanus, ab Egmontio inductus. Senatu finito, Egmontium seorsim vocat Albanus, quasi aliquid secretò locuturus. Tum *siste*, inquit, *Egmonti: custodiri te Rex jubet; ejusque nomine gladium pone.* Ille circumspiciens, cum armatos centuriones videret, glad um tradidit, addens: *& tamen hoc ferro sæpe ego Regis causam non infeliciter defendi.* Nec plura fatus in conclave abductus est. Eodémque tempore Hornanus ab Albani filio, à quo velut honoris causa deducebatur, jussus est posito gladio in potestatem Albani, Rege ita imperante, sese committere. Statimque in aliam ædium partem à centurionibus traductus est: capto pariter Egmontii secretario, & Antverpiensi consule *(anno 1567.)*

25.
Egmontius
& Hornanus
capti.

Nuntium hoc Belgæ exceperunt tristi primùm silentio, tum Albani artibus nimiæque Egmontii fiduciæ irati, per eam Primorum captivitatem Belgium captum dixère, laudantes Orangii, Hochstratani, & aliorum fugam, quos Belgium liberaturos sperarent. Granvellanum verò, cùm hæc Romæ audiret, sciscitatum ferunt ex nuntio, an captus quoque esset *Taciturnus* (sic Orangium nominabat) eóque negante, dixisse, uno illo retibus non concluso, nihil ab Albano captum. Excusavit per Barlamontium & Mansfeldium apud Gubernatricem hoc factum Albanus, clam eâ jussu Regis id esse susceptum, ne qua pars invidiæ in eam redundaret. At illa tristi nuntio perculsa, atque Belgio metuens, instantius dimissionem suam à Rege petiit.

Dum sic præludit Albanus, petiit ab eo Carolus Galliæ Rex auxiliares copias adversus Hugonotos, rursus sibi bellum moventes. Gnarus ille Bajonensis colloquii, duo millia peditum Hispanorum, & mille ducentos equites, plerósque ex Artesiæ & Hannoniæ Nobilitate lectos Armbergio commisit, & Marchioni Villerio. Qui

Caroli

Caroli copiis junƈti, opera in pugnis aliquot egregiè pofita, ac pace dein inita, ab Albano funt revocati.

Margaritha difcedit.   Sub anni 1567. finem Rex fororem Belgii gubernatione libera‑vit, litteris conteftatus, dare fe id ejusdem precibus, non commo‑do provinciarum, quas in fummis temporum difficultatibus pruden‑ter ac ftrenuè gubernâſſet. Dici non poteſt, quanto animi dolore id Belgæ acceperint, matris amantiſſimæ jaƈturam lamentantes, ingen‑tes patriæ calamitates fub novo Gubernatore metuentes. At illa fe Belgium fratris clementiæ commendatùram pellicita, translata in Albanum Belgii Præfeƈtura, in Italiam ad Oƈtavium maritum abiit.

26. Albanus ju‑dicia exer‑cet.   Ferdinandus Toletanus Albæ Dux, cum plena jam poteſtate Gubernator Belgii, exſtruƈta arce Antverpienfi, duodecim virorum confilium inſtituit, criminibus præcedentium tumultuum fine pro‑vocatione cognofcendis, concilium fanguinis vulgò appellatum. Ci‑tantur ad iſtud Guilielmus Naſſovius Orangii Princeps, Lalinius Comes Hochſtratanus, Florentius Pallantius Comes Culemburgi‑cus, Guilielmus Comes Bergenfis, Henricus Brederodius, aliíque è Belgio profugi Dynaſtæ, ad Regii Procuratoris accufationes audien‑das féque de objeƈtis criminibus purgandos. Sed illi miſſo ad Alba‑num libello negârunt, legitimum id eſſe tribunal Equitum aurei velleris.

Cùm igitur præfixo die non comparerent, Albanus contumaciæ & majeſtatis reos pronuntiat, adjudicatis fifco eorum bonis. Simul Bredæ, Orangii urbi, præfidium Hifpanum imponit, ejúsque filium Philippum Wilhelmum, tredecim annos natum è Lovanienfi Acade‑mia in Hifpaniam mittit. Culemburgii ædes, Geufii nominis nata‑lem domum, funditus exfcindi jubet, atque columnæ ibidem ereƈtæ infcribi, ea in area Florentii Pallantii ædes folo æquatas eſſe ob exe‑crandam memoriam repetitæ in illa conjurationis adverfus religio‑nem, Ecclefiam Catholicam Romanam, Regiam majeſtatem ac patrias regiones. Concilium verò duodecim virale plurimos damnavit, quos quæfitores, aut templa aut facras imagines violâſſe, aut conciones, confiſtoria, turbulentófve cœtus habuíſſe, aut in Regem, five obfcuris Geufiorum nominibus, five indutis palàm armis conjurâſſe, aut demum iis confilium, operam, aut vires præſtitiſſe, compererant. (*anno 1568.*)

27. Orangius armatus in Belgium.   Orangius hoſtem jam profeſſus, ratúsque Belgas ab Albano irri‑tatos armorum ducem exfpeƈtare, obtentis à Proteſtanticis Imperii Principibus, atque à Condæo Colnióque copiis, rem ita compofuit, ut trinis fimul in locis Belgium invaderet, & Hochſtratano quidem

Gallorum

Gallorum Belgarúmque exulum Ductori Artesiam designavit, Ludovico & Adolpho fratribus suis Frisiam. Ipse Brabantiam sibi delegit. At Hochstratani à Sanctio Avila acie cæsi sunt. Gallos Cossæus, à Carolo Rege Albani rogatu immissus, vicit: ducibus eorum Parisiis gladio percussis: quòd contra Regis mandatum contra Belgii Gubernatorem militássent: reddita sic Albano gratia.

In Frisia Arembergius, ab Hispanis coactus confligere, instaurato Bruti & Tarquinii Aruntis exemplo, mutuis cum Adolpho Nassovio vulneribus concidit, relicta Orangianis victoria. Deploratus summopere Joannes Arembergius. Erat is ex familia Lignia, Barbansonii Dominus antè appellatus, quàm in Comitis Arembergii nomen ex dote germanæ uxoris immigraret: belli, si quis alius, fideique præclarus: eóque donatus aurei velleris torque à Carolo V. atque à Philippo filio Frisiæ, ac Transiselaniæ præfectus: postremò à Maximiliano Imperatore inter Imperii Principes adlectus. Successit ei in Frisiæ præfectura Carolus Brimæus Comes Meganus.

Succensus Albanus ira tanta jactura, expeditionem in Frisiam adversus Ludovicum Nassovium adornavit. Antequam tamen illam susciperet, ne quid interea propter nobiles captivos moveretur, lugendum Belgis spectaculum dedit. Novem jam mensibus Gandavensi in carcere custodiebantur Egmontius atque Hornanus: quo tempore Regius Procurator judicialem processum urgebat; quatuor mensibus sibi ad accusationem formandam probandámque expetitis, quinque reis ad defensionem relictis.

Objectum est illis, quòd voluerint cum Orangio aliisque Nobilibus, excusso Rege à Belgii dominatu, provincias inter se partiri. Eò spectâsse conatum ejiciendi Hispani militis ac Granvellani, qui eorum consilia inspexisset. Secretarium Egmontii, fœderis Geusiani socium, ab eo retentum, & ad omnia negotia adhibitum. Geusiis templorum populatoribus Egmontium in Flandria, sua provincia, non obstitisse. Hornanum, Tornaci Præfectum, adversus eos, quos Gubernatrix miserat, cum Geusiis conspirâsse. Sacrorum violatores è Tornacensi carcere abire permisisse.

Utrumque verò (præter militis Hispani & Granvellani ejectionem) fœderatis, consistorialibus, mercatoribus, patronum se præstitisse, pollicitos iis operam vitamque. Teneramundæ cum Orangio, Ludovico ejus fratre, Hochstratano, & aliquot fœderatis de aditu in Belgium Regi intercludendo agitâsse, ac sæpe hujusmodi conventibus interfuisse: Magistratibus civitatum, quarum ipsi Gubernatores

res

(marginalia:)
Armbergius cæsus.

28.
Actio in Egmontium & Hornanum.

res effent, opem in facrorum violatores pofcentibus, eos non tu-
liffe : mandata Gubernatricis adverfus hæreticos, contra ipfius Gubernatricis mentem hæreticis explicuiffe: templa eisdem ad conciones conceffiffe, aliaque (quorum plurima adjiciebantur) contraria
hominibus, qui provinciarum Præfecti, fenatorum intimi, velleris aurei fodales, fubditíque Hifpano Regi effent, admififfe.

Ob quæ legitimè objecta probatáque (uti conficiebat procurator) ùt in majeftatis reos pronuntiandam effe fententiam, eósque
fortunis & capite plectendos.

Exceptio.　　　Illi, præfati, nolle fibi fraudi effe, quòd, ceu aurei velleris
Equites à folo Rege & fodalibus collegis judicandi, in foro fibi non
competente judicium fubeant, pleraque negârunt, multa interpretabantur, aliqua rectè facta afferebant. Agitatum à fe de mutando
Principe conftanter negârunt. De intercludendo Hifpanis aditu in
Belgium prolatum aliquid à Ludovico Naffovio in Teneramundano
congreffu, fed diffentientibus cæteris. Conjuratis, iconomachis,
hæreticis à fe aliqua permiffa, fed neceffitate & bono religionis,
quam in Flandria 60000. qui armati ad conciones adibant, penitus
extinxiffent. In Granvellanum fe jure commotos, uti provinciis
perniciofum &c.

An verò hæc aliáque multa accufationis capita fatis diluerint,
non eft in promptu definire. Populus Egmontium, fibi chariffimum,
innocentem habuit, Hornanum aliquantò magis gravatum. Hoc
certum, eos non rarò Gubernatrici fe oppof iffe, & cum Orangio
atque fœderatis Geufiis capita contuliffe. Utcunque res fuerit, in
Sententia.　　　utrumque, Gandavo Bruxellas advectum, Albanus, delegata fibi
peculiari à Rege poteftate, quam in torquatos equites exerceret,
capitis fententiam Regis nomine tulit. Miffúsque Rithovius Iprenfis
Antiftes ultimæ neceffitatis adjutor.

Sabina, Egmontii conjux fupplicem libellum ad Regem mifit;
in quo in memoriam revocat viri gefta fortia ac labores, quos ab
anno ætatis 18. pro Carolo Cæfare, ipfóque Philippo Rege, in Al-
gerianis, Geldricis, Gallicísque bellis, contempta toties morte per-
tuliffet. Clementiam dein Regis obteftatur, ne velit infelicem matrem cum undecim innocentibus liberis, tanta cum jactura atque
dedecore, miferum per gentes circumferri exemplum extremæ calamitatis.

Ipfe etiam Egmontius Regi epiftolam fcripfit, in qua teftatum
facit, fe nunquam alienum à Rege habuiffe animum, fed potiùs vitam centies pro eo fuiffe profufurum. Ad preces deinde ultimas
defcen-

defcendit pro conjuge, & liberis undecim, quos gratiæ Regis & clementiæ commendat. Subfcripfit: *Majeftatis tuæ humillimus, fideliffimúsque atque obfequentiffimus fubditus ac famulus, mori paratus, Lamoralius Egmontius.*

Uterque vitæ noxis apud Iprenfem per confeffionem depofitis, atque ad mortem diligeuter præparatus, ferali in pegmate fortiter ictum carnificis fubiit. Utriusque capita geminis præfixa pilis duas horas fpectaculo fuêre. Corpora ftatim ayecta in vicina templa, atque poftridie cum capitibus ad eorum ditionem delata, catholico more terræ mandata funt. *Fxecutio.*

Ingens Belgarum odium fibi Albanus concivit, Egmontii præfertim, qui in omnium amoribus erat, cæde: erántque, qui dicerent, ea tunc primùm ftabilitas fœderatorum partes, præfagiréntque, omne brevi Belgium in majores tumultus iturum. Fertur Gallicus legatus ad Regem fuum fcripfiffe; *vidiffe fe in Bruxellenfi foro decuffum illum verticem, cujus virtute bis Gallia contremuerit:* clades indigitans illatas Galliæ ad S. Quintinum & Gravelingam: quarum prior magna ex parte, pofterior, quanta erat, Egmontio debebatur. *Elogium.*

Deceffit annos natus 46. relictis ex Sabina Bavarica, quam Spiræ præfente Carolo V. duxerat, fæminis octo, maribus tribus. Ex forore ejus, Comiti Vadamontio nupta, nata eft Aloyfia, Henrici III. Franciæ Regis uxor. Nobilitas familiæ pervetufta; potentia major, cùm Geldriam Egmondani Duces poffidebant. Cognomen ab Egmontio, Bataviæ oppido: ex quo Comitis appellationem femper retinuit Lamoralius, licèt Gavræ in Flandria effet Princeps, à Carolo V. creatus aurei velleris Eques, à Philippo Flandriæ & Artefiæ præfectus. Vir planè, militia præfertim, magnus. Relicta filiis paterna bona.

Philippus Hornanus, aurei velleris & ipfe Eques, 50. ætais anno obiit. Nec minor ei Nobilitas, ex Gallica Mòmorantiorum ftirpe oriundo; cui rebus geftis fe parem exhibuit, Præfectura Belgici maris & Prætoriani miltis decoratus. Militiæ rudimenta fub Carolo V. pofuit; cui àb Hornam, Cæfarei juris in Geldria oppidum, fubjectus erat. Inde Comitis Hornani titulus; quamvis aliorum in Regiis provinciis oppidorum, arciúmque potiretur. Defteri haud modice potuiffet, fi non Egmontius omnium lachrymas confumpfiffet.

Damnati pariter majeftatis cæfíque 23. alii Nobiles, inter quós Stralius Antverpienfis conful, & Egmontiifecretarius. Capitis etiam damnati Montinius Hornani frater, & Bergenfis ad Zomam Marchio, qui in Hifpania (quò uterque à Gubernatrice legatus fuerat) jam antè mœrore obierat. Berga & Montinium fifco addicta. *Alli damnati.*

Pars VII. Pppp His

pofuiffe eft vifus. Ubi lepidum illud accidit. Exploratores ab Albi-
no præmiffi, audito tympanorum ftrepitu visisque procul vexillis,
feftinè recurrentes, hoftem imminere nuntiant. Inftruitur ad pugnam
acies. Cùm ecce! occurrit nuptialis pompa, qua Nympha ruftica,
agreftibus magno numero comitantibus in vicinum pagum ducebatur.
Illico vertitur in rifum pugna. Sponfa præteriens fclopetorum fono
falutatur. Inde natum proverbium, ut procurfatores, & exploratores, fi reditum ad fuos paulò meticulofiùs feftinâffent, interroga-
rentur, an fponfam viderint.

Geufios pro-
fligat,

At magìs feriò res mox agi cœpta. Naffoviani caftris, fitu &
opere ad Gemingam præmunitis, fe continebant. Sed Albanus eos
adortus, & caftris exult, & ingenti prælio fufos ad internecionem
ferme delevit, vindicato abunde Arembergio. Præda copiofa,
impedimenta omnia, Naffovii, Hochftratani, & Schovenburgii opima fupellex, præter figna complura ac tormenta in Hifpanorum manus devenerunt. Minuit tamen victoriæ tantæ lætitiam legionis
Sardicæ furor, quæ, ut vindicaret fociorum nuper iis in locis cæforum cladem, multos circum circa pagos, igne fuppofito, concre-
mârunt. Albanus revocata veterum difciplina Tribunum mutare militiam coëgit, ad gregarii militis conditionem redactum, fed paulò
pòft gradui priftino reftitutum. Redacti quoque in ordinem centuriones, fubcenturiones, figniferi. Quorum plures militia abire ma-
lebant, quàm ea affici ignominia. Sed non ideo compenfata jactura,
quæ ad decies centena florenorum millia afcendiffe æftimabatur.
Gröningam inde Albanus victor delatus, defignatum loci Epifcopum,
& Meganum pro Arembergio Præfectum provinciæ accipere juffit.

Novumque
Orangii
exercitum

Cæfo fratris, exercitu Oranglus cum majori copiarum numero,
in Germania à Proteftantium Principibus collecto properabat. Erant
eo in exercitu viginti octo millia : fexdecim peditum Germanorum
millia, equitum octo : equitum Gallorum Belgarúmque duo millia,
totidem prope peditum. Et Germanis quidem legionibus quadrimeftre ftipendium fpoponderant Septemvir Palatinus, Dux Wirtembergiæ, & Argentoratum. Belgis autem & Gallis tria talerorum
millia in fingulos menfes promifit quidam Hifpanus Antverpiæ mer-
cator. Equitatum verò alendum in fe fufcepeiant, partim Oran-

gius ac frater, partim ipsi equitum Ductores, Casimirus Palatini filius, Comes Schwarzenburgicus, duo ex Ducibus Saxoniæ, Hochstratanus, & Lumejus Comes à Marca, homo Catholico nomini infensissimus barbaro atque impio voto obstrictus ad eorum lanienam.

Cum his copiis & viginti campestribus tormentis Orangius opinione celeriùs transmisso Rheno ad Mosæ ripam haud procul Trajecto castra posuit, ingentique Belgium aut timore aut spe complevit. Albanus, numero licèt minore multò instructus, dissimulato metu, augenti hostium vires, conspirationem Principum, Daniæ quoque & Angliæ auxilia, respondit cum Hispanica gravitate, quantumcunque sit illud fœdus, non tamen magnopere esse extimescendum; eò quòd contra illud Rex longè majus inierit; convenisse siquidem cum Hispaniarum Monarcha Reges Neapolis, Siciliæ & Sardiniæ, convenisse Insubriæ Ducem, Burgundionum & Belgarum Principem: præter Peruvii, Mexici, & Philippinarum Reges.

Major illi à Belgis metus, quibus invisum se sciebant, ne cum Orangio arma conjungant. Movit nihilominus ad Trajectum transitu Mosæ hostem prohibiturus. At Orangius celeritate usus fluvium, vado invento, nocte trajecit, atque Albano pugnæ copiam obtulit. Verùm ille, expetentibus licèt prælium Ducibus, providens animo, tanto hostium numero haud diu stipendia & alimenta suf- *Cunctando.* fectura, quàm minimo suorum periculo damnóque agendum ratus, suorum ardorem repressit. Quotidianæ tamen intercesserant velitationes. In una ex istis Vitellius castrorum Præfectus fugatus est, doluitque maximè, quòd equa, quam pernicissimam habebat, esset saucia. Altera die congressus cum aliquot hostium turmis, 400. eorum interfecit, præter plaustra complura militari supellectili instructa, 150. equis ad Albanum abactis, *en, inquit, quot equos una mihi equa peperit.*

Idem Vitellius, cùm hostis Betam amnem transmitteret, residuas in citeriori ripa copias aggressus, justo ferme prælio vicit, cæsis duobus eorum millibús, captisque non paucis Nobilibus. Sed Orangio maximè doluit jactura Antonii Lalinii Hochstratani Comitis, qui globo trajectus, paulò pòst catholicam fidem publicè professus, obiit. 150. Orangiani milites cum domo, in quam se constipaverant, igne injecto miserè exusti sunt. Ex Regiis 80. cecidère. Censebant Duces eo die debellari potuisse, si Albanus cum toto exercitu in hostem movisset.

Et

Et licet ad Quercetum prælio plùs quàm velitari damnum utcunque compensârit Orangius, Hispanis aliquot fugatis signis, multisque cæsis, & Hugonotorum etiam accessu auctus esset; quia tamen Albanus perpetuò illi ad latus incedebat, nec tamen ad pugnam decretoriam adigi poterat, annona deficiente, ac milite, ob
stipendia non persoluta, insurgente, statuit, Condæobellum in Regem reparanti se adjungere. Verùm à Cossæo Galliæ aditu prohibitus, milite partim dimisso, partim in Germaniam reducto, Belgarum aliquos metu liberavit, alios spe destituit. Ita nempue Fa-
biuś ille cunctando, modico suorum damno ferocientem fregit Han-
nibalem, licèt huic quoque Dictatori suus non deesset Magister
Equitum, qui cunctationem incusans prælium deposceret. (*anno
1568.*)

Missæ Gallis
suppetiæ.

Albanus hoste Belgio ejecto, duo millia equitum, tria peditum,
Ductore Ernesto Mansfeldio, in Galliam adversus Hugonotos misit, gratiam relaturus Regi Carolo, quòd Orangium pro hoste haberet. Erántque suppetiæ istæ pars magna Moncconturianæ victoriæ. Ipse verò Albanus Bruxellas triumphanti similis ingressus, à
Pio V. Pontifice galero & gladio, auro gemmisque distinctis donatus est. Sed dum trophæum superbum ex ære conflatum sibi in
arce Anverpiensi erexit, Belgis indignationem, Hispanis risum
movit.

quot civitatibus privilegia ademit, aliis præsidia imposuit, omnibus metum injecit. Quo factum, ut provinciarum pleræque centesimam confenferint. . Utque promptiores faceret Belgas, recitato publicè in foro Antverpiæ maximo Regio diplomate præteritorum veniam & oblivionem promulgavit. Sed tot insertæ erant exceptiones, ut spes & exspectationem populorum nullatenus implieret. (*Anno* 1570.)

Decimarum exactionem suspendit deinde nova calamitas. Nam intumescens Oceanus, atque aggeres aut demolitus, aut etiam alicubi supergressus, inaudita eluvione contexit aliquot Selandiæ insulas, magnam littoralis Hollandiæ pattem, totámque ferme Frisiam, strage non fortunarum solummodo lamentabili; sed hominum quoque vel in sola Frisia viginti millium, quos mare accessu recessúque juxta sævum hausit; non alia oculis oblata imagine, quàm Noëtico diluvio naufragantis terrarum orbis. Suspensa igitur tantisper propter calamitatem istam dicimalis tributi exactione, posteáque resumpta, nova edictum moderatione temperatum, mollitúmque Bruxellensibus promulgat Albanus, nihil ultra mutaturus. Sed illi conjunctis adeò studiis repugnarunt, ut clausis officinis institores, tabernarii, & opifices ab opere cessârint: quorum aliquot præ foribus tabernarum suspendi jussit. Jámque miles in armis, lictor cum laqueo præstò erant; cùm nuntius *de Brila* à Geusiis capta, tanquam Deus è machinâ, funestæ tragœdiæ nodum ac laqueum repente solvit. Nam perculsus inopinata clade Albanus, omittit tandem odiosam quæstionem, duos ipsos annos non alio fructu agitatam, quàm ut aucto Hispanorum odio, provinciarum defectionem traheret: prout modò narratum ibo. **Fluvio.**

Continuatio
Ejusdem Historiæ.

ORangius ambitiosæ atque hæresi infectæ mentis Princeps, jam tum, cùm Philippus Rex, Belgio discessurus, Margaritam sororem Gubernatricem dixerat, spe Belgii Præfecturæ dejectus, imperium quoddam meditari visus est. Pacatis autem rebus id assequi non poterat. Concitavit proin fovitque, tractis in partem primoribus populisque, illas Hispani militis, Granvellani, Episcoporum, Inquisitionis, Concilii Tridentini turbas. Quibus tamen Regis indulgentia compositis, ultra progredi non est ausus, dissimulandi tacendique insignis artifex. Juramento dein fidelitatis à Margarita exacto,

auditóque Hifpani militis adventu, haud dubiè non optimè fibi confcius in Germaniam feceffit, occafionem exfpectaturus, qua confiliis fuis eventum daret.

31. Et invenit illam, Albano judicia in alienatam Nobilitatem exer-
Orangius cente, ubi ipfe in reorum numerum relatus, damnatúsque, perfo-
Geufios in nam quam egerat, pofuit, & communem, ùt videri voluit, cau-
partes trahit. fam cum privata conjunxit, atque arma induit palam: provincias,
ubi tanto exercitu armatum fe oftenderet, ad fe defecturas ratus.
Verùm, cùm illæ quiefcerent, victus Albani cunctatione, atque in
Germaniam regreffus, nihil optatius habuit, quam illam decimarum exactionem, haud ex vano fibi perfuadens, licèt paucorum Nobilium fupplicia non tanti fuiffent roboris, ut fe civitates fibi con-
jungerent, tributorum tamen novitatem, tanquam caufam omnibus communem plus roboris habituram: atque recenti hoc & communi odio ardefcente tempus adeffe opportunum maturandæ rebellionis, fundandique, quem diu moliebatur, dominatum. Imminens igitur occafioni, firmatúsque occultis plurium civitatum confiliis, ad defectionem jam fpectantium, lecto per otium milite, eas
Belgio faces intulit, quæ deinceps nullo annorum fpatio, nullis con-
cidentium urbium ruinis opprimi, nullisque cruoris fluminibus extingui poffint.

Cœptum eft à Batavico mari bellum, quafi jam tum vires fuas
præfenferint. Quum enim Orangius urbem aliquam munitam aut
portum primò occupandum duceret, ex quo bellum circumferret,
fcirétque, Geufios, tam *Urbanos* (qui in urbibus degebant) quàm
Sylveftres, atque *Aquatiles*, occafionem, qua deficerent, opperiri,
cum his ultimis fortunam tentandam ratus, felici rem audacia
confecit.

Horum Dux fuit Guilielmus Comes *à Marcha*, Lumæi dominus,
juratus religionis hoftis, odiúmque in Albanum profeffus, depictis
decem in vexillo monetis, ad decimi nummi memoriam invidiám-
que militibus altiùs implantandam. Commilitones illius primi fuerunt
Lancelotus Brederodii filius nothus, Guielmus Treslongus &c. quibus mandaverat Orangius, prædatoriis navibus oram Hollandiæ ac
Frifiæ infeftam haberent. Illi Hifpanorum odio & prædarum cupidine, quarum quintam partem Orangio pendebant, piraticam exercebant, donec vi tempeftatis in Vornam Hollandiæ infulam appulfi,
ac pro mercatoribus habiti, difcrimine in audaciam verfo, anno
1572.

1572. *Brilam* infulæ portum capiunt, eumdémque, nulla in res fa- Brila capta.
cras & perfonas Ecclefiafticas crudelitate omiffa, communire aggrediuntur. .

   Albanus re nuntiata, timore equidem perculfus, fed eo diffimu-
lato, dixiffe fertur: *nibil, nibil*: quafi diceret, id nibili effe ducendum. Unde Batavi illum dein verficulum cecinêre: *Crevit in immenfum; quod fuit ante nibil.* Accurrit equidem cum aliquot fignis
comes Boffuvius Hollandiæ Præfectus, fed repulfus eft ftrenuè, aliquot etiam ejus navibus incenfis. Albani verò ftatuæ ob Brilam
captam confpicilia ad ludibrium nafo impofuerunt, ad Germanicam
vocem 𝔅rillin alludentes.

   Ad captæ infulæ famam, mirum profectò, quanta per Belgium Mutata re-
fubitò mutatio fit facta. Quippe civitatum complures fœderatis rum facies
ultro favere, aliquæ etiam invitare, aliæ nec Albanum pati nec à
Rege deficere. Dordracum Hifpanis portas occlufit, fparfo rumore,
ad decimum nummum exigendum eos venire. Fl ffinga Hifpanum Defectio.
præfidium vi ejecit, Alvaro Paceco Hifpano Tribuno fufpendio necato. Móxque, Amftelodamo excepto, omnis ferme Hollandia &
Selandia defecit, atque, Lumæio curante Orangio fidem juravit,
hærefi utrobique prædominante.

   Tantáque mox hæreticorum multitudo fpé prædæ ex Ecclefia-
rum bonis capiendæ confluxit, ut quatuor intra menfes in portu Flif- Initia Rei-
fingano 150. navigiorum claffis inftructa ftaret, Hifpanósque fæpiùs publicæ.
aggreffa, fuperior plerumque evaderet; ut jam tum maritimæ per
Oceanum potentiæ prælufiffe videantur. Hæc etenim funt cunabula
ex tenuibus initiis enatæ potentiffimæ per orbem Reipublicæ. Mox
quippe eadem procella Zutphaniam, Tranfifelaniam, Frifiam, Geldriam, rapuit, urbibus partim vi à Comite Bergenfi, Orangii affine captis, partim metu aut fponte deditis. Hoc nempe decimæ pretio emptus eft Orangio provinciarum Principatus.

   Sed nihil Albanum æquè perculit, ac Montes Hannoniæ à Ludovico Naffovio ope Gallorum capti, Colinio Carolum Regem urgente,
ut Naffoviis in Belgio fuccurrat. Simulavit id Rex, ut fetas in caf- Urbes captæ.
fes agat & meditatam rebellium Hugonotorum cædem perficiat. Albanus Gallorum metu omiffis maritimis provinciis, filium fuum Federicum ad obfidendos Montes mifit. Qui Hangeftum, quem Colinius ad folvendam obfidionem cum delecto milite fubmiferat, acie
profligavit, cæfis Gallorum mille ducentis, captis verò cum ipfo
Duce

Duce fexcentis.   Hifpanorum triginta duntaxat defiderati fc·ibuntur.
Fugitivæ Gallorum reliquiæ à rufticis trucidatæ funt.·   .   .   .·.

Orangius, ut fratti Montibus obfeffo, fuccurrat, 6000. equitum, 11000. peditum, transmiffis Rheno & Mofa, Rurémundam
expugnat. Teneramundam, Mechliniam, aliásque urbes aut deditione occupat, aùt pecunia multat.   Et profectò miferum, fi unquam,
ea tempeftate Belgium fuit, quatuor hoftilibus exercitibus, terra marique preffum.   Quum provinciarum maritima Lumeius, Gallis finitima Naffovius, Germanis contermina Bergenfis, media Orangins ve-
xaret, urbes direptas cædibus complerent, nullius ætati pudoríque
parcerent, in facra præfertim ac facerdotes furerent, eósque quæ-
fitis ad ignominiam fuppliciis barbarè trucidarent; Lumæio præfertim Geufiorum immaniffimo facerdotum carnificinam ubique inftru-
ente, Belgisque fe in plures ac truculentiores dominos incidiffe lamentantibus.

Sed Orangius fpreto interim civitatum odio, Brabantiam direptionibus emenfus, in Hannoniam properavit, obfeffam urbem liberaturus; fed Albani caftra ita munita invenit, ut ea perfringere nullatenus poffet.   Audita fubin Parifienfi Hugonotorum cæde, animo
confternatus Delphos in Hollandiam, frater Ludovicus urbe dedita
Dillenburgum in Germaniam receffit.   Albanus verò Montibus receptis, quidquid Orangius in Brabantia & Flandria óccupaverat, recuperat, majori celeritate quàm clementia: oppidorum aliis pecunia multatis, aliis licentiæ militum permiffis; quorum furorem Mechlinia elegans & opima civitas tridui populatione pertulit: eo folo relicto
folatio, ut prædam, vili pretio à mercatoribus Antverpienfibus emptam, à facerdote Societatis JEfu ad id perfuafis, éodam poffet redimere; viginti millibus recuperata fupellectili, quæ centum millibus
conftaret.   Cùm autem hæc direptio magnum Albano conflaret odium, is caufam contulit in Mechlinienfium perfidiam, qua paulò antè Regium præfidium recufârint, ut neceffitatem fe Orangio dedendi
poffent obtendere.

' * Interea Federicus, patre adhuc feverior, Zutphaniam captam
direptioni militum pariter permifit; tantúmque reliquis circum provinciis terrorem incuffit, ut, Bergenfi fuga dilapfo, menfis unius fpatio omnibus oppidis fit potitus.   At verò crudele Nardemi excidium
adeò Hollandos irritavit, ut extrema maluerint pati, quàm in Albani juffa concedere.   Certè Harlemum, rejecta venia ab Federico
oblata, religione veteri palàm exuta, direptis templis, facrisque ·
omni-

omnibus contaminatis, octo mensium obsidionem pertulit, ea pertinacia, ut Federicus deditione desperata recessisset, nisi pater significasset, si locum desereret, se, lecto licet decumbentem, in castra venturum, aut certe accersiturum ab Hispania ipsius matrem, quæ filii partes impleret

Quamvis autem eo convitio accensus juvenis omnes adhiberet machinas, oppidani tamen tanta pertinacia se obfirmabant, ut novis in dies contumeliis Hispanos irritarent. Cùm enim isti caput in urbem projecissent cum elogio: *Caput Philippi Coninx, qui liberanda Harlemo cum bis mille auxiliaribus venit.* Iterúmque aliud cum titulo: *Caput Antonii Pictoris, qui Montensem urbem Gallis prodidit*: illi captivis undecim Hispanis obtruncatis, eorum capita dolio inclusa noctu in castra devolvunt, cum inscriptione: *Albano Harlemenses, ne ob decimum nummum, adhuc non solutum, bellum persequatur, decem capita persolvunt, ac pro usura dilatæ solutionis undecimum superaddunt.* Accesserunt impia ludibria, dum sactis operantium vestibus induti aras, in mœnibus erectas, supplicantium more circumeunt, hymnos in despectum concinentes. Mox stramineas sacerdotum, monialium, & Hispanorum icones flagris cædunt, confodiunt, amputatísque capitibus in castra projiciunt.

Sed non impunè sacrilegis ludionibus illa fuerunt. Nam ex eo res eorum in pejus ruebant, donec fame consumpti, dedita tandem urbe arbitrio victoris, fensère ultorem Deum, variis suppliciis à Federeco necati, ut vindicaret quatuor Hispanorum millia, in ea obsidione amissa. Harlamenses in usum revocaverant columbarum ministerium, litteras ad Orangium deferentium. Fœminæ non minùs ac viri pugnabant. Eodem tempore Sancerra in Gallia expugnata, obsidione & pertinaria in omnibus persimili

Fatalis etiam hæc obsidio fuit primis sociis, qui Brilam ceperant; nam Lancelotus Brederodius interemptus est, Guilielmus *à Marca*, Lumæi dominus, catholicorum tortor, in exilium actus ab ipso Orangio, quòd culpam Harlemensis obsidionis non solutæ in ordines conjiceret, stipendia malignè suppeditantes, atque propterea arma illis minitaretur. Compertus etiam aliquid contra Orangium moliri, libertatis auctorem licentiùs se efferens. Post quatuor annos adversùs Joannem Austriacum arma resumens, victus Gemblacensi pugna, Leodium fugit, ibíque interiit, rabidi canis morsu, immanis sacerdotum carnifex.

Compensârunt utcunque jacturam fœderati navali prælio, quo captus est Bossuvius, Hollandiæ, Selandiæ, & maritimæ Belgarum

oræ præfeftus, prætoria ejus navi à reliquis disjunfta poſt diuturnum
certamen ſuperata. Sed Hiſpani vices reddiderunt in Hollandia Au-
ſtrali; ubi expugnatis aliquot oppidis ad Hagam Comitis ceperunt
Marnixium Aldegundium, primariæ apud fœderatos exiſtimationis
virum, Ducémque præclarum. (*anno 1573.*)

33.
Requeſenius
    Venerat interea in Belgium à Præfectura Inſubriæ Requeſenius,
·novus Belgii Gubernator, à Rege, ſeveritatem Albani, atque ortas
ab ea defeftiones fortaſſis improbante, eidem ſubſtitutus. Albanus
igitur cum filio, tradita Requeſenio gubernatione & exercitu in Hiſpaniam rediit, Belgium totum turbatum relinquens, quod à Margaritha Parmenſi pacatum invenerat. De ejus abitu varius apud Belgas
ſenſus: aſſerentibus quibuſdam (quod de Auguſto dictum fertur, aut
naſci eum non debuiſſe, aut non mori) aut advenire non dehuiſſe Albanum in Belgium, aut eo tempore non avocari, quo nulla ampliùs
lenitate Orangii & ordinum Hollandicorum cœpta emolliri poterant:
nec ab alio meliùs curari vulnera, quàm qui illa intulit; dato documento, dum Oranginm bis vicit, bis à provinciis vel cunctando depulit.

Diſceſſus Al-
bani.
    Exceptus quidem in Hiſpania à Rege perhumaniter Albanus, ſed
poſtea Uzedam ab aula relegatus, eam tempeſtatem mira animi æqua-
bilitate excepit, major viſus dum jaceret, quàm dum fortuna favente ſtaret. Crediderim ego, nunquam exciciſſe eum Regis animo, viri merita æſtimantis, ſed datum aliquid Belgis, ut punitus. videatur.

Elogium·]
Nam poſtea Henrico, Luſitanorum Rege mortuo, ad Regnum illud
armis capeſſendum Albanum elegit, mirantibus pluribus, quòd homini, ob ſex annorum exilium irritato eam provinciam, quàm ſummi
momenti ducebat, demandâſſet. Imò Albanus ipſe dicebat, non ſine faſtu, admirari ſe, quòd ad Regnum ſubigendum opus Regi fuerit catenato Duce.

    Et implevit ſpes Regis. Quippe bellum ſumma fide adminiſtra-
vit, Luſitania eidem parta. Sed brevi pòſt (*anno 1582.*) Uliſſipone,
alloquio Regis ſæpiùs recreatus, febri obiit, à Ludovico Granatenſi,
Illuſtriſſimi Prædicatorum ordinis viro toto orbe celeberrimo, piè
morientium ſacramentis ritè munitus (*anno ætatis 74.*) Vir planè
magnus, qui eam, quam à majoribus ſuis acceperat, militarem gloriam magnis incrementis auxit. Certè Ducum nullus ea tempeſtate
tamdiu támque variis in locis arma tractavit. Quippe Cæſaris Caroli
ejúsque filii auſpiciis, in Germania, Hungaria, Africa, Italia, Belgio,
Luſitania, maximis expeditionibus præfuit, victus nunquam, ubi
præſens adfuit; cunctatione plerumque aſſuetus vincere. Nec minor
                                                                   ei

ei splendor generis, quippe cujus avus Federicus Ferdinandi catholici consobrinus fuerat: qui & Granatense bellum feliciter confecit, & Navarræ Regnum Hispaniæ Regique suo adjecit.

ARTICULUS VII.
Status Belgii sub Præfectura Requesenii ab anno 1574. ad 1576.

Ludovicus Requesenius, magnus Equitum S.¹ Jacobi in Castellæ Provincia commendator, à Mediolanensi ad Belgicam Præfecturam à Rege translatus, quum civili juxta ac militari prudentia esset instructus, mira insuper ingenii facilitate, emendatis Albani vitiis, reducturus Belgium ad pacem sperabatur. · Nam & militum licentiam coërcuit, & , quo magnam apud gentem gratiam iniit, geminam Albani statuam sustulit.

Sed Orangium, maritimis provinciis incubantem, ambitionis 34. vela altiùs ¡jam provexerant, quàm ut asperitate aut clementia ad Middelburgum amissum. obsequium reduci posset. Quin inspectante in littore Requesenio, navali prælio victor, *Middelburgum* Selandiæ caput, expugnavit. Verùm Hispani duce Sanctio Avila vices reddiderunt campestri pugna, cum Ludovico Nassovio ad Mochemum pagum conserta. Adduxerat is è Germania septem millia peditum, quatuor equitum. Hunc exercitum aggressus Avila, totum ferme delevit: cæso etiam ipso ductore Ludovico Nassovio, homine feroci & ex præcipiti impetu bellare solito, ejúsque fratre Henrico. Cum quibus cecidit Victoria Hispanorum. Christophorus Palatini Septemviri filius. Signis, tormentis, castris, omníque præda, paucis desideratis ex suis, victores abundè sunt potiti: præcipuum victoriæ decus singulis nationibus, Hispanis, Italis, & Belgis sibi attribuentibus.

Tam prosperæ victoriæ fructum atrox Hispanorum militum seditio planè perdidit. Stipendia pluribus diu non fuerant persoluta. Hæc implacabiles exposcebant. Cúmque tunc solvi non possent, spreto Ducum imperio, quin arma in eos obvertentes, Ducem ex suis creant Seditio militaris. (quem *Electum* dixere) atque partiti inter se belli munia instructo agmine Antverpiam petunt. Requesenius mittit obviam, qui solutionem promitterent. Sed his spretis, P. Trigosio Hispano S. J. placare eos conanti respondent: *numeraret priùs pecuniam; mox concioni attentos habiturum. Satis jam datum verborum. Ducum arbitrio eundum adversus ignea tormentorum ora, in vulnera & mortes: fossas, si desint*

vir-

virgultorum fasces, suorum aggestu corporum exæquandas. An licere Duci militum animas in horas expofcere, non licere autem militibus à Duce alimenta vitæ expofcere? Ita frementes Antverpiam ad tria millia ingreffi funt; atque ante curiam collecti juramento fpondent, Electo fe obtemperaturos, nec quieturos, donec ftipendia ad affem usque numerarentur, Requefenio verò denuntiant, nifi ab eo illico folvan-tur, fe fibi arbitratu fuo foluturos. Conquifita tandem pecunia pla-cati, liberales fe in pauperes, Religiofos, & cives exhibuerunt.

Lugduni ob-
fidio irrita. Nec tamen fidendum ratus Gubernator, venia data, omnes ad obfidionem Lugduni, ab Albano fuperiore anno inchoatam, mifit, Ductore Valdefio; qui expugnatis hoftium munitionibus, & interclu-fo commeatu, extremam prope neceffitatem urbi indixit. At præfi-diarii deditionem pofcenti ferociter refpondent: *Alimenta fibi non de-futura, donec lævum brachium reftaret: hoc efuros, dextero ad tuen-dam libertatem refervato.* Valdefius feftinatis per iram acceffibus eò devenerat, ut impetu haud dubiè capi urbs potuiffet, nifi in gratiam Hàgenfis fœminæ amafiæ fuæ rem diftuliffet, damno nunquam repa-rando. Nam finitimi populi, ubi Lugdunum propediem dedendum intellexerunt, perfoffis fluminum marisque aggeribus, aquarum elu-vione vicinos circum campos fepeliunt, & undique armatis navibus advecti cibaria urbi inferunt. Cúmque campeftre hoc pelagus magis femper magisque intumefceret, Hifpani fubtracturi fe hoftili elemen-to, obfidionem quarto menfe protractam deferere coacti funt, culpa Valdefii Ductoris, amore fœminæ aggreffionem differentis. Nec fu-ga ipfa fine clade fuit: infequente eos in navigiis hofte harpagonibus, uncisque armato, quibus fugientes fauciabat, & in naves fuas trahe-bat. Ubi Ciaconii fubcenturionis facinus memoria dignum eft. Is un-cis in navem pertractus, arrepta fecuri tres Geufios mactat, reliquis-que in aquas defilientibus, navigium frumento onuftum ad focios, qualecunque victis folatium, deducit.

Altera fedi-
tio. Auxerunt calamitatem Hifpani milites altera feditione. Quippe fpe Lugdunenfis prædæ fruftrati, ftipendiorum loco deftinatæ, Valde-fium, ceu dilatæ oppugnationis reum capiunt, & fubftituto in ejus lo-cum *Electo*, conftrictum Ultrajectum deducunt, aggrefsíque Regiam urbem non antè fedari poterant, quàm à Requefenio repræfentarentur ftipendia. Sed amiffum iterata feditione & Lugdunenfi fuga decus re-pararunt, expugnatis pluribus in Hollandiæ &Geldiiæ finibus oppidis & caftellis. Auxitque animos Hannibal Comes Altempfiu., PhiIV ex fo-rore nepos, factis fub Carolo & Ferdinando Cæfaribus, atque Philippo Rege

Rege stipendiis in Germania, Italia, Belgio, & Africa, Dux veteranus; qui legionem quatuor millium ex Germania adduxit.

Requesenius his auxiliis recreatus, in Selandiam, quam hostibus à continenti magnam partem exclusis, animadverterat esse perfugio, expeditionem decrevit, terrestri militia Sanctio Avilæ, maritima Mandragon o, universa verò præfectura Vitellio commissa. Rebus itaque impigrè curatis, milites Antverpia solventes secundo Scaldi, Bergas ad Zomam, inde in Tolam insulam, ex hac in Duvellaniam hostili præsidio validam, mare vadosum pedibus tranando pervenerunt, multis aqua-haustis, multis hostium armis. Osorius Ulloa cum sua cohorte, ubi terram attigit, videns necessitatem vince di aut pereundi, superato aggere, pugnáque conserta, victor insula potitur: ac deinde etiam Scaldia, expugnata Zirizæa, insulæ capite. (*anno 1575.*)

Obiit in ea obsidione Chiapinius Vitellius, Italus, militari domo natus; quem bellis adversum Turcam jam exercitum Ducem strenuum; Albanus ceu castrorum præfectum in Belgium secum abduxit, magnásque sæpè res per illum gessit. Is, licèt obesitate corporis esset prætumidus, singulari tamen agilitate valebat. Cùm autem increscente abdomine adeò, ut fascia è collo suspensa sustinendus venter esset, immodicè projectus, videret, se tardiorem reddi ad belli munia, ut quæ omnia referebat, vino sibi interdicto, acetum bibere ad finem usque vitæ perseveravit, effecitque, ut detumescente gravi saburra, laxatáque pelle, qua ceu thorace se involvebat, octoginta septem librarum pondo decrevisse compertus fuerit. Sed quantùm militiæ Italicæ gloriam auxit, tantùm pudicitiæ famam imminuit.

At majorem Vitellio Belgium mox virum luxit, ipsum videlicet Gubernatorem Ludovicum Requesenium; in quo paterna Zunicæ domus, & materna Requeseniæ (unde dominatus & nomen) decora collecta sunt. Is in maritimo adversus Ottomanum bello moderator Joanni Austriaco à Philippo datus, Maurico dein bello applicitus, cùm belli pacísque artibus præstaret, primùm Insubriæ, mox Belgii Præfecturam iniit. Nec infeliciter eam provinciam gessit, si ejus gesta, ad ea, quæ præibant in Belgio, & quæ subsecuta sunt, referre placeat. Nam sæpiùs victor, pluribus locis ab hoste recuperatis, contractiores multò debiliorésque, quàm invenerat, hostium vires reliquit; majora acturus, nisi milites, importuniùs quàm iniquiùs stipendia deposcentes, intra biennium ter aut quater

sedi-

Marginalia:

35. Expeditio Selandica.

Vitellii mors & elogium.

Mors & Recuperatio quesenii.

feditione renovata, victorias ipfi fuas corrupiffent, & Gubernatoris fui fatum accelerâffent. (*1574.*)

Dùo tamen ei vitio data; & quòd ad motus feditioforum militum compefcendos Belgarum populis arma concefferit; ægrè in pofterum adimenda: & quòd, dum Mediolani Gubernator effet, duriùs & iniquiùs, quàm decebat, & oportebat, fanctum Carolum Borromæum habuerit. Cæterùm, antequam decederet, Barlamontium nominavit Belgii Gubernatorem, Mansfeldium verò armorum Præfectum, fed quia, antequam tabulæ fignarentur, obiit, nulla eorum eft ratio habita: mansitque pro gentis more penes primarium fenatum Belgicæ adminiftrationis procuratio, quoad Regi videretur.

36.
Senatus arripit regimen.

Neque Rex abs re putavit fore, fi dilata paulùm miffione novi Gubernatoris, Belgis interea Belgium gubernandum relinqueret, ea ductus ratione, Belgarum Proceres traditam fibi Rempublicam curaturos attentiùs, quámque toties exquifierant à Rege, medicinam per fe ipfos adhibituros: præfertim, quòd fenatorum præcipuos, Arfchotum, Mansfeldium, Barlamontium, Viglium, Religioni fibique addictos non ignoraret. Sed eam gubernationem plurimùm obfuiffe & Regi & Belgio, fecuta inde provinciarum pernicies luculentè oftendit.

Seditio militum.

Nam Orangii occultis artibus inter fenatores orta diffenfione, alii Hifpanienfes, Patriotæ alii dicebantur, plaufibili patriæ libertatis titulo prævalente. Præfertim verò Brabantiæ & Artefiæ deputati ab Orangianis corrupti in abdicationem externi militis vehementer laborabant, ut iis dimiffis, pròut fub Margaritha factum, Belgium pro libidine mifcere poffent. Hifpani milites, qui in Scaldia & Duvelandia ad præfidium relicti fuerant, his auditis, in quartam jam feditionem verfi, relictis paucis duntaxat Zirizeæ Wallonibus, utramque infulam, tanto labore ac fanguine nuper occupatam, deferunt, & in Brabantiam effufi ftipendia ferociter poftulant.

Et annuebant plerique fenatorum, ut folutis ftipendiis quieti confulatur. At ubi Brabantiæ & Artefiæ deputati, dudum ab Orangio empti, intercefferunt, inopiam ærarii quefti, Hifpani Aloftum intercipiunt (fufpenfo extra portas Regio Miniftro) eam urbem pignoris loco retenturi, donec integra ftipendia repræfententur. Quo nuntio audito Bruxellenfes in furorem rapti Hifpanos tota urbe ad necem conquirunt. Senatus verò decreto Hifpani milites, qui
Alo-

Aloftum invaferant, rebelles, hoftésque patriæ ac Regis renunciantur, _{Aloftum ca-}
& Bruxellenfi populo ad urbis tutelam arma permittuntur. Quo piunt.
exemplo complures Brabantiæ & Flandriæ civitates, quòd eadem fe
timere dicerent à Wallonibus & Germanis præfidiariis fuis, arma
induerunt, pari fenatus confenfu & delegatorum inftinctu.

Nihil optatius Orangio, in anguftias jam redacto, accidere poterat iis provinciarum militúmque turhis; quas ut nutriret, atque
in apertum belli incendium inflammaret, crebris ab Hollandia litteris provincias ad libertatem vocat, dominatum fibi afferturus. Neque fruftra adhibitæ machinæ. Nam Nobiles complùres ac fenatores
in fœdus pertraxit, abalienato etiam ab Hifpanis Arefchoto fenatus
principe. Bruxellenfes ad arma conclamant. Creatur novus Bruxellarum Gubernator Guil. Hornanus, Hifpano nomini apprimè infenfus. Hujus mandato Mansfeldius, Barlamontius, Viglius, Af-
fonvillus, Delrius, aliique fenatores, qui Hifpanicarum partium ha-
bebantur, ex curia in cuftodiam violentè abducuntur. Senatus confultum de Hifpanis toto Belgio pellendis conditur. Imperata toti
Belgio arma. Implorata Galliæ, Angliæ, Cliviæ auxilia, ac præfer- _{Turbæ.}
tim Orangii. Qui illico milites mifit, ad expugnandam Gandaven-
fem arcem, quam Hifpani obtinebant, Neoportu maritima Flandriæ
urbe eidem in pignus data.

Rebus ita præparatis Procuratores Provinciarum, penes quos,
contempto fenatu, rerum fumma erat, totius Belgii Comitia Gandavi cogunt, fœdúsque generale *Gandavenfe* dictum, percutiunt,
25. capitibus comprehenfum. Præcipuum ex iis erat: *ut milites Hi-*
fpani externíque omnes, conjunctis perpetua pace ac fœdere Hollan-
dis Selandisque cum cæteris provinciis, quamprimum Belgio ejiceren-
tur. (anno 1576.)

His mira omnium confpiratione decretis, ventum ad arma.
Glimæus ordinum Ductor acie victus ab Hifpanis. Hi Trajecto ad
Mofam ejecti, urbem recuperant, loci mulieribus captis, & ante
fe objectis ingredientes. Paffa tum quidem ea urbs militarem prædandi licentiam: fed multò magis *Antverpia.* In hanc fœderati or- _{Antverpia}
dines ultra 20000. armatorum injiciunt. Verùm Hifpani ad 6000. _{direpta.}
ab Avila in arcem recepti, inde in urbem tanto impetu procurrunt,
ut victores ea fint potiti. Secuta eft barbara fanè ditiffimi Europæ
emporii populatio. Nam quidquid ira & avaritia in fumma armorum licentia fuggerunt, per cædes ac rapinas patratum, in mercatores maximè prædivites, gemmarios, & opulentos cives. Triduo
furiofa illa direptio tenuit, coactis miferis hominibus merces fuas,
nomi-

nomina, fupelledilem, & domos ipfas præfenti pecunia redimere; ut adeo pauperes milites ingreffi urbem divitem, pauperem divites reliquerint. Conflagravit præter multas alias ædes curia, præda inter victores & ignes divifa. Ex Hifpanis pauci, ex fœderatis milititibus 6000. cecidiffe memorantur. Captus Egmontius Lamoralii filius, cui, velut futuro cædis paternæ vindici, majorem exercitus partem ordines tradiderant. (anno 1576.)

Ordines provinciarum Gandavi congregati, cùm triftem hanc populationem intellexerunt, in ultionem ardentes, feftinè fœdus abfolvunt, hoc uno læti, quòd coacti feciffe viderentur, quod facturi erant : miffóque ad Regem, qui expofita Hifpanorum militum feditione atque immanitate, fœdus excufarent: quod cùm facri profaniquè ordines unicum pacandi Belgii fupereffe remedium unanimi confenfu cenfuerint, non dubitare fe, id Majeftati fuæ pro temporum ratione probatum iri.

Hifpanorum excufatio. Nec minùs de Regis animo folliciti Hifpani Duces, ad eum ablegant, qui callida Belgarum confilia, vim Regiis Gubernatoribus in fenatu illatam, ufurpatam à provinciarum procuratoribus adminiftrationem, convocatos contra Regis præceptum ordines, imminentem totius Belgii defectionem ob oculos ponant. Peccáffe quidem Hifpanorum cohortes, ftipendiorum loco Alofto intércepto; eam tamen occafionem induendi in Hifpanos arma à nonnullis Belgarum primoribus nimis avidè arreptam, & folutis Germanicæ legioni, non autem Hifpanis, ftipendiis, aftu quæfitam. Se tamen non repugnáffe, eos hoftes judicari. At ubi audierint, ictum in Hifpanos omnes furiale fœdus evocata in Belgium Galliæ Angliæque arma; vim illatam fenatoribus, Regi fidis; arma in Hifpanos provincialibus imperata, Regis auctoritate abjecta cogi comitia ordinum, totúmque Belgium, focietate inita cum Orangio Regis, Religionis, ac patriæ hofte, furfum deorfum verti; tum enim verò partes fuas exiftimáffe, conjunctis viribus conniti, ne fœderati, ejecta Regis militia, imperium Principis prorfus excuterent.

Populationem Antverpiæ accidiffe quidem luctuofam, fed méritam, admiffis in eam contra juramenti religionem fœderatorum militibus, & arce ab iisdem jam oppugnari cœpta, quam pauci præfidiarii non potuiffent tueri, nifi commilitonibus aliunde advocatis; imò injecta divinitus mente fimul accurrentibus. Victoria autem parta, ac urbe capta, contineri non potuiffe militem, victoria, ira, & prædæ cupiditate ferocem. Neque direptionem illam tantùmmodo fuiffe Hifpanorum facinus, fed Belgas quoque, Italos & Germanos, in partem veniffe, quin ipfos etiam victos in prædam fuiffe converfos.

ARTI-

ARTICULUS VIII.

Status Belgii sub Joanne Austriaco ab anno 1577. usque 1578.

JOannes Austriacus Caroli V. filius per Galliam in Belgium venit eo die, quo direpta est Antverpia, tempore sanè minùs oppor- De admittuno. Luxemburgi amica in urbe, incognitus antè, personam tendo conposuit, ac Gubernatorem, à Rege missum aperuit: datisque ad Se- sultant ornatum Bruxellensem, & Hispanorum Tribunos litteris, illos de ad- dines. ventu suo certiores facit, his pro imperio mandat, ut armis interim absistant. Et hi quidem paruerunt: senatores autem delegatíque ordinum de admittendo novo Gubernatore dubitârunt: præsertim Orangio, Delphico eorum oraculo, necdum consulto. Cujus audita sententia, Austriacum ne admitterent, néve redemptam sanguine libertatem novo rursus Domino venderent; aut certè Gubernatorem non antè susciperent, quàm ejectis Hispanis, in Gandavensem pacificationem juraret.

Senatores posteriorem hanc partem elegerunt. At Austriacus animi dubius ab Octavio Gonzaga, itineris Comite, primùm in eam partem inclinabatur, ut Hispanos milites non dimittat. Nam si Orangius (inquiebat) in consilium adhiberetur, quid aliud suasurum, quàm ut Gubernator exarmatus fido præsidio hominum turbulentorum insidiis pateat, accepturus imperium nunc quidem precarium, sed ad quamvis motæ multitudinis autam omnino nullum. Si conditiones superbè præscribant armato, quid facturos inermi?

At Escovedius, alter viæ socius, suasit, ut Hispanos dimittat, & pacem Gandavensem amplectatur, in hanc sententiam; non passuros Belgas in hac temporum acerbitate quemquam gubernationem capessere, nisi emisso extero milite, & Gandavensi conventione, ab utroque ordine, sacro & profano, sacramento firmata, priùs acceptata. Desperandam in Belgium viam, nisi per hanc semitam. Nihil effectum hactenus cum hac gente armis. Albanum, tot victoriis tantáque severitate tremendum, amissis maritimis provinciis, Belgium, quod integrum accepisset, scissum reliquisse: & tamen cum Albano, ejúsque successore (cujus non felicior eventus fuerit) plerasque tunc provincias arma gestâsse: nunc magnam circum se Belgarum esse solitudinem, nec plures, quàm duas provincias, secum facere: reliquas, si vis intentetur, consociatis sacramento animis, condixisse bellum.

Atque hoc ipfum effe, quod Orangius quærat, ut multas & potentes provincias armorum focias babeat. Eludendam machinatoris aftu-tiam. Primores ipfos feftinaturos in obfequium Gubernatoris, orti in Germania, Principe Belga nati, facilitate amabilis, & rerum ge-ftarum fama incliti. Cedendum igitur tempori, & votis Belgarum tantifper indulgendum. Quod fi forte emiffis Hifpanis inftinctu Oran-gii Belgas fubeat clementiæ oblivio, per fidas provincias, & auxilia ex Burgundia & Germania advocata, fuccurri poffe.

Fœdus Gan-davenfe ac-ceptat, Auftriacus, quanquam ægerrimè ferret Hifpanorum fe nudari militia, mitiorem nihilominus hanc amplexus fententiam, refpondit ordinibus, fe conventioni Gandavenfi fubfcripturum, eò maximè, quòd illa nihil videatur habere, quod cum religione aut Regis aucto-ritate pugnet; inferta hac claufula: *Nos ordinum legati promittimus, hoc fœdus perpetuò retenturos, ad facrofanctæ noftræ fidei, & Apofto-licæ Romanæ Religionis confervationem, ad Gandavenfis hujúsce paci-ficationis perfectionem, ad Hifpanorum eisque inhærentium ejectionem: obedientiâ Regiæ Majeftati debita interim femper falva.* Rex ipfe miffam ad fe hanc conventionem ubi probavit, fubfcripfit Auftricus, atque Gubernator Belgii Lovanii publicè eft promulgatus.

Sed negotium ei non leve fuit cum milite Hifpano; cui grave & Regi (ùt eventus docuit) perniciofum videbatur, tot arces, urbiúm-que præfidia, quæ magnis ipfi diuturnisque præliis obtinuerant, Bel-garum arbitrio repente permittere. Adhæc multi ex illis uxoribus impliciti liberis aucti, agris ditati, veluti patriam deferere fibi vide-bantur; amarè quefti: fic ora cicatricibus intercifa, trunca membris corpora, fractos ac fatifcentes artus pro quiete & fomento, tanto gentis dedecore compenfari? Quafi miles Hifpanus nuspiam tolerari queat. Ejici fe à confœderatis tanquam perduelles, Regis ac Belgii ho-ftes, cum indelebili nominis Hifpani probro. Sed experturum Auftria-cum ipfúmque Regem, quàm carò eis ftatura fit hæc miffio fidi mili-tis. Tradendas nunc tot arces munitásque urbes, tot belli laboribus ac fumptibus partas, in manus inftabiles fluctuantium ordinum: Gu-bernatorem Regis fratrem nudum & inermem objici toties tumultuan-tium arbitrio. Seram fubituram pœnitentiam incoufultè dimiffi præ-fidii, quo uno Belgium Regi ftaret.

Hifpanos dimittit. Sed deliniti tandem à Ducibus exhibitis Regis litteris, cujus, ob frequentes feditiones exacerbati, gratiam promereri poffint hoc pa-rendi obfequio; ampliora, quam in Belgio relinquerent, ab eodem recepturi. Traditis igitur in manus ordinum munitionibus, commu-tatis captivis, acceptisque ftipendiis, quæ Gubernator ex propriis fup-

plevit,

plevit, Hispani, Itali, Burgundi, ductore Ernesto Mansfeldio, Belgio
excesserunt (30000. capita cum mulieribus, liberis, & jumentis numerabantur) quàm tristi migrantibus, tam jucundo Belgis spectaculo.
Per Lotharingiam, Burgundiam, & Sabaudiam in Italiam ingressi per
Liguriæ montes sunt distributi; ubi rerum inopia, & animi mœrore
non pauci obierunt. (*anno 1577.*)

Exteris emissis Austriacus, medius inter Legatum Pontificis, & Ingressus.
Leodiensem Antistitem, instructo sanè magnifico apparatu, & comitatu omnium ordinum, inter applausus populorum Bruxellas ingressus
est, incredibili in omnes comitate atque clementiâ Præfecturam au-
spicatus. Sed brevi ludicra hæc versa est scena. Doluitque, se precarium Gubernatorem, spe delusum, proditum, inermem inimicis
traditum.

Mali origo rursus à Geusiis, & præsertim ab Orangio eorum duce. 38.
Etenim is, ubi, missis ab Austriaco & senatu legatis, exigi à se vidit, Artibus
ut edicto Grandavensi ipse quoque, Hollandique & Selandi subscribe- Orangii
rent, respondit, religione impediri fœderatas secum provincias, ne de
fide Romana retinenda cum aliis consentirent. Urgente Areschoto,
ut commune provinciarum fœdus ratum velit, nudato capite subri-
dens, *vides*, inquit, *hoc calvitium? scito, me non magis capite, quàm
corde calvum esse.* Tum verò ad vulpinas suas artes reversus, senatores, Delegatos provinciarum, veterésque amicos suos litteris sollicitat,
exprobrátque, quòd Austriaco recepto, umbratili humanitatis specie
circumventi, libertate, quam in manibus jam habuissent, dimissa
compedes sibi injici sint passi. An non adverterent, quò spectent ea
blanditiarum officia, popularitas illa, illæ largitiones? an volupe adeò
aureis catenis vinciri? an nescirent, Hispanos, quos abiisse tantopere
gestirent, partim in Luxemburgensi provincia delitescere, partim in
Burgundia substitisse, partim adversus Hugonotos militare in Gallia,
in iisque locis exspectare nutum Austriaci in Belgium revolandi? interceptas esse ejusdem & Escovedi ad Regem litteras, in quibus querelæ adversus ordines, belli gerendi necessitas, & pecuniæ ad eam
rem postulatio contineatur.

Quibus sanè hæreticorum artibus ingens mox in Belgio facta est Versa mox
animorum mutatio. Magna circa Gubernatorem solitudo. Quidquid scena.
ageret, in malignam partem interpretari, beneficia pró aucupiis habere, clàm primùm, dein palàm obloqui, jacere convitia. Parùm fidendum juramento Austriaci, quo edictum perpetuum acceptâsset. In
Hispania illum ante jurâsse, nihil se in Belgio contra Regis commoda
consensurum, responsurúmque pro re nata, posterius sacramentum

priori cedere. Non deeffe, etiam inter Principes, ludificationis ejusmodi exempla.

Auftriacus Namurcum fugit.
Quæ ubi ex animi fententia fluere vidit Orangius, negotium dediffe vertur Marnixio Aldegundio & Hornano, ut Auftriacum feu vi feu dolo captum in Selandiam deportent, utpote armorum præfidio & populi benevolentia deftitutum. Gubernator his infidiis per plura indicia ad fe perlatis, ubi vidit auctoritatem fuam quotidie imminui, odium augeri, confpirationes glifcere, atque adeo libertatem fuam vitámque non ampliùs fecuram effe Bruxellis, clàm inde fugiens Namurcum abiit, arcémque occupat, primum illum gubernationis fuæ diem fibi gratulatus, priùs enim vacuum titulum geffiffe. Ociúsque fufcepti confilii caufas per epiftolam procuratoribus ordinum fignificavit, queftus de illatis in fe fuósque contumeliis, infidiisque fibi ftructis, quas duarum litterarum teftimonio confirmavit.

Illi, ut inanes metus ac fufpiciones ponat, precantur, ac Bruxellas reverfo pollicentur, fe in reos infidiarum, fi qûi fint, diligenter inquifituros. Negat ille, fe rediturum, donec Hornanus, multa adverfum fe impiè ingratéque molitus, arma cum Bruxellenfi populo non deponeret, & Aldegundius, ad fe circumveniendum miffus ab Orangio, Bruxellis effet. Donec ipfi ordinum Delegati, renunciata Orangio, cum quo colludere videantur, amicitia, illum non cogerent edicto perpetuo ftare. Incaffum hæc omnia. Libellis minacibus ultro citróque certatum. Cùm ordines Deum hominésque teftarentur, concordiam à fe optari: ab Auftriaco belli caufas ficto infidiarum metu quæri: ille contra fatìs fe demonftráffe diceret, quo animo effet erga pacem, qui dimiffis Hifpanis ac reliqua militia, omnem fibi bellandi viam præclufiffet: utrique à fe belli, fi quod fequeretur, amoliri caufas & invidiam conabantur. Nec quidquam ad conciliandos animos valuit Nuntii Apoftolici, Epifcopi Leodienfis, & Ducis Juliacenfis labor, fcilicet obfeptis jam pridem multorum animis hærefi, refractario ac pertinaci femper malo.

**39.
Orangius confervator Brabantiæ dictus.**
Hac impellente ordines Orangium Bruxellas evocatum, *Ruvartem*, feu confervatorem Brabantiæ renunciant. Quod ubi Rex inaudiit, Delegatos ordinum litteris monet, arma deponant, Orangium rejiciant, Ed·cto perpetuo obtemperent. Cùm autem, cuncta moderante Orangio, non nifi querelæ ac minæ redderentur, recruduit bellum, nullo deinceps fanguine reftinguendum.

Et mirum fanè vifum, Auftriacum non omnia priùs, quàm bellum, pacis remedia tentâffe, ac Belgis indulfiffe eo tempore, quo ipfe inermis

mis ex septemdecim provinciis duas duntaxat, Luxemburgensem &
Namurcensem, obsequentes habebat. Sed ubi ille animadvertit, irritam
esse indulgentiam ac beneficentiam, Magistratuum auctoritatem in immensum excrescere, suam inani titulo definiri, imò injuriis, atque insidiis perditorum hominum caput suum quotidie patere, Princeps inso-
lens contumeliæ, magnisque assuetus exercitibus imperare, apertum
maluit bellum, quàm miseram pacem. Quare cùm non nisi aliquot
Germanorum signa in Belgio fida haberet, revocati ex Gallia aliquot **Revocati Hi-**
Hispanorum manipuli, ac delectæ non nullæ Wallonum Burgundo- **spani cum**
rúmque centuriæ. Quæ tamen omnes copiæ vix quatuor armatorum **Farnesio.**
millia conficiebant, quum tamen Ordines jam tum quindecim millia sub
signis haberent. Verùm illum redeuntium ex Italia veteranorum militum nuntius magnopere recreavit. Jussi etenim erant à Rege Hispani
ex Liguriæ finibus, quò septem ante menses ex Belgio missi fuerant, Belgium quamprimum duce Alexandro Farnesio repetere, magna Ducum
militúmque alacritate, adjectis aliis in Italia conscriptis.

Interea Orangius majori multò potestate dominabatur Belgis, **Arces diruit.**
quàm Gubernatores plerumque consueverant. Arces Antverpiæ, Gandavi, Ultrajecti, Insulis, Valencenis, tanto sumptu exstructas, dirui
jussit, eóque processit, ut Proceres, quibus invisa atque suspecta erat
ejus potentia, de alio Gubernatore eligendo inirent consilium. Ab
aliis Angliæ Regina, Dux Alensonius ab aliis nominabatur. Sed illam
rejecêre catholici. Hic verò plerisque displicuit ob assiduas inter Belgas & Gallos inimicitias. Unde vota in Archiducem *Matbiam* Rudol- **40.**
phi Cæsaris fratrem versa. Missi oratores, cum quibus juvenis noctu **Evocatus**
clam Cæsare fratre Vienna egressus in Brabantiam opinione celerius ve- **Mathias.**
nit. Ubi variis conditionibus illigatus Gubernator supremus Belgii est
renuntiatus, Orangius verò ejus Vicarius. Senatu moti, qui dubiæ
in ordines fidei videbantur. Hostes patriæ declarati, quicunque Joannem Austriacum sequerentur. Ipse etiam Austriacus dictus hostis, ni
ociùs Belgio excedat: composito in eam rem juramento, agendi cum
eo ùt hoste.

Hoc juramentum cùm emittere nollent Patres Societatis JEsu **Religiosi**
Antverpiæ, hæreticorum caterva in Collegium irruens obvia quæque **exules.**
confregit, Patresque domo exturbatos, atque Hollandorum cimbis
impositos avehit: postquam unus ex illis per militares globos regressus, intrepidè SS. Sacramentum, ne indignè tractetur, è templo ad
socios detulit. Idem Patres Trajecti, Tornaci, Brugis perpessi sunt,
ob eandem causam exulare jussi. Habuéruntque exilii comites alibi
Franciscanæ Familiæ Patres, alibi honestissimos sacerdotes & Pastores

ani-

animarum è cleto fæculari.   Quorum abfceffu quantùm catholica res cecidit, tantùm graffari illico rurfus cœpit præcipiti curfu ubique hæresis, coactis catholicis liberam eidem licentiam permittere.   En præcipuum rebellionis fructum.

41.
Bellum.

Jámque eò proceffum erat, ut pedem retrahere pars neutra àbello vellet, aut facilè poffet.   Prælufum urbium aliquarum arciúmque occupatione, levibúsque velitationibus, donec ad *pugnam Gemblacenfem*, in paucis memorabilem ventum eft.   Auftriacus fub fignis habebat octodecim millia, ordines viginti : & quod difficile-prælium reddidit, in his fœderatorum partibus erant veterani duces ac milites Belgæ, jam fub Caroli V. Albani, aut Requefenii difciplinæ enutriti,

Duces.

atque Hifpanorum priùs focii artis eorum militaris apprime gnari, *Coignius* dux exercitus, *Lalinius, Montinius, Perenotus Granvellani frater, Hornanus, Villerfius, Henninius Boffuvii comes, Egmontius* Lamoralii filius, *Lumæjus à Marcha*, Marchio *Havreus* Arefchoti Ducis frater.

In exercitu Regio eminebat Ductor ipfe fupremus Gubernator Joannes *Auftriacus,* Alexander *Farnefius,* Erneftus *Mansfeldius,* Octavius *Gonzaga,* Chriftophorus *Mondragonius* Italus, *Olivera, à Cofta ;* Hifpani.   Quos duces femel memoráffe fuffecerit; nam per illos diuturnum deinceps bellum geftum eft.   Auftriacus in Regio vexillo ad triumphalem Domini crucem hæc verba fubjici jufferat : *In boc figno vici Turcas : in boc bæreticos vincam.*

Pugna Gemblacenfis.

Congreffus igitur uterque exercitus ad *Gemblacum* (Sigeberti Gemblacenfis patriam) Namurcum inter & Brabantiam, confertáque pugna prorfus memorabilis, eo eventu, ut rarè aliàs à paucioribus, minoríque jactura plus fanguinis fufum celeriúsque fit debellatum.   Nam equitatus Hifpanici præcipua opera exercitus ordinuto ita fufus eft, ut decem peditum millia partim cæfa, partim fint capta, defideratis ex Regiis tantummodo novem.   Relata hoftium figna 34. tormenta, currus, impedimenta fere omnia.   Ipfe belli dux Coignius in poteftatem venit cum aliquot Nobihbus.   Cæteri cum omni ferme equitatu initiò dilapfi, pars Gemblacum; plerique Bruxellas fugerunt.   Gemblacum mox captum, ubi ingens hoftium præda inventa.   Bruxellis ita trepidatum, ut Mathias Archidux cum Orangio Antverpiam fugeret. (*anno 1578.*)

Fructus victoriæ.

Victoriæ tantæ fructus velociter decerptus; *Lovantum, Tillemontium, Bincium, Boviniacum, Sichemium, Dieftemium, Levia, Nivella, Barlamontium, Malbodium, Bellomontium, Cimacum,* ac *Philippopolis* (in reverentiam Philippi Regis fic appellata, atque ante annos 23. in Hannonia adverfus Gallorum incurfiones ædificata, & egregiè munita) aliáque oppida quà deditione quà vi occupata.   Acceffit *Limburgi* expugn

pugnatio cum tota provincia, ad arcendas Germanicas hoftium fuppe- Limbur-
tias peropportuna. Præfidiarii mille dedita urbe ad Regia figna tran- gum.
fiêre, 15. fimul tormenta majora, magnúsque belli & annonæ apparatus in manus victoris venit. *Dalhemium* deinde captum, & ob pertinaciam direptum.

Cùm fic profperè irent omnia Auftriaco, perculfi cum Mathia ordines Orangium incufabant. Sed ille futurorum providus, fuum ad ma- Amftelodæ-
re Batavicum fundabat imperium, inde in Brabantiam, Flandriámque mum
illud explicaturus. Sola hactenus obftabat *Amftelodamum*, fida Regi
civitas, & Religioni addicta. Hanc obfidione cinxit Orangius, & quæ
ad Religionem catholicam fpectant, omnia pollicitus, deditam accepit. Sed pacto non ftetit, inductis enim mox hærefeos miniftris, eorúmque opera everfis facris, pulfis facerdotibus, per hærefin eam fibi adverfus Hifpanos firmavit, irreparabili deinceps Regis damno.

Opima hac præda per fraudem potitus Orangius, excipiendis numerofis auxiliis Anglicis, Germanicis Gallicísque, à Cafimiro Palatino, & duce Alenfonio adducendis intentus, ea donec advenirent, indu-
ciarum oblatione Hifpanos ludere conatus eft. At ifti prælio decernere ftatuunt, antequam ordinum militia tantopere augeatur: præfertim
cùm & ipfi novas fuppetias accepiffent, quas *Petrus Toletanus* Proregis
Siciliæ filius, *Lopius Figveroa* Hifpanicæ legionis tribunus, & *Alphonfus Leva* filius Navarræi Proregis, cum Gabriele *Serbellonio*, ex Tunetana captivitate à Gregorio XIII. in libertatem afferto, adduxerant: nova etiam pecunia recreati, quam Rex Auftriaco, Parmenfi, Gonzagæ
Magiftro equitum, Carolo Mansfeldio, Mondragenio & Verdugo Tribunis in ftipendium mifit.

Decreta igitur pugna Auftriacus in hoftem movet, qui haud procul Mechlinia caftra pofuerat, fub Boffuvio veterano & cauto duce, qui
prælium detrectare videbatur. Igitur Regii levibus primùm velitationibus fœderatos laceffunt, qui paulatim recedentes velut fugitivi Leyam
& Toletanum, ultra, quàm imperatum fuerat, infequentes ad vera caftra pelliciunt; actúmque de eis fuiffet, nifi Farnefius eos liberáffet, atque ad exercitum reduxiffet. Majus illatum dedecus, quòd duo ifti
duces cum fuis cohortibus in locum infidiarum fint pertracti, quàm damnum, vix 400. utrinque defideratis, æquata propemodum jactura.
Fœderati nihilominus victoriam fibi tribuerunt, quòd victi non effent.

Cùm autem novæ indies copiæ ordinibus ab Anglia, Germania, & Pax fruftra
Gallia venirent, ab Hifpania autem parcè pecunia, belli nervus, fubmi- tentata.
niftraretur, ad pacem Regis voluntate refpexit Auftriacus. Sed ordines
exercitibus fuis, ac fœderatis confifi, difficiles admodum conditiones
præ-

præſcripſēre; ut videlicet Belgii Præfecturam Archiduci Mathiæ cedat, iis conditionibus, in quas jurati conſenſerant: ut paci conventisque dux Alenſonius & Caſimirus inferantur: ut Limburgi provinciam, & quidquid in Brabantia, Hannoniáque, vi aut deditione Auſtriacus ceperat, ordinibus traderet.

Et ſanè Auſtriacus, etſi conditionum inſolentia vehementer offenſus, temporum tamen acerbitate preſſus, etiam de conſilio Farneſii inclinabatur ad eas acceptandas, cumRege per litteras vix non expoſtulans, ab Hiſpania foveri hanc rebelliuum audaciam, quòd promiſſam ſibi opem ſine finedifferret, & poſcenti pecuniam non niſi verba redderentur; quibus utique bella non gerantur. Aliud inſuperPrincipis animum vehementer afflixit: ſignificata videlicet ſibi ab Hiſpania Regis ſuſpicio, ne frater per has Belgii turbas, & inter tot ejusdem Candidatos, ſibi tandem illud paciſcatur. Quibus profectò rebus Auſtriacus tantum animi mœrorem contraxit, æſtuúmque intemperiem, ut morbo fatali correptus diem ſupremum obierit in caſtris, anno 1578. ætatis 33. Belgicæ gubernationis calamitoſæ altero: translata priùs in Alexandrum Farneſium Belgii Præfectura, donec alium ſufficere Regi placuerit.

42.
Mors Au-
ſtriaci

Sic cecidit virente ætate magnus ille orbis Chriſtiani Heros *Joannes Auſtriacus*, Caroli V. filius, natus Ratisbonæ, ex Barbara Blombergia, urbis illius cive, forma ac genereNobili (quamvis aliqui multò-iluſtriorem illi matrem aſſignent) cujus cantu Carolus, tunc viduus, illectus eſſe ſcribitur: Infantem Aloyſio Quiſciadæ traditum, ut in Hiſpaniam delatus educetur, ne tamen cuiquam illius pater innoteſcat. Morientem haud multò pòſt Cæſarem Philippo filio aperuiſſe ſe pueri pattem: atque biennio pòſt ab Aloyſio in venatione ad id adornata Regi traditum: qui eundem in aula cum Carolo filio, & Alexandro Farneſio nepote ſuo educârit, indole præcellenti, forma venuſta, ingenio vivaci, comitate, probitate, omnibúsque animi corporísque dotibus præſtantem. Et licèt inſcio Philippo fratre ad bellum Melitenſe profecturus Barcinonem jam attigerit, revocatum tamen, illico Valliſoletum ad Regem reverſum, illo parendi obſequio ejusdem offenſionem leniiſſe, nec multò poſt planè deleviſſe, cùm nova Caroli, Principis Regii, conſilia ante alios eidem aperuiſſet.

Elogium
ac vitæ ſe-
ries,

Ob id præfectus expeditioni adverſum Mauros, bellóque feliciter confecto, ac compoſito ſociali fœdere, univerſæ claſſi, quæ chriſtianæ Reipublicæ vires ac ſpem vehebat, imperator impoſitus, commiſſo ad Echinadas prælio, victoriam poſt Ottomannici nominis memoriam longè maximam de communi hoſte reportavit. Tum converſis ab Oriente in Africam armis, Tunetum Libyci maris regiam,
Tur-

Turcis aufugientibus capit, Biferram vi expugnat, captivúmque Ami-
dam Regem cum duobus liberis fecum trahens, victor in Italiam redit.
Inde evocatum in Hispaniam Rex ad Belgii Præfecturam, tunc undique
fatifcentem, mifit, ea monitione inftructum, ut omiffis armis provincias quibuscunque conditionibus, falva Religione & obedientia pacaret. Ubi acciderunt ei, quæ antè memoravimns.

Addunt fcriptorum plures, Philippum Regem, fufpicaci indole
Principem, æftimâffe quidem fummopere incomparabiles fratris dotes,
tot rebus maximis geftis demonftratas, attamen jam tum ab expeditione Africana, cùm Tunetum non folùm mœnibus non nudâffet, prout
ab Hifpania imperatum fuerat, fed nova infuper munitione firmâffet,
præfectóque Serbellonio præfidium reliquiffet, vifum Regi, nefcio quod
imperium affectare. Quæ fufpicio aucta eft, cùm Gregorius XIII. in-
ftaret, ut Joanni Auftriaco ob res præclarè in Africa geftas appellatio
Tunetani Regis tribuatur. Hac igitur fufpicaci mente imbutus Rex
eum mifit in Belgium. Et quamvis tot fumptuum pertæfus pacem utique optaret, creditur tamen ex ea etiam ratione parce fubminiftrata pecunia, ne Princeps victoriarum curfu elatus privatam ultra fortem ad
fpiret: maximè ubi plures Belgarum querelæ (Orangio machinante)
in Hifpaniam perlatæ funt, Auftriacum bella quærere: hinc fub infidiarum prætextu Namurcum abiiffe, ac maluiffe tredecim fidas Regi
provincias perdere, quàm Belgium in pace gubernare: nempe hominem per victorias meditari [& Belgii potiri dominatu, & animo conceptis cum Angliæ Regina nuptiis.

Hæc aliáque Auftriaco non erant ignota; qui novis quotidie argumentis notavit fufpiciofum in fe Regis animum, nullo placabilem obfequio. Atque hinc additum fibi Parmenfem arguebat, qui in acta fua
intenderet. Ubi verò audivit Efcovedi, amicorum intimi, cædem &
quem in Hifpaniam miffum ad belli fubfidia conquirenda toties & tam
anxie repopofcerat, majoribus in dies oppreffus anguftiis, ac defertus,
ût palàm querebatur, à Rege, traditúsque hoftium ludibrio, ingens
animi fpeíque Princeps, ac paterni generis nimiùm memor, ex mœrore
contabuit. Quamvis alii venenum ipfi præbitum exiftiment.

Hæc ùt ùt fe habeant, inficias nemo facilè iverit, virum fuiffe bella-
torem ætate majorem. Nec defunt, qui cum Germanico, qui multa
in Belgio bella geffit, aut etiam cum patre Carolo eundem comparent;
certè ejusdem claritudinem affecuturum, fi rerum arbitrium æquè apud
ipfum fuiffet repofitum, patrísque annos æquâffet. Nec minor ei pietas, quot menfibus bis animæ maculas affueto eluere. Quod tunc
præcipuè folenne fibi effe voluit, cùm expeditio fufcipienda, aut præ-

lium conferendum effet, fapienter omnino ratus, conftiturum fibi periculorum contemptorem animum, ubi nullâ culpâ pallefceret: neminémque animofius ire in hoftem, quàm fua fretum confcientia. Atque inde fuperna virtus, & præliorum felicitas, quibus, antequam miles effet, Imperator præfuit, victor femper, victus certè nunquam.

Exequiæ.   Altero poft obitum die difceptatum de funeris pompa inter Tribunos variarum Nationum, quis corpori efferendo præferretur, quòd Hifpanus Regem, Germanus defuncti patriam, Belga loci prærogativam
obtenderet. Farnefius litem diremit, juffis fingulis mutatis vicibus,
corpus ex caftris Namurcum deferre. Moriens Alexandrum nepotem
rogavit, ut apud Regem commendet matrem Blombergam ac fratrem
uterinum. De duabus filiabus, quas cœlebs nactus eft, alteram Neapoli, Madriti alteram, ex nobilibus puellis, mentionem nullam intulit. Rex tamen omnibus providit.

Barlamontii   Ante Auftriacum obiit Namurci *Carolus Barlamontius*, ejusdem
obitus. provinciæ Præfectus, fi quis in Belgio, Religionis ac Regis partes, domi æquè ac belli ftrenue conftantérque fecutus. Qui propterea quatuor filios fuos magnis à Rege belli muneribus auctos vidit.

ARTICULUS IX.

Status Belgii fub Alexandro Farnefio ab anno 1578. ad 1592.

§. I.

Septennium primum.

43.   **A**Lexander Farnefius, Octavii Parmæ & Placentiæ Ducis filius, à
Mifera Belgii prima juventute bellis initiatus, dignum fe Martis campum in Bel-
facies. gio invenit. Sub Joanne Auftriaco eò miffus, omnium expeditionum aut dux aut pars magna fuit. Duæ duntaxat provinciæ Regi Hifpaniarum adhærebant, Luxemburgum & Namurcum. Limburgenfem fub Auftriaco ipfe adjecit, parta illa ingenti Gemblacenfi victoria.
Renuntiatum ab Auftriaco moriente Belgii Gubernatorem Rex confirmavit, adjecta etiam Burgundiæ Præfectura.

  Et profectò difficilem oppido provinciam & difcriminis plenam
fufcepit, cùm quatuordecim provinciæ, adverfus Hifpanos cum Orangio confentientes, ingentem pro eo tempore exercitum haberent, ex-
maximis nationibus, Germanis, Gallis, Anglis, Belgifque conflatum;
magnáque etiam Ducum nomina terrori effent, Mathias Archidux Cæfaris frater, Gubernator renunciatus, Joannes Cafimirus Palatini

Septem-

Septemviri filius, validis Proteftantium Germanorum fubfidiis ftipatus, & Francifcus Hercules Dux Alenfonius, Galliarum Regis frater, paulò ante mortem Auftriaci Belgium cum armato exercitu ingreffus, gloriofo cum titulo *Defenforis Belgarum;* cui viam in Belgium ftravit Margaritha foror, Navarri conjux, quæ fub prætextu itineris ad Spa- Alenfonius danas aquas, Hannoniæ maximè primores fratri conciliavit, Lalinio evocatus ejus Præfecto in Gallicas partes pertracto.

Spem Alenfonii auxit fœderatorum tot inter Duces & Gubernatores difcordia. Nam Crojus Arefchoti Dux, cùm à Rege ad fœderatos defeciffet, Flandriæ Præfectura ab iis donatus eft. Sed mox Gandavenfes ab eo privilegia repetunt, quibus ob rebellionis crimen à Carolo V. privati fuerant. Negantem in cuftodiam trahunt, Orangii confilio, dudum Arefchoto infenfi, eo maximè, quòd ejus potiffimùm opera Mathias Archidux ad provinciarum regimen fuerit evocatus. Inde & Cafimirus. Gandavenfes bæretici templis fpoliatis, & facerdotibus urbe ejectis, Cafimirum fibi Ducem Præfectúmque afcifcunt. Qui in partem Belgicæ diftributionis venturus mox accurrit, & ex facerdotiis direptis pecuniam fibi comparat.

At verò Wallones (ii nempe populi, quibus lingua Gallica in ufu, uti Artefii, Hannonienfes, Namurcenfes, Luxemburgici, Limburgenfes, ac pars Flandriæ atque Brabantiæ) hac re, & aliunde Præfectis fuis exauctoratis ab ordinibus reliquis, vehementer offenfi, fe ex integro ab iis feparârunt. Atque Artefii ac Hannonii, uti etiam, qui Flandriam & Brabantiam Gallicam (ita à lingua appellàtam) incolunt, quòd tertiam factionem conflarent, *Malecontenti* appellati (nam Luxemburgum, Namurcum, & Limburgum Regias partes fequebantur) Alenfonium ex Gallia evocabant : eúmque venientem Montibus, primaria Hannoniæ urbe, Lalinius provinciæ Præfectus, & Arefchotus, ex Gandavenfi cuftodia elapfus, magna fubjectionis fignificatione exceperunt.

Farnefius tot inter hoftes, qui 42000. pedites, & 17000. equites Uterque renumerabant, cùm ipfe nec dimidium habéret, ad Namurcum velut cedit, in caftris obfeffus, fe defendebat. Verùm ingens ille exercitus, quà difcordiis, quà lue correptus, re nulla memorabili gefta, receffit, magna populorum querimonia adverfus Orangium, qui tantum pecuniæ imperâffet ad Hifpanos Belgio ejiciendos, qui ne prælio quidem laceffiti fuiffent. Cúmque tot inter capita, privatum dominatum fpectantia, diffidia crefcerent, paulatim diffluebant copiæ. Alenfonius, cùm *Malecontenti* Wallones nullam terræ partem ei propriam facerent, iisque fufpectus effet, inglorius receffit in Galliam prætexto cum Angliæ

gliæ Regina connubio. Venienti Lutetiam Rex, quo invito difcefferat, eam gratiam habuit, ut fupellectilem ipfásque veftes Belgis oppignoratas, pecunia numerata redimeret. Cafimirus quoque Palatinus, alter Belgii candidatus, cùm ftipendia militi non poffet pendere, è Belgio abiit, in Angliam profectus, cujus ære militem in Germania confcripferat.

Farnefii copiæ

Farnefius ab utroque hofpite liber, auctúsque Germanicis copiis, quas Altempfius & Polvillerius adduxerant, luftrato exercitu, numeravit 24000. peditum, 7000. equitum. Non igitur ampliùs hoftem ex-

& progref-fus.

fpectandum ratus, fed re memorabili Præfecturam aufpicaturus, adhibito Ducum confilio, Trajectum ad Mofam, magni in omnem partem momenti urbem, oppugnare decrevit. Ut autem oppugnantes à tergo muniret, atque ex hoftico viveret, educto ex anguftiis Namurcenfibus in Brabantiam exercitu, plura oppida arcésque capit, frequentioribus præliis levioribus partim arte & ftratagematis, partim virtute hofte devicto: coactisque equitibus, quos Cafimirus in Belgio reliquerat, in Germaniam recedere. (*anno 1579.*)

**44.
Wallones à reliquis ordinibus deficiunt.**

Tantus armorum progreffus, bello usque ad Antverpiæ fuburbia deportato, Wallonibus incitamento fuit, ut ad Regis obfequium redirent. Nam *Pardiæus Mottaus*, Gravelingæ Gubernator, perfpectis Orangii confiliis, per fpeciem publicæ libertatis, privatæ ejusdem utilitati, firmandæque hærefi intentis, fœderatorum partes reliquit, plures fecum ad Regis obedientiam, (prout auctoritate & gratia apud Wallonicam Nobilitatem, militiæ ac Religionis antiquæ perquam tenacem, pollebat) fe reducturum Parmenfi fignificavit. Certè, communicato cum Audomarenfi Præfecto confilio, Wallones ab Orangio abduxit, quem patria facta perditum ire, & Belgium hæreticis implere querebatur: effecitque, ut nationis Wallonicæ milites, quinque ferme millia, ab Orangii exercitu feceffione facta, Menina aliisque Wallonum urbibus ordinum præfidia ejicerent. Dicti proin funt Wal-

Dicti malecontenti.

lones (quod fupra innui) *malecontenti*, eorúmque legiones, quòd catholicæ fidei defenfionem fibi afferentes, coronam Marianam collo

Hæreticos pellunt.

geftarent, milites *coronarii*, aut etiam *milites à pater nofter*. Móxque Wallones, præeuntibus Præfectis catholicis, abdicato cum reliquis ordinibus fœdere, novum inter fe condunt, ejectis ex Hannonia & Artefia hæreticis Religionem defendendi.

Studium eos in partes trahendi.

Incredibili ftudio Farnefius ordinésque certârunt, ut tertiam hanc claffem ad fe reducerent, militia, Nobilitate urbibúsque validam. Quanquam enim Wallones majorum Religionem & Regis obfequium præferrent, nolebant tamen Farnefio accedere, nifi exteri milites Bel-

gia

gio ejicerentur. Quod cùm eis negaturum Alexandrum Orangius crederet, in novas spes surrexit, eos cum reliquis ordinibus rursus uniendi, interpellans etiam Cæsarem, & Wallonum primores pertentans, præsertim Caprium Artesiæ Præfectum. Ordines etiam & Mathias ipse litteris eos monent, minantúrque, ne soli publicam causam proderent, & Hispanorum fraudibus circumventos serò se ingemiscant. Suscepisse jam Cæsarem causæ arbitrium; pacem optatam obtenturos, si reliquo Belgarum corpori cohæreant.

Sed oppositos cuniculos egit Parmensis, ipséque adeò Rex Philippus, scribens Artesiis, rem sibi pergratam fecisse, quòd publico edicto hæreticos, seditiosósque provincia movissent: nec aliud sibi armato ad eam diem fuisse propositum, quàm ut hujusmodi pestem Belgio exigeret, populósque ab Orangio in fraudem inductos Catholicæ Religioni, ac Principi suo, pristinæque tranquillitati restitueret. Gratiam suam se polliceri, nihílque dempturum eorum privilegiis; exteram etiam militiam se educturum ex provincia, dummodo in domestico milite tantum habeant virium, ut adversus Orangium & conjuratas provincias se tueri possint.

Qua Regis clementia inclinati Wallones, præsertim ubi *Melunio* Vicecomiti Gandavensi, non invito Caprio, Artesiæ Præfecturam, quam **ordinum** auxilio antè invaserat, confirmavit, & *Montinium* Wallonicæ militiæ præfectum conciliavit, de concordia firmanda seriò egerunt. Indicto igitur conventu, ad quem Regis nomine missus est Norcarmius Sellii dominus, cum *Moularto* Attrebatensi Antistite; frequenti in hac causa actore, pro Wallonibus verò Lalinius Montinius, malecontentorum Princeps, ac Dux militiæ; Melunius Artesiæ Præfectus, Mottæus Gravelingæ, & Caprius, Attrebatum Gubernator. Petierunt isti, ut reliqui etiam Belgi ordines, Antverpiæ congregati ab Alexandro invitarentur. Sed cum is non nisi responsum querimoniis plenum ab illis accepisset, Wallonum delegati optimo jure reconciliationem sibi assumendam putârunt, relictis pervicaciæ suæ ordinibus reliquis; cùm enim provinciæ aliquæ Boreales nuper *Ultrajecti fœdus* privatim inter se inierint, quo hæresi plena aperta sit porta, & quidem inconsultis provinciis reliquis, neminem vitio sibi posse vertere, si & ipsi religioni catholicæ consulturi, privatam cum Principe suo reconciliationem ineant, & in id consentiant, quod communi omnium ordinum voluntate per *Edictum perpetuum Gandavense* est constitutum.

Sed quia in edicto illo sancitum fuerat, ut exteri milites dimittantur, res ista maximum reconciliationi obicem posuit. Nam id Wallones

Agitur de reconciliatione.

lones

lones obnixè poftulabant, afferentes, fe Wallonica militia patriam
adverfus quoscunque defenfuros, imò etiam bellum, fi neceffe fit,
illaturos. Verùm magnopere difplicebat Farnefio ifta conditio dimit-
tendi militis exteri, quo præfente & gloriæ fuæ & Regis potentiæ ve-
lificare poffet. Quia tamen Wallones hoc præcifè exigebant, ex Regis tandem voluntate ceffit; eò conceffionem illam interpretatus,
quòd tantummodo Wallonum provinciis militem exterum non poffit
immittere, relicta fibi poteftate reliquas provincias adhuc rebelles per
illum compefcendi.

Novo igitur conventu, ad Trajectum, quam obfidebat, inftituto,
res planè transacta eft, delegatis, Alexandri popularitate captis, conditionum acerbitatem non parùm moderantibus, præfertim, ubi Trajecti deditionem viderunt proximè imminere. Atque hoc pacto Parmenfis, non modò bello Dux incomparabilis, fed politicis etiam pacis artibus præclare imbutus, absque fanguine tres Regi provincias,
Artefiam, Hannoniam, & Flandriam Gallicanam (Fornaco excepto) adjecit; ex eo etiam fummopere æftimandas, quòd Galliæ,
cui erant finitimæ, favere aliàs confueviffent.

Eáque abfol-
vitur.

Nec parùm juvit ad maturandam transactionem tumultus Antverpiæ tempore illo ab hæreticis concitatus, occafione folennis fup-
plicationis, comitante ipfo Mathia Archiduce, à catholicis inftructæ.
Nam conglobati Calvinicolæ armis accincti incedentibus imprimis
viam obftruunt: tum catholicos iter aperire connitentes fclopi, in
pectus intentatis, atque etiam explofis, interfectis duobus ex catholicis, agmen diffipant, & plerosque cum Archiduce in templum compellunt, concluduntque, obfidentes armati fores; aliis interim per
urbem graffantibus & conclamantibus, pellendos facrificulos. Tandem Archiduce velut benefici loco abire permiffo, reliqui tamdiu detenti funt, donec facerdotum exilium à Magiftratu fuerit decretum:
mirantibus bonjs, tantam Calvinianis in urbe effe potentiam, exu-
lémque clerum, & cum eo profcriptam pietatem lamentantibus: offenfo imprimis Mathia, qui inane Gubernatoris nomen gerebat. Sed
ex Principe, fervilis quidem imperii impatiente, privatæ tamen apud
Cæfarem vitæ intolerante, præter querelas nihil expreffit injuria.

Hæretico-
rum furor
Antverpiæ.

Valuit tamen indignum facinus tum ad invidiam ordinibus crean-
dam, qui tanto confenfu in Gandavenfi fœdere Religioni caviffent;
tum ad Wallonum reconciliationem feftinandam, ac promovendam.
Certè & Comes *Philippus Egmontius*, Lamoralii filius, & Comes ipfe
Lalinius, Hannoniæ & Valencenæ Gubernator, aliique primores, relictis

Egmontii &
Lalinii re-
conciliatio.

lictis

lictis ordinum partibus, novo se cum legatis Regiis fœdere, consociârunt, inserta conditione, de exercitu pro Religione ac Rege, ex reconciliatis provinciis, post emissionem externorum conflando, ac Belgii Præfecto non alio, nisi ex Regio sanguine ascifcendo. Hoc additum volebant, quia conscii, quid adversus Regem moliti fuerint, Hispanos ultores timebant; ne, sicut Albani tempore contigerat, ad pœnam revocarentur. Sicque opus ingens perfectum est, catholicorum applaudentium læt tia, consternatis hæreticis. (*anno 1579.*)

Parisiis ea super re ludicrum drama datum, fabula verum Belgii statum exhibente. Vacca pinguis in scenam immissa est; quam ducebat Rex Hispaniæ tenui ac laxo filo: quod fractum illico nectebat Farnesius. Dorso infessam cornibus apprehendebant Belgii ordines, atque ad eam sistendam undique opem implorabant. Dux Alensonius in auxilium vocatus, cauda impetu apprehensa, belluam abducere à Rege nitebatur, intentiore tamen cura, quàm auxiliares solent. Inclinati ad ubera hinc Casimirus, inde Orangius, grandi uterque vase subjecto eam emulgebant. Cùm ecce Parmensi nescio quid objiciente, excitata repente vacca, caudam ex Alensonii manu retrahit. Infessores excutit. Calce uno abjicit Casimirum, altero repellit Orangium: atque huic sæpe redeunti cornua obvertit, mulctram lactis plenam proruit, atque ad Regem saltu se proripit.

Hæc provinciarum accessio dum facta est; armis interea nihil cessantibus melior causa promota expugnatione Trajecti ad Mosam, munitæ admodum urbis, quæ profecto multo constitit sanguine, etiam nobili. Defendit illam Tapinus Lotharingus, qui cum Lanua etiam Rupellam propugnaverat. Rejecti sæpius magna cum clade aggressores; ortáque ab iis, ob non soluta stipendia, seditio, oppugnationem difficillimam reddidit, Alexandro in magnas angustias conjecto, & propriam supellectilem oppignorante, ut numerata pecunia seditiosos placaret.

Tum mutato oppugnationis genere, cùm primum non processisset, tandem post superatas summas difficultates urbe potitur. Sed necdum se dedunt incolæ fœminæ, quæ virorum instar in mœnibus & propugnaculis antè pugnaverant, viris permistæ; per forum, vias & compita aciem instaurant. Unde Regii milites in rabiem acti, nulli ætati aut sexui parcentes, obvios quosque trucidant. Cædem secuta urbis direptio ac populatio, quæ plures dies tenuit: donec severo edicto Parmensis illam repressit: ac præsertim fœminis puerisque jam antea cautum voluit.

[margin:] Fabula Parisina.

[margin:] Trajecti expugnatio.

Ceci-

Cecidere in ea obſidione, quæ in quartum menſem protracta eſt, ex Regiis 2500. milites, 37. centuriones, ac præterea Fabius Farneſius, Alexandri propinquus, Ægidius Barlamontius, Caroli filius, ſub quinque Belgii Præfectis legionum Ductor, patris exemplo Regias partes conſtanter ſecutus. Alexander res duas in hac obſidione ſe didiciſſe faſſus eſt, ut ſæpiùs uteretur foſſore quàm milite, & nihil aggrederetur, niſi propriis oculis inſpecto locorum ſitu. Capta urbe ipſemet periculoſe decubuit: unde minùs poterat furorem populationis coërcere.

45.
Colonienſis
conventus.

Interea, dum hæc Trajecti agebantur, non acri minùs ſententiarum conflictu in *Colonienſi famoſo conventu* certatum eſt. Nam ordines cernentes, dilapſo Alenſonio & Caſimiro, Wallonibus abruptis, exercitum ſuum, quem tot ſumptibus paraverant, magnopere imminui, Alexandrum autem Farneſium, arte, viribus, & fortuna prævalidum, civitatibus, provinciis & victoriis in dies terme augeri, atque ad pacem propterea reſpicientes, Rudolphum Cæſarem arbitrum implorârunt, conteſtati, ſibi nunquam aliam fuiſſe ſententiam, quàm ut in Belgio catholica Religio obtineat, & ſua Regi conſtet auctoritas. Nec Regi diſplicuit, apud animum ſuum reputanti, ancipitis tardíque moliminis fore, ſi tot provincias & opulentas civitates, populóſque, & ſuopte ingenio, & diuturno belli uſu militares, adhæc finitimorum Principum auxiliis feroces, armorum vi ad officium cogi oporteat; neque ignorans, per ipſas adeò victorias, urbiúmque captarum ruinas ſe ditiones ſuas ac patrimonium deſtruere, & brachio velut dextro ſiniſtrum præſcindere, arbitrum Cæſarem voluit, miſſo Coloniam *Terranova* Duce, novennali Siciliæ adminiſtratione ſibi probato.

Regis re-
ſervata.

Tria autem ſibi reſervata Rex voluit, in quæ nulla Mediatori poteſtas eſſet: Religionem catholicam, Principis auctoritatem, dimiſſionem Mathiæ ex Belgio. In quatuor admittentis capitibus conventionis Gandavenſis, cujus confirmationem ordines poſtulabant, difficilem ſe exhibere legatus juſſus eſt: nempe circa fœdus à provinciis initum: generalem earum conventum: edictorum moderationem: & Orangii in Belgio commorationem. Privatis tamen litteris addidit, in quatuor his punctis, ſi aliter reconciliatio fieri non poſſit, temperamentum aliquod admitti poſſe.

Petierant ordines, ut Imperator interim, dum Coloniæ de pacificatione ageretur, armorum inducias decernat. At vehementer obſtitit Farneſius: has eſſe machinationes Orangii, inquiens, qui nunquam pacem ſit ſeriò initurus, ſed ad lucrandum tempus has inducias peti. Regium exercitum in medio victoriarum curſu florentem metui; ordinum copias plurimùm attenuatas langueſcere. Hinc
lu:

inducias per ludificationem postulari, ut exercitu reparato, bellum restaurare queant. Wallonicæ conciliationis negotium nunc serio agi. Ad hoc impediendum, cùm alia frustra tentâssent, illud ad conventum Coloniensem avocari, ut finem nullum inveniat. Denique delegatos ordinum necdum esse Coloniæ, imò necdum delectos, nullo igitur jure armorum suspensionem peti.

Datum deinde Coloniensi conventui initium. Aderant Cæsaris nomine Electores Coloniensis & Trevirensis, Antistes Herbipolensis, Juliæ Ducis legati, cum Ottone Schwarzenbergio. Regis nomine Terranova legatus, cum tribus consiliariis, à Parmensi ex Belgio submissis. Ab undecim fœderatis provinciis totidem procuratores missi sunt; quos inter eminebat Philipus Dux Arescnotus. Accessit Rossanus Nuntius Apostolicus. Inspectis dein fiduciariis legatorum litteris, quibus potestatis sibi commissæ fidem facerent, disceptatio orta est, quænam pars prior transactionis capita debeat proponere: dicentibus ordinum legatis, audituros se, quid Rex à subditis poscat; respondente Terranova, ordines interpellâsse Cæsarem: dicerent proin, cur Principi suo tantopere obluctentur, quidque petant. Cæsareis hoc æquius visum.

Protulerunt igitur 18. capita, adeò superbè composita, ut jam tum apparuerit, nihil ex eo congressu sperandum. Inituros se, inquiebant, pacem cum Rege catholico, Principe ac Domino suo naturali, modò omnia Mathiæ Archiducis acta, penes quem gubernatio Belgii mansura sit, rata habeantur: quæcunque urbes, arces, & loca à Joanne Austriaco aut à Parmensi Principe capta fuerint, in manus ordinum restituantur: reformata religio, ubicunque exerceri cœpta jam fuerit, sine cujusquam noxa exerceatur: decies centena coronatorum millia supplendæ pecuniæ in bellis à fœderatis provinciis insumptæ, ab Rege ordinibus persolvantur. Postulata ordinum.

Enormia hæc postulata concepta sunt Antverpiæ, cùm illic de infausta aggressione Trajectensi & seditione militum nuntiatum fuit. Jussi sunt à Cæsareis æquiora proponere. *Terranova* verò Regis nomine pollicebatur, Belgium externo milite liberandum, senatores & Præfectos non nisi Belgas constituendos. Orangii filium libertati restituendum, atque Hollandiæ, Selandiæ & Ultrajecti Præfecturis donandum. Religionem catholicam, exclusa omni alia, ubique servandam: indulgendum tamen iis, qui ab ea dissentirent quadriennium, alio cum fortunis suis commigrandi. Regii sanguinis Principem, qui Belgium gubernet, propediem à Rege statuendum. Responsum legati.

Ordines, ut palàm ostenderent, quid unicè quærant, ad inducias rursus petendas conversi sunt, multa de Parmensi questi, quòd ar-

armorum pertinacia pacis commercia turbet. Sed refpondit Terranova, Farnefium per arma non aliena petere; & armis fubigi rebelles
poffe, & volentes conciliari.   Non peti inducias ab ordinibus, ut pacem ineant, fed tractari de pace, ut inducias obtineant. Pene nùdos
cum bene veftitis de veftimentis velle iudere. Trajectum jactis ultra
citráque Mofam pontibus, caftellis, & aggeribus claufum undique teneri. Iniquè peti, tantum fpei repente abjici.

Poft multam difceptationem Cæfarei pacificatores mediam viam
tentârunt. Mathiam Belgii Præfectum non quidem confirmandum,
acta tamen illius rata habenda. Urbes aliáque loca Gubernatori tradenda, fed ab eo non nifi Belgis conferenda : qui fidem Regi & ordinibus obl'gent.   Religionem catholicam unicè fervandam, ùt ordines ipfi fint polliciti. Hollandis tamen &Selandis, qui ab ea recefferint,
pro temporum neceffitate indulgendum, ut impunè poffint degere,
donec aliter fuper pœnarum moderatione à conventu ordinum, à Rege aut Gubernatore convocando, decretum fuerit.

Quum autem has conditiones provinciæ rejicerent, quin etiam
minitarentur, fe abdicato Rege, Alenfonio Belgium potius tradituros,
mediatores infra dignitatem fuam & Cæfatis majeftatem rati, nullo cum
fructu Coloniæ diutius hærere, colloquio, tanto Procerum apparatu agitato, feptimo poftquam cœptum eft menfe, finem impofuerunt:
culpa infectæ rei à partibus mutuò rejecta : fparfis etiam utrinque libellis.   Cæfarei culpam ordinibus imputârunt, quòd nunquam legatis fuis plenum mandatum dederint; quòd magnam temporis partem
in induciis pofcendis, aut Wallonum reconciliatione interturbanda
confumpferint, concordiam verò languidè & ambiguè tractârint;
quódque conciliationis capita à Cæfareis conciliatoribus propofita novis identidem tergiverfationibus eluferint.

Non tamen nullus omnino fructus conventus fuit. Nam *Arefcho-*
tus cum quatuor aliis legatis, fejunctus ab aliis collegis, Antverpiam
regreffis, Coloniæ fubftitit, & conditionibus à Cæfareis propofitis ceu
æquis fubfcripfit: Valencenates etiam & Bufcoducenfes easdem amplexi, cum Rege funt conciliati (*anno 1579.*)

Continuatio Hiftorica.

POftquam autem Trajectum fuit expugnatum, plures aliæ civitates,
imò integræ provinciæ, uti *Frifia* & *Tranfifelania* ad Regem redierunt. Nam utriusque provinciæ Gubernator Georgius *Lalinius* Ren-
nebergii comes, haud indecorum fibi ratus, fi Wallonicæ Nobilitatis,
ac præfertim Lalinii Hannoniæ Præfecti, & Lalinii Montinii, cognatorum exemplo provincias & Principi fuo & Victori reftitueret, retenta
                                                                    Præ-

Præfectura, cum annuo reditu 20000. florenorum, ex Regio harum provinciarum patrimonio, ac dignitate Marchionis, rem eo deduxit, ut utraque provincia Regi facramentum diceret. Mechlinia pariter, victis ab Olivera ordinum copiis, in easdem cum Wallonibus conditiones fe dedidit.

Et videbatur fanè totum Belgium vi aut fponte Regias partes fecuturum, nifi neceffaria pecunia ab Hifpania defuiffet. Sed Lufitana expeditio & animum Regis, & pecuniam à Belgio abftraxit; utpote ex qua occupata non unius Belgii, fed regnorum plurium pecunia hauriretur. Cùm igitur belli nervus deficeret, Farnefius ex fumma fortuna in fummas difficultátes & anguftias redactus eft. Nam Wallones ex pactis urgebant abitum externi militis: Réxque id ipfum imperaverat. Copiæ exteræ, variis feditionibus motis, detrectabant difcedere, nifi ftipendiis numeratis. Alexander non habebat unde folveret: neque unde novum exercitum conduceret. Milites præfidiarii, laborantes inopia, latè prædas agebant, atque urbium direptionem minabantur.

Difficultas ob ftipendiorum inopiam.

Quæ fanè difficultates non tantùm victoriarum curfum abruperant, fed ingentem victoris animum ita dejecerant, ut amarè apud Regem queftus, fe ex Belgio dimitti rogaverit. Verùm Rex in ftatione juffit perfiftere; miffóque pecuniarum fubfidio aliquo, Farnefius ftipendio-rum parte foluta veteranas legiones, Hifpanos, Burgundos, Germanos, Italósque ingenti cum moerore dimifit, abfciffo gloriæ campo, paucis Wallonum copiis fe coactus credere, & tyronum fupplementa, ex eadem gente confcripta, militiæ initiatos imbuere.

Exteri milites dimiffi.

Emiffo veterano milite foederati per Lanuam, militum in Flandria Præfectum; capto Egmontio, Ninovam occupant, & per Norritium Anglorum tribunum Mechliniam, menfe integro dein direptam, ea crudelitate, ut populatio illa *Anglicana furia* diceretur. Sed brevi in fpes novas erectus Alexander vices rependit, conferta per Marchionem *Rubafium* memorabili pugna, in qua præter cæfos captófque quàm plurimos Gallos Hugonotos, Dux ipfe *Lanua* captus ad Alexandrum Montes adductus eft, atque in Limburgenfem inde cuftodiam abductus: homo obnixè hæreticus, multorúmque in Gallia & Belgio maiorum incentor: hæfitque per quinque annos in ea captivitate, donec cum Egmontio commutatus eft. Wallones autem, omnium Belgarum pugnaciffimi, ea victoria animati, occupatáque Cortraco, erecti, fpem de fe optimam præbere Farnefio conati funt, ut externi militis dimiffi memoriam deponeret faciliùs. Sed nova rurfus voluntas Regis curas ejus animúmque diftraxit. Namque

Anglicana furia.

Rubafii victoria.

Ad-

47.
Margaritha in Belgium.

Advenerat interea in Belgium Margaritha, Alexandri mater, re-
fumptura Regis voluntate Belgii Gubernationem, relicta apud filium
fola armorum præfectura. At is, fumma veneratione & verè filiali
matre excepta, in Hifpaniam refcripfit, ea poteftatis divifionenec matri, nec Reg', nec fibi, nec Belgicis rebus confultum: rogare proin fe,
ut fibi, ex Belgio dimiffo, Regias tranus deofculari liceat. At Rex
ad ea non motus, in fententia perftitit; donec Alexander, cèrtus,
eam dimidiatam Præfecturam publicæ rei noxiam fore, ad Granvellanum, qui omnia in animum Regis poterat, fcripfit; fummam

Alexander
diffuade: di-
vifionem
præfecturæ.

quidem fibi venerationem effe in Margaritham, & fummi Cæfaris
filiam, & maximi Regis fororęm, & matrem fuam amantiffimam,
& Belgii jam antè Gubernatricem prudentiffimám, Belgis omnino
gratiffimam: fed ad præfentem Belgii ftarum planè non conducere, ut poteftas dividatur; licèt enim inter matrem & filium per fe
ipfos nulla fit futura difcordia, Urbanos tamen inter militúmque Præfectos non defore varias contentiones. De cætero non videre fe, cur
à Rege tali pœna plectatur, ut Gubernatione dejiciatur. Se cùm in Belgium veniffet, duas duntaxat provincias inveniffe, Regi adhærentes,
tertiam fuo ductu adjeciffe, ac poftea, mortuo Joanne Auftriaco, trés
rurfus, inita cum Wallonibus conciliatione Regi comparâffe, bísque
Frifiam etiam & Tranfifelaniam adjunxiffe, ut adeò octo omnino provincias fub Regis imperio babeat, præter complures in Flandria, Brabantia, aliísque provinciis urbes, vel occupatas, aut in fide retentas;

Dimiffio-
nem petit.

fpémque fore præfentiffimam, plures adhuc brevi reducendas. Si tamen his intra biennium geftis adeò male de publica re fit meritus, ut
adimenda fibi videatur gubernatio, fe nullatenus refragari, quò minùs alibi obfequi Regi poffit, aut etiam fub matre gregarium in Belgio
militem agere.

Quum dein rumore de Alexandri difceffu percrebefcente militia
vehementer quereretur, Rex tandem confilio mutato, integram eidem
adminiftrationem perfiftere voluit, Margaritham nihilo fecius in Belgio
manere, ut revertentes ad obfequium Belgæ ad eam, facram velut ad
aram, poffint confugere. At illa triennium Namurci morata, cùm
omnia bellum refpicerent, impetrata venia in Italiam rediit.

48.
Hornanus
plexus.

Tumultuari dein rurfus miles, ob vetus malum, pecuniæ inopiam: urbes aliquæ Nobilé-que ad ordines deficere,atque in ipfam etiam
Alexandri vitam confpirare. Hos inter erat Hornanus comes, cum
Chrecquio & Inchio. Sed Montinii & Rubafii fide detecta proditione
captus *Hornanus*, judicióque habito, capite plexus eft: nulla Belgarum commiferatione, quorum ex primoribus multos, dum tumultüa-
rius effet Bruxellis Gubernator, in fenatu capi, & in cuftodiam trahi
juffe-

jusserat: superbo ingenio homo & variabili, qui semper alibi esse mallet, quàm ubi erat. Bona, fisco debita, ejus sorori capti Egmontii conjugi relicta sunt.

Nec minùs sollicitum habebant Parmensem res Frisiæ, jam tertium mensem Gróningæ ab Orangianis obsesso *Lalinio* Rennebergio; desertúmque se, postquam ad Regias partes transisset, conquerente: præsertim ubi inaudiit, Comitem *Holachium* Orangii affinem, novis cum copiis imminere. Licèt igitur pecuniæ inopia tot tristibus undique nuntiis occurrere non posset Alexander; ne tamen Rennebergium destituat, Victoria & Frisiam ac Transfiselaniam rursùs amittat, conquisito undecunque Groningensis. ære *Martino Schenckio* ductore copias misit. Quæ commissa ad Hardembergam in Transfiselania cum Holachio pugna, egregiam victoriam reportârunt, cæsis 1500. Orangiianis, tormentis & impedimentis omnibus in potestatem redactis, ex Regiis 52. tantummodo desideratis. Soluta mox Gróningensi obsidione Rennebergius victricia arma latè circumtulit, captis non paucis arcibus, fractóque compluribus secundis præliis Orangii & Holachii robore. (*anno 1581.*)

Hæc, quanquam prospera, Wallonibus movebant invidiam, quasi Alexander misso in Frisiam milite posthaberet eorum provincias, hostium incursionibus, Cameraco, Tornaco, Condæo, & Bouchemio impunè prodeuntium, expositas. Quare *Bouchemium,* cui Villersius præfectus erat, per Mansfeldium, Montinium, Mottæum, & Rubasium expugnavit, non sine insigni hostium perfidia, qui libertatem abeundi pacti, pulverem nitratum arci lentúmque ignem supposuerant. Quo, Urbes captæ. arce salva, centum domus conflagrârunt. Cùm postea inter Mansfeldium castrorum Præfectum & Rubasium Magistrum equitum magna dissensio ex æmulatione exardesceret, Alexander illi *Nivellam,* huic *Cameracum* expugnandum commisit. Ipse veró cum Montinio *Condæum* recuperavit.

Orangius fœderatorum ordinum potentiam virésque tantopere 49. imminui cernens, ut reditum abscinderet, eis tandem persuasit facinus Fœderati execrandum, ut Antverpiæ congregati definirent, Philippum Regem abdicant. Regem, quòd jurata Belgis privilegia non servârit, Principatu Belgii excidisse, obeámque causam Belgarum populos (ipso Philippo in Belgii inauguratione id permittente) à fide obedientiáque jam liberos, novum sibi Principem, Franciscum Valesium *Alensonii Ducem* Galliæ Regis Alensonium fratrem, volentes libentésque deligere. Ad quem invitandum Aldegun-sibi Principem dius cum aliquot Nobilibus ablegatus, haud difficulter persuasit Principem eligunt. pi inquieto, & imperii avido, ut se cum instructo exercitu in Belgium venturum promitteret.

Ma-

Abit Mathi-
as,

Mathias Archidux, in cujus oculis hæc agebantur, non exſpecta-
turus novum Principem, abdicata in eodem ordinum conventu perſo-
nata quatuor annorum adminiſtratione, deſpectus & abjectus in Germaniam rediit: relicta Alenſonio perſona, in eodem turbido Belgii
theatro nec diutius nec feliciùs ſuſtinenda. Edicto ordinum Hagæ comitis promulgato, illico Regià fracta ſunt ſigilla, dejectæ ejusdem imagines & inſignia, eraſa nomina; ordinibus Sacramentum dictum. Tum
rurſus in ſacra catholica converſus furor, hæreticis pro effræni licentia

Orangius
proſcriptus.

omnia miſcentibus. Rex verò Orangium ceu perduellem hoſtémque
publicum proſcribit: occiſoribus ejus 25000. aureorum decreto præmio. Ille verò edita apologia cauſam ſuam tueri eſt conatus. Sed dum

Breda capta.

Regem Belgio ſpoliare nitebatur, *Bredam* gentilitiam urbem ſuam amiſit, quam *Altapennius* Barlamontii frater, immiſſis noctu clàm militibus
in arcem, occupavit, ac militi diripiendam reliquit. Inſtauratus dein
ſacer cultus (*anno 1581.*)

Venit interea in Belgium juſto cum exercitu Alenſonius, & liberato ab obſidione Cameraco, variis locis potitus, Farneſio viribus impare
prælium detrectante, timebatur majores progreſſus facturus. Unde, quia

50.
Agitur de
revocando
extero mili-
te.

Provinciæ Regi addictæ facilè videbant, ſolam Wallonum militiam
Gallis & ordinum copiis non poſſe reſiſtere, optabant jam exterum militem, cujus dimiſſionem tanto ardore antea poſtulaverant, revocati.
Farneſio nihil erat optatius quàm ea gentis perſuaſio, atque fer-
rum, dum calebat, cudendum ratus, Nobilitatem, quæ ſola diſſentire
videbatur, Egmontii & Hornani exemplum verita, in hanc ſententiam
perducere laborabat. Aggreſſus primùm Laliuios, Hannoniæ Gubernatorem, & Montinium, dein verò Rubaſium. Nec illi, ſecuritate &
munerum retentione ſibi promiſſa, obſtiterunt. Quin ipſi à Rege petierunt exterorum auxilia. Auctáque ſunt hæc ſtudia, ubi Alenſonius
ab ordinibus publicè inauguratus eſt Antverpiæ Dux Brabantiæ & Belgii Princeps, advenientibus identidem novis è Gallia & Anglia pro
eodem ſuppetiis.

Tornacum
captum.

Dum autem exſpectatur reſponſum Reg's, & adventus externi
militis, Alexander, ut *Cameracum*, Gallis relictum, compenſaret, *Tornacum* obſedit, præmunitam in Flandria urbem, in quam paſſim hære-

Alexandri
periculum.

tici, ex Wallonum provinciis ejecti, tanquam ſentinam colluvione
confluxerunt. In ea obſidione præſentiſſimum vitæ diſcrimen Parmenſis
ſubiit, tormenti exploſione inter ruinas ſepultus, ſed ſaucius rurſus
egreſſus, tanta vi oppugnationi inſtitit, ut pertinacia tandem fracta
deditam urbem receperit, libertate abeundi hoſti conceſſa. Eodem

Verdugi
victoria.

ferme tempore *Verdugus*, Rennebergio defuncto ſuffectus Norritium
& Naſſavium in Friſia magna ſtrage profligat, captis omnibus tormen-
.tis

tis ac reliquo belli apparatu. Altapennius verò *Eindoviam* occupavit.
(*anno 1581.*)

Mox *Aldenardæ*, quam ob munitiones à Lanua adjectas Rupellam
minorem dixêre, atque inexpugnabilem putabant, oppugnatio suscepta. At duo in ea pericula Farnesius subiit: primum à seditione Germanæ legionis, quæ stipendia ferociter postulavit. Verùm Alexander
stricto gladio in medium strepentium & arma intentantium globum invectus viginti illorum illico suspendi jubet, legione tanto Ducis ani- *Alterum pe-*
mo attonita, nec hiscere ausa. Alterum subiit, cùm grandior pila in *riculum.*
prandentis tentorium projecta mensam subvertit, & aliquot assidentes
prostravit. Nil ille motus eodem loco sterni rursus mensam jussit, rejecto securiore, ne hostes gloriarentur, Alexandrum aliquando fugisse. *Aldenarda*
Expugnata denique hæc Rupella, catholica sacra, quæ diu exulabant, *capta.*
recepit. Parcitum civitati, Margarithæ matris patriæ; imperata tamen mulcta, inter milites distributa. (*anno 1582*)

Advenerunt interim in Bolgium 5000. Hispani & 4000. Italie. Illis *Adventus*
in duas legiones divisis dati Tribuni *Pacius* & *Mondragonius:* his verò *exteri mili-*
Carduinus, & *Camillus* à *Monte.* Accesserunt multi ex Italia Nobiles, *tis.*
milites honorarii, ut sub Alexandri disciplina bellandi artes addiscerent.
Et opportunè venerant eæ copiæ, Alensonio cum novo exercitu in Belgium movente: Rege Henrico aut dissimulante, aut etiam matris im-
pulsu adjuvante. Alexander Gallos adortus, victósque Gandavum fu-
gat. Ubi Alensonius Flandriæ comes est renuntiatus. Oppidis inde
ultro citróque captis certatum. Et Regii quidem Liram astù occupâ- *Captæ urbes.*
runt, opera centurionis Scoti, ad Alexandrum transeuntis: Gavream
verò & Ninovam, Egmontii arces, cum Cameresio, Clusa, Stenovi-
co, vi expugnant & Lovanium obsidione liberant.

Hæc dum prosperè à Regiis geruntur, acta est res magna, quæ 51.
Gallorum ordinúmque partes magnopere prostravit, Hispanas verò *Alensonii*
mirè erexit. Nam *Alensonios*, se præter inanes titulos, non aliter *invasio.*
ac olim Mathiam Archiducem, ab ordinibus haberi, impotenter ferens,
auctoritatem sibi armis asserturus, Tribunis, qui in Flandriæ urbibus
Gallicis cohortibus præerant, præcepit, ut uno omnes die (hæc erat
16. Januarii, anni 1583.) Flandriam armis occupent, eámque ceu jure
belli captam, Galliæ asserant. Ipse verò Alensonius Antverpiam
subigendam deligens sibi Gallicas copias in, urbem quà astu, quà
vi ducit, cæsisque custodibus, Antverpiam captam inclamant Galli. Cives, ubi diripi urbem, omniáque per vim agi spectârunt, correptis armis, Gallos ingenti clade prosternunt, 250. Nobilibus interemptis, ex aliis verò 2000. Flandriæ urbes vario eventu attentâtæ,
Ostenda, Brugis, Neoporto, prævalentibus adversùm Gallos: sub-
actis contra à Gallis, Teneramunda, Dunquerca, & Dixmunda.

Clades.

Ex his turbis & Alenſonii cum ordinibus colliſione quid commodi capere poſſit Farneſius deliberans, tentata fruſtra cum alterutra parte transactione, diviſo bifariam exercitu, ſimul Dunkerchæ Alenſonium, & Stenbergæ *Bironium* ejus Ducem aggredi ſtatuit. ' Hanc expeditionem ipſe ſuſcepit, captisque aliquot in Brabantia arcibus, Bironium Stenbergam ſe recipientem inſecutus, pugna aggreditur. Jámque Galli delibabant victoriam, cùm Alexander ſuos fugientes ſiſtens, victórque magna clade Gallos, Belgásque immiſtos profligat. Bironii fugam

& nga ex Eelgio.

Hochſtratæ, aliorúmque óppidorum deditio ſecuta eſt. Alenſonius audita hac clade, & Farneſii Dunquerchæ imminentis feſtinatione, veritus Alexandri fortunam opperiri, relicto ibidem Gallico præſidio, claſſe conſcenſa in Galliam rediit, quaſi cum Rege deliberaturus de reconciliatione cum Belgis.

52. Urbes captæ.

Suſcepta mox à Mottæo, Montinio, & Montragonio *Dunquercbæ* oppugnatio: nec ultra ſex dies protracta. Nam dedentibus ſe Gallis liber conceſſus abitus. Urbs ipſa clementer habita. Prolata dein victoria Alexander *Neoportum, Meninam, Düxmundam, Winociberga,m, Wurnam* recipit. Per Altapennium *Stenbergam*, per Tribunum Faxium *Zutpbaniam* occupat, cæſis non rarò Orangianis.

Unum inter hæc ubique proſpera exedebat Alexandri mentem, quòd rei nummariæ, cujus ſupra modum premebatur inopia, videret occaſiones præſentiſſimas ſibi eripi, & nobilium victoriarum palmas pene inter manus confringi. Quare Regi victorias gratulatus, ſerme absque milite & ære partas, Divinæ planè clementiæ miracula, cum gemitu exhibuit, præter præſidia non ultra ſex armatorum millia ſibi ſupereſſe; ſed ſi mitterentur auxilia, ſperare ſe, intra annum tota Brabantia potiturum. Rogat itaque Regem, ut liberalitatem ſuam prolixiùs exerat, ut bellum, aliàs ſine fine extrahendum, brevi confectum ad vota videre queat. Et tamen, quod mirum, tanta laborans pēnuria, Flandriam victoriis excurrit, captis *Rupelmundi, Axella, Ulſto, Aloſto, Middelburgo Flandriæ*, cum *Waſienſi agro:* reducta ubique Religione exule. (*anno 1584.*)

Quibus præclarè geſtis accepit à Rege litteras, quibus ei gratias agit ob tot victorias, atque ſignificat, peditatum omnem Hiſpanum, abſoluto jam Tertiis in inſulis bello, mitti à ſe in Belgium in tres legiones diſtributum, ductore Petro Taxio, qui Alexandro ſcripſit, conſtare eas legiones 5000. militibus. Juſſit etiam Rex ex auro claſſe Indica recens advecto, in arce Mediolanenſi decies centena aureorum millia deponi, per partes in Belgium mittenda. Addit denique, Colonienſes, & Bavarum eorum Antiſtitem repetitis litteris opem adverſus Gebhardum Truchſeſium imploráſſe; curaret proin, ne tam juſto patrocinio

Expeditio Colonienſis.

hio

nio res cathòlica, & fpe fua Bavarus fruftretur. Et implevit votá
Farnefius, miffo ad Erneftum Carolo Lignyo Armbergii comite cum
3000. peditibus, & 500. equitibus, plerisque veteranis, quos novis
poftea fubfidiis auxit. Victi hæretici: Gebhardus in Hollandiam profugus: firmata Ernefto dignitas.

His lætus Alexander tres amplas Flandriæ civitates, *Gandavum,* Flandriæ ur-
Brugas, & *Ipras*, abfciffo commeatu fame edomare decrevit. Ac pri- bes.
mùm Ipræ fe dediderunt: dein Brugæ, quibus ordinum nomine præfectus fuerat Carolus, Croyus Chimaci Princeps, Ducis Arefchoti filius,
qui fuperiore anno Regis partes deferuerat. Sed Parménfis patrèm
dixit Gubernatorem urbis; cui nullum præfidium impofuit, fed *Dammæ*
oppido proximo. Reductus Brugenfis Epifcopus, qui majorum facra
inftauraret. Pertinaicùs Gandavenfes refiftebant, fed interclufis
alimentis inedia fracti, Alexandro fe permittunt, qui urbi, grandi ære
multatæ, & facra reftituere juffæ, validum præfidium imponit, eique
Præfectum dat Federicum Perenotum Campinii Dominum, Cardinalis
Granvellani fratrem, quem prius Gandavenfes carcere concluferant.
(anno 1584.)

Tot calamitatibus arctati refidui fœderati Belgæ, miffis in Galliam 53.
legatis *Alenfonium* revocant, conditionibus multò amplioribus, adeò, Alenfonii
ut eo absque liberis defuncto, Belgium Galliæ Regno fe conjuncturos mors.
promitterent. Sed altior vis filum huic telæ texendæ præparatum incidit, fubitò è vivis rapto Alenfonio. Si quis unquam alius, hìc certè Princeps variantes rerum humanarum vices expertus eft: jam Cal- Elogium.
viniftarum Dux Catholicus: frater armatus adverfus fratrem, fubditus in Regem: jam captivus ac longa cuftodia detentus; nunc Angliam
gloriosè ingreffus ad Regalem thalamum: mox fpe delufus. Modò
Belgarum Princeps magnificè inauguratus: rurfus magna cum ignominia toto Belgio bis ejectus. Jam potentiffimi Regni hæres proximus,
fummo faftigio propediem admovendus, atque à populis adorandus:
fed mœrore contabefcens in flore ætatis vitam turbulentam finiit. Hæc
rerum humanarum fides, præfertim ubi ambitio fe ipfam torquet, &
illud negligitur, quod folum vitam beatam figit.

At non unus Alenfonius ambitionis cupiditatisque trifte docúmén-
tum reliquit; infecutus mox Orangius infeliciùs finiit, quàm luferat, &
vitæ humanæ tragœdiam. Is jam antè Antverpiæ, ipfo Alenfonii natali Orangii.
die, poft lætum convivium à *Joannello Jaurengio* Cantabro juvene fclopo
utramque maxillam fauciatus, tribus pòft annis Delphis in Hollandia
à *Balthafare Girardo* Burgundo, furgens ab epulis fiftula in cor explofa
peremptus eft. Percuffor à fuga retractus, & quæftioni fubjectus, quo
auctore id facinus patrâffet, quum Divino tantùm inftinctu id factum

Pars VII. Uuuu con-

conftanter affeverâffet, dirè multúmque tortus, atque in quatuor par_
tes, lento fupplicio diffeſtus eſt, mirantibus, qui lanienæ interfue-
rant, juvenis (26. annorum erat) animum imperterritum, tormentis
omnibus majorem. (*anno 1584.*)

Elogium.   Atque hunc finem inquietæ vitæ impoſuit Wilhelmus Naſſa_
vius, Princeps Orangius (*Auriacum* aut *Arauſicanum* alii appellant)
anno ætatis 51. belli civilis 16. cujus claſſicum ipſe Belgis cecinerat,
oſtentato libertatis ſigno, aſſumpto hæreticorum patrocinio, Divinæ
ac humanæ Majeſtatis reus: quippe auſus contra Regem ſuum initiò
pròpriis auſpiciis arma ſumere; poſt occultis conjurationibus, publicis
fœderibus, attraſtis ad partes magnis Principibus, Belgio ad ſpeciem
impoſitis, ſed ſibi re ipſa ſubjeſtis, ſciſſaſ aſtu provincias contra quatuor
Regios Belgii Præfeſtos, pertinaci bello in armis tenere: eo quidem
ſucceſſu, ut ante Farneſii adventum ad duas provincias contraxerit Hi-
ſpanam potentiam: donec eandem ſub Alexandro reflorescentem exti_
meſcens, ſibíque cavens, gentis credulitatem adeò circumegit, ut publi_
co ediſto Regem ſuo exuerent patrimonio, Gallúmque ſibi Dominum
adoptarent: à quo Hollandiam & Selandiam clientelari jure poſſiden_
dam, ſecundum Alenſonii promiſſionem, habebat Orangius. Undec commiſſis bello Galliæ Hiſpaniæque Regibus has provincias ſibi firmandas
ſperabat; repertíque feruntur apud eum nummi, adjeſtis circum litteris: *Nova moneta Comitis Hollandiæ & Selandiæ,* inaugurationis die
publicandi. Certè illi ſua debet initia nova, eáque potentiſſima per
Europam Respublica, quæſtuoſis per utrumque orbem commerciis in
immenſum proveſta.

Mauritius
ſuffeſtus   Pòft ejus mortem legati provinciarum, Regi necdum parentium,
Antverpiæ congregati, communi conſilio Mauritium ejus filium, ſe_
cundò natum (nam Guilielmus primogenitus in Hiſpania adhuc detine_
batur) Hollandiæ, Selandiæ, & Ultrajeſti, maríque Belgici Præfeſtum
renuntiarunt, 19. tunc annos natum, atque in virum ingentem excre_
ſub turum: dato ei propter ætatem legato Comite *Holachio;* Nivernario
Holachio. Geldriæ adminiſtratione commiſſa, quam Comes Bergenſis, Regias
partes recens ſecutus, abdicaverat. Tum in Galliam Legatos ordines
mittunt; qui Regi Belgium obtulerunt, eo jure, quò Carolus V. poſſiden_
dum. Fluſtuabat animo Rex, tum quòd ſpes tam vicinæ támque opi_
mæ prædæ invitaret, tum quòd metueret, ne Belgæ rejeſti Angliæ Re_
ginæ ſe dederent. Ex altera parte, turbatis Galliæ rebus novo & anci_
piti bello cum Hiſpano ſe implicandum videbat. Tandem legatis re_
ſpondit. Gliſcere in Gallia quotidie turbas, iis intentum prohiberi ſe, nз
Regni vires alió diſtrahat: iis expeditum curas inde ſuas in finitimos
amicósque populos extenſurum. Sic legati re infeſta poſt tertium men_
ſem in Belgium reverſi ſunt. §. II.

§. II.

Alexandri Farnefii feptennium alterum.

54.

PArmenfis interea inaudita fortitudne fuas profequebatur victorias, obfidione præfertim *Antverpienfi*, qua nulla unquam memorabilior. Jacta hîc rapidis in fluminibus caftella, frænati amnes, aperti infra undas cuniculi, fluvii aggeribus fuperfufi, rurfúmqne aggeres fluviis impofiti: & quafi modicus videretur unius Antverpiæ obfidendæ labor, eodem tempore urbes prævalidæ fex ac potentiffimæ fimul omnes obfefæ, fimul circumacto vix anno in poteftatem redactæ, *Antverpia, Gandavum, Neomagum, Bruxella, Tenevamunda, Mechlinia.* Et quidem paucis admodum copiis res tantæ actæ funt. Nam pattem præfidia urbium arciúmque diftrahebant. Legiones duas Arembergius & Manriquius in agro Colonienfi habebant. Pars in Frifia fub Verdugo provinciæ Præfecto, & Taffio ejus Legato, adverfus fœderatos militabat. Zutphaniam cum aliquot equitum turmis Appius de Comitibus & Capifuccus pércurfabant. Marchio Rubafius cum fua Wallonica Legione fines Artefiæ & Hannoniæ adverfus excurfiones Gallorum tuebatur. Alexander in Flandria & Brabantia non plures habebat, quàm 10000. peditum, & 1700. equites: cum quibus res tantas geffit.

Expugnatio urbium.

Obfidionem Antverpienfem tam paucis cum copiis fufcipi non poffe cenfebant magni Duces, Mansfeldius, Mottæus, Goignius Licquius, Belgæ: Mondragonius, Billius, Olivera, Pacius, Hispani: Camillus à Monte, & Camillus Capifuccus Itali: cum Georgio Bafta, Epirota, qui poftea in Hungaria & Tranfylvania Cæfaris fupremus belli Præfectus inclaruit. Sed cedentes auctoritati Alexandri obfidionem inchoârunt; atque ut omnem urbi commeatum abfcinderent, ingentem Scàldi *pontem*, miro artificio operosè confectum, impofuerunt, ex quo omnes naves arcérent. Fertúrque *Aldegundius* urbis Conful, cùm prodigiofum eum pontem abfolutum cerneret, dixiffe, non humani ingenii inventum tam ftupendi operis, fupráque fidem fuiffe, flumen tam latum támque profundum mortalibus manibus claudi potuiffe, ac Brabantiam cum Flandria per pontem committi.

Præfertim Antverpiæ.

Pons.

Dici non poteft, quanta Antverpienfes fint machinati, ut hunc pontem, & inædificata eidem caftella fubruerent. Inter alia compluta novo prorfus invento à *Lambello* homine Italo, qui in urbe degebat, navigia incendiaria, fulphurea pefte & pulvere bellico farta atque flammas ingentes eructantia, fabricata funt, & ex urbe per Scaldin adverfus pontem emiffa: eorum unum, poftquam nautæ in fcaphas defilierunt, ad pontem diffiliit, horrendo ufque adeò fragore, ut ruere cœlum, fupera inferis mifceri viderentur. Nam ejecto inter fulgura &

Naves incendiariæ.

toni-

tonitrua, lapidum, catenarum, & globorum nimbo, horrenda ftrages eft edita. . Caftellum, cui tartarea navis incubuit, pattem pontis,
milites, duces, tormenta, uno omnia involuta impetu in fublime rapuit, difperfitque quafi ventus folia. Octingentos milites tygia illa
peftis extinxit; plurimos miferandum in modum fauciavit.

Clades mi-
fera.
    Inter Duces occifos fuit Marchio *Rubafius*, Gubernator Artefiæ,
& equitum Magifter, ob militares virtutes, adductas Wallonum provincias, detectas infidias, Alexandro gratiffimus. Obiit pariter Gafpar
Roblæus Billii Dominus, Germanorum legioni præfect.s, militari &
ipfe laude clariffimus. Alexander ipfe tartarei ignis vapore proftratus,
inter mortuos eft habitus. Ubi ex ruinis emerfit, atque ftrata ubique
cadavera, pontem & caftella disjecta, miferandámque rerum faciem
vidit, indoluit equidem, fed mox animo erectus, ad reparandum pontem fe accingit.

    Longum forét recenfere omnés machinationes Antverpienfium,
eruptiones ex urbe, claffes Selandicas & Hollandicas in auxilium fub
Holachio accurrentes, frequentes conflictus, clades mutuas ingentes,
aggeres fuperatos, rurfúmque amiffos. Sed tandem difficultates
omnes evicit Alexandri conftantia. Nam Antverpienfes legatos ad eum
misêre, atque inter eos ipfum confulem Aldegundium, qui deditionem offerrent, ea tamen lege, ut religioni libertas effet, ut arx nulla urbi imponatur, nec exterum præfidium immittatur. Addidítque
Aldegundius, Calvino apprimè addictus, fe facilè etiam Hollandiam
& Selandiam ad obædientiam Regis adducturum, modò religionis libertas concédatur: manifefto argumento, quænam tot rebellionum bellorúmque princeps caufa exftiterit.

Condiciones.
    Verùm Rex jam antè Alexandro refcripferat, in omni conven-
tione cum civitatibus hoc primum atque fupremum effe debere, ut
Religio catholica recipiatur, interdicta omni fectarum profeffione: relicta duntaxat hæreticis mora, ut res fuas domefticas poffint componere & emigrare. Satiùs effe, omnia pro Deo profundere, quàm ab
hac conftantia vel minimum deflectere. Firmata igitur ab Alexandro,
his mandatis inftructo, prima de Religione conditio. Juffi Antverpienfes templa, quæ everterant, reponere, & ejectas Religioforum
ordinum familias in fua loca & bona recipere. Cúmque legati infta-
rent, ut ii folùm Religiofi reftituantur, qui tempore Caroli V. Antverpiæ habuiffent domicilium, Farnefius, hæc ad excludendos Societatis Jefu Patres tendere, animadvertens, quorum ipfe militiam adverfus hæreticos maximè adhibebat, conditionem omnino rejecit,
comprehendique omnes voluit. Circa reliqua duo capita fic conventum eft: ut Parmenfis præfidium ex amicis nationibus fecum in urbem

addu-

adduceret; &, siquidem, Hollandi Selandíque cum Rege suo reconci-
liarentur, urbs ab arce & praesidio libera foret.

In reliquis conditiónibus ex Regis voluntate liberalis fuit. Data
venia: restituta privilegia: haereticis ad res suas componendas qua-
driennii mora permissa: urbi non nisi quater centena florenorum millia pro stipendiis militum imperata; quamvis infinitis sumptibus an-
nalis ea obsidio steterit. Tum dejectis Alensonii insignibus regia repo-
sita; atque Alexander triumphantis in morem urbem ingressus est,
comitantibus Belgis & Germanis. Hispani verò & Itali, Antverpien-
libus minùs grati, in castris relicti, in ipso ponte, ab Alexandro con-
structo, triumphalèm pompam victori adornârunt. Ad quos Alexander ac Duces egressi, eo ipso in ponte coenam lautam militibus in-
struxerunt, iisque ad mensas ministrârunt. Postridie autem pons ille
prorsus stupendus sublatus est. (*anno 1585.*)

Alexander ad ordinandum statum civitatis reversus, Campinium
urbi, praesidio Werpium praefecit: Mechliniensem Archiepiscopum
ad procuranda sacra, Societatis Jesu Patres ad instituendam litteris &
Religione juventutem, clausis haereticorum gymnasiis, evocavit. Stipendia tum militibus, quamvis defectu pecuniae non integra, distribuit.
Quae res Wállonibus tumultuandi occasionem praebuit, existimantibus
per errorem, se minora Hispanis obtenturos. Hoc tumultu aliquorum supplicio sedato arcem, à Margarithà matre designatam, ab Albano exstructam, ab Orangio dirutam, restauravit, Antverpiensibus
non admodum invitis, hospitationis militum pertaesis. Et tantae tunc
quidem molis erat expugnare Antverpiam , quam, licèt arce munitam,
nostris temporibus levi brachio paucos intra dies ad deditionem com-
pulsàm vidimus : captis priùs vicinis circum munitionibus.

Interea dum Antverpiana fervet obsidio, complures alias praecel-
lentes urbes in potestatem catholicae redegerunt copiae; atque imprimis *Teneramundam*, jactura tamen Pacii & Taxii Tribunorum: tum Tenera-
Gandavum, unde naves, quibus Alexander egebat, Antverpiam munda
duxerat. Sed Tilinius Lanuae filius Lilloo (cujus arcem frustra Farnesiani invaserant) egressus, excitato ad Scaldis ripam castello commeatum Gandavum inter & Antverpiam interclusit. Verùm is, dum
ad evocandum ad Antverpiae defensionem Holachium properat, à
Farnesianis captus est, & in custodiam Tornacensem abductus, magna
foederatorum jactura, & patris Lanuae, Limburgi adhuc captivi
moerore.

Secuta est mox deditio *Bruxellarum*, fame extorta. Jussi cives, Bruxellae
templa reficere, Regii sacelli ornamenta, & pretiosam supellectilem
restituere, aut pretium solvere. Haereticis biennii mora ad emigran-

dum conceſſa. Præſidiarii (duo circiter erant millia) ſacramento adacti, nunquam bellandi adverſus Regem. Ordinatus ſtatus Eccleſiaſticus & Civilis. Poſtea Alexander huc aulam ſuam, Belgii Principum & Gubernatorum antiquam ſedem, tranſtulit; poſtquam eam primùm Namurci, dein Montibus in Hannonia, tum Tornaci in Flandria fixe-

Neomagum rat. Nec menſis abierat, quum *Neomagum*, primaria Geldriæ civitas, Caroli M. olim ſedes, in Regis poteſtatem venit. Càtholici nempe à Meurſio Comite Provinciæ Præfecto preſſi, Altapennium cum copiis Regiis in urbem admiſerunt, qui præſidiarios ad deditionem compulſos exarmavit.

Mechlinia. Acceſſit ſub ipſum finem Antverpienſis obſidionis *Mechlinia;* quam occupatis vicinis munitionibus, obtinuerunt Renthiacus, Licquius, & Mottæus. Urbs arbitrio Parmenſis permiſſa, qui clementer eandem habuit: reſtituto poſt longum exilium Archiepiſcopo.

55.
Geldria & **Friſia redu-** **cta per Ta-** **xium.** Neque civitates tantùm arcésque à Regiis occupatæ; in campis etiam apertis victricia ſigna explicata, maximè in Geldria & Friſia. Nam imprimis Meurſæ Comes recuperando Neomago imminens, à Verdugo Friſiæ Præfecto & Taſſio ejus legato victus eſt fugatúsque. Sed major multò pugna at Armerongam Geldriæ pagum commiſſa eſt. Nam Meurſius, auctus *Schenckii* transfugio, & copiis à Villerio, Ultrajecti Præfecto, adductis, Taxium aggreſſus eſt. Sed ab eo magna clade affectus Ultrajectum fugit. Cæſi ex hoſtibus 1400. captus Villerius &c. Inſigni gloria Taſſianæ ſeu *Taxianæ* Familiæ. Sed plures victoriarum palmas *Taxius* meſſuit. Nam etiam Naſſavii vicarium in Friſia tanta clade profligavit, ut ex duobus millibus vix decem ſupereſſent, qui non aut in acie, aut in fuga cæſi, captive fuerint. Quibus ex victoriis, uti Taxio claritudo nominis, ita permagnum Regi emolumentum accrevit, ex omni ferme Friſia ſubmotis hoſtibus: ut adeò, præter Selandiam, Hollandiam & Ultrajectum, nullam ampliùs fœderati integram haberent provinciam.

Oſtenda Tot tantósque inter armorum progreſſus non defuerunt catholicis copiis ſua infortunia. Nam Mottæus cum copiis *Oſtendam* vi ingreſſus, quatuor horas locum tenuit. At cùm miles ad prædam dilaberetur, & centuriones aliqui ſuo muneri deeſſent, non ſine clade ab oppidanis ejecti ſunt. Sed vices *Buſcoduci* fœderatis redditæ. Eam urbem Holachius cum cohortibus aliquot per aſtum intraverat: at ejus copiæ ad prædam converſæ ab Altapennio ad internecionem deletæ ſunt: urbsque munita Regi ſervata eſt. Oſtendanæ cladi ſimilem paſſæ ſunt Regiæ copiæ ad *Lilloum*, a ce valida, quam Mondragonius olim poſuerat, munitam ad Brabantiæ oram. Ut ex hac intercluderentur Antverpiæ obſeſſæ ſubſidia, miſſus eſt ipſe Mondragonius, ut opus ſuum recuperet. Sed dum lentiùs agit,

immiſ-

immissa duo Scotorum millia ex arce erumpunt, Duce Tilinio arcis Præfecto, eúmque fugant. Redire quidem parabant ad obsidionem, sed re desperata ab Alexandro revocatus est. Neque parum negorii eidem hæc arx facessivit in expugnatione Antverpiæ : ex qua alimenta urbi per Scaldim inferri poterant, donec pons ille portentosus commercium exclusit.

Verùm nusquam majores in angustias præsentiús que discrimen adducti sunt Hispani, quam in *Bomelia Insula*, quam in Geldria efficiunt Mosa & Vahalis. Siquidem post expugnatam Antverpiam tres veteranæ legiones, quæ quinque millibus constabant, duce *Bobadilla* in eam Insulam expeditionem susceperant; cùm *Holachius* centum navibus per Mosam advectus pluribus in locis aggeres perfodit, ut fluvius excurrens Insulam inundârit. Hispani eluvionem fugitantes in aggeres & editiores colliculos evadunt. At crescentibus aquis nusquam tuti, & ab armatis hostilibus navibus cincti exitum nullum videbant. Nam Mansfeldius cum Buscoducensibus navibus accurrens rejectus fuerat. Jam & fame & frigore (nam hyems erat) plures enecabantur : illam tot annorum felicem militiam, adempto armorum usu, ignavè finiendam lamentantes. Cùm ecce, ubi miles terram ad munimentum fodit, tabulam detegit, Dei Genitricis effigiem referentem. Accurrunt contubernales, spéque concepta, supplices opem implorant, humanis omnibus præsidiis destituti. Nec defuit benigna Mater. Ipsa enim festa Immaculatæ ejus conceptionis die, undæ glacie congelari cœperunt. Unde Holachius cum suis navibus, ne glacie constringerentur, fugere compulsus est. Hispani verò, glacie rursus tepidiore aura dissoluta, Buscoducensibus navibus, prohibente jam neminet, excepti Biscoducum sunt réducti. Ubi omni charitate eis subventum. Institutáque in beneficii memoriam Immaculatæ conceptionis sodalitas, per Belgium deinde & Hispaniam celebris.

Fœderati, quum in majores se in dies angustias compingi cernerent, & incassum auxilia à Gallia petiisse, ad Angliæ Reginam legatos mittunt, qui ordinum nomine Belgium eidem offerant, rogéntque, ut Gubernatorem mittat. Principatum quidem illa non admisit, milites tamen & Ducem est pollicita; & quidem 5000 pedites, 1000. equites : quibus belli tempore stipendium ipsa solveret, pace composita rependendum. Interim in Selandia Flissingam & Rammecham, in Holland·a Brilam, præcipuos earum provinciarum portus pignoris loco traderent.

Ducem nominavit *Robertum Dudlæum Leicestriæ Comitem*, intimæ apud Reginam admissionis virum. Is igitur anno 1586. præmisso cum copiis Norritio & Sidnejo, Belgium magno Nobilium comitatu ingressus,

Bomeliana expeditio.

Calamitas.

Per B. V. servati.

56. Angli acciti

Leicestrius Gubernator.

greſſus, Hagæ, Hollandiæ olim comitum ſede, pompa feſtiva ſupremus fœderatarum provinciarum Gubernator inauguratus eſt: Regina ſe offenſam propterea ſimulante; quòd non Gubernatorem ſed auxiliares duntaxat copias in Belgium miſiſſet. Sed larva hæc erat, quæ conſilii invidiam obtegeret.

Farneſius, qui jam ferme portum ſe attigiſſe crediderat, ubi vidit cum novis rurſum fluctibus ſibi luctandum, atque poſt Mathiam & Caſimirum, tractaſque è Germania copias, poſt Alenſonium, & adductas è Gallia confligendum, ut par erat, motus, animum tamen nequaquam deſpondit, ſed ad univerſum Moſæ Rhenique Belgici tractum ſpem exporrigens, *Graviæ* obſidionem Mansfeldio commiſit. Sita eſt ea urbs ad lævam Moſæ, quæ Brabantiam circumvallat, per ſe munita, & trajicientibus in Geldriàm opportuna. At minimè ex voto ibat obſidio. Nam Regii, frequentioribus ad Graviam dimicationibus, jam victores, jam victi, impedire non poterant, quò minùs militum & annonæ ſubſidia inferret Holachius, perforatis aggeribus campos inundans, perque eos cimbis advectus. Igitur Alexander, præſentiam ſuam videns neceſſariam, evocato ex Colonienſi agro Altapennio, Bruxellis profectus Graviam, urbem tribus locis aggredi ſtatuit. Sed dum ſitum luſtrat, equus ejus globo è mœnibus emiſſo proſternitur. Ipſe verò in pedes exiliens, ſuos perculſos recreavit. Jámque diſpoſitis operibus aggreſſionem parabat, quum oppidani miſſo tubicine colloquium exorant, urbémque dedunt. Egreſſi ex urbe mille præſidiarii. Inventa ingens vis armorum, annonæ, ac bellici apparatus. Gubernatorem ob properam dededitionem capite plecti juſſit Leiceſtrius (*anno 1586.*) Eodem die Mansfeldii ductu capta eſt ad ſiniſtram Moſæ ripam Mega, ad dexteram Batemburgum.

Farneſius victoriarum curſui inſiſtens ad *Venlonam* deinde, præmunitam Geldriæ ſuperioris urbem, exercitum admovit, eámque, ſtrenuè licet reſiſtentem, expugnavit: juſſam templa reſtituere, & militi ſtipendia ſolvere; cui etiam prædam conceſſit, ex Schenckii transfugæ, qui urbi præfectus fuerat, rebus collectam: gratulatus Regi, Moſam jam fluete Hiſpanicam, velut clauſtro Brabantiam ambientem.

Neque in Belgio duntaxat Alexander victricia ſigna explicaverat, ſed in Ubios etiam protendit. Quippe non ſolùm jam ante expulſo Truchſeſio Erneſtum Bavarum in Archiepiſcopatum Colonienſem per Aremberg'um & Manriquium introduxit, ſed poſtmodum quoque laboranti catholicæ rei ſuccurrit. Quippe Meurſæ Comes in ſolennibus nundinis milites, mercatorum habitu tectos, *Noveſium*, urbem præmunitam ac mercatura divitem ad Rhenum introduxerat, quam olim Carolus Audax cum 60000, fruſtra obſederat. Hæc urbs igitur ab hæreti-

Marginal notes:
- Gravia capta,
- & Venlona.
- 57. Colonienſis expeditio.

reticis poffeffa totum agrum Colonienfem infeftabat: usque adeò, ut Erneftus Elector fumma calamitate preffus, d ffimulata perfona, Bruxellas ad Parmenfem fit profectus, ac fupplex ab eo auxilium petierit.

Alexander, quamvis in Belgio magnum fupereffet bellum; quia tamen res catholica agebatur, neque Belgio expediebat, in Ubiis hæreticos dominari, addixit operam: atque redacta in poteftatem Graviaᵗ & Venlona, ipfemet eam expeditionem cum felectis copiis fufcepit. Ad duo millia hæreticorum urbem propugnabant, accedentibus duobus civium armatorum millibus; qui pertinaciter, & ad défperationem usque refiftebant. Denique expugnata, & à furente milite, fruftra inhibentibus Ducibus, direpta eft; atque majori ex parte incendio combufta Electori Ernefto reftituta: Cloéto Gubernatore, perfido & à Cæfare profcripto, unà cum miniftro Calviniano è feneftra fufpenfo. Ejus uxorem, quam ab eximia fpecie commendabant, ac puellas, in confpectum non admiffas, novus Alexander honeftè habere juffit. Præfidiarii 2000. trucidati, & totidem armati cives. Atque ita Novefium caftigatum eft. Una dies vidit urbem florentem viribus & opulentia, hoftibus infultantem, altera cædibus ruinísque fepultam. Farnefius verò, in caftris Erneftum inter Septemvirum & Cliviæ Ducem medius, accepta è manu Nuntii Apoftolici Divina dape, gemmis radiante gladio & galero margaritis diftincto à Sixto V. eft donatus, declaratúsque Defenfor fidei applaudente toto exercitu.

Novefium expugnatum & direptum.

Tum verò ad reliqua Truchfefianæ factionis oppida progreffus, *Meurfam*, Alpenfe caftrum, aliáque circum Rhenobergam feu *Rheinbergam* expugnat. Sola hæc urbs, & munitionibus, & præfidiis valida (nam Schenckius eam cum 2500. militibus defendebat) in Agrippinenfium provincia fupererat expugnanda. Jámque Alexander eam obfidere cœperat, cùm nuntium accipit, poft captam in Flandria *Axelam* periclitari *Aloftum*, ac præterea Ingentes Anglorum copias admoveri obfidendæ *Zutphania*. Quare fatius effe ratus propria defendere, quàm aliena lucrari, excitatis circum Rheinbergam arcibus, ne Colonienfem agrum infeftare poffit, obfidionem fufpendit potiùs tantifper, quàm folvit; atque in Belgium ad extinguendum in propria domo incendium accurrit.

Rediere coegitur.

Nam Leiceftrius abfente in Ubiis Alexandro, occafione utendum ratus, Zutphaniæ imminebat. Mauritius verò Naffovius, tantus deinceps belli Imperator, *Axelam* noctu per aftum capit, primo hîc militiæ rudimento inauguratus ad palmas. Hulftum verò fruftra tentavit: accurrente ex Antverpienfi arce Mondragonio. Leiceftrius ininterea ad Zutphaniam exercitum applicat. *Vaftius* autem Marchio Alexandri Magifter equitum, aureo Vellere nuper donatus, annonam

Axela.

urbi infert, conferto pertinaci prælio cum Comite *Eſſexio*, Leiceſtrii Magiſtro equitum. Angli vicinis Zutphaniæ caſtellis potiuntur. Ubi duorum militum Hiſpani & Angli fortitudo inclaruit. Ille dextera ma: nu abſciſſa, haſtam mutilato brachio alligat, atque complures ſternit. Hic verò in propugnaculum aſcenſurus, objectam è muro haſtam ma-nibus prehendit, quam cum alter extorquere niteretur, Anglus ele-vari ſe cum haſta ſinit, captóque impetu in murum aſſilit, eluctanti-bus poſt eum commilitonibus: ſicque captum eſt ab Anglis pro-pugnaculum.

Leiceſtrius recedit.

Hæc dum geruntur ad Zutphaniam, ordines expectabant 4000. equitum peditúmque ex Germania. Sed his obviàm progreſſus Alexan-der, conditionibus placatos in patriam remiſit; atque nova rurſus ci-baria Zutphaniæ per Vaſtium intulit. His rebus irritati in Leiceſtrium ordines, ſuſpectum eum habere cœperunt, præſertim, cùm Præfectu-ras ſolis ferme Anglis committeret. Igitur ille fœderatis ſe inviſum cer-nens, in Angliam rediit, velut majoribus cum copiis rediturus. Re-publica interim ordinum ſenatui permiſſa.

Imò ipſum etiam Farneſium, cùm, deſperata cum Hollandis Se-landíſque pace, tantum belli ſupereſſe cerneret, Belgicarum turbarum pertæſum videri poterat. Nam in Italiam redeundi copiam à Rege pe-tiit, ea allegata cauſa, quòd patre Octavio & Margarita matre nuper mortuis, provinciæ propriæ Ducis præſentiam requirant. Reſpondit Rex, Alexandrum Belgio magis, quàm Italiæ pacatæ, eſſe neceſſa-rium: Parmæ & Placentiæ ſe facilè cauturum, ne quid detrimenti pa-tiantur. (*anno 1586.*)

58. Miſſio Ca-ſtrenſis.

Igitur Dux Parmenſis bellum Belgicum proſecuturus, ad ſacram etiam militiæ diſciplinam intentus, Caſtrenſem Patrum ſocietatis Jeſu miſſionem inſtituit. Cœpit illam P. Thomas Saillius, à Sigismundo. Bathorio Poloniæ Rege miſſus ad Alexandrum, qui eum deinceps ad finem uſque vitæ conſcientiæ moderatorem habuit, ejúſque exemplo complures belliduces, ac Proceres aulæ. Quin & per exercitum ce-lebratus (namque ad gregarium quemque pari alacritate ejus charitas porrigebatur) expeti à multis ad hoc miniſterium cœptus eſt. Com-plures itaque (Albani, Requeſenii & Auſtriaci exemplo) ad hoc mi-niſterium Patres evocavit, per legiones ſparſos.

Daventria recepta

Proviſis hac ſacra militia Chriſtianæ vitæ ſubſidiis, Alexander annum 1587. initiavit victoriis, nam & arces ad Zutphaniam occu-patas fœderatis eripuit, &, quod ingens erat momentum, *Daven-triam*, Tranſiſelaniæ urbem principem, ac poſt Antverpiam & Amſte-lodamum, emporium totius Belgii ea tempeſtate celeberrimum ad Iſelam. Præerat urbi cum præſidiariis 1400. Anglis ferme atque Hiber-nis,

nis, Guilielmus Stanlæus, nobilis Anglus, apprîmè catholicus; qui per Stan-
advocato Taxio Zutphaniæ Gubernatori eandem tradidit, fola, ùt læum An-
ajebat, confcientia ductu;, ut Regi redderentur, quæ funt Regis, re- glum.
jecto omni traditionis pretio, folam à Deo remunerationem exfpectans.
Apologiam pro eo fcripfit Gu'lielmus _Alanus_, editâ ad populares fuos
epiftola, in qua docuit, Stanlæum id jure feciffe, nullius proditionis
reum, quippe qui nulli magiftratui fidem obligâffet, & obfequii, quod
uni Leiceftrio addixerit, obligatione ab eo folutus fuerit. Teftes effe
litteras, ab eodem datas, & palàm exhibitas. Nec ullis eum largitionibus, aut promiffis, proditorum pretiis, adductum fuiffe, quin illa
rejeciffe, fed confcientia impellente, quod jura omnia exigunt, rem
Domino fuo reftituiffe: naturæ ipfius lege dictante, ut cuique fuum
tribuatur.

Exemplum Stanlæi fecuti funt ex præfidiariis fexcenti, Angli &
Hiberni, ad Farnefii caftra tranfeuntes. Uxor ejus & liberi ab Angliæ
Regina in carcerem conjecti, bona verò fifco addicta funt. Haud mul- Rolandus.
tò pòft _Rolandus Eboracenfis_, caftello ad Zutphaniam à Leiceftrio præfectus, cum 900. præfidiariis ad Alexandrum tranfiit; caftellum verò
Taxius ingreffus eft. Quantam autem hæ res catholicis lætitiam, tantum difcordiarum fomitem Anglos inter & Hollandos attulerunt. Sicut enim Angli poft præproperam, ùt interpretabantur, Graviæ deditionem Hollandis vecordiam dubiámque fidem objecerunt, adeò,
ut Leiceftrius dicere auditus fit, nullius fe arcis fecurum, cui Anglus non præeffet, ita nunc Hollandi paria referentes Anglos perfidiæ
arguerunt: querelis in Angliam & inde rurfus in Hollandiam revolanti-
bus; ut proin reditus Leiceftrii fufpenfus fuerit, Reginæ voluntate; quæ
tunc tota erat occupata in necanda Maria Stuarta, Scotiæ Regina.

Alexander autem inter hæc _Slufas_, feu _Claufulas_, qui eft quintus
Flandriæ portus, urbem & fitu, & opere, & præfidio numerofo muni- Slufa ex-
tiffimam, atque undis, paludibus, propugnaculisque circumvallatam, pugnata,
expugnare decrevit. Et certè vix ullam oppugnationem tam arduam
expertus eft. Siquidem adverfus omnia elementa depugnandum fuit,
adverfus mare, amnes, paludes, limofam & inftabilem humum, contra igneos globos, & naves incendiarias: contra Oftendanas, & Selandicas ex oppofito portu Fliffingano claffes. Imponendus ad eas arcendas
latiffimo canali pons: expugnandæ complures arces, caftella, Infulæ,
præfertim Catfandia: Leiceftrius ipfe cum novo exercitu ex Anglia accurrens arcendus. Adhæc Bufcoduco aliisque urbibus fuccurrendum,
quas fœderati, ut Alexandrum à Slufa abftraherent, obfidebant.

Sed omnes iftas fummas difficultates vicit conftantia, mirantibus
ipfis victoribus, potuiffe à 5000. peditibus, & 700. equitibus ex-

pugnari

pùgnati urbem, tot caftellis, infulis, mari feptam, tot paludibus ag-
gerúmque obicibus, eorúmque fecturis atque alluvionibus inacceſ-
ſam, tot auxiliis intra, & extra terra marique accurrentibus fretam.
Capta nihilominus eſt menſe altero à tam pauco milite, ad alias etiam
urbes diſtracto; numerum videlicet fupplente virtute, ac Duᵤis artibus. Egreſſi funt ex urbe dedita præfidiarii 1300. obſidio autem fuſtu-
lit ex Slufanis 700. ex Farneſianis verò 250. fauciis aliquantò pluribus. Mottæo brachium pila trajectum; quod deinde abſcindi oportuit.

Et Geldria. Slufam virtuti, *Geldriam* verò, principem cognominis provinciæ
urbem, felicitati Alexander debuit. Nam *Pattonus Scotus* tribunus
pro Schenckio eam adminiſtrans, in Leiceſtrium & Schenckium concepto odio, eandem Altapennio evocato tradit. Angli præſidiarii
exarmati. Urbs innoxia fervata. Schenchii fupellex ampla (in hanc
enim potiſſimùm urbem prædas fuas & rapinas congeſſerat) direpta.
Wachtendonchæ autem Præfectus, ultionis libidine ob traditam Geldriam, omnes Scotos trucidari juſſit. (*anno 1587.*) ·

· Urbe tam clara absque fanguine auctus Altapennius, adverfus
Holachium, qui *Engelam*, proximam Bufcoduco arcem, oppugnabat,
progreſſus, conferto prælio, pila trajectus occubuit. Miles autem Regius continuata pugna, alimenta & præſidium Engelæ intulit: ferva-
Altapennii tisque ordinibus innoxiè receſſerunt. Deploratus eſt *Altapennius* à
obitus. toto exercitu, maximè ab Alexandro, qui tunc Slufam obſidebat, non
tantùm propter conſtantem patris ejus Barlamontii totiúsque familiæ
in Regem fidem, fed etiam ob præclaras Juvenis militares dotes, quem
futurum aliquando fummum belli Imperatorem animo deſignaverat;
maximis jam rebus geſtis clarum. Poſt Altapennii mortem Holachius,
inundatis campis, navibus invectus, Engela potitus eſt. Farneſius verò,
immiſſa in Bufcoducum annona ac validiore præſidio, Florentio Barlamontio Comiti fratris Altapennii provinciam demandavit, Geldriam
ac Rheni ripas curarè juſſo.

Simultas in- Poſt jacturam Geldriæ & Slufæ, atque fitarum circum arcium &
ter Leice- oppidorum recruduerunt mutuæ Leiceſtrium inter & ordines querelæ,
ſtrium & altera parte alteri Reipublicæ malè geſtæ vulnera imputante. Quare
ordines. Leiceſtrius, quod Alenſonius olim Antverpiæ, Lugduni Batavorum
tentavit, urbem illam invafurus, eo diſcrimine, quòd Leiceſtrii conatus ante aggreſſionem fuerit proditus. Tum enim verò ita tumultus increverat, ut Regina Leiceſtrium in Angliam revocârit, fatum
Caſimiri, Mathiæ, & Alenſonii, apud ordines expertum. Quippe hi
Hifpánorum odio perlubenter externi cujusdam Principis potentia &
auxiliis bellum geſſiſſent, fed deguſtata femel liberæ gubernationis dulcedine, præter nudum Gubernatoris titulum nihil ferme illi relictum
vole-

volebant. Unde mutuæ sese infectantium querimoniæ atque dissidia.
Ad Germaniæ, Galliæ, & Angliæ hæc offensionem pertinebant. Nihilominus tamen Hollandis auxilia mittere pergebant, sive Religionis odio, sive Hispanæ potentiæ invidia, sive vicini Belgii cupiditate. (*anno 1587.*)

Continuatio Historica.

Quievit has inter Anglorum ac Hollandorum discordias Alexander, mirantibus multis, quòd occasionem otiosus, ùt videbatur, sinát elabi. Verùm imprimis pacis negotium cum Angliæ Regina agitabatur. Dein, cùm videret, quantæ molis foret, si per Batavas palustres terras, & inundationi pro lubitu obnoxias, bellum oporteret circumducere, per ea dissidia hostium reconciliationem ordinum sperabat. Denique cùm pacis consilia frustrarentur, totus erat Farnesius in apparanda classe, quam Philippus Rex in Angliam destinabat. (*anno 1588.*) **59. Apparatus in Angliam**

Grandi huic expeditioni is Ducem designabat pro bello in Anglia gerendo Farnesium; rei verò maritimæ Marchionem Sanctacrucium. Uterque horum, velut præsagi futurorum, magnopere suadebant, ut ante omnia portus aliquis amplus occupetur. Cùm enim Britannicum mare fœdis horrendisque tempestatibus sit obnoxium, tutam stationem providendam, in quam classis, maris injuriis subtracta, possit recipi. Addebat Alexander, nullum esse in Belgio portum tantæ classis capacem præter Flissingam in Selandia. Huc ergo primùm vertenda arma. Hoc enim portu capto, classem à tergo fore tectam, & adversûs ventorum furores asylum inventuram. Sperabat enim, Flissinga occupata, se Regi persuasurum, ut ad reliquum Belgii pervincendum adhibeatur classis, unde Anglia Batavorum munimento nudata certiùs tutiúsque adiri, & expugnari possit. Nempe quod sæpiùs petierat à Rege, ut conatum semel omnem perdomandis rebellibus provinciis adhiberet, eum nunc adhibitum, sed in Angliam destinatum, in Belgium retorquere satagebat. **Alexandri consilium**

Sed Rex moræ impatiens, lentum fore respondit, ejusmodi priùs portum quærere, aut arma per ambages circumducere: Galliam nunc domestico flagrare incendio, silere Turcam, classem incomparabilem paratam; utendum occasione: rei summam petendam, appendices facilè secuturas. Jussit proin, ut Alexander selectam in Belgio militiam paratam habeat, atque ut, Sanctacrucio in conspectu Angliæ classem continente, ipse milites ratibus impositos confestim transmittat: Sanctacrucii partes fore, trajicientes Belgas sua classe eò usque defendere, dum illos ab hostili classe tutos appulsósque conspiceret. **neglectum.**

Conscriptus igitur ex Hispania, Italia, Germania, Belgio, Burgundia

Copiæ

gundia terreſtris exercitus in Belgium miſſus, quadragintà circiter peditum, & tribus equitum millibus conſtabat. Pedites in legiones 21.
diſtributi, ſub lectiſſimis tribunis, equites in turmas 22. Ingens inſuper
Nobilium numerus ex omni natione affluxit, etiam Principum & Ducum,
utì Carolus Auſtriacus Burgaviæ Marchio, Sabaudiæ, Hetruriæ, & Aumaliæ Ducum fratres, Dux Paſtranæ, multíque alii ſub Alexandro Farneſio militaturi. Ex hac militia, pro eo tempore numeroſa, triginta
peditum millia, & mille equites pro expeditione Anglicana ſelegit. Reliquos pro tutando Belgio reliquit ſub Erneſto Mansfeldio, ſuo interim
Vicario, viro tam inter milites Belgas quàm Magnates Hiſpaniæ, & Aurei Velleris Equites omnium antiquiſſimo, cui, ſi quid interim huma-
nitus contingeret, ſubſtituit comitem Arembergium. (*anno 1588.*)

Eodem tempore navigia Antverpiæ, Neoporti, Duncherchæ
magna celeritate parabantur, exciſis in eam rem ſylvis Waſiani tractus.
Erant onerariæ fere omnes, quibus milites, equi, arma, tormenta, aliúſ-
que apparatus bellicus tranſveheretur. Jámque Neoporti & Dunquerchæ milites naves conſcenderant, atque ſignum ſolvendi in Angliam
exſpectabant; cùm auditur triſtis nuntius de claſſe Hiſpana, quæ in
130. magnis navibus 28000. hominum vehebat, tempeſtate potiſſimùm
disjecta. Qua de calamitate, ſanè decumana, prolixiùs diſſeram, ubi
de rebus Hiſpanicis occurret tractatio.

Cauſa ruinæ in Alex. conjicitur,

Variis rumoribus per Italiam & Hiſpaniam propter hanc cladem
Alexander tractus in invidiam, quaſi per retardatam navigationem dediſſet cauſam: ſi enim exercitum ſuum maturè cum Hiſpana claſſe conjunxiſſet, victoriam in manu procul dubio futuram fuiſſe. In Hiſpana præſertim aula palam meabat murmur, Parmenſis Ducis potentiam excedere miniſtri modum: cinctum illum magnis exercitibus veteranis, victoribus, obſequentibus. Hoſtibus ipſis nihil in eo diſplicere præter Hiſpani Gubernatoris nomen. Quodſi iſti accerſendis ſibi Dominis, nunc
ex Germania, nunc ex Gallia, modò ex Anglia, jam pertæſi, oculos
in Alexandrum conjiciant, eúmque ob Belgam matrem, avum Belgam
Belgici ſanguinis Principem conſiderent, quanta eum moderatione futurum, ut oblatum ſibi Principatum, quem pro amiſſo Luſitaniæ Regno
computare poſſit, recuſaturum fore? Maturè proin ac vivente adhuc
Rege (qui tunc æger decubuit) Belgio ſubtrahendum, ac redigendum
in ordinem. Nutrierunt ſuſpicionem iſtam Angli Hollandique, ut, cùm
armis non poſſent, fraudibus eum Belgio depellerent: Parmenſem ex
compoſito nihil moviſſe contra Angliæ Reginam, nec moturum in poſterum, ùt cum qua tacitis conſiliis colludat.

Alexander his rumoribus ad ſe perſcriptis, nihil admodum motus,
gnarúsque, aliqua à magnis mentibus contemptu meliùs refelli id ſolum,

lùm , quòd diceretur non habuisse promptas expeditioni naves datis ad Regem litteris diluit. Nam & Neoporti & Dunquerchæ paratas stetisse cum exercitu naves; ad nuncium liberi ab hostibus maris quam primum soluturas. Sic enim divisas fuisse partes inter maritimum Hispanorum & terrestrem Belgarum exercitus, ut hic è portubus non antè solveret, quàm ille tutum ab hostibus mare ad ostium usque Thamisis præstitisset. Hòc factum nunquam, Anglorum atque Hollandorum classibus ad Dunquercam & Neoportum perstantibus, & in soluturos intentis, Necdebuisse se tantum selectissimorum militum, tot veteranas legiones non ad navalem sed terrestrem im Anglia pugnam accinctas, fragilibus adeò navibus, non ad pugnam, sed transmittendum, ùt imperatum fuisset, præparatis imponere, & cettum in discrimen dare. Qua excusatione plenè sibi satisfactum Rex Alexandro rescripsit. (*anno 1588.*) se purgat.

Florentissimum, Anglica expeditione incassum tentata, exercitum in Belgio Alexander habuit, sed nescio, quo pacto factum, ut majora cum paucioribus antea copiis gesta sint. Nam Bergam ad Zomam Renthiacus frustra obsedit, proditione Anglorum & hyemis inclementia abstractus: Felicius cessit Coloniensis expeditio. Nam Martinus Schenchius, famosus transfuga, Truchsesianum se militem ferens, & prædatorium exercitum circumferens, subitò *Bonnam* Electori dolo eripuit, diripuitque, atque inde Coloniensem tractum magnopere infestabat. 60. Expeditio tertia Coloniensis.

Bonna.

Ernestus ad Alexandrum, à quo jam antè potenter adeò fuerat adjutus, totámque, Novesio expugnato, provinciam præter Rheinbergam receperat, rursus confugit, ut Bonnam sibi secundò assereret: alioquin se coactum ad vexam redimendam cum grassatore indecorè transigere. Farnesius Belgii catholici interesse ratus, ne provinciæ tam viciæ Rhenóque hæresis dominetur, misit cum exercitu *Croyum* Chimacium Principem Ducis Areschoti filium.

Additus juveni Joannes Baptista *Taxius*, vetus multarum palmarum heros; qui, dum Bonnæ situm propriùs explorat, plumbea ictus glande cecidit, ingenti totius exercitus ac Alexandri præsertim luctu. Qui bellicam viri virtutem, multis victoriis celebratam, æstimare optimè noverat. Certè & ipse Regis per Belgium partes summa fide, industria, fortitudine, constantia defenderat, & Illustrissima ejus Familia, de Taxis Austriacæ Domui per Germaniam Hispaniámque operam suam perpetuo addixit. Quin omnis Europa Tassiorum genti non parùm debet, quòd dispositis certa per intervalla cursorum stationibus, litterarum commercium, ob trasmittendi difficultatem sumptúsque rarum antea, publicum obviúmque reddiderit. Taxius obit.

Elogium.

Tassio Alexander suffecit Verdugum Frisiæ Præfectum, qui à Castellis trans Rhenum à Schenchio exstructis inceptandam oppugnationem arbi-

Bonna re-
cepta.

arbitratus (quod confilium jam antè Taxius dederat, diffentiente Chi-
macio) iis in poteftatem redactis urbi propiùs vim admovit, eámque
expugnatam Electori reddidit. Præfidium incolumitatem pactum partim Rheinbergam partim Wachtendoncham abiit. Sed utraque hæc
urbs pariter expugnata fuit; & Wachtendoncha quidem brevi per Erneftum Mansfeldium (*anno 1588.*) Rheinberga verò fequenti primùm
anno.

61.
Gertrudis-
berga.

Gertrudisbergam inde occupandi opportuna eft oblata occafio.
De oppido hoc præmunito vetus fervebat Batavos inter & Brabantinos
controverfia, utrisque ad fuam provinciam illud fpectare contendentibus : adeò quidem, ut Batavi ad poffeffionem retinendam, Brabantini
verò ad recuperandam, Principes Belgii Sacramento adftringere fuerint foliti. Hanc urbem præfidio Anglico occupatam Mauritius atque
ordines repetebant. Abnuentes Mauritius obfidet, & expugnare nititur. At Angli irritati ad Præfectum Bredam, & ad Alexandrum Bruxellas legatos mittunt, offerentes ei urbem, fi opem ferat. Conditione
accepta, copias Alexander eò adducit. Verùm Mauritius non aufus cum

Alex. in
balneum.

eo pedem conferre, foluta obfidione Dordracum receffit. Urbs verò
Alexandro eft dedita, qui Regi gratulatus eft repertam Hollandiæ clavem.
Qua haud dubie aperuiffet ejusdem intima penetralia, nifi morbus,
quò jam dudum ex aqua intercute laborare cœperat, accedente tunc
etiam febri, armísque à Philippo Rege in Galliam converfis, victoriarum
curfum fufflaminaffet.

Ad aquas igitur Spadanas apud Tungros ex medicorum confilio profecturus, militiæ per Brabantiam hybernanti Carolum Mansfeldium
præfecit, Heusdam & vicinas arces juffum impetere. Ille arcibus quibusdam captis copias in *Bomeliam* infulam transfert, ab Hifpanis, inun-

Hedela.

datione olim obfeffis, celebrem, ibíque expugnata *Hedela*, præfidiarios milites inermes dimittit. At Hifpani indigno fanè facinore egre-

Mansfeld.

dientes aggrediuntur, omnésque ferme mactant. Quin *Leva* Tribuni
legio palàm in Mansfeldium infurgit, arma feditiosè concutit, obfequium & militiam detrectat. Re ad Alexandrum delata, veterana hæc

Legio folu-
ta.

legio, quam priùs Mondragonius duxerat, rebus geftis, armorúmque
ufu omnium celeberrima, ejus juffu diffoluta eft, atque milites tum in
præfidia, tum in alias legiones difperfi, erecta nova ex aliis centuriis legione. Nec quidquam apud Alexandrum valuêre preces Principum
& Ducum pro legionis, tam bene eò usque meritæ, confervatione in-
terpofitæ. Tanti nempe apud eum fuit difciplinæ militaris vigor.
(*anno 1589.*)

Et hoc quidem juftæ animadverfionis exemplum fuit; quod fequitur verò, & focordiæ & liberalitatis hoftilis argumentum. Cohors Hol-
lan-

landica ex Bergensi ad Somam praesidio Thenas oppidum malè custoditum applicitis noctu scalis occupaverat; praedámque inde divitem asportavit, caesis Hispanis, qui serò accurrebant. Sed praedatores isti abeuntes in centuriam aliam Hispanorum incidentes praeda sua spoliati sunt. Orta igitur lite, ad quem praeda ista pertineret, an ad Thenenses Hispanos milites spoliatos, an verò ad alios Hispanos spoliantes ac praedae possessores; qui asserebant, se non ab Hispanis Thenensibus sed ab Hollandis hostibus praedam istam extorsisse. Lis ad Alexandrum delata, & ab eo generali causarum militarium quaesitori delegata fuit. Hic autem, cùm pars utraque acriter instaret, utriusque indignationem evitandam existimans, sententiam distulit, tacita definitione possessoribus causam adjudicans, praesertim cùm spacium jam elapsum fuisset 24. horarum, intra quas ablata repetere jure belli domino liceat. Majorem liberalitatem Thenenses ab hoste experti sunt. Nam cùm Hollandi cistam, cui aliquot complicata vexilla inclusa erant, asportássent, Bergarum Praefectus ab Hispano rogatus, illa remisit cum cratere & concha argentea. Lis de spolio.

Circumvolitabat eo tempore cum praedatoriis suis haereticorum cohortibus Schenchius, modò in Belgicum, modò in Coloniensem aegrum effusus. Et in hoc quidem, dum Bliembechae castro, quod Farnesiani occupaverant, auxiliaturus accurrit, à Neapolitana legione fugatus est: in illo verò Pattonum Chiliarcham Scotum, in Frisiam ab Alexandro missum, repente aggressus vincit fugátque, caesis non paucis, & impedimentis direptis.

Tum majus quid tentandum existimans noctu cum cohortibus suis *Neomagum* penetrat. Quatuor horas fatum urbis pependerat, ter amisso, ter recuperato foro. Remittente autem paulatim impetu, Schenchiani à praesidiariis & civibus (quin etiam à foeminis puerisque, lapides, sagittas, & quidquid in manus venerat, jacientibus) victi, conglobatíque se ex urbe evolvunt. Tum verò, cùm naves conscendere contenderent, maxima iis clades illata est, aliis caesis, aliis submersis. Inter quos etiam fuit eorum Dux *Martinus Schenchius*, homo ferox & inconstans, saepius à Rege ad Ordines & ab his ad Regia castra transgressus, prout pinguior fortuna suadebat, rapto ferme vivere assuetus. Hinc licèt truculentus esset in suos, plurimi tamen praedarum spe ad eum confluebant. Laborum mirè patiens, equo affixus dies noctésque traducere, in equo cibum, in equo somnum capere, prorsus in equo habitare assuetus: arma nunquam accuratius tractâsse dicitur, quàm effusè potus ac vino ebrius. 62.
Neomagi
periculum.

Schenchii
obitus
&
effigies.

Superſtites ejus milites ad *Adolphum Meurſæ* comitem tranſierunt; qui, ut è vicina Rheinberga Geldriæ urbes, quæ omnes ferme Regiarum erant partium, vexare poſſit, ſubſidia eidem inferte parabat, ſed dum novum ignivomæ machinæ genus experiri voluit, ſcintilla in pulveris vaſa deſiliente, dirè ambuſtus & extinctus eſt; Hiſpanorum odio quàm damno clatior, majórque auſibus quàm felicitate. H s Ducibus amiſſis, altero aqua, igne altero, Rheinbergenſes arcta jam diu obſidione & fame preſſi ſe dedere cogitabant; cùm Oberſteinius Germanus, & Verius Anglus, quos Schenchio & Meurſio ordines ſubrogárant, Varambonio Geldriæ Præfecto acie victo, alimenta urbi inferunt.

Rhenoberga
capta.   Verùm Mansfeldius accepto à Varambono exercitu novísque ſuppetiis aucto, fame tandem *Rheinbergam* ad deditionem coëgit, eámque Erneſto Electori reſtituit: qui miſſa ad Farneſium legatione, grates egit, quòd ejus beneficio Bonna bis capta, expugnato Noveſio, domita ad extremum Rheinberga, reliquísque per Colonienſem tractum arcibus & oppidis Farneſiani militis virtute recuperatis, nunc tandem bello diuturno glorioſè finito, Antiſtitem ſe & Septemvirum agnoſcat. (*anno 1589.*)

Cum hoc bello Colonienſi Hiſtoriam ſuam de bello Belgico, gemina decade comprehenſam, finit Famianus Strada Romanus; qui ex Farneſianis tabulariis abunde inſtructus documentis indubiis, non nitidiùs Strada. quàm veriùs multa palàm exhibuit, quæ priùs in Philippi Regis, Margarithæ, & Alexandri Parmenſis, aliorúmque litteris abdita latebant. Ex hoc proin elegantiſſimo ſcriptore plura deſumpſi, ut velut ſuccum ex eo hauſtum per ſynopſin lectori offerrem. Et utinam abſolviſſet opus præcellens, aut ſaltem ad mortem usque Farneſii, quæ tertio pòſt anno eſt ſubſecuta, continuâſſet.

Verùm Famianus Alexandrum ſuum in apice gloriæ conſtituere voluit; cùm videret, victoriis ſuis jam Moſam, quanta eſſet, captis circùm urbibus caſtrísque Regi ſuo fluere, Rhenum aut amicis adjunctum, aut hoſtibus abſtractum, mare receptis in Flandria (præter Oſtendanum) portubus omnibus navigationi apertum, Belgium ad extremos usque Friſios & Gröningenſes aut domitum, aut Regiis armis ſecurè percurri, ſolos adhùc Hollandos Selandósque bellum gerere. Sed utríſque frænum injectum, iſtis à Sluſa Fliſſingæ potui obverſa, illis à Gertrudisberga Dordraco cominus infeſta: adeóque monſtrata in Selandiam via, & Hollandia penetrari cœpta, ſperari poſſe, has quoque Provincias Deo ac Regi ſuo reſtitutum iri.

Sed res Hiſpanæ in Belgio ab eo tempore retrolapſæ ſpes iſtas validè concuſſas everterunt. Cauſa non una: Hollandia atque Selandia hæreticis ex reliquo Belgio emigrantibus populoſa: navigationibus opportuna: commercia Antverpia Amſtelodamum translata: populi

ex-

exteri in armorum societatem asciti: Mauritius Nassovius Dux belli callidus, cautus, ac felix. Ex parte altera Philippus Rex Hispaniæ turbis Galliæ se; iminiscens Alexandrum copiásque meliores Belgio subtraxit, & quod aiunt, dum duos simul lepores insequitur, neutrum cepit. Nam & Henricus Borbonius Galliæ Regnum adeptus est: & ipse in Belgio multa amisit. *Versa fortuna.*

Nam imprimis Mauritius Nassovius fœderatarum provinciarum Gubernator, in omnem occasionem intentus, imminuto per varias Gallicas expeditiones exercitu Hispano, varia in *Gröningensi* provincia loca munita occupavit, ac dein etiam *Bredam* Nassoviorum urbem in Brabantia, armatis in navi occultatis, atque noctu in urbem immissis (*anno 1590.*) anno verò sequenti *Zutphaniam*, *Neomagum*, *Daventriam*, & *Hulstum*, partim astu, partim vi cepit: uti etiam anno 1592. *Steinvicum* & *Covordiam*. Tantas nempe strages ediderant tum Hispanorum arma distracta, tum eorundem ob stipendiorum defectum crebræ seditiones. *63. Mauritius urbes capit.*

Alexander autem Farnesius soluta obsidione Rothomagensi, haud modica passus in Gallia, ex quibus tamen feliciter se expedivit, dum in Belgium properat, ortum ibidem incendium restincturus, morbo contracto, Atrebati pientissimè obiit, quietiorem, quàm in terris habuit, vitam auspicaturus. Summus hic belli Imperàtor, Alexandro cognomini comparandus, vel etiam præferendus, Pauli III. Pronepos, Caroli V. ex filia, Philippi II. ex sorore nepos, natus fuit Romæ anno 1544. ex Octavio Farnesio, & Margaritha Austriaca, quæ uno partu Alexandrum & Carolum enixa est. *Alexandri obitus.*

Primam jam ætatem armis imbuit, tota indole in illa abreptus; priúsque, cùm Octavius pater exercitum pro Cæsare instrueret, tubarum cantum, quàm nutricum nænias audivit. Sexennis inde puer obsessus Parmæ inter muralium tormentorum fragores educatus est. Redintegrata Farnesiorum cum Austriacis gratia, Philippo II. avunculo traditus, octo ferme annos in Hispania cum Carolo Principe & Joanne Austriaco adolevit. Vigesimo ætatis anno nuptias Bruxellis iniit cum Maria Emmanuelis Lusitaniæ Regis ex filio nepte, ingenii & sanctimoniæ fama inclita. Ex qua plures deinceps liberos suscepit. Sacro subin bello sub Joanne Austriaco rebus magnis prælusit, in Turcas confertos majori animo ac felicitate, quàm consilio irruens, conjugis suæ, ùt ajebat, precibus tutus. Destinatus postea in Belgium ea gessit, quæ delibavimus. Obiit anno 1592. ætatis 48. gubernationis 14. Filios reliquit duos Rainutium Parmæ & Placentiæ Ducem, ex quo deinceps propago generis, & Odoardum Cardinalem. Cum vita Alexandri Guilielmus Dondinus Bononiensis *Elogium.*

fis S. J. finiit Hiftoriam fuam *de Rebus in Gallia geftis ab Alexandro Farnefio*, fermonis nitore, mafculo fpiritu, & nervis probè compactam. Continuavit eandem Galluclus, fed Stradæ & Dondino facilè palmam cedens.

A R T I C U L U S X.
Status Belgii fub Mansfeldio, Ernefto,
& Fontano.

64.
Mansfeld.
Gubern.

EXtincto haud opportuno fanè tempore Farnefio, gemino bello, & Gallico & Belgico perftrepente, Belgii Gubernator per Fontanum Comitem à Rege dictus eft interim *Petrus Erneftus Mansfeldius*, Luxemburgi Præfectus, jam octogenarius, infractæ femper in Regem fidei, ac propterea ab ipfo etiam Alexandro, quoties in Galliam abierat, in Belgio fubftitutus. *Carolus* ejus filius armorum Præfectus renuntiatus: *Philippus Croyus* Dux Arefchotus Flandriæ; ejus fil'us Carolus *Chimactus* Princeps Hannoniæ, Carolus Comes *Arembergius* Geldriæ, *Varambonus* Marchio Artefiæ, *Barlamontius* Namurci &c.

Nova Expe-
ditio in Gal-
liam.

Sufcepta mox jubente Rege nova in Galliam contra Henricum IV. expeditio à Carolo Mansfeldio, Gubernatoris filio: Verùm is, expugnata Novioduno, & quibusdam oppidis, cùm in Catholico diverfarum nationum exercitu orirentur tumultus, plurésque ob non foluta ftipendia dilaberentur, in Belgium receffit; ubi Fœderati non tantummodo Luxemburgenfem & Brabantinum agrum funt populati, fed etiam *Gertrudisbergem* duce Mauritio expugnarunt,

Gertrudis-
berga ad
Fœd.

fruftra ad defenfionem urbis accurrente Mansfeldio (*anno 1593.*) Brugas verò incaffum Hollandi tentârunt, & à tempeftatis intemperie ingentem navium, hominum & mercium jacturam paffi funt. Contra verò Verdugus complura in Frifia & Grönngenfi agro oppida in poteftatem Hifpanorum redegit.

65.
Erneftus
Gubern.
pacem
offert,

Inter hæc *Erneftus* Archidux Rudolphi Cæfaris frater, novus in Belgium Gubernator venit, magna feftivæ lætitiæ pompa Bruxellis exceptus: atque confiderans, quàm pretiofum Regi bellum per tot jam annos fit geftum; inclinante ab eo tempore, quo arma in Galliam averfa funt, ad hoftes victoria, Belgásque Hifpani juris, tot calamitatibus feffos, unicè ad pacem adfpirare, fœderatis ordinibus per legatos pacem obtulit; quam illi fuperbè rejecerunt. Quin

Gröninga
ad fœd.

imò, dum de illa tractabatur, *Gröningam* obfidione cinxerunt,

eameámque, cùm nulla obfeffis venirent fubfidia, tandem expugnârunt, ea conditione, ut urbs cum ditione adjecta fœderatorum ordinum jure utatur, fumptus pro communi caufa ad bellum conferat. · Religio fit libera, fic tamen, ut publicè fola reformata éxerceatur. Gubernatio penes Magiftratum maneat, ùt antea, ita tamen, ut ordinibus fidem juret, prout aliæ fœderatæ'urbes confueveraît. Atque his pactis urbs totius Frifiæ nobiliffima, quæ propriæ Provinciæ nomen dedit, fœderatis acceffit magna Hifpanorum jactura; qui ex feptentrionalibus provinciis his, cladibus ferme erant exclufi. *(anno 1594.)*

Et profectò undique ad ·cafum inclinabant ea· tempeftate res Hifpanæ; dum potiores eorum vires fruftra per Galliam errabant. Fœderati Belgii ordines in dies ferme augebantur. Hifpani milites, in Belgio refidui, auctoribus Italis ob ftipendiorum defectum magnam pättem in apertam feditionem commoti, Hollandis atque etiam Galliæ Regi operam fuam offerebant. · Henricus Galliæ Rex, Ecclefiæ redditus, bellum Hifpanis denunciavit. Hollandi Gallis juncti Luxemburgum, Artefiam, Hannoniam, aliásque provincias infeftarunt: *Hoyum* munitam Erneſti Leodienſis Antiſtitis urbem occupârunt.

& Hoyum.

, Quas inter ærumnas Erneftus Gubernator, morbo jam, dudum attritus, diem fupremum obiit *(anno 1595.)* ætat. 42. Princeps Auftriacæ pietatis, Rudolphi II. Cæfaris frater, ac candore animi verè Germanus. Primam ætatem cum Rudolpho in aula Hifpana apud avunculum Philippum Regem tranfegit. Hungariam inde Auftr ámque pro eodem fratre, in Bohemia degente, magna clementiæ juftitiæque commendatione gubernavit. Poftremò ad Belgii Præfecturam translatus, meliori ejusdem ftatu digniffimus, laceros artus componere contendit, majori fpe, quàm eventus felicitate.

Obitus Erneſti.
Elogium.

Regimen interim ad Belgii fenatum, mox verò ex Regis voluntate ad Petrum Gusmannum Comitem *Fontanum* delatum eft. Qua re offenfus Dux *Arefchotus* Belgio exceffit, ac paulò poft Venetiis extinctus eft. Carolus verò Mansfeldius, Erneſti poft Farnefium Gubernatoris filius, à Rudolpho Cæfare expetitus, atque ab eo Pragæ S. R. I. Princeps cteatus, Mathiæ Archiducis, Cæfarei, contra Turcas Imperatoris, Vicarius eft renuntiatus: indéque in Hungariam ad expugnandum Strigonium delatus, memorabili prælio cæfis quinque Turcarum millibus, morte fua egregiam victoriam funeftavit.

66.
Fontanus Gub.

Carol. Mansfeld.

Fontanus, ut fui fpecimen hoftibus daret, *Hoyum* per Mottæum eisdem eripuit, fero advolantibus Hollandorum fubfidiis. Cæfi etiam à ducentis Hifpanis quingenti Hollandi equites, & excuffa prædatoribus ampla præda. Difciplinam inde militarem, à Farnefii tempore

Hoyum receptum.

Y y y y 3

multùm

multùm collapfam reformare aggreffus Fontanus, magnam apud Bel.
gas, militum licentia magnopere vexatos, gratiam iniit. Cúmque
hoftes in agrum præfertim Luxemburgenfem excurrerent, in eos mifit *Verdugum*, veteranum Ducem, à Frifia non fua culpa dejectum;

Verdugi
mors.

qui Philippum Naflavium, infigni clade multatum, in Selandiam via
maritima fugere coëgit: clade tamen & ipfe affectus à Bullionio. Nec
diu fuperftes in vivis fuit Verdugus, per omnes militiæ gradus ad
fumma profectus à Farnefio, meritorum æftimatore æquiffimo.

67.
Batavorum
conatus ma-
ritimus.

His temporibus Batavi, quæftuofis commerciis belli nervum com-
paraturi, eúmque Hifpanis & Lufitanis breviori via prærepturi, aufu inaudito per Borealem Oceanum novum fibi iter in infulas Japoniæ,
& Indias Orientales quærebant, jámque, quatuor prægrandibus navibus, duabus Amftelodamo, tertia Fliffinga, quarta Enchufa egref-
fi, mare Batavicum, Germanicum, Danicum, Norvegicum emenfi,
Mofcoviticum inde transmiffuri. Sed, dum denfa caligo ipfis cœlum
eriperet, & undæ in glaciem concretæ tranfitum negarent, extra naturæ terminos fe provectos putabant. Et ne frigore penitus obrige-
fcerent, navium unam diffolutam in tugurium compegerunt. Hærebant navigia glacie undique obfeffa, ut ea nec prorfum nec retro movere poffent, donec mitiori anni tempeftate glacies in aquas foluta reditum in pattiam aperuit.

Eluvio.

Majora damna Batavis domi fuæ intulit ingens aquarum eluvio,
quæ tantam hominum, pecorúmque, cum foli vaftitate, edidit ftragem, ut gens illa omnis ad rem domefticam reparandam à bellicis curis animum averteret, pacémque, quam fuperiore anno ab Ernefto
oblatam rejecerant, ultro peterent, miffo ad Fontanum Oratore.

Pacem pe-
tunt, cal-
lidè.

Nec abnuit ille. Sed cùm legati Regii cum Mauritio & ordinum delegatis Middelburgi in Selandia conveniffent, audierunt, Ordines fœderatos paratos effe ad ineundam cum reliquis Belgii provinciis concordiam, non autem cum Hifpano Rege, qui rerum potitus animum læfum ad ultionem effet intenturus, facilè perfpexerunt legati Regii,
non nifi ad faciendum temporis compendium hanc ftropham fuiffe contextam. Memoriæ nihilominus proditur vel umbratili hac pacis tractatione Batavorum fœderatos, Galliæ Regem, & Angliæ Reginam,
quæ pecunia & milite perpetuè illos fuftentabat, non leviter fuiffe
offenfos.

68.
Militares
leges.

Ad belli igitur ftudia reverfus Fontanus, militares imprimis leges fanxit: ne quis in Deum fanctósque convitia jactet. Ne proftituti pudoris fœminæ tolerentur in caftris. Ne facra templa aut cœnobia diripiantur. Ne viris virginibúsque Deo facratis vis fiat aut injuria. Ne quis privatas injurias fingulari certamine ulcifcatur. Ne
quis

.quis militum in castris aut pugna locum, stationem, aut ordinem deserat. Ne ad agendas prædas in hosticum excurratur, nisi facta priùs à centurione, tribuno, aut militiæ præfecto potestate. Ne quemquam è sociis aut mercatoribus per castra commeantem deprædentur. Ne quis in expugnatis urbibus oppidisve in fœminas, impuberes, captivos, sacra, sacerdotes grassetur, nisi si qui armatis immisti pugnarent. Ne in hostes deditis urbibus emissos vim ullam expromant. Qui quampiam ex his legibus violaret, capite lueret.

Quibus probè constitutis, ut Artesia & Hannonia à Gallorum irruptionibus liberetur, expeditionem in Picardiam Fontanus decrevit, atque imprimis *Castelletum* cepit. Tum verò Dorlano copias admovit; ubi Valentinus *Pardiæus* Mottæ Dominus castrorum Præfectus, singulari in Regem fide, virtute militari, & collecta usu longo experientia Dux clarissimus, dum urbem recognosceret, sclopo ictus occubuit, atque in ejus locum suffectus *Rosnæus* Gallus, qui ad Hispanas partes transierat, Dux belli peritissimus. Ad obsidionem solvendam accurrerunt Galli Duce Villario, confertóque prælio magna cæde victi prostratique sunt, ipso *Villario*, contra gentium jura, postquam se jam captivum dedisset, barbarè interempto. Victoriam Hispanorum secuta est *Dorlani* expugnatio, cæsis in ea tribus, ut fertur, Gallorum millibus. Nec minùs in Zutphaniæ finibus Mondragonius Hollandos vicit, cæsis Philippo & Ernesto Nassaviis, cum Solmensi Comite. Liram autem fœderati jam interceperant, cùm magna cum clade urbe ejecti sunt. (*anno 1595.*)

Sed multò major Fontano victoria est parta, ubi Cameracum expugnavit, ea conditione deditum, ut urbs in Episcopi, arx verò (quam Carolus V. imposuerat) in Hispanorum potestatem veniret. Gallis innòxius abitus permissus. Atque ita Fontanus Gubernator inter victorias memorabiles annum transegit, gemino hoste cum mediocri militum numero superior, & Gallo & Batavo. Vertente autem anno Gubernationem Alberto Austriaco cessit; prout mox referam.

In Picardiam.
Mottæus obit.
Rosnæus.
Galli victi.
Villarii cædes.
Dorlanum
Cameracum

ARTICULUS XI.

Status Belgii sub Alberto Austriaco ab anno 1596. ad 1601.

Albertus, Rudolphi Cæsaris frater, S. R. E. Cardinalis, Archiepiscopus Toletanus, & Lusitaniæ Prorex, quam summa laude administraverat, à Rege avunculo Philippo II. dictus Gubernator Belgii; summis ubique exceptus honoribus, Bruxellas ingressus est,

69.
Wilhelmus

eſt, adducto ſecum *Philippo Wilhelmi* Orangii filio primogenito, Mauritii fratre, quem ante triginta ferme annos Albanus in Hiſpaniam miſerat. Ubi in libera cuſtodia habitus, atque in libertatem filiorum Dei aſſertus Catholicam Religionem induit, Catholici Regis ſubditum profeſſus, atque ab eo aurei Velleris torque donatus, liber remiſſus

Patria ex- eſt. Verùm à fratre juniore Mauritio paterna hæreditate, & ab or-
cluſus. dinibus patria fuit excluſus, Hollandiam adire ſevero edicto vetitus. Quo etiam Societas Jeſu è fœderatorum finibus proſcripta eſt.

Albertus novus Gubernator, poſtquam Batavis fruſtra pacem obtulit, gemino graviſſimo bello implicitus, adverſus potiorem ho-
Alberti vi- ſtem prius eundum putavit, atque Gallis *Caletum* urbem portùmque,
ctoriæ. magni in omnem partem momenti, per Röſnæum potiſſimùm eripuit. Cujus appendix fuit *Guinæ* & *Hamæ* deditio, & quod majus erat, etiam Ardeæ, urbis præmunitæ: Rege Henrico, qui Faram interea expugnaverat, ſerò in auxilium urbis accurrente. Albertus ardore militum, tot victoriis accenſo, utendum arbitratus, *Hulſtum*, Flandriæ Borealis urbem admodum munitam, expugnare decrevit, atque pervicta difficultatibus haud ſanè levibus, illa potitus eſt (*anno 1596.*) ut adeò duos inter potentes hoſtes intra anni ſpatium tribus magni momenti urbibus, Caleto, Ardea, & Hulſto, principatus ſui initia inaugurârit. Amiſit tamen in obſidione Hulſtana
Röſnæi *Roſnæum*, natione Gallum, qui fœderatorum in Gallia partes incen-
mors. ſo ſtudio foverat, iisque diſſolutis ad Hiſpanos in Belgium tranſiit, ubi ſupremi caſtrorum Præfecti munere perfunctus, res magnas conſilio geſſit & opera. Res altera, quæ gaudium tot captarum urbium temperavit, fuit clades, à Bironio in Arteſiæ finibus Varamboño illata.

70. Proſpera inter & adverſa variavit magis annus ſequens (1597.)
Maurhii nam Mauritius egregiam ab Hiſpanis *victoriam ad Tornhutum* in Bra-
victoriæ. bantia retulit, cæſis cum Duce Varaſſio bis mille, ſexcentis captis.
Ambianum. Dolorem lenivit tantiſper *Ambianum* Picardiæ caput occupatum. Nam *Portocarrerus* Dorlani Præfectus, vir magnus in puſillo corpore, per exploratores certior factus, portas de die minùs ſolerter, & à civibus ſolummodo cuſtodiri, ſtratagemate ſæpius uſurpato milites ruſtico habitu indutos immiſit, levique opere urbe ampliſſima eſt potitus. Rex Henricus acerbè ferens tantum detrimenti, Hiſpanóſque facilè adeò in Galliæ viſcera penetrâſſe, cum exercitu illico advolavit, urbémque obſidione cinctam, ſuperatis multis magnisque difficultatibus tandem recuperavit.

Urbes Rheni Mauritius interea, dum Hiſpana arma in Galliam eſſent averſa,
ad fœd. ut Rheni dominium uſùmque ſibi firmaret, complures urbes, arces,

& oppida cepit, uti *Rheinbergam*, *Meursam*, *Grollam*, *Brefortium*, *Enschedam*, *Otmarsiam*, *Oldensaliam*, *Lingam*: tótque victoriis cumulatus immisso in hyberna milite, plausibus in cælum elatus Hagam Comitis ingressus est. Ne autem tantis progressibus porro augeantur Hollandi, de pace cum Gallis tractare cœperunt Hispani. Utrique Regno hæc erat necessaria. Gallia tot jam bellis támque diuturnis fessa, ad curanda rei publicæ vulnera quietem poscebat. Philippus II. devexa in senium ætate, morbisque confecto corpore, filio, quem unicum habebat, adhuc tenero, relinquere noluit Regnum, cum tribus potentissimis hostibus gravissimo bello implicitum.

Igitur Clemens VIII, explorato animo utriusque aulæ, omni ope sibi connitendum putavit, ut pacem componeret. Et composuit per legatum Medicæum feliciter, congressu *Vervini* habito. Restituit Hispanus, quæ occupaverat, Ardeam, Dorlanum, Capellam, Castelletum, Blavetum, & tandem etiam, quamvis ægerrimè, Caletum, pottum in omnem partem Belgio tam opportunum. Cameracum restitutum Archiepiscopo. (*anno 1588.*) Atque ita Hispanus ex toto illo cum Gallis bello nihil retulit, nisi jacturam ingentium sumptuum, innumerorum militum, tot in Belgio urbium; dum fœderati ordines occasionem nacti sunt, florentem ante bellum Gallicum statum Belgii evertendi, nec urbes duntaxat, sed integras provincias, Frisiam, Gröningam, Transiselaniam, Geldriam, Zutphaniam, Rhenique tractum abstrahendi. Verùm non ex eventu metienda sunt consilia. Spes Isabellæ Philippi filiæ propinqua videbatur. Dein, ùt ùt cætera sint frustrata: hæresis coërcita, Religio in Gallia conservata, Rex ipse armorum catholicorum occasione conversus, fructus utique belli sunt multò amplissimi: Philippo præsertim Regi Catholico, cui nihil in terris Religione erat pretiosius.

Altera res, quæ annum 1598. memorabilem fecit, fuit decretum connubium *Alberti* Archiducis cum *Isabella Clara Eugenia* Philippi Regis filia, attributo in dotem Belgio. Quæ res in senatu à Philippo Rege proposita, magna contentione est disceptata. Comes Fontanus, qui Belgium antea feliciter gubernaverat, post adventum Alberti in Hispaniam revocatus, censebat, Belgium ab Hispanici Regni corpore nunquam separandum: ex illis siquidem provinciis campo velut Martio Martiam Hispaniæ pubem sobolescere; in omnem circa partem futuram usui. Quippe Belgium intra Germaniam, Galliam, & Angliam situm, magnam semper, sive ad Religionem defendendam, sive ad arma propulsanda opportunam Hispaniæ allaturum commoditatem. Adhæc multum cum Batavis restare belli, cui solæ provinciæ obsequen-

Pars VII.   Z z z z   quen-

Marginal notes (right column):

71.
Pax Vervina.

Consultatio de connubio.

quentes non sufficiant, Hispaniam autem promptius missuram auxilia, si rem propriam sibi vindicet, quàm si alienam persequatur.

Alii verò omnino suadebant, Belgium Regiæ filiæ in dotem tradendum. Vix ullam quippe esse nationem, quæ proprum magis expetat Principem, & flagrantiùs oderit exterorum dominatum. Id apertè docuisse lapsa retro tempora, tot tumultibus, defectionibus, cladibus cumulata. 40. jam annis ardere bellum, quod Indicum aurum, Regia æraria, Hispaniam, Italiam, Germaniam, & Europam prope omnem militaribus copiis exhauserit. Id verò incendium excitatum post discessum Principis, cujus in Belgium reditum tot precibus & legationibus exoptârint. Et quamvis præstantes Gubernatores fuerint impositi, quia tamen versatile gerebant imperium, res in dies ruisse in pejus, abalienatos populorum animos, atque subtractos obsequio. Malis remedium fore, si suus Belgis reddatur Princeps, qui stabilita successione Belgas Belgis Principes generet. Has autem spes in Alberto & Isabella, filia Regis, & sororis filio, esse repositas, ac proin maturandum conjugium, Belgiúmque suavissimæ filiæ in dotem assignandum.

Conditiones.　Hæc Regi sententia placuit: his tamen conditionibus restricta: Isabellam collocandam Alberto: dotis nomine attribuendum Belgium, & Comitatum Burgundiæ. Filios ex eo conjugio nascituros, parentibus in utroque Principatu successuros, ita tamen, ut virilis proles præferatur fœmineæ, & major natu minori. Matrimonium tamen non ineant sine consensu Hispani Regis. Si hæredes deficiant, utraque ditio ad Hispanum revolvatur. Belgii Principes subditos suos à navigatione Indica avertant. Sacramento spondeant, se catholicam Religionem constanter professuros, eámque unam exerceri curaturos. Si qua harum conditionum non esset implenda, utraque ditio mox iterum cum Hispaniæ Regno coalescat. Adhæc Burgundiæ Ducis titulum aureíque Velleris ordinem Rex sibi suisque successoribus reservavit. Hanc cessionem denique etiam frater Isabellæ Philippus confirmavit.

Igitur Albertus Cardinalis obtenta à summo Pontifice dispensatione in secundo consanguinitatis gradu matrimonium contrahendi, & purpuram deponendi, à Belgii ordinibus, postquam sua ipsis privilegia, & præsertim Brabantinis, confirmavit, juramentum subjectionis & fidelitatis accepit. Fœderati autem ordi.es, obstinati degustatam semel libertatem nunquam dimittere, vehementer in has, ut ajebant, Hispanas artes invecti sunt: eum Principatum in speciem duntaxat futurum. Isabellam ætate provectam (34 annum agebat) nullam spem successionis facere; brevi igitur rursus Belgium, totum

Batavorum obtrectatio.

in-

interea-Hifpanis obnoxium, ad eosdem revolvendum : fe certè fufceptum confilium nunquam mutatutos, aut libertatem arreptam
cuiquam Principum prodituros. Nec parùm rurfus moleftiæ afferebant præfidiarii arcis Antverpienfis, ob dilata nimiùm ftipendia tumultuantes.

Albertus autem ad fponfam ducendam in Hifpaniam profeturus,
Andream Auftriacum Cardinalem Epifcopum Conftantienfem fuo ac
Regis nomine ex Alfatia, quam pro Cæfare moderabatur, evocatum
Belgio interea præfecit. Tum verò comitantibus eum Phil ppo Orangio, Barlæmontio, Egmontio, Crojo, & Aumalio Hifpanicum iter
fufcepit. Verùm dum ptr Germaniam illud profequitur, trifte nuntium de Philippi II. Hifpaniarum Regis morte accepit. (*anno 1598.*)

72.
Albertus in
Hifpaniam
ad fponfam.

Mendoza interea, quem Albertus armis præfecerat, ut Rheno
potiretur, *Rhenobergam* cum pluribus aliis munitis locis expugnat,
atque copias fuas, penuria laborantes, per Cliviam, Weftphaliam,
& Colonienfem agrum in hyberna diftribuit. Quæ res magnam Hifpanis apud Germaniæ Principes & ipfum etiam Cæfarem invidiam
conflavit. Cardinalis quoque Gubernator vehementer improbavit.
Sed ftipendiorum defectus militem modò in feditiones commovebat,
modò in amicorum etiam populorum injuriam effundebat. Irritus
tamen fuit Lippienfis & Hoenloënfis, Comitum conatus, quo Rheinbergam & Rhefam oppugnare funt aggreffi. Cardinalis autem Andreas
in Bommeliam expeditionem fufcepit arcémque fancti Andreæ, à fuo
nomine dictam, adverfus fœderatorum irruptiones exftruxit.

Andreas
Auftr.
Mendoza
Rhenober-
gam capit.

Germanos
vexat.

Anno 1599. *Albertus & Ifabella Archiduces* (fic enim appellati
voluerunt) ex Hifpania in Belgium venêre, fumma ubique gratulatione & honoris fignificatione excepti ; à Jufto Lipfio etiam eleganti
oratione falutati. Andreas verò Cardinalis ad Epifcopatum fuum
Conftantienfem reverfus eft. Ludicra tunc inter fpectacula, feriùm
etiam actum ferunt, Belgas inter & Gallos, quorum complures Hugonoti Mauritio militabant. Nam *Breautæus* Normannus Belgas ad
fingulare certamen provocaverat. Belgæ 22. adverfus 22. Gallos
Ducum venia comparent, ac 16. Gallorum, quos inter ipfe Breautæus,
interemptis, victoriam reportant.

74.
Archiducum
adventus.

Certamen.

Dum autem Belgæ Principes fuos excipiunt, Mauritius *Wachtendoncham* munitum Geldriæ oppidum eisdem eripit, ac mox arcem
Crepicordii, & S. *Andreæ*, quam nuper Cardinalis exftruxerat; &
ut nihil deeffet ad ignominiam, præfidiarii arcem hanc munitiffimam
Mauritio pro pecunia vendiderunt, ac deferto fuo Principe ad fœderatos tranfierunt. Maximam nempe toto hoc bello Hifpanorum rebus moram & cladem intulit ftipendiorum defectus. Qua re irritati

Mauritii
progreffus,

milites

milites modò civitates funt deprædati, modò Duces fuos captivos abduxerunt, modò cum hoftibus ipfis colluferunt, modò feceffione facta urbem aliquam occupatam pignoris veluti loco fervabant. Profe-òò fub initium, Principatus Alberti tanta ab eam tumultuantium, transfugientiúmque frequentiam erat calamitas, ut pecuniæ defectu, quò confilia verteret, non haberet.

Et victoria.   Et quod luctuofiffimum erat, Mauritius in Flandriam effufus, oppidis paffim direptis, amplam de Alberto victoriam reportat, pluribus catholicorum millibus in acie cæfis, aut captis, quos inter Nobiles Ducésque plurimi. Ad *Neoportum* hæc pugna commiffa eft, inter maximè memorabiles habita (*anno 1600.*) Nec tamen victori incruenta fuit; quin parem aut etiam majorem fuiffe cæforum ex fœderatis numerum, aliqui fcribunt. Neque præter laudem & famam utilitatis quidquam Mauritio ea victoria attulit. Nam imminuto militum numero Neoportanam obfidionem folvere coactus eft, atque in Selandiam ac Hollandiam fe recipere.

CAPUT II.

De Statu Ecclefiaftico Belgii in fpecie.

ARTICULUS I.

De Statu Religionis in Belgio.

74.   QUamvis ex iis, quæ dicta funt hactenus, abunde pateat, quàm calamitofus fuerit ftatus Belgii, non modò civilis, fed etiam Ecclefiafticus; juvat nihilominus de hoc peculiariter adhuc aliqua annotare.

Ortus Religionis; primi Apoftoli.   Chriftiana Religio jam fæculo III. Belgio illata traditur ex vicina Gallia, atque in Cameracenfi, Attrebatenfi, ac Tornacenfi agro profeminata à viris Apoftolicis *Piato*, *Chryfolio*, & *Eugenio*. Sæculo IV. aut ineunte V. *Diogenes* Græcus, *Attrebatenfis Epifcopus*, à Vandalis, qui furgentem religionem excifum ibant, occifus fcribitur. Mox quinque diverfæ gentes, Romani, Vandali, Gothi, Hunni, & Galli regionem & religionem vaftabant. Sæculo VI. S. *Eleutherius* à Felice III. fummo Pontifice ordinatus *Tornacenfis Epifcopus*, rurfus collegit difperfas reliquias. Sæculo VII. S. *Amandus* everfo Mercurii **Progreffus** & Martis idolo Gandavi & reliqua Flandria plura templa & monafte-

ria

ria erexit. *S. Eligius* verò, cujus sermones catholici ad populum hodiedum exstant, Antverpiam majorémque Brabantiæ partem convertit: uti etiam S. *Willebrordus*, cum aliis 12. sanctis viris ex Hibernia adveĉtus, Hollandiam, Selandiam, & Ultrajeĉtum, ac subin etiam Frisiam, accepta potestate à Pipino Brabantiæ Duce, qui deviĉto Radbodo Rege eandem subegerat. Sæculo VIII. totum ferme à Normannis Belgium erat Christianum, opera præsertim S. *Rumoldi.* Verùm florentem Religionem Normanni, adhuc ethnici, in Belgium irrumpentes, sæculo IX. miserè devastârunt, donec ab Arnulpho Imperatore ingenti prælio viĉti, atque ejeĉti sunt. à Normannis vexatus.

Restauratam sæculo X. & XI. Belgicam Ecclesiam, jam non 75. ampliùs gentiles sed bæretici infestârunt. Horum primus *Tanckelinus* Tanchelinus circa annum 1115. Antverpiæ ac vicinis locis venenum effudit, in SS. Sacramenta potissimùm grassatus, & quidem more minimè Apostolico, sed hæreticis communi, vi nempe armata. Verùm Divino Numine evocatus in Belgium S. *Norbertus* hunc Ecclesiæ hostem ita à S. Norberto debellavit, ut ne vestigium quidem hæreseos relinqueret. Ex quo debellatus. tempore Illustrissimus Præmonstratensium ordo viris sanĉtissimis atque doĉtissimis mirè auĉtus, atque per Belgium propagatus pro Ecclesia Dei firmissimum adversus hæreses & vitia se murum opposuit.

Advenit haud multò pòst in Belgium S. *Bernardus* cum sanĉtissimi S. Bernardi ordinis sui sociis, ut junĉta opera cultum Dei, morum probitatem, & zelus. salutem animarum ubique promoveat: ut adeò sæculo XII. & XIII. in toto Belgio ad omne decus floreret Religio, pietas, vitǽque disciplina. Cùm postea sæculo XIV. perniciosum *Schisma* Ecclesiam Schisma. scinderet, omnis pene Flandria in turbas commota est. Nam Philippus Audax, qui Galliæ exemplo Clementi VII. adhæserat, omni ope conatus est Flandros ab Urbano VI. abstrahere. At multi ex illis exilium præferebant: & vel maxime Gandavensium constantia enituit. Interea autem *Urbaniani* & *Clementini* (ita enim appellabantur) mutua sacrorum communione abstinebant: donec anno 1398. pax reduĉta est.

Sæculo dein XV. & dimidio XVI. totum Belgium unius erat 76. labii, unius Religionis, unius fidei, probitate, opulentia, & omni-Hærefis gena felicitate efflorescens; cùm post discessum Philippi II. horrendi omnia miscet. sanè motus, hæresi præsertim. omnia miscente, Religionem miserè afflixerunt; prout ex iis, quæ ex scriptoribus probatis memoràvi, est perspicuum.

Cùm etenim jam Germania, Gallia, Anglia, Scotia pleno fla-Ejus initia garet incendio, ex vicinis istis provinciis scintillæ in Belgium ventilatæ

latæ immanes ubique flammas excitârunt. Initium à mercatoribus, militibus, & profugis ex Gallia & Anglia hæreticis. Accitus ex Gallia Tornacum & Valencenas, quas primas flamma corripuit, **Lanoyus.** Matthæus *Lanoyus*, à puero Genevæ Calvini difciplina imbutus: qui publicè in campis & fylvis ad accurrentes turbas armatas verba faciebat, atque incitatus à novatoribus, ut duas perforas, quas pretio induxerant, ut obfeffas fe fimularent, à dæmonio liberet, eo nomine vir fanctus habebatur; donec fraus primùm à fimulantibus, dein verò ab ipfo etiam Lanoyo, poftquam ad Ecclefiam rediit, in libro, quem de fua converfione in lucem edidit, toti orbi eft patefacta : ut publicè manifeftum fiat, quibus miraculis hæretici fectas fuas propagent.

Concilium Tridentinum interea ex Regis voluntate publicabatur ab Archiepifcopo Cameracenfi, quamvis non fine magno populorum motu, majore à Mechlinienfi, ab Ultrajectenfi verò multò maximo. Editum etiam ab aula decretum adverfus fectarios : ut nemo aliam quàm Catholicam Religionem exerceat. Q.i aliam doceat, aut fcriptis afferat, domum commodet, populum commoveat, capite luat : uti etiam qui pertinaciter in hærefi perfiftat : aut frequentiùs ad alios pervertendos difputet.

77.
Progreffus Cùm autem hæ res etiam catholicos in tumultus concirent, hæretici paffim irrumpebant, in tres potiffimum fectas divifi. *Calvinifta* Flandriam & proximiores Galliæ provincias invaferunt, *Lutherani* Germaniæ finitimas, *Anabaptiftæ* Holandiam & Selandiam. Complures civitates omnis colluvies infecit. Quanta autem audacia, quo furore, edictorum contemptu, facris imaginibus, templis, altari**ac furor.** bus, facerdotibus ;manus facrilegas Ipris, Antverpiæ, Bredæ, Bufcoduci, Bergis, Gandavi, Aldenardæ, Valencenis, Amftelodami, aliisque in locis injecerint, longum fuerit recenfere. Integræ cohortes furoris æftro perciti furiarum inftar facibus ac ferro armati difcurrebant, & facra omnia infando facrilegio contaminabant. Profectò ea fuit fceleris plùs quàm barbari atrocitas, ut calamus cohorreat fcribere, & lectori humanitatis non omnis experti ingratum omnino foret legere. Certè ipfi etiam Proteftantici fcriptores, uti Petrus Bor, Petrus Hofftius, Emmanuel de Metere, & Gerardus Brand, facinus iftud enorme deteftantur. Quod tamen inftigantibus Geufiorum miniftris fuit patratum : quódque miferrimum erat, fæpiùs per provincias inftauratum.

Gorcomien- Cùm anno 1572. Geufii *Gorcomio* in Hollandia effent potiti, in **fes Martyres.** homines Ecclefiaftici præfertim ordinis truculenta eorum fe exeruit rabies. Nam novemdecim illorum, ex quibus undecim Francifcani,

carce-

carceris primùm fqualore verberibúsque dirè torti, dein in navicu-
lam compacti, atque Gorcomio Brilam devecti, postremò à Comite
de *Marcha* ad fufpendium damnati, barbaras inter lanienas crudeliffi-
mè funt enecati: *Gorcomienfes* propterea *Martyres* appellati, utpote
unicè in odium fidei occifi. Unus tamen ex 19. adhuc juvenis tormentis & promiffis fractus defecit. Eodem furore immanis tyrannus
Schonhofii in Canonicos Regulares S. Auguftini graffatus, plures eorum
interemit: uti etiam Cornelinm *Mufium* facerdotem jam feptuagena-
rium, virum virtute & doctrina præftantem, per inaudita tormentorum genera. Eadem laniena per totum ferme Belgium fuit circumlata. *Aliíque mulu.*

Orangius initio manfuetudinem præfeferens, à Sacerdotibus ab-
ftinebat manus; fed rebus fuis magis firmatis larvam pofuit, & edictis
atrocibus profcriptionibúsque Antverpiæ præfertim fæviit, in Minores maximè, & Jefuitas: qui non modò Antverpia, fed infuper Trajecto, Gröninga, Tornaco, Brugis, Duaco expulfi funt à Geufiis: quòd
juramentum, adverfus Regem & Joannem Auftriacum conceptum,
nollent emittere. Auctaque eft perfecutio, ubi anno 1579. Hollandi,
Selandi, Geldrii, Frifones *Ultrajectinum* inter fe *fœdus* inierunt. *78. Jefuitæ pulfi.*

Nulla tamen perfecutione abfterriti funt Societatis Patres à *Mif-*
fione Batavica. Sed prout jam antè Nicolaus Gaudanus Bergæ ad
Zomam, Andreas Boccatius Leovardiæ, Godefridus Lummius Middelburgi, Petrus Canifius, Leonardus Keffelius, Francifcus Coftelus,
Henricus Dionyfius, Joannes Aftenfis, Daventriæ, Neomagi, aliisque Tranfifelaniæ & Geldriæ urbibus Religioni confervandæ, verbí-
que Divini prædicationi inftiterant; ita anno 1592. ex voluntate Clementis VIII. *Guilielmus Leonius*, & *Cornelius Duyftius*, uterque Hollandus, licèt clauftra omnia effent obfeffa, in Hollandiam tandem, ferme penitus jam defolatam, penetrârunt. Et Leonius quidem Dordracum natalem fibi urbem pervenit: inde verò provinciam Ultrajecti-
nam, Tranfifelaniam, Geldriam percurfabat: Duyftius verò Amftelodamum, Delphos patriam fuam, Rotterodamum, Lugdunum, Har-
lemum, aliásque Hollandiæ civitates zelo Apoftolico excolebat. *Miffio Batavica,*

Cùm autem tam amplo agro, fpinis & urticis undique horrenti,
tam pauci operarii non fufficerent, annuerunt fociis; milsíque attulerunt fuppetias, Joannes *Barghius* Amftelodamenfis, Adrianus *Arba-*
reus, pariter Hollandus, & Nicolaus *Romæus*, libris, quibus Calvini effigiem ad vivùm expreffit, celebris. Atque his fundamentis erecta eft Miffio Hollandica, uberi poftmodum fructu propagata. Nec
abfterrere poterant viros, pro majore Dei gloria & animarum falute
zelantes, diurnæ nocturnæque infidiæ, perfecutiones, vincula, carceres, neces.

Uffit

Uffit invidia generis humani hoftem, ejúsque miniftros. Quare fabulam adornârunt, artibus fuis, hoc eft, mendaciis contextam, Petrus Banne, viliffimæ conditionis opifex, poftquam fua decoxit, ære alieno preffus; Ipris profugus, atque in Hollàndiam delatus, Lugduni afferuiffe fertur, femiffum ad evoccidendum Mauritium Comitem. Quæftioni fubjectus, quis tanti fceleris fibi auctor fuerit, variato refponfo alios aliósque nominavit, tandem promiffis illectus Oliverium, Manaræum Provincialem, virum integerrimum, cujus virtus, fides, & vitæ innocuæ commendatio toti Italiæ Belgióque erat perfpecta, cum Rectore Collegii Duacenfis inter alios reos egit. Geufii fabulæ fucceffu læti, eam denuntiationem, variis linguis editam per Europam fpargunt, atque Societatem ceu fectam fanguinariam maligné traducunt.

Fabula de necando Mauritio.

Francifcus *Cofterus*, vir doctrina & probitate confpicuus, tantam calumniam non diffimulandam ratùs, libro in publicum edito famam Societatis læfam egregiè vindicavit, oftenfis ad oculum fexaginta apertis mendaciis, quæ Geufiorum accufationi erant inferta, itáque palàm convicit, ut ipfi Batavi falfam criminationem agnofcerent, nec Lugdunenfes, rei veritate perfpecta, adduci poffent, ut proceffum fuum judicialem, fcriptúmque editum defenderent.

Mendaciis contexta.

Et profecto adeò ineptè tota ftropha erat contexta, ut Cofterus evolutam accufantium criminandi libidinem, accufatorum verò innocentiam perfpicuè ob oculos poneret. Quid infulfius? Banneus in majori hebdomade confeffionem pafcalem apud Provincialem Duaci depofuit, ejúsque Miffæ interfuit, atque de Mauritii cæde egit; cùm tamen Provincialis toto eo tempore diúque antea nec pòft Duaci fuerit, nec Banneum unquam viderit. Banneus butyrum in Collegium Duacenfe portare confueverat, eáque occafione à Rectore ad cædem fuit impulfus. Sed Cofterus demonftravit, Banneum opificio vietorem nunquam butyrum in Collegium detuliffe, neque cum Rectore unquam locutum effe, fed eidem prorfus fuiffe incognitum. Uxor, Jefuitis familiaris, marito fcelus perfvafit. Verùm uxor Bannei nunquam Jefuitis fuit familiaris, nec iis confeffariis ufa eft, neque conciones eorum aut Collegium acceffit. Dein apertè illa eft proteftata, fibi nunquam eam rem in mentem veniffe, nec unquam cum ullo Jefuita ea de re vel verbum contuliffe: nec ullo tefte aut indicio probari id poterat. Ejusdem farinæ erant reliqua 57. mendacia ac impofturæ Geufiorum.

ARTICULUS II.
Status Ecclesiasticus per Concilia ordinatus in Belgio.

QUia ante Philippi II. tempora nulli in Belgio erant Archiepiscopatus, sed quatuor tantùm Episcopi, qui ad Coloniensem, Leodiensem aut Rhemensem Archidiœceses spectabant, ideo etiam
nulla in Belgio celebrata sunt olim Concilia Provincialia, sed Episcopi à
Metropolitanis evocati Concilia Archidiœcesis frequentabant. Invenio
tamen pauca quædam Diœcesana habita.

Horum omnium primum est *Ultrajectense*, auctoritate *S. Wille-*   79.
brordi Episcopi congregatum anno 697. Conclusum in eo, ut egregii Concilium
verbi Dei Prædicatores, qui ex Anglia & Hibernia in eas Germaniæ In- Ultrajecten-
ferioris partes advenerant, in finitimas gentiles provincias distribue- se.
rentur, ad populos Christiana fide imbuendos.   Hos inter fuit *S. Win-*
fridus sacerdos, qui postquam 13. annos in Ecclesia Trajectensi fuisset
Canonicus, Archiepiscopus Moguntinus consecratus est, & *Bonifa-*
cius appellatus.   Inde post obitum S. Willebrordi rediens, secundus
Trajectensis Episcopus fuit ordinatus: ac postquam 16. annos per Frisiam prædicaverat, martyrio cum suis coronatus.

Anno 1025. cùm quidam contra SS. Sacramenta varios errores Attrebaten-
spargerent, *Gerardus* Cameracensis & Attrebatensis Episcopus diœ- se I.
cesanam synodum Abbatum, Canonicorum, & Parochorum convocavit; atque in ea 17. capita decrevit.   In 1. Baptismi Sacramentum,
à quibusdam negatum, asseruit.   In 2. veram ac realem Christi præsentiam in SS. Altaris Sacramento ex sacra Scriptura, atque miraculis manifestis demonstravit.   In 3. templum tanquam Domum Dei
commendat.   In 4. 5. & 6. de sacro Altari, thymiamate, & campanæ signo tractat.   In 7. de sacris Ordinibus, ac clericorum officiis,
In 8. de sacra Sepultura.   In 9. & 10. de Pœnitentiæ Sacramento.
In 10. de connubiis.   In 11. de cultu Sanctorum.   In 12. de psallendi
officio.   In 13. de veneratione Dominicæ crucis.   In 15. de cultu
Imaginum Christi & Sanctorum.   In 15. De Ecclesiastico Regimine,
In 16. de falsa hæreticorum justitia.   In 17. fit brevis adhortatio prio-
rumque repetitio.

Atque hæc omnia ex sacra Scriptura & primævæ Ecclesiæ usu
adeò luculentè ob oculos ponuntur, ut habeant profectò Batavi,
à majorum fide devii, quo introspiciant, quænam jam ante tot sæcula fuerit Belgarum Religio, cum hodierna ad amussim consentanea.

Pars VII.   Aaaaa   Ube-

Uberiùs momenta præcipua Concilii recenferem, nifi ex aliis Conciliis pluries illa attuliffem.

Anno dein 1097. in altera Attrebatenfi Synodo variâ Monafteriis privilegia confirmata funt. Idem factum in tertia anno 1098. & quarta 1101. In quinta anno 1128. Monafterium Monialibus malè viventibus ademptum traditum eft Monachis, affentiente. Innocentio II. Summo Pontifice. Sæculo fequente edita funt gemina ftatuta fynodalia Ecclefiæ Ultrajectenfis. In prioribus excommunicantur lædentes libertatem Ecclefiafticam. In pofterioribus graviter prohibetur, ne laborantes defectu natalium ad facros ordines promoveantur.

§. I.

Concilium Cameracenfe 1. anno 1565.

POftquam Epifcopatus Cameracenfis, ad Rhemenfem Archidiœcefin fpectans anno 1559. rogatu Philippi II. in Archiepifcopatum erectus eft à Paulo IV. *Maximilianus à Bergis,* Archiepifcopus & Dux Cameracenfis, S. R. I. Princeps, comes Cameracefii fexto poft anno Concilium Provinciale indixit, ad reformandam difciplinam Ecclefiafticam, & ftabiliendam doctrinam fidei adverfus hæreticos, eo tempore undique circumfrementes. Edita funt in hunc finem 22. tituli, in plura capita fubdivifi.

In epiftola encyclica, qua Archiepifcopus Synodum convocat, refert, quàm opportunum remedium morbis attulerint frequentiores fynodi, quarum intermiffione maxima Ecclefiæ immineant mala. In ipfo dein Concilio laudata Tridentina Synodo, omniúmque obfervationi commendata, emiffa eft profeffio fidei. Tum verò

In 1. Titulo *de liberis hæreticorum fufpectis & vetitis,* ftatuitur, ut edictum Caroli V. de non edendis aut importandis libris, quorum catalogus non fit approbatus. Etiam typographi & librarii quot annis ex formula Tridentini emittant profeffionem fidei. Libri precatorii ab omni fuperftitione purgentur.

In 2. *De lectionibus Theologicis in capitulis & Monafteriis,* præcipit in docendo diligentiam, ut Auditores non tantùm doctiores fed etiam probiores evadant.

In 3. *De Scholis,* ait, ex harum neglectu maxima mala fuiffe fuborta. In urbibus igitur, oppidis & pagis reftaurandas fcholas, docenda fidei rudimenta. Diebus Dominicis à clericis & ludimagiftris gratis inftituendam pauperem plebeculam credendi principiis. In fcholis auctores probatos prælegendos.

In 4. *De Seminario,* commendatur erectio pro juventute piè & doctè inftituenda.

In

In 5. *De Doctrina & prædicatione verbi Dei* mandàtur, ut Rectores Ecclefiarum feftis & dominicis populo verbum Dei purè & fideli-
tèr explicent, cum fymbolo fidei, decalogo, præceptis Ecclefiæ, ufu
Sacramentorum, traditionum, ceremoniarum. Hæreticos refellant
abque convitiis. Non finant quem concionari fine mandato ordinarii. Libros habeant legántque probatos.

In 6. *De cultu, ceremoniis & Officio Divino* jubetùr SS. Evchariftiæ Sacramentum fumma veneratione & puritate tractari : effe enim
valde præpofterum, quod Sacerdotes velint omnem à laicis huic Sacramento reverentiam haberi, ipfi verò non exhibeant. In Miffa
folenni, quæ ad doctrinam pertinent, uti Epiftola, Evangelium, Symbolum, absque organo canantur diftinctè. Quæ verò ad laudes Divinas fpectant, ut Hymni, Gloria in excelfis, Sanctus, cum organis
& mufica poffunt cani. Abfit à cantu omnis lafcivia, ac levitas,
choreis potiùs quàm choro conveniens. Sacræ ceremoniæ piè &
fanctè obferventur. Nullæ verò novæ introducantur abfque Epifcopi
affenfu. Omnis verò fuperftitio aboleatur. Canonici per fe ipfos
pfallant, & facris operentur piè & devotè: aliàs diftributionibus careant. Fefti dies religiofiùs tranfigantur. Fefta aliqua abrogentur.

In 7. *De Miniftertis Ecclefiafticis* decernitur, ut nemo in Ecclefia minifterium accipiat, nifi quem ætas, vita, eruditio commendet. Beneficium tituli non refignetur, nifi de alio fufficiente provifum. Curati cooperatores non recipiant, nifi ab Epifcopo approbatos, uti nec confeffarios fæcularium.

In 8. *De vita & honeftate Clericorum* præcipitur fobrietas, fru-
galitas, pudicitia, modeftia. Nullam fœminam fufpectam domi habéant.
Caupcnis abftineant; ad æquales hauftus non provocent, ebrietatem fugiant. In primitiis abfint choreæ, ludicra &c.

In 9. *De Examine Epifcoporum*, decernitur, ut poft electionem
Epifcopi publicè denuntietur, omnibus patere aditum, qui fciant impedimentum aliquod electi, ut liberè ac tutò illud denuntient Archiepifcopo, aut vicino Fpifcopo comprovinciali, quorum eft, præfentibus duobus Canonicis Ecclefiæ vacantis, electum examinare de natalium integritate, ætate 30. annorum, vita, moribus, exercitiis, gradu, ftatu, an Doctor, aut faltem doctus, virtutibus præditus, quas
Apoftolus in Epifcopo requirit, an fex menfium fpatio in facro ordine
fuerit conftitutus. Quæ omnia fideliter defcripta, ac ejusdem Epifcopi
aut Archiepifcopi manu ac figillo firmata mittantur ad S. D. Papam,
ut fufficienter inftructus confirmare electum queat: miffa fimul Romam profeffione fidei & obedientiæ.

In 10.

81.

In 10. *De Examine Pastorum*, Synodus se refert ad Decreta Concilii Tridentini, præsertim *Sess. 23. cap. 18.*

In 11. *De Residentia Episcoporum & curatorum* rursus districtè mandatur observatio eorum, quæ Tridentinum præcepit, ut videli. cet Episcopi & curati personaliter resideant, ac per se ipsos ovibus invigilent. Ne igitur ultra trimestre Episcopus in anno sit absens à sua Diœcesi, nisi causis legitimis excusetur, quas exponere Metropo. litano debebit. Præsertim non absint tempore Adventus, quadrage. simæ, & festis solennioribus: quibus maximè convenit, Episcopos mi. nisterium suum obire in suis Ecclesis.

In 12. *De Pastorum residentia, & eorum officio*, rursus inculca. tur observatio Tridentini, præcipitúrque, ut Pastores, qui residere aut nolunt aut non possunt, monitis Patronis, Ecclesias resignent. Per se ipsos doceant, sacrificium offerant, sacramenta ministrent.

82.

In 13. *De Visitatione*, se rursus Synodus refert ad Decreta Tri. dentina. Inquiratur diligenter de fide ac moribus, de diligentia in Ministeriis, asservatione Evcharistiæ, sacro oleo, habitu, tonsura, vita clericorum, Ecclesiarum supellectili, bonis, libris, fundationi. bus, eleemosynis: publica castigentur publicè &c.

In 14. *De Potestate & Jurisdictione Ecclesiastica* asseritur du. plex forum Ecclesiasticum, clavium nomine à Christo insinuatum: alterum Sacramenti pœnitentiæ: alterum Jurisdictionis & regiminis externi ad publica delicta corrigenda. Datum in hunc finem à Chri. sto excommunicationis gladium, veluti nervum disciplinæ Ecclesiasticæ. Rogat proin synodus Regem Catholicum, aliósque Dominos tempo. rales ac magistratus, ne illius usum prohibeant aut impediant. Si Judex Ecclesiasticus hac potestate abuteretur, ad superiorem Judicem Ecclesiasticum id deferant: sintque memores pœnarum à sactis cano. nibus, super his inflictarum. Prohibetur autem Judicibus Ecclesiasti. cis, ne leviter hoc gladio feriant, sed aliis, quantumcunque fieri potest, utantur Juris remediis. Pecuniariæ autem mulctæ piis causis applicentur.

Ut dispendiosæ litium protractioni obvietur, in omnibus actio. nibus personalibus, ad forum Ecclesiasticum pertinentibus, Judex cu. ret, reum comparere personaliter, atque ad factum suum proprium respondere, non admisso procuratore, nisi de legitimo ipsius Rei im. pedimento saltem summariè & verisimiliter constet. Si reus compa. rens fateatur debitum, judex illico solutionem imperet, faciendam in. tra tempus de stylo vel jure definitum. Si neget per litis contestatio. nem, summariè procedatur. Si verò citatus comparere aut litem con. testari nolit, citetur iterum, cum monitione, ut ad libellum actoris

re-

refponfurus compareat; Si tertiò fub pœna confeffati citatus non compareat, actor ad probandum admittatur, & reus contumax pro confeffo habeatur.

Presbyteri & clerici non affumant officium Notarii, nifi priùs ab ordinario examinati & probati fuerint. Epifcopi in fynodo Diœcefana defignent perfonas idoneas, qu'bus caufæ in partibus à S. Sede delegentur, juxta decretum 10 Tridentini Seff. 25. In cæteris etiam omnibus Synodus Tridentina plenè & integrè obfervetur, & auctoritatem inviolabilem habeat, ejùsque Decreta omnia, ftatuta ac definita ab Epifcopis publicentur, & in fingulis Ecclefiis, & ab omnibus Prefbyteris habeantur typis edita.

In 15. *De Matrimonio* ait, fuiffe inftitutum à Deo, antequam peccatum intravit mundum, & à Chriftò elevatum ad rationem Sacramenti. Filii pietatis in parentes memores eorum confilio matrimonium ineant. Non tamen debent parentes liberos cogere ad hoc vel illud matrimonium. Unde declarent, an liberè aut coactè contrahant. Proclamationes præviæ non omittendæ: juréntque contracturi, fe nullo, quod fciant, impedimento prohiberi. Sponfalia non in tabernis potoriis aut poft compotationem contrahantur, fed à fobriis in loco facro: ac multò magis matrimonium. Ignoti ne temere conjungantur. Qui falfo allegato impedimento matrimonium impedit, aut verum fciens reticet, excommunicetur. Si Paftor de impedimento dubitat, ordinarium confulat. Clandeftina matrimonia funt irrita. Reliqua etiam omnia decreta Tridentini circa matrimonia obferventur.

In 16. *De Decimis, Oblationibus, & Portione Canonica* ftatuitur, ut decimæ diligenter folvantur. . Oblationes in Ecclefiis factas foli Paftores recipiant, non verò patroni laici. Si patrono pars debeatur, eidem à Paftore tradatur. Oblationes nullo pacto elocentur. Paftoribus fua congrua affignetur, vel augendo portionem decimalem, vel contributione, vel unione Beneficiorum, vel alia ratione. In eam rem autem, qui decimas percipiunt, contribuant. Si duæ Ecclefiæ propter inopiam uniantur, unus fit utriusque paftor: cui facellanum deligere liceat, admiffum tamen ab ordinario. Pro reftauratione contribuant decimatores pro rata, nifi inftauratio ex antiqua confuetudine ad populum pertineat. Denique hortatur fynodus monafteria, ad quæ fpectant fere omnia prædia parochiæ, ut paftori inopi fuccurrant.

In 17. *De Purgatorio* docet, effe locum deftinatum earum animarum purgationi, quæ ex hoc fæculo migrant, necdum plenè purgatæ, feu ab omnibus pœnis abfolutæ, eásque precibus, eleemofynis, Miffæ facrificiis, pro benignitate Divinæ clementiæ juvari. Abfit autem omnis fuperftitio, & turpis quæftus; ne plebi imperitæ imponatur, aut hæreticis calumniæ anfa præbeatur.

In 18. *De Monafteriis virorum & mulierum* commendantur Decreta Tridentini. Servetur difciplina regularis, & collapfa reftauretur. Superiores verbo & exemplo præluceant. Sacræ lectionis fuper menfam ufus reftituatur. Menfa fit frugalis, Omni familiaritate cum mulieribus abftineant. Claufuram obfervent. Vota cuftodiant. Nullus fibi pecunia cibos, potum, aut veftes comparet, fed à communitate omnibus neceffaria fuppeditentur. Pecunia &c. quocunque titulo acquifita tanquam communis fuperiori tradatur. Pro admiffione ad profeffionem nihil recipiant. Moniales curent, ne puellæ earum convictrices, quas piè inftituendas fufcipiunt, non nimiùm curiosè, fed modeftè fint veftitæ. Novitii bene inftruantur, ad quid per profeffionem fe obligaturi fint. Religiofi nunquam foris pernoctent, nifi de confenfu fuperioris. Meminerint fuperiores, fe non effe dominos bonorum monafterii, imò ne fructuum quidem, fed tantùm difpenfatores, & adminiftratores: neque pro lubitu difpenfare poffe contra intentionem Ecclefiæ & fundatorum, ditando propinquos, fuperfluis fumptibus &c.

In 19. *De Sanctis* inquit, Sanctorum cultum & invocationem femper fuiffe probatam ab Ecclefia: nec deftitiffe fanctos Patres ob hæreticorum & gentilium contumelias Martyribus debitum honorem impendere: fic neque debere pios homines à legitimo cultu & invocatione fanctorum abduci, quidquid adverfus Ecclefiam latent hæretici; fanctorum enim precibus nos juvari firmiffimis argumentis comprobatum effe. Docendum tamen populum, alium effe cultum, quo Deum, Creatorem, Confervatorem, Largitorem bonorum omnium, Judicem futurum, cui uni reddere rationem debemus, qui folus perdere, folus fervare poteft, cui foli facrificium offertur, folus cultu latriæ colitur. Alium verò ac multò inferiorem effe cultum, quem Sanctis piè deferimus. · Et quamvis eos vocemus advocatos & interceffores, nullatenus tamen eo ordine ac loco, quo Chriftum Dominum noftrum, Advocatum ac Mediatorem, per quem omnia bona habemus, & in cujus meritis infinitis omnis fundatur Sanctorum interceffio, colimus, adoramus, & invocamus; Ecclefiam etiam in fuis precibus omnia à Deo petere per Chriftum Dominum noftrum, Sanctum omnium Sanctorum. Patere etiam ex Litaniis noftris ingens difcrimen, quo Deum & Chriftum, & quo Sanctos invocamus.

Docendum proin populum, preces quidem Sanctorum admodum utiles ad impetranda à Deo ex meritis Chrifti dona temporalia & fpiritualia; fed tamen abominandam effe eorum vanitatem, ac fuperftitionem, qui certò pollicentur, non migraturos ex hac vita fine pœnitentia

&

& aliis morientium facramentis eos, qui hunc illúmve ex Divis co-
luerint, aut certas precatiunculas diligenter recitaverint, aut qui
propterea fecuritatem, certum optatúmque eventum promittunt. Illud quoque reprobandum effe, fi qui certo numero, præfcriptáque
Miffarum forma aliqua, aut precum, affirmant, certas defignatásque
animas è purgatorio femper liberari.

In 20. *De Imaginibus* ait, Chrifti ac Divorum imagines fecundum Synodi VII. traditionem, & Tridentini fanctiones in templis habendas effe, eisque externa honoris cultúsque figna exhibenda, cùm
in fignis prototypa veneremur. Sed ne quid agatur præpofterè, imagines nullas ftatuendas in templis, nifi Epifcopi confenfu & judicio;
fi quæ præfeferant quidquam, quod non deceat, aut prototypo nòn con-
gruat, amovendas effe. Nullum cultum deferendum imagini propter
materiam, aut formam, fed propter rem fignificatam, ad quam hic cultus & honos præcipuè refertur: & hinc animum orantis aut veneran-
tis in rem fignatam referendum, & non in fignum, quod nec audit,
nec videt, nec fentit. Imperitæ plebis caufa maximè pofitas effe imagines, ut illarum afpectu docti & moniti patrocinium Divorum & pietas in Chrifto confervetur, & eorum vitam imitemur. Miraculis nullam effe auctoritatem fine judicio Ecclefiæ, per Epifcopum declarato.

In 21. *De Reliquiis* innovatur Decretum Tridentini de iisdem
venerandis; cùm non tantùm fint monumenta, quibus Martyrum ac
Divorum memoria renovatur, fed fuerint viva Corporis Chrifti membra ac templa Spiritus Sancti, ad æternam gloriam excitanda. Verùm
ut omnis tollatur abufus, ne quis novas, aut ignotas reliquias populo
venerandas offerat, nifi priùs ab ordinario probatæ fuerint.

In 22. *De Indulgentiis* ait, quia per indifcretas & nimias Indulgentias claves Ecclefiæ contemnuntur, & pœnitentialis fatisfactio
enervatur, nemini licere novas aut ignotas indulgentias populo com-
mendare, nifi priùs ab ordinario vifitatæ fuerint & probatæ. Præci-
pitque Parochis, ut populum fuum diligenter admoneant, ne circum-
foraneis quibusdam; aut etiam impreffis libellis temere fidem adhibeant, qui ex levibus, vanis & fuperftitiofis caufis exorbitantes indulgentias pollicentur, cùm non nifi ex piis & rationabilibus caufis
concedi debeant.

Interfuerunt & fubfcripferunt huic Concilio præter Archiepifcopum Cameracenfem, Richardotus SS. Theol. Doctor & Epifcopus
Attrebatenfis, qui pulcherrimam in Synodo orationem habuit de ca-
lamitofo temporum ftatu; Epifcopus Audomarenfis, - Namurcenfis,
(Tornacenfis Ecclefia vacabat) Præpofiti, Decani, & Canonici Ca-
thetra-

thedrales: multi Abbates, & Abbatiffarum Procuratores, uti etiam
Capitulorum Decani & Procuratores.

§. II.
Concilium Mechliniense anno. 1570.

BElgicis turbis jam in apertum erumpentibus, & hæresi in dies magis invalescente, quæsitum fuit à Concilio Provinciali Mechliniensi
remedium. Indictum illud fuit à Martino Rythovio Iprensi Episcopo,
nomine Antonii Perrenotti Archiepiscopi Mechliniensis, ac Belgii
Primatis, qui ob caúsas memoratas Belgio excefferat, & in Italia tunc
versabatur. Et imprimis quidem Præside Rythovio Seniore com provinciali recipitur à Synodo Concilium Tridentinum plenè ac integrè,
atque omnia statuta, eidem contraria, decernit irrita. Deinde verò
pro stabilienda fidei doctrina, & restauranda disciplina statuit. canones. Quorum hæc est summa.

I. *De Sacramentis.*

84.   Ut Anabaptistis, quorum hæresis latè serpit, occurratur, ne
infantes baptismo subtrahant, Synodus Magistratus locorum hortatur,
ne quam obstetricem admittant, nisi à curato loci testimonium catholicæ fidei babeat, jurétque, singulis sabbatis se denúntiaturam Pastori puerperas, quíbus adstiterant. Curati verò denuntient Episcopo matres, quæ proles suas non fecerint baptizari. Parentes verò
curent, ut proles mox baptizentur in parochia. Patrini ad summum
sint unus & una. In usum revocetur probatissimus ille mòs, ut puerperæ ad purificationem post partum ad Ecclesiam veniant, & benedictionem à sacerdote suscipiant.

Confessarii, quorum confessiones in quadragesima audierunt,
nomina annotent. Nec alii ad sacramenta & sepulturam admittantur. Confessarii citra necessitatem non absolvant à casibus Episcopo
reservatis, nisi specialem commissionem habeant. Casus autem in
provincia Mechliniensi Episcopis reservati sunt: raptus, homicidium,
incendium voluntarium, simonia, sodomia, bæresis, incestus, sortilegium, adulterium notorium, injectio manuum in parentes cum
læsione, & omnia delicta, quæ excommunicationem majorem à Canone vel ab homine latam habent annexam. Pro notoriis sceleribus
pœnitentia publica in usum revocetur.

II. *De Ordinandis.*

Nullus ad minores admittatur absque testimonio parochi & magistri scholæ. Ad majores promovendus etiam testimonium habeat
                                                              de

de præmiſſis proclamationibus. Ordinandi maturè compareant ad examen ſuper ætate, vita, doctrina, natalibus, titulo: qui ſit ſufficiens, certùs, non alienabilis, niſi de novo ſufficiente fuerit proviſum. Poſſint tamen Epiſcopi ob Eccleſiæ neceſſitatem quosdam idoneos ſine-titulo ordinare, ea tamen conditione, ut de titulo illis provideant.

III. De Sponſalibus & Matrimonio.

Parochi non jungant coactos vi aut metu. Proclamationes præmittantur in ſponſi & ſponſæ parochia. Paſtores nullum alterius regni aut regionis, aut vagùm & ignotum matrimonio jungant, ſine licentia Epiſcopi ſui in ſcriptis obtenta. Si aliqui ex legitima & urgente cauſa ab Epiſcopo ad contrahendum tempore interdicto admittantur, abſtineant à nuptiali convivio, choreis, aliisque, quæ tempori non congruunt.

IV. De Officio & cultu Divino.

Hortatur Synodus ad Officium Divinum ſtatis horis ſemper integrè, diſtinctè ac devotè perſolvendum. Pluráque ex Tridentino ſtatuit de diſtributionibus quotidianis præſentibus dandis. Pro præſentibus autem haberi vult omnes in Eccleſiæ negotiis occupatos, ut eos, qui capituli aut fabricæ res tractant, aliósque, qui propria præbendarum aut dignitatum ſuarum munera obeunt, aut Epiſcopis, ordines conferentibus, viſitantibus, aut in aliis Epiſcopatus negotiis occupatis adſunt, vel aliquo ab eis miſſi operam impendunt: aut qui ſub officio celebrare debent.

Epiſcopi expurgent, ſi quid in officiis diœceſanis propriis circa hiſtorias &c. extet minùs pium & decens. Abſit ab Eccleſia tempore rei Divinæ omnis levitas, profanum commercium, muſica laſciva, aut militaris, forenſis proclamatio. Tabernæ ſint clauſæ, & præſertim cauponæ. Extra Eccleſiam, & ad Divinum tantùm cultum dedicata oratoria, ab Epiſcopis deſignanda & viſitanda, aut olim ita deſignata non celebretur Miſſa. Altaria portatilia, quantùm fieri poteſt, abrogentur, conſecratis altaribus fixis in locis ſacris. Dies feſti religioſè tranſigendi, absque nundinis & mercatu. S. Rumoldus Martyr Patronus Eccleſiæ Mechlinienſis per totam provinciam feſtivè celebrandus. Præter quadrageſimale & quatuor temporum jejunium, etiam vigiliæ eodem conſecrentur.

V. De Imaginibus, Indulgentiis &c.

Tollantur è locis ſacris omnes imagines procaces, gentilium fabulas referentes, & quæ ad populi devotionem non faciuut. Ex domibus pariter & hortis Eccleſiaſticorum eliminandæ, præſertim la

ícivæ, & pudenda nuditate ſcandaloſæ. Ne circumforaneiſ quibusdam, aut etiam impreſſis libellis, qui ex levibus & ſuperſtitioſis cauſis, incertiſque revelationibus exorbitantes indulgentias pollicentur,
fides temere habeatur. Abſit procul omnis ſuperſtitio. Illum autem
rerum uſum ſuperſtitioſum eſſe declarat Synodus, qui ſine verbo
Dei & Eccleſiæ doctrina fit præſcriptis aliquibus ritibus & obſervantiis,
quarum rationabilis cauſa reddi non poteſt, & fiducia in eis collocatur certi alicujus eventus, qui ſine illis ritibus ex ſanctorum inter-
ceſſione non ſperaretur.

VI. De Episcopis & eorum Officio.

85.   Qui ſciunt canonicum impedimentum quodcunque, quare electus, poſtulatus, aut nominatus ad Eccleſiam vacantem aſſumi non
debeat, id ipſum Metropolitano, vel eo ahſente ſeniori ſuffraganeo
denuntient. Qui etiam ex officio inquirant, de vita, moribus, doctrina, ætate, gradu, aliiſque præficiendorum qualitatibus de jure
vel conſuetudine requiſitis. Quæ omnia in inſtrumentum relata unà
cum profeſſione fidei ad Papam transmittant. Epiſcopi ſæpiùs in ſuis
Eccleſiis piè & religioſè celebrent, & quando per Epiſcopalia munera
licet, Divinis officiis interſint. Et quoniam prædicationis officium
Epiſcopis eſt proprium, illum tum per ſe ipſos, tum per alios idoneos exerceant.

   Quia autem Epiſcopi diſpenſationes, collationes, inſtitutiones, rela-
xationes, aliáſque conceſſiones facere debent, occaſione tamen ſigilli varia ſoleant exigi, Synodus eam conſuetudinem abrogat, relicto ſolum
modico ſtipendio pro officialibus, qui inſtrumentum confecerunt, aut
circa illud fuerunt occupati.

VII. De Ministris Ecclesiæ & Residentia.

   Circa examen, delectum, & reſidentiam perſonalem Miniſtrorum Synodus ſe refert ad Decreta Tridentini, ſtrictámque obligationem imponit, additque, ſi ultra tres menſes, poſtquam ab ordinario
moniti fuerint, perſonaliter reſidere neglexerint, aut diſtulerint, fructibus ſuarum dignitatum aut beneficiorum privandos. Si verò quis
privilegium obtendat, intra tres menſes illud Epiſcopo exhibeat, aut
ejus Vicario, ut cognoſcat, an ex legitima cauſa ſit conceſſum. Secùs
effectu careat. Regulares ad proceſſiones publicas vocati compareant,
& digniorem Cathedrali Capitulo locum concedant. Poſt Decanum
ſequatur Archidiaconus, tum rel qui habentes dignitatem, aut per-
ſonatum, denique reliqui canonici. Eccleſiarum Rectores non admittant vagum & ignotum ſacerdotem, ſine litteris ſacerdotii, commendatitiis, & teſtimonialibus Epiſcopi vel Vicarii.

VIII.

VIII. De Decanis, Pastoribus, & eorum officiis.

Episcopi Rectoribus Ecclesiarum provideant de congrua. Decani rurales, seu Christianitatum Archipresbyteri resideant intra limites sui Decanatus. Pro traditione novi Chrismatis nihil accipiant. Sumptus tamen propterea factos possunt recipere. Chrisma, & reliqua sacramentalia reverenter ac religiosè deferant, ac distribuant. Cùm in quibusdam diœcesibus propter n'miam sacerdotum inopiam servari non possit ex integro dispositio Tridentini circa examen promovendorum, Episcopi se accommodent, quantùm possunt. Parochis designentur certæ urbis regiones : habeántque determinatum populum, cui pastorali cura dil genter invigilent. Catechismus Tridentini in epitomen contractus, & lingua vernacula edendus populo explicetur. Omnes ad aliam parochiam transferentes domicilium testimonium vitæ ac fidei secum ferant. Prohibetur sacerdotibus, ne stipulentur pro legenda Missa, sed sponte oblatum stipendium accipiant. Neque pro exequiis, septenariis, tricenariis, anniversariis, sed peractis officiis demum recipiant.

IX. De vita & honestate Clericorum.

Nullus Clericus barbam nutriat. Corona verticis sit pro gradu ordinis : vestis decora, & talaris in urbe, ruri ad talos promissa. Tabernis, comessatione, mulierum suspecta conversatione & cohabitatione, larvis, choreis &c. omnino abstineant. Per modum provisionis interim, donec à S. Sede declaratio obtenta fuerit, decernitur, ut capitula in suos Clericos jurisdictionem tam in criminalibus quàm civilibus concurrentem habeant, ita, ut Episcopum prævenire possint, iis tamen tantùm in casibus, in quibus hactenus eandem habuerunt. Episcopi autem sine scitu deputatorum capituli per solam citationem possunt prævenire & jurisdictionem exercere.

X. De Scholis.

Ab Institutione inchoanda Christiana disciplina. Quare scholæ restituantur. Non tamen novæ instituendæ, nisi de consensu Episcopi. Præficiantur præceptores probati, qui fidei suæ integram professionem fecerint. Prælegatur in schola latina Despauterii Grammatica, in in compendium contracta. Habeantur etiam diligenter à Pastoribus scholæ Dominicales, seu catecheses de fidei christianæ principiis: curéntque Episcopi quosdam libellos in hanc rem imprimi. Parentes liberos diligenter ad has institutiones christianas mittant. Nec admittantur ad sacramenta, etiam matrimonii, nisi bene instructi. Magistratus pariter curam conferant, ut parentes liberos ad doctrinam

christia-

christianam mittant; cum hæc res maximi sit momenti, & ad restitutionem religionis proximum gradum faciat. Episcopi rationem ineant, qua in singulis diœcesibus erigatur seminarium.

XI. *De Unionibus, & bonis Ecclesiasticis.*

86.　　Beneficiorum uniones, & Missarum reductiones absque necessitate fieri non debent. Elocationes bonorum Ecclesiasticorum successores non ligant. Nullæ fiant ultra novem annos sine solennitatibus, quæ de jure requiruntur ad alienationes. Beneficiati reditus suos superiori specificent. Registrum autem unum proventuum in Archivio Ecclesiæ asservetur, alterum Episcopo tradatur. Litteræ originales & instrumenta, quæ vetustate consumuntur, in authenticam formam transfumantur, & tribus clavibus custodiantur in qualibet Ecclesia, Renovationes locationum diligenter & authenticè annotentur, ne temporum tractu conductores proprietatem prætendant.

XII. *De Regularibus.*

Religiosorum conventus id sunt in populo christiano, quod arces, militum præsidio bene instructæ in regione, hostium incursionibus exposita. Quare totius populi interest, eorum disciplinam regularem comprimis florete, per accuratam votorum observantiam. Pensiones vitales, aut reditus perpetui nulli permittantur. Hospites juxta regulam excipiantur. Clausura sit exacta. A professione absit omnis simonia. Habitus sit uniformis, quem etiam, dum foras prodeunt, retineant.

XIII. *De Litteris Apostolicis & Judicibus Delegatis.*

Dispensationes ad Beneficia incompatibilia Episcopis præsententur examinandæ. Nominat Synodus pro singulis Diœcesibus aliquot idoneos viros, quibus, præter ordinarios locorum, causæ Ecclesiasticæ in partibus delegandæ à sua sanctitate committantur. Eorúmque nomina propterea Romam mittenda. Si quis ex istis ante proximam Synodum decedat, Episcopus cum consilio capituli alium usque ad Synodum substituat, idque summo Pontifici significet.

XIV. *De Usuris.*

Quoniam usura Jure Divino & canonico omnibus christianis sub pœna peccati mortalis interdicitur, neque facienda sunt mala, ut eveniant bona, Synodus statuit, nequis tutor aut curator sub prætextu augmentandi patrimonium pupillorum, pecunias illorum sub certo lucro, singulis annis ultra sortem recipiendo, mutuo dent, retenta facultate repetendæ sortis, quando ad majorem ætatem pervenerint, aut aliàs ad eorum arbitrium, declarando omnes hujusmodi
con-

contractus ufurarios, & contra mutuantes, tanquam ufurarios ad
pœnas juris procedendum.

XV. *De Vifitationibus.*

Caveant Epifcopi, ne occafione vifitationis cuiquam fint onerofi,
fed frugali victu contenti.   Decani etiam chriftianitatis vifitent ubique.   Subfidia judicio Epifcopi conftituantur.

Subfcripferunt huic Concilio Martinus Rithovius Epifcopus Iprenfis Præfes; Francifcus Sonnius Epifcopus Antverpienfis; Wilhelmus Lindanus Epifcopus Ruremondanus; Cornelius Janfenius Epifcopus Gandavenfis; Remigius Druitius Epifcopus Brugenfis; Laurentius Methius Epifcopus Bufcoducenfis; cum Vicario generali Cardinalis Granvellani Archiepifcopi Mechlinienfis.

§. III.
Concilium Cameracenfe II. anno 1586.

PRovinciæ Cameracenfis Epifcopi iftud celebrârunt Montibus Hannoniæ Præfidibus Bonhomio Nuntio Apoftolico & Berlaymontio
Archiepifcopo Cameracenfi, S. R. I. Principe. 24. titulis complures
editi canones.

Tit. I. De Fide.

Juxta formulam, à Pio IV. præfcriptam, fidei profeffionem faciant omnes Profeffores, Concionatores, Confeffarii, Ludimagiftri,
Typographi, Bybliopolæ, redeuntes ad Ecclefiam, Ordinandi, Magiftratum adeuntes. Libri cenfeantur, vifitentur. Nullæ imagines info-
litæ ponantur in templo: belli injuriis direptæ reftaurentur. Superfti-
tio & abufus aboleatur.   *87.*

II. De Doctrina, &c.

Concionatores caveant à narrandis apocryphis hiftoriis. Vitia
non homines carpant. Novas indulgentias ne proponant fine decreto
Epifcopi. Decani chriftianitatis referant ad Epifcopum negligentes.
Clerici ipfi diligenter interfint concioni; & aliquoties inter fe conveniant, tracturi de rebus paftoralibus &c.

III. De Officio Divino.

Ubi Cathedralis Ecclefia Romani officii ufum fufcepit, parochiales etiam Ecclefiæ eundem recipiant. Ubi verò cathedralis retinet
ufum antiquum, Breviaria repurgentur. Ordinat deinde Synodus,
quæ ad facrificium Miffæ cum decoro celebrandum fpectant.

IV. De Festorum cultu.

Supplicandum Regi pro remedio, ne tempore rei sacræ, etiam post prandium sub vesperis fiant lusus, spectacula ludicra, potationes, piscationes, aliáque profana opera. Enumerantur plura alia, diebus festis prohibenda: uti choreæ, mercatus, subhastationes, auctiones, nundinæ.

V. De Sacramentorum Administratione.

Omnes certæ parochiæ sint adscripti, in qua Sacramenta percipiant; quæ administrentur juxta formam in Manuali Dioecesano præscriptam. Post sacramentorum administrationem id exigere possunt, quod secundum laudabilem consuetudinem solet pendi. Post acceptum novum oleum, vetus infundatur lampadi, quæ lucet ante venerabile Sacram entum. Tempore pestis aliquot capellani sint expositi.

VI. De Baptismo.

88.   Fons baptismalis singulis annis Sabbato sancto & vigilia Pentecostes mundetur à Sacerdote. Pueti, hæretici, aut de hæresi suspecti, non sint patrini. Non imponantur nomina paganorum, nec eorum, qui ab Ecclesia pro sanctis non coluntur. Baptismus non conferatur conditionatè, nisi cùm re diligenter examinata dubium relinquitur de valore; secùs committitur sacrilegium, & incurritur irregularitas. Infantes verò expositi conditionatè sunt baptizandi, licèt testimonium baptismi collo appensum habeant. Obstetrices examinentur, & instruantur, quomodo in casu necessitatis babtismus sit conferendus.

VII. De Confirmatione.

Confirmandi instruantur de dignitate, vi & effectu hujus Sacramenti: præmittenda confessione, si annos discretionis attigerint: de non iterando ob characterem: patrino: qui sit jam confirmatus, motalísque, qui velut patris spiritualis vice in instruendo facilè confirmendóque fungi possit. Ante septimum vel octavum annum non famandi.

VII. De SS. Euchariſtia.

Memorat synodus ea, quæ ad reverentem Eychariſtiæ asservationem, & ad ægros deportationem spectant. Præcipit duas semper hostias ad ægrum deferri, ne populus in red.tu inane vasculum adoret. Populus frequens comitetur. Quare priùs signo convocetur. Qui præcepto communionis paschalis non satisfecerunt, post Dominicam in albis Episcopo denuntientur. Stannei calices, quoad fieri potest, aboleantur, & saltem cuppa sit argentea.

IX. De

IX. De Pœnitentia.

Sacerdotis duplex poteſtas, ordinis, & jurisdiſtionis, ab Epiſcopo ſpecialiter conferenda cum approbatione ad audiendas confeſſiones ſæcularium, etiam clericorum. Commutatio votorum, quando eſt conceſſa non fiat in minùs bonum, ⦿ec in præjudicium tertii. Medici ad ægros vocati, antequam illorum curam ſuſcipiant, eos moneant de advocando Confeſſario, juxta ſalutarem conſtitutionem Innocentii III. in Concilio generali Lateranenſi editam. Si æger intra quatriduum non pareat, eum omnino deferant. Confeſſarii à filiabus confeſſionis votum caſtitatis non exigant aut admittant absque Epiſcopi conſilio; & à nimia familiaritate abſtineant.

X. De Ordine.

Ordinandi teſtimonia à Decanis ruralibus ſubſcripta afferant; præmiſſis proclamationibus. Tituli ſint ad minimum 40. florenorum: quos alienare non poſſint. Omnes, qui ordinantur, alicui Eccleſiæ adſcribántur, ſuáſque funſtiones obeant.

XI. De Matrimonio.

Matrimonium clandeſtinum in iis locis, in quibus Concilium Tridentinum eſt promulgatum, eſt irritum. Parochus autem proprius eſt, ubi contrahentes domicilium fixerunt. Unde ſtudioſi non cenſeantur quoad hunc effeſtum eſſe parochiani illius loci, in quo tantùm habent quaſi-domicilium. Ne fideles cum hæreticis nuptias contrahant. Adjunguntur reliqua, in Concilio Tridentino comprehenſa de proclamationibus, alienis parochianis, ignotis, ſacrato tempore, impedimentis, doſtrina chriſtiana, libro matrimoniorum &c.

Nota. *Sanſtiſſimus Dominus noſter Benediſtus XIV declaravit pro Fœderato Belgio, matrimonia non eſſe irrita, pro more gentis ibidem inita coram Magiſtratu ſæculari, vel Miniſtro Acatholico; neque opus eſſe poſt converſionem novo conſenſu coram Parocho catholico: licet fortè Tridentinum ibidem ſit promulgatum.*

XII. De Extrema unſtione.

Parochus non exſpeſtet, ut rogetur de hoc Sacramento adminiſtrando, ſed ipſe ſæpiùs viſitans ægrotos, eos ad illud petendum cohortetur. Signo campanæ convocetur populus, ut oret pro ægroto: qui, quantùm fieri poteſt, priùs ſit confeſſus, & Evchariſtia munitus. Sic enim fiet, ut hoc Sacramentum vim ſuam & effeſtum meliùs operetur. Nec pueris, rationis uſum necdum adeptis, nec amentibus & furioſis, qui lucidum circa mortem non habent intervallum, nec iis, qui bène valent, etiamſi mortis periculo ſe brevi expònere debeant, conferendum. Nec ſæpiùs in una ægritudine, etiam ad plures menſes

fes perdurante. Si pars ungi folita defit, ungatur proxima. In facerdote manus in exteriore parte ungendæ.

XIII. De Sepulturis.

89.
Simoniaci publici, ufurarii, religiofi proprietarii, hæretici, fchif-
matici, venefici, fortilegi, fuicidæ, in duello mortui, in pafchate
non confeffi & communicati, ac poftea fubita morte præventi, Ecclefiaftica careant fepultura. Et, fi in templo fepeliantur, templum &
cœmeterium, fi verò in hoc, iftud folummodo polluitur. Sepelientes autem excommunicantur. Aliis nullo jurium prætextu fepulturam
paftores negent aut differant. Si quid offertur, fabricæ cedat. Ne
fiant tumuli. Cœmeteria claudantur, nec animalia ibi pafcantur. Ho-
norarium aut ftipendium clero funus comitanti pro more primùm
poft exequias diftribuatur.

XIV. De Oblationibus, Decimis & portione Canonica.

Oblationes de altari non tollantur, nifi finito officio. Innovatum
decretum de folvendis fideliter & integrè decimis. Renitentes ab Epifcopo excommunicentur. Jubet fynodus pauperibus parochis fubve-
niri: ftatuítque taxam pro parocho in pago non minùs quam 100. florenos, nec plus quam 150. in urbibus non plus quàm 200. nec minus
quàm 150. *(nempe pro ratione illius temporis, quo uno floreno plus emi poterat, quàm nunc duobus)* Ad hanc fummam concurrant omnes, qui decimas colligunt, five clerici, five laici. Super executione autem requi-
ratür Rex Catholicus propofita Ecclefiarum parochialium neceffitate.

XV. De Adminiftratione bonorum Ecclefiafticorum.

Cùm contingat non rarò, obtineri à fede Apoftolica delegatio-
nem ad interponendum decretum alienandi res Ecclefiafticas, fi in evi-
dentem Ecclefiæ utilitatem cedere deprehendatur, Judices delegati examinent diligenter, quæ in litteris Apoftolicis præfcribuntur, absque
humano refpeἀu. Alienationes autem illegitimè faἀæ declarentur
irritæ: uti etiam locationes ad longius tempus faἀæ, quàm facri canones permittant. Venditiones ob anticipatam folutionem viliori pretio, quàm par eft, faἀæ, ufuram fapiunt. Terminus locationis agrorum fint novem anni, pratorum fex, decimarum tres. Inventarium
bonorum ad ordinarium mittatur. Decernuntur, relato decreto Tridentini *S. 22. c. 11.* graves pœnæ in violatores jurium Ecclefiafticorum:
fitἀue admonitio ad caufarum piarum adminiftratores, ut nihil alienent
contra intentionem fundatorum.

XVI. De Clericis in genere.

Meminerint, fe in fortem Domini vocatos, abftinentes à negotiationibus profanis, conduἀione alienorum agrorum quæftus faciendi.

di causa, famulatu dominorum. Privilegium fori obfervent. Taber-
nas, aleas, |choreas etiam privatas evitent. Nec chirurgicam aut
medicam artem ad quæftum exerceant. Barba à labio fuperiore fit
præcifa. Tonfuram pro quálitate ordinis & gradus geftent, in facris
conftituti, aut Beneficium obtinentes, etiam habitum clericalem de-
centem. Annulum aureum aut argenteum ne geftent, nifi gradu, dignitate, vel eximia nobilitate fint confpicui. Ne tranfeant ad aliam Diœcefin absque commendatitiis. Horas canonicas negligentes fruƈus non
faciunt fuos.

XVII. *De Epifcopis.*

Verbo & exemplo præluceant. Pauperum & infirmorum curam
habeant. Prædicationis officium fibi proprium exiftiment. Impediti
viros doƈtos deputent. Singulis annis aut faltem bienniis totam diœcefin vifitent. Epifcopo de vita periclitante à capitulo advocetur vicinus
Epifcopus, qui vivo & mortuo affiftat. Mors omnibus provincialibus
Epifcopis denuntietur: qui in fuis Cathedralibus folenni Miffa eidem
parentent: ac publicas preces pro novo promovendo indicant. Idem
faciat capitulum Ecclefiæ vacantis per totam diœcefin. Proceffus fuper doƈtrina & moribus noviter eleƈti aut nominati Romam mittatur.

XVIII. *De Capitulis & Canonicis.*

Qui virtute cujuscunque provifionis admitti petunt, edant profeffionem fidei. Inquiratur, an Simonia aut alia illicita paƈtio inter-
venerit. Examinandæ qualitates. Diftributiones inter præfentes at-
tingant tertiam partem fruƈtuum. Pro præfentibus autem habeantur
infirmi, confeffarii, concionatores, profeffores aƈtu docentes, &
qui in negotiis capituli, fabricæ, aut Epifcopi ac diœcefis occupantur.
Canonici per vices ad majus altare celebrent. Leƈtio Theologica in
cathedralibus & collegiatis, ubi clerus eft numerofus, habeatur &c.

XIX. *De Paftoribus.*

Domus Parochiales injuriis coll pfæ reparentur. Annotentur,
qui dominicis & feftis ad Miffam parochialem non conveniunt, ac multò magis de hærefi fufpeƈti. Decani rurales parochorum omniúmque
Sacerdotum mores obfervent, ut in prædicatione verbi Divini, Sacramentorum adminiftratione ac cæteris omnibus fuo muneri fatisfaciant:
diftriƈtum fuum diligenter quot annis vifitent; & fi mederi non poffunt
ipfi, ad ordinarium referant. Parochorum capitula ad minimum bis
in anno convocent. In his de morum & abufuum correƈtione, de Tridentini Concilii decretis reformationis, de ftatutis fynodalibus, iisque, quæ ab ordinariis commiffa fuerint, traƈtetur.

Pars VII.   Ccccc   **XX.**

XX. *De Regularibus.*

90.

Superiores severitatem mansuetudine temperent. Theologia doceatur. Clausura accuratè servetur. Religiosi ad curam expositi non revocentur sine causa. Fundationibus satisfaciant Quæ contra votum paupertatis irrepserunt, abrogent. Victu & vestitu utantur communi. Pluráque alia pro clausuræ & disciplinæ custodia sanciuntur, etiam ad sedem Apostolicam deferenda.

XXI. *De Scholis & Seminariis.*

Nulli libri prælegantur, qui in Indice librorum continentur. Scholæ visitentur. Dominicales quoque pro pueritia in doctrina christiana instituenda frequententur. Quoties autem parochus hoc neglexerit, florenum pro fabrica pendat. Duaci instituatur seminarium clericorum pro tota provincia: cui Rector præficiatnr. Exerceantur in Theologia, ceremoniis, cantu Gregoriano, computu Ecclesiastico, concionibus, disputationibus. Sumptus ex Beneficiis detrahantur.

XXII. *De foro, jurisdictione & Immunitate.*

Causæ verbales summariè & de plano breviter expediantur absque scripto. Causæ item matrimoniales, Beneficiales, alimentorum, dotis, correctionis, & aliæ similes, quæ accelerationem requirunt, præcisis dilationibus concludantur. Causæ omnes intra biennium absolvantur. Si gravamen per appellationem à definitiva (uti indebitæ incarcerationis) reparari nequit, appellationi ab interlocutoria deferendum. Supplicandum Regi, ut provideat, ne forum Ecclesiasticum & civile se invicem turbent, aut impediant. Si citatus privilegium exemptionis obtendat, tenetur nihilominus comparere coram Judice, & privilegium exhibere, nisi illud sit notorium, aut in Corpore Juris clausum. Ne Judices laici præcipere audeant, ut Ecclesiastici censuras revocent; neque eo prætextu bona illorum arrestare præsumant. Requisiti sententias Ecclesiasticorum exequantur per captionem pignorum &c. Neque impediant executionem ultimatum voluntatum clericorum. Magistratus sæculares clericorum bonis nullam contributionem aut taxam imponant sine consensu ordinum Ecclesiasticorum.

XXIII. *De Usuris.*

Eos, qui cum usurariis publicis communicant in Divinis, excommunicationem majorem incurrere, declarat synodus, qui verò in aliis, minorem. Repetit deinde totidem ferme Concilii Mechliniensis verbis, quoties ex mutuo aliquid præter sortem exigitur, aut accipitur, cujuscunque generis illud sit, modo pecunia æstimari possit usuram committi &c.

XXIV

XXIV. De Synodis.

Cùm Tridentinum exigat, ut ſingulis trienniis Concilium provinciale celebretur, q iando Metropolitanus illud indixerit, Epiſcopi, capitula, aliique, quibus de jure vel conſuetudine competit, compareant, &
quidem per∫∫e ipſos, niſi procuratorem mitti neceſſitas exigit. In iis agatur de extirpandis hæreſibus, abuſibus, vitiis & exceſſibus, de reſor-
mandis moribus, componendis controverſiis. Prima die fiat ſolennis
proceſſio, convocato toto clero civitatis: tum Miſſa à Metropolitano, ac ſermo: prout etiam ſequentibus diebus ab Epiſcopis. Nemo recedat. Omnes ſubſcribant; & acclamationibus factis, in pacis
oſculo diſcedant. Diœceſanæ ſynodi ſingulis annis inſtituantur; & in
prima promulgentur decreta concilii Provincialis.

Subſcripſerunt Nuntius Apoſtolicus, & Archiepiſcopus Camera-
cenſis, ſimul Concilii Præſides, Epiſcopus Attrebatenſis, & Namur-
cenſis. Procuratores Eccleſiarum Tornacenſis, & Audomarenſis, ſede vacante. Denique Philippus Rex decretum edidit ſuper executione horum ſtatutorum ſynodalium.

§. IV.
Diſſertatio Juridica de Uſuris.

COncilium Mechlinenſe & Cameracenſe, ùt vidimus, titulo penulti-
mo gravem declarationem edidit de uſuris. Verùm ea intelligenda videtur de caſu, quo lucrum exigitur titulo ipſius mutui, aut tali,
qui ſit mutuo ininatus & intrinſecus. Nam certum omnino eſt, quòd
Juri Divino & humano ſit contrarium, titulo ſolius mutui exigere aliquid ultra ſortem: cùm juſtitia contractus mutui in hoc verſetur, ut
tantundem reſtituatur, quantum fuit acceptum, & per ſe inordina-
tum ſit, ex re aliena velle lucrari, atque res fructificet domino ſuo.

Alia longè eſt ratio cenſus Germanici, qui non ex titulo mutui exigitur & ſolvitur, ſed ex aliis à jure non reprobatis, uti titulo emptio-
nis cenſus, reſervationis partialis quaſi uſusfructus &c. vel ex titulo
lucri ceſſantis, damni emergentis aut etiam periculi ſortis: propter
quas cauſas cenſus noſtros *Intereſſe* appellamus: denique etiam titulo
translati ob bonum publicum à Principe & Republica dominii. Non
enim tunc Princeps uſuram propriè dictam ſeu merè lucratoriam ex titulo mutui provenientem, facit licitam, neque permittit titulo ſolius
mutui aliqu d exigere ultra ſortem, ſed occaſione mutui bona fide contracti transfert dominium auctari moderati ſeu cenſus in mutuantem
propter bonum publicum, ut hac ratione ſuccurratur promptiùs multis
indigentibus parata pecunia, atque etiam variis cauſis piis; cùm in Germania non paucæ ſint Eccleſiæ, Monaſteria, hoſpitalia, quæ ferme ex

91.
Uſura omni
jure vetita.

Qualis non
eſt cenſus
Germanicus.

Rurfus anno 1548. in Comitiis Auguftanis *Reformat. Polit. tit. 17.* *ſ. 8.* ftatutum fuit, ut, cùm cenfus redimibiles ubique in provinciis fint ufitati, capitali centum florenorum non plus quàm quinque florenorum annui cenfus, prout ufitatum, emi poffit. Additúrque, penes folum venditorem cenfus annui effe poteftatem eundem redimendi, non autem penes emptorem. Quam fanctionem confuetudo deinceps in Germania mutavit, Anno 1570. *in R. I. Spirenfi ſ. 83.* juffi funt Judex & Affeffores Cameræ Imperialis circa ufurarios contractus obfervare conftitutiones Imperii. Cùm autem dein Marquardus Epifcópus Spirenfis, Cameræ tunc Judex, ejúsque affeffores, infimulati, quòd mitiùs contra ufurarios agerent, ad Imperii Deputatos Francofurti congregatos anno 1577. fcripferunt, lucrum moderatum ex mutuo, quale effet penfio 5. pro 100. ubique ufitata, legibus imperii non effe damnatum, refponderunt Deputati, fibi non licere hìc aliquid ftatuere, negotium ad Comitia Imperii referendum, interea verò Camera in judicando inhæreat conftitutionibus Imperii.

Anno 1600. in Receffu Deputatorum Imperii ab Imperatore confirmato, cùm quæftio proponeretur, an non in contractu mutui certum aliquod auctarium, loco intereffe à tempore moræ fit ftatuendum, § 139. decretum fuit, ut, fi debitor fit in mora reftituendi pecuniam mutuam: ab eo tempore (ex præfumptione, quòd creditor ab eo tempore ex pecunia fua 5. pro 100. licito modo habere potuiffet) intereffe præftare teneatur. Subjungitúrque: *Ordinamus igitur ac volumus, ut tale intereffe à tempore moræ præftetur, ac propterea creditori quinque floreni de centenis folvantur.* Si tamen creditor quinque florenis annuis nollet effe contentus, fed exiftimet, tam ex lucro ceffante quàm damno emergente fibi plus deberi, poffe eum totum fuum intereffe deducere, ac defuper judicialem fententiam exfpectare.

De-

Denique anno 1654. in noviſſimo Imperii Receſſu, poſtquam in tribus comitiorum Ratisbonenſium Collegiis hac ſuper re conſultatum fuit, §. 174. decretum eſt, ut futuri cenſus & intereſſe, ſive ex contractu cenſuum redimibilium, ſive ex contractu mutui oriantur, juxta tenorem conſtitutionum Imperii, ſolvantur deinceps infallibiliter ſingulis annis convento tempore, non tamen in majori quantitate, quàm 5. pro 100. & in caſu moræ ad ſolam exhibitionem obligationis per paratam executionem adverſus debitorem procedatur.

Ex his Imperii conſtitutionibus Jurisconſulti Germaniæ paſſim colligunt, etiam in contractu mutui licitum eſſe quinque pro centum ſtipulari. Neque verum videtur, quòd iſti Receſſus Imperii ſolummodo loquantur de debitoribus, qui calamitate belli tricennalis fortunis lapſi ſunt. Nam priores conſtitutiones nullam de hoc mentionem faciunt. Et quamvis in Inſtrumento Pacis Oſnabrugenſis, anno 1648. erecto *Art. 8. ſ. 5.* fuerit conventum de indaganda aliqua ratione, qua perſecutiones actionum contra debitores, ob bellicas calamitates fortunis lapſos, aut nimio uſurarum curſu aggravatos terminarî poſſint, Sexto tamen pòſt anno in Receſſu Imperiali Ratisbonenſi *ſ. 174. cit.* abſolutè & ſine mentione belli calamitatum ſancitum fuit, ut futuri cenſus & intereſſe, etiam ex mutuo, ſolvantur. Imò in præcedente §. 173. actum fuit de cenſibus præteritis, necdum ſolutis; quod fortaſſis intelligi poſſet de cenſuum debitis, belli ſvecici tempore contractis (quamvis neque in eo fiat aliqua de hoc mentio) in poſteriore verò paragrapho 174. apertè Comitia loquuntur de cenſuum debitis, *in futurum* contrahendis. De debitis cenſuum autem, jam priùs contractis, priore §. 173. longè alia facta eſt diſpoſitio. Unde dici poteſt, dictam conſtitutionem ſolummodo loqui de debitoribus, qui calamitate belli tricennalis fortunis lapſi ſunt.

Sed neque verum videtur, quòd conſtitutiones Imperii tantùm loquantur de caſu, quo debitor eſt in mora ſolvendi tempore convento; nam licèt Spirenſis Deputatorum conventus anno 160. ſtatuerit, ut in contractu mutui, quando debitor in mora eſt reſtituendi pecuniam mutuam, adjudicentur creditori 5. pro 100. loco intereſſe, nullus tamen Receſſus Imperii mentionem facit de mora, ſed ſimpliciter cenſum annuum ad 5. pro centum reducunt.

Additur equidem cenſus quincunces ſolvendos juxta tenorem conſtitutionum Imperii; verùm hoc ideo videtur addi, ne quis exiſtimet, quincunces uſuras propriè dictas, nempe ex ſolo titulo mutui, factas eſſe licitas. Ejusmodi enim uſuras ſemper horruit Imperium. Unde cautè addidit, quincunces cenſus tanquam *intereſſe* (hoc eſt, in quantùm intereſt creditoris pecuniam non fuiſſe creditam) ſolven-

dos

dos effe, *ex præfumptione* lucri ceffantis aut damni emergentis. Propterea etiam noviffimus Imperii Receffus anno 1654. adjunxit; fol-
vendos quincunces *juxta tenorem conftitutionum*, nempe ex præfumptione, quòd interea creditor per pecunias fuas tantam quantitatem licitè potuiffet lucrari.

Atque ita conftitutiones Imperii ipfe etiam ufus & confuetudo
Germaniæ declarat. Siquidem quincunces cenfus annui exiguntur &
folvuntur, five dein culpabilis mora in reftituendo mutuo fit commiffa,
five non. Imò communiter, nullum tempus ad reftituendam fortem
præfigitur, fed credito ftipulatur cenfum, donec mutuum reftituatur
à debitore, vel etiam, donec creditor repetat creditum; ut adeò communiter, nullo certo præfixo tempore, cenfus ex utraque parte pro
lubitu fint redimibiles.

Igitur conftitutiones Imperii, quas univerfalis quoque Germaniæ cohfuetudo declarat, firmátque, concedunt hos cenfus quincunces
annuos, deteftantur verò puniúntque omnem ufuram propriè dictam,
hoc eft omne auctarium fupra fortem, ex folo titulo mutui, aut aliquo, qui per fe fit mutuo intrinfecus, proveniens. Sed Imperator
cum Ordinibus Imperii ex præfumptione generali lucri ceffantis aut
damni emergentis jubet folvi intereffe, quod refpectu centum florenorum creditorum æftimatur ab eodem quinque florenis annuis.

Ex præfumptione igitur generali tanti *intereffe* ftatutam effe legem generalem exiftimant paffim Jurisconfulti Germani de cenfibus
Germanicis, ut videlicet etiam Ecclefiaftici aliíque, qui pecuniis nullam
exercent lucrofam negotiationem, fed pecuniam otiofam in ærario relinquerent, poffint ad cenfum annuum quinque florenorum pro centenis eandem exponere. Quia lex fundata in præfumptione generali,
non ceffat pro cafu particulari, licet pro eo non pugnet ratio particularis. Sic lex irritans matrimonia clandeftina, & prohibens lectionem
librorum hæreticorum fundata in præfumptione generali periculorum
non ceffat etiam pro cafu particulari, in quo nullum fubeft periculum.
Quia ratio legis non eft præfumptio particularis periculi, fed generalis,
feu communiter adeffe foliti; quæ ratio legis generalis non ceffat.

Et ex hac præfumptione etiam lucri ceffantis & damni emergentis, atque æftimatione ejus, quod creditoris intereft, Auguftiffima
Imperatrix & Regina noftra Maria Therefia 26. Aprilis anni 1751.
faluberrimam legem tulit, qua *num. 6.* decernit, annuum intereffe
non ultra 5. vel ad fummum 6. pro 100. æftimandum; & fi quis plus
ftipuletur, ufurarium contractum effe. Prohibet etiam fub gravibus
pœnis omnes ufurarios contractus, quorum multos enumerat, uti
anatocifmum, pactum antichreticum, contractum Mohatræ, plurésque

que alios, quos omnes tanquam uſurarios ſapientiſſimè rejicit ac prohibet.

Ipſe etiam ſanctiſſimus Dominus noſter Benedictus XIV. Romanus Pontifex in litteris encyclicis, anno 1745. ad Epiſcopos Italiæ datis, licèt decernat ſapientiſſimè, omne lucrum, parvum magnúmve ſit, quod quis titulo ipſiusmet mutui exigat ultra ſortem, eſſe uſurarium, cùm natura atque juſtitia contractus mutui in eo conſiſtat, ut tantundem reddatur, quantùm fuit acceptùm; nihilominus tamen addit, per hoc nequaquam negari, poſſe quandoque unà cum mutui contractu quosdam alios titulos, naturæ mutui minimè innatos & intrinſecos, concurrere, ex quibus juſta omnino legitimáque cauſa conſurgat, quiddam ampliùs ſupra ſortem, ex mutuo debitam, exigendi. Atque poſtea Ipſemet etiam Sanctiſſimus edicto publico reduxit uſuras ad 4. pro 100. circa debita, tempore ultimi belli in ſtatu Eccleſiaſtico contracta.'

Hos autem inter·titulos plures non tantùm Juriſconſulti ſed etiam Theologi in Germania exiſtimant eſſe legem Principis, aut Reipublicæ, poteſtatem legiſlativam habentium, per quam non quidem uſuràm propriè talem licitam faciat (quod fieri non poteſt, cùm jure naturali & Divino ſit prohibita) ſed propter bonum publicum auctarii moderati dominium occaſione mutui, bona fide contracti, in creditorem transferat, vi dominii alti, quod habet in bona ſubditorum: fere ſicut (ut multa alia exempla præteream) per præſcriptionem transfert dominium in poſſeſſorem.

Neque dici poteſt, vix poſſe concipi, quid intendatur pèr tales leges. Nam intenditur translatio dominii propter bonum publicum, ex præſumptione lucri ceſſantis aut damni emergentis. Deinde in quid tendunt leges Digeſtorum & Codicis, quæ uſuras moderatas concedunt, ac ſolvi jubent, actione etiam data? quale hic medium aptum, per quod incurratur talis obligatio ex juſtitia commutativa? quale medium, quando ex contractu intrinſecè turpi, de jure invalido, aliquid ſolutum eſt, pro caſu, quo dant·s & accipientis turpitudo verſatur, e. g. quando de aſſaſſinio aut fornicatione pro mercede committenda paciſcuntur? quis tunc transfert dominium pecuniæ in accipientem, & quo medio, inducente obligationem ex juſtitia commutativa? quod medium aptum transferendi dominium, quando ſolvitur indebitum? aut quando judex ſecundum allegata & probata adjudicat rem Titio, quando re ipſa eſt Caji? aut quando filiusfamilias interpoſita exceptione S. C. M. dominium irrevocabile mutui juxta multos acquirit? utique ſola exceptio non eſt medium aptum acquirendi tale dominium. Quodnam medium, quando filiusfamilias

poſt

93.
Objectum
ſtatui.

poſt exceptionem nihilominus reſtituit creditori mutuum? quo medio inducente obligationem ex juſtitia commutativa creditor tunc acquirit dominium irrevocabile reſtitutæ pecuniæ? quodnam medium
in Montibus pietatis, præſertim Mixtis?

Denique in ipſa etiam præſcriptione quale eſt medium aptum
transferendi dominium? poſſeſſio, inquit quidam doctiſſimus Juris-
conſultus Ingolſtadienſis. Verùm poſſeſſio etiam longa ac bona fide
continuata planè non eſt medium translativum dominii. Si propterea dicatur, quòd legiſlator effectum transferendi dominium poſſeſſioni tribuat: videtur imprimis poſſeſſio eſſe medium prorſus impropor-
tionatum, cui tribuatur virtus transferendi dominium; præſertim tale medium, per quod, ùt laudatus auctor exigit, incurratur obligatio ex juſtitia commutativa.

Deinde, cur non poſſint alii eodem vel majori jure dicere, medium per quod Princeps poteſt transferre dominium cenſus German-
ci in creditorem, eſſe ſolutionem & traditionem pecuniæ, ſeu cenſus,
à debitore factam? certè ſolutio & traditio eſt medium multò aptius ad
transferendum dominium, quàm poſſeſſio; ùt patet in ſolutione inde-
biti, aliisque exemplis, paulò antè allatis.

Cur igitur dici nequeat, poſſe Principem ex alto, quod habet, dominio, atque ex cauſa publica, & præſumptione generali
lucri ceſſantis & damni emergentis, occaſione mutui transferre in
creditorem dominium cenſus quincuncis, immediatè quidem per
ſtatutum aut legem, mediatè verò per ſolutionem ac traditionem
ejusmodi cenſus, à debitore factam? Non enim hoc modo licitam facit uſuram strictè acceptam; cùm non faciat licitum, ut creditor ex
ipſomet mutuo aliquid ultra ſortem exigat, absque juſto titulo ex-
trinſeco; ſed legem fert, per quam occaſione mutui ex cauſa publica
creditori jus tribuit, cenſum quincuncem exigendi, & debitori obligationem imponit, illum ſolvendi, ſimùlque per ſolutionem in creditorem transfert ejusdem dominium. Unde creditor non ex mutuo,
ſeu titulo mutui, ſed occaſione mutui ex lege, & conſuetudine,
quæ fundatur in conſenſu Principis, cenſum Germanicum exigeret.

94.
Pichleri ſen-
tentia vindi-
catur.
Et hoc ſolum eſt re ipſa (abſtrahendo à modo loquendi) quod
P. Pichler voluit. Non enim voluit, quòd Princeps poſſit condere
legem; vi cujus creditor titulo ſolius mutui poſſit aliquid ultra ſortem exigere; nam hæc eſſet uſura strictè ac propriè dicta, quam jure Divino & naturali reprobatam ipſemet Pichlerus aſſerit. Sed voluit, quòd Princeps ex cauſa publica poſſit legem ferre, per quam
occaſione mutui adjudicentur creditori quincunces cenſus tanquam
intereſſe, ita, ut per ipſam legem mediante ſolutione Princeps dominium

minium cenfus transferat in creditorem. Quos cenfus, ita per ftatutum Principis creditori attributos, Pichlerus *ufuram minùs ftrictè
dictam.* appellat : quia non exiguntur titulo mutui, fed alio extrinfeco,
nempe ftatuto Principis. Sicut propterea auctarium fupta fortem, ex
titulo, lucri ceffantis & damni emergentis, appellatur ufura minùs,
ftrictè.dicta, nempe *compenfatoria;* paffim admitti folita, aut ex
mora in reftituendo mutuo *moratoria* feu *punitoria.*

Quæ fanè Pichleri doctrina non merebatur tot acerbis excla- **Adverfus**
mationibus, convitiis, & execrationibus profcindi à R. P. Daniele **Danielem**
Concina; qui profectò in fuis libris non charitati Chriftianæ, & ze- **Concina.**
lo fecundum fcientiam, fed animo fuo indulfiffe. videtur. Verùm
adverfus virulentum hunc fcriptorem ftrenuè ac folidè propugnavit
Pichlerum ejúsque fententiam P. Francifcus Xaverius Zech Canoni-
fta Ingolftadienfis, D.ffertatione fecunda *de .Rigore moderato,* à folio 90. úbi Difcipulum quendam Pichleri cum P. Concina difputantem
inducit. Juvat breviffimè aliqua annotare.

Principes, ait P. Concina, adminiftratores effe bonorum Principatus, nec poffe certa dominia transferre; cafuiftas & pfeudopoliticos,
ut aures Principum demulceant, altum eorum dominium exaggerate.
Certè non poffe ipfis concedi, ut ufuras faciant licitas, utpote jure naturali & Divino prohibitas *:* cùm non poffit inferior leges fuperioris abrogare, auf debilitare. Quid ergo poffit altum dominium adverfus altiffimum, adverfus jus Divinum & naturæ? Ignoraverit Deus, quid bono publico Principatuum & Regnorum expediat?vel fuam de ufura naturalem & Divinam legem Principum fapientiæ & directioni fubjecerit?
an ex hominibus Dii efficiendi? an lex Divina neceffaria ab hominibus
pendeat? Permiferit fanè Deus Judæis ufuras exigere ab alienigenis : fed
an omnia liceant Principibus, quæ Deus ùt fupremus Dominus operatur? Deus Ægyptiorum bona Hebræis donavit:ergo & Princeps? Polygamiam Deus conceffit: ergo concedet & Princeps? ne acceffio ad mulierem fit fornicatio, poteft Deus efficere : ergo & Princeps?

Neque effe paritatem cum homicidio,poteftate publica,vel pro neceffaria defenfione patrató:illud lege licitum, imò juffum : ufuram prohi-
bitam.Præfcriptionem pariter nulla lege vetitam,bene verò ufuram. Fu-
tilem proin effe paritatem cum præfcriptione, jure gentium introducta:
qua negligentia dominorum plectatur. Vanam pariter effe Pichleri diftinctionem inter ufuram ftrictè, & minùs ftrictè acceptam : nam fequi,
quòd Princeps fua lege ufuram ftrictè acceptam faciat licitam. Adop-
tari à Pichlero damnatas hæreticorum fententias. Pecuniæ fterilitatem
femper certam fuiffe catholicis : & adverfam fententiam hærefeos fufpectam. Cur enim aliàs ùtroque jure vetita foret pecuniæ locatio?

Pars.VII.   D dddd   **Fru-**

Fruſtra obtendi utilitatem Reipublicæ: an propterea duas Princeps uxores habeat, ne absque liberis moriatur? vanas pariter eſſe, futiles, abſurdas, blasphemas Pichleri hominis mali rationes alias, evitationem litium, facilitatem obtinendi mutuum, ſubſidium ex uſuris obveniens Eccleſiis, perſonis miſerabilibus, tranquillitatem conſcientiarum, præſumptionem generalem juſti tituli.   Hæc enim Deum facereaut ignorantem, quaſi iſtas rationes non præſciverit; aut injuſtum, eò quòd eas non attenderit.

Neque Papam poſſe hic diſpenſare, aut declarare, uſuram approbatam à Principe eſſe licitam.   Pichlerum ſentire contra Concilium Viennenſe, Patres, Pontifices, Canones: incurrere propoſitiones damnatas ab Alexandro VII. & Innocentio XI. Interpretationem legum Divinarum, Eccleſiæ ereptam, alto Principum dominio ſubiicere: iniiſſe fœdus cum hæreticis &c.

Ita enim verò modeſtiſſimus, jurisque naturæ ac Divini ſemper tenaciſſimus hic ſcriptor proſcinditP. VitumPichler, virum ſanè probum; in quo dolus non erat, ſincerique ac Germani pectoris, atque de Jurisprudentia non tantùm, ſed etiam Eccleſia adverſus hæreticos publicè defenſa bene omnino meritum, & quidem poſt mortem, ubi ſe defendere non ampliùs poteſt.

Verùm dedit ille in libris ſuis tum Juridicis tum Polemicis, quæ ſuntCæſaris, Cæſari, & quæ ſuntDei, Deo. Verum eſt, aſſeruit altum Principum dominium, quod habent in res ſubditorum ad uſum publicum, vi cujus urgente neceſſitate ad ſalutem publicam bona ſubditorum in uſus publicos poſſunt convertere.   Sed hanc à Deo & populo acceperunt poteſtatem, à quibus conſtituti ſunt, ad gubernandam Rempublicam in communem civium felicitatem.   Ipſe P. Concina ait, ad altum Principis dominium pertinere, præcipere poſſe, ut ſubditus vel invitus domum ſuam, ſi id requirat ornatus publicus viarum, aut reficiat aut demoliatur. At vetat jus Divinum & naturale rem alienam contrectare. An propterea ipſe dominium altiſſimum ſubiicit alto? an aures Principum demulcet? an leges Divinas it perditum? quid plus eſt, propter ſolum ornatum poſſe ædes civium evertere: an ob publicam utilitatem ac neceſſitatem modicam penſionem imponere, jam dudum uſu introductam ab ipſis civibus? Ait, caſuiſtas exaggerare altum Principum dominium, tyrannidis æmulum, ut auram popularem captent. Quis hæc combinet?

Ita eſt, uſura propriè ac ſimpliciter accepta, hoc eſt, lucrum præciſè ratione mutui exactum, nulla poteſtas facere poteſt licitum.   Sed hoc P. Pichler numquam aſſeruit.   Ex alio titulo aliquod auctarium peti poſſe dixit, uti ex lucro ceſſante, damno emergente, periculo ſortis, statuto Principis, ob bonum publicum, volentibus ipsis subditis, concepto. An nihil exigitur ultra sortem à mutuatario in Montibus pietatis? & quid contingit in Mixtis? Ipse summus Pontifex, sanctissimè & sapientissimè gubernans Ecclesiam, asserit, posse alios titulos cum mutuo concurrere, à mutuo diversos, ex quibus justè aliquid ultra sortem possit exigi. Num & hoc damnabis? Nota bene; quod ex alio titulo exigitur, à mutuo extrinseco, non est usura, prout illa malignum quid, & legi Divinæ oppositum sonat. Neque propterea quidquam de jure naturæ mutatur, aut juri humano subiicitur. Ecce!

Votum, juramentum &c. jure naturali obligant. Et tamen summus Pontifex in his dispensare potest, imò etiam pater, & maritus illa quandoque irritare. Simonia jure naturali ac Divino est prohibita; & tamen dispensatus Romæ in Dataria aliquid solvit. Bona incerta ex delicto, quorum Dominus sciri non potest, jure naturæ distribui debent in causas pias; & tamen quibusdam in provinciis conceditur Bulla compositionis, vi cujus permittuntur possessores, data in usum belli aut alias pias causas modica quantitate, majorem quantitatem retinere. Mutuum jure naturali debet restitui; & tamen S. C. M. interposita exceptione filiumfamilias juxta plurimorum sententiam ab hac obligatione absolvit. Indebitè solutum ex errore debet restitui; & tamen jura restitutionem remittunt, quando utriusque turpitudo versatur. Res fructificat domino suo, & tamen secundum multorum sententiam leges absolvunt possessorem bonæ fidei à restitutione fructuum rei evictæ virtualiter tantum extantium.

Contractus pupilli, minoris, prodigi, donatio inter conjuges, renuntiatio paternæ hæreditatis à filia facta, fidejussio mulieris, & quot alia, abstrahendo à jure positivo, valent; & quidem jure naturali; & tamen per leges humanas hæc omnia aut irritantur, aut rescinduntur. Rerum proprietas, supposita divisione, est juris naturalis, cui repugnat retentio rei alienæ; & tamen Princeps per leges præscriptionis agrum Titii transfert in dominium Caji. Pacta & contractus naturaliter obligant; & tamen non solùm Princeps eos irritat, aut rescindi frequenter jubet, sed ipsi etiam contrahentes omnem obligationem sibi mutuò possunt remittere. Contractus matrimonii clandestinus ante Concilium Tridentinum valebat jure Divino, ab eo verò est irritatus.

An propterea exclamandum: hoc est, ex hominibus Deos efficere! hoc est, jus Divinum humano, altissimum alto subiicere! aures Principum demulcere! legem inferiorem superiori præferre! an Deus ignoravit causas, cur dispensandum in voto? cur relaxandum aut irritandum juramentum? cur pro dispensatione in Dataria aliquid solvendum? cur detinens bona incerta ex delicto partem ex concessione sum-

mi

mi Pontificis retinere poffit? An Deus ignoraverit caufas, cur filiusfamilias mutuum non teneatur reftituere? cur indebitè folutum in certis circumftantiis non debeat reddi? an ignoravit caufas, cur contractus pupilli, minoris, prodigi, confenfus uxoris in alienationem fundi dotalis,
donatio inter conjuges, renuntiatio filiæ, fidejuffio mulieris, mattimonium clandeftinum, aliáque pacta, jure naturæ valida, valere non debeant? an ignoravit caufas, cur res Titii in Cajum per præfcriptionem fit
transferendæ? an ignoravit, quid bono publico Principatuum & Regnorum expediat? vel fuam quoad ifta omnia Divinam legem humanæ fapientiæ & directioni fuppofuit? an lex Divina neceffaria ab hominibus
pendeat? quæ lege naturali prohibentur, natura fua funt mala: quomodo ergo homunculi illa faciant licita? quomodo adverfus jus Divinum &
naturale altum dominium opponant? vah monftra & portenta doctrinæ!

Fateor candidè, quod fentio. Exclamationes iftæ & admiratio-
nes, aut non funt viri docti, aut non finceri. Ecce! Reverende Pater!
lex naturæ fertur in objectum fuum fub certa ratione fpecifica; & quamdiu manet ea ratio objecti, nihil poteft humana qualiscunque Jurisdictio.
Non poteft facra poteftas facere, ut votum aut juramentum non obliget,
fed quia actus voluntatis humanæ eidem funt fubjecti, facere poteft per
difpenfationem aut relaxationem, ut votum aut juramentum non ampliùs habitualiter perfeveret. Unde per fe cadit obligatio, radice fublata.
Simonia eft graviter omni jure prohibita, quaténus eft æquiparatio rei
temporalis cum fpirituali. Si tamen temporale non habeat rationem
pretii pro fpirituali, fed ex alio titulo detur, poteft Dataria ex eo titulo,
occafione facræ difpenfationis, pecuniam accipere, & etiam exigere:
quia non eft fimonia ex alio titulo aliquid dare & accipere. Hinc etiam
fimonia eft vendere jura fpiritualia; e.g. jus decimandi; fi tamen auctoritate fummi Pontificis fuerit abftractum & feparatum à titulo fpirituali,
ut adeò evadat jus merè profanum, per contractus & præfcriptionem
transferri etiam poteft in laicos, vendíque pro pecunia; quia non ampliùs eft fimonia.

Licet bona incerta ex delicto debeant expendi in caufas pias,
poteft tamen fummus Pontifex, tanquam fupremus earum adminiftrator, ob juftas caufas poffeffori aliquid relinquere. Licèt in his partibus
Ecclefiaftici, etiam Religiofi, Principi exactiones præftent ex bonis im-
mobilibus, uti agris, pratis, vineis, ficut laici; tamen fuperiores Ecclefiaftici eisdem imperant, ut infuper quinquennales præftationes eidem
pendant, etiam ex pecunia mutuò data. Sicut autem in his cafibus Pontifex dominium ex juftis caufis transfert, fic Princeps per S. C. M. in filiumfamilias Dominium mutui irrevocabile transfert, eúmque ab obligatione reftituendi hoc ipfo abfolvit. Nam pro cafu, quo Princeps ex alto
do-

dominio transfert proprietatem irrevocabiliter, nulla datur obligatio naturalis restituendi. Idem contingit in casibus, quibus indebitè solutum nec potest repeti, nec debet restitui.

Jus naturæ præcipit, fidem per pacta & contractus validè datam servari. Neque facere potest humana potestas, ut fides validè data non sit servanda; an autem hic vel ille contractus debeat esse validus, an hæc vel illa fides sit validè data, nec ne, jus naturale absolutè & positivè non decernit, sed Magistratibus humanis decernendum relinquit: qui proin, pro potestate sibi à Deo concessa possunt contractus regulare, & decernere, quid ad valorem contractus requiratur. Sic Concilium Tridentinum ad matrimonii valorem requisivit præsentiam Parochi; ad valorem electionum, & alienationum rerum Ecclesiasticarum certas solennitates requirunt Canones.

Jus civile ad contractum pupilli, minoris & prodigi requirit auctoritatem tutoris & consensum curatorum, & aliquando etiam judicis: ad testamentum septem testes. Quasdam donationes aliósque actus omnino irritat; quin propterea jus naturæ aut Divinum sibi subiiciat, cùm pro his casibus nunquam exstiterit. Sicut etiam pro casu, quo per leges in præscribentem transfert dominium: quamvis enim jus naturæ vetet, rem alienam retinere, tamen post translationem proprietatis non ampliùs est aliena.

Homicidium injustum, furtum, usura &c. sunt jure naturali, necessariò, immutabili, atque indispensabili prohibita, adeò quidem, ut neque Deus ea possit facere licita: potest tamen Deus dare potestatem in vitam hominis, & bona fortunæ; quo casu non est homicidium injustum, furtum, aut usura. Quando igitur Princeps vi alti, quod à Deo & populo accepit, dominii in bona subditorum, occasione mutui, aliquod moderatum auctarium transfert in creditorem, non est usura; quia creditor non exigit illud titulo mutui, sed titulo statuti aut legis, illud sibi attribuentis.

Sed neque ipsa lex usuram tunc facit licitam, ùt manifestè patet in casu, quo Deus ipse per legem daret potestatem, ultra sortem aliquid exigendi, e. g. Judæis ab alienigenis. Certè usuram propriè ac strictè acceptam neque Deus potest facere licitam, cùm sit intrinsecè mala, & consequenter jure naturali necessario & indispensabiliter prohibita. Igitur necesse est dicere, quòd Deus, quando Judæis dedit potestatem exigendi aliquid ultra sortem ab alienigenis, non fecerit eis licitam usuram strictè sumptam: sed quòd hæc ipsa lex Divina fuerit titulus, vi cujus Judæi poterant auctarium exigere, & proprium facere.

Idem omnino contingit, quando Princeps aut Respublica ob causas publicas subditis dat potestatem aliquod moderatum auctarium

exi-

exigendi; non enim facit per hoc licitam usuram, quia non facit, ut ex
titulo mutui possit creditor aliquid exigere; sed facit, ut titulo hujus ipsius statuti possit exigere : quod non est usura, saltem propriè ac
strictè dicta, nec unquam subjacuit juri naturali prohibitivo.

96.   Si igitur quæras, quænam sint causæ ejusmodi statuti aut legis? respondetur, easdem esse, quæ sunt aliarum legum. Nam causa efficiens est ipse legislator, Princeps nempe aut Respublica, pollens suprema jurisdictione & alto Dominio in bona civium ac subditorum, vi cujus illa ob bonum publicum potest ab uno transferre in
alterum, ut ex allatis exemplis patet, & ipse P. Concina concedit,
quòd possit ædes civium demoliri ad ornatum platearum. Causa finalis est bonum publicum civium ac subditorum, quod per censum
quincuncem, pro ratione & consuetudine dudum introducta in Germania, hoc modo plurimùm promovetur, ad multas necessitates sub-
levandas; quibus aliàs nullum vel difficillimum esset remedium.
Sicut propter hunc finem instituti sunt Montes pietatis, & sua Sanctitas nuper ob calamitates bellicas censûs in Italia reduxit ad 4
pro 100.

97.   Causa materialis seu objectum materiale, in quod fertur tale
statutum Principis, est præstatio censûs quincuncis, & translatio illius dominii in collocantem pecuniam ad moderatum lucrum, quod
per statutum ob bonum publicum ipsi adjudicatur; ita quidem, ut
etiam actionem pro foro externo pariat, & Magistratus ac Judices illius præstationem urgeant.

Causa formalis seu forma hujus negotii vel est emptio censûs
annui, vi cujus emptor dando centum florenos tanquam pretium
emit jus ex venditoris bonis percipiendi annuatim censum quinque
florenorum.   Et, si censûs sunt redimibiles, prout ordinariè sunt,
tunc, si venditor censum vult redimere, atque ab onere illum præstandi se liberare, ex venditore fit emptor. Nam restituendo pretium centum florenorum, reemit censûs annuos, seu magis propriè
loquendo, emit immunitatem à præstando censu annuo; Nihil autem est novi, quòd venditor adstringere possit emptorem ad retro-
vendendum.

Vel etiam est aliquando species quædam contractus societatis,
in quo unus pecuniam, alter laborem & industriam confert, lucrum verò est commune utrique: licèt fortè accipiens pecuniam periculum damni in se suscipiat, vel ex liberalitate, vel ex spe lucri,
ex ea pecunia acquirendi, *l. si non 29. §. 1. ff. pro socio.*

Aliqui volunt, quandoque translata in alterum pecuniæ proprietate, reservari ejusdem quasi usumfructum, vel partem illius.
Quam-

Quamvis enim ususfructus propriè constituatur in rebus non fungibilibus, seu iis, quæ usu non consumuntur; cùm sit jus utendi fruendi re, salva illius substantiæ. Verùm *Senatus censuit, ut omnium rerum, quas in patrimonio esse constaret, ususfructus legari possit, l. 1. ff. de usufr. ear. rer. quæ usu consum.* Unde etiam in fungibilibus, uti pecunia, ususfructus vel quasi ususfructus constitui potest; præstita tamen cautione, finito quasi usufructu res ejusdem quantitatis & qualicatis restituendi, *l. 2. eod.*

Vel si etiam contractus mutui celebretur, obligatio aliquid ultra sortem præstandi creditori non oritur ex mutuo, sed vel ex titulo lucri cessantis, aut damni, vel periculi sortis, aut ex statuto Principis, justum aliquem titulum præsumentis, aut, ùt quidam volunt, moderatum auctarium propter bonum publicum, evitationem litium, & conscientiarum tranquillitatem absolutè decernentis.

Effectus denique ejusmodi legis, vel contractus ordinantis, vel ex ratione publica præstationem aliquam moderatam injungentis, est facultas, non ex mutuo, sed ex aliis justis titulis aliquid exigendi, & respondens obligatio illud præstandi, cum translatione dominii.

Quamvis autem rudiores non satìs discernant inter contractus aliósque titulos, quibus justè ac licitè pecunia, quæ omnium ferme rerum, quæ in humano sunt commercio, vice fungitur, ad lucrum collocari possit; nihilominus tamen bona fide meliori, quo fieri potest modo, eandem intendunt collocare. Mirabar etiam, viros quosdam, in Jure civili benè versatos, in eam sententiam propendere, quòd ex solo titulo mutui, aut beneficii mutuo intrinseci, liceat moderatam aliquod lucrum, e. g. usuras quincunces exigere.

Usura hæc est proprie dicta, Jure naturali, Divino, & humano prohibita: quam sacræ litteræ utriusque testamenti, SS. Patres, Concilia Generalia ac Provincialia, summi Pontifices non tantùm in sacris Canonibus, Corpori Juris Canonici insertis, sed etiam in variis aliis Rescriptis toties sunt detestati, uti Gregorius XIII. in rescripto ad Guilielmum Bavariæ Ducem dato; & nuper primùm sanctissimus Dominus noster Benedictus XIV. in litteris suis encyclicis, ubi inter alia sapientissimè declarat, ad labem usurariam purgandam nullum arcessiri posse subsidium, vel ex eo, quòd id lucrum non excedens & nimium, sed moderatum, non magnum, sed exiguum sit: vel ex eo, quòd is, à quo id lucrum solius causa mutui deponitur, non pauper sed dives existat, nec datam sibi mutuo summam otiosam, sed ad fortunas suas amplificandas, vel novis coëmen

dis

dis prædiis, vel quæstuosis agitandis negotiis utilissimè sit impensurus.

Contra mutui siquidem legem, quæ necessariò in dati atque redditi æqualitate versatur, illum agere, qui plus aliquid, vi mutui ipsius, cui per æquale jam est satisfactum, exigere adhuc non veretur; proindéque, si acceperit, restituendo obnoxium esse, ex ejus obligatione justitiæ, quam commutativam appellant, & cujus est in humanis contractibus æqualitatem cujusque propriam & sanctè servare, & non servatam exactè reparare.

98.   Diligenter etiam notandum, quod idem sanctissimus Pontifex cautè monuit, falsò sibi quenquam & non nisi temere persuasurum, reperiri semper & præstò ubique esse, vel unà cum mutuo titulos alios legitimos, vel seclusò etiam mutuo contractûs alios justos, quorum vel titulorum vel contractuum præsidio, quotiescunque pecunia, frumentum, aliúdque id generis alteri cuicunque creditur, toties semper liceat auctarium moderatum, ultra sortem integram salvámque recipere.

Ita si quis senserit, non modò Divinis documentis, & catholicæ Ecclésiæ de usura judicio, sed ipsi etiam humano communi sensui, ac rationi naturali adversaturum. Neminem enim id saltem latere posse; quòd multis in casibus teneatur homo simplici ac nudo mutuo alteri succurrere, ipso præsertim Christo Domino edocente: *volenti mutuari à te ne avertaris;* & quòd similiter multis in circumstantiis, præter unum mutuum, alteri nulli justo contractui locus esse possit.

Ex quo sanè consequitur, quòd, ubi tanta est proximi necessitas atque indigentia, ut alium contractum excludat, nec donatione aut larga eleemosyna indigentiæ succurratur, gratis omnino & absque omni auctario supra sortem mutuum dari debeat, exigente id, quam proximo debemus, charitate. Neque ad ejusmodi casum tantæ indigentiæ & necessitatis statuta Principum de censu Germanico se extendunt: neque ego, quæ hactenus dixi, ad ejusmodi casus ullatenus extensa volo, sed omnia sanctæ Ecclesiæ de Usuris judicio subjecta.

.

LIBER

LIBER V.

Status Ecclesiasticus & Civilis Hispaniæ, Lusitaniæ, Angliæ, Scotiæ & Hiberniæ,
Sæculo XVI.

S U M M A R I U M.

C A P U T I.
Status Hispaniæ.
A R T I C U L U S I.
Ferdinandus Catholicus.

A R T I C U L U S II.
CAROLUS V.

Pars VII. Eeee 10. Ca-

10. Carolus Hispaniam ingressus eas componit. Sed eo ad Coronam Cæsaream digresso recru- desunt. Seditio adversus Belgas. Prælio inito sedata.
11. Adrianus fit Pontifex. Caroli V. abdicatio, mors, liberi.

ARTICULUS III:
PHILIPPUS II.

12. Philippi II. effigies. Ducit Mariam Angliæ Reginam.
13. Bellum cum Pontifice & Gallis, in Italia & Belgio. Escuriale ædificat.
14. Bellum Belgicum, Granatense, Africanum cùm Dragute pyrata.
15. Carolus Philippi Regis filius, ferox in patrem, traditur custodiæ; in qua moritur. Causæ.
16. Classis in Angliam destinatæ miseranda fata. Causæ. Marchio S. Crucis. Farnesii consilium. Stanlæi. Regis sententia.

17. Classis apparatus. Mors Sanctacrucii. Sufficitur Sidonius inexpertus. Classis ad Plimuthum. Pugna. Naves incendiariæ. Tempestates. Naufragium.
18. Reliquiarum reditus. Damnum immane. Regis fortitudo.
19. Seditio aragonica. Bellum Gallicum contra Henricum IV.
20. Obitus Philippi II. Elogium. Vituperia Protestantium. Ejus conjuges. Liberi.

ARTICULUS IV.
De Regno Navarræ.

21. Origo Regni Suprarbiæ, & Navarræ.
22. Navarra ad Comites Campaniæ, Reges Galliæ, Eboricenses, Aragonios, Foxenses, Albretanos, Borbonios, per septem fœminas translatum.

23. Ferdinandi Catholici de Navarra consilia. Postulata. Bellum Navarræum. Navarra ad Ferdinandum. Gallorum conatus irritus.
24. Navarra à Francisco I. occupata: mox à Carolo V. recepta.

ARTICULUS V.
Status Ecclesiasticus ordinatus per Concilia in Hispania Sæc. XVI.

25. Concilium Hispalense An. 1512.
26. Summa 64. Canonum.
27. Constitutionos Didaci de Mendoza Archiepiscopi Hispalensis.

28. Concilium Toletanum 1565.
29. Decretorum series in tres actiones divisa.

CA-

CAPUT II.

De Regno Lufitaniæ.

ARTICULUS I.

De Lufitania fub Regibus ufque ad fæculum XVI.

30. Henricus Burgundus ab Alphonfo Caftellæ Rege in dotem accipit Lufitaniam. Ejus filius Alphonfus I. poft fuperatos quinque Saracenorum Reges primus Lufitaniæ Rex. Lifabonam & Eboram occupat. Infignia.

31. Sanctius I. Ejus filius Algarbiam: Alphonfus II. Alcafariam in regno Feffæ expugnat, Hæc prima Chriftianorum urbs in Africa. Sanctius II. Regnum cum monafterio commutat. Flectii fingularis in eum fides in propugnanda Conimbrica.

32. Alphonfus III. conjugem repudiat. Interdictum 12. annorum. Dionyfius S. Elifabethæ conjux Academiam Conimb. fundat. Aulici perfidia punita. Alphonfi IV. & Petri Crudelis regnum.

33. Ferdinandus Regnum pene e' vertit bello cum Caftellanis, & adulterio. Joannis nothi regnum. Cædit Caftellanos. Septa ac Madera capta. Expeditio in Africam infaufta. Filius Regis captus.

34. Alphonfus V. tutorem occidit. Cruciatam monetam primus cudit. Tingin capit. Nuptiæ inter Lufitanos & Caftellanos frequentia bella pariunt. Joannæ & Ifabellæ de regno contentio.

35. Joannis II. Regnum feverum. Confpiratio procerum detecta. Tragœdia. Navigationis Indicæ fundamentum jacit, ufque ad promontorium Bonæ fpei provectæ. Præterito filio notho Emmanuelem fuum patruelem regni hæredem declarat.

ARTICULUS II.

De Rebus Lufitaniæ fæculo XVI.

36. Emmanuelis regnum fauftiffimum. Res bene gefta in Africa. Vafcus Gama ufque ad Malabariam penetrat. Albuquerquius Ormum condit. Goam capit: Venetis ægrè ferentibus novam navigationem. Alvarus Capralis Brafiliam occupat. Lis Lufitanorum & Caftellanorum de navigatione à Papa decifa. Judæi pulfi Magnæ fpes Emanuelis Hifpaniam cum Lufitania conjungendi fruftratæ. Ejus elogium. Lib.

37. Joannis III. Regnum. Religionem in India propagat, miffis viris apoftolicis. Regnum undique pacatum ac feliciffimum. Ejus elogium. Liberi.

38. Se-

38. Sebaftiani nepotis regnum. Ejus virtutes. Indoles. Africana expeditio ei diffvadetur. Tamen eam fufcipit. Infeliciter pugnat. Occiditur. Clades ingens Lufi- taniæ.

39. Henricus propatruus, Cardi- nalis, fit Rex. Regni competito- res convocat. Jura feptem com- petitorum.

40. Philippus II. Hifpaniæ Lufita- niam conjungit. Impcftores qua- tuor Sebaftanum Regem fe fin- gentes, puniti. Antonius nothus debellatus in Lufitania & Azori- bus. StatusEcclefiafticus Lufitan.

CAPUT III.
Schema rerum Anglicarum Sæc. XVI.
ARTICULUS I.
Status Angliæ Civilis.

41. §. *1. Regnum Henrici VII.* §. *2. Regnum Henrici VIII.*

42. Sex Henrici uxores. Cathari- næ repudium. Annæ Bolenæ effi- gies. Uxores cæfæ. Henrici bella, ad Europæ æquilibrium intenta.

43. Volfæi effigies. Homo ambi- tiofus & verfatilis in odium Ca- roli V. tragœdiam orditur to- ti Angliæ fatalem, fuadendoHen rico uxoris repudium. Sed fibi ipfi laqueum contexuit.

Mors Henrici mifera. Primus Hi berniæ fe Regem creavit, Ejus teftamentum. Liberi.

§. *3. Regnum Edvardi VI.& Mariæ.*

44. Edvardo 16. tutores à patre attributi. At Semeyrus ejus a- vunculus totam gubernationem ad fe traxit, & hærefin invexit.

Mox capite plexus, Dudlæi ope- ra, qui ei furrogatus, Joannam Grayam, nurum fuam throno imponere nititur. Obit Edvar- dus.

45. At major & fanior pars Mari- am Reginam dicit. Dudlæus cum Graya plectitur. Ope Reginaldi Poli Anglia ad Catholicam fidem reducitur.Obitus Mariæ Reginæ.

§. *3. Regnum Elifabetha.*

46. Cur nuptias cum Philippo II. Hifpaniarum Rege abiecerit: to- ta vita in Religionem Catholi- cam, & in Hifpanos graffatur, excitatis & protectis rebellioni- bus.

47. Plures & magnos procos elu- dit. Effexii amafii tremendus cafus.

ARTICULUS II.
Status Ecclefiafticus Angliæ Sæculo XVI.

48. Origo chriftianæ fidei in An- glia. Singularis ejusdem cultus: perpetuò durans ufque ad Hen- ricum VIII. Ab eo tempore in- gens & calamitofa mutatio.

§. *1. Eccle-*

§. *1. Ecclesiæ Anglicanæ status sub Henrico VIII.*

49. InitiaHenrici bona, adReligionis decus. Tum à se ipso descivit. Contraria illius ac Catharinæ conjugis indoles. Volfæi consiliis, & amoris insania præcipitatus. Accessit Crameri & Leii prævaricatio. Bona Ecclesiarum invadit. Caput Anglicanæ ecclesiæ se dicit.

50. Cromvelli, Crameri, & Audlæi impius triumviratus. Novum obedientiæ Sacramentum exigit. Fischerus primùm lapsus, mox fraude animadversa pœnitens. Thomas Morus deponit officium cancellarii. Uterque in carcerem. Polus in exilium. Exerta tyrannis in Religiosas familias, detrectantes impium juramentum.

51. Thomæ Mori, ac Joannis Fischeri invicta constantia, & gloriosa mors. Clemens VII. & Paulus III. Bullam excommunicationis concipiunt, executionem tamen suspendunt. At ille se ipso non melior leges impias fert in Religiosos. Eos spoliat. Paulus III. Bullam excommunicationis tandem publicat.

52. Synodum celebrat. Sex canones edit contra Lutheranos & Zwinglianos: illos æquè ac Catholicos persequens: nullius religionis. Provincias arma corripientes mendacio dissipat. Cromvelum Vicarium suum Generalem necat.

53. Impium dogma de matrimonio publicat, ut divortium suum à Clivensi excuset. Immania indicit tributa. Spoliat omnia Sacra. Ærarium nihilominus vacuum relinquit. Miserè perit.

§. *2. Status Anglicanæ Ecclesiæ sub Edvardo VI.*

54. Semeyrus tutor Zwinglianus plenam portam hæresi aperit. Fœda religionis imago. Novatores acciti. Conciliabulum impium collectum ex hæreticis. Ejus Canones.

55. Semeyri supplicium, & impiorum mutui in se furores exponuntur. Subita rerum mutatio.

§. *3. Status Ecclesiæ Anglicanæ sub Maria.*

56. Restituta Religio. Northumbriæ Dux in morte conversus. Catholici Episcopi ex carceribus liberati. Constitutiones Ecclesiasticæ sancitæ. Supra 30000. hæreticorum expulsa. Ecclesia reconciliata.

57. Regina indicit Parlamentum. Hujus descriptio. Placita de matrimonio Reginæ cum Philippo. Aliquorum Procerum conspiratio.

58. Suffolcii Ducis mirum fatum, & supplicium: uti etiam Gilfordi, & Grayæ ejus uxoris: denique etiam Viati, ac Thomæ Crameri.

59. Hæreticorum fraus probrosa. Nova conspiratio. Elisabetha accusata custodiæ mandatur, plectuntur plures proditores. Im-

po-

poftor Edvardum. VI. fe fingens.

60. Reginæ ad Elifabetham hortatio. Hujus juramentum de religione Catholica confervanda. Obitus Mariæ.

§. 4. *Status Ecclefiæ Anglicanæ fub Elifabetha.*

61. Elifabethæ artes. Caput Anglicanæ Ecclefiæ fe gerit. Papiſſa hæc novos condit canones; annatas feverè exigit. Catholicam Religionem evertit: novám que prorfus inducit. Impium juramentum præfcribit.

62. Comitia convocat. Fraude pluralitatem fuffragiorum obtinet. In diffentientes tyrannicam perfecutionem exercet. Illam acuit Bulla excommunicationis, à Pio V. publicata, & à Greg. XIII. & Sixto V innovata.

63. Nova ejus fecta. Decreta in Catholicos impia, fanguinolenta. Suppliciorum forma ac modus, plus quàm barbarus. Unicè propter fidem martyrio affecti plurimi.

64. Præftantes viri exulatum abeunt. Eriguntur feminaria. Sectæ Anglicanæ principales quatuor, Epifcopalium, Presbyteria-

norum, Puritanorum, Enthufiaſtarum.

65. Societas JESU in Angliam. Primi Perfonius & Campianus. Hujus litteræ ad fenatum Regium; cui ad difputationem fe offert. Proditus ab Elioto apoftata Londinum abducitur, ubi tortus, publice cum miniftellis difputavit, Arundelio converfo. Examinatur de variis, fufpendio necatur. Ejus libellus de decem rationibus.

66. Joannis Nicolai commenta de proditione. Multi, etiam nobiliſfimi propterea crudeliter necati. Reliqui in exilium ejiciuntur.

67. Perfonius in Gallia, Belgio, Hifpania, plura pro Anglis erigi curat feminaria. Perfecutio propterea in ipfum accenditur. Multi Sacerdotes perempti. Nihilominus Elifabetha arguebat alios Principes crudelitatis, quam prorfus immanem in fe ipfa amavit: ufa Walfingamo, Cecilio, Toplifo &c. fæviffimis tortoribus.

68. Tanquam Angliæ Papiffa omnes fructus primi anni de omnibus Beneficiis exegit. Perit miferè. Deploranda Angliæ mutatio.

ARTICULUS III.

Differtatio Juridica: an legitimum fuerit Henrici VIII. cum Catharina Matrimonium?

§. 1. *Species facti.*

69. Henricus obtenta difpenfatione Pontificia init matrimonium,

illúdque confummat. Volfæi prævaricatio. Campegius in Angliam. Reginæ exceptio contra Judi-

Judices. Causa Romam avocatur. Henricus lite pendente ducit Boleniam. Quæritur, an. valide ?

§. 2. *Rationes dubitandi Protestantium.*

70. Rationes petuntur ex Jure naturali, positivo, à paritate, & gentium horrore.

§. 3. *Rationes decidendi contra Protestantes.*

71. Nulla intercessit affinitas, & si intercessisset, potuit dispensari. Quia nec est impedimentum juris naturalis, nec Divini. Exempla plura dispensationis. Accedit auctoritas, & ratio.

§. 4. *Solvuntur argumenta Protestantium.*

72. Indecentia non assurgit ad legem naturæ. Abominatio aliter intelligenda. Non obstat lex vetus. Disparitas cum consanguinitate. Neque ista dirimit jure naturæ in linea obliqua : imò probabiliùs neque in linea recta ultra primum gradum. Quid de hoc sentiendum ? quid de affinitate in linea recta ?

ARTICULUS IV.
De Statu Hiberniæ.

73. Brevis Hiberniæ delineatio. Initium Christianæ fidei. Henricus VIII. turbat. Missio. Constantia Hibernorum. Vim vi repellunt. Elisabetha hæreticis coloniis insulam replet.

74. Ne bona Ecclesiastica in manus hæreticorum venirent, Nobilibus sunt concessa cum onere alendi clerum. Ultoniensis provincia strenuè resistit plurésque reportat victorias : aliisque provinciis pressis succurrit. Momonia pariter fortiter se defendit; & Connacia. Molossorum de hæreticis victoria.

75. Persecutio immanis. Multi gloriosi martyres. Edmundi Donati fortitudo.

76. Concilium Dublinense ; ejúsque Canones.

CAPUT IV.
Schema rerum Scotiæ Sæc. XVI.

§. 1. *Status politicus.*

77. Delineatio aliqua Scotiæ. Militaris natio. Picti à Scotis superati. Perpetua cum Anglis bella.

78. Baliolus Rex Scotiæ ab Anglis captus. Brussius Anglos profligat. Baliolorum & Brussiorum familiæ domesticis turbis inter se commissæ, Stuartorum Dómui ad Regnum aditum aperiunt.

79. Jaco-

79· Jacobus IV. Ducit Margaretham, fororem Henrici VIII. Angliæ poftea Regis.

80. Jacobus V. Ejus filia Maria Stuarta, in cumulum omnium calamitatum genita.

81. Elifabethæ perfidæ artes. Murræo actore tragœdiam adornat. Darlæus Mariæ Reginæ defpondetur. Victus Murræus in Angliam fugit.

82. Tragœdiæ *Protaffis.* Cæfus in confpectu Reginæ Riccius ejus fecretarius. Murræus Rex declaratus. Darlæus Reginæ conjugi conjurationem detegit, eique conciliatur. Fugit Regina.

83 *Epithafis* tragœdiæ. Murræi fraude Darlæus Rex à Botwelo occifus.

84. *Cataftafis.* Proditorum inftinctu Regina nubit Botwelo. Mox occufantur cædis regiæ. Fugit Botwelus in Daniam. Regina in carcerem datur.

85. *Cataftrophe.* Reginam throno dejiciunt. Jacobum ejus filium Regem declarant, fub tutela & gubernatione Murræi proditoris. Regina ex carcere elapfa in Angliam fugit, Elifabethæ fraudibus invitata.

86. Novæ tragœdiæ præludia. Stuarta in Anglia juffu Elifabethæ capitur, & in carcerem conjicitur. Novæ fraudes inftruuntur. Murræus cæfus. Furores Elifabethæ. Stuarta accufatur proditionis & infidiarum in caput Elifabethæ. Damnatur ad mortem. A carnifice perimitur.

§. 2. *Status Ecclefiafticus Scotiæ Sæc. XVI.*

87. Poftulata hæreticorum, Reginæ ex Gallia adventanti, porrecta, auctore Knoxio. Arma expediunt. Immaniter in Sacra graffantur: omnia fus déque vertunt.

88. Knoxii incentoris effigies, & Buchanani. Novam fectam condunt: hæc defcribitur. Multum ab Anglica differt.

89. Perfonii de Scotia & Anglia convertenda confilia. Quibus initio favebat Jacobus Rex. Sed à Calviniftis captus, & pro libidine verfatus, efficere nil poterat.

§. 3. *Differtatio Juridica: an Maria Scotiæ Regina jure fit occifa?*

90. Duo accufationis capita, quòd Darlæum conjugem occidérit, & Elifabethæ infidias ftruxerit.

91. Vindicatur à prima accufatione, quæ meris affertis ac fufpicionibus vanis nititur. Averfus ob cædem Riccii animus plenè conciliatus. Fictæ ad Botvelum litteræ. Darlæi, quantum poterat exequias celebravit. Cur Botvelo nupferit: adigentibus nempe accufatoribus & proditoribus. Servi non funt idonei teftes in hac caufa. Inauditum judicium, Judex, Reus, actor, teftis, caufa. Nullas ftruxit infidias, dum verfabatur in Gallia, Scotia, & Anglia, fed páffa eft.

CAPUT

CAPUT I.
Status Hifpaniæ fæculo XVI.

ARTICULUS I.
Status Hifpaniæ fub Ferdinando Catholico.

Ferdinandus devictis in Hifpania Mauris, Regnóque eorum Granatenfi everfo, ad Neapolitanum Regnum, quod *Fridericus* ejus propinquus, Alphonfi V. nepos, ex patre fpurio natus poffidebat, animum adjecit. Sed quia Galliæ Rex antiqua Domus Anlegavenfis in Neapolin jura pariter perfequebatur, ea inter utrumque Regem ratio eft inita, ut Apulia & Aprutium Hifpano, reliqua Gallo cederent: gratulante fibi Alexandro Pontifice, quòd duos potentiffimos Europæ Reges clientelari jure fibi obnoxios nactus effet.

Verùm non diu tenuit ea divifio. Nam Friderico Rege in exilium ejecto, incaluit mox æmulas inter gentes finium regundorum contentio: vifûmque utrique, vicini pecus grandius uber habere. Neque inter verborum ac jurium dimicationes ftetit æmulatio. Ventum ad arma ac cruenta bella; eo tandem eventu finita, ut Galli à *Gonfalvo Magno de Corduba* pluribus cladibus attriti toto Regno Neapolitano pellerentur; firmata Hifpanis poffeffione. Vitare tamen per gefta fortia Gonfalvus non potuit, quò minùs in aula Hifpana pateret invidiæ ac criminationi, atque ipfius adeò Regis fufpicionem & offenfionem incurreret: ademto in pofterum campo militaris gloriæ.

Ferdinandum Neapoli potitum domefticus luctus & dimicatio excepit: quippe anno 1504. defuncta *Ifabella* ejus conjux (ætatis anno 53.) Regnorum hæredem fcripfit *Joannam* filiam, unáque *Philippum* ejusdem virum, in Belgio tunc commorantes, ea adjecta claufula, ut, fi Joanna non poffet aut nollet Regni curam fufcipere, ejus loco & nomine Ferdinandus Rex id procuraret, dum Carolus nepos 20. annos effet natus. Cavit præterea, ne exteri in fenatum legantur, aut urbes vel arces iis crederentur. Dictum ab rdinibus Caftellæ Sacramentum Joannæ, ceu Reginæ fuæ, ac Philippo conjugi, Ferdinando verò tanquam Adminiftratori.

Pars VII. Ffff Non

(margin notes) 1. Neapolitanum bellum. 2. Ifabellæ mors.

Difcordiæ   Non defuêre tamen ex Caftellanis Proceribus, quibus ea regni procuratio ad Ferdinandum delata vehementer difplicuit, majorem in Philippo Principe & juvene & munifico fpem reponentibus, quàm in fene fufpicaci, callido, & parco. Ipfe quoque Philippus indignè tulit, nudum conjugi ac fibi majeftatis nomen relinqui, authoritate penes focerum remanente. De Regnis etiam Neapolitano & Granatenfi, conjugii tempore communi fumptu & opera acquifitis difceptatum, an Caftellæ, an verò Arragoniæ fint annumeranda. Quo minùs autem Joanna in Hifpaniam veniret, & ex teftamento matris Caftellæ regimen fufciperet, obftitit mentis debilitas & afflicta valetudo. Philippum verò abfque uxore venire Ferdinandus Socer noluit. Qui acerbiùs tulit, Philippum ejúfque patrem Cæfarem Hagenoæ cum Gallo pepigiffe fœdus, atque fe infcio de nuptiis Caroli nepotis fui, de Ducatu Mediolanenfi aliifque maximis rebus effe tranfactum.

Itaque Auftriacis infenfus Ferdinandus, nulla tam arctæ affinitatis ratione habita, ad Galliæ Regem fe applicuit, ejúsque neptem Germanam Fuxenfem conjugem duxit, ea lege, ut, fi Ferdinandus ex ea filios fufciperet, Regnum Neapolitanum ad eos pertineret. Secus Gallo jus fuum in Neapolin falvum maneret. Non modò Auftriacis, fed etiam Caftellanis res ea magnopere difplicuit, in difcrimen hoc pacto vocari Monarchiam Hifpanicam, ne fufceptis ex nova conjuge liberis non fola Neapolis, fed & Arragonia cum Regnis illi innexis avellatur.

Hoc cum Gallo fœdus, ac præfertim cum juvene puella connubium, ceu liberis fuis fummopere periculofum tanto tædio Philippus averfabatur, ut datis in Hifpaniam litteris Caftellanos ad arma fecum adverfum Ferdinandum jungenda animaret. Nec deerant inter Proceres rerum novarum cupidi, qui eas difcordias alerent, ac Philippum ad capeffendum Caftellæ regimen è Belgio invitarent. Factionis caput Villenius Dux, Ferdinando alioquin infenfus.

3.   Sed meliorum opera confilióque redintegrata focerum inter &
Fœdus.   generum gratia. Nam legati utriufque Salmanticæ in has focietatis & concordiæ leges convenerunt: Duo Reges & Regina rerum in Caftellæ Regno pari poteftate moderatores funto. Eorum Syngraphis ac nomine leges, edicta, diplomata, actáque omnia promulgantor. Cùm Philippus & uxor in provinciam venerint, populi eis Sacramentum dicunto tanquam Regibus, Ferdinando tanquam moderatori, Carolo ùt Principi ac fucceffori in Regno Caftellæ, Legionis ac Granatæ. Regia vectigalia ex æquo utrumque inter Regem div-
dun.

duntor : ne exceptis quidem Ordinum Militarium redditibus, quos Pontifex Ferdinando addixerat. Urbium arciúmque præfectos uterque communi suffragio legunto. Fœderis hujus defensores implorati Pontifex, Cæsar, Angliæ ac Lusitaniæ Reges.

Verùm minimè diuturnam eam conventionem sinebant Proceres, qui Philippi aulam versabant, maximè Joannes Emmanuel Toletanus, criminantes tripartitam illam regiminis divisionem : Joan-na ob mentis infirmitatem ad regnandum inepta, ad maritum devolvi uxorio nomine rerum summam, væcordiæ esse dotalis Regni consortem pati : nomen Regium commune fore, regimen Ferdinando proprium. *Displicet Philippo.*

His flabellis eventilatæ faces grande Hispaniæ ominabantur incendium. Nam Philippus Salmanticensi transactione potestatem suam accisam ratus, certúsque, solus Castellæ habenas capessere, valida classe, armatis stipata, è Belgio solvens cum conjuge, ventorum vi in Angliam appulsus, magnis honoribus à Rege exceptus est. In Hispaniam inde delatus, armatúsque militari velut more incedens vitabat congressum cum Ferdinando socero. Qui cùm cerneret, Castellanos Proceres plerosque à se ad Philippum transire, ne bello civili atqué domestico Hispania se ipsam laceraret, Castellæ procurationem deponere statuit. Qua renuntiata, habitóque gemino utriusque Regis colloquio, non tamen ea, qua personas tam propinquas deceret, familiaritate & amicitia, Ferdinandus, ne quidem visa Joanna filia, quam Philippùs ceu mentis impotem, re ipsa zelotypia laborantem, custodiebat, relicta genero Castella in avitum suum Arragoniæ Regnum discessit, ac brevi post inde Neapolim, ubi Gonsalvi auctoritas ipsi nòn parum erat suspecta : eò maximè, quòd revocatus in Hispaniam moras ex moris necteret. *4. Abdicatio.*

In Castellano autem Regno mox variæ ortæ sunt turbæ, quòd Rex Philippus multos Germanos & Belgas adduxisset, eósque ad consilia, officia, ac præfecturas admoveret. Lividis etenim oculis aspiciebant Castellani hanc exterorum in aula gratiam, atque ad Ferdinandum, quem velut Arragonium deseruerant, jam velut prognatum ex Castellæ Regibus respicere cœperunt. Verùm Philippus Rex facilè huic malo parásset remedium, nisi mors nimiùm matura eundem eripuisset, anno 1506. possessi regni 1. ætatis 28. Corpus ejusdem Joanna conjux diu secum circumvexit, donec Granatæ sepultum est. Certè excellens indoles, eximia totius Corporis orísque dignitas, animus ingens ac verè Regius, dotésque præstantes summa omnia promittebant. Molliores illecebras aliqui accusant, ortámque inde Joannæ zelotypiam usque ad mentis infirmitatem *Obitus Philippi*

quæ

quæ aucta eſt poſt mortem conjugis, quem efflictim amaverat adeò quidem, ut poſtea, obſoleta veſte induta hominum conſpectum fugiens, ſe ipſam vivam velut ſepelierit.

Sex libros ex ea ſuſcepit : Carolum & Ferdinandum, quantos Imperatores ! Eleonoram, primùm Emanueli Luſitaniæ Regi; dein Franciſco I. Galliæ Regi deſponſatam : Iſabellam, Chriſtierno·Daniæ Regi, Mariam Ludovico II. Hungariæ Regi, & Catharinam Joanni III. Luſitaniæ Regi nuptas.

§.
Motus,

Dictu incredibile, quanti motus & procellæ poſt Philippi Regis obitum Caſtellam & inhærentia eidem regna exceperint. ' Regni quendam conventum indixerant optimates. Sed nihil in eo. actum ex ordine, Privatæ quemque ſpes & poſtulationes in diverſa rapiebant Quidam ad Joannam Reginam rerum molem deferebant, · ſed facilè apparebat, ob invaletudinem & mentis imbecillitatem eam fore imparem. Carolum ejus filium ex Belgio evocati aliqui volebant ; ſed quis ſexennis Principis partes ageret, conveniri non poterat. Alii ad Maximilianum Cæſarem Caroli avum paternum, ad quem tutela jure pertineret, reſpexerunt. Sed nupeto exemplo abſterriti, exteros horrebant ad clavum rerum admittere. Ad volubile & fluctuans Magnatum arbitrium Rempublicam interim, dum Carolus adoleſceret, devolvi, intentis in bonum publicum ſummo diſcrimini proximum videbatur. Nec deerant, qui in Ferdinandum, triennem puerum in Hiſpania natum, & tunc ibidem præſentem oculos reflecterent. Sed quo jure Carolo jus primogenituræ adimi poſſit, non videbant. Unus ſupererat Ferdinandus Catholicus, auctoritate, potentia, rerum uſu, ſagaci in omnes partes animo, ac regno jam feliciter communi cum Iſabella conjuge opera per tot annos geſto præcellens. Sed moderatorem jurium regni tenacem multi uſurpatores reformidabant, multi injuriarum vindicem, atque ultorem deſertionis. Plures modeſtius ejus in Italia abſentiam & incertum reditum excuſabant.

Nihil in eo conventu præ turbis definiti poterat ; quin eos in tumultus ciebatur Hiſpania, ut armatis undique cohortibus ſtipati optimates mutuis ſe ſe injuriis incurſarent, raperétque quilibet pro potentia & viribus. Ingens profectò rerum confuſio, tantáque in publicum calamitas, quantam per plura ſæcula non viderat Hiſpania : quam in immenſum auxit annonæ caritas & fames, atque ſubſecuta inde tetra peſtis.

Tutela litigioſa.

Inter ipſum etiam Cæſarem Maximilianum & Ferdinandum Regem non levis fervebat diſceptatio, ad quem eorum ſpectaret Caſtellæ ftellæ adminiftratio. Præcipua fundamenta, quibus Ferdinandi caufa nitebatur, ad tria capita revocantur. Patrem effe Reginæ, ac proinde tutorem legum omnium præfcripto. Id ipfum Reginæ filiæ placere. Ac infuper Ifabellæ Reginæ teftamento id effe fancitum. Cæfar verò opponebat, Regina valetudine impedita, res in Carolum filium translatas, in cujus tutela nemo potior effet avo paterno. Inito pofteriore conjugio Ferdinandum tutelæ jure excidiffe, præfertim fide data Ifabellæ conjugi cœlibatus perpetui : fecùs nunquam delegaturam Caftellæ procurationem. Denique non placere Proceribus eum Rectorem. Offerebant autem Cæfarei legati Neapoli præfentes Ferdinando tertiam circiter adminiftrationis & proventuum regiorum partem : arces autem omnes Cæfaris nomine & Sacramento pro Carolo tenerentur. Tranfigi igitur nil poterat, quin Lufitaniæ etiam & Navarræ Reges, Ferdinandi potentiam veriti, Caftellanos hortabantur, ne ad Ferdinandum adm'niftrationem deferrent.

· 'At ille, compofitis Regni Neapolitani rebus, abducto fecum Gonfalvo M. quem &˙ Julius Pontifex & Veneti armorum Ducem expetiverant, Savonam ad Ludovicum Galliæ Regem, qui Genuenfes domuerat, navigavit. Ubi celebre illud colloquium fuit habitum. Gallus fummis honoribus Hifpanum excepit, atque arce eidem conceffa, ipfe in Epifcopi ædes divertit. Prima die Regina, Ferdinandi conjux, apud Ludovicum avunculum cœnavit : altero die Gallus cum Rege Gonfalvum ad cœnam invitavit, etiam in hofte virtutem æftimans. Creditur eo in congreffu decretum bellum Venetum.

6.
Congref-
fus.

Poftquam amplis amicitiæ fignis Regem inter utrumque & Proceres utriusque nationis prolixe certatum eft, Ferdinandus Catholicus refumpta navigatione in Hifpaniam claffem appulit. Reditu autem ejus nuntiato, Caftellæ motus quieverunt. Cúmque Caftellæ Regnum intrâffet, toto itinere Epifcopi & Proceres falutatum accedebant, quidam metù, alii per adulationem, plerique, ne aliis euntibus ipfi fubfifterent, feftinatione ftudentes priores offenfas tegere. Miranda fanè rerum converfio ; quem antè pene ejecerant, abfentem refpuerant, jam redeuntem obfequiis ac fubmiffione prenfare certabant : Toletano præfertim annitente Archi - præfule, Francifco Ximenio, qui Romanæ propterea purpuræ honorem reportavit. Invifit mox Ferdinandus Rex ad Joannam filiam, quæ paterno amplexu mirificè eft recreata.

Ferdinandus Caftellæ adminiftrator receptus Anagari Duce, & Lemofii Comite, qui clementiæ Regis contumaciam opponebant, caftigatis, Joannem Emanuelem, priorum turbarum tubam, & Admini-ftrationem Regro refumit.

exegit, bonis ejus, quæ ampla à Philippo Rege acceperat, fisco illatis. Tum verò ad curanda Regni vulnera conversus, severitati
miscens clementiam, velut aceto oleum, publicam rem in ordinem
suum, quoad fieri poterat, reposuit. Illud vitio datum, quòd Alphonsum Fonsecam, juvenem præfervidum, ac moribus non satis
probatis, Compostellanæ Ecclesiæ præfecerit, & quidèm, contra
canonum placita, in patris locum suffectum.

Bæticæ Proceres acerbè tulerant, nullam sui rationem à Fer-
nando fuisse habitam, cùm in Hispaniam rediit : & qui Castellæ
Magnates magno redemisset, nihil ipsis, qui neque potentia neque
opibus illis concederent, à sene parco esse datum. Præ cæteris tumultum concitavit Ferdinandus Corduba marchio, Gonsalvi M. nepos.
Expeditionem itaque militarem in Bæticam Rex suscepit atque seditione pacata Cordubam supplicem, bonis privatum in exilium egit,
indignante Gonsalvo, nullas preces, nulla Majorum agnatorúmque
merita habuisse locum. Verùm ea severitate opus videbatur Regi, ne
indulgentia aliorum confirmetur audacia.

Ferdinandus Rex Catholicus, quasi ex altissima specula in omnes partes prospiciens, universam Christianam rempublicam animo
ac providentia complectebatur. Quare Dynastis Hispaniæ quà severitate, quà clementia, ne quid turbârent, constrictis, in Africam
etiam adversus Mauros curas extendit, missáque classe jam proprio
marte maris oras eisdem eripuit, jam Lusitanis in eundem finem
misit auxilia; útque post fata etiam sua Hispaniæ consuleret, Carolum nepotem ex Belgio evocavit, Hispanis moribus imbuendum,
exhibendúmque populis Principem, quem Regem deinceps suum
adoratent. Verùm Maximilianus Cæsar, in cujus potestate erat
Carolus, infensus haud leviter Ferdinando, quòd lite necdum dis-
cussa Castellæ procurationem invaserit, negavit itineris copiam, nisi rerum administratione secum communicata, & regiorum vectigalium parte concessa. Quin Galium à Ferdinando ad se traducere
omni ope contendebat, Mediolani confirmatione velut esca oblata.

7.
Fœdus in
Venetos.
Jámque Cæsar cum Gallo in fœdus ibat, excluso Ferdinando,
cùm Pontificis opera quadruplex fœdus Cameraci in Venetos ictum
est; quod in Germaniæ & Galliæ Historia uberiùs descripsi. Sum-
ma fœderis hæc erat: quatuor sociis bellum commune adversus
Venetos esto, donec singuli ereptas sibi urbes & oppida recipiant.
Qui prior sua obtinuerit, alios nihilominos socios juvato, donec &
ipsi suæ partis & voti sint facti compotes. Controversia inter Cæsa-
rem & Regem Catholicum ne fœdus disturbaret, cautum est, ut
Judi-

Judices defignentur, qui ex æquo & bono eam litem dirimerent, cùm primùm bello Veneto finis effet impofitus. Additum præterea, invitandos, ad commune fœdus Sabaudum, Cypri, à Venetis occupatæ, injecta fpe, Ferrarienfem, & Mantuanum, ut & ipfi erepta recipiant.

Duo armatorum millia Ferdinandus ex Hifpania mifit, conjungenda cum tribus millibus Neapoli. Sed Proregis inertia lentè res ibat. Territi tamen Veneti clade Geraddenfi, à Gallis inflicta, Brundufium, Hydruntum, Tranum, Molam, Polignanum continuò dediderunt Ferdinando, ne defenfione quidem tentata, ut fcilicet Ferdinandum conciliarent. Et certè minùs àrdenter Hifpani fociale illud bellum gefferunt.

Quia autem Hifpani aliqui Proceres, Ferdinandi adminiftrationem Caftellani Regni, velut nimiùm feveram & avaram accufantes, Cæfarem accerfebant, inftabat ille, ut lis de Caftellæ procurationeLis de tu- fecundum fœderis Cameracenfis placita per arbitros compromiffariostela com- finiatur. Delectiutriúfque partis confenfu Ludovicus Rex Galliæ &pofita. Cardinalis Rothomagenfis. Pronuntiârunt illi in hanc fententiam: Caftellæ procuratio penes Ferdinandum, dum vixerit, propria efto. Si mafcula fortè proles ex Germana Regina nafcatur, de certa nihilominus in Caftellæ Regno fucceffione Carolo caveto. Populi juranto, Carolum ejus regni hæredem fore. Ferdinandus pariter rectam regni adminiftrationem jurato, plura dein pecuniarum fubfidia Cæfar pro fe, & pro nepote Carolo pactus eft. Aliqua Ferdinandus addixit. Atque hoc pacto tandem lis molefta fuit compofita. Aliqui autem magnates à Ferdinando averfi in Belgium ad Caroli aulam conceffère.

Bellum contra Venetos minori ardore ducebatur, quamvis Tar- vifinum, Forojulium, & Aquileja ex fœdere Cameracenfi, expug- Italicum nandæ fupererant, Patavinum verò ad Venetos redierat. Julius bellum. apertè à fœdere defecit: Gallo offenfus, quòd Ferrarienfem prote- geret. Ex quo fonte profluxit ingens illa difcordiarum moles, ac magna in Italia mutatio, quam alias defcripfi. Aucta eft offenfio Ludovici, cùm Pontifex Neapolitanum Regnum integrum (contra ac Alexander VI. fecerat) Ferdinando ejufque fucceffioribus (etiam in cafum, quo ex Germana nullos liberos fufciperet) in perpetuum confirmavit, beneficiario jure poffidendum.

Majori fe injuria affectum Ludovicus putabat, ubi ictum adverfum fe fœdus Pontificem inter, Ferdinandum, & Venetos intellexit,

lexit, ac bellum sibi inferri vidit, Cardonio Neapolis Prorege supremo Duce designato. Ingens initio Gallis belli fortuna, Ravennensi maximè victoria coronata. At brevi tergum iis vertit, cadente Foxio, victores haud aliter, acsi victi essent, ubique in angustias conjecti, omnia in Italia amiserunt. Quamvis inito dein cum Venetis foedere eorum rursus arma per Insubriam sint circumlata. Cæterùm Rex Catholicus tempore belli Italici etiam Navarram subegit, pluréfque, ut postea dicam, palmas per Africam messuit. Tandémque meritorum plenus obiit anno 1516. ætat. 63. regni 37. amatorio, ùt fertur, poculo ab uxore Germana, ut liberos ex eo susciperet, præbito extinctus. Rex verè Catholicus, Religionis zelo, prudentiæ laude, animíque præstantia excellentior omnibus, qui ante eum in Hispania exstiterunt, exhibens virtutis ideam, in quam posteri oculos figant.

8. obitus Ferdinandi

Testamento Joannam filiam hæredem, Carolum administratorem scripsit. Carolo absente rebus Aragoniis Cæsaraugustanum Præsulem præfecit, Castellæ verò Francifcum Ximenium, Archiepiscopum Toletanum, Hispaniæ Cardinalem. Ferdinando Archiduci nepoti suo in regno Neapolitano Tarentum aliáfque urbes, ac præterea annua quinquaginta aureorum millia legavit, ex ejus provinciæ regiis vectigalibus, usque dum in eadem Principatum aliquem à Carolo fratre accipiat. Calabriæ Ducem Friderici expulsi filium, quem hactenus in Hispania custodiverat, libertati reddi voluit, & Principatu provideri.

Testamentum.

Hac ultima voluntate concepta omnibus morientium præsidiis ad ultimam expeditionem munitus decessit: feliciffimus fanè Principum, qui Regnum suum per orhem terrarum latè extendit. In Europa quidem jure hæreditario folam Aragoniam, cum innexis eidem Regnis, Valentiæ, Catalauniæ, Balearidum, Siciliæ, & Sardiniæ possedit. Regnum Castellæ, & adhærentia eidem Regna, Leonis, Galliciæ, Asturiæ, Biscaiæ, Extremaduræ, Andalusiæ, & Murciæ Isabella conjux eidem attulit. Atque dein Ferdinandus & Isabella *Reges Catholici* sunt appellati.

Elogium.

Regnum Granatense, quod ultimum in Hispania habebant, Saracenis eripuit. Neapolitanum pariter Regnum armis sibi asseruit. Adjunxit Regnum Navarræ, & Ruscinonensem comitatum. Adhæc per Columbum & Americum Vesputium in Americam, novum orbem, Hispaniam protendit. Atque, ut à barbaris Mauris Iberia sefet secura, varia in Africæ oris munimenta, totidem veluti claustra, expugnavit. Religioni verò ut consuleret, sacram Inquisitionem introdutroduxit, Judæorum & Mahometanorum multa millia expulit: *Ca-tholici Regis* propterea titulo renovato.

Ex Germana Fuxia fecunda conjuge nullos Ferdinandus liberosLiberi. fufcepit : ex Ifabęlla verò prima quinque : Joannem videlicet, cum Margaritha, Maximiliani Cæfaris filia defponfatum, fed matura nimis morte præreptum, nec nifi emortua in matris utero prole fœcundum : & quatuor filias. Quarum prima Ifabella, Alphonfo Lufita-niæ Principi nupta ; eóque præcoci morte defunĉto, Emmanueli Regi : ex quo Michaelem fufcepit, Hifpaniarum futurum hæredem, fed altero vitæ anno matris obitum fequentem. Altera Joanna Philippo Archiduci defponfa, Caroli V. & Ferdinandi I. Cæfarum mater.— De qua hactenus plura. Tertia Maria eidem Emmanueli, Lufitaniæ Regi collocata : ex qua ftemma Portugalliæ-Regum propagatum. Quarta Catharina primùm Arturo, tum ejus fratri Henrico VIII. in calamitatum abyffum data.

ARTICULUS II.
Status Hifpaniæ fub Carolo V.

FErdinandus Catholicus propenfiore animo ferebatur in nepotem Ferdinandum, quem eximia indole florentem in aula fua educabat. Quare teftamento anno 1513 fcripto eundem Hifpaniarum hæredem defignabat. Verùm perpendens animo, quantum inde turbarum bellorúmque immineret, fi juniorem fratrem feniori præferret, mutata voluntate teftamentum, quod paulò antè memini, cóndidit.

Quamvis autem in Ifto Joannam filiam hæredem dixiffet, Carolum verò adminiftratorem Caftellæ, regnorúmque eidem inhærentium, quia tamen is in Belgio tunc erat abfens, neque ætate tantis rebus matura, Francifcum *Ximenium* eidem Vicarium conftituit. Is è Divi Francifci Familia, Ifabellæ primùm confcientiam dirigebat, tum regio confilio adhibitus, mox Archiepifcopus Toletanus, fubin Cardinalis, denique Prorex Hifpaniæ : vir integritate, fide, religione, prudentia, virtute fummus, à Bibliis etiam Complutenfibus, magno opere & pretio editis, celeberrimus.

Ad clavum igitur rerum vir tantus admotus, auctoritate & induftria fua effecit, ut Hifpani, qui in Ferdinandum apud fe natum & educatum, cujúfque excellentes dotes in oculis habebant, proniores, Carolum poft Joannam matrem Regem fuum agnofcerent. Verùm

9.
Ximenius

Adrianus. Carolus *Hadrianum Florentium* Belgam, fuum olim Moderatorem, Ximenio adjunxit, multófque Belgas in Hifpaniam mifit.   Turbas ea res haud modicas excitavit, dum Hifpani Ximenio, Belgæ Hadriano adhærerent, & altera gens alteri effet invifa.

10.
Turbæ

Sequenti igitur anno 1517. Carolus in Hifpaniam profeƈtus motus compofuit, circumveƈtúfque per provincias paffim civitates & Dynaftas in verba jurantes Sacramento adegit.   Ximenium veró omni adminiftrationis munere abdicavit.   Qui pauló poft oƈtogenarius obiit, de religione & virtute optimê meritus.   Altero pòft anno (1519.) mortuo Maximiliano Cæfare Carolus à Septemviris, fuffeƈtus, ad Imperii cotonam capeffendam in Germaniam abfceffit, reliƈtis haud paucis Hifpanis, in feditionem inclinatis: tum quia Ximenio Hadrianus erat fubrogatus, exterus indigenæ: tum quia aliis etiam Belgis officia & Præfeƈturæ erant diftributa: tum denique, quia ad iter Germanicum adeò longinquum, fuftinendámque pro decore dignitatem Cæfaream, in illis præfertim initiis neceffe erat, permagna tributa impofita pecunias colligere.   Has autem potiffimùm colligebant Belgæ, Ceurio maximè, qui civitates inufitatis avaritiæ commentis expilavit.

Seditio

Ægerrimè Hifpanos ea res habuit, ipfúmque etiam Hadrianum, virum moderatum reƈtíque tenacem.   Jámque civitates paffim rebellionem fpirabant, vim vi repellere armis accinƈtæ, atque conjuratione publica firmatæ, non quidem in ipfum Regem Carolum, fed tamen in Magiftratus, præfertim Belgas ab ipfo deleƈtos: nolle fe, proteftatæ, fervitutis turpiffimæ compédes diutius perfette, quas avariffimi & iniquiffimi homines adolefcentis Regis Præfides, nihil tale exfpeƈtantibus innexuiffent.   Nec mora: ipfi fibi judices delegerunt, quorum fententiæ etiam Nobiles ac Dynaftæ ftarent.

Cæfar cognita tredecim civitatum defeƈtione, & Adriani fuga, falubri confilio duos fummæ dignitatis ac virtutis viros regendæ Hifpaniæ præficit, Velafcum magiftrum equitum, & Henriquium maris præfeƈtum.   Hi coaƈtis undique copiis, adverfus populares armati procedunt: ventúmque ad confliƈtum, quo provinciales, à Regiis viƈti, ac Duces eorum capti, mortis fupplicio affeƈti funt.

compofita. Adjuverunt ftrenuè partes Regias confluentes undique Nobiles, quos plebeii tribunali fuo fubjicere conati fuerant.   Inita pax, ac feditiofi adverfus Gallos, qui Navarram invaferant, eduƈti, culpam rebellionis infigni viƈtoria, atque Navarra recuperata, expunxerunt.

Mor-

Mortuo dein Leone X. Pontifice, cùm Cardinales in conclavi 11. diu certâſſent, tandem Hadrianum, in Hiſpania abſentem elegerunt, Adrianus Cardinale potiſſimùm Medicæo annitente.   Carolus V. verò Cæſar Papa. eo nuntio ſummopere lætus anno 1521. in Hiſpaniam rediit, eámque ita pacavit, ut deinceps ſub ejus imperio penitus acquieſceret. Quæ verò magnus hic Imperator geſſit in Germania, Gallia, Italia, Belgio, Africa, alibi jam memorata ſunt (*in Germanicis*, *Gallicis*, *Belgicis*) Ejus auſpiciis anno 1520. Cortéſius Mexicum, & Pizarrus Peruam occupavit.

Anno 1555. Joannam matrem, protracta eò uſque miſera vita, Abdicatio amiſit. Altero pòſt anno Hiſpaniarum Monarchiam, cum Sardinia, Caroli, Sicilia, Neapoli, Mediolano, Burgundia, ſeptemdecim Belgii provinciis, atque America in Philippum filium tranſtulit, Imperium verò cum Auſtriacis in Germania provinciis Ferdinando fratri reliquit. Tum verò tanto onere levatus expeditior in Hiſpaniam profectus, in Monaſterio S. Juſti biennio pientiſſimè exacto anno 1558. mors, poſtquam ſibi ipſi exequias celebravit, obiit, ætatis anno 58. regni Hiſpanici 40. ejus elogium vide *part. 3. c 4. n. 134.*

Ex Iſabella conjuge, Emmanuelis Luſitaniæ Regis filia, tres liberos genuit: Philippum, Joannam Luſitaniæ Principi nuptam, & liberi. Mariam, Maximiliani II. Cæſaris conjugem. Margaretham verò, primum Alexandro Medicæo, dein Octavio Franeſio deſponſam, & Joannem Auſtriacum, cœlebs ſuſcepit: illam ex Vangeſtia, hunc ex Blombergia.

ARTICULUS III.
Status Hiſpaniæ ſub Philippo II.

Magnus hic Monarcha mundo natus eſt anno 1527. uti ſimi- 12. lis patri religione, magnanimitate, virtute, ita diſſimilis genio, vivendique uſu. Carolus erat popularis, atque omnium velut nationum civis, orbem terrarum itineribus & expeditionibus emenſus. Philippus ſevero vultu, gravitate, indole, ac moribus Hiſpanis, ex alta velut ſpecula in orbem univerſum proſpectabat, eúmque eminus moderabatur. Paternis Regnis atque Provinciis Luſitaniam adjecit, cum immenſis in Oriente & Occidente provinciis, atque in Europam, Aſiam, Africam, & Americam porrectus, orbem omnem ſub unum collecturus imperium videbatur. Id certe dictum veriſſimè, ſolem illi nunquam occidere.

Nec

Maria.

Nec procul aberat, quin etiam Angliam, Scotiam, & Hiberniam, vaſtiſſimo corpori uniret, quintæ, velut monarchiæ ideam præferenti. Nam poſtquam Maria Joannis III. Luſitaniæ Regis filia, prima ejus uxor, ex qua Carolum ſuſcepit, anno 1545. defuncta eſt, alteris nuptiis ſibi deſpondit Mariam Angliæ Reginam anno 1554. Verùm cùm omnes boni prolem optarent, ſolita Auſtriacis regnorum parens fœcunditas regalem thalamum deſtituit : Maria quarto pòſt anno maturo, heu! nimiùm fato ſublata.

13. Bellum Italicum

Philippus igitur in hiſpaniam reverſus, bellum Gallicum eſt proſecutus. Occaſionem huic dederant geminæ florentiſſimæ in Regno Neapolitano familiæ, *Columnenſium* & *Caraffarum.* Nam Paulus IV. ex domo Caraffa anno 1557. anathematis fulmen in Columnenſes vibravit. Iſtorum cauſam tuebatur Philippus, Pontificis & Caraffarum Henricus II. Rex Galliæ : ille per Albanum, hic per Guiſium, celeberrimos ea tempeſtate Duces. Initium belli in Italia Gallis favit, finis Hiſpanis. (*vide Gallica*)

& Gallicum.

At vehementior procella incubuit Belgio, majori pariter Hiſpanorum fortuna. Nam cæſi ad S. Quintinum & Gravelingam Galli ad pacem reſpexerunt. Quæ contracta eſt haud procul Cameraco anno 1559. Philippus pro tribus urbibus reſtitutis, 198. urbes, oppida aut caſtella accepit. Quæ omnia in Gallicis & Belgicis rebus uberiùs narravi. Cùm Hiſpani S. Quintini munimentum oppugnarent, Ecclefia & Monaſterio S. Laurentii in ſuburbio pro ſuggeſtu tormentorum uſi ſunt. Quam ob cauſam Philippus haud procul Ma

Eſcuriale.

drito Scoriaci magnificam S. Laurentio baſilicam & monaſterium pro 150. Monachis S. Hieronymi ædificavit, *Eſcuriale* appellatum. Stupendum hoc opus, 22. annis exſtructum, viginti, ùt fertur, millionum ſumptu, 11000. feneſtris ſplendidum, octavum orbis miraculum ab Hiſpanis cenſetur. Rex & Regina in eo ſua habent conclavia, in Ecclefia verò Monaſterii Regale mauſolæum ſubterraneum in ſacello, quod Pantheon appellant. Inſtructiſſima etiam Bibliotheca ibidem viſitur. Verùm anno 1671. ſuperbum hoc ædificium magnas ruinas incendio accepit : à Carolo II. reparatas.

14. Bellum Belgicum

Facta cum Gallis pace, ordinatiſque Belgii rebus, Philippus Rex in Hiſpaniam abiit. At ingentes mox turbæ Belgium exceperunt, bellúmque 90. prope annorum, Hiſpanis, Germanis, Gallis, Anglis, Scotis, Hibernis, Italis, in partes venientibus. Anno 1579. ſeptem provinciæ fœdus inter ſe percuſſerunt, atque ex eo enata eſt potentiſſima Batavorum Reſpublica : quæ tractis ad ſe

Ant

Antverpianis commerciis velut Amphytriten fibi defponfaffe videtur.
(*Vide Belgica*)

Prout autem Rex Philippus poftpofitis omnibus humanis rationibus Religionem Catholicam in Belgio confervatam voluit, ita
etiam in Hifpania.   Unde cùm in *Granatenfi* Regno, quod Ferdi- Granaten-
nandus Catholicus Saracenis eripuerat, adhuc multi effent, qui lin- fe.
gua duntaxat Chriftum confitebantur, in corde autem Mahometem
gerebant abfconditum, feveras eis leges ac pœnas pofuit: quibus
irritati anno 1568. à Marochii Rege auxilia petierunt, ac impetrârunt.   Verùm intra biennium fubacti, aut folum vertere, aut veram catholicam Religionem amplecti legéfque Ecclefiafticas, pro iis
latas, fervare coacti funt. .

Nec minùs Religionis zelum adverfus exteros Mahometanos & Africanum
Turcas explicuit.   Ferdinandus Catholicus jam anno 1510. Regnum
Tripolitanum iifdem eripuerat ; Carolus V. verò illud Equitum
Melitenfium tutelæ commifit.   Sed anno 1551. Dragutes Turcicus
pirata illud occupavit.   Philippus II. anno 1560. validam claffem mifit, 42. navibus, & 18000. hominibus conftantem.   Verùm ea à
Mahometanis ita eft excepta, ut pauci incolumes redirent.   Quum
dein anno 1566. Turcæ Melitam obfiderent, Hifpani eis vices
reddiderunt, 20000. eorum cæfis, quos inter ipfe Dragutes pirata,
qui multo tempore omnia infefta reddiderat maria.

Has partim clades partim victorias domefticus dolor excepit.   15.
Carolus unicus, quem tunc Philippus habuit, filius ita fe geffit, ut Carolus
pater eum arctæ cuftodiæ tradiderit, in qua mortuus eft.   Caufa,
quantò incertior obfcuriórque, tantò avidiùs à fcriptoribus invefti-
gata.   Ferox ac violentum Principi ingenium : idque ftatim à pueritia obfervatum.   Lenta ferarum palpitantium laniena recreari folitus.   Cùm eum Carolus avus vidit, ingemuiffe dicitur.   Pater multis in ea cura nequidquam pertentatis, cum Joanne Auftriaco &
Alexandro Farnefio illum Compultum mifit, ut in illa Academiæ luce, ùt corpus cœli mutatione, fic animus nova hominum doctorum
confuetudine illuftretur.   Sed Carolus alibi magìs quàm alius fuit.
Cafus auxit intemperiem.   Nam è fcalis altè prolapfus, læfo non leviter cerebro, à medicis prope deponitur: cùm allato in morientis
cubiculum B. Didaci corpore, vovente Philippo, fe apud Pontificem
de ejusdem apotheofi enixè acturum, repente convaluit.   Sed non
ideo mores mutavit.   Quo fiebat, ut & pater præduriùs illum acciperet, & filius nihil haberet patris afpectu moleftius.

Cre-

Ferox in
patrem,

Crevit cum ætate diffidium, cùm offenfus quotidie magis diffifuf-
que ejus moribus Rex conjugium filiæ Maximiliani Cæfaris, Carolo deftinatæ, fine fine differret, eúmque ab rerum publicarum cura procul haberet, licèt 22. annos jam effet natus. Hinc odium
ejus in familiares & continuos patris, à quibus obfervari fe, omniáque ad eum referri putabat: ftudium contra in eos, quòs patri in-
fenfos fciret: in Belgas præcipuè, quorum legatos, Marchionem
Bergenfem atque Montinium complexus follicitè, clam evocare ad
fe, eorúmque caufam ardentiùs tueri ferebatur, quàm par erat:
pollicitus iis, iturum fe in Belgium ad componendos eorum motus.
Certè, cùm Albanus in Belgium difceffurus, Caroli manum ofculatum
iffet, attinuit illum minaci afpectu Princeps, negavítque, alium præter fe illuè abiturum: prompto pugione ictum intentans, quem Albanus declinavit. Ex eoque tempore decrevit, vel invito patre ire
in Belgium, atque inde ad fponfam in Germaniam.

Rem eam Joannes Auftriacus fibi à Carolo communicatam ad
Regem detulit: qui etiam admonitus à Raymundo de Taxis, regio
tabellariorum curforúmque Præfecto, de fugæ confilio & petitis equis,
per omnia urbis templa preces imperavit. Veritus igitur Rex exemplum fugæ, qua Ludovicus à patre Carolo VII. Galliæ Rege in Burgundiam fe proripuit, non ultra deliberandum ratus, Epolitano
Principe, & Feriano Duce, aliifque duobus comitantibus, profun-
da nocte conclave filii dormientis ingreditur: ereptóque, qui fub

traditur
cuftodiæ.

pulvino latebat, gladio, furgere illum confeftim jubet: increpitúm-
que quòd patrem lenibus toties fruftratum remediis ad afperiora
compellat, certis hominibus cuftodiendum tradit. Qua in cuftodia extin-

Obitus.

ctus eft poft fex menfes, expiatis ante apud confeffarium animæ noxis.

Caufæ.

Scribunt aliqui excitum ab eo Maurorum tumultum; follicitatum por
Michefium Judæum Turcam, adjutam conjuratorum in Belgio factionem, eáque occafione transmiffa ab hæreticis in Hifpaniam plura libellorum millia: alii loquuntur amores & familiaritatem nimiam
cum Ifabella noverca: fponfa illi antea defignata, & à patre prærepta: quæ brevi poft Carolum obiit. Alii denique, agitatum ab
eo de patre necando confilium: atque ob has caufas à patre juffum
interfici. Opmerum in Belgio in hanc rem illud Ovidianum tanquam
choronofticon applicâffe: *filius ante diem patrios inquirit in annos.*
Quo annus 1568. in quem Caroli obitus incidit, defignatur.

16.   Magnum hæc filii fata Regi totíque Regno attulerant dolorem:
Claffis in-fed non minorem claffis ftupendæ, in Angliam deftinatæ, quam in-
vincibilis. *vincibilem* vocabant, miferanda calamitas. Multa nempe Regis ca-
tholi-

tholici indignationem ftimulabant adverfus Elifabetham Angliæ Reginam, tanto quidem acriore fenfu, quanto magìs pro beneficiis,
próque ipfa vita, quam ei bis térque fe dediffe Rex affirmabat, dum
confpirationum infimulatam, è carcere capitalíque judicio liberaverat, alias fuper alias accepiffe fe indefinenter injurias recordabatur.
Viderat ftatim ab initio Orangium ac Belgarum populos, confilio, Cauíæ.
pecunia, milite, ad defectionem ab illa concitatos: Indiarum provincias à Draco, à Conditio, ab aliis ejus emiffariis vexatas ac direptas: regiam pecuniam interverfam, ac naves in Anglia retentas:
Antonium pro Rege Lufitaniæ habitum, atque in Hifpanos armatum:
Alenfonium fpe nuptiarum in Angliam allectum, atque inde in Belgium
ad capiendam Brabantiæ cotonam inftructum. Sufceptum dein, cùm
Parmenfis plerafque provincias ad obfequium reduxerat, ab Elifabetha
rebellium patrocinium, & tanquam denuntiato palàm bello, immif-
fum magnis cum exercitibus Leiceftrium, ac populos in defectione
contumaciáque firmatos.

Statuit proin Philippus fœminæ infolentiam compefcere; accedente præfertim adhortatione Sixti Pontificis, ut Rex Catholicus
publicas Religionis injurias ulrum iret. Creato in Regis gratiam
Cardinale Guilielmo Alano Anglo, decies centena aureorum millia
foluturum fe promifit, quamprimum regius miles pedem in Anglia
pofuiffet. Rex igitur firmato in bellum animo, ante omnes *Par-*
menfi confilium aperit, eúmque terreftris in Anglia belli Ducem fupremum conftituit, addito, qui rem maritimam cum imperio rege- Marchio S.
ret, Alvaro Baffano *fanctæ Crucis Marchione*, cujus in bello Lu- Crucis.
fitano res geftæ erant in oculis. Erat enim præfectus oceani, ac
nuper ad Tertias Infulas navali pugna adverfus Antonium Lufitanum,
magnis Gallorum Anglorúmque viribus bella reparantem, bis victor.
Huic Rex comparandæ per Hifpaniam Lufitaniámque claffis, Par-
ménfi verò cogendi in Belgio exercitus, quem ope Hifpanæ claffis
in Angliam traiiceret, partes attribuit: filentio, ne confilium emana-
naret, utrique impofito.

Laudavit *Alexander* apprimè confilium, circa modum tamen
tantæ expeditionis Regi expendendum refcripfit: Britannicum mare
fœdis horrendífque tempeftatibus obnoxium: cæcífque fyrtibus infi-
diofum effe; atque adeò temere in hæc difcrimina claffem immitti, Confilium
fi non priùs receptus in portum aliquem ftatuatur: atqui nullum ef- Farnefii,
fe in regiis provinciis tantæ claffis capacem, præter *Fliffingam*. Huc
igitur primùm vertenda arma: atque hoc portu in poteftatem redacto, adverfus tempeftatum ventorúmque minas, prompto claffi
per-

perfugio prudenter ac tutò navigandum. Cui deinde sententiæ tan.
tò firmiùs inhæsit, quantò post captam Slusam faciliùs Flissingam
expugnatum iri credebat. Rogavit proin Regem, ut spatium ad
hoc sibi permittatur, multò quàm Slusa celeriùs se portu illo potiturum. Sperabat nempe, Flissinga recepta se Regi persuasurum,
ut ope Hispanæ classis Bataviam priùs expugnet: unde Anglia Hollandiæ munimento nudata certiùs adiri posset. Nempe, quod sæpe
incassum petierat à Rege., ut conatum semel omnem perdomando
Belgio adhiberet: eum nunc adhibitum, sed in Angliam destinatum, detorquere in. Belgium satagebat.

In eandem ferme sententiam ibat Sanctacrucius classis præfectus,
videlicet portum priùs securum in Hollandia, aut Selandia providendum, ut classis, qua Hispaniæ vires veherentur, tecta à tergo
foret. Stanlæus Anglus, qui tradita Regi Daventria in Hispaniam
abierat, vetus miles consilio adhibitus, censebat, Hiberniam primò petendam. Quindecim annos se ibidem militâsse; rerum omnium gnarum. Incolas plerosque Catholicæ Religionis perquam reti-
nentes, Anglorúmque imperii pertæsos, facile partibus adjungendos.
Si veteranorum sex millia, arma, annona in tres menses sibi tribu-
antur, se in regias manus insulam adducturum. Habituras in ea
Hispanas classes, portuum commoda, alimenta, equites, pedites
nunquam sex millibus pauciores, egregiè omnes exercitos, atque
adversus nationem Anglicam imprimis animatos. Indéque haud operosè ipsam Angliam petendam fore.

Platus verò Scotiam primò tentandam dixit. Fermento illam
discordiarum agitati: gliscere conspirationes in Elisabetham: multos
nobiles occasionem exspectare, qua iras suas & consilia in eandem
expromant: Regem ipsum Jacobum facilè in ultionem matris perem-
ptæ adductum iri : eo dein ex regno terra marique promptum in Angliam iter fore. At Rex moræ omnis impatiens lentum fore negotium duxit, si priùs in Batavia, Hibernia, aut Scotia portus esset
quærendus. Absque ambagibus rectà in Angliam tendendum. Gallos in se ipsos nunc esse armatos, Turcarum vires aliò aversas. Non
indulgendum hosti spatium, auxilia ex Germania & Septentrione
evocandi. Ideóque Farnesium & Sanctacrucium admonuit, ut omni mora abrupta instarent operi, ne nimia circumspectione opportunitatem corrumpant.

Trajectionis autem modum ad Farnesium Rex perscribens, jussit, ut audito, solvi e Lusitania classem, instructum ipse succin-
ctúm-

Stanlæi.

Hibernia.

Scotia.

Regis sen-
tentia.

&úmque in Belgio exercitum habeat, útque Sanctacrucio in confpe-
&u Angliæ claffem continente, ipfe milites fuos paratis jam ratibus
impofitos feftinatò transmitteret. Interim Sanctacrucii partes fore,
claffe (in omnem belli occafionem intenta, traiicientes è Belgio eò
ufque defendere, dum illos ab hoftili, quæ fe opponeret, claffe
tutos appulfófque confpiceret.

Tanti mox ubique delectus fiunt, ut Farnefius 40000. peditùm   17.
3000. equitum haberet in Belgio. Ex his 30000 peditum, & 1800. Claffis.
equitum felegit, fecum navigaturos in Angliam. Tota quoque Hifpania parandæ claffi infudabat. Europa univerfa in exfpectationem
tanti apparatus erectâ. Et fanè nec Hifpania operofius quidquam in
maritimis expeditionibus elaborâffe unquam, nec fuperbius Oceanus vidiffe ferebatur. Conftabat claffis bellicis navibus magnis 135.
his impofitæ Hifpanorum legiones quinque, quæ 18857. militum com-
plectebantur. Adhæc nautæ 7449. Dynaftæ Procerélque Hifpani
220. milites voluntarii, cum famulis ferme 1000. ex Religiofis fami-
lils facerdotes 669. qui omnes fimul 28293. perfonas conficiebant.

Verùm dum undique opus fervet, trifti omine, *Sanctacrucius*   Mors Mar-
extinguitur. Dum enim longo ufu edoctus, bellíque navalis peri-   chionis.
tiffimus Dux, claffem cautè & circumfpectè inftrueret, minùs fe-
ftinare vifum Rex iratus alloquitur : *malè tu quidem pro benevolentia in te mea mihi gratiam rependis.* Quibus verbis animus, tot adverfis hoftium telis impenetrabilis, ictus, mœrore contracto concidit (alii claffis præfecturam ab eo detrectatam fcribunt, ac propterea Regis gratia excidiffe.)

Jam parem orbæ claffi gubernatorem nec promptum erat Regi invenire, nec diu per otium quærere permittebat neceffitas fefti-
nandi. Igitur Alphonfum Perefium Gufmanum *Medinæ Sidoniæ Du-* Sidonius.
cem, militiæ quidem haud ita peritum, fed clarum genere divitiif-
que præpollentem Rex fubftituit, claffe non afpernante, ferreo Duci aureum fubftitutum.

Vix ex portu Oliffiponenenfi claffis folverat, cùm horribili tempeftate jactata, atque difperfa, ægrè Corunnæ, Gallæciæ portu, fe
collegit. Inde meliori vento, fed majori fpe inflata claffis Armori-
cæ feu Britanniæ minoris cornu prætervecta, Anglorum fpeculato-
ribus videndam fe præbuit. Speciem ingentis urbis oceano inambu-
lantis objectam fibi retulêre. Britannicum inde mare ingreffa, in
confpectum Anglicarum navium venit, quæ tunc ad *Plimuthum*, Plimuth.
extremæ Angliæ portum, colligebant : ducibus *Hovardo*, & *Draco.*

Cenfuêre plerique Hifpani Duces, invadendam illico claffem Anglicam: afpirare Auftrum, fibi fecúndum, adverfum Anglis. Tam optatam vix amplius occafionem fore. Verùm Sidonius mandata Regis oppofuit, quibus jubeatur, ut regia claffis canalem invecta, ulteriùs in eas fauces tenderet, quibus inter Caletum & Dorovernium in anguftum fretum fe coarctat oceanus: ibíque munita contra vim hoftium via, Farnefium cum exercitu Belgico exceptum, fuperato Thamefis oftio, ad Londinum exponat.

Pugna.

Cùm igitur à Plimutho deflectere claffem Hifpanam, atque ulteriùs provehi viderunt Angli, Hovardus metu folutus, infequi abeuntes ftatuit; partitúfque cum Draco claffem (centum navium erat) Hifpanos duabus à Plimutho leucis aggreditur. Sidonius, obverfis illico in hoftem proris, pugnam magno animo capeffit. Nec magnum damnum acceptum eft ea die. Sed nocte infequenti ignis Cantabricam navim corripuit. Valdefiii verò navigiùm à Draco captum in Angliam perductum eft, delibatæ victoriæ argumentum. Vices redditæ Anglis, uno eorum navigio demerfo. Nihilominus, quia Angli multis celocibus erant inftructi, quas remis inftar equorum velociter movere & invertere poterant, plus damni Hifpanis inferebant, qui grandes atque onuftas naves ægrè moliebantur, vento præfertim fibi prærepto. Nempe & militum numero ac robore ingentium machinarum, & tormentorum copia longè præftabat Hifpana claffis: à Ducis nautarúmque experientia, à navium forma, è pugnæ loco, fibi iniquo, deftituebatur.

Naves incendiariæ.

Nec tamen magnum admodum damnum adhuc erat acceptum, cùm Sidonius Vecten infulam prætervectus ad Caleti confpectum ftetit, jactífque ibidem anchoris, ad Farnefium mittit, qui nuntiaret, ut fecum poftridie ante Gravelingam futuro, conjungere Belgicas copias non ultra differat. Refpondit ille, moram in fe militéque fuo, transmiffionis ac prælii cupientiffimo, nullam fore, modò, fubmotis à Flandriæ portubus Anglicis Hollandífque claffibus fibi via patefiat. Dúmque ille in apparanda expeditione adhuc occupatur, Dracus octo navigia, Hifpanorum ictibus jam fatifcentia, nitro, bitumine, fulphureifque ramorum fafcibus, aliífque ignis alimentis complet, impofitífque nautarum audaciffimis concubia nocte ad Hifpanam claffem propelluntur. Tum verò navibus accenfis nautæ in fcaphas defiliunt: Hifpanis verò terrorem ingentem incutiunt, exiftimantibus, naves effe incendiarias, quales in expugnatione Ant-

ver-

verpiana magna cum clade experti eſſent. Tollitur in cælum clamòr. Sidonius attolli anchoras jubet : naves in apertum oceanum deduci ; ſatiùs habens cum hoſte confligere, quam ſulphureæ peſti naves comburendas obiicere.

Vix anchoras fuftulerant, anchorariis aliquarum navium rudentibus præ feftinatione præciſis, cùm crebreſcere furialem in modum tempeſtas cœpit : ſcindi conflictu nubium, diráque tractim luce conflagrare cœlum : ſequi intumeſcentis nunc pelagi nunc ſub-**tempeſtas.** ſidentis ferales minæ: navium pleræque longiùs, quàm ad declinandum inane illud formidati incendii terriculum opus erat, in altum abduci ventórum vi : nonnullæ mutuo alliſu frangi, & vaſto in præceps hiatu ſorberi : aliæ in Flandricæ oræ vada ſyrtéſque compelli.

Angli raram diſſipatámque mari claſſem mane conſpicati, levi-**naufra-** bus ipſi navibus eandem adoriuntur. Hiſpanorum aliqui tamdiu re-**gium.** ſtiterant, dum recrudeſcens ventorum vis iterum alios aliò deſtraxit. Sidonius, non ampliùs obluctaturus tempeſtatum furiis, re-**18.** deundi, ne omnia perirent, in Hiſpaniam conſilium cepit : collectiſque, quantùm poterat, diſperſæ claſſis reliquiis, ne ſe in Caletani freti anguſtias rurſus indueret, directis in ſeptentrionalem oceanum proris, Angliam, Scotiam, Orcades, Hebrides, Hiberniám-que prætervectus cum innumeris difficultatibus eſt colluctatus. **Ad reditus.** Hiberniæ littora decem omnino naves ſolutis vi tempeſtatis compagibus perière : aliis ad Norvegiæ uſque littora propulſis.

Tandem Sidonius ad Caſtellam appulſus cum paucis navibus, iiſque ſauciis, mutilatiſque, & velut in magno naufragio collectis malè cohærentibus tabulis : ut erat animo æger pariter & corpore, domum permiſſu Regis curationis cauſa conceſſit. Ducum præſtantiſſimi perierunt. Navium hominúmque amiſſorum numerum mirè aliqui augent, imminuunt alii. Hiſpani ſcriptores fatentur, præter onerari-**damnum.** as, 32. naves aut captas ab hoſte, aut naufragio ſepultas : homines ad 10000. partim in pugna cæſos, partim captos ab Anglis aut Hollandis, partim ſubmerſos, aut morbo conſumptos. · Angli verò Hollandíque vix 10000. hominum ſuperfuiſſe, 18000. deſideratis : naves 80. amiſſas ſcribunt. Pernicies certè ſtragéſque immanis fuit, in Divinorum judiciorum abyſſum referenda.

Ingens tota Hiſpania luctus. Solus Philippi animus, rebus humanis ſuperior, erectus ſtabat. Nuntianti decumanam cladem re-**Regis ani-** ſpondiſſe fertur : *Ego vero Divinæ Majeſtati ex animo gratias ago,***mus.** *cujus liberali manu tantum potentiæ viriúmque mibi circumdatum vi-*

deo, ut aliam rursus in mare claffem educere non dubiè poffim. Neque multum referre arbitror, quòd aqua decurrens aliquando intercipiatur, dummodo fons, ex quo fluxerit, fit falvus. His dictis calamum refumit, cœptámque epiftolam eadem vultus tranquillitate, acfi nihil amififfet, profequitur : aliàs quafi joco dixiffe memoratur, fe non adverfus tempeftates emififfe claffem : altior certè multò fortiórque, dum victus eft, quàm fi viciffet ; longéque diffimilis Augufto Cæfari, qui ad nuntium Varianæ cladis, capite parieti impacto, altùm ejulâffe fcribitur.

Felix fanè Chriftiana fortitudo atque magnanimitas ; infelix contra Anglia atque Batavia, quòd vicerit (fi tamen vicit) quòd victoria fint abufæ ad ftabiliendam hærefin, ac perennem fui ruinam: haud aliter ac Saraceni & Turcæ ingentes adverfus Chriftianos armorum progreffus verterunt in æternam fuam perniciem. Saginantur deftinatæ macello victimæ.

19.
Seditio
Aragonica.
Expeditionem iftam navalem haud multò pôft, anno videlicet 1592. exceperunt tumultus Aragonici. Res ita fe habet. Joannes Efcovedus Joannem Auftriacum, cui à fecretis erat, comitatus in Belgium, vifus eft eundem in ambitiofa & inquieta confilia concitare. Quare ab Auftriaco miffus in Hifpaniam ad petendam pecuniam aliúmque belli apparatum, cùm jufto liberiùs loqueretur, à ficario peremptus eft. Infimulatus cædis auctor *Antonius Perezius*, Regis Philippi fecretarius, datur in cuftodiam, & quæftioni fubiicitur. Verùm fuga in Aragoniam elapfus, atque Cæfarauguftæ à Regio Gubernatore per milites apprehenfus, fecundum regis mandatum Madritum remittendus, vi armata multis militum cæfis ac vulneratis, eidem eripitur ab Aragoniis, quiritantibus, fua in hac re privilegia & jurisdictionem lædi : caufam ad fupremum fuum juftitiæ tribunal pertinere. Perezius Aragoniorum ope in Galliam evafit. Rex verò miffo Caftellano exercitu, domitis Aragoniis, multos, inter quos magni Proceres, & fupremus Magiftratus, *Aragonum juftitia* appellatus, ultimo fupplicio affecit : gentifque privilegia circumcidit : fublato etiam tribunali, quòd ipfis quoque Regibus jus dicebat. Scribunt plures, Efcovedum Regis mandato à Perezio clàm effe cæfum : orta autem deinde eum inter & Regem ob Principem Ebolitanam æmulatione tragœdiam illam in Perezium effe inftructam. Quod tamen à tanto Rege videtur valde alienum.

Bellum
Gallicum.
Ante vitæ finem tertium bellum Gallicum Vernina pace abfolvit. Nam occifo anno 1589. Henrico III. Regnum Galliæ filiæ fuæ Claræ Ifabellæ Eugeniæ (cujus mater erat Henrici foror) deberi exifti-

exiftimans, Ligam catholicam pecunia ac milite fuftentavit, adverfus
Henricum IV. qui anno. 1593. catholica facra amplexus, regno firmato, catholico Regi bellum indixit anno 1594. pace Vervina anno 1597.
finitum. *Vide Gallica & Belgica.* Quæ porro bella Philippus adverfus
rebelles Belgas gefferit, dictum eft fuo loco. Quomodo Lufitaniam,
Tunetum, & Philippinas occupârit, dicetur poftea.

   Anno 1598. ætat. 71. regni 42. obiit Philippus, Rex verè Ma- 20.
gnus, nec nomine folummodo, fed re ipfa Catholicus : Religione Obitus.
fiquidem nihil prius habuit: ab ipfo etiam Clemente VIII. fummo
Pontifice *Defenfor fidei* appellatus ; dicere folitus, fi proprius fuus
filius in hærefin inciderit, fe ligna comportaturum ad eum combu- Elogium.
rendum : nunquam paffus Divinum honorem, religionis decus, aut
facerdotium impunè lædi.   Tridentinum Concilium, fuperatis magnis difficultatibus, toto regno promulgavit. Sacram Iuquifitionem
potenter coluit defenditque, ejúfque ope irrumpentes bætefes, fepofitis omnibus humanis rationibus, nullo loco eft paffus confiftere.
Juftitiæ pariter cultor inflexibilis ; nullo hominum refpectu habito ;
injuriarum omnium, nifi fibi illatarum, vindex acerrimus : vafta
prorfus mente, & magnanimitate incredibili, nullis rebus fecundis
elatus, nullis adverfis dejectus, fui ipfius poffeffor immobilis.
Hanc mentis infractæ conftantiam, uti vita univerfa, ita ultimus
præfertim morbus, vehementi dolore fævus, comprobavit, nullo
unquam lalianiæ fenfu expreffo fufpirio.

   Proteftantici fcriptores in Magnum hunc Regem, utpote ap-Vituperia
primè Catholicum, calamum, felle amaro tinctum, vehementer.Proteftan-
acuunt: Hibnerus maximè, qui non tantùm fummis Pontificibus ,tium.
fed aliis etiam magnis Principibus Catholicis, etiam Regibus, etiam Imperatoribus, varia affingit fcelera, eófque infulfis & fcurrilibus fabellis deridendos conatur proponere. Quafi verò iftis fcriptoribus folis omnia liceant : aliis verò nec hifcere.

   Quatuor conjuges habuit. Ex prima, Maria Joannis III. Lu-Conjuges.
fitaniæ Regis filia, genuit Carolum in carcere dein mortuum : ex
fecunda, Maria Henrici VIII. Angliæ Regis filia, nullam prolem
fufcepit.   (Falfo Hibnerus fcribit, fuiffe patrueles) Tertia, quam
duxit, Ifabella, Henrici II. Galliæ Regis filia, peperit ipfi Claram Liberi.
Ifabellam Eugeniam, Alberto Archiduci nuptam, cui Belgium in
dotem attulit : & Catharinam, Carolo Emmanueli Sabaudiæ Duci defponfam. Ex quarta denique, Maximiliani II. Cæfatis filia,
fufcepit Philippum III. fuum in Regno fuccefforém, paternarum
virtutum infignem æmulatorem.

ARTI-

ARTICULUS. IV.

De Regno Navarræ.

Uamvis in tractatione de rebus Hifpaniæ'fuperiorum temporum, etiam de Navarræ regno fæpiùs fit facta mentio; quia
tamen fæculo XVI. magna in eo facta eft mutatio, juvat
hîc peculiariter aliqua de illo annotare.   Cùm Chriftiani à Mauris
pulfi latebras quærerent, ad Pyræneos montes in quadam Suprarbiæ
fylva eremita quidam facellum conftruxiffe fertur, ad quod poft
ejus mortem multi Chriftiani religionis caufa confluxerant.   Hi,
auditis fecundis in Afturia adverfus Saracenos progreffibus, & fibi
aliquid tentandum rati, in unum populum collecti, *Ximenium Garfiam*, nobilem Gothum, fibi Regem eligunt.   Quia autem hic Ain-
fæ in Suprarbia, Mauris erepta, fedem fixerat, *Regnum Suprarbiæ* initio dictum eft. (*anno* 730.)

21.
Origo.

Suprarbiæ.

Navarræ.

Sanctio Garfia, pronepote Ximenii, anno 832. à Saracenis in-
terfecto, poft decennale in Suprarbia interregnum, *Ennicus Arifta,*
Aragoniæ Comes, electus eft.   Quo pacto *Suprarbia & Aragonia*
conjunctæ funt.   Ennici nepos *Sanctius Abarca* Saracenis Pampelonam in Navarra eripuit.   Ex quo tempore non ampliùs Suprarbiæ,
fed *Navarræ Regnum* aut *Vafconum* eft appellatum.   Idem Sanctius
etiam *primus Aragoniæ Rex* eft dictus, cùm priùs comitum duntaxat nomen præferrent.

Hujus Sanctii Abarca abnepos *Sanctius Major* uxorio nomine
etiam Regnum Caftiliæ cum Navarra & Aragonia conjunxit, anno
1000. filius ejus primogenitus Garfias in divifione Navarræ regnum
accepit.   Sed hujus filio à fratre peremto, Regni ordines Sanctium
Regem Aragoniæ elegerunt.   Quo rurfus utrumque Regnum coaluit (*anno* 1067.) Verùm non ultra 60. annos hæc unio tenuit; nam
Alphonfo I. improli defuncto, Navarræi Regem elegerunt, Garfiam
IV. ex Sanctii Majoris progenie. Hujus nepos *Sanctius VII.* qui prælio ad Ubedam, in quo 200000 Maurorum cæfa dicuntur, interfuit : ultimus is fuit regum indigenarum.   Cùm enim prolem
nullam relinqueret, *Blanca* ejus foror dotale regnum attulit Theo-
baldo, Campaniæ in Gallia Comiti (*anno* 1234.)

Dig-

qui cum S. Ludovico focero fuo in Palæftinam profectus in itinere
improlis obiit. Succeffit frater Henricus. Cujus filia *Joanna*, Reges Gal-
Philippo Pulchro nupta, Navarram ad Reges Galliæ detulit (*anno* liæ.
1328.) Quatuor ex illis regnârunt, Philippus Pulcher, & tres ejus
filii, Ludovicus Huttinus, Philippus Longus, & Carolus Pulcher,
ultimus Capetingæ ftirpis.

Revolutum tunc eft Regnum ad *Joannam* Ludovici Huttini filiam, quam priùs duo patrui Philippus & Carolus excluferant. Hæc
Philippo *Eboricenfi* Regii in Gallia fanguinis Principi nupta, ter- Eboricen-
fes.
tiam Regum exterorum ftirpem eft aufpicata (*anno 1328.*) Comitatum Campaniæ verò Philippus Vallefius abftraxit. Tres ex Ebo-
ricenfibus regnum poffederunt, Philippus Joannæ maritus; qui ad
Algeziram à Mauris occifus, hæredem fub tutela matris reliquit Ca-
ralum Malum, hoc cognomen animi ferocia & libidinis fœditate pro-
meritum. Dignam is vita mortem fubiit, linteo infutus, flammâ-
que correptus, toto corpore ambuftus. Succeffit filius Carolus III.
feliciter ac piè à patre degener.

Filia illius *Blanca* ad quartam Domum nempe *Aragonicàm* anno Aragonios:
1420. transtulit Regnum, nupta Joanni II. Aragoniæ Regi. Qui ex
ea duos liberos genuit, Carolum Vianæ Principem, & Eleonoram.
Carolus jam à Carolo III. avo fuo materno fucceffor erat declaratus,
ea conditione, ut hæreditarius Navarræ deinceps femper appelletur
Vianæ Princeps, ficut in Caftilia paulò antè invaluit, ut primogenitus diceretur *Princeps Afturiæ*. Mortua anno 1441. Blancâ matre, Carolus Vianæ Princeps hæreditatem fuam maternam, Regnum videlicet Navarræ petiit. Negavit Joannes pater, ad mortem
ufque fuam illud retenturus. Carolus moræ ac privatæ fortis impatiens, bellum patri movit; verùm anno 1451. captus, anno 1461.
ante patrem obiit, nulla relicta prole, retinuitque pater Navarram
ufque ad mortem, quæ contigit anno 1479.

Quamvis autem Joannes filium relinqueret Ferdinandum Câtho-
licum, quia tamen is ex Caftilienfi matre natus erat, fecunda Joannis conjuge, Navarræi eo rejecto *Francifcum Phœbum* Regem decla-
rarunt. Defcendit is ex avia paterna *Eleonora*, Joannis & Blancæ Foxenfes.
Navarræ Reginæ filia : atque inde jus hæreditarium. Hæc Eleono-

ra Gaftoni Foxio Gallico Comiti nupta, eidem peperit filium, Francifci Phoebi patrem. Atque hac ratione Navarram quintæ externæ familiæ, nempe *Foxiorum*, Eleonora intulit.   Verùm Phœbus Eleonoræ nepos quarto Regni (quod per Cardinalem Foxium patruum
fuum adminiftraverat) 16. ætatis anno deceffit, 1483.

Tum verò fexta jam vice Regnum Navarræ ad fœminam devolutum eft, ad *Catharinam* nempe Francifci Phœbi fororem: quæ nupta *Joanni Albretano*, ad quem Albretum & Bearnia cis Pyrenæos
in Gallia fpectabat, in *Domum Albretanam* Navarram tranftulit.
Joannes igitur, uxorio nomine Rex Navarræ, minùs gratus erat
fubditis, quia plures Gallos induxerat, iifque ptæcipua Regni munera conferebat.   Unde provinciales in factiònes fciffi multum negotii
eidem faceffebant.

'Albreta-
nos.

Ferdinandus Catholicus vigili oculo in eos tumultus erat intentus, atque Bellomontanæ factioni fuccumbènti bona in Aragonia attribuit, refervato fibi jure in bona, quæ exules in Navarra
relinquere coacti fuerant, ut fic firmum in hoc regno pedem figat:
ulteriùs animo profpiciens, occafionémque rei gerendæ opperiens.
Hanc ei offerebat bellum Italicum, quod Julius II. cùm Ludovico
XII. gerebat : in quo Ferdinandus Pontificis partes tuebatur.   Joanni verò Albretano Navarræ Regi amicitia cum Gallo exitialis fuit,
id qua ratione contigerit, paulò pluribus explicandum venit, ex
Joanne Mariana, Hiftorico Hifpano.

23.
Ferdinandi
confilia

Cognito Pontifex, Navarræ Regem Ecclefiæ hoftibus favere,
atque Pifani Conciliabuli Præfules, fuos hoftes, complecti ex animo, re cùm Cardinalium fenatu communicata; ad illud extremum
atque ultimum decurrit, quod adverfus rebelles Principes fanitate
defperata remedium ufurpari confuevit.   Rex & Regina Navarræ
anathemate fulminati ditione omni fpoliantur, ad communem prædam aliis Principibus invitatis.   Sufpecta Ferdinandi Regis fraus
erat, & paulatim in plures cœpit manare, rumor eo annitente,
feveram adeò fententiam prodiffe.   Conjectura probabilis : quoniam
diu penes fe id diploma Pontificium occultavit: dum variæ cogitationes ejus fubierunt animum, quid fama locutura effet, fanandi
Navarræ Regem rationem mitiorem inftituere fatagit.

Anno igitur 1512. Legatum ad eum mittit, qui officii admoneret, ne rationes fuas cum Gallo mifceat, neve fuis & Ecclefiæ

Poftulata.

hoftibus porro faveat, aut per Regnum fuum tranfitum eis permittat. In fecuritatem rei utriufque Henricum filium in Caftellam pignus

gnus mitteret. Poftulata hæc Navarrus repulit, Gallico fretus auxilio, fi quid incideret adverfi. Quin Ferdinando ftudentibus moleftus effe : novos in dies habere delectus : neque ceffare, quamvis à Ribera limitis Præfecto monitus. Belli igitur caufas quærere vifus Ferdinandus, cùm filium fidei obfidem dare Joannes recufaffet, fex arces pignoris loco ab ea petiit. Durum id quoque Vafconi videbatur, pollicito., abfque iis vinculis à Navarræ Regno tutos fore fines Hifpaniæ. Denunciatum igitur illi: è duobus alterum eligeret: aut à neutra parte ftaret, fed medium fe gereret inter difceptantes : aut fi ex iis ditionibus, quæ in Gallia poffideret, Regem Gallum juvaret, Navarræ opes in auxilium Hifpani focialifque exercitus conferret.

Navarro Ferdinandi felicitas erat fufpecta, ne fublato in Italia Gaftone Foxio, Germanæ conjugis fratre, regnum Navarræ quafi dotale occuparet. Adverfus eas fufpiciones Gallus orator, fi id contingeret, Galliæ vires univerfas venturas auxilio polliceri : quin Henrico filio nupturam minorem Ludovici filiam. Inanes pollicitationes, rebus vacuæ, credulum Principem egère præcipitem, ut Hifpano deferto fe Gallo focium adjungeret.

Ferdinandus igitur delectu in Caftella habito idoneum exercitum conflavit Albano fummo ductore. Utque Aquitaniam, Anglo fœderato adjutore, tutiùs invaderet, Navarram, in quam oculos maximè direxerat, primò impeti juffit, eo prætextu, ut in Gallia bellaturus, omnia à tergo tuta relinquat, majoremque commeatus opportunitatem habeat : indignante ob eas moras Anglo focio, qui in Aquitania Hifpanum exfpectabat, ut communi ibidem opera adverfus Gallum ex condicto bellum gereretur.

Ferdinandus, cui meta, ad quam collimabat, erat Navarra, Bellum Duci Albano dat in mandatis, ut ante omnia *Pampelonam* Regni Navarræ caput invadat, ea capta, prona fore reliqua. Ille nihil cunctatus, ræum colecto exercitu, motifque continuò caftris, ad Navarræ fines pervenit. Periculo cognito Joannes Rex Regina uxore cum filio in Bearniam dimiffis, Pampelonam tueri conftituit. Verùm imbecillæ dum effent vires, opinione faciliora omnia Albano exftiterunt. Dedita Pampelona, reliqua protinus fecutura funt vifa. Joannes confilii inops Albano nuntiat, facturum fe, quæcunque effent imperata. Refponfum, exfpectandum à Ferdinando Rege mandatum.

Miffi Legati acerbas conditiones retulerunt : Regnum Navarræ traderet univerfum, in poteftate Ferdinandi futurum,

Pars VII.　　　　　　　　Liiii　　　　　　　　*dum*

dum bellum fociale effet adverfus Gallum, & Ecclefiæ difficia componerentur : ac deinde , quamdiu effet vifum. Fidei pigrus effet

Navara ad Ferdinandum. Henricus filius in Caftella educandus. Erat iniquum , Regnum & filium poftulare : nec ullum tempus reftitutioni præfigere, Ergo irritatus ea feveritate Navarrus, rebúfque in Hifpania diffifus, in Galliam per Pyrenæos transcendit. Regis difceffu nuntiato , facilè tota Navarra fe Ferdinando dedidit , una duntaxat vel altera arce vim expériri aufa,

Interim ex Gallia miffæ copiæ auxiliares Bearniam pervenerunt. Major exfpectatio famáque , quam fucceffus : Albano Pyrenæos infidente , atque aditum prohibente. Sollicitatus tunc Orfeti Marchio Anglorum ductor , ut, via nunc in Aquitaniam aperta, communibus viribus provincia illa invadatur. At ille, five Gallico auro, ùt quidam exiftimabant, corruptus, five pertæfus tantæ Hifpanorum in Navarra moræ , quam expugnari nolebat, præcifè negavit, jam tempus effe negotii perficiendi, autumno præcipiti, militéque fuo aeris infolentia accifo. Hifpanos non communem fociorum , fed fuam privatam agere, de Navarræ regno adiiciendo fibi follicitos , de Aquitania parùm curare. Ex actionibus facilè de mente cogitari poffe. Deftinatùm fibi ; in Angliam regredi, nullo moræ ulterioris pretio, præter inanes fumptus & militum interitum.

Gallorum conatus, Interea Navarrus cum jufto Gallorum exercitu , fuperatis vallium faucibus montiúmque jugis, in Navarram irrumpens., haud magnum operæ tantæ pretium cepit, cùm & Hifpanum miltem ,. & montanos homines, frigore & laboribus duratos , obfiftentes invenitet. Admotis nihilominus ad Pampelonam caftris, eandem obfedit , in veteri incolarum fide fpei fiduciæque fummam conftituens : fed irrito conatu in Galliam recedere coactus eft, confumpto milite, pecunia, fpe,

Is belli Navarræi finis tunc fuit, Ferdinando gloriofus & apprimè utilis , cùm hac ratione univerfam Hifpaniam in unum corpus colligeret : Joanni verò Albretano prorfus exitialis. Deditæ , quæ fupererant arces. Pampelona caftello munita, adverfus externum internúmque hoftem. Equidem Lautrechius , Aquitaniæ Præfectus, novam expeditionem adornabat. At interim anno 1513. Gallus & Hifpanus inducias pacti funt : ille de Mediolanenfi Ducatu, hic de Navarræ Regno retinendo follicitus , nulla Joannis Albretani , aliorúmque habita ratione. Atque ita regno extorris in Bearnia fua vixit ufque ad annum 1516. quo & antiquus & novus Navarræ Rex obiit, coram altiori tribunali caufam acturi.

Joan-

Joanni in titulum Navarræ Regis fucceffit *Henricus* filius; cu- 24.
jus mifertus Francifcus I. Rex Galliæ, alioquin Carolo V. ob præ- Capta Na=
reptam cotonam Cæfaream infenfus, cùm is in Germaniam ablcef- varra,
fiffet, & Hifpani; Belgarum dominationem non ferentes; varios
tumultus cierent; Navarræ Regnum cum ejus capite Pompeiopoli
feu Pampelona (cujus arcem Ignatius de Lojola defenderat) anno
1521. expugnavit, ac Henrico Albretano confignavit. Verùm eodem adhuc anno Carolus V. Gallis ultra Pyrenæos ejectis totum Re- recepta,
gnum recuperavit. Atque ab eo tempore Navarræ Regnum Hifpanorum Regum provincia fuit.

Dictum autem hoc Navarræ regnum, de quo hactenus egimus,
trans Pyrenæos in Hifpania fitum, deinceps fuit *Navarra fuperior*;
de quo nihil nifi titulum retinuerunt Galli. Eæ autem ditiones,
quas Albretani in Gallia poffidebant, videlicet Albretum, Bearnia,
& Eboricenfis ditio, *Navarra Inferior* funt appellatæ.

Henricus Albretanus eo, quem dixi modo, fpoliatus Regno,
anno 1555. defunctus, uxorem habuit Margaretham; Francifci I.
Galliæ Regis fororem, magnam ac liberalem hæreticorum nutricem,
quam illi decimam Mufam, & quartam charitem appellarunt. Ex Borbonii. §
ea Henricus unicam filiam *Joannam* genuit, Antonio Borbonio nuptam. Quæ illi præter ditiones, à Domo Albretana in Gallia pof-
feffas, in dotem attulit titulum in Navarræ regnum. Et hinc Joanna ifta *feptima* erat fœmina, quæ titulum faltem Navarræi Regni
in alienam familiam intulit, nempe *Borbonicam*, in qua hodiedum
perfeverat.

Porro Joanna cum materno lacte hærefeos venenum fuxerat,
illóque etiam maritum fuum *Antonium Borbonium* infecerat. Verùm ille; five perfpecta Hugonotorum fucata labe; five Regni Sardiniæ, aut Navarræ recuperandæ fpe, abjuratis Calvini erroribus;
Catholicorum adverfus Hugonotos partes amplexus; in obfidione
Aureliæ anno 1562. lethali vulnere proftratus, atque in urbem expugnatam Helvetiorum humeris portatus, obiit, fide dubia.

Sufcepit ex Joanna Henricum IV. Galliæ poftea & Navarræ
Regem; quem mater, ex affe Calviniana, eadem hærefi imbuit:
quam denique anno 1593. ferio ejuravit, Regnúmque Franciæ eft
adeptus, magnus deinceps Religionis defenfor. Titulúmque (uti
etiam omnes ejus fucceffores) *Franciæ & Navarræ Regis* geffit.

IIiii4   ARTI-

ARTICULUS V.

Status Ecclefiafticus ordinatus per Concilia in Hifpania faeculo XVI.

QUamvis Ecclefia Hifpana faeculo XVI. in communi illa calamitate, regum Catholicorum auctoritate, Epifcoporum
clerique zelo, atque facrae inquifitionis vigilantia conferva
ta fit integra, atque in novum etiam orbem in immenfum provo-
cta, celebrata nihilominus & hoc faeculo funt aliqua concila Provincialia, ad reformandos mores, & difciplinam Ecclefiafticam reftaurandam.

§. I.

Concilium Hifpalenfe anno 1512.

25. CONvocatum fuit concilium iftud Provinciale à Didaco Deza Archiepifcopo Hifpalenfi Andalufiae Metropolitano. Is in prima
feffione orationem ad Epifcopos Suffraganeos, Gadicenfem, Mala-
cenfem, Sylvenfem, Canarienfem, Marrvecenfem, aliófque Prae-
latos, de fynodorum praeftantia, in illa maximè verba : *Ubi duo
vel tres funt congregati in nomine meo, ibi fum in medio eorum.*
Publicati 64, canones : quorum haec fumma.

I. De Parochorum Officio.

26. 1. Parochi doceant diligenter myfteria fidei, doctrinam facramentorum, orationes Ecclefiae. Adfint haec in templo defcripta in tabula.

2. Cùm in provincia Hifpalenfi plures adfint ; à Judaifmo & Maho-
metifmo converfi, fpeciali catalogo illos Parochi annotent, &
in vifitatione de eorum inftructione rationem reddant.

3. Commendatur Parochis diligentia in adminiftrandis Sacramentis,
reverentia in deferenda ad aegros Evchariftia &c.

4. Medicis fub excommunicatione praecipitur, ut obfervent Decretalem *cùm infirmitas de paenit. & remiff.* atque ante omnia in-
firmos moneant de procuranda falute animae per confeffionem &c. aliàs non amplius accedant. Parochi ad ifta invigilent.

II. De

II. De pœnis in criminofos latis.

5. Excommunicatio aliæque pœnæ ftatuuntur in eos, qui utuntur vaticiniis, magicis artibus, fortilegiis, & maleficiis.
6. Singulis annis publicentur cenfuræ aliæque pœnæ, peccatis publicis, clandeftinè contrahentibus, aut in gradu prohibito, ftatutæ: item in polygamos, concubinarios, ufurarios latæ.
7. Urgetur gravibus pœnis præceptum annuæ confeßionis & communionis.
8. Statuuntur pœnæ in eos, qui ultra annum perftiterint in excommunicatione contumaces.
9. Executoribus 'præcipitur, ut diligenter exequantur ultimas voluntates.
10. Commendatur feftorum obfervatio.
11. Statuuntur pœnæ in eos, qui non audiunt Miffam majorem, aut non fervant jejunia.

III. De Officiis Divinis.

12. In recitatione Divinorum officiorum, ceremoniis, ritibus, omnes Ecclefiæ fe conforment Metropolitanæ.
13. Commendatur diligentia, devotio, modeftia in choro fub horis canonicis. Tempore Miffæ Majoris non celebretur alia Mißa, nec colligatur eleemofyna.
14. Tempore Interdiċti obfervetur *cap. alma mater de fent. excomm. in 6.* Miffæ & Divina officia celebrentur januis claufis; exceptis diebus Nativitatis, Refurreċt Pentecoft. Afcens. Corporis Chrifti cum fua oċtava. Baptifmus omnibus conferatur, item pœnitentia: evchariftia tantum ægrotis. Extrema unċtio nulli. Sponfalia permittuntur, non autem matrimónium. Sacra fepultúra folis clericis non conjugatis, qui non fuerint violatores Interdiċti.
15. Parochi poffunt fungi fuis officiis etiam fede vacante, & abfolvere à cafibus refervatis fibi antea conceffis,' fine nova facultate.
16. In legendis Miffis defunċtorum voluntas impleatur.
17. Sacerdotes nullum paċtum aut conventionem faciant de applicandis Miffis, exequiis &c. fed iis peraċtis detur confueta eleemofyna, ex juftitia debita.
18. Extra Ecclefiam Miffa non facilè celebranda.

Iiiij 19. Ac

19. Ac proin nullus Sacerdos celebret in portatili, nifi privilegium à Papa obtentum ordinarius examinaverit, an non fit ob - vel fub. reptitiè obtentum.

20. Matrimonia celebrentur in Ecclefia parochiali.

21. Abolentur repræfentationes mysteriorum, Nativitatis, Paffio‹ nis, Refurrectionis Domini, propter abufum & fcandalum in‑ firmorum.

22. Pulfus ad falutionem Angelicam fiat poft occafum folis in omni‑ bus Ecclefiis fimul, præeunte Ecclefia principali.

IV. De vita & honeftate clericorum.

23. De vita & honeftate clericorum, præfcribitur modeftus veftitus, pallium & collare amplum, corona, capillus brevis, barba ra‑ fa: Vetantur veftes fericæ, violaceæ, virides, faltus, can‑ tiones profanæ, cauponæ. Nec accedant ad locum, in quo currunt tauri, fub pœna 20. regalium. ‑

24. Clerici in Sacris conftituti faltem in Nativitate Domini, Paf‑ chate, & Pentecofte confiteantur & communicent. Poffunt eligere confeffarium, qui poteft eos ab omnibus abfolvere cafi‑ bus Epifcopalibus, exceptis per faltum ordinatis, aut fine licen‑ tia Prælati, violatoribus Ecclefiæ, fortilegis, perjuris &c.

25. A fortiori Sacerdotes poffunt eligere confeffarium.

26. Concubinas dimittant intra novem dies: aliàs incarcerentur, & tertiam partem fructuum amittant.

27. Clerici non fint præfentes baptifmo, matrimonio, aut exequiis fuorum filiorum, filiarum, aut nepotum, nec illos fecum du‑ cant: nec legatum aut dominationem faciant ulli mulieri, quam pro concubina habuerant.

28. Clerici fe non immifceant negotiationi fæculari aut mercimonio.

29. Parochi quolibet anno mittant ad ordinarium informationem de vita & moribus clericorum fuæ Parochiæ.

30. Præcipitur Beneficiatis refidentia.

31. Cùm plures Religiofi relictis monafteriis habitum clericorum fæ‑ cularium induti involent in Beneficia Ecclefiaftica, nulli eo‑ rum deinceps conferantur: nec admittantur ad celebrationem Miffæ, nifi geftent habitum fui ordinis.

32. Quoniam per interceffionem magnatum plures indigni funt or‑ dinati, deinceps illi, qui interceffionem ejusmodi procurant, ad ordines decernuntur inhabiles. Ordinandi diligenter exami‑

nen‑

nentur. Nulli dentut Dimiſſoriales, niſi præſens ſit examinatus, nec niſi ad unum tantùm ordinem ſacrum.

33. Pro ordinibus nihil ſolvatur, nec pro charta, aut ratione ſigilli,
vel ſubſcriptionis, Alias reſtituendum cum altero tanto.

V. De Matrimonio &c.

34. Graviter prohibentur matrimonia clandeſtina, ſub pœna excommunicationis & mulĉta pecuniaria.

35. Peregrini ignoti ne jungantur matrimonio ſine facultate ordinarii.

36. Præter cenſuras ſtatuuntur aliæ pœnæ in contrahentes cum impedimento,

37. Uti etiam in polygamos,

38. Et blaſphemos. (*Statutæ ab hoc concilio præter ordinarias pœnas canonicas inſuper variis criminibus graves mulĉtæ pecuniariæ,
quia ha ſæpiùs magis abſterrent terrenos homines, quàm ſpiritua-
les pœnæ)*

VI. De Jurisdiĉtione.

39. Qui ob deliĉta ad Eccleſias confugiunt, in iis modeſtè ac reverenter ſe gerant ; cum uxoribus ibi nullam familiaritatem aut
commercium exerceant. Nec ultra oĉtiduum ibi moretur abſque ordinarii licentia.

40. Nullus quæſtor aut colleĉtor eleemoſinarius permittatur ullas
bullas, aut indulgentias promulgare, aut ad concionem dicere, niſi exhibitis litteris ipſius Metropolitani, quibus iis faciat
licentiam. Qui verò pro pecunia certas indulgentias promittunt, incarcerentur, & colleĉta pecunia ſequeſtro ſubiiciantur:
fraudes etiam omnes & impoſturæ quæſtorum puniantur. (*Ecce!
jam ante adventum Proteſtantium Hiſpalenſis, uti etiam aliæ
per orbem provinciæ, improbârunt, gravitêrque coërcere conatæ
ſunt abuſus ejusmodi quæſtorum eleemoſynariorum.)*

41. Ad obviandum variis fraudibus, decernit S. Synodus, ut nulla
mandata cujusvis, qui ſe dicunt Judices Apoſtolicos, aut à Pontifice Romano habere poteſtatem judicandi, aut Beneficia reſer-
vandi, conferendi &c. executioni mandentur, niſi ab ordinario litteræ & mandata priùs fuerint viſa, & examinata.

42. Nullus clericus mittatur in poſſeſſionem ullius Beneficii abſque
mandato ordinarii.

43. Nul-

43. Nullus clericus extraneus admittatur ad celebrandum, nisi exhibitis litteris ordinarii.
44. Cùm magna confusio oriatur ex nimia multitudine illorum, qui se dicunt Notarios apostolicos, nullus hoc munere fungatur, nisi priùs coram ordinario ratione tituli, creationis, & aptitudinis se legitimaverit.

VII. De Visitatione.

45. Singulis annis Episcopi per se ipsos vel alios viros idoneos Diœcesin visitent. Servetur *cap. exigit de censibus.* Ultra procurationes consuetas ne admittant munera. Ne hospitentur in domibus sæcularium. Personaliter Ecclesias adeant.
46. Nemo præfecturam Ecclesiæ gerat ultra duos annos. Coram visitatore, clero, & populi primatibus rationes reddant.
47. Fabrica in Ecclesiis nulla suscipiatur absque mandato aut consensu Ordinarii.
48. Nihil solvatur Notario pro libro visitationis absque mandato & taxatione provisoris.
49. Conficiendus liber authenticus omnium bonorum, possessionum, jurium, ad Ecclesias spectantium. Quia sæpiùs instrumenta contractuum, fundationum &c. perierunt.
50. Evcharistia, chrysma; oleum sacrum asserventur loco decenti, & benecustodito. Singulis octiduis renovetur SS. Sacramentum. Corporalia &c. quolibet mense laventur.
51. Ecclesiarum ornamenta ad alienos usus ne extrahantur.
52. Qui rem Ecclesiæ alienaverit, eandem restituat, & insuper in quadruplum condemnetur.
53. Ecclesiæ ne muniantur instar arcis, castelli, aut munimenti.

VIII. De Immunitate Ecclesiastica.

54. Qui Ecclesiasticum comprehenderit, occupaverit decimas aut alios reditus Ecclesiasticos, vel impediverit, sequestraverit vel aliquo modo violaverit eorum jura, sive ad hoc dederit consilium, auxilium &c. ultra pœnas in jure statutas, privetur ingressu Ecclesiæ, &, si ante præstitam satisfactionem decesserit, privetur Ecclesiastica sepultura. Locus autem, in quem prædicta bona devenerint, Ecclesiastico subiiciantur Interdicto, donec integram præstiterint satisfactionem.
55. Canon ita habet : *Statuimus, ut in posterum nullus Dominus in temporalibus, nec alia persona, cujusvis status aut conditionis existat*

exiftat, · · · *faciat ftatuta, aut ordinationes, nec ponat·edicta, vel prohibitiones, contra libertatem & immunitatem Ecclefiafticam, directè vel indirectè, faciat contribuere; nec folvere impofitiones, & vectigalia Ecclefias, & Monafteria, aut perfonas Ecclefiafticas ; quódque fuper boc non .committant, vel committi permittant fraudem aliquam, ut indirectè compellantur ad ·contribuendum ; aliàs perfonæ particulares, quæ fuerint culpabiles in aliquo ex præmiffis, volumus & ftatuimus, ut ipfo facto incurrant fententiam excommunicationis. Civitas vero, oppidum, & locus,·qui fuerint culpabiles, & in quibus præfati, vel aliqui eorum refederint, fubjiciantur Ecclefiaftico Interdicto. Quas fententias minimè relaxari volumus, donec fatisfecerint.* Hæc ftatuta funt in Hifpania tempore Ferdinandi Catholici.

VIII. De Judiciis.

56. Judices Ecclefiaftici caufas celeriter expediant,manè & vefperi fedendo.

57. In caufis levioris momenti non recipiantur fcripturæ, fed expediantur breviter & fummariè; in aliis verò caufis non plures recipiantur à qualibet parte quàm duæ. Exceptiones fori declinatoriæ aut aliæ dilatoriæ intra octo·dies probentur.

58. Cùm caufæ matrimoniales fint magni momenti, tractari non debent nifi à peritis SS. Canonum; neque debent fubdelegari, fed ab ipfis Judicibus delegatis decidi. Neque receptio & examen teftium debet aliis committi.

59. Provifores & Officiales generales non concedant litteras excommunicatorias propter rem levis momenti.

60. Judices nulla recipiant munera, nec retributiones. Alioquin, ultra poenas à jure·ftatutas, duplo plus·reftituant; quàm acceperunt.

61. Notarii, & alii miniftri tribunalium, non plus exigant, aut recipiant, quàm jure antiquo & confuetudine eft taxatum. Hæc taxa in tabula defcripta publicè in curia dependeat.

62. Poenæ in quatuor partes funt dividendæ. Prima cedat Fabricæ Ecclefiæ Cathedralis, altera Fabricæ Ecclefiæ, in qua delinquens eft Beneficiatus, aut Parochianus : tertia denuntianti, eique, qui caufam profecutus fuerit ufque ad fententiam :·quartà operibus piis pro judicio Epifcopi.

63. Conftitutiones iftæ fynodales in fingulis Ecclefiis defcriptæ cuftodiantur.

54. Approbantur & confirmantur Conſtitutiones , editæ à Cardinale Didaco Hurtado ide Mendoza, Archiepiſcopo Hiſpalenſi, de celebratione Miſſarum, & Sacramentorum adminiſtratione.

§. 2.
27.
Conſtitutiones Didaci de Mendoza Archiepiſcopi
Hiſpalenſis confirmatæ à Synodo.

1. **M**Iſſa, ubi tres ſunt Beneficiati , una dicatur ante ſolis ortum, ut artifices & mercatores poſſint accedere, altera circa horam nonam ſolemnis. 2. Cantentur horæ modeſtè ac devotè. 3. Aperiantur Eccleſiæ ſummo manè. 4. Ne pax porrigatur patenis conſecratis. 5. Præcipitur nitor corporalium, linteorum , & ornamentorum altaris. 6. In ſacrario aſſervandæ hoſtiæ rotundæ, ſingulis 15. diebus renovandæ. 7. Symbolum in Miſſa cantetur integrum. 8. Clerici interſint Horis & Officio cum ſuperpelliceis, cantent devotè &c. 9. Pervigilia in Eccleſiis propter abuſum tolluntor.

10. Cùm plures clerici indecenti habitu incedunt, cum capillis effuſis, barba prolixa, palliis brevibus & apertis, ſine biretis , & aliquando cum veſtibus ſæcularibus, thoracibus ſericis, cingulis aureis & argenteis, annulis, calceis rubris; hæc omnia prohibita ſunto. 11. Baptiſmus ordinarie conferatur per immerſionem, non verò per aſperſionem.

12. Quia aliqui educantur abſque patre, matre & conſanguineis, & aliquando dubium eſt, an ſint baptizati, cùmque ſcire oporteat ætatem, & an legitimi ſint, præcipuè verò, ſi ad ordines vel matrimonium adſpirent, unde etiam impedimenta conſanguinitatis, affinitatis, cognationis ſpiritualis, ſcire oportet &c. ideo præcipitur parochis ſub pœna excommunicationis, ut librum baptizatorum intra 30. dies conficiant, in quo ſcribat baptizans ſuum nomen, baptizati, parentum, patrinorum. Patrini non plures admittantur quàm quatuor, ſub pœna excommunicationis.

13. In denuntiationibus matrimonii ne diſpenſetur. 14. Miſſa ante diluculum ne celebretur. 15. Ne aſſumantur capellani, niſi ſint examinati, & approbati. 16. Pluralitas Beneficiorum vetatur. 17. Diſtributio fiat tantùm præſentibus. 18. Unus ſacerdos ſemper ſit præſens in loco. 19. Sacriſta omnes Miſſas, quæ leguntur, annotet. 20. Dum celebratur Miſſa ſolennis, ſacrum viaticum non deferatur ad ægrotum, niſi in caſu veræ & certæ neceſſitatis. 21. In ſingulis parochiis proſtet tabella, in qua ſcripti ſint excommunicati, ac ſingulis

lis Dominicis eos Parochus ex hac tabella populo publicè denuntiet. 22. Abſolutus ad recidentiam ſi reincidat, rurſus denuntietur.
23. Violantes clauſuram Monialium excommunicantur. 24. Ne
quis luctus cauſa deferat prolixam barbam ultra duos menſes: quia
hic mos eſt Mahometanorum, à quibus diſcerni non poſſent ejusmodi barbati.

§. 3.
Concilium Toletanum annò 1565.

POſt abſolutam Tridentinam Synodum ex ejusdem præſcripto hoc   28.
Provinciale Toletanum Concilium indixit Chriſtophorus Rogius
de Sandoval, Epiſcopus Cordubenſis, ſenior inter Comprovinciales Epiſcopos, Concilii Præſes: qui in prævia oratione ad Patres
afflictum ob irruentes hæreſes Eccleſiæ ſtatum deſcribit, ac Tridentinam Synodum laudat, omnesque ad eandem acceptandam ſervan-
dámque hortatur. In tres autem *Actiones* tota Decretorum ſeries
dividitur.

Actio prima.

REcitatur & recipitur Decretum Tridentini, quo præcipitur, ut   29.
Provinciale Concilium ſingulis trienniis, Diœceſanum verò quovis anno celebretur. Præmittitur dein profeſſio fidei ſecundum formulam, qua ſancta Romana Eccleſia utitur. Indicuntur preces & jejunia pro felici progreſſu & exitu Concilii: atque ut ſententiæ dicantur absque clamore, ſtrepitu, & ſpiritu contentionis, fit
adhortatio.

Actio ſecunda.

EPiſcopis præcipitur Reſidentia in loco Eccleſiæ Cathedralis. Diœceſin quot annis viſitent. Menſa eorum ſit frugalis, tria vel
quatuor fercula non excedens, ſupellex modeſta, converſatio cum
piis & doctis. Domeſtici eorum compoſiti, ſæpiùs SS. Sacramenta
percipiant. Diœceſanam Synodum quovis anno celebrent. Viſitan-
tes, præter id, quod jure debetur, nihil accipiant, etiam ſponte oblatum. Statuta Eccleſiarum in unum volumen colligi curent. Viſitatores, fiſcales, & proviſores ſeu Vicarios non alios conſtituant,
quàm ſacerdotes. Quolibet menſe viſitent detentos in carcere.

Judi-

Judicia Ecclesiastica legitimè instituantur. Promotor fiscalis ne-minem accuset, nisi quem gravat infamia. Pœnæ pecuniariæ. in pios usus applicentur. Officia eorum, qui jurisdictioni inserviunt, non vendantur. Officiales diligenter visitentur, & muneris gesti ratio-nem reddant. Clericorum, qui ab intestato decedunt, bona piis usi-bus addicantur. Pervigilationes nocturnæ in ecclesiis tolluntur: uti etiam mos ille puerilis, festo SS. Innocentum in templo eligendi Epi-scopum, aliique ludi theatrales, atque spectacula.

Clerici in nullis ludis personam agant. Nunquam larvati ince-dant. Fœminas vitent. Mensa & supellex sit modesta. Ad Paro-chias promoveantur per concursum, juxta formam Tridentini. Exa-minatorum pars tertia sit ex capitulo cathedrali, altera tertia ex Re-gularibus, tertia ex aliis clericis. Residentia districtè parochis ac curatis præcipitur. Erigantur ex bonis matricis Ecclesiæ curatiæ, ut populus disperfus sacris interesse possit. Præbenda Canonicalis pri-mò vacatura conferatur Theologo, qui doceat. Dignitates omnes conferantur Doctoribus in theologia aut Jure Canonico, aut Licen-tiatis: uti etiam media saltem pars Canonicatuum. Qui post resi-gnationem Beneficii partem fructuum retinet absque permissione Sanctæ Sedis Apostolicæ, vel etiam à sponte dantibus acceperit, eò ipso tam ipse, quàm is, qui post resignationem Beneficium consecu-tus fuerit, tanquam contra suspectos de Simoniaca pactione proce-datur ad punitionem secundum canonicas sanctiones.

Actio tertia.

EPiscopi publicum archivium habeant, cum inventario omnium rerum, jurium, instrumentorum &c. Nec ulla scriptura originalis inde amoveatur. Episcopus quovis biennio hoc archivum visitet. Non ordinentur, nisi idonei, & quibus statim Beneficium conferri possit. Concionatores procul ab omni ostentatione verbum Dei præ-dicent, scelera increpent, non personas. Parochi per se ipsos vel alios singulis festis paulò post meridiem pueritiam instituant Doctrina Christiana; omnes Ecclesiæ Ministri, qui Missam non celebrârunt, Festis Nativitatis, Cœnæ Domini, Pascatis, Pentecostes, S. Petri, As-sumptionis B. V. Mariæ, Patrocinii Ecclesiæ, SS. Evchariftiam su-mant ab eo, qui Missam solennem celebrat. Commendatur silenti-um, modestia, devotio in choro. Tertia pars proventuum ex Bene-ficiis separetur in distributiones quotidianas. His autem careant, qui seriùs veniunt, aut ante finem discedunt.

Capitulorum conventus bis tantùm in hebdomade habeantur, ne
Divina

Divina officia negligantur. Qui vocem non habent in capitulo,
non admittantur. Quibus cura paſtoralis commiſſa eſt, non avocentur officio Judicis ordinarii vel delegati univerſalis appellatio-
num. Laici choro clericorum pſallentium abeſſe jubentur. Eccleſiæ indigentes ex decimis reparentur: ſalva tamen conſuetudine, ſi
populus concurrere ſoleat.

Clerici ne ſint laicorum œconomi, aut in foro civili procuratores, ſub pœna ſuſpenſionis à Beneficio & officio ad ſex menſes: niſi
pietas aliud exigat. Decernuntur pœnæ in clericos concubinarios,
uſque ad privationem Beneficiorum. Nec domi liberos illegitimos
habeant, ne præteritæ incontinentiæ memoriam excitent. Quando
ordinarius aliquem ab officio vel Beneficio ſuſpendit, non poſſunt
Canonici vel alii ei negotia capituli demandare, vel de menſa capitulari ei ſubvenire.

Beneficiati, etiam ſimplices teneantur tempore quadrageſimæ,
& quando ob indulgentias eſt affluxus populi, parochum juvare in audiendis confeſſionibus. Alioquin ab ordinariis puniantur. Ludimagiſtri & alii præceptores diligenter inſtituant pueritiam doctrina
Chriſtiana.

Qui ſtudiorum cauſa abſentes fructus Beneficii volunt percipere, ab Epiſcopo priùs examinentur, an ſint idonei: nec ultra annum ſint abſentes, niſi Epiſcopus, viſis teſtimoniis, eis tempus proroget.

Quando ex præcepto ſacta communio eſt ſumenda, à parocho,
aut ab alio ipſius parochi aut ordinarii licentia illam ſuſcipiat. Commendatur majorem in modum clauſura monialium.

Cùm ſpectacula, in quibus à plebe in foro vel in circo tauri agi-
tari ſolent, nequaquam ſub votum cadere poſſint, etiam totius populi conſenſu edita declarantur irrita, eáque deinceps fieri ſub excommunicatione prohibetur. Nec ullus clericus id genús ſpectaculis interſit. Commendatur Seminarii erigendi cura.

Quia ad corrigendos exceſſus, reformandos mores, ac reſtau-
randam, ſi callapſa fortaſſe alicubi ſit, Eccleſiaſticam diſciplinam ſacræ ſynodi more majorum atque ex Tridentini præſcripto ſint inſti-
tuendæ, deſignare oportet pro qualibet Diœceſi viros doctos, qui inquirant, quæ correctione indigeant, eáque ad concilium referant.
Deſignati per ſingulas Diœceſes tales inquiſitores.

Denique ſubſcripſerunt Epiſcopus Cordubenſis Senior, ac Concilii Præſes, Epiſcopus Seguntinus, Segobienſis, Paletinus, Conchen-

fis, Oxomenfis, Abbas de Alcala Regali, & Valdefius Cordubenfis provifor, Concilii Secretarius.

Henricus Spondanus Apamienfis. Epifcopus in annalibus fuis Ecclefiafticis ad annum 1565. memorat, præter Toletanum, quatuor alia Concilia Provincialia in Hifpania fuiffe celebrata, videlicet, Salmanticenfe, Bracarenfe, Cæfar-Auguftanum, & Valentinum; quorum tamen acta juris publici necdum funt facta.   Hinc optandum foret, ùt obfervat Philippus Labbeus, ut revivifceret aliquis Garfias Loaifa, qui Hifpanica Concilia à tempore Pelagii Regis, ex Bibliothecis, & Bibliopoliis diligenter educta, publicaret.

CAPUT II.

De Regno Lufitaniæ.

30.
Hifpaniæ olim provincia fuit Lufitania; eademque cum illa habuit fata, fub Celtis, Carthaginenfibus, Romanis, Vandalis, Gothis, ac Mauris, qui ultimi 400. annis eandem poffederunt, quamvis Chriftiani Legionis Reges fæculo VIII. IX. & X. magnopere fint conati, eandem fervituti fubtrahere.   Felicioribus aufpiciis res acta eft fæculo XI. quippe Ferdinandus I. Caftellæ & Legionis Rex anno 1040. Vifeum ipfis & Conimbricam eripuit. Cùmque multi exteri, Galli præfertim, Chriftianis venirent auxilio, atque ad urbem Portum navibus exfcenderent, tota provincia dici cœpit *Protugallia.*

Henricus   Hos inter nobiles peregrinos erat *Henricus*, Burgundiæ Ducis
Burgundus. frater, Roberti Galliæ Regis pronepos, ac Hugonis Capeti abnepos. Huic Alphonfus VI. Ferdinandi I. quem dixi, filius ob præclaram adverfus Mauros navatam operam Therefiam filiam fuam, impari quidem thoro natam, fed per fubfequens matrimonium natalibus reftitutam defpondit, cum dote earum urbium, quas in Lufitania à Saracenis vindicaverat.   Hifpani fiduciario duntaxat jure conceffas fcribunt, directo dominio penes Legionis Reges remanente.   Sed Lufitani id inficiantur, atque ab omni clientelæ nexu jam tum fuiffe liberas contendunt.

Atque ex tenuibus iftis initiis furrexit regnum in extrema ad occiduas plagas Europa, non quidem admodum fpatio amplum, fed foli fertilitate, urbium frequentia, portubus, Tagi, Durii, Guadianæ, Mundæ, Minii, aliorúmque fluminum opportunitate, comprimis nobile

bile. Prælongo tractu à Septentrione Gallæciam, ab Ortu Legionem, Caftellam, Extremaduram, & Andalufiam attingit, ab Occidente verò & Meridie Oceanum allambit, aufpicatis navigationibus in omnes quatuor orbis partes fe diffufurum. Quamvis autem de hoc regno in fuperioribus fparfim fit facta mentio, placet tamen hic fchema aliquod colligere.

ARTICULUS I.

De Lufitania fub Regibus ufque ad fæculum XVI.

HEnricus Burgundus, acceptis in dotem iis Lufitaniæ urbibus, quæ eo usque in Chriftianorum poteftatem venerant, Conimbrica videlicet, Vifeo, Bracara, Portu, Lameca &c. expeditionem facram poft mortem Bullionii in Palæftinam fufcepit. Indéque redux obiit anno 1112. Filius ejus *Alphonfus I.* comprimis memorabilis, usque ad annum 1139. Comitis titulo patris exemplo ufus, vitricum fuum matrémque, tumultum molientes, acie victos, carcere coercuit : repreffo Caftellano, qui illis auxilio venerat. Tum verò in Mauros converfus, qui pletaque Lufitaniæ adhuc tenebant, licèt non plures, quàm 12000. fub fignis haberet, quinque eorum Reges, exercitum 400000. militum adducentes, ingenti prælio profligavit (*anno 1139.*) Rex propterea acclamatus à victore exercitu, à quinque devictis Regibus novi Regni infignia haufit, quinque fcutis clypeo cæruleo impreffis.

Anno 1147. ipfam *Olyffipponem*, urbem Lufitaniæ principem, ope claffis in Palæftinam tendentis, Saracenis eripuit, futuram deinceps fedem regiam, ac florentiffimum commerciorum emporium: Patriarchatu, Archiepifcopatu, & Academia hodie celebrem (*anno 1166.*) Acceffit *Ebora*; quam per fe ipfam confpicuam, Archiepifcopatus deinceps & Academia ampliùs nobilitavit. Cùm autem Pacem Auguftam tentaret, à Legionis Rege captus, libérque dimiffus fub conditione clientelaris obfequii, anno 1181. Feliciùs iterum in Mauros irruit, reportata infigni ab Hifpalis Rege victoria. Plenúsque tandem uti annis ita adoreis obiit anno 1185. ætatis 91. regiminis 73.

Sanctius I. ejus filius anno 1188. rurfus auxilio claffis cruciatæ in Palæftinam tranfeuntis *Sylvas* expugnavit, Algarbiæ Regni tunc temporis primariam urbem geminæ ejus filiæ, altera nupta Alphonfo IX.

[margin: 31. Alphonfus I. Rex. Victoriæ. Sanctius I.]

fo IX. Legionis, altera Henrico I. Caſtellæ Regi, facto propter conſanguinitatis impedimentum Pontificis voluntate divortio, monaſterium ingreſſæ ſunt. Obiit Sanctius anno 1212. æt. 58. regni 26.

Alphonſus II. Alcaſaria. *Alphonſus II. Craſſus,* propter abdomen ita appellatus, anno 1217.
adjuvante Chriſtiana claſſe, rurſus è Belgio per fretum Gaditanum
in Orientem navigante *Alcaſariam* in Regno Feſſæ expugnavit. Eſtque hæc prima urbs, quam Luſitani occupârunt in Africa, ſemen velut palmarum, in ea orbis parte metendarum. Alphonſus ann. 1223.
defunctus ætat. 38. reg. 12. duos reliquit filios: primum *Sanctium II.*
qui turbarum pertæſus poſt vigeſimum regni annum, abdicata corona
terreſtri, monaſterium Toleti ingreſſus eſt, ut cœleſtem ſecurius in-
veniret: alterum *Alphonſum III.* quem Luſitani, regnante adhuc Sanctio fratre, quem inertem judicabant, Regem declarari ab Innocentio IV. Lugduni tunc commorante, miſſa legatione petierunt. Verùm ut Sanctio Regnum adimeretur, impetrari non potuit. Id ſolummodo conceſſum eſt, ut Alphonſus ejus nomine, dum viveret,
Rempublicam adminiſtaret. Exſtant de hac're ipſius Innocentii
litteræ ad Proceres Luſitaniæ: quæ eſt *capit. grandi 2. de ſupplend.
neglig. Prælat. in 6.*

Flectii fides. Verùm non omnium Luſitanorum eadem erat mens. Conimbrica
præſertim ſe oppoſuit; cujus Gubernator Martinus Flectius à multis
ſcriptoribus, celebratum edidit ſpecimen invictæ fidei, nam urbem
ad extremam licèt inopiam redactam, dedere tamen Alphonſo recu-
ſavit; morte etiam Sanctii, cui fidem juraverat, nunciata. Cogni-
turus enim veritatem Toletum eundi veniam ab Alphonſo petiit.
Dat ille, ſuſpenſa interim oppugnatione. Flectius Toletum delatus,
aperto Regis defuncti ſepulchro, Conimbricenſis urbis claves manibus
ejus inſerit, his verbis: quamdiu Rex vivere te judicavi, extrema
omnia ſum perpeſſus. Coriis famem toleravi, ſitim lotio. Alphonſo fratri tuo ne ampliùs reſiſtant cives, quos hactenus continui; te
concedente auctor ero. Rediit Conimbricam, eámque tradidit.

32. Interdictum. *Alphonſus Mathildem* conjugem ſuam repudiavit, duxitque Alphonſi X. Caſtellæ Regis filiam naturalem, cum dote *Algaibia,* eos
inter prius controvérſæ. Monitus ab Alexandro IV. ut ad primum
conjugium redeat, ſed parere recuſans diris devovetur, totumque
Regnum Interdicto ſubjicitur: quo 12. annos permanſit illigatum.
Dum neque Rex mutat, neque Pontifices cedunt, innocente populo
Principis ſui improbitatem & contumaciam luente. Scribitur, eum
ex priori uxore ſuſcepiſſe filium Robertum: ex quo deſcendens Catharina Medicæa Regina Galliæ anno 1580. Luſitaniæ coronam præ-
tendt.

tendit. Obiit Alphonſus, Algarbia ex Maurorum manibus extra-
ɛ̄a, anno 1279. æt. 69. reg. 3ſ.

Succeſſit *Dionyſius*, ex ſecunda conjuge ſuſceptus; qui anno
1290. celeberrimam Conimbricæ Academiam fundavit: cives artibus,
paganos agriculturæ, omnes laboribus ita aſſuefecit, ut toto regno
nemo mendicaret. Conjugem habuit *S. Eliſabetham*, Petri III. Ara-
gⱷniæ Regis filiam, pecuniis in roſas, aqua in vinum converſa,
ſanatis ægris, aliiſque prodigiis claram. Aulicus alterum de nimia
familiaritate cum ea apud Regem criminabatur. Rex jubet calcario primum ex aula ad ſe venturum in fornacem calcariam iniice-
re: accuſatus miſſus in via Miſſam audit: accuſator avidus accurrit, correptúſque à calcario in fornacem ardentem iniicitur. Obiit
Dionyſius optimè de regno meritus anno 132ſ. æt. 64. reg. 46. ex
concubina reliquit Sanɛ̄ium Comitem *Albuquerquium*: ex legitimo
verò thoro ei natus eſt

    Alphonſus IV. qui anno 1340. pars magna fuit ingentis prælii,
ad Tariffam cum Saracenis commiſſi, quo 200000. Barbarorum
cæſa dicuntur. Diſcordias eum inter & ſocerum Caſtellæ regem
exortas S. Eliſabetha mater pacavit. Obiit anno 13ſ7. æt. 67. reg.
32. Multas ei moleſtias intulit filius *Petrus Crudelis*, qui patre inſcio ſibi nuptiali fœdere junxit Agnetem de Caſtro, è gynecæo puellam. Hac patris juſſu à ſicariis perempta, aɛ̄us in furorem filius
arma in patrem parabat. De cætero cum laude rexit, *Crudelis* cognominatus ob rigorem juſtitiæ. Ubi obſervatu dignum, tres eodem
tempore *Petros* in Luſitania, Caſtella, & Aragonia regnáſſe, omnéſque tres, ex diverſis licèt cauſis, *crudeles* cognominatos. Obiit
1367. æt. 47. reg. 10. Reliquit ex Laurentia concubina *Joannem* nothum, magnam deinceps turbarum ſementem:

    Ex juſto verò matrimonio *Ferdinandum*, qui florentiſſimum
Regnum pene evertit. Nam defunɛ̄o Petro Crudeli Caſtellæ Rege
abſque legitimis liberis, jure materno Regnum illud ad ſe pertinere arbitratus, graviſſimum bellum geſſit cum Caſtellanis, qui armis
& fortuna ſuperiores ipſam etiam Olyſſiponem obſederunt. Adhæc
Telleſiam Acunio marito rapuit, & ex eo adulterio genuit *Beatricem*,
quæ *Joanni I.* Caſtellæ Regi ea conditione nuptui eſt data, ut
liberi ex eo matrimonio naſcituri Caſtellani & Luſitani Regni hæredes éſſent. Ex quo faɛ̄um, ut dum Ferdinandus haɛ̄enus Caſtellam
ſibi vindicáſſet, deinceps Caſtellanus vice verſa Luſitaniam ſit vindicaturus.

Pars VII.   LIlll   - Nam

Marginal notes:
33.
Dionyſii
regnum.

Petri
crudelis.

Ferdinan-
dus.

Nam Ferdinando (*anno 1383. æt, 44. reg. 16.*) mortuo abſquø legitimis liberis, Beatrix ejúſque maritus Joannes I. Luſitaniam petebant, tum ſanguini debitam, tum pactis dotalibus ſibi promiſſam. At totis viribus ſe oppoſuerunt Luſitani : Beatricem ex adulterio eſſe conceptam, ac proin juris hæreditarii incapacem : pactis verò nuptialibus non aliud eſſe tranſactum, quàm ut liberi ex Beatrice & Joanne naſcituri in Luſitania ſuccederent : nullos verò ex eo matrimonio natos eſſe liberos (uti nec poſtea nati ſunt) Elegerunt igitur Luſitani ſibi Regem *Joannem* Ferdinandi fratrem nothum, ex

Bellum cum Caſtellanis. Laurentia concubina à Petro Crudeli ſuſceptum. Igitur Caſtellanus armis jus ſuum perſecuturus, cum exercitu in Luſitaniam irrupit anno 1385. & Olyſſiponem, at incaſſum obſedit. Anno verò ſequenti memorabili prælio fuſus, fugatúſque eſt ex Luſitania. Imò anno 1387. Luſitani Anglis juncti in Caſtellanum Regnum iruentes, eas in anguſtias Regem conjecerunt, ut anno 1388. abdicatis ſuis juribus Joannem nothum Luſitaniæ Regem agnoſceret, pace ea conditione impetrata. Atque hac ratione mutuæ vices ſunt redhibitæ. Henricus nothus Luſitanos à Caſtellæ throno, & Joannes nothus Caſtellanos à Luſitaniæ corona excluſit.

34.
Septa Atque hoc pacto *Joannes I.* Luſitaniæ Regnum adeptus, ſtrenuè illud gubernavit. Bello cum Caſtellanis recrudeſcente per inducias pacato, in Mauros felicius arma vertit, eiſque anno 1415. Septam (*Ceutam*) per filios ſuos eripuit. Ex his unus *Henricus*, mathematicis diſciplinis probè imbutus, ac navigationibus aſſvetus anno 1420.

Madera. *Maderam* Inſulam in mari Atlantico detexit. Obiit Joannes I. *an. 1433. æt. 76. reg. 48.* Reliquit ſex filios, Eduardum, Petrum, Henricum, Joannem, Ferdinandum, ex juſto thoro, ex ſequiore *Alphonſum Bragantiæ Ducem*, cujus poſteri thronum aliquandø conſcendent.

Eduardus quinque tantùm annos regnavit, calamitatibus uberes. Nam quinque ejus fratres, magno animo Principes, cùm Luſitanæ anguſtiæ eorum ſpes non implerent, prolaturi in Africam imperium, cum cruce ſignatis, quibus Eugenius IV. peccatorum veniam conceſſerat, anno 1437. expeditionem ſuſcipiunt : ſed planè infauſtam. Nam 6000. militum navibus impoſitis Septam appulſi,

Expeditio Africana infauſta. *Tingim* (Tanger) ad fretum Herculeum urbem, à qua olim Feſſæ & Maroccii regnum *Mauritania Tingitana* eſt appellatum, oppugnare decernunt. Verùm Phutenſis & Maroccius Reges aliíſque Africani Principes cum innumerabili Barbarorum multitudine auxilio accurrunt, conſertóque prælio Luſitanos ad pacem flagitandam cogunt.

gunt. At illi pacem negant, nifi Septa reddita, tota Africa decedatur. Grave id erat, neque in eorum poteſtate : pollicentur tamen, modò incolumibus abire liceat. Dati obſides, ipſe Ferdinandus Princeps, aliique viri primarii. Dimiſſi reliqui in Luſitaniam redierunt. Rex Eduardus ratas habere eas conditiones noluit; luerent obſides, quæ inconſultò tentáſſent, & temerariè promiſiſſent. Relicti igitur in carcere. In quo Ferdinandus illuvie contabuit anno 1443. fexto captivitatis. Sepulchrum ejus Feſſæ loco ſublimi monſtratur; erectum de gente Chriſtiana trophæum. Adhæc peſtis atrox per Luſitaniam graſſata ipſum etiam Eduardum corripuit *an. 1438 æt. 37. reg. 5.*

Filium reliquit unicum *Alphonſum V.* ſexennem puerum (quem jam antea *Principem Portugalliæ* appellari voluit) ſub tutela matris Eleonoræ. Verùm provinciales ea domum remiſſa, Petrum Alphonſi patruum tutorem conſtituunt. Qui decem annos eo munere gnaviter functus, Alphonſo, ſexdecim tunc annos nato, & Regnum, & filiam ſuam uxorem tradidit. Sed remotus à gubernaculo, atque Conimbricæ privatæ vitæ ſe dedens, malorum hominum ſuggeſtionibus à Rege, & cliente, & nepote, & genero, inſidias paſſus, cùm Olyſſiponem occupaturus militem duceret, certamine commiſſo interfectus eſt (*anno 1449.*) Negata diu mortuo ſepultura. Anno ſequente pariter Iſabella Petri filia, Regis conjux mœrore haud dubiè ob necem paternam extincta eſt. Jacobus Petri filius in prælio captus, Romámque miſſus, purpura donatus eſt.

Diuturna in Luſitania pax has turbas excepit ; nam Alphonſus ætate confirmata ſapienter rempublicam geſſit : bello poſtea Maurico felicior quàm Caſtellano. Nam cùm Calixtus V. ad expeditionem in Turcas adornandam eum eſſet cohortatus, huic operi immortuus eſt ; maluerúntque complures Chriſtiani Principes adverſum ſe ipſos, quàm Chriſtianæ fidei hoſtes, bella gerere. Alphonſus tamen milites, quos ad bellum ſacrum conduxerat (cuſa tunc etiam primùm moneta *cruciata*)in Africam duxit, atque Tingim, fruſtra aliàs tentatam, Saraceñis eripuit (*anno 1458.*) — Alphonſus V. — Tingis.

Graviſſimo dein ætate jam devexa bello implicitus cum Caſtellanis (quod *part. 6.* in Caſtellanis retuli) nam Joanna ejus ſoror nupta fuerat Henrico IV. Caſtellæ Regi. Hoc mortuo ingens de regno contentio. Pepererat Joanna filiam, quæ pariter *Joanna* eſt dicta : quam multi Henrico Regi, quem impotentem credebant, ſuppoſitam exiſtimabant : atque *Iſabellam*, ejusdem Henrici ſororem hæredem regni declarabant. Oppofuit fe pro nepte fua Alphonfus V. Rex Lufitaniæ , bellóque Caftellanis illato victus receffit ; fru-ftráque appellato de auxiliis Ludovico XI. Galliæ Rege anno 1480. pacem iniit : qua Caftellam Ifabellæ & Ferdinando Catholico libe-ram reliquit , defponfa tamèn Ifabella , eorum primogenita cum Alphonfi ex filio nepote. Qui tamen nono ætatis anno mortuus , fpes Lufitaniæ deftituit.

Obiit Alphonfus V. anno poft pacem initam proximo 1481. æt. 49. reg. 43. præcipua animi pietate , captivis liberandis , qui vincti in Africa detinebantur , magnam vectigalium partem impendit : man-fueta atque pacata præditus indole , aulicorum tamen fluctibus ob-noxia.

35. Lufitaniæ regnum *Joannes II.* à morte patris fufcepit , ab ani-
Joannes II. mi præftantia & rerum geftarum gloria cognòmento *Magnus.* Gra-ves fimultates cum Caftellæ Regibus per totam vitam , quas pater fimplicius , ipfe callidiùs eóque implacabiliùs , exercuit. Odium in Proceres vertit , quos Caftellæ rebus favere fufpicabatur. Judicio-rum feveritas , in ditionibus etiam Regulorum per lictores infontes exercita, adeò multorum animos à Rege alienaverat, ut armis vin-dicanda privilegia , majorum meritis data , decernerent. Factio-nis iftius feditiofæ capita erant Ferdinandus Dux Brigantinus , & Ja-
Confpira- cobus Vifei Dominus , Regii fanguinis Principes: quos multi ex pri-
tio detecta. mariis familiis Proceres , Ecclefiaftici etiam ordinis , fequebantur.

Atrocis confpirationis indicium hac occafione factum. Conven-tus Regni omninò frequentes Rex Eboræ celebrabat. Procerum in iis libertas conftricta lege. Querebatur *Brigantinus.* Excutiuntur tabulæ , Regúmque Diplomata , Brigantinis Ducibus data. Inve-niuntur in iis inftrumenta ac confilia , cum Rege Caftellæ inita , Rei-publicæ exitialia : atque ad Regem deferuntur. Rex Brigantino amicè exprobrat , condonátque. Negat ille facinus. Si falleret , dira caput fuum imprecatione execratur. Omnia ad fimulationem còmpofita. Animum Ducis non mutat Regis benevolentia ; qui te-ftes perfidiæ litteras clàm habebat. Novo indicio deteguntur vetera
Tragœdia. confilia cum Caftellæ Rege repetita. Conftringitur vinculis Brigan-tinus , atque prolatis tabulis majeftatis damnatus , capitis fupplici-um fubiit, (*anno 1483.*) cum fex aliis nobilibus Lufitanis , confor-tibus fceleris. Fratres ac filii Brigantini in Caftellam fugiunt.

Sed necdum fedata perfidia. Licèt enim Vifei dux propter ætatem teneram fit donatus venia , animi tamen conjuratorum nec
prio-

priori feveritate, nec recenti clementia moventur. Sed clanculùm cœtus agentes, temporum conditionem acèrbè conqueruntur, fervituti proximam : paucorum dominante potentia, reliquos vulgus effe fine auctoritate. Brigantinum, quoniam eam indignitatem ferendam non putâffet, capiteluiffe : ejus exemplum ad fingulos poffe recidere : cædem cæde expiandam. Regè autem fublato, Regnum. Vifeo decernunt. At dum tempus rei perficiendæ exfpectatur, Regi conjuratio detegitur. Impii Regem templo egreffum-perimete parabant. At ille vitato periculo, Vifeum ad fe accerfitum pugione confodit ; illud modò fatus : itò, Brigantino renuntia exitum conjurationis, ab ipfo inchoatæ. Erat Vifeus 20. annorum Juvenis, Emmanuelis, qui poftea regnum eft adeptus, frater fenior: cui Rex omnia perempti fratris bona attribuit. Ex conjuratis aliis nonnulli capti. Eboræ Epifcopus cum aliis in Caftellam aufugit. Ea merces ac finis tetræ confpirationis. Exules poftea ab Emmanuele Rege funt patriæ & fortunis fuis redditi.

Joannes, fupplicio de fontibus fumpto, magna cum laude Regnum geffit, ac fundamentum jecit quæftuofis in Indiam navigationibus, itinere ufque ad *Promontorium Bona Spei* aperto, ut poftea prolixiùs memorabitur. Ut tamen Italico bello adverfus Franciam fe implicaret, nulla Ferdinandi Catholici hortatione addúci poterat, amicitiam à multis annis cum Gallo ftabilem excufans. Et erat Pontifici fubiratus : à quo impetrare non potuerat, ut Georgium ejus ex impare thoro filium diceret legitimum. Deliberatum fiquidem habebat, præteritis legitimis patruelibus ; eundem ex affe hæredem fcribere. Cùm autem facilè profpiceret animo, quantos ea res motus effet concitatura, mutata fententia, Emmanuelem patruelem fuum, perempti Vifei fratrem teftamento defignavit, fubftituto Georgio filio, fi eum contingeret fine prole decedere. Interim verò eundem Emmanueli commendatum Conimbricæ Ducem nominavit. *margin: Promontorium Bonæ Spei.*

His ultima voluntate difpofitis obiit *anno 1495. at. 40. reg. 14.* clementia, pietate, feveritate in fontes, ingenio fublimi ac præftanti, tenaci ac fideli memoria, cætetos fua ætate Reges exæquavit, plures etiam fuperavit. Symbolum ejus erat Pelicanus, fanguine prolecto pullos nutriens, cum Lemmate : *Pro lege & grege.* Sacerdotii cultor erat eximius : manus eas veneratus, quæ & abfolutionem à peccatis, & Chrifti corpus fibi impertirent.

ARTI-

ARTICULUS II.

De Rebus Lusitaniæ sæculo XVI.

Joanne II. magno bonorum luctu extincto, aliqua de successione erat contentio. Alphonsus filius nono ætatis anno decesserat quadriennio ante patrem. Georgium superstitem excludebant natales. Maximilianus Cæsar Emmanuelis patruelis, regnum sibi deberi putabat. Natus siquidem erat ex Eleonora, Alphonsi V. sorore natu maxima, Joannis II. amita : Emmanuel verò ex Ferdinando, Alphonsi fratre juniore, Joannis II. patruo. Contendebat igitur Cæsar, in pari propinquitate priorem spectandam lineam, sive ex fœminea sive ex virili collaterali linea descendat. Se igitur Eleonoræ senioris filium præhabendum Ferdinandi junioris filio.

Emmanuelis causam gentis studia evicerunt, præclaræque dotes corporis & animi, quibus nulli ea ætate Principi concedebat. Igitur Emmanuel proclamatus Rex Lusitaniæ more majorum regni ordines ad generalem conventum convocavit : ubi Georgium defuncti Regis nothum paterno amplexu excepit. Simúlque per Legatos Europæ Principibus inaugurationem suam nuntiavit. Judæis ex Hispania pulsis amplior aliquantò permissa libertas. Decreta in Africam auxilia ; ubi, ùt aliàs memoratum, Joannes I. Septam, Alphonsus V. Tingim & Arcillam ad Oceani littora Mauris abstraxerant. Menesius Arcillæ Præfectus, communicato cum Tingitano Præfecto consilio, insignem de barbaris victoriam reportavit. *Vascus Gama* dein classi à Rege præfectus, Promotiorum Bonæ Spei prætervectus, ipsámque adeò Africam, ad Malabares Calecutum usque penetravit. Quém postea secutus *Alphonsus Albuquerquius*, qui exstructa in Sinu Persico *Ormo*, anno 1510. *Goam* cepit : futuram sedem Lusitani Proregis : excitatis pluribus variis in locis munimentis, ùt pluribus de rebus Indiæ Orientalis dicetur.

Ægerrimis equidem oculis hanc Lusitanorum per vastum Oceanum navigationem & cum Indis commercandi opportunitatem aspexerunt non tantùm Veneti, sed etiam Ægyptii, quorum quæstuosa commercia magnum hac novitate vulnus accipiebant. Quippe eò usque Ægyptii aromata aliásque merces Indicas per mare rubrum Alexandriam deportare consueverant : inde verò Veneti per Mediter-

(marginal notes:)
36.

Emmanuelis regnum.

Gama
Albuquerquius

terraneum & Adriaticum eas devexerunt Venetias : ab ea verò ur-Lis de navi-
be, quà mari quà terra, in omnes Europæ regiones fuerant pro-gatione.
mòtæ, ingenti & Alexandrinorum & Venetorum proventu. At verò per Lusitanos commerciorum alveo mutato, facilè videbant pristini
mercatores, monopolium suum in Lusitaniam transferendum, suá-
que commercia in immensum minuenda.   Quare Veneti, maximè
rem suam agi cernentes, non tantùm Ægyptios sunt hottati, aliósque Africæ incolas, ut Lusitanis resisterent, sed ipsis quoque Indis
metalla subministrârunt, in tormenta adversus Lusitanos, fundenda.
Sed omni industria superior erat Lusitanorum constantia.

- Qui vasta cogitatione, sub Emmanuele gloriosissimo Rege,
omnes orbis-partes complexi, non Orientales duntaxat Indias, magnam partem suis usibus servire coëgerunt ; sed ad Occiduas etiam solis
plagas classe in Americam sub *Alvaro Caprali* emissa, Brasiliam Capralis,
occuparunt (*anno. 1500.*) Ex qua utraque, & Orientali & Occi-Brasilia.
dentali fodina, tantæ Portugalliæ sunt opes partæ, ut aurea Emmanuelis tempora dicerent.   Ne autem Hispani ac Lusitani novos
inventos orbes sibi præriperent, jam antè Alexandri VI. summi Papæ deci-
Pontificis arbitrio cautum est, ut Hispani 180. gradum itinere sio.
maritimo ad Occidentales plagas navigarent, Lusitani verò totidem
in Orientales : nec alter in alterius tractum irrueret : ac proin pars
utraque absque alterius obice intra terminos suos infideles subigeret,
& ad Christi jugum suave adduceret. Qua de re Bellarminus *lib.*
5. de Rom. Pont. cap. 2. ait : *non eo consilio id factum (à Papa) ut*
Reges isti proficiscerentur ad debellandos Reges infideles novi orbis,
& eorum regna occupanda, sed duntaxat, ut adducerentur eo prædi-
catores fidei Christianæ, ac protegerent ac defenderent, cùm ipsos præ-
dicatores, tum Christianos, ab eis conversos.   Et simul ut impedi-
ret contentiones & bella Principum Christianorum, qui in illis novis re-
gionibus negotiari volebant.

Quod ut majori utriusque gentis amicitia nexúque propinqui-
tatis eveniret, actum de conjugali fœdere.   Emmanuel, Rex primò
sibi despondit Isabellam, Alphonsi Portugalliæ olim Principis Sponsam, ea tamen lege, ut Judæos ad exemplum Hispaniæ Lusitania Judæi
pelleret.   Impuberes igitur iis abrepti christiana fide sunt imbuti, pulsi.
reliquis aut religionem mutare, aut solum vertere jussis.   Quo modò alii discesserunt, alii conversi, partim seriò : partim ex simulatione.

Ut

Ut autem hanc conditionem vectigalibus fuis, ùt rebatur ini-
micam, iniret, perfuafit *Ifabellæ*, Ferdinando Catholico prognatæ,
felix tunc conditio.   Nam Joanne ejusdem Regis Catholici filio unico, præmatura morte abrepto, Ifabella primogenita totius Hifpaniæ declarata fuerat hæres.   Et fœcundum erat Emmanuelis cum
Ifabella matrimonium, nato *Michaéle* in fpes Hifpaniæ & Lufitaniæ conjungendæ.   Sed Princeps hic bimus obiit, matrem in partu

Spes fra- defunctam fecutus.   Uterque dolor maximè ad Emmanuelem Regem
ctæ. pertinuit, & maritum, & patrem.   Hifpaniæ jus ad alteram Ferdinandi Catholici filiam Joannam, Philippo Auftriaco nuptam, eft devolutum, quæ eodem anno (1500.) Carolum peperit, quo Michaël obiit.
Necdum tamen Emmanuel Hifpaniæ fpem pofuit : fed *Mariam* duxit anno 1500. ejusdem Ferdinandi Catholici tertiam filiam, prioris fuæ uxoris, priùs jam cognitæ, fororem, adeóque primo affinitatis gradu fibi conjunctam.   Ex qua multa quidem eidem proles :
fed multa pariter Philippo Auftriaco ex Joanna feniore fpes omnes
præcidit Lufitanorum.

Obitus Obiit Rex Emmanuel anno 1521. *æt. 52. reg. 26.* poftquam
Emmanue- Regnum domi compofitum atque eximiè florens, in Africam, Afiam,
lis. & Americam, ingenti tetrarum tractu, & opum acceffione protendit, Princeps pace & bello fummus, ulteriorique ætate multò
digniffimus.   Thori conjugalis, fermè contra morem illius ætatis
Principum, cuftos erat integerrimus : atque ex primo matrimonio
cum Ifabella, Ferdinandi Catholici filia, in fpem utriufque regni,
quod dixi, Michaëlem fuftepit : ex altera prioris forore nati funt
ei octo liberi : Joannes III. qui ei fucceffit : Ifabella Carolo V. Cæfari nupta ; (ex qua natus eft Philippus II. Hifpaniæ Rex ; cum
jure in Lufitaniam : quam propterea confecutus eft poftmodum)
Beatrix Caroli III. Sabaudiæ Ducis conjux : Ludovicus Dux *Pacis*
Juliæ (Beja) qui ex concubina genuit Antonium, magnarum
poftea turbarum fomitem.   Ferdinandus & Alphonfus cœlibes obierunt.   Henricus Cardinalis Rex aliquando futurus.   Eduardus Dux
Vimarinus (*Guimaranes*) ex quo Maria, Alexandro Farnefio nupta, & Catharina Ducis Brigantini uxor.   Unde utrique prætenfio
in Lufitaniam, uti poftea videbimus.

37. *Joannes III.* dignus tanto parente filius : major etiam religio-
Joannes. ne: quam ut utramque Indiam fummopere promovit, miffo ad illas
III. gentes barbaras convertendas S. Francifco Xaverio, ejúfque fociis,
quorum ope innumerabilem hominum multitudinem chriftianè credendi vivendíque principiis imbuit : quo pacto plurimas barbaras

gen-

gentes devictas in libertatem Filiorum Dei afferuit. Dúmque Carolus V. & Francifcus I. ejus coævi, aliique per Europam Principes cruentis.inter fe bellis, vel nullo vel modico fæpe tantarum concuffionum pretio, peitinaciter decertârunt, ipfe 3 f. annis domi in florenti pace, foris gloriofus, Indiarum opibus, & fclatio plenis animarum fpoliis, quiete fruebatur, Lufitania ad felicitatis apicem provecta. Ejus aufpiciis detecta Japonia, multarum deinceps palmarum meffis.

Religio in Indias.

Obiit pientiffimè, uti vixit, anno 1557. æt. 55. reg. 31. Regum omnium fauftiffimus; modò numerofior ei proles ftirpem in ævum propagaret.   Nam ex Catharina Caroli V. forore duas tantùm proles fufcepit, *Joannem*, & Mariam Philippo II. Hifpaniarum Regi nuptam; ex qua Carolus, patris dolor.   *Joannes* ante patrem obiit anno 1554. relicto tamen ex Joanna uxore, Caroli V. filia, Sebaftiano, primùm poft mortem patris, in lucem edito.   *Sebaftianus* igitur pofthumus, tantas in fpes natus, tertio jam vitæ anno Joanni III. Avo in Regno fucceffit, fub tutela primùm Catharinæ aviæ paternæ, quam tamen Henrico Cardinali, defuncti Regis fratti, cedere debuit.   At Princeps, animo præcellenti, ingenio vivaci, indole optima, jam decimo quarto ætatis anno Regni habenas ipfe moderari cœpit.   Eluxit in eo, fub Ecclefiafticorum ferme difciplina educato (informatore præcipuo Ludovico Gonfalvio, viro integerrimo) fpiritus planè igneus, ex lectione expeditionum bellicarum avi fui Caroli V. magis accenfus: ingens fidem Chriftianam apud gentiles propagandi ardor; dicitúrque cogitationem fufcepiffe eundi in Indias, ut præfens tam fanctum opus efficaciùs promoveret.   Sed fatum, nefcio quod, vernantem hunc florem fummo omnium dolore, extinxit, totámque Lufitaniam, florentem adeo hactenus in extremum luctum, calamitatémque præcipitavit. Ita res habet.

38. Sebaftianus.

Mahometes, à patruo fuo Malucco Regno Feffæ & Maroccii deturbatus, auxilia à Rege Sebaftiano petiit.   Qui ardore juventutis flagrans, optimam occafionem fe nactum ratus, & Regem extorrem reponendi in folium, & Regnum Chrifti eas inter gentes proferendi, expeditionem fufcipere decrevit.   Multi, (præfertim Ecclefiaftici) quos maturius judicium collectáque ufu prudentia præ reliquis commendabat, omnibus rationum momentis diffuadebant: aleam difcriminis plenam fufcipi: inftabilem ac fluxam effe Barbarorum ac præcipuè Maurorum fidem. Quid? fi interim difcordes Africæ Principes, dum exteros venire cernunt, inter fe tranfigant? fi undique collecti infidias gens dolis affueta tendat, viarúmque ac locorum ignaros caudinis veluti furcis concludant? fi aperto etiam marte con-

Diffuafio expeditionis.

fligendum, viarum itineribus laſſatis depugnandum cum infinita undique accurrentium Mahometanorum multitudine.   Timendum omnino, ne Ferdinandi Principis, à Barbaris circumſepti captique, exemplum innovetur.

Minimè autem ab ipſo Rege ſuſcipiendam hanc expeditionem,
cujus vitâ vertatur ſalus Luſitaniæ.   Prima eum florete ætate;
necdum Regni hærede eſſe proviſum.   Quid ſi, quod Deus avertat!
ſiniſter incurreret fortunæ caſus? quantæ Regnum florentiſſimum
involuturæ forent ruinæ? Præter Henricum Cardinalem, ætate devexa ſenem, ipſúmque Regem, nullum ſupereſſe virilis ſtirpis; de-
volvendam Luſitaniam, cum India & Braſilia, ad Principes exteros;
quanta orbæ gentis calamitate, facilè quemvis æſtimaturum.   Si
conſtitutum Regi, exulem reſtituère Maurum, mitteret Ducem cum
milite, perſonam ſuam Regno debitam ſacram babeat.

Pugna in-
felix.
Verùm Sebaſtianus Rex præfervidæ indolis, ardorſ́que innati
impetum ſecutus, ſpretis prudentiorum conſiliis, in ſuum interitum
raptus, cum 15000. armatorùm, totius Luſitaniæ viribus, in Africam
properat.   Mahometes cum totidem ferme copiis ei conjungitur.
Maluccus, quamvis æger corpore, aciem ex adverſo inſtruit. 4.
Auguſti anno 1578. conſeritur attox pugna: ſecunda initiò Luſitanis fortuna, tum verò maximè adverſa.   Cùm enim itinere feſſi, &
ſiti aridi adverſus quiete refectos, & loci opportunitate munitos, &
numero prævalidos, fortiùs quàm prudentiùs pugnarent Luſitani, fu-
ſo primùm dextro cornu, tum etiam, deſperata victoria, ſiniſtro per-
rupto, Rex in eo fortiſſimè dimicans, captus, & cùm duo milites de
captivo certarent, à centurione ſuperveniente acinace, ùt fertur,
percuſſus, miſerè interiit, inſpectante Nunnio Maſcarenia, qui fruſtra ad eum defendendum accurrerat. (*1578. æt. 24. reg. 21.*) Ma-

Clades Re-
gis.
hometes fuga in paludem illapſus ſuffocatus eſt.   Maluccus mòrbo
tempore conflictus obiit, morte tamen ejus clàm habita.   Cum Rege Sebaſtiano tota nobilitas, quæ ex tota Luſitania aderat præcipua,
totúsque ferme exercitus, aut in acie cecidit, aut captus eſt, aut
fuga periit.

Tantam certè cladem à ſua origine paſſa nunquam eſt Luſitania: florens antè longa pace, divitiis affluens, nobili ſanguine præ-
fulgens, Regum indigenarum majeſtate ſuperba: jam ubique la-
chrymæ, luctus, ejulatio.   Solymæ deſolatæ, mœrore confectæ, ac

39.
Homericus
Rex.
lamentantis prophetæ ſpecies præferri viſa.   *Henricus Cardinalis*
Sebaſtiani propatruus, Emanuelis filius, Joannis III. frater, unus ex
ſtirpe Regia, 66. annorum ſenex, ſupererat.   Is in tam triſti rerum
facie,

facie, languente licèt atque morboso esset corpore, regnum afflictum capessivit. Cernénsque, tùm ob statum tum ob effœtam ætatem, omnem stemma propagandi spem sibi ademptam, ne post mortem suam omnia miscerentur, omnes Olyssiponem evocavit, qui jus aliquod in Lusitaniam sibi vindicarent. Septem omnino erant competitores. 1. Philippus II. Rex Hispaniæ, ob matrem suam Isabellam Competi-Henrici sororem primogenitam. 2. Emmanuel Philibertus Dux Sa-tores. baudiæ, ob matrem suam Beatricem, Henrici sororem secundò genitam. 3. Rainutius Dux Parmensis Alexandri Farnesii filius, ob matrem suam Mariam, ex Eduardo Duce Vimarino (*Guimaranes*) Henrici fratre natam. 4. Catharina Joanni Duci Brigantino nupta ob patrem suum Eduardum Henrici fratrem. 5. Antonius, ob patrem suum Ludovicum, Henrici fratrem; cujus haud dubie jus fuisset certum, nisi ex concubina fuisset natus. Et hi quidem omnes ex Rege Emanuele avo descendebant. Henrici Cardinalis, ultimi Regis nepotes aut neptes, excepto Rainutio, qui uno gradu erat remotior, jus tamen repræsentationis sibi vindicabat.

Sexto loco competiit Catharina Medicæa Regina Galliæ, quæ asserebat, se solam ex Alphonso III. per Robertum ejus primogenitum legitimis natalibus descendere. Cùm enim idem Alphonsus Mathildim primam uxorem legitimam repudiaret, Dionysium ex concubina ortum esse, omnesque ejus posteros Reges, exclusa Roberti legitima stirpe, per usurpationem Regnum occupâsse. Septimo denique Regni ordines, extincta masculina stirpe jus eligendi novum Regem sibi arrogabant.

Si Regni hæreditas ex jure communi Romano judicio familiæ erciscundæ fuisset dividenda, duo Henrici nepotes, Philippus II. & Lis de Suc-Philibertus Emmanuel, atque ejusdem Henrici neptis, Catharina cessione. Brigantina, tunc in vivis existentes, successissent in capita, & quidem soli, nullo ex Thiis superstite, tanquam gradu proximi ultimo possessori. *Novell. 118. cap. 3. in fin.* Ubi deciditur, quòd jus repræsentationis ultra fratrum aut sororum filios & filias non porrigatur. *Et §. 4. Inst. de legit. agnat. success.* ubi habetur, quòd, si frater aut soror defuncti non sint superstites, hæreditatem non in stirpes, sed in capita esse dividendam, ita, ut nepotes & neptes æquali jure patruo & avunculo succedant. Hoc autem nusquam invenitur correctum.

Sed quia alia in Regnis individuis est succedendi ratio, excluso Philiberto, utpote ex secunda Henrici sorore genito, & Rainutio, gradu uno remotiore, ad Philippum II. & Catharinam Brigantinam devoluta est præcipua controversia, an videlicet Philippus Henrici

ex forore feniore nepos, an verò Catharina ejusdem Henrici ex Juniore fratre neptis, potius jus babeat.   Philippús jure Senioratús
Catharina jure repræfentationis, tanquam repræfentans patrem fuum Eduardúm Henrici fratrem, caufam· fuam tuebatur.   Petita à
variis Europæ Academiis refponfa, quæ tamen caufam magis implicabant. Philippus II. Hifpaniarum Rex, negans, juri repræfentationis locum effe, quando foli fratris, ac fororis liberi exftant, mortuo anno 1580. Henrico (ætatis 68. regni altero) avunculo fuo fucceffit, jure fenioratus: non tamen omnino pacificè; nam Regni ordines, ex veteri à Caftellanis, omnibúsque exteris, averfione, *Antonium* nothum fibi Regem depofcèbant: allegantes exemplum Joannis I. ante 100. annos ad coronam promoti, licèt pollutis ortus fuiffet natalibus.

    V.erùm Philippus, & jure, ùt exiftimabat, & armis omnibus
competitoribus potentior, miffo cum exercitu Duce Albano in Lufitaniam, altero menfe totum Regnum occupavit, accepto à Proceri-
40. bus ac Provincialibus homagio.   Quamvis autem Philippus Rex
Philippus follicitè fatagebat, gentis ftudia & amorem demereri, profectus pro-
Rex. pterea in Lufitaniam, atque integro triennio, ibidem commoratus,
eorum habitum ac mores indutus, monopolium Indici commercii
illis relinqueret, atque judicia non nifi Olyffipone exerceret, fimúlque promitteret, non alium nifi Regii fanguinis Proregem fe miffu-
rum; nihilominus tamen ad propriæ nationis regem adfpirantes,
compofite duntaxat ad fimulationem obfequio parebant: in omnem
occafiónem intenti, qua votis fuis potirentur.

Impofto-   Quare haud pauci faciles aures dabant quatuor impoftoribus,
res. qui Regem Sebaftianum fingebant; primus anno 1585. opificis filius, ad triremes ab Alberto Prorege propterea damnatus. Hunc alter brevi fecutus eremitæ habitu, fune elifo gutture, mendacium
luit.   Tertius, vilis pariter conditionis homo, anno 1595. ob im-
pofturam periit.   Quartus anno 1598. Venetiis Sebaftianum mentitus, vultu, voce, ftatura eidem fimilis, fatebatur, fe in Africano
infelici prælio ante annos 20. captum, fed tandem Divina ope liberatum: tótque arcana prodidit, ut Lufitani, qui Venetiis verfabantur,
eum pro vero fuo Rege haberent.   Sed petente Oratore Hifpano à
fenatu tanquam impoftor relegatus, Florentiam abiit: ubi ab Hifpanis captus, primùm Neapolim, dein in Hifpaniam abductus, ad perpetuum carcerem eft condemnatus, in quo contabuit anno 1601.
Antonius. Non parùm turbarum impoftores ifti, attractis ad fe Lufitanorum pluribus, concitârunt. Sed multò plus negotii Philippo Regi
                                                      facie-

faciebat Princeps *Antonius*, quem impari licèt thoro natum Lusitani Regem declaraverant. Et armatum se ostentabat: sed ab Albano superatus, atque Lusitania ejectus, in Azores insulas profugit, eásque Gallorum ope, quos Strozzio Florentino ductore Catharina Regina miserat, propugnare constituit, sed navali prælio à Sanctacrucio Hispanæ classis præfecto victus, inde quoque aufugit (*anno 1583.*) atque in Angliam delatus, novam ab Elisabetha, Hispanis rebus ubique adversa, impetravit.   Sed irrito conatu tentavit Lusitaniam (*anno 1589.*) Tandem in Galliam exulatum abiit: ibidémque obiit anno 1595.

Atque hac ratione Lusitania Philippo II. confirmata 60. annis ejus familiæ adhæsit, ad Philippum III. & IV. propagata, ad annum usque 1640. quo Lusitani, excusso Hispanorum Imperio, Regem sibi elegerúnt Joannem Ducem Bragantinum, ex Catharina Joannis III. & Henrici nepte legitimè descendentem: in cujus gloriosa stirpe hodiedum Lusitaniæ corona floret eximiè.

Quamvis autem in Lusitania nulla inveniam celebrata Concilia, Religio nihilominus in illa apprimè in hanc usque diem floret, Regum auctoritate, Episcoporum ac totius Cleri vigilantia, & sactæ Inquisitionis, ibidem, uti in Hispania, erectæ, severitate perpetuò conservata.   Quomodo autem eadem per utramque Indiam sit propagata, ingenti prorsus Ecclesiæ incremento, ad Sæculum XVII. recensendum reservo; cùm aliàs tractatio de rebus Sæculi XVI. in majorem, quàm voluerim, molem excreverit.   De statu tamen Civili & Ecclesiastico Angliæ & Scotiæ per modum appendicis disserendum judicio, ne rerum schema ad Sæculum usque XVI. deductum, in ultimis Sæculis deficiat·   Quamvis in Regnis illis ob perturbationem Reipublicæ, dominantésque hæreses nulla ampliùs legitima celebrari potuerint Concilia.

Status Ecclesiasticus.

CAPUT III.

Schema Rerum Anglicarum sæculo XVI.

SIcut in reliquis Europæ Regnis ingentes Sæculum XVI. mutationes attulit, ita etiam in Anglia, non in civilibus duntaxat rebus, sed quàm maximè in Ecclesiasticis. Illas primo, has secúndo Articulo persequemur.

ARTI-

ARTICULUS I.

Status Angliæ Civilis.

41.   A Nglia nuptiali fœderè à Normannis ad Domum Andegavenſem translata, ultra 300. annos in eadem graviſſimos inter tumultus, quod prioribus ſæculis memoratum, eſt jaĉtata; maximè, poſtquam Eduardus III. anno 1377. inter tres filios ſuos hæreditatem ita diviſit, ut primus Regnum conſequeretur, alter Lancaſtriæ, tertius Eboraci Dux crearetur. Tres enim hæ familiæ, ſtirpis ejusdem rami, tam obſtinato inter ſe odio decertârunt, ut altera alteram throno dejiceret, & Anglia frequenti Regum, Regiorumque Principum ſanguine redundaret.

§. 1. *Henricus VII.*

Tandem verò *Henricus Richemondiæ Comes*, ex familia Tudoria, antea ſatis obſcura, natus, exorſus & ipſe Regnum à Principum ſanguine, Domum Lancaſtrienſem & Eboracenſem, internecinis diſcordis jam diu laceratas, in ſe ipſo coadunavit, dum ex matre Lancaſtrenſi deſcendens, Eliſabetham Eboracenſem matrimonio ſibi junxit. Neque tamen regni ſecurum ſe credidit, donec anno 1499. Eduardum comitem Warvicenſem, ultimum ex Eboracenſi ſtirpe ſurculum ſuccidit. Nec defuêre duo impoſtores, quorum unus hunc comitem Warvicenſem, alter Eduardum IV. Regem ſimularet, multóque milite in Scotia & Hibernia colleĉto in Angliam irruerent. Sed prælio viĉti, alter occiſus, alter ad infimam conditionem redaĉtus eſt.

Poſtea hic novus ex ſtirpe Tudoria Rex *Henricus VII.* (Richemontius antea Comes) tranquilla in pace, ac præcellenti ſapientiæ commendatione regnavit, ut adeò Angliæ Salomon, & ipſe atque Ludovicus XI. & Ferdinandus Catholicus, coævi, *tres Magi Occidentales* dicerentur. Extra Angliam bellum unicum, nec magnum nec diuturnum, geſſit cum Carolo VIII. Galliæ Rege. Cùm enim is Annam Britannam Maximiliani Cæſaris ſponſam rapuiſſet, fœdere cum hoc inito Picardiam invaſit, & Bononiam obſedit. Sed brevi pace compoſita in Angliam ſuam receſſit. Ibíque obiit anno 1509. æt.52. reg.24.

Avus ejus erat Owenus Tudor ex infima Walliæ nobilitate, iis tamen corporis & animi dotibus præditus, ut Catharina, Caroli VI. Galliæ Regis filia, Henrici V. Angliæ Regis vidua, ſecundis eum nuptiis conjugem adoptaret. Inde familiæ ſplendor. Nam Edmundus Tudor, his parentibus natus, diĉtus eſt Richmondiæ Comes, na-

ĉtus

&us in conjugem Margaretham ex Lancastrensi Regia Domo, quæ ipsi peperit Henricum VII.

Is ex Elisabetha, Domus Regiæ Eboracensis hærede, quatuor liberos genuit, 1. Arthurum, cum Catharina Ferdinandi Catholici filia desponsum, sed jam 16. ætatis anno mortuum. 2. Henricum VIII. de quo mox plura. 3. Margaritham, Jacobo IV. Scotiæ Regi nuptam. Quo titulo postea Anglia Scotiæ juncta est. 4. Mariam Ludovici XII. Galliæ Regis conjugem.

§. 2. *Henricus VIII.*

Successit *Henricus VIII.* filius; qui brevi ingentes thesauros pecuniæ, quos pater cum indignatione populi collegerat, luxu perdidit. Sex uxores (si tamen omnes uxores) habuit. 1. *Catharinam* Ferdinandi Catholici filiam natu minimam, Arthuri fratris primo conjugii anno viduam; quam duxit, quamprimum Regnum adeptus est, anno videlicet 1509. eam tamen post 20. conjugii annos, postquam quinque liberos, tres filios & duas filias, ex ea susceperat, repudiavit, flagranti in Annam Bolenam amore insaniens, id nefando consilio causæ prætexens, matrimonium cum Catharina fuisse invalidum, eò quòd priùs Arthuro fuerit nupta, licèt Pontifex Julius II. in eo impedimento dispensârit. Catharina anno 1531. repudiata, quinque annos extra aulam supervixit.

2. *Annam Bolenam*, propriam, ùt plures, etiam Protestantes, scribunt, filiam, ex uxore Thomæ Boleni, quem in Galliam legatum miserat, susceptam. Ajúntque, Regi interroganti, quantum foret piaculum, si quis post matrem cognosceret filiam, quendam ex aulæ parasitis respondisse, non majus fore, ac si quis post gallinam pullum comederet. In Gallia educata corporis prostituti infamia laborabat. In Angliam redux saltando primùm Regem fascinavit. Dein matris suggestione, quæ optimè Regem nôverat, pudicitiæ simulatione omne extra matrimonium carnale commercium negans, nuptias tandem sacrilegas impetravit anno 1533. Vehementer se opposuerant Ecclesiastici & Politici ordinis homines nuptiis, tam adulterinis, & tam imparibus: nec cessabant fornicarios ejusdem fœminæ, & adulterinos concubitus proponere. Frustra omnia, corde Regis jam fascinato ac demendato. Neque contracto jam adulterino matrimonio exempla evagantis fidei conjugalis, in hac pellice deerant. Quæ tamen omnia Rex amore captus obtrectationes reputabat: donec Bolena Rege inspectante cuidam nobili, in quodam spectaculo sudanti, strophiolum projiceret. Tum enim verò Rex ita æstuans, severa quæstione habita, Bolenam de pluribus adulteriis,

cum

cum Norrifio, Weftono, Breretono, Smetono mufico, ipfóque ejus fratre Georgio, commiffis convictam, fecuri percuti juffit. Et quidem ipfe pater Annæ Thomas Bollenus, quem Rex ad fummas dignitates evexerat, feralem mortis fententiam in filiam ac filium ceu judicii præfes ferre debuit. (anno 1536.)

3. *Joannam Semeriam*, five *Semeyram*, quam altero mox die Reginam dixit. Sed vertente anno in partu obiit. (*1537.*) 4. *Annam Clivenfem*, quam ex Germania adductam, cùm ectypon pulchrius effet prototypo, mox repudiavit; Thoma Cromvelle Effexiæ Comite, qui bas ei nuptias perfuaferat, capite plexo (*anno 1540.*) 5. *Catharinam Hovardam*; quam Rex eo prætextu, quod non invenerit virginem, altero anno publicè occidi juffit. 6. *Catharinam Parræam*, quæ duos jam antè maritos habuerat, & poft Regis mortem quarto nupta eft.

Quamvis autem voluptatibus, commeffationibus, luxui, crudelitati, totus indulgeret, immani tyrannide fæviret, ac facra omnia, fe caput Ecclefiæ efferens, profanis, ùt poftea dicetur, mifceret, Angliam tamen utcunque in pace continuit, quà metu, quà largitionibus, & Ecclefiafticis fpoliis in canum rictus, ne latrarent, ingeftis. Abdomen fafciis geftabat adeò enorme, ut pedibus incedere non amplius poffet, forésque cubilium ampliari oportuerit.

Bella cum externis inchoavit potiùs, quàm geffit. Ut Europæ ftateram in æquilibrio confervaret, Carolum V. inter & Francifcum I. medius, id cavebat, ne alterutrius potentia nimiùm crefceret. *Ejus bella.* Hinc plura adverfus Gallos bella orfus, nullum perfecit. Sed ubi Auftriacæ vires lancem alteram fuperabant, ipfe, pondere fuo fubtracto, æquilibrium reftituere fatagebat; perpetuis interim eorum difcordiis bellisque tutus; quin imò ab utraque parte fummis officiis cultus, ut in armorum focietatem pertrahatur.

Et quidem anno 1511. cùm Ludovicus XII. potentiam fuam per Italiam nimiùm extendere videretur, cum Julio II. Maximiliano Cæfare, & Ferdinando Catbolico, focero fuo, fœdus adverfus eundem iniit, & anno 1513. in Belgio Tervanam & Tornacum occupavit. Verùm cùm lances ad æqualitatem erant reductæ, anno 1514. & pacem, & fororem fuam Ludovico conjugem dedit. Carolo V. ad Imperium evecto focius acceffit adverfus Francifcum I. fub initiis Regni fui in Italia rurfus dominantem; fed ubi eo victo, & capto, atque Gallis Italia ejectis maxima rei gerendæ erat opportunitas, fe alteri iterum lanci injecit, ac pondus addidit, ne Caroli V. nimiùm excrefcerent vires.

Anno

Anno 1546. Carolo V. denuo junctus, Franciscum I. in Picardia aggressus est. Sed dum Angli lentam in obsidione Bononiæ moram trahunt, levis omnino expeditionis fructus fuit. Cùm Scotiæ etiam Regibus collisus, victoriam retulit: uti suo loco dicetur.

Præcipuum rerum administrum habuit *Thomam Volsæum*, in- 43.
finitæ ambitionis virum, qui & Regnum & Regem diu impotenter re- Volsæus.
gebat, ac præcipitabat. Hic novus homo, lanionis filius, absolutis
literarum studiis, statum Ecclesiasticum complexus, sacellanum aulicum agebat: anno 1513. ad Episcopatum Tornacensem in Belgio promotus: sequenti ad Lincolniensem in Anglia: anno 1515. ad Archiepiscopatum Eboracensem. Mox Cardinalis dictus, & Cancellarius Angliæ, ad summum quoque Pontificatum vehementer adspirabat, ac
propterea partes Caroli V. adversùs Franciscum I. omnibus viribus
promovebat: magnis vicissim honoribus ab eo veluti pater cultus.

Verùm cùm anno 1522. mortuo Leoni X. Hadrianus VI. Caroli
quondam Moderator ejusdem commendatione subrogaretur, Volsæus,
concepto in Carolum odio, studium omne in Franciscum ejus æmulum convertit, Angliámque in ejus partes inclinavit, frater propterea
à Francisco Rege appellatus: omnibúsque honorum officiis demulsus,
atque, ut odium in Cæsarem omnibus viis exprōmeret, tragœdiam
orsus est toti Angliæ fatalem. Eam nempe Regi cogitationem ingessit,
ut facto cum Catharina (Caroli V. matertera) divortio, Margaretham Francisci I. Galliæ Regis sororem ducat. Nam præterquam,
quòd Catharina Volsæo ac Regi propter modestiam ac probitatem esset invisa, negabat impius Præsul, Henricum bona conscientia in eo
conjugio posse persistere. Irritum quippe illud esse, quia in primo
affinitatis gradu contractum: effecturum se, ut ipse Pontifex, declarato matrimonii vitio, divortium approbet.

Grata hæc erat Cardinalis oratio auribus Regis, cujus libido in
Annam Bolenam jam ardebat. Simulans igitur, se Galliæ Regis sororem ducturum, Volsæo negotium cum Clemente VII. transigendum
committit. At cùm is negaret, rem tanti momenti tam facilè concludi posse, mittíque Romam à Rege & Regina Procuratores peteret, qui causam agerent ex juris ordine, Rex causæ diffisus, in Anglia judicium haberi voluit: cúmque alii hac de re multùm ubique
disceptarent, ipse moræ pertæsus, Alexandri gladio nodum solven-
dúm duxit: atque anno 1531. tanquam in hac causa competens esset
Judex, sententiam divortii pronuntiavit.

Volſæo exedendum erat, quod intriverat. Nam quia promiſſo, approbationem Romanam ſe obtenturum, ſtare non poterat., Regis, quem totum antè poſſidebat, gratia. excidit. Tunc, enim verò cernere licuit fluxas rerum humanarum vices, qui 400. hominum, quos inter Comites & Barones, nobili famulatu ſtipatus inceſſerat; qui totum Regnum manu ſuâ verſaverat; cujus epiſtolæ hoc turgente typho ſuperbiverant: *Ego & Rex meus*; is à ſummo dignitatis ac potentiæ faſtigio repente deturbatus, honoribus ac bonis exutus, atque ex aula ad Archiepiſcopatum ſuum Eboracenſem relegatus, cùm inde ad dicendam cauſam Londinum citaretur, metu ac mœrore in itinere extinctus eſt. *(anno 1530.)* Quem ridens fortuna ideo duntaxat altiùs videtur extuliſſe, ut lapſu graviore præcipitaret: verè expertum, malum conſilium conſultori peſſimum: ferendum tamen, niſi & Regem & Regnum præcipitaſſet in ruinam animarum immortalium, nunquam ſatis deplorandam.

Mors Henrici. Obiit infelix Rex anno 1547. æt. 56. reg 38. exclamans in morte: *Amici! omnia perdidimus, Regnum, vitam, animam.* Reliquit tres liberos: Mariam ex Catharina prima ac legitima conjuge, Eliſabetham ex Anna Bolena, & Eduardum ex Semeria. His ſucceſſionem in Regno ita teſtamento diſpoſuit, ut primò ſuccederet Eduardus, dein Maria, poſtremò Eliſabetha. Cæterùm Henricus VIII. primus ſe Angliæ & *Hiberniæ Regem* ſcripſit; cùm anteriores Reges tantùm *Hiberniæ Domini* ſint appellati, nempè ſicut ſe ipſum caput Eccleſiæ Anglicanæ creavit, absque ullo totius antiquitatis exemplo, ita etiam Regem Hiberniæ,

§. 2.

Eduardus VI. & Maria.

44. Semeyrus. NAtus ex Joanna Semeria (alii *Semeyram* ſcribunt) decimo ætatis anno ſucceſſit Patri, quamvis autem 16. tutores ei fuerant attributi à patre, nihilominus tamen *Eduardus Semeyrus, Dux Somerſeti* ejus avunculus rerum ſummam Angliæ Protectoris nomine ad ſe traxit. Cogitabat is equidem Eduardum Regem nepotem ſuum cum Maria Scotiæ Regina connubio jungere. Sed illa à Gallis prærepta Franciſco II. tunc Delphino nupſit. Nihil perniciofius Regno malignò hoc Protectore, qui & Regem & Regnum penitus in hæreſin præcipitavit.

Oppoſui

Oppofuit fe Ducis hujus Somerfetani arrogatæ poteftati *Joannes* Dudlæus. *Dudlæus Dux Northumbriæ*, eò usque, ut judicio condemnatus anno 1552. capite minutus fuerit. Igitur Dudlæus in locum Somerfetani furrogatus Eduardum Regem ita in poteftate habuit, ut eidem perfuaderet, forores fuas ad Regnum effe inhabiles, utpote prima ex inceftu, alteram ex adulterio natam: eóque adolefcentem adduxit, ut fororibus teftamento exclufis, *Joannam Grayam*, Henrici VII. ex filia proneptem, hæredem fcriberet. Hanc verò, ut palàm appare- Graya. ret, quò ejus confilia còllimarent, filio fuo defpondit, anno 1553.

Obiit paulò poft Eduardus Rex eodem anno, æt. 16. reg. 6. Dud- 45. læus mox produxit ejus teftamentum, & Joannam proclamavit Regi- Maria. nam. At major & fanior pars *Mariæ* adhærens, eandem in folio collocavit. Maria igitur, quam matris fata maximè tangebant, ex ærumnofa vita, quam hactenus ducebat, & exilio ad regnum evecta, Dudlæum, cùm Joanna Graya ejúsque patre Suffolciæ Duce à Senatu tanquam perduelles ad mortis fupplicium condemnari permifit. Tum ad reparandas Religionis ruinas converfa, ope *Reginaldi Poli* Cardinalis, totum Regnum ad Catholicam Religionem reduxit: feveritate etiam in pervicaces exprompta.

Erat autem Polus oriundus ex Regia Eboracenfi familia ; cujus Polus. avus maternus Georgius Eduardi IV. Regis frater exftitit. Propter hanc autem cognationem, quam Domus Tudoria extinctam volebat, in exilio usque ad Mariæ Regnum vitam agebat. Nec nullam omnino fpem habuiffe dicitur, ineundi matrimonium cum Maria Regina, ut omnia Domus Eboracenfis & Tudoriæ jura confolidaréntur. Sed Philippus II. Caroli V. filius has fpes fuccidit, & Mariam Reginam conjugem eft fortitus. *(anno 1554.)* Verùm fummo omnium bonorum dolore thorus, tanta exfpectatione orbem fufpendens, remanfit fterilis.

Quamvis autem pactis nuptialibus conditionem eam Maria appofuerit, ne bellis mariti externis fe mifcere debeat, anno tamen 1557. eidem, in Picardiam irruenti opem tulit: haud exiguo Angliæ damno; nam anno fequenti Caleti portum, quem ultra 200. annos poffederat, amifit, à Francifco Guifio poft cladem Sanquintinam expugnatum. Dum autem Regiæ copiæ in Galliam erant averfæ, complures Angli, Hifpanæ nationis odio feditionem concitârunt, auctore Thoma Staffordiæ Duce; qui culpam capite luit.

Verùm mox triftior multò turbo Angliam concuffit per mortem Mariæ Reginæ, anno 1558. fummo Religionis, quam plenè reftituerat, detrimento, extinctam, æt. 42. reg. 5. arcano Dei judicio ita ordinante, ut brevem fæpe bonis, longævam malis vitam indulgeat:

credo,

credo, ut illis cœlum, his terram largiatur : illorum præmium acce-
leret, horum pœnam pro clementia sua retardet.

§. 3.

Elisabetha.

46.   POst luctuosam Mariæ mortem, mox *Elisabetha*, ejus soror, Henrici VIII. ex Anna Bolena filia, non attento natalium vitio, throno
imponitur. Cui nuptias obtulit Philippus[1], qui pluries eam morti

Nuptias eripuerat ; sed repulsam tulit, ea excusatione prætexta, non posse
repudiat. eam inter & sororis suæ maritum connubium subsistere, nec posse
Pontificem ulla dispensatione legitimum reddere. Hac quippe ratione
natales suos legitimate nitebatur, quòd eam ob causam matrimonium
Henrici cum Catharina irritum fuerit. At aliter judicavit non tantùm Ecclesia, ejúsque supremus Antistes, sed ipse etiam Rex Henricus ante mortem, imò tota Anglia, dum Mariam Elisabethæ prætulerunt in deferendo Regno. Quòd nunquam fuissent facturi, si illam
illegitimè, hanc legitimè natam credidissent. Nôrant quippe, judiciales veteris tabulæ leges christianam non ligare Ecclesiam.

In religio-   Elisabetha autem odio Romanæ Ecclesiæ, cujus doctrinâ ipsa ex adul-
nem gras- terio nata judicabatur, immani mox tyrannide in Religionem grassata,
satur novum prorsus & ante eam diem inauditum systema invexit, retentis
antiquis ritibus ac ceremoniis, in multis Calvinum sectabatur : unde
ingens religionis confusio, & sectarum colluvies orta est. Verùm

& Hispa- hæc postea uberiùs veniet describenda ; uti etiam, quàm iniquè ac
nos. barbarè Mariam Scotiæ Reginam, ad quam jure hæreditario Angliæ
Regnum pertinebat, per carnificem publico in theatro occiderit, una
cum Norfolciæ Duce, ac plurimis Sacerdotibus, immani prorsus laniena. Hispanæ classis historiam supra narravi. Hispaniæ Regem,
cui toties vitam conservatam debuit, tota vita est persecuta. Hinc
rebelles Belgas omni ope sustentabat: Alensonium, Casimirum, Lei-
cestrium immisit. Antonium nothum Lusitaniæ throno imponere omni
virium contentione laborabat : missis in Americam classibus portus,
insulas, provincias Hispanis rapuit, aurum & argentum Indicum intercepit ; Francisco Draco sedulò invigilante, non ad custodiendos
auriferos Hesperidum hortos, sed diripiendos : & ubi ubi se dabat
occasio, Hispanos infestavit.

Ut

Vt autem oftenderet, fe neminem rebellium prætermittere,   47.
quem non contra Principem fuum adjuvaret, etiam Hugonotis inEludit pro-
Gallia valida mifit auxilia, erepto anno 1562. Portu Gratiæ. Nu-cos.
bere nunquam ferio voluit, ut amores fuos haberet liberos: quamvis
magni proci eam ambirent, Rex Hifpaniæ, Rex Sueciæ Ericus XIV.
Dux Alenfonius, Joannes Auftriacus, Dux Andegavenfis, Comes
Leiceftrius &c. Sed vaga fœmina omnes delufit. Nemini tamen
amores infelicius verterunt, quàm Roberto *Comiti Effexio* intimæ
admiffionis miniftro, quo nullus Reginæ potentior, uffit Cecilium
aliósque aulicos gratiæ invidia. Vt ergo hunc amafium fternerent,
expeditionibus longinquis eum præfici curârunt. Ac primò quidem
anno 1595. cum claffe miffus Gades occupavit, fed mox majori cum
dedecore rurfus amifit æmulorum fraude. Tum verò Hibernia ei decreta provincia (anno 1599.) ut tumultus ibidem ortos, componeret: redire vetitus, nifi Reginæ mandato. Rediit tamen: & cùm eidem in cubili fuperveniret necdum fucatæ & comptæ, tota gratia ex-
cidens, primò in carcerem conjectus eft, dein capite plexus, idem
fatum plures ejus amafios excepit. Hinc negant aliqui, eam feptentrionalis Americæ provinciam, quam in Canada ad mare Boreale Angli anno 1585. Elifabethæ aufpiciis occupârunt, in ejus honorem bene
appellatam effe *Virginiam.*

Obiit tandem Elifabetha, quam velut Deam immenfis laudibus
in cœlum tollunt pennæ Proteftantium anno 1603. æt. 70. reg. 44. de
re Angliæ politica non malè merita, de religione autem peffimè: uti
mox fubjiciam.

ARTICVLVS II.

Status Angliæ Ecclefiafticus fæculo XVI.

Anglia tot olim Sanctos protulit, aliisque per orbem gentibus
dedit Apoftolos, ut non tam ab Anglis, Saxoniæ populo,
quàm ab Angelórum patria nomen traxiffe videatur. Plura
equidem de illius tam civili quàm politico ftatu in fuperioribus partibus differui. Aliqua nihilominus hîc velut in pugnum conftringam,
ut ex antithefi luculentiùs patefcat, quantùm à fe ipfa, infelici religionis mutatione, fæculo XVI. degenerârit.

Velut obfcuræ paffim funt primæ rerum origines, ita anceps fer-   48.
vet difceptatio, quo tempore & à quibus primò in Angliam introducta   Origo fi-
                                     Nnnnn 3   fit dei.

fit christiana Religio.   Alii *Josephum ab Arimathia* primum illius Apostolum faciunt.   Alii primùm sæculo II. inclinante illuxisse fidei lumen
putant per *Fugatium* & *Damianum*, quos *Lucius* Rex ab *Eleutherio*
Papa impetrârat.   Cùm autem Angli gentiles in Britanniam delati jacta
feliciter femina in tenella illa Ecclesia magnam partem suffocâssent,
Gregòrius M. sub finem sæculi VI. *Augustinum* & *Melitum* submisit,
ab Ethelberto benignè susceptos, qui Doroverniæ (quæ postea Can-
tuaria.dicta est, stabilem eis sedem assignavit, ubi Apostolicis.labori-
bus intenti, multos christianæ vitæ principiis imbutos baptizârunt:
atque inter hos ipsum etiam Regem Ethelbertum, accedente. hortatione uxoris christianæ.   Mox igitur delubra in Dei templa conversa,
erecta altaria, cultúsque sacer institutus : ad quem amplificandum
ipse etiam S. Gregorius sacra altarium & sacris operantium ornamenta
Romà transmisit, cum sanctorum Martyrum reliquiis, religiosè asser-
vandis : prout ipse Pakerus, licèt Acatholicus, in *Antiq. Bitan.
fol. 35.* fatetur.   Sed redarguit Gregorium & Augustinum tanquam
inventores hujus cultus.   Verùm Pakerum nervosè refutat Alfordus
in *Annal. Eccles. Anglo-Sax. pag. 121.* ubi eruditè ostendit, jam sub
finem sæculi II. tempore Lucii Regis eos ritus in Anglia obtinuisse.

Singularis   Ab eo deinceps tempore summopere viguit cultus is atque Reli-
cultus.   gio, quam hodiedum tenet ac profitetur Catholica Ecclesia, cum
peculiari in sedem Apostolicàm plerorumque Regum observantia; quàm
plures ad eandem datæ epistolæ hodiedum loquuntur, & quidem eò
usque, ut Regnum suum eidem vectigale facerent, indicto per singu-
las domos nummo: continuato usque ad Henricum VIII. ùt Polydorus
observat, pio more.

Per plures igitur quàm mille annos Christiana Religio, Romano-
Catbolica, viridi in flore ad singulare Regni decus, & totius Ecclesiæ
ornamentum, bonorúmque omnium solatium, jugiter est conservata :
ut adeò ad initium sæculi XVI. in Anglia tantum duo quidem essent
Archiepiscopatus, Cantuariensis, & Eboracensis, ea tamen amplitudine, ut illi 23. Episcopatus comprovinciales essent inserti.   In quibus 9284. Parochiales Ecclesiæ.

At verò, postquám Henricus VIII. sæculo XVI. libidinis indo-
mitæ impetu sacrata matrimonii vincula perfregit, & ab Ecclesiæ unione
se separavit, heu ! quanta mutatio ! sanguineis lachrymis nunquam
satis deflenda, squalida, deserta, abjecta jacebat religio, cultoribus
vacua ; profanata templa, spoliata sacra asceteria, sacerdotes ejecti,
cursitabant lictores, scatebant ergastula, gemebant catastæ, stride-
bant catenæ ; furebant secures, enses, rotæ, patibula: dira, sæva,
bar-

barbara undique tyrannis circumfremuit; ea crudelitate, iisque ad-
inventis novis atque inauditis tormentorum suppliciis, ut pristinæ
gentilium persecutiones ludus videri potuerint. Juvat pressæ atque
depressæ Anglicanæ Ecclesiæ ruinas, atque calamitates tremente hor-
roribus penna breviter describere.

§. I.
Ecclesiæ Anglicanæ status sub Henrico VIII.

POstquam Religio in Anglia millenos & ultra annos ad omnium bo-   49.
    norum solatium ac voluptatem quàm spectatissimè floruit, unius Initia Hen-
Principis indomita libido eandem miserrimè devastavit. Henricus VIII. rici bona.
is erat, initio Regni non malus; imò etiam bene de Ecclesia meritus.
Nam Julii II. quem caput totius Ecclesiæ Christianæ venerabatur,
partes secutus, Conciliabulum Pisanum est execratus, & Regni sui
Episcopos ad Concilium Lateranense V. dimisit.

Addidit singulare Catbolicæ pietatis decus, cùm adversus Lutherum, in Germania tunc insanientem, librum de sacramentis scripsit, sacta doctrina & eruditione adeò conspicuum, ut à Leone X.
Defensor Fidei meritò sit appellatus. Verùm quantò melior erat,
tantò turpiùs à se ipso descivit, per omnes libidinum spurcitias volu-
tatus. Quippe amores ejus à Catharina conjuge lectissimá averterant,
tum insatiabilis voluptatem cupiditas, tum morum dissimilitudo, quæ
fastidium in dies augebat. Illa ad omnem probitatem prona, humili Antithesis.
corporis cultu, modestia, diurnis nocturnísque precibus, jejuniis,
frequenti peccatorum expiatione, aliisque virtutum exercitiis præ-
cellebat.

Henricus contra juvenili æstu abreptus, levis, saltator, in libidines effusus, frequens in gynæceo, rarus in templo, contempto conjugali thalamo, nobilium fœminarum pudori passim insidiatus: stupris,
lenóciniis, adulteriis prostitutus. Volsæus cognito Regis averso à
Regina animo, ut Carolo Cæsari Catharinæ nepoti ægrè faciat, Henrico placeat, Francisci I. res promoveat, Angliæ & Galliæ rationes
ac studia conjungat, Regem interpellat, irritum esse matrimonium Volsæus.
cum Arthuri uxore initum: nefas esse in eo persistere: adesse Francisci I. Galliæ Regis sororem, forma præstantem. Eo conjugio firmandam utriusque Regis amicitiam: Clementem VII. à Carolo Cæsare prædominante in custodia detentum, & filios Francisci, Madriti
pro patre obsides, liberatum iri.

                                  Decreta

Decreta igitur in Gallias legatio, cujus ipfe Volfæus princeps.
At vix Caletum pervenerat, cùm arcana à Rege mandata accipit,
ut cætera quidem exequeretur, de matrimonio autem cum Regis

Amoris in-forore ineundo altùm fileret   Jam enim Henricus impotenti amore
fania. tenebatur Annæ Bolenæ. Quæ matris, Regis indolem optimè perno-
fcentis, inftructione erudita, meretricium animum larva quadam pudoris obtegebat, negavítque, fe corporis copiam ulli facturam, nifi
conjugali fœdere tecum fociato. Repulfa non iram, fed flammam in
Henrico excitavit. Statuit proin fecum, ut libidinem expleret,
hanc mulierculam, perruptis omnibus legum Divinarum repagulis,
uxorem ducere. En pulchram Anglicæ reformationis epocham!

Cramerus Obierat fub id tempus Varanus Cantuarienfis Antiftes, vir ad-
& Lejus. modum probus; cujus in locum ut Henricus fubrogaret hominem fibi
obnoxium, & in vota fua verfatilem, defignavit *Thomam Cramme-*
rum; cujus religio & difciplina ad mentem Regis erat compofita.
Similis farinæ adulator & aulæ parafitus erat *Lejus* Eboracenfis Archi-
Præful. His Cleri in Anglia principibus in vota fua iniqua flexis,
cùm Pontifex in d.vortium nollet confentire, Rex bona Ecclefiaftica
Bona Ec- univerfa *cadere in commiffum*, ac regio ærario inferenda decrevit;
clefiarum. quòd Pontificis Romani auctoritatem contra regia mandata clerici
propugnarent. Clerus omni deftitutus patrocinio, cùm uterque Archiepifcopus in impiam petitionem confentiret, 40000 aureorum obtulit, ad obtinendam, ùt ajebat, culpæ veniàm, fupplicans, ut reliquam fibi pœnam condonaret, pro ea, quam in Clerum æquè ac
Caput Ec- laicos fummam haberet poteftatem. Atque hæc Ecclefiaftici ordinis
clefiæ. prævaricatio primam Regi cogitationem injecit, ùt Ecclefiæ fe Anglicanæ caput diceret.

Ex his iniquitatis principiis tetriorem tempeftatem prævidens
Thomas Morus, vir integerrimus, poft Volfei cafum ad cancellarii munus evectus, officium depofuit. Suffectúfquè eft Audlæus,
vilis fortunæ homo, cui ad augendum fplendorem monafterium
locuples Londini Rex attribuit, Canonicis Regularibus ad alia cœ-
fo. nobia dimiffis. Clemens autem VII. fub anathematis pœna vetuit,
Triumvi- ne lite pendente novum iniret conjugium. Sed ille jam datus in
ratus. fenfum reprobum, ruptis vinculis Bolenam clàm uxorem duxit,
nuptiis affiftente ante folis ortum Rolando presbytero quodam móxque in gratiam pellicis *Thomam Cromvellum*, Lutheranæ factionis
hominem ac clero infenfum, una cum *Crammero* & *Audlæo* ad rerum clavum evexit, ut ex impii hujus triumviratus, ad omne nefas audendum projecti, fententia res publica gubernetur.

Ab

Ab his Regi perfuafum, ut in comitiis Regni ab omnibus Ecclefiafticis novum facramentum exigat, quo eandem, quam aliàs Pontifici Romano, obedientiam fibi jurarent, in caufis etiam Ecclefiafticis & fpiritualibus. Impulfus omnium primus Joannes *Fifcherus* Fifcherus
Epifcopus Roffenfis, fumma apud omnes probitatis & eruditionis
laude celebratus, deceptus juravit, ea tamen adjecta cautela (*quantùm per Dei verbum liceret*) Hac columna concuffa reliqui facilè fequebantur. Ab eo igitur tempore Henricus caput Anglicanæ Ecclefiæ apertè fe extulit, Cromvello homine laico, imò hæretico Vicario fuo in fpiritualibus generali dicto.

Qui verò hoc portentum probare detrectabant, aut conjugium
cum Bolena refutabant, in carceres funt detrufi. Quos inter *Fifcherus* damnans nuperam fuam juramenti 'facilitatem, & Thomas
Morus, cum 200. fratribus Minoribus, duobus ex ordine S. Benedicti, & aliquibus ex clero fæculari. In Comitiis verò anni 1534 perduelles declarati funt, qui Romani Pontificis primatum jurisdictionis Ecclefiafticæ affererent. Simúlque Ecclefiæ Anglicanæ fummum
& unicum caput Rex declaratur. Cui eo nomine omnium Sacerdo-
tiorum annatæ ac decimæ effent perfolvendæ. Nomen Papæ erafum
& in lytaniis impia hæc verba fubftituta: *Ab Epifcopi Romani tyrannide & deteftandis enormitatibus libera nos Domine.* Juffi concionatores novam hanc Regis Ecclefiafticam auctoritatem publicè ad populum laudare, ac fcriptis etiam libris tueri.

Reginaldum Polum, confanguineum fuum, Richardi III. Regis ex fratre pronepotem, probum & eruditum in paucis Principem,
incaffùm impulit, ut facrilegis fuis conatibus pennam commodaret.
Quin imò animosè fe oppofuit, editis quatuor libris de unione Ecclefiaftica Regi infcriptis. Quibus iram Regis ita in fe concivit; ut
patriæ proditor, reúfque læfæ majeftatis fit condemnatus; vita ipfius multis deinceps infidiis appetita: mater, frater, avunculus necati: bona fifco addicta: familia univerfa illius caufa afflicta, ac
propemodum deleta. Exertus etiam furor in plurimos Religiofæ
vitæ cultores, ex facris ordinibus, Carthufianorum, S. Brigittæ,
S. Francifci. Quos fæva tyrannis martyres fecit, quòd impium
juramentum reiicerent.

Peculiarem memoriam meretur *Thomas Morus*, Londini no- 51.
bili genere natus, litterarum ftudiis, omníque virtutum ornatu præ- Morus.
cellens. Per diverfos munerum gradus ad officium cancellarii totius Regni evectus, fingulari illud laude integritatis geffit. Generum fuum caufam minùs probabilem agentem cùm à lite nollet de-

fiftere, ex integro condemnavit. Hoftibus contra fuis, qua potuit,
ope adftitit. Accufatus apud Regem, quòd à vidua ob evictam
caufam aureum poculum acceperit, faffus eft. At vidua à Rege
interrogata refpondit, acceptum quidem à Moro craterem, fed vino ex eo haufto, mox fibi fuiffe reftitutum. Miffæ facrificium nullo unquam die neglexit, etiam vocatus à Rege, refpondens nuntio:
majori priùs Domino inferviendum. Etiam Cancellarii fumma dignitate ornatus facerdotibus ad aram fæpè miniftrabat: atque fuperpelliceo indutus cum parocho in Ecclefia preces decantabat. In fupplicationibus crucem præferre folitus. Monitus propterea, id indecorum muneri fuo, Regi haud dubiè difpliciturum, repofuit: obfequium Regi Regum impenfum Regi difplicere non poffe.

Erga pauperes mirè erat beneficus, folitus eorum tuguria obire, & eleemofynam elargiri. Nec rarò mendicos menfæ adhibuit.
Perfonarum miferabilium caufas omninò gratis patronus agebat.
Quam autem facilis aliis, tam durus fibi, ciliciis & flagellis in fe ipfum
fæviebat. Domus ipfius vitæ chriftianæ fcholam referebat: omnibus
domefticis ad modeftiam & virtutem compofitis: atque vel ipfam
corporis refectionem fpirituali lectione condientibus.

Tandem, ubi vidit exorbitantes Regis machinationes, cancellarii munus ultro abdicavit; atque haud multò pòft, cùm non
aliud, quàm Romanum Pontificem, Ecclefiæ caput affereret, & in
divortium cum Regina nollet confentire, captus, & in turrim Londinenfem abductus eft; familia fua jam antè ad talem cafum præparata, dum apparitorem aliquando ad domum fuam improvifò venire jufferat. Ad carcerem nemini ex ejus familia acceffus patuit,
nifi Margarethæ, filiæ natu maximæ. Quæ pio aftu ad patrem dederat litteras, in quibus eundem hortatur, ut Regi pareat: non
ex animo, fed ut Senatus iis lectis aditum fibi concedat. Quod voluit, obtinuit: multo tempore acceffu libero patrem juvit: non
minorem ea pietate commendationem promerita, quàm fcriptis libris
latino & græco fermone doctiffimis, celebritatem nominis adepta. .

Incredibile dictu, quot admoti arietes ad columnam hanc con-
vellendam. Fortiffimus credebatur uxor Aloyfia: quæ in carcerem
admiffa rogavit conjugem, ne uxorem, liberos, fe ipfum perdat.
Quærit ille, quot vitæ annos fibi fpondeat, fi in Regis poftulata
concedat; cúmque viginti refpondiffet, næ tu mea Aloyfia, infert
Morus, infipida es negotiatrix, quæ viginti annos æternitati præ-
habendos putas. Ubi fœmina nihil profecit, vir, politicus melior quàm Chriftianus, affultum tentavit. Poftquam is multa argu-
ment

menta attulerat, repofuit Morus, ſe omnibus bene perpenſis mutâſſe conſilium. Legatus victoriæ certus illico recedit ac refert ad
Regem. Ille mirè lætus ſcriptam exigi à Moro deditionem voluit.
Quod ubi legatus expoſuit: profecto perperam tu me intellexiſti,
inquit Morus; conſtitueram mecum, barbam, quam in carcere
prolixam nactus ſum, ante mortem abſcindere: ſed mente mutata,
decrevi, ut eundem cum capite ictum exſpectet. Ita nempe gene-
roſè jocabatur rerum humanarum mortiſque contemptor animus.

Irritatus eo joco Rex omnes ei liberos, ſcripta, atramentum,
calamos juſſit adimi. Quo facto Morus valvas carceris feneſtris ob-
duxit, contemplatione rerum Divinarum in tenebris illuſtrior. Cur
id faceret rogatus, cùm merces, inquit, ſunt elatæ, taberna
clauditur. Cùm integro jam anno in eo, ſqualore jacuiſſet, miſſi
ad eum quinque commiſſarii, ultimam ab eo reſolutionem à Rege
exſpectari nuntiant, quid ſibi faciendum putet: quidve de Romani
Epiſcopi poteſtate ſentiat? ſe Regi dudum & voce & ſcripto reſpon-
diſſe ait. Jam ſe aliis intentum nolle ampliùs ſe liti de Pontificis &
Regis poteſtate immiſcere. De cætero, à communione ſedis Apoſtolicæ ſe nunquam ſejunctum iri. Audiviſſe à teneris, Romani
Pontificis poteſtatam, eſſe laudabilem atque legitimam, humano tamen jure introductam: poſtquam autem occaſione harum controver-
ſiarum, in Anglia exortarum, eam cauſam ſeptem annorum ſtudio
penitius inſpexiſſet, deprehendiſſe ſe, primatum ſummi Pontificis,
ejuſdémque ſupremam auctoritatem & Juriſdictionem Eccleſiaſticam
in totum orbem Chriſtianum Divino planè jure niti.

Qua animi ſui ſententia pronuntiata, Judices eum, rebellem,
patriæque proditorem proclamare, ad totam Angliam provocare,
atque interrogare, an prudentiorem doctiorémque ſe crederet omnibus Angliæ Epiſcopis, Prælatis, Sacerdotibus, toto cœtu Nobilium, Regni Senatu, Rege, totóque Regno? Morus oppoſuit omnes antiquitatis Epiſcopos, Præſules, totam Hiſpaniam, Luſitaniam, Italiam, Galliam, atque Catholicam Germaniam, atque-
ſuper omnia Divini verbi oracula, Petrum ejúſque ſucceſſores con-
ſtituentis Paſtorem univerſalem omnium Chriſti ovium, cum ſumma poteſtate ligandi in terris atque ſolvendi.

Cùm igitur nullis moveri poſſet machinis, à duodecimviris damnatus eſt ad mortis ſupplicium. Cùm ex vitium infirmitate ferale
pegma non poſſet ſcandere, prope adſtantem auxilium rogans, amice,
inquit, juva: in deſcenſu nemini ampliùs moleſtus ero. Sic etiam
in morte jocabatur, rebus humanis ac forte omni ſuperior; atque

ſecuri

securi animo prorfus intrepido percuffus eft : ab orbe meliore magnis encomiis celebratus.

Fifcherus. - Nec minori laude dignus *Joannes Fifcherus* , de quo dubitabatur, fanctiórne an doctior effet. Matri Henrici VII. erat à facris confeffionibus , folis meritis ad Epifcopatum Roffenfem evectus, 30. annos eundem fanctiffimè rexit , nunquam fe adduci paffus, ut, pinguiore licèt oblato, fponfam fuam defereret: libri ; qui de facramentis adverfus Lutherum editus , Henrici VIII. nomen præferebat, vel auctor , vel auctori , ut fcriberet , auctor.   Initiò ad evitandas Ecclefiæ Anglicanæ calamitates juramentum quoddam cum reftrictione tamen edidit.   Sed mox facti pœnitens , ubi vidit, alio longè fenfu accipi, quàm ipfe cogitaverat, apertè iniquis Henrici conatibus fe objecit.   Captivus propterea in carcerem Londinum abductus , poft 15. menfium fqualorem ad mortem-damnatus , grandævus fenex hilari ac hiante ore ad locum fupplicii progreffus caput fecuri fubjecit: vel ipfo etiam fanguine purpuram meritus , quam Paulus III. ei in carcere detento miferat.

52.
BullæPont.   Clemens VII. jam anno 1533. Bullam conceperat, qua matrimonium cum Bolena irritum decernit , atque Catharinam in priftinam conjugii poffeffionem reftitui mandat, addita declaratione , Regem ob inobedientiam & contemptum mandatorum fedis Apoftolicæ cenfuram excommunicationis incurriffe.   At cùm Henricus magìs in Catholicos fureret , bona Ecclefiarum ac monafteriorum diriperet , viros innocuos crudeliffima tyrannide necaret , quòd eum Ecclefiæ Anglicanæ caput venerati nollent , Paulus III. anno 1535. Carolo Cæfare , & Clero Anglicano urgente , afperiorem Bullam edidit : cujus hæc erat infcriptio : *Bulla Pauli Divinâ providentiâ Papæ tertii, citatoria Regis Angliæ Henrici & fequacium fub pœna excommunicationis, & privationis Regni, ac omnium aliorum bonorum.* Comemorat in ea graviffimas caufas, quibus impellatur ad ferendam cenfuram , nempe tot fcelera patrata, tot cædes , adulteria , facrilegia , hærefes , quódque pro capite fe gerat Anglicanæ Ecclefiæ. Rogat , & per omnia facra obteftatur , ut revertatur ad gremium illius matris , quæ refipifcentes ultro recipit.   Nolentem citat cum complicibus.   Parere recufantem regno exuit.   Loca , in quibus Rex fuerit, fubiicit Interdicto.   Subditos eximit à juramento fidelitatis , quin eos infurgere in Regem jubet &c.

Uterque tamen Pontifex Bullæ executionem fufpendit , ea fpe ducti, fore : ut Rex , expleta faltem cum Bolena libidine , fe ipfum refpiciat.   Sed magno impetu præceps ruebat infelix Princeps , in

dies

dies fe ipfo deterior, ac truculentior. Ut aütem Ecclefiæ caput Leges in
fe probaret, fufcepta per Leum laicum hominem monafteriorum Religiofor
vifitatione, legem tulit ; minores 24. annis è monafteriis exíre
coguntor. Majoribus exite liberum efto. Exeuntibus habitus & pe-
·cunia ab Abbate tribuitor. Virgines facræ exeuntes fæculari habitu utuntor. Pretiofa quæque Ecclefiarum ornamenta regiis quæftoribus traduntor. Nec alio confilio ea inftituta eft vifitatio, nifi ut Spolia.
direptionis, & deprædationis occafionem captet. Ex his enim fpoliis innumeram collegit pecuniam.   Religioforum verò utriufque
fexus decies milleni ad ſæculum redierunt.

Mortua fubin anno 1536. Catharina Regina, Bolena verò adul- Synodus,
terii & inceftus convicta, ductáque Semeyra, fynodum gentis Anglicanæ indixit, in qua refciflis, quæ pro Élifabetha in Mariæ
præjudicium decreverat, deliberandum propofuit, quam deinceps
Religionis facrorúmque formam tenere oporteret in Anglia. Defi-
nitúmque, ut Regis in Ecclefia primatus per omnia falvus maneat.
Cromvelus ejus in fpiritualibus Vicarius generalis omnibus conciliis
& Epifcoporum conventibus præfideat; quamvis laicus effet, & omnis facræ doctrinæ ignarus. Editus in eodem Concilio *Libellus fex
articulorum.*

In i. Articulo contra Lutheranos & Zwinglianos decernitur Articuli
tranfubftantiatio. In 2; Contra eofdem, communionem fub una fpecie contra Lu-
fufficere. In 3.Cœlibatum facerdotum retinendum.In 4. Vota caftitatis theranos
& cœlibatus, non temere facta, neceffario fervanda. In 5. Miffam non
modò Juri Divino effe congruam; fed Miffas etiam privatas neceffariò
celebrandas.   In 6. Auricularem confeffionem neceffariò retinendam.   Qui fecùs docuerit aut crediderit ceu hæreticum punien-
dum.

Quamvis autem hæc catholica erânt dogmata : Henricus tamen non minùs catholicos quàm Lutheranos perfequebatur. Quare Paulus III. audita ejus contumacia, & quòd corpus S. Thomæ
Martyris comburi, & cineres in ventum fpargi juffiffet, fufpenfam
hucufque excomunicationem publicari imperavit anno 1538. At ille non
melior, direptionibus rerum Ecclefiafticarum, cædibus, tyrannide
immaniter graffati perrexit.   Quare populus arma adverfus eum
corripuit. Lincolnienfis primùm provincia, deindè Northumbria ;   53.
Cumbria, Dunelmenfes & Eboracenfes, ultra 50000. in aciem Populus
eduxerunt, vita pro religione devota.   Territus ea multitúdine arma or-
Rex, Norfolciæ & Suffolciæ Ducibus negotium dat, ut quibuscun- ripit.
que poffent conditionibus tumultum diffipent : nam femel difper-
fos

fos non facilè iterum coituros. Colloquio itaque habito nomine Regis promittunt , eum omnia , quæ cum Catholica fide pugnarent ,
fanctiffimè emendaturum.   Difceffum quidem ab armis , fed Rex
fide data non ftetit , quin imò inftaurata tyrannide ferociùs quàm
antea unquam in facerdotes , Religiofos , ac Nobiles, quos flagitiis
fuis adverfos putabat , fævire perrexit : conftituto etiam magno
pretio in caput Reginaldi Poli , qui , ut infidias vitaret , è Gallia ,
Belgio , Leodio Romam profugit , neque ibidem fatis tutus.

Sed parùm ei videbatur in perfonas particulares omnis Ordinis
furere , nifi in integras Religiofas familias graffatus: omnes quatuor
fratrum Mendicantium ordines regno eiiceret , omnibus eorum facultatibus fifco illatis.   His pulfis in Monafteria Abbatum reverfus ,
nullum iniquitatis atque crudelitatis genus omifit , quo non in eos
diripendo , torquendo , necando fit debachatus.   Sed non tantùm
in catholicos ferociebat , Lutheranos etiam & Zwinglianos permif-
cuit.   Horum unus a Crammero Archiepifcopo Cantuarienfi condemnatus , imprimis ad Cromvelum Vicarium generalem , & ab
hoc ad Henricum ceu Papam Angliæ appellavit.   Ipfe etiam Cromvelus , immanis catholicorum tortor , qui tantorum Regi fcelerum
aut auctor aut adjutor fuit , ad pœnam maturuit ; cùm enim Regi , qui eum Effexiæ Comitem creaverat , perfuafiffet , ut Annam Clivenfem duceret , Rex illum hærefeos , perduellionis , feloniæ , repetundarum à Regni Ordinibus damnatum , capite trunca-
ri juffit : & Clivenfem repudiavit.

De divor-   Quod divortium ut excufaret , legem tulit , à comitiis etiam
tio   probatam , ut matrimonium ratum diffolveretur per fubfequentem
cum altera copulam , conjugali affectu habitam: fecùs ac aliàs Juris gnome pronuntiat : *nuptias non concubitus , fed confenfus facit.*
Tributa.   Legem alteram in Comitiis non rogavit , fed obtrufit , qua novum & inauditum tributi genus , decimam nempe & quindeci-
mam omnium totius Angliæ proventuum exegit : de xenodochiis
quoque , Seminariis , Collegiis , Ecclefiis , eorúmque cenfibus plena difpofitione fibi attributa.   Nihilominus tamen poft tantas direptiones , prædas , fpolia , rapinas , exactiones , & furta facrilega ,
ærarium fuit inane & vacuum : prout paffim contingit , quando fæculares ex bonis Ecclefiafticis , aut improbis tributis volunt dite-
fcere.

Obit.   In morbum tandem fatalem delapfus de reconciliatione cum
Romana Ecclefia cogitavit , fatis agnofcens , quàm turpiter aberrà-
verit.   Eámque rem cum Epifcopis nonnullis contulit.   Sed præva-
                                                                luit

luit adulantium turba, verita, ne fpolia Ecclefiarum ac monafteriorum reftituere cogatur. Ante mortem tamen Ecclefiam, quæ S.
Francifci fodalium fuerat, juffit expiari, & in parochiam erigi,
Miffámque in ea celebrati. Diviniffimum Evchariftiæ facramentum
maximo femper cultu eft veneratus : illúdque fub una fpecie, furgens è lecto, humíque abjectus, fingulari cum reverentia fufcepit.
Litteris & ipfe cultus fuit, & litteratos coluit. Epifcopos (præter Crammerum, quem, ut libidini fuæ inferviat & ambitioni,
Cantuarienfi fedi præfecit) nominavit neque indoctos neque omnino
malos. Sed quorum plures poftea fub Eduardo & Elifabetha vincula & carceres pro Religione funt perpeffi. Sed præclaras aliquas
dotes libidine, ambitione, avaritia, crudelitate, ac tetro fchifmate Princeps infelix penitus obfcuravit.

§. 2.
Ecclefiæ Anglicanæ ftatus fub Eduardo VI.

EXtincto in fchifmate Henrico, tempora meliora fperabat Anglicana Ecclefia, nam ex 16. tutoribus, quos pater filio teftamento dederat, plerique erant Catholici. Verùm in majores
multò calamitates, imò totalem ferme ruinam eft prolapfa. Caufa
exitii *Eduardus Semeyrus* (quidam Seimerum, aut Semerium fcribunt) Herfordiæ primûm Comes, dein Somerfeti Dux, Eduardi Regis avunculus, qui non modò hunc nepotem fuum Regem Angliæ &
Hiberniæ promulgavit, fed etiam *caput Ecclefiæ*, novennem nempe puerum, qui nec fe ipfum per ætatem pupillarem regere poterat.

Semeyrus igitur, Zwinglianæ factionis homo, ut contutores
everteret, folúfque gubernandi poteftate potiretur, quos hærefi infectos
noverat, præcipuis regni provinciis ac dignitatibus auxit, eorúmque favore fe folum tutorem, ac Regni Protectorem dixit. Univerfum igitur Regnum ipfe folus, & tutor, & Protector, & Prorex, & Propapa, quò volebat, verfabat. Hujus igitur hominis
potentia Zwingliani ac Lutherani, quos Henricus nunquam tolera-
vit, plenis valvis in Angliam irruperunt, iifque adminiftris hærefis
ubique caput in altum extulit, juvante non parùm Crammero impio illo ac fpurio Cantuariæ Præfule. Catholici verò Sacerdotes
fevero edicto funt vetiti, ne ad populum dicerent, aut Catholicæ
Ecclefiæ doctrinam proponerent, folis hæreticis permiffa concionandi poteftate.

54.
Semeyrus
hæreticus.

Ut

Ut autem hæresis citiùs dilatetur, ademptæ sunt Catholicis scholarum cathedræ, datæ hæreticis ; proscripta Theologia Scholastica, exauctorati SS. Patres, sacrorum Bibliorum Codices fœdè interpolati. Petri Lombardi, S. Thomæ, Scoti aliorúmque libri ignibus exusti. Adempta Catholicis, quæ Henricus reliquerat, templa : ex omnibus suggestis auditus clamor hæreticus : oviculæ ad lupos accedere coactæ. Missa abrogata. Ecclesiarum thesauri, quibus furor & avaritia antè pepercerat, in fiscum importati. Comunio sub utraque specie imperata. Novi Sacramentorum ritus constituti. Hæretici visitatores instituti, qui omnia catholicæ Religionis monumenta, cruces, imagines, aras everterent. Rex puer, ut insanire disceret, traditus præceptoribus hæreticis Richardo Coxo uxorato Sacerdoti apostatæ, & Joanni Checo laico. Et quasi hæ pestes non sufficerent, Cramerus jam palàm scorto pro uxore utens, Catechismum, hæresibus scatentem, eidem Regi inscribit. O præclarum custodem ovium ! dignum enim verò, qui primam in Anglia Episcopalem sedem occupet !

Sed necdum satis humani generis hostis provisum sibi putabat. Exciti ex Germania Martinus Bucerus, Petrus Martyr seu Vermilius, Bernardinus Ochinus, tres ex tribus Religiosis ordinibus uxorati apostatæ. Bucerus Cantabrigiensi academiæ præfectus, Vermilius Oxoniensi. Protector Zwinglium sectabatur, Crammerus Lutherum. Bucerus plus Judæi quàm Christiani habere visus, certè in fide protheus. Vermilius aliter verminabat in Anglia, aliter in Germania, aliter in Helvetia. Ochini adeò solida erat doctrina, ut tandem in Arianum evaserit.

Synodus impia. His Doctoribus Anglia ita profecit, ut anno 1547. in synodum collecta novam religionis formam conceperit, ex variis sectarum centonibus consarcinatam. Summa canonum venerabilis hujus concilii, ex militaribus hominibus & ministellis conflati, hæc erat : omnes res Ecclesiasticæ Regis propriæ sunto. Ordinationum & sacramentorum novus ritus esto, abolito veteri. Cruces & imagines, si quæ supersint, tolluntor. Regis insignia surrogantor. Missa abrogator. Cœna sub utraque specie sumitor. Sacra vulgari lingua peraguntor. Atque, ut desertam etiam à pastoribus proditámque religionem intelligas, abominationes istas Episcopi, ne proventibus suis priventur, subscriptione sua firmárunt. Atque ut per provincias publicentur, imperatum. Versio Bibliorum, quam Henricus VIII. ad ignes damnaverat, à Protectore Semeyro tanquam authentica recepta, ac publicè proposita. Sacerdotibus, Episcopis, & Monachis non solùm permissæ, sed obtrusæ meretrices.

Reni-

Renitentes in carceres abjecti: fuffectique hæretici in eorum fedes. Arma quidem ad arcendam tyrannidem variis in provinciis fumpfe-rant Catholici, fed prævaluit furor hæreticus.

Et hactenus quidem Catholicorum corio lufum eft. Verùm, ùt inquieta res eft hærefis, iis fub jugum miffis, in fe ipfam converfa, proprio ære fanguineas tragœdias inftruxit. Erat Eduardo Semeyro Protectori frater *Thomas Semeyrus*, cujus uxor Catharina Parræa Henrico VIII. nupta fuerat. Oita igitur inter utriusque fratris uxo-res ambitione ac l.te de præcedendi jure, Protector fratrem fuum Germanum, per miniftrum quendam hæreticum perduellionis falsò accufatum, capitali fupplicio confecit. *55. Pœna Se-meyri.*

Sed & Protector Eduardus tot fcelerum reus & furendi & vi-vendi finem facere brevi coactus eft. Nam cùm Galli Anglos in Picardia, in qua Bononiam habebant, viciffent, Joannes *Dudlæus* Varvicenfis comes, ac Dux poftea Northumbriæ, Protectorem perfi-diæ accufavit. Fugit is affumpto fecum Rege in arcem. Sed cùm videret, fe ab omnibus deftitui, illófque etiam, quos promoverat, pedem referre, fe dedidit, & depofita protectoris dignitate, per Dud-læum datus eft in cuftodiam anno 1548. & poft quatuor menfium fqualorem fecuri percuffus interiit, qui tot alios carceri & fecuri fub-jecit.

Sed prout in naturalibus corruptio unius dicitur effe generatio alterius, ita omnino in hac rerum Anglicarum viciffitudine eveniffe dicendum eft. Interitus Semeyri pluriúmque ejusdem factionis pro-motio fuit Dudlæi ad clavum rerum: alio turbine & ipfe brevi de-jiciendus ac periturus. Vanæ profectò funt artes falfæ politices. Evehunt in altum authorem fuum, fed mox cafu graviore ruiturum. Joannes Dudlæus, hærefi & ipfe infectus, ubi Nobiles promiffis & oftentatis novis Dynaftiis in partes fuas pertraxit, Catholicis fidem dedit, fplendorem Ecclefiæ veteris à fe reftitutum iri, fi adverfus Protectorem fibi affifterent. Verùm gubernaculo admotus fidem fe-fellit: Semeyro vix melior.

Is advertens, Eduardum Regem morbofo corpore haud diu Re-gno fruiturum, familiæ illud fuæ, præteritis Eduardi fororibus, ftabi-li nexu inferre fatagebat. Quare collato cum Henrico Grayo Dud-læo propinquo fuo, Dorceftriæ primùm marchione, dein Suffolciæ Duce confilio, filium fuum Gilfordum cum ejusdem filia Joanna Graya (cujus avia paterna erat Henrici VIII. foror) defpondit, ut ex hoc conjugio Angliæ corona propagaretur. Nec parùm huic confilio favebat Noallius Orator Gallicus, metuens, ne ad Mari: m,

Henrici VIII. ex Catharina filiam, Caroli Cæfaris cōnfobrinam, fceptrum devolvatur. Eóque conatus iniquus deductus eft, ut Eduardus Rex hanc Joannam Grayam Regni hæredem teftamento fcriberet. Moritur Eduardus; Graya proclamatur Regina; magnificè
Londini excipitur. Miniftri bæretici eandem velut Palladem ex fuggeftibus in cœlum laudibus extollunt. Magni Proceres hanc caufam fequuntur, atque ipfe etiam Rex Galliæ, quem reddita Bolonia
fibi arctiùs Dudlæus adftrinxerat. In Carolo Cæfare parùm fpei,
graviffimo bello à Gallo & Mauritio Saxone tunc oppugnato, Maria deferta, ac ne vitæ quidem fecura, celeri fuga fe proripit. Jacent
jura: triumphat iniquitas.

Verùm vacui funt mortalium conatus adverfus æternæ mentis
confilia. Verfa mox rerum vice Maria à Norfolciæ Duce & Suffexiæ
Comite proclamatur Regina. Fit ingens ad eam optimatum populorúmque confluxus, ea tamen conditione, ne extero nubat, aut præfentem Religionis ftatum mutet. Cum exercitu rectà Londinum
pergit. Dudlæus copias fuas opponere nititur. Sed ab iis, ad Mariam confluentibus, defertus, magna & ipfe acclamatione, feftivam
lætitiam præfeferens, eandem Reginam falutat, decimo die, poftquam Grayam Londini promulgaverat. Londinenfes eandem Grayam throno dejectam unà cum patre Suffolcio carceri mandant.

§. 3.
Status Ecclefiæ Anglicanæ fub Maria.

56.
Dudlæus
converfus.
MAria ad Angliæ folium, omni jure fibi debitum, elevata, Judices, Norfolcio Præfide, Dudlæum Northumbriæ Ducem perduellionis reum capitis damnárunt. Cui ea in hac vitæ calamitate
felicitas obtigit, ut abjectis Zwinglii Calvinique erroribus, Catholicam Religionem publicè profiteretur, quam fola ftimulante ambitione
fe reliquiffe faffus eft, ut hæreticorum prævalentium ope ad Regni
gubernationem eveheretur. Ita nempe non rarò aperiuntur oculi, cùm
mors illos parat claudere. Damnati cum patre filii; quibus tamen
Regina vitæ gratiam fecit. Epifcopos, facerdotes, ac nobiles, fub
patre & fratre carceribus conclufos, libertate donavit.

Firmato Regno ad Religionem inftaurandam curas convertit.
Abdicatus, quem pater fratérque ufurpaverant, *Primatus* titulus.
Perduellionis fententia, in Cardinalem Polum lata iniquè ab Henrico,
refciffa. Revocatus in Angliam, atque à Julio III. miffus Legatus à
latere,

latere, fupplices Ordines, Regnúmque totum à Schifmate abfolvit, ac Sedi Apoftolicæ reconciliavit anno 1554. Miffi Romam Oratores, Reginæ ac Ordinum nomine Pontifici obedientiam exhibituri. Laboratum deinde à Polo legato ftrenuè, in cleri populíque difciplina priftino nitori reftituenda. Reformatæ Academiæ, ac reliquæ fcholæ: Petro Soto loco Petri Martyris accito Theologo. Reducti antiqui ritus, inftituta, confuetudines, fynodi, Canones. Epicopi Catholici, tempore Schifmatis creati, unà cum fex Epifcopatibus, ab Henrico VIIⁱ. erecti, funt confirmati. Matrimonia, cum impedimento juris Ecclefiaftici contracta, facta difpenfatione, validata. Erecta ac reftaurata templa, altaria, collegia, cœnobia.

Quoniam verò haud modica difficultas reconciliationi objiciebatur ab iis, qui bona Ecclefiaftica, ab Henrico VIII. abftracta, poffidebant, legatus amore pacis & unitatis à pœna & cenfuris Canonicis in perpetuum eos abfolvit. Decimas verò & primitias fructuum; ab Henrico & Eduardo fifco addictas, clero deinceps folvendas decretum. Graviffimum tributum, ab Eduardo impofitum, populo remiffum. Atque hæc omnia ùt fapienter conftituta Paulus IV. rata habuit. Denique omnes exteri, qui nec publicam perfonam gererent, nec civitate donati effent, ad certum diem pœna gravi propofita Angliâ exite juffi. Quo edicto fupra 30000. hæreticorum expulfa funt. Buceri & Fagii cadavera concremata.

Quibus omnino rebus factum, ut Anglia brevi tempore, à fchifmate diuturno & hærefibus purgata & pulchrè reflorefcens, priftinum fplendorem recuperârit: haud aliter, ac poft triftem longámque hyemem amabili verni temporis jucunditate tellus, atque æther ipfe permulcetur. Hymni & cantica ubique perfonabant, omniáque plaufu ac publicis lætitiæ fignis animabantur. Coronatio præfertim Reginæ inter feftivas acclamationes ab Epifcopo Vintonienfi (quem Regni Cancellarium dixit) & aliis fex Epifcopis Catholico ritu fufcepta, habita ab Epifcopo oratione folenni de officio fubditorum erga Principem. Diploma mox recitatum, quo præteritorum venia conceditur. Primúsque Vintonienfis Epifcoporum & Cleri Anglicani nomine ad deferendum obfequium thronum acceffit: tum Norfolcius Ducum, Vintonienfis Marchio Marchionum, & Arundelius Comitum nomine: fequentibus reliquis Angliæ Regulis.

Peracto dein Miffæ facrificio à Vintonienfi itum folenni pompa in palatium, ubi Regale convivium erat apparatum: in quo infra Reginam affederunt Elifabetha ejus foror, & Anna Clivenfis, ab Henrico VIII. repudiata: & paulò inferiùs Vintonienfis Epifcopus. Sub

menfa

.menſa eqûes armatus pro more ingreſſus, ad duellum provocavit, ſi quis Mariam non agnoſceret Reginam. Nemine comparente, Regina ex poculo aureo hauſtum ipſi propinavit, ac poeulum dono dedit.

57.
Comitia
Regni.

Poſt expletas coronationis ſolennitates Regina totius Regni Comitia indixit, *Parlamentum* vocant, in duas *Domos* diviſum ſeu curias, *Superiorem* & *Inferiorem.* In illa ſunt Epiſcopi, Principes, Duces, Marchiones, Comites, iíque, qui antiquiore ſtemmate ſunt illuſtres (quos *Lordos* aut *Milordos* appellant) Inferiorem Domum conſtituunt Barones, Equites Nobiles, civitatum & communitatum Syndici, Delegati, ac Procuratores (quam etiam *cameram communum* nuncupant) Absque hujus conventus aſſenſu Rex in iis, quæ ad ſtatum Regni pertinent, uti ad condendas leges, ad pacem aut bellum, nihil poteſt decernere. Indicitur tamen ab ipſo, tertio ad minimum quovis anno. Locus conſuetus eſt palatium Regium Weſtmonaſterienſe. Præſidet Rex ipſe, vel per ſe, vel per eos, quos ad id deputat, & ea, de quibus conſultandum, proponit. Inferior Domus Superiori ſententiam ſuam communicat, ac communibus deinde votis, quod majori parti viſum, ſtatuitur. Nullum tamen concluſum fieri poteſt, niſi à Rege ſit approbatum, eóque præſente promulgatum. Conventus porro iſte non modo eſt ſupremus Regni Senatus, in quo de legibus, fœderibus, pace, bello, ſubſidiis Regi conferendis &c. decernitur: ſed etiam ſupremum eſt Regni tribunal, ad quod ultimæ appellationes deferuntur. Superior Domus his temporibus conſtat 187. membris: Inferior verò 558. ſi Domus una diſſentit ab altera, deputantur utrinque aliquot, veluti compromiſſarii. Hæc ſemel obiter notare placuit ad intelligendam Angiiæ hiſtoriam. Nam inter Reges & Parlamentum iſtud ſæculo XVII. ingentes actæ ſunt tragœdiæ. Nunc ad rem.

Placita de matrimonio Reginæ.

Maria Regina in his comitiis inter alia conſuluit de eligendo conjuge. Pleriſque aſſentientibus decretum, ut Philippus Hiſpaniæ Princeps Caroli V. filius aſciſceretur. Pactis tamen dotalibus hæ conditiones à Parlamento ſunt appoſitæ: ut Philippus & Maria omnes titulos & adminiſtrationes regni communes habeant, ſic tamen, ut omnium officiorum diſtributio ſit penes Reginam, eáque ſolis Anglis committantur. Ne Anglia bello, inter Cæſarem & Galliæ Regem tunc flagranti, implicetur. Ne exteri ad Reginæ aut Regni Senatum admittantur. Ut ex Hiſpaniis quot annis 30000. ſcutatorum in Angliam inferantur. Ut primus ex hoc matrimonio natus filius Angliæ Regnum, alter Flandriæ Comitatum obtineat. Socialibus

armis

armis Hifpania & Anglia Aquitaniæ Principatum vindicent, qui occupatus in Anglorum deinde fit poteftate. Multa etiam in his Comitiis de Religione funt pertractata, atque brevi pòft executioni mandata.

Quamvis autem connubiales illæ leges, à Parlamento præfcriptæ, duriores effent Philippo ac Cæfari parenti, nihilominus tamen ab ipfis & Regina funt acceptatæ. Miffi à Cæfare in Angliam Legati Lamoralius Comes Egmontius, (infelix poftea fub Albano victima) Carolus Lalinius, & Joannes Momorantius: confectúmque conjugium, ex quo ingentia bona fperabat Religio: obtinuiffétque haud dubiè, nifi fuiffet fterile.

Proceres aliqui indignati, quòd Regina extero Principi effet juncta, tantámque in hæreticos feveritatem expromeret, conjurare cœperunt, libertatis prætextu, quam in exteri Principis manum depofitam querebantur, tractis in partem multis in variis Regni provinciis, armatis etiam copiis Reginam aggreffi. Principes rebellionis erant, Cortinæus Devoniæ Comes, cui regii connubii fpes facta fuerat, Carreus, Viatus, & Suffolcius. Et Carreus quidem in Cornubia conducens clàm milites; re detecta oppreffus in Galliam profugit, fe ipfum damnans exilio.

58.
Confpiratio.

Henricus Dudlæus Suffolciæ Dux in turri Londinenfi captivus, audita feditione, morbi curandi prætextu uxoris precibus ad proprias ædes fide data divertere permiffus eft. At ille perfidiæ dudum affuetus, cum militum manu in Varvicenfem Comitatum fugiens, populos ad arma vocat, Joannam filiam Reginam proclamans. Verùm à Regiis circumventus, & à fuis defertus, unicum in fuga remedium quærit. Omnium igitur inops, dum incertus, quo fugeret, folus errat, in rufticum incidit, quem, ut latebras ad hoftes fallendos fibi oftendat, magnis promiffis rogat. Rufticus Ducem in arbore annofa & cava abfcondit, exili fanè domicilio pro viro, cujus amplas fpes vix regnum capiebat. Ad eum noctu rufticus cruda aliqua ex villa cibaria deferebat, quibus mifer vitam fuftentabat. Dum interea toto regno inveftigatur, & non pauci equites & pedites arborem illam præteribant Cùm inveniri non poffet, edictum promulgatur, quo ei, qui Suffolciun Reginæ ftitiffet, magna merces promiffa: in eos contra, qui illum celaffent, gravis pœna conftituta. Rufticus igitur five fpe five metu impulfus, ad Regium præfectum abit & fcire fe indicat, ubi Suffolcius lateat: qui biduum à ruftico defertus, fame cogente ad ruftici mapale fe interea contulerat. Adjuncti ruftico armatorum aliquot, cùm arborem illam cautè, ne præ-

Suffolcii fatum.

da elabatur, velut indagine cinxiſſent, vacuam reperiunt. Sed alii interim ad caſam delati, captivum abducunt Londinum, ubi perduellionis damnatus capite plexus eſt. (*anno 1554.*)

Idem ſupplicium eandem ob cauſam ſubierunt *Gilfordus* Ducis Northumbriæ jam antè cæſi filius; & *Joanna Graya* Suffolcii filia, Gilfordi uxor: quam bis Reginam proclamaverant. Hujus mortem mirè extollunt Proteſtantes, velut heroidis, quæ fortes humanas infra ſe haberet. Sed præter planctus, lamenta, & lachrymas, quibus Gilfordum maritum cæſum lugebat, & ſuſpiria, quibus ei in altera etiam vita jungi optabat, nihil admodum invenies, quod probaret Heroidem. A ſolo ingenio & literatura apud veros æſtimatores laudem tulit, græcè & latinè bene docta.

Plus negotii Reginæ faceſſebat, plúsque terroris incuſſit *Thomas Viatus* tertium conjuratorum caput. Is etenim in Cantio aliísque provinciis juſto ſeditioſorum exercitu ſub ſigna collecto Roffenſem urbem occupavit. Norfolcium Regium Ductorem in fugam avertit; acerbas etiam Reginæ pacis conditiones præſcripſit: ut indigenæ nubat: arcem Londinenſem (hoc eſt Reginam ipſam) ſuæ cuſtodiæ comittat; Prætorianorum præfecturam ſibi tradat. Neque hic ſtetit hominis inſolentia: cum copiis ſuis perduellibus ad ipſos Londini muros accedit. Sed cùm portæ, quas illicò ſibi aperiendas putabat, videret occluſas, adveniente Regio milite concluſus ſe dedidit. Carceri primùm incluſus, in quatuor dein partes diſſectus eſt.

Acceſſit ſupplicium *Thomæ Crameri*, pſeudo - Archiepiſcopi Cantuarienſis, hominis ex aſſe hæretici; qui ſententiam divortii inter Henricum VIII. & Catharinam Mariæ matrem tulit, & Anglicano ſchiſmati primus oſtium aperuit. Majeſtatis damnatus, atque carcerem Londinenſem abductus, hæreſin ejuravit At ubi firmam mortis ſententiam vidit, ira exæſtuans, ne Catholicis converſionis ſuæ ſolatium relinqueret, rurſus à fide deſcivit; atque rogo injectus, inter execrationes & blaſphemias turpiſſimam vitam finiit. Dignus enim verò, quem bæretici Martyrologio ſuo veluti Sanctum inſcriberent.

59.   Sed videamus hæreticorum in Anglia miracula, ac vaticinia,
Fraus hæ-prophetico eorum ſpiritu eructata. Zwingliani miniſtri *Eliſabetham*
reticorum. *Crofram*, 18. annorum puellam, hæreſi ſimul & pretio corruptam, muro cuidam Londini includunt, ut per fiſtulam; ad id aptatam, carmen demurmuraret, quod improbi ſycophantæ ipſi ſuggeſſerant. Ad vocis peregrinæ ſonum accurrunt cives: urbi ac toti regno perniciem

niciem comminantem audiunt; fi nuptias cum Hifpano, aut communionem cum Romano Pontifice admittant. Multa item contra Miffam ac fidem Catholicam oracula fundebat. Ex confciis verò plures data opera fe turbæ ingerebant, & obfcuriores fpiritus hujus ftrophas ad feditionem concitandam & Religionem evertendam interpretabantur. Tandem Magiftratus ad compefcendam multitudinem accedit: audit voces. Fraus latet: donec muro effoffo fabula evoluta eft. Puella extracta, & examinata totam ftropham detexit, ad perpetuam hæreticorum ignominiam. Nempe tales & olim vates prodigiofas Montanus, Marcion, Pelagius, Prifcillianus fecum circumferebant.

Hæc dum ludicra ab hæreticis inftruebantur in Anglia, *Elifa-* Elifabetha. *betha* Reginæ foror, à Viato inter confcios perduellionis nominata, turri Londinenfi includitur: inde Richemundam, atque Nolftochium abducta: ne nuptiarum cum Philippo folennitas atque lætitia turbaretur. Joannes Grayus verò Suffolcii frater idem fcelus capite luit. Hopperus autem Epifcopus Gloceftrenfis hærefis condemnatus, exuftus eft: Thomafonus ob captum Reges occidendi confiliúm ftangulatus. Nova dein iterum conjuratio in Regis & Reginæ, & omnium Hifpanorum caput in lucem protracta, & punita eft. Re- Confpira- gina verò, cujusdam Hiberni Medici pharmaco ufa, nullum dein- tio. ceps fœtus, quem geftare fe putaverat, motum fenfit. Multæ etiam cruces & Sanctorum imagines Londini dejectæ funt, ignotis auctoribus.

Demonftrare nempe volebant feditionum & iconomachiæ auctores, necdum omnes hæreticos ex Anglia fuiffe propulfos. Unde plures identidem conjurationes, Lernæa velut excetra renafcentes, fuccreverunt, & juvenis quidam, Eduardo VI. Regi perfimilis, in fcenam ab iisdem productus, Regem fe ferebat, eo fuco fimplici plebeculæ illito, Eduardum metu Mariæ, & Northumbrii, Joannam Grayam attollere in folium volentis, fugiffe, alium verò mortuum pro ipfo fuiffe fuppofitum. Captus impoftor, & primùm carcere, dein verò, cùm infanire pergeret, morte punitus.

Philippus Rex, tot inter turbas Anglia excedens in Belgium, à Obitus. patre Carolo abdicante Regna Hifpaniarum accepit. Maria verò Regina morbo contracto, cùm vitæ finem imminere adverteret, Elifabetham fororem, quam à patre fucceffioni, à Regni ordinibus approbatæ, deftinatam effe norat; è cuftodia accitam, fe è vivis fublata, juffit omne æs alienum è regio patrimonio diffolvere: in religione nihil mutare: nullam hærefin tolerare. Quæ Elifabetha (hactenus

&tenus Catholicam fe fimulans) jurejurando coram fenatu promifit. Eadem die, qua tempore matutino obiit Maria, fecutus eft fub vefperum Reginaldus Polus Cardinalis, poft Varamum, & Cramerum Archiepifcopus Cantuarienfis, Religionis in Anglia cum Regina reftaurator: quæ, Deo vindicante mortalium fcelera, cum illis occidit.

§. 4.
Status Ecclefiæ Anglicanæ fub Elifabetha.

60.
Artes.

POft Mariæ obitum, præterita Maria Stuarta Scotiæ Regina, regnum Angliæ defertur ad Elifabetham, 25. tunc annos natam, litteris politioribus & linguarum Latinæ, Italicæ & Gallicæ peritia inftructam, ingenii quoque, ac naturæ dotibus valentem, quas tamen perfidia, crudelitate, hærefi fœdè obfcuravit. Religionem Catholicam non alia ex ratione abjecit, nifi, ne ipfa à Regno abjiceretur. Quippe à Clemente VII. & Paulo III. nuptiis cum Anna Bolena, ac prole inde fufcepta declaratis illegitimis Regnum ad Scotiæ Reginam pertinebat. Id verita mulier, poteftatem Romani Pontificis negandam judicavit, patris fratrifque exemplo: præfertim ubi à Paulo IV. rigidioris, quàm tempora ferebant, difciplinæ Pontifice, cui regni aditionem fignificari curaverat, refponfum minùs exfpectatum accepiffet. Regnum Angliæ feudum effe Romanæ Ecclefiæ, clientelari obfequio agnitum à fuperioribus Regibus, non debuiffe proin illam, maximè natalium vitio laborantem, abfque præfcitu Sedis Apoftolicæ Regnum capeffere. Diciturque Gallicus Orator Pontificem incitâffe, ne mitiùs refponderet; quia Galli Mariam Stuartam, Delphino tunc nuptam, Angliæ Reginam proclamaverant, ac infuper metuebant, ne Elifabetha cùm Philippo II. aut Ferdinandi Cæfaris filio jungatur connubio, quod minùs è ratione Status fui fore cenfebant.

Elifabetha igitur Romanæ Ecclefiæ jugum excutere certa, paulatim tamen agendum rata, Catholico ritu à Carleolenfi Epifcopo inaugurata (anno 1559.) folitum juramentum præftitit, defendendi Catholicam Religionem, & libertatem Ecclefiafticam confervandi. Tum verò ufa ftudio *Roberti Cecilii*, qui Eduardo VI. fuerat à fecretis, & Nicolai Baconi J. C. hæretici, pedetentim variis adulari Proceribus, Arundelio Comiti, & Roberto Dudlæo, Northumbriæ Ducis, fub Maria cæfi, filio, fpem matrimonii facere; reliquis fpes magnas oftentare, plerófque arcanis artibus in retia trahere, permittere

tere primò religionem liberam, tum omnem Jurisdictionem Eccleſiaſticam ſibi arrogare, novam juramenti formam præſcribere, edicta per
regnum ſpargere.

His ſibi attribuit ſummam poteſtatem viſitationis, correctionis, Caput An-
reformandi Clerum, cum omni jure Epiſcopos creandi, deponendi, glicanæEc-
ſynodos convocandi, in iis præſidendi, leges & conſtitutiones Eccle- cleſiæ.
ſiaſticas condendi, antiquandi, immutandi, cum omni cognitione,
deciſione, punitione, errorum, hæreſum, abuſuum, ac qualium-
cunque criminum; denique cum omni facultate ſubſtituendi ac dele-
gandi alios, quoscunque vellet Judices, etiam laicos in Eccleſiaſticis
cauſis ac negotiis, nulla Epiſcoporum habita ratione, niſi quantùm
ipſa concederet: ita, ut juriſdictionem & poteſtatem Epiſcopalem
nullam exercerent, niſi ad beneplacitum Reginæ, nec aliter niſi per
ipſam, & à Regali Majeſtate derivatam auctoritatem.

Unde ſupremi Eccleſiæ capitis nomine attribuit ſibi in perpetuum Annatæ.
primi anni cujuscunque Beneficii integros fructus: omnésque cœnobiorum poſſeſſiones, à Maria Regina ad ſacros uſus reſtitutas, partim
fiſco addixit, partim Nobilibus diſtribuit, ad captandam eorum benevolentiam, eóſque aureo hoc hamo, quocunque luberet, traben-
dos. Vicarios & commiſſarios pro cauſis ſpiritualibus conſtituit,
cuſo peculiari in eam rem ſigillo.

'Miſſæ ſacrificium, cum omni ſanctiſſimo ritu ſacramentá admi- 61.
niſtrandi ſuſtulit. Catholicis Evangelium prædicandi facultate inter-Religio
dixit. Nova ſacra, ceremonias, ritus præſcripſit. Vetat, ne Clerus everſâ,
ad ſynodum ullam aliorum quàm Reginæ litteris aut mandatis conveniat, néve ullum canonem, conſtitutionem ſynodalem faciat, vel
exequatur, absque expreſſo ejuſdem conſenſu, ſub pœna carceris &
mulctæ pro Reginæ arbitrio imponendæ. Ne quis regno exeat ad
ullum Concilium, aut conventum. Ne Epiſcopi ullius nominatione,
aut electione, ſed ſola auctoritate regia creentur. Atque ut hæc omnia
certiùs in praxin irent, juramentum omnibus nuncupandum impoſuit.
Cujus hæc erat forma:

Ego N. prorſus teſtificor & declaro in conſcientia mea, Reginam Juramen-
eſſe ſolam ſupremam Gubernatricem, & iſtius Regni Angliæ, & alio- tum.
rum omnium ſuæ Majeſtatis dominiorum, & regionum, non minùs in
omnibus ſpiritualibus atque Eccleſiaſticis rebus vel cauſis, quàm tempo-
ralibus: & quòd nemo externus Princeps, perſona, Prælatus, ſtatus,
vel Potentatus, aut facto aut jure habet aliquam juriſdictionem, pote-
ſtatem, ſuperioritatem, præeminentiam vel auctoritatem Eccleſiaſticam

aut spiritualem in hoc regno. Ideóque planè renuntio & repudio omnes exterorum jurisdictiones, potestates, superioritates atque auctoritates.

62.
Comitia.
Quum verò ne sic quidem satis omnia, quæ volebat, stabilivisse sibi videretur, Comitia convocanda, ordinúmque Regni consensum, sine quo nihil, & cum quo omnia poterat, procurandum sibi censuit. Postquam igitur diligenter providerat, ut ex singulis provinciis & civitatibus, in alteram curiam, quæ Domus Inferior dicitur, ii cooptarentur, quos suis ipsa commodis maximè commodos existimabat, facilè obtinuit, ut omnia, quæ proposuit, ab hac comprobarentur. In Superiore autem Domo plerique eam de primatu Ecclesiastico propositionem detestabantur : Episcopi comprimis.

At Regina ad solitas suas artes, dolos nempe & simulationes conversa, quum Norfolcio Duci, & Arundelio Comiti spem nuptiarum fecisset, facilè eos ad suas partes pertraxit, ut causam ejus aliis etiam ardenter persuaderent, adeò quidem, ut pars schismatica numero suffragiorum vincetet. Regina voti compos utrumque procum destituit, & in præmium navatæ operæ Arundelium auctoritate, Norfolcium etiam vita privavit. Episcopi in parlamento dissentientes dignitate dejecti. Et qui sacrilegum juramentum detrectabant, exauctorati, & relegati, aut in varios carceres conjecti sunt. Melior etiam
Tyrannis. pars Cleri, variorum ordinum cœnobitæ, Catholici Doctores, Nobiles laici utriusque sexus, in veteri religione constantes, in ergastula aut exilium acti. Cruenta deinde persecutio in sacerdotes, monachos, ac fidei defensores excitata martyrio plurimos cœlo transmisit.

Tyrannidem vehementiùs accendit Pii V. constitutio, qua post tentata incassum lenia remedia, sacro anathemate percussit Elisabetham *(anno 1570)* eámque regno privatam declaravit, omnésque ac singulos ejus subditos à juramento fidelitatis absolvit, lata in eos, qui mandatis ejus parerent, excommunicationis sententia. Quam constitutionem Gregorius XIII. & Sixtus V. innovàrunt, & confirmârunt.

63.
Secta.
His auditis Elisabetha immanem in Catholicos lanienam acuit, instititque hæc Angliæ Papissa operi cœpto, in cudendo id genus religionis systemate : quod nec Hussiticum, nec Calvinianum, nec Zwinglianum, nec Lutheranum, nec Anabaptisticum, nequé Catholicum esset : ex omnibus tamen aliquid conflaret. Ex Religione Catholica retinuit aliquas ceremonias ritúsque externos, ut eò minùs offensionis incurrat apud populum, ex maxima parte adhuc Catholicum : qui, dum videbat antiquos ritus, Episcoporum aliorúmque Ecclesiasticorum vetera nomina, vestitum à laicis discretum, Christi
cruci-

crucifixi Sanctorúmque imagines in templis & compitis, orgána &
cantus, cereos, orationes pro defunctis, more ferme antiquo retineri, die veneris & fabbati à carnibus abftineri, homines-cruce fig-
nari, fepulturas ritu veteri fieri : vix fentiebat, fe paulatim duci in
hærefin, quam quoad interna ac doctrinam ex variis hærefiarchis cen-
tonis inftar confarci navit. Et, ut faciliùs haurirent, pœna non levi
propofita omnes ad conciones hæreticorum adire compulit. Quam
in rem, prout etiam ad confirmandum fuum primatum fæviffimas
leges tulit partim pecuniarias partim capitales.

Qui 16. annos natus Proteftantium concionibus ac cultui Divino Decreta.
intereffe recufaverit, quot menfibus viginti libras Anglicæ monetæ
pro mulcta pendito. Qui non habet in ære, carcere luito, quoad
perfolvere queat. Multò gravior pœna ftatuta in eos, qui Miffam
legerint, aut eidem interfuerint. Nulli fcholarium in collegio aditus conceditur, nifi Papæ auctoritatem ejuraverit. Neque fuffragii
jus habeat, qui hoc non præftiterit. Nullus hæreditatem adeat, nifi
juramentum deponat. Qui id recufârit, ad perpetuos carceres,
omnibus bonis multatus condemnator. Eadem pœna ftatuitur in eos,
qui negaverint, Reginam effe fupremum Anglicanæ Ecclefiæ caput;
aut confecrata munufcula, rofaria, lypfana &c. in Angliam impor-
târit: qui Catholicos non detulerit: qui conciliationem cum Romana
Ecclefia fuaferit, aut obedientiam Papæ præftandam, aut tales non
denuntiârit &c.

Leges capitales conceptæ erant in eos, qui dixerint, aut fcripfe-
rint, Papam effe caput Anglicanæ Ecclefiæ, aut aliquam illi jurisdictionem afferat: ad eum provocat, aut Bullam in Angliam portat:
qui tertiò monitus, ejus poteftatem ejurare, aut Reginæ primatum
negare præfumferit : aut eam fchifmaticam vel hæreticam pronuntiet.
Qui perfonam quamcunque ad Ecclefiæ Romanæ unionem reduxerit:
vel ipfe reconciliari fe paffus fit: aut qui alteri perfuaferit, Papæ in
rebus Ecclefiafticis effe obediendum, vel id fibi perfuaderi paffus fuerit. Quicunque facerdos fubditum Reginæ abfolverit, aut eam poteftatem fe habere dicat, licèt ea non utatur &c.

En leges Anglicanæ tyrannidis, non latas iniquiùs, quàm exe- Supplicii
cutioni datas crudeliùs ! Supplicii autem hæc erat forma. Damnatus forma.
crati fupinus impofitus ad fupplicii locum perductus, & collo in laqueum inferto fufpenfus patibulo, incifo fune femivivus demittitur.
Abfcinduntur virilia, aperto ventre inteftina extrahuntur, & in ignem
projiciuntur. Tandem amputato capite, truncus in quatuor partes
diffecatur, eæque celebrioribus urbis locis horribili fpectaculo fufpen-

duntur : bonis interim omnibus fiſco addiƈtis : &, ſi nobili ſint familia, Nobilitatis inſignibus detraƈtis. Quæ barbaries ſævire poſſet aut propudioſiùs, aut truculentiùs? Hæreſis hæc eſt indoles. Ex uſu ſuo & more agit. Ingenioſa illa, ſtimulante induſtriam rabie, in novas & inauditas pœnas, ea tormenta, ſæviendíque modos invenit, quos nulla unquam ethnica tyrannis aut barbara crudelitas noverat. Hoc videlicet erat more Apoſtolico Evangelium prædicare.

Infinitus forem, ſi omnes lanienas, eorúmque; qui eas ſuſtinuerunt, carceres, tormenta, neces, narratione ſingillatim vellem compleƈti. Neronis alicujus, Decii, aut Diocletiani tempora- rediiſſe vidéri poterant, niſi nova tyrannis antiquam illam ſuperâſſet. Nec in viros duntaxat ſævitum, ſed in pueros etiam, puellas, matronásque honeſtiſſimas : manifeſto argumento, non crimen aliquod læſæ majeſtatis eos luere (quod Eliſabetha, martyrii invidens gloriam, per exteras aulas ſpargebat) ſed unicè propter fidem Catholicam, & unionem cum ſede Apoſtolica, tormentis fuiſſe ſubjeƈtos. Quid enim ab innocua illa ætate, quid à ſexu imbecilli timendum fuerat Reginæ, tot exercitibus ſtipatæ, tantáque potentia terra maríque obvallatæ, præſertim ubi Scotiæ Reginam jam unguibus tenebat. Sed nec ulla unquam conjuratio aut proditio Catholicorum deprehendi poterat. Sed tota perſecutionis cauſa erat, quòd Catholici in fide Chriſti eſſent conſtantes, ac Romanum Pontificem tanquam caput Eccleſiæ in ſpiritualibus agnoſcerent : uti ex eo etiam luculenter patuit, quòd carceribus concluſis, aut etiam ad mortem jam eduƈtis libertas fuerit promiſſa, ſi fidem catholicam ejurarent, & re ipſa pluribus conceſſa, ubi tormentis viƈti ab illa deſciverunt.

Propter fidem.

Sæviente autem hac perſecutione complures viri pii & doƈti patriam, quam ſanare non poterant, reliquerunt, ut eminus opera ſua librisque eruditis eandem juvarent. Hos inter *Nicolaus Sanderus*, libro de ſchiſmate Anglicano celebris, *Thomas Stapletonus* Doƈtor Theologus, pluribus monumentis clarus, & *Guilielmus Alanus Copus*, qui propter inſignia in Eccleſiam merita poſtea à Sixto V. purpura donatus eſt Hic primò Duaci Anglorum ſeminarium inſtituit, ſedis Apoſtolicæ ac piorum hominum, quos Anglorum exulum miſeratio tangebat, liberalitate. Ex quo plures prodierunt optimè inſtituti ſacerdotes. Quum autem Geuſii omnia in Belgio miſcerent, Rhemos translatum viros inſignes produxit. Pontifex inſuper Gregorius XIII. Collegium Anglicanum fundavit, pro alenda & inſtituenda juventute. Quibus in Hiſpania poſtea, Belgio, aliſque provinciis plura acceſſerunt,

64.
Exules.

Seminaria.

pro

pro natione illa pressa, id genus Collegia, magnorum virorum ac Martyrum seminaria.

Nam ex heroibus istis plures sacerdotio initiati, & sacra doctrina probè imbuti, in Angliam redibant; ac hæreses oppugnabant. Hæ tempore Elisabethæ in quatuor potissimùm classes, quarum quævis alteram damnabat, erant dissectæ. Prima erat Reginæ religio, seu *Sectæ An-* *Episcopalis*, & quasi nationalis Angliæ, cujus fundamenta Henri-*glicanæ.* cus VIII. jecerat: & Elisabetha promovit. Atque hæc Reginam pro Ecclesiæ Anglicanæ capite habuit, retenta tamen Episcoporum digni-tate, multisque externis ceremoniis ac ritibus: in reliquis ferme Calvini dogmata sectabatur: eò quòd dicerent, Religionem Papisti-*Episcopa-* cam nimis pinguem esse, Calvinianam verò nimis macram, se verò *les.* mediam, & ex utraque mixtam tenere, atque hoc ipso optimam, quia ex utraque, vitatis extremis vitiosis, optima quæque essent se-lecta. Ubi tamen illud contigit memorabile, quòd, cùm Henrico VIII. legem rogante Parlamentum statuisset, ut Episcopus more veteri à tribus Episcopis consecraretur, sollicitè indagárint Episcopum Catho-licum, qui eos consecraret, interpellato etiam Archiepiscopo Arma-chano Hiberniæ Metropólitano, qui eo tempore in carcere Londinensi detinebatur: probè gnari, consecrari non posse Episcopum nisi à vero Episcopo.

Altera Sectariorum classis erant *Presbyteriani*, Episcopalibus op-*Presbyte-* positi, quòd eos non differre ab aliis dicerent, eò quòd in primitiva *riani.* Ecclesia *Presbyteri* fuerint seniores, quo nomine absque discretione tam Episcopi, quàm alii Ministri Ecclesiæ fuerint comprehensi, atque æquales, absque hierarchia Ecclesiastica, qua alii sint majores, alii mi-nores. Adhæc externos ritus Elisabethæ rejiciebant, uti organorum, altarium, certi habitus. Negabántque, posse Prælatum Ecclesiasti-cum in Comitiis Regni sessionem & votum habere. Dissidebant etiam in doctrina prædestinationis, redemptionis generis humani &c. In Scotia prævalent: in Anglia autem Episcopales.

Tertiam Sectam conficiunt *Puritani* aut *Consistoriales*, qui inhæ-*Puritani.* rentes Genevensi Calvini & Bezæ confessioni ad ejus normam omnia exigebant, rejectis ceremoniis ac ritibus Ecclesiæ Anglicanæ, quos superstitiosos, & Papismum olentes censebant. Et hinc Episcopales vocitabant *Calvinianos Papistas*, aut etiam *Parlamentarios*; quia sci-licet Regina legem rogante Parlamentum Episcopalem sectam intro-duxerat. Tria máximè eorum in Anglia se hujus hæresis efferebant capita: Compingerus, qui pater misericordiæ dici voluit: Ardento-

nus

nus juftitiæ & ultionis. præconem fe ferebat: Harquelotus, qui Chrifti imaginem fe jactabat.

Enthufia-
ftæ.
Quartam conftituebant Browniftæ aliique Enthufiaftæ, qui familia amoris appellari volebant. Hi omnes mutuo odio & infectatione tanquam hæreticos fe fe infectabantur. Sectæ autem iftæ in alias rurfus fectas fubdivifæ funt; & ex iis nata poftmodum numerofa novarum colluvies; quolibet videlicet luxuriante cerebro facras fcripturas pro libidine, & ad phantafticam fuam ideam, in mente conceptam, interpretante, & abutente : documento certè dilucido, ad quam confufionem deveniatur, fi neglecta Ecclefia ejúsque interpretatione cujuslibet arbitrio permittantur Divina oracula.

65.
Societas in fe
Angliam.
Quamvis autem diverfæ hærefes religioni, à Regina introductæ opponerent, ejúsque primatum & conftitutos ab ea Epifcopos, ritúsque abjicerent, attamen adverfus folam Religionem Catholicam extirpandam tota incubuit. Jámque dudum Martyrum fanguine decolor Thamefis rubore fuffufus decurrerat; cùm anno 1580. Societas Jefu fuo inftituto ad falutem animarum nata, poftquam jam multos Anglos in feminariis educatos in patriæ commoda præmiferat; & ipfa in defolatum hoc regnum concedendum fibi putavit. Quamvis minimè eam lateret, quanto Elifabethæ fit odio : dum & Turcam follicitavit, ne ullum huic hominum generi in provinciis fuis locum concedat (Gallico tamen oratore ejus conatibus obnitente) & 38. ejusdem profeffionis viros, in Brafiliam ad Evangelium prædicandum navigantes per fuos piratas in mare præcipitavit.

Perfonius.
Primi ex hac Societate Angliæ Apoftoli erant Robertus Perfonius, & Edmundus Campianus, Angli, à Gregorio XIII. & Præpofito fuo Generali Mercuriano miffi, cum fratre coadjutore Rudolpho Emerfono. In itinere Mediolanum delati octiduo detenti funt à S. Carolo Borromæo. Genevâ tranfeuntes cum Beza congreffi laborabant eum in viam reducere. Audomarum ubi attigerunt, intelligunt, eorum in Angliam trajiciendi confilium per exploratores jam conftare in Anglia : portus omnes obfideri : ipfas eorum effigies jam haberi depictas, in certam eos mortem ruere. Cui autem bono Angliæ futurum, ex portu in carcerem, ex hoc ad furcam raptari ?

Perfonius re perpenfa, ne omnes in difcrimen daret, ipfe prior folus, ceu Miffionis fuperior, trajectus aleam tentavit, Campiano Audomari certiora exfpectare juffo. Itaque militarem ducem toto corporis habitu præferens Caleto folvit, & cùm Dubrim applicuiffet, Gubernatorem ultro adit, ac velut diu antè domefticus rogat, ne mercatorem Patricium nomine (Campianum nempe) altera die moretur,

retur, ſua enim intereſſe, ut quamprimum Londini adſit præſens.
Quod ipſum Campiano per navem reducem nuntiat. Londinum feliciter delatus mox cuſtodiam adit, in qua Thomas Pondo, à biennio,
dum eſſet in vinculis, Societati auctoratus, detinebatur: à quo Per-
ſonius Gilberto commendabatur, viro nobili, à Puritanorum ſecta
ad Religionem noſtram transgreſſo.

· Supervenit mox, cautiùs licèt Dubrenſi portu cuſtodito, Cam- Campiau
pianus cum fratre Emerſono, ingenti Catholicorum lætitia: quibus nus
conteſtati ſunt, ſe unicè propter animarum ſalutem veniſſe in Angliam, politico regimini & rationi ſtatus ſe nullatenus immiſturos.
Inter alia decretum, non licere Catholicis conciones & myſteria hæreticorum frequentare. Poſtquam dein Campianus in privatis ædibus ſæpiùs ad Catholicos dixiſſet, pluriúmque nobiles converſiones
eſſent factæ, notitia de eorum adventu in aulam eſt perlata. Statu-
unt proin ad vitandas, quæ ubique tendebantur, inſidias Londino
tantisper diſcedere. Quod antequam facerent, Campianus ad Regium Senatum litteras dedit, in quibus adventus ſui cauſam expoſuit,
pluráque diluit, quæ contra Societatem & Anglica ſeminaria erant
ſparſa, ſimúlqne ſe offert ad diſputationem coram Regina inſtituendam;
tandem rogat, ut ſibi munere ſacerdotis, ad quod miſſus eſſet, liceat fungi.

Multis interea Catholicis nobilibus ad eum confluentibus, veſtibus, ſæpiùs mutandis, ne agnoſceretur, & equis inſtructus, aliquamdiu exploratores oculos fefellit: donec ab Elioto proditus in manus
apparitorum incidit. Hic homo, priùs Catholicus, capitalis criminis reus, à Valſinghamo Reginæ Secretario vitæ veniam impetrave-
rat, ea conditione, ut Campianum ſiſteret. Igitur admiſſus in domum nobilem extra Londinum, in qua Campianus prædicando, confeſſionibus audiendis, & SS. Evchariſtiæ ſacramento conferendo oc-
cupabatur, hic Judas apparitoribus, qui in propinquo ſubſtiterant, Proditus.
indicium fecit. Qui in domum irrumpentes, excuſſis omnibus late-
bris Campianum tandem deprehenderunt, & captivum perduxerunt
Londinum.

Ubi immaniter tortus & diſtentus, nihilominus cum hæreticis
diſputationem iniit, quatuor continenter diebus, horis ante- & po-
meridianis, variis miniſtellis, dum priores laſſarentur, recenti robore
ſibi ſuccedentibus. Quibus omnibus par Campianus, Catholicæ Re- Diſputat.
ligionis veritatem tam dilucidè ac nervoſè ob oculos poſuit, ut victi
receſſerint, & Philippus Comes Arundelius, qui præſens aderat,
mox fidem Catholicam ſit profeſſus.

Cùm

, Cùm nec tormenta nec verborum contentiones Athletam vincerent, criminalem ei actionem intentârunt, quòd Rhemis ac Romæ
de nece Reginæ inferenda conspirârit, ac propterea nunc in Angliam
venerit, ut armis Papæ, Hispani, & Fiorentini viam paret. Negavit, id facinus sibi unquam in mentem venisse, nulla id ratione nec
prudenti conjectura probari posse, non alio fine se missum in Angliam,
quàm, ut absque omni proditione & tumultu fidem prædicet, &
SS. Sacramenta fidelibus distribuat. Quòd exteri quidam Principes
arma adversus Angliam parent, id sibi prorsus esse incognitum: nullam certò in eo partem ad se pertinere.

**Examina-
tur.**
    At frequenter, inquiunt, vestes commutâsti, jam nobilem,
jam militem, jam mercatorem mentitus. Quid sacerdoti cum gladio, sericis vestibus, cristato pileo, phalerato equo? nunquid? proditorem tegere volebas? qui male agit, fugit lucem. Respondit
Campianus, nullius proditionis id esse indicium, sed eo solo fine
factum, ut saluti animarum vitam suam reservet, exemplo virorum
Apostolicorum complurium.

    Sed litteras scripsisti, replicant, Thomæ Pondo, quibus asseve-
ras, te in equuleo tortum nihil secretorum, quæ à Papistis audieras,
revelâsse, nec revelaturum unquam. Quænam hæc alia secreta, nisi
proditionis molitio? Respondit Campianus, hostes quosdam male-
volos de se sparsisse, quòd in catasta tortus manifestârit secreta,
quæ in sacta confessione audierit: scripsisse proin, ad tantum scelus
à se amoliendum, nihil eorum à se manifestatum: cùm absque gravissima Divinæ ac naturalis legis prævaricatione id fieri non posset.

    Instant rursus accusatores, quòd jurare noluerit, Reginam caput
esse Anglicanæ Ecclesiæ, & interrogatus, quam vim habeat Bulla,
à Papa Romano adversus Reginam edita, & utrum excommunicationis sententia sit legitima, nullum responsum dederit. Pauci dies
sunt, reposuit Campianus, ex quo Regina ipsa ex me quæsivit, an
Regiam in se potestatem agnoscam? respondi, agnoscere me illam
legitimam Reginam ac Dominam totius Regni. Cùmque ulteriùs
quæreret, an Papa à fidelium communione eam separare possit, respondi, me non esse idoneum arbitrum inter suam Majestatem &
Pontificem, nec posse de eorum controversiis judicare.

    Sed Judices Pharisæis comparâsti, objiciunt, qui occasionem quæ-
rebant occidendi Christum, quærendo, an liceat tributum dare Cæsari.
Interrogatus, inquit, an Papa Reginam excommunicare possit, & an
Bulla illius sit valida, respondi, has esse versutas & Pharisaicas inter-
            rogatio-

rogationes, me Reginam agnoſcere, ejúſque Regiam dignitatem ac poteſtatem; cæteras quæſtiones me ſcholis ac Theologis relinquere.

Producunt teſtem Cradocum, qui depoſuit, ſe præſentem in
quodam cœtu audiviſſe ſermonem miſceri de quodam fœdere, inter
Pontificem & ducentos Anglicanos ſacerdotes inito pro reducenda
in Angliam Religione Pontificia. Interrogavit Campianus, quis-
nam fuerit ille cœtus; otioſorum ſortaſſis & loquacium hominum
in caupona, qui facilè effutiunt, quod temere ſuſpicantur, aut gar-
riendi levitas ſuggerit, & quodnam piaculum, veram Chriſti fidem
velle introducere? Sed quidquid ſit de hoc fœdere, Cradocum probare non poſſe nec teſtari, ſe in eo fuiſſe comprehenſum.

Denique introductus Eliotus proditor, qui teſtabatur, in ultima ſua concione Campianum ingemuiſſe propter hæreſes Angliæ,
ſolatum tamen eſſe auditores ſuos Catholicos ſpe, venturum brevi
diem, Catholicis optatum, hæreticis terribilem. Jurejurando aſ-
ſeveravit Campianus, ſe per eum diem non intellexiſſe alium, quàm
ultimum Divini judicii diem. Tum ad Duodecimviros converſus,
veſtrum jam eſt, inquit, judicare, num vel ſuſpicio proditionis
ſubeſſe poſſit. Sed cogitate, Divinum Judicem in illa die de veſtro
judicio diſtrictè judicaturum. Suſpiciones proditionis vanæ ſunt,
præſumptiones prorſus leviſſimæ, nullo indicio fundatæ: teſtes,
quamvis nullius fidei atque de jure inhabiles, de nulla proditione,
aut conſpiratione deponunt.

Amore patriæ meæ ductus fidem Chriſti propagare volui, fateor, Miſſas legi, Sacramenta contuli, confitentes à peccatis abſol-
vi, munere Sacerdotis functus ſum. Hoc totum. Si propter Religionem condemnandus ſum, en caput meum. Non aliam ſubeſſe
cauſam, noſtis ipſi Judices; cùm toties mihi non vita ſolummodo,
ſed etiam libertas ſpéſque magnæ ſint oblatæ, dummodo Catholicam
Religionem deſeram.

Quamvis autem Campianus ſe ſocióſque Sacerdotes ſtrenuè defenderat, nullúmque crimen probari poterat, nihilominus à Duode- Condem-
cimvirali Judicio mortis rei ſunt pronuntiati. Dilato tamen alio- natur.
rum martyrio, duos tantùm pro ea vice Campiano adjunxerunt,
Rudolphum Servinum, & Alexandrum Briantum; qui paulò antè
in Societatem noſtram ſuſcepti fuerant: gaudentes & exultantes,
quod digni ſint habiti, pro nomine JEſu non ſolùm contumeliam ſed
etiam mortem pati.

Cùm educerentur, innumera confluxit multitudo, etiam Catholicorum, qui intrepidè accesseiunt, & petita benedictione inter lachrymas valedixerunt. Campianus laqueo collo inserto, cùm sub furca consistens ad populum inciperet dicere, interpellatus, ut potiùs scelus fateatur, & Reginam roget veniam, respondit, se nul-

Necatur. lum adversus Reginam designâsse scelus, nisi Religio Catholica habeatur pro scelere. Hanc pio Sacerdotali suo munere ut propagaret, venisse in Angliam patriam suam. Pro hac se mortem animo lubenti appetere. Hanc solam esse mortis causam, rogat, ut fides sibi habeatur eo in articulo, quo in procinctu stet, ut ad Divinum tribunal sistatur. Pro salute dein Reginæ precatus datáque Judicibus venia, furca suspensus est, postea in quatuor partes dissectus, diversis locis publicè affixas. *(Anno 1581.)*

Erat Campianus patria Londinensis ; Oxonii litteris severioribus vacans, Diaconum à Ministris ordinari se passus est ; ad quod

Elogium. scelus expiandum Anglia egressus, in Duacensi seminario aliquamdiu commoratus, Theologiam didicit. Romam dein profectus in Societatem admissus est anno 1573. In Bohemia postea amandatus, Philosophiam Pragæ docuit, latinásque conciones habuit : donec anno 1580. in patriam missus, anno licèt unico multa gessit tulítque pro religione & animarum cultu. Inter scripta ejus, quæ multa sunt, & varia, eminet libellus aureus, cujus titulus : *Decem rationes oblati certaminis in causa fidei redditæ Academicis Angliæ :* mole parvus, sed eruditione, eloquentia, ingenii vi, argumentorum pondere, succincto rerum multarum nervo, sanè maximus.

Post eum Servinus, & Brianthus, adeò immaniter priùs torti atque in equuleo distenti, ut Northonus Præses gloriaretur, se integro pede longiorem Brianthum fecisse, ad idem supplicium raptàti, semivivi de furca dejecti, corde adhuc spirantibus evulso, pudendis abscissis, visceribus in ignem conjectis &c. martyrium consummârunt : nulluis culpæ rei, nullius convicti aut confessi. Nihilominus bæretici illico ad conflandam invidiam, & suam tegendam tyrannidem athletísque detrahendam martyrii gloriam, per exteras nationes rumorem sparserunt, Jesuitas non propter Religionem, sed propter proditionem patriæ & perduellionem fuisse condemnatos.

66. Quamvis autem hic merus esset prætextus ad minuendam
Nicolai crudelitatis ac diræ persecutionis invidiam, occasionem tamen dedit
commenta impostura *Joannis Nicolai* Apostatæ ; qui Roma reversus multa de Catholicorum machinationibus, apud Cardinales fabricatis, confinxit.

finxit. Cùm autem vidiffet, plurimos innocentes hoc fuo mendacio acerbiffima tormenta mortémque ignominiofam pati, confcientiæ ftimulis impulfus *Cecilium* fummum Regni quæftorem, & *Val-
fingamum*, qui Reginæ à fecretis erat, immanes Catholicorum tor-
tores accedit, fatetúrque, falfa effe, quæ detuliffet. - A neutro
auditus, arcis Præfecto, & Sacerdoti captivo fraudem fuam aperit:
atque ex Anglia profugus, Rothomagi in Gallia comprehenfus; totam mendaciorum ftropham retexuit : hæc præcipuè faffus : confictum à fe fuiffe :

Romæ in Anglorum Seminario confultati, quomodo Regina
fit tollenda è medio : Papam, Cardinales, & univerfum Clerum
Catholicum graviffimorum fcelerum à fe accufatos Londini. Catholicæ religionis ftudium fimulatum, cùm Proteftantium partibus ex
animo effet addictus. En Argumentum hæreticæ perfidiæ ! quo innumeri mortales, quos innocentia abfolverat, ad carceres & fur-
cas iniquiffimè funt condemnati : lato etiam à fuprema Regni curia
edicto fanguineo.

Nam hac caufa, nunquam legitimè evicta, fed penitus confi- **Propter**
cta, præter Sacerdotes ac Religiofos innumeros, hac fraude perem- **quod mul-**
pti funt Dux Notthumbriæ, Arundeliæ comes, Ducis Norfolciæ fi- **ti necati.**
lius, Laburnus, Feltonus, Storeus, alifque ex nobiliffimis familiis, octo Comites, decem Barones, 26. Proceres, plus quàm 350.
Nobiles, 110. fœminæ, inter quas illuftriffimæ matronæ. Florimundus Ræmundus perfecutionibus iftis coævus ait, quòd fi quis omnia,
quæ in Anglia adverfus Catholicos crudeliter acta funt, recenfere
velit, vix finem (tantam effe multitudinem) vix fidem (tantam effe atrocitatem) reperturum. Enumerat deinde Londinenfes carceres, catholicis congeftos, carnificinas, lanienas, equuleos, cata-
ftas, inftrumenta crudelitatis, immanitate barbara.

Quia verò Regni fenatus animadvertit, etiam hîc fanguinem
Martyrum femen effe Chriftianorum, tantáque crudelitate multorum ex indigenis, & præfertim apud exteros animos offendi, clementia quadam, licèt ipfa morte acerbiore uti ftatuit, multis ex
carceribus extractis, miffifque in exilium. Cùm autem navibus effent imponendi ; interceffit fævo edicto *Gafpar Hayvodus*, è Socie- **Exilium**
tate JEfu, qui ipfe etiam erat inter relegatos, omnium nomine palàm queftus, fine caufa, fine crimine, fine judicio, ac planè in-
demnatos, fe non debere patria eiici : rogátque, ut judicio fiftantur, abfolvendi, aut aliorum exemplo ad mortem condemnandi.

Nihil

Nihil profectum.   Tanquam perduellionis rei in Galliam sunt de-
portati, ac plerique Rhemis ab Alano excepti : cui usque in Galliam Valsingamus insidias struxit per suos emissarios ,. fontes Seminarii Rhemensis veneno conatus inficere.

67.
Personius
erigit Se-
minaria.

Iisdem insidiis homo impius, juratúsque Catholicorum hostis ,
appetiit Robertum Personium, quem cum Campiano in Angliam
trajecisse diximus.   Is enim perduellionis reus cùm publicè à Regina
fuisset proclamatus, & ubique in eum per exploratores & apparitores
inquireretur, ne Catholicis, apud quos diversabatur, calamitatem
accerseret, Regno excessit, & fundandis pluribus in locis Anglorum
Seminariis operam intèndit, ut instituta in iis Catholica juventus`,
in patriam redux fidem proseminet, vel doctrina ac Sacerdotali obsequio, vel certè martyrio.

, Et imprimis Augii in Normannia Guisii liberalitatę Seminarium
pro Anglis instituit : Rothomagense, & Rhemense auxit.   Verùm
his postea Hugonotorum furore disturbatis, Regem Catholicum
permovit, ut Duaci & Audomari Gallicorum loco pro Anglis
fundaret collegia, ad submittenda ex iis Angliæ desertæ Sacerdotum subsidia, atque hoc ea liberalitate, ut Audomarense ad centum juvenes aleret.   Neque his contentus Personius, Philippum
II. Regem & Hispaniæ Magnates eò insuper adduxit, ut in ipsa Hispania, Vallisoleti ac Hispali pro eadem gente seminaria constrüe-
rent ; in quibus alumni quot annis votum renovabant, repenten-
dæ post susceptum sacerdotium patriæ, ejúsque juvandæ, & si opus,
pro fide fundendi sanguinis.   Quapropter magna eos veneratione Hispani sunt prosecuti, velut Martyrii Canditatos.

Et profecto sapientum omnium sensu vel unis his Seminariis
statuendis plùs Angliæ profuit Personius, quàm si ad mortem usque
Apostolicis laboribus in eadem desudásset.   Neque ignorabat Elisabetha; quantum antidoti adversus hæreseos suæ venenum in his
plantariis pararetur ; quare non solùm severissimis edictis vetuit,
ne quis de suis subditis in ejusmodi collegiis viveret, sed per Cecilium & Valsingamum, consueta iniquitatis instrumenta, effecit,
ut Personius ab aliquibus Catholicis Angliæ Nobilibus, & ipsis Se-
minaristis Romanis, conspiratione inita, ad Gregorium XIII. &
postea Sixtum V. delatus, calamitatum in Anglia præcipuus incentor diceretur.   Tamdiu gravius vexatum iri catholicos, quamdiu
non ligarentur eidem manus, prohiberetur libros edere, Seminaria
moliri, rebus Angliæ se immiscere.   Quin rogârunt, ut Societatis
hominibus omnis in Angliam aditus prohibeatur.   Verùm sapientis-
simos

fimos Pontifices facilè advertit , quibus auctoribus à credula &·improvida juventute ista spargerentur. Effecítque Perfonius , ut tantò plures ex fociis in Angliam, deinceps mitterentur : per quos magnam ·partem Ecclefia illa conftitit , ne penitus fubverteretur. Hos inter fuere Robértus Sothüellus , & Henricus Walpolus S.·J. uterque illuftri genere natus.   Ille à puella , quam inftituerat·, proditus , captúfque ac tortus eft , atque ultrà triennium fqualidiffimo carcere emaciatus anno 1595. majeftatis iniquiffime damnatus , martyrii lauream eft confecutus.   Neque enim aliam ob caufam quàm propter religionem occifus eft. Eodem adhuc anno fecutus eft Walpolus , cum multis aliis , per acerbiffima tormentorum genera ad cœlum evolántes. In his Thomas Cottamus S. J. in ipfo Infulæ ingreffu captus à Præfecto , clàm·Catholico, liber dimiffus eft : ʼfed cùm Præfectus propterea periclitaretur , Cottamus fe ultro ftitit Judicibus ,· à quibus atrociffimè tortus , ut proditionem & infidias‗Reginæ ftructas detegeret, conftanter negavit, fe ullius proditionis‗aut infidiarum confcium ; & licèt nullum prorfus effet indicium , tamen , quia Elifabetham Ecclefiæ Anglicanæ caput nolebat agnofcere , perduellionis damnatus , in Viminea crate per urbem ad Tiburnum raptus : more jam confueto peremptus eft. Dúmque ad lanienam nudatur , cilicium apparuit , intimo corpori appreffum. Non enim crudeliffimis equulei tormentis , extrema inedia , & perpetuis duorum annorum carceris ærumnis fatiabatur ingens animus , nifi fancto fui ipfius odio feipfum quoque torqueret.

Hos fecuti funt Thomas Mettamus , 17. annorum carcerem, vivum veluti fepulchrum, paffus. Joannes Cornelius , Rogerius Filkockius , Francifcus Pagius , cum aliis quàm plurimis facerdotibus; qui gloriantes pro Chrifto pati , animo , fupra res humanas erecto, plenique folatio in tormenta , & mortem ibant , fugentes mel de petra , oleúmque de·faxo duriffimo.   Tantùm verò aberat , ut Regina , tot Martyrum fanguine fatiaretur , ut laffata tantifper Cecilii , Valfingami , Toplifi , & Jongi , qui præcipui erant crudelitatis adminiftri , fæva tyrannide, exprobrare iis inertiam audita fit , & exclamare : quamdiu nullus facrificulus ad furcam !

Cæterùm Elifabetha , quod in fe ipfa probabat , in aliis damnavit : conquefta de Rege Catholico , & Chriftianiffimo , quòd ille Geufios in Belgio , hic Hugonotos in Gallia perfequeretur : ac ⁀ardinali Caftillonio infami apoftatæ , in Anglia· Condæi & Hugonotorum caufam agenti plus honoris habuit , quàm Fenelonio , Regis Oratori.   Et cùm cædem Parifienfem Calviniftarum intellexiffet,

Rrrrr 3   fet, set, graviter offensa crudelitatem Regis accusavit, festucam in oculo alieno redarguens, trabem in suo comprobans. Permisit tamen postea, ut, sacris Catholicis toto Regno severè prohibitis, Gallicus orator iisdem domi suæ interesset. Qua occasione plures sacerdotes Missæ sacrificium offerebat, multitudine Catholica quotidie eò confluente.

68.
Angliæ
Papissa
Annatas
exegit.

Duo adhuc annotâsse non fuerit supervacuum : primum est, Protestantes non rarò de Joanna quâdam Papissa, quamvis merè conficta, varie gartire, & nescio quod monstrum Romanæ Ecclesiæ inde affingere ; cùm tamen ipsi *Elisabetham Angliæ Papissam* etiam juramento sint venerati. Alterum est, quòd iidem in Pontifices Romanos acerbè invehantur, quòd *annatas* exigant: cùm eorum Papissa eafdem exegerit, & quidem multò majores, integros nempe de omnibus & singulis Beneficiis reditus primi anni, omnésque cœnobiorum possessiones. Arguunt porro Pontifices, quòd quorundam Beneficiorum collocationem sibi reservent. Eorum verò Papissa omnia omnino sibi ac supremæ suæ potestati reservavit : laudibus nihilominùs super sydera efferenda. Sed aliud de hac Principe melioris est orbis judicium. Aliud de se ipsa tulit, ubi sistendam se vidit tribunali vivi DEI. Nam mortem desperationis plenam fuisse Camdenus ipse, Historicus licèt hæreticus, satis indicat, narrans, illius clamores ultimos fuisse : *Va misera !* se destitutam desertámque ab omnibus : gulam sibi elidi querentis.

Antithesis
Angliæ.

Et hic fuit lamentabilis Sæculo XVI. Ecclesiæ Anglicanæ status : heu ! quantùm mutatus ab illo, qui fuerat quondam ! quid Anglia olim sanctius ? duo intra sæcula 30. fuêre Reges & Reginæ, qui abjecto regno in solitudines evasère : Reges 15. monachos professi : Reginæ 11. moniales : præter martyres, 10. in album sanctorum confessorum inscripti : reliquorum ex omni hominum conditione sanctorum infinitus propemodum numerus. Sed, O Anglia, Angelorum quondam patria ! quò abiisti ? quomodo obscuratum est aurum, mutatus est color optimus ! dispersi sunt sacerdotes tui, lapides sanctuarii : ludibria & verbera experti, insuper & vincula & carceres : lapidati sunt, secti sunt, distenti sunt, tentati sunt, egentes, angustiati, afflicti : in solitudinibus errantes, in montibus, & speluncis, & in cavernis terræ, testimonio fidei probati : quibus dignus non erat mundus.

Alii verò, qui nutriebantur in croceis, dum lamiæ nudaverunt mammam, amplexati sunt stercora. Candidiores erant nive ; sed denigrata est super carbones facies eorum. Erraverunt cæci. Polluti sunt in sanguine. O Anglia ! prophetæ tui viderunt: tibi
falsa

falfa & ftulta : aperuerunt fuper te os fuum : fibilaverunt , & fre-
muerunt dentibus : & dixerunt : devorabimus : en ifta eft dies ,
quam exfpectabamus : invenimus : vidimus, O verè magna eft
contritio tua ! quis medebitur tui ?

ARTICULUS III.

Differtatio Juridica, an legitimum fuerit Henrici VIII, cum Catharina Matrimonium.

Tam lamentabili , quam hactenus vidimus, mutationi initium
dedit Henrici VIII, cum Catharina divortium, Ex eo enim
omnis fecuta deinceps abominatio defolationis. Operæ igitur pretium fuerit , eâ de re prolixiùs aliquantùm in hoc eruditionis apparatu differere,

69.

§. 1. Species facti.

ARthurus Henrici VII. Angliæ Regis primò genitus filius anno
1501. conjugem fibi elegit Catharinam, Ferdinandi Catholici
& Ifabellæ Hifpaniæ Regum filiam, At is morbo , quo dudum jam
laboraverat , quinto conjugii menfe extinctus obiit , anno ætatis 16.
confummato necdum , ut fertur , matrimonio. Henricus VII. pater,
virtute , dote , & tanta affinitate motus Catharinam alteri filio fuo,
Henrico anno 1504. defpondet , duodecim tunc annorum adolefcenti , petenti ac volenti , poftquam Julius II. Pontifex in impedimento publicæ honeftatis , & etiam , in cafum fecutæ copulæ carnalis
cum Arthuro , in impedimento affinitatis difpenfavit. Mortuo fubin patre , Henricus VIII. jam Rex ; anno 1509. ipfum matrimonium cum Catharina , fratris fui relicta vidua , iniit in facie Ecclefiæ , munitus difpenfatione Pontificia, Regni optimatibus, Epifcopis, totóque fenatu ac populo approbantibus , contradicente prorfus neminec.

Difpenfa-
tio.

Ex hoc matrimonio , quod fummo omnium applaufu celebratum fuerat , nati nunt deinceps Henrico Regi quinque liberi , tres
filii & duæ filiæ. Sed reliquis matura morte abreptis , fola Maria,
anno 1515. nata , fuperftes manfit , Walliæ Princeps à patre declarata , ac tanquam legitima regni hæres à præcipuis Europæ Principibus in fponfam expetita. Adeò nempe nemo per orbem de valore illius matrimonii dubitabat : donec Henricus , in exerrantem
atque

atque indomitam libidinem defluens, conjugem faftidire, formarum venatores oculos alio circumferre ; Bolenam , pudicitiæ ftudium mentientem , perditè deperire ; de divortio cogitare , ut eam poſ. fit ducere.

Volfæi prævarica-tio.   Volfæus Catharinæ odio ejúsque nepotis Caroli Cæfaris matri-monium primus irritum declarat. Sequuntur plures, aulæ parafiti, qui non , quod verum ; fed quod Principi placitum , loquuntur. Gardinerus J. C. Romam mittitur ad Clementem VII. qui magnis promiffis tentatur, ut conjugium, à Julio II. temere approbatum , irritum declaret. Petuntur Judices hujus caufæ Volfæus & Campe-gius ; adjecto mendacio , quòd Catharina ipfa , vitæ monafticæ ftudio , divortium expetat , à Pontifice impetrati. Mittitur igitur **Campe-gius.**   Laurentius Campegius Cardinalis in Angliam. Urget Rex cum Vol-fæo. Deterret Regina cum Cæfare. Pontifex jubet Campegium lentè procedere, nihil pronuntiare. Quo tamen ob collatum Epifco- **Exceptio Reginæ.** patum Sarisburienfem propenfiore in vota Regis Catharina adver-fum Judices excipiens ; ad fummum Pontificem appellat , caufam eam non in Anglia judicandam dictitans ; fed Romæ. Difputatur, refpondetur, replicatur : hinc Regis illinc Reginæ procuratoribus caufam agentibus. Quin libris etiam ultro citróque in lucem fparfis certatum.

Cùm igitur Campegius quafcunque poffet , dilationes Pontificis juffu negotio interponeret , ea ufus excufatione , in re tanti ponderis , in quam oculi univerfæ Europæ effent converfi, præpropero æftu nihil præcipitandum, Pontifex verò Reginæ appellationi deferret, caufámque cum Campegio Romam avocaret, Rex equidem indignatus, Theologos **Caufa Ro-mam avo-cata.** tamèn fuos , & jurisperitos cum Cramero Romam mifit : interea tamen tentatis auro pluribus academiis , & per Langæum Gallum, vænalium quorundam theologorum fententiis emptis , cùm Romæ lis penderet , libidinis impatientia Bolenæ fe conjungit , Rolando presbytero , ut affiftat facrifque operetur , inducto per mendacium , caufam Romæ fecundum Regis voluntatem fuiffe conclufam. Crammerus verò **Regis at-tentatum.** divortium cum Catharina , nováfque cum Anna nuptias publicè poftea promulgavit , tanquam-neceffarias , legitimas, & Regis con-fcientiæ confentaneas.

Jam verò quæftio Catholicos inter & Proteftantes oritur, an matrimonium cum Catharina fuerit validum , & confequenter di-vortium irritum , prout defendunt Catholici ? an verò matrimonium fuerit irritum , & divortium validum , quod multi ex Proteftantibus contendunt.

§. 2.

§. 2.

Rationes Dubitandi Proteftantium.

1. **H**Enricus Rex matrimonium iniit cum Catharina Arthuri fra- 7₀.
tris fui vidua, probabiliùs ab eo jam cognita. Atqui hoc Ex jure na-
illicitum eft atque irritum ipfo jure naturali: quod execratur con- turæ,
nubia perfonas inter tam propinquas. Et hinc Deus conjugia in
gradibus prohibitis, Levit. 18. recenfitis, contracta (inter quæ etiam
eft conjugium cum uxore fratris) vocat abominationes & fcelera, à
gentibus eommiffa. Peccârunt igitur gentiles contra legem naturæ;
nam leges Judiciales pofitivæ folos Hebræos ftringebant, eorúmque
profelytos. Rationem addit facra pagina, *ne reveletur turpitudo*
perfonæ, gradu tam propinquo conjunctæ. Quo naturalis indecen-
tià, jure naturæ vetita, infinuatur.

Quàm ob caufam Joannes Herodem increpuit: *non licet tibi
habere uxorem fratris tui;* manifefto argumento, Herodem peccâffe
eontra legem naturæ?. quia Judicialibus Hebræorum legibus Mofai-
dis, cùm effet gentilis, non tenebatur. Imò dici poteft, leges matrimoniales, *Levit. 18.* comprehenfas, non effe merè judiciales ac
ceremoniales, fed verè morales, jure naturali obligantes; uti ipfi
quoque Romani Pontifices cenfebant.

Nam Innocentius III *cap. litteras 13. de reftit. fpol.* ait, in gra-
bus lege Divina prohibitis difpenfari non poffe. *Et cap. gaudemus 8. de.
divort.* afferit, infideles, in fecundo vel tertio gradu conjunctos,
non effe feparandos poft converfionem. Ergo fupponit, feparandos
effe, fi in primo gradu fuerint conjuncti. Hoc autem non alia ex
caufa, nifi quòd tale conjugium jure naturali fit irritum: nam impedimentis, quæ funt juris merè Ecclefiaftici, infideles non ligantur.
Idem Pontifex *c. de infidelibus 4. de confanguin. & affin.* refcribit, infideles *fecundum veteris legis inftituta* conjunctos, non effe feparandos poft converfionem, licèt in gradibus à Jure Canonico prohibitis fuerint conjuncti. Ergo fupponit, fore feparandos, fi in gradu
veteri lege prohibito contraxiffent: quia fcilicet jure naturæ talia
conjugia funt irrita.

2. Henrici VIII. connubium cum uxore fratris fui, in primo Pofitivo.
affinitatis gradu fibi conjuncta, jure etiam pofitivo Divino erat irritum. Siquidem *Levit. 18. v. 16.* expreffim dicitur: *turpitudinem
uxoris fratris tui non revelabis; quia turpitudo fratris tui eft.* Et
Levit. 20. v. 21. *Qui duxerit uxorem fratris fui, rem facit illici-*
Pars VII. Sssss tam;

tam; turpitudinem fratris sui revelavit. Divino ergo ac naturali jure erat vetitum atque invalidum. Nulla proin ac irrita fuit Julii II. dispensatio; cùm adversùs jus Divinum ac naturale nulla humana potestas dispensare possit: imò neque Deus ipse in lege naturali. Cùm igitur matrimonium Henrici primùm fuerit irritum, salva conscientia persistere in eo non potuit, validúmque fuit alterùm, cum Anna Bolena initum: consequenter illegitimis orta est Maria natalibus; Elisabetha legitimis.

à pari.　　3. Impedimenta matrimonii dirimentia reliqua, Levit. 18. & 20. statuta, sunt Juris naturalis, uti matrimonium in primo gradu consanguinitatis lineæ rectæ, puta patris cum filia, aut matris cum filio: imò etiam in secundo & ulterioribus gradibus lineæ rectæ in infinitum, ùt avi cum nepte &c. pariter jure naturali sunt irrita matrimonia in primo & secundo gradu consanguinitatis in linea collaterali, uti fratris cum sorore, patrui cum nepte. Ergo etiam eodem naturali irritum est matrimonium in gradu primo affinitatis lineæ transversæ, uti cum vidua fratris. Et confirmatur magis ex eo, quòd affinitas in primo gradu lineæ rectæ jure naturæ obstet matrimonio e. g. novercæ cum privigno. Ergo etiam in linea transversa.

Gentes.　　4. Omnes gentes cultiores ob reverentiam sanguinis ipsa natura abhorrent ab ejusmodi matrimoniis cum personis adeò propinquis, eáque tanquam incestus detestantur. Quod argumento est, ea esse contra rectam rationem ac legem naturalem.

§. 3.

Rationes Decidendi contra Protestantes.

71.
Nulla affi-
nitas.

Certum imprimis est, inter Henricum & Catharinam nullum intercessisse impedimentum *consanguinitatis*, quod sit juris naturalis aut Divini; neque de hoc ullam motam fuisse controversiam. Certum est secundò, neque impedimentum *affinitatis* ullum adfuisse, si matrimonium cum Arthuro non fuit copula carnali consummatum. Atqui non fuit ita consummatum. Quum Arthurus quindecim vix annorum adolescens, corpore morboso atque infirmo quinque illis mensibus, qui à contracto matrimonio superfuerant, cum morte jam sit colluctatus; & pater Henricus VII. eos interim separatos custodierit: quia in tam tenera & morbida ætate prolem sanam exspectare non poterat. Adeóque inter Henricum & Catharinam
nam

nam præcisè intercessit impedimentum *publica bonestatis*, ortum ex matrimonio rato: quod manifestè Jure duntaxat Canonico est introductum, ac proin per dispensationem Sedis Apostolicæ auferribile.

Sed demus, matrimonium fuisse consummatum. In qua hypothesi deinceps disputabimus. Nego, impedimentum affinitatis in linea collaterali juri naturali subjacere, etiam in primo gradu. Tum quia hoc evinci nulla solida ratione potest. Tum quia utriusque testamenti pagina contrarium demonstrat. Jacob Patriarcha sanctus duas in uxores sorores, Liam & Rachelem, Labani filias accepit *Gen.* 29. Judas Thamarem viduam primogeniti sui mortui dedit alteri filio suo, & hoc pariter mortuo, tertio filio eam promisit. Neque propterea in scriptura reprehenduntur. Imò Lex Mosaica *Deuter.* 25. universim præcipit, ut frater ducat uxorem fratris sui, si hîc sine liberis decesserit, ut suscitet ei semen. Atqui hæc fieri nullatenus potuissent, si uxorem fratris sui defuncti ducere probibitum foret jure naturali, quod est necessarium, immutabile, & indispensabile, ut part. 2. est demonstratum.

Non fuit irritum ju- re naturæ,

Sed neque lege Evangelica ejusmodi matrimonium, in primo affinitatis gradu lineæ collateralis contractum, invenitur prohibitum aut irritatum. Et tum doctrinâ tum praxis Ecclesiæ ostendit oppositum. Nam imprimis Jus Ecclesiasticum *cap. fin. de divort.* statuit, non esse separandum potest conversionem, qui antea infidelis conjugium iniit cum sorore uxoris suæ defunctæ: *concedimus, ut matrimoniis contractis cum relictis fratrum utantur.* Atqui separandi omninò fuissent, si conjugia ejusmodi jure naturali aut Divino fuissent irrita: nec ullatenus concedi potuisset, ut talibus matrimoniis utantur, cùm fuissent fornicarii aut incestuosi concubitus.

Nec posi- tivo.

Et quoties etiam aliàs Ecclesia dispensavit in eodem gradu primo affinitatis lineæ transversæ! Emmanel Rex Lusitaniæ primam conjugem habuit Isabellam Ferdinandi Catholici filiam, atque ex ea suscepit Michaelem filium: ea verò defuncta duxit ejus sororem Mariam, multarum prolium matrem, quæ & stemma Regium in Lusitania propagârunt, & summis per Europam Principibus sunt collocatæ. Ex *Isabella* Emmanuelis & Mariæ primogenita, Carolo V. Imperatori nupta, descendunt summi ex Domo Austriaca Imperatores atque Archiduces, Hispaniæ ac Galliæ Reges, cum aliis præcipuis Principum Familiis. Quis adeò impudens & effrons sit, ut dicere sustineat, proles ex eo matrimonio Emmanuelis cum secunda uxore, prioris sorore, esse spurias? aut tot Regales familias ex vitiata stir-

Exempla.

pe

pe fuiffe propagatas? Nemo, nemo prudens unquam dubitavit, matrimonium illud, ex difpenfatione Alexandri VI. fuiffe validum, licèt in primo affinitatis gradu contractum, omnésque proles inde natas legitimas.

Similiter Clemens VIII. difpenfavit cum Joanne Cafimiro Poloniæ Rege ad ducendam viduam fratris fui Uladislai. Atque ut alia Magnorum Principum exempla diffimulem, Rainutius II. Farnefius Parmæ & Placentiæ Dux, duas forores ex Familia Eftenfi uxores habuit, Ifabellam & Mariam, Francifci Mutinæ Ducis filias, atque ex utraque liberos genuit. Exemplum patris fecutus filius Francifcus, qui Dorotheam Sophiam Palatini Electoris filiam, Odoardi II. fratris fui relictam viduam duxit in uxorem, licèt jam Elifabetham, Hifpaniæ poftea Reginam, Odoardo peperiffet.

Auctoritas   De ipfo etiam Henrici VIII. cum Câtharina Hifpana, fratris fui vidua, contracto matrimonio nemo dubitâffet, nifi indomita lafcivienfis Regis libido facrata conjugii vincula rumpere attentâffet. Sed neque tunc pii ac docti viri dubitarunt. Non dubitârunt fummi Pontifices Clemens VII. Paulus III. Pius V. Sixtus V. Clemens VIII. non dubitârunt Epifcopi ac Clerus Anglicanus; non dubitavit magnus ille Angliæ Cancellatius Thomas Morus, non dubitârunt celeberrimæ orbis Academiæ, Theologi ac Jureconfulti meliores. Non dubitârunt denique magni Europæ Principes, qui Mariam, ex eo matrimonio natam in fponfam expetebant. Pauci quidam aut pretio empti, aut promiffis illecti, aut Principi fuo turpiter adulantes, cum fpurio illo Cramero, & ambitionis odiique æftibus agitato Volfæo, corruptisque quibusdam Cantabrigienfis & Oxonienfis Academiæ Scholaribus, & quos Langæus conduxit, matrimonium improbârunt.

Sed nec ipfe Henricus Rex per vicenos & ultra annos, quibus in eo conjugio perftitit, & quinque ex eo liberos fufcepit, dubitaverat, donec vincente rationem libidine, fefcenninis Bolenæ amoribus amens, ruptis honeftatis repagulis præceps raptus eft. Tum enim non tam dubitavit, quàm dubitare videri volebat, ut quæfito aliquo colore adulterinos complexus obtegeret. Nam quamprimum furialis ille in fcortum lafciviens æftus deferbuit, non ampliùs dubitavit, fed Mariam ex Catharina filiam Elifabethæ prætulit, ac teftamento cavit, ut Maria cum tota fua progenie ante Elifabetham in Regno fuccedat, haud obfcuro argumento, quamnam ex illis legitimam judicaret.

Sed neque Proceres, Senatus, populúsque Anglicanus dubita-
ban

bant, dum mortuo Henrico Mariam legitimam Regni hæredem, agnoverunt ac receperunt: rejecta Elisabetha, cujus natales adulterio
pollutos noverant. Quis enim credat, Nationem Anglicanam voluisse, repulsa Henrici VIII. legitima sobole, spuriam, Regni legibus
exclusam, throno intrudere? Alterutram autem spuriam fuisse necesse est. Nam si matrimonium Henrici cum Catharina propter affinitatem. hujus jure naturæ fuit irritum, Maria ex incestu fuit pre-
gnata. Si autem matrimonium illud valuit, Elisabetha ex adulterio
concepta ac nata fuit, cùm toto eo tempore adhuc Catharina viveret: polygamia autem in lege Evangelica Divino ac naturali lege
sit prohibita ac irrita, negante Deo jus in plura corpora; ac proin
concubitus cum Bolena fœdissimum fuit adulterium.

Et tale re ipsa fuisse probatum est hactenus, hoc ipso, quòd
evictum sit, matrimonium cum Catharina nec juri naturæ nec Divino repugnàsse, tum quòd ejusmodi lex ostendi ac probari nequeat;
tum quòd in utroque testamento exempla eluceant plurima, virum
unum cum duabus successivè sororibus, aut fœminam unam cum
duobus successivè fratribus fuisse conjunctam; imò in lege veteri
præceptum fuerit, ut frater fratris, absque liberis mortui, relictam
viduam ducat, ac genus propaget.   Accedit judicium totius orbis
usque ad nuperum Protestantium adventum.   Imò nec ipsi dicere
audebunt, propagatas per Emmanuelem Lusitaniæ Regem summas
per Europam familias ex spuria radice fuisse enatas.

Ratio autem magis intrinseca ac naturalis est: quia affines non **Ratio.**
sunt consanguinei.   Non descendunt ex eadem stirpe, saltem propinqua.. Nulla proin obstat reverentia cognati aut agnati sanguinis.
Neuter alterius est superior. Nulla peculiaris alterutrius subjectio,
quæ natura sua repugnet tam arcto sociali fœderi. Nulla proin ra-
dix, ex qua impedimentum juris naturalis pullulet.   Jure igitur solùm Ecclesiastico, ex decentia aliqua, quæ tamen ad legem naturæ
non assurgit, introductum est impedimentum affinitatis in linea saltem transversa.   Hoc autem impedimentum, sicut Ecclesia statuit
ad quatuor usque gradus, si affinitas oriàtur ex copula licita, ad duos
autem, si oriatur ex illicita, ita exigentibus rerum ac personarum circumstantiis potest illud rursus abrogare, aut in eo cum certis personis dispensare, sicut in nostro casu cum Henrico & Catharina dispensavit Julius II. summus Ecclesiæ Antistes, cui in persona Petri Christus claves tradidit, cum potestate solvendi ac ligandi: prout nimirum ex usu ovium fuerit, quibus pascendis est jure Divino constitutus.

§. 4.

Solvuntur Argumenta Proteftantium.

72. AD 1. Indecentia, quæ ex matrimonio cum fratris vidua refultare cenfetur contra aliquam verecundiam, nequaquam eft tanta, ut legem naturalem prohibentem fundet. Cur enim aliàs Deus præcepiffet in lege veteri, ut frater fratris defuncti viduam ducat, fi is fine prole decefferit? Profectò fi ex omni decentia aut dedecentia lex naturalis confurgeret, nulla ampliùs daretur lex merè pofitiva. Cùm enim omnis univerfim lex debeat effe rationabilis, omnem in decentia aut indecentia aliqua radicari neceffe eft. Igitur etiam facilè concedo, eam effe decentiam, in primo affinitatis gradu conjugium non contrahendi, ut lex pofitiva rationabilis prohibens ob illam ferri poffit, prout defacto factam novimus: conftanter tamen nego, juris naturalis id fcitum effe.

Contaminatæ funt gentes idololatria, fodomia, beftialitate, mollitie, fornicatione, inceftu cum filio, & filia, adulteriis, e. g. dum fratris adhuc viventis habebant uxorem, uti Herodes Antipas, qui Philippo fratri uxorem rapuerat, increpitus propterea à Joanne. Et hæc fcelera, contra jus naturæ patrata, fcriptura appellat *abominationes* gentium, quas propterea Deus punivit, ut Chananæos &c. Hinc Levit. 18. v. 24. addit: *nec polluamini in omnibus his, quibus contaminatæ funt univerfæ gentes, quas ego ejiciam ante confpectum veftrum.* Hoc certum, inter eas abominationes non comprehendi conjugium, cum fratris, absque liberis defuncti, vidua initum; cùm lege id præceptum fuerit.

Non omnes autem gradus Levit. 18. & 20. expreffos jure naturali effe prohibitos, habetur ex Tridentino, quod feff. 24. can. 3. ait: fi quis dixerit, Ecclefiam non poffe in nonnullis eorum, qui Levitico exprimuntur, difpenfare, aut conftituere, ut plures impediant, effe anathema. Unde quando Innocentius III. c. litteras cit. dixit, in gradibus lege Divina prohibitis difpenfari non poffe, id vel non eft intelligendum de omnibus gradibus in Levitico expreffis, fed tantùm de prohibitis Jure Divino naturali; vel indicat difficultatem in difpenfando, quòd fcilicet non facile, nec absque rationabili caufa fit difpenfandum. Atque hinc ipfe Innocentius *cap. fin. de divort.* ait, non effe poft converfionem ad fidem feparandum, qui fratris viduam duxerit: imò lex Divina id olim præcepit pro cafu,

quo

quo frater defunctus nullos ex ea reliquit liberos. Ac proin jure naturæ ejusmodi connubium non poteft effe prohibitum, nec abominatio gentium, nec abfolutè indifpenfabile.

Quòd verò idem Pontifex cap. 8. eod. dicat, in fecundo & tertio gradu conjunctos non effe feparandos, de primo verò fileat, factum eft ideò, quia tantùm de illis fuerat interrogatus: *cap. fin.* verò etiam primum expreffit. Similiter interrogatus, an infideles, qui contra facros Canones, non tamen in gradibus lege veteri prohibitis, contraxerant, fint feparandi poft converfionem, refpondit, non effe feparandos, quia fcilicet impedimentis, quæ jure merè Ecclefiaftico funt introducta, infideles non ftringuntur, cònfequenter eorum matrimonia funt valida. Ex quo tamen non fequitur, quòd fi contra inftituta veteris legis fuiffent inita, hoc ipfo fore invalida. Nam Pontifex de hoc cafu non fuerat interrogatus, ideòque nihil de eo ibi refpondit. Refpondit autem, ùt dictum cap. fin. ubi de eo fuerat interrogatus.

Ad 2. Si lege veteri ftandum, Henricus VIII. non tantùm poterat, fed etiam debebat Catharinam, fratris fui, abfque liberis defuncti, viduam ducere. Quia id Deut. 25. expreffè fuit præceptum, & ab Hebræis obfervatum. Si autem dicat, legem eam in novo teftamento effe abolitam, idem ego dico de legibus connubialibus, ceremonialibus & judicialibus, in Levitico contentis. Imò feges illæ Levit. 18. & 20. cit. non loquuntur de cafu noftro, in quo frater defunctus nullos reliquit liberos, aliàs leges Divinæ fibi effent contrariæ, cùm, ùt toties dictum, pro hoc cafu præceptum fuèrit conjugium cum fratris defuncti vidua.

Ad fummum dici poteft, connubium cum fratris vidua in Levitico fuiffe prohibitum lege judiciali pro cafu, quo frater defunctus reliquit liberos. Dico, *ad fummum;* nam dici poffet, tantùm fuiffe prohibitum conjugium eum uxore fratris adhuc viventis. Sicut *Levit. 18. v. 18.* dicitur: *Sororem uxoris tuæ in pellicatum illius non accipies nec revelabis turpitudinem ejus, adhuc illa vivente.* Nulla igitur ratione Henricus VIII. fundare fuam intentionem potuit in lege veteri. Nam certum eft, nec jure naturali nec Divino fuiffe prohibitum conjugium cum fratris vidua pro cafu, quo ille abfque liberis fuit defunctus (qui eft cafus nofter) cùm tunc pofitivè fuerit præceptum. Certum proin etiam eft, tale conjugium non fuiffe, inter eas abominationes, quibus contra jus naturæ fe contaminârunt gentes. Imò cafus nofter ne quidem in Levitico eft comprehenfus, ùt demonftravi. Vanum igitur & prorfus enerve erat Henrici argumen-

mentum contra valorem fui matrimonii cum Catharina, Arthuri fine liberis defuncti vidua.

Ad 3. Imprimis non est paritas cum matrimonio inter consanguineos inito. Nam reverentia cognati aut agnati sanguinis multò
majorem verecundiam ingerit, quàm affinitas. Adeóque licèt consanguinitas fundaret legem naturalem, prohibentem matrimonium,
non tamen affinitas. Deinde etiam circa gradus consanguinitatis
hæc res non est ita expedita, ut supponi possit.

Atque, imprimis satis convenit inter DD. matrimonium inter
consanguineos secundi, tertii, & ulteriorum graduum lineæ transversæ, spectato jure naturali, non esse irritum. Sic Abraham duxit Sa-
ram, suam ex fratre Arano neptim: adeóque in secundo gradu, sibi
consanguineam. Isaac Rebeccam, suam consobrinam. *Cap. gaudemus*
8. *de divort.* deciditur, infideles ad fidem conversos, qui in 2. aut
3. gradu consanguinitatis, lineæ obliquæ contraxerant, non esse sepa-
randos, cùm jure canonico non stringantur. Atqui separandi essent,
si matrimonium in his gradibus contractum repugnaret juri naturæ,
cui etiam infideles sunt subjecti. Quare Tridentinum *S. 24. c. 5.
de ref. matr.* ait, in his gradibus dispensari posse. Et confirmat praxis, qua constat, Pontifices inter Principes passim dispensare in secundo & ulterioribus gradibus. Imò etiam Protestantes in secundo
gradu contrahunt. Sic Georgius Ludovicus Rex Angliæ duxit Sophiam patrui sui filiam.

Quin imò probabiliùs matrimonium neque in primo gradu
consanguinitatis in linea obliqua est invalidum spectato jure naturali.
Ita enim sentiunt S. Thomas *2. 2. q. 154. a. 9. ad 3.* S. Bonaventura *in 4. dist. 40. art. un. q. 2.* Scotus *ibid. q un. art. 2.* Cajetanus *in c. 18. Levit.* Navarrus, Conink, Pontius, Palao, cum multis
aliis, contra multos. Ratio est: quia lex naturæ irritans non satis
probatur. Cùm frater & soror ex se non descendant: neuter sit alteri subjectus; adeóque nihil videatur adesse, quod juri naturæ repugnet: instinctus autem ille & horror non videtur esse à jure naturali, sed positivo, & recepta consuetudine.

Certè per fratrum & sororum licita ac valida conjugia genus
humanum primitus propagatum fuit per filios & filias Adami. Quod
fieri non potuisset, si juri naturali repugnâssent. Constat etiam,
apud Ægyptios, à rerum naturalium cognitione celebratam gentem,
non fuisse inusitata fratrum sororúmque connubia; ut refert Diodo-
rus lib. 1. c. 2. Ipse Rex Ptolomæus Philadelphus duxit Arsinoén sororem suam ejúsque nuptias velut connubium Jovis cum sorore sua
Junone

Junone celebrat Theocritus; Idem de Affyriis, Perſis, & Athenien-
ſibus memoriæ proditur. Et S. Gregorius *ad interrogat. Auguſt. c. 6.*
teſtatur, terrena lege à Republica Romana fuiſſe permiſſum, ut etiam
frater & ſoror connubio jungerentur. Non poteſt autem præſumi,
naturalem legem apud has gentes, præſertim Græcos & Romanos,
usque adeò fuiſſe incognitam; cùm illa apud omnes populos, ratione
præditas, luce ſua ſe ſignet.

Imò ipſe Dei populus videtur in hac fuiſſe perſuaſione; nam Tha-
mar filia Davidis *2. Reg. 13.* violentam oppreſſionem diſſuadens Am-
moni fratri ſuo, *quin potiùs*, ajebat, *loquere ad Regem, qui me non
negabit tibi*, uxorem utique. Quæ ſanè verba ſupponunt, matrimonium inter eos jure naturali potuiſſe ſubſiſtere. Taceo, quosdam
cum S. Hieronymo in qq. Hebraic. in Geneſ. & Clemente Alexandr.
l. 2. ſtromat. c. 12. & Cajetano in c. 20. v. 12. Geneſ. colligere, Sa-
ram verè fuiſſe & uxorem & ſororem Abrahæ; nam l. c. dicit Abraham ad Achimelech Regem : *Aliàs autem & verè ſoror mea eſt, filia
patris mei, & non filia matris meæ, & duxi eam in uxorem.*

Jus etiam civile Romanum ſatìs clarè inſinuat, matrimonium
inter fratrem & ſororem non natura, ſed lege tantùm poſitiva irritum eſſe. Nam *l. ſi ſtipulor 35. ff. de V. O.* Paulus J. C. aſſertionem ſuam, qua dixit, aliud per naturam, aliud per leges fieri non
poſſe, exemplis declaraturus, ait, impoſſibile per naturam eſſe, *dare,
quod dari non poteſt* : per leges autem : *Sororem ſuam nupturam ſibi.*
Denique Cajetanus *opuſc. de matrim. Reg. Angl.* & Sylveſter V. *Papa
q. 17.* teſtantur, à Martino V. aliisque Pontificibus in ea re fuiſſe
diſpenſatum.

Loquendo jam de Conſanguinitate in linea recta, videtur probabilius, quòd impedimentum matrimonii de jure naturali non extendatur ultra primum gradum. Ita enim cum multis aliis docet S.
Thomas *2. 2. q. 154. art. 9. ad 3.* & *in 4. diſt. 40. q. un. a. 3. in corp.*
contra alios, qui volunt impedimentum hoc in linea recta protendi
in infinitum ; & alios, qui docent, illud ad certos tantùm gradus
porrigi. Ratio autem eſt, quia neque ex reverentia debita aut vere-
cundia, vel aliunde ſufficienter probari poteſt, quòd ſpectato ſolo
jure naturali avus non poſſet ducere neptim.

Neque obſtare videtur, quod dicitur *l. ult. ff. de ritu nupt.* his
verbis : *Jure gentium inceſtum committit, qui ex gradu aſcendentium
vel deſcendentium uxorem duxerit.* Nam per jus gentium hic non intelligitur jus naturæ propriè ac ſtrictè dictum, ſed tale, quod gentes
ex decentia ſibi liberè per leges conſtituunt. Quamvis non omnes

gentes ejusmodi jure utantur. Aliqui dicunt, tale matrimonium jure naturali esse illicitum, non tamen invalidum, sicut contractum cum voto simplici castitatis, aut stantibus sponsalibus de futuro cum alia. Verùm hoc tantùm est extrinsecè turpe, ratione voti aut sponsalium. Illud autem, si jure naturæ esset prohibitum, esset contractus intrinsecè turpis, adeóque probabiliùs etiam invalidus. Videtur igitur meliùs negari, tale matrimonium, spectando præcisè jus naturale, esse illicitum.

Sed quid dicendum de matrimonio in primo gradu consanguinitatis in linea recta contracto, e. g. inter patrem & filiam? *Resp.* Quamvis omnium DD. aut ferme omnium sit sententia, tale matrimonium etiam jure naturæ esse illicitum atque invalidum; multi tamen ex illis docent, quòd si deficientibus omnibus aliis in mundo hominibus solus superesset pater cum filia, aut mater cum filio, licitum fore inter eos matrimonium, ut conservetur genus humanum, eò quòd Deus in tali casu censendus esset dare eis jus in corpora. Quod an cohæreat, aliis judicandum relinquo.

Si tale matrimonium jure naturæ simpliciter prohibetur, tunc prohibetur tanquam intrinsecè malum, uti mendacium, odium Dei, furtum, simonia, fornicatio, adulterium &c. Sed quomodo tunc licitum fiet? aut quomodo censendus est Deus concedere id, quod ex se & intrinsecè malum est? Cùm igitur Deo, qui non tantùm rerum omnium, sed etiam personarum ac corporum plenissimus est Dominus, non sit neganda potestas, tradendi patri & filiæ jus mutuum in corpora, saltem pro casu, quo soli in mundo existerent, sicut dedit Adamo & Evæ, licèt hæc ex illo fuerit producta ac formata.

Existimo, in hac providentia conjugium patris cum filia esse quidem contrarium juri naturali, non quidem secundum se, quatenus esset conjunctio de se & intrinsecè turpis (aliàs neque Deus posset illud concedere) sed quia Deus nunquam dat jus patri in corpus filiæ, esset accessùs ad non suam, consequenter fornicatio, jure naturæ prohibita, sicut omnis alius accessus ad non suam est fornicatio aut adulterium, intrinsecè malum, ac jure naturali gravissimè prohibitum. Si autem Deus daret patri potestatem in corpus filiæ, sicut in veteri testamento dedit uni viro in plures mulieres, esset accessus ad suam conjugem; consequenter nec fornicatio, nec adulterium. Et eodem modo loquendum de omnibus personis, quibus Deus negavit jus mutuum in corpora.

Verbo:

Verbo : Conjunctio maris & fœminæ est quoddam genus, quod d 1as sub se species comprehendit, nempe accessum *ad suam*, & accessum *ad non suam*. Hæc species semper est jure naturæ prohibita, quia est fornicatio vel adulterium, intrinsecè mala: illa nunquam. Quia igitur Deus potest facere, ut sit sua, dando jus in corpus, talis conjunctio non subjaceret juri naturali. Fere sicut contrectatio rei alienæ, quando Deus non concedit dominium, est furtum, intrinsecè malum, adeóque jure naturali prohibitum: pro casu verò, quo Deus dat dominium, facitque, ut sit sua (ùt circa vasa Ægyptiorum contigit) non est furtum, sed acceptatio & detentio licita rei, quæ sua facta est. Sic etiam occisio hominis est genus: continens duas species, justam & injustam. Si Deus, qui est dominus vitæ & necis, dat potestatem occidendi, erit semper justa: si negat, semper erit injusta, intrinsecè mala ac jure naturali prohibita. Vide hujus apparatus *part. 2. cap. 1. q. 5.* ubi jus naturæ ex instituto examinavi.

A fortiori posset Deus licitum facere matrimonium in primo gradu affinitatis in linea recta, uti inter socerum & nurum, socrum & generum, vitricum & privignam, novercam & privignum, dando illis jus in corpora. Quia probari non potest, ejusmodi conjunctionem esse ita intrinsecè malam, ut jure naturali necessariò & absolutè sit prohibita ac irrita. Et hinc multi DD. cum Cajetano, Sanchez, Pontio, Palao, Gonzalez, Schmier &c. apertè docent, id genus conjugia Jure tantùm Ecclesiastico esse irrita, in quo tamen dispensari non soleat.

Neque obstat, quòd dicitur *1. Cor. 5. auditur inter vos fornicatio, qualis nec inter gentes, ut uxorem patris sui aliquis habeat.* Nam Corinthius iste pro uxore habuit conjugem patris sui adhuc viventis. Et propterea dicitur fornicatio, *qualis nec inter gentes.* Conjugium autem cum patris defuncti *relicta* inter gentes, uti inter Persas, & ipsos Chananæos, non erat inusitatum. Imò etiam in populo Dei Adonias petiit sibi copulari Abisag Davidis patris sui relictam. *3. Reg. 2.*

Atque ex his, quæ propter objectionem tertiam Henricianorum fuerunt allata, confirmatur argumentum, quòd multò minùs matrimonium, in linea collaterali affinitatis contractum, quale erat Henrici VIII. cum Catharina, fuerit irritum.

Quod spectat ad quartam objectionem, ex hactenus dictis satis constat, plures gentes id genus matrimonia palàm contraxisse: nec morem contrarium apud alias evincere aliùd, quàm legem positivam prohibentem.

ARTI-

ARTICULUS. IV.

De Rebus Hiberniæ fæc. XVI.

73.
Defcri-
ptio.
HIbernia, in ultimum Europæ Occidentem projecta Infula, ab Angliæ & Scotiæ continente fejuncta, atque in quatuor provincias divifa, *Ultoniam*, in qua Dunum, Dunghalia, Armachia, Malachia, olim ibidem Archiepifcopo celebris : *Lageniam*, in qua eminet Dublinum, Regni totius caput, Archiepifcopatu, & Academia (quam Eduardus I. anno 1320. inchoaverat) atque infuper Proregis ac Parlamenti fede nobilis. Kilkennia pariter habet Archiepifcopum : *Connaciam*, in qua Killalejùm, fedes Epifcopalis, Atlona, Gallovæum : & *Momoniam*, ubi Limmericum, poft Dublinum præcipua civitas, Caffilia Archiepifcopatu ornata, Watterfordia fedes Epifcopalis, uti etiam Corcavia, & Ardatum. Quælibet autem provincia, ficut Anglia & Scotia, in fuos comitatus eft fubdivifa. An autem Hiberni fint Scotorum colonia, an verò hi illorum; utraque natio certat.

Hæc autem Infula, portubus frequens, paftu pecorum, & pifcatu dives, ab antiquiffimis temporibus fuos Regulos feu Dynaftas habuit, usque ad annum 1156. quo difcordiis bellisque inter fe commiffi Henrico N. Angliæ Regi occafionem fecerunt invadendi occupandique Hiberniam. Hac igitur ratione juncta Angliæ, in hanc usque diem eosdem Rectores habuit, non quidem nomine Regum, fed *Hiberniæ Dominorum*, usque ad Henricum VIII. qui faftu elatus fe ipfum creavit *Hiberniæ Regem*. A quo tempore per Proregem gubernatur : addito Senatu, quem Parlamentum appellant; ad Angliæ morem in fuperiorem & inferiorem Domum divifum.

Origo fi-
dei.
Chriftianam Religionem quinto jam fæculo in has terras introduxit S. Patritius Hiberniæ Apoftolus, à Cæleftino Papâ miffus. Qui labore & ærumnis tanto deinceps proventu terram illam, idolorum cultricem, in amplam meffem fœcundavit, ut *Sanctorum Infula* diceretur. Populi ab eo facro lavacro tincti, ordinati clerici, & Epifcopi, Armachana fedes Romani Pontificis auctoritate conftituta totius Infulæ Metropolis : fparfa ubique Divini verbi fementis : afpera gentis indoles manfuefcens Chrifti fub jugum miffa.

Hos inter cœleftes fatus excrevit, floruitque in Hibernia Religio ad fæculum usque XVI. quo Henricus VIII. non folùm fe primus
Hiber-

Hiberniæ Regem dixit, fed etiam caput Anglicanæ & Hibernicæ Ecclefiæ, omnesque, qui novum hoc atque infolens In Ecclefia Dei portentum horrebant, ferro & igni perfequebatur. Miffi funt equi- Miffio. dem à Paulo III. Pontifice anno 1541. duo ex Societate Jefu eam in Infulam Sacerdotes, Alphonfus Salmeron & Pafchafius Broëtus, qui agrum illum, ab apro demolitum, per tempus aliquod magno labore excolebant. Sed quia Anglicana arma undique circumfonabant, redire compulfi funt.

Eduardus VI. Henrici filius Calvini hærefi gentem inficere fatagebat, miffis eò libris ea pefte infectis, ac miniftris, qui illam fpargerent. Maria Eduardi foror Religionem puritati fuæ atque nitori reftituit. At Elifabetha, Britanniæ Erinnys, omnem movebat lapidem, ut ficut Angliam præcipitavit, ita Hiberniam quoque animarum cultu fpoliaret. Sed fpe fua conftantiores & catholici dogmatis tenaciores invenit. Quare ad vim converfa, atrocibus edictis tonuit, profcriptionibus ac concuffionibus fæviit, minas, arma, neces intentavit: nec tantùm intentavit, fed etiam intulit.

Sed fracta non eft Catholicorum conftantia; vim vi repellebant, Conftan- ductore Geraldo Comite, imprimis anno 1563. dein anno 1579. tia. Hifpanos in auxilium vocârunt: tenuitque bellum usque ad annum 1593. quo victis arma, fed non Religio evelli poterat. Mox iterum, ut à fæva tyrannide fe liberarent, ad defenfionem fui reverfi, anno 1598. infignem, (uti fæpiùs aliàs) ab Anglis reportârunt victoriam. Anno fequenti verò cum Effexio Comite tranfegerunt: permiffis antiquis facris.

Cùm igitur Elifabetha cerneret, priftina facta incolis per vim apertam non poffe eripi, ad artes converfa, multas Anglorum colonias mifit in Hiberniam, quæ Calvinum implantarent, pulfisque ex Academia Dublinenfi Catholicis, qui fupererant, Doctoribus, Calvinianos fubftituit; orthodoxis verò publico Sacrorum cultu interdixit. Quibus fanè machinationibus id eft confecuta, ut numerofa novorum colonorum, Præfectorum, militum, præconum, mercatorum, artificum, quos contagium habebat infectos, colluvies infunderetur in Infulam; nunquam tamen efficere potuit, ut non plerique ex antiquis indigenis antiqua facra retinerent.

Porto, ne bona Ecclefiaftica omnia aut Calvinianis Epifcopis aliisque 74. miniftris in prædam cederent, aut regio ærario addicerentur, Nobilibus Catholicis, qui paffim ruri ab officiis remoti in arcibus fuis degunt, fummi Pontificis auctoritate funt attributa, ea conditione, ut partem ad alendos facerdotes, qui latere coguntur, impendant.

Ttttt 3 In

Ultonia.　In *Ultonia* autem, regione ampla, paludibus ac fylvis referta, Scotiæ proximâ, toto fæculo XVI. Religio confervata eft integra, erátque Catholicis aliarum provinciarum, cùm perfecutio ingrueret,
velut afylum : ex quo non raró, Tirono comite & Odoneallo ductoribus, fufæ funt Anglorum copiæ. Nec impedire poterat aut fchifma
Henrici VIII. aut Elifabethæ hærefis, quò minùs ibi vigeret publicus
religionis cultus, aut Beneficia Ecclefiaftica fummi Pontificis auctoritate conferrentur.

Athletæ.　In ea autem provincia tres eminebant fingulari pietate & doctrina
Epifcopi, Raymundus Archiepifcopus Armachanus, qui anno 1590.
in prælio Connacienfi occubuit : Redmoñdus Epifcopus Erienfis, qui
dum in templo cum aliis Epifcopis fynodum celebraret, anno 1600,
ab irruentibus ficariis eft obtruncatus : & Richardus Celmorienfis,
Epifcopus, ex facra D. Francifci familia affumptus, carcere Londinenfi nobilitatus. Hi cum aliis clericis murum fe firmiffimum hæresi
oppofuerunt, tanta conftantia, ut Elifabetha toti huic provinciæ immunitatem à tributis, & liberum Religionis exercitium obtulerit,
ea conditione, ne quid Tironus ac focii in aliis regni provinciis moli-
rentur, aut eis præberent auxilium. Sed rejecta conditio. Unde
Victoriæ.　Angli anno 1595. totis viribus in Ultonienfes incumbentes, ingenti
prælio funt profligati, cæfis eorum 2000, reliquis per fugam difperfis, amiffis omnibus impedimentis, machinis, & caftrenfi apparatu.

Anno 1597. in eadem Ultonienfi provincia Hiberni Catholici
Anglos hæreticos magna rurfus clade multârunt, multis cum Noritio
militiæ præfecto cæfis ducibus belli. Anglicani exercitus reliquiæ ad
templa confugientes, à victoribus vitæ gratiam impetrârunt, ea lege,
ut in Angliam reduces nunquam ampliùs adverfus Hibernos arma fe-
rânt. Tanta fuorum ftrage fremens Elifabetha, Proregem Brochum
vaftare provinciam, meffémque agrorum jubet exurere. Verùm
Oneallus, collectis, qua poterat celeritate, copiis, rurfus Anglos
memorabili prælio fudit.

Momonia.　Neque in fua tantummodo provincia fe fuámque Religionem
ftrenuè defenderant Ultonienfes, fed aliis etiam ab Anglis preffis
fuccurrerunt, maximè in *Momonia ;* quam provinciam magna fortitudine tuebatur *Gerardinus* Comes cum reliqua nobilitate : non una
duntaxat ab Anglis relata victoria. Tandem captus, atque ad mortis
fupplicium damnatus eft. Filius verò ejus Jacobus, ut cum propinquo fuo, qui interim Principatum poffederat, bello committeretur,
ex Londinenfi carcere callidè dimiffus eft. Nec fpes Anglos fua fefellit. Nam Gerardinâ familiâ in fe ipfam verfâ, Jacobus in prælio
captus

captus·& Londinum in carcerem eft abductus, Gerardini verò filius
veneno periit. At Hiberni fe proditos ab Anglis indignati, compluribus rurfus cladibus eosdem afficiunt in eadem Momonienfi provincia,
Jacobi captivi fratre ad Principatum evecto.

In *Connacia* majores hærefis vires nacta eft. Non defunt tamen Connacia.
in hac etiam provincia ftrenuæ defenfionis exempla. Illud fingulare;
quòd Nobilis quidam Catholicus, venationi affuetus, cùm die
quodam cum 50. circiter canibus moloffis in fylvam egrederetur, ab
hoftili turma invafus, canum fuerum, quos incitabat, fideli opera,
confifus certamen iniit. Fugiunt hæretici: infequuntur moloffi; ho-
inines equósque morfibus impetitos laniant; tanta rabie, ut 200. milites hoc canino prælio cecidiffe fcribantur, præter eos, quos Nobilis
ejúsque famuli trucidârunt.

Iram hæretici in facerdotes innocuos verterunt, uti in Anglia 75.
& Scotia dira perfecutione ac tyrannide in Hibernia quoque atrociter Perfecu-
fævientes. Miliena præftò funt exempla. Vnum vel alterum affe- tio.
ramus. Traverfius Hibernus Theologus, accufatus, quòd librum
de Primatù Petri ejúsque fuccefforum fcripferit, ultrò faffus eft,
tres monftrans digitos, quibus in illo fcribendo ufus effet. Ignibus
igitur injectus crematus eft. Sed tres illi digiti (Sandero tefte)
comburi non poterant, fed inter flammas illæfi manferant. Hurleus
à Gregorio XIV. Caffilienfis Archiepifcopus creatus, reverfus in patriam comprehenfus eft, atque immaniter tortus, fufpenfúsque.
Magis adhuc barbara crudelitas exprompta eft in Ohelium, defignatum à Gregorio XIII. Majonenfem Epifcopum, quòd Reginam Ecclefiæ caput nollet agnofcere. Ocreæ oleo, fale, butyro, & pulvere
impletæ pedibus inductæ, ac bullienti aquæ impofitæ, atque cum
cute & carne detractæ nuda offa reliquerunt. Tandémque poft varia
tormenta ftrangulatus eft, atque martyrio coronatus.

Idem Pontifex Gregorius XIII. periclitantibus inter tot lupos
oviculis, viros de Societate, prout in alias orbis partes, ita etiam
Hiberniam & Angliam deftinare, qui Miffionem fanè arduam, & fæ-
vientis undique difcriminis plenam maximis animis non tantùm tunc
fubierunt, fed per omne deinceps tempus, in hodiernum usque diem
continuârunt, licèt atrociffimis tormentis torquerentur, lacerarentur,
necarentur.

Dum igitur Perfonius & Campianus in Angliam, Edmundus Donati
Donatus, Limerici in Hibernia natus, Societatis facerdos remiffus marty-
cum aliis eft in patriam, ut populares fuos dirè ab Anglis hæreticis rium.
vexatos erigeret, ac folaretur. Sed ab hoftibus fidei, omnia faga-
ciffimè

ciſſimè luſtrantibus, continuè deprehenſus, Limerici in patria ſua carcerem invenit. Variè ſubinde tentata eſt ejus conſtantia, opima omnia pollicentibus verborum Miniſtris, ſi abjecta Romana fide eorum perfidiæ accederet.

Adverſus quæ cùm immobilis perſiſteret Dei ſervus, eósque erroris coargueret, Corcagiam ad ulteriorem hæreticæ 'crudelitatis quæſtionem pertractatus eſt, ibíque variis tormentis & cruciatibus excarnificatus. Sed cùm infracta hæc omnia toleraret conſtantia, perduellionis arceſſitus publico damnatur judicio: infamis ſupplicii hiſce publicatis à, ſanguinario magiſtratu cauſis : quòd in fidei Romanæ confeſſione, ſub perduellionis pœna à Regina ex Britannia proſcriptæ, pertinax conſtaret : quòd ad eandem concives ſuos quà verbo quà exemplo traducturus veniſſet in Hiberniam : quòd Reginæ Capitis Eccleſiæ Britannicæ titulum impiè abrogaret.

Quam nefariam, ſibi tamen glorioſiſſimi triumphi decretoriam, ſententiam, magna alacritate gaudiíque ſignificatione excipiens, actis Judicibus gratiis, tanquam reus majeſtatis ad furcam raptatus, cùm aliquamdiu pependiſſet, vivens adhûc refecto fune in ſolum præcipitatur, & ex diſciſſo pectore evulſum cor manù carnificis populo oſtentatur, mox in igne cum aliis' inteſtinis concremandum : reliquum corpus in quatuor partes diſſectûm, totidem palis affixum eſt. (*anno 1580.*)

Concilium Dublinenſe anno 1518.

76.   Provinciale hoc concilium convocavit Guil. Rokeby Archiepiſcopus Dublinenſis ; quo Præſide ſanciti ſunt 10. Canones.

1. Statuitur, ut Connacienſes & Ultonienſes Presbyteri non admittantur, niſi judicio ordinarii inveniantur idonei ; atque ut ii, qui non ſolvunt decimas, excommunicentur.

2. Clericos Hiberniæ non ſolventes procurationes, & cætera onera Eccleſiis impoſita, excommunicatos eſſe denuntiandos per omnes curatos.

3. Calices ſtannei poſt annum ſint abrogati.; nec tales amodo conſecrandi, niſi ſcyphus ſaltem ſit argenteus.

4. Duo æſtimatores conſtituantur ab Epiſcopo ad appretianda mortuoruum bona. Alias æſtimatio facta non valet.

5. Exeommunicati ſint ipſo facto laici, qui non ſolvunt dimidiam partem obventionum ex domibus, quas habent in cæmeteriis.

6. Status

6. Statuta Synodalia executioni danda per ordinarios & curatos..·
7. Locatio bonorum Ecclesiasticorum fine affiftentia clericorum eft ipfo´jure nulla.
8.· Clericis ludentibus. ad pilam pedalem mulcta pecuniaria injungitur.
9.· Imponentes onera laicalia & exactiones plebis Ecclefiæ fint excommunicati, règia poteflate excepta.
10. Definit Concilium, omnes procurationes, inter Hibernos ratione vifitationis debitas, perfolvendas Epifcopo, aliſque omnibus, quibus debentur; atque ad id per cenfuram Ecclefiafticam, effe compellendos.

CAPUT IV.

Schema Rerum Scotiæ fæ_ulo XVI.

§. I.

Statús politicus,

SCotia, mari undique circumdata, ea duntaxat parte Auftrali· excepta, qua Angliam contingit, Tavo flumine in duas partes dividitur, feptentrionalem, quam olim *Scoti,* & meridionalem, Angliæ obverfam, quam *Picti* incolebant.   In hac urbes inter eminet *Edemburgum,* fedes olim Regia, arce præmunita & Academiâ nobilis ; & *Glafcovia,* Archiepifcopatu, Academia, & amœnitate sua vifeinda. A præftantibus etiam Ducibus memorabilis, Hamiltonum & IDuglaffiorum.. In Boreali primas tenent Brechinium, Perthum, Calledonia, à qua mari nomen.   Albania ad fontes Tavi Scotorum momtenfium eft patria; quorum in Hiftoria Scotiæ eft nomen celebre.. Adhæc Aberdonia, Chanoricum, Dornocum &c.   Eò pertinent 44. Hebrides Infulæ, verfus Occidentem fitæ, quæ proprium habent Epifcopum, Glafcovienfi ſubjectum.   Orcades Infulæ ad Septentrionem protenfæ, plures quàm 20.· non tamen omnes habitatæ.   Suus etiaim iis eft Epifcopus.. Denique fex Infulæ Schetlandicæ; 16. Glefſariæ.. Ulteriores ad Regem Daniæ pertinent.

Regnum hoc, portubus & urbibus frequens, parte Auftrali aquis ftagnantibus & paludibus, boreali montibus horrens, quamvis glebæ fertilitate non.fit comparandum Angliæ, ita pecorum paftu, &

77. Delineatio Scotiæ.

Militares.

Pars VII.   Uuuuu   mili-

militum felectu præftat. Quamobrem ipfis Romanis tanto erant terrori, ut Adrianus Imperator ingentem eos inter & Britanniam murum exftrueret. Nam perpetuis cum Britonibus bellis erant impliciti:
donec in fe ipfos collifi, Scoti Pictos fuperarent, & toti regioni nomen imponerent. (*Sæculo IX.*) Sed non poftea frequentia cum Anglis
bella ceffàrunt, variante victoria, plerumque tamen magìs ad iftos inclinante. Quare Scotiæ Reges ipfis fæpiùs facti funt vectigales, quin
aliqui eorum capti: libertatem tamen rurfus adepti.

Picti.

Cùm anno 1295. *Baliolus* Scotiæ Rex promiffum homagium
negaret, Eduardus I. acie fuperatum captùmque Londinenfi carceri

78.
Balioli &
Bruffii.

inclufit, Scotiàmque fubegit. Verùm *Robertus Bruffius* Rex electus
Anglos ingenti prælio victos ex Scotia rurfus profligavit; moriéns-
que Scotis fuis id confilii dediffe fertur, ut frequentibus cum Anglis
bellis fe exercerent, nunquam tamen totius Regni vires difcrimini
offerrent. Orta fubin inter Bruffios & Baliolos de Regno contentione Eduardus III. Rex Angliæ Scotiam rurfus occupavit, Davide
Rege Bruffii filio in carcerem detrufo. (*anno 1346.*)

Stuarti.

Poft *Baliolorum*, & *Bruffiorum* familias, materno fanguine antiquis Regibus innexas, fuccefﬁt anno 1370. *Stuartorum* Domus: &
quidem primus ex ea Robertus III. cujus mater erat Roberti Bruffii
filia. Jacobus I. ejus filius, poftquam diu in Londinenfi carcere delituit, Regnum tandem adeptus, à cognato fuo aliisque conjuratis
interemptus eft. Jacobus II. & III. filius ejusdem & nepos, violenta pariter manu perierunt: ille in obfidione Rosburgi ab Anglis, hic
à propriis fubditis occifus. (*anno 1488.*)

79.
Margare-
tha.

Jacobus IV. Margaretham Henrici VII. Angliæ Regis filiam anno
1503. fibi defpondit. Quo titulo Jacobus VI. poft centum annos
thronum Angliæ fcandet. Cùm anno 1513. Henricus VIII. Angliæ
Rex cum Gallis bello effet implicitus, Jacobus IV. in Angliam irruptionem tentavit. Verùm cum exercitu in prælio cecidit.

80.
Jacobus V.

Jacobus V. biennio ante patris mortem natus, fub tutela matris
Margarethæ educabatur, donec ad fecundas illa cum Duglaffio nuptias tranfiit. Anno 1542. cum Henrico VIII. Angliæ Rege bello
commiffus, cùm res non fuccederent ex voto, eodem anno obiit, æt.
30. reg. 28. Conjuges duas, quamvis Carolus V. ipfi alias offerret,
ex Gallia habuit, primò Magdalenam Francifci I. filiam; poftea Mariam Claudii Guifii filiam, Francifci Guifii & Caroli Cardinalis Lo-
tharingi fororem.

Ex hac in humanarum calamitatum cumulum nata eft *Maria
Stuarta,* de qua, utpote Scotiæ hærede, duo magni proci certabant,

Eduar-

Eduardus VI. Rex Angliæ, & Francifcus II. Galliæ Delphinus: cui
junĉta eft anno 1558. Defunĉta eodem anno Maria Angliæ Regina, Maria Stu-
Regnum Angliæ, propter aviam paternam, Henrici VIII. fororem, arta.
fibi debitum vindicabat.   Quare, fi ex Francifco II. filium fufcepif-
fet, is Galliæ, Angliæ, Hiberniæ, & Scotiæ futuius fuiffet hæres.
Sed Angli Elifabetham, licèt ex adulterio natam, prætulerunt, &
Francifcus II. altero conjugii anno mortuus improlis fpes omnes
abrupit.   .

    Elifabetha probè gnara Mariæ jurium, fimulata amicitia, quam   81.
etiam legatione & litteris eft conteftata, re ipfa extremo eam odio Elifebethæ
perfequebatur: ac velut intra fiparium latens omnium deinceps tra-perfidæ
gœdiarum princeps auĉtor fuit, emiffis in theatrum variis aĉtori-artes.
bus, qui omnia involverent.   Atque imprimis adverfus Catholicos
Principes, ne Mariæ poffent affiftere, fubditos in rebellionem concitavit, in Gallia & Belgio, promota in iis, uti etiam in ipfa Scotia,
quantùm poterat, hærefi: quam fatis noverat, ad regria & provincias in turbas & feditiones commovenda, machinam effe paratam.
Quare id quoque fedulò per emiffarios fuos curabat, ut in Scotia
Catholicis amotis, officia publica ac præfeĉturæ Calviniftis demandentur. Præcipuo verò aĉtore & inftrumento ufa eft Jacobo *Murræo* Murræus.
feu *Moraviæ* comite, Mariæ fratre fpurio:

    Cùm igitur Maria intelligeret, in Regno fuo depreffa religione,
tumultibus omnia concuti, reliĉta Gallia in Scotiam abiit, fruftra
Elifabetha per claffes fuas, ut eam interciperet, tendente infidias.
In Scotia à Catholicis omni officiorum obfequio excepta, Calviniftas dominantes invenit, & in excidium fidei conjuratos. Faĉtio-
nis caput Murræus; ejus & Elifabethæ opera in Regni fpem elatus.
Maria, ut infolentiam compefceret, potentem aliquem Principem in
thori & regiminis communionem afcifcendum putavit. Sed veta-
bant Regni ordines, ne extero nubat. Igitur *Henricum Stuartum* Darlæus.
Darlæum, Lenoxii Comitis filium, longa agnatione ftirpi regiæ innexum, maritum elegit; qui communi cum Regina confilio rem
publicam gereret.

    Ad offenfionem id fuam pertinere Murræus exiftimans, vitæ
novi Regis infidiatus eft clàm primò, tum etiam correptis armis a-
perto bello. Sed acie viĉtus in Angliam, rebellium Scotorum afy- Viĉtus
lum profugit. Deliberatum ibidem, quonam potiffimùm modo Rex Murræus.
& Regina fint dandi in exitium. Placuítque per conjurationes Calviniftarum, & occultas infidias rem tentandam; atque imprimis inter ipfum Regem & Reginam feminandas difcordias, & fidei violatæ

82.
Tragœdiæ
initium.

fufpiciones. Alii apud Regem criminabantur Reginam, acfi omnem gubernationem ad fe effet tractura, ipfo defpecto & abjecto. Alii apud Reginam hoc de Rege enuntiabant.

Cæfus Riccius.

Præfertim verò Reginam infimulabant nimiæ cum *Davide Riccio*, Pedemontano, familiaritatis, cujus, viri prudentis, confiliis fæpiùs ufa eft; atque eò ufque falfis fuggeftionibus fufpicacem Darlæi Regis animum occupârunt, ut poft cœnam in aulam conjurati, ejus juffu, cum Duglaffio Comite Mortono aliisque irrumpentes, in Reginæ confpectu Riccium interemerint.   Ipfa verò Regina in arctam cuftodiam eft data.   Quibus auditis Murræus cum aliis proditori-

Murræus
Rex decla-
ratus.

bus illico ex Anglia rediit: atque confilio & auxilio *Knoxii* apoftatæ in conventu Calviniftarum Rex Scotiæ eft declaratus.   Reginam verò capitis condemnari petiit, adulterii cum Riccio commiffa falsò accufatam.   Cùm nulla criminis probatio fuerit allata, & ipfa tum dignitas Reginæ & vita integrè acta, tum Riccii fenectus & corporis deformitas, eandem abfolverent.   Diplomata non ampliùs nomine Reginæ, aut utriusque, fed folius Regis Darlæi fcribebantur.

Rex, præteritorum pudore fuffufus, ad Reginam captam invifit, actorúmque veniam rogavit.   Illa inter lachrymas & gemitus eidem amicè tamen, exprobravit, quòd falfis fufpicionibus & ambitione ductus, fe deferta & abjecta, ad utriufque ac Regni totius conjuratos hoftes fe contulerit.   Meminiffet, quòd eum præ omnibus aliis à fe libere electum, ad fuum conjugium, & à privata fortuna ad Regalem dignitatem, rerúmque omnium communionem extulerit. Perpendeŗet fanè immane facinus, in confpectu fuo in Riccio, Secretario fuo, viro innoxio, patratum.   Non ceffaturos Calviniftas aliófque proditores, donec cum religione regiam etiam familiam exfcindant; nifi confilio & opera conjuncta impiis ac perfidis machinationibus eant obviam.   Quid thori conjugalis & regni confortem,

Darlæus
proditio-
nen ape-
rit, & con-
ciliaturRe-
ginæ.

fui tam amantem, uterum gerentem, & partui proximam, tanto odio perfequeretur? fi Reginæ, fi conjugi, animo & corpore ægræ, atque cum extremis calamitatibus luctanti, nollet parcere, parceret faltem proli fuæ propriæ, propediem, fi per ærumnas matris poffit, nafcituræ.   Rex perfidiæ confcientia attonitus, reique indignitate motus, rogata iterum culpæ venia, totam proditionis feriem Reginæ aperuit: promiffa conftantiore in futurum fide.

Fugit Re-
gina.

Rex ea ratione conciliatus, à proditoribus, qui de ejus nece deliberabant, tandem impetravit, ut, cùm Regina morbo periculofo laboret, proxima faltem nocte Regi permittatur; ftatuendum die altero, quid porro fieri oporteat.   At Regina, cuftodia amota inter

noctis

noctis tenebras clàm à conjuge educta, atque, ut furori conjuratorum subtrahatur, Dombarium munitam in arcem est deducta. Conjurati hoc nuntio accepto, primùm indignari ac frendere ob prædam
unguibus ereptam, tum audito, comites Huntleium, Bothwelum, &
Atholum, qui, cùm Riccius occideretur, per fenestram evaserant,
cum 9000. militum in auxilium Reginæ imminere, perculsi terrore
in Angliam aufugerunt. Regina verò edito diplomate à crimine cæsi
Riccii Regem absolvit.

83.
Murræus
in Darlæ-
um.
At verò, dum aliorum rogatu Murræum, in gratiam receptum,
bonisque suis & muneribus restitutum, regni arcanis adhibuit, consilium eam prudens destituit. Inde enim omnes deinceps calamitates sunt enatæ. Nam Murræus jam sui securus, concepto in Regem
odio, quòd, conjuratis desertis, conspirationem in Reginæ, atque ad-
hærentium illi Procerum necem, eidem detexisset, in Regis jam exitium cum aliis proditoribus sua vertit consilia. Id ubi Darlæo sub-
oluit, præveniendum ratus, Murræi necem decrevit. Verùm is
callidior multò tectiórque, licèt id consilium Regis rescisset, omnia
tamen familiaritatis obsequia, animo simulato, præsetulit, viperám-
que in corde gerens absconditam morsum tandem lethalem & Regi
& Reginæ defixit.

84.
Epithasis
labortragœdiæ.
Nam imprimis evicit, ut fugitivi proditores, socii sui, gratia
conciliata, revocarentur in Scotiam. Quorum primus dein labor-
fuit, novas cum Murræo proditiones excoquere: ut substructionibus
suis cruentis optatum finem imponerent. Conveniunt *Bothwelum
comitem,* quem consiliis suis hacténus adversum, ac Reginæ fidum
gratúmque noverant. Multa de Rege Darlæo questi, Riccii cædis,
omniúmque, quas passa esset Regina, molestiarum illum, zelotypia
furentem, auctorem faciunt. Si Regina hoc homine liberaretur, nemini nupturam, nisi ipsi Bothwelo. Id se effecturos sacramento spondent.

Darlæus
Rex occi-
sus.
Bothwelus ea spe & ambitione in casses tractus, recipit, ea conditione Regem sua manu periturum. Certam igitur domum, in
quam Regem elicuerant, supposito jam antè sulphure & pulvere py-
rio, accendunt, eúmque inter ruinas excussæ in altum domus sepeliunt. Bothwelus, tanquam facinoris auctor, à populo comprehenditur, & judicio sistitur. Sed parùm erat proditoribus, qui erant Judices, hunc condemnare. Ulterior erat meta, ad quam collimabant.

85.
Catastasis.
Absolvunt igitur Bothwelum, & ad Reginam, mœrore luctúque ob
amissum conjugem afflictam, ingressi, tristitiam vultu gestúque præferentes, patriæ calamitates, turbas, dissensiones nobilium inter se
ipsos, difficultates, quibus viduæ Reginæ sint expositæ, in tam turbi-

do· præfertim ftatu Regni, & ærarii publici penuria, ex ordine proponunt; nihil Reginæ, nihil Regno conducibilius fore afferentes, quàm
fi nuþeret viro toti Scoticæ nationi grato. Talem autem fore *Both-*
welum, præcipua nobilitate o:natum magnis clientelis. fuccinctum,
totius Scotici maris Præfectum: magnis infuper in Regnum & Reginam meritis, atque eximiis corporis animíque dotibus præcellen-
tem. Hoc connubiali fœdere Scotiæ turbas tandem finitum iri..

Botwelus..   Infelix Princeps· capta; & quò·fe verteret, nefcia, in eorum tandèm, ut quietem regno reduceret, poftulata confenfit, atque·Both-
welo jur.cta· eft.   Vix eam, fcenam· proditores egerant; cùm undique populum ad arma vocant in ultionem cædis Regiæ, à Bothwelo

Cataftro- Reginæ juffu patratæ. Immanis parricidii præmium effe matrimo-
phe.   nium cum latrone initum. . Regina capta, per fummam ignominiam
jumento impofita Edenburgum abducitur, prælato vexillo, in quo peremptus Rex. Darlæus, ejúsque filiolus Jacobus, quaf vindictam ex-
petens, vifebatur.   Edenburgi conjurati palatium regium occupant,.
Reginam verò in domum lictoris· abducunt, erecto, quod dixi, præ
foribus vexillo..   Inde in arcem quandam Murræi captiva. abducta.
eft..

    Dubii fycophantæ; quam fabulæ cataftrophen imponerent; con-
filio habito ex Elifabethæ Anglicæ fententia decernunt, Regina ab o-
mni gubernaculo dejecta, Jacobum ejus filium Regem promulgandum fub tutela Murræi Proregis: ut hac ratione Jacobus in hæref
educatus, votorum deinceps faceret compotes.. Elifabetha perfida
mulier, licet hæc omnia ex ejus confilio fluerent, dedit tamen ad Mariam captam litteras, humanitatis & officii plenas. Indoluit ejus acer-
bæ forti :. indignata ejus auctoribus..   Obtulit auxilia: quin ipfam,
fe ad eam liberandam cum valido exercitu in Scotiam ituram fpopon-
dit.. Adjecit, nuntium ad fe perlatum, necem ei parari, nif regno·
fe abdicet.

    Proditores interea, ut etiam Bothwelum caperent, atque interfi-
cerent, quaqua verfum apparitores ac lictores emiferant.. At ille in
Daniam fuga evaferat. Ubi à Scotis mercatoribus proditus, atque
parricidii accufatus, in carcerem detrufus eft, in quo· poft decem annos miferam vitam finiit :· adhuc paulò ante mortem conftanter conteftatus coram teftibus, necem Darlæi Regis ad fe & conjuratos, nulla verò ratione ad Reginam pertinere, utpote totius confpirationis
penitus ignaram:.

    Regina in arcta cuftodia detenta à Murræo, impio ac perfido
fratre, tunc per violentiam Regni Gubernatore, ope duorum Comi·
tum

tum · ex familia Duglaſſia·die quodam, quo convivium in arce ·cele-
brabɔatur, virili habitu induta elapſa eſt. Multi ex Nobilibus, præſertim Catholici, cum ·tota familia Hamiltonia, quæ erat ampliſſima,
ad Rℓeginam confluunt. ·Murræus cum proditoribus pariter ·delectus
.habeet. ʾInſtruitur.utrinque exercitus. Vincitur ·Regina, & in An- Regína in
glianm ad Eliſabetham,·quam amicam putabat, fugit. At ·ubi·Carlil- Angliam
ʃam ɪ pervenït,·juſſu Eliſabethæ·capta, & in cuſtodiam eſt data : atque fugit.
:indeɜ Boltonam translata. (*anno 1569.*) Scotorum multi cum Hunt-
.leio,, Crafurto , Argilio, Egiltonio, Comitibus, rotáque Domo Hamil- Mox cap-
toniaa, ·& Ogill·ea, rei indignitate ·commoti, arma coiripiunt. Ve- ta.
rùmɪ Eliſabetha, à Murræo certior·facta, Mariæ Reginæ præcipit, ut
ſcripptis in Scotiam litteris arma ·ponere jubɛat, ſe propediem ad Re-
gnunm ſuum reverſuram. Quid faceret columba unѵuibus accipitris
comɪprehenſa ? paret. ·Catholici arma ponunt. ·Murræus proſcriptio-
nibuus, ·direptionibus, cædibus in .eos, velùt majeſtatis ·damnatos,
ſæviit.

·Incredibile dictu, quot·deinceps machinæ ſint admotæ,·ut inno-
centtia damnaretur, ita tamen, .ut .ex uſu & jure .actum videretur.
Commitia in Scotia & ʾAnglia coacta; ʾRegina .adulterii & parricidii
accuuſata. Knoxius & Buchananus apoſtatæ libros integros ·adver-
ſus i'llam ſcripſerunt, ut exteris ·quoque nationibus imponerent. · Et
quanmvis Senatus Anglicanus, perſpecta accuſationis infirmitate, re-
ſtituuendam cenſeret, ea conditione, ut juri in Angliæ Regnum re-
nunntiet; ʾScotos diſſidentes in gratiam recipiat; ʾAnglicano Principi
nubɔat. Verùm .non ſatis atrox Eliſabethæ hæc .erat ſententia; ·cùm
certtum hæberet, hanc ·prædam,non ampliùs dimittere. ·Quin redar- ·
guitt Murræum ·& Mortonum, ·conjuratorum capita, quòd ·cauſam
minnùs aptè inſtruerent.

Igitur Murræus,·cùm fabula ʾnecdum ſatis ·videretur intricata, 86.
ad, ɪ novos dolos cònverſus, novámque telam .texendam arbitratus, Novæ
Thòòmæ Hovarto, Duci Nɔrtfolciæ nuptias cum capta Regina propo- fraudes,
nit,,, eo pacto omnes turbas iri·compoſitum. ʾIn ſe nihil opis defutu- pro nova
rumn, quo id negotium ·conficiatur. ʾDux, nihil fraudis ſuſpicatus, tragœdia.
poſtſtquam condixit, Murræum ·veteratorem per ·epiſtolam interpellavit,, ut conjugii cauſam ·urgeat. ʾAt·ille ʾhas litteras .Eliſabethæ tranſ-
miſiſit. Quæ Ducem, quia Catholicus·erat, ſibíque invıſus, capitis
pubblicè damnavit: prætextu ʾattentati ·cum ʾMaria ·capt a conjugii ;
cùnm tamen manifeſtè conſtaret, ex ·ipſis ·etiam ·litteris, ·totam ſtro-
phaam à Murræo fuiſſe contextam.

·Verùm haud lento pede ſecuta ·eſt ·cœleſtis ·ultio. Nam Murræus

Murræus cæfus,

ræus præcipuus Elifabethæ in fanguineo hoc perfidiæ theatro actor, cùm Edenburgum ad Anglicum legatum Regis inftar magno cum Comitatu pergeret, ab Hamiltono Calvinifta, in ædibus latitante, fclopo manuali petitus interiit, hæreticus, vel potiùs Atheifta. Quem tamen Calviniftæ Martyrologio fuo & Calendario inferuerunt. Hamiltonus, qui facinus patrârat in vindictam tot ex familia fua à Murræo peremptorum, aut profcriptorum, nufquam inveniri poterat.

Furores.

Ne autem Regina aut alii Catholici in Scotia ex morte hujus proditoris patriæ lætitiam caperent, Elifabetha, miffo cum exercitu in Scotiam Suffexio Comite, obvia omnia devaftavit, multis arcibus datis in cineres, iisque præfertim, qui Reginæ adhærebant, fpoliatis. Tum verò Mariæ ad fpeciem oblata eft aliqua reconciliatio, ea lege, ut Elifabethæ fubjectam fe fateatur, magnam Scotiæ partem cum filio fuo Jacobò eidem tradat. Cautionem idoneam præftet, nullum externorum Principum imploratum iri: Catholicæ fidei renuntiet, & Anglicanam amplectatur.

Stuarta accufata infidiarum.

Ne autem Elifabetha his intolerabilibus licèt conditionibus pacem concedat, & Mariam liberam dimittat, hæretici novo commento finxerunt, Scotiæ Reginam Angliæ Reginæ infidiari (nempe ovem lupæ) Licèt autem in mulierem, arcta cuftodia undique circumfeptam, nulla ejusmodi cadere potuerit fufpicio, nec ullum haberetur indicium, Anglicus tamen Senatus decretum edidit: quo afferebat, domi forisque varia cufa effe confilia adverfus Elifabetham, & Angliæ tranquillitatem: quicunque talia deinceps attentaverit, eum ad Judices deferendum. Varios etiam in exteras regiones exploratores Walfinghamus, Elifabethæ Secretarius mifit. Hos inter erat Gilbertus Giffordus, in Romano & Rhemenfi Seminario educatus, ác facerdos ordinatus: qui, poftquam à Religione in Anglia rurfus defecit, per impofturas & mendacia varias epiftolas impetravit, & ad Walfinghamum detulit.

Damnata ad mortem.

Cùm autem nihil ex illis adverfus Reginam, quæ omni ferme famulatu fpoliata ab uno in alium carcerem abducta fuerat, evinci poffet, Elifabetha 48. Judices delegavit, qui eam examinarent. Sed nulla afferri poterat probatio ullius criminis. Nihilominus, poftquam infelix Regina 20. annos per varios carceres inter infinitas ærumnas erat traducta, Elifabetha mortis in eam fententiam tulit: eámque per Sarisburium eidem denuntiavit. Sed interventu Gallici legati per tres adhuc menfes executionem diftulit: quod tempus illa diligenti ad mortem præparatione tranfegit. Nullus tamen

ad

ad eam facerdos admiffus eft. Sacram igitur Evchariftiam, quam fecum retinere Romanus Pontifex peculiari privilegio illi concefferat, ex propria manu fumpfit.

Heroica dein fortidudine atque conftantia ficut fententiam mortis accepit, ita mortem ipfam fuftinuit ; ac tertio ictu à carnifice fecuri percuffa, furoris ac inhumanæ tyrannidis victima cecidit *perimitur.* Maria Stuarta, Regis Scotiæ filia, Regis Galliæ conjux, Regis Magnæ Britanniæ mater, Regina ipfa Scotiæ, nulli humanæ in politicis poteftati fubjecta. (*anno 1587. æt. 45. reg. 45.*)

Corpus defunctæ ignobiliter tractatum abjectúmque, tempore Jacobi I. ejus filii, Angliæ Regis, Londinum translatum, & erecto maufolæo in capella Regia conditum eft, cum hac infcriptione : *Incomparabili Heroidi , Mariæ Stuartæ, Scotorum Reginæ : quæ, qua conftantia vicennalem carcerem tulit, eadem impiæ fecuri Regiam cervicem feriendam dedit.*

Mirum videri poffet, Scotiam, & præfertim Jacobum Regem, Mariæ filium , tunc jam gubernationi admotum, nihil moviffe, ut mattem liberet, aut infquiffimam ejus necem vindicet. Verùm confideranti, quòd is in minori ætate, plurimos inter Scotiæ tumultus , fub variis tutoribus & curatoribus cum toto Regno fuerit jactatus , & fub Buchanani impiiffimi apoftatæ difciplina hærefi imbutus , & in manibus hæreticorum , iis totus obnoxius ; fit verfatus, incredibile non videbitur , eum fuggeftione eorum nihil admodum moviffe. Intellecta tamen matris indigna morte, ultionem parabat , & cùm anno fequente Philippus II. Hifpaniarum Rex expeditionem in Angliam adornâffet, focium eidem Jacobus fe addixit. Sed ab Elifabetha , objecta Anglici Regni promiffione , fuaviter demulfus , omnes fuas rationes deinceps cum Anglia conjunxit, donec Elifabetha extincta Magnæ Britanniæ Rex eft renuntiatus, triplex Regnum , quod nemini ante eum obtigit, jure complexus.

§. 2.
Status Ecclefiafticus Scotiæ fæculo XVI.

Hic quidem tunc erat perturbatus Reipublicæ in Scotia ftatus : 87. Religionis multò deterior. Anno 1559. antequam Maria Regina è Galliis erat reverfa , fynodus Epifcoporum erat habita , ùt Poftulata tot exortis in Religione turbis remedium quæreretur : cujus tamen hæretico- acta non ampliùs exftant. Vix autem Regina in Scotiam venerat , rum.

quum Procerum quidam supplicem libellum, erroribus & calumniis in fidem catholicam plenum, eidem obtulerunt: primos reformationis articulos in eo comprehensos dixerunt: petebántque, ut cultus Divinus lingua vulgari peragatur, útque populo Episcopos & Pastores eligendi fieret potestas: multáque alia extorquere conabantur.

Knoxius infamis apostata turbarum erat auctor, hæresis Calvinianæ fœcundus proseminator. Regina non modò negavit postulata, verùm etiam Knoxium, & alios seditiosos concionales homines ad dicendam causam evocavit.   Ac licèt Magnatum nonnulli pró eis intercederent, Regina tamen apertè est contestata, effecturam se, ut horum exemplo territi alii à nefariis consiliis & regno perturbando abstinerent.

Sed jam profundiùs malum invaluerat: quàm ut facili manu sanari posset. Hæretici, cùm Regina non statim insolentibus eórum postulatis annueret, correptis armis tumultuari, vastare cœnobia, spoliare templa, Ecclesiasticorum bona diripere, Carthusianorum, Franciscanorum, Carmelitarum monasteria solo æquare: Religiosi, qui barbarorum manus evaserant, ad Reginæ pedes advolvi, justitiam implorare. Sed frustra: Murræo (seu Moravio) rebellibus se adjungente, & cum exercitu hæretico Edenburgo imminente, Qui mox in urbem à civibus, partim hæreticis, partim timore perterritis, admissus pro libidine grassabatur; Episcopi ædibus suis ejecti, bonísque omnibus exuti. Dejectæ confractæque sacræ imagines: hostia Evcharistica patibulo affixa, & scloporum glandibus petita. Catholicorum bona in stipendium militibus data, Sacerdotes immaniter vexati.

Arma.

Regina, dum rebellium armis omnia perstreperent, celeriter Edenburgo Dombarum fugit. Knoxius verò omnia sursum deorsum volvebat. Hic homo (quem Scotiæ Apostolum Calvinistæ appellant) teste Ræmundo, abjecto cucullo Genevæ Calvino operam dederat, librúmque ediderat, quo Anglos ad Mariæ Reginæ suæ cædem stimulabat. Una uxore non contentus, thorum paternum polluit, incestu cum noverca commisso: eam ob causam in Angliam profugus. Inde reversus tres puellas secum duxit: quibus mox quartam addidit, veneficio incantatam, Dignus enim verò Apostolus tali quod prædicabat, Evangelio. Ejusdem surfuris erat *Buchananus*, monasterii pariter desertor, Knoxii in pervertenda Scotia impiger adjutor: litteratura politiore, & poética maximè imbutus, primò Murræo, spurio Reginæ fratri, tum Jacobo VI, ejus filio informa-

88.

Knoxius.

tor.

tor datus, occasionem nactus est oportunam, venenum, quo turgebat, exspuendi, & commissos sibi Principes inficiendi.

Hi autem novi Scotiæ Apostoli, adversus Mariam, legitimam Reginam, & Dominam suam rebelles, religionis systema, ab Anglico multùm diversùm, induxerunt. Dies festos non colunt: eóque ab Anglis ridentur: Scotos continuò laborare, Anglis tamen multò esse pauperiores. Nullum integrum templum, aut imaginem ullam apud eos reperias. Episcopi nomen quidem & proventus aliquamdiu retinuerunt, donec cum aliis Ministris partiri eos coacti sunt, obsistente licèt Jacobo VI. Rege, ut umbram saltem pristini splendoris retineat. Quare Episcoporum quidam indignati, in Angliam secesserunt, ubi Episcopi non ita sunt circumscripti. In partem prædæ Episcopalis venit nobilitas, Ordinum (qui spolii erant consortes) accedente consensu. **Nova secta**

Psalmos Scotica lingua demurmurant. Infantes baptizandi ad ministrum in suggestum deferuntur. Matrimonia nullo ritu peragunt. Diebus Dominicis plerique usque ad vesperam cibis abstinent. Die etiam, quo coenam celebrant, jejunare solent. Panis buccellam autem in illa coena sibi mutuo porrigunt. Adulteris & Missam audientibus eadem ferme poena irrogatur. Adulterii autem convicti tribus Dominicis prope suggestum concionatoris in pegmate omnium conspectui expositi collocantur. Ibi nomine expresso à ministro publicè rogantur, quam ob causam in eo loco consistant. Tum illi culpam suam fatentur, & delictum narrant, veniámque à populo petunt: quæ ipsis conceditur. Ubi adulterium à ministris ita est vindicatum, civilis quoque magistratus in eos animadvertit.

Quamvis autem Elisabetha Regina Angliæ totum politicum Scotiæ regimen moderabatur, & quò volebat, volvebat, obtinere tamen à Scotis Calvinistis non potuit, ut Anglicam Religionis formam assumerent, Genevensi Calvini & Bezæ ritui ac dogmatis potissimùm inixi. Atque ita à Calvinianis Ministris nobile hoc regnum, ultra mille annos Catholica Religione florens, missíque ad exteras etiam Nationes convertendas Apostolis celebratum, totum ferme in hæresin fuit præcipitatum, Boreali ea parte excepta, quam Scoti Montenses incolunt; quorum multi Catholica sacra constanter in hanc usque diem retinent.

Equidem Robertus Personius agitare consilia coepit, de Scotia Catholicæ veritati vindicanda. Quod, si succederet, certa spes affulgere videbatur, Angliam quoque ad eam reductum iri. Cùm enim **89. Personii consilia.**

enim Jacobus VI. Scotiæ Rex, Mariæ Stuartæ filius Elisabethæ cœ-
libi in Angliæ regno successurus esset (uti postea re ipsa contigit)
Principe eo in parentum Majorúmque fide' conservato, ingens
ostentabatur compendium, Anglos, qui Regis sui religionem eò
usque sequi solebant (ùt in acceptanda religione Henrici VIII. Eduar-.
di VI. Mariæ, & Elisabethæ observatum) hæc Regna ad pristinam
Ecclesiæ unitatem reducendi.

Jacobus *se* &te materno Catholicam Religionem imbiberat, Calvinismo tinctus
ductus. potiùs, quàm imbutus crederetur, eóque haud operosè reconcilian-
Augebat eam spem, quòd Jacobus Rex juvenis, qui cum la-
dus avitis sacris. Igitur Personius iis spebus plenus per secretissimos
internuntios agere cum Rege cœpit; atque ejusdem responsione cle-
mentissima mirè recreatus, re cum Pontifice, & Claudio Aquaviva
Præposito suo Generali communicat, iter in Scotiam apparavit.
Quippe jam liberum Patribus in Scotiam accessum, pressísque in Anglia Sacerdotibus asylum apud se concesserat. Verùm Calvinistæ, ex-
ploratoribus ad omnia oculis intenti, spes istas amplissimas in semine
succiderunt, Rege per immane scelus capto, & in potestatem suam
redacto, regníque administratione pro libidine sibi asserta. Vigilat
nempe generis humani hostis, ne respublica sua detrimentum patiatur: effectúmque, ut Maria Regina, Catholicæ Religioni impensè
addicta, per carnificem interempta, triumpharet potestas tenebra-
rum.

§. 3.

Dissertatio Juridica: an Maria Stuarta Regina Scotiæ
jure sit occisa.

90. QUoniam Protestantici scriptores passim, his etiam nostris tem-
Duo capi- poribus, Mariam Scotiæ Reginam, velut nefariam, graviúm-
ta accusa- que criminum ream insectantur, ac jure cæsam pronuntiant, operæ
tionis. pretium duxi, brevi dissertatiore ejusdem innocentiam vindicare,
ut palàm appareat, quanta rabie hæresis non modò in privatorum
vitam, sed in coronata etiam Regum capita grassetur.

Ad duo autem capita totam accusationem pertinere video: quòd
& Darlæum conjugem suum occiderit, & Elisabethæ Angliæ Reginæ struxerit insidias. Magnum, fateor, utrumque crimen. Sed
qui-

quibus teftibus, quibusve tabulis id comprobatur? Aufpicemur difceptationem à primo. Quibus igitur argumentis accufatores evin-
cunt, occifum à Regina fuiffe conjugem?

   Jam ab eo tempore, inquiunt, Regina alieno & 'hoftili animo Quod ma-
fuit in Regem conjugem, quo hic Riccium ejus fecretarium occidi ritum occi-
juffit: tum enim verfis in Bothwelum adulterinis amoribus, necem derit.
mariti machinari cœpit. Teftes in hanc rem habentur litteræ, propria Reginæ manu exaratæ atque in ejus ciftula aurea repertæ. Unde
patrata Regis cæde nullum doloris fenfum præfetulit, nec mortuum
luxit, imò nec decentibus exequiis ei jufta perfolvit. Imò luctus
debiti & confueti loco mox ad nuptias provolavit cum Bothwelo
proco Regis parricida. Additum, haberi teftimonia, è fervis Bothweli, dum quæftioni fubiicerentur, expreffa, aliorúmque, qui cædis fuiffent participes. Ex quibus fanè confici, Darlæum Regem à
Bothwelo fuiffe occifum, fi non juffu Reginæ, confcia faltem illa
& comprobante.

   Verùm fi fingere & afferere crimina fufficeret, nulla amplius
tuta foret in orbe innocentia. Hæc omnia inficiando eliduntur. Ve- 91.
rum equidem eft, vehementer doluiffe Reginæ, cæfum in fuo con- Vindica-
fpectu Riccium, confiliarium fuum in paucis fidum (quem tamen tur inno-
ipfa vita probè acta, ætas fenilis, & deformis corporis habitudo centia.
ab omni fceleris fufpicione abfolverant) At optimè perfpectum erat
Reginæ, maritum fuum, quem tenero & fincero affectu diligebat,
non fua voluntate, fed Murræi tectis confiliis aliorúmque hæreticorum, qui nihil aliud quærebant, quàm Reginam Regémque perdere, in eorum partes fuiffe abreptum, juvenili adhuc ætate confirmata necdum prudentia.

   Et hinc conjugem, veniam rogantem, amantiffimè etiam inter
lachrymas, amoris teftes, excepit, condonata omni, fi quæ commiffa effet, culpæ venia: quin publicè eum excufavit, & à fcelere perempti Riccii innocentem pronuntiavit. Cùm dein Rex Glafci
æger decumberet, Maria illico veredis equis eò delata, omnia amoris conjugalis officia eidem exhibuit. Inde verò Edenburgum eundem comitata, amiciffimè eidem convixit, facta invicem arcanorum omnium communicatione; nam & Rex aperuit ei omnem confpirationum feriem, magnam propterea incurrens offenfionem apud
Murræum & complices: Regina verò cum eo communi ftudio con- Vanæ fu-
tulit omnes rationes gerendæ Reipublicæ, illámque adverfus moli- fpiciones.
tiones feditioforum defendendi. Ipfe uterus, quem tunc gerebat,

fatis loquebatur, concepta ex marito prole, Jacobo, totius postea
Britanniæ Rege.

Si quis verò hæc omnia gratiæ mutuò reconciliatæ officia meram
fimulationem fuiffe diceret, is profectò nefcit vitæ humanæ, perfonas inter tam arcto nexu adftrictas, vivendi regulas. Quafi verò
diffenfiones, quæ conjuges inter facilè oriri folent, debeant effe
perpetuæ ; & ex difcordia, aliquando orta, arguere liceat, omnem amicitiam amorémque reconciliatum effe mendacium. Malè
profectò actum effet de humana republica, fi hæc ethica & argutandi ratio vim aliquam obtineret. Dein fi R. gina maritum peremptum
voluit, quid opus tanto ftrepitu illud perficere publicè ? cur non fe-
cretò ? an venenum defuit ? an fervi, aut famulæ ? mille mortis
viæ, fi perfonæ tantopere connexæ obftinârint effe nefariæ. Sed
quid hæc moror ? non affertis, ab hominibus feviculis prolatis,
non fufpicionibus aut vanis præfumptionibus, nullo fundamento
nixis, agenda eft hæc caufa, ubi de Regio capite decernendum.

Fictæ lit-
teræ.

Sed fide conjugali fracta, inquiunt, Bothwelo fe proftituit,
eædem mariti pacta, ut novum hunc procum in thorum conjugalem poffit fubftituere. Ingens profectò crimen, Regiæ impactum
majeftati ? à quibus ? à Murræo, Regnum ambiente, & Calvinianis miniftellis, Knoxio maximè & Buchanano, ad omne nefas
projectis : qui, ut mattem cum prole, quàm fub corde geftabat,
una opera extinguerent, feditiones movere & graviffima in eam
fcelera fpargere non horrebant. Quo autem tefte ? nullo. At litteras in cifta Reginæ inventas affertis, ad Bothwelum fcriptas,
Nempe quas ipfimet ciftæ immififtis. (Regina capta) perduelles falfarii, fine infcriptione, fine nomine & fubfcriptione, fine die & con-
fule, fine figillo. Neque novum hoc erat, ut Murræus cum affeclis Reginæ manum imitati litteras confingerent ; prout in caufa capti
Huntlei comitis apertè eft demonftratum. Et quid Regina ad Bothwelum fcriberet litteras, quem in aula præfentem habebat ; epiftola
eft abfentis cum abfente colloquium. Et quàm malè undique cohæ-
ret fabula ! litteræ, à Regina ad Bothwelum datæ, potiùs in Bothweli fcriniis, quàm in Reginæ cifta deprehendi debuiffent. Et
quid tandem in illis continebatur litteris ? joci amatorii. De Infidiis aut confpiratione in Darlæi mortem nec verbum. Denique Regina Deum in teftem invocavit, litteras illas nunquam à fe fuiffe
fcriptas. Afferit fputius toties perfidiæ reus Murræus quidam ; negat Regia Majeftas, etiam Sacramento.

At

At viro occifo luctu nullo parentavit : negavit exequias. Hæc *Regi pa-*
enimverò accufatio palàm exhibet , quanta fit accufantium proter.*rentavit.*
via , ut ea etiam , quæ in folis luce funt expofita , impudenter negare non perhorrefcant. Vidit tota aula fufas Reginæ lachrymas ,
ubi cædis nuntius ad eam eft perlatus , audivit gemitus, Conditum
ejus juffu balfamo corpus, pollinctum odoribus : præfente Nobilitate illatum fepulchro Regio , in quo Majores Reginæ & ipfe parens
Jacobus V. erat repofitus. Quid ultra pofcitis ? an ut crines fibi evellat?
ut ungvibus faciem laceret? ut furentis inftar difcurrat? hæc fi feciffet ,
diceret malignitas, ideo facta, ut parricidii fufpicionem à fe amoliatur.
Eft hæc petulantis linguæ nefaria indoles. Agas hoc: rodit: agas aliud,
carpit: agas quidcunque : maligna interpretatione profcindit: & fi
factum non poteft , facientis mentem accufat. Si verò non maxima fortaffe pompa corpus eft illatum tumulo , minorique , quam
decuiffet , Nobilium frequentia , cui , quæfo ! id imputandum ?
an Reginæ ; an accufatoribus eorúmque fymmiftis ; quid faceret in
urbe hæretica ? ritu Catholico conjugem Catholicum tumulari voluit. Ridenti fibilo explofiftis facras ceremonias. Vix erant, qui
operam commodarent Jam verò , quod veftra culpa folennitati
defuit , Reginæ impingitis.

Veniamus modò ad criminationem omnium graviffimam, qua *Cur Bot-*
cædis patratæ ream Reginam arguunt. Maritum non luxit , *velo nup-*
fed mox ad nuptiales lætitias converfa , ad pollutum maritali fangui-*ferit.*
ne thalamum mariti latronem admifit. Verùm enim verò quinam
funt illi, qui ita accufant ? illi ipfi fanè , qui totam hanc ftropham
adornârunt. Poft celebratas , quoad in loco hæretico fieri poterat,
mariti exequias, pullata vefte induta domi fe conclufit , indulgens
luctui. De nuptiis nulla tunc illi cogitatio. Vos accufatores , vos
eftis , qui perturbare omnia volentes, hanc fcenam adornâftis. Vos
Bothwelum fpe Regii conjugii propofita ad cædem Datlæi incitâftis.
Vos eum ad veftrum tunc judicium delatum abfolviftis ; quia necdum fatis intricata vobis videbatur tragœdia. Parùm erat Bothwelum , invifum licèt vobis hominem, quia Catholicum , perdere; nifi etiam Reginam cum ipfo perderetis.

Hinc inftructa nuptiarum cataftafis ; ut apud Elifabetham, non
tantùm in Anglia, fed in Scotia quoque fuo nutu omnia moderantem,
utrumque conjugem patratæ cædis reum poffitis agere. Conveniftis
Reginam : propofuiftis calamitofum Regni ftatum , in factiones &
turbas fciffum : unicum rei publicæ effe remedium, fi Bothwelum
in

in thori &' throni confortem admitteret : hac conditione negno
pacando veftram addixiftis operam : minas intentáftis , fi fecùs
faceret : fuafiftis , impulfiftis , coëgiftis.   Quid faceret Regina ,
quæ in veftram poteftatem fe videbat redactam ; veftris minis
perterrita , fpebus oblatis impulfa ? Annuit tandem poftulatis
veftris , reipublicæ quietandæ gratia. Exhibitæ funt Anglis , quos
Elifabetha in hac caufa judices in Scotiam miferat , Murræi , actoris primarii aliorúmque proditorum litteræ , quibus conftituebant
inter fe , cogendam Reginam ad ineundum cum Bothwelo conjugium.   Exhibitus contractus nuptialis , veftra manu fubfcriptus.
Bothwelum infontem cædis iterum iterú mque pronuntiáftis.   Ratum habuerunt , quod vos contexuiftis matrimonium , Scotiæ Epifcopi : quorum tamen maximè fuerat , criminis impedimentum ,
fi quod fubverfatum fuiffet , nuptiis obiicere.

   ·   Contractæ funt igitur vobis authoribus & impulforibus nuptiæ.
Attigiftis votorum metam. Involuta fatis videbatur , quam lufiftis,
tragœdia , ut diu præmeditatam cataftrophen poffetis imponere.
Collufiftis cum Elifabetha. Petiftis ab ea judices. Facti eftis accufatores. Actionem criminalem intentáftis Reginæ veftræ , proditores perfidi , juriumque naturæ ac gentium prævaricatores improbi.
Collufionis cum Bothwelo , & cædis regiæ dixiftis ream.   Actio-
nis nefariæ bafis effe debebat hoc ipfum , quod obtruferatis , cum
Regis parricida , ùt loquebamini , confugium. Argumentum veftrum : de cæde conftat : Bothwelus manum , Regina confilium præbuit : connubium quæfitum finis intentus & præmium fceleris. Ecce ! machinationum pulchram congeriem , à fpiritu ambitionis &
hærefis fœcundo parente prognatam !

Servi non   Sed videamus ultimum ad fabruendam innocentiam arietem,
funt ido-   Servi Bothweli , ad quæftionem vocati , in equuleo & catafta falli
nei teftes. funt , Reginam cædis conjugalis fuiffe participem.   Jam non difputo de anticipiti veritatem exprimendi per tormenta remedio : ubi
fæpe dolor extorquet , quod confcientia abhorret. Hoc quæro : quinam fuerint Judices , fervorum carnificinæ moderatores ? jurati hoftes Reginæ , illius exitio omni conatu intenti. Hi movebant quæftionis machinas. Hi fervorum linguæ imponebant verba , quæ ignobile ac venale hominum genus loqueretur. Hi chartæ comuferunt,
quæ perfidia & proditio fuggerebant.

   Sed unde nôrant fervi Bothweli , Reginæ confilio cædem effe
patratam ? an Regina ipfis manifeftavit ? quis credat ? Non folent
profectò magni Principes arcana fua , fummi præfertim momenti ,
                                                            vilium

vilium fervorum, maximè fi alieni fint, loquacitati fubiicere ? Privatus paterfamilias id non facit, quid dicam Princeps, cujús ratio ftatus
magnam partem conftat arcanorum filentio ? An Bothwelus Reginæ mandatum aut confilium cædis fervis enuntiavit ? Servi etiam in
equuleo tórti de hoc nihil. Neque credibile, Bothwelum, qui ob connubii fpem Reginam volebat amiciffimam, fervulis manifeftáffe confilium Reginæ in fummum ejusdem præjudicium. Cur non dixiffet potiùs, hanc effe voluntatem (ficut re ipfa erat) Murræi,
Mortoni, aliorúmque Procerum, qui pro libidine regnum ea tempeftate verfabant ? Cur in quæftionis hujus negotio omiffa funt
nomina ejusdem Murræi, Mortoni, & aliorum, quorum confilio & opera cædes Darlæi fuerat patrata ? Denique Bothwelus
ipfe, qui in Dania exulabat, & decennali carcere erat detentus,
conftanter affeveravit etiam in ipfo mortis articulo, Reginam in
cæde Darlæi nullam habuiffe partem, eáque prorfus infcia fuiffe
patratam. Quod teftimonium viri, eo tempore depofitum, quo
nec timori nec fpei fupererat ampliùs locus, Rex Daniæ Principibus Europæ communicavit.

Volvite, revolvite annales mundi : tale judicium, quod in
Scotia adverfus Mariam Stuartam Reginam fuit habitum à Calviniftis, nulla unquam vidit ætas, nulla finxit mythologia. Produxit equidem omnibus fæculis mundi hujus, inftabilis ac perfidi
theatrum ftupendas tragœdias. Sed huic tot proditionibus, &
iniquis machinationibus involutam invenietis nullam fimilem.

Taceo, in facie Reginæ crudeliter obtruncatum fidiffimum
ejus Miniftrum : Reginam adulterii infimulatam à fubditis fuis,
argumento nullo : confictas in eam rem ab iisdem litteras, & in
fcrinias Reginæ captæ depofitas : captam eandem fæpiùs, & indigniffimè habitam. Hoc novum atque inauditum, apud politiores
præfertim nationes, Reginam, omnium virtutum fplendore ornatam, in fuo regno, à propriis fubditis perduellibus ac perfidis
criminaliter accufari de cæde, ab ipfis patrata, fumpto argu- Inauditum
mento ex connubio, ad quod ipfi coëgerunt, productis in caput judicium.
Reginæ fervulis alienis, homunculis viliffimis ; & quidem inauditum hoc judicium exerceri in Scotia, à Judice prorfus incom-
petente, in foro alieno, ab Anglis, quibus tunc nulla in Scotiam jurisdictio, quid dicam in illius Reginam, fupréma, abfoluta,

luta , & independente omni poteſtate imperantem ? aut quod
tandem jus Angliæ Reginæ in Reginam Scotiæ ? Illam huic ſubje-
ctam novi, quia Stuartæ etiam Angliæ regnum debebatur , hæreditatis titulo , ſanguinis proximi impolluti jure : Scotia Eliſabethæ
nullo modo. Heu ! quot inſanabiles judicii nullitates ! quot inauditæ in uno judicio injuſtitiæ ! judicio ? in uno parricidali latrocinio. In privatum civem ſic nulla ratione agi poterat, etiam
prædonem , etiam latronem. Quid dicam in Reginam ? ſubditi
actotes ; Regina rea ! exterus judex ! vah portentum ! quid magis mirer ? An accuſatores ? An ream ? An judicem ? An cauſam ?

Sacra apud omnes gentes Regum Majeſtas eſt. Vel verbo eos violare immane ſcelus. Nulli in humanis terrenæ poteſtati ſubjecti , ſoli Deo ſui rationem reddunt. Fingite (liberæ
enim ſunt cogitationes) fingite , Reginam Scotiæ Darlæum ,
quem ex privata vita extractum ad Regium thorum evexerat,
ob Riccii cædem propria manu obtruncâſſe : comſperſas recenti
cruore manus coràm aſpici , fatentem Reginam , commiſſam à
ſe cædem. Quid hæc omnia ad Reginam Angliæ ? Quis eam
in hac cauſa judicem conſtituit ? An ſe ipſam ? Quo jure ? Scoti evocârunt : Scoti judices delegatos ab Eliſabetha petierunt :
Scoti jurisdictionem ei prorogârunt in Reginam Scotiæ. Para-
doxam ſanè jurisprudentiæ ſyntheſin , atque ad eam uſque diem
inauditam ! itáne verò ? jurisdictionem prorogârunt in Reginam
Scotiæ ? Nec in ſe ipſos adverſus Reginam ſuam rebelles prorogare poterant ; quomodo adverſus Reginam ac Dominam ſuam ?

Malè profectò foret proviſum humanis per orbem poteſta-
tibus, ſi ſubditis, qui facilè cum jugo ſuo , etiam miti , ri-
xari ſolent , illúdque conantur excutere , integrum eſſet , exteros
in regnum evocare, qui de ſummi imperantis capite decernant.
Armate hoc gladio ſubditi inſoleſcentis tumultuantiſque audaciam : quid jam aliud futurum putemus , niſi ut civis in Prīnci-
pem inſurgat, exteris in regno tribunal erigat , peſſundet inviiola-
bile coronæ decus , ſummam imperantis poteſtatem precariam faciat, & libidini ſuæ ſubiiciat, fortunas , caput , vitam Principis
pro arbitrio in manu verſet : ac denique evertantur penitus regna,
aut

aut nequiffimus quifque, per proftratum Principem fibi gradum ad folium fternat ? -

Ut igitur complectar paucis omnia ; fi ream fpectem, Regina eft , nullius terrénæ poteftati fubjecta : fanctum igitur, illibatum , inviolabile demiffo obfequio colatur Majeftatis decus. Si accufatores confiderem , funt fubditi , funt proditores , funt rebelles , fanguinarii , perduelles , funt læfæ Majeftatis rei : caput Reginæ fuæ petunt. Venerationis caufa humanis etiam legibus cautum eft, ne filius in patrem, libertus in patronum, fervus aut vafallus in dominum, accufatorem aut teftem agat : reclamante etiam ipfa natura : quantò indigniùs, quantò fceleratiùs fubditus , fide , obfequio, homagio , facramento fubjectus , in Regem, Principem, Dominum, Patronum, imò Patrem omnium impia accufatione graffatur, eúmque ad necem depofcit ! an Spartaci illius more agendum ? an Lapitharum in Regno vivimus ? quamvis nulla fit barbaries, quæ non humaniùs, & in Principes fuos reverentiùs egerit.

Si in judices oculos coniicio, video illos exteros, peregrinos homines , ex Anglia in Scotiam miffos ad condemnandam Reginam, quibus nec in privatum Scotiæ civem ulla eft jurisdictio , jus aut poteftas ; quantò minùs in Principem fupremam, abfolutam , independentem , Monarchicæ Majeftatis fupereminenti magnitudine in Regno fuo fulgentem ! Excepit Regina contra hoc forum , tribunal , judicem , iniquiffima , fanguinaria , ac violenta ufurpatione obtrufum, contra jura naturæ, gentium, ac humanas orbis univerfi fanctiones in alieno Regno adverfus hujus Reginam nefariè erectum. Heu ! quem mundum effemus habituri , quæ regna , quantam rerum omnium publicarum confufionem , invafiones, turbas, tumultus, fi hæc agendi ratio locum obtineret !

Denique fi caufam ipfam infpiciamus. Quam actionem intentatis accufatores ? Quam injuriam veftram perfequimini ? An aliquem veftrûm Regina læfit ? Altum de hoc filentium. Optima Regina non intulit injurias, fed paffa eft, magnas, multas. Ex lege Cornelia de Sicariis agunt adverfus Reginam manfueti & modefti homines. Cædis patratæ arguunt ; ad vindictam publicam agunt : fanguinem pro fanguine repetunt. Huc ergo reci-

dic

dit tota accufatio. Jam demus tantifper, quod à veritate abhorrens, quod fictum, quod nulla ratione probatum : demus inquam, in vindictam publicam obtruncati crudeliter Riccii, viri
innocentis; cæfum à Regina Darlæum, qui nullis, nifi à Regina
mutuatis, fplendebat radiis. Quid hoc pertinet ad Reginam Angliæ? quid aliorum intereft, utrum Regina Scotiæ colum, an
fceptrum, vel gladium tractet? Si fcelera plectit publica; cur
Elifabethæ, cur fubditis rationem reddat?

Ecce! pater Elifabethæ duas uxores occidi juffit, inter quas
erat mater Elifabethæ; duas repudiavit matrimonio jam confummato; occidit Epifcopos, Principes, Duces, nobiles. An exterorum quifpiam Principum, an fubditi propterea Henricum in jus
vocârunt. Elifabetha ipfa quantum fanguinis innocui fudit in Anglia! quis propterea illam actione pulfavit? Vos ipfi accufatores in-
tenfis nervis contenditis, ut Regina veftra ob Darlæi cædem vita
ipfa fpoliêtur. Cur illa non potuiffet Riccii interfectorem capitali
pœnæ fubiicere,

Sed nolo argumentum hoc effe meum : quia, jure an injuriæ
cæfus fit Darlæus, non difputo. Veftris duntaxat armis vo petere volui. Sed hoc dixi, dicámque femper, innocens à Darlæi fanguine Regina fuit. Reconciliata cum eo gratia : abfolutus à nece Riccii ;
pignus amoris Jacobus, quem in utero geftabat, utriufque filius.
Cum Bothwelo nulla fequior familiaritas : connubium cum eo poftea
initum, à Proceribus obtrufum. Servuli viles nequaquam adverfus
Reginam teftes idonei, eo præfertim modo examini & quæftioni
fubjecti. Nec etiam quidquam edixerant, quod Reginam collufionis convinceret. Audiviffe fe ab hero, Parlamenti & Reginæ
voluntate cædendum Darlæum. Vel probat hoc aliquid, vel nihil? fi nihil : innocens Regina eft. Si probat, vos ipfos accufa-
tis cædis reos. Eodem enim fermone & de vobis & de Regina
veftra teftati funt. Si dicatis, vos falfò effe adjectos, dicam ego
meliori jure, aut Bothwelum id nunquam dixiffe fervis, prout
conftanter ad mortem ufque Reginam innocentem pronuntiavit, vel
id fimulâffe, ut animum fervis faciat, vel fervos tormentis victos
falfò Reginæ nomen veftro, qui unà cum Bothwelo cædem patrâ-
ftis, adjunxiffe.

Atque

Atque hoc est illud judicium, quod Elifabetha, cùm Scotiæ Regina jam in Anglia teneretur captiva, miffis delegatis in Scotia haberi voluit, adeò hiulcum, diftortúmque, ut Delegati, patentibus accufatorum impofturis, ùt maximè vellent, aufi non fint mortis fententiam pronuntiare: indignante propterea Elifabetha, & Judicibus ignaviam, Murræo & Mortono actionem malè tractatam exprobrante.

Quia tamen deliberatum habebat Mariam perdere, fucúfque colorandæ fententiæ quærendus erat, omiffa illa de Datlæi cæde De infidiis. actione, undique fatifcente, novum ei crimen impegit. Judices itaque datos 34. Fodringamum mittit, ubi Regina detinebatur captiva. Si ftitur judicio. Accufationis caput, quòd Reginæ Angliæ infidias ftruxerit, pluráque alia contra ejus regnum fit molita. Probatio inde defumpta, quòd poft Mariæ mortem Angliæ Reginæ titulum ufurpârit, Regina Angliæ per Gallias fit promulgata: ad ejus è captivitate liberationem tum intra tum extra Angliam varia fint cufa confilia. Babingtonum id effe confeffum. Complures litteras in eam rem fcriptas haberi interceptas, argumento non dubio, Elifabethæ vitam perfidè fuiffe appetitam. Quatuor jam equites fuiffe accinctos, ut Elifabethæ cædem ad Mariam perferrent. Hæc probationum fumma.

Regina Scotiæ ad hoc judicium citata, imprimis contra forum excepit: fe juris fupremi Reginam non effe Elifabethæ fubditam: judicari proin ab ea aut ejus delegatis non poffe: nec Angliæ legibus ftringi peregrinam. Repofitum: eam jam in Anglia degere, Anglicano proin more vivendum. Adhæc delicto fuo forum fortitam, hoc tribunal declinare non poffe. Coacta igitur in judicium, ne diffidere caufæ fuæ videretur, præmiffa contra forum proteftatione, accufationem tam dilucidè diluit, ut facilè ejus pateret innocentia, fi veritas, fi juftitia, fi æquitas quæreretur.

Infidias Elifabethæ ftruxit, inquiunt. At ubi? quando? per quos? an, dum in Gallia vixit, Delphino nupta? Sed brevis ea fuerat commoratio, Indicium infidiarum nullum. Nulla hìc accufatio; nifi quòd dicant, eo tempore Reginam Angliæ fuiffe proclamatam. Verùm conteftatur Regina, id per Henricum II. Regem Galliæ focerum fuum fuiffe factum. Si proin culpa in

eo fit aliqua, à fe alienam effe: fe certè nihil effe molitam. Verùm permittamus, Mariam juffiffe, Angliæ Reginam fe promulgari. Fingamus infuper, eam exercitum comparâffe, ad occupandum, poft Mariæ Angliæ Reginæ mortem, Regnum Angliæ.
Quæ in eo culpa? jure fuo egiffet. Elifabetha natalium vitio
laborabat, nata ex pellice, prout nuper eft demonftratam. Maria Scotiæ Regina parentem habuit Jacobum V. Henrici VII. ex
filia Henrici VIII. ex forore nepotem. Impolluti fanguinis prærogativa erat proxima hæres Mariæ defunctæ. Si igitur regnum
Angliæ petiffet, quod fibi debebatur, petiffet. Si ren'tenti Angliæ arma intentâffet, fuum vindicâffet. Quis propterea argueret, in caput Elifabethæ infidias ftructas. Frequens inter Principes de regnis ac provinciis eft contentio, bellum frequens.
An idcirco in vitam mutuas tendunt infidias? Regnum petunt
nofti Principes, non caput æmuli. Sed quid ego hæc? nihil,
nihil omnino molita eft Maria Stuarta, aut in Elifabetham, aut
Angliam, dum juvenili ætate vixit in Gallia.

Sed neque, dum reverfa in Scotiam, eandem moderabatur.
Toto enim eo tempore tot calamitatibus, tumultibus, feditionibus domefticis, erat preffa atque oppreffa, à perfidis & impiis Calviniftis, ut Scotiæ Regnum retinere non poffet. Quis
credat, eam tunc in Angliæ Regnum quidquam machinatam?
Et cur, fi in caput Elifabethæ feciffet infidias, prodita ac deferta à fuis Scotis, fugiffet in Angliam? Num Elifabethæ tanta
fiducia fe credidiffet, dum via patebat in affinem Galliam?
Magna profectò vis eft mentis fibi malè confciæ: fugit, quem
læfum novit, maximè potentem. Non quæro igitur, quidnam
molita fit? quafnam infidias fecerit? per quos? quia nullæ fue-
rùnt. Non fecit in Scotia infidias, fed paffa eft: paffa eft multas, graves, iniquiffimas, afflicta undique Princeps.

Igitur in Anglia infidias contigiffe neceffe fit. Ita eft. Sed
quis ftruxit? an illa, quæ toto tempore in arcto carcere latebat
abdita, an verò illa, quæ carcerem imperavit, omnésque vias ri-
mata eft, quibus Reginam innocentem opprimeret? Rei feriem
paucis percipite. Maria à Scotis fuis dirè vexata, ab Elifabetha, quæ afpidem finu abfcondebat, amiciffimis litteris, in quibus eam fororem appellavit, & liberalibus promiffis illecta, fugit
in

in Angliam velut in afylum. At, nefas; vix fines cum modico
famulorum comitatu ingreffa, juffu Elifabethæ comprehenditur,
in carcerem abducitur, fpoliatur famulatu, pecunia, cymeliis,
fupelllectili. Per diverfos carceres raptatur, arctiffimè cuftodi-
tur „' ab Amia Pauleto carceris præfecto inhumanè tractatur :
deniique poft 20. annorum carcerem immani fcelere obtruncatur.

Deum immortalem! quis alteri ftruxit infidias? an columba
accipitri, agnus lupo, mufculus catæ? an illa, quæ nec, fi voluiffet, potuit, an verò illa, quæ potuit, & voluit? Res ipfa loquitur... Sed litteræ funt interceptæ. Quis fcripfit? an Maria?
nequuaquam. Quid ergo ad illam? amicus ad amicum fcripfit
litteras. Ergo inermis armatæ, captiva plena libertate lafcivienti, omnium inops potentia, fatellitio, opibus, omniúmque: rerum affluentia terra matique circumvallatæ, fecit infidias.
Quæ hæc confecutio? Sed quid continebant eæ litteræ? an Mariam machinationis infidiofæ aut proditionis alicujus arguunt?
nulllo modo. In rationem inquiri nuntiant, qua Maria Stuarta ex
diuturno & ærumnofo carcere liberari queat. Principes exteros
de ea liberanda effe folicitos. Hoc Babingtonus in equuleo faffus eft. O nervofum argumentum! habemus fcelus. Convi-
ma eft Regina. Infidiata eft vitæ Elifabethæ.

Intellextin' pulchram argutandi viam? Solliciti fuerunt ali-
quii, ut Regina è carcere liberetur. Ergo fecit infidias. Ergo in
vitam Elifabethæ machinata eft. Ergo pereat. Novam profectò, jurisprudentiam! inauditam dialecticen! Chriftiani erant folliciti, ut Petrus liberetur è carcere. Ergo Petrus Herodi ftruxit infidias. Paulus per feneftram Sporta dimiffus eft. Ergo
machinatus eft in mortem Damafci Præfidis. Negat Regina,
datras à fe vel acceptas de fua liberatione litteras : ne ullo indicio
id conftat. Negat, Babingtonum fibi unquam cognitum, aut
comfilii quidquam cum illo collatum. Quid ergo ad illam pertinent datæ ad iftum litteræ?

Sed liberales fimus. Permittamus, factum, quod nunquam
factum eft. Demus, Mariam, in carcerem iniquiffimè conjectam,
& diuturni fqualoris pertæfam, ad varios fcripfiffe litteras, ro-
gâffe auxilium, imploráffe opem, ut tandem ex tot ærumnis li-

bere-

beretur, vitámque fervet. Concedamus, Catholicos ejúsqque
amicos follicitatos omni ftudio contendiffe, ut captivam. clàmn è
carcere eripiant. Plùs dico. Cedamus & illud, exteros Prinnci-
pes, ejus precibus motos, vi etiam armata ejus liberationoem
extorfiffe. An propterea Elifabethæ infidias feciffe dicenda í foret? jure fuo egiffet. Neceffariam fui defenfionem adverfus iiini.,
quum aggrefforem & leges humanæ, & Divinæ, & natura ippfa
concedunt. Fugere licuiffet, fi potuiffet; cur facere. nequeant,
ut poffit? Vim injuftam etiam vi licet repellere, fervata inccul.
patæ tutélæ moderatione. .Non facit infidias, qui fe vitámqquè
fuam juftè defendit. Etiam juftè detentus in carcere, fugit,; fi
poffit, & ut poffit, fatagit. An idcirco Principi veL. Juddici
ftruit infidias? quantò minùs Maria, licèt opem flagitâffet, ut
ex injufto carcere liberetur? Licitum fibi putavit Elifabetha, RRe-
ginam Scotiæ, in quam jus nullum habebat, infidiarum pnræ-
textu occidere. Quid Reginæ Scotiæ licitum fuiffet ad averteen-
das veras infidias, ut vitam fervet, jam non eft neceffe dicere.

Id unum ego probandum affumpfi, nullas à Maria factas
Elifabethæ infidias: idque fatis evictum exiftimo. Nihil eft machhi-
nata, dum vixit in Gallia; nihil, dum in Scotia cum fubditis fuuis
luctabatur; nihil, dum contra fidem ab Elifabetha datam, coon-
tra jura hofpitii, contra naturæ ac gentium jura perfidè fuit comp-
prehenfa, & in carcere detenta. Nullum indicium, nulla probba-
tio. Litteræ, ab aliis fcriptæ, ad eam non pertinent. Nec illllæ
infidiarum; fed liberationis duntaxat mentionem faciunt. Sufppi-
cionibus folummodo & præfumptionibus, iifque leviffimis tota aac-
cufatio nititur. At fcelera non præfumuntur, in tanta præfertirim
Principe. Malè profectò ageretur. cum humano genere, fi lle-
vibus præfumptionibus vita ftaret. Et hinc leges etiam ad privva-
tum civem capitis condemnandum probationes luce meridiana cl:la-
riores exigunt.

Ut dicam, quod res eft. Satis perfpectum Elifabethæ, &
fenatui Angli:ano fuerat, nullas omnino factas infidias, imò noec
fieri potuiffe. Noverat tamen Mariæ in Regnum Anglicanum jiju-
ra. Sciebat à Galliæ Rege promulgatam. Hoc urebat. Non f:fa-
tis firmum diadema putavit, quamdiu in vivis effet Stuarta. íEt
fortaffe hanc fe ipfa metiens, cogitavit, quid effet factura, fi

loco › Mariæ foret. Hinc omnia perturbanda : Hifpano in Belgio
& AAmerica , Gallo in ipfa Francia quærendus hoftis faceffendúm-
que ꞇ negotium. Scoti adverfus Reginam fuam concitandi. Illa blan-
ditiisis , promiffis , fraudibus in caffes trahenda , carceri mancipan-
da , ꞇ enecanda. Jura fua perdiderunt miferam Principem. Alienos
animmi malè fibi confcii timores luit. Secura fuiffet , fi minus juris
habuuiffet.

Plus viginti annis ea lufa tragœdia. Involuta fraudibus ac
perfifidia turbata omnia : nec tamen exitus fpeɛtabatur : quia caufa
nullala fanguinariæ fententiæ inveniebatur. Fingendæ itaque infidiæ ꞉ , molitiones , machinationes , ut fucus faltem injuftitiam fum-
mámmque iniquitatem obtegeret. Cadere igitur debuit infami carni-
ficisʿs manu Princeps innocua , alieni timoris & ambitionis viɛtima.
Decicuffus coronatus vertex , & purpura Regalis infeɛta fanguine.

Quantumcunque autem crudelis & fanguinaria fuerit Elifa-
betħħha , nunquam tamen ad extremum illud fcelus prolapfuram
fuiffʃffe exiftimo , nifi ab hæreticis in illud fuiffet propulfa. Quum
enimm illi timerent , ne alterius Mariæ Angliæ Reginæ redirent
temppora , & fuos & Elifabethæ timorès in immenfum auxerunt ;
atqque ut feɛtas fuas firma aꞇ ftabili fede communirent , bene f꞉
merꞇritos putabant , fi nefcio quas Stuartæ ͵adverfus Reginam ma-
chinۧinationes confingerent. ꞏ Qua de caufa etiam tot aliæ cædes in-
nummeræ patratæ , perduellionis titulo : omnes enim Chrifti Martyres ꝓ proditionis & infidiarum rei effe debebant. Quæ tamen omnia
non n Anglicæ Nationis vitio , utpote nobilis & ereɛtæ , fed hærefis
fpiriritu , optimam etiam gentem depravantis , confeɛta funt.

Deteftatus eft olim orbis Neapolitana theatra , Regio faugui-
ne ꞏ horrentia. Et tamen Conradinus cum armato exercitu acceffit
Italıliam : hoftis erat , dejeɛturus Carolum Regni ab ipfo Pontifice
coninfirmati poffeffione. Maria Stuarta Regina Scotiæ acceffit An-
gliaiam non cum armatis copiis , non hoftis ͵ non privatura Elifabe-
thaɼam Regno , fed auxiliorum promiffis illeɛta , in locum refugii ,
fidelei Elifabethæ fe committens , agnofcens ipfam Reginam , nec jus
aliqiquod in Angliam fibi tribuens , ipfa aut ejus pofteritate vivente.
Tamnta nihilominus excitata tragœdia , auɛtore potiffimùm hærefi.

Illud

Illud fanè mirandum, Proteftanticos fcriptores totis in id l viribus incumbere, ut Mariam Stuartam Scotiæ Reginam velut addulteram; parricidam; & Elifabethæ infidiatricem, aliisque fceleribus ccontaminatam, ac carnificis manu dignam proponant, Elifabethham verò velut heroidem incomparabilem, omnique virtutum gennere ornatam orbi proponant; cùm tamen ex Elifabetha nullus mortaliuum, ex Maria verò Stuarta multi ex præcipuis Europæ familiis, inter qquos ipfe etiam eft modernus Auguftiffimus Imperator, defcendant. ! Neque alio jure hæreditario ii, qui hoc fæculo, quo vivimus, Anggliæ clavum tenent, nifi ex Maria Stuarta ad fe derivato, i niti poffint. Si igitur rei veritas & innocentia illius nullo apud PProteftantium pennas eft loco, refpectus tamen tot Principum Catltholicorum & Acatholicorum eos coëcere deberet, ne ftirpem tam i vitiofam & abominandam eis obtrudant. Verùm iftis folis omnia li-i-
cent. Catholica fuit Maria, Elifabetha nullius fidei,
certè Acatholica. Hoc fufficit.

BIBLIOPOLÆ LECTORI.

Index generalis in totum hunc Apparatum Eruditionis; fat locuples Parti VIII. Statum Regnorum ecclefiafticum & poolificum Sæc. XVII. & XVIII. exponenti, in fine adjungetur.

Lightning Source UK Ltd.
Milton Keynes UK
UKHW010805110119
335238UK00010B/1118/P